btb
Aus Freude am Lesen

btb

Buch

Die Warburgs sind wie die Rothschilds oder die Mendelssohns eine der großen jüdischen Familien Europas – Bankiers, Forscher und Mäzene. In Deutschland, aber auch in Amerika, waren sie über Jahrzehnte mit den bedeutendsten Köpfen in Wirtschaft, Politik und Kultur verbunden, von Wilhelm II. bis zu Bethmann Hollweg und Hjalmar Schacht, von Roosevelt bis zu Chaim Weizmann, von Einstein bis zu George Gershwin.

Ron Chernow hat aus der Entwicklung dieser Dynastie ein brillantes Stück erzählerischer Geschichtsschreibung gemacht. Er ist den Schicksalen ihrer verschiedenen Mitglieder nachgegangen, in Hamburg, in London und schließlich in Amerika. Mit aller Eindringlichkeit sieht der Leser den geradezu unwahrscheinlichen Aufstieg eines Bankhauses und erkennt zugleich, was für Persönlichkeiten es waren, die Deutschland im Dritten Reich verlorengingen.

Autor

Ron Chernow, der für die 1990 erschienene Monumentalbiographie »The House of Morgan« den National Book Award erhielt, zählt zu den erfolgreichsten Sachbuchautoren Amerikas. Für das vorliegende Porträt der Warburgs pendelte er drei Jahre lang zwischen den Warburg-Erben in London, Hamburg und New York hin und her, um schließlich als erster vollständigen Zugang zum gesamten Archiv der Familie zu erhalten.

Ron Chernow

Die Warburgs

Odyssee einer Familie

Aus dem Amerikanischen
von Karl A. Klewer

btb

Die Originalausgabe erschien 1993 unter dem Titel
»The Warburgs« bei Random House, Inc., New York.

FÜR VALERIE UND MELANIE

Umwelthinweis:
Alle bedruckten Materialien dieses Taschenbuches
sind chlorfrei und umweltschonend.

btb Taschenbücher erscheinen im Goldmann Verlag,
einem Unternehmen der Verlagsgruppe Bertelsmann.

1. Auflage
Genehmigte Taschenbuchausgabe August 1996

Umschlaggestaltung: Design Team München
Umschlagfoto: Doren + Köster, Berlin
Satz: Bongé + Partner, Berlin
RK · Herstellung: Ludwig Weidenbeck
Made in Germany
ISBN 3-442-72029-X

Inhalt

Teil III
DER NIEDERGANG DER MITTELWEG-WARBURGS

Teil IV
DAS KRIEGS-INTERREGNUM

Teil V

DIE ALSTERUFER- UND DIE MITTELWEG-WARBURGS KEHREN ZURÜCK

ANHANG

»Doch der entscheidende Punkt, den die meisten Nichtjuden übersehen, und der den eigentlichen Kernpunkt der jüdischen Tragödie bildet, besteht darin, daß die Juden, die den Deutschen ihre Energien und ihr Gehirn zur Verfügung stellen, das in ihrer Eigenschaft als Deutsche tun und damit Deutschland bereichern, nicht aber das Judentum, das sie im Stich lassen... Sie müssen ihr Jüdischsein verbergen, um ihr Gehirn und ihre Fähigkeiten in den Dienst der Deutschen stellen zu dürfen. Sie sind in nicht geringem Maße für Deutschlands Größe mitverantwortlich. Die Tragödie des Ganzen besteht darin, daß Madame Wagner sie nicht als Deutsche anerkennt, während wir sie nicht als Juden anerkennen, und so stehen wir als die am meisten ausgebeuteten und mißverstandenen Menschen da.«

Chaim Waizmann an Lord Balfour.
12. Dezember 1914

»Ein Nichtdeutscher kann sich unmöglich die herzzerbrechende Stellung des deutschen Juden vorstellen. Deutscher Jude – man muß beide Wörter vollständig betonen. Man muß ihn als das Endergebnis eines lang dauernden Evolutionsprozesses betrachten. Seine zwiefache Liebe und sein Kampf an zwei Fronten treiben ihn an den Rand der Verzweiflung.«

Jakob Wassermann,
Mein Leben als Deutscher und Jude

»Wenn Flüchtlinge einander begegnen und Berichte über ihre Flucht vor Hitler und ihr Leben im Ausland austauschen, hat jeder eine einzigartige Geschichte zu erzählen. Dennoch ähneln sie alle einander: ein tapfer gelebtes Leben, aber zugleich ein auf immer verlorener Traum.«

Peter Gay
The Jews of Germany: A Historical Portrait

Vorbemerkung

Die deutschen Juden waren ein von der Geschichte schwergeprüftes Volk, möglicherweise die produktivste Gemeinschaft von Juden, die es je gab, in vielem aber auch die untypischste. Nur wenige wurden wegen ihrer Leistungen so bewundert oder wegen ihrer Haltung so geschmäht. Manche Deutsche verfolgten sie als zu jüdisch, während andere Juden sie häufig als zu deutsch verachteten. Sie gaben sich der Täuschung hin, akzeptiert zu sein, bis die Nationalsozialisten kamen und diesem Traum ein jähes Ende machten. Noch heute fragen sich viele, wie diese klugen und fleißigen Menschen gegenüber einer tödlichen Bedrohung ihrer Existenz so blind sein konnten. Erbittert sprechen manche Juden ihrer Tragödie die Würde ab, die ihr gleichwohl anhaftet.

In diesem Buch wird der Versuch unternommen, das Geheimnis anhand der romanhaften Geschichte eines der herausragendsten jüdischen Geschlechter auf der Welt zu erhellen: Es ist die Geschichte der Warburgs. Man nannte sie in einem Atemzug mit den Rothschilds und betrachtete sie achtungsvoll als die Fürstlichkeiten des Judentums. Dieses weitverzweigte Geschlecht mit seinen vielen bedeutenden und charmanten Vertretern und seiner ungebrochenen Lebensfreude kann als die älteste ununterbrochen im Bankgeschäft tätige Familie der Welt gelten, führt sie doch ihren Ursprung bis ins 16. Jahrhundert zurück. Aufgrund dieser über viele Generationen reichenden Abstammung ist es möglich, die Entwicklung des Judentums auf deutschem Boden im Zusammenhang zu betrachten.

Es ist immer gefährlich, verallgemeinernde Aussagen über ein so weitverzweigtes und von Individualismus geprägtes Geschlecht zu machen, wie es die Warburgs mit ihrer Beharrlichkeit und ihren Widersprüchen sind. Doch im großen und ganzen kann man sagen, daß sie alle den unternehmerischen Wagemut und die philanthropische Haltung der jüdischen Gemeinschaft in Deutschland an den Tag legten. Sie waren voll Tatkraft und Ausdauer, schätzten Musik und Literatur, die leichte Muse und Laientheater, elegante Gesellschaften und unerhörte Streiche. Sie finanzierten Deutschlands Industrie, beeinflußten die Politik des Landes und bereicherten seine Kultur. Sie brachten bemerkenswerte Bankiers hervor, aber auch herausragende Gelehrte, Politiker, Naturwissenschaftler, Künstler, Musiker, Philanthropen, Prominente und Förderer der Künste, und sie glänzten auf so vielen Gebieten, daß man sie Familien wie den Huxleys und James an die Seite stellen kann.[1] An ihrer Geschichte läßt sich nicht nur die ganze Bandbreite dessen erkennen, was deutsche Juden geleistet haben, sie zeigt auch, mit welch geradezu unheimlicher Nahtlosigkeit deutsche und jüdische Kultur ineinander übergehen.

Auch die Schwächen der deutschen Juden waren den Warburgs nicht fremd. Sie konnten – insbesondere gegenüber ihren osteuropäischen Glaubensbrüdern –, snobistisch, überheblich und statusbewußt auftreten und waren häufig strenge und autoritäre Eltern. Von übertriebenem Patriotismus beseelt und tief in der deutschen Kultur verwurzelt, waren sie lange von einer durch nichts zu erschütternden und bisweilen unkritischen Liebe zu Deutschland erfüllt, bis es zu spät war. Da sie der (in der Verwandtschaft nur allzu gut bekannten) dunkleren Seite der deutschen Seele keine Beachtung zu schenken schienen und dem Staat begeistert dienten, vermochten sie im allgemeinen die Tragödie nicht zu bewältigen, die über sie hereinbrach. Die Liebe der Warburgs zu Deutschland war nicht von Klugheit, sondern von allzu großer Hingabe geprägt.

Im Prisma der Geschichte erkennt man alle Kräfte, welche die deutschen Juden geformt haben: ihre Emanzipation zur Zeit des Kaiserreichs; ihr verblüffendes Erstarken in der Weimarer Republik; ihre Verfolgung und Vertreibung im Dritten Reich; aber auch das von ihnen in Amerika, England, Israel und in anderen Ländern gezeigte Beharrungsvermögen. Nur wenige jüdische Familien haben einerseits die Möglichkeiten so weitgehend genutzt, die ihnen in der Kaiserzeit offen standen, und andererseits aus eben diesem Grund so schwer gelitten wie die Warburgs. Sie heirateten andere Mitglieder des eigenen Klans wie Angehörige der in New York ansässigen Familien Schiff und Loeb, womit ihre Geschichte auch die Entwicklung der deutschen Juden im Ausland spiegelt. Da manche von ihnen nach dem Zweiten Weltkrieg nach Deutschland zurückkehrten, führt der Bericht über diese Familie die Chronik bis in die Gegenwart weiter.

Einen großen Teil ihres frühen Erfolgs verdankten die Warburgs der Gunst der Rothschilds, und später, als es um die Förderung jüdischer Wohlfahrtseinrichtungen ging, nahmen sie einen Platz ein, der deren Position vergleichbar war. Als zu Anfang des 20. Jahrhunderts der Stern der Rothschilds zu sinken begann, schien der des Hauses Warburgs am hellsten. Aufschlußreich ist indessen der Unterschied zwischen beiden Familien: Während die Macht der Rothschilds auf das verborgene Wechselspiel zwischen Privatbanken und Königshöfen zurückging, standen die Warburgs, die neuzeitlich und – nicht ohne Stolz – auch demokratisch eingestellt waren, in enger Beziehung zu den neuen Klassen des Industriezeitalters. Sie sahen sich als freie, unabhängige Bürger der Stadt Hamburg und identifizierten sich mit den dort herrschenden Vorstellungen von gesellschaftlicher Mobilität, unbehindertem Handel und demokratischer Politik.

Im Unterschied zu anderen jüdischen Bankiersdynastien verschmolzen sie nie mit der Aristokratie und verweigerten sich sowohl der Taufe als auch jedem Angebot, geadelt zu werden. Sie lebten in zwei Welten: in der jüdischen Gemeinschaft und der vornehmen Gesellschaft der Nichtjuden, von beiden akzeptiert, aber nie ganz sicher, wohin sie wirklich gehörten. Ohne ihre Identität als Juden preiszugeben, erprobten sie die Grenzen der Toleranz in bis dahin für ihresgleichen unzugänglichen Bereichen der Politik, Wissenschaft und Industrie. Daher lassen sich an ihrem Beispiel in eindrucksvoller Weise die unauflösbaren Zwänge erkennen, denen sich jeder deutsche Jude ausgesetzt sah, der seine ursprüngliche Identität behalten und zugleich in der Gesellschaft Erfolg haben wollte.

Ungeachtet aller verborgenen Qualen verfolgten die Warburgs ihren Weg mit ungebrochenem Elan und faszinierender Zuversicht. Sie entrannen den Ghettos, in die Juden im buchstäblichen wie im übertragenen Sinne eingesperrt worden waren. Sie verkörpterten gleichsam eine neue Art jüdischer Familie: hochbegabt, glanzvoll, kosmopolitisch, vielseitig und von einem Selbstvertrauen, das sie an den Rand der Gefahr brachte. Ihre Geschichte ist mehr als der Bericht über deutsche Juden, denn sie zeigt eindringlich das Auftreten des jüdischen Volkes in der neuzeitlichen Welt. Sie liefert zugleich einen Gesamtüberblick über das Deutschland im vorigen Jahrhundert, den Aufstieg der jüdischen Gemeinschaft in Amerika und die Schaffung des Staates Israel.

Es handelt sich um eine tragische Geschichte des Zweifels unter einer dünnen Schicht der Selbstsicherheit. Wie andere deutsche Juden auch kämpften die Warburgs mit einer unlösbaren Identitätskrise, versuchten hinter die Lösung des Rätsels zu kommen, wer sie waren. Ihre gespaltene Identität beeinflußte sie in ihren geschäftlichen Entscheidungen, in der Wahl ihrer Ehegatten und ihrem politisches Handeln. Sie hofften, daß mit der Emanzipation viele Spannungen entschärft werden würden. Mit den neuen Freiheiten aber entstanden neue Schwierigkeiten, zu denen auch der Neid der Christen und die machtvolle Verlockung, Mischehen einzugehen, gehörten. Von diesem Identitätskonflikt der deutschen Juden, der ihre Widerstandskraft schwächte, sollten die Nationalsozialisten später profitieren.

Gewiß war diese unsichere Identität Quelle mancher psychischer Leiden; sie war aber zugleich der Schmelztiegel, dem die Warburgs ihre schöpferische Kraft verdankten. Sie waren hinreichend assimiliert, um Eingang in die höhere Gesellschaft Hamburgs, New Yorks und Londons zu finden, doch wirklich integriert wurden sie dort nie. Infolgedessen konnten sie den Standpunkt des Außenstehenden mit der Vertrautheit des Zugehörigen verbinden; da sie die Dinge in vielen Fällen von einer etwas anderen Warte betrachteten, vermochten sie vieles zu erkennen, was ihren Zeitgenossen verborgen blieb.

Wie andere deutsche Juden hatten auch die Warburgs ein zwiespältiges Verhältnis zu ihrer Religion. Zwar gehörten sie schon lange zu den wohlhabenden Vatergestalten, die an der Spitze der jüdischen Gemeinschaft standen, doch hatten sie zur Zeit von Hitlers Machtergreifung ihre Bindung an den Glauben weitgehend aufgegeben. Sie standen zwischen einer religiösen Vergangenheit, die sie verloren, und einer weltlichen Zukunft, die sie noch nicht gefunden hatten. Mit ihrer rationalen Denkweise fühlten sie sich mitunter eher peinlich berührt von einer Religion, die mit einem antiquierten Aberglauben behaftet schien. Voll Mißtrauen und Unbehagen hielten sie sich von allem fern, was «zu» jüdisch war, obwohl die Werte des Judentums ihr ganzes Leben, ihre Geschichte und ihre Kultur durchdrangen.

Ihrem innersten Wesen nach lebensbejahend, versuchten die Warburgs das Widersprüchliche zur Deckung zu bringen: daß sie Juden und Deutsche waren, nationalistisch und zugleich grenzüberschreitend dachten, der Tradition und dem Fortschritt verhaftet waren. Zur Überwindung dieser Dichotomien bemühten sie sich, neue Synthesen zu entwickeln. Sie wollten die Quadratur des Kreises, wollten die heile Welt. Aber die Welt gestattete ihnen den Luxus dieses toleranten Kosmopolitentums nicht. Schließlich sahen sie sich gezwungen, zwischen den aufeinanderprallenden Widersprüchen in ihrem Inneren zu wählen. Wie viele deutsche Juden merkten auch sie, daß es unerheblich war, wie sie selbst sich einordneten: das erledigte schließlich Hitler für sie.

Brooklyn Heights
Januar 1993

Teil I

DIE WARBURGS TRETEN INS BLICKFELD

Noch heute steht in Warburg in Westfalen das Stammhaus der Familie, die dort von der Mitte des 16. Jahrhunderts bis ungefähr 1670 lebte. Damals zog Juspa-Joseph von Warburg nach Altona bei Hamburg und begründete die hanseatische Tradition der Familie.

1

Die Matriarchin

Nachdem die Römer im Jahre 70 nach Christus Salomons Tempel zerstört hatten, zogen die Juden bis in sehr weit nördlich gelegene Gebiete. Eines davon war das Rheinland. Dort fühlten sich diese Weinbauern und Handwerker alles andere als fremd und waren bald im deutschen Boden verwurzelt. Doch im 11. Jahrhundert fiel ihre ländliche Idylle religiösem Fanatismus zum Opfer. Niedergemetzelt von den Kreuzfahrern und von ihren bäuerlichen Anwesen verjagt, sahen sie sich in die Rolle von Geldverleihern gedrängt. Als dann im 14. Jahrhundert der Schwarze Tod im Lande wütete, verfluchten umherziehende Geißler die Juden, denen man anlastete, die Pest durch das Vergiften von Brunnen verursacht zu haben. Auch erhob man immer wieder gegen sie den als Blutbeschuldigung bekannten Vorwurf, sie würden zur Herstellung ihrer ungesäuerten Pessach-Brote das Blut christlicher Kinder verwenden. Wie eine finstere, bedrohliche Gestalt aus einem bösen Märchen lauerte der Jude verborgen im Hintergrund der deutschen Seele gleich einem Dämon in Menschengestalt. Dieses Erbe schlummerte unter der Oberfläche der Kultur des Landes und hing den Juden zu allen Zeiten an.

Gelegentlich behaupten die Warburgs, von den Sephardim, den spanisch-portugiesischen Juden abzustammen, und leiten ihre Genealogie phantasiereich aus dem Italien des Mittelalters her. Doch der erste Beleg für ihre Existenz stammt aus dem Jahr 1559, in dem ein gewisser Simon von Kassel in die von Karl dem Großen gegründete westfälische Stadt Warburg zog. Das Bild dieser malerischen, rings von einer Mauer umgebenen Stadt war geprägt von vier steinernen Wachttürmen, die sich über einem Gewirr aus gewundenen Pflasterstraßen, romanischen Kirchen und Fachwerkhäusern erhoben. Das 1537 erbaute Stammhaus der Warburgs steht noch heute.

Simon, vom Paderborner Fürstbischof ins Land geholt und mit einem Schutzvertrag ausgestattet, arbeitete als Geldwechsler und Pfandleiher. Um selbst nicht sündigen zu müssen, nutzten die vom Zinsverbot der Kirche geknebelten Adligen zur Ankurbelung des Handels die Dienste von Hofjuden (»Kammerknechten«), die Geld gegen Zinsen verliehen. So entstand die in der Geschichte der Menschheit seltene Situation, daß eine Minderheit in ein gewinnträchtiges berufliches Ghetto verbannt wurde. »Deutschland«, zu jener Zeit ein Flickenteppich aus gut dreihundert unabhängigen Gemeinwesen aller Art – Königreiche, Stadtstaaten, Fürsten, Herzogtümer und so weiter –, konnte auf die Dienste der Geldwechsler nicht verzichten, weil irgend jemand die Währungen all dieser verschiedenen Kleinstaaten tauschen mußte. In den Augen des einfachen Volkes aber übten die jüdischen Bankiers eine Art Schwarze Magie aus, wodurch ein explosives Gemisch aus Neid und Ablehnung entstehen konnte.

Die Hofjuden gehörten einer besonderen gesellschaftlichen Gruppe an, und ihre Stellung war unsicher. (Strenggenommen waren die Warburgs eine als Schutzjuden bezeichnete minder bedeutende Untergruppe von Hofjuden.) Wie begütert auch immer sie sein mochten, ihre Existenz hing fortwährend von der Laune des Souveräns ab; sie mußten damit rechnen, verstoßen zu werden, wenn dessen Schulden zu sehr anstiegen. So hing ihr Schicksal an einem goldenen Faden zwischen den ihnen übergeordneten Nichtjuden und ihren jüdischen Glaubensbrüdern unter ihnen. Welche Befürchtungen mögen sie da oft überkommen haben! Zwar sicherte der Schutzvertrag Simon samt Angehörigen und Dienerschaft zehn Jahre lang die Ausübung der Religionsfreiheit zu, doch waren ihnen höhere Steuern auferlegt als den Christen. Simon gewährte der Synagoge in seinem Hause eine Heimstatt, ihre Toten aber mußten die Juden auf einem besonderen Friedhof außerhalb der Stadtmauern begraben.

Daß die Juden ins Finanzwesen gedrängt wurden, ist nicht etwa einem angeborenen Hang zu Geldgeschäften zuzuschreiben. Da die Zunftordnungen des Mittelalters ihnen den Zugang zu Handwerksberufen verwehrten und örtliche Vorschriften nicht erlaubten, daß sie sich als Bauern niederließen, sahen sie sich zum Handel oder Geldverleih gezwungen. In Warburg durften sie weder Bier brauen noch Schuhe oder Kleidung verkaufen. Wie viele andere angeblich »jüdische Merkmale« läßt sich das Geschick im Umgang mit Geld auf künstlich errichtete Schranken zurückführen – auch wenn später Antisemiten lauthals behauptet haben, ihnen drücke »der Jude finanziell die Luft ab«.

Die Warburgs hatten sich in einer toleranten Stadt niedergelassen, in der niemand sie zwangsmissionieren wollte. Weder wurden die Juden dort nachts in einem Ghetto eingeschlossen, noch mußten sie – wie in Frankfurt und anderen Städten des 16. Jahrhunderts – das Stigma gelber Abzeichen tragen. Obwohl ihnen die seelischen Narben einer frühen Verfolgung erspart geblieben waren und sie sich mit größerer Selbstsicherheit als andere bewegen konnten, hinterließ ihnen ihr Status als Schutzjuden ein widersprüchliches Erbe. Angewiesen auf das Gönnertum der Herrschenden, identifizierten sie sich mit dem jeweiligen Machthaber, der ihren privilegierten Status sicherte, und traten so der Obrigkeit zwar ständig mit Argwohn, doch voller Achtung gegenüber. Da sie gebildeter und kultivierter als andere Juden waren, fungierten sie als Älteste ihrer Religionsgemeinschaft und empfanden tiefe Verantwortung für arme Glaubensgenossen. Simons Enkel Jakob Simon stand der jüdischen Gemeinschaft im Bistum Paderborn vor, beherbergte die Synagoge der Stadt Warburg im eigenen Hause und vermittelte zwischen den Juden und dem

Die erste Verkörperung wahrhaft Warburgscher Eigenschaften scheint nicht ein Mann, sondern eine Frau gewesen zu sein: In Sara Warburg (1805-1884) mag man im Rückblick so etwas wie die Matriarchin des Geschlechts erblicken. Noch ganz im jüdischen Glauben verhaftet, energisch, willensstark und von ungemeiner praktischer Begabung, hat sie nach dem Tod ihres Mannes Aby S. mehr als zwanzig Jahre lang die Geschäfte der Bank geleitet.

Fürstbischof. Die tiefe Gespaltenheit der Warburgs läßt sich nicht zuletzt auf diese unsichere Zwischenstellung – weder ganz Juden noch ganz Nichtjuden – zurückführen.

Die Stadt Warburg wurde in dem von religiösem Fanatismus angeheizten Dreißigjährigen Krieg geplündert und 1666 von der Pest heimgesucht. Und als den deutschen Kleinstaaten 1648 durch den Westfälischen Frieden der Weg zum Meer versperrt wurde, kam der Handel im Binnenland zum Erliegen. Dies waren vermutlich die Gründe, warum Simons Urenkel, Juspa-Joseph, 1668 nordwärts zog, wobei er den Namen »von Warburg« beibehielt. (Deutsche Juden durften vor ihrer Emanzipation im 19. Jahrhundert keine Nachnamen tragen, und so nannten sie sich gelegentlich nach ihrem Herkunftsort.) Da Juden zu jener Zeit in Hamburg weniger Freiheiten genossen als im benachbarten Altona in der Grafschaft Pinneberg, das unter dänischer Schutzherrschaft stand, ließ sich

Juspa-Joseph dort nieder. (1647 zog auch sein Sohn Jacob Samuel nach Altona.) Immerhin gestanden die Dänen den Juden zahlreiche Freiheiten zu, darunter das Recht auf eigene Schulen, einen eigenen Friedhof und ein Gotteshaus.

Juspa-Joseph strich das »von« und hieß fortan einfach Warburg. Sein Umzug nach Norden hatte wichtige Folgen: die Seehandels-Atmosphäre Altonas brachte die Warburgs mit einem Kosmopolitentum in Berührung, das nach den Erfahrungen des provinziellen Binnenlandes befreiend gewirkt haben muß. Von hier aus konnten sie in der großen Handelswelt tätig werden. Alteingesessene Kaufmannsfamilien schickten reich beladene Flotten in blühende Hafenstädte, die einst der Hanse angehört hatten; zudem verband diese zur See hin orientierte Welt des Nordens ihre Bewohner eng mit London, Amsterdam und anderen Städten im Ausland. Altonas wie Hamburgs Juden entwickelten feste Bindungen an ihre jeweilige Stadt, und 1678 fand Juspa-Joseph Warburg seine Ruhestätte auf Altonas Judenfriedhof.

Gumprich Marcus, ein Nachkomme Juspa-Josephs, verlegte 1773 seinen Wohnsitz nach Hamburg. Der in voller Blüte stehende Stadtstaat hatte seine eigene Handelsflagge, ein eigenes Militär und verfügte über viele ausländische Konsulate. Die holländisch anmutende Stadt wurde von unzähligen Fleeten durchzogen, an denen hohe, schmale Häuser mit spitzen Giebeln standen. Kanonenschüsse warnten vor den Sturmfluten, die die Stadt immer wieder unter Wasser setzten. Europas Reichtum floß durch Hamburgs Hafen: Fischladungen nach Skandinavien, Wolle nach Flandern, Pelze aus Rußland. Ähnlich wie in Bremen hatte man dort einen von den Bürgern gewählten Rat und andere mehr oder weniger demokratische Einrichtungen, die es in den vergleichsweise zurückgebliebenen Fürsten- und Herzogtümern des Binnenlandes noch nicht gab.

Für die Warburgs, die hier ihre endgültige Bleibe gefunden hatten, blieb die Hafenstadt mit ihrer toleranten Bürgerkultur selbst noch während der schlimmsten Heimsuchungen nationalistischer Unvernunft der Inbegriff dessen, was sie unter Deutschland verstanden. Aber auch wenn es in Hamburg für Juden kein Ghetto gab, so bestanden doch unsichtbare Schranken. Man hatte ihnen bestimmte Straßen zugewiesen, und selbst dort war es ihnen nicht erlaubt, Häuser zu kaufen oder Grundstücke zu erwerben, so daß sie bei Christen zur Miete wohnen mußten.

1798 vermachte Gumprich Marcus sein Geldwechsel- und Pfandleihergeschäft seinen ältesten Söhnen, Moses Marcus und Gerson. Diese machten daraus eine Bank, die vorwiegend im Wechselhandel tätig war, und nannten sie M. M. Warburg & Co. Der Standort hätte nicht günstiger gewählt sein können: Das als sicherer Hafen bekannte Hamburg profitierte von der Unruhe in den Nachbarländern, und Adlige brachten während der Französischen Revolution ihr Geld dort in Sicherheit. Später suchten Amsterdamer Kaufleute in der Stadt Zuflucht, um Napoleons Kontinentalsperre zu umgehen. Eifrig war die Hafenstadt, die ihre Geschäftstüchtigkeit gleichsam als eine Art weltliche Religion betrachtete, darum bemüht, Neutralität zu wahren. Die ungeteilte Hingabe an den materiellen Wohlstand hielt sie von jedem politischen Eifer fern, hatte allerdings auch eine gewisse selbstgefällige, spießbürgerliche Überheblichkeit zur Folge, die einigen späteren Warburgs zum Verderben werden sollte. Auch wenn Hamburgs vermögende Bürger nie nach den Sternen griffen, krochen sie gleichwohl nicht im Staub.

Das Haus Warburg brachte nicht selten gegensätzliche Charaktere hervor. Das erste Beispiel hierfür waren Moses Marcus und Gerson. Moses Marcus mit seinem dichten Haar, der mit Frau und Kindern über der Bank in der Peterstraße wohnte, verkörperte den in der Familie weitverbreiteten Sinn für ernsthafte Pflichterfüllung. Er war orthodox, fungierte als Gemeindehaupt und gab Geld für die Veröffentlichung heiliger jüdischer Werke. Der kahlköpfige Gerson liebte Geselligkeit und unbeschwerte Heiterkeit und genoß als fröhlicher und draufgängerischer Junggeselle ungehemmt das Leben. Als ein Verwandter zu Besuch nach Hamburg kam, nahm ihn Moses Marcus, wie es sich gehörte, mit zur Synagoge, während ihn Gerson zu einem kurzweiligen Abend ins Varieté entführte.

Dreißig Jahre lang lagen sich die Brüder ständig in den Haaren. Bevor der kränkliche Gumprich 1802 starb, versuchte er mit seinem Testament Einigkeit unter seinen Söhnen zu stiften. »Trennt Euch nicht«, heißt es darin. »Nur durch Einigkeit werdet Ihr stark sein und Euer Geschäft wird blühen... Höret auf meine letzten Worte und Ermahnungen.«[1] Doch ungeachtet der väterlichen Beschwörungen stritten sich die Brüder weiter. Falls man den Berichten glauben darf, kam es so weit, daß sie ein volles Jahr nicht miteinander sprachen. Die Art, wie sie sich in der Hamburger Börse auswichen und sich dabei nie aus den Augen ließen, wurde von Beobachtern als eine Art rhythmischer Kontertanz beschrieben. Devisen, die Makler vom einen kauften, wurden dem anderen zu einem höheren Preis weiterverkauft. Doch in einer Hinsicht waren sich die Brüder einig: zu keinem Zeitpunkt lösten sie sich von der jüdischen Überlieferung der Familie, was damals auch völlig unvorstellbar gewesen wäre. 1810 schlossen Moses Marcus und Gerson ihren ersten förmlichen Gesellschaftsvertrag; er war in Hebräisch-Aramäisch abgefaßt und nach dem jüdischen Kalender auf den 20. Siwan des Jahres 5570 datiert.

Von 1806 bis 1814 war Hamburg von Napoleons Truppen besetzt und somit an Frankreich angeschlossen. Für nichtjüdische Bürger brachte diese Besatzung nur Nachteile, insofern die neuen Herren hohe Steuern erhoben und britisches Eigentum beschlagnahmten. Die Juden Hamburgs hingegen befanden sich in einer zwiespältigen Lage, da die Revolution ihre französischen Glaubensgenossen emanzipiert und Napoleon die italienischen Ghettos befreit hatte. Die für den Rest der Bevölkerung ziemlich brutale Herrschaft der Franzosen erwies sich daher für die Hamburger Juden als eine Art Flitterwochen: Für kurze Zeit genossen sie die gleichen Rechte wie andere Bürger, und man gestattete ihnen, Haus- und Grundbesitz selbst in jenen Straßen zu erwerben, die vormals für sie tabu gewesen waren.

Zugleich allerdings versuchten die Franzosen 1812, von der Hansestadt eine halbe Million Francs als »Sondersteuer« bezeichnete Kontributionen zu erpressen, indem sie Gerson wie auch andere reiche Bürger festnahmen und in der Lüneburger Heide internierten. Voll Erleichterung, den Bruder los zu sein, zögerte Marcus die Zahlung des Lösegeldes hinaus und gab erst nach, als die jüdische Gemeinde heftigen Druck auf ihn ausübte. Einem Bericht zufolge soll er bei der Freilassung seines Bruders gesagt haben »Warum haben sie ihn denn nicht auf immer behalten?«[2] Unterdessen lernte der gesellige Gerson in der Gefangenschaft Französisch und versuchte mit der Militärregierung ins Geschäft zu kommen.

Letzten Endes schadete die Besatzung der jüdischen Gemeinde insofern, als sie einem neuen Nationalismus mit deutlichen christlichen Untertönen Vorschub leistete. Seine Vertreter verherrlichten das deutsche Bauerntum und das Mittelalter; sie waren betont fremdenfeindlich und entschiedene Gegner kultureller Vielfalt – Züge, die unglücklicherweise in der deutschen Kultur weiterlebten. Mit dem Abzug der Franzosen verloren die Juden ihre neu erworbenen Rechte wieder. Moses Marcus trat 1814 einem Ausschuß bei, der vergeblich versuchte, die vergänglichen Freiheiten, die die Hamburger Juden unter der Herrschaft des französischen Militärs gewonnen hatten, zu bewahren. Statt dessen erlebten sie 1819 das sechs Tage dauernde Pogrom der sogenannten »Hep-Hep-Aufstände«, geschürt von streng nach außen abgeschlossenen Gilden, welche die Konkurrenz der Juden fürchteten. In Frankfurt griff der Straßenpöbel sogar das Wohnhaus der Rothschilds an.

Zu keinem Zeitpunkt ließen Gerson und Moses Marcus in ihrem Privatkrieg die Waffen ruhen. Vielmehr wurde der Graben zwischen den beiden noch tiefer, als sich Gerson in Moses Marcus' bildhübsche Tochter Sara verliebte.[3] Daß sie erst vierzehn Jahre alt war, lieferte Moses Marcus einen weiteren Grund, sich über die Verantwortungslosigkeit seines sorglos in den Tag hinein lebenden Bruders zu empören, hatte dieser doch aufs neue eine Möglichkeit gefunden, ihn zu kränken.

Als Gerson 1825 starb, geriet Moses Marcus in jenes Dilemma, das sich früher oder später jeder Bankiersdynastie stellt: Er hatte keinen männlichen Erben. Dem künftigen Schwiegersohn konnte er als ansehnliche Mitgift eine Teilhaberschaft in der Bank anbieten; mit seinen zweihundertfünfzigtausend Mark Banco verfügte er über ein beachtliches Vermögen. Die romantisch veranlagte Sara dürfte entzückt gewesen sein, als ihr Vetter ersten Grades, Elias Simon Warburg mit seinen blauen Augen, dem feinen Blondhaar und dem gutgeschnittenen und eindrucksvollen Gesicht ihr einen Heiratsantrag machte. Doch Moses Marcus und seine Gattin Rosa waren der Ansicht, die beiden seien zu nah verwandt, und arrangierten daher 1829 eine andere Eheschließung für ihre Tochter. Der Ausersehene war Saras schlitzäugiger und sonderbar aussehender Vetter zweiten Grades Aby Samuel Warburg, der so Teilhaber der Bank wurde.[4] Da er offenbar der einzige Mann in ganz Hamburg war, zu dem sich die heißblütige Sara nicht hingezogen fühlte, muß diese Heirat für ihn eine ziemlich schonungslose Einführung in die rauhe Wirklichkeit des Lebens einer Bankiersfamilie gewesen sein.

Derlei Ehen innerhalb des Familienverbandes konnten in der kleinen und nach außen abgeschlossenen jüdischen Gemeinde nicht ausbleiben, schon gar nicht, wenn eine Bankiersdynastie nach passenden Gatten für ihre Töchter suchte. Auch die Rothschilds heirateten häufig untereinander, um die Entblößung ihres kostbaren Firmenkapitals zu verhindern. Für jüdische Bankiersfamilien war der Kreis geeigneter Heiratskandidaten denkbar klein: Nichtjuden kamen ohnehin nicht in Frage, und die meisten Juden waren ganz einfach zu arm.

Infolgedessen sah man sich veranlaßt, die Suche mit Hilfe von Heiratsvermittlern bis nach Rußland auszudehnen. Bei den Warburgs führte die Begrenztheit des genetischen Reservoirs dazu, daß Lebhaftigkeit wie Trübsinn verstärkt auftraten. Aus dem Leib ein und derselben Mutter kamen Wunderwesen, Ungeheuer und Sonderlinge, Zauberer und Dummköpfe, und die Familie war überreich an exzentrischen Genies. Zugleich aber hinterließen die nahe an den Inzest grenzenden Eheschließungen ein finsteres Erbe manischer Depressionen und Schizophrenien, das die Warburgs generationenlang heimsuchen sollte.

Nachdem Moses Marcus 1831 in der Synagoge einem Schlaganfall erlegen war, fiel die Firma an Aby und Elias, der als Bewerber um die Hand Saras verschmäht worden war. Als dieser sechs Jahre später aus der Firma ausschied und sein eigenes Unternehmen gründete, muß dies für Sara eine große Erleichterung gewesen sein.

Der Zufall wollte es, daß Sara und Aby die Namen der Ureltern des Judentums trugen. Davon abgesehen aber paßten sie in keiner Weise zueinander. Sara war gottesfürchtig, klug, willensstark und herrschsüchtig, Aby hingegen eher weltlich gesinnt, schüchtern und träge. Der Kopf saß ihm merkwürdig schief auf dem Hals, und er hatte ein sonderbar verzerrtes Gesicht mit einer niedrigen Stirn, faltigen Lidern, die seine Augen nahezu verdunkelten, und einem breiten Mund unter einer langen Nase. Er war derart klein und gelbsüchtig, daß er als Knabe von seinen Freunden »der gelbe Zwerg« genannt wurde.[5] Sara indes hatte als junges Mädchen den Beinamen »Stern aus der Peterstraße« getragen, und angeblich soll

Heine ihr das bekannte Gedicht aus dem *Buch der Lieder,* »Ein Jüngling liebt' ein Mädchen«, gewidmet haben.[6] Sie hatte weitreichende literarische Interessen, sang ausgezeichnet, besuchte häufig das Theater und die Oper und war ihrem Mann geistig weit überlegen. Sara war ein umtriebiger Mensch, Aby eine gutmütige Niete.

Sobald Sara ihren bläßlichen kleinen Mann zu größerer Aktivität anzustacheln versuchte, ging er vor ihrer Strenge in Deckung oder verspottete sie voll Sarkasmus. Sie zog vier Töchter und zwei Söhne groß: Marianne (1830 - 1889), Malchen (1831 - 1911), Rosa (1833 - 1908), Siegmund (1835 - 1889), Jenny (1836 - 1894) und Moritz (1838 - 1910). In arrangierten Ehen wie dieser stellte die Erziehung kleiner Kinder einen wichtigen Ausgleich für die frustrierten und unterdrückten Frauen dar. Doch ärgerte es Sara, daß sich Aby der Rolle des Hausvaters entzog, und sie hielt ihm vor, er sitze immer nur in seinem Sessel, anstatt seinen Kindern Zucht beizubringen. »Vielleicht bewegst du dich auch einmal«[7], stichelte sie dann. In solchen Fällen stand er auf, ohrfeigte die in seiner nächsten Nähe stehenden Kinder und ließ sich wieder in seinen Sessel sinken.

Sein Mangel an Tatkraft wurde geradezu sprichwörtlich. Selbst in der Bank stellte er einen bequemen Drehstuhl auf, und man mußte ihm die Post ans Sofa bringen. Eines Nachts rüttelte ihn Sara wach mit den Worten: »Aby, das Haus brennt!« Unbeeindruckt und zweifelnd legte er die Hand an die Wand. »Sie ist noch nicht heiß«, sagte er und schlief wieder ein.[8] Seine sechs Kinder konnte er offenbar nicht recht zuordnen. Eines Tages soll er einen schmuddeligen Jungen auf der Straße gefragt haben, wer sein Vater sei. »Nun, du«, sagte das überraschte Kind.[9]

Die in ihren Lebenshoffnungen enttäuschte Sara wurde hart, scharfzüngig und gebieterisch. Sie bestand auf der strengen Befolgung der religiösen Gebote und untersagte es ihren Kindern, samstags zu schreiben. Die äußeren Formen der Frömmigkeit scheinen ihr zeitweise wichtiger gewesen zu sein als der ihnen zugrundeliegende Sinn. Freitags legte sie ihren wertvollsten Schmuck an, zog ihren schönsten Hut auf und präsidierte dann wie eine Souveränin den Abendessen der Familie. Die Möbel waren auf Hochglanz poliert, die Gläser und silbernen Leuchter blitzten. Sara, die es in ihrer Frömmigkeit nicht über sich brachte, die Sabbatkerzen zu löschen, sagte, indem sie mit gespitztem Mund ganz nah an die Flamme ging, einige Verse auf, in denen die beiden jüdischen Feiertage Purim und Pessach vorkamen. Der harte p-Anlaut ließ die Kerzen erlöschen, und Sara war vor einer Sünde bewahrt geblieben.

Sie besaß die Frömmigkeit der Warburgs, Aby hingegen deren Humor, und so machte er sich immer wieder über seine tiefgläubige Frau lustig. Einmal sagte er ihr, es gebe im Himmel verschiedene Klassen, ganz wie bei der Eisenbahn, und sicherlich komme sie in ein Abteil erster Klasse, während er mit der zweiten vorliebnehmen müsse. Er malte ihr aus, wie sie, durch eine niedrige Wand voneinander getrennt, durch die Ewigkeit reisten: »... wir können uns sehen, aber nicht zueinander kommen. Dort oben wird mir das genügen«.[10]

Wie alle Tyrannen bestand auch Sara auf kleinen Unterwerfungsritualen, und so mußten sogar die Kinder ihre Mutter mit »Sie« anreden. Hatte sie sich, als diese erwachsen waren, für den kommenden Tag bei einem von ihnen zum Essen angesagt, mußten sie höflich fragen: »Also, Mutter, wir haben doch morgen das Vergnügen, Sie bei uns zu sehen?« Sie pflegte sich dann aufzurichten und herablassend zu antworten: »Bitte, das Vergnügen ist ganz auf meiner Seite.«[11] Unter der Oberfläche der nur schwer zufriedenzustellenden würdevollen Matrone aber war Sara eitel, unsicher und verletzlich. Einmal fragte sie ihren kleinen Enkel Max, wen er am liebsten habe, und unter denen, deren Namen er daherstammelte, waren sein Kindermädchen, der Milchmann, ein Obsthändler, die Eltern, nicht aber Sara. Die Großmutter entzog Max ihre Zuneigung auf immer. Er sagte später: »Mir ist diese ehrliche, aber blöde Antwort nie vergessen worden«.[12]

Obwohl sich Sara gebieterisch gab, ließ sich in ihrer Tyrannei auch ein lobenswerter Zug des Pflichtbewußtseins erkennen. Wie andere Matriarchinnen im Hause Warburg besaß sie einen ausgeprägten und durch nichts zu erschütternden Sinn dafür, daß Adel verpflichtet. Jeden Sommer mieteten sie und Aby eines von drei Häusern an der Alsterchaussee. Einer instinktiven Regung des Mißtrauens folgend, fragte sie Aby eines Frühlingstages, ob er etwa vergessen habe, das Haus für den Sommer zu reservieren. »Natürlich nicht«, log er, mußte aber feststellen, daß alle drei Häuser bereits vergeben waren. Seine Furcht vor Saras Zorn war so groß, daß er alle drei unter der Hand kaufte und zwei davon vermietete. Sara bekam Wind davon und fragte: »Wer wohnt in den beiden anderen Häusern?« »In dem einen wohnt ein Künstler und in dem anderen eine Witwe«, gab Aby zur Antwort. Entsetzt wollte sie wissen: »Bekommst du denn von ihnen Miete?« Da sie nicht daran dachte, von Witwen oder Künstlern Geld zu nehmen, mußte er es umgehend zurückbringen.[13]

Die Kinder hatten vor Sara gewaltigen Respekt, und alle fürchteten, das Mißfallen der Mutter zu erregen. Über einen Heiratsvermittler arrangierte sie die Ehe ihrer ältesten Tochter, der reizlosen, matronenhaften Marianne, mit einem reichen Londoner Juden portugiesischer Abstammung namens Samuel Zagury. Dieser moralisch höchst fragwürdige Mann erwies sich als skrupelloser Schwindler, der Mariannes Mitgift verschleuderte, andere Frauen verführte und anrüchige Geschäfte tätigte.[14] Aus Angst vor der Reaktion der Mutter bewahrte Marianne in diesen Dingen Stillschweigen. Dieser aber kam das lange Ausbleiben von Briefen verdächtig vor, und so wurde Mariannes minderjähriger Bruder Siegmund in Marsch gesetzt, um sie in den Schoß der Familie zurückzuholen.[15] Sara, die nicht im Traum daran dachte, sich aus der Verantwortung

Ein Familienbild um die Mitte des 19. Jahrhunderts: Sara Warburg und ihr Mann Abraham zusammen mit ihren Kindern Malchen, Siegmund, Moritz, Rosa, Marianne und Jenny. Moritz, den Kopf der Mutter zugeneigt, die Hand in deren Hände gelegt, ist deutlich als das Lieblingskind erkennbar.

zu stehlen, fuhr nach London, um mit Zagury zu verhandeln und erreichte eine formelle Annullierung der Ehe. (Bezeichnenderweise nutzte sie die Gelegenheit zu Theaterbesuchen und Spaziergängen in den Parks.) Die schließlich getroffene Abmachung aber bedeutete für die Warburgs ein Fiasko; Zagury schröpfte sie so kräftig, daß die Bank ein Viertel ihres Kapitals einbüßte – die exorbitanten Prozeßkosten nicht eingerechnet.

Aby war äußerst geschickt im Umgang mit Zahlen, ging gern mit Kunden um und bewies ein gewisses Talent für Arbitrage – bei dieser Art von Geschäft nutzt man geringe Preisunterschiede zwischen verschiedenen Märkten aus. Alle wichtigen Entscheidungen in der Bank wurden jedoch von Sara gefällt, womit sie sich als die eigentliche Nachfolgerin ihres Vaters erwies. An die Stelle des Feuers jugendlicher Leidenschaft war inzwischen das strenge Geschäftsritual getreten, und allabendlich legte Aby seiner Frau die Bücher vor. Hauptbetätigungsfeld der Bank war zu dieser Zeit der Handel mit Devisen und Warenwechseln. Als die Franzosen 1814

Hamburg verließen, sorgten die Warburgs und andere Bankiers dafür, daß die Silbervorräte der Stadt wieder aufgefüllt wurden; dadurch kamen sie in engen Kontakt mit den Rothschilds, die im Edelmetallhandel führend waren. Ein Brief vom 4. August 1814, in dem die Warburgs den Rothschilds versicherten, daß sie ebensogut wie jedes andere Haus in Hamburg Metallieferungen abwickeln konnten, bringt ihr gewachsenes Selbstbewußtsein zum Ausdruck.[16] Die Rothschilds hatten an den Napoleonischen Kriegen gut verdient und genossen damals einen im Vergleich zu den Warburgs geradezu fürstlichen Status. So hoch schätzte M. M. Warburg & Co. diese Verbindung, daß für Mitteilungen an alle dem Hause Rothschild nahestehenden Unternehmen spezielles Briefpapier bereitlag. Es kam sogar so weit, daß die Bank zur Erledigung wichtiger Korrespondenz mit den Rothschilds eigens einen Mann mit einer außergewöhnlich schönen Handschrift einstellte.

Mit besonderen Höflichkeitsbeweisen kultivierten die Warburgs – von denen immer schon ein großer Zauber ausgegangen war und die sich als Meister in der Kunst der geschäftlichen Verführung erwiesen hatten – nun ihre Beziehung zu den Rothschilds. So kauften sie 1838 für Meier Carl Rothschild ein silbernes Tablett, das ihm bei einer Reise nach Hamburg aufgefallen war. In den vierziger Jahren des 19. Jahrhunderts wohnte Willy Rothschild bei Sara und Aby; auf diese Weise wurde auch das Problem gelöst, daß man in Hamburger Hotels keine koscheren Mahlzeiten bekommen konnte. Mit ihren vielen Verbindungen zu allen möglichen Königshäusern schienen die Rothschilds ein sicherer Fels inmitten der sich ständig wandelnden Finanzwelt zu sein. Als sich Aby eines Abends unruhig im Bett hin und her warf, fragte ihn Sara, was er habe. »O Gott«, antwortete er, »ich habe Rothschilds eine Überziehung von zehntausend Pfund eingeräumt und mache mir jetzt Sorgen deswegen.« »Nun, wenn das alles ist, dann dreh dich um und schlaf«, sagte Sara. »Wenn Rothschild bankrott geht, kannst du ruhig auch Pleite machen.«[17]

Während die Warburgs noch den Frankfurter Rothschilds nacheiferten, gewann ihre eigene Stadt neue Bedeutung. Durch die Kriege und Revolutionen, die Europa 1848 erschütterten, kam es zu einer Flut von Auswanderern, die ihren Weg nach England und Amerika über Bremen und Hamburg nahmen. Beide Häfen bauten riesige Hallen zur Unterbringung der Flüchtlinge, die auf ihre Atlantikpassage warteten und durch deren Anwesenheit das Wachstum der Vorstadt St. Pauli, seit langem Hamburgs wohlbekannter Rotlichtbezirk, erheblich gefördert wurde. Mit ihrer Flotte von viertausend seetüchtigen Schiffen, über die Hamburgs Reeder geboten, entwickelte sich die Stadt zu einem Zentrum des neuen einträglichen Geschäfts mit der Auswanderung.

Immer schon war Hamburgs Hafen ein Ort voll bunter Lebendigkeit gewesen, nun aber pulsierte er förmlich vor neuer Energie. Morgens wimmelten die Straßen von bäuerlich gekleideten Menschen, die auf den Schultern Joche mit Gemüsekörben zum Verkauf in die Stadt trugen. Alles schien in ständiger Bewegung zu sein: Hunde waren vor Obstkarren gespannt, Esel zogen Milchfuhrwerke, flachbödige Schuten glitten über die dunklen, grünlich schimmernden Fleete und passierten dabei die vielen Brücken, denen Hamburg seinen Ruf als das ›Venedig des Nordens‹ verdankte. Entlang der Binnenalster hatte man Geschäftshäuser errichtet, die wegen des weichen Marschbodens durch Eichenpfähle tief im Grund verankert werden mußten. Die Parallele mit Venedig ging indessen noch über das allgegenwärtige Wasser hinaus; zu ihr paßte auch der selbstbewußt zur Schau getragene Wohlstand der Stadtbürger. Die unübersehbaren Anzeichen des Reichtums fielen auch dem auf, der nur zu einer Stippvisite in der Stadt weilte – man sah rotbefrackte Diener, die für Handelsfürsten Botschaften beförderten, oder verwöhnte Kinder mit eleganten Samthosen und Spitzenkragen auf dem Weg zur Schule.

Auch die Hamburger Juden bekamen ihren Anteil am zunehmenden Wohlstand, wobei Juden und Nichtjuden im Bank- und Maklerwesen etwa gleich stark vertreten waren. Obwohl die Bank der Warburgs bis 1853 ihren Hauptsitz im kleinbürgerlichen Judenviertel der Neustadt hatte, gedieh sie, und nur selten war die Familie Diskriminierungen ausgesetzt. Im größeren Umfeld jedoch gab es nach wie vor antisemitische Tendenzen, die mitunter auch offen zutage traten. Als 1831 in Berlin eine Choleraepidemie ausbrach, wurden erneut die Juden beschuldigt, die Brunnen vergiftet zu haben. Im Jahre 1842 behauptete ein hetzerisches Pamphlet, man habe im Keller einer Nürnberger Synagoge einen Herd und alte Knochen entdeckt; vermutlich handle es sich um die Überreste gräßlicher Ritualmorde an Christen. Jede Welle wirtschaftlichen Wachstums führte in Deutschland bei jenen Gruppen, die sich durch Veränderungen bedroht fühlten, zu einer Gegenbewegung aus bösartigem Nationalismus und Intoleranz. Und jedesmal richtete sich diese Unzufriedenheit gegen die Juden.

Als Sara und Aby 1854 Silberhochzeit feierten, war der gebrechliche Aby von Sorgen zerquält. Er konnte das Fiasko mit Zagury nicht verwinden und fürchtete, die Bank könnte gegenüber den Rothschilds nicht mehr so gut dastehen wie zuvor. Als sein Sohn Siegmund 1855 eine Lehre in London machte, teilte ihm Aby nicht ohne einen Unterton von Trauer mit: »Wenn du die Ehre hast, R. [Rothschild] zu sehen, kannst du ihm sagen, daß wir es sehr bedauern, ganz ohne seine Aufträge geblieben zu sein.«[18] Im Juni des folgenden Jahres verfaßte Aby sein Testament, strich seine Sommerreise und betrat anschließend mit achtundfünfzig Jahren sein Abteil zweiter Klasse im Himmel, wo er sich in sicherer Entfernung von seiner Frau wähnte. Sara war jetzt gleichsam doppelt verwitwet, denn sie mußte sich nicht nur allein um ihre Angehörigen, sondern auch um die Bank kümmern.

Auf diesem Bild aus der Mitte des vorigen Jahrhunderts erscheint Hamburg noch ganz im Bild bürgerlicher Ruhe und Gediegenheit. Kaum ist zu spüren, daß die Stadt zugleich dabei ist, zu einem der größten Exporthäfen der Welt zu werden, von dem aus sich Handelsverbindungen über den ganzen Globus ziehen.

Inzwischen war sie eine mit allen Wassern gewaschene, weltzugewandte Geschäftsfrau, wovon der entschlossene Mund und die energischen Züge Zeugnis ablegten. Zwar war ihr rotwangiges Gesicht faltig geworden, aber nach wie vor hatte sie dieselben klaren und leuchtenden Augen wie in ihrer Kindheit. Unterstützt von August Sanders, einem Freund der Familie, kam sie tapfer über den Tod ihres Mannes hinweg und leitete die Bank mit mehreren zuverlässigen Angestellten – zu jener Zeit für eine Frau eine bemerkenswerte Leistung. Bald führte sie ihren frühreifen Ältesten in die Geschäfte ein, und schon mit einundzwanzig Jahren bekam Siegmund die Handlungsvollmacht in der Bank übertragen; sein achtzehnjähriger Bruder Moritz war für eine so verantwortungsvolle Aufgabe noch zu jung.

Zwischen den beiden Brüdern gab es ebenso heftige Auseinandersetzungen wie zwischen Moses Marcus und Gerson. Schon als Kinder sahen sie aus, als stammten sie aus verschiedenen Familien: Siegmund hatte eine stumpfe Nase, dicke Lippen und war so dunkelhäutig wie ein kleiner Äthiopier, Moritz hingegen hatte gerade, feine Züge und einen hellen Teint. Siegmund war geschäftstüchtig, barsch, energisch, etwas merkwürdig und leicht erregbar, Moritz eher träge, ein verwöhnter Dandy und gewandter Charmeur, der bei Frauen gut ankam. Von all ihren ansonsten eher seltsam aussehenden Nachkommen war dieser hübsche Junge mit Sicherheit Saras Liebling.

Schon bald nach Abys Tod mußte sie mit einer der schwersten Krisen in der Geschichte des Hauses Warburg fertig werden, und sie löste sie so, daß man nur von einem außergewöhnlichen Triumph sprechen kann. 1856, am Ende des Krimkriegs, stürzten die Rohstoffpreise ins Bodenlose, was im darauffolgenden Jahr zum Bankrott amerikanischer Banken und Eisenbahngesellschaften führte. Die Panik schlug Wellen bis nach Skandinavien und von dort nach Hamburg, wo die Börse von einer wahren Hysterie erfaßt wurde. Die Warburgs und andere Bankiers am Ort mußten eine ungeheure Menge der von ihnen indossierten Spekulationswechsel einlösen, und es sah ganz so aus, als würden viele Banken und Handelshäuser zusammenbrechen.

Rosa, die dritte Tochter Warburg, war verheiratet mit Paul Schiff, dem geschäftsführenden Leiter der Credit-Anstalt, einer erst kurz zuvor von den Rothschilds gegründeten Wiener Bank. Schiff stellte den Warburgs einen sehr hohen Geldbetrag zur Verfügung und trat ferner als Vermittler bei Gesprächen zur Rettung der Stadt auf.

Um Firmen am Ort zu stützen, hatte der Hamburger Senat erfolglos in Berlin, Paris und anderen Finanzhauptstädten eine Anleihe aufzulegen versucht. Dann bekam Paul Schiff im November 1857 vom österreichischen Finanzminister den Auftrag, in Hamburg die Modalitäten für eine solche Anleihe zu erkunden. Kaiser Franz Joseph I. billigte die Transaktion, und so schickte Österreich einen Zug voll Silberbarren – der als legendärer Silberzug in die Geschichte der Finanzwelt eingehen sollte – in die Hansestadt. Dieser geradezu märchenhaften Ladung zur Absicherung von Darlehen war es zu danken, daß sich die Wogen des Chaos glätteten. Ein halbes Jahr später konnte man die Silberbarren nach Wien zurückschicken, doch hatte das Bankhaus Warburg durch diesen Vorgang erheblich an Ansehen gewonnen. Fortan war es in die Finanzgeschäfte des Stadtstaates involviert, und man erkannte die große Bedeutung, die den Auslandskontakten der Familie zukam.

Nach diesem Drama nahm die Matriarchin Sara 1859 Siegmund und 1862 Moritz als Teilhaber auf. Obwohl sie dem entschlossenen und tüchtigen älteren Sohn recht bald die Alltagsgeschäfte überließ, gab sie keinerlei Vollmachten ab, und in allen wichtigen Fragen blieb ihr Wille auch weiterhin oberstes Gebot. Die Teilhaberschaftsvereinbarung, die Siegmund unterschrieb, behielt ihr die letzte Entscheidung vor: »Obwohl Herr Siegmund Warburg üblicherweise bevollmächtigt ist, nach eigenem Gutdünken zu handeln, muß er dennoch in Angelegenheiten von besonderer Bedeutung die Meinung von Madame Warburg einholen, und nach Absprache mit ihr handeln.«[19]

Jeden Abend nach Börsenschluß kamen die beiden Söhne zu ihr; sie erstatteten Bericht und wurden ausführlich über die Angelegenheiten des Tages befragt. Wenn sie nicht erwartungsgemäß reagierten, faßte sie nach: »Nun? Rechtfertigt euch. Siegmund, sprich du zuerst!«[20] Er sträubte sich gegen ihre Einmischung und unterließ hin und wieder die täglichen Berichte, was Sara ärgerte; Moritz hingegen fühlte sich vom

Eingreifen der Mutter nicht weiter gestört. Auf deren Wunsch schlossen die Söhne die Bank freitags schon früh und blieben der Börse am Sabbat fern. Den Samstagnachmittag verbrachten sie bei Sara und kehrten nach Sonnenuntergang in die Bank zurück. Dieses Wechselspiel zwischen einer starken Mutter, welche die Zügel nicht aus der Hand gab, und ihren begabten und beeindruckbaren Söhnen hatte etwas typisch Jüdisches. Viele deutsche Juden waren im Überseehandel tätig und daher häufig auf Reisen. Während ihrer Abwesenheit vertrauten sie ihren Ehefrauen die Geschäfte an, was dazu führte, daß jene besonders zäh und robust waren.

Der Zwist zwischen Siegmund und Moritz verlief kaum weniger stürmisch als jener zwischen Moses Marcus und Gerson. Siegmund war ein regelrechtes Arbeitstier und blieb oft bis spätabends in der Firma, während Moritz geradezu von angeborener Trägheit schien. Sie stritten sich täglich und führten ihre Auseinandersetzungen so lautstark, daß die Straße davon widerhallte. Zuerst schob Siegmund den Bruder auf eine Position ab, bei der sie möglichst selten miteinander in Berührung kamen, bis ihn ein anderer Bankier hänselte: »Sie sollen einen so angenehmen Bruder haben, schicken Sie ihn mir doch einmal vorbei.«[21] Das war ebenso ein Seitenhieb auf Siegmunds Schroffheit wie ein versteckter Hinweis auf Moritz' Umgänglichkeit. Siegmund war offen bis zur Taktlosigkeit, Moritz zuvorkommend und von angenehmer Herzlichkeit. Bald spielte sich eine ganz natürliche Arbeitsteilung ein: Siegmund leitete die Bank, und Moritz pflegte die Kontakte nach draußen.

Wie später sein Enkel gleichen Namens war Siegmund Warburg von Perfektionismus und einer Leidenschaft für herausragende Leistungen besessen. Das zeigte sich unter anderem daran, daß er von jedem seiner Angestellten eine vorzügliche Handschrift erwartete. Er war untersetzt und wirkte ausgesprochen männlich, hatte ein breites, bärtiges Gesicht und blitzende Augen und unternahm jeden Morgen Ausritte. Voll Unternehmungsgeist und stets auf die Ausweitung der Firma bedacht, hatte er bald den Ruf eines »Machers«, der – ganz im Gegensatz zum konservativen Moritz – keine Risiken scheute. Mit diesen Eigenschaften führte er M. M. Warburg & Co. in die erste Reihe der Privatbanken. Die Firma gab 1863 ihren ursprünglichen Titel *Geldwechsler* auf und legte sich die weit eindrucksvollere Bezeichnung *Bankiers* zu. Obwohl die Bank ein winziges Unternehmen mit nur zehn Angestellten war, verkaufte sie Wechsel, handelte mit Waren gegen Regierungssicherheiten und vergab Darlehen. Sie hatte einen Boten namens Levien, dessen Treue zur Firma man geradezu heldenmütig nennen muß. Eines Tages erlitt er, während er Wechsel zustellte, eine Gehirnblutung und stürzte. Dennoch »klammerte er sich mit aller verbleibenden Kraft an seine Aktenmappe und ließ erst los, als ein anderer Bote, den er zufällig kannte, vorüberkam, und sie ihm abnahm«[22]. Erst als er die Wechsel in Sicherheit wußte, forderte Levien nach nahezu sechzigjährigem Dienst im Hause Warburg seinen himmlischen Lohn.

1865 zog sich Sara aus der Firma zurück und bezog ein eindrucksvolles Haus an der Rothenbaumchaussee 49. Indessen verfolgte sie das Geschehen in der Bank noch für weitere zwanzig Jahre mit den kritischen Augen der Besitzerin. Unter Siegmunds Führung zog die Bank 1868 in die Ferdinandstraße 75, nahe der Binnenalster, von wo aus man Rathaus wie Börse in kaum mehr als einer Minute zu Fuß erreichen konnte. Dort befand sich die Bank in unmittelbarer Nähe zu den Kontoren der Großreeder und Überseehandelskaufleute. Damit war ihr Standort zugleich äußerer Ausdruck der neuen Bedeutung, die dem Haus Warburg in Hamburg zukam. Bei jeder sich bietenden Gelegenheit kaufte man umliegende Grundstücke auf, bis man in dieser Gegend zwei Straßenfronten besaß.

Im 19. Jahrhundert wurden die Juden in den zahlreichen deutschen Kleinstaaten nach und nach emanzipiert. In Hamburg fielen die letzten gesetzlichen Beschränkungen 1868. Fortan durften sie Nichtjuden heiraten, in Berufsständen tätig werden, die ihnen bislang verwehrt worden waren, und sich ansiedeln, wo sie wollten. Nach Jahrhunderten der Unterdrückung erwies sich dies plötzliche Geschenk der Freiheit als Wegbereiter zahlreicher Wunder, stachelte den Ehrgeiz an und trug dazu bei, daß aus einem Bankhaus von provinziellem Zuschnitt ein herausragendes internationales Unternehmen werden konnte. Eine Welle des Optimismus trug die Warburgs. Waren sie ehedem durch Erschwernisse gestählt worden, so wurden sie nunmehr von den vor ihnen liegenden Möglichkeiten beflügelt. Statt über das ihnen früher widerfahrene Unrecht nachzugrübeln, reagierten die Hamburger Juden auf diese lange herbeigesehnte Veränderung mit überwältigter, zuweilen sogar unterwürfiger Dankbarkeit. Mit der Gründung des Deutschen Reichs im Jahre 1871 besaßen die Juden im gesamten Reich die vollen Bürgerrechte.

Dennoch erwies sich die neue Freiheit zumindest teilweise als trügerisch, da Juden nach wie vor von bestimmten Positionen beim Militär, im öffentlichen Dienst, an Universitäten und in der Rechtspflege ausgeschlossen blieben. Auch brachten die Bürgerrechte neue Verpflichtungen mit sich – etwa die Dienstpflicht in der örtlichen Miliz – und bargen überdies eine bestimmte Gefahr: Hatte die Diskriminierung zum Erhalt ihrer Identität beigetragen, so drohte die neugewonnene Freiheit die Einheit der Juden aufzuspalten, ihre Kultur zu verwässern. Fortan versuchten sie, zugleich Juden und Deutsche zu sein – mit anfänglich vielversprechendem, letzten Endes aber tragischem Ergebnis.

Sowohl Siegmund als auch Moritz heirateten in den sechziger Jahren und hatten zahlreiche Kinder, welche die neue Freiheit mit geradezu begieriger Freude und Energie nutzten. Niemand verstand es so wie die Warburgs, gute Partien zu machen: Beide Söhne gingen Ehen mit reichen, klugen und gesellschaftlich ambitionierten Frauen ein. Sara schickte Siegmund 1862 nach Kiew, wo er um Théophilie Rosenberg werben sollte, deren Vater riesige Wälder besaß. Bei ihrer alljährlichen Ferien-

1865 bezog Sara ein Haus in der Rothenbaumchaussee 49, einer Straße im Zentrum Hamburgs, nur wenige Minuten von der Alster entfernt. Das stattliche Gebäude, das den wachsenden Wohlstand und Einfluß der Familie aller Welt vor Augen führte, ist im Krieg zerstört worden.

reise nach Deutschland mußte die wohlhabende Familie nachts und mit verhängten Kutschenfenstern reisen, um keine Räuber auf sich aufmerksam zu machen.

Als könne er für diese Transaktion nur kurze Zeit vom Geschäft fernbleiben, machte der ungeduldige Siegmund der zweiundzwanzigjährigen Théophilie Knall auf Fall seinen Antrag. Ihre Bitte um Bedenkzeit schlug er mit den Worten ab: »Das kommt nicht in Frage, mein Fräulein, entweder Sie entscheiden sich sofort oder gar nicht.«[23] Sie nahm an. Daß Siegmund ihrer Liebe nicht gerade Zeit zum Reifen gab, mag daran gelegen haben, daß der Heiratsantrag bei Verbindungen, die durch Vermittler zustande kamen, reine Formsache war. Da Théophilies Vater anbot, das Kapital der Warburgschen Bank mit einer Mitgift von achtzigtausend Mark Banco aufzustocken, war der Angelegenheit von vornherein eine zügige Erledigung sicher.

Durch die Eheschließung kam es zu einer regelrechten Verflechtung byzantinischer Verbindungen, die aus dem Hause Warburg ein multinationales Unternehmen im kleinen Maßstab machten. Théophilies ältere

Schwester, die elegante Anna, war verheiratet mit Baron Horace de Gunzburg, einem kosmopolitischen Russen, der in Sankt Petersburg und Paris Banken besaß. Die de Gunzburgs, auch unter dem Namen »von Günzburg« bekannt, waren im Krimkrieg mit der Lieferung von Wodka ans Militär zu Reichtum gekommen und gehörten zu jener kleinen Zahl von Juden, die vom Zar in den Adelsstand erhoben worden waren. Eine Weile lebte Théophilie im Hause von Schwester und Schwager in Paris, wo sie ein fließendes Französisch lernte, frankophile Neigungen entwickelte und sich in deren glänzendem Salon einen eleganten Stil aneignete. Baron de Gunzburg war ein Freund des französischen Kaisers und späterer Berater des glücklosen Zaren Nikolaus II. Durch die Heirat von Siegmunds und Théophilies Tochter mit Annas Sohn wurde die Verbindung zu Rußland noch weiter gefestigt.

Die anderen, nicht minder bezaubernden Schwestern aus dem Hause Rosenberg heirateten einen reichen Bankier aus Odessa, einen bayrischen Baron und einen Budapester Bankier.

Der Aufbau eines Imperiums durch geschickte Heiratspolitik war ein probates Mittel, um das Kapital der im Familienbesitz befindlichen Banken zu bewahren und zu mehren. In letzter Konsequenz könnte man die Heiratsvermittler des 19. Jahrhunderts vielleicht sogar als die inoffiziellen Herren über die Finanzmacht bezeichnen. In der Folge allerdings deuteten die Nationalsozialisten diese vorteilhaften und von den Warburgs so gefeierten Eheschließungen als tückische Schachzüge in einer weltumspannenden Verschwörung um.

Die vornehme Théophilie brachte einen Hauch französischer Eleganz nach Hamburg. Dort legten die Mitglieder der Oberschicht zwar Wert auf Reichtum und Qualität, befleißigten sich aber nach außen hin großer Zurückhaltung, und selbst die vermögendsten Kaufleute der Stadt betrachteten Putz und Flitter ebenso mißtrauisch wie höfische französische Umgangsformen. Die Wurzeln des hamburgischen Ethos waren demokratisch und entstammten der Mittelschicht: Es war ein Ethos der Meritokratie, kaum der Aristokratie. Hamburgs Bankiers waren ihrem Selbstverständnis nach Geschäftsleute und sahen sich nicht als schmückendes Beiwerk des Hoflebens.

So konnte es nicht ausbleiben, daß Théophilie bei ihren Nachbarinnen als hochmütig und affektiert galt, und sie erwiderte dies, indem sie herablassend auf deren ungehobeltes und hinterwäldlerisches Auftreten blickte. Sie brachte dreizehn Kinder zur Welt, von denen sechs schon sehr früh starben. Möglicherweise war die Überanstrengung einer pausenlosen Serie von Geburten Ursache für die Schwermut, die ihre Persönlichkeit überschattete. Die Warburgs gaben ihr den Spitznamen »Théophilie mit dem brummigen Gesicht«.

Siegmunds Persönlichkeit war geprägt von den schweren Aufgaben, die er schon als junger Mensch hatte übernehmen müssen. Er war von schnell aufflammendem Jähzorn und wirkte vorzeitig gealtert. Seine Schwägerin Charlotte bemerkte hierzu: »Durch die schwere, verantwortliche Stellung, die ihm in jungen Jahren aufgebürdet worden war, hatte sein Gesichtsausdruck und sein ganzes Wesen etwas Ernstes, Würdevolles, und machte ihn seine gedrungene Figur älter aussehend.«[24] Zwar trat in seinem hier und da unvermutet ausbrechenden Gelächter eine verborgene Wärme zutage, doch ängstigte die Heftigkeit seines Wesens die Schwägerin ab und zu.

Verglichen mit der mürrischen Théophilie allerdings wirkte Siegmund umgänglich und geradezu unbeschwert. Er ging jede Woche in die Oper und schmetterte gelegentlich beim Frühstück eine Arie aus *Carmen*. Die Grenzen zwischen deutscher und jüdischer Kultur verwischend, setzte er sich oftmals nach den Morgengebeten am Sabbat zu den Kindern, um mit ihnen Lieder von Weber zu singen. Er war dann gesellig, lustig und übermütig. Scherzhaft warf er die Serviette über den Tisch nach Théophilie, wenn diese einen ihrer Trübsinnsanfälle bekam. Die Erziehung der Kinder überließ sie in erster Linie französischen Gouvernanten. Als strenge Zuchtmeisterin verlangte sie von ihnen einwandfreies Benehmen, wogegen Siegmund, der einen ausgeprägten Sinn für lustige Situationen hatte, laut über die Streiche seiner Kinder lachte und es spaßig fand, als Aby S. es fertigbrachte, seinen Lehrer einzuschließen.

In den siebziger Jahren zogen Siegmund und Théophilie aus ihrer über den Geschäftsräumen in der Ferdinandstraße gelegenen Wohnung in ein hochherrschaftliches vierstöckiges Haus am Alsterufer 18, das dem mexikanischen Gesandten gehört hatte. Dort hatten sich in Hamburgs bester Wohnlage Senatoren, Reeder und andere Patrizierfamilien weitab vom Lärm und Getriebe des Hafens eindrucksvolle Villen errichtet. Von ihrem Haus, das den Rasenflächen, Kieswegen und Blumenbeeten entlang der Außenalster zugewandt war, konnten sie einen herrlichen Ausblick auf die Schwäne, Segelboote, Ruderklubhäuser und Cafés genießen. An klaren Sommertagen lag über der weitläufigen Außenalster ein besonders helles Licht; im Herbst und Winter war sie von düsterer Schönheit und häufig von grauem Nebel verhüllt, der die Umrisse der fernen Türme verschwimmen ließ und den Klang ihrer Glocken dämpfte.

Siegmund und Moritz gehörten zur letzten Warburg-Generation, in der die Bräuche des Judentums streng befolgt wurden. Bereits 1819 hatte sich die Hamburger Reformsynagoge einem etwas weltlicher geprägten Judentum zugewandt und Hinweise auf den Messias und die Rückkehr ins Gelobte Land aus ihrem Gebetbuch gestrichen. Aber noch widersetzten sich die Warburgs solchen Zugeständnissen an die Kultur ihrer Umgebung. Siegmund richtete in seinem neuen Heim eine regelrechte Privatsynagoge mit Thora-Rollen und Bankreihen ein. Allmorgendlich verrichtete er, den Gebetsschal umgelegt und schwarze lederne Gebetsriemen um Stirn und linken Unterarm geschlungen, seine religiösen Pflichten. Den

Kindern untersagte er, bei den Nachbarn nicht-koschere Speisen zu essen sowie an Samstagen zu schreiben oder zu arbeiten. Als Vorsteher der jüdischen Gemeinde nutzte er die im Erdgeschoß seines Hauses liegenden Räume an hohen Feiertagen für Gottesdienste und engagierte bei solchen Anlässen einen Kantor.

Siegmund, der in einer hermetischen jüdischen Welt aufgewachsen war, achtete genauestens auf die Einhaltung religiöser Vorschriften und hatte nichts für die Vertreter des Reformjudentums übrig. Als er einmal einen Zug nach Karlsbad verpaßte, charterte er eine Lokomotive, weil er fürchtete, sonst erst am Freitag nach Sonnenuntergang anzukommen, wenn der Sabbat bereits begonnen hatte. Als er und Théophilie ihren Sohn Aby S. zu einem berühmten Arzt in Cannstatt brachten, stellten sie für die Zubereitung koscherer Speisen eine Köchin ein und mieteten ihr eine Wohnung. Als er Jahre darauf anläßlich seiner Silberhochzeit nach Genua reiste, nahm er eigens einen rituellen Schlächter mit, um sicherzustellen, daß er koscheres Fleisch zu essen bekam. Bei aller Religiosität war er gleichwohl nicht prüde. Eines Tages teilte ihm Moritz mit, ein Bankangestellter habe ein uneheliches Kind gezeugt, und forderte ihn, penibel wie er war, auf, den Mann zu entlassen. Der eher den Tatsachen des Lebens zugewandte Siegmund aber tat die Sache schnodderig mit der Bemerkung ab: »Hoffentlich ist die Mutter ein hübsches Mädchen.«[25]

Moritz sah gut aus und war von seiner Mutter, die ihn vergötterte, hoffnungslos verzogen worden. Er wuchs in der Gesellschaft von vier hausbackenen Schwestern auf, denen seine gefällige Erscheinung wie ein kleines Wunder der Vererbung vorgekommen sein muß. Behutsam zogen sie ihm die Schuhe aus, wenn er abends heimkam. Auf Empfängen trug er Handschuhe, um beim Händeschütteln seine empfindliche Haut zu schonen. Seinen Militärdienst leistete er lieber mit einem Signalhorn als mit einem Gewehr in der Hand und ließ jeden Sonntag einen Feldwebel zum Musikunterricht in den Park seines Hauses kommen. Er ging wohlgenährt und heiter durchs Leben, und noch in späteren Jahren war sein breites Gesicht, auf dem nie Zeichen der Sorge lagen, glatt wie das eines Säuglings. Er genoß die Freuden des Lebens, aß gut, schätzte Wein und Zigarren und besaß, Musikliebhaber, der er war, Texte und Noten seiner Lieblingslieder in Lederbänden. Er bedauerte, daß für Brahms, der hier geboren worden war, kein Denkmal in der Stadt existierte, und ließ für den Konzertsaal eine Büste des Komponisten anfertigen. In den Klang seiner eigenen Stimme verliebt, hielt er bei Feiertagsessen lange Reden, während er tranchierte – bis ihn hungrige Gäste drängten, mit dem Reden aufzuhören und sich dem Braten zu widmen.

In geschäftlichen Dingen wurde Siegmund mit seiner zuweilen ungestümen Art durch Moritz' Vorsicht gebremst. Er hatte wenig von einem Spieler und wußte langfristige Sicherheiten lieber im Hause, als daß er

Schon im Alter von einundzwanzig Jahren besaß Siegmund Warburg Handlungsvollmacht in der Bank seines Vaters. Er galt als unentwegter Arbeiter und Kopf des Hauses, aber auch als herrisch, nicht leicht im Umgang, und viele Kunden bevorzugten seinen liebenswürdigeren Bruder Moritz. 1862 heiratete er Théophilie Rosenberg aus Kiew, die zur Stammutter der Alsterufer-Warburgs werden sollte.

mit ihnen Handel trieb. Hierzu pflegte er zu sagen: »Es ist leichter, Geld mit dem Hintern als mit dem Kopf zu verdienen.«[26] Er war ein Mann von hohen ethischen Grundsätzen und trug fünfzig Jahre lang ein Stück Papier in der Tasche, auf dem folgende Verse aus Shakespeares *Othello* standen:

> »Wer meinen Beutel stiehlt, nimmt Tand.
> Doch wer den guten Namen mir entwendet,
> Der raubt mir das, was ihn nicht reicher macht,
> Mich aber bettelarm.«[27]

Trotz aller Bereitschaft, sich an kleinen Intrigen zu beteiligen, waren die Warburgs grundehrlich. Das Verdienst an dieser nahezu instinktiven Rechtschaffenheit gebührt zum großen Teil Moritz.

Nichts zeigt die Eitelkeit dieses Mannes deutlicher als die verschiedenen Perücken, die er abwechselnd trug, um andere über seine Kahlköpfigkeit zu täuschen. Eine hatte lange Haare und erweckte den Eindruck, als müsse er zum Friseur. Die zweite sah aus, als habe er einen frischen

Haarschnitt, und das Haar der dritten war von mittlerer Länge. Ein Enkel erinnerte sich, daß die für den jeweiligen Tag vorgesehene Perücke neben Moritz' Bett bereitstand, »auf einem Gestell, das einem der neueren Damenhutständer ähnelte«, so daß er seine Kahlheit bedecken konnte, sobald er morgens aufstand.[28] An kalten Abenden setzte er meist eine Wollmütze auf, weil er am Kopf empfindlich war. Der verwöhnte Moritz rasierte sich nie selbst, und so kam jeden Morgen ein junger Bursche namens Gottschalk Sander ins Haus, dem die Warburgs den Spitznamen »der Götterbote« gegeben hatten. Während er das Messer führte, teilte er Moritz den neuesten Klatsch mit. Als später seine Hände zu zittern begannen, hielt man einen Berufswechsel für angezeigt und verschaffte ihm eine Anstellung an der Kasse eines Theaters im Stadtteil St. Pauli.

Die Beharrlichkeit, mit der Moritz die Befolgung der jüdischen Gebote verlangte, stieß bei seinen Kindern mehr auf Widerstand als auf Resonanz. All seine großen philanthropischen Leistungen – er gründete ein Waisenhaus, unterstützte das Israelitische Krankenhaus und die Hamburger Talmud-Thora-Schule – drehten sich um das Judentum. Er war Mitglied des Gremiums, das die Geschicke der sechzehntausend Hamburger Juden lenkte, und stand der Einbindung getaufter oder reformierter Juden distanziert gegenüber. Freitag abends lud er ausschließlich Nichtraucher ein, da er zigarrenrauchende Gäste nicht mit der Durchsetzung des Verbotes kränken wollte, dem zufolge am Sabbat kein Feuer gemacht werden darf. Wenn Moritz die hebräischen Gebete sprach, reichte ein Diener auf einem Tablett die Hüte der Männer herum, damit sie ihren Kopf wieder bedecken konnten. Jeden Samstag saß er am späten Nachmittag mit einer Zigarre in der Hand da und unterdrückte mit stillem Heldentum sein Verlangen nach dem Genuß von Tabak, bis ihm die untergehende Sonne gestattete, die Zigarre zu entzünden. Einmal machte er sich im Aufsichtsrat der Bank besonders beliebt, weil er seine nicht-koscheren Hummer und Austern von seinem eigenen Teller auf den eines Nachbarn schob.

Mit dem Fortschreiten der Emanzipation verschärfte sich der Konflikt zwischen der Religion und dem weltlichen Ehrgeiz immer mehr. Je weiter die Juden in die sie umgebende Welt vordrangen, um so mehr erwies sich die Befolgung jüdischer Vorschriften als gravierendes Hindernis für den geschäftlichen Erfolg. In einer fremden Stadt ein koscheres Restaurant aufzuspüren, war mit größten Schwierigkeiten verbunden, ja häufig unmöglich. Daher reisten Moritz und Siegmund im allgemeinen nicht nach Skandinavien, was für ein norddeutsches Unternehmen kein geringes Opfer darstellte – eine selbstauferlegte Enthaltsamkeit, die Saras Billigung fand. »Großmutter fürchtete, sie würden dort nichts Koscheres zu essen bekommen«, erklärte Moritz' Sohn.[29]

Moritz zögerte, die durch die Emanzipation eröffneten Freiheiten zu nutzen, wobei unklar ist, ob er bezweifelte, daß sie von Dauer sein würden, oder ob er noch unter dem Eindruck der einstigen Verfolgung stand.

Wohl waren die Tore jetzt offen, aber aus Furcht vor Rückschlägen bewegte er sich noch immer vorwiegend innerhalb der jüdischen Gemeinschaft. Die durch Jahrtausende der Verfolgung geprägte jüdische Mentalität änderte sich nicht über Nacht, und Moritz war die Vorsicht so sehr in Fleisch und Blut übergegangen, daß ihm Wagemut geradezu widernatürlich erschien. Als man ihm anbot, für drei Millionen Mark einen Titel des preußischen Erbadels zu erwerben, trug er mit einem wissenden Lächeln seine Bedenken vor und sagte: »Ich behielt lieber meine koscheren drei Millionen.«[30] Moritz und Siegmund verschlossen sich zeit ihres Lebens hinter den von der alten Kultur aufgerichteten Mauern.

Der außergewöhnlich praktisch veranlagte Moritz nahm die Welt, wie sie war, ohne daß ihn je jugendliche Anwandlungen von Idealismus heimgesucht hätten. Als junger Mann bemerkte er: »Es kommt mir zwar widersinnig vor, daß man in dieser Welt dem Geld Achtung zollt, aber von philosophischen Fragen aller Art wird man nicht satt.«[31] Nie wäre er auf den Gedanken verfallen, eine hübsche Waise zu heiraten. Als er 1860 die Mutter nach Wiesbaden begleitete, wo sie wegen ihres Rheumas eine Kur machte, schickte sie ihn zu einem rheinischen Musikfest. Dort lernte er Charlotte Oppenheim und deren Vetter Markus Goldschmidt kennen, die aus einer orthodoxen jüdischen Familie in Frankfurt stammten. Als der zweiundzwanzigjährige Moritz Sara mitteilte, er wolle Charlotte heiraten, wischte sie das mit den Worten »dummer Jung« beiseite.[32] Dank ihres unersättlichen Matronenhungers nach Klatsch mußte sie gewußt haben, daß Charlotte Markus heiraten wollte und daß die Oppenheims Einwände erhoben, weil er ihr Vetter war.[33] Steckte hinter ihrer wegwerfenden Antwort auf Moritz' Erklärung womöglich eine verstohlene Befriedigung, vielleicht gar eine verborgene Absprache?

In Charlotte fand Sara eine Schwiegertochter, die ihr an Schwung und Intelligenz in nichts nachstand. Charlottes Vater, Nathan Oppenheim, war Edelstein- und Antiquitätenhändler und ein Mann von umfassender Bildung, der das Frankfurter Opernhaus mitbegründet, dreizehn Sprachen gelernt und das gesamte Konversationslexikon gelesen hatte. Charlottes Mutter stammte aus dem Bankierszweig der Goldschmidts und führte, wann immer Nathan auf Reisen unterwegs war, zu Hause das Edelsteingeschäft. Bei den Oppenheims paarten sich Arbeitsethos und Sinn für den Dienst an der Gemeinschaft mit einer fröhlichen Grundhaltung, so daß sie in geradezu idealer Weise zu den Warburgs paßten. Die umtriebige Charlotte war ein begabter Blaustrumpf und hatte große Pläne im Kopf. Obwohl sie Klavier spielte, sang und lange Goethe-Passagen auswendig hersagen konnte, gab es an ihr nichts Vages oder Ätherisches. Wie ein Chef saß sie aufrecht auf ihrem Stuhl; schon ihr wacher Blick und ihr durchgedrücktes Rückgrat ließen ihre Entschlossenheit und den Wunsch zu herrschen erkennen.

Am 12. Juni 1864 heirateten Moritz und Charlotte und bezogen in

Nathan Markus Oppenheim war Chef eines bedeutenden Juwelen- und Antiquitätenhandels in Frankfurt, außerdem aber ein Liebhaber der Musik und der Wissenschaft und ein Sprachgenie: Er soll dreizehn Sprachen beherrscht haben. Die Mischung aus Tatkraft und Bildung, die seine Familie kennzeichnete, entsprach der Haltung der Warburgs; so war es kein Wunder, daß Nathans Tochter Charlotte in kurzer Zeit zum Liebling ihrer Schwiegermutter Sara wurde.

Hamburg das Haus am Mittelweg 17, nur wenige Minuten von Siegmunds und Théophilies Haus am Alsterufer entfernt. Von Anfang an gab Sara zu verstehen, daß sie die dralle Charlotte der hocheleganten Théophilie vorzog. Als Charlotte an einem Juliabend in Hamburg eintraf, entdeckte sie, daß ihre Schwiegermutter mit beeindruckender Tatkraft ein ganzes Haus für sie eingerichtet hatte. Ungläubig und staunend durchstreifte sie die hellerleuchteten Räume und stieg über die mit Willkommensfahnen geschmückten Treppen in die oberen Stockwerke. Sie erinnerte sich: »Der Anblick der Hamburger Dienstmädchen in leuchtend bunten Baumwollkleidern, weißen Schürzen und Häubchen mit Tüllschleifchen bereitete mir außerordentliches Vergnügen... Unser eigenes Badezimmer. In unserem Haus in Frankfurt hätte ich von so etwas nie geträumt.«

Sara hatte an alles gedacht; sogar ein Haushaltsbuch wartete in einer Schublade im Frühstückszimmer auf die neue Hausherrin. Diese sagte darüber: »Ich fand ein kleines ›Rechnungsbuch‹ darin, allerlei Schreibpapier, Tinte, Federn – kurz, nichts fehlte. Sogar ein kleines Fach für die Haushaltskasse war vorgesehen.«[34] Das Vertrauen, das Sara in Charlotte setzte, wurde ihr tausendfach gelohnt, denn in Zukunft sollten die Warburgs Charlotte Oppenheims weitgreifende Visionen verwirklichen.

In jenem Lebensabschnitt war Charlotte noch munter und fröhlich. Sie schrieb Gedichte, ging oft ins Theater und in Konzerte und stellte mit einer gewissen Überraschung und Herablassung fest, daß Hamburg keine Kunstgalerie besaß. Sie hatte ihre Mühe mit dem anglophilen, phlegmatischen Charakter der Stadt und dem dortigen Dialekt, paßte sich aber im Laufe der Zeit an. Von Anfang an war sie der erklärte Schützling ihrer Schwiegermutter, besuchte sie regelmäßig nach deren nachmittäglicher Ausfahrt, und während sich die beiden Frauen unterhielten, flickten sie Kleidungsstücke. Wenn Moritz abends kam, um der Mutter Bericht zu erstatten, war seine Frau bereits seit Stunden dort.

Bereitwillig ließ sich der träge Moritz von der arbeitsamen Charlotte dominieren und überließ ihr die Führung des Haushalts und die Erziehung der Kinder. Jahre später hielt der niederländische Maler Jan Veth den Gegensatz zwischen beiden im Bild fest. Entspannt und behäbig sitzt Moritz mit seiner Zigarre da und sieht auf die Elbe hinaus. Charlotte hingegen arbeitet an ihren Memoiren. Nur unter der Bedingung, daß sie dabei schreiben durfte, war sie bereit, sich malen zu lassen. Moritz ist von »fraulicher Weichheit«, Charlotte von »männlicher Härte«. Dem träumerischen Moritz fließt das Leben sacht vorüber wie ein Strom, während die puritanische Charlotte jede kostbare Minute schreibend nutzt.

So entstanden die beiden Zweige des Hauses Warburg, die von nun an miteinander wetteiferten. Im Laufe der Zeit gewöhnte man sich in der Familie an, sie mit den Kurzbezeichnungen »Alsterufer« und »Mittelweg« zu benennen. Die männlichen Familienmitglieder vom Alsterufer setzten künftig hinter ihren Vornamen ein »S.« für Siegmund, die vom Mittelweg ein »M.« für Moritz. Über Jahrzehnte hinweg tobte ein Streit darüber, ob der Anteil der Alsterufer- oder der Mittelweg-Warburgs am Ruhm der Familie größer sei. Auch in diesem Buch geht es vor allem um ihren Wettstreit, ihre abwechselnde Überlegenheit und ihre eifersüchtige Rivalität, denn nicht nur konkurrierten sie in glänzender Weise mit ihren Nachbarn, sondern am eifrigsten und unerbittlichsten untereinander.

2
Expansion

Wie die kulturellen Erfahrungen der Jugend die meisten Menschen lebenslänglich prägen, so wurden die deutschen Juden von der Emanzipation, die unter der Herrschaftszeit von Kaiser Wilhelm I. und Wilhelm II. stattfand, geprägt. Mit ihr erwachte ganz Deutschland, und auch die Juden wurden von seinem überschwappenden Nationalismus und Fortschrittskult erfaßt.

Zeitlich fiel der atemberaubende Aufstieg der Warburgs mit den stürmischen Ereignissen zusammen, die 1871 schließlich zur Verschmelzung der deutschen Kleinstaaten zu einer geeinten Nation führten. In dem Maße, wie Deutschland darum kämpfte, mit den Großmächten gleichzuziehen, mühten sich auch die Juden um ihren Platz in dem entstehenden neuen Staat. Zufällig fand ihre Befreiung zu einer Zeit statt, als es im Vaterland reichlich Gelegenheit zu wirtschaftlicher Entfaltung gab, wodurch ihnen ein spektakulärer Start ermöglicht wurde.

Im Jahre 1862 begann Otto von Bismarck seine langwährende Herrschaft im Zeichen von »Blut und Eisen«. Hinter dem spartanischen Militarismus, mit dem er erst Preußen und dann ganz Deutschland überzog, verbarg sich eine ausgeprägte romantische Einstellung. Der Kanzler präsentierte sich als heldischen Krieger in Kavalleriestiefeln, Waffenrock und Pickelhaube. Nach einer Kraftprobe mit Dänemark verleibte er Preußen die Herzogtümer Schleswig und Holstein ein und zwang 1866 das mächtige Österreich in die Knie. Ganz Europa blickte gespannt auf diesen Mann.

Als Bismarck den Norddeutschen Bund ins Leben rief, versuchte er, auch Hamburg zum Beitritt zu bewegen. Um die Widerstände vor Ort zu brechen, ließ er die Häfen im Norden des Landes über die Eisenbahn mit dem Binnenland verbinden. Ferner hofierte er Hamburgs jüdische Bewohner, erweiterte ihre Freiheiten und ging auf Siegmund Warburgs Anregung ein, einen »ewigen Friedhof« anzulegen. Nach jüdischem Gesetz mußten Tote eigentlich bis zur Auferstehung am selben Ort beerdigt bleiben; in Hamburg hingegen wurde der Friedhof alle hundert Jahre aufgelassen. Als Bismarck der Schaffung eines neuen jüdischen Friedhofs in der Nähe der Stadt zustimmte, fragte Siegmund, ob die Toten dort in alle Ewigkeit ruhen könnten. »Gewiß«, bekam er zur Antwort, »soweit es in der Macht der preußischen Regierung steht, überhaupt etwas in alle Ewigkeit zu garantieren.«[1]

Wie Fritz Stern in seiner Arbeit über Bismarcks Privatbankier Gerson

Bleichröder angemerkt hat, war der Reichskanzler in seiner Haltung gegenüber den Juden gespalten. So vergalt er etwa die Dienste Bleichröders, der seine Besitzungen verwaltete, hinter dessen Rücken mit boshaften Äußerungen. Für Bismarck wie für viele andere nichtjüdische Deutsche war der Jude ein schmutziges Geheimnis, ein nützlicher Katalysator für den Handel, den man auf gesellschaftlicher Ebene dennoch fürchtete und verachtete. Zwar widersetzte sich Bismarck der vollständigen gesellschaftlichen Gleichstellung, doch sprach er sich zugleich gegen antisemitische Umtriebe in der Öffentlichkeit aus.

Mit drei rasch aufeinanderfolgenden Kriegen schmiedete Bismarck einen militärischen Koloß unter preußischer Oberherrschaft. Wilhelm, König von Preußen, bestieg als neuer deutscher Kaiser den Thron. Hamburg gab 1871 seine seit langem bestehende Unabhängigkeit auf und wurde Bestandteil des Kaiserreichs. Den Schlußstein in Bismarcks Expansionsprogramm bildete der preußisch-französische Krieg von 1870 bis 1871, in dessen Verlauf das französische Heer geschlagen und Paris vier Monate lang eingeschlossen und bombardiert wurde. Im Anschluß daran verlangte er von den Franzosen Reparationszahlungen in Höhe von fünf Milliarden Francs und annektierte Elsaß-Lothringen. Wie im Rausch wurde sich Deutschland seiner plötzlichen Stärke bewußt, und es kam zu einer gefährlichen Gleichsetzung von Macht und Eroberung. Der Bann des kriegerischen Ruhms erfaßte das Volk und machte selbst zögernde Liberale zu Anhängern von Bismarcks Despotismus; auf diese Weise konnte eine Mischung aus Obrigkeitshörigkeit und kriegerischem Geist entstehen, die später grausame Folgen zeitigen sollte.

Da Théophilie frankophil und Charlotte zutiefst nationalistisch gesinnt war, verschärfte der preußisch-französische Krieg die Rivalität der beiden Frauen und trieb einen Keil zwischen die ohnehin miteinander im Wettstreit liegenden Mittelweg- und Alsterufer-Warburgs. Während Charlotte über das hochnäsige Gehabe ihrer »französischen Schwägerin« spottete, blickte Théophilie herablassend auf das »kleine Provinzmädchen«[2], wie sie Charlotte titulierte.

Die eigentliche Quelle des Streits allerdings war Siegmunds unbestrittene Vorrangstellung in der Bank. Charlotte konnte es nicht verwinden, daß Moritz so geringen Einfluß besaß und stachelte ihn an, er solle sich stärker durchzusetzen. Ein Alsterufer-Warburg hat ihre Haltung folgendermaßen beschrieben: »Sie möchte nicht einen Mann haben, der weniger bekannt ist als der Théophilies. Warum redet jeder über die Fähigkeiten und die Macht Siegmunds und nicht über ihren Moritz? Gutmütig und eigentlich recht bescheiden, läßt Moritz sie reden. Aber zum Schluß hat Charlotte mit ihrem unaufhörlichen Herumnörgeln doch Erfolg.«[3] Von Charlotte angestiftet, begann Moritz, umfangreichere Vollmachten in der Bank zu verlangen, und stritt sich häufiger mit Siegmund.

Nach und nach bekam die Spaltung auch eine politische Dimension. Ungehemmt jubelte die in Frankfurt, dem Sitz des ersten Bundesparlaments, aufgewachsene Charlotte über die Triumphe des neu gegründeten Deutschen Reichs. Die in Rußland zur Welt gekommene frankreichfreundliche Théophilie hingegen betrachtete ihr Haus als einen Salon von internationalem Zuschnitt, in dem beschränkte deutsche Engstirnigkeit keinen Platz hatte. Charlotte befürwortete Bismarcks Einfall in Frankreich, Théophilie hingegen verurteilte ihn. So hoch gingen die Wogen, daß die Mittelweg- und Alsterufer-Warburgs schließlich nicht mehr miteinander sprachen. Um den Bruch zu heilen, mieteten beide Familien gemeinsam für den Sommer in Holland eine Villa an der Nordsee und nahmen von da an wieder voneinander Notiz.

Der preußisch-französische Krieg brachte der deutschen Wirtschaft – und damit auch dem Vermögen der Warburgs – einen ungeahnten Aufschwung. Es entstanden Aktienbanken, die häufig von Juden geführt wurden, so etwa die Deutsche Bank unter Ludwig Bamberger oder die Dresdner Bank unter Egon Gutmann. Die Privatbankiers konnten mit ihren Mitteln den Geldbedarf der neuen Industrieunternehmen nicht mehr decken, so daß öffentliche Anleihen aufgelegt werden mußten. Aus diesem Grunde nahmen die Warburgs den Wertpapierhandel auf und legten damit den Grundstein für ihren raschen Aufstieg in die Welt der Hochfinanz. Siegmund verbesserte die Beziehungen zu den Rothschilds, die unter seinem Vater Schaden genommen hatten. Infolgedessen wurden die Warburgs an der zweiten Anleihe beteiligt, mit deren Hilfe Frankreich seine Reparationszahlungen an Deutschland leisten konnte. Für die Bankiers bedeutete dies einen Gewinn von gigantischem Ausmaß.

Es herrschte eine Zeit des Übermuts, als Geschäftsleute das ökonomische Potential der wiedervereinigten deutschen Wirtschaft in vollem Umfang ausschöpften. Nachdem Frankreich mit Hilfe der Pariser Rothschilds seine Kriegsschuld binnen zwei Jahren getilgt hatte, explodierte in Deutschland der Bargeldumlauf, was zu einer Welle von Spekulationen führte. Jüdische Unternehmer taten sich bei Eisenbahnen, Zeitungen, Elektrounternehmen und Kaufhäusern hervor. Bestrebt, die Schatten der Vergangenheit abzuschütteln, erwiesen sich die Juden als die eigentlichen Erneuerer und Antriebskräfte eines mitunter fieberhaften Wandels. Was konnte ihnen daran liegen, eine feudale Vergangenheit, von der sie ausgeschlossen geblieben waren, in die Gegenwart zu retten?

Während die Bankiers die Aktien neuer Unternehmen auf den Markt brachten, hintergingen einige gewissenlose Geschäftemacher Investoren mit offenkundigen Betrügereien. Bislang hatten sich die Warburgs vom Aktienhandel ferngehalten, nun aber schlugen sie ihre Bedenken in den Wind und stürzten sich in das Geschäft. M. M.Warburg & Co. wirkte 1870 bei der Gründung der Commerz- und Disconto-Bank mit, und

Moritz wurde Mitglied ihres Vorstandsgremiums. In Hamburg spiegelte sich das Spekulationsfieber im Bau zahlreicher neuer Villen auf den ländlichen Wiesenflächen an der Außenalster. Als der Aktienmarkt 1873 zusammenbrach, erlitten die Warburgs zwar schwere, aber keineswegs existentiell bedrohliche Einbußen. Siegmunds Sohn schrieb darüber: »... [er] war angesichts des späteren Zusammenbruchs äußerst niedergeschlagen, da sie über so lange Zeit Verluste einstecken mußten.« Schließlich sagte Siegmund mit philosophischem Gleichmut: »Es war das Glück der Warburgs, daß immer, wenn wir im Begriff standen, sehr reich zu werden, etwas geschah, das uns arm machte, so daß wir wieder von vorn anfangen mußten.«[4]

Für die noch nicht lange emanzipierten Juden erwies sich das Debakel von 1873 als fürchterlicher Rückschlag. Da sich die Berliner Banken vorwiegend in jüdischer Hand befanden, gaben zugrunde gerichtete Investoren jüdischen Aktienhändlern die Schuld an ihrer Misere. Bethel Henry Strousberg, ein zum Christentum übergetretener jüdischer Eisenbahnkönig, wurde wegen betrügerischer Machenschaften festgenommen und machte Bankrott.

Zwar bot dieses stürmische Jahrzehnt Juden zahlreiche geschäftliche Möglichkeiten, doch setzte es sie zugleich zunehmenden Angriffen aus, da die Öffentlichkeit sie für die hektische und verspätete Industrialisierung des Reiches und das ungeheure Städtewachstum der frühen Jahre verantwortlich machte. Mehr als die Hälfte der deutschen Juden gehörte bereits der oberen Mittelschicht an und kam dank der Emanzipation glänzend voran. Die Modernität, für die sie standen, galt vielen Deutschen als etwas Aufgepfropftes und Fremdes, das sich nicht organisch aus der eigenen Gesellschaft entwickelt hatte, und daher als zutiefst bedrohlich. Bei der Gründung der Reichsbank im Jahre 1875 stellten Flugschriften diese als Ergebnis einer jüdischen Verschwörung hin. So hieß es dort beispielsweise, die Juden hätten sich in Firmen zusammengeschlossen, die mit geringem Aufwand aufsehenerregende Profite einstrichen, »namentlich im Bankwesen und im Großhandel«.[5]

Als der Hamburger Anarchist Wilhelm Marr die »jüdische Frage« in die deutsche Politik einführte und seine Antisemitische Liga gründete, tauchte der Begriff »Antisemitismus« 1879 zum ersten Mal in einer jüdischen Zeitung auf. Man darf aber nicht vergessen, daß antisemitische Regungen bereits auftraten, als die Juden die Ghettos verließen, sich die Bärte schoren und die ihnen aufgezwungenen diskriminierenden Abzeichen ablegten, so daß sie äußerlich von anderen Deutschen nicht mehr zu unterscheiden waren. Was die Christen in Deutschland beunruhigte, war nicht der Jude als der andere, sondern der Jude als *Alter ego.*

Eine berühmte Warburg-Geschichte erzählt, wie Sara 1879 Bismarck eine Abfuhr erteilte. Eines Tages ließ der Aktienmakler Emil Vogt, der mit Bismarck zu jagen pflegte, Moritz wissen, daß der Reichskanzler bestimmte Butterkuchen wünsche, wie Sara sie alljährlich für das jüdische Pessachfest zubereitete. Anfangs war sie auch gewillt, diesen Wunsch zu erfüllen, aber nur unter der Voraussetzung, daß sie anonym bleiben konnte; daher wollte sie ihre Jahresgabe lediglich mit der Aufschrift »Von einer Patriotin« versehen.[6] Doch 1879 hielt der Berliner Dom- und Hofprediger Adolf Stoecker eine haßtriefende Predigt gegen die Juden, in der es hieß: »Israel muß seine Absicht aufgeben, Deutschland beherrschen zu wollen.« Wenn die Juden nicht durch neue Restriktionen gestoppt würden, werde »das Krebsgeschwür, an dem wir leiden, weiterwachsen«.[7] Da sich der opportunistische Bismarck nicht dazu durchringen konnte, Stoecker in dieser Angelegenheit öffentlich zu maßregeln, erklärte Sara: »Dann kriegt Bismarck keine Butterkuchen mehr.«[8] Als Vogt kam, um die nicht gelieferten Kuchen selbst zu holen, sagte sie schroff, »Bismarck dürfte schon wissen«, warum er keine bekommen habe. Sie setzte dem Eisernen Kanzler einen Willen entgegen, der ebenso unbeugsam war wie der seine.

Zwar war Hamburgs jüdische Gemeinde nicht so groß wie die Berlins, dafür aber sicherer, und ihre Geschäftsleute wußten sich unauffällig in die gesellschaftliche Umgebung einzufügen. In Berlin, wo Hof und Reichsregierung, Hochadel und Militärkaste beheimatet waren, kam es zu erheblichen Spannungen zwischen starren Traditionalisten und entschlossenen Vertretern des neuen Kapitalismus. In Hamburg, das sich der neuen industriellen Ordnung öffnete, brauchte niemand zu befürchten, daß die Juden der Stadt die mit ihren Privilegien verwachsenen Junker verdrängen würden. Die Verbindung von deutscher und jüdischer Kultur erwies sich dort als eine fruchtbare und sich wechselseitig ergänzende Mischung. Ende der siebziger Jahre wurde Siegmund in die sogenannte Bürgerschaft, das Parlament der Stadt, gewählt.

Inmitten dieser imperialen Pracht bereiteten Charlotte und Moritz Warburg ihre fünf Söhne und zwei Töchter auf das Leben im neuen Deutschen Reich vor. Nachdem es in der Familie über längere Zeit hinweg kaum männliche Nachkommen gegeben hatte, bekam Charlotte in rascher Folge vier Söhne – 1866 Aby, 1867 Max, 1868 Paul und 1871 Felix. Hinzu kamen 1873 Olga und 1879 die Zwillinge Fritz und Louise. Die Brüder, die hinter dem Vornamen jeweils den Zusatz M. für Moritz trugen, bildeten ein beachtliches Potential aus Energie und Begabung, das die Familie aus ihrer provinziellen Enge herausheben und ihr ein völlig neues Gesicht geben sollte. Sie besaßen den für die Warburgs typischen Erfolgswillen, ohne aber den früher üblichen Zwängen und geheimen Hemmungen unterworfen zu sein. Und sie waren zu fünft.

Charlotte zog ihre sieben Kinder voll Fröhlichkeit, doch auch mit entschlossener und auf erzieherische Grundsätze gestützter Festigkeit auf. Von Moritz enttäuscht, suchte sie Erfüllung in ihren großartigen Söhnen.

Moritz und Charlotte Warburg auf einem Portrait-Bildnis des holländischen Malers Jan Veth.

Mit ihren hochgeschlossenen Kleidern, die ihrer strengen Energie Ausdruck gaben, und dem weißen Spitzenhäubchen mit unter dem Kinn zusammengebundenen Bändern war sie der Vorstand des Haushalts am Mittelweg 17. Um ihre spartanische Haltung zu betonen, setzte sie sich grundsätzlich auf ungepolsterte Stühle. Jeden Nachmittag sah sie die Hausaufgaben ihrer Kinder durch und verbesserte sie. Wenn sie verreist war, pflegte sie diese Kontrolle auf dem Postwege durchzuführen. Von Ostende aus rügte sie Aby, weil er ihr einen Aufsatz auf seinem besten Wiener Briefpapier geschickt hatte. »Glaubst Du, daß mir Deine Arbeit werter ist, wenn oben ein schönes Schiff gemalt ist?« fragte sie.[9]

Da sie die Kinder zum Zusammenhalt erziehen wollte, legte sie nicht nur Wert auf das Arbeitsethos, sondern auch auf das brüderliche Miteinander. Sie verstand es, die Rivalität zwischen den Geschwistern zugleich anzustacheln und zu dämpfen. »Mein lieber Max, denkst Du auch daran, täglich etwas für Dich zu lesen, und zwar halblaut? Paul und Felix hören Dir gern zu, wenn Du ihnen etwas vorliest.«[10] Wenn Max ein Gedicht für die Schule auswendig zu lernen hatte, ließ ihn Charlotte stundenlang im Zimmer auf und ab gehen und es hersagen.

Charlotte war ein regelrechter Apostel des Erfolgs und tapezierte die Wände der Kinderzimmer mit anfeuernden Sprüchen. So konnten die Kinder an den Türen etwa »Carpe diem« lesen oder wurden, wenn sie ihre Pultdeckel öffneten, von dem Spruch »Siehe, wie lieblich ist es, wenn Brüder einträchtig beieinander wohnen« überrascht.[11] Obwohl den Töchtern nicht das gleiche Maß an Bildung zuteil wurde – Charlotte ging davon aus, daß sie ohnehin heiraten würden –, bekamen auch sie das Arbeitsethos dieser emsigen Familie eingeimpft. Vormittags zu lesen war verpönt – in Charlottes Augen ein Zeichen des Müßiggangs –, und pro Jahreszeit bekamen die Mädchen lediglich ein neues Kleid. Nie sagte Charlotte den Kindern, daß Moritz ein reicher Bankier war. Sie sprach von ihm als »Kaufmann« und tat alles, was in ihren Kräften stand, um dem verderblichen Einfluß des Reichtums entgegenzuwirken. Auch war sie ein entschiedener Gegner der Selbstsucht. Als die Kinder kleine Blechspardosen bekamen, mußten sie gemäß dem jüdischen Gebot, den Zehnten zu geben, ein Zehntel ihrer Ersparnisse für wohltätige Zwecke abzweigen.

Charlotte konnte durchaus tyrannisch sein. Wie Sara griff sie gern ins Leben anderer ein und war eine unermüdliche Kupplerin. Bei Soireen brachte sie junge Paare zusammen, schob sie zu einem Dämmerungsspaziergang in den Garten hinaus und verriegelte die Terrassentüren hinter ihnen, bis das Wirken der Natur das gewünschte Ergebnis zeitigte. Selbst wenn sie Gutes tat, bestand sie auf absoluter Pünktlichkeit. Verspätete sich ein armes Waisenkind am Freitagabend, um seine Almosen abzuholen, knurrte sie ungeduldig: »Wo bleibt denn der Schlemihl?«[12] Eine Enkelin hat dazu angemerkt, Charlotte »habe niemanden je launisch behandelt, da sie diszipliniert gewesen sei und jede ihrer Empfindungen in der Gewalt gehabt habe: ... ich kann mich nicht erinnern, daß sie je in Superlativen gesprochen hätte.«[13] Als ordentliche Hausfrau hielt sie alle Schränke geschlossen und tadelte ein Kind, das am falschen Platz saß. »Richtet mir die Möbel nicht zugrunde«[14], pflegte sie zu sagen. Wie bei Sara muß zum großen Teil eine fehlgeleitete schöpferische Kraft Ursache dieser Starrheit gewesen sein. Charlotte war begabt, sprach mehrere Sprachen, schrieb Gedichte und veröffentlichte Erzählungen in der *Frankfurter Zeitung*. Eigentlich hätte *sie* die Bank leiten und Moritz den Hausmann spielen müssen.

Der unausgesetzte Leistungsdruck führte dazu, daß sich in den lebhaften Kindern ein großes Maß an inneren Spannungen aufbaute. Zu deren Glück stellte Charlotte ein warmherziges Kindermädchen namens Franziska Jahns ein, das in einem Hamburger Waisenhaus aufgewachsen war. Die rothaarige Nichtjüdin schenkte ihren Schützlingen, die sie förmlich anbeteten, die vorbehaltlose Zuwendung, die sie brauchten. Das gelang ihr so gut, daß Charlotte eifersüchtig auf sie wurde. Sie verkörperte gleichsam ein Stück Ökumene und förderte somit fast vierzig Jahre lang die Toleranz. Um mit den Kindern die Gebete sprechen zu können, lernte sie sogar Hebräisch.

Gekocht wurde streng koscher. Jeden Freitagabend feierten Moritz und Charlotte den Beginn des Sabbats und duldeten nicht, daß die Kinder an Samstagen Bücher mit sich trugen. (Für solch sündhaftes Tun wurden nichtjüdische Dienstboten, sogenannte »Sabbat-Jungen«, beschäftigt.) Moritz, der öfter als Charlotte zur Synagoge ging, bestand darauf, daß die

Kinder die jüdischen Bräuche befolgten. Den Jungen waren die beiden trockenen Pedanten, die ihnen Hebräisch beibrachten, ein Greuel, und nur äußerst ungern begleiteten sie ihren Vater in den kleinen luftlosen Raum im Mittelweg, der als Synagoge eingerichtet war.

Als Kinder des neuerstandenen Deutschen Reiches empfanden sie die Religiosität des Vaters als altmodisch, ja bisweilen lachhaft. Er war der letzte noch ganz vom Geist des Judentums durchdrungene Warburg, und sie neckten ihn mit ungewöhnlicher Respektlosigkeit – dies war ihre Art, mit einem Vater fertig zu werden, der ihnen schwach erschien, gekettet an veraltete jüdische Tabus. Er hatte noch das Deutschland aus der Zeit vor der Emanzipation mit all seinen inzwischen überholten Verboten im Kopf. Möglicherweise jedoch stieß seine Erziehung bei den Töchtern auf größere Resonanz. Als Louise zum ersten Mal Schinken aß, war sie überzeugt, der Himmel werde sie mit einem mahnenden Donnerschlag dafür bestrafen.

Obwohl die fünf Söhne schließlich die meisten jüdischen Bräuche über Bord warfen und den alten Glauben weitgehend aufgaben, blieben sie der Tradition verhaftet und erfüllten ihre Pflichten in der jüdischen Gemeinde gewissenhaft. Die jüdische Identität ging also in jener Generation nicht völlig verloren; sie verwandelte sich vielmehr in eine auf dem Judentum gründende philanthropische Haltung ohne geistliche Inhalte.

Bei aller Pflichtbesessenheit herrschte im Haus am Mittelweg 17 zu keiner Zeit Trübsal. Charlotte und Moritz, die man nicht ohne Grund »das Paar, das nicht sitzen kann«,[15] nannte, liebten die Geselligkeit und hatten fortwährend Gäste im Haus. Auch die Kinder waren pausenlos in Bewegung. Im Garten war für sie eine Spielzeugeisenbahn aufgebaut, deren Gleiskörper von einer niedrigen Zementmauer umgeben wurden, und für Ausflüge auf der Alster besaßen sie ihr eigenes (nach Charlotte benanntes) Ruderboot. Zu besonderen Anlässen führten sie Laientheaterstücke auf oder trugen Sonette vor. Auch die Leidenschaft der Warburgs für die Musik hatten sie geerbt. Die drei Jungen bildeten zusammen ein Trio: Paul spielte Violoncello, Max Klavier und Felix, der außerdem eine wohlklingende Stimme hatte, Violine. Seine Geigenstunde ließ er nicht einmal dann ausfallen, wenn er vierzig Minuten durch den Schnee stapfen mußte. Es nimmt daher nicht wunder, daß ihn sein späterer Lebensweg in die Welt der Oper führte.

In den siebziger Jahren wurde das glückliche Leben der selbstbewußten Familie von einer ganzen Serie unglücklicher Ereignisse überschattet. Der sechsjährige Aby erkrankte 1873 an Typhus. Während der phantasievolle und ziemlich nervöse Junge, dessen Stimmungen ohnedies außerordentlich schwankten, mit hohem Fieber im Bett lag, tanzten vor seinem inneren Auge Dämonengestalten aus Honoré de Balzacs *Kleine Nöte des Ehelebens* – wahrhaft frühreif für einen so kleinen Bücherwurm. Sein Zustand war derart kritisch, daß die Ärzte sagten, man dürfe ihn keinesfalls aufregen. Dies bot Aby Gelegenheit, seine Launen auszuleben, und er machte von dieser Möglichkeit hemmungslosen Gebrauch, um andere zu manipulieren. Obgleich er Charlottes Liebling war, hatte diese bereits gelernt, seine Wutanfälle und Augenblickslaunen zu fürchten. Bei solchen Gelegenheiten konnte außer Franziska Jahns niemand mit ihm fertig werden.

Kaum war Aby genesen, folgte ein weiterer Schicksalsschlag. Charlotte war 1875 mit den Kindern in Bad Ischl zur Kur. Als sie eines Tages eine Bergwanderung machten, fühlte sie sich plötzlich so matt, daß sie auf einer Sänfte zum Gipfel getragen werden mußte. Sie erkrankte lebensbedrohlich an Typhus und mußte für längere Zeit das Bett hüten. Ein Wiener Arzt namens Dr. Breuer, bei dem auch die königliche Familie in Behandlung war, nahm sich ihrer an. Nonnen pflegten sie Tag und Nacht, und dreimal hatte Breuer kaum noch Hoffnung, daß sie überleben werde. Die nahe gelegene Kirche mußte das Glockenläuten einschränken, um die Nerven der Patientin zu schonen. Ihr Vater kam aus Frankfurt, um mit den Kindern hebräische Gebete zu sprechen; anschließend spendierte er ihnen in einem Lebensmittelgeschäft »verbotene Würste«. In den Monaten, als Charlotte krank war, fand der überspannte und von allerlei unzuträglichen Empfindungen erfüllte Aby Zuflucht in der örtlichen Bibliothek, wo er sich in »Indianerromane« versenkte. Von jetzt an würde ihm die Welt nie wieder so sicher und festgegründet erscheinen wie zuvor. Später sprach er häufig von dieser Alptraumerfahrung seiner Kindheit, die in ihm die zentrale Frage nach der Todesfurcht und dem Unbekannten in allen menschlichen Gesellschaften geweckt habe.

Die Krankheit warf einen Schatten auf Charlottes Wesen, dämpfte ihren Humor und ließ ihre ernsthafte Seite stärker hervortreten. Sie hatte in deren Verlauf ihr wundervolles dichtes Haar verloren, was für die eher schlichte kleine Frau sehr schmerzlich gewesen sein muß. Auch scheint es damals zu einer Entfremdung zwischen ihr und dem fürsorglichen Moritz gekommen zu sein. Dieser verlegte ernsthafte Auseinandersetzungen grundsätzlich auf den späten Abend.

Eine weitere Geburt im Jahre 1879 belastete Charlotte zusätzlich. Nachdem ein kleines Mädchen, Louise, zur Welt gekommen war, soll sie gestöhnt haben: »Ach, soviel Schmerz für so wenig«, worauf der Arzt erwiderte: »Keine Sorge, es kommt noch eins.«[16] Als Charlotte protestierte: »Vielen Dank, ich *will* kein weiteres Kind«, teilte ihr der Arzt mit: »Das hätten Sie sich vorher überlegen müssen.«[17] Sodann kam ein merkwürdig aussehendes Zwillingsbrüderchen, Fritz, zum Vorschein, das Louise überhaupt nicht ähnlich war und den Eindruck erweckte, als sei es von der Natur nicht eigentlich beabsichtigt gewesen.

Die Zwillinge waren kränklich und wurden unaufhörlich von Ammen betreut. Doch auch Charlotte kostete die quälende Zwillingsgeburt den Rest an Lebhaftigkeit, der ihr nach der Typhuserkrankung geblieben war, und sie gewann sie nie wieder. Ihren Enkeln blieb sie als eine nüchterne, humorlose Frau in Erinnerung, die ihnen Schirme und andere praktische Dinge schenkte. Die lebhafte junge Dame aus Frankfurt lernten sie nicht mehr kennen.

Die Kinder der Mittelweg-Warburgs ähnelten einander zwar kaum, ergänzten sich aber so gut, daß sie gemeinsam nahezu alle denkbaren Begabungen und Merkmale besaßen. Von einem geradezu mystischen Sinn ihrer Bestimmung erfüllt – welche jüdischen Kinder hätten je so hochfliegende Träume gehabt? – sahen sie sich in den sieben Sternen des Großen Wagens widergespiegelt. Waren sie auf Reisen voneinander getrennt, blickten sie auf zu dem Gestirn und stellten sich vor, daß sie einander durch die Galaxie geheime Botschaften übermitteln konnten. Später verwendete Felix den Großen Wagen als sein persönliches Emblem auf Geschenken.

Aby nahm als ältestes, aufgewecktestes und lebhaftestes Kind eine natürliche Führungsposition ein. Schon damals war er sehr egoistisch veranlagt. Kaum waren die Zwillinge zur Welt gekommen, protestierte er dagegen, daß er diesen Eindringlingen sein Billardzimmer räumen mußte. Zeitlebens zog er die Geschwister in seinen Bann, obgleich er sie mit seinen unersättlichen und streitsüchtig vorgetragenen Forderungen immer wieder erzürnte. Im Lernen übertraf ihn lediglich Paul, der dritte Sohn, der mit seiner ruhigen, vernünftigen und zurückhaltenden Art das genaue Gegenteil des auffälligen und extravaganten Aby war. Auf diese beiden Söhne konzentrierte sich Charlottes Ehrgeiz. Die an zweiter und vierter Stelle geborenen Söhne Max und Felix hatten die lebensfrohe, charmante und kokette Art des Vaters geerbt. Olga war hübsch, musikalisch und künstlerisch begabt und wurde von all ihren Brüdern gleichermaßen verehrt.

Kein Besucher des Hauses am Mittelweg wäre auf den Gedanken gekommen, daß der bei allen beliebte, aber energielose Max eines Tages an die Spitze der Bank treten und einer der führenden Männer der Gemeinschaft der Juden in Deutschland werden würde. Da Aby der älteste Sohn war und einen bestechenden Verstand besaß, konnte er die Position des Seniorchefs in der Bank für sich in Anspruch nehmen. Doch schon damals las er lieber und war dem Bankfach eher abgeneigt.

Durch seine Typhuserkrankung in der Schule um ein Jahr zurückgeworfen, besuchte er zeitweilig dieselbe Klassenstufe wie Max. Im Alter von dreizehn Jahren sagte er eines Tages zu seinem zwölfjährigen Bruder, er sei bereit, ihm die Leitung der Bank abzutreten, wenn dieser ihm verspreche, daß er ihm, solange er lebe, alle Bücher kaufen werde, die er brauche. Die wie im Spaß dahingesagten Worte waren bitterernst gemeint, und Max erklärte sich nach nur kurzer Bedenkzeit einverstanden. »Ich sagte mir, daß schließlich Schiller und Goethe, Lessing, vielleicht auch noch Klopstock, von mir, wenn ich im Geschäft wäre, doch immer bezahlt werden könnten, und gab ihm ahnungslos diesen, wie ich heute zugeben muß, sehr großen Blankokredit.«[18] Sie besiegelten die Vereinbarung mit einem Handschlag. Max sagte, es sei der einzige Blankokredit gewesen, den er in seinem Leben je ausgestellt habe – und das ausgerechnet einem der leidenschaftlichsten und unverbesserlichsten Bibliophilen des 20. Jahrhunderts.

Max' Teilhaber in der Bank wurde später der glubschäugige kleine Fritz, der aussah, als habe man ihn als Findelkind auf der Schwelle des Hauses Warburg abgelegt. Die vier weltmännischen älteren Brüder nahmen wenig Notiz von ihm, seine Zwillingsschwester Louise hingegen behandelte ihn stets voll Wärme und Mütterlichkeit. Fritz war ein so schwächliches Kind, daß sie ihm bei Spaziergängen mit Franziska Jahns den Mantel trug. Für diesen oft zu Streichen aufgelegten Sohn hatte Charlotte nie viel Zeit; häufig trug sie den vier anderen Jungen auf: »Geht mal nachsehen, was Fritz treibt, und sagt ihm, er soll damit aufhören.«[19]

An dieser Stelle sei kurz auf die ungewöhnliche Liste psychosomatisch bedingter Krankheiten hingewiesen, an denen die Kinder Warburg litten, angefangen von Pauls Magengeschwüren bis hin zu Fritz' Hals-, Nasen- und Ohrengeschichten. Die harte Erziehung und der Erfolgszwang verlangten ihren Tribut.

Im unaufhörlichen Wettstreit mit Théophilie verlegte Charlotte die Auseinandersetzung klugerweise von der Ebene der Ehemänner, auf der sie unmöglich gewinnen konnte, auf die Ebene ihres männlichen Nachwuchses, denn hier konnte sie unmöglich verlieren. Der sanfte, träge Moritz hatte fünf hochbegabte Söhne und zwei sensible Töchter gezeugt, während der dynamische und antriebsstarke Siegmund Vater zweier zarter, kränklicher Söhne und fünf kräftiger Töchter war. Sein älterer Sohn, Aby S. (nicht zu verwechseln mit Saras Ehemann oder Moritz' erstgeborenem Sohn, Aby M.) kam zwei Monate zu früh zur Welt und wog bei der Geburt nur drei Pfund. Daraufhin ließ sich Théophilie eine Art Brutkasten einfallen. Abys Schwester erinnerte sich, daß sie ihn »... in Watte wickelte und an der wärmsten Stelle des Ofenrohrs einen kleinen Kasten, ähnlich wie ein Nest, für ihren winzigen Sohn anfertigte«.[20] Da seine Finger nicht beweglich genug waren, konnte Théophilie ihm das Schreiben nur mit großer Mühe beibringen. Er sah gut aus, war aber klein, schwächlich und kränkelte. Nachdem er eine Internatsschule in Karlsruhe besucht hatte, lernte er bei Samuel Montagu in London und kehrte dann nach Hamburg zurück, um in der Bank der Familie zu arbeiten.

Sein jüngerer Bruder war der magere, nervöse Georg. Die Erziehung des von Kopfschmerzen gequälten, stotternden Kindes bereitete große Schwierigkeiten. Ärzte rieten zu einer kalorienreichen Ernährung, doch Georg hatte keinen Appetit und wurde immer unglücklicher. Bei aller Gutherzigkeit und Freundlichkeit war er häufig nervös und schwierig. Seine Schwester Elsa beschrieb ihn als »durchaus launenhaft und so unbeherrscht, daß er aus dem Fenster zu springen drohte und es wohl auch getan hätte, wenn ich ihn nicht daran gehindert hätte«.[21] Da er außer in Geschichte ein schlechter Schüler war, schickte man ihn auf eine landwirtschaftliche Schule in der Hoffnung, dies werde die nervliche Belastung lindern.

Nach Aussage von Théophilies Kindern platzte Charlotte vor Stolz auf ihre hochbegabten Söhne. Théophilies Enkelin erinnerte sich: »Im Gegensatz zu ihren eigenen Kindern, die sehr begabt sind und die sie nicht genug loben kann, macht sie sich über ihre Nichten lustig, und insbesondere über die Schwäche und Kränklichkeit von Aby und Georg.«[22] Es war unübersehbar, daß sich in der folgenden Generation die Machtverhältnisse deutlich zugunsten der von der Natur bevorzugten Mittelweg-Warburgs ändern würden, und das rief im Hause am Alsterufer Bestürzung hervor.

Während ihre Enkel heranwuchsen, war Sara nach wie vor die unangefochtene Herrscherin, die im Vorstand zahlreicher Wohltätigkeitseinrichtungen für Arme und Kranke das Sagen hatte. Noch mit über siebzig Jahren machte sie sich Sorgen um ihr Aussehen und sagte zu Charlotte: »Je älter man wird, desto mehr sollte man auf sein Äußeres achten.«[23] Jeden Nachmittag unternahm sie zusammen mit ihrer Lieblingstochter, der hausbackenen, geschiedenen Marianne, und verschiedenen Enkeln in Begleitung eines Kutschers und eines Lakaien eine Ausfahrt entlang der Alster. Eine Enkelin erinnerte sich, wie Sara sie jedesmal ermahnte: »Sitz gerade, Kind.«[24] Das war aber gar nicht einfach, da die Füße der Kleinen nicht einmal bis zum Boden reichten.

Nach wie vor war Saras scharfe Zunge weithin gefürchtet. Als ein schweigsamer Junggeselle sie eines Abends auf einer langen Fahrt begleitete, auf der kein Wort zwischen ihnen fiel, beugte sie sich zum Abschied zu ihm und flüsterte: »Was wir geredet haben, bleibt unter uns.«[25]

Seit dem Skandal mit Samuel Zagury war Marianne stets die zurückhaltende Tochter gewesen, die sich größte Mühe gab, ihre neurotische und anspruchsvolle Mutter nicht zu verärgern. Seit Anfang der achtziger Jahre litt sie unter Schmerzen, behielt dies jedoch zunächst für sich. Als sie dann endlich etwas sagte, war ihre Krankheit bereits in ein tödliches Stadium eingetreten, und sie starb im Dezember 1882. Sara hörte nie auf, sich wegen der katastrophalen Ehegeschichte, die nun fast dreißig Jahre zurücklag, Vorwürfe zu machen. Ihre Trauer war grenzenlos und von schweren Schuldgefühlen gezeichnet.

Jeder erinnerte sich an die außergewöhnlich würdevolle Haltung, die Sara bei Mariannes Tod an den Tag legte. An jenem Freitagabend weigerte sie sich, von dem allwöchentlichen Ritual abzuweichen oder auch nur vom Tod ihrer Tochter zu sprechen, solange der Sabbat andauerte; vielmehr mußte sie ihre heilige Pflicht erfüllen. Unter Aufbietung aller

Kräfte entzündete sie die Kerzen und sang mit ihrer herrlichen Sopranstimme die Psalmen. Den ganzen Samstag verlor niemand ein Wort über Marianne. Max vermerkte hierzu: »Die Großmutter lebte mit ihrem Gott.«[26] Als die Sonne an jenem Samstag unterging, brach Sara zusammen und gab sich abermals ihrem untröstlichen Kummer hin.

Sara fürchtete den Tod, so wie sie alles fürchtete, was sich ihrer Gewalt entzog. Eines Morgens im Jahr 1884 starb sie im Alter von neunundsiebzig Jahren. Über die Todesursache liegen unterschiedliche Auskünfte vor. Sie erlag entweder einer Herzattacke oder aber einem Schlaganfall, den sie beim Schuhebinden erlitt. Hamburgs Zeitungen berichteten, daß es noch nie zuvor so viele Trauergäste bei einer Beerdigung gegeben habe. Baron Meyer Carl von Rothschild schickte aus Frankfurt per Sonderkurier ein Blumengebinde für Saras Sarg. Künftig sagte Siegmund jeden Morgen in seiner Synagoge im Haus am Alsterufer Kaddisch. Da er seinen gewohnten Tagesrhythmus nicht aufgeben wollte, trug er zum Gebetsschal Reitstiefel und Sporen – in dieser Mischung ein durchaus passendes Bild für den deutschen Juden zu Anfang des Kaiserreichs. Kaum hatte er die Gebetspflicht erfüllt, verließ er fluchtartig das Haus und machte seinen morgendlichen Ausritt.

Siegmunds Konstitution war nicht so robust, wie es den Anschein hatte. Wenige Jahre nach dem Tode seiner Mutter erkrankte er mit Anfang fünfzig. Fortan suchten Théophilie und er immer wieder Spezialisten auf; sie verbrachten ein Jahr im südenglischen Torquay wegen des milden Klimas und das darauffolgende Jahr in Nizza. Ihn schreckte nicht, daß er sterblich war. »Ich brauche keine Angst vor dem Tod zu haben«, sagte er. »Ich habe stets die Gesetze des jüdischen Glaubens befolgt, und wenn ich sterbe, haben meine Kinder eine sichere Zukunft, weil mein Nachlaß für alle genügt.«[27] Am 13. Mai 1889 starb er mit vierundfünfzig Jahren an einem Herzanfall im Hotel *Bellevue* in Baden-Baden. Er fand seine letzte Ruhe auf dem ewigen Friedhof in der Nähe Hamburgs, dessen Anlage er bei Bismarck erwirkt hatte. Die zähe Théophilie überlebte ihn um sechzehn Jahre.

So stand der phlegmatische Moritz mit einundfünfzig Jahren völlig unerwartet an der Spitze von M. M. Warburg & Co., unterstützt von seinem zweiundzwanzigjährigen Sohn Max und dem fünfundzwanzigjährigen Neffen Aby S. Noch war die Bank ein recht bescheidenes Unternehmen mit dreiundzwanzig Angestellten, die beim Schein von Öllampen arbeiteten, ihre Mahlzeiten aus einer koscheren Küche bezogen und sich um die Benutzung des einzigen Telefons stritten. Siegmunds Tod führte keineswegs zu einer Krise, sondern bot ganz im Gegenteil Moritz' brillanten Söhnen Gelegenheit, ihre Talente einzusetzen. Sie stellten den Vater in den Schatten und übertrafen alles, was die Warburgs je geleistet hatten. Sie waren etwa ebenso alt wie das Deutsche Reich und teilten dessen rastlose Energie und blinden Optimismus. In einer Periode der Wirtschaftsgeschichte, in der Unternehmen von provinzieller Bedeutung auf nationaler Ebene tätig wurden und sich immer stärker im Export oder in der Auslandsproduktion engagierten, erlebten auch die Mittelweg-Warburgs einen Blütezeit. Ihr Aufstieg verlief parallel zum geradezu explosiven Wachstum der neuen Weltwirtschaft; Industriebarone und die kaiserliche Regierung benötigten finanzielle Mittel in einem Umfang, wie sie lediglich die Privatbankiers zur Verfügung stellen konnten. Von Anfang an sah es so aus, als seien Moritz Warburgs Söhne unter einem guten Stern geboren worden. Was Wunder, daß eine tiefe, ja sogar gefährliche Hoffnung in ihrem Wesen lag?

Teil II

DER AUFSTIEG DER MITTELWEG-WARBURGS

3

Der meschuggene Max

Zu allen Zeiten war das Schicksal der Warburgs mit dem der Stadt Hamburg verknüpft, die – wie die Familie – unter der Herrschaft des zu pompöser Selbstinszenierung neigenden Kaisers Wilhelm II. zu neuen Höhen emporstieg. Als Wilhelm I. im März 1888 starb, litt sein Nachfolger Friedrich III. bereits an Kehlkopfkrebs im Endstadium, so daß er nicht mehr sprechen konnte. Während seiner dreimonatigen Regierungszeit als Kaiser, die infolge der Krankheit für ihn gräßlich gewesen sein muß, lutschte er kühlende Eiswürfel und verständigte sich durch Notizzettel mit seiner Umwelt.

Nach seinem Tod im Juni folgte ihm der neunundzwanzigjährige Wilhelm II., ein Enkel der englischen Königin Viktoria, auf dem Kaiserthron nach. Da sein linker Arm infolge einer schwierigen Geburt verkrüppelt war, konnte der prahlerische junge Mann kein Fleisch schneiden und saß nur schlecht zu Pferde. Vermutlich nährte sich seine Liebe zu Pomp und männlichem Gehabe aus seiner Behinderung; auch die Tatsache, daß er das Meer dem Land vorzog, mag diesem Umstand zuzuschreiben sein. Als er 1891 erklärte, Deutschlands Zukunft liege auf dem Wasser, ging man pflichtschuldigst daran, eine mächtige Kriegsflotte zu bauen, womit sich das Schwergewicht des Militärs, das bei den Preußen stets auf der Infanterie gelegen hatte, zur Marine hin verlagerte.

Für das mit der Seefahrt eng verbundene Hamburg konnte das nur gut sein. Bei einer seiner ersten Amtshandlungen, der Grundsteinlegung für einen neuen Freihafen, der die Aufnahme der Stadt in den Deutschen Zollverein besiegelte, gab Wilhelm II. im Oktober 1888 zu erkennen, wie sehr er die pulsierende Hafenstadt schätzte. Mit über einer halben Million Einwohnern war Hamburg Deutschlands zweitgrößte Stadt und aufgrund seines modernen Hafens das Tor des Landes zur Welt. Seine Reeder, Bankiers und Makler führten Nahrungsmittel ein und betrieben zugleich eifrig die Eroberung von Auslandsmärkten. Für das Haus M. M. Warburg, das zunehmend mit den Aristokraten unter den europäischen Bankiers zusammenarbeitete, war es ein herrliches Jahrzehnt. Bei einer niederländischen Anleihe kooperierten sie mit den Pariser Rothschilds, bei einer norwegischen Staatsanleihe mit der Hambros-Bank in London.

Hamburgs atemberaubendes Wachstum machte aus der Stadt eines der größten Warenlager der Welt. In Hafennähe rissen zwanzigtausend Arbeiter ein ganzes Viertel mit pittoresken Höfen und engen, düsteren Gäßchen ab, um an dessen Stelle die sogenannte Speicherstadt mit einem

Im Lauf des 19. Jahrhunderts wurde Hamburg endgültig zu einem der größten und modernsten Häfen Europas. Ausgedehnte Verladeanlagen, Werften, Lagerhäuser entstanden in der Innenstadt, und es war dieser Eindruck unablässigen Handels und Wandels, der Bismarck 1895 bei einem Besuch Hamburgs zutiefst beeindruckte. Das neue Zeitalter des Transports, des weltweiten Austauschs von Gütern und Gedanken schien sich im Hafen und seiner Architektur zu verkörpern.

komplizierten Netz aus Brücken und Kanälen zu errichten. Dieser größte Lagerhauskomplex der Welt war ein Wunderwerk neuzeitlicher Ingenieurkunst; jedes Gebäude hatte Zugang zum Wasser, so daß man Ballen mit Gewürzen und Kaffee oder Orientteppiche direkt in die offenen Speicherböden hochwinden konnte.

Auf zeitgenössischen Photos sieht man eine Stadt, die sich im totalen Umbruch befindet. Pferdeomnibusse fuhren eilig durch die Straßen, Dampfschiffe durchpflügten die Außenalster, und im Hafen drängten sich Schiffe mit hohen Masten. Überall herrschte ein rastloses Treiben. 1895 kam der alternde Bismarck nach Hamburg, und Bernhard von Bülow beschrieb seine Reaktion folgendermaßen: »Er hielt inne, als er den Fuß auf das riesige Dampfboot setzte, ließ den Blick eine Weile über das Schiff schweifen, über die vielen Dampfer, die in der Nähe lagen, über die Hafenanlagen und die gigantischen Kräne, nahm das eindrucksvolle Bild in sich auf, das der Hafen bot, und sagte schließlich: ›Ich bin gerührt und bewegt. Ja, das ist ein neues Zeitalter – eine neue Welt‹.« [1] Doch es war nicht wirklich seine Welt: Schon 1890 hatte sich der forsche junge Kaiser seiner entledigt.

Hamburg blieb eine Stadt mit zwei Gesichtern: Es gab Viertel mit fluchenden Seeleuten, rohen Hafenarbeitern, herzlosen Vormännern und liederlichen Bordellen, aber auch elegante und weltstädtische Wohngebiete. Viele Angehörige des Bürgertums zogen nach Errichtung der Speicherstadt in die Umgebung der Binnen- oder Außenalster. Selbst das Geschäftsviertel in der City behielt einen vornehmen Charme und gab mit seinen von Grünspan bedeckten Kirchturmspitzen eine reizvolle Silhouette ab. Der wirtschaftliche Aufschwung verschärfte die gesellschaftlichen Unterschiede, und die Warburgs samt ihren Nachbarn hatten nur wenig unmittelbaren Kontakt mit den politisch links stehenden Hafenarbeitern, die in den lauten, chaotischen Mietshäusern von St. Pauli lebten.

In seinem Bemühen, andere Mächte zu überrunden, baute das Deutsche Reich nicht nur neue Ozeanriesen, sondern weitete auch seine Kohle- und Stahlerzeugung mit atemberaubender Geschwindigkeit aus. Mit ihrem ungeheuren Tempo hatte diese verspätete industrielle Revolution einerseits zu schwindelnder Erregung, andererseits aber auch zu einem weitverbreiteten Gefühl der Erschöpfung geführt. Es war für das Reich schwer genug, das Mosaik seiner Einzelstaaten zu einer einheitlichen Kultur zu vereinen; obendrein aber mußte dies zu einer Zeit geschehen, da Eisenbahnen, Hüttenwerke, Bergwerke und Fabriken das Gesicht des Landes von Grund auf veränderten. Möglicherweise wäre es klug gewesen, eine Kultur zu fördern, die unterschiedliche Einflüsse hätte aufnehmen können. Doch daran dachte man nicht, sondern betonte statt dessen die starre Konformität und suchte nach einer »reinen« deutschen Art, die man mitunter in der mythischen Vergangenheit unberührter Wälder und Berge fand. Diese stark von Unsicherheit und Ängsten geprägte Suche erweckte vielfach den Eindruck, als seien die Deutschen auf der Flucht vor der Wirklichkeit. Um ein wenngleich noch immer vages Bild davon zu bekommen, wer nun eigentlich »dazugehörte«, brauchte man im Reich bedauerlicherweise auch solche, die »nicht dazugehörten«. Für diese Rolle waren die Juden aufs beste geeignet.

Man kann verstehen, daß der jüdischen Gemeinschaft das, was sie im neuen Deutschland gewonnen hatte, wichtiger war als das, wovon sie weiterhin ausgeschlossen blieb. Am meisten von allen Warburg-Kindern begeisterte sich der zweite Sohn Max für den militärischen Stolz und die hochtrabende Rhetorik des Deutschen Reichs; stärker als alle anderen Warburgs reizte ihn die Vision, daß es möglich sei, Juden voll und ganz in die deutsche Gesellschaft zu integrieren. Doch sollte sein Leben ein trauriges Beispiel für das Schicksal abgeben, das die unter dem Kaiser zu Ruhm aufgestiegenen, übermäßig patriotisch veranlagten Männer seines Volkes erwartete.

Da er ein schlechter Schüler war, blieb Max lediglich seinem Vater zuliebe an der Schule, und als er 1886 sein Abitur machte, atmete die ganze Familie erleichtert auf. Er selbst räumte ein: »De facto habe ich von meinem 16. bis zu meinem 18. Lebensjahr mehr geflirtet als gearbeitet.«[2] Wie andere Warburg-Kinder war auch er in der Schule nur selten antisemitischen Anfeindungen ausgesetzt. Trat dergleichen dennoch einmal auf, so pflegte sein bester Freund die Übeltäter zu verprügeln. Charlotte erkannte das freundliche und umgängliche Wesen ihres Sohnes und beschrieb es einmal mit folgenden Worten: »Der gute Max hat ja Freunde in allen Kreisen... mit seinen strahlenden blauen Augen unter den buschigen Augenbrauen und seinem unwiderstehlichen Lächeln gewinnt er alle. Was er unternimmt, gelingt ihm.«[3]

Auf Fotos sieht man einen schlanken, flotten jungen Mann. Er war ein großer Charmeur, ein guter Tänzer und schlug mit seiner menschlichen Wärme jeden in seinen Bann. Überdies besaß er die Fähigkeit, rasch Entscheidungen zu treffen. Er neigte dem Bankwesen zu, hatte aber seiner Jugend entsprechend das Bedürfnis, darin einen höheren Zweck zu erkennen. So überlegte er: »... ob der Bankier nicht wirklich der Menschheit nützen kann, ohne sie auszupumpen, ob er nicht den Vorteil der Welt auch zu seinem Vorteil machen kann.«[4]

Als er 1887 eine Lehre in der Frankfurter Bank von I. Dreyfus antrat, wohnte er bei seinen Großeltern Oppenheim. Bemerkenswert ist dieser Lebensabschnitt wegen seines fortwährenden Getändels mit Kusinen und anderen jungen Mädchen. In Frankfurt kam er in Berührung mit der für damalige Verhältnisse außergewöhnlichen Bildung der Oppenheims und dem Künstlerkreis, in dem sie verkehrten. Anschließend lernte er bei Wertheim & Gomperz in Amsterdam und errang seinen ersten geschäftlichen Erfolg, indem er für M. M. Warburg eine Korrespondenzbeziehung zur Nederlandsche Bank aufbaute. Obwohl er Niederländisch lernte, fand er Holland unsäglich langweilig und nutzte jede sich ihm bietende Gelegenheit, um sich eine Ablenkung zu verschaffen. Später sagte er über jene Zeit: »Nie habe ich ein Museum so gründlich betrachtet wie das Rijksmuseum und das Mauritshuis.«[5]

Max war der erste Warburg, der davon überzeugt war, daß sein Judentum seinem Ehrgeiz nicht im Wege stand. Niemals vernahm er die leise warnende Stimme, die zu seinen Vorfahren gesprochen hatte. Er war ein glänzender Reiter, scheute sich nicht vor Drill und wußte, daß er in Uniform gut aussah. Obwohl er nicht hätte dienen müssen, da er auf einem Ohr schlecht hörte, wollte er den reichen jungen Männern nacheifern, die als Offiziere in ruhmreichen Kavallerieregimentern standen. Das aber war für Juden so gut wie unmöglich: Selbst der allmächtige Bleichröder hatte es nur mit größter Mühe erreicht, daß sein Sohn Offizier im Heer werden konnte.

Im Oktober 1888 vertuschte Max seine Hörschwäche und begann seinen Militärdienst beim III. Bayrischen Chevaux-Légers-Regiment in München, denn Bayern bot Juden eine der seltenen Möglichkeiten, Offizier zu werden. Trotz der im Offizierskorps tiefverwurzelten antisemiti-

Mit einundzwanzig Jahren trat Max in das III. Bayerische Chevaux-Légers-Regiment in München ein. Das war 1888, im selben Jahr, als Wilhelm II. auf den Thron kam. Daher ist es vielleicht kein Zufall, daß aus jener Zeit auch von Max die ersten Äußerungen jenes Nationalstolzes stammen, der später so bezeichnend für ihn werden sollte.

schen Haltung, der er begegnet sein muß, spricht aus Max' Briefen eine außerordentliche Bewunderung für militärische Disziplin und ein zunehmender Patriotismus. In einem Lobgesang auf das Vaterland schrieb er an seine Mutter, daß in Deutschland, ganz gleich, ob es um die Sozialdemokratie oder das Unternehmertum in der Industrie gehe, alles »mit ganz anderer Durchschlagskraft und Gründlichkeit als in anderen Ländern« erstrebt werde.[6]

Nach Ablauf eines Jahres wurde der junge Chauvinist zum Unteroffizier befördert und legte dem Vater in einem sechzehnseitigen Brief in aller Ausführlichkeit seine Pläne dar, Berufsoffizier zu werden – nach wie vor ein sehr hochfliegendes Ziel, da Juden selten über den Rang eines Vize-Feldwebels der Reserve hinausgelangten. (In der preußischen Armee fehlten bis zum 1. Weltkrieg Reserve-Offiziere.) Voller Hoffnungen wartete Max auf die Reaktion seines Vaters. Sie kam nach angespanntem, schmerzlichem Warten und bestand aus einer einzigen Zeile, in welcher Moritz lakonisch zweitausend Jahre jüdischer Geschichte in einem Wort verdichtet zu haben schien: »Mein lieber Max, meschugge. Dein Dich liebender Vater.«[7]

Max, der verletzt und wütend war, als ihn die bayrischen Offiziere in geheimer Abstimmung nicht in ihre Reihen aufnahmen, begriff, welche Weisheit im Rat seines Vaters gelegen hatte. Doch bei aller Verstiegenheit zeigt dieser Vorfall aus seinen jungen Jahren, wie unerschrocken Max in die deutsche Gesellschaft eintrat, aber auch, welch tiefe Enttäuschungen er dabei erleben sollte. Als er später eine Verwaltungsposition in der Bank innehatte, verglich man ihn oft mit einem General, der seinen Leuten den Geist willig auf sich genommener Disziplin einflößt, und er erinnerte mit seinem selbstbewußten, schneidigen Auftreten durchaus an einen Kavallerie-Offizier der Kaiserzeit.

Moritz nutzte seine Beziehungen zu den französischen Rothschilds und verschaffte dem Sohn 1890 eine Anstellung als Sekretär bei der *Banque Impériale Ottomane* in Paris. Der Aufenthalt in dieser Stadt, in der es guten Wein und hübsche Frauen im Übermaß gab, bedeutete für den jungen Lebemann ein beschwingendes Erlebnis. Mit dem Französischen machte er sich vertraut, indem er Briefe aus alten Schreibheften auswendig lernte, und gelegentlich hörte er eine Vorlesung an der Sorbonne. Da er das Nachtleben bis zur Neige genoß und einem großzügigen Lebenszuschnitt huldigte, reichte der Scheck, den ihm der Vater pünktlich am Monatsersten in seine Wohnung in der Rue de Téhéran schickte, nie bis zum Ende des Monats. Aus diesem Grunde wechselte er an das andere Ufer der Seine und schlüpfte bei einem befreundeten Maler im Quartier Latin unter, bis der nächste Scheck kam. Frauen muß er scharenweise erobert haben, denn noch Jahre später warf er, als er mit seiner Frau die Champs Elysées entlangfuhr, vielen Frauen auf dem Gehweg Kußhände zu.

Eine Weile arbeitete er auch bei N.M. Rothschild & Sons in London. Er mietete eine Wohnung in der Nähe der vornehmen Park Lane und gab sich in seinem ganzen Auftreten britisch. Durch die intensiven Handelsbeziehungen, die zwischen Großbritannien und Hamburg bestanden, und die englisch geprägte Kultur Hamburgs fühlte er sich in London auf Anhieb wie zu Hause. Die auf ihren Status bedachten Warburgs achteten immer genau darauf, was die feine Gesellschaft tat, und so studierte Max den englischen Adelskalender Burke's Peerage, um sich für die Gesellschaften im Hause Rothschild vorzubereiten.

Verglichen mit Paris erschien ihm London gesetzt und seriös. Eines Tages hielt ihm Baron Alfred de Rothschild vor, er arbeite zuviel, und erklärte: »Ein Gentleman ist nicht vor elf im Bureau und bleibt nicht länger als bis vier Uhr.«[8] Diesen Rat brauchte man Max nicht zweimal zu geben, und so fuhr er künftig an jedem Wochenende nach Paris, um sich auszuleben. Als ihn ein Bekannter dort sah und das nach Hamburg berichtete, wollte Moritz dies zunächst nicht glauben. Er sagte: »Das muß ein Doppelgänger gewesen sein, denn mein Sohn ist in London«[9], und wettete zwanzig Mark, daß es sich nicht um Max handele. Eilig gestand dieser, er habe sich tatsächlich in Paris aufgehalten – dringender Geschäfte wegen, versteht sich.

1892 endete das Idyll im Ausland. Gerade als Max mit seinem Londoner Freund Paul Kohn-Speyer zu einer Weltreise aufbrechen wollte, stellte sich heraus, daß die in Sankt Petersburg ansässige Bank der de Gunzburgs aus den sibirischen Goldfeldern an der Lena katastrophale Verluste erlitten hatte. Wenn sie die Zahlungen einstellte, so war die Rückzahlung eines Darlehens in Höhe von sieben Millionen Mark an die Warburgs gefährdet. Da Moritz nach Siegmunds Tod nicht genug Leute hatte, rief er Max zurück, damit er ihm bei der Bewältigung der Krise half. Die Warburgs standen treu zu den mit ihnen verschwägerten de Gunzburgs, festigten das Band zu ihnen und verbesserten sogar noch ihre eigene Kreditwürdigkeit. Stilbewußt und mehr als großzügig zahlten die de Gunzburgs Jahre später das Darlehen in Goldmünzen zurück.

Schwierigkeiten traten im Hause Warburg immer im Verbund auf. 1892 kämpfte sich der frisch in die Firma eingetretene Max durch einen quälenden Sommer. Als Seehafen war Hamburg mit seinen vielen Durchreisenden für Epidemien stets besonders anfällig. Da die Bewohner der Mietshäuser das verseuchte Elbwasser tranken, konnten derlei Krankheiten rasch um sich greifen. In jenem Sommer forderte eine Choleraepidemie in der Stadt achttausend Menschenleben. Der Choleraerreger konnte die Infizierten innerhalb von ein oder zwei Tagen töten, da Durchfall und heftiges Erbrechen den Körper ausdörren ließen. Ganze Straßenzüge starben buchstäblich aus. Auf ihrem Höhepunkt fielen der Epidemie täglich tausend Menschen zum Opfer, so daß die entsetzten Bewohner einander nicht mehr die Hand gaben, ja nicht einmal mehr das eigene Gesicht anfaßten. Die Behörden sperrten den Hafen, schlossen die Schulen. Alles Wasser, ob zum Trinken oder Waschen, mußte abgekocht werden.

Unbeeindruckt schlenderte der zuversichtliche Max Warburg, der während der Epidemie die Bank leitete, durch diese Alptraum-Landschaft von Krankheit und Schrecken. Alle nach außerhalb der Stadt bestimmte Post wurde desinfiziert, und obwohl jeder der dreißig Angestellten der Bank zwei Flaschen Hennessy-Cognac (statt Trinkwasser) bekam, erlagen mehrere der Krankheit. Da man niemanden zur Arbeit zwingen konnte, schuftete Max mit zwei Mitarbeitern von sieben Uhr morgens bis Mitternacht. Von seinem Fenster im Erdgeschoß aus konnte er sehen, wie sich auf den städtischen Fuhrwerken die Leichen zu Haufen stapelten. Dennoch zeigte er den so typischen Glauben an die eigene Unverletzlichkeit, eine zugleich tapfere und tollkühne Furchtlosigkeit, eine angeborene Gewißheit, daß er der Gefahr die Stirn bieten könne. Mit seinem Optimismus verkörperte er den typischen deutschen Juden der Kaiserzeit. »Ich hatte das sichere Gefühl, immun zu sein«[10], erklärte er. Selbst als die Epidemie vorüber war, hing noch immer eine traurige Atmosphäre über der Stadt. Frauen verbargen das Gesicht hinter schwarzen Schleiern, Männer trugen einen Trauerflor am Ärmel.

Die Cholera-Epidemie hatte betrübliche politische Auswirkungen, da Antisemiten die vielen jüdischen Auswanderer für sie verantwortlich machten. Flugs setzten Agitatoren Juden mit kranken Ausländern gleich und stellten sie als unreines, unheiliges, fremdes Element hin, das den Volkskörper zersetze. Auch lieferte die Epidemie isolationistischen deutschen Nationalisten einen Vorwand, um Hamburg vorzuwerfen, es werde in unerträglichem Maße von fremden wirtschaftlichen Interessen gesteuert. Schon bald entsproß aus der Gleichsetzung von Juden und feindlichem Außenhandel eine antisemitische Literatur, und völkische Kräfte bekamen machtvollen Auftrieb. Im folgenden Jahr gewannen die Antisemiten sechzehn Reichstagssitze.

Bereits mit Mitte fünfzig übertrug Moritz einen Teil der Verantwortung an Max und berief ihn 1893 als Teilhaber. Er war überzeugt, daß ein glänzender Geschäftsmann aus ihm werde, vorausgesetzt, er bringe die nötige Disziplin auf. »Wenn Max nur rechtzeitig ankommt, macht er auch das Geschäft«[11], schrieb er. Schon bald verfaßte Max die Jahresberichte der Firma.

Als 1893 sein Kanzleivorsteher starb, stellte Moritz seinen dritten Sohn Paul ein und machte ihn zwei Jahre später ebenfalls zum Teilhaber. Seine leistungsfähigen Söhne erfüllten ihn mit unbändigem Stolz – und müssen ihm gleichsam wie ein Geschenk der Götter erschienen sein. Wegen seines Phlegmas wie auch seines Hanges, sich im Hintergrund zu halten, bekamen die Wunderknaben früh Gelegenheit, die Zügel in die Hand zu nehmen.

Paul war ein magerer, knochiger junger Mann – »Wir Warburgs sind zu Rennpferden bestimmt«[12], sagte er einmal – und in seinen freundlichen, verständnisvollen Augen lag bereits eine unauslöschliche, tiefe Trauer. Mit den geistigen Leistungen, die er als Kind vollbrachte, übertraf er selbst Aby. Schon vor seinem zweiten Geburtstag sagte er Gedichte auf und sang Lieder, ohne sich im Text zu irren. Er war so kränklich und zart, wie Max ungebärdig und lebensvoll war; unablässig wurde er von den älteren Brüdern gehänselt. Felix' Ehefrau erinnerte sich später: »Aby und Max riefen in ihm das hervor, was man heute einen ›Minderwertigkeitskomplex‹ nennt, indem sie sich weigerten, mit ihm zu spielen, und ihm sagten, er sei häßlich und schwach.«[13] Als junger Erwachsener litt der schüchterne Paul an einem Magengeschwür und an unbestimmten Depressionen. Während Aby seine Krankheiten nutzte, um seine Wünsche durchzusetzen und seine persönliche Macht zu vergrößern, trug Paul das Kreuz, das ihm das Leben auferlegt hatte, voll Ergebenheit. Was bei Aby narzißtische Selbsterkundung war, könnte man bei Paul als zuchtvolle Selbstverleugnung bezeichnen.

Paul war ein geborenes Finanzgenie. Er machte sich nicht viel aus Geld, aber es flog ihm zu. Mit seiner hochentwickelten Intelligenz wollte er eigentlich Lehrer oder Ingenieur werden, und frühe Erfahrungen bestätigten ihn lediglich in seiner Verachtung gegenüber dem Geschäft, die ihn nie wirklich verließ. Voll Abscheu dachte er an die zwei Jahre, die er in einem Hamburger Handelshaus damit zugebracht hatte, am Hafen Warenballen mit Etiketten zu versehen. Er setzte seine Ausbildung bei Samuel Montagu in London und an der *Banque Russe pour le Commerce Étranger* in Paris fort.

Als Schüler hatte er sich das Ellbogengelenk gebrochen, weshalb er nicht zum Militär eingezogen wurde, und so nahm er bei der von Max geplanten Weltreise die Stelle seines Bruders ein. Sie führte durch Ägypten, Indien, China und Japan und endete mit einer Fahrt quer über den amerikanischen Kontinent von Seattle nach New York. Paul bewunderte die stimmungsvolle Schönheit Japans, empfand Ekel vor dem Schmutz und Elend Indiens und hielt die Erinnerung an seine Reise in Gedichten fest. Für einen jungen Mann, der vor einer Banklaufbahn stand, war er von ungewöhnlicher Einfühlsamkeit.

Mit Pauls Eintritt in das Bankhaus der Familie entstand ein Ungleichgewicht zwischen deren beiden Zweigen; es kam zur unübersehbaren Vorherrschaft der Mittelweg-Warburgs. Der ursprünglichen Abmachung zufolge durfte jeder Zweig jeweils einen Sohn als Teilhaber beisteuern. Von Théophilies Söhnen aber befand sich lediglich Aby S. in der Firma. Als einige Jahre zuvor diese Frage einmal zur Sprache gekommen war, hatte Paul gerade ein Techtelmechtel mit Théophilies fröhlicher Tochter Rosa, weshalb Moritz der Schwägerin mitteilte, daß Paul sicherlich ihr künftiger Schwiegersohn werde. »Sie wurde wütend, weil ihrer Ansicht nach das eine mit dem anderen nichts zu tun hatte, und davon abgesehen fand sie es widerwärtig, daß ihre Tochter einen Vetter ersten Grades heiraten könnte«[14], sagte Théophilies Enkelin. Als Moritz darauf beharrte, daß ein expandierendes Unternehmen einen dritten Teilhaber brauche, trat Théophilie widerwillig einen Teil ihres Geschäftsguthabens an Paul ab.

Sie lebte bis zum Ende ihrer Tage auf großem Fuße. Auch als sie nach Siegmunds Tod allein war, blieb sie im Haus am Alsterufer, wo sich ein Diener und vier Mädchen um sie kümmerten. Im Sommer kamen Verwandte aus Kiew zu Besuch, und den Winter verbrachte sie an der Riviera. Tapfer und entschlossen kämpfte sie gegen ihr Rheuma an, indem sie die Treppen ihres Hauses erstieg. Als sie 1905 starb, übernahm Aby S. das Haus.

Stets hatten die Verwandten vom Mittelweg in Aby S. eine Null gesehen – »der älteste Sohn von meinem Onkel war ein Trottel«[15], sagte Fritz unumwunden –, jemanden, der den größten Teil seiner Zeit auf die Familienkorrespondenz und seine Arbeit für die jüdische Gemeinde verwendete. Trotz seines gutgeschnittenen aristokratischen Gesichts und seiner untadeligen Kleidung sah er immer aus wie ein frühreifes Kind. Er war ein sympathischer Melancholiker, freundlich und zugleich verdrossen, litt später an schwerem Diabetes und wurde infolgedessen launisch.

Seine Frauen waren ähnlich veranlagt wie er. Er heiratete 1894 eine zerbrechlich wirkende hübsche junge Russin namens Olga Lucie Leonine, mit der er ein Jahr nach der Eheschließung einen Arzt in Freiburg aufsuchte, der einen speziellen Eingriff vornahm, damit sie Kinder bekommen konnte. Als Aby S. bereits wieder nach Hamburg abgereist war, kam es zu Komplikationen, und Olga verbrachte eine entsetzliche Nacht einsamen Leidens, weil sie die Pflegerin nicht stören wollte; drei Tage später starb sie. Von diesem Schlag erholte sich Aby S. nie, und als er zwei Jahre später Elly Simon heiratete, bestand er darauf, daß ihre erste Tochter den Namen Olga bekam. Diesem Kind schenkte er den Schmuck und die persönlichen Besitztümer seiner ersten Frau und war ihm zeitlebens besonders zugetan.

Während der Jahrzehnte, die er in der Bank verbrachte, war Aby S. so gut wie unsichtbar, und auch in der Korrespondenz des Unternehmens taucht sein Name nur selten auf. Gleichwohl war er klüger, als ihn die Mittelweg-Warburgs hinstellten, aber aufgrund seiner verschiedenen Leiden trübsinnig und schlechtgelaunt. Einer seiner Enkel beschrieb die Atmosphäre im Haus am Alsterufer wie folgt: »Meist hing in der Luft eine Stimmung süßer Schwermut, die hereinwehte wie der graue Nebel über der Alster im Winter.«[16] Seine Frau Elly kümmerte sich wie eine strenge, aber liebevolle Pflegerin um ihn und reiste um seiner Gesundheit willen im Winter mit ihm an die Riviera. Der fromme Aby S. achtete darauf, daß in seinem Hause koscher gegessen wurde, und seine Kinder erzog er so streng, daß sie sich anmelden mußten, wenn sie mit ihm sprechen wollten. Wer beim Abendessen den Teller nicht leerte, bekam ihn zum Frühstück wieder auf den Tisch gestellt.

Aby S. pflegte am Alsterufer die prachtvolle Tradition des vorrevolutionären Frankreich und hatte in seinem ungewöhnlichen Haus, das wegen seines Aufzugs einem kleinen eleganten Hotel ähnelte, einen ausschließlich mit Louis-XV.-Möbeln eingerichteten Salon. An den mit Mahagoni getäfelten Wänden seines Arbeitszimmers hingen viele Bilder französischer Impressionisten sowie ein Canaletto, der den Canal Grande zeigt. Alle Böden waren mit roten Teppichen bedeckt, die Möbel stammten aus Paris. Beim Diner stand hinter jedem Platz ein Lakai, und der Oberdiener trug Frack und weiße Handschuhe. Ohne recht zu merken, wie wichtigtuerisch das klang, sagte Aby S. einmal zu seinem Sohn: »Charles, sag bitte dem Diener, daß er dem Mädchen sagt, sie soll das Bad einlaufen lassen.«[17] Alltagsdingen stand Aby S. fremd gegenüber und wirkte in der Öffentlichkeit wie ein Besucher von einem anderen Stern. Als ihn seine Kinder einmal dazu brachten, mit dem Pferdeomnibus zu fahren, wollte er dem Fahrer, bevor sie ausstiegen, ein Trinkgeld geben.

Aby S. Warburg (1864-1933) mußte in der Bank seinen Cousins vom Mittelweg die Führung überlassen. Er gehörte den Alsterufer-Warburgs an, die sich lange als den vornehmeren Zweig der Familie verstanden hatten. Damals wurde es stiller um sie; erst mit Siegmund George (1902-1982), der nach dem Krieg die beherrschende Persönlichkeit der Londoner Bankenwelt wurde, wendete sich das Blatt wieder.

Später erwarb er ein kolossales Backsteinhaus an der Ostseeküste bei Travemünde, wo die Familie die Wochenenden verbringen sollte. Auf dem mit zahlreichen Fliederbüschen bestandenen Grundstück gab es einen Tennisplatz, ein Freilufttheater und Ponys für den Sohn und die vier Töchter.

Bald bildeten Max und Paul, die AbyS. in der Bank so gut wie nicht zur Kenntnis nahmen, ein zuversichtliches und unschlagbares Paar. Wo Max unüberlegt, doch voll Schwung vorging, dachte Paul besonnen nach und übte Vorsicht. Das hing mit seinem Hang zum Zweifel, zu Befürchtungen und mit seinem Glauben an Vorzeichen zusammen. Max hingegen war besessen von einer fast blinden Zuversicht, die ihm hin und wieder gefährlich wurde. Paul schien die Düsterkeit der jüdischen Vergangenheit in sich zu tragen, während Max die leuchtende Zukunft verkörperte.

Eine Begebenheit aus ihrer Jugend verdeutlicht ihre gegensätzlichen Charaktere. Als eines Nachmittags beide lasen – Paul einen schwierigen Wälzer, Max einen Unterhaltungsroman –, klappte Max mit einem Mal sein Buch zu und sagte: »Wir müssen uns für Frau X' Gesellschaft umziehen.« »Warum sollte ich dahin gehen?« fragte Paul. »Ich bin häßlich, habe eine schlechte Figur, bin langweilig und werde alle anderen langweilen.« »Ich werde niemanden langweilen«, gab Max überschäumend zur Antwort. »Ich werde der Mittelpunkt der Gesellschaft sein.«[18]

Obwohl Paul den Kontakt mit Kunden nur allzugern Max überließ und sich im Hintergrund hielt, war er keineswegs ein gefügiger Untergebener. Seine stille Intelligenz war achtunggebietend, und Max hörte aufmerksam auf das, was er zu sagen hatte. Im Laufe ihrer vierzigjährigen Zusammenarbeit lernte er seinen Bruder als unbestechlichen Ratgeber schätzen. Er verehrte ihn beinahe wie einen Heiligen. Mit Bezug auf die erste gemeinsame Zeit in Hamburg sagte er, Paul »schob... mich noch mehr an die Front, nicht nur neidlos, sondern beglückt über jeden Erfolg, den ich hatte, mehr als mit seinen eigenen«[19] – eine durchaus verräterische Äußerung. Inmitten einer Familie, in der es so viel Eigenliebe gab, vermied Paul bewußt jeden Anflug von Ichbezogenheit.

Von Anfang an bestand zwischen beiden Brüdern eine vollkommene Kameradschaft. Sie ergänzten einander in einer so harmonischen Weise, daß Moritz klagte, weil sie ihn nicht um Rat fragten. Schließlich aber drängten ihn seine Söhne in den Hintergrund, worüber er keineswegs unglücklich war. Max sagte, seinem Vater habe es »besonderes Vergnügen bereitet, mit diesen beiden Ponys im Gespann zu fahren«.[20] So großes Vertrauen setzte er schließlich auf seine beiden bewundernswerten Söhne, daß er sich 1895 Schritt für Schritt aus der Firma zurückzog. Max und Paul legten zwar das Hauptgewicht auf das Geschäft mit Devisen und Handelswechseln, doch emittierten sie jetzt, da Deutschland kein kapitalimportierendes Land mehr war, sondern als Bankier für andere Länder fungierte, Wertpapiere für Skandinavien. Mit rastlosen Reisen festigte Max die Verbindungen des Hauses Warburg zu zwei legendären Bankiers, Louis Fränkl von der Stockholmer Handelsbank (später Svenska Handelsbanken) und Otto R. Henriques in Kopenhagen, dessen Unternehmen für den König von Dänemark tätig war.

Obwohl er sehr viel weiter als sein Vater in die Welt des Geschäftslebens, außerdem aber in die Politik vordrang, achtete er darauf, in der jüdischen Gemeinde eine ähnliche Position wie dieser einzunehmen. Nicht eigentlich religiös veranlagt, war er doch wie Moritz von dem Bewußtsein erfüllt, daß »Adel verpflichtet«. Was die Warburgs auszeichnete, war, daß sie sich rasch der Zukunft öffneten und dennoch der Tradition verhaftet blieben – zwei durchaus widersprüchliche Eigenschaften, die Spannungen hervorriefen. Sie unterstützten die jüdische Gemeinschaft mit Geld, schwebten aber selbst gleichsam in einer höheren Sphäre, ähnlich wie in ihren Anfangszeiten als »Schutzjuden«. An dieser Stelle sei hinzugefügt, daß die deutschen Juden, selbst nachdem Bismarck in den achtziger Jahren des vorigen Jahrhunderts eine tiefgreifende Sozialgesetzgebung eingeleitet hatte, nach wie vor Tausende eigener Wohlfahrtseinrichtungen unterhielten.

Otto von Bismarck und Wilhelm II. waren die beherrschenden Figuren der deutschen Politik am Ende des 19. Jahrhunderts. Zunächst verbündet, entzweiten sie sich über Fragen der Sozialpolitik; der Reichskanzler mußte seinen Abschied nehmen. Im ganzen prägten sie eine Epoche, die auf paradoxe Weise von gewaltigen Neuerungsschüben wie von Vergangenheitssucht beherrscht war und in der Deutschland nicht nur in der Wirtschaft und der Industrie, sondern auch in Künsten und Wissenschaft den Weg in die Moderne beschritt.

In jener Zeit gewann der Antisemitismus immer mehr Einfluß. In den neunziger Jahren berichteten Hamburger Zeitungen gelegentlich von Zusammenkünften in düsteren, verräucherten Kellerkneipen, bei denen rotgesichtige Redner lauthals das »internationale Judentum« beschimpften und Forderungen vortrugen wie: man müsse der Börsenspekulation ein Ende bereiten, oder: die Reichsbank solle aufhören, mit jüdischen Privatbanken Geschäfte zu machen. Auch im Reichstag wuchs der Block der Antisemiten. Doch trotz dieses drohenden Grollens fühlten sich die deutschen Juden sicher und taten die antisemitischen Agitatoren als hysterische Randerscheinungen ab; sie begannen sogar, in bis dahin unvorstellbarer Zahl Mischehen mit Christen zu schließen. So ging man allmählich dazu über, sich mehr mit der deutschen Kultur, weniger mit der eigenen Religion zu identifizieren. Es war ein Zeichen für die Zuversicht und den Erfolg, den man in Deutschland hatte, daß man seine philanthropischen

Bemühungen auch auf Juden lenkte, die in anderen Ländern lebten. Beispielsweise beteiligte sich Moritz 1891 tatkräftig an Versuchen, die Verfolgung russischer Glaubensgenossen zu beenden.

Zu einer Zeit, als das deutsche Judentum das wohlhabendste in Europa war und den vielleicht größten Erfolg in der Geschichte der Diaspora aufzuweisen hatte, war es vollkommen unvorstellbar, daß es selbst je auf solche Hilfe angewiesen sein könnte. Der Zionist Chaim Weizmann berichtet, daß sich, als er 1893 in jungen Jahren nach Deutschland reiste, »die assimilierten Juden« dort »damals auf dem Höhepunkt ihrer trügerischen Sicherheit befanden und mächtig stolz darauf waren«.

Zwar gab es den Antisemitismus, aber in einer im ganzen noch immer so unauffälligen und subtilen Form, daß man ihn leicht übersehen konnte. Er schien nichts weiter zu sein als ein Gebräu aus verrückten Theorien und ideologischem Hokuspokus. Im Rückblick konnte Weizmann gut sagen, daß sich der Antisemitismus »in jener Zeit tief in Deutschland einfraß, ein theoriebefrachteter, machtvoller Antisemitismus, der auf längere Sicht weit tödlicher war als der antisemitische Pöbel in den Städten Rußlands, den sich russische Politiker und hohe Geistliche voll Zynismus zunutze machten. Er drang bis ins Innerste des nationalen Bewußtseins vor.«[21] Doch noch überlagerte der neue und strahlende Glanz, in dem die deutschen Juden lebten, die verborgenen Gefahren.

4

Tragikomische Brüder

Da Charlotte und Moritz mehr Söhne hatten, als sie in der Bank brauchen konnten, lenkten sie den vierten, Felix, in eine andere Richtung. Es war Théophilie schwer genug gefallen, sich mit Pauls Teilhaberschaft abzufinden; mit dem Eintritt eines weiteren Mittelweg-Warburgs in die Bank wäre das Faß endgültig übergelaufen. So ging Felix mit sechzehn Jahren nach Frankfurt, um beim Großvater Nathan Oppenheim den Handel mit Perlen und Diamanten zu erlernen. Mit seinen leuchtenden zwinkernden Augen war er ebenso fröhlich, umgänglich und elegant wie Max und ähnelte diesem auch insofern, als er – gemessen an Aby und Paul – ein schlechter Schüler war. Die seelischen Schatten und die tiefe Schwermut anderer Familienangehöriger waren ihm gänzlich fremd.

In den sechs Jahren, die Felix als Junior-Teilhaber bei N.M. Oppenheim & Co. in Frankfurt verbrachte, vertiefte er sein gesellschaftliches Engagement, das ihn später als Wohltäter auszeichnen sollte. Sein geistreicher und offenherziger Großvater, den er sehr bewunderte, wurde ihm zum Vorbild. Auf dessen Empfehlung hin lernte Felix Italienisch, Französisch und Englisch; auch fand er Gefallen an Gemälden und Holzschnitten. Er war ein Liebling der Frauen und fuhr seine Freundinnen gerne in einem hocheleganten Dogcart aus. Später gab er häufig eine zweifelhafte Geschäftsweisheit zum besten, die er von Nathan Oppenheim gelernt hatte: »Eine Perle, die man hat, jemand zu verkaufen, der sie will – das ist keine Geschäftstüchtigkeit; aber eine Perle, die man nicht hat, jemand zu verkaufen, der sie nicht will: Das nenne ich Geschäft!«[1] Wenn Nathan unterwegs war, um Edelsteine einzukaufen, saß er stets mit gekreuzten und fest an den Körper gepreßten Armen da, um Taschendiebe gar nicht erst in Versuchung zu führen. Auch in späteren Jahren pflegte er bei Zusammenkünften von Wohlfahrtskomitees dieselbe Haltung einzunehmen.

Felix war, selbst wenn man die im Hause Warburg üblichen Maßstäbe zugrunde legt, erstaunlich musikliebend. Mit zehn Jahren hatte er geholfen, einen mit Musikinstrumenten hoch beladenen Wagen durch Travemünde zu schieben. »Ich war so stolz, daß man mir erlaubt hatte, das dreckige Ding zu schieben, daß ich mir wie Beethoven vorkam«, sagte er später.[2] Er erschauerte bei Sinfoniekonzerten, die von Hans von Bülow dirigiert wurden, und stimmte kräftig mit ein, wenn seine Klasse bei Spaziergängen durch Hamburg zu singen begann. Er spielte Geige, hatte eine gute Stimme und kannte die Partituren vieler Opern, darunter auch jene von Gilbert und Sullivan. Jahre später erinnerte er sich sehnsüchtig an

Als Felix Warburg 1895 Frieda Schiff heiratete und seine Arbeit in dem New Yorker Bankhaus Kuhn, Loeb antrat, erwarb die Familie eine einzigartige Verbindung in die Vereinigten Staaten, die nach dem Ersten Weltkrieg auch politisch bedeutsam wurde. Die Aufnahme zeigt Felix, Jacob Schiff (links), Salomon Loeb und seinen ältesten Sohn Frederick.

seine Jugend, die noch in eine Zeit fiel, als »Deutschland schön und voller Anregungen war«.[3] In Frankfurt knüpfte er Kontakte zu Schülern des dortigen Konservatoriums. »Das verschaffte mir das Vergnügen, häufig Clara Schumann zu hören und mit ihr zu reden..., ich hörte viele Wochen lang Rubinstein täglich üben und lernte auch Brahms kennen, dessen Zigeunerlieder dort uraufgeführt wurden.«[4] Intensiv beschäftigte er sich mit den romantischen Szenen in Richard Wagners neuem Werk Tristan und Isolde, obwohl Wagner wenige Jahre zuvor geschrieben hatte: »Ich betrachte die jüdische Rasse als den geborenen Feind reiner Menschlichkeit und alles dessen, was es darin an Edlem gibt...«[5] Noch in späteren Jahren konnte Felix praktisch jede Partie aus dem Wagner-Repertoire singen.

Mit seiner unbeschwerten Art machte er nicht den Eindruck, als könne er das Vermögen der Warburgs mehren und deren Verbindungen zu anderen Banken festigen. Durch seine Heirat mit Jacob Schiffs Tochter Frieda aber stellte er die entscheidende Verbindung zu den in New York ansässigen deutschstämmigen jüdischen Bankiersfamilien her, die Stephen Birmingham als Vorbild für sein Buch *In unseren Kreisen* dienten. Der Titel geht darauf zurück, daß die Mitglieder jener Gesellschaftsgruppe von sich selbst als ihrem »Kreis« sprachen, um sich von anderen abzugrenzen.

Der gebürtige Frankfurter und orthodoxe Jude Jacob Schiff (der allerdings in Amerika dem Reformzweig des Judentums angehörte) stammte aus einem mit den Rothschilds befreundeten Geschlecht, das seit sechs Jahrhunderten Gelehrte, Rabbiner und Geschäftsleute hervorgebracht hatte. Solange er die Hamburger Filiale der Deutschen Bank leitete, besuchte er die Warburgs häufig; einmal brachte er den Jungen eine eindrucksvolle Ritterburg zum Spielen mit. Im Jahre 1873 folgte er der Aufforderung Solomon Loebs, sich an dem neuen Bankhaus Kuhn, Loeb in New York zu beteiligen. Obwohl er Deutschland auf immer verließ, behielt er zeit seines Lebens den ausgeprägten und gelegentlich kaum verständlichen deutschen Akzent und bewahrte seine Heimat in liebevoller Erinnerung. Im Mai 1875 heiratete er die blauäugige, kleine und zierliche Therese, Solomon Loebs Tochter aus erster Ehe. Sie hatte ein regelrechtes Puppengesicht und war äußerst nachgiebig, weshalb Jacob Schiff sie unterjochen und auf die Rolle des liebevoll schnurrenden Kätzchens reduzieren konnte.

Hervorgegangen war die Firma Kuhn, Loeb aus einem Textil- und Bekleidungsunternehmen, das jüdische Immigranten aus Deutschland in Cincinnati gegründet hatten. Die Bevölkerung der Stadt bestand damals zu einem großen Teil aus fleißigen Bayern und Norddeutschen, viele von ihnen sogenannte »Achtundvierziger«, die, meist mehr aus wirtschaftlichen als aus politischen Gründen, nach der Revolution von 1848 ins Land gekommen waren. Die meisten waren Reformjuden, die gegen die Sklaverei eingestellt waren und in ihren politischen Vorstellungen den eher konservativen Republikanern zuneigten. Für manche von ihnen, vor allem für Abraham Kuhn und seinen Schwiegersohn Solomon Loeb, erwies sich der amerikanische Bürgerkrieg als Goldgrube: sie lieferten Uniformen für die Truppen der Nordstaaten und eröffneten ihr erstes Geschäft in New York, in dem sie Herrenhosen verkauften. Indessen schien der farbenblinde Solomon im Textilhandel eher fehl am Platz zu sein. Mit ihren üppigen Kriegsgewinnen eröffneten Kuhn und Loeb 1867 in New York eine Bank, und von einem Tag auf den anderen stolzierten die einstigen Hausierer aus Cincinnati mit einem Zylinderhut auf dem Kopf durch die besseren Straßen Manhattans.

Stephen Birmingham schrieb in seinem Buch *In unseren Kreisen*, daß die Manie für alles Deutsche bei jenen, die in Amerika Karriere machten, durch den Reichtum eher noch verstärkt worden sei. »New Yorker Juden begannen in den siebziger Jahren zueinander zu sagen: ›Eigentlich sind wir eher Deutsche als Juden‹, und sie waren davon überzeugt, daß das Deutschland des 19. Jahrhunderts den Gipfel der Kunst, der Wissenschaft und der Technik verkörperte.«[6] Sie sprachen zu Hause deutsch, ergötzten sich an deutscher Musik und genossen in ihrem vergoldeten Exil die Kultur des Landes, das sie hinter sich gelassen hatten und das sie auf der Suche nach geeigneten Ehefrauen immer wieder bereisten. Auch ihre Sommer verbrachten diese New Yorker Bankiers bevorzugt in deutschen Kurorten.

Der vornehme Jacob Schiff besaß die kompromißlose Tatkraft eines Mannes, der dank seiner eigenen Leistung vorangekommen war; er wagte sich auf ein Finanzierungsgebiet, das für Juden bis zu diesem Zeitpunkt *terra incognita* gewesen war: die Eisenbahn. Zwar gab es am Finanzmarkt New Yorks nichts Einträglicheres, doch waren nichtjüdische Banken eifrig darauf bedacht, diese Pfründe nicht aus der Hand zu geben. Obwohl Solomon Loeb angesichts solchen Wagemutes großes Unbehagen empfand, war Schiff nicht bereit, klein beizugeben, so daß Therese im Kreuzfeuer zwischen dem gebieterischen Gatten und dem umsichtigen Vater stand. Kuhn, Loeb gewann 1877 die Chicago & Northwestern Railroad als Kunden, und in den achtziger Jahren gelang es Schiff, den Schwiegervater zum Rückzug aus dem Geschäft zu bewegen. Solomon ging zwar noch ins Büro, doch tat er dies wohl eher, um den Schein zu wahren, als um Entscheidungen zu treffen. Die »Palastrevolte« war geglückt: Schon 1881 konnte Schiff das bedeutende und prestigeträchtige Unternehmen der Pennsylvania Railroad in die Liste seiner Kunden aufnehmen, und M.M.Warburg ging daran, in Deutschland die Eisenbahnaktien von Kuhn, Loeb auf den Markt zu bringen.

Als Felix 1894 Schiff kennenlernte, war dieser bereits ein Fürst der amerikanischen Finanzwelt und kam gleich nach dem großen Bankier J. Pierpont Morgan – eine wahrhaft erstaunliche Leistung für einen jüdischen Einwanderer, der ganz klein angefangen hatte. Schiff war bestens bekannt mit den beiden Eisenbahnzaren James J. Hill von der Great Northern und Edward H. Harriman[7] von der Illinois Central, und die von ihm 1897 zusammen mit Harriman vorgenommene Umstrukturierung der Union Pacific-Eisenbahngesellschaft sollte zu einer Finanzoperation werden, die Zeichen setzte. Im Laufe der Zeit zählten zu Schiffs Kunden auch Unternehmen wie Westinghouse Electric, der Gummi-Gigant U.S. Rubber und der Metallveredlungskonzern American Smelting and Refining.

Man hätte sich kaum einen krasseren Gegensatz vorstellen können als den zwischen Jacob Schiff und dem jungen Felix Warburg. Schiff mit seinem silbrigen Spitzbart und den blauen Augen, die belustigt aufblitzen konnten, häufiger aber zornig oder empört funkelten, besaß die Fähigkeit, sich einer bevorstehenden Aufgabe mit Haut und Haar zu widmen. Er führte sein Leben mit der Präzision eines Uhrwerks und ließ keinen Augenblick ungenutzt verstreichen. Jeden Morgen steckte er sich um dieselbe Zeit eine Blume ins Knopfloch und schritt erhobenen Hauptes in Frack und Zylinder mit munteren Schritten die Fifth Avenue entlang. Dabei war er so pünktlich, daß die Ladeninhaber die Uhr nach ihm stellten. Es gehörte zu seinen Grundsätzen, jeden Brief am Tag des Eingangs zu beantworten. Er hatte eine kleine Schiefertafel mit einer Liste aller zu erledigenden Aufgaben, die er Schritt für Schritt durcharbeitete, bis er die Tafel sauberwischen konnte. Der puritanische Schiff war von beispielhafter Wohltätigkeit und vergeudete nie Zeit mit leichtfertigen Tätigkeiten. Weder rauchte er, noch spielte er Karten oder trieb Sport. Als geschworener Feind jeglicher Verschwendung hob er Bindfäden von Paketen, die er bekommen hatte, auf und gab gelesene Zeitungen an Krankenhäuser und Gefängnisse weiter. Er lebte nach klar umrissenen Grundsätzen, deren Richtigkeit er niemals in Zweifel zog, und bemühte sich, alles aus seinem Leben fernzuhalten, was mit Ungestüm und Gefühlen zu tun hatte. Von tiefen ethischen Grundsätzen durchdrungen, gab er ein Zehntel seines Einkommens für wohltätige Zwecke und diente den Juden Amerikas als leuchtendes Vorbild. Mitunter schien er mehr Mitgefühl für das Leiden als Abstraktum zu haben als für jenes, das sich in seiner unmittelbaren Umgebung abspielte. Seine Angehörigen konnte er mit kalter Prinzipienstarre behandeln, weshalb ihm häufig mehr Furcht als Zuneigung entgegengebracht wurde.

Felix Warburg hingegen genoß Bälle, Gesellschaften, spielte Tennis und Golf und war leidenschaftlicher Segler. Keiner der Warburg-Brüder hatte weniger Hemmungen als er, seinen Reichtum zur Schau zu stellen und das Leben in vollen Zügen auszukosten; keiner warf mehr mit Geld um sich als dieser notorische Dandy und Lebemann. Von Schiff unterschied ihn unter anderem die Fähigkeit, über sich selbst lachen zu können und auch in ernsthaften Situationen Widersinn zu erkennen. Er war jederzeit guten Mutes und zutiefst davon überzeugt, daß der Mensch auf der Welt sei, um das Leben zu genießen. Bedenkt man, welch flottes Leben Felix führte und mit welch unvorstellbarer Sorglosigkeit er – von Jacob Schiffs Standpunkt aus – seine Jugend vertändelte, ist es um so bemerkenswerter, daß er später in dessen Fußstapfen als Wohltäter trat.

Kein Wunder, daß Schiff alles andere als begeistert war, als sich seine einzige Tochter Frieda 1894 just in den leichtsinnigen Felix verguckte. Die junge Dame war ein Jahr zuvor achtzehn Jahre alt geworden, und bei der großen Feier hatte der bekannte Dirigent und Komponist Walter Damrosch, in einer Badewanne stehend und mit schmachtender Stimme, eine Parodie auf Wagners Rheintöchter gesungen. Da der überaus fürsorgliche Schiff fest davon überzeugt war, daß die Tochter nunmehr äußerst gefährdet sei und beschützt werden müsse, schickte er sie nach Europa. Die wohlbehütete und von der Welt ferngehaltene Frieda bot mit ihrer kunstvoll aufgetürmten Haarpracht ein anziehendes und aristokratisches Bild, und schon früh legte sie einen trockenen und spöttischen Humor an den Tag. Als sie mit vierzehn Jahren beim Bergsteigen in der Nähe von Chamonix stürzte und sich das Schlüsselbein brach, trug man sie zur Ersten Hilfe in eine nahe gelegene Gastwirtschaft. Dabei hörte sie, wie der Bergführer fragte: »*Est-ce qu'elle est morte*? (Ist sie tot?) Auf der Trage liegend versicherte sie ihm mit trockenem Humor: »*Pas encore.*« (Noch nicht.)[8]

Die Strenge des Vaters Jacob Schiff grenzte mitunter an Tyrannei. Wenn er unterwegs war, mußte ihm sein einziger Sohn Morti täglich auf deutsch schriftlichen Bericht erstatten. Einmal ermahnte er ihn: »Mir fällt auf, daß du immer morgens schreibst. Mir wäre es lieber, wenn du am späten Nachmittag schriebest, weil du mir dann versichern könntest, daß du dich gut aufgeführt hast und nicht unartig zu deiner Mutter warst.«[9] Immer wieder mußte der Junge schlimme Moralpredigten und Strafen über sich ergehen lassen, so daß er den Eindruck hatte, im Hause des alttestamentarischen Gottes selbst aufzuwachsen. Als Mortimer später das hochherrschaftliche väterliche Anwesen an der Fifth Avenue erbte, seufzte er: »Wie großartig, Herr in einem Haus zu werden, wo ich so oft Prügel bezogen habe.«[10] Noch als Erwachsener wurde er von seinem Vater für läppische Vorkommnisse – etwa wenn er aus Versehen ein Wasserglas umstieß – vom Tisch geschickt.

Schiff vergötterte seine Tochter und hütete ihre Jungfräulichkeit wie einen Schatz, den niemand antasten durfte. Zu diesem Zweck aber mußte er ihr eine Lebensführung verordnen, die so erstickend wie die Atmosphäre eines Treibhauses war. Minuziös wurde ihr der Tageslauf vorgeschrieben, von Französisch- und Fechtstunden bis zum Besuch der exklusiven Brearley-Schule, in die sie als eine der ersten jungen Jüdinnen aufgenommen wurde. (Noch 1912 traf es den großen Bernard Baruch[11] wie ein vernichtender Schlag, daß man seine Tochter dort nicht aufnehmen wollte). Diese ununterbrochene Fürsorge machte Frieda verkrampft und unsicher, fürchtete sie doch stets, ihren Papa zu verärgern. Als pflichtbewußte Tochter übernahm sie von ihm nicht nur die Sparsamkeit und den Hang zur Wohltätigkeit, sondern auch seine Ernsthaftigkeit und seine bis zur Taktlosigkeit gehende Offenheit. Nie log sie, um eine unangenehme Wahrheit zu kaschieren. So war es nicht verwunderlich, daß Frieda – die im Gegensatz zu Felix stets unter kleinen Nöten und Sorgen zu leiden hatte – in der aus ihrer Sicht gewiß unerhört leichtfertigen, fast varieteähnlichen Atmosphäre des Hauses Warburg steif und hölzern wirken mußte.

Stephen Birmingham vermerkt in seinem Buch, Schiffs Sorge um die Bewahrung von Friedas Unschuld sei nicht frei von Heuchelei gewesen, war sie doch bereits acht Monate nach seiner Eheschließung mit Therese zur Welt gekommen. Als ihn einmal ein Freund mit dem Satz »Ich möchte dir zu dem passenden Namen für dein Kindchen gratulieren – ›Früh-da‹« neckte, war er sehr erbost. Voll Sorge, sich solch peinigende Scherze in alle Zukunft anhören zu müssen, verlangte Schiff, seine Frau solle dem Kind einen anderen Namen geben, wozu Therese jedoch nicht bereit war. Mit dem Mann, der das abscheuliche Wortspiel gemacht hatte, sprach er nie wieder.

Als Frieda und Felix einander am 5. Mai 1894 in Frankfurt begegneten, war sie naiv, er äußerst welterfahren. Charlotte und Moritz waren zu Besuch bei den Oppenheims und wurden zu einer Soiree eingeladen, welche die Familie Dreyfus für die Schiffs gab. Felix eilte sein Ruf als Schelm schon voraus. Als Frieda ihren Vetter, Otto Schiff, fragte, ob interessante junge Männer kommen würden, erwähnte dieser Felix. »Er sei, versicherte er mir, der anziehendste junge Mann in Frankfurt«, erinnerte sie sich.[12] Kaum saß er neben ihr, hatte sie ihn schon in ihren Bann geschlagen. Nach der Rückkehr von der Gesellschaft stürmte er ins Zimmer seiner Eltern und rief aus: »Ich habe das Mädchen getroffen, das ich heiraten werde.«[13] Als Frieda Jahre später davon erfuhr, sagte sie: »Eine Frechheit!«[14]

Am folgenden Vormittag befand Moritz, es sei an der Zeit, Jacob Schiff einen Höflichkeitsbesuch abzustatten. Die Befürchtungen beider Männer waren von gegensätzlicher Art. Während es Moritz gar nicht recht war, daß sein Sohn ausgerechnet eine Amerikanerin heiraten wollte, fürchtete Schiff, der in New York das Ansehen eines Fürsten genoß, Frieda könne womöglich einmal in Deutschland leben. Verglichen mit ihm wirkten die Warburgs, ungeachtet ihres weit zurückreichenden Stammbaums und der gewinnträchtigen Geschäfte, die sie mit Hilfe der Firma Kuhn, Loeb abschlossen, provinziell. Zweifellos sah ein Patriarch von Schiffs starren Prinzipien in Felix einen flatterhaften Bruder Leichtfuß und keinesfalls den richtigen Mann für eine der führenden Banken des Landes. Die Tatsache, daß Felix im Edelsteinhandel gelernt hatte, deutete Schiff wohl dahingehend, daß man ihn als Familientrottel abgestempelt hatte. Vor ihrer Abreise aus Frankfurt gingen die Schiffs noch zum Pferderennen, und als Felix breit grinsend ebenfalls dort auftauchte, beschloß Jacob, daß ihn Frieda während ihres Aufenthaltes nicht mehr sehen dürfe.

Bevor die Schiffs nach einem Abstecher in Paris zu einer Kreuzfahrt durch skandinavische Gewässer aufbrachen, statteten sie auf dem Weg nach Norden den Warburgs einen Anstandsbesuch ab. Über die bemerkenswerte Abendeinladung in Hamburg schrieb Frieda: »An jenem Abend beeindruckte mich der Charme der Warburgs zutiefst.«[15] Dabei scheint es ihr vor allem Max angetan zu haben. Die lustigen und umtriebigen Warburgs verströmten eine Wärme und einen Witz, wie sie Frieda so sehr vermißt hatte. Wer in der bedrückenden geistigen Enge des Hauses Schiff aufgewachsen war, dem mußten die possenreißerischen und vorlauten Brüder unwiderstehlich erscheinen. Dazu äußerte Friedas Tochter später: »Der Humor war nie die starke Seite der Schiffs, wohl aber der Warburgs.«[16]

Als die Schiffs zum Bergwandern und zur Kur nach Bad Gastein reisten, überredete Felix Otto Schiff, gemeinsam mit ihm dort eine Wanderung zu unternehmen. Die Macht der Liebe war stärker als Jacob Schiffs unbeholfene Versuche, Friedas Schicksal zu bestimmen. Auf einem Waldweg paßte Felix seine künftige Braut ab. Bei Spaziergängen in den Parks fragte er sie, ob sie gern in Deutschland leben würde. »Eine kluge Vorahnung gab mir ein zu sagen, daß ich das keinesfalls gern täte«, erinnerte sich Frieda. »Als ich wieder zu meiner Mutter kam, muß ich recht bleich ausgesehen haben, denn sie fragte mich, ob etwas nicht stimme, und ich antwortete klassisch: ›Ich *glaube*, er hat mir einen Heiratsantrag gemacht‹.«[17] Friedas Jawort sollte den Warburgs zum Vorteil gereichen, verschaffte es ihrer Bank doch eine Verbindung zum amerikanischen Finanzmarkt an der Wall Street.

Der von diesem unvorhergesehenen Gang der Ereignisse beunruhigte Jacob Schiff versuchte, die Gewalt über die Dinge zurückzuerlangen. In seinem genau abgesteckten Terminplan für Friedas Entwicklung war eine Eheschließung erst zwei Jahre später vorgesehen. Besonders wurmte ihn, daß er sie ja eigentlich auf die Reise nach Europa geschickt hatte, um eine solche spontane Romanze zu verhindern. Zu Felix' Glück legte Jacob Schiffs bester Freund Ernest Cassel (bald darauf Sir Ernest) ein gutes Wort für ihn ein. Der in Köln zur Welt gekommene Cassel war in jungen Jahren nach England gegangen, hatte in der Firma Bischoffsheim and Goldschmidt ein Vermögen gemacht, war zum Katholizismus übergetreten und vertrat Kuhn, Loeb im Ausland. Da der untersetzte, bärtige Geldmagnat ein enger Freund und Finanzberater des englischen Thronfolgers war, nannte man ihn in einem Wortspiel mit (dem der englischen Königsfamilie gehörenden) Windsor Castle scherzhaft Windsor Cassel.

Im Gegensatz zu dem mürrischen und bedürfnislosen Schiff war er umgänglich, sportlich und verschwenderisch. Da Cassel bei Friedas Sturz in der Nähe von Chamonix tapfer einen Felsvorsprung hinabgesprungen war, um sie zu retten, besaß er in allen sie betreffenden Angelegenheiten eine gewisse moralische Autorität. Als Epikureer mit einem Hang zum Luxus empfand er wohl eine natürliche Sympathie für Felix und redete auf einem langen Spaziergang Schiff, der außer sich war, gut zu. »Jacob, sei nicht albern. Der junge Mann ist völlig in Ordnung. Er sieht gut aus, ist gesund und kommt aus gutem Hause. Wenn überhaupt etwas gegen ihn spricht, dann höchstens, daß er zu jung ist. Warum sagst du ihm nicht, du würdest dir, falls es ihm ernst ist, seinen Vorschlag in einem Jahr noch einmal anhören, vorausgesetzt, er ist dann immer noch interessiert und bereit, nach Amerika zu kommen?«[18] Schiff gab klein bei und erlegte Felix die von Cassel vorgeschlagene einjährige Wartefrist auf.

Den krönenden Abschluß der Europareise bildete ein Aufenthalt der Schiffs mit Moritz und Charlotte im belgischen Nordseebad Ostende. Nach zwei gemeinsamen Mahlzeiten – von denen eine mit einer Katastrophe endete, weil man nicht-koschere Meeresfrüchte auftrug, was Schiff mit einem Wutanfall quittierte – hatte man sich darauf geeinigt, daß Felix ein Jahr lang von Deutschland aus an Frieda schreiben solle. Schiff würde die Briefe öffnen und seiner Tochter geeignete Stellen daraus vorlesen. Anschließend würde er in ihrem Namen Felix antworten, wobei Frieda den Inhalt dieser Briefe zur Kenntnis nehmen durfte, bevor sie abgeschickt wurden. Als sie eines Tages mädchenhafte Freude darüber bekundete, daß ihr Vater in einem Brief an Felix endlich zum vertraulichen *Du* übergegangen war, radierte dieser mit kalter Akribie alle Personalpronomina aus und kehrte zur formellen Anrede *Sie* zurück.

Als das eine Jahr vorüber war, wurde Felix nach New York eingeladen. Wenige Tage nach dessen Ankunft gab Schiff, der seine Absichten für sich behalten hatte, eine Party, an deren Ende er Felix' Verlobung mit Frieda bekanntgab. Diese hochwillkommene Mitteilung überraschte das junge Paar ebenso wie die Gäste. Zwar beugte sich Schiff damit der Realität, nahm aber zugleich die Zügel wieder in die Hand, denn er bestand darauf, daß Felix (dessen Englisch noch auf recht schwachen Füßen stand) nach New York zog und unter seinem wachsamen Auge in das Bankhaus Kuhn, Loeb eintrat.

Moritz, der panische Angst vor Seereisen hatte, wollte von einer Überquerung des Atlantiks unter keinen Umständen etwas wissen und blieb daher der Hochzeit seines Sohnes, die im März 1895 in New York stattfand, fern. Beim Abschied riet er Felix, amerikanische Gebräuche und vor allem eisgekühlte Getränke zu meiden. Da er fürchtete, sich in eine Amerikanerin zu verlieben, blieb auch Max zu Hause, und so wurde die Familie von Bruder Paul und Schwester Olga repräsentiert. Beider Leben sollte durch diese Reise letztlich eine andere Wendung nehmen. Bis Paul in New York von Bord ging, wußte Felix nicht, wer aus Deutschland zur Hochzeit kommen würde, und er rief: »Mit dir hätte ich nie gerechnet!« Darauf gab Paul zur Antwort: »Weißt du nicht mehr, daß wir uns versprochen haben, daß der eine bei der Hochzeit des anderen dabei sein würde?«[19]

Hundertfünfundzwanzig Hochzeitsgäste drängten sich in dem mit Wandteppichen ausgeschlagenen Salon von Schiffs großem Haus an der Fifth Avenue 932, wo über Felix und Frieda eine Geschenklawine niederging. Schiff, der immer streng darauf geachtet hatte, seine Kinder nicht zu verwöhnen, war sichtlich entsetzt, als von Ernest Cassel ein herrliches, siebenundsechzigteiliges Tafelsilber mit einem ganzen Wald aus Leuchtern eintraf. Brautführer war Paul Warburg und Brautjungfer Nina Loeb, eine Tochter aus Solomon Loebs zweiter Ehe und eine Halbschwester von Jacobs Frau Therese.

Es ließ sich nicht übersehen, daß Schiff auf Felix eifersüchtig war. Nach einem Kurzbesuch in Washington nahmen die Jungvermählten im New Yorker Hotel *Plaza* Quartier. Als Jacob sie dort besuchte, brachte er den abscheulichen neuen Namen Frieda *Warburg* kaum heraus. Beim Abendessen gab er offen zu erkennen, daß er Felix als Konkurrenten empfand. Als ihn Frieda fragte, ob sie etwas tun könne, knurrte er mürrisch: »Wieso fragst du *mich*? Du hast doch jetzt deinen Mann.«[20] Als die Jungvermählten ihre Hochzeitsreise nach Italien antraten, bestand Jacob darauf, daß sie ein Dienstmädchen aus dem Hause Schiff namens Hermine Steinmetz mitnahmen, eine altgediente Nörglerin, die schamlos hinter allen herspionierte und Frieda mit Vorwürfen überhäufte, wenn sie sich einen Fleck aufs Kleid machte. Obwohl die schreckliche Steinmetz dem jungen Paar mit der Beharrlichkeit eines Berufsschnüfflers auf Schritt und Tritt folgte, gelang es Frieda, auf der Überfahrt schwanger zu werden. In späteren Jahren brachte Felix gern das Bonmot an: »Ich habe meine Flitterwochen mit einer deutschen Gouvernante verbracht.«[21]

Nach ihrer Rückkehr wurde das Leben des jungen Paares in einen vorgegebenen Rahmen eingezwängt, denn Jacob Schiff brachte Frieda und Felix in einer sorgfältig von ihm geplanten Umgebung im Haus Nr. 18 an der East 72. Street unter. Die Einrichtung ließ nichts zu wünschen übrig, und auch Dienstboten waren bereits bestellt. Zwei Jahre später wurde Felix Teilhaber bei Kuhn, Loeb. Der patriotisch gesonnene Schiff war der Überzeugung, daß Einwanderer sich Sprache und Bräuche des Landes möglichst rasch aneignen sollten; dies mag auch der Grund gewesen sein, weshalb Felix sich in so kurzer Zeit in die neue Umgebung einfügte. Der liebenswürdige und lebhafte Felix paßte sich dem amerikanischen Leben an wie ein Chamäleon, obwohl er in mindestens vierzehn Generationen der erste Warburg war, der Europa verlassen hatte.

Nina Loeb und Paul Warburg hatten einander bereits 1892 am Ende seiner Weltreise kennen- und schätzengelernt, und die Wiederbegegnung als Brautführer und Brautjungfer bei Felix' Hochzeit ließ ihre gegenseitige Zuneigung erneut aufleben. Nach der Hochzeit war nicht zu übersehen, daß Nina Loeb verdächtig strahlte. Ihr Gesicht war mit einem Mal voller, ihre Wangen gerötet, und sie wirkte glücklich. Als sie wie gewohnt mit den Eltern zur Kur nach Karlsbad reiste, überquerte sie den Atlantik mit Paul und Olga. Unterwegs machte er Nina einen Heiratsantrag und wartete in Hamburg auf ein Telegramm von ihr mit der Aufforderung, nach Karlsbad nachzukommen, damit er die Verlobung auch ihren Eltern mitteilen konnte. Als die erwartete günstige Nachricht in der Bank eintraf, stürmte er die Treppe herunter und begegnete dabei seiner Mutter, die gerade auf dem Weg nach oben war. Als er ihr atemlos zurief: »Ich bin mit Nina Loeb verlobt!«, bekam er von seiner Mutter statt eines Glückwunsches die Antwort: »Das sagst du mir auf der Treppe?«[22]

Als Paul Warburg 1895 nach Amerika geht, erlauben sich die Brüder einen Scherz: Auf dem Kösterberg posieren sie für eine förmliche »Entlassung aus dem Junggesellenverein«, denn Max (Mitte) und Aby (rechts), zum Abschied mit weißen Taschentüchern ausgestattet, sind zu dieser Zeit noch nicht verheiratet.

Im Oktober 1895, nur ein halbes Jahr nach Felix und Frieda, heirateten Paul und Nina im Sommerhaus der Loebs an der Küste von New Jersey. Am selben Tag veranstalteten die Warburgs in Hamburg eine Feier. In einem auf die Melodie von Hänsel und Gretel selbstverfaßten Lied klagten sie, daß nach Felix' Hochzeit nur noch sechs der sieben Kinder zu Hause lebten. Da sie damit rechneten, daß Paul und Nina ihren Wohnsitz in Deutschland nehmen würden, womit die Zahl wieder ins Lot gebracht wäre, sangen sie »Felix hin, Nina her/ Sieben sind wir wie vorher«.[23]

Es war schon eigenartig, daß just diese beiden so gegensätzlichen Brüder in den »Kreis« der Schiffs eintraten. Felix spielte den komischen,

Paul den tragischen Part. Pauls Wesen spiegelte sich in den gut getroffenen, einfühlsamen Porträts nachdenklicher Menschen, die er mit ruhiger Hand zeichnete und die oft einen düsteren und einsamen Eindruck machten. Während Felix auf frühen Fotos Selbstbewußtsein und eine gewinnende Leichtigkeit ausstrahlt, wirkt der ein wenig nach vorn gebeugte Paul mit seinem nervösem Augenzucken eher schüchtern und voll bescheidener Zurückhaltung. Im Unterschied zum strahlenden Felix fiel es ihm schwer zu lächeln, so als hindere ihn ein innerer Zwang daran. So schrieb sein Sohn einmal: »Sein Gesicht war traurig, am traurigsten aber, wenn er lächelte.«[24] Jedem fiel auf, wie verschiedenartig die Brüder waren. »Pauls Schnurrbart war nach oben gezwirbelt, und auf seinem Gesicht lag Trübsal«, schrieb Geoffrey Hellman von der Zeitschrift *The New Yorker* einst, »der von Felix hing herab, und er machte ein fröhliches Gesicht.« [25]

Mit Pauls und Ninas Eheschließung wurde der Stammbaum der Familie zu einem Alptraum für Genealogen. Als Schwiegersohn von Jacob Schiff wurde Felix Paul Schiffs Schwager, und damit war Paul Warburg Onkel seines eigenen Bruders. Bei Nina lagen die Dinge nicht minder verwirrend, denn da sie jetzt Schwägerin ihrer geliebten Nichte Frieda war, wurden die beiden Kinder aus ihrer Ehe mit Paul Vettern und Basen ersten *und* zweiten Grades von Friedas und Felix' fünf Kindern.

Als jüngstes Kind aus Solomon Loebs zweiter Ehe – Friedas Mutter Therese war das einzige Kind aus der ersten Ehe gewesen – war Nina bloß fünf Jahre älter als ihre Nichte Frieda. Die Mitschülerinnen in Brearley fanden es jedesmal überaus lustig, wenn Frieda »Tante Nina!« die Treppe hinaufrief. Die warmherzige, gefällige und einfühlsame Nina war Friedas frühe Vertraute und treue Ratgeberin, eine Art kluge und liebevolle ältere Schwester, und diese Rolle spielte sie im Laufe der Jahre bei vielen Frauen. Die von Nina freundlich neckend als Snob und Aristokratin der Familie bezeichnete Frieda fügte sich ihrer »Tante Nina« in vielem. Erst später trat an die Stelle dieser Nähe unterdrückte Rivalität und beidseitige Krittelsucht.

Die Familie, aus der Nina stammte, war den Warburgs ähnlicher als den Schiffs. So beherrschte die dralle, resolute Betty Loeb ihren Mann Solomon ähnlich wie Charlotte ihren Moritz. Solomon hatte lebhafte blaue Augen, und zu beiden Seiten seines kahlen Schädels standen ihm die weißen Haare wie zwei leichte Flügel waagerecht vom Kopf ab. Sein weit ausladender weißer Schnurrbart ging direkt in die Koteletten über, und er hielt sich, wie ein Mitglied der Familie Warburg erklärte, so aufrecht wie ein Oberst aus dem Krieg zwischen den Nord- und Südstaaten.[26] Er achtete peinlich genau auf seine Kleidung, hatte außer dem Geschäft kaum Interessen und war von ruhigem und zurückhaltendem Wesen.

Sein späterer Reichtum war ihm nicht an der Wiege gesungen worden. Mit den Stiefeln auf dem Rücken hatte er nach der Revolution von 1848

Worms verlassen und war nach Amerika ausgewandert. Auf der Überfahrt war er so seekrank geworden, daß er einen anderen Auswanderer anflehte, er möge ihn über Bord werfen. Über einen entfernten Verwandten war er in die in Cincinnati ansässige Textilfirma Kuhn, Netter eingetreten und hatte Abraham Kuhns Schwester Fanny geheiratet. Später ehelichte dieser Solomons Schwester Regina, und die kleine Firma, zwischen deren Inhabern eine so enge Verbindung bestand, wurde in Kuhn, Loeb umbenannt. Fanny brachte ein Töchterchen zur Welt (es bekam den Namen Therese und wurde später Jacob Schiffs Frau).Einige Jahre darauf starb sie, als sie ein zweites Mal im Wochenbett lag.

Da sich Solomon als Witwer nicht gut allein um ein sechsjähriges Mädchen kümmern konnte, reiste er nach Deutschland, um eine Frau zu finden. Auf diese Weise lernte er Betty Gallenberg aus Mannheim kennen, Tochter eines Geigers, die sich als Konzertpianistin ausbilden ließ, aber ihren Berufsplan aufgab, um ihn zu heiraten und nach Amerika zu ziehen. Wie Charlotte Warburg übertrug Betty Loeb ihren unerfüllten und übersteigerten Ehrgeiz auf ihre vier Kinder. Ihr Verhältnis zur Kunst der Mutterschaft ähnelte dem eines großen Generals zu bedeutenden Schlachten, und also drillte sie ihre kleinen Soldaten bis zur Perfektion.

Mit ihren lebhaften Augen und ihrem Doppelkinn wirkte Betty Loeb stets munter und wohlgenährt. Sie war gefühlvoll, lebhaft und verfolgte zahlreiche Interessen. Ihrem Einfluß war es zu danken, daß Solomon Cincinnati verließ und nach New York zog. Wie beklagenswert banausisch und provinziell ihr Cincinnati erschien, ersieht man daraus, daß sie die Stadt »Porkopolis« nannte, also »Schweinefleischstadt«. In New York lud sie Musiker in ihr Haus auf Murray Hill ein, las Zola und unterstützte Lillian Wald bei der Gründung der Arbeitersiedlung an der Henry Street sowie bei der Einrichtung eines Hauspflegedienstes für Arme. Zwar waren die Loebs Agnostiker, doch gehörten sie zur Synagoge Emanu-El.

Sie bekamen vier Kinder – Morris, Guta, James und Nina -, und Betty füllte diese bedauernswerten Gefäße bis zum Rand mit Wissen und Bildung. Die Kinder bildeten ein Streichquartett, wobei Nina die erste Violine und James das Violoncello spielte. Solomon war unmusikalisch, was seine Unterwürfigkeit Betty gegenüber nur vergrößerte. Da auch sie der bei jüdischen Müttern festverwurzelten Überzeugung anhing, teure Unterrichtsstunden und ein voll verplanter Tagesablauf böten eine Gewähr für gesunde Kinder, die keine Neurosen bekamen und später Reichtümer anhäufen konnten, mußten die vier ein ganzes Regiment von Sport-, Tanz-, Reit-, Musik- und Sprachenlehrern über sich ergehen lassen. Ebenso hielt Betty viel vom Nutzen einer kalorienreichen Ernährung, und so häufte sie bei den Mahlzeiten derart kolossale Portionen auf die Teller, daß Besucher sie nicht bewältigen konnten. »Wer von ihrem überladenen Tisch aufstand«, berichtet Birmingham, »mußte sich oft für ein paar Stunden hinlegen.«[27]

Im Unterschied zu den Kindern Charlottes, die als Glückspilze auf die Welt gekommen zu sein schienen, wurde Bettys Nachwuchs vom Pech verfolgt. Nina wollte unbedingt zum Ballett; doch mit elf Jahren fiel sie im Central Park von einem Ziegengefährt und brach sich die Hüfte, die nie wieder richtig verheilte. Die Ärzte wendeten eine entsetzliche Behandlung an: Sie legten die Hüfte in Gips und versuchten das Bein mit Hilfe schwerer Gewichte zu strecken. Während des einen Jahres, das Nina im Bett verbringen mußte, brachte sie viel Zeit mit Lektüre zu. Schließlich konnte sie den Rollstuhl verlassen und mit Hilfe unförmiger Stahlversteifungen an den Beinen wieder gehen, doch ihr Traum von einer Karriere als Ballerina war ausgeträumt. Bis ans Ende ihrer Tage hinkte sie, brauchte für einen Fuß Spezialschuhe, die den Längenunterschied der Beine ausglichen, und konnte nur am Stock gehen. Als munteres junges Mädchen, das sie war, versuchte sie heldenmütig trotz ihrer schrecklichen Schmerzen zu tanzen und zu reiten und bemühte sich mit achtzehn sogar rührenderweise, für Betty Ballett zu tanzen.

Als jüngstes und obendrein behindertes Kind wurde ihr endloses Mitgefühl zuteil, und man verzog sie nach allen Regeln der Kunst. Sie lernte ihre Schwäche auszunutzen, um anderen ihren Willen aufzuzwingen und sich etwaigen Verpflichtungen zu entziehen. Frieda sprach von Ninas »madonnenähnlicher Schönheit«, was möglicherweise mehr über den Liebreiz ihres Wesens als über ihr Aussehen sagt. Gewiß lassen Ninas Freundlichkeit und Heiterkeit auf innere Werte schließen, und wegen ihrer Behinderung war man vermutlich rasch geneigt, vor allem auf die Schönheit ihres Gesichts zu achten.

Als Paul die schlanke und dunkeläugige junge Frau kennenlernte, war sie, den Fotos nach zu urteilen, nicht unbedingt eine Schönheit.[28] Er gehörte jedoch zu den wenigen jungen Männern, denen Äußerlichkeiten und die Gefälligkeit der Erscheinung wenig bedeuten. Voll Selbstverleugnung und Gleichmut kümmerte er sich endlos um Nina, die ihre Schwäche nutzte, um ihn zu unterwerfen, ja sogar zu manipulieren. So erinnerte sich ihre Tochter Bettina: »Sie behandelte ihn, als sei er ihr Eigentum. Sie war oft krank und rückte damit in den Mittelpunkt des Interesses. Man mußte sich um sie kümmern. Vater war stets sehr besorgt. Wir alle bemühten uns um meine Mutter.«[29] Zugleich war sie aber auch voller Liebe und wußte Pauls Einfühlsamkeit sehr zu schätzen.

Die Ehen, die Paul und Felix 1895 schlossen, boten die Gewähr dafür, daß die Warburgs den großen strategischen Fehler der Rothschilds nicht wiederholen würden. Diesen war es nicht gelungen, ihre Interessen in New Yorks aufblühendem Finanzdistrikt in vollem Umfang durchzusetzen. Doch so nützlich diese beiden Eheschließungen für das Haus Warburg auch waren, sie gingen weniger auf kaufmännische Erwägungen als vielmehr auf unkalkulierbare Empfindungen zurück. Es gibt keine Hinweise

Kurz bevor Felix Warburg nach New York reiste, um sich dort mit seiner Frau niederzulassen, stellte sich die Familie noch einmal einem Photographen. Felix steht an prononcierter Stelle, rechts neben ihm seine Braut, Frieda Schiff, und sein Bruder Paul, links Aby und Franziska Jahn, die Erzieherin. In der unteren Reihe von links nach rechts: Fritz, Luise, Charlotte, Moritz, Olga und Max.

darauf, daß es sich um arrangierte Ehen gehandelt hätte – statt dessen mußten die Warburgs und die Schiffs sogar noch ihre bis zu diesem Zeitpunkt bestehenden Bedenken überwinden.

Diese Liebesheiraten sollten für den künftigen Wohlstand der Warburgs, deren Vertreter am Vorabend der industriellen und finanziellen Hegemonie Amerikas ins Land gekommen waren, von größerem Nutzen sein als ihr klügstes Geschäftskalkül. In seiner Funktion als Repräsentant von Kuhn, Loeb in Deutschland gab Max der Firma in Bankiers- und Politikerkreisen ein neues Gesicht. Zu jener Zeit konnte man die Warburgs für Schoßkinder des Glücks halten, denn in den kommenden Jahrzehnten gedieh die Wall Street, während Deutschland von Krieg, Revolution, einer Inflation unvorstellbaren Ausmaßes, einer Wirtschaftskrise und schließlich einer unsäglichen Diktatur heimgesucht wurde. Es sollte sich zeigen, daß die Hamburger Bank durch die Verbindung mit New York manche Schläge abwehren konnte, die die deutsche Geschichte gegen Bankiers so großzügig austeilte – zumal, wenn es sich um jüdische Bankiers handelte.

5
Der Gelehrte und die Schlangen

Pauls Leben wurde durch Felix' Eheschließung im März 1895 grundlegend verändert, doch führte seine eigene Heirat im Oktober einen nicht minder bedeutsamen Einschnitt im Leben seines Bruders Aby herbei. Da dieser ein tief in der deutschen Hochkultur verwurzelter Nationalist war, distanzierte er sich von der Liebelei der Familie mit der angelsächsischen Welt. Was er in New York sah, machte ihm den Eindruck eines brutalen und sinnleeren Materialismus, wie er an Amerikas Ostküste üblich war, und stieß ihn ebenso ab wie die für seinen Geschmack übertrieben protzige Hochzeitsfeier. Seiner Überzeugung nach hatte das vom Geschäft besessene Amerika jeglichen Zauber und alle Poesie von seinen Gestaden verbannt.

In Aby lagen die den Warburgs eigenen Extreme von Licht und Schatten, Beschwingtheit und Tragik, Vernunft und Wahnsinn im Widerstreit. In ihm verbanden sich eine verwegene Ehrfurchtslosigkeit mit einem überspannten und oft beängstigenden Temperament, und er räumte ein, sein hauptsächliches Wesensmerkmal sei der Jähzorn.[1] Die beiden Seiten seiner Natur schienen untrennbar miteinander verknüpft. Fröhlichkeit und Trauer folgten aufeinander wie abwechselnde Wellenbewegungen. Später vermutete Abys Sohn, der Vater sei ursprünglich Melancholiker gewesen und habe sich allmählich zum Choleriker gewandelt.[2] Ausgestattet mit einer gewissen warburgschen Hellsichtigkeit, die zum Kennzeichen seiner Generation werden sollte, war ihm klar, daß sich die Nachwelt über seine rätselhafte Persönlichkeit den Kopf zerbrechen würde, und er sagte einmal: »Ich bin wie gemacht für eine schöne Erinnerung.«[3] Auf dem berühmten Fragebogen, der damals in den Salons zirkulierte, antwortete er auf die Frage, wer er sein wolle, wenn er jemand anders sein könne, mit »Niemand, als der ich bin.«[4]

Auf einem Foto, das den dreizehnjährigen Aby in der Gelehrtenschule Johanneum zeigt, sticht er mit seiner dunkleren Erscheinung und dem finsteren Gesichtsausdruck deutlich von den blonden Klassenkameraden ab. Außergewöhnlich zufrieden mit sich selbst, blickt er wie ein hochfahrender junger Monarch in die Kamera. Indessen war dieser herrscherliche Blick eine Art Pose, denn Aby war nicht für übermäßige Selbstsicherheit bekannt, wohl aber für seine Wutausbrüche. Wie bereits ausgeführt, hatten ihn seine eigene Krankheit wie auch die beinahe tödlich verlaufene Typhuserkrankung der Mutter tief geprägt, und seitdem litt er an einer morbiden Angst vor dem Verlust seiner Gesundheit. Schon wenn er in der

Zeitung von Epidemien in fernen Ländern las, konnte er regelrechte Angstanfälle bekommen. Während der Hamburger Cholera-Epidemie von 1892 floh er aus der Stadt und wurde von den Angehörigen dafür getadelt, daß er Max im Stich gelassen hatte.

Abys Erscheinung war den meisten Menschen, die mit ihm zusammenkamen, unvergeßlich. Er war klein, adrett gekleidet, in späteren Jahren leicht dicklich und hatte dunkelbraune Augen, die sich belustigt zusammenziehen oder vor Wut blitzen konnten. Wie seine Brüder trug er einen weit ausladenden Schnurrbart und hatte buschige Brauen. Er war ein wunderlicher Mensch, der in wilden Tänzen die Hacken werfen konnte. Kleine Kinder waren von ihm entweder gefesselt oder hatten Angst vor ihm. Sie sahen in ihm jemanden, der Späße machte oder eiserne Disziplin verlangte, und seine ruckartigen Bewegungen wirkten in ihrer Präzision militärisch und theatralisch. Er liebte es, Witze in verschiedenen Dialekten zu erzählen. Der bekannte Kunsthistoriker Kenneth Clark erinnert sich: »Er hat selbst gesagt, wäre er eine Handbreit größer, ... er wäre Schauspieler geworden, und das glaube ich gern, denn er besaß die Gabe der Nachahmung in geradezu gespenstischem Ausmaß.«[5] Bei Abendgesellschaften konnte Aby, der ein übersprudelnder Quell von Aphorismen, witzigen Bemerkungen und Anekdoten war, ohne zu ermüden Ein-Mann-Vorstellungen geben.

Wie seine Brüder verfügte er über einen geschärften Sinn für das Absurde, und seine Freude an Streichen schlug gelegentlich in komische Boshaftigkeit um. Einmal saß seine hübsche Base Elsa bei einer Soiree neben einem lispelnden Langweiler. Daraufhin bekam sie fünf Wochen lang Anrufe von diesem Mann und wurde trotz ihrer wiederholten und standhaften Ablehnung lispelnd bestürmt, sich mit ihm zu verabreden. Schließlich kam heraus, daß Aby sich diesen boshaften Scherz geleistet hatte.[6]

Jeder große Komödiant braucht Gegenspieler, auf deren Kosten er sich produzieren kann, und Aby standen gleich mehrere zu Gebote. Einer war Gottschalk Sander, der Mann, der Moritz rasiert hatte, bis seine Hände zu zittern begannen und ihm die Familie eine Anstellung an der Kasse eines Theaters im Stadtteil St. Pauli verschaffte. Dort wirtschaftete Sander jedoch in die eigene Tasche und betrog spanische Seeleute beim Wechselkurs. Als ihn die nachsichtigen Warburgs daraufhin in Siegmunds Haus am Alsterufer als Diener beschäftigten, schmückte er den Tisch mit Blumen, die er im Park an der Alster gestohlen hatte. Außerdem stibitzte er Lebensmittel vom Frühstückstisch, was Aby den Gedanken an eine raffinierte Rache eingab. Eines Morgens schlich er auf Zehenspitzen ins Frühstückszimmer, stellte zwei weichgekochte Eier auf den Tisch und schlich wieder hinaus. Einige Minuten darauf betrat er den Raum, und als er sah, daß die Eier fehlten, umarmte er Sander so kräftig, daß das Eigelb aus den Taschen des Diebes floß.[7]

Mit ihrem scharfen Verstand begehrten die fünf Brüder gegen die strenge Lebensweise ihrer Eltern und deren noch immer spürbare Ängste aus der Zeit des Ghettos auf. Es war, als hätten Emanzipation und Aufklärung mit triumphalem Lächeln über den beschränkten Aberglauben gesiegt. Beispiele hierfür waren die endlosen Neckereien, denen sich Tante Malchen – ohnedies Zielscheibe des Spotts in der Familie – ausgesetzt sah. Die jüngste und unansehnlichste von Saras vier Töchtern war zu einer nachlässig gekleideten, rundlichen Frau herangewachsen, die ihr graues Haar gescheitelt unter einem Häubchen trug. Vier Jahre lang war sie mit einem Witwer namens Adolph Goldschmidt verheiratet gewesen, der an Pocken gestorben war. Wenn sie etwas von ihm wollte, nannte sie ihn nie Adolph, sondern hieß ihn schroff »Goldschmidt«.

Von Tante Malchens orthodoxem Judentum sahen sich die Brüder, geführt von Aby, zu boshaften Hanswurstiaden veranlaßt. So versteckten sie einmal ihren koscheren Kalbsbraten und brachten in feierlichem Zug ein Pappmaché-Ferkel mit einem Apfel in der Schnauze herein. Bei einer anderen Gelegenheit mußte Tante Malchen, als sie zum nächsten Gang läutete, feststellen, daß ihre Neffen das Serviermädchen in der Speisekammer eingeschlossen hatten. Als Baron Mitsui im Hause Warburg zu Besuch war, teilte Aby ihr mit, sie habe auf den japanischen Würdenträger großen Eindruck gemacht, und dieser habe ihn gefragt, ob Tante Malchen »ein bemalter jüdischer Kriegsgott wäre...«[8] Wann immer die hilflose Schwägerin derlei Ungeheuerlichkeiten seitens der Knaben ausgesetzt war, hatte die Mutter alle Mühe, ihr Lachen zu unterdrücken. Schließlich aber prustete auch sie heraus, woraufhin Tante Malchen empört die Hände in die Luft warf und seufzte: »Charlotte, du bist die schlimmste von allen.«[9]

Der ungebärdige Aby war entschlossen, die den deutschen Juden auferlegten Einschränkungen abzuschütteln und die Grenzen der Assimilation zu erkunden. Während er mit verbotenen Empfindungen und umstürzlerischen Impulsen kämpfte, lief in seinem aufgewühlten Inneren die ganze Tragödie des Widerspruchs zwischen Stolz und Selbsthaß ab, die sich in der Seele der deutschen Juden vollzog. Schon als junger Mann hatte er nicht nur seinem Bruder Max das Geburtsrecht an der Bank verkauft, sondern auch jeden religiösen Glauben über Bord geworfen.

Abys Entschluß, Kunsthistoriker zu werden, rief, wie Max später berichtete, ein äußerst zwiespältiges Echo hervor, und die Familie übte beträchtlichen Druck auf ihn aus, doch lieber Arzt, Anwalt oder Rabbiner zu werden. »Als Warburg Verwandte seiner Mutter in Frankfurt besuchte, versuchte jedes einzelne Familienmitglied, ihn davon abzubringen.«[10] Vor allem die Orthodoxie seiner Frankfurter Verwandten war Aby ein Dorn im Auge. Auf einer Hochzeit fragte ihn einmal ein Onkel, der ihn unaufhörlich über die jüdischen Bräuche ausquetschte: »Sag mir mal, mein Sohn, wie heißt das Schlachtmesser, das bei der rituellen Tötung verwen-

Malchen Warburg (1831-1911) war zu einer Zeit, als die jüngeren Warburgs den jüdischen Traditionen schon nicht mehr mit der alten Strenge folgten, gewissermaßen das »religiöse Gewissen« der Familie. Die matronenhafte Frau scheint durch und durch gutmütig und sanft gewesen zu sein. Nach dem frühen Tod ihres Mannes wohnte sie bei Moritz und Charlotte und wurde von ihren sieben Neffen und Nichten oft wegen ihrer Frömmigkeit geneckt.

det wird?«[11] Derlei sah Aby als Inbegriff einer aus dem Mittelalter stammenden bildungsfeindlichen jüdischen Welt, der zu entrinnen er entschlossen war.

Im Kaiserreich hatten die Juden gewöhnlich an den Universitäten mit geringerer Toleranz zu rechnen als in der übrigen Gesellschaft, waren doch die Burschenschaften seit Napoleons Tagen Brutstätten einer antijüdischen Haltung und viele Professoren erbitterte Antisemiten. Noch 1909 gab es in ganz Deutschland lediglich fünfundzwanzig jüdische Ordinarien. Als Aby 1886 in Bonn sein Studium der Kunstgeschichte begann, hatte er zwei Ziele: Er wollte sich von der orthodoxen Haltung der Eltern befreien und Aufnahme in eine den Juden noch immer feindlich gegenüberstehende akademische Welt finden. So schrieb er: »Als Jude mußte ich einen erbitterten Zweifrontenkrieg führen.«[12]

Anfänglich kochte er abends selbst und aß mittags in einem koscheren Haushalt. Unglücklicherweise war er als Koch so unbegabt – er spannte einen Schirm auf, um sich vor herumfliegenden Stücken Rührei zu schützen – daß er die Bemühungen aufgab, weiterhin koscher zu essen. Damit betrübte er seine Eltern zutiefst. Statt ihren Wünschen nachzugeben, führte Aby, der seine Grundsätze immer geradezu fanatisch vertrat, einen offenen Kampf mit ihnen. Einmal sagte er, er lebe nicht, um glücklich zu sein, sondern um zu kämpfen, und werde in Fragen der Religion nie Kompromisse eingehen.[13] So belehrte er seinen Vater: »Da ich meine Unterrichtsveranstaltungen nicht nach der Qualität der rituellen Restaurants aussuche, sondern nach der meiner akademischen Lehrer, esse ich nicht rituell.«[14]

Gequält und verständnislos standen Vater und Sohn einander gegenüber: Für Moritz war Erfüllung ausschließlich innerhalb der jüdischen Tradition denkbar, für Aby hingegen nur außerhalb dessen. Zwar war er Charlottes Liebling, den sie mit Paketen voller Leckerbissen und Kleidungsstücken, Zigarren und Wein verwöhnte; doch auch sie vermutete, daß hinter seinem Eigensinn eine gewisse Scham ob seines Judentums lag. Das sei keineswegs der Fall, verwahrte sich Aby gegen diese Annahme, im Gegenteil versuche er, »anderen zu zeigen, daß Vertreter meiner Art durchaus imstande sind, sich gemäß ihrer Begabung als nützliche Glieder in die Kette der gegenwärtigen kulturellen und politischen Entwicklungen einzufügen...«[15]

Alles in Abys Leben wies darauf hin, daß er gegenüber seinem Judentum zumindest eine tiefe Ambivalenz empfand. Während er von 1886 bis 1889 in den Hörsälen der Universitäten Bonn, München und Straßburg begierig die deutsche Kultur in sich aufsog, um seine Assimilation zu beschleunigen, begegnete er auf der Straße dem krassesten Antisemitismus. Vor allem in Straßburg pöbelten ihn Gassenjungen an, und er beklagte sich bei Charlotte bitterlich darüber, daß man ihm, kaum daß er das Haus verließ, nachrief: »Da geht der Jud'.« Ohne übermäßigen Sarkasmus vermerkte er, daß die »geliebten Deutschen« in den Juden Eindringlinge mit zweifelhaften Manieren sahen, bis sie persönlich mit ihnen bekannt wurden. Eines Tages sagte Aby, er wolle sich der Lösung der jüdischen Frage widmen, damit künftige Generationen in den akademischen Berufen nicht diskriminiert würden.[16] Auf Antisemitismus aber reagierte er auch dann noch scharf, als er seine jüdische Identität abzulegen versuchte.

Als er sich über Belästigungen beklagte, drückte der Vater sogleich sein Mitgefühl aus und bestätigte, daß Deutsche häufig wie ungehobelte Emporkömmlinge auftraten. Gleichzeitig behauptete er voll Nachdruck, in Hamburg sei solche Pöbelhaftigkeit nicht anzutreffen. So berichtete er Aby, daß der Bürgermeister einige Antisemiten für die Verteilung von Flugblättern in aller Öffentlichkeit entschieden angeprangert hatte. Als sei er der Pangloss aus Voltaires *Candide* persönlich, schrieb er, glücklicherweise gebe es »hier bei uns in Hamburg keinen Boden für derartige Gemeinheiten«[17]. Die Annahme, daß die Stadt gleichsam eine sichere Insel der Seligen sei, zieht sich wie ein roter Faden durch die Geschichte der Familie Warburg.

Aby spezialisierte sich auf die florentinische Kunst des 15. Jahrhunderts. Zwar stand dieses Studiengebiet in gewisser Verbindung mit seiner Herkunft aus einem Handelshaus, doch hatte es zugleich einen christlichen Rahmen. Ähnlich wie Hamburg war Florenz ein traditionsverhafteter und von Handelsherren beherrschter Stadtstaat gewesen. Schon früh wandte sich Aby gegen die übliche Praxis, Kunstwerke lediglich nach ihren formalen Merkmalen zu untersuchen, wodurch der Kritiker auf die Rolle eines Ästheten festgelegt wurde. Er distanzierte sich entschlossen von der Haltung des berühmten Kunsthistorikers Bernard Berenson, der zufolge Kunst ausschließlich mit genießender Kennerschaft zu tun hatte. In seinen Augen war die Kunstgeschichte untrennbar mit der allgemeinen Kultur- und Ideengeschichte verbunden, weshalb er versuchte, die gesellschaftliche und wirtschaftliche Welt, der die Kunst des 15. Jahrhunderts ihre Entstehung verdankte, zu rekonstruieren. Um dieses Ziel zu erreichen, vergrub er sich in abgelegene und ungewöhnliche Quellen wie die Handelskontrakte der Familie Medici.

Als er 1888 in Florenz studierte, stellte er in den Museen der Stadt Studien für eine überarbeitete Baedeker-Ausgabe an. Fortan sollte Italien sein zweites Zuhause sein, das Land seiner Wahl. Mit seinem guten Ohr für Sprachen ausgestattet, lernte er fließend Italienisch. Da er außerdem klein und von dunklem Typus war, hielt man ihn gelegentlich für einen Italiener, was ihn jedesmal mit unbändigem Stolz erfüllte. Später hieß es von ihm, seine Körperhaltung wie seine Gesten seien ausdrucksvoll, vornehm und unverkennbar florentinisch.

Im Dezember jenes Jahres führte er voll Begeisterung Mary Hertz, die Tochter eines Senators aus Hamburg, durch die Galerien der Stadt. Wilhelm und John, zwei ihrer Brüder, hatten in Bonn seiner Verbindung angehört. Mit Mary, die aus einer protestantischen Familie kam, führte er abends lange Gespräche am behaglichen Kamin des Hotels, in dem sie mit ihrem Vater abgestiegen war. Mit einem Enthusiasmus, der seine Mutter beunruhigt haben dürfte, schrieb er: »Frl. Hertz, die vortrefflich malt, hat so erstaunlich viel einfaches und dabei tiefgehendes Interesse für alles, was Kunst heißt, daß ich das Fremdenführen wirklich mit Freuden besorge...«[18] Die erste Glückwunschkarte zum neuen Jahr, die er aus Deutschland empfing, kam von Mary.

Acht Jahre vergingen, ehe er den Mut aufbrachte, sie um ihre Hand zu bitten. Später sagte er, er habe während jener Zeit an nichts denken können als daran, wie seine Eltern diesen Entschluß wohl aufnehmen würden. Unter deutschen Juden wurden Verbindungen mit nichtjüdischen Partnern nach und nach zur Normalität. So ging in den ersten Jahren des 20. Jahrhunderts in Hamburg jeder vierte Jude eine Mischehe ein. Im Hause Warburg aber war dergleichen aus einem einfachen Grunde bis dahin nicht vorgekommen: Die winzige Minderheit der Juden würde rasch dahinschwinden, sollten Mischehen die Regel werden. Da das Verbot solcher Ehen in der Zeit vor der Emanzipation den Bestand der Gemeinschaft bewahrt hatte, konnte eine führende jüdische Familie, von der alle Welt erwartete, daß sie ein Vorbild war, ihrem ältesten Sohn nicht ohne weiteres gestatten, dieses alte Tabu zu brechen.

Abys Lage wurde zudem dadurch kompliziert, daß er auf finanzielle Zuwendungen der Angehörigen angewiesen war und deren heiligste Überzeugungen allein schon aus diesem Grunde nicht einfach mißachten konnte. Er wollte, daß man sein Dasein als weltlicher Gelehrter finanziell sicherte, so wie einst jüdische Kaufleute den Sohn unterhielten, der Rabbiner oder Talmudgelehrter wurde. Die materielle Abhängigkeit machte ihn jedoch keineswegs unterwürfig, sondern vielmehr hartnäckig, und er wurde ein selbstgerechtes *enfant terrible*, das einforderte, was es als sein Recht ansah. Während seiner Zeit in Florenz begann er, die Eltern mit seinem unersättlichen Appetit auf Bücher zu entsetzen. Nachdem er dafür fünfhundert Mark auf einen Schlag ausgegeben hatte, schrieb er an den Vater: »Ich besitze jetzt den Grundstock zu einer exquisiten Bibliothek: Es ist dies mein notwendiges Handwerkszeug, und ich werde wohl zwei- oder dreimal mit einer ähnlichen Bitte vor Dich hintreten müssen, ehe ich meine Bibliothek aus meinem Jahreswechsel werde ergänzen können...«[19]

Die einst mit Max getroffene Vereinbarung, dieser könne die Bank übernehmen und müsse ihn dafür mit Büchern versorgen, nutzte er weidlich aus. Schon als Junge las er mit solcher Leidenschaft, daß es ihm schwerfiel, sich auf seine Hausaufgaben zu konzentrieren. Im Alter von zwanzig Jahren begann er, neben Büchern auch Fotos zu kaufen; sein Sammeltrieb hatte bereits Züge einer unbezwingbaren Leidenschaft. In seinem Hang zu Büchern brachte man ihm denselben ungeheuren Großmut entgegen, mit dem man ihn als Kind während seiner Krankheit hatte gewähren lassen. Später kritisierten die Brüder häufig seine maßlosen Geldforderungen für die Bibliothek, gaben ihnen aber dennoch jedesmal nach. Max teilte Aby 1890 mit, er brauche sich keine Sorgen um vorübergehende Schwierigkeiten in der Familienbank zu machen. »Sobald Du Dich etwas näher mit der Firma beschäftigst, stürmen unvermeidlich so viele Sorgen auf Dich ein, daß sie mit Sicherheit Deine Arbeitskraft schwächen. Welchen Sinn hätte das für Dich? Dank einem sehr reichen Vater wirst Du immer imstande sein, so zu leben, wie Du Dir das vorstellst; die Bilanz braucht Dich nie zu kümmern...«[20]

Glücklicherweise ließ Abys Arbeit erkennen, daß sie den Aufwand wert sein würde. Ende 1891 beendete er seine Dissertation, in der er den mythologischen Hintergrund zu zwei Gemälden Sandro Botticellis entschlüsselte. Ein winziges Detail hatte seine Aufmerksamkeit erregt: das fließende Haar und der Faltenwurf antiker Gestalten in der Kunst der Renaissance. Schon zu jener Zeit besaß Aby, dessen Aphorismus »Der liebe Gott wohnt im Detail«[21] später berühmt wurde, die Gabe, aus Kleinigkeiten, die von anderen übersehen wurden, große Wahrheiten zu destillieren.

Der Wind, der durch Haar und Gewänder jener Gestalten fuhr, ließ ihm die übliche Vorstellung fragwürdig erscheinen, der zufolge die Renaissance die vollkommene Ausgewogenheit in der Kunst von der Antike übernommen habe. Statt dessen vermutete er das Wirken ursprünglicherer Kräfte. Fortan betrachtete er die Kunst der Antike nicht mehr als Ausdruck einer empfundenen Gelassenheit, sondern vielmehr einer Gelassenheit, die durch den Sieg über störende, im Untergrund lauernde Kräfte errungen wurde. Ähnlich wie Friedrich Nietzsche in der klassischen Tragödie das Dionysische erkannt hatte, spürte Aby in der Kunst der Renaissance den unterschwelligen Einfluß des Heidnischen. Seine Dissertation wurde weithin beachtet, und stolz schickte er hundert Exemplare davon an Verwandte, Kollegen und Freunde. Sie war der erste Schritt auf dem Weg zur Lösung einer Frage, die ihn mehr als alle anderen beschäftigte: das Weiterleben der Kunst der Antike in der Renaissance.

Schon immer waren die Juden ein äußerst bücherliebendes Volk gewesen; im Mittelater hatte es sogar einige Juden gegeben, die sich den Himmel als unermeßlich große Bibliothek vorstellten. Während seiner Forschungen zu Botticelli begann Aby mit der Planung einer einzigartigen Bibliothek. In seinem Versuch, die gesamte Weltsicht der Renaissance zu erfassen, erarbeitete er sich viele Fachgebiete, von der Psychologie zur Philosophie, von der Dichtung zur Religion. Um aber die umfangreiche Synthese zu erstellen, auf die er abzielte, mußte er eine Spezialbibliothek nach der anderen aufsuchen. Je mehr die Bestände der Bibliotheken anwuchsen, desto schwieriger wurde es für Gelehrte, in Bücherstapeln herumzustöbern und neues Material zu entdecken. Statt an den Regalen entlang suchen zu können, mußten sie Leihscheine für bestimmte Bücher abgeben, wodurch glückliche Zufallsfunde ausgeschlossen wurden. Aby stellte sich eine interdisziplinäre Bibliothek vor, die unerwartete Querverbindungen aufzeigte und es dem Wissenschaftler ermöglichte, in den Regalen zu suchen, so wie ein unerschrockener Forscher ein Labyrinth erkundet. Schritt für Schritt nahm die Sammlung der Bücher, die er als Student zu kaufen begonnen hatte, die Umrisse dieser von ihm erträumten Bibliothek an.

Nach Abschluß seiner Dissertation machte er einen letzten Versuch, im »praktischen« Leben etwas zu werden, und nahm ein Studium der Medizin in Berlin auf, verwarf jedoch bald wieder die Absicht, Arzt zu werden. Ein Jahr lang diente er bei der berittenen Artillerie in Karlsruhe, was ihm eine dringend benötigte Erholung von seiner schweren geistigen Anstrengung verschaffte, auch wenn er früh aufstehen mußte, um Pferdeställe zu reinigen. Da es ihm bei seiner geringen Größe schwerfiel, die massigen Kavalleriepferde zu besteigen, stürzte er an den beiden ersten Tagen sechsmal vom Pferd. Er sagte, ihm fehlten drei Zentimeter Beinlänge. Obwohl ihn die Offiziere hänselten, war er mit Begeisterung Soldat und ein guter Kamerad und wurde schließlich zum Unteroffizier be-

Ein ungewohntes Bild von Aby M.: Als der junge Kunsthistoriker von 1892 bis 1893 bei der Feldartillerie in Karlsruhe seinen Militärdienst leistet, stellt er sich zusammen mit einem Kameraden vor einer Landschaftskulisse dem Photographen. Mit Koppel und Pickelhaube, den Arm allzu energisch in die Seite gestützt, wirkt er überraschend martialisch. Als sein Neffe Erich Jahrzehnte später in den ersten Weltkrieg ziehen mußte, schenkte er ihm einen elfenbeinbesetzten Säbel, den er als junger Soldat getragen hatte.

fördert. Er war stets ein glühender Patriot, den das Militär und die Uniformen ebenso begeisterten wie seinen Bruder Max.

Nach seiner Dienstzeit kehrte er 1893 nach Florenz zurück, ohne eine rechte Vorstellung von seiner Zukunft zu haben. Er fühlte sich deprimiert und beklommen, seine Stimmung schwankte zwischen Zufriedenheit und Unruhe, Heiterkeit und Verzweiflung. So tief hatte er sich schon in die Kunst eingelebt, daß er andere mit seinem endlosen Theoretisieren darüber entweder fesselte oder ermüdete. Als Felix und Frieda auf ihrer Hochzeitsreise in Genua Station machten, zeigte Aby ihnen in einem schlecht beleuchteten Kreuzgang einige Fresken Leonardo da Vincis. Den Blick auf die Bilder geheftet, begann er einen endlosen Vortrag, und als er sich umdrehte, sah er, daß die Jungvermählten einander küßten, statt ihm zuzuhören. Wutschnaubend erklärte er: »Ihr stellt euch, als ob ihr die Ehe erfunden hättet.«[22] Als Prophet auf der Suche nach Jüngern hatte Aby nichts für Dilettanten oder bloße Kunstliebhaber übrig, er verlangte rückhaltlose Hingabe.

Mit immer größerer Aufmerksamkeit spürte er antiken Riten nach, die oftmals versteckt in der Renaissance weiterlebten. Indem er ihnen die Maske herunterriß und ihre Symbole entschlüsselte, erkannte er, daß in den Tiefen der europäischen Zivilisation noch Überreste frühzeitlicher Barbarei lebendig waren. Er betrachtete die Entwicklung der westlichen Kultur als einen Konflikt zwischen dem rationalen und dem magischen Denken, der seine eigene gespaltene Psyche widerspiegelte. Die ihm vererbte Anlage zu Depressionen machte ihn in ungewöhnlichem Maße für die dunkleren Strömungen in der europäischen Kultur empfänglich.

Um heidnischen Kräften im Urzustand gegenübertreten und um beobachten zu können, wie der »primitive« Mensch seine Dämonen austrieb, beschloß er, nach Pauls Hochzeit im November 1895 die Indianer im amerikanischen Südwesten aufzusuchen. Begegnet war er ihnen zum ersten Mal in Abenteuerbüchern, die er als Junge während der Typhuserkrankung seiner Mutter gelesen hatte. Diese Exkursion war für Aby wie eine Reise ins Griechenland der Antike – nicht jenes Griechenland der kunstvollen Standbilder, sondern das Land der orgiastischen Riten und der Mänaden, die mit sich windenden Schlangen im Haar Tänze vollführten. Wie Aby sagte: »Und doch waren vor zweitausend Jahren gerade in dem Ursprungsland unserer europäischen Bildung, in Griechenland, Kultgewohnheiten im Schwange, die an verzerrter Kraßheit das, was wir bei den Indianern sehen, noch übertreffen.«[23]

Höchstwahrscheinlich hatte Aby nur deshalb beschlossen, an Pauls Hochzeit teilzunehmen, weil sich der Anlaß gut mit seinen beruflichen Absichten vereinbaren ließ. Bei dieser einzigen Reise nach Amerika, die ihn weiter als jede andere von Deutschland entfernte, schloß er enge Freundschaft mit Ninas Bruder Jim Loeb. Dieser nahm ihn mit nach Harvard, wo er die Kunstsammlung besichtigte und Charles Eliot Norton, einen Professor der Bildenden Künste, kennenlernte. Zwischen Aby Warburg und Jim Loeb bestanden sonderbare Parallelen: Sie teilten dieselben ästhetischen Interessen, waren leidenschaftliche Sammler, verehrten die deutsche Kultur und verfielen beide später dem Wahnsinn.

Abys Zugang zur Kunstgeschichte glich dem eines Archäologen oder Ethnologen. Auf der Überfahrt nach New York hatte er einen Mitarbeiter der Smithsonian Institution in Washington kennengelernt und reiste nun dorthin, um die indianischen Sammlungen jenes Instituts zu besichtigen, bevor er in den Südwesten des Landes aufbrach. Der Besuch bei den Pueblos sollte sich als Reise in die eigene Seele erweisen und eine Beschäftigung mit den widerstreitenden Kräften auslösen, die sein Leben gestalteten. Von Chicago aus fuhr er allein über Denver nach Santa Fe und Albuquerque in Neu-Mexiko. Da er mit den Inhabern von Kuhn, Loeb zweifach verschwägert war, brauchte er auf der Atchison-, Topeka- und Santa Fe-Eisenbahn nichts zu bezahlen.

Den Indianern dürfte das kleine deutsche Bleichgesicht, das aussah wie ein Besucher aus einer anderen Welt, mindestens genauso wunderlich und exotisch vorgekommen sein wie sie ihm. Er beherrschte keine Indianersprache, sie kein Deutsch. Unterwegs entstandene Fotos zeigen ein lächelndes Gesicht zwischen einem kleinen Cowboyhut und einem bunten Halstuch, die er obendrein zu einem Geschäftsanzug mit schwarzer Weste und Uhrkette trug. Er sieht ungewohnt glücklich und entspannt aus, ganz so, als sei ihm die lastende europäische Kultur für eine Weile von den Schultern genommen. Dort schien ihn keines von all den psychosomatisch verursachten Leiden zu quälen, die ihn zu Hause immer wieder heimsuchten.

Auf einer Etappe seiner Reise machte er in einer Schule der Hopi-Indianer einen fesselnden Versuch. Er trug den bereits amerikanisierten Kindern ein deutsches Märchen vor, in dem ein Gewitter vorkam, und ließ sie dann einen Blitz zeichnen. Zwölf stellten ihn als Zickzackmuster dar, wie er am Himmel zu beobachten ist, zwei aber so, wie ihn ihr Stamm der Überlieferung gemäß in seinen magischen Zeremonien darstellt: als pfeilköpfige Schlange. Aby sah darin ein faszinierendes Beispiel für das Fortleben einer Überlieferung und eines Mythos unter dem Firnis der Neuzeit.

Mit Frühjahrsbeginn fuhr er von Santa Fe und Albuquerque aus in abgelegene Indianerreservate, wobei ihn ein jüdischer Händler aus Mailand, der ebenfalls dort unterwegs war, begleitete. Auf ihren ausgedehnten Streifzügen überstanden sie Schnee- und Sandstürme, die Nächte verbrachten sie im Zelt. Einmal führte ihn ein Priester in ein entlegenes Dorf, damit er sehen konnte, wie Indianer in bunten Stammestrachten die Messe feierten. Der Gottesdienst fand in ihrer Stammessprache statt und mußte dem Priester gedolmetscht werden.

Die ganze Reise schien nichts als ein Vorspiel zu Abys Besuch in zwei einsamen Hopi-Siedlungen zu sein. (Die Hopis sind Teil des Pueblo-Stammes.) Begleitet von einem Mormonen, der ihm den Weg zeigte, fuhr er zwei Tage lang in einem offenen Wagen durch eine Stechginsterwüste; auf dem letzten Abschnitt begleitete ihn ein Ire zu den Dörfern, die an einem Abgrund standen. Aby durfte geheimen Riten der Indianer beiwohnen und wurde dabei Zeuge von Zeremonien, bei denen Jäger in die Rolle ihrer Beute schlüpften, um durch Magie in ihre Gewalt zu bringen, was sie später in der Wirklichkeit zu erjagen hofften.

Vor allem studierte er die Schlangentanzrituale, welche die Hopis jeweils im August als Regenzauber für die bevorstehende Ernte durchführten. Dabei trieben sie einhundert Schlangen zusammen, tauchten sie in geweihtes Wasser und bewahrten sie in einem unterirdischen Gelaß auf, bis die sechzehntägige Feier begann. Während dieser Riten schleuderten die Indianer die lebenden Reptilien gegen schlangenförmige Zeichnungen von Blitzen, die sie in den Sand geritzt hatten. Durch ihren geschickten Umgang mit den giftigen Tieren gelang es ihnen, sie tagelang zu ekstatischen »Tänzen« zu bewegen.

Zeitlebens war Aby Warburg von den religiösen Ritualen primitiver Völker fasziniert, aus deren religiösen Praktiken er, ganz wie heutige Ethnologen, Rückschlüsse auf die frühen Formen der abendländischen Kultur zog. Als er im Herbst 1895 zur Hochzeit seines Bruders Paul in die Vereinigten Staaten kam, besuchte er den Stamm der Pueblo-Indianer, über deren Schlangenritual er 1923 im Kreuzlinger Sanatorium eine gelehrte Abhandlung schrieb, die zum Prüfstein seiner Gesundung wurde. In einem halb europäisch, halb cowboyhaft wirkenden Aufzug ließ er sich damals mit einem Indianer photographieren.

Aby hatte das Gefühl, daß ihn diese Rituale dem heidnischen Erbe des antiken Griechenlands näherbrachten. Bei einem Ritual vollzogen die Indianer einen Wechsel von der heiligen Liturgie zu einer obszönen Parodie. Aby sah darin eine Vorform des Chores im griechischen Theater. »Jeder, der etwas von der antiken Tragödie weiß, sieht hier die Doppelheit von tragischem Chor und Satyrspiel ›auf einen Ast geimpfet‹.«[24] Seine eingehende Beschäftigung mit diesem Thema zeigte ihm, auf welche Weise die Magie den Menschen die Möglichkeit gibt, Abstand zu Dingen zu gewinnen, vor denen sie Angst haben, wodurch ein Zwischenstadium auf dem Weg zum rationalen Verständnis natürlicher Ereignisse erreicht wird. Doch war ihm zugleich klar, daß der Zauber keinen endgültigen

Sieg über die Urängste bedeutet und daß es keine Gewißheit gibt, »daß nicht im Geheimen noch aus den blutigen Wurzeln des Kultes die Säfte steigen.«[25]

Bevor er nach New York zurückkehrte, besuchte Aby die Städte Pasadena und San Francisco und schrak vor der abstoßend positivistischen Zivilisation zurück, in der Ereignisse nicht mehr mit Magie, sondern nur noch rein logisch – und somit auf eine sterile Weise – erklärt werden. Nach der Heimkehr fiel es ihm schwer, sich wieder mit der Plattheit des Alltagslebens zu arrangieren. Dem Völkerkundemuseum Hamburgs schenkte er Eingeborenenarbeiten und hielt einen mit Schnappschüssen untermalten Vortrag vor der Photographischen Gesellschaft. Später erklärte Max, die Reise in den amerikanischen Südwesten sei für Aby ein prägendes Erlebnis gewesen. Dem konnte Aby nur zustimmen: »Ohne ihre primitive Zivilisation zu besuchen, hätte ich nie eine breitere Grundlage für die Psychologie der Renaissance gefunden.«[26]

Hat Abys abenteuerlicher Ausflug zu den Indianern den Entschluß in ihm reifen lassen, seine religiöse Vergangenheit über Bord zu werfen, so, wie die westliche Zivilisation versucht hatte, über ihre heidnischen Ursprünge hinauszuwachsen? Da er im Judentum nichts weiter zu sehen vermochte als einen der vielen abergläubischen Kulte, schien es ihm feige und heuchlerisch, weiterhin dessen Rituale mitzuvollziehen. Der Grund für Abys überragende Leistungen wie für sein Verhängnis dürfte seine ungewöhnliche Prinzipientreue gewesen sein, von der er auch dann nicht ließ, wenn sie andere schmerzte. Kaum in Hamburg zurück, brachte er 1897 endlich den Mut auf, Mary Hertz einen Heiratsantrag zu machen. Es war der schwierigste Entschluß seines Lebens.

Die schöne Mary war für ihn die ideale Gattin, sieht man einmal davon ab, daß sie Protestantin war. Ihr Vater stand als Reeder, Senator und Abkömmling einer alteingesessenen Hamburger Familie gesellschaftlich über den Warburgs; die Mutter entstammte der vornehmen Familie Gossler. Mit ihrem runden Gesicht, dem hellblonden Haar und den tiefen freundlichen Augen wirkte Mary sehr anziehend, und die in den neunziger Jahren üblichen Strohhüte und gebauschten Ärmel standen ihr ausgesprochen gut. Sie war eine begabte Malerin und Bildhauerin und hatte für Spießertum und Unaufrichtigkeit genausowenig übrig wie Aby. »Wenn jemand versucht, mir die Hand zu küssen«, sagte sie einmal, »läuft es mir kalt den Rücken herunter.«[27]

Nicht einmal die überaus kritischen Warburgs erhoben ernsthafte Einwände gegen Marys Person. Wie ihr Sohn sagte, besaß sie »das reinste Herz«,[28] das er je kennengelernt hatte. Nur die wie eine Heilige wirkende Mary mit ihrer unverfälschten Aufrichtigkeit konnte es mit dem ungestümen Aby aufnehmen und seine immer wieder ausbrechende Launenhaftigkeit ertragen. Ihrer festen Überzeugung nach war sie ihm geistig nicht ebenbürtig; sie bewunderte ihn über alle Maßen und machte ihm das seltene Geschenk bedingungsloser Liebe. Er wußte das zu würdigen und nannte sie »meine Frau, meine beste Mitarbeiterin und Kameradin«.[29]

Die Vorbehalte gegen die Eheschließung kamen vorwiegend – aber keinesfalls ausschließlich – von seiten der Familie Hertz. Es bereitete Marys Eltern durchaus Sorge, daß der nach wie vor als brotloser Gelehrter von den Zuwendungen der Eltern lebende Aby keine genauen Vorstellungen von seiner beruflichen Zukunft hatte. Die starke, liebende Mary ging die Beziehung zu Aby im Bewußtsein ein, daß ihr schwere Zeiten bevorstanden. Am Vorabend der Verlobung befiel Aby eine entsetzliche Panik, da er meinte, ihrer beider Liebe sei erkaltet. Er war sich über seine mangelnde seelische Festigkeit durchaus im klaren, und ihn ängstigte der Gedanke, Mary seinen manisch-depressiven Stimmungen auszusetzen.

Sie beruhigte ihn liebevoll. Mit leicht spöttischem Unterton gab sie ihm zu verstehen: »Wenn ich mit offenen Augen auf den Leim gehe, einen Mann zu heiraten, der mich, wie ich ganz genau weiß, oft mit seinen Launen quälen wird, so ist das *meine* Sache und geht ihn gar nichts an.«[30] Ferner erinnerte sie ihn daran, daß er trotz seiner zeitweiligen Depressionen im innersten Wesen gesund war. Ihre Empfindungen waren tiefer, reiner und großherziger als seine. In seinen Antworten auf ihre schönen, persönlich gehaltenen Briefe plapperte er etwas über irgendein Fresko, das er in Florenz entschlüsselt hatte. Aby war von großem Geist, Mary hingegen von großer Seele.

Aby, dem klar war, welchen Schock eine Mischehe seinen Eltern, vor allem dem Vater, versetzen würde, teilte Marys Angehörigen mit, dieser habe »in den sechzig Jahren seines Lebens gegen Wind, Wetter und augenblickliche Strömungen das Princip vertreten, daß das Judentum eigene Ideale habe und dieselben nicht aufgeben dürfe«.[31] Tatsächlich empfand Moritz entsetzliche Seelenqualen und flehte den Sohn an, seine Entscheidung noch einmal zu überdenken. Er bot ihm sogar an, seine Unterhaltszahlungen zu verdoppeln, falls er es sich anders überlegte! Als das nichts fruchtete, schlug er einen überraschenden Kompromiß vor: Er sei bereit, der Eheschließung zuzustimmen, sofern Aby seine Söhne beschneiden lasse und alle Kinder im jüdischen Glauben aufgezogen würden. Dieser mochte sich weder einer solchen Bedingung noch sonstigen Einschränkungen seiner Freiheit fügen und sagte, als er mit John Hertz über diesen Vorschlag sprach, er könne die Anschauung seines Vaters nicht teilen, daß die überlieferte Kultur der Juden der zeitgenössischen deutschen Kultur überlegen sei.[32] Obwohl die eher pragmatisch eingestellten Brüder Aby zu verstehen gaben, der Vater wolle lediglich sein Gewissen beschwichtigen, ließ er sich nicht umstimmen, zumal sich auch Senator Hertz mit dem Kompromißvorschlag des künftigen Gegenschwiegervaters nicht anfreunden konnte. Als die Verlobung im Juli offiziell bekanntgegeben wurde, waren Charlotte und Moritz von Kummer überwältigt.

Aby sagte seiner Mutter, Mary entspreche haargenau dem Bild der idealen Frau, für das ihm Charlotte selbst Vorbild gewesen sei. Möglicherweise hat das dazu beigetragen, daß sie sich mit dieser Ehe abfand. Von einer Kur in Bad Homburg schrieb sie dem Sohn, er habe in ihrem Herzen jederzeit einen so bedeutenden Platz wie zwei Kinder eingenommen, und Mary sei nunmehr ihre geliebte Tochter. Moritz hingegen leide unsagbar.[33]

Dem Vater schrieb Aby, zwar quälten ihn immer wieder Gewissensbisse, doch müsse er zu seinen Grundsätzen stehen. Er versicherte ihm, er werde nie zu einem anderen Glauben übertreten, für seine Kinder aber könne er nicht bürgen.[34] Diese Haltung, die den Vater so sehr schmerzte, muß man vor allem deshalb als furchtlos bezeichnen, weil er nach wie vor von dessen Großzügigkeit abhing. In einer eher betrübten als zürnenden Antwort teilte ihm der Vater in klagendem Ton mit: »Der Gedanke, daß es mir stets die höchste Freude war, die Fahne des edlen Judentums hoch zu tragen, und ich jetzt die Fahne mit der Zeit auf Halbmast von weitem sehe, ist einstweilen noch so überwältigend, daß ich nicht viel schreiben kann.«[35]

Eine Weile wurde im Haus am Mittelweg Abys Name nicht in den Mund genommen, so, als sei er in unehrenhafter Weise aus dem Leben geschieden. Zu guter Letzt fanden sich Abys Eltern mit dem Vorhaben des dickköpfigen Sohnes ab, doch waren sie nicht bereit, an der Hochzeit teilzunehmen. Da der Vater verlangte, daß sie aus Achtung vor der jüdischen Gemeinde nicht in Hamburg stattfand, wurde die Ehe am 8. Oktober 1897 am Wohnsitz von Marys Eltern vor den Toren der Stadt geschlossen. Dabei vertraten Max und Olga die Familie Warburg, was den Schluß zuläßt, daß die Geschwister viel Verständnis für Abys mißliche Lage aufbrachten. Als persönliche Geste der Aussöhnung besuchten Moritz und Charlotte das junge Paar auf der Hochzeitsreise in Wiesbaden und statteten anschließend der Familie Hertz einen förmlichen Besuch ab.

Nach wenigen Wochen besann sich Moritz eines Besseren und nannte Mary seine liebe Tochter. Das Ausmaß an Zärtlichkeit und Geduld, das sie über mehrere Jahrzehnte hinweg für Aby aufbrachte, wurde letzten Endes von allen Warburgs hochgeschätzt. Es ist bezeichnend, daß sich Aby und Mary nicht in Hamburg niederließen, sondern in Florenz, wo sie mit Unterbrechungen während der nächsten fünf Jahre wohnten. Zwar kehrte Aby wie der verlorene Sohn immer wieder ins Elternhaus zurück, doch fiel es ihm weder leicht, längere Zeit dort zu bleiben, noch konnte er mit dem darin herrschenden Geist wohlhabender Kaufmannschaft seinen Frieden machen.

6

Der Zauberberg

Als wollten sie die Warburgs dafür entschädigen, daß sie Felix an Amerika verloren hatten, bezogen Paul und Nina ein Haus in Hamburg, in dem sie sieben Jahre lang blieben. Sie wohnten am Fontenay, einem Sträßchen nahe der Außenalster, das für alle Mitglieder der Familie gut zu erreichen war. Die beiden Kinder James und Bettina kamen in Hamburg zur Welt und wuchsen zweisprachig auf, sie hatten ein englisches Kindermädchen und überquerten häufig den Atlantik. Obwohl Paul von allen Warburg-Brüdern der spartanischste war, las er Nina jeden Wunsch von den Augen ab. Als er ein gutes Pferd und eine Kutsche kaufte, um seine behinderte Braut in der Stadt umherzufahren, warf ihm seine Mutter Großspurigkeit vor. Die sieben Jahre, die Nina unter Charlottes strengem und äußerst kritischem Auge in Hamburg verbrachte, müssen für sie eine wahre Last gewesen sein, war sie es doch gewohnt, daß man sich ihren Wünschen fügte.

Zwar behielt sich Moritz das Recht vor, sein Veto gegen Entscheidungen einzulegen, die seine Söhne in der Bank trafen, doch leiteten Max und Paul – beide noch keine dreißig Jahre alt – die Bank ab 1895 selbständig, während sich der Vater auf die Rolle eines Beraters beschränkte. Der begeisterungsfähige Max mit den strahlenden Augen und dem gewinnenden männlichen Wesen war eine geborene Führungspersönlichkeit, der sich jeder unterordnete. Allmorgendlich ging er, auf einem hohen Hocker vor einem viktorianischen Schreibpult mit geneigter Platte sitzend, die Post und die Zeitungen durch und teilte den Mitarbeitern die jeweils von ihnen zu bearbeitenden Briefe zu. Anschließend machte er federnden Schrittes die Runde durch das Kontor, unterhielt sich mit Angestellten und fragte sie nach diesem und jenem. Er wollte alles möglichst schnell und in so einfacher Weise wie möglich wissen und sagte einmal, man möge ihm ein einziges Wort auf den Grabstein meißeln: »Vereinfacher.«[1] Mit seiner natürlichen Führungsgabe behielt er bei den Teilhaberbesprechungen, die täglich um zehn Uhr an einem mit grünem Stoff bespannten Konferenztisch stattfanden, stets die Fäden in der Hand.

Max, der es verstand, Kunden zu gewinnen, und sich weiter in die Welt vorwagte, als es dem vorsichtigen Moritz für einen Juden klug schien, empfing ständig Besucher – Geschäftsleute, Politiker, ausländische Bankiers. Mit dreißig Jahren wurde er 1897 in das Ehrenamt eines Handelsrichters gewählt und begann einen bemerkenswerten Aufstieg im Machtgefüge Hamburgs. Da er zu plötzlichen und mitunter abwegigen Einfällen neigte, brauchte er jemanden, der ihn bremste. Diese Rolle füllte der äußerst besonnene Paul mit großer Zuverlässigkeit aus. Obgleich Paul dem Bruder eine nahezu abgöttische Verehrung entgegenbrachte, war er der Scharfsinnigere und vermochte sich durchzusetzen, wenn er etwas als richtig erkannt hatte. Gemeinsam machten sie aus M. M. Warburg & Co. Hamburgs führende Privatbank, die im Geschäft mit Wechselkrediten, Devisen und Wertpapieren eine bedeutende Position einnahm.

Obwohl Max aus einer von Geisteskrankheit und psychosomatischen Leiden heimgesuchten Familie stammte, zeichneten ihn neben seiner enormen Energie ein selbstsicherer Humor und eine äußerst robuste Konstitution aus. Er besaß die Gabe, Menschen mit einem einzigen Satz ins Mark zu treffen. Einen mittelmäßigen Diplomaten lobte er einmal mit den Worten: »Er sitzt so gut bei Tische.«[2] Ferner hatte er eine ungewöhnlich rasche Auffassungsgabe und einen beachtlichen Erfindergeist. Als ihn ein Angestellter an seinem Hochzeitstag ganz aufgelöst anrief und berichtete, der Brautvater habe seine Tochter ins Badezimmer gesperrt, um die Eheschließung zu verhindern, alarmierte Max die Feuerwehr, und diese rückte aus, um die Braut zu befreien. Anschließend teilte er dem dankbaren jungen Mann mit, er könne die hundert Mark Geldstrafe, die ihn dieser Fehlalarm gekostet hatte, als Hochzeitsgeschenk betrachten.[3]

Nur einmal wurde Max von seiner robusten Gesundheit im Stich gelassen. Die schon so früh übernommene Verantwortung hatte an seinen Kräften gezehrt, und 1896 rieten ihm die Ärzte zu einer langen Seereise, die allerdings seine Gesundheit keineswegs wiederherstellte. Auf dem Weg nach Kapstadt erkrankte er an der Ruhr, verlor vierzig Pfund und wäre fast gestorben. In Südafrika besichtigte er Zinnbergwerke und war bei der Königin von Swasiland zu einer unvergeßlichen Audienz geladen. Man saß auf Matratzen, während die Monarchin das von Max als Geschenk überbrachte deutsche Bier trank und bei allem, was er berichtete, in hemmungsloses Gelächter ausbrach. Diese nicht endende Heiterkeit irritierte ihn; schließlich gestand der Dolmetscher, er habe Max' Beiträge zur Unterhaltung frei umformuliert.

Während sich sein Sohn in Afrika aufhielt, erwarb Moritz einen Landsitz, der zum Stammhaus der Familie werden sollte. Max und Paul hatten sich entschlossen, ihre Sommer künftig auf dem Lande zu verbringen. Oft ritt Max zu dem malerischen Fischerdorf Blankenese an der Elbe hinaus, wo die Häuser an den steilen Hängen zu kleben schienen und gewundene Pfade sich über ein baumbestandenes Steilufer hinabzogen. Von der Anhöhe hatte man einen herrlichen Blick auf den Fluß und das hinter ihm liegende große Obstanbaugebiet. Ein Fleckchen dort hatte es Max besonders angetan: Es war ein hundert Meter über der Elbe gelegener, kühler, schattiger Hügel mit tiefen Hohlwegen, der den Namen Kösterberg trug. Auch Moritz fand es dort herrlich und bestand darauf, daß, wenn die Warburgs je einen Sommersitz erwerben sollten, er an diesem Ort sein müsse.

Das Anwesen war benannt nach dem Hamburger Auktionator H. J. Köster, der sich dort 1796 ein Haus errichten ließ, das mehrere Wandlungen erlebt hatte. Einst war es ein beliebtes Gartenrestaurant für Tagesausflügler aus Hamburg gewesen, später hatten dort nacheinander der Wollkaufmann Semper und der Bankier Bromberg ihren Wohnsitz genommen. Als letzterer von Moritz unverfroren eine Million Mark dafür verlangte, lachte dieser ihn aus. Während sich Max in Afrika aufhielt, trat Bromberg an der Börse deutlich bescheidener an Moritz heran und forderte ihn auf, ein Gebot abzugeben. Es stellte sich heraus, daß er im Haus auf dem Kösterberg seine Frau bei einem Liebesabenteuer ertappt hatte, als er vorzeitig von einer Geschäftsreise zurückgekehrt war. Er halte es dort keinen Augenblick länger aus, erklärte er, und müsse daher sofort verkaufen. Moritz zahlte zweihundertvierzigtausend Mark und telegrafierte an Max, der sich inzwischen auf Madeira aufhielt: »Kösterberg gekauft«.[4]

Da Felix in Amerika lebte und Paul gewiß ebenfalls eines Tages dort seinen Wohnsitz nehmen würde – Nina war lediglich bereit, eine begrenzte Zeit in Hamburg zu leben –, wollte Moritz ein großes, behagliches Haus, in dem Jahr für Jahr die ganze Familie zusammenkommen konnte. Der Kösterberg war ein riesiger Besitz mit einer Wagenremise, einem Stall und einem Parkgrundstück, auf dem man stundenlang in verzauberter Stille unter dem schattigen Blätterdach des Waldes wandern konnte. Im Laufe der Zeit fanden sich dort jeden Sommer Moritz' und Charlottes Kinder nebst einundzwanzig Enkeln ein. Für die Warburgs war der Kösterberg eine Festung, ein Schrein, ein Ort der Erinnerung.

Moritz und Charlotte bezogen die ehemalige Gaststätte, ein Reetdachhaus aus dem 18. Jahrhundert. (Anfangs kam es mitunter vor, daß Fremde eintraten und Bier bestellten.) Da das lang hingezogene Gebäude mit dem steilen Dach auf der Hügelkuppe saß wie ein bei ablaufendem Wasser auf Grund gesetztes Boot, nannte man es die »Arche Noah«. Weit schweifte der Blick von seinen Balkonen über eine breite Biegung der Elbe, so daß man Schiffe, die dem Hamburger Hafen entgegenstrebten, lange beobachten konnte. Doch trotz aller Pracht hatte Kösterberg mit seinem groben Zuschnitt einen eher ländlichen Charakter. Da das Haus keinen Blitzableiter besaß, mußte die Familie bei Gewitter in Decken gehüllt in der Nähe der Türen schlafen. Das Dach über Tante Malchens Zimmer war so undicht, daß sie mitunter einen Schirm im Bett aufspannte. Wenn die Männer in die Stadt mußten, fuhren sie mit einem rumpelnden gelben Kutschwagen, den eine wohlgenährte Rappstute namens Lola gemächlich zog, zum Bahnhof Blankenese.

Im Laufe der Zeit haben alle Warburgs einmal in der Arche Noah gewohnt. Paul und Nina bezogen ein großes weißes Haus, das Moritz und Charlotte unterhalb des ursprünglichen Gebäudes errichten ließen. Später wurde weiter unten am Hang ein Haus im Kolonialstil gebaut, und Max bekam den Altbau. Nach ihm zog Bruder Fritz dort ein, und auf ihn folgte

Max' Sohn Erich. Da er von allen Häusern dort als einziges über ein volles Jahrhundert hinweg im Besitz der Warburgs blieb, stellt er für die Familie ein Symbol der Kontinuität dar.

Womöglich brachte der Kösterberg Max auf den Gedanken, es sei für ihn an der Zeit zu heiraten. Dieser überaus männliche und flotte junge Warburg, den man nicht gerade als einen Vorkämpfer der Gleichstellung der Geschlechter bezeichnen kann, wirkte auf viele junge Damen äußerst anziehend. Als junger Mann sollte er einmal einen allgemein bekannten Fragebogen ausfüllen und beantwortete die Frage nach seinen Lieblingsheldinnen in der Geschichte mit den Worten: »Sobald eine Frau in der Geschichte hervortritt, liebe ich sie nicht.«[5] Alle dachten von Max, daß er sein Leben als Schürzenjäger verbringen werde; statt dessen erwählte er sich eine junge Frau namens Alice Magnus zur Gattin. Voll Vertrauen fügte sie sich seiner königlichen Erhabenheit, was er ihr mit derselben Treue vergalt. Frieda schrieb hierzu: »Nachdem der Frauenheld Max verheiratet war, hat er andere Frauen nicht einmal mehr zum Mittagessen eingeladen.«[6]

Die Verlobung fand im Dezember 1898 statt. Alice, die aus der Altonaer Linie der Warburgs stammte, war in Leipzig und Hamburg aufgewachsen. Ihre blonde, blauäugige Mutter Lola war in Odessa zur Welt gekommen und im Krimkrieg Krankenschwester gewesen. Da ihr Vater, der Pelzhändler Hermann Magnus, jung gestorben war, hatte Pius Warburg aus Altona Lola mit ihren neun Kindern in seine Obhut genommen und für ihren Unterhalt gesorgt. Alices Lieblingsgeschwister waren an Diphtherie gestorben, der beinahe auch sie erlegen wäre. Eine ältere Schwester hatte sie mit harter Hand erzogen. Die schwere Kindheit war der Grund dafür, daß Alice immer ein wenig angespannt, unsicher und sehr statusbewußt war.

Die kluge, hübsche und zierliche Alice hatte dichtes, lockiges Haar, ein rundes, offenes Gesicht und war sehr gebildet. Mit Anfang zwanzig hatte sie drei Jahre bei Verwandten in Wien gelebt. Im Hause ihrer Tante Helene von Hornbostel, einer Opernsängerin, hatte sie Brahms, der dort als Sonntagsgast verkehrte, kennengelernt. Sie besuchte Mal- und Zeichenklassen und genoß das kaiserliche Wien in vollen Zügen. Im Lauf der Zeit entwickelte sie ein ausgesprochenes Talent für Porträtmalerei; kein Geringerer als Oskar Kokoschka hat später einmal ihr überaus gelungenes Bildnis Tante Malchens gelobt, als er zu einem Besuch auf Kösterberg weilte.

Da sie die leidvollen Erfahrungen ihrer Kindheit unterdrückte und nur selten von ihnen sprach, wirkte sie abweisend und gleichmütig. Hinter ihrer aristokratischen Fassade war sie bescheiden und vertrat im Unterschied zum sorglosen Max strenge Grundsätze. Immer wieder machte sie ihm Vorhaltungen, weil sie fand, daß er zuviel aß und zu viele Zigarren

Ihre Hochzeitsreise führte Max Warburg und seine Frau von Hamburg über Paris bis nach Sizilien. Bei einem Aufenthalt in Florenz ließ sich Alice von einem Photographen porträtieren. Ihre Ehe sollte ungewöhnlich glücklich werden. Max, als Junggeselle eher ein Schwerenöter, schrieb seiner Frau auf Reisen jeden Tag mindestens einen Brief, oft mehrere.

rauchte. Da sie in der Kindheit die arme Verwandte gewesen war, ließ sie sich von der Mode versklaven und legte bei Möbeln, Kleidung und Blumenschmuck stets großen Wert darauf, untadeligen Geschmack und unübertreffliche Eleganz zu beweisen. Ihre frühe Diphterieerkrankung hatte zu einer ausgeprägten Obsession in Sachen Reinlichkeit geführt.

Drei Monate, nachdem sie einander kennengelernt hatten, heirateten Max und Alice; ihre Hochzeitsreise führte sie nach Italien. In der Familiensprache der Warburgs trugen sie den gemeinsamen Namen »Malice«, so wie Paul und Nina als »Panina« und Felix und Frieda als »Friedaflix« firmierten. Der wolkenlose Himmel über der Malice-Ehe blieb den Warburgs ein Rätsel – war Max doch charmant und sorglos, Alice hingegen streng und betulich. Vermutlich beruhte der Erfolg der beiden auf einer vollkommenen Arbeitsteilung: Er kümmerte sich um die Bank, sie besorgte den Haushalt. Er sorgte für das Brot, sie zog die Kinder auf und brachte die Mahlzeiten für die Gäste auf den Tisch. Sollte ihre Ehe eine Abmachung gewesen sein, so haben beide deren Bedingungen in reichem Maße erfüllt. In den Anfangsjahren war Alice durchaus witzig und humorvoll, erst später legte sie eine abweisende Kühle an den Tag. Mit ihrer eisernen Disziplin half sie Max, so manche Krise zu meistern.

Max heiratete just zu einer Zeit, als er auch in der Öffentlichkeit größere Aufgaben übernahm. Er war hin- und hergerissen zwischen seinen jüdischen Vorfahren und der vom Christentum geprägten Sphäre der Politik und des Geschäfts. Nun, da den Warburgs mehr Möglichkeiten als je zuvor offenstanden, spürten sie die Gegensätzlichkeiten, die die deutsch-jüdische Identität mit sich brachte, um so deutlicher. Ein Historiker formulierte diesen Sachverhalt folgendermaßen: »Die Warburgs erfreuten sich in der Gesellschaft der Hansestadt einer Stellung, die sich deutlich von der anderer Mitglieder der [jüdischen] Gemeinde unterschied. Sie wurden als der herrschenden Schicht von Anwälten und Kaufleuten nahezu gleichberechtigt anerkannt und hatten dem ihre äußeren Lebensumstände angepaßt.«[7]

Für Max war die Übernahme einer Führungsposition innerhalb der jüdischen Gemeinschaft eine Frage von *noblesse oblige*. Alice ging nie zur Synagoge und pflegte an Jom Kippur[8] den Wäscheschrank aufzuräumen. Max, der kaum frömmer war als sie, ging an hohen Festtagen zum Gottesdienst, las aber dabei in einem Buch, das er auf dem Schoß liegen hatte, um die Zeit zu nutzen. Aus Achtung gegenüber Moritz führten Max und Alice einen sonderbaren Doppelhaushalt: Wenn er zu Besuch kam, wurde koscher gegessen, sonst nicht. Ein Dienstmädchen hatte für den Fall, daß Moritz zum Frühstück vorbeikam, Anweisung, den Schinken wegzuräumen, bevor er ihn sehen konnte.

Im Unterschied zu den Bleichröders, Mendelssohns und anderen hochgestellten jüdischen Bankiersfamilien wollten die Warburgs weder von Titeln noch von der Taufe etwas wissen, führten indessen dennoch ein Leben auf großem Fuße. Max war im Vorstand unzähliger Wohltätigkeitseinrichtungen, weshalb man ihn »Hamburgs ungekrönten König« nannte. Unterdessen organisierte Alice ein reges gesellschaftliches Leben, das in seiner Pracht weit über das hinausging, was Moritz und Charlotte als noch tragbar toleriert hätten. Max und Alice bezogen 1907 ein großes Stadthaus in der Neuen Rabenstraße, ganz in der Nähe der Verwandtschaft, wo man täglich in großer Abendtoilette tafelte. Aufgrund ihres gesellschaftlichen Ehrgeizes veranstalteten sie Maskenbälle und elegante Soireen, und Alice war unermüdlich um Max' Karriere bemüht.

Als Gastgeberin, die hohe Ansprüche an sich selbst stellte, führte sie in der Küche ein Buch, aus dem genau hervorging, welcher Gast wann und was bei ihr gegessen hatte, damit niemand zweimal das gleiche Gericht vorgesetzt bekam. Der Rahmen war aufwendig: blaugelbe Teppiche, Spiegeltüren, marmorgetäfelte Wände im Eßzimmer, verchromte Geländer im Treppenhaus. Die Gäste wurden von Dienern mit weißen Handschuhen und Silberknöpfen an der Livree begrüßt. In einem mit Louis-XVI.-Möbeln eingerichteten Salon, in dem Alice ihre Teegesellschaften gab, stand ein exquisiter Samowar aus Gold und Silber. In ihrem Reich herrschte Alice unumschränkt, und Max hatte dort nichts zu sagen. Als eines Tages der Schiffsmagnat Albert Ballin deren fünfjähriges Töchterchen Lola fragte, wer zu Hause das letzte Wort habe, sagte diese: »Gewöhnlich sieht Vater ein, was sie sagt.«[9]

Am Ostersonntag des Jahres 1900 brachte Alice einen Sohn zur Welt, der den Namen Erich bekam. Zwar hätte Max gern noch einen Sohn gehabt, doch gebar Alice hintereinander vier Töchter: Lola, Renate, Anita und Gisela. Nach Giselas Geburt telegrafierte Max an Friedaflix: »Alice hat alle Welt und sich selbst mit der Geburt eines weiteren Mädchens überrascht. Fangt schon mal an, Euch nach Schwiegersöhnen umzusehen.«[10] Es war eine gewissermaßen auf den Kopf gestellte Parallele, daß Frieda und Felix erst eine Tochter und dann vier Söhne bekamen.

Die Kinder waren Gefangene des makellosen Ambientes, das die Mutter aus ihrem Haus gemacht hatte. Den Vordereingang durften sie nicht benutzen, da Alice fürchtete, sie könnten auf den hochglanzpolierten Treppengeländern Fingerabdrücke hinterlassen. Mit der ihr eigenen Strenge verfügte sie, was die Kinder zu tragen hatten. Im allgemeinen lebten sie von den Eltern getrennt, frühstückten allein, aßen mit der Mutter zu Mittag und mit dem Kindermädchen zu Abend. Weder war es ihnen erlaubt, die Küche zu betreten, noch mit den Dienstboten zu reden, und erst im Alter von sechzehn Jahren durften sie gemeinsam mit den Eltern essen. Zu den vielen Vorschriften in ihrem streng reglementierten Leben gehörte auch, daß sie sich nicht über das Essen äußern durften, denn dies galt als unhöflich. Wer es aus Versehen dennoch tat, mußte eine Geldbuße bezahlen. Auf die Frage, was er sich zum Geburtstag wünsche, gab der kleine Erich, der das Wort »Kaviar« noch nie gehört hatte, zur Antwort: »Ich hätte gern das schwarze Gemüse noch mal.«[11] Da sie überzeugt war, daß Flüssigkeit den Kindern den Appetit nehme, billigte Alice den Kindern als Getränk morgens und abends jeweils nur ein kleines Glas Wasser zu. So kam es, daß diese äußerst durstig aufgewachsenen Menschen ihre Kindheit später als eine Zeit der Dürre, schlimmer als in der Sahara, beschrieben.

Ähnlich wie Betty Loeb verschrieb Alice ihren Kindern Unmengen teurer Unterrichtsstunden: montags Gymnastikunterricht, dienstags Geigenstunde, jeden Tag Englisch und Französisch. In einem Büchlein hatten die Bankierskinder über jeden Pfennig, den sie ausgaben, Rechenschaft abzulegen. Inmitten des Überflusses kamen sie sich vor wie die Waisenkinder in einem Dickens-Roman. Jeden Morgen mußten sie, wenn sie aus ihrem dunkelgrau gestrichenen Schlafzimmer mit den eisernen Bettgestellen auftauchten, den beiden Großmüttern Milch bringen.

Alice unternahm nichts, um die Selbstsicherheit der Kinder zu stärken. Immer wieder sagte sie ihnen: »Wenn Leute nett zu euch sind, ist das nur wegen eures Vaters.«[12] Abends kam Max mit einem Berg Korrespondenz nach Hause und tauchte kurz im Kinderzimmer auf. »Habt ihr heute schon eure gute Tat getan?«[13] fragte er die sich nach Zuneigung sehnenden Kinder, dann schlief er auf dem Sofa ein. Da ihnen die Liebe des Vaters nur in kleinsten Dosen zuteil wurde, fieberten sie förmlich seinen flüchtigen Besuchen oder den Morgenspaziergängen entgegen, die sie mit ihm unternehmen durften. Auch Max konnte von äußerster Strenge sein. Als zwei der Kinder schlechte Noten nach Hause brachten, verkaufte er ihre heißgeliebten schwedischen Ponys. Im großen und ganzen jedoch zeigte er ihnen mehr Zuneigung als Alice, insbesondere den vier Töchtern, die ihn grenzenlos bewunderten.

Die Warburgs spornten ihre Kinder mit großem Nachdruck zu Höchstleistungen an, das Wesen einer Kinderseele aber war ihnen gänzlich unbekannt. Selbst für die grundlegensten Kinderängste hatten sie keinerlei Verständnis. Jeden Tag holte Alice ihren Sohn Erich am Heinrich-Hertz-Realgymnasium ab. Als er sich eines Tages darüber beklagte, daß ihn andere Jungen wegen seiner damals modischen Knickerbocker hänselten, fragte sie verwundert: »Was gehen dich die Bemerkungen anderer Kinder an?«[14] Erich war ein zarter, nicht besonders selbstbewußter blonder Junge, und die Eltern taten wenig, um ihm den Rücken zu stärken. Mit neun Jahren ging er zum Tanzkurs bei einem gewissen Knoll, eine Art Abbild des Tanzlehrers Knaack in Thomas Manns *Tonio Kröger*. Zu diesem Anlaß trug Erich weiße Handschuhe und forderte kleine Mädchen auf französisch zum Tanz auf. »*Mademoiselle*«, sagte er dabei, »*je me présente – mon nom est Erich Warburg.*«[15] Ähnlich wie einst bei Moritz und Charlotte sorgte ein Kindermädchen namens Louise Kummerfeld dafür, daß die nahezu verwaisten Sprößlinge wenigstens ein bißchen Wärme bekamen.

Was ihre religiöse Erziehung betraf, machten die Kinder verwirrende Erfahrungen. In der Schule fand Erich Gefallen an den morgendlichen Liedern und Lesungen, vor allem aus dem Neuen Testament. Als er sieben oder acht Jahre alt war, ging Max eines Tages mit ihm zu einem häßlichen großen Backsteingebäude. »Weißt du, wir sind Juden und gehen jetzt zur Synagoge«, teilte er Erich unterwegs mit. »Die Synagoge ist für uns das gleiche wie für die Christen die Kirche.«[16] Sodann betrat der völlig verwirrte Junge einen sonderbaren Raum voller Männer mit Schals und Käppchen auf dem Kopf, deren Oberkörper hin und her schwankten und die undeutlich vor sich hin murmelten. Während er mit dem Vater hinter Moritz und dem Oberrabbiner stand, versuchte er zu verstehen, was es mit diesem summenden Durcheinander auf sich hatte. Er fragte Max, ob das Araber seien und fügte laut hinzu: »Glauben die Juden eigentlich an Jesus Christus?«[17] Um weitere Peinlichkeiten zu vermeiden, führte der Vater seinen Sohn wieder hinaus. Nunmehr hielt er die Zeit für gekommen, ihm die Grundlagen seiner Religion nahezubringen. Zu Erichs Bar Mizwa, die 1913 stattfand, kam Jacob Schiff eigens aus Amerika angereist. Vor dem Hintergrund dieser Erziehung kann es kaum verwundern, daß Erichs Zugehörigkeitsgefühl zum Judentum immer schwach ausgeprägt und unsicher blieb.

Am meisten von den Töchtern litt Lola, die älteste, unter ihrer Mutter. Sie war zart gebaut, zierlich und das Lieblingskind von Max, was bei Alice vermutlich zu heftiger Eifersucht führte. Da sie ihren Kindern gern Etiketten anhängte, nannte sie diese Tochter beharrlich die »dumme Lola«.[18] Obwohl das keineswegs den Tatsachen entsprach, bemühte sich Lola ihr Leben lang, diesen entehrenden Namen zu widerlegen. Sie war sehr eigensinnig und widersetzte sich der von den Eltern verordneten Disziplin. Vor allem war es ihr verhaßt, daß man ihr jeden Abend die Haare lockte. Alice versprach ihr, diese Qual werde an ihrem dreizehnten Geburtstag enden. Doch als Lola an jenem Tag – noch bevor es ihr die Mutter erlaubt hatte – mit ungelocktem Haar herunterkam, mußte sie wieder nach oben, um die Prozedur ein weiteres Mal über sich ergehen zu lassen. Die anderen Töchter bekamen eine der Position der Familie angemessene Ausbildung. Renate und Gisela machten Abitur, Anna kam ins Internat nach Salem, Lola erhielt Privatunterricht. Die einzigen Bücher, die sie als Kind besaß, waren Geschenke Albert Ballins, der ihr einmal sechs Bände mitbrachte, als sie krank war.

Keines der Kinder hatte eine rechte Vorstellung vom Reichtum der Warburgs. Sie wurden zur Bescheidenheit angehalten und dazu erzogen, nie zu zeigen, daß sie aus einer vermögenden Familie stammten. Als man Gisela auf einer Geburtstagsparty fragte, ob sie Jüdin sei, verweigerte sie die Antwort. Von Alice nach dem Grund dafür gefragt, stammelte sie verwirrt: »Du hast uns doch immer gesagt, daß wir nicht prahlen sollen.«[19] Die Warburgkinder wagten sich in Welten, die anderen Juden verschlossen blieben, fürchteten aber immer, dort lediglich als Renommierjuden zugelassen zu sein. Erich, Anita und Gisela spielten im selben Klub Hockey. Als sie ihren Vetter dort anmelden wollten, teilte man ihnen mit, der Verein nehme keine weiteren Juden auf. Daraufhin traten sie aus. In Hamburg wie in New York waren die Warburgs bei der protestantischen Elite wohlgelitten; nicht selten schürte dies ein gewisses Unbehagen hinsichtlich der Frage, wohin sie eigentlich gehörten.

Als Ehevermittlerin fungierte bei Max und Alice ganz offensichtlich seine schüchterne, freundliche und ein wenig deprimierte Schwester Olga, eine von allen Brüdern bewunderte, begabte Pianistin. Sie war ebenso einfühlsam wie Paul, dem sie auch äußerlich ähnelte. Auf Fotos, die sie als junges Mädchen zeigen, schaut sie mit einem nachdenklichen und verlorenen Blick bleich und ergeben in die Kamera. »Olga war auffallend feinfühlig, klug, witzig und zeichnete sich schon als siebzehnjähriges Mädchen durch gute Arbeiten aus«, heißt es bei Max. »Sie stand mir später sehr nahe und wurde schließlich die Vertraute für die überkühnen Pläne, die ich, namentlich nachdem ich vom Ausland zurückgekommen war, sehr ausführlich mit ihr besprach. Ich habe wenig Frauen getroffen, die so gut zugehört haben wie Olga und einen so intuitiven Frauenverstand hatten.«[20]

Als sie Paul zu Felix' Hochzeit nach New York begleitete, verliebte sie sich in Ninas Bruder, Jim Loeb. Diese Leidenschaft führte zu tragischen Verwicklungen, und die Geschichte blieb ein dunkles Familiengeheimnis. Als Sohn einer Bankiersdynastie, der sich nicht in das bestehende System einordnen wollte, sondern davon träumte, als ein der Kunst, der Archäologie und den Kulturen der Antike zugewandter Ästhet zu leben, befand Jim sich in mehr oder weniger der gleichen Lage wie Aby Warburg, mit dem Unterschied, daß ihm seine Familie weniger entgegenkam. Nachdem er 1888 bei Bernard Berenson in Harvard Examen gemacht hatte, wollte er ein Angebot annehmen, das es ihm ermöglicht hätte, dort in der akademischen Lehre tätig zu werden und im Museum der Schönen Künste von Boston zu arbeiten. Später hätte er gern in Europa Ägyptologie studiert. Doch obwohl Jim sich weder für das Bankwesen interessierte noch Jacob Schiff besonders leiden konnte, bestand Solomon Loeb darauf, daß er in das Unternehmen Kuhn, Loeb eintrat. Schon immer war Jim sicher gewesen, daß Morti Schiff eines Tages die Führung in der Firma übernehmen würde.

Der Kelch, bei Kuhn, Loeb eintreten zu müssen, wäre möglicherweise an ihm vorübergegangen, hätte nicht Solomon Loeb von seinem Sohn Morris eine Abfuhr bekommen. Stephen Birminghams Beschreibung zufolge war Morris ein verschrobener Mensch mit einem krankhaften Hang, Geld zu horten. Er schob Tausende von Dollarscheinen unter die Tapeten in seinem Zimmer – eine Gewohnheit, die nicht unbedingt auf eine Bankkarriere hinwies. Außerdem brachte er es nicht fertig, in den Spiegel zu sehen, und hatte ständig Angst vor Lebensmittelvergiftungen. Zwar wurde er ein angesehener Chemieprofessor an der Universität von New York, doch spielte ihm das Schicksal einen grausamen Streich: Nachdem er 1912 beim Kongreß einer chemischen Gesellschaft eine verdorbene Auster gegessen hatte, erlag er tatsächlich einer Lebensmittelvergiftung.

Auch das Leben Gutas, des vierten Kindes der Familie Loeb, war im bürgerlichen Sinne nicht unbedingt vorbildlich. Sie heiratete Isaac Newton Seligman, erlitt mehrere Nervenzusammenbrüche und verbrachte einen großen Teil ihres Ehelebens in Sanatorien.[21] Durch die Heirat der aus dieser Ehe hervorgegangenen Tochter mit Samuel Lewisohn bekam die Firma der Warburgs Kontakte zu den einflußreichen Familien Seligman und Lewisohn.

In jungen Jahren hatte der gutaussehende, untersetzte Jim Loeb viel Charme und Charisma. Er hatte ein rundes, offenes Gesicht, war lustig, konnte sich gut ausdrücken, schrieb feurig und vertrat seinen Standpunkt stets voller Leidenschaft. Als Teilhaber bei Kuhn, Loeb, der er bis 1901 war, leistete er allerdings so miserable Arbeit, daß er kaum eingesetzt werden konnte. Die hieraus resultierende Unsicherheit verstärkte sein Nervenleiden und seine schweren Depressionen. Ausgleich suchte er im Cellospiel und im Sammeln griechischer Plastiken. Zum Gedenken an

Jims Mutter gründeten er, Panina und Frank Damrosch 1905 das Institute of Musical Art, aus dem später durch die Zusammenführung mit der Juilliard-Stiftung das Juilliard-Konservatorium hervorging.

Mit Nachdruck sprachen sich sowohl die Loebs als auch die Warburgs gegen eine Verbindung von Jim und Olga aus. Die Gründe dafür sind unklar. Mag sein, daß Moritz und Charlotte nicht noch ein drittes Kind nach Amerika gehen lassen wollten; es ist aber auch möglich, daß sie von den ersten Anzeichen einer beginnenden Geisteskrankheit bei Jim beunruhigt waren. Vielleicht befürchteten sie auch, er werde das Bankgeschäft aufgeben – für diesen Fall hätten sie einen weiteren kostspieligen Aby mit teuren Vorlieben zu versorgen gehabt. In ihren Erinnerungen schreibt Olgas Kusine Elsa, Jim habe Olgas Liebe nicht erwidert.[22] In der Familienüberlieferung heißt es unter anderem, die Verwandtschaft zwischen ihr und Jim sei für eine Eheschließung zu eng gewesen; das aber ist als Begründung nicht recht glaubhaft, waren sie doch nicht näher miteinander verwandt als Paul und Nina.

Eine mögliche Erklärung könnte sein, daß Nina durch die Aussicht auf diese Ehe zutiefst beunruhigt war. Für den Fall, daß Olga nach New York zog, war die Wahrscheinlichkeit, daß sie und Paul für immer in Hamburg bleiben mußten, um so größer – eine Vorstellung, die sie erschaudern ließ. Die psychischen Auswirkungen gingen indessen noch tiefer, da Nina ihren Bruder Jim anhimmelte; ihre Bewunderung ging sogar so weit, daß Außenstehende sie als ungesund, wenn nicht gar als inzestuös einschätzten. Ninas Tochter bemerkte hierzu einmal: »So tief ging die Liebe dieser beiden zueinander, daß die meisten ihrer Freunde annahmen, keiner von beiden werde heiraten, solange sie einander hatten.«[23] Nina machte nie ein Hehl aus ihrer übergroßen Zuneigung zu Jim und fand an allen Frauen, die in seinem Leben eine Rolle spielten, etwas auszusetzen. Nach der Geburt ihres erstes Kindes schrieb sie dem Bruder, Paul habe ihr »einen kleinen Jim geschenkt, um einen Ausgleich für den großen Jim zu schaffen«. Sie beendete den Brief mit den Worten, des Bruders schöner Kopf sei »der Stolz meines Lebens ...«[24] Wo war da noch Platz für Paul?

Welche Gründe auch immer zum Ende dieser Liebesbeziehung geführt haben mögen, sie hatte äußerst unglückliche Folgen. Die Warburgs ermunterten Olga, Paul Kohn-Speyer zu heiraten. Dieser hatte Paul auf seiner Weltreise begleitet und leitete die Londoner Firma Brandeis, Goldschmidt, ein bedeutendes Metallhandelshaus. Olga erklärte sich einverstanden. Max wußte, welche geschäftlichen Vorteile sich aus einer solchen Verbindung ergeben würden; später nannte er Paul Kohn-Speyer neben Paul und Felix das für die Hamburger Bank wichtigste Familienmitglied.[25] Nach der Heirat, die im August 1898 in Hamburg stattfand, bezogen Olga und ihr Mann ein großes Eckhaus in Lennox Gardens in London. Im Sommer des folgenden Jahres kam ihr erstes Kind zur Welt, das sie Alfred nannten.

Es fällt schwer, sich einen Mann vorzustellen, der weniger zu Olgas blasser Zartheit gepaßt hätte als der unansehnliche Paul Kohn-Speyer. Er trug eine Brille mit kleinen runden Gläsern, hatte ein Ziegenbärtchen und einen Ansatz zur Glatze. In seinem Wesen war er kalt, streng, humorlos und hatte nichts außer seinem Geschäft im Kopf. Er war in Liverpool zur Welt gekommen und in Frankfurt aufgewachsen, hatte dann aber Deutschland verlassen, um dem Militärdienst zu entgehen. Man begegnete ihm eher mit Respekt als mit Zuneigung. Während er Freunde stets fair behandelte, legte er im Umgang mit der eigenen Familie eine gewisse Schroffheit an den Tag. Bei der Arbeit war er ein Tyrann und duldete von seinem Teilhaber, Ernest Goldschmidt, keinerlei Widerspruch .

Wenn Olga reine Poesie war, so war Paul Prosa. Ihr Bild von Jim Loeb muß durch diese Ehe ins Maßlose gesteigert worden sein, bis hin zur Heldenverehrung, und sie wurde todunglücklich in London. Ihren Kummer schrieb sie sich in Briefen an ihre jüngere Schwester Louise vom Herzen; das düstere, regnerische Londoner Wetter steht darin symbolisch für ihren bedrückten Zustand. Unheilbaren Schaden nahm die Ehe, als Olga mit ihrem Mann 1902 Deutschland besuchte. Zum dritten Mal schwanger, schlug sie vor, ihren Erstgeborenen, Alfred, im Haus auf dem Kösterberg zu lassen und nach Frankfurt weiterzureisen. Widerwillig stimmte Paul zu. Während der Abwesenheit der Eltern starb der kleine Alfred an einer plötzlichen Magenerkrankung, und Max hatte die traurige Pflicht, ihnen das Entsetzliche mitzuteilen.

Von diesem Schlag erholte sich Olga nie. Verschlimmert wurde er noch durch den Umstand, daß Paul Kohn-Speyer sie für den Tod des Kleinen verantwortlich machte. Wenn er aus der Firma nach Hause kam, ging er an ihr vorbei und spielte mürrisch mit seiner Modelleisenbahn im Obergeschoß. Nachdem im März 1904 das vierte Kind, Edmund, zur Welt gekommen war, fiel die nach vier Geburten völlig erschöpfte Olga in eine tiefe postnatale Depression. Für den Umgang mit seelisch gestörten Menschen reichte das Einfühlungsvermögen ihres Mannes jedoch nicht aus.

Ihre enge Freundin, Alice Hallgarten Franchetti, die Tochter eines New Yorker Finanziers, kam nach London, um sie zu pflegen. Sie war in Paul Warburg wie auch in Max verliebt gewesen, hatte aber schließlich einen römischen Regierungsbeamten geheiratet. Da ihre eigene Mutter geisteskrank gewesen war, verstand sie mit Olga umzugehen und schlug vor, mit ihr einen weithin bekannten Nervenarzt in Bern aufzusuchen. Im August 1904 reiste das Ehepaar Kohn-Speyer mit Alice Hallgarten Franchetti in die Schweiz. In Bern logierten sie in einem Luxushotel. Die Nacht vor dem Arztbesuch verbrachten die beiden Freundinnen miteinander in einem Zimmer, während Paul Kohn-Speyer nebenan schlief – das allein schon ist Hinweis genug auf die gespannte und unsichere Atmosphäre dieser Ehe.

In der Nacht hatte Olga Selbstmordgedanken und wollte sich aus dem

Fenster stürzen. Alice versuchte sie daran zu hindern, was ihr jedoch mißlang, und Olga sprang aus dem dritten Stock in den unten vorbeifließenden Fluß.

Tiefes, von Schuldbewußtsein und Trauer verstärktes Stillschweigen umgab Olgas Selbstmord. Als Max und Alice im Dezember desselben Jahres eine zweite Tochter bekamen, nannten sie das Kind Olga Renate, also »wiedergeborene Olga«. Bei den Warburgs, die nicht genug für Olga getan zu haben meinten, waren deren Kinder auf dem Kösterberg jederzeit willkommen. Der Vorfall verdüsterte Charlottes Wesen, und so lernten die Enkel lediglich ihre trübselige und auf die Pflichterfüllung ausgerichtete Seite kennen. Das Heitere an ihrem Wesen aber war durch Olgas Tod ausgelöscht worden – eine unheimlich anmutende Parallele zu Saras Reaktion auf Mariannes mißlungene Verbindung mit Samuel Zagury.

Paul Kohn-Speyer wollte weder über Olga sprechen noch den drei Kindern sagen, was sich zugetragen hatte. Selbst die Haushälterin mußte Stillschweigen geloben. Niemals kehrte er nach Lennox Gardens zurück, und nachdem er sich drei Jahre lang bemüht hatte, die Kinder allein aufzuziehen, heiratete er die kühle, elegante und eher unnahbare Anna Leo-Wolf aus Frankfurt, mit der er vier weitere Kinder bekam. Wie zu zeigen sein wird, hatte Olgas Selbstmord auch Jahrzehnte später noch Auswirkungen; er trug dazu bei, daß eine geschäftliche Auseinandersetzung unter den Warburgs erheblich verschärft wurde.

Olgas Tod muß Jim Loeb stark belastet haben. Nachdem auch seine Eltern gestorben waren, erbte er ein Vermögen. Obwohl er es jetzt nicht mehr nötig hatte, das Fegefeuer in der Firma Kuhn, Loeb zu erdulden, bedeutete das für ihn keine Befreiung. Ab 1905 unterzog er sich einer Behandlung in einem deutschen Sanatorium. Fritz, der jüngste der fünf Brüder Warburg, der an Magenübersäuerung litt, hatte sich als Student in Otto Binswangers Klinik in Jena erholt und wies nun Jim an, sich gleichfalls an Binswanger zu wenden. Jim wohnte allerdings nicht in der Klinik selbst, sondern mietete eine nahe gelegene Villa an. Als seine Depression nachließ, wollte er in die Vereinigten Staaten zurückkehren. Da er aber noch immer an Epilepsie litt, bat die Familie Fritz, er möge ihn überreden, zu Dr. Kroepelin nach München zu reisen. Dieser hatte eigens für die Epilepsiekur eine Behandlung entwickelt, die auf einer bestimmten Diät basierte. Sie erwies sich als erfolgreich, und als Zeichen seines Dankes schickte Jim Fritz eine wunderschöne schwarze Perle. Allerdings hatte Fritz stets Bedenken, ob es klug gewesen war, Jim zu Dr. Kroepelin zu schicken, denn seiner Überzeugung nach hatte die Behandlung Jims brillantem Geist geschadet und aus ihm einen gebrochenen Mann gemacht. Dazu erklärte Fritz: »... er wurde abgestumpft, so daß er dann eigentlich nur noch an Essen und Trinken dachte. Er war weiterhin sehr liebenswürdig, aber von dem ganzen geistreichen Mann war nichts mehr da.«[26]

Jim wurde immer introvertierter; er kehrte nie mehr nach New York zurück, sondern verbrachte den Rest seines Lebens im deutschen Exil. Während er sich von der Epilepsiebehandlung erholte, pflegte ihn eine rothaarige Schwester namens Marie Antonie Hambüchen, die die Witwe eines Arztes war. Im Unterschied zu Olga fand Jim später Trost für die erlittenen Enttäuschungen. 1911 zog er nach Murnau, wo er mit »Toni« auf einem riesigen waldbestandenen Anwesen namens Hochried ein sonderbares Leben in Abgeschiedenheit führte. Fritz erinnerte sich: »Sie pflegte James Loeb, und er hat sie dann geheiratet, zum großen Entsetzen meiner Schwägerin Nina, die einfach eifersüchtig war. Sie liebte den Bruder abgöttisch. Wir nannten sie immer Mutual Admiration Company [Firma für gegenseitige Bewunderung]. Sie machte aber gute Miene zum bösen Spiel.«[27]

Als Philanthrop und Sammler leistete Jim im selbstgewählten und weltabgewandten deutschen Exil Beachtliches. Er stiftete 1910 die Loeb Classical Library, eine Reihe, in der zu seinen Lebzeiten zweihundert Bände griechischer und lateinischer Autoren mit englischen Übersetzungen auf der gegenüberliegenden Seite in einer handlichen Taschenausgabe herauskamen. Ein Jahr später finanzierte er das Deutsche Institut für Psychiatrische Forschung in München. Als begeisterter Sammler griechischer Altertümer richtete er im Erdgeschoß seines Münchner Stadthauses ein Museum ein und veranstaltete dort Konzerte; die Zuhörerschaft ließ er auf Stühlen aus Versailles Platz nehmen. Er war das einzige Familienmitglied, das die Richtung der Auswanderung von Deutschland nach Amerika umkehrte, und wurde ein entschiedener deutscher Patriot.

Es war bezeichnend für den unbeschwerten Fritz Warburg, daß er – getreu seinem Wahlspruch »Man muß aus allen Blüten Honig saugen«[28] – seinen Aufenthalt in der Binswanger-Klinik als angenehmes Zwischenspiel betrachtete. Er gärtnerte, übte Golfbälle einlochen und ließ sich nach allen Regeln der Kunst von den Pflegerinnen verwöhnen. Obwohl er immer im Schatten seiner vier tüchtigen Brüder stand, genoß er das Leben und wußte die kleinen Freuden des Alltags zu schätzen. Gern hielt er sich in belebten Gastwirtschaften und Cafés auf. Seine gemächliche Art gab ihm Zeit, Dinge, die seinen betriebsamen und stets leistungsbereiten Brüdern entgingen, zu sehen und in sich aufzunehmen. Er war natürlich, warmherzig und unprätentiös und hatte nichts von der Hochnäsigkeit anderer Warburgs.

Mit seinem sonderbaren Aussehen unterschied er sich von Geburt an von den Geschwistern: Nicht einmal seine Zwillingsschwester Louise ähnelte ihm, so daß er eher den Eindruck erweckte, aus einer ganz anderen Familie zu stammen. Fritz' befremdliches Erscheinungsbild mit den vorstehenden Zähnen und den Augen, die hinter dicken Brillengläsern vorquollen, schrie förmlich nach der Feder eines Karikaturisten und prägte sich im Laufe der Zeit eher noch stärker aus. Er entwickelte sich zu einem stattlichen, schwerfälligen Mann mit einem widerborstigen Walroßschnurrbart und war ebenso träge, wie Max lebhaft war. Sein unvorteilhaftes Äußeres machte ihn gehemmt, und Kinder, die ihm im Walde begegneten, ergriffen kreischend vor ihm die Flucht. Doch obgleich solche Erfahrungen für ihn sehr schmerzlich gewesen sein müssen, pflegte er den Kopf in den Nacken zu werfen und gutmütig zu lachen.

Fritz war dreizehn Jahre jünger als Aby und weniger dem Druck ausgesetzt, eine spektakuläre Karriere machen zu müssen. Inmitten einer Familie, in der einer den anderen mit Erfolgen übertrumpfte, konnte er im Windschatten seiner Brüder ein Leben in wohlwollender Nichtbeachtung führen. Auch während des Studiums in München, Berlin und Rostock legte er nur wenig Ehrgeiz an den Tag und döste in so mancher Lehrveranstaltung vor sich hin. Er schloß sich jüdischen Studenten an, hielt sich aber von denen fern, die sich taufen ließen, um besser voranzukommen. Geradezu magnetisch zogen ihn die finsteren Seitengäßchen, die Abgründe und die verbotenen Wege des Lebens an, so daß die Halbwelt oft einen größeren Reiz auf ihn ausübte als das Großbürgertum. Gern unterhielt er seine Kommilitonen mit humorvollen Anekdoten, sogenannten »Döntjes«, von plattdeutsch schreibenden Autoren. In Berlin war er Stammgast eines Lokals, in dessen Hinterzimmern auch die über das rein Kulinarische hinausgehenden Bedürfnisse befriedigt wurden, und er liebte es, über die Vielseitigkeit des Küchenpersonals und der Kellnerinnen zu scherzen. Auch in anderer Hinsicht wich er sichtlich von dem im Hause Warburg üblichen Verhalten ab. So sprach er gern Jiddisch und war voller Bewunderung für die Geschichten aus den *Schtetls* des osteuropäischen Judentums. Es überrascht nicht, daß er später von seinem Vater viele Aufgaben in der jüdischen Gemeinde Hamburgs übernahm.

Häufig bestimmten wichtige Ereignisse im Leben der älteren Brüder auch das Leben von Fritz. Nachdem er 1902 in Berlin sein Studium der Rechte abgeschlossen hatte, arbeitete er als Jurist. Da Paul und Nina später nach New York zogen, brauchte Moritz einen weiteren Sohn in der Bank. Daraufhin mußte Fritz umgehend seine berufliche Laufbahn aufgeben, was ihn zweifellos sehr schmerzte, da er dem Bankwesen nie etwas hatte abgewinnen können. Er bekam in Frankfurt eine Ausbildung bei der Disconto-Gesellschaft und verbrachte dann ein Jahr bei M. M. Warburg. Eine Lehre in Paris brach er wegen Olgas Selbstmord ab. Um bei der Versorgung der drei Waisen behilflich zu sein, zog er in Paul Kohn-Speyers Landhaus und trat in die Metallhandlung Brandeis, Goldschmidt ein. Dieser Schritt erwies sich als unschätzbar wertvoll, da Fritz später zu den Mitbegründern der Hamburger Metallbörse gehörte und eine eigene Metall-Handelsabteilung innerhalb der Warburg-Bank ins Leben rief.

So bekam Fritz als der für Kredit- und Personalwesen zuständige Teilhaber 1907 im ersten Stock der Firma Warburg ein Kontor neben Max zugewiesen, wo er jeden Vormittag spät auftauchte und bis in die Nacht

Fritz und Anna Beata Warburg, eine entfernte Cousine aus dem schwedischen Zweig der Familie, kurz nach ihrer Heirat im Jahre 1908.

blieb. Er arbeitete gern im selben Raum wie die Angestellten, nicht nur, weil er dann hörte, was sie zu berichten hatten, sondern auch, weil er auf diese Weise umfassende Einblicke in die Bank bekam. Seine Neugier auf Menschen war unersättlich. Da er sich für Graphologie interessierte, sah er sich die Handschriften der Bankangestellten sowie der Freunde seiner Töchter sehr genau an. Niemals verengte sich sein Horizont auf Geld oder Macht, und er besuchte regelmäßig Kino-, Theater- und Ballettvorstellungen.

Der häßliche Fritz heiratete Anna Beata Warburg, eine ungewöhnlich gut aussehende Kusine zweiten Grades. Sie war blond und blauäugig und überragte ihren Mann um einen ganzen Kopf. Ihr Vater hatte Jahrzehnte zuvor Hamburg verlassen, um der starren Orthodoxie der dortigen jüdischen Gemeinde zu entrinnen. Auch seine Frau Ellen Josephson stammte aus einer jüdischen Bankiersfamilie, die ein schwedischer Finanzminister im 17. Jahrhundert ins Land geholt hatte. (Der schwedische Schauspieler Erland Josephson ist ein Nachkomme dieser Familie.) Nachdem Anna Beata im Alter von vierzehn ein amerikanisches Buch mit dem Titel *Patsy* über ein verkrüppeltes Kind gelesen hatte, beschloß sie, ihr Leben der Verbesserung der Kindergärten zu widmen. Diese waren zu jener Zeit kaum mehr als Tagespflegeheime, deren Personal keinerlei Ausbildung besaß. Wie anderen Frauen der Familie Warburg erschien auch ihr das wohltätige Wirken als willkommener Rettungsanker vor der Arbeit im Haushalt.

1896 brachte Siegmund Warburgs Sohn Aby S. von einer Schwedenreise die fünfzehnjährige Anna als Erzieherin seiner Kinder mit nach

Hamburg. Als arme Verwandte lebte sie in der prachtvollen Residenz am Alsterufer, wo Fritz sie kennenlernte. Neben ihrer Arbeit besuchte sie das fortschrittliche Fröbel-Seminar für Kindergärtnerinnen. Als sie im Mai 1908 nach Schweden zurückkehren wollte, machte der lebenslustige Fritz der ernsthaften Anna Beata kurz entschlossen einen Antrag. Sie war vollkommen sprachlos und mußte erst die Bedenken überwinden, die sein liederlicher Lebenswandel ihr verursachte. Im selben Jahr fand in Stockholm die Hochzeit statt, zu der Paul aus Amerika anreiste. Auch Fritz und Anna Beata wurden in ihren Flitterwochen in Florenz von Aby M. als Cicerone wortreich durch die Galerien geführt.

Der Umstand, daß sie als unbedeutende Erzieherin in die Familie gekommen war, bereitete Anna ein gewisses Gefühl der Beschämung und der Minderwertigkeit, von dem sie sich nie ganz befreien konnte. Aus diesem Grunde stand sie Familienangelegenheiten mit einer gewissen Distanz und häufig kritisch gegenüber. Der plötzliche Reichtum kollidierte mit der von ihr vertretenen Auffassung, wonach der Mensch ein aktives Leben führen müsse. Ihre Tochter sagte über sie: »Reichtum empfand meine Mutter als beschämende Last.«[29] Reich zu sein war ihr peinlich, und ihre Ausbildung als Erzieherin hatte sie nicht darauf vorbereitet, einem großen Haus mit einer Schar von Dienstboten vorzustehen oder Köchinnen anzuleiten. Alte Familientraditionen, die anderen als sakrosankt oder selbstverständlich erschienen, wurden von der ikonoklastisch veranlagten Anna beharrlich in Frage gestellt: Wieso brauchte Aby kein Geld zu verdienen? Wieso durfte Max sich in der Bank großzügiger bedienen als andere?

Sie hatte stets das Gefühl, von Max' Gattin Alice voll Hochmut und Herablassung behandelt zu werden. Da beide Frauen der Bankiers-Brüder ehedem arme Verwandte gewesen waren, mußten sie sich immer wieder gefallen lassen, miteinander verglichen zu werden – was unweigerlich zu Annas Nachteil ausfiel. Welche Frau konnte sich als Gastgeberin schon mit der übertrieben perfektionistischen Alice messen? Da sie diesen Kampf ohnehin nicht gewinnen konnte, zog sich Anna Beata mit Fritz aus dem Wettstreit der Familie zurück; sie widmeten sich ihren eigenen Interessen sowie einem eigenen Freundeskreis. Dennoch wurden sie nie das dumpfe Gefühl los, eigentlich mit Max und Alice sowie den anderen hochherrschaftlich lebenden Verwandten mithalten zu müssen.

Ein Jahr nach ihrer Eheschließung wurde Anna ins Fröbel-Seminar berufen und bildete künftige Kindergärtnerinnen aus. Sie und Fritz lebten am Großen Fontenay 5 mit Blick auf die Alster, in direkter Nachbarschaft zu dem Haus, das Paul und Nina bewohnt hatten. Entgegen der damaligen Gepflogenheit von Hamburgs wohlhabenden Bürgern, ihre Häuser mit einem Übermaß an Verzierungen zu schmücken und schwere Klubgarnituren in die Wohnräume zu stellen, hielt Anna die Wände ihres Hauses einfarbig blau und stattete es mit hellen Birkenholzmöbeln aus.

Ein Jugendbild von Louise Dehrenberg, der Zwillingsschwester von Fritz, vor einer Corot-Kulisse. Von Kindheit an scheint ihr Leben in sich gekehrt und unauffällig gewesen zu sein, und als Max während des Zweiten Weltkriegs seine Memoiren schrieb, erwähnte er sie nur mit einem einzigen Satz.

Es ging fröhlich bei ihnen zu, aber es gab auch Schwierigkeiten. Wirklich glücklich war die Ehe nie, denn Fritz kam nicht ohne andere Frauen aus und verschwand häufig zu seltsamen Verabredungen nach Berlin. Obwohl man das Gegenteil hätte erwarten können, waren er und Anna keine besonders guten Eltern; sie waren oft verreist und überließen die Kinder während ihrer Abwesenheit Erzieherinnen. Solange die drei Töchter Ingrid, Eva und Charlotte Esther noch so klein waren, daß sie nicht mit am Tisch sitzen und sich wie kleine Erwachsene mit ihm unterhalten konnten, wußte Fritz so recht nichts mit ihnen anzufangen.

Seine warmherzige, heitere und ungekünstelte Zwillingsschwester Louise heiratete den Hals-, Nasen-, Ohrenspezialisten Dr. Julius Derenberg. Obwohl sie vor ihrer Mutter Angst hatte, eiferte sie ihr in mancherlei Weise nach. Sie las viel, führte ein Tagebuch und schrieb Gedichte. Das von Charlotte anerzogene Pflichtgefühl veranlaßte sie dazu, sich in wohltätige Arbeit zu stürzen, und so half sie, sieben oder acht Familien zu unterstützen. Sie empfing die Frauen im Eßzimmer, erklärte ihnen, daß sie viel zu viele Kinder hätten, und gab ihnen Geld. Louise und Julius hatten vier reizende, kluge Kinder – Carl, Walter, Ruth und Gabriele –, die in einer assimilierten Atmosphäre fast ohne jüdische Freunde groß wurden.

Da Louise wohlbehütet in einem Hause aufgewachsen war, in dem man über Geld nicht sprach, wußte sie von den praktischen Dingen des Lebens nichts. Als sie in der Zeit, da ihr Julius Derenberg den Hof machte, einmal schöne Möbel bewunderte, wurde sie von der Mutter belehrt: »Wenn du deinen kleinen Arzt heiratest, kannst du dir die nicht leisten.«[30] Allerdings brachte sie Louise damit nicht von ihrem Vorhaben ab. Manch andere Familie hätte den gutaussehenden, bärtigen, intellektuellen und weltmännischen Dr. Derenberg als gesellschaftlichen Gewinn verbucht, doch in der starren, statusbetonten Hierarchie der Warburgs galt er als zweitrangig, da er kein Bankier war. Er liebte Musik, sammelte japanische Holzschnitte und interessierte sich für Hinduismus und Buddhismus. Als ernsthafter Botaniker hielt er in einem Gewächshaus zahlreiche Kakteen und andere Wüstenpflanzen, und man nannte sogar eine Pflanze nach ihm.

Ebenso wie Fritz und Anna Beata bekamen auch Louise und Julius die Pracht und unendliche Überlegenheit des Malice-Haushalts zu spüren. Die Warburgs maßen sich nicht nur an der sie umgebenden Gesellschaft, sondern vor allem auch untereinander. Nachdem sie endlich Zutritt zur feinen Gesellschaft gefunden hatten, waren sie darauf bedacht, die einmal gewonnene Stellung nicht wieder zu verlieren. Die fortwährende Unsicherheit, ob ihnen dies gelänge, verstärkte ihr für deutsche Juden typisches Statusbewußtsein. Ihr Snobismus war weniger Ausdruck der Tatsache, daß sie etwas erreicht hatten, als vielmehr Symptom einer Unsicherheit und der latenten Furcht, daß sich das erst jüngst betretene Paradies als Fata Morgana erweisen könnte.

Fritz Warburg (1879-1964), von seinen Geschwistern unfreundlicherweise das »Walroß« genannt, blieb zeitlebens der unscheinbarste der fünf Mittelweg-Brüder. Er war der jüngste und frömmste von ihnen, hatte jedoch auch einen Hang zur Leichtlebigkeit. Seine Heimat sollte Stockholm werden, wohin er 1915 als Handelsattaché berufen wurde. Nach dem Ersten Weltkrieg kehrte er nach Hamburg zurück, verließ aber, von den Nationalsozialisten vertrieben, die Stadt 1938 erneut, um nach Schweden zu gehen. 1969 starb er schließlich in Israel in dem Kibbuz »Nezer-Sereni«, wohin er in den fünfziger Jahren gezogen war.

7
Ein kleines Herzogtum in Westchester

Nina Loeb wollte nur für eine begrenzte Zeit nach Hamburg ziehen, und unaufhörlich betrieben Betty und Solomon Loeb ihre Rückkehr nach New York. In Briefen an die Eltern klagte Nina über das naßkalte Wetter und den Pessimismus der Deutschen, und sie bat Paul, er möge Felix' Beispiel folgen und eine Teilhaberschaft im Hause Kuhn, Loeb annehmen. Damit sah sich der aufopferungswillige Paul in der Zwickmühle zwischen den unausgesetzten Bitten seiner Frau und seinem Bruder Max, der ein Meister der Überredung war.

Als es im Sommer 1902 hieß, Betty Loeb sei ernsthaft erkrankt, stimmte Paul einem Umzug nach New York zu. Während er mit Nina westwärts reiste, kämpfte die mollige zuckerkranke Betty in Fishrock Camp in den Adirondacks, dem Sommersitz der Loebs, gegen die Verlockungen der Tafel. Als sie eines Tages nach einem verbotenen Stück Obstkuchen griff, mahnte Solomon: »Betty, nicht!« Doch sie konnte sich nicht beherrschen. »Ich nehme mir noch einmal von diesem herrlichen Kuchen, und wenn es mich zehn Jahre meines Lebens kostet.«[1] Ihre düstere Weissagung bewahrheitete sich. Sie bekam einen Anfall und war binnen vierundzwanzig Stunden tot.[2] Ein Jahr darauf erlag Solomon in seinem Bett einem Herzanfall.

Paul ging nur unter Druck nach Amerika, hatte man ihn doch gerade als einen der ersten Juden in Hamburgs Bürgerschaft gewählt. (Max überhäufte ihn mit Spott, da man ihm den eher unbedeutenden Ausschuß für Schornsteinreinigung zugewiesen hatte.) Max, der immer wieder erklärt hatte, keiner der Brüder sei ihm je ein engerer Freund gewesen als Paul, war über dessen Weggang ebenso tief betrübt wie Moritz. Nach wie vor übte Max einen weitreichenden und geradezu magischen Einfluß auf den gehemmten jüngeren Bruder aus. Daß dieser Max die Stirn bot und nicht in Hamburg blieb, spricht Bände über Ninas Beharrlichkeit. Allerdings räumte Max ein, daß die Stadt für den Ehrgeiz sämtlicher Brüder zu klein sei, und bezeichnete Pauls Entscheidung im nachhinein als richtig. Trotz aller Verehrung für den älteren Bruder hatte Paul den Eindruck, in dessen Schatten zu stehen und bei der Arbeit zu hart von ihm herangenommen zu werden.

Bruder wie Vater ließen Paul unter der Bedingung ziehen, daß er seine Teilhaberschaft in Hamburg nicht aufgab und sich pro Jahr jeweils sechs Monate abwechselnd in New York und Hamburg aufhielt. Schließlich einigten sie sich dahingehend, daß er die Sommer im Haus auf dem Kösterberg verbrachte. Für Paul war es ein seelisch belastender Abschied. Sein Sohn sagte später, Paul habe vor dem Ersten Weltkrieg mit dem Herzen zu beiden Seiten des Atlantiks gelebt.[3] Während sich Felix im Jahre 1900 einbürgern ließ, wartete Paul mit diesem Schritt bis zum Jahr 1911. Zu diesem Zeitpunkt wurde seine deutsche Staatsangehörigkeit zu einer politischen Hypothek in seinem umstrittenen Einsatz für eine amerikanische Zentralbank.

Zwei Umstände trösteten Max darüber hinweg, daß Paul nach Amerika gegangen war. Erstens schien es ihm ratsam, angesichts der zunehmenden Komplexität von Verträgen und Steuerrecht einen Syndikus als juristischen Berater in der Firma einzustellen. Daß er diese Aufgabe einem eleganten und äußerst gewissenhaften jungen Hamburger Juristen namens Carl Melchior anvertraute, war für eine Privatbank ein revolutionärer Schritt, und Moritz konnte nicht recht einsehen, womit der Mann sein Geld verdienen sollte. Was ihn aber tief beeindruckte, war, daß der zurückhaltende Dr. Melchior die gleichen unschätzbaren Eigenschaften an den Tag legte wie Paul. Äußerst klarsichtig, gewissenhaft und von unbestreitbarer Integrität, sollte er im deutschen Finanzwesen eine ebenso bedeutende und untadelige Rolle spielen wie Paul in Amerika. In späteren Jahren arbeiteten beide in der Frage der deutschen Reparationszahlungen zusammen.

Zusätzlich versüßt wurde die Pille für Max dadurch, daß Paul mit seiner gleichzeitigen Teilhaberschaft bei Kuhn, Loeb und M. M. Warburg die Reichweite der Familienbank nachhaltig vergrößerte. Durch diese Verbindung wurde M. M. Warburg zur führenden Privatbank Hamburgs, wenn nicht ganz Deutschlands. Da Paul und Max täglich miteinander telefonierten oder sich per Fernschreiber Mitteilungen zukommen ließen, bestand eine feste Verbindung zwischen beiden Firmen, und sie erfuhren auf diese Weise voneinander alle bemerkenswerten Entwicklungen im amerikanischen und europäischen Finanzwesen. »Selbst ein Haus wie Morgan war im Verhältnis zu uns über Europa schlecht unterrichtet«, rühmte sich Max.[4] Als 1898 festverzinsliche Wertpapiere der Illinois Central von Kuhn, Loeb herausgegeben und von den Warburgs vertrieben wurden, beklagte sich sogar das vornehme Haus Bleichröder, von Max übergangen worden zu sein.[5] Nachdem die Bank der Warburgs im Jahre 1900 einen spektakulären Erfolg damit errungen hatte, daß sie über Kuhn, Loeb deutsche Schatzanweisungen in Amerika plaziert hatte – das Kaiserreich finanzierte mit diesem Geld seine Strafexpedition gegen den Boxeraufstand in China –, beteiligte Kuhn, Loeb sie an zahllosen Regierungs- und Eisenbahnfinanzierungen in den Vereinigten Staaten. Als Krönung seiner neuen Bedeutung wurde das Haus M. M. Warburg 1905 aufgefordert, in das Reichsanleihen-Konsortium, den tonangebenden deutschen Finanzausschuß, einzutreten.

In New York mieteten Nina und Paul das Haus Nr. 3. an der East 82. Street. Jeden Morgen ging Paul zu Fuß mit Jacob Schiff zur Wall Street; unterwegs tauschten sie ihre Ansichten über die aktuelle Lage aus. Da Paul ungern im Mittelpunkt der Aufmerksamkeit stand, war ihm Schiffs wichtigtuerisches und großspuriges Auftreten unangenehm. »Er verabscheute die ganze Veranstaltung«, sagte Pauls Tochter einmal über diese morgendlichen Spaziergänge.[6] Doch behielt er seine Gedanken für sich, und stets zog ihn Schiff dem temperamentvollen Felix vor, der ihn nicht so achtungsvoll behandelte wie Paul.

Kurz nach Pauls Eintritt zog die Firma Kuhn, Loeb in ein palastartiges, einundzwanzigstöckiges Bürogebäude an der Ecke William und Pine Street um. Es gab damals an der Wall Street eine strikte Trennung zwischen den nach England orientierten »Yankee«-Banken und den nach Deutschland orientierten »jüdischen« Banken. Für Kuhn, Loeb allerdings war diese Grenze durchlässig. Keine andere jüdische Firma imitierte so wie sie den Stil, die Vorgehensweise und den Erfolg der führenden nichtjüdischen Banken, allen voran J. P. Morgan & Co. Zu ihren Kunden gehörten mittlerweile die Royal Dutch Petroleum und die Shell Transport and Trading wie auch die Regierungen Schwedens, Deutschlands und Japans. Durch Sir Ernest Cassels Vermittlung lernte Schiff den englischen König Eduard VII. kennen. Paul und Max plazierten eine Anleihe der Pennsylvania Railroad in Paris, was für beide Firmen einen Erfolg bedeutete. Schiff lobte Paul überschwenglich: »Sie werden jetzt das Gefühl haben, daß Sie wirklich und tatsächlich eines der vier Räder sind, die den Wagen voranbringen.«[7]

Die von dem gebieterischen Schiff unter Mithilfe des selbstgefälligen Otto Kahn geleitete Firma Kuhn, Loeb bot Paul nicht die gleichen Entwicklungsmöglichkeiten wie M. M. Warburg. Als begabter und strebsamer Juniorpartner stand er im zweiten Glied. Da er Englisch mit britischem Akzent sprach, wirkte er doppelt ausländisch. (Er ließ die von ihm verfaßten Berichte von seinen Kindern auf Fehler durchsehen.) Im Gegensatz zu Felix und Max war Paul nach innen gekehrt, hatte nur wenige enge Freunde, und kaum jemand wagte ihn mit Vornamen anzureden. Obwohl er bei Familienzusammenkünften freundlich und umgänglich sein konnte, wirkte er bei geschäftlichen Anlässen streng und zynisch distanziert, wenn er die Welt über den Rand seiner Brille hinweg skeptisch betrachtete. Wer seine Aufgabe nicht erfüllte, hatte bei ihm nichts zu lachen.

In Amerika umgab ihn stets die undurchdringliche Aura der Einsamkeit, und im verworrenen Durcheinander der Wall Street fühlte er sich nie wirklich zu Hause. Schiff hatte sich zusammengetan mit dem Eisenbahnzaren Edward H. Harriman, einem ungepflegt wirkenden Männchen von ungewöhnlicher Schläue und beachtlichem Ehrgeiz. Als es 1901 darum ging, Pierpont Morgan die Herrschaft über die Northern Pacific-Eisenbahn zu entreißen, verbündeten sich die beiden mit den Rockefellers und der National City Bank. Beendet wurde dieser Titanenkampf um den Besitz der Aktienmehrheit an der Eisenbahngesellschaft mit einem Waffenstillstand zwischen Morgan und Schiff. Der Preis hierfür war jedoch ein regelrechter Zusammenbruch des Aktienmarktes, weil die Banken die Kurse gegenseitig hochtrieben. Zwar arbeitete Paul gern mit Harriman zusammen, doch begeisterte ihn die Arbeit für Kuhn, Loeb ganz allgemein nicht, und solche Gladiatorenkämpfe waren erst recht nicht seine Sache.

Daß Paul zu einem bedeutenden Theoretiker des amerikanischen Zentralbanksystems wurde, war reiner Zufall. Ebensogut hätte er auf vielen anderen Gebieten glänzen können. Dem Finanzwesen stand er mit der Distanziertheit eines Gelehrten gegenüber, dem bloßes Geldstreben als unkultiviert und ordinär galt. Zwar gehörte er dem inneren Kreis an, doch sah er die Dinge gleichwohl mit den Augen eines Außenstehenden – eine klassische Stärke der Warburgs –, und so erkannte er mit aller Deutlichkeit die Schwächen der mit dem Kürzel »Wall Street« bezeichneten Finanzwelt der Vereinigten Staaten. Er besaß ein geradezu enzyklopädisches Wissen über Europas Zentralbankwesen, und es war eine sonderbare Fügung, daß er kurz vor Beginn der historischen Debatte über die Frage, ob das Land eine Zentralbank brauche, in Amerika eintraf. Da der Präsident Andrew Jackson 1836 die Erteilung einer Konzession für die zweite »Bank der Vereinigten Staaten« verhindert hatte, gab es dort keine Zentralbank, und in der nun folgenden, häufig sehr unsachlich geführten Debatte sollte sich Pauls detailliertes Wissen als äußerst nützlich erweisen.

Als er in die Firma Kuhn, Loeb eintrat, zeigte er sich vom wilden Auf und Ab an der Wall Street und den außergewöhnlichen Kurssprüngen an der Börse ebenso entsetzt wie von dem schwachen, zersplitterten Bankwesen des Landes. Schon bald nach seiner Ankunft kam es auf dem Aktienmarkt zu einer Panik, in deren Verlauf die Zinssätze auf Maklerdarlehen für den Ankauf von Aktien unerhörte hundert Prozent erreichten. »Auf jemanden, der sein Geschäft im Zentralbanksystem europäischer Länder gelernt hatte«, bekannte er, »wirkten solche Zustände verblüffend und befremdend.«[8] Da er Ausländer und ein Neuling in der amerikanischen Finanzwelt war, konnte er diese Eskapaden nicht einfach als Selbstverständlichkeit hinnehmen. »Ich war noch keine drei Wochen hier, als ich versuchte, mir die Wurzeln des Übels zu verdeutlichen.«[9] Allerdings wäre es ihm anmaßend erschienen, hätte er als Neuankömmling den Alteingesessenen Lehren erteilen wollen, und so wahrte er vornehmes Schweigen.

1902 dinierte Schiff mit Präsident Theodore Roosevelt, um eine Reform des Geldwesens zu erörtern. Ihm war die mangelnde Flexibilität der Währung ein Dorn im Auge. In Zeiten des Aufschwungs war das Geld zu knapp, während in Zeiten des Abschwungs zuviel davon verfügbar war.

Als Paul seinem Senior-Teilhaber einen von ihm verfaßten Aufsatz zeigte, in dem er sich für die Schaffung einer amerikanischen Zentralbank aussprach, begeisterten diesen die darin enthaltenen Gedanken zwar, doch bezweifelte er, ob sie in einem Land Widerhall finden würden, das zentralistischen Einrichtungen generell ablehnend gegenüberstand. Die Idee einer Zentralbank war so umstritten wie eh und je, und Schiff fürchtete, Paul werde sich den Ruf eines hoffnungslosen Außenseiters einhandeln, wenn er in dieser Sache nicht mit äußerster Zurückhaltung vorging. Obwohl Schiff und andere die Frage einer Zentralbank immer wieder ansprachen, hatte lediglich der in Europa geschulte Paul eine klare Vorstellung davon, wie eine solche Einrichtung auszusehen hätte. Schiff riet ihm, seine Denkschrift streng vertraulich James A. Stillman vorzulegen. Dieser war Präsident der National City Bank, der größten Bank an der Wall Street.

Nachdem er seinen Aufsatz abgeschickt hatte, stand der mächtige Mann eines Tages vor seinem Schreibtisch und erkundigte sich sarkastisch: »Wie geht es dem großen internationalen Finanzmann?« Er fügte hinzu: »Warburg, finden Sie nicht, daß die City Bank ziemlich gut dasteht?« Paul gab zur Antwort: »Doch, Mr. Stillman, außergewöhnlich gut«, worauf der andere fragte: »Warum wollen wir dann die Dinge nicht einfach lassen, wie sie sind?« Bei aller Schüchternheit war Paul keineswegs unterwürfig und setzte sich gegen die herablassende Haltung seines Besuchers zur Wehr. »Ihre Bank ist so groß und mächtig, Mr. Stillman, daß Sie bei der nächsten Panik wünschten, Ihre Verantwortung wäre geringer.« Auf diese Weise in die Defensive gedrängt, behauptete jener, das amerikanische Bankwesen sei sehr viel weiter entwickelt als das europäische und habe es nicht nötig, ausländische Vorbilder nachzuahmen.[10] Dieses Gespräch überzeugte Paul davon, daß es für die Veröffentlichung seiner Gedanken noch zu früh war, und so ließ er die mit so viel Hohn bedachte Denkschrift vorerst in der Schublade verschwinden. Als er sie vier Jahre später hervorholte und veröffentlichte, hatte er einen durchschlagenden Erfolg damit. Dies ist um so erstaunlicher, wenn man bedenkt, daß er seine Grundgedanken zu einem Zentralbanksystem bereits wenige Monate nach seiner Ankunft zu Papier gebracht hatte.

Trotz ihrer Familienähnlichkeit – beide waren kahlköpfig, hatten braune Augen und einen dichten, struppigen Schnurrbart – galten Paul und Felix stets als gegensätzliche Charaktere. Paul war als der »traurige Mr. Warburg« und Felix als der »glückliche Mr. Warburg« bekannt.[11] Obwohl dieses Klischee weder Pauls Mutterwitz noch der Ernsthaftigkeit gerecht wurde, mit der Felix seinen philanthropischen Aufgaben nachkam, entsprach es im großen und ganzen der Wirklichkeit. Zwischen Paul und Felix konnte es unter keinen Umständen die gleiche Nähe geben wie zwischen Paul und Max. Die Zurückhaltung der Hamburger Kaufleute war

Paul in Fleisch und Blut übergegangen, während Felix seinen Reichtum nicht erst zu verbergen suchte. Pauls Sohn bemerkte: »Er ärgerte sich oft sehr über seinen Bruder Felix, der seinen Lebenszuschnitt offen zur Schau stellte und auch zeigte, wieviel er für verschiedene wohltätige Einrichtungen gab.«[12] Zwar entzogen sich Nina und Paul keinesfalls der Pflicht zur Wohltätigkeit, doch spendeten sie im verborgenen und gewöhnlich eher an Einzelpersonen als an Organisationen. Dennoch genossen sie einen an durchschnittlichen Maßstäben gemessen außerordentlich üppigen Lebensstandard. Auf Reisen zum Kösterberg nahmen sie einen Diener, eine Zofe, ein Kindermädchen oder eine Erzieherin, einen Koch und ein oder zwei Dienstmädchen mit. In ihrem Stadthaus an der East 82. Street Nr. 3 gab es elektrisch betriebene Aufzüge, und Paul kaufte einen Kutschwagen mit Elektroantrieb, bei dem der Fahrer höher als die Fahrgäste saß. Pauls Ärger über Felix' aufwendigen Lebensstil mag in mancher Hinsicht gerechtfertigt gewesen sein. Zugleich war er aber gewiß auch Ausdruck eines Unbehagens, das der gehemmte Mann mit all seinen unterdrückten Empfindungen gegenüber freieren Charakteren empfand.

Auch in ihrer Haltung zur Religion unterschieden sich die Brüder. Paul und Nina schworen der orthodoxen Lehre ab und suchten das Gotteshaus ausschließlich zum jüdischen Neujahrsfest Rosch Ha Schana und an Jom Kippur auf. Weder Aby noch Paul engagierten sich in der jüdischen Gemeinde – sehr zum Mißfallen ihres Vaters. Dazu sagte Pauls Sohn, im elterlichen Haushalt seien »Berufsjuden... eine weitere Kategorie [gewesen], für die wir keine Verwendung hatten«.[13] Diese Äußerung war bezeichnend, da Felix und Frieda nachgerade zum Inbegriff jüdischer Wohltätigkeit wurden. Von Nina hatte man allerdings gelegentlich den Eindruck, daß ihr die Zugehörigkeit zum Judentum eher peinlich war. Das dürfte sie von Betty Loeb übernommen haben, die ihren Kindern zu raten pflegte: »Wenn ihr auf kurzen Strecken mit dem Zug fahrt und auf eurer Station aussteigt, dann lauft nur ja nicht rasch zum Ausgang. Die Leute könnten euch sonst für zudringliche Juden halten.«[14]

Pauls Kinder Bettina und James (der Jimmy gerufen wurde) erhielten nur eine sehr oberflächliche religiöse Erziehung. Erst in der siebten Klasse erfuhr Jimmy, daß er Jude war, ein Schock, den er nie wirklich überwand. »Religion war in meinem Familienhintergrund ein leerer Raum«[15], sagte er dazu. Zwar wurde Jimmy von Rabbi Judah Magnes »konfirmiert« (dieses Wort trat bei den Warburgs an die Stelle von »Bar Mizwa«), doch fand er die Vorbereitung hierauf äußerst langweilig.[16]

Daß er und Bettina ihrer religiösen Herkunft gespalten, wenn nicht gar feindselig gegenüberstanden, ist zum Teil auf Jacob Schiffs dogmatischen Eifer zurückzuführen. Immer wieder hielt er den Loebs vor, daß sie die Vorschriften des Glaubens nicht eifrig genug befolgten, doch hatte seine Frömmigkeit etwas Selbstgerechtes und Ungeduldiges. Jimmy bemerkte hierzu: »Großvater Warburgs Freitagabende waren mir lieb, und der Klang des Hebräischen gefiel mir. Dagegen stieß mich die fanatische Religiosität meines New Yorker Onkels Jacob Schiff ab.«[17]

Felix und Frieda befolgten die religiösen Bräuche weniger aus wahrer Überzeugung als aus Achtung vor Jacob Schiff. Jeden Freitagabend beteten sie gemeinsam, entzündeten Sabbatkerzen und hielten einander im Kreis der Familie bei den Händen. Schiff fungierte dabei als Vorbeter. Für jeden Angehörigen der Familien Loeb, Schiff oder Warburg im größeren Umkreis der Stadt hätte es als ernsthafter Verstoß gegen die Anstandsregeln gegolten, diesem Anlaß fernzubleiben. Trotz seiner späteren Position in der jüdischen Gemeinde gehörte Felix nie zu den Strenggläubigen und bezeichnete seine Anwesenheit in der Synagoge als bloßen *»acte de présence«*.[18] Wenn er an Jom Kippur vorschriftsmäßig fastete, bekamen seine Enkel regelmäßig die damit zwangsläufig verbundene schlechte Laune zu spüren.

Schiffs aufdringliches Moralaposteltum stieß bei Felix' Kindern auf Ablehnung. Nach jeder Mahlzeit mußten sie ein vom Großvater verfaßtes Gebet aufsagen. Kein Kind war zu jung, um nicht nach Schiffs strengen Grundsätzen gemaßregelt zu werden. Felix' Jüngster, Edward, nahm die feierlichen religiösen Handlungen ernster als die gottlosen älteren Brüder. Einst schlug ihm sein Kindermädchen vor, eine Rose zu pflücken und sie dem Großvater zu schenken. Daraufhin tadelte Schiff den gutherzigen Jungen, der nicht wußte, wie ihm geschah: »Weißt du, was du getan hast?« Der kleine Edward war verstört. »Mir ist klar, daß du es nicht böse gemeint hast«, sagte Schiff, »trotzdem hast du am Sabbat etwas getötet. Damit du das nie vergißt, schlage ich vor, daß du an den nächsten beiden Tagen nicht zu den Mahlzeiten mit den Erwachsenen herunterkommst.«[19] Seit diesem Vorfall sah Edward im Judentum etwas Schreckliches, eine von einem irrationalen Sadisten erfundene Strafreligion, nicht aber etwas, das tiefe, fröhliche und bejahende Empfindungen wecken konnte.

Während der ersten dreizehn Jahre ihrer Ehe wohnten Frieda und Felix in der East 72. Street Nr. 18. Das fünfstöckige Haus hatte nebst einem Aufzug auch eine Squash-Halle im vierten Stock. Sie hatten vier Söhne, Frederick, Gerald, Paul Felix und Edward, und eine Tochter, Carola. Die Atmosphäre des Hauses war geprägt vom heiteren Wesen des Vaters, zu dem die Strenge der Mutter ein gewisses Gegengewicht bildete. Felix, dessen Name (lateinisch »glücklich«) so gut zu seiner fröhlichen, übersprudelnden Lebhaftigkeit paßte, wurde nach dem kohlensäurehaltigen Sodawasser, das er mit Vorliebe trank, »Fizzie« gerufen. Wenn er lächelte, strahlte sein Gesicht wie eine Glühlampe, und seine Freunde nannten wolkenlose helle Tage »Felix-Wetter«.[20] Er war ein Dandy und nahm das Leben im Gegensatz zu seiner Frau sorglos und vergnügt.

Während Paul trübsinnigen Gedanken über die schlechte Wirkung des Reichtums auf den menschlichen Charakter nachhing, freute sich Felix rückhaltlos an allem, was kostspielig war und den Sinnen schmeichelte – wie zum Beispiel Kaschmirmäntel und seidene Unterwäsche. Wie Max machte er sich mit Vergnügen jeden Abend zum Essen fein. Zu seinen perfekt geschnittenen Anzügen trug er eine weiße Nelke im Knopfloch und roch stets angenehm nach seinem speziellen Haarwasser oder einem Parfum. Selbst sein Kahlkopf glänzte, als poliere er ihn täglich. Er war ein begeisterter Sportler, der gerne segelte, schwamm, ritt, tanzte und ferner Squash und Tennis spielte. Ständig war er in Bewegung und gehörte zu den ersten, die ein Auto besaßen (einen französischen De Dion Bouton). Mit dem Stock auf den Boden stampfend, brachte er seinen Fahrer dazu, den Wagen auf haarsträubende Geschwindigkeiten zu beschleunigen. Später schaffte er sich einen Schoner von über dreißig Metern Länge mit blankgeputzten Messingbeschlägen an, für den er eine fünfzehnköpfige Besatzung anheuerte. In der Kajüte der *Carol* wurden bei Mittagseinladungen Täubchen und Hummer serviert. Obwohl er selbst nie das Steuer in die Hand nahm, trug er an Bord grundsätzlich eine Schiffermütze, eine blaue Kapitänsjacke und eine weiße Flanellhose.

Felix war ein leidenschaftlicher Musikliebhaber. Es kam vor, daß er an einem einzigen Abend drei Konzerte besuchte, wobei er seinen Weg so legte, daß er in jedem Programm eines seiner Lieblingsstücke zu hören bekam. Die unmusikalische Frieda begleitete ihn entweder widerwillig oder blieb daheim. Bezeichnenderweise waren seine zahlreichen Frauenbekanntschaften gewöhnlich aufstrebende junge Opernsängerinnen.

Als Teilhaber bei Kuhn, Loeb hatte Felix besonders leicht Zutritt zu New Yorks Musikwelt. Im Jahre 1903 verzichtete Jacob Schiff auf die Leitung der Metropolitan Opera zugunsten seines Teilhabers Otto Kahn, der vier Jahre später deren Geschäftsführender Direktor und Eigentümer wurde. Nach seinem Debüt dort schloß Enrico Caruso enge Freundschaft mit »Il Otto Kahn«, wie er ihn nannte.[21] Kahn brachte 1908 Arturo Toscanini, den musikalischen Leiter der Mailänder Scala, nach New York. Wann immer Otto Kahn in der Firma Kuhn, Loeb war, ging es nicht nur um Bilanzen und Börsenaussichten, sondern auch um Diven und Opernpartituren. Allerdings zuckte Schiff jedesmal zusammen, wenn Kahn wieder unvermittelt eine Arie schmetterte. Nachdem Felix auf diese Weise mit der Metropolitan Opera in Verbindung gekommen war, saß er immer unmittelbar hinter dem Dirigenten, der sich zu ihm umwandte und vor ihm verbeugte, bevor er den Stab hob. Einmal fragte ihn seine Sekretärin, ob er nicht lieber einen Platz einige Reihen weiter hinten hätte. »Ach nein«, sagte Felix ziemlich erschreckt, »ich sitze gern da und lese mit in der Partitur, wenn das Orchester spielt.«[22]

Felix war der einzige in der für ihre Abgeschlossenheit und Zurückhaltung bekannten Familie Warburg, der sich ein hochherrschaftliches Haus bauen ließ. 1907, im Jahr der Börsenpanik, erwarb er an der Nordecke der 29.Street und Fifth Avenue gegenüber dem kleinen See im Cen-

Felix Warburg mit seinem ältesten Sohn, Freddy, zur Zeit der Jahrhundertwende

tral Park ein Grundstück mit einer Frontlänge von immerhin dreißig Metern. Dieses Filetgrundstück lag zwischen Andrew Carnegies prächtigem Haus eine Straße weiter südlich und dem des Brauers Jacob Ruppert eine Straße weiter nördlich. Da Felix ein großer Bewunderer des Fletcher-Hauses an der Ecke 79.Street und Fifth Avenue war, ließ er dessen Architekten Charles H. Gilbert kommen, um sich von ihm ein Haus im Gründerstil mit Elementen der französischen Gotik errichten zu lassen. Dieser prächtige Kalksteinbau mit seinem schiefergedeckten Steildach, dessen spitzbogige Mansardenfenster mit Kreuzblumen verziert waren, paßte gut zu den extravaganten Häusern, die während des goldenen Zeitalters an der Fifth Avenue errichtet worden waren. Sonderbar war nur, daß sich ein jüdischer Bankier für einen Baustil entschied, der im allgemeinen Bewußtsein eng mit der Architektur christlicher Sakralbauten verbunden war.

Jacob Schiff, der an der Fifth Avenue wenige hundert Meter weiter südlich ein großes Haus im Gründerstil bewohnte, zeigte sich von den erstaunlichen Ausmaßen des geplanten Baus ebenso entsetzt wie von seinem Stil. »Das ist furchtbar großspurig«, sagte er zu Frieda, »und es ist bestimmt Wasser auf die Mühle des Antisemitismus in der New Yorker Gesellschaft, wenn sich ein junges Paar direkt an der Fifth Avenue so ein Haus baut.«[23] So sehr widerte ihn das Bauvorhaben an, daß er jedesmal den Blick abwandte, wenn er sonntags auf dem Weg zum Montefiore-Krankenhaus, dem Lieblingsobjekt seines wohltätigen Tuns, daran vorbeikam. Verschreckt durch die Mißbilligung ihres Vaters überlegte Frieda: »Vielleicht regt es ihn so auf, daß es gotisch ist. Es würde ihm vielleicht besser gefallen, wenn wir es im Renaissance-Stil bauen ließen.«[24] Sie trug diesen tiefgreifenden Änderungswunsch Gilbert vor, doch war der Bau schon zu weit gediehen, und so wurde die Wohnkathedrale vollendet.

Mit seinem freundlichen Wesen gelang es Felix in der Regel, Schiff von seinen Plänen zu überzeugen. Doch was das Haus an der Fifth Avenue betraf, war dieser nicht von seinem Widerstand abzubringen. Felix sagte zu Frieda: »Ich glaube nicht, daß ich unter diesen Umständen noch mit deinem Vater zusammenarbeiten kann.«[25] Als Felix anbot, von seinem Posten zurückzutreten, fuhr ihn Schiff an: »Wenn du die Firma verläßt, sorge ich dafür, daß du nirgendwo in Amerika wieder Arbeit findest.«[26] Nachdem Frieda und Felix im Oktober 1908 eingezogen waren, kam Schiff zu einem frostigen einstündigen Besuch vorbei, in dessen Verlauf er seine Umgebung betont ignorierte. Am folgenden Tag jedoch schloß er Frieden und schickte als Geschenk zur Hauseinweihung fünfundzwanzigtausend Dollar. Die Ironie des Schicksals wollte es, daß in eben dem Gebäude, das in Schiffs Augen ein schändliches Zeugnis jüdischer Prahlsucht war, später das Jüdische Museum seine Heimstatt finden sollte.

Nach außen hin macht das Haus Nr. 1109 an der Fifth Avenue den strengen Eindruck einer Basilika. Im Inneren des feierlich wirkenden und gut proportionierten Gebäudes bestimmten Damastvorhänge, dicke Teppiche, Wandbehänge, monumentale Lüster, getäfelte Wände, schwere Polstergarnituren und bemalte Deckenbalken das Bild. Ein geradezu monumentales Treppenhaus aus Eiche führte bis hinauf in den fünften Stock – die Jungen, sagte Eddie, hätten von ganz oben in einen Spucknapf gezielt, der unten stand und nie trocken wurde –, und auch ein Aufzug fehlte nicht. Im Jahre 1910 bestand die Dienerschaft im Hause aus dreizehn Personen, angefangen von einem Kindermädchen bis hin zu einem Techniker. Eine Schar livrierter Lakaien nahm Besucher in Empfang, nachdem sie durch die Glastür mit dem Spitzenvorhang getreten waren. Wohl war das Haus Ausdruck von Felix' gutem Geschmack, nicht aber von seinem Hang zu Streichen und zur Improvisation.

Es verfügte über allen damals denkbaren Komfort. Auf der ersten Etage befand sich neben dem mit Wandteppichen geschmückten Eßsaal für sechzig Personen auch ein Musikzimmer mit einem Konzertflügel und einer Orgel, der ein Elektromotor Luft zuführte. Sie ließ sich mit einem mechanischen Spielwerk verbinden, für das zahlreiche Rollen mit klassischer Musik und Opernmelodien zur Verfügung standen. Mit größtem Vergnügen setzte Felix es in Gang und sang selbst aus voller Kehle mit. Ein weiteres, mit rotem Samt ausgeschlagenes Zimmer im ersten Stock diente als Ausstellungsraum für italienische Kunstwerke, die er auf Romreisen gesammelt hatte. Zu den Kunstschätzen gehörten Heilige, Madonnen und andere christliche Bildwerke; bei Einladungen wurde dieses Zimmer gerne als Empfangsraum genutzt. Im Wintergarten nebenan hing eine Botticelli zugeschriebene Madonna mit Kind. Felix besaß nur wenige herausragende Gemälde, wohl aber zwei Räume voll erstklassiger Radierungen von Rembrandt, Dürer und Cranach. Diese Blätter waren zwischen Glasscheiben befestigt und auf speziell angefertigten drehbaren Gestellen gelagert, so daß man sie von vorn wie von hinten betrachten konnte. Im zweiten Stock bewirtete Frieda ihre Teegäste, und Felix hatte dort ein Arbeitszimmer mit Blick auf den Central Park. Im dritten Stock waren die Kinderzimmer und ein Raum für die Spielzeugeisenbahn, während sich im vierten Stock die Squash-Halle befand, in der Felix jeden Morgen mit einem Berufsspieler trainierte. Darüber lagen die Räume für die Bediensteten.

Richtig wohl fühlten sich die fünf aufgeweckten, vorlauten Kinder, die sich bei Tisch aufführten wie die Schauspieler in einem der verrückten Filme der Marx Brothers, in dieser großartigen, aber erdrückenden Umgebung zu keiner Zeit. Edward erinnerte sich: »Vater hat immer gesagt, wenn er gewußt hätte, was für Kinder er kriegen würde, hätte er nie so ein unpersönliches Haus gebaut.«[27] Sie schlugen eher den übermütigen Warburgs nach als den sittenstrengen Schiffs und legten einen Humor an den Tag, der implizit auch ihre Rebellion gegen das deutsch-jüdische Erbe zum Ausdruck brachte. Felix, der sich eifrig an ihren Späßen beteiligte, gab dabei mit seinen unsinnigen Witzen und Wortspielen den Ton an. So sagte er beispielsweise in Verdrehung der üblichen Ermahnung, daß man von Kindern bei den Mahlzeiten nichts zu hören wünschte: »Kinder sollten unanständig, aber nicht lächerlich sein.«[28] Er sah keinen Anlaß, die Kinder zur Ordnung zu rufen, und verstand seine Vaterrolle eher als die eines Animateurs auf einer Kreuzfahrt. Nach dem Frühstück begleiteten ihn die Söhne die Fifth Avenue entlang und grüßten dabei Vorüberkommende, indem sie gleichzeitig ihre Hüte lüfteten, erst nach links und dann nach rechts.

·

Schon als junge Frau war Frieda nach Edwards Geburt teilweise taub geworden, so daß sie, ähnlich ihrem Vater, an schnellen, schlagfertigen Konversationen nicht mehr teilnehmen konnte. Insbesondere in den frühen Jahren nahm sie das Leben sehr ernst und bemühte sich vergeblich, den Kindern Sparsamkeit beizubringen. Oft war sie ihnen gegenüber von einer Kleinlichkeit, die in scharfem Kontrast zu Felix' Unbekümmertheit stand. Aus Furcht, sie könnten dem Großvater mißfallen, wurde sie die Zuchtmeisterin der Familie. »Du meinst immer, deine Kinder sind vollkommen«, pflegte sie zu sagen[29], worauf Felix zur Antwort gab: »Wie kommt es nur, daß meine Kinder so großartig sind und deine nichts als Schwierigkeiten machen?«[30] Bei Tisch gaben Felix und die Kinder ihre Albernheiten im Flüsterton von sich, damit Frieda die geistreichen, aber von Fall zu Fall auch kränkenden Äußerungen nicht hören konnte. Wenn sie mitbekam, daß die Späße auf ihre Kosten gingen, lief sie weinend aus dem Zimmer.

Der Versuch, das Leben ihrer Kinder in geordnete Bahnen zu lenken, ließ sie nach und nach zu einer strengen Aufseherin werden. Ihre Tochter Carola sagte dazu: »Sie war überkritisch – ihre Maßstäbe waren sehr pedantisch – später war sie großzügiger.«[31] Als Gastgeberin, die wußte, was sich gehörte, bestand sie darauf, daß die Kinder vor Besuchern ordentlich auftraten, und suchte vorher jedesmal ihre Kleidung aus. »Alles wurde uns immer zurechtgelegt, und wir stellten das nie in Frage«[32], sagte Edward. Dasselbe galt für die Mahlzeiten. Manchmal wirkten die Kinder wie Marionetten, die an kurzen Fäden geführt wurden; selbst auf dem Land wies der Pferdeknecht sie an, wie sie reiten sollten. Frieda zahlte für diese Strenge einen hohen Preis, denn die Kinder neigten mehr dem Vater und warmherzigen Verwandten wie Nina zu.

Als Frieda 1904 ihr viertes Kind zur Welt brachte, schien es Felix an der Zeit, sich um ein Ferien- und Wochenendhaus zu kümmern. Bis dahin hatte die Familie Friedaflix ihre Sommer auf *The Terraces* verbracht. Dies war ein gut zwanzig Hektar großes Anwesen der Schiffs in der Nähe von Sea Brights in New Jersey. An jener Küste waren Juden geduldet – mehr oder weniger. So war Schiff zwar einer der Gründer des benachbarten Rumson Country Club, doch gelang es ihm nicht, andere Mitglieder der Familie dort einzuführen. Als es Felix im Sea Bright Tennis Club, dem er Tennisplätze gestiftet hatte, ebenso erging, traten beide aus ihrem Verein aus. Grundsätzliche Erwägungen, aber auch der Umstand, daß sie sich brüskiert fühlten, mögen dabei eine Rolle gespielt haben.

Während der Sommerwochen fuhren Schiff und Felix allmorgendlich zur Arbeit nach New York an die Wall Street. Wie Leute von Stand damals eine Loge in der Oper mieteten oder kauften, hatte Schiff auf der Fähre eine Privatkabine. Von ihr führte eine eigene Tür an Deck, von der aus man die Seebrise genießen und den Blick über den Hudson schweifen lassen konnte. Ab 1903 verbrachten die Familien Schiff und Warburg – zu einer Zeit, als der Staat Maine für Juden noch fremdes Land war – den August jeweils in Bar Harbor. Jeden zweiten Sommer waren Frieda und Felix allerdings auf dem Kösterberg. Da Jacob und Felix an der Spitze von Eisenbahngesellschaften standen, wurde für sie am New Yorker Bahnhof Grand Central ein Sonderwagen angehängt, der die Familien samt Dienstboten und Enkeln aufnahm. Diese Waggons waren üppig ausgestattet und hatten einen Koch- und Eßbereich. Man schlief in zweistöckigen Messingbetten, wobei die Familien durch Vorhänge voneinander getrennt waren. Voll Freude sahen die Kinder, wie die neuenglische Landschaft am Fenster vorüberhuschte.

All das änderte sich 1904, als Felix in White Plains in der Nähe des Century Country Club – eine Bastion der feinen New Yorker Gesellschaft – ein Anwesen kaufte und künftig mit seiner Familie viele Sonntage dort verbrachte. Als Ninas Bruder Morris das noch völlig unerschlossene Grundstück sah, das auf einen vorurteilsfreien Betrachter keinen besonders verlockenden Eindruck machte, gab er ihm den Spottnamen »Moneysunk« (Geldgrube).[33] Doch Felix, der lieber klotzte als kleckerte, fuhr fort, umliegendes Land aufzukaufen, um den Besitz zu arrondieren, wie er zu Frieda sagte. Im Laufe der Zeit wurde daraus ein herrliches Anwesen von zweihundert Hektar, das sie *Woodlands* nannten. Es war alles andere als ein bescheidenes Wochenendgrundstück. Ein Besucher beschrieb es als »Landsitz, so groß wie ein Herzogtum«, auf dem die »Warburgs äußerst stilvoll residierten«.[34]

Jener hügelige, bewaldete Teil von Westchester schien damals noch Welten von Manhattan entfernt zu liegen, und so waren die Wochenendfahrten dorthin eine Art Abenteuer. Die Warburgs besaßen zu dieser Zeit einen eigens für sie angefertigten elfsitzigen Fiat mit mehreren Dachgepäckträgern. Im Sommer trugen sie auf den Fahrten Staubmäntel, im Winter kuschelte man sich in Pelze. War das Haupttor von *Woodlands* durchfahren, mußten bis zum Hauptgebäude noch rund zweieinhalb Kilometer zurückgelegt werden. In der Mitte des kolossalen Baus im Tudorstil erhob sich ein aus Feldsteinen errichteter Turm, dessen der französischen Gotik nachempfundene Fenster an das New Yorker Stadthaus erinnerten. Obwohl *Woodlands* der Wohnsitz reicher Leute war, ging es dort ländlich und gelassen zu. So schickte Frieda, als sie mit Edward niederkam, einfach einen Einspänner zum Krankenhaus von White Plains, um einen Arzt holen zu lassen.

Damit er nie um weiße Nelken für sein Knopfloch in Verlegenheit war, ließ sich Felix ein ungewöhnliches Gewächshaus bauen. Es enthielt ein gekacheltes Schwimmbad, über dessen Wasserfläche Ringe und Trapeze zur körperlichen Ertüchtigung hingen. Als Frieda klagte, es gebe keine frische Milch für die Kinder, kaufte er eine preisgekrönte Herde Guernsey-Kühe und gab jedem Tier den Vornamen eines weiblichen Familienmitglieds. Um den Kindern die Geschichte der Vereinigten Staaten nahezubringen, ließ er an einem Reitweg auf einer Länge von acht Kilometern grobe Holzbänke aufstellen, von denen jede mit Namen und Amtszeit eines amerikanischen Präsidenten versehen war. Auf *Woodlands* gab es mehrere Zweispänner, für jedes Kind ein Pony sowie einen Poloplatz. Für seine Kutsche erwarb Felix vier bei einer Ausstellung im Madison Square Garden preisgekrönte Vollblutrappen, was ihm den Beinamen *Schwarzer*

Prinz eintrug. Die ganze Familie spielte Tennis, und häufig konnte man auf den Grasplätzen von *Woodlands* internationale Stars aus Forest Hills oder Teilnehmer des jährlich ausgetragenen Tennisturniers von Rye sehen. Diese Art, mit Geld um sich zu werfen, brachte Jacob Schiff in Rage, und er verlieh seiner ablehnenden Haltung Ausdruck, indem er kurz angebunden sagte: »Ich kann es gar nicht mehr erwarten, bis die Kinder wieder die gute Seeluft in der Rumson Road atmen.«[35]

Felix unternahm so manches, um aus *Woodlands* einen Ersatz für den Kösterberg zu machen. Auf zwölf Hektar, die er Panina schenkte, ließen sich diese 1912 als Huldigung an Deutschland ein Haus im Stil eines Schweizer Chalets bauen, das sie, nach der Straße, an der in Hamburg ihr Haus gestanden hatte, »Fontenay« nannten. Es war mit rustikalen Möbeln eingerichtet und hatte ein hübsches Außenatelier für Paul. Als Nina Sehnsucht nach dem Blick bekam, den man vom Kösterberg auf die Elbe hatte, ließ Felix eine große Baumgruppe fällen, damit sie wenigstens den Teich im Golfgelände des benachbarten Country Club von Scardale sehen konnte. Wegen ihrer Behinderung ließ er einen Graben auf dem Gelände überbrücken, so daß sie ihn im Rollstuhl überqueren konnte. Im Laufe der Zeit wuchs *Fontenay* auf knapp vierzig Hektar an.

Von dort waren es zu Fuß fünf Minuten zum Haus von Frieda und Felix, und jeden Nachmittag spielten die beiden Brüder auf dem privaten Platz von *Woodlands* Golf. Besuchern stach der Unterschied zwischen den beiden Häusern sofort ins Auge. Das Panina-Haus war dunkel, still, ein Ort der Einkehr und Betrachtung; ein alter deutscher Diener öffnete Besuchern die Tür. Trotz ihrer Herzenswärme und der Freundlichkeit ihres Wesens hatte auch Nina etwas von Pauls Hang zu Depressionen und Schwermut.

Das Friedaflix-Haus hingegen war stets hell erleuchtet und wimmelte von munteren, lachenden Besuchern. Dieser Gegensatz hinterließ auch bei Paninas Kinder James und Bettina einen nachhaltigen Eindruck, und sie sehnten sich sich nach der Freiheit des Nachbarhauses. Felix tollte umher wie ein übermütiger Teenager am ersten Tag eines Ferienlagers. Einmal schrieb er seinem ältesten Sohn Freddy: »Ich habe *neun* Löcher Golf gespielt, bin geschwommen, mit den Kindern geritten und habe den Vierspänner gefahren – alles vor zwölf Uhr mittags...«[36] Felix schien es überhaupt keine Schwierigkeiten zu bereiten, sich den veränderten Lebensumständen in Amerika anzupassen, während Paul seine europäische Steifheit und Förmlichkeit nie ganz ablegte.

Felix widerlegte das Bild des Philanthropen als eines reichen, überheblichen Dilettanten, der den Armen Brosamen hinwirft. Er war von außergewöhnlicher Großzügigkeit, obwohl er stets fürchtete, alle Welt sei darauf aus, ihn reinzulegen. Dieser Sorge kam in einem häufig wiederholten Scherz treffend zum Ausdruck. Aus seiner Kinderzeit erinnerte er sich, daß die Hupe des kaiserlichen Autos eine aus vier Tönen bestehende

Eine Zeitlang wurde Felix M. Warburg in Amerika der »schwarze Prinz« genannt, weil er für seine Kinder preisgekrönte Vollblutrappen kaufte, nachdem er das Anwesen Woodlands in White Plains erworben hatte. Die Aufnahme zeigt ihn dort bei einem Familienausritt um das Jahr 1910.

Melodie spielte. Die Untertanen unterlegten sie mit Worten und sangen dazu: »Mit unserem Geld«. Oft summte Felix diese Melodie, wenn ihn jemand um eine milde Gabe bat, was alle Verwandten zum Lachen brachte.[37]

Gewiß, Felix war der großzügigste Warburg, doch war er als Schiffs Schwiegersohn auch der reichste. Aufgrund seiner Philanthropie war er weit mehr als einfach nur ein reicher Müßiggänger; seine guten Taten verliehen ihm eine Identität, die er im Geschäftsleben nicht hätte finden können. Noch nach dreißig Jahren als Teilhaber bei Kuhn, Loeb stand er hilflos vor alltäglichen Finanztransaktionen. So gab er seinem Sohn Edward einmal einige American Express-Schecks, ohne sich darüber im klaren zu sein, daß dieser mit ihnen nichts anfangen konnte, weil er sie bereits gegengezeichnet hatte. Ein einziges Mal holte er für Kuhn, Loeb eine größere Anleihe von Kodak ein; es war sein einziger bedeutender Geschäftserfolg.

Felix widmete sich seiner Philanthropie mit großer Hingabe und Beständigkeit. In Umkehrung der üblichen Ordnung war er bei der Arbeit ein Dilettant, verfolgte aber seine Freizeitbeschäftigungen mit größtem Ernst. Spät abends ging er, eine Hand an die Stirn gepreßt, an seinem

Schreibtisch die Berichte wohltätiger Organisationen durch. Im Laufe der Zeit entwickelte er sich zu einem wahren Giganten der Philanthropie, einer Art Ein-Mann-Wohlfahrtseinrichtung, die so viel von seiner Aufmerksamkeit absorbierte, daß selbst Schiff ihm Vorwürfe machte und sagte: »Felix, man kann auch zu großzügig sein, selbst wenn es um gute Werke geht.«[38]

Auf seinem Schreibtisch, von dem aus er den kleinen See im Central Park sehen konnte, lag stets ein entweder von William Penn oder Étienne de Grellet stammendes Zitat: »Ich werde nur einmal durch diese Welt gehen. Daher möchte ich alles Gute, was ich anderen tun kann, jetzt tun; ich will es weder aufschieben noch vernachlässigen, denn ich werde diesen Weg nicht noch einmal gehen.«[39] Während Schiffs weitreichende Wohltätigkeit auf moralischen Prinzipien gründete, ging Felix eher mit spontaner Fröhlichkeit zu Werke. Wenn er es nicht mit einem Lächeln tun könne, pflegte er zu sagen, lasse er es lieber sein. Nie machte er sich wichtig, und zu keinem Zeitpunkt gab er sich überheblich. Auf die Frage, warum er so viel gebe, antwortete er einmal: »Das liegt sicher an meiner verflixten Gutmütigkeit.«[40]

In den sechziger Jahren des 19. Jahrhunderts lebten in Amerika lediglich hundertfünfzigtausend Juden, von denen viele aus Deutschland stammten. Doch wegen der Pogrome, zu denen es in Rußland immer wieder kam, strömten von 1881 bis zur Jahrhundertwende sechshunderttausend besitzlose Ostjuden in Manhattans Lower East Side. Obwohl kaum Gemeinsamkeiten zwischen beiden Seiten bestanden, bemühten sich Schiff und andere führende deutschstämmige Juden, den Brüdern aus Osteuropa die Türen zur Einwanderung offenzuhalten. Als diese im Zwischendeck eintrafen und sich keuchend und schwitzend daranmachten, die unterste Sprosse der sozialen Leiter zu erklimmen, standen die bereits amerikanisierten Bankiers schon ganz oben. Dem einen oder anderen von ihnen waren diese in Mietskasernen zusammengepferchten Massen zuwider, riefen sie doch unangenehme Erinnerungen an die eigene Vergangenheit wach. Während die etablierten Juden aus den besseren Stadtteilen im Norden Manhattans äußerst konservativ waren, produzierte die Untere East Side fortwährend gesellschaftliche Proteste und neue Ideen. Die Straßen dort waren nicht nur voller Hausierer mit ihren Handwagen, sondern auch voll von Männern, die Gewerkschaften gründeten, mit Flugblättern Skandale anprangerten, revolutionäre Reden hielten oder das Herannahen der Endzeit verkündeten.

Die deutschstämmigen Juden wirkten auf ihre aus Rußland und Polen zugereisten Glaubensgenossen häufig überheblich, kalt und herablassend. Voll trotzigem Stolz verübelten sie ihnen, daß sie sich assimiliert hatten und sich bemühten, ihr Judentum zu verbergen oder zu überwinden; nicht selten erschienen ihnen die zugrundeliegenden Motive äußerst fragwürdig. Als Jacob Schiff und andere 1909 versuchten, unter einem dynamischen Reformrabbiner namens Judah Magnes eine Kehilla, also eine jüdische Selbstverwaltung, einzuführen, sahen die radikalen Elemente an der Lower East Side darin eine tückische Verschwörung, die zum Ziel hatte, sie zum Schweigen zu bringen und zu unterjochen.

Da sie über die erforderlichen Mittel zur Finanzierung von Wohlfahrtsprogrammen und über die notwendigen politischen Verbindungen zu deren Durchsetzung verfügten, kam den deutschen Juden eine Führungsrolle innerhalb der jüdischen Gemeinschaft zu. Zu jener Zeit gab es weder Massenorganisationen, mit deren Hilfe sich Gelder für die Wahl demokratischer Führer hätten aufbringen lassen, noch gab es Ersparnisse. Vielmehr galt die einfache Regel, daß, wer Geld zur Verfügung stellte, auch über dessen Verwendung bestimmte. Ähnlich wie in Deutschland lag die Leitung jüdischer Angelegenheiten in den Händen einer Schicht reicher Bankiers, die im Geschäftsleben und in der Politik mit dem nichtjüdischen Establishment zusammenwirkten.

Als entschiedener Gegner des Antisemitismus begegnete Jacob Schiff diesen Neuankömmlingen mit väterlicher und aufrichtiger Fürsorge. Er finanzierte einen gewissen Adolph Benjamin, der gegen die Missionierung der Juden in den Elendsvierteln durch christliche Kirchen kämpfte. Wie andere auch war er davon überzeugt, daß eine unvorteilhafte Berichterstattung über die armen Juden in Amerika letztlich auch ihren eigenen Status bedrohte. So veröffentlichte 1901 Theodore Bingham, Polizeichef von New York, einen Artikel mit dem Titel »Ausländische Kriminelle in New York«. Darin stellte er die Behauptung auf, daß die Hälfte aller Verbrechen in der Stadt auf das Konto der Juden gehe, obwohl diese nur ein Viertel ihrer Bevölkerung ausmachten.[41] Aus einer im selben Jahr durchgeführten Untersuchung ging hervor, daß drei Viertel der in New York vor Gericht gebrachten Prostituierten Jüdinnen waren. Aus Furcht, Besorgnis und zweifellos auch Verlegenheit waren Schiff und andere angesichts solcher Verhältnisse darum bemüht, die vielen sozialen Mißstände unter den jüdischen Einwanderern zu lindern.

Verächtlich sprach Felix von der »albernen Schichtentorte«, womit er die Trennung zwischen den deutschstämmigen Juden ganz oben und den Juden aus den russischen Schtetln ganz unten meinte. »Und die deutschen Juden haben immer gedacht, sie hätten die Weisheit gepachtet«, pflegte er lachend zu sagen.[42] An der Lower East Side stieß er auf die gleichen verzweifelten Einwanderer wie ehedem als Junge im Hamburger Hafen. Schon in den neunziger Jahren sah er auf seinen Streifzügen durch die Mietskasernen »Eltern, die bis Mitternacht an ihren Maschinen arbeiteten, damit ihre Kinder eine Ausbildung bekämen und es einmal besser hätten«.[43] Dieser Einblick in eine gänzlich anders geartete jüdische Wirklichkeit gab den Anstoß für seine ersten wohltätigen Bemühungen, wobei ihm Frieda tatkräftig zur Seite stand. Bereits mit Anfang zwanzig hatte sie dem Bauausschuß der jüdischen Frauenorganisation zur Unterbringung Obdachloser vorgestanden und das Geld für ein neues Gebäude an der Ecke 110. Street und Fifth Avenue gesammelt.

Schon bevor Felix nach New York zog, hatten Jacob Schiff und Betty Loeb eine junge Krankenschwester namens Lillian D. Wald unterstützt, die aus einer wohlhabenden Familie deutschstämmiger Juden in Rochester stammte. Für einen Hungerlohn kümmerte sie sich in den Elendsquartieren der East Side um die Armen, und die Familien Schiff und Loeb zahlten die Miete für ihre Wohnung an der Jefferson Street. Auf ihre Initiative hin entstand ab 1893 die Wohnsiedlung in der Henry Street. Mit Hilfe weiterer Mittel der Schiffs und Loebs faßte Lillian Wald drei dort durchgeführte Projekte zu einem einzigen zusammen, das den Namen »Educational Alliance« bekam. Dieser Bildungszusammenschluß bot den Armen die Möglichkeit, etwas zu lernen und sich zu erholen. Später wurde Felix in den Vorstand gewählt; es war seine erste größere Aufgabe in einer derartigen Institution. Schiff stellte die Gelder anonym zur Verfügung und erwartete von Wald lediglich allmonatlich einen genauen Bericht. Die linke jüdische Presse geißelte den Bildungszusammenschluß als Verschwörung der vermögenden Juden New Yorks, hinter der die Absicht stehe, aus den Bewohnern der Elendsviertel amerikanische Kleinbürger zu machen.

Ferner entsandte Lillian Wald Pflegerinnen, die sich um die Kranken in der armen Bevölkerungsschicht kümmerten. Dieses Experiment verlief erfolgreich und führte zur Gründung der Hauskrankenpflege (Visiting Nurse Service) in New York. Felix und Frieda sahen in ihr mehr als eine Freundin und Beraterin: Sie stellte eine direkte Verbindung zum unteren Ende der gesellschaftlichen Leiter her. Sie fuhr mit Kindern aus den Elendsvierteln nach *Woodlands* zum Picknicken, und Frieda schickte das dazu Nötige auf einer Schubkarre herüber. Es muß ein mitunter peinliches, aber auf jeden Fall bewegendes Zusammentreffen armer und reicher Juden gewesen sein.

Neben dem Schmutz fiel Felix in den Elendsquartieren vor allem der Mangel an Spielplätzen auf. Daher ließen er und Lillian Wald in der Nähe von Seward Park ein Gelände planieren, auf dem zuvor eine Mietskaserne gestanden hatte. Sie liehen verschiedene Turngeräte vom Bildungsbündnis, rammten einen Flaggenmast in den Boden und eröffneten den ersten Spielplatz an der East Side. Für eine ganze Generation mittelloser jüdischer Einwanderer, die auf engstem Raum in schmutzigen Mietwohnungen ohne Licht und Luft hausten, wurde der Name Felix Warburg zum Mythos und Synonym für gute Taten. Er war der geheimnisvolle Wohltäter, der im verborgenen hinter einem ganzen Gewirr von Organisationen wirkte. Als typisch kann die Aussage des Schauspielers Eddie Cantor gelten: »Als Junge bin ich in den Genuß von Mr. Warburgs Wohltätigkeit gekommen. Er hat es mir ermöglicht, einen Sommer auf dem Lande zu verbringen, fern vom Schmutz und Asphalt New Yorks. Alles, was ich darüber weiß, wie ich meinen Mitmenschen helfen kann, habe ich von diesem bedeutenden Juden gelernt ...«[44]

Durch das Bildungsbündnis lernte Felix Julia Richman kennen, gleichfalls eine sozial engagierte Aktivistin, die sein Interesse an einer Reform des Schulwesens neu belebte. Felix, der gewöhnlich seinen Impulsen folgte, ließ sich auch in diesem Fall von dem Bild des Elends leiten, das ihm vor Augen stand. Ein Besuch in einer finsteren, verdreckten Schule für Schulschwänzer an der 19. Straße entsetzte ihn. Die Lehrer straften die Kinder mit Stöcken und Ketten und setzten widerspenstigen Schülern Eselsmützen auf – eine wahrhaft mittelalterliche Pädagogik. Als Felix, einst selbst nur ein mittelmäßiger Schüler, 1902 von Bürgermeister Seth Low in den Schulausschuß der Stadt New York berufen wurde, war ihm der Spott seiner Familien sicher. »Gratuliere«, telegrafierte ihm Max, »kannst beruhigt sein, habe Deine Zeugnisse alle verbrannt.«[45]

In den drei Jahren, in denen Felix diesem Ausschuß angehörte, setzte er dauerhafte Reformen durch. Auf Lillian Walds Anregung hin überzeugte er die anderen Mitglieder von der Notwendigkeit, in öffentlichen Schulen Erzieherinnen einzustellen. Ferner rief er spezielle Programme für geistig zurückgebliebene Kinder ins Leben und beseitigte das Stigma, mit dem blinde Kinder behaftet waren, indem er dafür sorgte, daß sie in ganz normale Klassen gehen durften, sofern sie Punktschrift lesen konnten. Als Felix erfuhr, daß jugendliche Straftäter nach Verbüßung ihrer Strafe von den Gerichten keinerlei Hilfe zu erwarten hatten, regte er an, daß die Sozialarbeiter des Bildungsbündnisses sie regelmäßig aufsuchten. Das gab der im Entstehen begriffenen Bewährungshilfe-Bewegung Auftrieb, und 1907 wurden er und Homer Folks in New Yorks ersten staatlichen Bewährungshilfe-Ausschuß berufen. Schon zu diesem Zeitpunkt waren Felix' philanthropische Interessen so breit gefächert, daß sie sich nur schwer in knapper Form darstellen lassen.

Das etablierte Judentum erreichte den Höhepunkt seines Wirkens und Ansehens zur Zeit Jacob Schiffs und Felix Warburgs. Immer stand die gleiche kleine Gruppe deutschstämmiger jüdischer Bankiers an der Spitze unzähliger Wohltätigkeitseinrichtungen, deren Namen und Aufgaben sich ändern mochten, deren Briefköpfe und soziologische Zusammensetzung einander aber verdächtig ähnelten. Ein Beobachter kommentierte die Ära Schiff mit den Worten: »Kaum je haben die Juden ein Unternehmen philanthropischer oder pädagogischer Art ins Leben gerufen, ... ohne zuvor die herausragende Gestalt des amerikanischen Judentums zu befragen.«[46] Sobald der gebieterische Schiff einen Raum betrat, in dem ein Wohlfahrtskomitee tagte, legte sich achtungsvolles Schweigen über die Anwesenden; in jeder Situation war er *primus inter pares*.

Der Einfluß dieser jüdischen Bankiers wuchs im selben Maße wie

Amerikas Wohlstand. So, wie die Wall Street in den ersten Jahren des 20. Jahrhunderts London als Finanzzentrum der Welt ablöste, übernahmen Amerikas Juden von den Rothschilds und anderen die Verantwortung für leidende Glaubensgenossen überall auf der Welt. Auslöser dafür dürfte das Pogrom von Kischinew an der rumänischen Grenze nahe dem Schwarzen Meer im April 1903 gewesen sein. Dieses von wildem Volkszorn entfesselte Massaker war das Ergebnis einer Verschwörung der zaristischen Regierung. Es forderte fünfundvierzig jüdische Todesopfer; über fünfhundert wurden verletzt, und zweitausend Familien waren anschließend obdachlos. Diese Zahlen entsetzten eine jüdische Gemeinschaft, deren Sinne noch nicht durch das unbeschreibliche Grauen des Völkermordes im Dritten Reich abgestumpft waren. Amerikanische Juden machten sich Sorgen, das Massaker könnte zu einem Zustrom mittelloser russischer Juden in die Vereinigten Staaten führen, wovon man unerwünschte Rückwirkungen auf die bereits im Lande lebenden befürchtete.

Jacob Schiff mobilisierte daraufhin die jüdische Gemeinde Amerikas und veranlaßte Präsident Theodore Roosevelt, bei der russischen Regierung Protest einzulegen. Sie war Schiffs unversöhnlicher Gegner, und wo immer sich eine Gelegenheit bot, dem Zaren einen Strich durch die Rechnung zu machen, nutzte er seinen finanziellen Einfluß unverfroren. So rühmte er sich 1904 Lord Rothschild gegenüber: »Ich bin stolz darauf, daß es mir gelungen ist, in den letzten vier oder fünf Jahren alle Bemühungen Rußlands zu vereiteln, seine Anleihen auf dem amerikanischen Markt unterzubringen.«[47] Einmal drängte Schiff den Präsidenten der Vereinigten Staaten sogar, er möge – etwa im Stile der amerikanischen Invasion Kubas – ein Kommandounternehmen gegen Rußland durchführen.

Als 1905 bei weiteren Pogromen zweitausend russische Juden getötet, verletzt oder obdachlos wurden, gründeten Cyrus Adler, Jacob Schiff und andere im folgenden Jahr das sogenannte American Jewish Committee. Dies war der erste Ausschuß, der die Aktivitäten in den Vereinigten Staaten koordinierte und die Juden weltweit unterstützte. Seine Mitglieder rekrutierten sich vorwiegend aus dem deutschstämmigen Geldadel, weshalb er auf Assimilation und amerikanischen Patriotismus größeren Wert legte als auf eine globale zionistische Loyalität oder etwas, das den Eindruck von Radikalismus oder mangelnder Ergebenheit gegenüber Amerika hätte erwecken können. So konnte es nicht ausbleiben, daß sie von armen Juden als »Hofjuden« der Neuzeit beschimpft wurden, die sich bei der nichtjüdischen Welt beliebt machen wollten.

Was Schiff und andere Handelsfürsten, die streng darauf bedacht waren, ihre Loyalität gegenüber Amerika zu wahren, am Zionismus beunruhigte, war dessen beharrliche Forderung nach einem Treuebekenntnis zum Judentum. Es schien ihnen durchaus vereinbar, patriotisch gesinnter

Bürger und zugleich frommer Jude zu sein. Als Schiff und Felix Amerikas jüdisches theologisches Seminar zur Ausbildung von Lehrern und Rabbinern finanzierten, ließ Schiff in dessen Auditorium Maximum eine Bronzetafel anbringen, auf der nicht etwa ein Zitat aus den Schriften des Judentums stand, sondern eines aus der berühmten Ansprache, die Präsident Lincoln zum Gedenken der Gefallenen des Bürgerkrieges bei Gettysburg gehalten hatte. In einer Rede sagte Schiff einmal: »Ich bin dreigeteilt: Ich bin Amerikaner, ich bin Deutscher, und ich bin Jude.« Der Zionist Schmarjahu Levin erhob sich und wollte wissen, ob er sich waagerecht oder senkrecht teile, und, falls waagerecht, welcher Teil dann dem jüdischen Volk zugedacht sei.[48]

Obwohl er selbst kein Zionist war, unterstützte Schiff viele Projekte in Palästina, unter anderem die landwirtschaftliche Versuchsstation und das Hebräische Technische Institut in Haifa. Auch wenn er, wie Felix Warburg, in Palästina eher eine geistige Heimat des Judentums als einen künftigen Nationalstaat sah, war er bereit, sich aktiv für ihn einzusetzen. Er warnte 1906 in der *New York Times:* »Es liegt auf der Hand, daß eine Loslösung jener Kräfte bevorsteht, denen darum zu tun ist, die Herausbildung einer selbständigen hebräischen Gruppe in den Vereinigten Staaten zu betreiben. Ihre Angehörigen unterscheiden sich von denen unter uns, die mit Herz, Kopf und Hand Amerikaner sein möchten...«[49] Es kam zu einem tiefen, bitteren und lange währenden Zerwürfnis zwischen beiden Seiten. Doch nicht Jacob Schiff, sondern Felix sollte die ganze Wucht zu spüren bekommen, mit der diese widerstreitenden Parteien innerhalb des Judentums aufeinanderprallten, und er sollte ihnen in tragischer Weise zum Opfer fallen.

Max' erstes Kind war sein Sohn Erich, danach folgten vier Mädchen. Bei der Geburt von Gisela, der vierten Tochter, schickte der Vater ein Telegramm an seine Brüder in New York: »Schaut Euch schon mal nach Schwiegersöhnen um!«
Das Bild zeigt Max mit seinem Sohn Erich im Jahre 1900.

8

Der König des Zwischendecks

Zu Beginn dieses Jahrhunderts schlenderte Max Warburg jeden Nachmittag mit einem unansehnlichen schnurrbärtigen Männchen, dessen Zylinderhut verbarg, daß sich sein Haar zu lichten begann, am Alsterfleet entlang in Richtung Börse. Auf seiner Knollennase saß ein Zwicker, und unter seinen klugen, aufmerksamen Augen hingen schwere Tränensäcke. Er war geistreich, sarkastisch und aufbrausend und von ebenso charmantem und lustigem Wesen wie Max. Sie unterhielten sich über politische und geschäftliche Ereignisse und telefonierten so oft miteinander, daß sie trotz der geringen Entfernung zwischen ihren Kontoren eine private Leitung legen ließen.

Der energische kleine Mann war Albert Ballin, Generaldirektor der Hamburg-Amerika-Linie, die nach ihrem ursprünglichen Namen Hamburg-Amerika-Paketfahrt-Aktiengesellschaft meist mit dem Kürzel HAPAG bezeichnet oder auch einfach »die Linie« genannt wurde. Ballin hatte aus diesem Unternehmen die größte Reederei der Welt gemacht. Ihr Verwaltungssitz an der Binnenalster, ganz in der Nähe der Warburgschen Bank, war zu jener Zeit gleichsam der Mittelpunkt der Schiffahrtswelt. Ballin, 1857 als Kind einer jüdischen Familie der unteren Mittelschicht in der Nähe des Hafens zur Welt gekommen, hatte als Heranwachsender in einer Agentur gearbeitet, die Amerika-Auswanderer abfertigte. Im Alter von zweiundzwanzig Jahren gehörte dem jungen Geschäftsgenie bereits die Agentur, und als Neunundzwanzigjähriger leitete er die Passagenabteilung der HAPAG. Ab 1899 war er Generaldirektor des Unternehmens und gebot damit über hundertfünfundsiebzig Schiffe – mehr als die Handelsflotte jeder kontinentaleuropäischen Macht mit Ausnahme Deutschlands. Sein aufsehenerregender Aufstieg machte Ballin zu einem der wenigen Juden in den Chefetagen der deutschen Schiffahrt.

Der »König des Zwischendecks« revolutionierte das Passagengeschäft nach Übersee. Schon bevor er zur HAPAG ging, bot er Auswanderern verbilligte Tarife an, so daß der Preis für eine Passage von Hamburg nach New York von hundertzwanzig auf achtzig Mark sank. Bei der HAPAG führte er einen wöchentlichen Direktverkehr von der Ostsee nach New York ein und eröffnete, getreu dem alten hanseatischen Wahlspruch »Mein Feld ist die Welt«, eine Frachtlinie nach Asien sowie einen Liniendienst nach Südamerika und Afrika.[1] Hamburg hatte seine Stellung als einer der bedeutendsten Häfen für die Auswanderung in die Neue Welt Ballin zu verdanken, der vermutlich mehr Menschen zu einer Nordatlantiküberquerung verholfen hat als irgendein anderer. Um die immer größere Zahl von Emigranten unterbringen zu können, ließ er am Hafen riesige Hallen errichten – ein richtiges Dorf mit Geschäften, Kirchen, einer Synagoge und einem Krankenhaus. Einerseits blieb die Stadt auf diese Weise von Kontakten mit Durchreisenden, die möglicherweise ansteckende Krankheiten hatten, verschont, andererseits waren die Auswanderungswilligen vor der Gier der Händler geschützt. Da die Passagiere überdies in Hamburg ärztlich untersucht wurden, blieben ihnen Schwierigkeiten bei den Zwangskontrollen auf der vor New York gelegenen Insel Ellis Island erspart. Um seine Flotte auch in den Wintermonaten, in denen die Zahl der Überfahrten deutlich zurückging, voll auslasten zu können, kam Ballin auf den Gedanken, Mittelmeerkreuzfahrten anzubieten. Vor der ersten Luxusreise 1891 kam Kaiser Wilhelm II. persönlich an Bord, um dem Kreuzfahrtschiff seinen allerhöchsten Segen mit auf den Weg zu geben.

Ballin ließ regelrechte Ozeanriesen vom Stapel laufen, gleichsam Symbole für Deutschlands Macht und weltumspannenden Ehrgeiz, neben denen sich die Menschen bei den festlichen Schiffstaufen wie Zwerge ausnahmen. Sein Unternehmen hatte nahezu übermenschliche Ausmaße. Sogar nachts knatterten auf den Hellingen die Niethämmer, stieg von den Schmiedeessen Rauch zum Himmel. Neue Maschinen und Anlagen machten es möglich, für die HAPAG so große Schiffe zu bauen, daß allein im Zwischendeck bis zu zweieinhalbtausend Personen untergebracht werden konnten. Nach und nach entwickelte sich der Reedereikonzern zu einem der größten Arbeitgeber Deutschlands. Vor Ausbruch des Ersten Weltkriegs standen über zwanzigtausend Arbeitskräfte bei ihm in Lohn und Brot. 1910 war Hamburg nach New York der Hafen mit dem höchsten Güterumschlag und Passagieraufkommen der Welt.

Durch Ballin wurde Max auf die vielen Möglichkeiten aufmerksam gemacht, die sich jüdischen Geschäftsleuten und Unternehmern im Kaiserreich boten. Jüdische Finanziers konnten bei den geplanten industriellen Großvorhaben als Katalysatoren dienen. Mit dem Aufschwung der späten neunziger Jahre war zugleich ein Abbau der religiösen Schranken einhergegangen; es war der Beginn der sogenannten »deutsch-jüdischen Symbiose«. In dieser Phase der Toleranz und Hoffnung waren Ballin und Max Musterbeispiele für den raschen Aufstieg, der jüdischen Geschäftsleuten mit einem Mal möglich war. Max wußte, daß Ballin kein Unschuldslamm, sondern ein Macher war, der durchaus unangenehm und zynisch sein konnte. Seinem ersten Biographen hielt er sogar vor, Ballins Rücksichtslosigkeit und geradezu dämonische Komponente nicht deutlich genug herausgearbeitet zu haben.[2] Ballin, überzeugter Monarchist und unnachsichtiger Gegner von Gewerkschaften und Sozialdemokraten, führte ein hartes Regiment. Als er sich bei Streiks Arbeitswillige aus England holte, die er auf in der Elbe vor Anker liegenden Schiffen unterbrachte, wurde er von den Gewerkschaften als »kapitalistische Bestie«[3] bezeichnet. Max gefiel Ballins Art, erbittert kämpfen und danach wieder vergeben und vergessen zu können. Der über dessen Schreibtisch hängende Spruch »One damn thing after the other« (Eine verfluchte Sache nach der anderen), brachte beider Freude am Kampf treffend zum Ausdruck.[4] Zwar ähnelten sich die beiden Männer in ihrer Umgänglichkeit und in der Verbindlichkeit ihres Auftretens, doch war Ballin von unbeständigerem Wesen als Max und neigte mehr zu Depressionen als dieser.

Zwanzig Jahre lang war Max der beste Freund und Schützling dieses Titanen der Weltschiffahrt, und Ballin seinerseits betrachtete die Warburgs neben seiner Frau, einer Christin, und einer Adoptivtochter als zweite Familie. Solange Paul in Hamburg lebte, unterhielt er sich über den Gartenzaun mit Ballin, dessen Grundstück an sein eigenes grenzte. Ballin übernahm die Patenschaft für seinen Sohn und wurde den vier Töchtern ein väterlicher Freund. Als Ballin einmal umgezogen war, ließ Max die Kinder in verschiedenen Räumen des neuen Hauses Aufstellung nehmen und eigens für diesen Anlaß verfaßte Begrüßungsgedichte aufsagen. Er und Alice nahmen an Schiffstaufen teil und durften neue Dampfer früher als andere besichtigen. Vor dem Stapellauf der eindrucksvollen *Imperator* durchstreifte Alice den Ozeanriesen, woraufhin sie zu Ballin sagte, daß sie noch nie etwas derart Schönes und Geschmackvolles gesehen habe. Als auch Max und Ballin das Schiff inspizierten, drangen allerdings so heftige Vibrationen bis in das neue Ritz-Restaurant durch, daß die Gläser auf dem Tisch tanzten und der anspruchsvolle Ballin einen Wutanfall bekam. Nur mit enormen Kosten ließ sich der Mangel beheben.[5]

Trotz seines Erfolges fürchtete Ballin fortwährend, daß die »sozialen Bestrebungen reicher Juden den Antisemitismus nur schüren«[6] würden. Obwohl er vorwiegend in Gesellschaft von Glaubensgenossen verkehrte, sah man ihn nur selten in der Synagoge. Zuwendungen an Wohltätigkeitseinrichtungen der jüdischen Gemeinde, von der er sich betont fernhielt, ließ er über Max weiterleiten. Einen Drahtseilakt nach dessen Vorbild versuchte er erst gar nicht. Durch die Verbilligung der Überfahrt nach Amerika trugen die beiden Männer dazu bei, den endlosen Strom europäischer Juden, der vor dem Ersten Weltkrieg in die Neue Welt drängte, zu vergrößern.

Die Firma Kuhn, Loeb erwarb 1901 einige Millionen HAPAG-Aktien, und fünf Jahre später trat M. M. Warburg dem Bankenkonsortium bei, das die Reederei finanzierte. Neben dieser einträglichen Aufgabe bekam Max durch die Vermittlung Ballins, der ihm Zutritt zum exklusiven, snobistischen und nach außen sorgsam abgeschirmten Kreis der deutschen Großindustrie verschaffte, unvergleichliche Geschäftsverbindungen. Zu jener Zeit wurden deutsch-jüdische Bankiers bei ausländischen Banken weniger diskriminiert als bei den Industriellen im eigenen Land. Durch

Ballins Vermittlung bekam Max ein Entrée ins Allerheiligste, in das bis dahin nur eine Handvoll auserwählter Juden hatte vordringen können.

Solange die Firma M. M. Warburg von Moritz geleitet wurde, lehnte sie es stets strikt ab, in den Aufsichtsräten von Industrieunternehmen vertreten zu sein, obwohl diese Stellungen sehr viel Einfluß mit sich brachten. Im Gegensatz zum anglo-amerikanischen Raum, wo vergleichbare Positionen eher symbolischen Charakter hatten, oblag den Aufsichtsräten in Deutschland die Kontrolle über die Geschäftsführung; sie wurden an den Gewinnen beteiligt, aber auch für Verluste verantwortlich gemacht. Nun ließ sich Max von Ballin überreden, die lange befolgte Maxime aufzugeben und Aufsichtsratsposten anzunehmen. Diese Entscheidung war womöglich wichtiger als jede andere, die er traf, denn sie führte ihn aus dem unsichtbaren jüdischen Ghetto auf ein neues, gänzlich unerforschtes Gebiet. Welche Möglichkeiten und Gefahren ihn dort erwarteten, mußte die Zukunft lehren. Er war entschlossen, die Dinge in die Hand zu nehmen; das zurückhaltende bis kriecherische Vorgehen von Bismarcks Bankier Gerson Bleichröder war jedenfalls nicht seine Art. Er handelte mit bemerkenswertem Gespür und beachtlicher Selbstsicherheit. Als er innerhalb der Handelskammer in einen exklusiven Klub namens *Elektra* aufgenommen wurde, hatte dieser außer ihm nur ein einziges weiteres jüdisches Mitglied.

Ballin brachte Max nicht nur in den Aufsichtsrat der HAPAG, sondern bewegte ihn auch dazu, einen Sitz im Führungsgremium von Deutschlands führender Schiffswerft Blohm & Voss zu übernehmen. Er fürchtete, daß eine Werft, die in finanziellen Schwierigkeiten steckte, letztlich auch seine eigene Firma schwächen könnte, und forderte Max daher auf, das marode Unternehmen zu beraten. Durch all dies wurde Max in Deutschlands rasch expandierender Schiffahrts- und Handelswelt zu einer maßgeblichen Persönlichkeit. In den zwanziger Jahren, am Vorabend der Machtübernahme durch die Nationalsozialisten, war seine Bank aufs engste mit der Elite der deutschen Industrie verflochten, da er und seine Teilhaber zu dieser Zeit in den Aufsichtsräten von achtzig bis neunzig Unternehmen vertreten waren.

Um die Jahrhundertwende fühlten sich Deutschlands Juden ihrer Stellung in der Gesellschaft immer sicherer, und im Jahr 1901 wurde unter Moritz' Mitwirkung der Hilfsverein der Deutschen Juden ins Leben gerufen. Zu dessen erklärten Zielen gehörte es, das Leiden von Juden im Ausland zu lindern. Die Pogrome in Rußland veranlaßten Max, sich in jüdischen Wohltätigkeitsorganisationen zu engagieren und Glaubensgenossen bei der Auswanderung nach Amerika zu unterstützen. Als vor dem Ersten Weltkrieg neunzigtausend russische Juden nach Deutschland kamen, wollten ihre im Lande ansässigen Glaubensgenossen sie nach Westen abschieben, weil sie fürchteten, dieser Zustrom könnte ihre eigene unsichere Position gefährden. Ostjuden galten in den Augen ihrer deutschen Glaubensbrüder, die schon immer von einer sonderbaren Mischung aus an Arroganz grenzendem Selbstvertrauen und übermäßiger Unsicherheit geprägt waren, gewöhnlich als armselig und ungehobelt.

Wahrscheinlich war Max' Verbindung zu Ballin dafür verantwortlich, daß er damals zur Zielscheibe antisemitischer Angriffe wurde. Beispielsweise erschien in einer einschlägigen Berliner Zeitung 1910 eine Karikatur, auf der zu sehen war, wie Ballin, den man nie ohne seinen Zwicker darstellte, verschwörerisch mit einem jüdischen Bankier, offenbar Max, tuschelt. Ballin sagt kichernd und mit gierig funkelnden Augen: »Die deutsche Arbeiterseele ist unser Spielzeug. Sie hat keine Geheimnisse vor uns. Aber unsere jüdische Gedankenwelt ist unser Geheimnis, in das wir keinen Goj hineinblicken lassen.«[7]

Als er Anfang des Jahrhunderts zunehmend in nichtjüdischen Kreisen verkehrte, bemerkte Max, daß er dort keinen direkt gegen Juden gerichteten Anfeindungen ausgesetzt sei. Dennoch erklärte er im Rückblick, man habe die Existenz dieser antisemitischen Strömung daran erkannt, daß man seine besondere Position spürte.[8] Den Zionistischen Kongreß, der 1909 in Hamburg stattfand, boykottierte er, weil er meinte, andernfalls jenen Antisemiten in die Hände zu spielen, die behaupteten, jeder Jude sei dem »internationalen Judentum« hörig. Wo immer von Zionismus die Rede war, gab Max Bekenntnisse zu seinem Deutschtum ab, eine Haltung, die vielen seiner deutschen Glaubensbrüder zur Gewohnheit wurde. Daß die jüdische Gemeinschaft fortwährend ihre Loyalität zu Deutschland betonte, war Wasser auf die Mühlen ihrer Folterknechte, schien dies doch mindestens ebenso Zeichen einer tiefverwurzelten Unsicherheit wie wahrer Vaterlandsliebe zu sein.

Der Kaiser war darauf erpicht, Deutschlands Macht zur See zu vergrößern, da er dessen Zukunft auf dem Wasser sah. Bei Max und Ballin mußte er damit zwangsläufig auf Widerhall stoßen. Nicht nur finanzierten die Warburgs mit ihrer Bank Walfangexpeditionen, als echter Hamburger war Max selbst ein begeisterter Segler und gewann mit seinem Boot *Alice* viele Regatten auf der Elbe. Als der Kaiser Ballin 1891 kennenlernte, sagte er zu ihm: »Bringen Sie unsere Landsleute nur auf die See, das wird der Nation und Ihrer Gesellschaft reiche Früchte tragen.«[9] Bei der 1895 erfolgten Einweihung des nach Kaiser Wilhelm benannten Kanals (des heutigen Nord-Ostsee-Kanals), der seiner Liebe zu allem Maritimen neuen Auftrieb gab, hatten Kriegsschiffe über die Toppen geflaggt. Der Kaiser vertrat die Ansicht, daß sich eine erstklassige Handelsflotte ohne starke Kriegsmarine nicht denken ließ, und schickte der HAPAG Entwürfe für Schiffsausrüstungen. Er war dem Unternehmen derart wohlgesonnen, daß das Gerücht umging, er sei im Besitz großer Aktienpakete. Wie alle übrigen konnten auch die Schiffe der HAPAG zum Kriegsdienst verpflichtet werden, und es kam durchaus vor, daß Polizeibeamte Auswanderer aufforderten, ihre Passage auf deutschen statt auf englischen Schiffen zu buchen. Ballin unterstützte 1898 das Flottenkonzept des Konteradmirals Alfred Tirpitz und sagte: »Im erbarmungslosen Kampf der Völker um Licht und Luft zählt allein Stärke...«[10] Da England der für die Rechtfertigung dieses Flottenbauprogramms ausersehene Feind war, geriet das anglophile Paar Ballin und Max durch die Flottenrivalität in eine angespannte, widersprüchliche Lage.

Es wurde zur heiligen Pflicht deutscher Geschäftsleute, die Kieler Woche, die alljährlich vom Kaiser Ende Juni eröffnet wurde, nach Kräften zu unterstützen. Ab 1899 trat Ballin bei einer Abendgesellschaft, welche die HAPAG vor dieser Regattawoche gab, als Gastgeber des Kaisers auf. Dessen Schirmherrschaft über das Ereignis sollte einer imposanten und teuren Flotte die Unterstützung des Volkes sichern. Für Hamburger Geschäftsleute war es ein außerordentliches Privileg, bei dieser frühsommerlichen Traditionsveranstaltung mit dem Kaiser zusammentreffen zu können.

Die gesellschaftliche Leitung des Ereignisses fiel Ballin zu, der es so organisierte, als sei er Intendant eines riesigen Theaters. Er schickte einen der Ozeanriesen der HAPAG als schwimmende Unterkunft für die Freunde des Kaisers und deren Begleitung auf die Kieler Förde. Bisweilen gewann man den Eindruck, die HAPAG sei geradezu ein Organ des Reichs. Einer von Ballins Wahlsprüchen lautete: »Alles für HAPAG, Ballin, Deutschland, Kaiser, Hamburg.«[11] Auf HAPAG-Schiffen blieben stets Staatskabinen für den Kaiser reserviert, der hin und wieder Linienschiffe der Gesellschaft für Kreuzfahrten charterte. Als Ballin ein Abkommen mit J. P. Morgan für ein Kartell auf dem Nordatlantik aushandelte, ging Kaiser Wilhelm den Kontrakt Punkt für Punkt mit ihm durch.

Obwohl sich bis Ende der Kaiserzeit die Beziehungen zwischen den Juden und den anderen Deutschen überaus günstig entwickelt hatten, empfand der Kaiser im gesellschaftlichen Umgang mit Juden Unbehagen. Nach 1905 pflegte er im Juni stets in Ballins Hamburger Haus, das scherzhaft Klein-Potsdam genannt wurde, zu frühstücken. Seine Gattin Auguste Viktoria jedoch mied jeden Kontakt mit Juden und blieb diesen Anlässen fern. Böswillige preußische Aristokraten sahen durch Männer wie Ballin und Max Warburg lediglich ihren Eindruck bestärkt, dem zufolge die Juden zu viel Macht bekamen.

Tragischerweise gerieten Max und andere kurz vor dem Untergang der Monarchie in ihren Dunstkreis. Doch auch wenn sie nationalistisch dachten und den Monarchen mit Frieden und Wohlstand gleichsetzten, stand Max der Ehrpusseligkeit des Kaisers wie dessen Hang, Kränkungen übertrieben zu bestrafen, keinesfalls blind gegenüber. Im Juli 1900 klagte er in einem Brief an seinen drei Monate alten Sohn Erich betrübt: »Weil gerade jetzt um Dich herum in der Welt Selbsttäuschung und Lüge ihr Spiel treiben: Der Kaiser sendet seine Truppen nach China, wo seine Missionare

Die Verbindung mit Albert Ballin, der Max Warburg nicht wenig von seinem Erfolg verdankte, ging bald über das Geschäftliche hinaus: Ballin wurde der Patenonkel von Erich Warburg. Die Aufnahme stammt aus den Jahren vor dem Ersten Weltkrieg und zeigt Albert Ballin (auf der Treppe), seine Frau Marianne, Max Warburg und seinen Sohn Erich.

den Glauben der Liebe verkünden sollten, und schwört Rache für die Ermordung seines Gesandten in Peking.«[12] Zumindest im Rückblick warf Max dem Kaiser »theatralische Oberflächlichkeit, Ungeduld, Überschätzung der eigenen Kraft trotz der besten Absichten« vor.[13] Er sah in ihm einen in den Klang seiner eigenen Stimme verliebten, schwachen, übereilt handelnden und leicht beeinflußbaren Aufschneider.

Bereits ein Jahrzehnt, nachdem Max als unerfahrener junger Mann die Bank durch die Klippen der Cholerazeit gesteuert hatte, lernte er 1903 mit sechsunddreißig Jahren den Kaiser kennen. Fast hätte er sich diese Gelegenheit mit einer forschen Taktlosigkeit verdorben. Da es Kanzler von

Bülow für angebracht hielt, daß jemand dem Monarchen die Reform des Finanzwesens erläuterte, bat er Ballin, Max zu einem Diner mit dem Kaiser nach Cuxhaven zu bringen. Als Ballin ihn darauf hinwies, daß ihm für sein Referat nur zehn Minuten zur Verfügung stünden, weigerte sich Max mit der Begründung, daß diese Zeit keinesfalls ausreichen würde. Die Eigensinnigkeit, mit der er seinen Standpunkt vertrat, ließ auf ein Übermaß an Eitelkeit und Selbstvertrauen schließen, und er willigte erst ein, als Ballin dafür sorgte, daß ihm dafür zweiunddreißig Minuten eingeräumt wurden. Er studierte eine Rede von fünfundzwanzig Minuten ein und sah sieben weitere Minuten für Fragen vor. Dies Konzept verdarb ihm der Kaiser mit der plötzlichen, hitzig hervorgestoßenen Äußerung: »Die Russen gehen demnächst pleite.«[14] Max, dem wendiges höfisches Taktieren noch fremd war, gab zur Antwort: »Nein, Majestät, die Russen gehen nicht pleite.«[15] Immerhin, erläuterte er, habe Rußland mit einer kürzlich aufgelegten Anleihe eine frühere abgelöst, keineswegs aber seine Staatsschuld vergrößert. Der an speichelleckerische Unterwürfigkeit gewöhnte Kaiser schäumte und brüllte zurück: »Die Russen gehen doch pleite.«[16] Danach wandte er sich mit zornig gerunzelten Brauen um und ging hinaus. »Damit war meine auf zweiunddreißig Minuten berechnete Audienz nach drei Minuten beendet«[17], berichtete Max.

Es war bezeichnend für ihn, daß er, weit davon entfernt, vor dem Kaiser zu katzbuckeln, ihn zu beeindrucken versuchte, indem er seine eigene Meinung vertrat. Als er später Gelegenheit bekam, die Scharte auszuwetzen, hätte er sie um ein Haar verspielt. Bei der Kieler Woche im darauffolgenden Jahr brachte der Kaiser einen Trinkspruch auf Max aus und erklärte, er sei nun für dessen lange aufgeschobenen Vortrag über die Reform des Finanzwesens bereit. Überraschend versöhnlich räumte er ein: »Übrigens gehen die Russen nicht pleite.« Statt es dabei bewenden zu lassen, gab Max zur Antwort: »Das habe ich schon damals gesagt.« Der Kaiser schlug mit der Faust auf den Tisch und brüllte: »Müssen Sie denn immer recht behalten?«[18] Max entschuldigte sich und hielt seinen Vortrag, der von dem Monarchen wohlwollend aufgenommen wurde. Fortan trafen sie sich regelmäßig im Juni.

Diese Bekanntschaft setzte Max und Ballin einer doppelten Gefahr aus, da sie sowohl den Zorn der Antisemiten als auch die Mißbilligung der Juden, die eine Assimilation fürchteten, provozierte. Chaim Weizmann sprach von »der üblichen Art Kaiserjuden wie Albert Ballin oder Max Warburg, die, deutscher als die Deutschen, in kriecherischer und übertrieben patriotischer Weise begierig die Wünsche und Pläne der Herren über Deutschland im voraus ausführen«.[19]

In gewissem Umfang überschätzten diese »Kaiserjuden« ihren Einfluß bei Hofe. Zwar trafen Ballin und Max während der Kieler Woche mit dem Kaiser zusammen, doch blieben sie von seinem innersten gesellschaftlichen Kreis ausgeschlossen. Zu leicht lassen sich die Begegnungen, die Max mit dem Kaiser hatte, in ein paar Anekdoten zusammenfassen, als daß man daraus auf einen tiefen oder dauerhaften Einfluß schließen könnte. Obwohl er Ballin mehr als jeden anderen Juden konsultierte, traf er nur sechsmal jährlich mit ihm zusammen: Das war für einen Juden bemerkenswert, keineswegs aber Ausdruck völliger Akzeptanz. Max' Verbindung zum Kaiser nahm nie auch nur annähernd das Ausmaß von Bleichröders verschlungener Beziehung zu Bismarck an. Immer, wenn er glaubte, den Kaiser endlich von einer Position überzeugt zu haben, bekehrte der nächste Besucher diesen sogleich zum genauen Gegenteil.[20]

Die Ambivalenz des Kaisers gegenüber den Juden war durchaus typisch für seine Landsleute. Als junger Mann kritisierte er Bismarcks Beziehung zu Bleichröder und überschüttete jüdische Journalisten und Politiker mit Schmähungen; später hielt er trotz feindseligen Getuschels Kontakte zu jüdischen Bankiers und Industriellen aufrecht. Um dies tun zu können, definierte er Hofjuden einfach zu Nichtjuden um. Ein preußischer Beamter erinnerte sich: »Einmal wagte Schmidt inmitten einer Hetzrede Seiner Majestät gegen die Juden ihn an seine semitischen Freunde Ballin und Franz Mendelssohn zu erinnern, woraufhin der Kaiser erklärte, er betrachte sie in keiner Weise als Juden. Nach seiner Abdankung gab er gar zu verstehen, ihm sei nicht bewußt gewesen, daß es sich bei Ballin um einen Juden gehandelt habe.«[21] Wiederholt wurde Ballins Berufung ins Kabinett durch das Veto interessierter Kreise vereitelt. Als man ihm das Amt eines Eisenbahnministers anbot, lehnte er ab und teilte dem Kaiser mit, Seine Majestät scheine zu vergessen, daß er Jude sei.[22] Später sagte der Kaiser, er hätte Ballin 1909 zum Nachfolger Bülows im Kanzleramt ernannt, sofern einem solchen Vorgehen nicht dessen Religionszugehörigkeit im Wege gestanden hätte.[23]

Selbst dieser spärliche Kontakt des Kaisers mit Juden rief bei preußischen Junkern und antisemitisch eingestellten Offizieren Unwillen hervor. Als Vertreter des alten Adels fürchteten sie, daß ein neuer Geldadel ihre Macht beschneiden könnte, und wehrten sich gegen dessen Vordringen, indem sie emanzipierte Juden als gesellschaftliche Emporkömmlinge ächteten. Begleitet wurde diese auf Sorge um die eigene Stellung gegründete Hochnäsigkeit von politischen Auseinandersetzungen. Junker verlangten die Stützung der Agrarpreise durch Einfuhrzölle, während sich Reedereien und im Auslandsgeschäft tätige jüdische Bankiers entschieden gegen einen solchen Protektionismus verwahrten.

Auch wenn Max es genoß, politischen Klatsch zu verbreiten, Umgang mit denen zu pflegen, die an den Schalthebeln der Macht saßen, und in die Geheimnisse der Mächtigen eingeweiht zu sein, kam er in der Politik nicht weiter. Als er 1903 Paul in der Hamburger Bürgerschaft nachfolgte, sahen die Repräsentanten der Stadt noch beinahe so aus wie die Ratsherren auf Rembrandts Gemälde *Die Nachtwache*. Bei offiziellen Anlässen trugen sie breite weiße Halskrausen, schwarze talarartige Gewänder und Schnallenschuhe. Als liberal eingestelltes Mitglied einer konservativen Partei sah sich Max außerstande, eine eindeutige politische Position zu vertreten. Er sprach sich dafür aus, die Bürgerschaft zur einen Hälfte in allgemeinen Wahlen und zur anderen durch berufsständische Organisationen zu wählen. Dieses Verfahren war zwar weniger meritokratisch als das damals übliche, aber immer noch elitär. (Im Verlauf der Wahlrechtsdebatte von 1906 schrieb ihm Aby eine Rede zu diesem Thema.) Auf dem Gebiet der nationalen Politik stieß er aufgrund seiner Religionszugehörigkeit auf weit mehr Hindernisse als in Hamburg. Daher wirkte Max in Berlin eher unsichtbar im Hintergrund – ein Umstand, den die Antisemiten sofort ausschlachteten, obwohl er mit seiner Zurückhaltung genau dies hatte verhindern wollen.

Es gelang Max, die Abneigung seines Vaters gegen politische Tätigkeiten so weit zu überwinden, daß M. M. Warburg & Co. bis zum Ersten Weltkrieg Deutschlands führende Privatbank für die Vergabe internationaler Anleihen wurde. Wie alle Warburgs vom Alsterufer fürchtete sein Teilhaber Aby S., eine derart exponierte politische Stellung könnte antisemitische Reaktionen hervorrufen. Je stärker sich M. M. Warburg in den kolonialen Abenteuern des Reiches engagierte, desto mehr wurden die Geschäfte der Firma von der Außenpolitik des Landes bestimmt. Dazu erklärte Max: »Niemand hängt so sehr von seiner eigenen Regierung ab wie der sogenannte internationale Bankier, denn kein Bankier wird ein größeres Anleihengeschäft tätigen, bevor er sich mit dem Außenministerium seines Landes ins Benehmen gesetzt hat.«[24]

Aufgrund der geradezu byzantinischen Finanzintrigen der ersten Jahre des 20. Jahrhunderts waren jüdische Bankiers stark an den Staat gebunden. Genaugenommen stellten Hetzreden gegen sie die Wirklichkeit auf den Kopf: Keineswegs beuteten jüdische Bankiers Deutschland aus, vielmehr wurde das deutsche Weltmachtstreben von ihnen nur allzu eifrig unterstützt. Gerade diese Nähe zur Regierung sollte es ihnen später schwermachen, richtig zu reagieren, als Verfolgung und Terror vom Staat selbst ausgingen.

Die Verbindung zu Kuhn, Loeb verwickelte M.M. Warburg weiter in die Politik. Der durch die Pogrome gegen russische Juden erbitterte Schiff sah es als Ehrensache an, Japan beim Krieg gegen Rußland von 1904/05 finanziell zu unterstützen, und er kam sogar für die Kosten der Verteilung antizaristischer Propaganda an russische Kriegsgefangene auf. Im Frühjahr 1904 verblüffte er Japans Finanzbeauftragten, Baron Korekiyo Takahashi, mit seinem Angebot, die Hälfte der Anleihe von zehn Millionen Pfund, welche die kaiserliche japanische Regierung in London und New York aufnehmen mußte, persönlich zu zeichnen. Englands König Eduard VII. billigte bei einem Mittagessen mit Schiff und Sir Ernest Cassel diese erste von fünf größeren Anleihen, die das Haus Kuhn, Loeb für Japan auflegte.

Als Japan 1905 eine dritte Anleihe plante, forderte Schiff Max auf, den deutschen Markt hierfür zu öffnen, weil New York seiner Ansicht nach bereits mit japanischen Werten gesättigt war. Um sicherzugehen, daß die politischen Kreise des Reiches einen solchen Schritt billigten, tat Max, was »jeder aufrechte Bankier in solchen Fällen zu tun hat, er suchte das Außenministerium in Berlin auf«.[25] Letzteres hatte vom Krupp-Konzern den Hinweis erhalten, daß Deutschland Aufträge zur Lieferung von Munition verlieren würde, wenn man die dritte japanische Anleihe ausschließlich in New York und London auflegte. Daher unterstützte Staatssekretär Arthur Zimmermann Max' Anliegen und ermächtigte ihn, mit Japan zu verhandeln. Bevor Max eine weitere japanische Anleihe auflegte, traf er mit dem Kaiser auf dessen Yacht zusammen, um das Vorhaben von höchster Stelle absegnen zu lassen. Diese Anleihe wurde zehnfach überzeichnet, was Japans Position bei der Friedenskonferenz von Portsmouth stärkte. Daß Max nun mit einem Mal eine größere Transaktion von strategischer Bedeutung durchführte, war eine verblüffende Leistung für ein Unternehmen, das noch wenige Jahre zuvor im Provinzmaßstab tätig gewesen war.

Diesen Durchbruch verdankte Max zwar dem Umstand, daß sein Bruder Felix Teilhaber bei Kuhn, Loeb war, doch verstand er es auch, die Gelegenheit mit großem Geschick zu nutzen. Er verhandelte in London mit Korekiyo Takahashi, später Japans Finanz- und Premierminister, über die erste Anleihe. Dieser vergaß Max das Entgegenkommen nie und teilte ihm später mit: »Sofern ich mich in meinem Leben in irgendeiner Weise ausgezeichnet habe, geht das, was ich sehr zu schätzen weiß, auf Ihre Unterstützung und Freundschaft zurück, die Sie mir gütigerweise in früheren Zeiten angedeihen ließen.«[26] Nach dem Krieg gegen Rußland besuchte Takahashi Hamburg, und Schiff reiste 1906 nach Japan. Dabei widerfuhr ihm die überaus seltene Ehre, im privaten Kreis mit dem Tenno im kaiserlichen Palast zu Mittag speisen zu dürfen, wo ihm dieser den Orden der Aufgehenden Sonne verlieh. Bei einer Abendeinladung saß er neben Takahashis halbwüchsiger Tochter Wakiko und lud diese beiläufig nach New York ein. Der Vater nahm ihn beim Wort, und so reiste Wakiko zu Schiffs Überraschung mit ihm nach New York, wo sie drei Jahre in seinem Hause verbrachte.

Die Verbindung zu Japan verschaffte Max eine ganze Reihe heiterer Begegnungen. Beispielsweise stieg eine japanische Delegation, die nach Hamburg kam, im Luxushotel *Vier Jahreszeiten* ab, wo zufällig auch Max, dessen Stadthaus gerade umgebaut wurde, mit seiner Familie wohnte. Die Japaner wollten dem Bürgermeister ihre Aufwartung machen und baten Max, sie zu begleiten. Also schritt er zum vorgesehenen Zeitpunkt mit der Melone in der Hand die Treppe zur Hotelhalle hinunter, wo er sie alle mit Zylinderhüten stehen sah. Er stürmte nach oben, um seinen Zylinder zu holen. Als er wieder unten ankam, hatten die Japaner, die ihn ebenfalls gesehen hatten, ihrerseits den Zylinder mit der Melone vertauscht. Max forderte sie auf zu bleiben, wo sie waren, eilte zurück und holte wieder seinen Homburg. Endlich zogen sie, einheitlich gekleidet, zum Rathaus.

Da das Haus Mitsui, eine alte japanische Handels- und Bankdynastie, in Hamburg eine Niederlassung eröffnet hatte, bekamen die Warburgs immer wieder Besuch von Mitgliedern dieser Familie. Einmal kam Baron Mitsui zum Abendessen, und während er sich weitschweifig auf japanisch über die Beziehungen zwischen Arbeitgebern und Arbeitnehmern im Lande äußerte, beugte sich Max schelmisch zu seiner Mutter und flüsterte ihr zu, der Baron wolle wissen, ob Max' Sohn Erich bereit sei, dessen Tochter zu heiraten.[27] Bei einem anderen Besuch fragten Baron Mitsui und sein Teilhaber, Takuma Dan, ob sich die Warburgs untereinander vertrügen. Sie berichteten Max und Carl Melchior von Streitigkeiten im Hause Mitsui und wollten wissen, wie sie diese beilegen könnten. Max erwiderte, bei den Warburgs streite man sich genausooft wie in anderen Familien auch. Er und Melchior regten an, die Mitsuis sollten ihre Unternehmungen in verschiedene Firmen für Bankwesen, Reederei, Versicherungen und Export aufteilen, und jede von ihnen einem anderen Familienmitglied unterstellen, das dann einer Firmenzentrale verantwortlich sei. Damit gab Max den Japanern die Anregung für die Mischkonzernstruktur (*saibatsu*), die später die Wirtschaft des Landes beherrschen sollte. Voll Dankbarkeit schickte ihm Mitsui eine alte Samurairüstung, die Max in einer Vitrine in der Bank ausstellte.[28]

An dieser Stelle in Max' Karriere tritt der Einfluß von drei älteren Mentoren besonders deutlich zutage: Ballin, Schiff und Louis Fränkel. Letzterer hatte sich aus eigener Kraft von einer Anstellung im Büro einer Zigarrenfabrik zum Leiter der Stockholmer Handelsbank emporgearbeitet, welche die Hauptrivalin der im Besitz der Familie Wallenberg befindlichen Enskilda Bank war. Durch Fränkels Vermittlung legte M. M. Warburg in Deutschland Anleihen für Dänemark, Norwegen, Schweden und Finnland auf, womit das Unternehmen endgültig als weltweit tätige Finanzmacht etabliert war.

Max verstand in glänzender Weise, seine Chancen zu nutzen, erkannte aber gleichzeitig, daß vieles vom Zufall abhängig war. Er spürte, daß er in einer Zeit historischer Wirren lebte, was ihn veranlaßte, bei aller äußerlichen, auf seine Jugend zurückzuführenden Großtuerei eine gewisse Zurückhaltung zu wahren. Einmal riet er jemandem, der über die Geschichte der Bank der Warburgs schreiben wollte: »Man müßte zeigen – und ich lege großen Wert darauf – wie sehr die Entwicklung eines solchen Unternehmens vom Zufall bestimmt wird... Ein gewisses Gefühl der Demut gegenüber diesen Kräften müßte diese Beschreibung durchziehen.«[29]

Als Charlotte Warburg 1912 in ihrem siebzigsten Lebensjahr für einen Hamburger Photographen posiert, ist sie die Mutter des erfolgreichsten Bankiers der Kaiserzeit. Dennoch ist auf dem Bild nichts von jenem falschen Prunk erkennbar, der sonst so oft für die Epoche kennzeichnend ist. Das Ambiente ist einfach - ein schlichter Stuhl, ein dunkler Vorhang. Nichts von den Trompe l'oeil-Kulissen der zeitgenössischen Photographie, keine falschen Palmenwedel, Samtdraperien, exotischen Requisiten. So erscheint Charlotte, deren Blick den Betrachter prüfend ins Auge faßt, als ein Bild jener Tugenden, die die Familie groß gemacht haben: Willensstärke und durch keinen Luxus zu beeinträchtigende Disziplin.

Die letzten Jahre des Zweiten Reiches waren Max' Goldenes Zeitalter – voller Zukunftspläne und allem Anschein nach völlig frei von Gefahren. Sein Handeln war geprägt von der festen Überzeugung, daß der Fortschritt der Juden verbürgt und unumkehrbar sei. Aus der Erfahrung des wilhelminischen Deutschland ließ sich nur schwer vorstellen, daß sich das Schicksal so erbarmungslos gegen das Land und seine Juden stellen und beiden bis dahin unbekannte Belastungsproben auferlegen sollte.

9

Verborgene Furien

Zu der Zeit, als Max den Kaiser beriet, lebte sein älterer Bruder Aby nach wie vor als Paria im Florentiner Exil, wohin er seit seiner Eheschließung mit der Nichtjüdin Mary Hertz gezogen war. Bis 1904 hatten sie stets den größten Teil des Jahres in Italien verbracht und waren im Sommer nach Hamburg zurückgekehrt. Einmal hielt Aby in der Kunsthalle einen Vortrag über Leonardo da Vinci. In Florenz beschäftigte er sich mit der Renaissance, hielt Vorträge und arbeitete am Deutschen Kunsthistorischen Institut. Da er feste Lehraufträge an Universitäten ablehnte, blieb er finanziell von der Familie abhängig. Seine Begabung, den geheimnisvollen Symbolismus von Gemälden mittels der Aufdeckung verschütteten Wissens und vergessener Kenntnisse zu deuten, hatte er während dieser Zeit weiter verfeinert. Beispielsweise hatte er die Identität der Gestalten auf einem Fresko Ghirlandaios nachgewiesen, indem er Münzen und Steuerlisten aus der Schaffensepoche des Malers herangezogen hatte. Er vermochte an den unwahrscheinlichsten Stellen Spuren zu erkennen und wußte so manches antiquarische Buch, das andere als wertlos abtaten, hochzuschätzen.

Abys Verbindung mit Mary, die beiden Familien großen Kummer gemacht hatte, war keine reine Freude. Wie sein Neffe anmerkte, bereitete Aby die »Ehe mit einer bezaubernden und begabten Christin patrizischer Abkunft tiefen und dauernden Kummer«.[1] Er schätzte die frommen Tugenden der lieben und fröhlichen, sich aufopfernden Mary, die er »meine Frau, meine beste Mitarbeiterin und Kameradin«[2] nannte, doch ihre Verschiedenheit war tief und ließ sich nicht überwinden. Während sich Aby mit seinen Büchern einschloß, zog Mary es vor, durch die Natur zu streifen und im Freien zu malen. Mit Vorliebe zeichnete sie auf ihren Reisen nach Hamburg wunderschöne Heidelandschaften in Pastell. Auf dem Kösterberg entwarf sie unter anderem ein Marionettentheater, zu dem ihre Schwägerin Alice die Kostüme beisteuerte.

Wie groß Marys Verehrung für Aby war, zeigt eine heitere Episode aus dem März 1903. Bei der Feier des fünften Hochzeitstages von Max und Alice sollten die Anwesenden in parodistischen Sketchen darstellen, wie sie sich Paare aus der Familie in fünfundzwanzig Jahren vorstellten. Aby spielte einen kahlköpfigen Max mit Bierbauch, der von Hamburg aus mit Hilfe eines futuristischen Gerätes, das zugleich Bild und Stimme übertrug, mit Paul in New York sprach. Dann parodierten Max und Alice die Zukunft des Paares Mary und Aby. Max setzte sich an einen Tisch und begann, Abys ausgeprägten Hang zur Pedanterie verspottend, einen Aufsatz über die Frage zu konzipieren, warum die Medici blaue Flecken in ihren weißen Socken hatten; selbstverständlich fand er die Antwort im flämischen Einfluß. Unterdessen turtelte Alice als Mary voll Bewunderung um ihn herum und stieß bei jeder noch so lapidaren Bemerkung, die er machte, Laute des Entzückens hervor. Zum Schluß sagte Max, er müsse seinen Aufsatz in so verdichteter und verworrener Sprache abfassen, daß niemand ihn je verstehen könne.[3]

Am meisten wurde die Ehe von Abys übersteigerter Selbstsucht und mangelnder seelischer Stabilität belastet. Schon während der Florentiner Jahre (1897 - 1904) hatten ihn unablässig Ängste gepeinigt. Aus den ersten Jahren dieser Verbindung ist die erschütternde Beschreibung einer Besucherin erhalten. Als diese mit ihrem Verlobten in Florenz eintraf, machten Aby und Mary zunächst einen glücklichen Eindruck auf sie, und es sah ganz so aus, als verbinde sie ein gemeinsames künstlerisches Interesse. Im Verlauf des Besuchs ging Aby seinen Studien nach, während Mary malte, zeichnete und stickte. Nach und nach aber steigerte sich der überspannte Aby in einen Zustand nervlicher Erschöpfung und war wie von Sinnen. Mary las ihm vor und ließ sich von ihm diktieren. Kurze Zeit beruhigte und ermunterte ihn dies, dann aber fiel er in eine noch tiefere Niedergeschlagenheit. Schließlich wandte sich der völlig aufgelöste Aby an seine bestürzten Besucher und sagte, er hoffe, sie würden sich um Mary kümmern, wenn er in eine Anstalt müsse. Zu diesem Zeitpunkt war er gerade dreiunddreißig. Schon damals schwankte sein Geist zwischen Delirium und Klarheit. In seinem Tagebuch notierte er einmal: »Zwei Tage aus dem Karneval meines Lebens – einer fröhlich, dann ein Fieberanfall, Hang zu Tagträumen.«[4]

Sehr zum Erstaunen seiner Besucher war er nach Abklingen der Depression in der Lage, sein Verhalten mit klinischer Distanziertheit zu beurteilen. Er berichtete den beiden von seiner Absicht, noch im selben Frühjahr eine Schweizer Klinik aufzusuchen – womöglich Kreuzlingen, wo er sich später behandeln ließ.[5] Unter anderem war er untröstlich über den Schaden, den sein Verhalten seinen drei kleinen Kindern Marietta, Max Adolph und Frede zufügte.

Zwar wurden diese nicht getauft, wohl aber protestantisch erzogen; mitunter gingen sie auch zur Kirche. In einem Tagebucheintrag vermerkte Aby bedrückt, daß man Marietta in der Schule trotz ihres lautstarken Protests als Jüdin behandelte. Solange Moritz und Charlotte noch lebten, ging er einen ungewöhnlichen Kompromiß zwischen beiden Religionen ein und nahm die Kinder zum Sederabend mit in sein Elternhaus. Um sein Gewissen zu beruhigen, ersetzte er die sonst üblichen hebräischen Lieder durch deutsche Kinderreime oder Knittelverse. Paradoxerweise war gerade die Protestantin Mary über dieses Sakrileg am jüdischen Ritual entsetzt.

Andere Kinder der Familie Warburg sahen in Aby einen immer zu Scherzen aufgelegten Zauberer. Auf dem Boden kniend, ersann er Märchennamen für sie und begleitete sie in ihre Phantasiewelt. Manchmal trat er auch als zornige Autoritätsperson auf und drohte ihnen mit dem Stock, weil sie mit Steinen nach Kastanien geworfen hatten. Seine eigenen Kinder sahen in ihm meist den harten, Disziplin fordernden und anspruchsvollen Patriarchen, der an sie dieselben starren Maßstäbe anlegte wie an sich selbst. Wenn ihnen etwas gelang, lobte er sie ungeschickt, indem er beispielsweise sagte: »Im Land der Blinden ist der Einäugige König.«[6] Da er zur Besorgnis neigte, wartete er häufig gereizt am Fenster auf ihre Rückkehr aus der Schule und hatte äußerst schlechte Laune, wenn sie sich verspäteten. Regelmäßig bekam der unter Zwangsvorstellungen leidende Mann Wutanfälle, wenn ihm die Farbe ihrer Strümpfe nicht paßte. Mary war keine Frau, die auf Ordnung und Haushalt besonderen Wert legte, weshalb Aby ständig Gründe fand, an ihr herumzumäkeln.

In seine Studien versunken, arbeitete er von frühmorgens bis spätabends und hatte nur zwischendurch einmal Zeit für die Kinder. »Wenn Aby seine Vorträge ausarbeitete«, sagte Max mit verzeihlicher Übertreibung, »durften die Kinder nicht einmal die Wasserspülung ziehen!«[7] Zum Glück war Mary kinderlieb und bewahrte sie vor den oftmals verrückten und diktatorischen Launen ihres Mannes. So widersetzte sich Aby dem Wunsch Max Adolphs, Maler zu werden, Mary hingegen bestärkte ihn darin. So revolutionär Abys Gedanken auch waren, in seinem Alltagsleben blieb er zutiefst bürgerlich.

1904 kehrte das Paar nach Hamburg zurück, unter anderem, damit Aby etwas kritischen Abstand bei seiner Untersuchung des flämischen Einflusses auf die florentinische Kunst gewinnen konnte. Er pflegte zu sagen, er sei von Geburt Jude, im Herzen Hamburger und im Geiste Florentiner.[8] Obwohl er die Familientradition eher als belastend empfand, identifizierte er sich mit ihr in gewisser Weise. Dem Historiker Percy Schramm sagte er einmal: »Es gibt zwischen dem preußischen Adel und uns, den alten Judenfamilien, eine unterirdische Verwandtschaft. Wir leben nicht, wie wir wollen, sondern wie wir sollen.«[9] So stolz er auf Hamburgs demokratische Kaufmannskultur war, so sehr entsetzte ihn die dort herrschende, alles durchdringende Provinzialität. Bei seiner Untersuchung der Beziehungen zwischen Florentiner Künstlern und deren reichen Förderern fühlte er sich an das Milieu erinnert, in dem er selbst aufgewachsen war. So vermerkte seine spätere Assistentin Gertrud Bing: »Man könnte beinahe sagen, daß Warburg in den Arbeiten über Florenz seine *Buddenbrooks* geschrieben hat.«[10] Aby hoffte, daß die Warburgs erneut den Glanz der italienischen Kaufleute des 15. Jahrhunderts aufleben lassen würden, der ihm etwa in der Person Franco Sassettis, mit dessen letztem Willen er sich beschäftigte, vor Augen stand.

Seine Arbeiten über Kunstmäzene waren zugleich Abbild seiner gespaltenen Haltung gegenüber der Familie. Er widersetzte sich der Einstellung der eitlen, bürgerlichen Gönner, die von einem Maler erwarteten, daß er ihren Reichtum zur Geltung brachte und ihre herrlichen Gewänder und Schmuckstücke abbildete. Ergebnis dieser Art von Realismus war seiner Ansicht nach eine statische Kunst, die alle Leidenschaft erstickt und den Künstler daran hindert, mit einer gewissen Distanz symbolkräftige Formen zu schaffen. So sagte er über ein Ghirlandaio-Fresko der Familie Tornabuoni: »Das ist die Art von Kunst, die eine Bankiersfamilie der Renaissance liebte, kommt sie doch darin weit besser weg als die Religion oder die Kunst.«[11]

Daß Aby schließlich nach Hamburg zurückkehrte, hatte auch einen praktischen Grund: er brauchte einen festen Standort für seine immer umfangreicher werdende Bibliothek, die inzwischen sein ein und alles war. Selbst wenn er nur einige Tage verreiste, schleppte er einen Koffer voller Bücher über abgelegene Themen mit. Schon die systematische Art und Weise, wie er als Student Bücher gekauft hatte, ließ erkennen, daß es sich um etwas Ernsthaftes und nicht um das Steckenpferd eines jungen Mannes aus begütertem Hause handelte. Als stünde er auf der Gehaltsliste seiner Familie, verlangte er von den Eltern eine »Aufstockung« der ihm gemachten Zuwendungen. Um 1900 ging seine Sammelleidenschaft bereits weit über das hinaus, was durch die eigentlichen Erfordernisse seiner Arbeit gerechtfertigt war.

Als er im Juni Max die Idee einer Bibliothek vortrug, stellte er sein Vorhaben schlau als erstklassige Wertanlage dar. »Ich würde mich nicht einen Augenblick besinnen, meine Bibliothek dem Geschäft, der Firma geradezu auf's Konto zu setzen.«[12] Später ermahnte er Max, seine Sammlung als eine Art Werbung für die Familie zu betrachten; sie sei nicht minder löblich als die von den Warburgs geförderte Talmud-Thora-Schule in Hamburg und daher ebenso unterstützenswert.[13] Zu seinen Lieblingsaussagen gehörte, daß sich andere reiche Familien einen Rennstall leisteten, die Warburgs hingegen eine Bibliothek. Unter Hinweis darauf, daß der Kapitalismus die deutsche Kultur zugrunde richte, teilte er Max mit: »Ich bin gar nicht verblendet, im Gegentheil, ich bin eigentlich ein Narr, daß ich nicht mehr darauf bestehe, daß der Kapitalismus auch Denkarbeit auf breitester, nur ihm möglicher Basis, leisten kann.«[14]

Als Aby und Max im August 1901 gemeinsam auf Helgoland Ferien machten, brachte Aby den Bruder trotz vieler Widerstände dazu, der Einrichtung einer Bibliothek zuzustimmen. Im folgenden Jahr bat er seinen Vater um Geld zum Ankauf zweier luxuriöser Buchausgaben und erklärte, er stehe im Begriff, eine Bibliothek für die Nachwelt einzurichten. Da Mäßigung seinem leidenschaftlichen Wesen fremd war, sammelte er mit geradezu atemberaubender Geschwindigkeit und erweiterte allein im Jahre 1903 seine »gelehrte Sammlung«[15] um stattliche fünfhundertsechzehn Bände. Seine Erwerbungen waren inzwischen derart umfangreich, daß er sein Dasein als reisender Gelehrter aufgeben mußte; ab 1904 stellte er zur Katalogisierung der immer größer werdenden Bestände einen Bibliothekar ein. Die Brüder waren über die Finanzierung der Bibliothek besorgt, und tatsächlich wurde sie zu einer drückenden und dauerhaften Last in ihrem Leben. Als Aby und Mary in Hamburg ihr erstes Haus an der Benediktstraße bezogen, nahmen die Bücher dort bereits so viel Raum ein, daß kaum mehr Platz für die Bewohner blieb.

Aby hoffte, aus der Stadt ein Vorbild für das gesamte Reich machen zu können, obwohl Hamburg zu jener Zeit in kultureller Hinsicht tiefste Provinz war. Neben einem Kunstmuseum gab es drei Theater, zwei große öffentliche Bibliotheken, ein Opernhaus und eine gewisse Tradition in der Erwachsenenbildung. Die meisten Künstler allerdings strömten in die Reichshauptstadt Berlin oder ins avantgardistisch geprägte München, wo gerade der Jugendstil im Schwange war, keinesfalls aber nach Hamburg. Weder verfügte die Hansestadt über eine Universität noch das Kunstmuseum über eine nennenswerte Sammlung alter Meister.

Unter Dilettanten fühlte sich Aby regelrecht eingezwängt. Er war fest von seiner Bedeutung und der Originalität seines Denkens überzeugt, obwohl er von den meisten ob seines Daseins als Privatgelehrter als eine Art brillanter Kauz abgetan wurde. So sagte er 1907 zu einem Freund: »Eines Tages werde ich dir ein Beispiel für mein Verfahren schicken. Es ist, so wage ich zu behaupten, neu und daher vielleicht nicht so weit anerkannt, wie ich es erwarten könnte.«[16] Weit davon entfernt, ein mönchisches Leben zu führen, stürzte er sich begeistert in alle möglichen Aktivitäten, und seine Vorträge über Botticelli, Leonardo da Vinci und Dürer lockten eine große Zuhörerschaft an. Er organisierte eine Veranstaltung zur Volkskunst, wurde Mitglied im Verwaltungsrat des Völkerkundemuseums und arbeitete in der Historischen Gesellschaft mit. Unerschütterlich leistete er zeitgenössischen Künstlern Beistand und setzte sich 1906 für Hugo Lederers umstrittenes Bismarckdenkmal oberhalb des Hafens ein. Die monumentale Figur, die den Reichskanzler zu einer erhabenen Wikingergestalt stilisierte, stellte für den an realistische Darstellungen gewohnten Geschmack der Hamburger eine Provokation dar.

Aby stellte sich an die Spitze einer Initiative zur Gründung einer Universität und hoffte auf diese Weise zur Belebung der städtischen Kultur beitragen zu können. Es kam zu hitzigen Debatten, da die Kaufleute fürchteten, daß eine solche Einrichtung eine Keimzelle der Staatsgefährdung und eine Bedrohung des herrschenden Geschäftsethos darstelle und daher mit der Unterstützung von Fortschrittlichen und Sozialdemokraten rechnen könne. Aby gewann Max für das Projekt, und beide beteiligten sich 1907 an der Gründung der Wissenschaftlichen Stiftung, die als Vorläufer der Universität angesehen werden kann. Sie holte Gelehrte nach Hamburg, veranstaltete Vorträge und versuchte Verbindungen zwischen Wissenschaft und Geschäftswelt herzustellen. Max hoffte, Hamburgs

Reedereien würden Gelehrte mit Einführungsschreiben um die ganze Welt schicken, um den Ruf der Stadt im Welthandel zu festigen. Der Kaiser, der schon immer gegen eine Universität in Hamburg gewesen war, vermutete Max als treibende Kraft hinter dem Plan.

Obwohl er finanziell von der Familie abhängig war, blieb der mißgestimmte Aby stets der dominierende ältere Bruder und übte eine geradezu hypnotische Gewalt über die jüngeren aus, die zwar stolz auf ihn waren, ihn aber auch in gewisser Weise fürchteten. Max zufolge hätte Aby auch einen guten Bankier abgegeben; eine Einschätzung, die Aby durchaus teilte. (Man darf nicht übersehen, daß die Bibliothek mit ihrer Flut von Rechnungen und Katalogkarten ein ausgeklügeltes Geschäftsunternehmen war, für dessen Korrespondenz Aby sich des gleichen Kopierbuchverfahrens bediente, wie es im Hause M. M. Warburg & Co. üblich war.) Mindestens einmal wöchentlich teilte er Max telefonisch den aktuellen Stand der Dinge mit und machte häufig auf einem Sofa in dessen Kontor ein Nickerchen. Aufgrund seines beachtlichen Einfühlungsvermögens wußte er immer, wann sich sein Bruder über einen Kunden geärgert hatte, und mit geradezu unheimlicher Genauigkeit ahnte er Zusammenbrüche an der Börse und Firmenpleiten. »Ich höre die Fittiche des Pleitegeiers rauschen«, war seine stehende Redewendung.[17]

Max sah in Aby ein wandelndes Konversationslexikon und jemanden, der nie imstande sein würde, alle seine Einfälle zu Papier zu bringen. Jahrelang stand eine bronzene Schnecke auf Abys Schreibtisch – dies war sein Wappentier. Er bedeckte zahllose Zettelchen mit unentzifferbaren Texten, ohne je eins davon fortzuwerfen. Zwischen 1888 und 1903 notierte er vierhundert Aphorismen. Max versuchte, ihn von seinem Perfektionswahn abzubringen und zu einer Publikation zu bewegen. »Wenn mehr Bücher gelesen würden«, wehrte Aby ab, »würden weniger geschrieben werden.«[18] Als Privatgelehrter konnte er sich den Luxus leisten, über all jene zu spotten, die überstürzt etwas in Druck geben mußten. Solange er lebe, erklärte er, genüge ihm die Anerkennung eines kleinen Kreises von Fachkollegen.

Jeglicher Drang zur Eile stieß bei Aby auf eine unvorstellbare Empfindlichkeit. Einmal fragte ihn Max, ob er kurzfristig Besuche empfangen könne, worauf er zur Antwort gab, wer ihn hören wolle, müsse einige Wochen warten, bis er sich vorbereitet habe. Er wetterte: »Für Improvisationen bin ich nicht.«[19] Daß er zu Lebzeiten nur eine Handvoll kurzer Studien, aber kein größeres Werk veröffentlichte, ist wohl dem Umstand zuzuschreiben, daß er an sich selbst enorm hohe Ansprüche stellte und nie mit dem Geleisteten zufrieden war. Diese Schriften aber wirkten so nachhaltig – von seiner ungewöhnlichen persönlichen Ausstrahlung und dem Einfluß der Bibliothek ganz zu schweigen –, daß der von ihm hinterlassene kulturelle Nachlaß in keinem Verhältnis zum geringen Umfang der von ihm vorgelegten Arbeiten steht.

Vermutlich hätte Aby keiner regelmäßigen Tätigkeit nachgehen können. Er war ein Mensch, der in heftigen Energieschüben Brillantes leisten konnte, zu gleichmäßig durchgehaltener Arbeit aber war er unfähig. Erfolglos bemühte er sich 1905 um eine Anstellung an der Universität Bonn. Im folgenden Jahr bot sie ihm von sich aus eine Position als Lektor an, die mit einer Tätigkeit am Deutschen Kunsthistorischen Institut in Florenz verbunden gewesen wäre. Aby, der nicht wußte, wie er sich entscheiden sollte, verbrachte zwei volle Jahre mit fruchtlosem Zögern. Als man ihm schließlich eine letzte Gelegenheit gab, seine Bewerbung in Bonn einzureichen, nörgelte er, er lasse sich nicht hetzen. Zeit seines Lebens blieb er ein introvertierter Gelehrter, der sich über die diskriminierende Behandlung durch die akademische Welt beklagte, dabei jedoch seinen Stolz und seinen Trotz bewahrte. In einem Brief an Max steht zu lesen: »Ich bin wissenschaftlicher Privatbankier, dessen Credit so gut ist wie der der Reichsbank.«[20]

Während dieser Zeit verschlimmerte sich Abys körperlicher und seelischer Gesundheitszustand zusehends. Er litt an Diabetes, und 1905 nahm ihn der Heuschnupfen derart mit, daß er während der Pollenflugzeit Termine absagen mußte. Einem Arzt gestand er 1907, er werde nervös und unproduktiv, wenn man ihn unter Druck setze; ausschließlich in der Abgeschiedenheit könne er seine Erkenntnisse reifen lassen. Inzwischen schrieb er nur noch zwischen ein und fünf Uhr nachts, worüber sich sein Arzt, Dr. Wulff, solche Sorgen machte, daß er ihm das Schreiben am liebsten gänzlich untersagt hätte.[21] Im folgenden Monat bezog Aby ein Hotelzimmer in Rom, das er als »Ersatzsanatorium« bezeichnete.[22]

Alles, womit er sich beschäftigte, wurde mehr oder weniger zu einem Bestandteil seiner eigenen geistigen Biographie. Aufgrund seiner seelischen Qualen hatte er Zugang zu den in der Kunst des Westens verborgenen, im Widerstreit liegenden Furien, denn er spürte ihr Toben in sich selbst. Als Bewunderer Nietzsches sah er hinter der klassischen Schönheit Leiden und Schmerz, dem Verstand nicht faßbare Elemente, die unter der Oberfläche der Kunst der Antike, des Mittelalters und der Renaissance lauerten. Aby wurde nicht etwa deshalb zum Vertreter der Vernunft, weil er glaubte, der Mensch verhalte sich rational – er selbst strafte eine solche Annahme Lügen –, sondern weil er das Gegenteil fürchtete. In einem Brief aus dem Jahre 1909 ließ er ein gewisses Verständnis für die dionysische Seite des Lebens erkennen und fragte sich sogar, ob Nietzsches Wahnsinn heilbar gewesen wäre, wenn er heidnischen Impulsen nachgegeben hätte. »Ich bedaure immer – Sie mögen mich auslachen – daß uns die Praxis der antiken orgiastischen Ekstase abhanden gekommen ist: hätte N. nur quartalsweise ordentlich mysteriös rasen können – vielleicht wäre er gesund geworden und hätte als friedlicher Ölhändler und Familienvater ein kinderreiches Leben in hohem Alter satt abgeschlossen. Aber wohin führt mich die Phantasie?«[23]

Im Zuge seiner Beschäftigung mit den atavistischen, hinter der modernen Zivilisation lauernden Kräften gelangte er 1907 auch zur Astrologie. In ihr sah er alles andere als überholten faulen Zauber, spiegelte sie doch seiner Meinung nach die unsicher tastende Art, in der die Menschheit vor der Entwicklung der Astronomie mit ihrer existentiellen Hilflosigkeit gegenüber dem Kosmos fertig geworden war. Er führte den Nachweis, daß auf einigen mittelalterlichen Gemälden Götter der Antike in Gestalt astrologischer Dämonen erscheinen. Fasziniert wandte er sich Tarotkarten zu und konnte zeigen, daß es sich dabei keineswegs um einfache Spielkarten handelt, sondern daß man mit ihrer Hilfe astrologische Voraussagen gemacht hatte. Im Dezember 1909 teilte er Felix mit, er habe seine Entdeckung gemacht, nachdem er im Vorjahr tausendfünfhundert Bücher über Astrologie gekauft hatte.[24]

Sicher haben diese furchtlosen Vorstöße ins Okkulte dazu beigetragen, daß er an den Rand des Wahnsinns gelangte. Fortan war Aby eine faustische Gestalt, die wunderliche Bücher zu ergründen suchte und esoterische Dokumente befragte. Im Unterschied zu anderen Rationalisten spürte er die unverhüllte, beunruhigende Lockung des Aberglaubens – vielleicht kämpfte er deshalb gleichermaßen beharrlich gegen die Herrschaft des Irrationalen wie gegen die Manipulation der Empfindungen. So führte er 1913 einen leidenschaftlichen Feldzug gegen einige astrologische Scharlatane, die in Hamburg ihr Unwesen trieben.

Im April 1909 zog er mit Mary in die Heilwigstraße 114, wo sie für den Rest ihres Lebens blieben. Grund für den Umzug waren die vielen Bücher, die sich gleich einem Ungeheuer mit zahlreichen Fangarmen immer weiter ausbreiteten, bis schließlich jedes Zimmer von Büchern überquoll und die Bestände sogar die Toiletten in Beschlag nahmen. Am Ende konnten die Geschoßdecken deren Gewicht nicht mehr tragen. Auch das neue Haus löste die Schwierigkeit nur vorübergehend, denn die in schweren eichenen Regalen aufgereihten Bücher füllten schon bald nicht mehr nur Kellergeschoß und Billardzimmer, sondern auch das Entree, den Salon und die Gästezimmer im Erdgeschoß, so daß sich Aby und die Seinen in kleinere Räume im Oberstock zurückziehen mußten. (Obwohl Aby nach den Maßstäben der Warburgs arm war, brauchte sein Haushalt nie auf Dienstmädchen und einen Diener zu verzichten.) Um für weitere Bücher Platz zu schaffen, wurde das Eßzimmer vom Erdgeschoß in eines der oberen Stockwerke verlegt. Der städtische Baudirektor und Architekt Fritz Schumacher, mit dem Aby befreundet war, sah, wie die Bücher den für ein normales Familienleben nötigen Raum beschnitten. »Die feinsinnige Gattin, die eigentlich für ihre Arbeiten als begabte Bildhauerin Platz hätte haben müssen, nahm dies elementare Geschehen mit rührender Geduld auf sich, aber die heranwachsenden Kinder blickten voll Ingrimm auf den Siegeszug der verhaßten Bücher.«[25]

Obendrein mußten die Kinder die tyrannischen Launen des Vaters ertragen und kamen in der Nähe dieses Wirbelwinds nie wirklich zur Ruhe. Aby konnte ein reizender, vor guter Laune übersprudelnder Mensch sein, doch schon im nächsten Augenblick fühlte er sich verraten und wandte sich wutschnaubend von seiner Umgebung ab. Unter diesen nie endenden Stimmungsumschwüngen litten die Kinder entsetzlich. Max Adolph hat das später mit einem poetischen Bild beschrieben: »Wir, seine Kinder, lebten zu nahe am Kraterrand, als daß wir zu jener Zeit den majestätischen Umriß des Berges hätten erkennen können; doch nahe genug, um zu spüren, wie der Boden unter unseren Füßen bebte; um gelegentlich einen schwindelerregenden Blick in den kochenden Krater hinabzuwerfen; nahe genug, um ängstlich oder unruhig zu werden, und, wenn die Nerven nicht standhielten, schlimmer noch: ein wenig gefühllos.«[26]

Max hatte den Vater gebeten, das Nachbargrundstück zu erwerben, damit Aby eines Tages eine Bibliothek gleich neben seinem Haus hätte, und Moritz hatte widerwillig zugestimmt. Schon lange war Aby von Max gedrängt worden, er solle eine Bibliothek errichten und endlich sein Privatleben von seinem Beruf trennen. Er riet ihm, wie ein guter Hamburger Geschäftsmann täglich das Haus zur Arbeit zu verlassen. Doch Aby wollte die Trost spendende Nähe seiner Bücher nicht missen. Als die Bibliothek Mitte der zwanziger Jahre schließlich im Nachbarhaus untergebracht wurde, unterlief er die ursprüngliche Absicht und schuf hinter den zur Straße hin getrennten Fassaden eine Verbindung zwischen beiden Häusern.

Zu jener Zeit war die Bibliothek lediglich einem kleinen Kreis von Kollegen und Kunstexperten zugänglich. Aby stellte 1908 Dr. P. Hübner als ersten Forschungsassistenten ein. Im Jahr darauf wirkte er bei der Organisation des Internationalen Kunsthistorikerkongresses in München mit und gewann allmählich Anerkennung in der Kunstwelt. Trotz der langen und enttäuschenden Jahre, in denen niemand von ihm Kenntnis genommen hatte, blieb er von unerschütterlicher Zuversicht und sagte 1909 einem seiner Schüler, die Bibliothek sei »eine neue Methode der Kulturwissenschaft, deren Basis das ›gelesene‹ Bildwerk ist.«[27] Damit wollte Aby ausdrücken, daß es ihm darauf ankam, zum symbolischen Gehalt von Bildern vorzudringen; ihm lag nichts daran, lediglich die Schönheit ihrer Oberfläche zu untersuchen.

Er wußte wohl, daß er sich als jüdischer Kunstgelehrter in einer zwiespältigen Situation befand, und betrachtete sich selbst als einen Futuristen, der zwischen den Stühlen des Zionismus und des assimilierten Judentums saß.[28] Bei seiner Arbeit war er oft auf die Genehmigung des Vatikans und anderer kirchlicher Stellen angewiesen, da er Kunstwerke an Ort und Stelle in Augenschein nehmen mußte. Er bewegte sich in einer Sphäre des deutschen Lebens, die besonders stark von antisemitischen Strömungen geprägt war. Manche der von ihm bewunderten Gelehrten –

unter ihnen auch der bedeutende Schweizer Historiker Jacob Burckhardt – standen Juden mit unverhüllter Feindseligkeit gegenüber. Dennoch drückte Aby 1909 sein Bedauern aus, nicht Burckhardts Nachlaß verwalten zu können, und klagte: »Dort bin ich aber als Jude... gar nicht in Betracht gekommen.«[29] Die Emanzipation hatte ihn als freien Menschen in eine Welt voll reaktionärer Antisemiten entlassen, die das Judentum als etwas Absonderliches und Rückständiges betrachteten. Seine Entscheidung, in einer solchen Welt gegen die anderen anzutreten, entsprang einer Mischung aus Mut und Neugier.

Abys Hang, sich seines Judentums zu schämen, konnte sich mitunter bis zum Selbsthaß steigern. Die Art und Weise, wie Hamburger Juden ihren Wohlstand zur Schau stellten, erfüllte ihn, so der Historiker Hans Liebeschütz, mit einer Abneigung, die er niemals überwinden konnte. Aufwendige Kunstbände waren ihm ein Greuel und ein Ausdruck der Dekadenz. Eine Hauptursache für den Antisemitismus des 19. Jahrhunderts war der fehlgeleitete Idealismus, der den Verlust der einfachen ländlichen Vergangenheit aus der Zeit vor dem Kapitalismus beklagte. Abys Haß auf den in seiner eigenen Familientradition herrschenden Materialismus machte ihn dem Feind insgeheim in quälender Weise ähnlich – dies war gewiß eine der Spannungen, die seine Seele zu zerreißen drohten.

Abys Einstellung zur organisierten Religion verhärtete sich im Laufe der Zeit immer mehr. Er war nicht bereit, zu einer Bar Mizwa oder zu einer kirchlichen Trauung zu gehen, die er beide als Auswüchse des Aberglaubens abtat. In seiner Bibliothek befand sich eine umfangreiche Abteilung mit Werken der talmudischen Literatur, die er jedoch lediglich benutzte, um rätselhafte Hinweise auf die Bibel zu entschlüsseln. Einen Fragebogen der Jüdischen Gemeinde Hamburg schickte er 1908 unausgefüllt mit dem Vermerk zurück: »Ich stehe in keiner wie auch immer gearteten Beziehung zur Jüdischen Gemeinde, weder als Mitglied noch als Objekt, hingegen habe ich mich ausdrücklich von ihr gelöst und bin als Andersdenkender anzusehen.«[30]

Obgleich er sich selbst als Freidenker einstufte, galt er der nichtjüdischen Welt als Jude. Wie viele andere seiner deutschen Glaubensgenossen verfolgte ihn die Religion, der er zu entkommen versuchte, wie ein Schatten. Mit der ihm eigenen Prophetengabe und Feinfühligkeit in Fragen des Zeitgeistes spürte er die antisemitischen Unterströmungen jener Zeit und gab sich nicht so leicht Täuschungen hin wie Max. Ebenso wie andere jüdische Intellektuelle war auch er von der Affäre Dreyfus schockiert; er studierte den Vorgang genau und sagte einmal zu seiner Mutter, kein Krieg und keine Epidemie könne einem Volk so großen Schaden zufügen wie die Herrschaft des Pöbels.[31] Im Jahr 1900 wurde in einer nahe Danzig gelegenen Stadt erneut der aus dem Mittelalter bekannte Vorwurf des Ritualmordes gegen die Juden erhoben. Sichtlich empört versuchte Aby einen Artikel über seine eigene assimilierte Generation zu schreiben, den er jedoch nicht abschließen konnte.

Je stärker sich Aby von seiner jüdischen Herkunft entfernte, desto mehr strebte Moritz zu Gott hin. Während die Mutter ihre Erinnerungen verfaßte, widmete sich der Vater voll und ganz jüdischen Angelegenheiten. Als Leiter der jüdischen Gemeinde konnte er mitunter in einer unverhohlen herrscherlichen Weise auftreten. Obwohl zu keiner Zeit Zionist, sprach er sich für die Entwicklung Palästinas aus und stand an der Spitze der Palästina-Handelsgesellschaft. Just im Jahr 1907, als Moritz dessen Sitzungen leitete, machte dieses Unternehmen Verluste. Dessenungeachtet setzten sich eifrige Zionisten für die Fortführung der Arbeit ein; Moritz aber verfolgte andere Pläne. Er ließ die Zionisten eine Stunde lang reden und Einwände vorbringen. Dann erhob er sich, wie sich einer der Teilnehmer erinnerte, und erklärte: »›Die Versammlung beschließt, daß die Gesellschaft liquidiert wird.‹ Allgemeines Erstaunen. Wieso? Der alte Warburg hatte im stillen die Mehrheit der Aktien aufgekauft und konnte jeden Beschluß fassen, der ihm paßte.«[32]

Jahrelang saß Moritz im Vorstand des jüdischen Waisenhauses für Knaben und unterstützte das Israelitische Krankenhaus, damit es ein Pflegeheim bauen konnte. An seinem siebzigsten Geburtstag stiftete er 1908 zusammen mit seinen Söhnen der Talmud-Thora-Schule ein neues Gebäude, das hundertfünfundsiebzigtausend Mark kostete. Doch als Max' jüngste Tochter Gisela diese Schule besuchen wollte, ließ ihr Vater das nicht zu, weil ihn die Aussicht beunruhigte, sie könne versuchen, die ganze Familie zur jüdischen Orthodoxie zu bekehren.[33] Aby wiederum, der das Geld lieber für seine Bibliothek verwendet gesehen hätte, schrieb Felix einen Brief, in dem er den Bruder heftig kritisierte und darauf hinwies, man müsse »den Mut haben, mal etwas Spekulatives auch in geistiger Beziehung zu tun, das ist das größte Privilegium des privaten Kaufmanns«.[34]

Am 29. Januar 1910, wenige Stunden nachdem Aby ihm einen Krankenbesuch abgestattet hatte, verstarb Moritz friedlich im Schlaf. Max kandidierte zu jener Zeit gerade für die Bürgerschaft. Nachdem er am Abend eine Wahlkampfrede gehalten hatte, ging er erst in den frühen Morgenstunden zu Bett. Charlotte, die schon immer den Ehrgeiz ihrer Söhne rückhaltlos gefördert hatte, teilte ihm die traurige Nachricht am nächsten Morgen mit.

Beigesetzt wurde der reiche Bankier in einem einfachen Sarg aus unlackiertem Holz – unter Juden gilt dies als Ausdruck dafür, daß vor Gott alle Menschen gleich sind. Es schmerzte Charlotte und die Brüder, daß sich Aby, der weder an der Beisetzung noch am Trauergottesdienst teilnahm, nicht bereit fand, Kaddisch zu sagen. Als ihn Max und Charlotte um ein kleines Zeichen der Pietät baten, wie es einem Sohn ziemte, zeigte er sich unerbittlich: »Schließlich bin ich in den Augen anderer ein unzuverlässiger Kunde, in meinen eigenen aber ein Gegner kirchlicher Grundschulen, wie die Talmud-Thora-Schule eine ist. Vor allem aber bin ich durch meine Mischehe und als Vater keiner Glaubensgemeinschaft angehörender Kinder, die ich nie zum Judentum führen werde, ein ›Cherem‹ [Gebannter]... Kaddisch sagen ist Aufgabe des ältesten Sohnes: es bedeutet nicht nur einen äußerlichen Akt, sondern weist in einem solchen öffentlichen Gedenkgottesdienst auch darauf hin, daß er das moralische Erbe des Vaters antritt. Ich will mich solch öffentlich geäußerter Heuchelei nicht schuldig machen. Niemand hat ein Recht, das von mir zu verlangen.« Er erklärte, Max habe schon vor langer Zeit zu seiner »ungetrübten und dankbaren Zufriedenheit« die Aufgaben übernommen, die im Judentum dem Erstgeborenen zufallen.[35] In seinem Tagebuch setzte Aby voll Bitterkeit die Religion mit dem Aberglauben gleich.[36] Damit die Familie nicht das Gesicht verlor, erklärte er sich aber dann doch bereit, sich am Tage der Beerdigung außerhalb der Stadt aufzuhalten oder Krankheit vorzutäuschen.[37]

In seiner Bibliothek trat er ebenso als unumschränkter Herrscher auf wie Max in seiner Bank und maßte sich das Recht an, in die Privatangelegenheiten seiner Mitarbeiter einzugreifen. In dem Jahr, als sein Vater starb, stellte er einen Helfer namens Wilhelm Waetzold ein und erfuhr anschließend zu seinem Ärger, daß der junge Mann gerade geheiratet hatte. Einen späteren Adepten, Carl Georg Heise, forderte er auf, ihm ein Bild seiner Frau mitzubringen, das er einen Monat lang in der Bibliothek offen hinstellte. »Ich muß mit ihr bekannt werden«, erklärte er dem erstaunten Mann.[38] Einmal kam eine Frau zu ihm, die an seinem Kunstseminar teilnehmen wollte. Eine Viertelstunde lang schritt er schweigend auf und ab und fragte sie dann, seiner telepathischen Eingebung folgend, unvermittelt: »Und was war Ihr geschiedener Mann?« Verblüfft gab sie zu, daß sie in der Tat geschieden war.[39]

Zwar blieb Waetzold nicht lange, doch führte er Aby 1911 einen zwanzigjährigen österreichischen Studenten namens Fritz Saxl zu, der des Meisters Interesse an der Astrologie teilte. Bei einem Besuch der Hamburger Kunsthalle kam Saxl in die Bibliothek und merkte erstaunt, daß ihn der anspruchsvolle und akribisch genaue Warburg kollegial als Wissenschaftler und nicht als unbedeutenden jungen Mann behandelte. Dennoch wurde aus ihrer gemeinsamen Tätigkeit bei weitem keine Beziehung von gleich zu gleich. Kaum begann Saxl von seiner Arbeit zu reden, wischte Aby dies beiseite und breitete seine eigenen Ansichten aus. Saxl saß wie verzaubert da und lauschte gebannt der Fülle präzise formulierter Vorstellungen, die Aby in einem Redeschwall von sich gab. Nachdem er in Wien seine Dissertation über Rembrandt vorgelegt hatte, kehrte er 1913 zurück, um als Abys Assistent tätig zu werden.

Ihm war klar, daß die Zusammenarbeit mit Aby eine zwar lohnende, aber auch undankbare Aufgabe sein würde. Im Spiegel der Bibliothek brach sich Abys Geist, seine ganze Wunderlichkeit und Besessenheit. Wie einer seiner Schüler sagte, saß er darin wie die Spinne im Netz.[40] Bei

Saxls erstem Besuch enthielt sie fünfzehntausend Bände, die meisten davon in deutscher oder italienischer Sprache. Sie umfaßte neben Abteilungen für Alchimie und okkulte Zahlenkunde auch Kurs-, Telefon- und Lotteriebücher sowie alte Almanache. Jahr für Jahr wuchs dieses bunte und verrückte Sammelsurium in schwindelerregendem Tempo um rund sechshundert Titel.

Die Anordnung der Bücher gehorchte keinem der üblichen Systeme, sondern war vielmehr eine Projektion der Theorien ihres Schöpfers. Sie stellte greifbare Bindeglieder in dessen Gedankenketten her und diente der Absicht, unerwartete Verbindungen aufzuzeigen. Während sich seine Gedanken entwickelten, nahm er gern Bücher zur Hand, dachte über sie nach und ordnete sie um. Er war ein Vorkämpfer der interdisziplinären Forschung und hatte für die »Grenzpolizei«, die Gegenstände wissenschaftlichen Forschens in hermetisch voneinander getrennten Schubladen aufbewahrte, nichts weiter als Spott übrig. Im selben Maß wie er Kunsthistoriker war, war er zugleich Völkerkundler, Sozialwissenschaftler und Psychologe.

Vom Schreibtisch aus konnte er den Garten hinter dem Haus und den Alsterkanal sehen. Nur selten ging er spazieren, meist wanderte er in einem inneren Labyrinth arkaner Symbole und Mythen umher. Oft blieb er ganze Nächte auf, ging Buchhandelskataloge durch und notierte die Titel der zu beschaffenden Bücher auf Karteikarten. Diese allein beanspruchten schließlich achtzig Kästen, und ihre Anordnung verfolgte Aby mit der ihm eigenen Besessenheit. Saxl erinnerte sich: »Oft sah man Warburg müde und bekümmert über seine Karteikästen gebeugt, einen Stoß Stichwortkarten in der Hand und bemüht, für jede den bestmöglichen Platz innerhalb des Systems zu finden; es schien eine solche Kraftverschwendung, und man bedauerte das.«[41]

Die Besucher von Abys Vorlesungen konnten miterleben, wie gewandt und lebhaft sich der sonst so gesetzt wirkende kleine Mann in Szene zu setzen verstand. An einer Zigarre saugend schritt er auf und ab, trank von Zeit zu Zeit einen Schluck Tee und trug unermüdlich vor, bis ihm der Schweiß auf die Stirn trat. Seine Art, etwas mit seinem Zeigefinger besonders hervorzuheben oder bei ungenauen Fragen außer sich zu geraten, hinterließ einen streitbaren und gebieterischen Eindruck. Trotz seiner tiefen persönlichen Anteilnahme war er stets darauf bedacht, einen pädagogischen Abstand zu seinen Studenten zu wahren. In einem der vielen Regale standen ausschließlich Bücher, von denen er annahm, daß sie den Geist junger Menschen verderben könnten – sein Giftschrank. Auf die Frage, warum er diese Bücher nicht einfach aus seiner Bibliothek ausschließe, erklärte er, man müsse den Teufel vor sich haben, um ihn mit den eigenen Waffen bekämpfen zu können.[42]

Abys Karriere entwickelte sich vor dem Ersten Weltkrieg immer besser, und Schritt für Schritt kam er aus seinem Schneckenhaus hervor. Anerkennung freute ihn aufrichtig, wenn auch nur für kurze Zeit. Nachdem er lange für sich allein gearbeitet hatte, genoß er mehrere spektakuläre Triumphe bei Vorlesungen. Zu seinem ersten großen Durchbruch kam es 1910 während einer Italienreise mit seinem Schüler Carl Georg Heise. In Venedig waren sie im *Danieli* abgestiegen, und da Aby verlangte, daß Heise den rot eingebundenen Baedeker im Hotel ließ, damit man sie nicht für Touristen hielt, mußte Heise dessen Inhalt auswendig lernen. Im Palazzo Schifanoia in Ferrara studierte Aby eingehend Fresken, vor deren rätselhafter Symbolik die Gelehrtenwelt kapituliert hatte. Auf einem Gerüst stehend, betrachtete er sie mehrere Stunden lang genau, während Heise unten wartete. »Wer ihn beobachtete, hätte ihn eher für einen Detektiv als für einen Kunstfreund gehalten«[43], schrieb Heise später. Als er einmal einen Augenblick lang aus dem Fenster sah, geriet Aby über diese unverzeihliche Unaufmerksamkeit in Zorn und schalt ihn heftig.

Seine in Ferrara geleistete Detektivarbeit stellte Aby 1912 bei einem kunsthistorischen Kongreß in Rom vor, an dessen Vorbereitung er mitgewirkt hatte. Er sagte zutreffend voraus, daß es sich dabei auf lange Zeit um die letzte derartige Zusammenkunft von Wissenschaftlern handelte. Daß er noch am Vorabend der drohenden Verfinsterung eine helle Spur am Himmel der Gelehrsamkeit hinterließ, war mehr als passend. Er war nicht bereit, den ihm angetragenen Vorsitz des Kongresses zu übernehmen, und gab als Begründung an, ein Jude »dürfe nicht Präsident einer Weltorganisation sein, das sei geeignet, die Sache zu diskreditieren«.[44]

Aby entschlüsselte den geheimen Sinn hinter den Fresken im Palazzo Schifanoia, indem er die darauf befindlichen Symbole in Beziehung zum Horoskop des Auftraggebers setzte. Sein Vortrag war ein glänzendes Schauspiel der Gelehrsamkeit und zugleich beredtes Zeugnis seiner Kennerschaft der Astrologie von Ägypten bis Indien. Außerdem lieferte er mit diesem Vortrag eine Rechtfertigung für seine detailversessene Art, an die Dinge heranzugehen, und zeigte, daß Kunstwerke häufig einen reichen Schatz vergessenen Wissens enthalten, das sich nur demjenigen eröffnet, der tief in die Epoche eintaucht. Es war ihm nur gelungen, die verborgene Botschaft der Fresken zu entschlüsseln, weil er den Blick über die üblichen Grenzen der Kunstbetrachtung hinaus gerichtet hatte. Mit diesem Referat, das er in Rom hielt und von dem er gebundene Exemplare an Paul und Felix schickte, begründete er eine neue Schule der Kunstbetrachtung. Doch dauernde Befriedigung verschaffte ihm dieser Durchbruch nicht, und er empfand seine untergeordnete Stellung in Hamburgs Kaufmannswelt nur um so stärker. »Wie schwer es ist, seine eigene Nutzlosigkeit im Dämmer Hamburgs zu ertragen«, schrieb er nach dem Kongreß.[45] Er erkannte, daß man dort seinen Beitrag zur Kultur der Stadt geringschätzte. Doch da er sich der Interessengemeinschaft für die Gründung einer Universität angeschlossen hatte, mußte er bleiben. So lehnte er in jenem Jahr einen Ruf auf einen Lehrstuhl der Universität Halle ab. Im

Februar 1912 ernannte ihn der Hamburger Senat in Würdigung seiner Leistungen zum Honorarprofessor, und für den Augenblick fühlte er sich glücklich und bestätigt.

Inzwischen war Aby fünfundvierzig Jahre alt, und es bestand keine Aussicht, der finanziellen Abhängigkeit zu entrinnen, die ihn an den guten Willen seiner Brüder fesselte. Wenn Paul und Felix zu Besuch kamen, legte er ihnen seine Arbeit in Privatvorträgen dar. Aus brüderlicher Liebe, nicht etwa aus Familienstolz, betrachteten sie Abys Hang zur Perfektion mit Nachsicht, und möglicherweise bestärkte ihn ihre Großzügigkeit noch in seinem autokratischen Wesen. Die Buchkäufe nahmen ein immer größeres Ausmaß an, die Forderungen an die Brüder wurden immer maßloser und schwankten zwischen einer entschiedenen Beteuerung seiner herausragenden Bedeutung und Bettelei. Der bedauerliche Umstand seiner finanziellen Abhängigkeit hielt ihn lebenslänglich im Stadium eines Heranwachsenden.

Immer mehr nahm Abys Übellaunigkeit im Umgang mit Menschen zu. Jeder, der den Eingang eines ihm gesandten Buches nicht bestätigte oder auf einen Brief nicht sogleich antwortete, bekam seinen Unmut zu spüren. Häufig rügte er Buchhändler, die ihn schlecht bedienten, und drohte, seinen Bedarf künftig bei anderen zu decken. Der verzogene und brillante Kopf rüffelte sogar die Hamburger Schulbehörde wegen des Gestanks in den Toiletten im Erdgeschoß der Stadtbibliothek. Zwar konnte Aby auf eine kleine Gruppe ihm ergebener Freunde zählen, die er hochschätzte, doch mit seiner Heimatstadt haderte er oft. Als Hugo Vogel für den Bankettsaal des Rathauses drei Wandbilder malte, auf denen die Geschichte des Hamburger Handels verherrlicht werden sollte, attackierte Aby die Gemälde aufs schärfste.

Unmittelbar vor dem Ersten Weltkrieg fungierte er als Sonderberater der HAPAG, eine Aufgabe, die ihm sein Bruder Max verschafft hatte. Er rümpfte die Nase über alles, was auf den Schiffen als Schmuck angebracht war, weil er es für protzig hielt, und er drückte seine Hoffnung aus, die Reederei werde begabten zeitgenössischen Künstlern Aufträge für eine geschmackvollere Ausschmückung erteilen. Trotz seiner Spezialisierung auf die Renaissance förderte er moderne Künstler. Vor allem bewunderte er die Malerei des Expressionismus und besaß sogar ein Franz-Marc-Gemälde mit bunten Pferden. Gern dachte er sich unsinnige Geschichten aus, um Besuchern die kräftigen Farben zu erklären.

Im Juni 1912 erfuhr Aby, daß die HAPAG plante, neben der Haupttreppe des neuen Ozeanriesen *Imperator*, der das größte Passagierschiff der Welt sein würde, ein großes Porträt des Kaisers in Generalsuniform aufzuhängen. Aby hielt indessen eine kaiserliche Gewandung für angemessener, und zudem störten ihn die kitschigen kolorierten Fotos und billigen Drucke in den Salons und Gängen des Schiffes. Albert Ballin gestattete ihm, die beiden Maler Kayser und Bruck mit der Ausmalung des Speisesaals der *Imperator* zu beauftragen. Das Ergebnis aber mißfiel ihm so sehr, daß er die Bilder entfernen ließ. Aby fühlte sich den Künstlern gegenüber gedemütigt und bat um eine Gelegenheit, seinen Standpunkt gegen Ballins Entscheidung vortragen zu dürfen. Er bekam sie und wurde von Ballin sogar großzügigerweise zu einer Erprobungsfahrt der *Imperator* eingeladen; das aber lehnte Aby unter Hinweis auf seinen Heuschnupfen ab. Damit waren seine Dienste bei der HAPAG beendet. Möglicherweise ist dieser Zwist der Grund für Abys negative Äußerungen zu Ballins despotischer Herrschaft über sein Reederei-Imperium. Er glaubte, Ballin brauche die berauschende Stimulation von Macht und Eleganz, wollte aber nicht, daß sich Max von seinem Mentor gleichfalls verlocken ließ. »Du bist doch nur ein Teil in seinem Gefolge, das z. T. aus Menschen besteht, die nichts taugen, und die er doch nicht missen mag...«[46]

Aby, der noch so unbedeutende Hinweise mit geradezu seherischer Begabung aufnahm, wurde immer unruhiger, je näher der Kriegsausbruch rückte. Während er auf Fotos früherer Jahre einen niedergeschlagenen und schwermütigen Eindruck macht, blickt er um das Jahr 1912 zornig, ruhelos und erregt in die Kamera. Nach einem Vortrag , den er gegen Ende dieses Jahres in Göttingen hielt, fühlte er sich erschöpft und kleinmütig. Bei der Mutter beklagte er sich über seine Einsamkeit, seinem Bruder Fritz schrieb er, wie sehr es ihn bedrücke, in die »Philisterstammtischkneipe«[47] zurückzukehren. Immer häufiger suchte er das Sanatorium Waldpark in Baden-Baden auf. Kuren waren damals bei den Reichen in Mode; man reiste in mondäne Bäder, um Heilwasser zu trinken, zu fasten und in herrlicher Natur Spaziergänge zu unternehmen. Mit Blick auf seine Entwicklung aber läßt sich in diesen wiederholten Kuraufenthalten unschwer ein Fingerzeig auf das Kommende sehen. Mit Ausbruch des Krieges sollten alle Dämonen, die bis dahin in der Tiefe seiner Seele tanzten, mit einem Mal zum Vorschein kommen.

10

Der scheue Krieger

Paul schien mit seinem bescheidenen und zurückhaltenden Auftreten, seiner Umgänglichkeit und den altmodischen, nahezu prüden Moralvorstellungen, von allen Brüdern am wenigsten für einen langen, stürmischen Kampf im Schmelztiegel der amerikanischen Politik geeignet. Washington machte auf ihn einen noch verruchteren und gewissenloseren Eindruck als die Wall Street, und die lautstarke Kameraderie, die einer politischen Karriere den Weg bahnt, vertrug sich nicht mit seinem stillen, gelehrtenhaften, nahezu gehemmten Verhalten. Er lächelte, aber er lachte selten laut; nur ein kleiner Kreis von Vertrauten kannte seinen wachen Verstand und seine Gefühle. Sein Sohn sagte einmal: »Alle liebten ihn, aber nur wenige kannten ihn wirklich.«[1]

Er besaß andere, nicht minder wertvolle Eigenschaften für den Kampf. Mit stiller Beharrlichkeit setzte er sich für seine Überzeugungen ein, und wenn er sprach, hatte sein Wort Gewicht. Der Journalist George F. Redmond sagte einmal über ihn: »Paul Warburg ist das Produkt ganzer Generationen liebenswürdiger Menschen, aber wenn er im Recht ist, dann ist es etwa so schwierig, ihn von seinem Standpunkt abzubringen, wie es für eine Mücke schwierig ist, das Woolworth-Gebäude zum Einsturz zu bringen.«[2]

Paul war sehr daran gelegen, wieder von der Wall Street wegzukommen. Die Möglichkeit, viel Geld zu verdienen, bedeutete ihm nichts, und da er bei Kuhn, Loeb bereits ein Vermögen gemacht hatte, war er auch nicht darauf angewiesen. Die eigentlichen Herausforderungen für seine stoische Natur lagen vielmehr im Engagement für das öffentliche Wohl und in der Sorge für seine reizende behinderte Ehefrau. Keinem anderen von Charlotte Warburgs Kindern war das Gebot der Pflichterfüllung und der Aufopferung so sehr in Fleisch und Blut übergegangen wie ihm. Sein persönlicher Wahlspruch lautete: *In serviendo consumor* – Ich verzehre mich, indem ich diene.[3]

Am Ende des Kreuzzugs, den der zurückhaltende Paul für die Gründung einer amerikanischen Zentralbank führte, sollte ein gleichermaßen persönlicher wie politischer Triumph stehen. Die Zeitschrift *The Century* schrieb damals: »Paul M. Warburg dürfte der sanftmütigste Mann sein, der je eine Revolution in die Wege geleitet hat... Er trat mit nichts anderem als einer Idee an und hat den Sieg davongetragen. Das ist das Verblüffende. Bei aller Zurückhaltung und Feinfühligkeit ist es ihm gelungen, ein Volk von hundert Millionen Menschen von seiner Auffassung zu überzeugen.«[4]

Er war mit der Funktionsweise der europäischer Zentralbanken, insbesondere der Reichsbank, bestens vertraut und wollte weniger neue Prinzipien ins Bankwesen einführen, als vielmehr die in Europa etablierten Praktiken übernehmen.[5] Ähnlich wie Max in Hamburg hätte auch Paul keinen günstigeren historischen Augenblick wählen können. Wieder einmal hatte ein Warburg Erfolg, weil er sich deutlich von allen anderen abhob. Als Jude in einer nichtjüdischen Welt und zugleich als deutscher Einwanderer in einem neuen Land besaß er wie kaum ein anderer die Voraussetzungen, bestimmte Mängel im Geldwesen Amerikas zu erkennen, die den dortigen Bankiers nicht aufgefallen waren.

Die konkrete Umsetzung seiner Reformen mag mitunter kompliziert gewesen sein, aber dem Grundsatz nach waren sie einfach. Es ging ihm um die Schaffung einer Zentralbank[6], die eine für das ganze Land geltende einheitliche Währung herausgab. Anstelle der durch Staatspapiere gestützten Banknoten favorisierte er eine auf Gold und Handelswechsel gegründete elastische Währung, bei der die Geldmenge parallel zum jeweiligen Konjunkturzyklus zu- und abnehmen kann. Bis zu diesem Zeitpunkt hatten die zweiundzwanzigtausend Banken des Landes im Falle einer Panik nach der Devise »Rette sich, wer kann« gehandelt. Weil sie nur an sich dachten und zu ihrem Schutz Reserven horteten, verstärkten sie die allgemeine Labilität des Bankwesens. Paul wußte, daß eine Zentralbank – gleich einer Feuerwehr, die in einem Löschteich Wasser sammelt – im Krisenfall imstande sein würde, verstreute Reserven zu mobilisieren.

Auch die sogenannte Diskontpolitik war in Amerika bis dahin unbekannt. Banken, die Schuldverschreibungen von Unternehmen annahmen, legten sie ins Portefeuille, statt sie in Form flüssiger Mittel auf den Markt zu bringen. Paul wollte eine Zentralbank schaffen, die Handelswechsel rediskontierte – das heißt, daß sie diese in Notfällen von örtlichen Banken übernahm und ihnen dafür flüssige Mittel zur Verfügung stellte, die sie den Hinterlegern auszahlen konnten. Außerdem wollte er eine dem System innewohnende Gefahr beseitigen, die darin bestand, daß Banken Einlagen mit kurzfristigen Darlehen und als Sicherheit hinterlegten Aktien absicherten. Kam es an der Börse zu einer Panik, stießen sie umgehend ihre Aktien ab, um ihre Gelder zu retten, was zu tiefgreifenden Einbrüchen an der Wall Street führte.

Heute mögen solche Vorstellungen eher vernünftig als strittig erscheinen, doch zu Anfang des 20. Jahrhunderts fürchteten hochverschuldete Landwirte und Populisten, eine von der Wall Street beherrschte Zentralbank werde den kleinen Mann mit hohen Zinsen erdrücken. So kam es, daß der zurückhaltende Paul Warburg in den Zeitungen, die den Lesern nach dem Munde schrieben, als Mitglied einer Bande von Raubrittern des Wirtschaftslebens, zu der auch Jacob Schiff und Edward H. Harriman gehörten, dargestellt wurde. Nach der Börsenpanik von 1907 galt jeder Bankier in der Öffentlichkeit als unfähiger Halunke und Schwindler. Daß ein Bankier im Interesse seiner Klienten auch Vorsicht walten ließ, vermochte sich niemand so recht vorzustellen. Zwar ließ sich Paul zu keiner Zeit als Handlanger der Wall Street benutzen – dazu war er zu unabhängig –, dennoch aber hielt man ihn für mitschuldig und warf ihm vor, mit seiner angeblichen Achtbarkeit den Finanzleuten ein Deckmäntelchen für ihre Raffgier zu liefern.

Wie Aby besaß der gleichfalls zu Depressionen neigende Paul die Gabe, künftige Ereignisse vorherzusehen. Besonders empfindliche Antennen besaß er für Bruchstellen in Gesellschaft und Politik. Mit ihrer Hilfe entdeckte er in der Fassade des wirtschaftlichen Lebens die feinen Risse, die auf einen späteren Zusammenbruch hinwiesen. Auch er betrachtete die Welt als gebrochen und erkannte Schwierigkeiten, die glücklicher Veranlagten möglicherweise verborgen blieben. Er warnte 1906 die Handelskammer: »Ich möchte nicht gern die Kassandra spielen, aber denken Sie an meine Worte: Wenn sich die Dinge nicht bald ändern, wird über dies Land eine Börsenpanik hereinbrechen, gegen die sich alle früheren als harmlos ausnehmen werden.«[7]

Eines Abends im Jahr 1907 lud Professor Edwin R. Seligman von der New Yorker Columbia University herausragende Wirtschaftsfachleute und Bankiers in sein Haus, um über mögliche Reformen zu debattieren. Paul erläuterte bei dieser Gelegenheit seine Vorstellungen und hinterließ einen tiefen Eindruck bei seinen Gesprächspartnern. »Sie sollten das niederschreiben«, sagte Seligman. »Das muß an die Öffentlichkeit.« »Unmöglich«, gab Paul zur Antwort, »ich kann nicht gut genug Englisch schreiben – jedenfalls nicht gut genug für eine Veröffentlichung.« »Das läßt sich arrangieren«, sagte Seligman. »Es ist Ihre Pflicht, dem Land Ihre Gedanken vorzutragen.«[8]

Es dauerte nicht lange, und der scheue Krieger wurde in die Schlacht verwickelt. Im Jahre 1907 erschütterte eine Panik New Yorks Großbanken, die ziemlich leichtsinnig spekuliert hatten, und die Anleger kamen in Scharen, um ihr Geld in Sicherheit zu bringen. Die Börse wurde kurzzeitig geschlossen, während Pierpont Morgan die Privatbankiers zu einer Rettungsaktion zusammentrommelte. Das Drama, das sich vor seinen Augen abspielte, bestätigte Pauls Befürchtung, daß amerikanische Bankiers im Krisenfall nicht geschlossen auftreten würden. Er regte den Zusammenschluß der staatlichen Abrechnungsstellen zu einer nationalen Institution an, doch da die wichtigsten Finanzzentren einander mißtrauten, waren sie nicht zur Zusammenarbeit bereit. Unverhofft tauchte nun James Stillman, Präsident der National City Bank, der vier Jahre zuvor Pauls Plan einer Zentralbank höhnisch abgetan hatte, vor dessen Schreibtisch auf und fragte: »Wo ist Ihr Aufsatz?« »Dafür ist es jetzt zu spät, Mr. Stillman«, gab Paul zur Antwort. »Was da zu tun ist, läßt sich nicht von heute auf morgen erledigen. Um das bestehende System zu reformieren, ist eine jahrelange Erziehungsarbeit nötig.«[9]

Von der *New York Times* um einen Beitrag zur Bankenreform gebeten, holte Paul den Aufsatz, den er schon bald nach seiner Ankunft in Amerika verfaßt hatte, aus der Schublade. Er erschien am 12. November 1907 unter dem Titel »Schwächen unseres Bankwesens und was dagegen zu tun ist«. Darin hob er hervor, daß das Land seine Reserven für Notfälle zentral zusammenfassen müsse. Mit einem Mal hatten komplexe technische Fragen große Bedeutung gewonnen. »Vermutlich wird die entsetzliche Panik, die wir in den letzten Wochen erlebt haben, der Öffentlichkeit besser vor Augen führen, wie unumgänglich eine Änderung unseres gegenwärtigen Banken- und Währungssystems ist, als alle Bemühungen, die man bisher unternommen hat, um das Volk auf die drohende Gefahr hinzuweisen«[10], erklärte Paul in seinem Artikel. Wie irrational und tief verwurzelt der Widerstand gegen Zentralbanken im Lande war, zeigt sich darin, daß Hurra-Patrioten seine Vorstellungen als »unamerikanisch« geißelten. Da diese Vorwürfe einem deutschstämmigen jüdischen Bankier galten, haftete ihnen ein übler Beigeschmack an.

Als Paul seine ersten zögernden Schritte auf dem Gebiet der Politik tat, war er nach wie vor Teilhaber bei M.M.Warburg und deutscher Staatsbürger. Weder sprach er besonders gut englisch, noch konnte er die Sprache idiomatisch richtig schreiben. Obgleich öffentliche Reden für den publikumsscheuen Mann eine Qual waren, ließ er sich nicht von seinem Vorhaben abbringen. Bald gewann er mit Senator Nelson W. Aldrich von Rhode Island einen mächtigen Verbündeten. Aldrich beherrschte die Republikanische Partei unumschränkt und verstand es meisterhaft, seinen politischen Einfluß im Hintergrund auszuüben. Dem ungleichen Paar sollte manches gelingen. Anfänglich stand Paul seinem neuen Mitstreiter eher skeptisch gegenüber und war bei ihrem ersten Zusammentreffen »voller Vorurteile und Mißtrauen«.[11] Im Laufe der Zeit aber gelangte er zu der Überzeugung, daß Aldrich in einer Bankenreform ein ernsthaftes politisches Ziel sah, auch wenn es eine ganze Weile dauerte, bis dieser von der Idee einer amerikanischen Zentralbank überzeugt werden konnte.

Im Dezember 1907 begegnete Paul ihm zum ersten Mal. Aldrich erkundigte sich bei Kuhn, Loeb, wie die Reichsbank bei der Ausgabe von Schatzwechseln verfahre. Da Schiff davon keine Kenntnis hatte, ließ er Paul kommen. Als Aldrich das Büro verließ, sagte Paul voll Begeisterung: »Da geht sie, die von der Nationalbank gestützte Währung, und die Reform des Währungssystems.«[12] Er fragte Schiff, ob er Aldrich schreiben und ihm erklären solle, welche Gefahren es mit sich bringe, wenn man zulasse, daß nationale Banken eine Währung auf Staatspapiere stützten. Schiff, der befürchtete, daß Aldrich sich unter Druck gesetzt fühlen könnte, sagte: »Wenn du das tust, sieht er dich nie wieder an.«[13] Dessenungeachtet übermittelte Paul an Silvester, während sich andere Menschen auf die Neujahrsfeier vorbereiteten, Aldrich seinen Vorschlag zur Schaffung einer Einheitswährung. Darin führte er auch den Nachweis, daß das

Bemühen der Banken, möglichst große Reserven zu horten, die Schwierigkeiten im Krisenfall noch verstärkte.

Zu Beginn des Jahres 1908 hielt er Vorträge darüber, wie die Panik hätte vermieden werden können. Zu jener Zeit waren die Reichsbank, die *Banque de France* und die Bank von England regierungsunabhängige Institutionen, und gerade dieser quasi private Status beunruhigte die Amerikaner. Obwohl Paul eine starke Zentralbank befürwortete, war ihm klar, daß man deren Vollmachten aufgrund des Drucks der Öffentlichkeit beschneiden müßte, falls es in Amerika zur Gründung einer vergleichbaren Einrichtung kommen sollte.

Als der Kongreß am 30. Mai 1908 die Währungsvorlage Aldrichs und Vreelands verabschiedete, geriet Paul unversehens in die Wirren der amerikanischen Politik: Die Vorlage verlangte die Einrichtung eines nationalen Währungsausschusses zur Bewertung ausländischer Bankensysteme, der dem Kongreß einen Bericht vorlegen sollte und als dessen Vorsitzender Senator Nelson Aldrich in Betracht gezogen wurde. Da dieser aber nicht über die erforderlichen Detailkenntnisse im Bankwesen verfügte, stützte er sich weitgehend auf Pauls Fachwissen.

Als Aldrich und weitere Ausschußmitglieder im Sommer nach Europa reisten, gab Schiff ihnen Empfehlungsschreiben mit, die ihnen in Berlin (und später in Tokio) die Türen öffnen sollten. Aldrich veranstaltete Anhörungen vor dem Metropolitan Club und bat Paul, sich den Fragen zu stellen. Anschließend bat er ihn zu einem Gespräch unter vier Augen. Paul wußte nicht, wie ihm geschah, als er merkte, daß Aldrich nicht nur seine Aufsätze gelesen hatte, sondern jetzt auch mit Nachdruck die Einrichtung einer Zentralbank befürwortete. »Mr. Warburg«, sagte er, »Ihre Vorstellungen gefallen mir. Nur eins stört mich daran.« Was das sei, wollte Paul wissen. »Sie sind viel zu zurückhaltend.« Paul war verblüfft: er hatte angenommen, er sei voller Kühnheit auf einem Gebiet vorgeprescht, auf dem Schwächere vor ihm bereits gekuscht hatten. »Ja«, sagte Aldrich, »und Sie sagen, daß wir keine Zentralbank bekommen werden. Ich sage, wir werden doch eine bekommen.« Paul wußte sich vor Freude nicht zu fassen und verließ den Metropolitan Club »wie auf Wolken«.[14] Man weiß nicht, ob Aldrich Pauls Staatsbürgerschaft als mögliches politisches Hindernis angesprochen hat, jedenfalls beantragte dieser einen Monat später unvermittelt seine Einbürgerung. Fortan war er ein enger Berater des Senators.

Aus politischen Gründen sprach er sich gegen eine starke einheitliche Zentralbank für die Vereinigten Staaten aus und regte statt dessen eine vergleichbare Institution mit Zweigstellen an, in der Annahme, daß dieser Vorschlag mehr Zustimmung finden werde. Ein weiterer Reformer, Victor Morawetz, der Pauls Bedenken teilte, entwickelte einen Plan, der etwas Ähnliches wie Landeszentralbanken vorsah. Diesen Vorschlag befürwortete Paul unter der Voraussetzung, daß dabei ein zentraler Mechanismus zur Koordinierung des Vorgehens in Notfällen geschaffen wurde.

Im November 1910 schließlich berieten Aldrich, Paul und vier weitere Fachleute auf der Jekyll-Insel vor der Küste des Staates Georgia in aller Abgeschiedenheit über die Bankenreform. Da inzwischen die Demokratische Partei im Besitz der Kongreßmehrheit war und die Fortschrittlichen die Politik der Wall Street scharf attackierten, mußten die Bankiers inkognito reisen, wollten sie nicht dem Vorwurf ausgesetzt sein, insgeheim Ränke zu schmieden. Die Jekyll-Insel war bei den Mächtigen der Wall Street ein beliebter Ferienaufenthalt, aber im November ein völlig verlassener Ort und daher für heimliche Zusammenkünfte wie geschaffen.

Als Entenjäger getarnt bestiegen Paul und seine Mitverschwörer in Jersey City einen eigens reservierten Eisenbahnwaggon. Paul, der noch nie im Leben auf die Jagd gegangen war, mußte sich eine Flinte borgen, um bei der Maskerade glaubwürdig zu wirken. Die Männer reisten bei Nacht, die Abteiljalousien waren heruntergezogen, und sie redeten einander ausschließlich mit Vornamen an. (Daher sprach man später vom »Vornamenklub«.) Als sie in Brunswick den Zug verließen, unterhielten sie sich betont laut über die Jagd. Sie müssen schlechte Schauspieler gewesen sein, denn der Bahnhofsvorsteher erkannte sie sogleich und wies sie darauf hin, daß mißtrauische Zeitungsreporter in der Gegend herumgeschnüffelt hatten.

Lange bestritten die Verschwörer, daß ein solches Treffen stattgefunden hatte. Noch 1928 schrieb Paul, der sich nach wie vor an das Schweigegelöbnis hielt: »Obwohl achtzehn Jahre vergangen sind, fühle ich mich nicht berechtigt, eine Beschreibung dieser äußerst interessanten Besprechung zu liefern, denn Senator Aldrich hat allen Teilnehmern strenges Stillschweigen auferlegt.«[15]

Während der zehntägigen Verhandlungen auf der Jekyll-Insel hinterließ Paul mit seiner unaufdringlichen Art bei den übrigen fünf Teilnehmern einen nachhaltigen Eindruck. Wenn ihn eine Sache fesselte, war er von bemerkenswerter Beharrlichkeit, und mit einer gewissen Selbstironie bezeichnete er sich als einen »Fanatiker« der Bankreform. Aldrich wollte eine von Bankiers überwachte Zentralbank, Paul hingegen war bereit, sich der politischen Realität zu beugen und eine stärkere Überwachung durch die Öffentlichkeit in Erwägung zu ziehen. Aldrich mußte Pauls Eifer dämpfen, der es nicht abwarten konnte, einen Erziehungsfeldzug auf nationaler Ebene zu führen. Einmal führte Henry Davison von der Morgan Bank ihn nach einem besonders gereizten Wortwechsel mit Aldrich sogar aus dem Raum, damit er sich beruhigen konnte.

Frank Vanderlip von der National City Bank hat diese arbeitsamen Tage einmal das anregendste geistige Erlebnis seines Lebens genannt.[16] Als Resümee jener Gespräche verkündete Aldrich im Januar 1911 den nach ihm benannten Plan. Paul vermutete, daß dieser durch die Namensgebung in der Öffentlichkeit den Eindruck erwecken wollte, es handle sich um eine Verschwörung zwischen Republikanern und Bankiers. Sogleich prangerte die populistische Presse Pauls Einfluß an. So verkündete eine Überschrift des *Philadelphia American*: »Nicht Aldrich steht hinter dem Währungsplan, sondern ein Bankier von der Wall Street.« In der Zeile darunter hieß es: »Wahrer Urheber des Plans zur Geldsteuerung kommt aus New York.«[17]

Der Begriff »Zentralbank« war politisch so belastet, daß der Aldrich-Plan von einer Bundesgesellschaft sprach, deren Aufsichtsrat unter dem Einfluß von Bankiers stehen und die, auf Goldreserven und Handelspapiere gestützt, Banknoten ausgeben sollte – ein deutlicher Sieg für Paul. Zugleich war eine Machtverteilung innerhalb des Systems vorgesehen, da regionale Banken unter verschiedenen Aufsichtsräten tätig werden sollten.

Als Neuling auf dem politischen Parkett sah sich Paul auf einmal in trügerischen Gewässern. Es war äußerst mutig, sich als Ausländer und noch dazu als Jude – zumal in Geldfragen – so weit vorzuwagen. Juden wurden geduldet, solange sie in ihren eigenen Banken tätig waren, doch da Paul die ihnen gezogene unsichtbare Grenzlinie überschritten hatte, wurde er zum Opfer von Schmähattacken. Daß er der Architekt des Aldrich-Plans war, überrascht weniger als der Umstand, daß er sich nachdrücklich in aller Öffentlichkeit für ihn einsetzte. Am 21. März 1911 wurde er gerade rechtzeitig amerikanischer Staatsbürger, um den Vorsitz einer neuen nationalen Bürgerliga zur Förderung eines gesunden Bankensystems übernehmen zu können. Da man vertuschen wollte, daß die Gruppe der Wall Street nahestand, richtete sie ihr Hauptquartier in Chicago ein und sprach sich für eine Reform des Geldwesens als solche, nicht aber für den Aldrich-Plan aus.

Inzwischen hatte das Mißtrauen gegenüber der Zunft der Bankiers einen Höhepunkt erreicht. Immer lauter erhoben sich Stimmen gegen die geballte Macht des Geldes an der Wall Street, die das amerikanische Finanzwesen angeblich manipulierte. Als Erzschurke galt J. Pierpont Morgan; doch auch Schiff und Kuhn, Loeb, die einzige bedeutende jüdische Bank auf der Liste, befanden sich unter den vermeintlichen Volksfeinden. Ängstlich schraken Politiker davor zurück, eine Reform zu unterstützen, die man mit diesen Buhmännern der populistischen Presse in Verbindung bringen konnte.

Im Januar 1912 schloß sich Paul einer Gruppe von zwanzig Bank- und Wirtschaftsfachleuten an, um Theodore Roosevelts Unterstützung zu gewinnen. Ihn beeindruckte, wie rasch der Präsident in die Materie eindrang. »Es war faszinierend zu sehen, wie er die Leute unterbrach und jeweils auf den entscheidenden Punkt zu sprechen kam. ... Nach vergleichsweise wenigen sondierenden Fragen schien er ein völlig klares Bild von dem zu haben, worum es ging.«[18] Als einer der Wirtschaftsfachleute bezweifelte, daß Amerika Männer von hinreichender Erfahrung besitze, um eine Zentralbank einzurichten, lehnte sich Roosevelt lachend zurück und sagte: »Warum vertrauen wir die Aufgabe nicht Mr. Warburg an? Er wäre der Finanzchef, ich wäre für die Politik zuständig, und wir könnten gemeinsam das Land leiten.«[19] Alle Anwesenden brachen gleichfalls in Gelächter aus. Dieses freundliche Intermezzo sollte sich jedoch rasch als irreführend erweisen, da Roosevelts Fortschrittspartei sich dem Aldrich-Plan widersetzte. Paul empfand Roosevelts Verhalten so sehr als Verrat, daß er, wie sein Sohn Paul erklärte, »*Teddy Roosevelt verabscheute*... mein Vater hielt ihn für *widerwärtig* – er traute ihm nicht über den Weg, er sah ihn als scheinheilig an.«[20] Seine Entrüstung wurde im weiteren Verlauf der Kampagne zu einer Art Dauerzustand. Da er in mancher Hinsicht ein naiver Idealist war, besaß er weder ein ausreichend dickes Fell noch den angeborenen Zynismus, um im gnadenlosen Geschäft der Politik bestehen zu können.

Als der Aldrich-Plan 1912 dem damals mehrheitlich demokratischen Kongreß vorgelegt wurde, fiel er mit Pauken und Trompeten durch. Dennoch blieb ein großer Teil von Pauls Gedanken im *Federal Reserve Act*, dem Bundesgesetz, mit dem das Zentralbanksystem 1913 begründet wurde, erhalten. Im Wahlkampf von 1912 ging Woodrow Wilson auf diese Problematik so gut wie gar nicht ein, doch wurde Paul nach dessen Wahl aufgefordert, einen mit dem Wahlprogramm der Demokratischen Partei vereinbaren Entwurf für eine Zentralbank vorzulegen. Am 7. Dezember 1912 händigte er Henry Morgenthau einen speziell auf die Vorstellungen jener Partei abgestimmten Plan aus, der zwanzig Landeszentralbanken unter der Ägide eines der Regierung unterstehenden Zentralausschusses in Washington vorsah. Als Wilson Ende Dezember mit Carter Glass, einem Kongreßabgeordneten und früheren Zeitungsherausgeber, im Staat Virginia zusammentraf, sprach er sich für einen Zentralbankrat aus, der ein aus regionalen Zentralbanken bestehendes System überwachen sollte. Der Plan kam Paul verdächtig bekannt vor, und so sagte er mit bitterem Humor: »Unmöglich konnte Präsident Wilson eine Schlußfolgerung entgangen sein, auf die so viele andere zwangsläufig gestoßen waren, die sich mit der Fragestellung beschäftigt hatten.«[21]

Im Januar 1913 sagte Paul vor dem Bankenausschuß des Repräsentantenhauses aus und kam dabei mit Carter Glass in Berührung, von dem er den Eindruck hatte, daß er sich gegen seine Pläne stellte, obwohl er ihnen eigentlich positiv gegenüberstand. Glass tat alles, um ins Rampenlicht zu gelangen, während Paul bescheiden im Hintergrund blieb. Ihm war klar, daß Glass' Aufgabe äußerst schwierig war, mußte er doch bei seinem Einsatz für eine Zentralbank einen Plan befürworten, der auf die Republikaner zurückging, ihn aber zugleich so hinstellen, daß ihn die auf Gleichmacherei erpichten Demokraten akzeptieren konnten. Außerdem mußte Glass aus politischen Gründen bestreiten, daß seine Gedanken weitgehend mit denen Pauls übereinstimmten. In seiner Aussage erklärte Paul, die Regierung müsse in der für Washington vorgesehenen Behörde eine Mehrheit stellen, die Banken indessen eine Minderheit. Glass und Wilson wollten hingegen, daß die Politiker über die Vergabe sämtlicher Positionen bestimmten. Letztlich ging das Hin und Her also nicht um den Mechanismus als solchen, sondern darum, wer ihn bedienen sollte. Glass sprach sich für zwölf bis fünfzehn unabhängige Regionalbanken aus und machte sich über Pauls Plan, der mehr auf den Gedanken einer zentralen Stelle ausgerichtet war, mit den Worten lustig: »Es sind Zentralbanken der Banken, von den Banken und für die Banken.«[22] Im Grund waren die Positionen der beiden Männer ähnlich gelagert, doch stellte Glass, der auf die Wählermassen schielte, seinen scheinbaren Gegenspieler Paul als Popanz hin, um im Vergleich zu ihm seine eigene Unbescholtenheit hervorheben zu können.

Ende Januar 1913 teilte er Präsident Wilson mit, man sei bei einer Zusammenkunft mit Bankiers einiger Kleinstädte im Westen zu dem Ergebnis gelangt, daß man »Mr. Warburgs Ziel, ›den Ausschuß zu einer Ablehnung des demokratischen Parteiprogramms zu verdonnern‹, nicht unterstützen könne.«[23] Der erste Entwurf dieses Zentralbank-Gesetzes sah mindestens fünfzehn Regionalbanken vor, zugleich aber auch einen Zentralbank-Ausschuß in Washington, dessen Mitglieder größtenteils von öffentlichen Organen benannt wurden. Wieder waren die Abweichungen von Pauls Plan eher unbedeutend und änderten kaum etwas an dessen Grundlinien.

Über Colonel House, den engsten Berater des Präsidenten, der Kontakte zur Wall Street hatte, wurde Paul am Entwurf des Zentralbank-Gesetzes beteiligt. Ende April gab der Präsident die erste Zusammenfassung von Glass' geheimer Gesetzesvorlage an Colonel House weiter, der sie Paul zu einer raschen Analyse vorlegte. Später erklärte Glass, Paul habe ihn feindselig behandelt, während dieser sich selbst als »wohlwollend kritisch« bezeichnete. Um zu verhindern, daß die vorgesehenen regionalen Zentralbanken allzu provinziellen Charakter annahmen, wollte Paul ihre Anzahl vermindern. House ließ Pauls namentlich nicht gekennzeichnete Stellungnahme in der Regierung umlaufen. Gegen Ende Mai fuhr Paul auf demselben Schiff wie House nach Europa und bekam von ihm verschiedene Gesetzesentwürfe vorgelegt. Nachdem Paul ihm seine Einschätzung mitgeteilt hatte, telegrafierte House zustimmend an Wilson. Um Senator Robert L. Owens, der den Vorsitz im Bankenausschuß des Senats hatte, sowie die Populisten milde zu stimmen, gab sich Wilson im Juni mit einem Gesetz zufrieden, das regionale Zentralbanken vorsah, die ein unter Aufsicht des Präsidenten stehender Zentralbankrat in Washington überwachte. Da alle sieben Ratsmitglieder vom Präsidenten ernannt werden sollten, befürchtete Paul, der Zentralbankrat werde »hoffnungslos politisch« sein.[24]

Obwohl man in Washington bereits über das Glass-Owen-Gesetz beriet, ließ sich Paul nicht davon abbringen, über die Sommermonate nach

Europa zu reisen. Mit Colonel House stand er in brieflicher Verbindung. Er war fest davon überzeugt, daß seine politischen Gegner seine Ideen plagiierten. »Ich bin seit siebenundzwanzig Jahren im internationalen Bankgeschäft tätig«, teilte er House mit, »ich habe das Evangelium der Reform gemäß dem jetzt angenommenen Entwurf zu einer Zeit gepredigt, als Mr. Owen und Glass noch nicht einmal das kleine Einmaleins des Bankgeschäfts gelernt hatten.«[25] In seinen späteren Jahren wurde Paul ständig von der Vorstellung verfolgt, daß ihm seine Rivalen den Ruhm streitig gemacht hatten.

Als er im Herbst nach Amerika zurückkehrte, traf er mehrfach mit Glass zusammen und besprach auf einer Bahnfahrt von Washington nach New York das vorgesehene Bankengesetz ausführlich mit Senator Owen. Was er über die Mängel des Gesetzes zu sagen hatte, klang gelegentlich melodramatisch. So beklagte er sich beispielsweise bei Sir Ernest Cassel, nachdem er im November mit mehreren Senatoren zusammengetroffen war: »Es kränkt mich zu sehen, mit welch selbstmörderischer Sturheit man immer wieder vernünftige Vorschläge beiseite gewischt hat.«[26] Solche Übertreibungen trugen dazu bei, von seiner grundsätzlichen Zustimmung zu der Maßnahme abzulenken, und wurden ihm später als Verschleppungstaktik ausgelegt.

Am 23. Dezember 1913 unterzeichnete Wilson das Bundesgesetz zur Einrichtung einer Zentralbank. Obwohl Paul befürchtete, daß die vorgesehene Mindestzahl von acht regionalen Zentralbanken das System schwächen und dem Gespött preisgeben werde, betrachtete er die Vorlage dennoch als einen sensationellen Triumph und schrieb: »Die Verabschiedung des Zentralbank-Gesetzes bedeutet eine beachtliche Errungenschaft, für welche die Demokratische Partei mit Recht das Verdienst beanspruchen kann.«[27] Es erbitterte ihn, daß Glass und andere Spätbekehrte pauschal die Bankiers als Gegner des Gesetzes hinstellten. In Wirklichkeit hatten gerade die Bankiers nach der großen Börsenpanik von 1907 sechs Jahre lang an Konzepten gearbeitet, die anschließend von Politikern der Demokratischen Partei in Gesetze gefaßt wurden. In einem kritischen Punkt allerdings hatten Pauls Gegner völlig recht: In der Frage der politischen Aufsicht hatte er eine kraß abweichende Auffassung vertreten, weil er fürchtete, das Weiße Haus werde das neue System zu seinem Erfüllungsgehilfen machen.

Zu guter Letzt einigte man sich auf den Kompromiß, einen siebenköpfigen Zentralbankrat einzusetzen. Ihm sollten neben dem Finanzminister und dem »Kontrolleur der Umlaufmittel« (d. i. der für die Überwachung der nationalen Banken zuständige hohe Beamte beim Schatzamt) fünf vom Präsidenten zu ernennende Mitglieder angehören, von denen mindestens zwei über Erfahrungen im Bankwesen verfügen mußten. Damit war der Weg für Pauls Berufung in den Rat bereitet.

Aufgrund der langen Vorbereitungszeit läßt sich heute nur noch schwer feststellen, wer welchen Anteil an der Verwirklichung des Zentralbanksystems hatte. Viele Zeitgenossen betrachteten Paul als seinen Urheber. So hieß es in der *New York Times*: »Tatsächlich hatte er größeren Anspruch auf diese Ehre als jeder andere Amerikaner«[28], und der Wirtschaftswissenschaftler Edwin R. A. Seligman von der Columbia University erklärte: »Man kann, ohne Widerspruch befürchten zu müssen, sagen, daß das Zentralbank-Gesetz in seinen Grundzügen mehr das Werk Mr. Warburgs als irgendeines anderen Mannes im Lande ist.«[29] Paul hatte außer dem Grundsatz, verstreute Reserven zu mobilisieren, auch die Politik des Rediskonts eingeführt. Gegen Ende der zwanziger Jahre verfaßte er eine ausführliche Darstellung der Geschichte der Zentralbank, in der er scharf mit Glass' Behauptung abrechnete, das Zentralbank-Gesetz weise keine Ähnlichkeit mit der Aldrich-Vorlage auf. Er verglich beide Gesetzestexte und zeigte, daß sie »überraschende Übereinstimmungen« zeigten.[30] Davon abgesehen, daß der Aldrich-Plan ein zentralisierteres System und eine stärkere Aufsicht durch Bankfachleute vorsah, war er unverkennbar ein Bruder des inzwischen eingeführten Zentralbanksystems, wenn auch nicht dessen eineiiger Zwilling.

Durch den Streit um die Urheberschaft an der Zentralbank sollte Paul noch in eine schreckliche Zwangslage geraten. Er, dem jegliche persönliche Zurschaustellung zuwider war, verabscheute besonders die Art und Weise, in der Bernard Baruch seinen Einfluß auf die Politik zelebrierte. Dennoch störte es sein Gerechtigkeitsgefühl erheblich, daß man ihm die Anerkennung versagte, die ihm seiner Ansicht nach zustand. Dazu äußerte sein Sohn: »Ein anderer hätte sich entweder durchgesetzt oder die Sache fallengelassen. Er war von ausgesprochen gerechtem und gemäßigtem Wesen und brachte so recht keins von beiden übers Herz.«[31] Statt dessen wurde sein Gemüt durch diese Angelegenheit vergiftet.

Vor der Verabschiedung des Zentralbank-Gesetzes suchte Paul den Abgeordneten Carter Glass im Washingtoner Hotel *Raleigh* auf. Bei der Begegnung, die freundschaftlich verlief, stellte ihm Glass aus heiterem Himmel die Frage, ob er bereit sei, einen Sitz im neugeschaffenen Zentralbankrat zu übernehmen. Paul erinnerte sich an diese Situation: »Ich sah die Frage mehr oder weniger als Witz oder bestenfalls als Kompliment an und sagte, ich sei nicht der Ansicht, daß der Präsident den Namen eines Mannes ins Gespräch bringen werde, der in Verbindung zu einer der führenden Firmen an der Wall Street stand.«[32] Paul blieb Zeit, sich an den Gedanken zu gewöhnen. Am Tag, an dem Wilson das Gesetz unterschrieb, schickte Paul einen Glückwunschbrief an Glass. Dieser kam erneut auf die Angelegenheit zu sprechen: »Ich erlaube mir, Ihnen vorzuschlagen, daß Sie sich die ziemlich persönliche Frage ernsthaft überlegen, die ich Ihnen stellte, als Sie mich im *Raleigh* besuchten.«[33] Paul sah voraus, in welche Zwickmühle ihn das bringen konnte: Möglicherweise würde er die Arbeit einer Zentralbank unterstützen müssen, auf deren Mängel er so beharrlich hingewiesen hatte. Als ihm der Präsident das Amt schriftlich anbot, nahm Paul seinen eigenen Worten nach »postwendend und ohne Vorbehalte« an.[34] Seine Ernennung besänftigte den Argwohn, den die Wall Street gegenüber der neuen Einrichtung hegte.

Allerdings mußte Paul nunmehr seine einträgliche Teilhaberschaft bei Kuhn, Loeb wie auch bei M. M. Warburg sowie die Posten im Aufsichtsrat der B & O Railroad, Westinghouse Electric und Wells Fargo Express aufgeben und sich mit einem festen Gehalt von zwölftausend Dollar begnügen, nachdem er zuvor ein geschätztes Jahreseinkommen von etwa einer halben Million Dollar erzielt hatte. Angesichts des möglichen Prestigegewinns für seine Firma sah es Schiff als vaterländische Pflicht an, Paul ziehen zu lassen. Als er zu einem führenden Beamten des amerikanischen Geldwesens ernannt wurde, hatte Paul noch kein einziges Mal in den Vereinigten Staaten gewählt: Seine Einbürgerung war 1911 erfolgt, und am Wahltag 1912 hatte er sich in Europa aufgehalten.

Für die amerikanische Öffentlichkeit war er ein Mann ohne Gesicht. Als eine Zeitung ein Foto von ihm haben wollte, lehnte er ab: »Mein Bild war noch nie in der Zeitung, und darauf bin ich ziemlich stolz. Daher werden Sie mir verzeihen, daß ich diesen von mir aufgestellten Rekord nicht brechen möchte.«[35] Von Public Relations hielt Paul nicht besonders viel; er trat mit der für einen Privatbankier gebotenen Zurückhaltung auf. Zum Glück fand er weit mehr Bewunderer als Gegner. Ein Zeitungsherausgeber im Mittleren Westen, der von seiner Ernennung hörte, fragte den Leiter einer Bank am Ort: »Hier ist gerade eine Blitzmeldung aus Washington reingekommen, daß ein gewisser Paul M. Warburg für den Zentralbankrat nominiert werden soll. Wer ist das?« Er bekam die Antwort: »Der bestinformierte Bankier in den Vereinigten Staaten.«[36]

Während die Wall Street die Ernennung Pauls, der als vorbildlicher Bankier galt, begrüßte, überschüttete ihn die populistische Presse ungeniert mit Vorwürfen. So hieß es über ihn im *Philadelphia North American*: »Von allen Finanzleuten in den Vereinigten Staaten gibt es wohl keinen, dessen Berufung in den Zentralbankrat dem Grundsatz stärker widerspräche, daß es vom Kreditwesen unheilvolle Einflüsse fernzuhalten gilt...«[37] Mitglieder der Fortschrittspartei im Senat, für deren Geschmack zu viele Bankiers im neuen Zentralbankrat vertreten waren, nutzten die Gelegenheit, um gegen Kuhn, Loeb erneut die Anti-Trust-Kampagne[38] zu schüren. Die Presse schoß sich auf Edward H. Harrimans Eisenbahnimperium ein, dessen Finanzberater Schiff war. Einige Zeitungen sprachen von einer schändlichen Verschwörung des Hauses Kuhn, Loeb, deren Ziel die Übernahme der Firma Morgan sei, andere von einer Verschwörung des Hauses Warburg. In der *New York Times* hieß es dazu: »Mr. Warburgs Gegner weisen außerdem auf dessen aktive Beziehung zum Hamburger Bankhaus Max Warburg hin, die einem der mächtigsten Bankhäuser Europas einen ungerechtfertigten Vorteil«[39] zuspiele. Da zu jener Zeit im Lande eine ausgeprägte Fremdenfeindlichkeit herrschte, begegnete man Paul mit zuweilen eklatanten Vorurteilen. Der Kongreßabgeordnete Joe Eagle etwa wandte sich gegen Pauls Ernennung, »weil er Jude, Deutscher, Bankier und Ausländer ist«.[40] Genau jene Merkmale, die ihn für das amerikanische Geldwesen so einzigartig gemacht hatten, wurden nun zu Hauptangriffspunkten seiner Feinde – eine für Mitglieder des Hauses Warburg typische Zwickmühle.

Der Bankenausschuß des Senats mußte die für den Zentralbankrat Nominierten bestätigen. Paul erklärte sich bereit, vor dem Ausschuß aufzutreten, wenn eine Gleichbehandlung aller Kandidaten gewährleistet sei. Anfang Juli 1914 erteilte man drei »genehmen« Kandidaten das Placet, ohne ihnen Fragen zu stellen; Paul Warburg und Thomas D. Jones von der Firma International Harvester hingegen wurde das Leben schwerer gemacht. Senator Joseph Bristow aus Kansas erklärte in aller Schärfe, man müsse beide, statt sie für den Zentralbankrat zu nominieren, »wegen gesetzwidrigen Tuns, insbesondere Übertretung des Sherman-Gesetzes und anderer strafrechtlicher Bestimmungen, unter Anklage stellen«.[41] Der Ausschuß sprach sich gegen Jones aus und zögerte Pauls Ernennung hinaus, weil man ihn zuvor noch befragen wollte. Von dieser offenkundigen Voreingenommenheit gekränkt, weigerte sich Paul beharrlich, vor dem Anhörungsausschuß zu erscheinen, und erklärte immer wieder, daß er nicht bereit sei, sich einem demütigenden und diskriminierenden Verfahren zu unterziehen. Dabei blieb er.[42]

Während der nächsten vier Wochen ließ der Meinungsstreit eine Entscheidung über seine Ernennung nicht zu. Wilson, sein Finanzminister McAdoo und der Senator von Nebraska, Gilbert M. Hitchcock, stellvertretender Vorsitzender des Bankenausschusses im Senat, bemühten sich, ihn zum Einlenken zu bewegen. Paul, der um so mehr auf seine Würde bedacht war, je heftiger er angegriffen wurde – eine Haltung, die ihm in Geschäftskreisen einen legendären Ruf verschafft hatte –, teilte McAdoo am Telefon knapp mit, er stehe für eine Befragung nicht zur Verfügung. Am 3. Juli schrieb er an Wilson und bat ihn, seinen Namen von der Liste zu streichen, weil der Ausschuß, wie er erklärte, seiner Ernennung »den Stempel des Mißtrauens und Zweifels« aufgedrückt habe.[43] Dazu aber war Wilson nicht bereit, und so machte er die Angelegenheit mutig zu einem Prüfstein der Loyalität in der Partei. Er glaubte der Geschäftswelt zeigen zu müssen, daß ihr die Demokratische Partei nicht feindselig gegenüberstand. Im *Wall Street Journal* hieß es dazu: »Nicht viele Bankiers können sich rühmen, daß ein Präsident der Vereinigten Staaten eine Lanze für sie gebrochen hat – noch dazu im Kampf mit deren mächtigem Senat.«[44] Aus Pauls Unterlagen geht hervor, daß ihn Wilson ermutigte, sich der Befragung zu stellen: »Ich kann bei meiner Achtung vor dem Senat nicht von ihm verlangen, daß er unter den gegenwärtigen Umständen

Ihre Nominierung bestätigt.«[45] Nunmehr fühlten sich die Senatoren in ihrer Ehre gekränkt, und es kam zu einer politischen Pattsituation.

Gegen Ende Juli traf Paul mit Senator Hitchcock auf Long Island zusammen. Versöhnlich erklärte dieser, der Ausschuß wolle Paul weder die Achtung versagen, noch sei beabsichtigt, ihn in die Zange zu nehmen, doch müsse er bedenken, daß er nicht besonders bekannt sei. Nach gegenseitigen Entschuldigungen stand Paul aus freien Stücken Hitchcock Rede und Antwort auf Fragen, die der Ausschuß gestellt hatte. Anschließend teilte er Wilson mit, er werde hinter verschlossenen Türen vor dem Ausschuß aussagen. Er sei mit einem Gespräch einverstanden, nicht aber mit einer formellen Anhörung, und es dürfe davon keine stenographische Mitschrift gefertigt werden.[46]

Pauls Auftreten vor dem Ausschuß erwies sich als weitere Lektion über die in Washington möglichen Schikanen und verletzte Paul tief. Er teilte den Senatoren mit, er wolle zeigen, »daß ein Mann von der Wall Street das Vertrauen des Landes bei der Durchführung solcher Aufgaben verdient«.[47] Senator Bristow war davon nicht zu überzeugen. Eineinhalb Tage lang befragte er Paul über Einzelheiten von Kuhn, Loeb, bis dieser schließlich in scharfem Ton zurückgab: »Ich glaube nicht, daß meine Firma Kandidatin für die Mitgliedschaft im Zentralbankrat ist.«[48] Er bestritt, als Rothschilds Agent in Amerika tätig zu sein, und wies darauf hin, daß diesen Dienst die Firma August Belmont & Co. leiste. Dann überraschte er den Ausschuß mit der Bemerkung, er stehe zwar auf der Seite der Republikaner, habe aber seinen Beitrag zu Wilsons Wahlkampf geleistet, nachdem Roosevelt seine Kandidatur erklärt hatte. Sein Bruder Felix, fügte er hinzu, habe Taft unterstützt.

Paul bestand vor dem Bankenausschuß mit allen Ehren. Zwar befürwortete dieser wie auch der Senat insgesamt Pauls Empfehlung für das Amt, doch hatte ihn die Auseinandersetzung psychisch stark angegriffen. Er war empfindlich und vielleicht auch ein wenig hochmütig und fühlte sich nunmehr enttäuscht. Er glaubte sich jenen Kongreßabgeordneten, die seinen Sturz betreiben wollten, überlegen, und sein Sieg freute ihn nicht. Als ihm Colonel House mitteilte, die Kontroverse um seine Person habe einer größeren Öffentlichkeit seine herausragenden Verdienste vor Augen geführt, gab er trocken zur Antwort: »Möglicherweise haben Sie recht, wenn Sie sagen, daß mir der Grad von Bekanntheit, den ich jetzt erworben habe, in manchen Teilen des Landes zugute kommen wird, doch wäre es mir wahrhaftig lieber, es wäre nie dahin gekommen. Ich jedenfalls habe mich darüber eher geärgert.«[49]

Am 10. August 1914 leistete Paul Warburg den Amtseid und trat seinen Dienst im Zentralbankrat an. Ein Grund dafür, daß er sich schließlich doch bereit erklärt hatte, vor dem Ausschuß zu erscheinen, war der am 1. August in Europa ausgebrochene Krieg. Während der vier Jahre, die dieser Erste Weltkrieg dauerte, sollte ihn die anfangs so bedeutungslose und

Eine wilhelminische Familie: Als die Mittelweg-Warburgs in den achtziger Jahren des letzten Jahrhunderts zu diesem Gruppenphoto zusammenkommen, ist Deutschland, von Bismarck kurz zuvor vereinigt, eine der mächtigsten Nationen Europas geworden. Auch für die Bank ist es eine Zeit des Aufstiegs und der wachsenden Erfolge.
Von links nach rechts: Paul, Charlotte, Olga, Moritz, Fritz, Aby, Luise und Max Warburg, darüber Felix mit der Erzieherin und Freundin des Hauses Franzeska Jahn.

eher abstrakte Kritik, die auf seine deutsche Herkunft und die Kürze seiner amerikanischen Staatsbürgerschaft zielte, immer wieder verfolgen. Unvermittelt schien ihn das außergewöhnliche Glück, das ihn zu so frühem Ruhm getragen hatte, verlassen zu haben. Während seiner Amtszeit wurde das Zentralbanksystem – das finanzielle Instrument, an dessen Vervollkommnung er so unermüdlich gearbeitet hatte – zur Waffe im Kampf gegen sein geliebtes Deutschland. Durch eine schreckliche Laune des Schicksals gelangten er und Max unmittelbar am Vorabend des Ersten Weltkriegs in führende Positionen des amerikanischen und deutschen Finanzwesens.

11

Der bedrohte Deutsche

Max Warburg erlangte Bedeutung, als das imperialistische Streben gerade in Hochblüte stand. Auf der ausgebreiteten Landkarte suchten die Staatsmänner damals nach Ländern, die ihnen zur Ausbeutung geeignet schienen, wobei ihnen Bankiers bereitwillig zur Seite standen. Die Privatbanken waren für derlei verdeckte Aktivitäten ideale Kanäle, da sie weder Aktionären verantwortlich noch gehalten waren, ihre Bilanzen offenzulegen. Hinzu kam, daß sie über ein hochentwickeltes Nachrichtensystem verfügten und ihrer Arbeit mit einer sonst nur in diplomatischen Kreisen üblichen Diskretion nachgingen. Die Beteiligung jüdischer Bankiers an häufig streng geheimen kolonialen Aktivitäten ließ in der Öffentlichkeit den Verdacht wuchern, sie errichteten ein geheimes Imperium, während sie in Wirklichkeit ausschließlich auf Anweisung des Auswärtigen Amtes handelten. Wie andere Privatbankiers aber vermischten auch sie Geschäft und Politik, so daß sie die politischen Auswirkungen ihres Tuns zu spüren bekamen.

Am Vorabend des Ersten Weltkriegs standen jüdische Bankiers bei den amtlichen Stellen so hoch im Kurs, daß sie niemals geglaubt hätten, später einmal von derselben Bürokratie verfolgt zu werden. Manch einer von denen, die dieser Frage nachgegangen sind, hat erklärt, die Juden, die sich im tiefsten Wesen noch immer unsicher fühlten, hätten die koloniale Expansion finanziert, um ihre Vaterlandsliebe unter Beweis zu stellen und Ansehen beim Kaiser zu erlangen.[1] Stimmt diese Aussage, dann hat man weidlich mit ihrem Pfund gewuchert. Durch ihren Dienst am Kaiserreich leisteten sie ihren Beitrag zu Deutschlands vermeintlicher Mission in der Welt.

Ohne zu zögern schloß sich Max der Auffassung an, es sei Aufgabe der Bankiers, die Interessen ihrer Regierungen in Übersee zu fördern. Er sah, wie seine britischen Kollegen zu Englands wirtschaftlicher Erholung vom Burenkrieg beitrugen, und merkte im Bericht seiner Bank für das Jahr 1904 an: »Dieses kluge Zusammenwirken von Finanz und Politik geschah in Deutschland nicht gleich richtig.«[2] Als liberaler Imperialist, nach dessen Überzeugung Deutschland Kolonien brauchte, um sein Bevölkerungswachstum und seinen wirtschaftlichen Aufschwung zu fördern, wünschte er, die Macht des Landes durch friedliche Besiedlung, nicht aber durch militärische Herrschaft auszuweiten. Er war eng mit Bernhard Dernburg, Staatssekretär im Reichskolonialamt, befreundet und rühmte sich, daß keine deutsche Bank die kolonialen Unternehmungen zuverlässiger unterstütze als die seine.[3] Von Dernburg angeregt, beteiligte er sich an der Gründung von Hamburgs Kolonial-Institut, das für Deutschlands Kolonien Führungskräfte ausbilden sollte. Als dessen Berater hob er hervor, wie wichtig es sei, daß diese Pioniere in einer fremden Umgebung die deutsche Identität bewahrten. Außerdem wirkte er an der Gründung eines Tropen-Hygiene-Instituts mit, das er später zweimal vor dem Bankrott rettete.

Aufgrund seines Einsatzes für die Kolonien war der überschäumende und unternehmerisch gesinnte Max in Berlins amtlichen Kreisen ein gerngesehener Mann. Zwar trübte Patriotismus seine Urteilskraft später in hohem Maße, doch ist unbestritten, daß sich sein früher Erfolg der Patronage durch die Regierung verdankte. Mit dem Einsatz für die Kolonien gelang der Firma M. M. Warburg & Co. der Sprung in die vorderste Reihe der weltweit führenden Banken, und die Bilanzsumme ihrer Aktiva erhöhte sich von sechsundvierzig Millionen Mark im Jahre 1900 auf hundertsiebenundzwanzig Millionen im Jahre 1914.

In Deutschland herrschte damals der Glaube, daß dem Land eine Expansion in Übersee vorherbestimmt sei. Bismarck hatte sich nur widerwillig mit Kolonien beschäftigt, da er sie zum einen als wirtschaftliche Belastung ansah und zum anderen fürchtete, daß sie zu einem Zerwürfnis mit England und Frankreich führen konnten. Wilhelm II. hingegen scheute den Wettstreit um die Kolonien in keiner Weise und setzte eigensinnig die deutschen Interessen durch. Mit trotzigem Stolz und bemerkenswertem Selbstmitleid klagten politische Führer des Landes über den Widerspruch zwischen der guten Verfassung seiner Wirtschaft und der vergleichsweise geringen Zahl seiner überseeischen Besitzungen. Die Verspätung, mit der sich Deutschland auf das imperialistische Abenteuer eingelassen hatte, sollte nun dadurch wettgemacht werden, daß man Gelegenheiten suchte, sich ein Stück vom Kuchen der Franzosen und Briten abzuschneiden.

Im Jahre 1904 wirkte Max an einer Anleihe der Deutschen Bank für das Türkische Reich zur Finanzierung der Bagdad-Bahn mit; im Jahr darauf ließ er sich vom Auswärtigen Amt zur Beteiligung an einer verworrenen Intrige in Liberia verleiten. Das Land wollte von Anleihen französischer und englischer Banken nichts wissen, um nicht von deren Regierungen abhängig zu werden, und wandte sich daher an Deutschland. Gemeinsam mit Paul beschaffte Max im Zusammenwirken mit Kuhn, Loeb eine internationale Anleihe für Liberia, um den Briten einen Strich durch die Rechnung zu machen und einen Markt für deutsche Erzeugnisse zu gewinnen. Die Sache verlief so erfolgreich, daß der größte Teil des Liberiahandels in deutsche Hände gelangte.[4] Im Jahre 1907 wetteiferte M. M. Warburg & Co. mit der weltweit agierenden Deutschen Bank um den ersten Platz bei der Ausgabe von Wertpapieren.

Die Großmächte, die um den Einfluß in Asien und Afrika rivalisierten, bildeten mit anderen Gläubigerländern Konsortien, um den Wettbewerb in geordnete Bahnen zu lenken. Dem weitverzweigten China-Kartell gehörte auch Deutschland an. Gegen Ende der neunziger Jahre betrieb die HAPAG eine Frachtlinie nach China, so daß deutsche Kaufleute in allen größeren Seehäfen des Landes zahlreich vertreten waren. Der Präsident der Vereinigten Staaten, William Howard Taft, bestand darauf, daß amerikanische Banken sich an der Finanzierung chinesischer Eisenbahnen beteiligten. Während Jacob Schiff und Paul Warburg der amerikanischen Gruppe angehörten, wies das Auswärtige Amt Max die Aufgabe zu, für Eintracht in den deutsch-amerikanischen Beziehungen zu sorgen. Später sagte er über diese Aufgabe einmal: »Es gelang unserer Vermittlung in steter Fühlung mit Washington und der Wilhelmstraße, eine Verständigung zwischen Amerika und Deutschland herbeizuführen.«[5] Max sagte eine solche Mittlerrolle sehr zu, konnte er doch damit den Nachweis führen, daß international tätige Bankiers nationale Verschiedenheiten zu überwinden vermochten – ein Glaube, der den Warburgs äußerst wichtig war.

Im Jahre 1909 umwarb Max einen geheimnisvollen jungen Mann, einen gewissen Dr. Wilhelm Charles Regendanz, den die tägliche Büroroutine im Reichskolonialamt so langweilte, daß er Pläne für deutsche Kolonien in Afrika entwarf. Von Dernburg erfuhr Max, daß dieser nach großen Taten dürstete. Allem Anschein nach gab sich Regendanz nicht mit Kleinigkeiten ab und hielt sich für einen angehenden deutschen Kolonialreichgründer vom Range eines Cecil Rhodes. 1909 notierte er in sein Tagebuch: »... muß mir Karten ansehen, um festzustellen, wo ich eine eigene Kolonie erwerben kann.«[6] Max bot Regendanz eine Anstellung als »Rechtsberater« an, um zu verschleiern, daß er an die Spitze einer besonderen Abteilung für koloniale Fragen treten sollte. Auf diese Weise schleuste das Reichskolonialamt einen geschätzten Mitarbeiter in eine renommierte Privatbank ein.

Regendanz verwickelte die Bank in die womöglich sonderbarste Episode ihrer Geschichte. Diese Kolonialkomödie begann hochdramatisch, und auch wenn sie als Farce endete, hätte sie durchaus gefährlich werden können. Um den Abbau von Bodenschätzen in Marokko durch Deutschland zu fördern, gründete Max 1910 die Hamburg-Marokko-Gesellschaft mit Carl Melchior und Regendanz an der Spitze. Dahinter stand unausgesprochen die Absicht, die französische Vorherrschaft in dem nordafrikanischen Land zu brechen. Etwa zur gleichen Zeit gründeten die Gebrüder Mannesmann, die im Süden des Landes Erz abbauen wollten, eine Tochtergesellschaft namens Mannesmann Marokko.

Fünf Jahre zuvor war Wilhelm II. in Tanger von einem HAPAG-Schiff an Land gegangen und hatte Deutschlands Ansehen in Nordafrika zu steigern versucht, indem er Frankreich aufforderte, anderen Völkern Zugang zu jenem Lande zu gewähren. Nach der Konferenz von Algeciras im Jahre 1906 übernahm Frankreich die Verantwortung für Marokkos Polizei und Staatshaushalt; anderen Mächten wurde die Möglichkeit eingeräumt, ihre Interessen zu verfolgen. Einige Jahre lebten Deutsche und Franzosen friedlich nebeneinander, beäugten sich allerdings argwöhnisch. Dann reagierte Frankreich im Mai 1911 auf örtliche Unruhen mit der Besetzung der Hauptstadt Fes, worin Deutschland einen Bruch des bei der Konferenz von Algeciras getroffenen Abkommens sah. Um den Franzosen eine Lehre zu erteilen, beschloß das Auswärtige Amt, seinen Ansprüchen auf den Süden Marokkos Nachdruck zu verleihen, und entsandte das Kanonenboot »Panther« nach Agadir, einem verträumten Fischerdörfchen, über dem eine alte portugiesische Festung thronte. Da Berlin einen Vorwand für dieses Säbelrasseln brauchte, schob man statt der politischen Motive einen wirtschaftlichen Grund vor.

Der Kaiser, sonst ein Freund großer Töne, wollte von einer Auseinandersetzung mit Frankreich so recht nichts wissen. Bei einem Besuch im Auswärtigen Amt bekam Max zwei Aufträge: Er sollte Regendanz nach Südmarokko schicken und den Kaiser für das Unternehmen gewinnen. »Sollte S.M. der Kaiser Sie hinsichtlich Marokkos befragen, wenn in Hamburg, so würde es nur im Einklang mit der an dieser Stelle gefaßten Ansicht sein, wenn Sie die Wichtigkeit unserer Wirtschaftsinteressen im Süden des Landes nachdrücklich unterstreichen würden«[7], teilte ihm Baron Langwerth mit.

Die angeblichen Interessen Deutschlands im Süden Marokkos waren bestenfalls spekulativer Natur, ja in Wirklichkeit inexistent. Als Regendanz am 19. Juni Staatssekretär Zimmermann aufsuchte, übergab er ihm geologische Berichte der Hamburg-Marokko-Gesellschaft, aus denen hervorging, daß es dort reiche Kupfererzvorkommen gab. Obwohl Regendanz zu den Hauptbefürwortern der deutschen Politik in Marokko gehörte, war er nie dort gewesen und konnte daher seiner von Tatsachen unbelasteten Vorstellungskraft freien Lauf lassen. So ersann er nebst geradezu sagenhaften Mineralvorkommen auch ein fruchtbares Flußtal mit üppiger Vegetation in der Nähe von Agadir, das sich angeblich glänzend für die landwirtschaftliche Nutzung eignete. Zwar erwies sich die Fruchtbarkeit des Bodens später als überaus zweifelhaft, doch hatte die Reichsregierung nunmehr die »wichtigen Interessen«, die sie mit dem »Panthersprung« zu verteidigen behauptete. Max war tief in diese Angelegenheit verstrickt. In Mitteilungen des Auswärtigen Amtes hieß es, sein Vorgehen gründe sich auf »sehr vertrauliche Angaben durch die Firma M.M. Warburg in Hamburg«.[8]

Das Problem war, daß in Südmarokko ein Mangel an deutschen Staatsangehörigen herrschte, die es zu schützen galt. Genaugenommen gab es nämlich überhaupt keine. Regendanz wollte noch vor Eintreffen der Kriegsschiffe einige bedrohte Siedler an Ort und Stelle schaffen; in

Hamburg verfaßte er einen emphatischen Hilfeaufruf, den diese bedrohten Deutschen verfaßt haben könnten und der dazu diente, das bewaffnete Vorgehen der Heimatregierung zu rechtfertigen. Nunmehr konnte das Auswärtige Amt eingreifen, um auf private Hilferufe zu reagieren, die es insgeheim selbst vorbereitet hatte. Elf Unternehmen, die in jener Gegend Interessen anmeldeten, unter ihnen die Hamburg-Marokko-Gesellschaft, unterzeichneten den Aufruf, ohne auch nur dessen Inhalt zu kennen. Er forderte dringend Hilfe von Berlin, weil aufsässige Eingeborene angeblich den Besitz dieser Firmen bedrohten.

Während eines Aufenthalts in der Reichshauptstadt dinierte Max am 19. Juni mit dem Kaiser und traf am folgenden Tag erneut mit Regendanz zusammen. Im Unterschied zu jenem war Seine Majestät in Marokko gewesen und von der Sache alles andere als begeistert. Da der Kaiser für den Geschmack des irregeleiteten jungen Idealisten zu sehr mit der Friedenstaube liebäugelte, ließ dieser ihn über das geplante Vorgehen in Agadir im unklaren, überzeugt, daß dergleichen »für die Stärkung von Deutschlands Ansehen in der Außenpolitik unerläßlich« sei.[9] Triumphierend notierte Regendanz in seinem Tagebuch, daß Max das Thema Marokko mit keinem Wort erwähnt hatte. »Wie von mir angeregt, hatte es Warburg sorgfältig vermieden, mit dem Kaiser, der noch nichts davon weiß, über Marokko zu sprechen.«[10] Doch auch gegenüber Max war Regendanz mißtrauisch, weil er fürchtete, ihm fehle die kriegerische Begeisterung, um die Sache bis zum Ende durchzustehen.

Gegen Ende Juni bemühten sich Reichskanzler Bethmann Hollweg und Staatssekretär Kiderlen Fechter um das Einverständnis des Kaisers zur Entsendung des Kanonenboots. Als sie an der Unterelbe an Bord seiner Yacht *Hohenzollern* gingen, erfuhren sie, daß er sich nachdrücklich gegen jegliches Vorgehen in Marokko ausgesprochen hatte. Mit einem Mal kleinmütig, erkundigte sich Bethmann bei Ballin, ob Max an Bord sei: Sie brauchten einen Vertrauten des Kaisers, der ihn vorbereiten konnte. Max sei zwar nicht da, erklärte Ballin, könne aber geholt werden. »Für den Augenblick noch nicht nötig«[11], sagte Bethmann und bat statt dessen Ballin, mit dem Kaiser zu sprechen. Als dieser schließlich trotz mancher Vorbehalte sein Einverständnis gab, funkte Kiderlen begeistert von Bord der Yacht nach Berlin: »Schiffe genehmigt.«[12] Nicht minder hingerissen jubelte Regendanz in seinem Tagebuch: »Hurra!«[13]

Daraufhin entsandte die Hamburger Gruppe einen Bergbauingenieur namens Wilberg nach Agadir, dessen Aufgabe darin bestand, sich vor Ort von den Eingeborenen bedrohen zu lassen. Diese Ein-Mann-Verkörperung einer belagerten deutschen Kolonie bekam den Spitznamen »bedrohter Deutscher« und sollte am 1. Juli 1911 in Agadir eintreffen. Da sich der Weg als lang und schwierig erwies, quälte sich Wilberg am vorgesehenen Tag noch zu Pferd über schmale Gebirgspässe. Deutschland aber hielt sich an seinen Zeitplan, veröffentlichte den »Brief aus Marokko« und erklärte, Deutsche seien in Agadir unter schweres Feuer genommen worden. Den Franzosen teilte Berlin mit, man werde diese Kränkung durch Entsendung einer Seestreitmacht vergelten. Als das Kanonenboot *Panther*, zu dem später das Schlachtschiff *Berlin* stieß, in der berüchtigten Aktion *Panthersprung* die Bucht von Agadir anlief, ließ sich kein Deutscher auftreiben, den man hätte verteidigen können, nicht einmal der ausdrücklich für diesen Zweck in Marsch gesetzte.

Als Wilberg, von den Strapazen erschöpft, schließlich Agadir erreichte, gelang es ihm nicht, die Aufmerksamkeit der Besatzungen der beiden vor Anker liegenden Schiffe auf sich zu lenken, obwohl er am Strand auf und ab lief, mit den Händen fuchtelte und aus Leibeskräften schrie. Wohl sah man ihn von Bord der *Berlin* aus, tat ihn aber als verrückten Marokkaner ab. Erst als er schließlich verzweifelt stehenblieb und mit verschränkten Armen unglücklich aufs Meer hinausstarrte, begriff ein Decksoffizier, daß es sich um einen Europäer handeln mußte, da dies eine für Marokkaner untypische Haltung war. Am Abend des 5. Juli wurde ein Boot zu Wasser gelassen, um die kostbare Fracht zu bergen: den bedrohten Deutschen.

Die Reaktion der deutschen Presse auf die vermeintlichen Gewalttaten an deutschen Staatsbürgern war völlig überzogen. Als der britische Schatzkanzler David Lloyd George am 21. Juli durchblicken ließ, daß es zum Krieg kommen könne, wurde der Hurra-Patriotismus der Presse nur noch mehr angestachelt. Das Kriegsfieber begann sich wie eine ansteckende Krankheit in ganz Europa auszubreiten, so daß Frankreich seine Finanzmittel aus Deutschland abzog. Es kam zu Verhandlungen zwischen beiden Ländern, und Regendanz schickte eine gedämpft hoffnungsvolle Mitteilung an das Auswärtige Amt: »Der ganze Südwesten Marokkos ist überaus reich an Bodenschätzen.«[14] Gleichzeitig räumte er ein, es könnte unter Umständen doch eher schwierig sein, an die Erzlagerstätten heranzukommen. Es sah ganz so aus, als stehe er im Begriff, das Auswärtige Amt – oder auch sich selbst – zu blamieren.

In jenem Sommer schickte Max ihn nach Marokko, wo er die wirtschaftlichen Möglichkeiten im Süden des Landes ausloten sollte. Als Regendanz schließlich im August den Fuß auf marokkanischen Boden setzte, fand er statt der blühenden Landschaft seiner Träume eine unfruchtbare Steinwüste. »Ich bezweifle, daß die Ansiedlung deutscher Bauern ernsthaft erwogen werden kann«[15], berichtete er. Statt von unbeschreiblichem Reichtum fand er sich von Rückständigkeit, Gesetzlosigkeit, Kamelen und Banditen umgeben. Während er sich Anfang September in Marokko umsah, brach in Berlin der Aktienmarkt zusammen, woraufhin die Banken von den Anlegern förmlich gestürmt wurden. Am Ende seiner Reise riet der sichtlich ernüchterte Regendanz dem Auswärtigen Amt, man solle nichts unternehmen, den Süden Marokkos für Deutschland zu gewinnen. Von einem Augenblick auf den anderen hatte

Deutschland jegliches Interesse an jener Gegend, die zu Beginn des Sommers einen so jähen und leidenschaftlichen Ausbruch verursacht hatte, verloren.

Das Ende des ganzen Vorganges war, daß Deutschland Frankreichs Vorherrschaft in Marokko anerkannte und dafür im Gegenzug Teile von Französisch-Äquatorialafrika zur Vergrößerung Kameruns bekam. Enttäuscht vertraute Albert Ballin Max an, wie erleichtert er sei, daß die ganze »Marokko-Komödie« vorüber war.[16] Regendanz brauchte sich nicht etwa für seine kostspieligen Machenschaften zu verantworten; stattdessen bekam er vom Kaiser einen Orden verliehen. Alle bemühten sich eifrig, den peinlichen Vorfall vergessen zu machen. Von Stund an wollte Regendanz nichts mehr von gewaltsamem Landgewinn wissen und befürwortete eine versöhnliche Haltung gegenüber England. Aber das Kind war schon in den Brunnen gefallen, die Stimmung zwischen den Völkern bereits angeheizt. Als Max erkannte, daß die Marokko-Krise Europa an den Rand eines Krieges geführt hatte, hielt er es geradezu für ein Wunder, daß es gelungen war, sie in letzter Minute zu lösen.[17]

Es scheint ins Bild zu passen, daß Moritz unmittelbar vor der Agadir-Affäre starb, denn er hätte kein Verständnis dafür gehabt, daß sich Bankiers, deren Aufgabe es seiner Meinung nach war, sich um ihr Geschäft zu kümmern, auf diese Weise in die Politik hineinziehen ließen. Max räumte ein, daß eine solche Haltung zu Moritz' Zeiten richtig gewesen sei, meinte aber zugleich, auch in den Banken lasse sich das Rad der Entwicklung nicht zurückdrehen: »In der Jetztzeit [ist] eine so glückliche Isolierung der Arbeitskraft – ein Fernhalten von politischer, auch kommunalpolitischer Tätigkeit – auch kaum möglich.«[18]

Für die Warburgs waren die auf dem Kösterberg verbrachten Sommer vor dem Ersten Weltkrieg eine herrliche und zauberhafte Zeit. Wie Max gehofft hatte, kehrten Felix und Paul häufig aus Amerika zurück und brachten jedesmal ein großes Gefolge von Kindermädchen, Köchinnen und Butlern mit. Im Rückblick erschienen diese Sommer mit ihrem ungetrübten, behüteten Glück fast wie unwirklich. Die Familie stand damals auf einem Lebensgipfel, den sie später nie mehr erreichen sollte. Jeder der fünf Brüder war verheiratet, hatte Kinder und stand vor einer vielversprechenden Karriere. Noch war die Welt nicht von kriegerischen Auseinandersetzungen zerrissen, die das Leben einer international tätigen, auf Toleranz und ungestörten Verkehr zwischen den Völkern angewiesenen Bankiersfamilie erheblich erschweren sollten.

Es sah ganz so aus, als sei es doch möglich, die Juden Deutschlands vollständig in die Gesellschaft zu integrieren, und es fiel ihnen schwer, ihr eigenes Glück losgelöst vom Wohlstand des Reiches und dessen martialischem Glanz zu sehen. Eines Sommers zeigte man den Kindern den Kaiser, der in ordensbedeckter Paradeuniform bei der Kavallerie Heerschau hielt. Ein anderes Mal bekam Felix von Max eine Einladung zur Erprobungsfahrt der *Imperator*, ein Galaereignis, dem auch der Kaiser nicht fernbleiben mochte. Die insgesamt einundzwanzig deutschen und amerikanischen Enkel von Charlotte und Moritz Warburg wuchsen in einem vom Kaiserreich geprägten Umfeld auf und behielten die Säbel und eigenartigen Pickelhauben der Hamburger Polizei in lebendiger Erinnerung.

Vom Kösterberg herab konnten die Warburgs aus allernächster Nähe die imposante Kulisse der deutschen Seemacht genießen. Geräuschlos glitten unten auf der Elbe Schiffe vorüber – für die Kinder gleichsam eine Verbindung mit einer größeren Welt. Sie lernten, deren Länder- und Reedereiflaggen auseinanderzuhalten, und erkannten schon am Klang des Nebelhorns, zu welcher Linie sie gehörten. Pauls Sohn James (Jimmy) schrieb: »Von unserem Haus hoch auf den Hügeln über der Elbe konnte ich einen endlosen Zug von Schiffen aus vieler Herren Länder sehen, die aus nahezu allen Erdteilen kamen oder dorthin ausliefen... Wenn die großen Dampfer der Hamburg-Amerika-Linie näherkamen, rannte ich immer auf den Dachboden hinauf, um die amerikanische Flagge zu dippen, in der Hoffnung auf einen Gruß der Dampfpfeife von einem der Kapitäne, welche die Warburgs als häufige Fahrgäste kannten, und bisweilen bekam ich auch einen solchen Gruß.«[19] Die imposantesten Ozeanriesen der Welt liefen in Hamburg vom Stapel, allen voran im Jahr 1913 das Vierundfünfzigtausend-Tonnen-Schiff *Vaterland*, das als größtes je von Menschenhand geschaffenes bewegliches Objekt bezeichnet wurde.

Ob deutscher oder amerikanischer Abstammung – den vielen Enkeln wurde eine gemeinsame Identität verordnet, und sie mußten sich einheitlich in blauen Matrosenblusen mit weißen Kragen kleiden. Die Töchter von Aby S. bekamen sogar eine Kleidung, die eigens für Besuche auf dem Kösterberg gefertigt wurde: weiße Batistkleider mit Kragen aus Valenciennesspitze. Die Vettern und Kusinen ritten, schwammen, spielten Tennis oder zogen gemeinsam über die im kühlen Schatten der Bäume liegenden Fußwege. An langen Sommerabenden brachte Max den Kindern auf den von Albert Ballin geschenkten Ponys das Reiten bei. Im Kalender der gesellschaftlichen Ereignisse auf dem Kösterberg drängten sich die Termine. Bei jeder sich bietenden Gelegenheit wurden Gedichte aufgesagt, oder es gab Laientheateraufführungen, für die professionelle Regisseure engagiert wurden. Die geschäftigen Sommermonate blieben den Kindern als eine zwar angenehme, aber auch streng reglementierte Zeit in Erinnerung. Sie wurden in Kostüme gesteckt und mußten wie Marionetten als lebende Kulissen zum Vergnügen der Erwachsenen für Fotos posieren.

Moritz hatte den Kösterberg wegen seines stillen, ländlichen Charmes gekauft. Bald nach dem Tod des Vaters ließ Max, der ihm in der Leitung der Hamburger Talmud-Thora-Schule und des Jüdischen Waisenhauses nachfolgte, dort 1912 eine imposante Villa im Renaissancestil errichten, weil er einen Ort brauchte, an dem er hofhalten konnte. Der Entwurf zu diesem Herrenhaus aus rotem Backstein, das eine überraschende Steifheit in den idyllischen Rahmen brachte, stammte von Oscar Gerson. Von den Fenstern der geschwungenen Fassade aus ging der Blick über das Elbpanorama. Bei ihren Soireen konnten Max und Alice bis zu vier Dutzend Gäste bewirten. Jeden Sommer ließen sie einen Chefkoch und zwei Gehilfen aus einem vorzüglichen Berliner Restaurant kommen, und häufig wurden die Mahlzeiten *al fresco* auf der steingefliesten Terrasse eingenommen. Bei solchen Gelegenheiten stellte Alice in riesigen Bodenvasen Blumenarrangements zusammen, und ein Orchester spielte nach dem Diner zum Tanz im Mondschein auf.

Wie Felix auf *Woodlands* sorgte Max auf dem Kösterberg dafür, daß sich die Bewohner mit manchen Erzeugnissen selbst versorgen konnten. Man baute Gemüse an, und für die Kinder gab es frische Milch. Jeder Liter, witzelte Max, koste ihn so viel wie eine Flasche teuersten Champagner.[20] Nichts bereitete auf dem Kösterberg mehr Vergnügen als die Gestaltung der Landschaft. Eigens hierfür beschäftigte er eine Landschaftsarchitektin namens Else Hoffa, eine der ersten Frauen Deutschlands, die diesen Beruf ausübten. Sie hatte ihre Ausbildung im Park des Potsdamer Schlosses *Sanssouci* erhalten. Max erklärte sich bereit, ihr eine zehnprozentige »Ärger-Prämie« zu zahlen, wenn sie ihn niemals mit Sorgen behelligte.[21] Siebzehn von ihr eingestellte Gärtner kümmerten sich um die Rasenflächen, Blumenbeete und Gewächshäuser. Täglich inspizierte Max frühmorgens mit Fräulein Hoffa und einem der Kinder die Park- und Gartenanlagen. Unmittelbar oberhalb der Elbe legte sie eine Reihe von Terrassen und einen Rosengarten an, von wo aus ein Weg zu einem natürlichen Amphitheater führte. Ferner gestaltete sie einen Römischen Park mit hohen, kunstvoll geschnittenen Büschen, zwischen denen hindurch man verschiedene Ausblicke auf die Elbe genießen konnte. Umgeben von englischen Buchsbäumen bot das in eine Geländevertiefung gebaute Theater mit seinen grasbewachsenen unüberdachten Tribünen zweihundert Zuschauern Platz. Nach den Vorführungen, die von Mitgliedern der Familie bestritten wurden, tanzte das Publikum spätabends im Römischen Park, von wo aus man anschließend paarweise mit brennenden Fackeln über die Wege nach oben zog und auf der Terrasse des Hauptgebäudes weitertanzte. Lediglich Charlotte war auf dem Kösterberg zeitweise bedrückt. Nach Olgas Selbstmord und Moritz' Tod war das Anwesen für sie ein von Geistern heimgesuchter Ort. Doch auch sie hatte ihr eigenes, lange herbeigesehntes Vergnügen: Schon als junges Mädchen hatte sie Rom sehen wollen und nahm nun, mit Anfang siebzig, täglich Italienischstunden, da sie im Dezember 1913 Felix' Tochter Carola dorthin begleiten wollte.

Etwa um die Zeit, da Max seine hochherrschaftliche Villa auf dem Kösterberg errichten ließ, wurde an der Ferdinandstraße das alte, aus dem

Jahre 1836 stammende Bankgebäude abgerissen. Über Jahre hinweg hatte man angrenzende Grundstücke aufgekauft. In unmittelbarer Nachbarschaft der Bank gab es ein Fischgeschäft, von dem an warmen Tagen ein so starker Geruch ausging, daß man im Sommer die Fenster in der Maklerabteilung geschlossen halten mußte. Max versuchte den Nachbarn mit allen denkbaren Finessen loszuwerden. »Wir gingen so weit, einen unserer Beamten veranlassen zu wollen, die schon etwas ältliche Besitzerin des Fischereiladens zu heiraten, welche Ehe wir trotz Bearbeitung der beiden Opfer nicht zustande brachten.«[22] Im Jahre 1906 bekam Max schließlich Haus und Grundstück.

Das 1911 in Angriff genommene neue Gebäude der Bank M.M. Warburg wurde zwei Jahre darauf fertiggestellt und bezogen. Der große Bau im Neo-Renaissancestil wies eine gewisse Ähnlichkeit mit dem Stadtpalast der Pandolfini in Florenz auf und machte keinerlei Zugeständnisse an den hanseatischen Geschmack. Mit dem Bossenwerk im unteren Teil der Fassade, seinen Ziergiebeln über den Fenstern und seinen Dachbrüstungen ähnelte er den uneinnehmbaren Finanzfestungen an der Wall Street und in der Londoner City. Da er nur eine Parallelstraße vom Ufer der Binnenalster entfernt lag, konnte man diese von den vorderen Eckfenstern aus sehen.

Das neue Gebäude spiegelte sowohl Max' Bedeutung als auch seine Zuversicht wider. Es bot Platz für über dreihundert Angestellte, obwohl die Bank zu jener Zeit lediglich einhundertelf Personen beschäftigte. Türen und Wandtäfelungen aus Mahagoni glänzten, und in den langen, schmalen Gängen standen Vitrinen mit Schiffsmodellen. Alles an dem Gebäude strahlte Erfolg aus. Immerhin saßen die Warburg-Teilhaber – Max, Fritz, Aby S. sowie Paul in New York – in neunzehn Aufsichtsräten. Fritz nannte die Zeit von 1900 bis 1914 die »glücklichste und harmonischste«[23] in der Geschichte der Bank. Für eine bedeutende alte jüdische Familie schien sie fast zu gut, um wahr zu sein. Wie sich zeigte, hatten die Warburgs den Gipfel der Vollkommenheit just zu einer Zeit erreicht, als Krieg, Chaos, galoppierende Inflation und wiederaufkeimende nationalistische Neigungen in Deutschland unmittelbar bevorstanden, die das Paradies der Warburgs zugrunde richten sollten.

Als im internationalen Finanzgeschäft tätiger, kosmopolitischer Bankier fürchtete Max Warburg die Fremdenfeindlichkeit, die in Europa immer mehr um sich griff. Wie die Mehrzahl der Geschäftsleute Hamburgs wollte er enge Handelsbeziehungen mit England aufrechterhalten. Aus seinen Jahresberichten vom Beginn dieses Jahrhunderts geht hervor, wie sehr er der oberflächlichen Ruhe mißtraute. Zwar hoffte er wie Ballin, daß England und Deutschland ihre Differenzen beilegen und eine Allianz bilden würden, doch verschärfte statt dessen der Wettlauf um Kolonien und um die Vorherrschaft zur See die Spaltung zwischen beiden Ländern in

1911 entschlossen sich die Warburgs zu einem Neubau auf ihrem Grundstück in der Ferdinandstraße 75, wo M. M. Warburg & Co. noch heute seinen Sitz hat. Die Aufnahme zeigt die Grundsteinlegung für den letzten Bauabschnitt am 24. September 1913. Durch einen Zylinder aus der Gruppe der Bankbeamten herausgehoben, steht Fritz, die Maurerkelle in der Hand, an der Spitze der Versammlung.

gefährlicher Weise. Max und Ballin befanden sich in einer paradoxen Lage. Einerseits sprachen sie sich lautstark für friedliche Beziehungen zu England aus, andererseits aber verkörperten sie Deutschlands Drang nach Weltgeltung. Max erkannte, daß die Spannungen durch das Expansionsstreben verschärft wurden, gleichwohl hatte seiner Überzeugung nach auch das Vaterland ein Stück vom Kuchen verdient, wenn die Welt verteilt wurde. Zwar war Ballin ein glühender Freund Englands, doch war er sich schmerzlich bewußt, daß sein eigener wirtschaftlicher Erfolg zu den Dingen gehörte, welche die deutsch-englischen Beziehungen belasteten. Als die *Lusitania* und die *Mauretania* für die britische Cunard-Linie vom Stapel liefen, antwortete Ballin mit den großartigen Luxusdampfern *Imperator* und *Vaterland*. Einmal sagte er mit Bezug auf den ihm anhaftenden Ruf der Anglophilie: »Ich bin der einzige Deutsche, der mit Fug und Recht behaupten kann, daß er einen dreißigjährigen Krieg mit England wegen der Vorherrschaft auf dem Gebiet der Handelsschiffahrt geführt hat. Während dieser Zeit habe ich, wenn mir dieses kühne Bild gestattet ist, den Engländern einen Graben nach dem anderen genommen, und immer wieder neu angegriffen, sobald ich die Mittel dafür hatte.«[24]

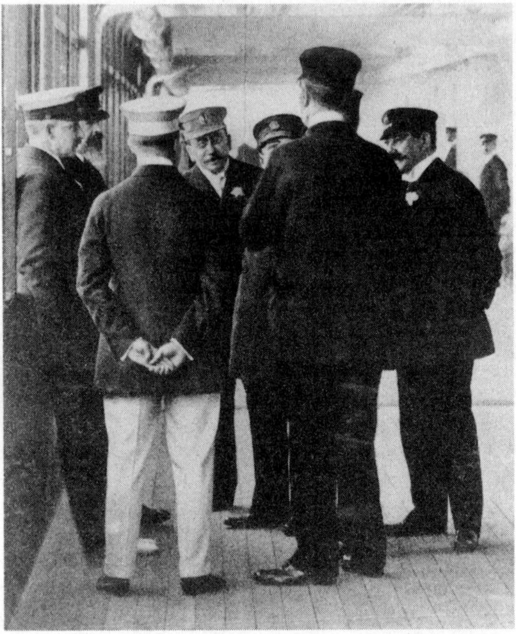

1912 ließ die HAPAG das damals größte Passagierschiff der Welt vom Stapel laufen, die »Imperator«. Ein Photo, das während ihrer Jungfernfahrt entstand, zeigt neben Albert Ballin (dem Betrachter zugewandt) und Wilhelm II. (in weißen Hosen) auch Max Warburg am rechten Rand der Gruppe.

Max hoffte, die Rolle des glühenden Patrioten mit der des aufgeklärten Internationalisten vereinbaren zu können - ein für die Warburgs typisches Dilemma. Als er 1907 in einer Rede darauf verwies, daß Deutschland auf einen Krieg finanziell nicht vorbereitet sei, sorgte er für eine Sensation. Im Publikum saß neben dem strahlenden Moritz der Vizepräsident des Reichstags, als Max erklärte, die Goldreserven des Reichs im Spandauer Juliusturm würden während der ersten Kriegswochen dahinschmelzen. 1908 kam es zu einem Vorfall, der ihn mit bangen Vorahnungen erfüllte. In einem Interview für den Daily Telegraph erklärte Kaiser Wilhelm scharf, das deutsche Volk sei ganz allgemein gegen die Briten eingestellt, und Deutschland brauche eine große Flotte, um Schwierigkeiten in Fernost lösen zu können. Max und Ballin waren über diesen falschen Zungenschlag des Herrschers derart entrüstet, daß sie bei Friedrich Naumann, einem führenden Vertreter der Reformkräfte im Reichstag, vorstellig wurden und anregten, man möge die Vollmachten des Kaisers beschneiden.

Im Juni 1908 wurde Ballin von Max bei Jacob Schiffs Londoner Sozius Sir Ernest Cassel eingeführt. Alle drei fürchteten einen Krieg in Europa und versuchten in mitunter schonungslos offenen Gesprächen eine Einigung zwischen Deutschland und England herbeizuführen. Bei ihrer ersten Zusammenkunft im Jahre 1908 wies Cassel Ballin freimütig darauf hin, daß Deutschlands Welthandelsbestrebungen in einen Krieg mündeten. Als er erklärte, England werde möglicherweise Deutschland eines Tages auffordern, seine aggressive Seemachtpolitik aufzugeben, gab Ballin zur Antwort, die englische Marine habe nichts zu befürchten. In Wirklichkeit aber hatte er, der das Flottenbauprogramm unter Admiral Alfred von Tirpitz unterstützt hatte, zunehmend Bedenken, ob man dabei klug vorgegangen war. Im folgenden Jahr unterbreitete er dem Kaiser bei der Kieler Woche den Vorschlag, über Cassel Gespräche zur Flottenbegrenzung anzuregen.

Im Mai 1910 rief König Eduard VII. kurz vor seinem Tod Cassel zu einem Gespräch zu sich und erhob sich, obwohl er sehr geschwächt war, um den Gast zu begrüßen. Zum Gedenken an den königlichen Freund gründete Cassel die Eduard-VII.-Stiftung zur Unterstützung bedürftiger Deutscher in England und bedürftiger Engländer in Deutschland, zu deren Schatzmeister er Max berief. Ihr vorrangiges Ziel war es, die sich allmählich auflösende Bindung zwischen England und Deutschland vor dem völligen Zerfall zu bewahren.

Das beunruhigte britische Kabinett gestattete es Cassel, im Januar 1912 zu Geheimgesprächen nach Berlin zu reisen, und der Kaiser stimmte dem Versuch zu, die Frage des Flottenbaus in privaten Gesprächen mit einem britischen Kabinettsminister zu klären. Als einen Monat später Lord Haldane, Englands Kriegsminister, Cassel zu einem Geheimbesuch in dieser Frage nach Berlin begleitete, überschlugen sich an der Börse die Gerüchte über den Zweck der Reise. Max sagte zu Ballin, sofern er und Cassel nicht mit falschen Bärten und Perücken aufträten, sei es unmöglich, ihre Anwesenheit dort geheimzuhalten. Der Versuch, das Wettrüsten der deutschen und englischen Flotte zu beenden, verlief ergebnislos.

Sir Ernest Cassel unternahm einen weiteren verzweifelten Versuch, den Frieden zu bewahren: Er charterte den HAPAG-Dampfer *Ypiranga* und lud jeweils sechs deutsche und englische Paare aus der Führungsschicht (unter ihnen Max und Alice) zu einer Reise entlang der Küsten Skandinaviens ein. Unterwegs überlegte man verzweifelt, auf welche Weise sich das bevorstehende Blutvergießen verhindern ließe.

Max, der bei aller politischen Lebenserfahrung nicht ganz frei von einer gewissen Weltfremdheit und einem naiven Wunschdenken war, dachte sich neue Bündnisse aus, um einen Krieg abzuwenden. Einmal meinte er, Deutschland und England könnten sich mit den skandinavischen Ländern verbünden, dann wieder überlegte er, ob Rumänien, Österreich-Ungarn und Deutschland nicht »ein standhaftes Bollwerk gegen die Slaven«[25] bilden könnten. Ein anderes Mal glaubte er sogar an eine rechtzeitige Übereinkunft zwischen Deutschland, England und Frankreich.

Statt sich weiterhin mit kolonialen Plänen zu beschäftigen, versuchte er jetzt Deutschlands Interessen zu fördern und gleichzeitig ein Bündnis mit Großbritannien in die Wege zu leiten. Als sich das Reichskolonialamt über Frankreichs Bankenmonopol in Marokko besorgt zeigte, reisten Max und Regendanz im Februar 1914 nach London, um mit Lord Milner wegen der Einrichtung einer deutsch-englischen Bank in Marokko zu verhandeln. Dieser Plan wurde durch den Krieg alsbald hinfällig.

Im Rahmen eines im August 1913 geschlossenen deutsch-englischen Geheimabkommens teilten beide Länder portugiesische Kolonien unter sich auf und stellten Portugal als Gegenleistung eine beträchtliche Anleihe in Aussicht. Das war unverhüllter imperialistischer Kolonialismus: England brachte den Südteil von Moçambique und den Norden Angolas an sich, während Deutschland den Norden von Moçambique und den südlichen Teil Angolas bekam. Der um Einfälle nie verlegene Regendanz verfiel auf die Einrichtung eines überseeischen Forschungskonsortiums mit M. M. Warburg & Co. an der Spitze, an dessen Sitzungen Mitarbeiter des Kolonialamtes teilnahmen. Einer auf Max zurückgehenden Anregung folgend, finanzierte die Gruppe eine Expedition nach Angola, von wo eine Eisenbahnverbindung nach Deutsch-Südwestafrika gebaut werden sollte.

1914 lieferte Max sein letztes Meisterstück kolonialer Intrige, das jedoch zum Scheitern verurteilt war. In London kaufte ein Holländer namens Pieter Vuyk britischen Investoren die Aktienmehrheit an der Firma Nyassa Consolidated Ltd. ab. Der Kauf, bei dem Vuyk als Max' Vertreter auftrat und nach Anweisungen des Auswärtigen Amtes handelte, hing mit dem deutsch-englischen Abkommen aus dem Vorjahr zusammen. Hinter der obskuren Transaktion verbarg sich ein ungeheuerlicher Plan: Zum Preis von rund hundertfünfzigtausend Pfund Sterling erwarb Vuyk fast zweihunderttausend Quadratkilometer von Nyassaland oder Nord-Moçambique, und auf diesem Gebiet, nahezu so groß wie England und etwa ein Drittel vom damaligen Deutschland, maßten sich die neuen Eigentümer neben der Polizeigewalt auch das Recht an, Steuern und Zölle zu erheben. Trotz seiner ungeheuren Größe war es von geringem Nutzwert. Beispielsweise gab es dort nur ein einziges Auto, das auf einer befestigten Straße von etwa eineinhalb Kilometern Länge immer wieder hin und her fahren konnte.

Max übte nun einen politischen Einfluß aus, der in keinerlei Verhältnis zum Kapital seiner Bank stand, und er mußte die größere Deutsche Bank sowie die Berliner Handelsgesellschaft einspannen, um die hundertfünfzigtausend Pfund Sterling für den Abschluß aufzubringen – ein

Darlehen, das von Berlin insgeheim zurückgezahlt wurde. Die streng vertraulich gehandhabte Transaktion war Ausdruck für das zunehmende Gewicht, das Max im Auswärtigen Amt hatte. Bei Kriegsausbruch beschlagnahmten die Briten die Nyassa-Aktien als Feindeigentum.

Möglicherweise machte sein durchschlagender Erfolg bei allem, was er in Großbritannien unternahm, Max blind dafür, wie nahe der Krieg bevorstand. Doch war er keineswegs der einzige, der glaubte, Deutschland und England hätten zu einer neuen Beziehung gefunden, und darauf trügerische Hoffnungen gründete. Im Mai 1914 besprach er die Angelegenheit mit Bethmann Hollweg auf einer Erprobungsfahrt der *Vaterland*. Der leicht gebeugt gehende Reichskanzler mit dem melancholischen professoralen Gesicht bezeichnete die deutsch-englischen Beziehungen dabei als gut und war nicht von der Ansicht abzubringen, daß England bei einem Einfall Deutschlands in Belgien neutral bleiben werde.

Ende Juni 1914 saß Max nach einem Essen beim preußischen Gesandten in Hamburg eine Stunde lang mit dem Kaiser beisammen, der sich, sichtlich nervös, mit ihm über den Stand der Dinge unterhielt. Die düsteren Farben, in denen er die Zukunft malte, und seine Besorgnis, Rußland werde Deutschland bis 1916 angreifen, erschütterten Max zutiefst: »Er klagte, daß wir zu wenig Bahnen an der Westfront gegen Frankreich hätten; bedrängt von seinen Sorgen, erwog er sogar, ob es nicht besser wäre loszuschlagen, anstatt zu warten. Ich hatte zwar den Eindruck, daß er ernstlich an einen Präventivkrieg dachte, aber seine düstere Auffassung der Lage bestürzte mich.«[26] Max riet zur Geduld und sagte, Deutschlands Position werde sich mit der Zeit festigen.

Aus dem bekenntnishaften Monolog des Kaisers war zu ersehen, wie hoch Max in nur einem Jahrzehnt gestiegen war. Doch stieß der Rat gutunterrichteter Geschäftsleute bei dem starrsinnigen und von Laqueuren umgebenen Kaiser häufig auf taube Ohren. In seinen Memoiren erklärte Fürst von Bülow, die Entscheidungen der deutschen Seite, die zum Ersten Weltkrieg geführt hatten, seien in hermetisch verschlossenen Räumen im Auswärtigen Amt gefallen, ohne daß man je einen erfahrenen Diplomaten oder klugen Geschäftsmann zu Rate gezogen hätte, der die internationalen wirtschaftlichen Zusammenhänge kannte. »Albert Ballin, Max Warburg und andere – alle hätte man fragen können.«[27]

Als Max von seinem Besuch beim Kaiser nach Hause zurückkehrte, machte er auf die Kinder einen niedergeschlageneren Eindruck als je zuvor. Doch bald kehrte seine unbezähmbare Zuversicht zurück; schon im Juni desselben Jahres äußerte er sich wieder in jenem angeborenen Zukunftsglauben, der seine Stärke war und ihn zugleich zugrunde richtete. Da er sich an einer Anleihe Rothschilds für Brasilien beteiligen wollte, unternahm er drei Reisen nach London. Am 26. Juni sagte er in einem Anflug von Optimismus zu Sir Ernest Cassel: »Ich höre aber, daß eine wahnsinnige Liebe zwischen den Deutschen und den Engländern ausgebrochen sein soll, die hoffentlich eine dauernde sein wird.«[28]

Zwei Tage später teilte Ballin von Kiel aus Max telefonisch die Ermordung des österreichischen Thronfolgers in Sarajevo mit. Dessen Antwort: »Das bedeutet Weltkrieg«[29], kam wie aus der Pistole geschossen. Er traute seinen eigenen Worten nicht recht und glaubte, zu übertreiben. Indessen wußte er ebensogut wie Ballin, daß ein Krieg ihre Welt in Trümmer legen würde. Eines Tages fragte der Historiker Gustav Mayer Ballin, was bei einem Krieg mit England aus der HAPAG würde. Ballin legte ihm die Hand auf die Schulter und sagte: »Lieber Doktor, wenn der Himmel einfällt, sind alle Spatzen tot.«[30]

Den ganzen schwülen Juli des Jahres 1914 hindurch klammerte sich Max an seine Überzeugung, daß England im Kriegsfall neutral bleiben würde. Noch acht Tage vor der Kriegserklärung beteuerten in London Sir Edward Grey und Haldane gegenüber Ballin, England werde neutral bleiben, falls Deutschland Krieg gegen Frankreich oder Rußland führe. Ballin leitete diese Äußerung an den Kaiser weiter, der sich später bitter über die irreführende Mitteilung beklagte. Sie kostete Ballin sein Ansehen am Hof, und er mußte sich eingestehen, daß seine zuversichtliche Bewertung der Lage die Deutschen in ihrer Unbesonnenheit bestärkt hatte.

Ende Juli schickte Max seinen Londoner Vertreter nach Amsterdam, um dafür zu sorgen, daß die telegraphische Verbindung mit New York auch künftig nicht abriß. Bis zum Schluß wehrte er sich innerlich gegen die Vorstellung, daß es Krieg geben werde. Eine Woche vor Kriegsausbruch kam der elegante Carl Melchior, der nie viele Worte machte, später als sonst zur Arbeit und sagte: »Ich habe mir meine Schaftstiefel in Ordnung bringen lassen; es gibt Krieg.« Zuerst glaubte Max, sich verhört zu haben, dann aber sprang er von seinem Kontorstuhl auf und feuerte ein Argument nach dem anderen ab, um darzulegen, warum ein Krieg völliger Wahnsinn sei. Gelassen gab Melchior zur Antwort: »Ich glaube, diesmal irren Sie sich.«[31]

In den letzten Julitagen wurde die Hamburger Börse wegen Kriegsgerüchten geschlossen, und am 1. August erklärte das Deutsche Reich Rußland den Krieg. Große Geldbeträge wurde von den Banken abgehoben, was zu einer angespannten Kassenlage führte, und Max stützte befreundete Börsenmakler. Der bevorstehenden Krise hatte er blind gegenübergestanden, doch als der Krieg kam, reagierte er mit einer Kaltblütigkeit, die alle anderen zu ihm hinzog. Ein Hamburger Geschäftsmann erinnerte sich, ihn in diesem Augenblick als Helden betrachtet zu haben: »Er steht wie ein Fels in der Brandung, und wer mit ihm in Berührung kommt, empfindet die wohltuende Ruhe, die von ihm ausgeht.«[32] Die nächsten vier Jahre sollten die Gelassenheit dieses Helden auf eine harte Probe stellen.

Am 4. August läuteten Hamburgs Kirchenglocken: Großbritannien hatte Deutschland den Krieg erklärt. Ballin war wie betäubt und konnte es nicht glauben. Als sich die Abenddämmerung über Alster und Elbe legte, zogen scharenweise junge Leute durch die Straßen der Innenstadt und riefen im Chor: »Wir wollen Krieg!«[33] Max ließ sich von diesem anfänglichen Hochgefühl anstecken und hatte kein Verständnis für den Pessimismus Ballins, der nach einer schlaflosen Nacht alt und sorgenvoll aussah. Später erinnerte sich Max: »Wir waren unserer Sache zu sicher, und zwar so sehr, daß Ballin immer wieder den Kopf über uns schüttelte.«[34] Ohne daß Max es ahnen konnte, hatte nun eine Serie von Ereignissen eingesetzt, in deren Folge die Warburgs in einen zwanzig Jahre währenden Niedergang gestürzt wurden, von dem sie sich nicht mehr erholen sollten.

Hamburgs Bürgern erschienen im August 1914 die Opfer fern und der Sieg gewiß. Später im selben Monat versammelten sich viele tausend Menschen voll Begeisterung vor dem Rathaus, unter ihnen Max' Sohn Erich, weil es hieß, die britische Armee befinde sich in überstürzter Flucht. Unter ungeheurem Jubel trat der gesamte Senat im Frack auf den Balkon, während der Bürgermeister mit lauter Stimme Berichte von den Schlachtfeldern vorlas. Die mitgerissene Menge verlangte das Hissen der Reichsflagge und begann spontan das Deutschlandlied zu singen.[35] Max' Teilhaber Aby S. war sicher, daß der Krieg höchstens bis Weihnachten dauern werde.

Dieses Hochgefühl antwortete auf eine verdrängte Besorgnis, die nach Entladung verlangte. Am 6. August fuhren Max und Ballin nach Berlin, um über Finanzfragen im Zusammenhang mit dem Krieg zu sprechen. Etwa zwanzig Mal hielten nervöse junge Soldaten mit vorgehaltener Waffe ihren Wagen an und durchsuchten ihn auf Spione. Gerüchte von einer Unterwanderung Deutschlands durch den Feind überschlugen sich. »Im ganzen Lande herrschte Panik«[36], schrieb Max dazu. Dennoch war die Regierung so siegesgewiß, daß ihn der Kanzler fragte, welche Reparationsleistungen Deutschland von seinen besiegten Feinden verlangen solle.[37] Max erkannte, daß das Militär nicht nur fest im Sattel saß, sondern auch in der Politik den Ton angab und die öffentliche Meinung maßgeblich beeinflußte.

In der Erregung über die Ereignisse, die unter den Kindern herrschte, spiegelte sich die Begeisterung der Erwachsenen. Jeden Abend versammelten sie sich am Tor zum Kösterberg und warteten ungeduldig, bis der Vater mit Neuigkeiten vom Kriegsgeschehen heimkam, welche ihm die hervorragenden telegrafischen Verbindungen der Bank mit der Außenwelt lieferten. Max steigerte ihren Enthusiasmus, indem er im Kinderzimmer eine große Karte mit dem Frontverlauf anbrachte. In dieser Miniaturausgabe des Lageraums eines Generalstabs kennzeichneten sie die Truppenbewegungen mit Stecknadeln und hielten den Fortgang der Ereignisse in einem Tagebuch fest. Als später ein Teil des Anwesens auf dem Kösterberg als Lazarett diente, besuchten die Kinder verwundete Soldaten. Im Hause von Fritz tadelte der nationalistisch eingestellte Koch seine Töchter, die sich mit »Auf Wiedersehen« statt dem kriegerischen »Gott strafe England!« verabschiedet hatten.[38]

Auf Hamburg wirkte sich der Krieg einschneidend aus, denn eine alliierte Blockade schnitt die Stadt vom internationalen Handel ab. Untätig lagen die Handelsschiffe vor Anker, soweit sie nicht in feindlichen Häfen beschlagnahmt worden waren. Die Regierung requirierte Dutzende von Ballins Luxusdampfern, panzerte sie mit schweren Stahlplatten und rüstete sie mit Geschützen aus. Eisenbahnwagen und die riesigen Hallen, die man einst zur Aufnahme der Auswanderer errichtet hatte, wurden in Lazarette verwandelt.

Der Krieg band Max noch enger an die Regierung. Die Arbeit der Bank drehte sich jetzt um Kriegsanleihen, und M. M. Warburg hatte mehr mit Staatsunternehmen als mit Privatfirmen zu tun. Wieder einmal bestimmten die Bedürfnisse des Staates, was jüdische Bankiers zu tun hatten. Zu Beginn der Feindseligkeiten meldeten sich über vierzig Angestellte von M. M. Warburg & Co. als Freiwillige, und Max ersetzte sie in vielen Fällen durch Frauen. Carl Melchior, der mit einem bayrischen Regiment in den Krieg gezogen war, wurde am 9. August schwer verletzt, als er in Metz vom Pferd fiel, und kam in ein Lazarett. Durch dies Eingreifen der Vorsehung stand er zur Arbeit für die Regierung zur Verfügung, und er sollte in der Kriegswirtschaft eine einflußreiche Rolle spielen.

Als erstes riet Max der Reichsregierung, einen Zahlungsaufschub für Schulden zu verkünden. Das bereute er bald und schlug statt dessen vor, für die Bedürfnisse der deutschen Industrie neue Kriegs-Kreditbanken einzurichten. Gemeinsam mit Fritz und Melchior erarbeitete er Statuten für die neue Hamburgische Bank von 1914, ein Finanzierungsmodell, das in ganz Deutschland übernommen wurde. Außerdem beteiligte er sich an der Einrichtung von Seefahrtversicherungen und Unternehmen, die kriegswichtige Metalle beschafften.[39]

Den ganzen Krieg hindurch lag sein Herz im Widerstreit mit seinem Verstand. Als überzeugter Patriot befolgte er an die Bürger gerichtete Kriegsappelle, erkannte aber auch, mit welch harter Hand das Militär im Lande herrschte. Als er 1915 in das neutral gebliebene Belgien reiste, das Deutschland trotz Protesten aus der ganzen Welt besetzt hatte, spürte er in einer zerstörten Landschaft voller deutscher Fahnen und Offiziere den grenzenlosen Haß der Bevölkerung auf seine Landsleute und hörte zahllose Berichte über von Deutschen begangene Greuel. Nach Hause berichtete er: »Viele Geschichten erzählen sie [die Belgier] von Morden, Stehlen, Brandschatzen u.s.w., die man ja nicht einfach widerlegen kann...«[40] Die Rücksichtslosigkeit, mit der die Deutschen Maschinen und Rohstoffe aus dem Lande schafften, entsetzte ihn, und er war voller Bewunderung für einen Verwaltungsfachmann namens Hjalmar Schacht, der ihm zustimmte, daß diese unbarmherzige Ausplünderung Belgiens aufhören müsse. Als sich Deutschland nicht bereit zeigte, für die Ernährung der

Wenn die amerikanischen Warburgs im Sommer nach Hamburg auf den Kösterberg kamen, mußten sie sich den Spielen ihrer deutschen Cousins und Cousinen anpassen. Auf diese Weise entstand das obige Bild, bei dem die versammelten Kinder in Pickelhaube und Uniformrock, mit Gewehr und Trommel zur Parade antreten. Von links nach rechts: Max Adolf, Lola, Gerald, Erich, Marietta, Carola und Freddy.

belgischen Bevölkerung zu sorgen, unterstützte Max die von Herbert Hoover geleiteten privaten Hilfsbemühungen und teilte Schacht mit, dessen Gruppe arbeite »geradezu bewundernswert«.[41]

Da Max zwei einflußreiche Brüder in Amerika hatte, stand er bei offiziellen Stellen in hohem Ansehen. Zu Kriegsanfang lehnte er das Angebot, als deutscher Botschafter nach Washington zu gehen, mit der Erklärung ab, er werde unter keinen Umständen je die Leitung eines Zweigbüros übernehmen – eine Antwort, die er später als überheblich bedauerte.[42]

Höchstwahrscheinlich hatte er dabei an Pauls Interessen gedacht, der in Washington bereits als deutschstämmiger Amerikaner unter boshaften Gerüchten leiden mußte. Max' Gegenwart hätte die Dinge vermutlich nur verschlimmert. Außerdem war seine Weigerung typisch für die Widersprüche seiner Persönlichkeit: Erst suchte er den Umgang mit den Mächtigen, dann zog er sich zurück, aus Furcht vor Kränkungen, mit denen er als Jude rechnen mußte.

Da Max durch seine Verbindung zur Wall Street die in Amerika herrschende Stimmung kannte, war ihm klar, welche Katastrophe ein Kriegseintritt der Vereinigten Staaten für Deutschland bedeuten würde. Es erfüllte den Kanzler mit Bestürzung, als im Juli 1915 die Firma M. M. Warburg in einem Telegramm an das Reichsmarineamt warnend darauf hinwies, daß sich seit der Versenkung der *Lusitania* in den Vereinigten Staaten eine zunehmend antideutsche Stimmung ausbreite. Als Fachmann für alles, was Amerika betraf, behandelte man Max mit einer Mischung aus Achtung und Mißtrauen. Am 15. Oktober 1915 suchte ihn Admiral Henning von Holtzendorff zu Hause auf, da er sein Urteil über die Auswirkungen eines verschärften U-Boot-Kriegs auf Deutschlands Wirtschaft zu hören wünschte. Max erklärte, das Land könne den Krieg nicht gewinnen, indem es feindliche Tonnage versenke, und ein U-Boot-Krieg werde lediglich die Vereinigten Staaten mit in den Krieg hineinziehen. Er bat den Admiral eindringlich, deren militärisches Potential nicht zu unterschätzen.[43] Zwar wurde er aufgefordert, seine Vorstellungen für das Oberkommando der Marine schriftlich niederzulegen, doch erfuhr diese Denkschrift eine recht zynische Bewertung. Max kommentierte das so: »In ihrer Antwort unterstellten sie mir in verblümter Form, daß meine Interessen in Amerika meine Schlußfolgerungen verursacht hätten.«[44]

Nicht zum ersten Mal besaß Max aufgrund der Tatsache, daß manche Mitglieder der Familie in Deutschland und andere in Amerika lebten, ein genaueres Bild von den Ereignissen im Ausland; zugleich aber machte ihn dies auch für Angriffe seitens der ihm feindlich gesonnenen nationalistischen Parteien verwundbar. Die Flitterwochen zwischen den deutschen Juden und der kaiserlichen Macht neigten sich ihrem Ende zu.

12

Luxus und Elend

Obwohl die Vereinigten Staaten erst 1917 in den Weltkrieg eintraten, begann für die deutschstämmigen Bewohner New Yorks bereits mit Ausbruch der Feindseligkeiten eine schwierige und unsichere Zeit. Während der Idylle der Jahrhundertwende war ihnen ihre unklare Identität niemals zum Problem geworden: Zu Hause waren sie amerikanische Patrioten, aber sie heirateten nach wie vor deutsche Partner und verbrachten die Sommermonate in deutschen Kurorten. Vor 1914 war dies weder ein Widerspruch noch führte es zu Konflikten. Frieda Schiff-Warburg sprach mit ihrer Mutter englisch und mit ihrem Vater deutsch. Als sie nach Kriegsbeginn eines Tages mit Jacob Schiff durch Bar Harbor schlenderte und sich mit diesem auf deutsch unterhielt, fühlte sie sich anklagenden Blicken ausgesetzt: »Vater«, flüsterte sie, »das geht jetzt nicht mehr.«[1] In der Öffentlichkeit deutsch zu sprechen war nach dem August 1914 nicht mehr ratsam.

Aber jene deutschen Juden hatten nicht nur Verwandte in der alten Heimat, sie fühlten sich auch zur Kultur Deutschlands hingezogen. Wie konnten sie ihre Liebe zu dessen Liedgut und Literatur mit stiefelknallenden Soldaten vereinbaren? Bei Peter Gay heißt es, man habe in den Ländern der Alliierten während des Krieges vermutet, es gebe »in Wahrheit zweierlei Deutschland...: das eine, in dem militärische Großmannssucht, Buckeln vor der Obrigkeit, aggressive Eroberungspolitik und eine an Besessenheit grenzende Beachtung von Förmlichkeit die Regel sind, und das Deutschland der lyrischen Dichtung, der humanistischen Philosophie und des pazifistischen Weltbürgertums«.[2] Auf letzteres hatten die im Exil lebenden Vertreter der jüdischen Führungsschicht all ihre Hoffnung gesetzt.

Die nichtjüdischen Bankiers an der Wall Street, hinter denen britisches Kapital stand, waren treue Anglophile, weshalb es für jüdische Bankiers nicht opportun war, öffentlich kundzutun, für welche Seite ihr Herz schlug. Jacob Schiffs Enkelin erinnerte sich: »Ein Deutschlehrer, der uns auf Spaziergängen im Park unterrichtete, kam nicht mehr, als 1914 der Krieg ausgebrochen war... In unserer Welt war viel von *les boches*, den Hunnen und dergleichen die Rede.«[3] Während Otto Kahn von der Firma Kuhn, Loeb in seiner Eigenschaft als Intendant der New Yorker Metropolitan Opera deutsche Opern aus dem Repertoire strich, hob Schiff Kürzungen auf, die er bei einer bedeutenden Stiftung an die Cornell University zur Förderung der deutschen Kultur ursprünglich gemacht hatte.

Paul Warburg, für den sich gerade der Traum erfüllt hatte, Mitglied des Zentralbankrates zu werden, empfand angesichts der veränderten Lage größte Beklemmung. Obgleich er sich mit Deutschland verbunden fühlte und sich nicht einfach über Nacht seiner Sympathie entledigen konnte, war er doch amerikanischer Beamter, der mit vorbildlicher Pflichtauffassung allmorgendlich um Punkt acht im Finanzministerium eintraf, bis sechs Uhr abends blieb und nach dem Abendessen zu Hause Akten studierte. Er betrachtete diese Tätigkeit als direkte Fortsetzung seines in Hamburg geleisteten Dienstes an der Allgemeinheit. Gegenüber der *New York Times* äußerte er einmal: »Gewisse Menschen haben mir gesagt, sie fragten sich, wie ich meine Zeit für ein politisches Amt in Washington verwenden kann. Für mich gab es nichts Natürlicheres. Bevor ich amerikanischer Staatsbürger wurde, war ich Mitglied des Parlaments der Freien und Hansestadt Hamburg. Man hat mich zu der Einstellung erzogen, daß ein Bürger die Pflicht hat, seine Zeit und sein Streben für das Gemeinwohl einzusetzen. Dieser Ansicht ist man nicht nur in Deutschland, sondern in ganz Europa.«[4]

Bei Kriegsausbruch galt Paul weithin als Amerikas produktivster Kopf in Geld- und Finanzfragen. Er und Henry Davison von der Morgan Bank hatten ihren gemeinsamen Freund Ben Strong vom Bankers Trust dazu gebracht, den wichtigen Posten an der Spitze der New Yorker Zentralbank zu übernehmen. Strong und Paul wurden als einzige in das völlig neue System aufgenommen, für das Banken im Ausland als Vorbild gedient hatten. »Offen gesagt, waren wir lauter Neulinge ohne Anleitung oder Kompaß«, sagte Strong dazu.[5] Genau dies aber wurde für Paul ab August 1914 zum Problem. Als in Europa Börsen und Banken schlossen, sah er sich vor die außerordentliche Aufgabe gestellt, das amerikanische Finanzwesen so zu modernisieren, daß es die ihm mit einem Mal zugefallene Funktion als Weltbankier meistern konnte.

Bei allen Schwierigkeiten erfüllten ihn Hoffnung und Freude über Amerikas neue Rolle als führende Gläubigernation. Obwohl er erst seit kurzem eingebürgert war, würzte er seine Ansprachen mit typisch amerikanischem Optimismus und verkündete: »Der amerikanische Koloß bewegt sich.« Als er 1916 in Buenos Aires eine Rede auf spanisch hielt, erklärte er, es bedürfe »keiner besonderen Sehergabe, um das unausweichliche Ergebnis vorauszusagen. Die Vereinigten Staaten sind jetzt und für die Zukunft einer der Bankiers der Welt.«[6] Pauls Arbeit in der Zentralbank stärkte seinen Patriotismus und machte ihn zu einem beredten Fürsprecher der wirtschaftlichen Möglichkeiten Amerikas. »Es schwindelt einen bei der Vorstellung, was die Zukunft für die Entwicklung des amerikanischen Bankwesens bereithält«[7], sagte er 1915 vor Bankleuten in Minnesota.

Über den Krieg in Europa war er todunglücklich, und zuweilen wurde seine deutsche Sentimentalität nur hauchdünn von der später erworbenen amerikanischen Identität verdeckt. Während er boshafte Vorwürfe hinnehmen mußte, in denen man ihm mangelnde Treue zu seiner neuen Heimat vorhielt, machte er aus der Zentralbank ein machtvolles Instrument, das möglicherweise eines Tages dazu dienen würde, gegen seine alte Heimat Krieg zu führen. Er war ein vornehmer Mensch und für alles Kriegerische denkbar ungeeignet. Sein Sohn hat über ihn gesagt: »Die zügellose Brutalität des Krieges – ganz abgesehen von seiner Besorgnis um die Verwandten in Deutschland – betrübte und bestürzte ihn.«[8] Er bemühte sich, durch eine pazifistische Haltung seiner widerstreitenden Gefühle Herr zu werden und plädierte für die Neutralität Amerikas sowie für Friedensverhandlungen. Er wollte eine Welt ohne Sieger und war überzeugt, daß eine rachsüchtige und auf die Wahrung der eigenen Interessen bedachte Haltung der Entente-Mächte lediglich die deutschen Militaristen in ihren Überzeugungen bestärken würde. Dennoch konnte er eine gewisse prodeutsche Einstellung nicht ganz unterdrücken, was auf seine Vorstellungen abfärbte und seinen Einfluß schwächte. Zusehends geriet er in Widerstreit zur Regierung Wilson, die sich offiziell neutral gab, in Wahrheit aber den Alliierten zuneigte. Pauls Sohn notierte: »Solange sich Wilson für die Neutralität aussprach, fand ihn mein Vater großartig; als er anfing, ins Lager derer einzuschwenken, die ein Eingreifen Amerikas befürworteten, war es mit der Großartigkeit vorbei.«[9]

Die Kriegsjahre waren für Paul und Nina eine Zeit tiefen sozialen Unbehagens. Da sie zur Zurückhaltung und Zurückgezogenheit neigten, konnten sie den vielen Gesellschaften und gegenseitigen Besuchen, die das offizielle Washington erwartete, nichts abgewinnen. Dennoch erfüllten sie ihre gesellschaftlichen Pflichten, gaben große Abendgesellschaften und führten einen glänzenden Salon, in dem neben Landwirtschaftsminister David Houston und Innenminister Franklin Lane auch Benjamin Cardozo[10] und der Richter Oliver Wendell Holmes ein- und ausgingen. Am unbefangensten fühlten sie sich in Gegenwart anderer junger Paare, unter ihnen der stellvertretende Marineminister, Franklin D. Roosevelt und dessen Frau Eleanor. Obwohl Nina Roosevelt gut leiden konnte, pflegte sie bedauernd über ihn zu seufzen: »Er sieht wirklich hinreißend aus, ist aber so dumm.«[11]

Da nunmehr in Washington eine antideutsche Stimmung herrschte, gingen auch Paul und Nina auf Distanz zu ihren jüdischen Freunden und Verwandten deutscher Abstammung. »In New York war meine Mutter häufig mit all ihren Verwandten zusammen, stattlichen Frauen mit zu viel Schmuck und Perlen«, sagte ihre Tochter. »In Washington mußten sie sich von zahlreichen jüdischen Freunden trennen. Meine Mutter hatte ein Buch über die Handlesekunst, und um sich mit Menschen anzufreunden, las sie allen aus der Hand.«[12] Mit einem Mal zeigte Nina eine Verbundenheit mit Deutschland, die nicht recht in die Zeit paßte. Eine Bekannte aus New Jersey berichtete ihr, daß es auf den Hoboken-Fähren nur so von deutschen Spionen wimmelte, und riet ihr, sich von ihren treuen deutschen Dienstboten zu trennen. Nina tat nichts dergleichen, sondern holte im Gegenteil das eine oder andere alte Faktotum vom Kösterberg nach Washington und gab ganz offen eine Gesellschaft für den deutschen Botschafter, Johann von Bernstorff. Davon abgesehen verhielt sie sich, wie es der Ehefrau eines in der Politik tätigen Mannes zukommt, und entwickelte eine gewisse Fertigkeit darin, Paul vor feindlich gesinnten Menschen zu warnen.

Da sich Deutschland im Krieg befand, machte sich Paul Sorgen um seinen älteren Bruder Max, dem er in selbstloser Liebe zugetan war. Allerdings waren seine Angehörigen davon überzeugt, daß Max die Verehrung seines jüngeren Bruders ausnutzte. »Während des Krieges hat Vater immer wieder gesagt, wir könnten uns dies und jenes nicht leisten, weil wir für Max Geld sparen mußten«, berichtete Pauls Tochter. »Als wir dann nach dem Krieg nach Europa fuhren, sahen wir, daß Max Gewächshäuser baute.«[13] Später vertraute Paul dem Bruder an, er sei trotz aller vorsichtig bewahrten Neutralität emotional nach wie vor mit der alten Firma verbunden. »Ich selbst habe das Gefühl der Zugehörigkeit zur Firma nie verloren, auch wenn formell die Partnerschaft 1914 zu Ende ging und vorübergehend auch so viele Wälle zwischen uns aufgerichtet wurden, wie eine verirrte Welt nur aufrichten konnte.«[14]

Mit seinem regen Verstand ersann Paul ständig neue Gründe, weshalb die Vereinigten Staaten nicht gegen Deutschland in den Krieg ziehen sollten. Auf diese Weise würden sie ihre Stellung als »Ausgleichsrat« in der Weltpolitik und als Mittler zwischen den Völkern einbüßen. Im Kriegsfall, teilte er Colonel House mit, werde Amerika zwar womöglich kurze Zeit von einer Welle vaterländischer Begeisterung getragen, »doch je länger der Krieg dauert, desto deutlicher wird sich zeigen, daß das Leiden und die Belastungen des Krieges in völligem Mißverhältnis zu seinen Ursachen stehen, und allmählich wird sich der Eindruck verfestigen, daß wir uns doch besser herausgehalten hätten«.[15] Paul meinte, Wilson solle eine Konferenz mit den Alliierten einberufen und von ihnen verlangen, daß sie ihre Friedensforderungen offen auf den Tisch legten. Zielten diese aber darauf ab, Deutschland zu strafen, so sei es für die Vereinigten Staaten besser, nicht in den Krieg einzutreten. Dies war die theoretische Reaktion des Logikers auf eine irrational gewordene Welt.

Zumindest in der Öffentlichkeit behauptete Paul, er habe als höchster deutschstämmiger Beamter in Washington während der Kriegsjahre keine persönliche Kränkung erfahren. »Zu keiner Zeit hat es in meiner Gegenwart eine unangenehme oder mich ärgernde Äußerung gegeben.«[16] In Wirklichkeit verbreitete eine Flüsterkampagne unaufhörlich gegen ihn gerichtete Unterstellungen. Sir Cecil Spring-Rice, britischer Botschafter in Washington, teilte Sir Edward Grey mit, eine jüdische Verschwörung unter Anführung von Kuhn, Loeb habe die amerikanische Regierung unterwandert, und voll Schadenfreude bezeichnete er Paul als deren Handlanger. »Seit Morgans Tod haben die jüdischen Banken die Vorherrschaft. Das Schatzamt haben sie durch den einfachen Kunstgriff in ihre Gewalt gebracht, daß sie die Wechsel des Schatzministers finanzierten... und ihn zwangen, den Deutschen Warburg in den Zentralbankrat zu berufen, der darin alle Fäden in der Hand hat.«[17]

Mit seiner blühenden Phantasie sah Spring-Rice in Jacob Schiff den Drahtzieher hinter der *New York Times*, der die Zeitung so manipulierte, daß sie England zugrunde richtete. Als das britische Schatzamt die Herren Paish und Blackett zu Verhandlungen über eine Anleihe nach Washington entsandte, schwang sich Spring-Rices Erfindungsreichtum zu neuen Höhen auf. Über Paul sagte er: »Er beherrscht die Finanzpolitik der Regierung praktisch, und Paish und Blackett mußten in erster Linie mit ihm verhandeln. Selbstverständlich ging es dabei genauso zu, als hätte man mit Deutschland verhandelt. Bei allem, was gesagt wurde, standen deutsche Interessen im Vordergrund.«[18]

Solche Verleumdungen waren auch auf amerikanischer Seite im Umlauf. Der Finanzminister McAdoo stand Paul, der die Zentralbank von den Einflüssen des Finanzministeriums freihalten wollte, feindselig gegenüber. Hierbei machte er sich die fremdenfeindliche Verleumdungskampagne zunutze und versuchte obendrein, auch Präsident Wilson gegen Paul einzunehmen. So teilte er diesem im August 1915 mit, Paul sei »nicht bereit, den Rat über das Gespräch mit Bernstorff und dem deutschen Finanzattaché Dr. Albert zu informieren... mit beiden steht er auf sehr vertrautem Fuße – vor allem mit Albert.«[19] Hinter diesen vorgeschobenen Anschuldigungen, die Paul mangelnde Loyalität unterstellten, stand nichts anderes als der Kampf um die Macht in der Zentralbank.

Zweifellos hatte Paul in seiner Position die Möglichkeit, auf Amerikas Politik gegenüber dem Deutschen Reich Einfluß zu nehmen, vor allem nachdem Wilson ihn im August 1916 als Vizepräsident des Zentralbankrates eingesetzt hatte. Im November desselben Jahres beteiligte sich Paul an der Ausarbeitung einer Erklärung der Zentralbank, die amerikanische Investoren davor warnte, zu viele der von den kriegführenden Nationen ausgegebenen Wertpapiere zu erwerben. De facto bedeutete das eine Benachteiligung Frankreichs und Englands, da Deutschland keine solchen Anleihen an der Wall Street aufgelegt hatte. Verschiedene Zeitgenossen sahen darin ein feingesponnenes Komplott zur Schwächung der Alliierten. Edward C. Grenfell, Seniorpartner der Firma Morgan in London, teilte dem britischen Schatzamt mit, dieser Schritt der amerikanischen Zentralbank sei das »Werk Warburgs und anderer Sympathisanten der Deutschen...«[20] Paul hingegen wies darauf hin, daß er als amerikanischer Patriot mit Besorgnis das hohe Risiko sehe, das solchen Anleihen anhafte. Dies paßte zu seiner vorsichtigen Grundhaltung auf dem Gebiet des Finanzwesens und zu seiner Angst vor einer kriegsbedingten Inflation. Doch welche Motive ihn im tiefsten Inneren bewegten, bleibt ein Geheimnis.

Wie Paul sympathisierte auch Felix mit Deutschland und trat mit Nachdruck für Amerikas Neutralität ein. Als Paul 1914 zur Zentralbank ging, übernahm er dessen Anteil bei M. M. Warburg und behielt ihn, bis die Vereinigten Staaten 1917 Deutschland den Krieg erklärten. Da ihn diese politische Hypothek behinderte und er wollte, daß seine Neutralität glaubhaft blieb, unterließ er laut Frieda danach »... alles, was auch nur den Anschein erwecken konnte, er begünstige Deutschland«.[21] Felix, weniger in sich gekehrt als sein Bruder Paul, nahm die Dinge leichter und grübelte nicht lange über politische Schwierigkeiten nach. Ihn erfüllte die lebensbejahende Haltung der Neuen Welt, während Paul offenbar vom Weltschmerz der Alten angesteckt war. Doch der Krieg und der dadurch in Amerika ausgelöste Blutrausch betrübten Felix zutiefst. So schrieb er eines Tages an Schiff: »Zweifellos hast Du in den Zeitungen gesehen, daß die Börsenkurse gestern bei Gerüchten eines bevorstehenden Friedens nachgegeben haben. Von dieser Brutalität ist heutzutage die Menschheit.«[22]

Der Krieg beschleunigte Felix' Aufstieg zum Kronprinzen jüdischer Wohltätigkeit. Der Schwerpunkt des Finanzwesens verlagerte sich zur Wall Street, und überdies wurde New York weltweit zum Mittelpunkt jüdischer Philanthropie, da der Krieg großherzige europäische Juden daran hinderte, sich weiterhin dieser Aufgabe zu widmen. Von seinem herrschaftlichen Wohnsitz an der Fifth Avenue aus, den merkwürdigerweise italienische Heilige und Madonnen schmückten, sollte Felix als letzter bedeutender Wohltäter der jüdischen Massen tätig werden und Dutzende von Wohltätigkeitseinrichtungen am Leben erhalten. Über eine halbe Million Ostjuden, viele von ihnen hilfebedürftig, überschwemmten die Elendsviertel an der Lower East Side. Da er wußte, daß Abhängigkeit Haß provozieren kann, wollte Felix das Wohltätigkeitswesen demokratisieren. Zu Schiff sagte er: »Zweifellos gibt es große Vorbehalte gegen die Männer, die es wegen ihrer prominenten Stellung im Judentum auf sich genommen haben, für die Menschen allgemein zu sprechen, ohne sie dazu zu befragen.«[23] Das aber hinderte ihn nicht, die Vorteile des Reichtums frei von Gewissensqualen zu genießen. Auch wenn Felix mit den Ostjuden gut umgehen konnte – was nur für wenige deutsche Juden zutrifft –, zögerte er nicht, seine Macht in Sachen Wohltätigkeit zur Beherrschung bestimmter Organisationen auszunutzen.

Felix hat einmal gesagt, er habe drei Viertel seines Tages der Wohltätigkeit und ein Viertel der Arbeit bei Kuhn, Loeb gewidmet. Dabei setzte er den auf die Bank entfallenden Anteil mit Sicherheit zu hoch an. Abgesehen von Teilhaberbesprechungen übte er, selbst als er Seniorpartner war, nur einen geringen unmittelbaren Einfluß auf die Transaktionen der Firma aus. (Er hatte aber einen guten Blick für Begabungen und holte einen jungen Mann namens George Bovenizer, der später Teilhaber wurde, aus einem Feinschmeckerrestaurant am Ort.) Grund für sein wohltätiges Wirken war vermutlich der Wunsch, Schiff zu gefallen, sowie die Suche nach einem Ausgleich für die Langeweile in der Bank. Er war eine unnachahmliche Mischung aus Hedonist und Wohltäter. Von 1908 bis 1916 war er Präsident der Hebräischen Vereinigung Junger Männer und stellte sich 1913 an die Spitze der Bewegung, die sich dafür aussprach, diese Organisation auf die nationale Ebene auszuweiten. Ab 1910 war er Vermögensverwalter des Amerikanischen Museums für Naturgeschichte und wirkte beim Aufbau von dessen Pensionskasse mit.

Als Hunderttausende vom Terror heimgesuchte Juden vor den in Österreich-Ungarn vorrückenden zaristischen Truppen flohen, wurde die Notwendigkeit, in Übersee zu helfen, immer dringlicher. Die sieben Millionen vertriebenen Juden, die unter verheerender Armut und Verfolgung litten und den russisch-polnischen Siedlungsbezirk nicht verlassen konnten, waren unbedingt auf Hilfe angewiesen. Dasselbe galt für weitere nahezu einhunderttausend, die in Palästina unter türkischer Herrschaft lebten. Diese Gruppe war besonders verletzlich, weil sie zum einen hauptsächlich aus älteren Leuten bestand, die das Heilige Land aufgesucht hatten, um dort zu sterben, und zum anderen aus idealistisch gesinnten jungen Siedlern, die dort eine neue, landwirtschaftlich geprägte Gesellschaft gründen wollten. Als die Türkei im Oktober 1914 auf der Seite Deutschlands in den Krieg eintrat, schnitten die Alliierten der Schiffahrt den Zugang zur Küste Palästinas ab, so daß jüdische Bauern keine Möglichkeit mehr hatten, Obst und Gemüse auszuführen. In Konstantinopel appellierte Henry Morgenthau, der Botschafter der Vereinigten Staaten, an die amerikanischen Juden, das Leiden ihrer Glaubensgenossen in Palästina zu lindern.

Um Lösungen für all diese Schwierigkeiten zu finden, kamen im Oktober 1914 Jacob Schiff, Felix Warburg und andere prominente deutschstämmige Juden in der Synagoge Emanu-El zusammen. Nachdem die aus Osteuropa eingewanderten jiddisch sprechenden orthodoxen Juden zu diesem Zeitpunkt bereits einen Kriegshilfe-Ausschuß gegründet hatten, war ihnen nun daran gelegen, eine Dachorganisation zur Koordinierung aller Hilfsbemühungen ins Leben zu rufen. Einem Vorschlag von Felix' Sekretärin Harriet B. Lowenstein folgend, wurde diese Organisation American Jewish Joint Distribution Committee (Gemeinsamer Vergabeausschuß Amerikanischer Juden) genannt. Zu ihrem Präsidenten wurde der Anwalt Louis Marshall gewählt, und als es um die Frage ging, wer die Finanzen verwalten würde, nickte Schiff, der nicht bereit war, diese Aufgabe zu übernehmen, bedeutungsschwer Felix zu. Obwohl manche der Delegierten befürchteten, daß dessen angeblich deutschfreundliche Gesinnung den Alliierten mißfallen werde, stieg er bald zum Vorsitzenden des Vergabe-Ausschusses auf. Diese Stellung bekleidete er bis 1932 und war anschließend fünf Jahre Ehrenvorsitzender. Die orthodoxen Juden spalteten sich im Laufe der Zeit ab, und im folgenden Frühjahr fanden auch die lautstarken Rhetoriker und Gewerkschafter der Jüdischen Sozialisten Platz unter dem weitgespannten Dach des Ausschusses.

Für die in Reich und Arm, Deutsche und Russen, unbeirrbare Anhänger der Republikanischen und demagogische Befürworter der Demokratischen Partei gespaltenen Juden Amerikas bedeutete die Gründung dieses Ausschusses einen bemerkenswerten, noch nie dagewesenen Vorgang. Seine Bedeutung hat der Historiker Allan Nevins wie folgt zusammengefaßt: »Eine wahrhaft heldenmütige Bemühung! Dieser Vergabeausschuß stellte die bei weitem umfassendste Gemeinschaftsunternehmung in der Geschichte der Juden der Neuen Welt dar, alte Feindschaften und Eifersüchteleien wurden hier in außerordentlich selbstloser Weise hintangestellt.«[24] Die Aufgabe, verschiedene Schichten des amerikanischen Judentums zusammenzubringen, erforderte außergewöhnliche diplomatische Fähigkeiten. Der intuitiv vorgehende, rasch reagierende und aufrichtige Felix, der gewandt wie ein Diplomat auftreten konnte, war für diese Vermittlungsaufgabe wie geschaffen. Er verabscheute politisches Gerangel und besaß die Begabung, Harmonie zu erzeugen, Querelen zwischen Gruppen abzuwenden und das Selbstwertgefühl reicher Spender zu hätscheln. Schiff lobte 1916 dessen Leistung, für die Ostjuden Millionen von Dollar zusammengebracht zu haben, und teilte Max mit, das sei vor allem deshalb bemerkenswert, weil, »wie Sie es aus Erfahrung wissen, unsere vielartigen Glaubensgenossen immer bereit sind, die verschiedensten Bedingungen an ihre Gaben zu knüpfen, und sehr rasch mit Kritik bei der Hand sind«.[25]

Der Vorstand dieser Gruppe, die eine gemeinsame Basis für Juden bot, die zuvor mit ihren reichen Vettern nur wenig in Berührung gekommen waren, deckte sich in auffälliger Weise mit dem des Ausschusses Amerikanischer Juden, in dem jene reichen Kaufmannsfamilien deutscher Herkunft vertreten waren, die sich der amerikanischen Kultur angepaßt hatten. In der Vergangenheit waren beide Gruppierungen einander eher mißtrauisch aus dem Weg gegangen. Wie ungeheuer der innere Abstand zwischen den Ghettobewohnern des südlichen Manhattan und den Bankiers aus dem Norden der Stadt war, zeigte sich, als Felix anläßlich des Zusammenschlusses der verschiedenen Gruppierungen im Hause Fifth Avenue 1109 eine Gesellschaft gab. Im Unterschied zu den fünfundsiebzig Gästen, die im Smoking erschienen, kamen zwei russische Juden im Straßenanzug und mit roter Krawatte – ein unübersehbarer Hinweis darauf, wes Geistes Kind sie waren. Während sie die von Felix gesammelten italienischen Kunstwerke bewunderten, hörte er unauffällig ihrem Gespräch zu. Einer sagte: »Wenn der Kommunismus kommt und der Besitz aufgeteilt wird, hoffe ich, daß ich dieses Haus bekomme.« Felix wandte sich an ihn: »Wenn der Kommunismus wirklich kommt und die Güter neu verteilt werden, dann hoffe ich, daß Sie mich auch einaml einladen, wenn Sie mein Haus bekommen, denn es hat mir immer sehr gut gefallen.«[26] Verstimmt entfernte er sich.

Der Ausschuß bemühte sich in erster Linie, Geld an örtliche Gruppen weiterzuleiten, statt eigene Programme auf die Beine zu stellen, und hielt sich konsequent aus der Politik heraus. Beschafft wurden die Mittel mit Hilfe großer, mitunter stark von Emotionen geprägter Wohltätigkseitsveranstaltungen. Ein Teilnehmer erinnerte sich, daß bei einer dieser Zusammenkünfte nach der Ansprache von Rabbi Judah Magnes »eine Million Dollar gespendet wurde. Frauen rissen sich den Schmuck aus dem Haar und warfen ihn dem Redner zu.«[27] Trotz ihrer föderativen Struktur war die Gruppe nach wie vor auf die Großzügigkeit eines kleinen Kreises ungewöhnlich reicher Männer angewiesen, zu denen auch Felix und Julius Rosenwald von der Firma Sears, Roebuck gehörten.

Der Ausschuß war sogleich erfolgreich. Als er im März 1915 den Kohlendampfer *Vulcan* mit neunhundert Tonnen Nahrungsmitteln und Medikamenten an Bord nach Palästina schickte, erbat Woodrow Wilson wegen der kriegsbedingten Gefahren im Mittelmeer eindringlich sicheres Geleit für den Transport. England wie die Türkei und Deutschland sicherten dies zu. Häufig wurden die Missionen des Ausschusses unter nicht geringen Risiken durchgeführt: Zwei Männer, die, in Khakiuniformen gekleidet, 1915 nach Polen entsandt worden waren, wurden von der russischen Armee umgebracht, weil man sie fälschlicherweise für polnische Soldaten hielt.

Felix' ganze Leidenschaft floß in die Arbeit des Ausschusses. Er wurde zum mächtigsten Mann in der weltweit mächtigsten jüdischen Wohltätigkeitsorganisation. Herbert Agar hat ihn mit folgenden Worten gewürdigt: »Sofern man einem einzelnen Mann das Hauptverdienst dafür zusprechen kann, aus so unwahrscheinlichem Material eine leistungsfähige und auf Dauer wirkende Maschine geschaffen zu haben, ist es Felix M. Warburg aus New York... Neben seinen vielen Gaben wie Güte, Taktgefühl und Charme besaß er vor allem die Fähigkeit, Menschen zur Zusammenarbeit zu bewegen. Er brachte es fertig, daß sich andere schämten, weil sie stritten oder Eifersüchteleien austrugen, während es große Aufgaben zu erledigen galt. Möglicherweise hätte niemand außer ihm den Gemeinsamen Vergabeausschuß in solcher Harmonie zusammenhalten können.«[28]

Felix kannte die beiden Hauptfeinde aller wohltätigen Organisationen: die unrationelle Arbeit ihrer Verwaltung sowie die Eitelkeit und Wichtigtuerei der Spender. Es mißfiel ihm, daß der zur Mobilisierung neuer Spenden erforderliche Aufwand bis zu sechzig Prozent des Spendenaufkommens verschlang. Um dem zu steuern, rief er 1917 die Vereinigung Jüdischer Philanthropen ins Leben, die in den fünf Stadtteilen New Yorks zentral Geld für fünfundsiebzig jüdische Einrichtungen sammeln sollte. Bis 1920 war er ihr Erster Vorsitzender, und während dieser Zeit entwickelte sich die Vereinigung zur maßgeblichen Adresse für die Wohltätigkeitsbemühungen der besseren Kreise der Stadt. Durch die Zentralisierung sparten alle Einzelgruppen Geld und vermieden zugleich Konkurrenzsituationen, jüdische Gemeinden in ganz Amerika kopierten dieses erfolgreiche System.

Während der Kriegsjahre hing eine dunkle Wolke über Kuhn, Loeb. Die Position der Bank an der Wall Street war nicht mehr so sicher wie zuvor, was der finanziellen Herrschaft der Firma J. P. Morgan & Co. den Weg bereitete. Obwohl sich Kuhn, Loeb von Anfang an finanzielle Operationen mit Deutschland versagte, verstummten die Zweifel an der vaterlandstreuen Gesinnung der Teilhaber nicht. In sorgfältig formulierten Erklärungen beklagte Schiff das Blutvergießen und sagte ein frühes Ende des Krieges voraus. Wie Paul und Felix befürwortete er einen Verhandlungsfrieden und forderte Wilson auf, sich als Vermittler anzubieten. Die *New York Times* veröffentlichte einen Briefwechsel zwischen Schiff und Charles Eliot, dem Präsidenten der Universität Harvard, in dem er sich für einen Verhandlungsfrieden aussprach.

Frühere Vorkommnisse aber gaben nun den Gerüchten, Schiff hege insgeheim Sympathien für Deutschland, neue Nahrung. Als es im August 1914 hieß, Japan plane auf der Seite der Alliierten in den Krieg einzutreten, hatte Schiff seinem Freund, dem Baron Takahashi, telegrafisch mitgeteilt, ein solches Vorgehen könne Japans finanzieller Stellung an der Wall Street schaden. Einem russischen Unterhändler, der in New York wegen einer Kriegsanleihe verhandeln sollte, legte Schiff, welcher der Zarenherrschaft außerordentlich feindselig gegenüberstand, so viele Steine in den Weg, wie er nur konnte. Aus privaten Mitteln zeichnete er eine von M. M. Warburg aufgelegte deutsche Kriegsanleihe, wofür ihm der preußische Staatssekretär Zimmermann persönlich dankte. Dann gab er Anfang 1915 Deutschland »aus Anhänglichkeit ans alte Vaterland«[29] insgeheim und ebenfalls aus seiner Privatschatulle ein Darlehen über eine Million Dollar, was Max in hohen Regierungskreisen lobend erwähnte. Einem Freund schrieb Schiff 1914: »Meine Sympathien liegen naturgemäß ganz auf deutscher Seite, und ich würde ebenso wenig daran denken, mich gegen mein eigenes Land zu stellen wie gegen meine eigenen Eltern.«[30]

Dieses Verhalten paßte zu seinem Familiensinn, seinem Haß gegen Rußland und zu seinem Ruf, an der Wall Street Deutschlands Interessen zu vertreten. Zu Anfang des Krieges hielt es Max für ausgemacht, daß Schiff jedes erdenkliche Opfer für das Vaterland bringen werde. Das Auswärtige Amt forderte ihn auf, Schiff mit der Aussicht auf ein deutsch-amerikanisches Bündnis im Fernen Osten zu locken, das dazu dienen sollte, dem Vorrücken der Japaner einen Riegel vorzuschieben und dem Westen die im Chinahandel möglichen Gewinne zu sichern.[31]

Ballin und Max hofften, Schiff werde die für Deutschlands Nahrungsmitteleinfuhren unerläßlichen Kredite zur Verfügung stellen, und Max teilte ihm ganz aufgeregt mit, das deutsche Militär gedenke künftig auch

Juden als Offiziere aufzunehmen. »Das wird man wenigstens von den Schrecken dieses Krieges als Vorteil für die ganze Nation übrig behalten, wie ich überhaupt glaube, daß manche Schranken fallen müssen und fallen werden...«[32] Schiff mußte ihn darüber aufklären, daß die probritische Stimmung an der Wall Street jede Möglichkeit, deutsche Schatzwechsel dort unterzubringen, zunichte machte.

Max und Schiff waren zwei so ungleiche Gesellen, daß es ohnehin über kurz oder lang zu einem Zusammenstoß kommen mußte. Max war lustig, elegant und bisweilen etwas zu forsch, Schiff hingegen streng, ordentlich und sehr korrekt. Als Max 1911 zum ersten Mal nach Amerika gereist war, hatte Schiff ihm zu Ehren eine Vormittagsgesellschaft gegeben, zu der er vierzig führende Geschäftsleute eingeladen hatte. Nachdem Max eine Rede über die Lage in Europa gehalten hatte, nahm er wieder neben Schiff Platz, der sich zu ihm hinüberbeugte und ihm unverblümt mitteilte: »Zu kurz und nicht optimistisch genug.«[33] Max achtete die offene Art des anderen, auch wenn sie ihm nicht besonders zusagte. Vermutlich aber war er völlig überrascht von der plötzlichen Aufrichtigkeit, die Schiff in Kriegszeiten an den Tag legte.

Im Verlauf des Krieges gelangte er zu einer weit negativeren Einschätzung Englands als noch zu Beginn des Jahres 1914, und sein bislang latenter Chauvinismus machte sich nun deutlicher bemerkbar. Immer tiefer wurde sein Mißtrauen gegenüber der Arroganz der Briten, denen er die Beherrschung der Weltmeere verübelte. Mit typisch deutschem Groll sah er die Gründe für den Krieg nicht im Wettrüsten beider Länder oder in ihrer wirtschaftlichen Rivalität, sondern vorwiegend in britischer Machtgier. Herablassend sprach er vom »Krämergeist Englands«.[34] »Je mehr man die Geschichte vor dem Krieg studiert«, schrieb er an Schiff, »je klarer wird es einem, daß England, das in so rücksichtsloser Weise die See beherrscht, alles darauf angelegt hat und auch darauf anlegen wird, Deutschland wirtschaftlich und politisch niederzuhalten...«[35] In einer Rede vom August 1915 erklärte er, Deutschland müsse nach dem Krieg eine beträchtliche Wiedergutmachung verlangen – eine beachtenswerte Einstellung, wenn man bedenkt, wie kritisch er sich später zum Versailler Vertrag stellte.[36] Er erklärte, England müsse Deutschland als gleichgestellte Macht anerkennen, als Land, das neue Grenzen brauche, um seiner wachsenden Bevölkerung Platz zu schaffen.

Schiffs Einstellung zu Deutschland änderte sich schlagartig mit dem *Lusitania*-Zwischenfall. Ein deutsches U-Boot hatte am 7. Mai 1915 vor der irischen Küste die *Lusitania* mit eintausendzweihundertsiebenundfünfzig Menschen an Bord, darunter hundertachtundzwanzig Bürger der Vereinigten Saaten, versenkt. Die Wall Street reagierte entsetzt, und ab sofort war es gefährlich, Sympathien für Deutschland zu zeigen. Der stolze Schiff, der sich vor niemandem beugte, ging zum Hauptsitz von J.P. Morgan hinüber, um sein Beileid auszudrücken – ein bemerkenswertes Zugeständnis. Er fand den anglophilen J.P. Morgan jr. im Privatkontor und beklagte »die entsetzliche Greueltat«. Anstatt diese Geste höflich zu erwidern, knurrte Morgan nur ungläubig und stürmte hinaus. Als er sich später über seinen Fehler klar wurde, nahm er seinen Hut und eilte von der Wall Street 23 zur William Street 52, um sich bei Schiff zu entschuldigen. In der Folge vertrat Schiff zusehends die Sache der Alliierten.

Das an den Passagieren der *Lusitania* begangene Verbrechen verwirrte Max Warburg und bereitete ihm Seelenqualen, denn er war überzeugt, daß Deutschland das Recht hatte, Torpedoangriffe zu führen, solange England amerikanische Nahrungsmittellieferungen für Deutschland abzufangen suchte. Er schäumte förmlich, weil Präsident Wilson den Briten nicht entschlossener gegenübertrat, um eine unparteiischere Politik durchzusetzen. Gleichzeitig nannte er den Angriff »barbarisch«.[37] Paul Warburg hatte nach der Versenkung der *Lusitania* ähnlich zwiespältige Empfindungen. Angewidert von diesem Vorfall, erklärte er, amerikanische Bürger sollten nicht auf Schiffen kriegführender Völker reisen; im übrigen hielt er den U-Boot-Krieg im Nordatlantik für eine gerechtfertigte Reaktion auf die Blockade Deutschlands durch Großbritannien.

Als Präsident Wilson im Sommer das Verbot von Anleihen an Regierungen kriegführender Länder aufhob, wuchs sich der Unfriede zwischen den jüdischen und den amerikanischen Banken an der Wall Street zum Grabenkrieg aus. Im September schickten Briten und Franzosen eine von Lord Reading angeführte Delegation nach Amerika, die Gelder für ihre Regierungen beschaffen sollte. J.P. Morgan & Co. sagte ihnen eine Anleihe über fünfhundert Millionen Dollar zu. Der von der Verfolgung der Juden durch die Russen aufgebrachte Schiff teilte Lord Reading mit, Kuhn, Loeb werde sich lediglich dann an der Anleihe beteiligen, wenn sichergestellt sei, daß »nicht ein Cent davon an Rußland« gehe. Mehr noch als die Rothschilds war er stets darauf bedacht, die Pläne der antisemitisch eingestellten zaristischen Regierung zu durchkreuzen. Lord Reading gab zur Antwort: »Keine Regierung kann Bedingungen akzeptieren, die einen ihrer Alliierten im Krieg diskriminieren.«[38] Nunmehr mußte sich die Firma Kuhn, Loeb entscheiden, ob sie sich dem Morgan-Konsortium anschließen oder ihm fernbleiben wollte.

Für Schiff war es ein quälender Augenblick, in dem Eigennutz und Überzeugung im Widerstreit lagen. Einer Mitteilung an Max zufolge hatten England und Frankreich bereits für Hunderte Millionen Dollar amerikanische Erzeugnisse eingeführt. Kuhn, Loeb, erklärte er, müsse als amerikanisches Unternehmen im Interesse des eigenen Landes handeln und eine Antwort finden auf die einfache Frage: »Wollt Ihr, als eines der ersten amerikanischen Finanzhäuser, dessen Beispiel einen großen Einfluß haben wird, den Interessen des Landes Vorschub leisten oder werdet Ihr dieselben Euren Sympathien für Deutschland hintanstellen?«[39] Da die Frage so eindeutig sei, habe die Firma Kuhn, Loeb keine Möglichkeit zu einem Einerseits-Andererseits. Während Otto Kahn und Jacob Schiffs Sohn Mortimer die Firma von dem Ruf, auf der Seite der Deutschen zu stehen, befreien wollte, beabsichtigte Felix die anglo-französische Anleihe zu boykottieren. Max und die deutsche Regierung drängten Schiff in die gleiche Richtung. Als er ihn fragte, ob er den deutschen Zeitungen mitteilen könne, daß Kuhn, Loeb nicht bereit sei, eine entscheidende Rolle bei der Anleihe zu spielen, trieb Max Schiff förmlich zur Raserei.[40]

So sah der Hintergrund aus, vor dem die dramatischste Teilhabersitzung in der Geschichte der Firma Kuhn, Loeb stattfand. Im Gegensatz zu seiner sonstigen Gefaßtheit war Schiff in gedrückter und zugleich erregter Stimmung. Sein Leben, das sonst mit der Präzision eines Uhrwerks ablief, war erschüttert worden. Er erhob sich und sagte bedeutungsvoll: »Ich habe mir die ganze Nacht Gedanken über die Lage gemacht. Bevor ich die Anwesenden nach ihrer Meinung frage, möchte ich Ihnen sagen, daß mein Entschluß gefaßt und unabänderlich ist. Mir ist durchaus klar, was für die Firma Kuhn, Loeb & Co. bei der Entscheidung, der wir uns gegenübersehen, auf dem Spiel steht. Doch komme, was mag... ich kann mich nicht dazu verstehen, denen zu helfen, die mein Volk mit bitterer Feindschaft gequält haben und das auch künftig tun werden, ganz gleich, mit wie schönen Worten sie das in der Stunde ihrer eigenen Not bemänteln.«[41] Die anderen Teilhaber hatten keine Möglichkeit, den allmächtigen Schiff zu überstimmen. Am nächsten Tag trompetete eine Schlagzeile in die Welt hinaus: »Deutsche Bankiers Kuhn, Loeb weigern sich, Alliierten zu helfen.«[42]

Dies schadete dem Ruf der Firma in London und Paris nachhaltig, bestätigte sich damit doch ein gegenüber Schiff schon lange gehegter Verdacht. Die den Alliierten zuneigenden Teilhaber setzten sich ganz bewußt über dessen Entscheidung hinweg. Der geschniegelte Otto Kahn – deutscher Abkunft, aber inzwischen britischer Staatsbürger, der 1913 sogar für das Unterhaus kandidiert hatte – führte seinen eigenen Ein-Mann-Blitzkrieg gegen sein Herkunftsland. Er erwarb aus eigenen Mitteln eine Tranche der anglo-französischen Anleihe im Wert von hunderttausend Dollar, und auch Morti Schiff leistete seinen Beitrag, womit er sich in offenen Widerspruch zu seinem Vater setzte. Außerdem stellte Kahn seine Londoner Villa, St. Dunstan's Lodge im Regent's Park, für die Unterbringung blinder britischer Kriegsveteranen zur Verfügung und verfaßte Hetzschriften und Artikel gegen die Deutschen, von denen einer sogar in großer Auflage hinter den deutschen Linien abgeworfen wurde.

Schiffs Entscheidung zog paradoxe Auswirkungen nach sich. Deutschlands Presse führte heftige Angriffe gegen Kuhn, Loeb und rückte dabei nicht etwa Schiffs Weigerung in den Vordergrund, sondern Otto Kahns und Mortis Beratung mit Lord Reading. Gekränkt schrieb Schiff im November 1915 an Max, wobei er ihm seine wirkliche Einschätzung des Krieges mitteilte. Alles andere als ein blinder Verehrer

Nina und Paul Warburg 1918 in Washington mit ihren beiden Kindern, dem genialischen Sohn Jimmy und der Tochter Bettina, die später, erschüttert von der Schizophrenie ihrer beiden Lieblingsonkel Aby Warburg und Jim Loeb, Psychiatrie studieren sollte.

Deutschlands, erkannte er Anzeichen in der Gesellschaft, die ihn beunruhigten. Nachdem er Max erklärt hatte, er empfinde eine gewisse Ehrfurcht für das Land seiner Vorfahren, entsetzte er ihn mit seiner scharfen Verurteilung eines Deutschland, das den einzelnen dem Staat unterordnete, einen übermäßigen Einfluß des Militärs zuließ und die Freiheit des Menschen an allen Ecken und Enden beschnitt. Im Hinblick auf die von Max beanstandete Vorherrschaft Englands zur See vertrat Schiff die Ansicht, daß eine Beherrschung der Weltmeere durch Deutschland weit schlimmer sei und den Todesstoß für den freien Handel bedeute. Abschließend erklärte er, die zum Teil auf seine Hochachtung vor Max gegründete Entscheidung in der Frage der anglo-französischen Kriegsanleihe sei ihm alles andere als leichtgefallen. [43]

In seiner Antwort gab Max Verständnis vor und erklärte, die Firma Kuhn, Loeb müsse Amerikas Interessen stützen und dürfe ihre Beziehungen zu Frankreich und England nicht gefährden. Dann schilderte er Deutschland so, wie er es durch seine rosarote Brille sah, und stellte es in den glühendsten Farben als Paradies auf Erden hin, wo es »keine Analphabeten, keine Armut [gebe], kurz, Zustände, die Ihnen ja alle bekannt sind... Ich kenne, wenigstens in Europa, keinen Aufenthalt, in dem ich mich freier fühle als in Deutschland.«[44] Die Vorstellung, die Alliierten könnten für die Freiheit kämpfen, nötigte ihm nichts als Spott ab, und warnend wies er darauf hin, daß sich England mit anderen Ländern zusammenschließen und gegen Amerika stellen werde, sofern die Vereinigten Staaten dessen wirtschaftliche Position bedrohten.

Was Deutschland betraf, konnte sich Schiff nie wirklich entscheiden. Als sich die Teilhaber von Kuhn, Loeb, die den Alliierten zuneigten, gegen eine Beteiligung an einer belgischen Schatzanleihe aussprachen, welche die deutsche Besatzungsmacht möglicherweise gestützt hätte, zeichnete Schiff sie persönlich und veranlaßte, daß die Reichsbank einen Vorschuß von fünf Millionen Dollar erhielt, ohne daß das in der Öffentlichkeit bekannt wurde.[45] Dann stellte die Firma gegen Ende 1916 Anleihen für Paris, Bordeaux, Lyon und Marseille bereit, um ihre guten Beziehungen zur Wall Street wiederherzustellen. Einzig Felix sprach sich gegen diesen Schritt aus. Sowohl die familiären als auch die geschäftlichen Verbindungen zwischen den Warburgs und den Schiffs basierten auf der Voraussetzung, daß zwischen Amerika und Deutschland Harmonie herrschte. Jetzt hatte die Geschichte einen Strich durch diese Rechnung gemacht, und es sollte viele Jahrzehnte dauern, bis der Bruch vollständig heilte.

13

Das Eiserne Kreuz

Für Max Warburg war die Geschichte Deutschlands gleichbedeutend mit dem stetigen Fortschritt seines eigenen Volkes. Er sagte voraus, daß der Krieg ihm bislang ungekannte Chancen in Regierung und Militär eröffnen werde, und erklärte, die von jüdischen Soldaten gebrachten Opfer würden sich nach dem Krieg in Gestalt einer neuen, weitreichenden Gleichstellung auszahlen. Seiner festen Überzeugung nach würde der Kampf Seite an Seite ein dauerhaftes Band der Brüderlichkeit zwischen Deutschen christlichen und jüdischen Glaubens knüpfen.

Unter dem Einfluß der vom Kriegsausbruch angeheizten vaterländischen Stimmung strömten die Juden zum Dienst unter der Reichskriegsflagge, auf der das Eiserne Kreuz und der Adler prangten. Im August 1914 erließen jüdische Gruppierungen leidenschaftliche Aufrufe, zu den Waffen zu greifen; man sah sich aufgefordert, durch freiwillige Kriegseinsätze alle antisemitischen Vorwürfe mangelnder Vaterlandsliebe zu widerlegen. In einer von führenden jüdischen Intellektuellen der deutschsprachigen Welt herausgegebenen Denkschrift wurden Deutschlands Kriegsziele ausdrücklich gutgeheißen. Die Juden bewiesen eine erstaunliche Loyalität: Von insgesamt fünfhundertfünfzigtausend die im Reich lebten, wurden nahezu hunderttausend Soldaten, zehntausend davon meldeten sich freiwillig. Mehr als zwölftausend fielen im Felde, und einunddreißigtausendfünfhundert bekamen für ihre Tapferkeit das Eiserne Kreuz verliehen.

Obwohl deutsche Juden im allgemeinen vom Offizierskorps ausgeschlossen blieben, leisteten sie Beachtliches. Der Krieg weckte Hoffnungen und machte andere zunichte. Insbesondere hatten die Juden unter der Engstirnigkeit ihrer militärischen Vorgesetzten zu leiden. Amerikas Botschafter James W. Gerard vermerkte hierzu: »Die Juden hier werden fast wie in einem Pogrom verfolgt. Man tritt ihnen, vor allem im Heer und in der Marine, mit großen Vorurteilen entgegen, weil sie fleißig waren und Geld verdient haben.«[1] Nur selten stieg im stehenden Heer ein Jude zum Offizier auf.

Als das Kriegsministerium 1916 verlangte, jüdische Kriegsteilnehmer gesondert zu zählen, legte Max, selbst Träger des Eisernen Kreuzes, empört beim Kanzler Protest ein. Die Ergebnisse dieser sogenannten Judenzählung, die auf widerwärtige antisemitische Unterstellungen von Reichstagsabgeordneten zurückging, in denen es hieß, Juden drückten sich feige vor Gefechtseinsätzen, wurden vom Kriegsministerium nie veröffentlicht. Im März 1917 traf Max mit dem Kriegsminister von Stein zusammen und forderte ihn auf, öffentlich zu erklären, daß Juden und Christen mit gleicher Tapferkeit gekämpft hätten. Dazu aber war der Pastorensohn von Stein nicht bereit. Er erklärte, zwar wisse er die von Juden erbrachten Leistungen auf vielen Gebieten zu schätzen, wies aber auf bestimmte jüdische Eigenschaften hin, die ihn rundheraus abstießen. Paradebeispiel war ihm hierbei Heinrich Heines beißender Spott, der sich über alles und jeden ergoß.[2]

Trotz seiner glühenden Liebe zu Deutschland wurde Max' Zorn auf den Antisemitismus während des Krieges immer größer. »Ich akzeptiere nicht, daß ein deutscher Christ mehr Vaterlandsliebe hat als ein deutscher Jude«[3], stellte er 1916 mit Nachdruck fest. Im weiteren Verlauf des Jahres hielt er zum Gedenken an hundertzwanzig Jahre jüdischer Assimilierung eine Rede, die ein sehr unterschiedliches Echo fand. Darin merkte er an, man habe die den Juden vom Gesetz gewährten Rechte nie vollständig in die Praxis umgesetzt, und sprach davon, daß es nur wenige bis gar keine Heeresoffiziere, Professoren, Richter, hohe Verwaltungsbeamte, Wissenschaftler und Landwirte jüdischen Glaubens gebe. Günstigstenfalls, erklärte er, seien Juden geduldet, keineswegs aber vollständig akzeptiert.

Mit dem Versuch einer Synthese zwischen den Empfindungen der Juden und der amtlichen Politik zeigte er, daß man zugleich wahrer Jude und stolz auf sein Deutschtum sein konnte. Die Übervölkerung des Landes, hob er hervor, verschärfe die wirtschaftliche Rivalität zwischen Juden und Nichtjuden – eine Auffassung, die glänzend zu seiner Forderung nach Kolonien in Übersee paßte. Zur Erklärung des Antisemitismus verwies er auf die Befürchtungen der Christen, sie würden von armen, ungebildeten Ostjuden überrannt, noch bevor die bereits im Lande lebenden Juden assimiliert seien.[4] Indessen war seine sozio-ökonomische Analyse insgesamt zu flach und zu vereinfachend und ließ die irrationalen, dunklen Tiefen der politischen Kultur in Deutschland gänzlich unbeachtet.

Als erster Warburg, der sich in die Welt der deutschen Großfinanz gewagt hatte, übersah er manche unangenehme Tatsache, bis er schließlich aufwachte und sie sogleich mit durchdringender Schärfe erkannte. 1913 schrieb er einen aufschlußreichen Brief an Aby S., in dem er erklärte, man dürfe sich nicht dadurch irreführen lassen, daß der Antisemitismus in Hamburg nicht offen zu Tage trete, latent sei er vorhanden und vergifte das Klima: »Ich bemerke das jedes Mal, wenn ich mich in der einen oder anderen Weise für zurückgesetzte Leute interessiere.«[5] Auch wenn viele den Antisemitismus im Kaiserreich übersahen, weil er sich in versteckter und kaum wahrnehmbarer Form äußerte, gab es ihn durchaus.

Für den Schutz der jüdischen Gemeinschaft Hamburgs hoffte Max auf die Mitwirkung des Senats, der nicht von der Bevölkerung, sondern von der Bürgerschaft gewählt wurde. Nie zuvor hatten diese ehrenwerten Männer einen ungetauften Juden in ihre Reihen aufgenommen. In seiner

Eigenschaft als Bürgerschaftsabgeordneter unterstützte er die Sache der Juden unerschrocken. Er kandidierte 1914 für einen Senatssitz und unterlag mit lediglich drei Stimmen Abstand. Die Presse, die ihn nahezu einhellig als weitblickend und kompetent rühmte, führte diese Wahlniederlage auf den Antisemitismus zurück.[6] Jemand, der sich so rückhaltlos für die Kriegsbemühungen einsetzte wie er, mußte darin eine scharfe Zurechtweisung sehen.

Da im deutschen Heer nur wenige Juden Offiziere waren, übernahmen im Krieg viele prominente Juden wichtige Aufgaben in der Wirtschaft. Als die Lebensmittelpreise infolge der Blockade der Alliierten scharf anzogen und es in der Bevölkerung zu Aufständen kam, gewann die Sicherung der Nahrungsversorgung vorrangige Bedeutung. Schon ziemlich früh regte Max an, den Lebensmittel-Großhandel unter staatliche Aufsicht zu stellen, um jeglicher Form von Kriegsgewinnlertum einen Riegel vorzuschieben. Er, Ballin und Melchior halfen mit, den später in *Zentral-Einkaufsgesellschaft* umbenannten sogenannten Reichseinkauf zu organisieren, dessen Aufgabe es war, unter Aufsicht der Regierung Nahrungsmittel einzuführen.[7] Für solche Einfuhren stellte M. M. Warburg Devisen zur Verfügung und leistete Vorauszahlungen. Nachdem Max in Berlin angeregt hatte, das Reich solle Rumänien attraktive Handelsabkommen anbieten, schickte das Auswärtige Amt 1915 Melchior dorthin, und er schloß Verträge über die Lieferung von Millionen Tonnen Getreide nach Deutschland ab.

Zu jener Zeit schien der Patriotismus der deutschen Juden weder töricht noch fehl am Platz. Die jüdische Bevölkerung der vormals zaristisch besetzten polnischen Gebiete begrüßte die einmarschierenden deutschen Soldaten als Retter. Während die vorrückenden russischen Truppen entsetzliche Pogrome durchführten, tat Max alles, um sicherzustellen, daß Juden unter der deutschen Besatzungsarmee nicht zu leiden hatten. Die vergleichsweise wohlhabenden deutschen Juden kümmerten sich zwar um das Schicksal ihrer ostjüdischen Vettern, befürchteten aber zugleich, es könne ihre keineswegs endgültig gefestigte Position gefährden, wenn diese nach Deutschland einströmten. Hier hoben sich die Ostjuden mit ihren schwarzen Hüten oder Jarmulkas auf dem Kopf, ihrer überschwenglichen Art und den Gebräuchen aus den ostjüdischen Schtetl deutlich von der übrigen Bevölkerung ab. Eleganten deutschen Juden war das nicht nur peinlich, das Elend der Ostjuden erinnerte sie auch an eine Vergangenheit, die sie vergessen wollten – ganz davon abgesehen, daß all diese Dinge Christen in bestimmten Klischees bestärken mußten.

Diese Statussorgen der deutschen Juden führten zu einer ernsthaften Beeinträchtigung der Hilfsbemühungen während des Krieges. Über M. M. Warburg & Co. leitete der New Yorker Vergabeausschuß große Geldbeträge an bedürftige polnische Juden – insgesamt neunzehn Millionen Mark bis zum Kriegseintritt der Vereinigten Staaten. Viele amerikanische Juden – vor allem Zionisten wie Louis Brandeis – wollten nicht, daß diese Hilfsgelder von dem in Berlin ansässigen Hilfsverein der Deutschen Juden, dem auch Max angehörte, verwaltet wurden.[8] In Briefen an Felix bezichtigte Brandeis den Hilfsverein einer prodeutschen und antizionistischen Haltung und erklärte außerdem, dieser verbreite in besetzten Gebieten deutsche Propaganda, um sich bei der Reichsregierung einzuschmeicheln. Besonders heftig kritisierte er, daß sich der Hilfsverein für die Errichtung einer Grenzsperre aussprach, damit keine polnischen Juden mehr nach Deutschland gelangen konnten.

Nach anfänglichem Zögern protestierte Jacob Schiff in aller Entschiedenheit bei Max Warburg. Zwar räumte er ein, daß der Zustrom von Ostjuden Nachteile für deutschstämmige Juden mit sich bringen könnte; dennoch aber waren diese seiner Ansicht nach verpflichtet, ihre Glaubensbrüder aufzunehmen. Äußerst aufgebracht machte er ihm den Vorwurf, sie ließen sich von »einem ausschließlich selbstsüchtigen Standpunkt [leiten], der amerikanischen Juden ganz allgemein, und mir persönlich völlig unverständlich ist«.[9] Er stellte die rhetorische Frage, ob nicht mitteleuropäische Juden in ein großes Zetergeschrei verfallen wären, hätte Amerika russischen, polnischen und rumänischen Juden die Einreise verweigert.[10] Am 20. Juni 1916 beschloß der Vergabeausschuß, keine Gelder mehr durch Organisationen weiterzuleiten, an deren Spitze Juden deutscher Herkunft standen. Felix enthielt sich bei dieser Entscheidung der Stimme. Voll Bitterkeit teilte ihm Max mit, die Bank werde lediglich jene Gelder verwalten, die der Hilfsverein verteilen sollte. Zwar verwahrte er sich gegen die Entscheidung des Ausschusses, begriff aber, daß Felix als dessen Vorsitzender in dieser Frage nunmehr machtlos war: »Ich weiß, daß du nicht helfen kannst, sondern von den lieben Zionisten gedrängt wirst.«[11] Felix erklärte, die Zionisten vermuteten eine Intrige der Brüder Warburg: »Daß Bruder Max und ich unter einer Decke stecken, ist ihre feste Überzeugung.«[12]

Bei seinen Hilfsaktionen stimmte Max jeden Schritt mit dem Auswärtigen Amt ab. »Es ist wohl keine deutsche Privatbankfirma gewesen, die in einem so hohen Maße für das Deutsche Reich garantiert hat wie unsere Firma«, schrieb er. »Insofern ist es schon wahr, daß wir zum Teil den Krieg mitfinanziert haben; namentlich bei Einkäufen, die im neutralen Ausland gemacht wurden, mußten wir unsere Garantie geben.«[13] Die Zahl der durch die Reichsbank garantierten Warburg-Anleihen war derart hoch, daß Max bei der Vorstellung, Deutschland könne den Krieg verlieren, angst und bange wurde; in diesem Fall nämlich wäre die Reichsbank womöglich nicht imstande, ihre vielen Garantien einzulösen. Wenn es dahin käme, sagte er, könnten sie ebensogut eine Anzeige in der Zeitung aufsetzen mit dem Wortlaut »Auf dem Felde der Ehre stellten ihre Zahlungen ein M. M. Warburg & Co.«[14]

1917 scheiterte Max erneut mit seinem Versuch, sich in den Hamburger Senat wählen zu lassen. Dabei hatte er geglaubt, leichtes Spiel zu haben, da sein Gegenkandidat eine farblose Gestalt war. Gewöhnlich empfing der Sieger am Wahlabend die Überbringer von Glückwünschen bei sich privat. Also stürmte Max an jenem Freitagabend nach Hause und überlegte, ob er sich in den Frack oder den Smoking werfen sollte. Als er dann erfuhr, daß sein Gegenkandidat gewonnen hatte, suchte er tapfer nach Erklärungen dafür. So sagte er sich, wegen der späten Stunde seien viele Mitglieder der Bürgerschaft schon vor der Abstimmung nach Hause gegangen, während andere, nicht mehr ganz nüchtern, den Wahlzettel falsch gekennzeichnet hätten. Aby, der sich keinen Illusionen hingab, reagierte empört. Schon bald munterte Max diejenigen auf, die gekommen waren, um ihn zu trösten. Da er weder nachtragend war noch zum Grübeln neigte, sagte er, sofern er gewählt worden wäre, hätte das lediglich antisemitische Empfindungen geschürt. Schließlich setzte er sich mit seinen Angehörigen, unter ihnen Charlotte, zum gewohnten freitäglichen Nachtmahl nieder.[15]

Der Kriegsausbruch hatte Aby Warburgs finsterste Vorahnungen vom Sieg des Wahnsinns über die Vernunft bestätigt. Die Belastungen, die der Krieg mit sich brachte, kosteten ihn sein ohnehin empfindliches seelisches Gleichgewicht. Er verließ sich auf seinen »prophetischen Bauch« und sagte schon nach drei Wochen eine Niederlage Deutschlands voraus. Frühe Siege, die in Hamburg wilden Jubel auslösten, bedrückten ihn um so mehr, und sein Kommentar war lediglich: »Wir siegen uns zu Tode.«[16]

Für ihn war der Zeitpunkt des Kriegsausbruchs tragisch. Noch im Frühjahr 1914 hatte er mit seinem Schützling Fritz Saxl über den Plan gesprochen, aus der Bibliothek ein Forschungsinstitut zu machen. Doch das erwies sich als schöner, flüchtiger Traum. Da Saxl bei Kriegsausbruch im österreichischen Heer dienen mußte, wurden die Pläne für das Institut inmitten des allgemeinen Wahnsinns Makulatur.

Gewöhnlich wird Abys Reaktion auf den Krieg mit seinem schon früh gezeigten Pessimismus sowie seiner Abscheu vor Blutvergießen in Verbindung gebracht, und allzugern beschwört man das Bild einer einfühlsamen, menschlichen und vernunftbetonten Seele herauf. Leider war er von bisweilen geradezu fanatischer Parteilichkeit und betrachtete die Ereignisse ausgesprochen einseitig. Er bedauerte die Verletzung der belgischen Neutralität durch Deutschland zutiefst und sagte: »Wir tragen Lackschuhe mit einem Klex Vogelscheiße.«[17] Dennoch verwahrte er sich nachdrücklich gegen die Behauptung, die deutschen Soldaten hätten Greueltaten an der Zivilbevölkerung begangen, und erklärte, Heckenschützen hätten auf sie gefeuert.[18] Entsetzen lösten in ihm lediglich die gegen Deutschland gerichteten barbarischen Akte der Alliierten aus. Entgegen seiner eigenen frühen Vorahnung, Deutschland werde den Krieg verlieren, behauptete er ungezählte Male, man müsse und werde gewinnen. In Abys Briefen aus der Kriegszeit findet sich nur selten ein kühles, überlegtes Wort. Aby war zu jener Zeit weniger ein Apostel der Vernunft; unverkennbar bestimmte ihn vielmehr eine in Kriegszeiten übliche Kampfeslust. Während der ersten Kriegswochen quälten ihn Schlaflosigkeit und blutrünstige nächtliche Traumbilder. Morgens erwachte er voll Beklemmung und konnte nicht glauben, daß Europa in diesem Massenselbstmord befangen war. Jeder Todesfall störte ihn auf. Als im Januar 1915 eine Granate Aby S.' Enkel Franz tötete, schrieb Aby M. an seine Mutter: »Der Krieg verschlingt die Welt. Wir heizen den Ofen mit Klavieren.«[19] Fieberhaft und unruhig leistete der neunundvierzigjährige, zuckerkranke Aby, der für den aktiven Kriegseinsatz zu alt war, seinen Beitrag zu Einrichtungen der Kriegshilfe, tauschte an Straßenecken Neuigkeiten aus und verzeichnete in seinem Tagebuch Schlachten. Er schrieb an Paul in der Hoffnung, dieser könne in Washington etwas gegen die antideutschen »Verleumdungen« unternehmen und die Amerikaner zur Lektüre deutscher Zeitungen veranlassen.[20]

Wütend über seine Ohnmacht, beschloß Aby mit der einzigen ihm zur Verfügung stehenden Waffe gegen die Alliierten zu kämpfen: seiner Bibliothek. Alles hatte sich fortan dieser Idee unterzuordnen. Statt sich mit Kunstgeschichte zu beschäftigen – was er zu keinem Zeitpunkt vollständig aufgab –, machte er eine Bestandsaufnahme des Krieges, wozu er täglich Artikel aus acht oder neun teils in Hamburg, teils im Ausland erscheinenden Zeitungen sammelte. Bald quollen neben den Bücherregalen ganze Aktenschränke von Zeitungsausschnitten über. Sein Schüler Carl Georg Heise beschrieb die Bibliothek als eine Art Schlachtfeld und Aby als kommandierenden Offizier, der schließlich an die fünfundzwanzig tausend Exzerpte und Artikel aus der Kriegsberichterstattung zusammengetragen hatte.

Anfangs verlieh dieser Versuch, System in das Unbeschreibbare zu bringen, dem bedrängten Aby das trügerische Gefühl, Herr der Ereignisse zu sein. Im Lauf der Zeit wurde die Aufgabe jedoch derart umfangreich und erschöpfend, daß er seine drei Kinder mit einspannen mußte; diese aber verabscheuten es, Zeitungsartikel abzuschreiben. Als Abys Schultern zu schmerzen begannen, mußte Mary als Sekretärin einspringen. Jim Loeb, der sich während des Krieges in Deutschland aufhielt, schrieb an Nina: »Ich habe versucht zu erreichen, daß Mary für eine Weile herkommt, doch ich fürchte, daß Aby sie nicht gehen läßt. Armes Frauchen; sie kann kaum noch ihre Seele ihr eigen nennen!«[21]

Vielfach wird Abys Nachrichtenkatalog aus der Kriegszeit als hochgesinnter Versuch hingestellt, Tatsachen von bewußten Fehlinformationen zu trennen. In Wahrheit hatten ihn nur angeblich gegen Deutschland gerichtete Lügen aufgebracht, und er sah keinen Anlaß, die eigene Propaganda zu entlarven. Aus seiner Sicht wurde das tugendhafte Deutschland zu Unrecht von einer boshaften, verständnislosen Welt verleumdet, und er sah die Schuld für den Krieg bei der Presse, nicht aber bei Politikern oder

Generälen. »Ohne die Zuchtlosigkeit der Lügenpresse wäre der Krieg nicht zu machen gewesen.«[22] Er hoffte auf einen Prozeß über die Kriegsverbrechen, der Deutschland Gelegenheit bieten werde, die Verleumdungen der alliierten Presse offen darzulegen. In Briefen forderte er vielbeschäftigte Zeitungsherausgeber auf, die jeweiligen Quellen antideutscher Äußerungen genau festzuhalten. Nur anhand solcher Zitate, teilte er einem von ihnen mit, könne »das Material zu dem ›Handbuch der Lüge‹ zuverlässig gesammelt werden, das nach dem Kriege geschrieben werden muß«.[23] Vermutlich wußten die Zeitungsleute nicht so recht, was sie von diesem sonderbaren, aufdringlichen Mann halten sollten, der von Kriegsberichterstattern pedantische Genauigkeit erwartete, ohne dabei deren schwierige Arbeitsbedingungen in Rechnung zu stellen.

In einem Fall griff Aby aktiv in das Geschehen ein. Als Italien 1914 schwankte, ob es an die Seite Deutschlands treten oder sich den Entente-Mächten anschließen sollte, übernahm er eine diplomatische Mission. Da er das Land bewunderte, lange in Florenz gelebt hatte und fließend Italienisch sprach, schien er ideale Voraussetzungen zu haben, um als Abgesandter Deutschlands tätig zu werden. Bei einer Zusammenkunft mit Fürst von Bülow, der als Sonderbotschafter nach Italien entsandt werden sollte, bot er im September 1914 an, eine illustrierte Vierteljahreszeitschrift in italienischer Sprache herauszugeben, die dazu beitragen sollte, Italien dem Reich als Bündnispartner zu erhalten. Die erste Nummer dieser *Rivista*, die Bülow persönlich begutachtete, erschien im Oktober. Im November und noch einmal im Januar 1915 reiste Aby nach Italien, um gemeinsam mit einflußreichen alten Freunden die Dinge in Gang zu bringen. Anschließend unterrichtete er Bülow über seine Gespräche. Er war so erregt, daß ihm sein Arzt die zweite Reise lediglich unter der Bedingung gestattete, daß er vorher eine Woche ausspanne.

Aby sah es als schmählichen Verrat an, daß Italien im Frühjahr 1915 der Entente beitrat, und er verglich das Land melodramatisch mit einem lieben alten Freund, den Meuchelmörder auf offener Straße erstochen haben. Er rückte nicht von seiner Anschauung ab, die Regierung des Landes habe sich gegen die überwältigende prodeutsche Stimmung im Volke gestellt. So schrieb er an einen früheren Mitarbeiter: »Schade, daß man nicht an einem Ekelanfall plötzlich sterben kann. Im übrigen werde ich helfen, Italien zu vernichten, wie und wo ich nur kann. Dieses Bordell muß verschwinden.«[24]

Um diese Feindseligkeit richtig einschätzen zu können, muß man wissen, daß Aby den Krieg als Machtkampf zwischen zwei äußerst ungleichen Kulturen interpretierte. Während er in den Deutschen die Bewahrer von Humanismus und Zivilisation sah, betrachtete er die Angelsachsen als käufliche Barbaren. Deutschland kämpfte für die Freiheit, England – und später Amerika – ging es um die Beute. Er war zutiefst von der Überlegenheit Deutschlands und Italiens überzeugt, die seiner Ansicht nach die Speerspitze des europäischen Kampfes um die kulturelle Vorherrschaft gegen den Fernen Osten darstellten. Durch Italiens Wechsel ins Lager der Alliierten verzerrten sich die klar umrissenen moralischen Vorstellungen, die Aby ein einfaches Bild des Krieges vermittelt und es ihm gestattet hatten, darin einen heiligen Kampf zu sehen. Gut und Böse waren nunmehr miteinander vermengt.

Trotz der Bindungen der Familie Warburg an England und Amerika war Aby überzeugt, daß beide Länder eine im Entstehen begriffene neue Ordnung verkörperten, die sich in einem dekadenten und banausischen Materialismus äußerte. So heißt es in einem Brief an Paul: »Let them pay – die einzige Maxime, an die die anglosaxonische Kultur glaubt. Es gibt aber ideologische Reaktionen und Freiheitskämpfe, die man nicht mit Gold und Lügen unterdrücken kann.«[25] So sehr dämonisierte er die Angelsachsen, daß er sich Propagandasprüche für die deutsche Presse ausdachte, die zugleich Ausdruck seines großen persönlichen Abscheus waren. So forderte er Zeitungsherausgeber auf, statt »Britannia rules the waves« zu schreiben »Britannia rules the slaves« – wobei die Sklaven für die Vereinigten Staaten und Italien standen. Auch regte er an, eine allegorische Britannia zu zeigen, die eine schwarz-goldene Peitsche über italienischen Heerführern schwang.[26] Einem anderen Herausgeber schlug er vor, die USA künftig als Vereinigte Nördliche Sklavenstaaten Amerikas zu bezeichnen.[27] Dieser Spott ist um so bemerkenswerter, wenn man bedenkt, daß Paul und Felix von Amerika aus Abys kulturelles Wirken mit ihren Dollars unterstützten.

Allerdings sei der Gerechtigkeit halber gesagt, daß Aby bereits in ein Stadium langsam fortschreitender geistiger Verwirrung eingetreten war. In seinem Kopf wirbelten Bilder von alptraumhafter Intensität durcheinander. Beispielsweise sprach er von einem blutüberströmten Planeten, einem Sturm, der die zarten Blüten und Blätter der deutschen Jugend mit sich reiße, vom weit geöffneten, kreischenden Maul der Schwerindustrie, das die geistige Welt verschlinge. Als er 1915 zum ersten Mal gerüchtweise von einem bevorstehenden Frieden hörte, knurrte er: »Die entfesselte Bestie muß erst noch mehr Blut gesoffen haben.«[28]

Solcher Glaube an die deutsche Kultur fand ihr Echo in Jim Loeb, der zum neunten Mal den Sommer in Süddeutschland verbrachte. Aby war entzückt, als Jim beschloß, für die Dauer des Krieges auf seinem Besitz in Hochried zu bleiben, wo er auf der Orgel im großen Saal des Herrenhauses Beethoven und Brahms spielte. Richard Wagners mystische Klänge ließen ihn erschauern, und gern hörte er zu, wenn Freunde aus Goethes *Faust* vorlasen. Wie Aby hatte er für die abtrünnigen Italiener nichts als Verachtung übrig und nannte sie »schmierige Verräter«, während er die Deutschen pries als das »große heldische Volk, das sich nicht beklagt«.[29] Zur Unterstützung der Kriegsbemühungen vergrößerte Jim die Kartoffel-Anbaufläche auf Hochried und spendete für eine Hilfsgesellschaft stattliche hunderttausend Mark. Wie Aby war er nicht von der festen Überzeugung abzubringen, daß sich Deutschland gegen Barbarenhorden zur Wehr setze.

Durch den Krieg gerieten nicht nur Max, Paul und Felix, sondern auch der glupschäugige jüngere Fritz mit dem Walroßschnurrbart ins Rampenlicht. Da er Vorsitzender der Hamburger Metallbörse war, berief man ihn in den Beraterstab der Kriegsmetallgesellschaft, deren Aufgabe es war, die Rohstoffversorgung Deutschlands sicherzustellen.[30]

Im Auftrag des Auswärtigen Amtes reiste Max 1915 dreimal nach Schweden, wo er vergeblich versuchte, Außenminister Knut Wallenberg zur Aufgabe der Neutralität und zum Kriegseintritt an der Seite Deutschlands zu bewegen. Nachdem Wallenberg auf die ausgedehnten Handelsbeziehungen mit England hingewiesen hatte, endeten die Gespräche in einer frostigen Atmosphäre. Anschließend riet Max dem Auswärtigen Amt, zur Ankurbelung der Wirtschaftsbeziehungen einen Handelsattaché nach Schweden zu schicken. Man entsandte Fritz als Berater in die Stockholmer Botschaft. Da er nicht in offizieller Mission reiste, hatte er bei der Verhandlung von Tauschgeschäften größere Freiheiten.

In geschäftlichen Dingen verließ sich Lucius Baron von Stödten, der an der Spitze der deutschen Gesandtschaft stand, ganz auf seinen Freund Fritz, der mit seiner Familie bis zum Waffenstillstand in Schweden blieb, obwohl die Reise ursprünglich nur zwei Wochen hätte dauern sollen. Fritz erhielt eine großzügige Reichsbankanleihe und sorgte dafür, daß im Tausch gegen deutsche Kohle, mit der die Schweden ihre Eisenbahnen betrieben, schwedisches Erz nach Deutschland gelangte. Außerdem tauschte er Kali und Kohle aus deutscher Förderung gegen Schweineschmalz und Pferde aus Schweden.

Für seine Frau und ihn, die sonst unablässig der Zurschaustellung der gesellschaftlichen Überlegenheit von Max und Alice ausgesetzt waren, bedeuteten die in Stockholm verbrachten Kriegsjahre eine angenehme Atempause. Anna Beata, die in Stockholm eine Fröbel-Gesellschaft zur Förderung fortschrittlicher Kindergartenarbeit gründete, freundete sich mit Elsa Brändström an, der Tochter des schwedischen Botschafters in Moskau. Wegen ihrer aufopferungsvollen Pflegedienste an deutschen Kriegsgefangenen in Rußland erhielt diese später den Beinamen »schwedische Florence Nightingale«. Gemeinsam verfaßten die beiden Frauen ein Kinderbuch mit dem Titel *Was sollen wir tun?*[31]

Im Juli 1916 geriet Fritz durch einen Zufall in die Geschichtsbücher. Eine russische Delegation kam auf dem Rückweg von Finanzgesprächen, die sie in London geführt hatte, durch Stockholm. Bei dieser Gelegenheit äußerte ein gewisser Graf Olsufjew den Wunsch, einen in der Wirtschaft tätigen Deutschen kennenzulernen. Er habe die Stimmung in Frankreich und England erkundet, erklärte er und wolle nun auch etwas über

Deutschland erfahren. Hinter der beiläufigen Bitte verbarg sich ein ernsthafter Plan. Bei Gesprächen im Auswärtigen Amt in Berlin war Fritz angewiesen worden, auf solche Annäherungen einzugehen, und auch von Stödten ermunterte ihn zum Zusammentreffen mit den Russen.[32] (Bei Max heißt es, Fritz sei nur hingegangen, weil Stödten am Vortag Stockholm verlassen hatte.)[33] Fritz erklärte – vielleicht, um der deutschen Regierung die Möglichkeit zu geben, sich gegebenenfalls von den Gesprächen zu distanzieren –, er sei von offizieller Seite kaum vorbereitet in das Gespräch gegangen und daher erstaunt gewesen, als sich die Tür öffnete und der Vizepräsident der russischen Reichsduma, Alexander Protopopow, hereinkam. Mit einem Mal steckte Fritz mitten in – wenn auch inoffiziellen – Verhandlungen auf hoher Ebene, bei denen es darum ging, die Möglichkeiten eines Separatfriedens zwischen Deutschland und Rußland auszuloten.

Einleitend betonte Fritz, daß er seinen eigenen Standpunkt und nicht den der Reichsregierung vertrete. Er erklärte, Deutschland besitze durchaus das Durchhaltevermögen und die Mittel für einen längeren Krieg, der sich aber in erster Linie gegen Frankreich und England, nicht gegen Rußland richte. Er schlug vor, Rußland im Tausch gegen den von Deutschland besetzten Teil Polens baltisches Gebiet zu überlassen; anschließend könne man die Handelsbeziehungen zwischen beiden Ländern vertiefen.[34]

Auch später spielte Fritz die Sache eher herunter und erklärte, beide Seiten hätten das Gespräch aus dem Augenblick heraus geführt, und das Auswärtige Amt habe die Erfolgsaussichten skeptisch beurteilt. In Rußland wurde Protopopow mit offener Animosität empfangen. Zwar schien sein Bericht den unschlüssigen Zaren Nikolaus II. zu beeindrucken, doch als bekannt wurde, daß er Geheimgespräche geführt hatte, wurde dies von probritisch eingestellten russischen Liberalen verurteilt. Angesichts der schwierigen Lage behauptete Protopopow, daß die Initiative von Fritz ausgegangen sei. Da jener in dieser verwickelten Schachpartie eher ein Bauer auf dem Brett als ein Spieler war, hatte er keine Kenntnis von den parallelen Friedensofferten des Reichs an Rußland. Erst nach dem Krieg erfuhr Fritz aus einem offiziellen Schreiben: »Ihre Verhandlungen mit Pr. und O. waren ja nur ein Glied in einer langen Kette.«[35] Im November 1916 rief Deutschland ein unabhängiges Polen aus und versuchte zugleich, polnische Kriegsfreiwillige zu gewinnen. Diese von Rußland als feindselig empfundene Maßnahme machte alle Aussichten auf weitere Friedensgespräche zunichte.

Als die Nationalsozialisten später die Protopopow-Affäre ihren Bedürfnissen entsprechend umschrieben, wiesen sie dem bescheidenen, unauffälligen Fritz darin die Rolle des verräterischen Schurken zu. Der den Nationalsozialisten zuneigende Publizist Theodor Fritsch stellte sogar die Behauptung auf, Fritz habe 1916 die sichere Aussicht auf einen Separatfrieden verspielt. Ein solcher Friede hätte nicht nur Deutschland den Sieg gesichert, sondern auch Rußland die Revolution der Bolschewiken erspart. Fritsch behauptete darüber hinaus, jeder patriotisch gesinnte deutsche Diplomat hätte diese Unterredungen erfolgreich beenden können. Letztlich machten die Nationalsozialisten Fritz nicht nur für den Zusammenbruch des Kaiserreichs und den Aufstieg des Kommunismus verantwortlich, sie behaupteten auch, er habe den gesamten Verlauf der Geschichte Europas maßgeblich beeinflußt.[36]

Hatte der Krieg noch im August 1914 die jubelnden, überglücklichen Volksmassen auf den Rathausplatz gelockt, so rief er nun, 1916, dumpfe Bedrückung hervor. Lebensmittel waren knapp, und die Steckrübe wurde zum Hauptnahrungsmittel. Ein Drittel der Hamburger Bevölkerung mußte sich in großen öffentlichen Küchen ernähren, und vor den Geschäften bildeten sich lange Schlangen. Ferner führte die Lebensmittelknappheit zu wachsender Korruption, so daß es zu Streiks und rigorosen Polizeieinsätzen kam. Im September riefen Frauen und Studenten auf den Straßen in Sprechchören »Nieder mit dem Kaiser« und forderten ein Ende des Krieges. Max faßte dieses Jahr mit den Worten zusammen: »Das Leben bekam eine trübe, freudlose Schwere.«[37]

Da es um die Wirtschaft so schlecht bestellt war, ließ sich Max auch auf ungewohnte Geschäfte ein. So besuchte ihn 1917 Carl Hagenbeck, der Gründer und Leiter des Hamburger Zoos. Zu einer Zeit, da Menschen Eßbares im Abfall suchten, konnte er seine Tiere kaum mehr durchfüttern und mußte daher achttausend Mark aufnehmen. Angesichts der hungernotsähnlichen Zustände zögerte Max, für die Ernährung von Zootieren Geld zu verleihen. Lediglich unter der Bedingung, daß Hagenbeck ihm das Nashorn verpfände, war er zur Vergabe des Kredits bereit. Das erwies sich als ein kluger Schachzug: Nach dem Krieg wurde das Tier an den Budapester Zoo verkauft, und Max bekam sein Geld zurück.

Im Lauf der Jahre war auch Max Opfer mancher Fehleinschätzung geworden; gleichwohl erkannte er präzise, wie unsinnig Deutschlands uneingeschränkter U-Boot-Krieg war, und sagte richtig voraus, daß diese Strategie zum Kriegseintritt Amerikas führen werde. Im Dezember 1916 schickte ihm Paul durch einen Mittelsmann einen Brief, in dem es hieß, die Alliierten hätten den Markt für amerikanische Anleihen nahezu erschöpft, doch sorge der allgemein auf Abscheu stoßende U-Boot-Krieg dafür, daß er weiter wachse.[38] Da Pauls Informationen für Max von Nutzen waren, wußte er besser als die militärische Führung des Reichs, was ein Kriegseintritt der Vereinigten Staaten bedeuten würde. Von offizieller Seite aber hatte man nur Herablassung für seine Meinung übrig. Als die Hamburger Handelskammer Anfang Januar 1917 den Kaiser zum uneingeschränkten U-Boot-Krieg aufforderte, protestierte Max vehement, fand aber für seinen abweichenden Standpunkt nur noch vor einer immer kleineren politischen Gemeinde Gehör.

Er unternahm zwei letzte Versuche, die Politik zu beeinflussen. Am 20. Januar 1917 dinierte er mit Arndt von Holtzendorff, dem Berliner Vertreter der HAPAG, und Karl Helfferich, Staatssekretär im Reichsschatzamt, der in der Frage des U-Boot-Krieges bis dahin sein einflußreichster Verbündeter gewesen war. Während Max mit Nachdruck vortrug, warum er es für notwendig hielt, von U-Boot-Angriffen abzusehen, zeigte ihm Helfferichs skeptischer Gesichtsausdruck, daß er seinen letzten Verbündeten verloren hatte. Deutschlands Führung glaubte nicht, daß die USA zur Vergeltung in den Krieg eintreten würden. Nachdem Wilson am 22. Januar eine Friedensbotschaft an den Senat der Vereinigten Staaten gerichtet hatte, flehte Max das Auswärtige Amt förmlich an, konstruktiv zu reagieren, und schloß seine Bitte mit den prophetischen Worten: »Kommt es zum Kriege mit Amerika, so heben wir die moralische, finanzielle und wirtschaftliche Kraft der Feinde Deutschlands in einem Maße, daß wir von der Zukunft nichts mehr zu erhoffen haben; das ist meine feste Überzeugung...«[39]

Zufällig aß Max am 31. Januar in seinem Klub mit Staatssekretär Zimmermann und Henning von Holtzendorff, dem Chef der Flotte und des Admiralstabs, zu Mittag. Es war der schicksalhafte Tag, an dem Deutschland den offenen U-Boot-Krieg erklärte. Max sah, daß seine Tischgenossen aus der Marine alles andere als begeistert waren. Sie wirkten eher gedrückt und niedergeschlagen, so als seien sie sich ihrer Position insgeheim unsicher. Anfang Februar brach Präsident Wilson die diplomatischen Beziehungen zum Deutschen Reich ab, und in den folgenden zwei Monaten befürwortete sogar Paul Warburg den Kriegseintritt Amerikas für den Fall, daß Deutschland seine irregeleitete Politik des U-Boot-Terrors nicht aufgab. Wie von Max vorhergesagt, traten die Vereinigten Staaten am 6. April 1917 in den Krieg ein. Für die Familie Warburg, die zum Teil in Deutschland und zum Teil in Amerika daheim war, bedeutete das eine Katastrophe, die unbeschreiblichen Kummer hervorrief.

Charlotte schrieb einen rührenden Brief an Präsident Wilson. Sie verwies darauf, daß es außer ihr bestimmt noch andere Mütter gebe, deren Kinder zu beiden Seiten des Atlantiks lebten, und sie erkundigte sich, ob es keine Aussicht gebe, den Krieg zu beenden. Bevor die Vereinigten Staaten in den Krieg eintraten, waren Briefe das Band zwischen den deutschen und den amerikanischen Warburgs gewesen. Regelmäßig setzte sich die kleine, untersetzte und energische Charlotte mit einem Glas abgekochten Wassers an ihren Schreibtisch und schrieb ihren in New York lebenden Söhnen. Die Antworten las sie der versammelten Familie vor und hob sie in einem Körbchen im Frühstückszimmer auf. Damit war es nach dem April 1917 vorbei; die Warburgs sahen sich vor einer undurchdringlichen Wand. Gelegentlich brachten Reisende Briefe aus Amerika mit, die sie ins Land geschmuggelt hatten, doch waren solche Boten unzuverlässig. So warf einer, der unterwegs Angst bekam, ein ganzes Bündel über Bord. Als Felix dies hörte, hob er verzweifelt die Hände in die Luft und schrie: »So'n Schlemiel!«[40] Für Max und Paul, die in regem Briefwechsel gestanden hatten, war es eine befremdliche Zeit, die beide in gewisser Hinsicht aus ihrer Bahn warf. Er fühle sich wie ein von seinem zweiten Ich getrennter siamesischer Zwilling, erklärte Max.[41] Nunmehr mußte Felix die 1914 von Paul übernommene Teilhaberschaft bei M. M. Warburg aufgeben.

Inzwischen hatte sich in New York eine gegen alles Deutsche gerichtete Stimmung breitgemacht. In den Schulen wurde Deutsch vom Lehrplan gestrichen, und Beethoven verschwand aus den Konzertrepertoires. Drei Jahre lang hatte man die führenden Juden des Landes, die nicht so recht wußten, wem sie die Treue halten sollten, subversiver Sympathien verdächtigt. Diese Identitätskrise wurde vom Krieg gelöst; nunmehr konnten sie unter Hinweis auf höhere Gewalt reinen Herzens die Alliierten unterstützen. Als die Teilhaber von Kuhn, Loeb diesen Schritt taten, herrschte in der Firma wieder Friede. Der herzleidende Jacob Schiff vertrat eine ausgesprochen antideutsche Position und teilte im März 1917 Eliot, dem Präsidenten der Universität Harvard, mit, bedingt durch die »rücksichtslose und unmenschliche Handlungsweise der Reichsregierung hat sich meine Haltung grundlegend verändert, und ich hoffe jetzt nur, daß Großbritannien und Frankreich recht bald den Frieden werden erzwingen können«.[42] Ein Jahr später war er über das Deutsche Reich so verärgert, daß er sich für einen umfassenden militärischen Sieg aussprach, der »Deutschlands militärische Führung, die sich als die schlimmste der ganzen Welt erwiesen hat, gründlich und auf alle Zeiten« beseitigen würde.[43]

Mit dem Sturz des Zaren Anfang 1917 schwanden alle Bedenken, die Schiff noch an einer Unterstützung der Alliierten hindern mochten, endgültig dahin. Er sah das Ende des staatlich geförderten Antisemitismus voraus und begrüßte die Revolution der Menschewiki als »fast ein Wunder... ein beinahe größeres als die Befreiung unserer Vorväter aus der Sklaverei der Ägypter«.[44] Er schoß der Regierung von Alexander Kerenskij eine Million Rubel vor, die er, als die Bolschewiki sechs Monate darauf an die Macht kamen, einbüßte. Später warfen die Nationalsozialisten Schiff und den Warburgs wahrheitswidrig vor, sie hätten die Revolution der Bolschewiken gefördert.

Wie schon früher angemerkt, hatte Siegmunds und Théophilies Tochter Rosa den Baron de Gunzburg geheiratet. Sie lebten in Sankt Petersburg in einem herrschaftlichen Haus nahe dem Zarenpalast. Als der Baron am 10. Juli 1917 in New York eintraf, um Hilfe für Kerenskijs Regierung zu erbitten, wurde er von Felix begrüßt. Nachdem sich die Bolschewiki durchgesetzt hatten, drangen Soldaten in das Palais der de Gunzburgs ein und plünderten den Weinkeller; er selbst wurde eingekerkert und kam nur unter Schwierigkeiten wieder frei, floh mit seiner Familie aus Rußland und fand schließlich eine leitende Position in einer Amsterdamer Bank.

Nach der Aufkündigung der diplomatischen Beziehungen zwischen den Vereinigten Staaten und Deutschland teilte der ob dieses Schrittes ziemlich deprimierte Felix seinem Sohn mit: »Vor allem tut mir leid, daß wir mit in diese Sache hineingezogen werden, denn ich fürchte, daß wir damit unsere Möglichkeiten als Vermittler, und damit als einflußreichste Macht auf der Welt aufzutreten, eingebüßt haben, jetzt sind wir nichts anderes als einer von vielen Raufbolden.«[45] Als die Vereinigten Staaten in den Krieg eingetreten waren, wußte Felix, daß jede weitere Diskussion unsinnig war, und unterstützte die Kriegsbemühungen mit dem ihm eigenen Schwung. Da er sich, wie auch viele andere deutschstämmige Juden, große Mühe gab, alle etwaigen Zweifel an seiner Loyalität auszuräumen, legte er einen übertriebenen Patriotismus an den Tag. Er wurde Leiter der United Service Organization, stiftete der »Mosquito Fleet« der Regierung sein kleines Rennboot und bot ihr das Gebäude der Young Men's Hebrew Organization (Jüdischer Verein junger Männer) als Ausbildungsstätte an. Er veranlaßte sogar, daß der Verwalter auf *Woodlands* keinen teuren Würfelzucker mehr an die verwöhnten Pferde verfütterte.

Paul vergrub sich förmlich in Arbeit für den Krieg, während Zentralbank und Finanzministerium die als Liberty Bonds bezeichneten Kriegsanleihen im Wert von etlichen Milliarden Dollar auf den Markt warfen. »Er schien keine andere Sorge zu kennen, als die Kriegsanleihe zu verkaufen und Kapital für unsere in den Kinderschuhen steckende Rüstungsindustrie zu beschaffen«[46], lautete die Einschätzung seines Sohnes. Nach wie vor suchte Paul Möglichkeiten, den Konflikt rasch beizulegen. Wie Max war er überzeugt, nicht Deutschland müsse Konzessionen machen, sondern die anderen kriegführenden Mächte. So teilte er im August 1917 Colonel House mit, wenn Frankreich seine Ansprüche auf Elsaß Lothringen aufgäbe, werde man in Deutschland sicherlich auf die Stimme der Vernunft hören, und damit wäre den Kriegstreibern die Unterstützung entzogen.[47] Durch seine Stellung fiel es ihm schwerer als Felix, sich vom Makel des Sympathisantentums für Deutschland zu befreien. Eines Oktobertages traf ihn Louis Brandeis, Richter am Obersten Gericht, in Washington auf der Straße und berichtete später seiner Frau: »Er [Paul] ist jetzt, da Amerika ein Machtwort gesprochen hat und bei den Alliierten auf Beifall stößt, für den Frieden.«[48]

Für Felix und Paul tat sich mit dem Krieg auch eine kulturelle Kluft auf, die sie von ihren Kindern trennte. Wie andere Einwanderer hatten sie darauf gedrungen, daß sich diese möglichst weitgehend in der amerikanischen Gesellschaft assimilierten, und als ihnen das gelang, litten sie und zeigten sich überrascht. Am deutlichsten trat dieser Generationensprung bei Pauls Sohn Jimmy zutage. Während sich Paul immer stärker im Hintergrund hielt, ging Jimmy ungehemmt aus sich heraus, war rebellisch, probierte gern Neues aus und kannte keinerlei Hemmungen. Amerikaner, der er war, lebte er in einer schönen neuen Welt mit einer unendlichen Fülle von Möglichkeiten. Er sah gut aus, war klug und liebenswürdig, wollte aus dem Ghetto der jüdischen Familie ausbrechen und hatte mit einer Vielzahl von Fluchtimpulsen zu kämpfen, die sein Vater bei sich selbst mit beachtlicher Disziplin unterdrückt hatte.

Die in Deutschland zur Welt gekommenen Geschwister Jimmy und Bettina wurden zusammen mit ihrem Vater 1911 eingebürgert und fühlten sich in beiden Kontinenten zu Hause. Jimmy hatte unauslöschliche Erinnerungen an den militärischen Prunk des kaiserlichen Deutschland: Weil sein Kindermädchen eine Schwäche für Paraden und Uniformen hatte, war sie bei jedem Besuch des Kaisers mit Jimmy in die Stadt gegangen und hatte ihm dessen prächtiges Gefolge gezeigt. Zeit seines Lebens hielt er sich für einen Deutschland-Experten und machte sich stets viele Gedanken über das Schicksal des Landes.

Obwohl er seinem Vater mit einer an Vergötterung grenzenden Hochachtung gegenübertrat, empfand er auch tiefen Groll gegen ihn, den er sich allerdings nicht eingestand. Zwar sah er edle und vornehme Züge an ihm, war aber zugleich der Ansicht, daß er andere steif und abweisend behandle. Daß er sich mehr mit Amerika als mit Deutschland identifizierte, hatte seiner Ansicht nach psychologische Gründe. Ursache hierfür war, so meinte er, daß seine »Mutter Amerikanerin war und es stets als Opfer ansah, in Deutschland leben zu müssen«.[49]

Auf Fotos aus der Kriegszeit sieht man einen geschniegelten Heranwachsenden mit Grübchen in den Wangen und einem Anflug jungenhafter Überheblichkeit, der, das Kinn stolz und herausfordernd gereckt, zuversichtlich durch seine Brillengläser hindurch in die Kamera schaut. In seinem ersten Jahr in Harvard gab er die Studentenzeitschrift *Crimson* heraus – für einen jüdischen Studenten eine ungewöhnliche Leistung – und zeigte damit, wie gründlich er amerikanisiert war. Schon bald nach Kriegsausbruch lösten sich seine Gefühlsbindungen an Deutschland; er kochte vor Wut über die Versenkung der *Lusitania* und die Verletzung der Neutralität Belgiens durch Deutschland. Voll Scham und Zorn über seine deutsche Abstammung erklärte er, »das beständige Säbelrasseln des Kaisers, das bedenkenlose Vordringen der neuen deutschen Nation in die Arena der Welt... rechtfertigen vermutlich das Urteil, daß Deutschland mehr als jedes andere Land zum Ausbruch des Ersten Weltkrieges beigetragen hat«.[50]

Während Paul eher Mühe mit seinen Sympathien für Deutschland hatte, triumphierte Jimmy regelrecht in seiner Haltung für die Alliierten. Er tat dies auf eine Art und Weise, die Paul zwangsläufig verletzen mußte. Eines Tages lud ihn sein Studienfreund Archie Roosevelt zum Frühstück mit seinem berühmten Vater ein, der gegen Wilsons »drückebergerische Feigheit« sowie die »lästerliche Gottlosigkeit« des Kaisers vom Leder zog.[51] Jimmy hatte die Einladung angenommen, obwohl er wußte, daß sein Vater Theodore Roosevelt nicht ausstehen konnte. Bald darauf startete er in der *Crimson* einen Feldzug für die »Bereitschaft« [preparedness] Amerikas zum Eintritt in den Krieg gegen Deutschland und verfaßte Leitartikel, in denen er zur Gründung eines Harvard-Regiments aufrief. Später prahlte er, es habe sich »praktisch das gesamte College gemeldet«.[52] Schon als Student schwang er sich gern zum Anwalt umstrittener Angelegenheiten auf und legte eine Neigung zu verletzender Polemik an den Tag. Sein Kreuzzug erregte sowohl beim Präsidenten der Universität, Lawrence Lowell, als auch bei seinem Vater Mißfallen. Der Schluß liegt nahe, daß Paul das Verhalten seines Sohnes als eine Form der Rebellion gegen den Vater begriff beziehungsweise, daß Jimmy es als solches verstanden wissen wollte.

Als er im Frühjahr 1916 nach nur drei Jahren in Harvard sein Examen ablegte, schien er geradezu prädestiniert für eine Karriere bei Kuhn, Loeb. In Vorbereitung dieser Laufbahn arbeitete er bei der Baltimore & Ohio-Eisenbahngesellschaft, die Kunde bei Kuhn, Loeb war, als Rottenarbeiter, Schalterbeamter und Bremser eines Güterzugs. Eines Tages trat ein freundlicher junger Direktor der Bahngesellschaft, Averell Harriman, an ihn heran; er erinnerte sich, daß ihrer beider Väter gute Freunde gewesen waren. Diese Begegnung war der Anfang einer langen Freundschaft.

Allem Anschein zum Trotz hatte Jimmy aber mehr als das Bankwesen im Kopf. Schon vor dem Kriegseintritt der Vereinigten Staaten hatten er und einige Studienkollegen aus Harvard eine Ausbildung an der Curtiss-Flugschule in Newport News im Staate Virginia begonnen. Sie wollten sich, sobald Amerika in den Krieg eintrat, als Piloten bei der Reserve der US-Marine melden. Paul war wie vor den Kopf gestoßen. Da er Deutschland liebte und jegliche Form von Blutvergießen verabscheute, war er über Jimmys Wille zum aktiven Kriegseinsatz sichtlich entsetzt. Im Verlauf eines ernsten Gesprächs teilte er seinem Sohn mit, er könne verstehen, daß sich jemand einziehen lasse, doch sei ihm unerfindlich, wie man sich freiwillig zu dem »entsetzlichen Geschäft zu töten«[53] melden könne. Paul hatte nichts von der sprichwörtlichen Liebe der Deutschen zu Uniformen oder Militärkapellen an sich, und wer sich freiwillig zum Krieg meldete, war in seinen Augen einfach dumm. Nina beruhigte ihn und sorgte dafür, daß er Jimmys Plan billigte.

Jimmy meldete sich, wobei er einen Sehfehler verschwieg, und rückte am Marinefliegerstützpunkt Hampton Roads in Virginia in die Armee ein. Die Vorstellung, sein Sohn könne Bomben auf deutsche Verwandte abwerfen, machte Paul so zu schaffen, daß er sich zu einer seiner wenigen unredlichen Handlungen verleiten ließ. Während Jimmy auf den Marschbefehl nach Übersee wartete, bat Paul den Marineminister, Josephus Daniels, seinen Sohn aus dem Kampfgeschehen in Europa herauszuhalten. Daniels gab sein Einverständnis. Jimmys Schwester Bettina hat diese Geschichte allerdings bestritten und erklärt, der Sehfehler ihres Bruders habe ihn »am Boden gehalten«.[54] Man fragt sich, ob nicht Paul diesen Sehfehler dazu genutzt hat, den militärischen Tatendrang seines Sohnes zu bremsen. Während der vielseitig begabte Fähnrich Warburg auf seinen Kampfeinsatz wartete, erfand er einen in Marineflugzeugen verwendbaren Magnetkompaß.

Erst als er im Herbst 1917 nach Hause kam, um mit seinen Eltern die bevorstehende Verlobung mit der Nichtjüdin Katharine Faulkern Swift zu besprechen, erfuhr er, daß sein Vater hinter den Kulissen in den Lauf der Dinge eingegriffen hatte. Auf einmal war die Frage des Krieges mit der einer Eheschließung mit Kay Swift verquickt. Als Paul bekannte, was er getan hatte, fühlte sich Jimmy mehr verraten als je zuvor in seinem Leben. »Er hat das eine getan, was ich ihm nie verziehen habe«[55], erklärte er. Erst im Laufe der Zeit begriff er, daß er sich seinem Vater gegenüber taktlos und ohne Einfühlsamkeit verhalten hatte. »Erst viele Jahre später wurde mir klar, welche Sorge ich meinem Vater mit meiner freiwilligen Meldung als Marineflieger-Kadett zu einer Zeit verursachte, als die Vereinigten Staaten den Krieg noch nicht erklärt hatten.«[56]

Die Einwände, die Paul und Nina gegen die Verbindung zwischen ihrem Sohn und der frischen, munteren Kay Swift hegten, waren vor allem praktischer Natur. Beide konnten das junge Mädchen gut leiden, doch waren die jungen Leute gerade Anfang zwanzig, und Jimmy erschien ihnen noch zu unreif für einen solchen Schritt. Außerdem wäre es kaum eine Ehe von der »in unseren Kreisen« üblichen Art gewesen. Mit acht Jahren hatte die begabte Kay, Tochter eines Musikkritikers bei der *New York World*, erklärt, sie sehe ihre Aufgabe im Leben darin, an der Metropolitan Opera die Brünhilde aus Wagners *Ring des Nibelungen* zu singen. Sie studierte mit einem Stipendium am Institute of Musical Art sowie am Konservatorium Neuenglands. Nach dem Tode des Vaters im Jahre 1914 lebte sie mit ihrer britischen Mutter Ellen, die sie mit Klavierstunden unterstützte, in bescheiden-vornehmer Armut an Manhattans Upper West Side. Gelegentlich gab sie kleine Konzerte.

Zu einer Zeit, da weibliche Mitglieder der Familie Warburg das Haus lediglich verließen, um wohltätigen Aufgaben nachzugehen, war Kay eine unabhängige berufstätige junge Frau, die mit zwei weiteren attraktiv gekleideten Damen das Edith Rubel-Trio bildete und Kammermusik spielte. Dieses Trio war von Margret Lewisohn in die Sommerresidenz ihres Vaters am Upper Saranac Lake eingeladen worden, wo Kay Bettina kennengelernt hatte. Diese stellte sie ihrem Bruder, dem gutaussehenden jungen Marineflieger, vor. Schon bald gab Kays Trio auch auf *Woodlands* Konzerte.

Kays Mutter riet ihrer Tochter ebenso nachdrücklich zur Ehe mit

Jimmy, wie sich Paul und Nina dagegen aussprachen.[57] Sie sagte, ihr verstorbener Mann sei ihr erschienen und habe ihr gesagt, Kay solle den reichen jungen Mann heiraten. Jimmy pflegte später zu sagen, er habe die Ehe wegen eines Geistes geschlossen. Paul, der diese dominierende Mutter nicht ausstehen konnte, sagte zu Bettina: »Verglichen mit dieser Tochterfresserin bin ich der reinste gütige, freundliche und gänzlich harmlose Schmetterling.«[58]

Aber gerade weil seine Eltern so sehr gegen seine Beziehung mit Kay waren, machte er ihr einen Tag, nachdem er von der Intervention seines Vaters beim Marineminister erfahren hatte, einen Antrag. Er heiratete sie am 1. Juni 1918 »aus Auflehnung gegen die elterliche Autorität«.[59] Das Zerwürfnis über Jimmys Ehe mit Kay Swift war gleichsam eine Wiederholung der Auseinandersetzung über seine Meldung zum Militär; aufs neue widersetzte sich Paul verbissen und wurde erst nach und nach von Nina zum Einlenken überredet. Ohnehin hätten weder Vater noch Mutter die Eheschließung verhindern können. Sie hatten für Jimmy einen Betrag angelegt, der treuhänderisch verwaltet wurde und jährlich immerhin viertausend Dollar abwarf, über die Jimmy mit Vollendung seines einundzwanzigsten Lebensjahres im August 1917 frei verfügen konnte. Er nutzte den Eintritt der Volljährigkeit sogleich, um seine Unabhängigkeit zu erklären.

Diese Mischehe war für die amerikanischen Warburgs eine tiefe Erschütterung. Jacob Schiff sandte Jimmy ein Telegramm, das sich wie eine Parodie auf seinen häufig gefühllosen und um die eigene Person kreisenden Dogmatismus liest: »Ich wünsche Dir alles Gute zu Deinem jungen Glück, kann aber nicht umhin Dir mitzuteilen, daß mich Dein Entschluß, außerhalb des Glaubens zu heiraten, im Hinblick auf die möglichen Auswirkungen, die er auf meine eigenen Nachkommen vermutlich haben wird, zutiefst beunruhigt.«[60] Es ist gut denkbar, daß Jimmys Eheschließung der Anlaß dafür war, daß Schiff später testamentarisch jene Nachkommen vom Erbe ausschloß, die andersgläubige Partner heirateten – eine Entscheidung, die viel Unruhe im Leben seiner Enkel stiftete. Felix, der Kay Swift sehr anziehend und begabt fand, sah die Sache gelassen und urteilte nach eher weltlichen Maßstäben. So teilte er einem Briefpartner mit: »Natürlich hätte sich mein Vater streng dagegen verwahrt, daß sein Enkel eine junge Christin heiratet, doch ist das heutzutage nun einmal so.«[61] Als er und Frieda in die gleiche Lage gerieten, führten sie sich nicht annähernd so pharisäerhaft auf wie Schiff.

In der Frage des Krieges allerdings war Felix mit seinem Bruder Paul einer Meinung: Beide waren nicht von der Aussicht begeistert, daß ihre Söhne auf ihre deutschen Vettern schießen könnten. Auf einmal war er nicht mehr der heitere Vater und verbot Freddie, seinem Ältesten, nachgerade, sich zu den Waffen zu melden. Dieser war ein Jahr jünger als Jimmy, besuchte gleichfalls die Schule in Middlesex, studierte in Harvard und schrieb für den *Crimson*. Er war sportlich, kontaktfreudig, fröhlich und verfügte über einen geschliffenen sarkastischen Humor. Im Sommer 1917 beendete der zwanzigjährige Frederick seine militärische Ausbildung in Harvard, verkaufte Liberty Bonds und konnte es kaum erwarten, in die Schlacht zu ziehen. Unter Hinweis darauf, daß er noch zwei Jahre in Harvard vor sich habe, teilte Felix seinem Sohn mit: »Sie scheinen Dir so überflüssig, daß Du sie wegwerfen willst, um drüben das Morden mit anzusehen... Ich bin entschlossen, dafür zu sorgen, daß Du keinesfalls zu den aktiven Truppen stößt, bevor Du einundzwanzig bist.«[62] Allerdings fuhr er ein Jahr später nach Camp Lee im Staate Virginia und sah voll Stolz zu, wie Freddy seine erstklassige Kompanie drillte, die den sonderbaren Beinamen »Warburg-Stoßtrupp«[63] bekam.

Das eigentliche Opfer, das sie dem Krieg bringen mußten, war in den Augen der amerikanischen Warburgs weniger, daß sie ihre Söhne in Uniform sahen, als vielmehr, daß Pauls glänzende Karriere bei der amerikanischen Zentralbank ein so betrübliches Ende nahm. Während des Krieges hatte er gegen zwei Verdächtigungen ankämpfen müssen: daß er als Geheimagent für Kaiser Wilhelm tätig sei und mit der Wall Street unter einer Decke stecke, um auf eine Verminderung der Zahl der Zentralbankbezirke hinzuarbeiten, was gleichbedeutend mit einer Stärkung des Rates gewesen wäre. Als entschiedener Verteidiger der Unabhängigkeit der Bundeszentralbank führte er eine unablässige Fehde mit dem Finanzminister William G. McAdoo, der an der Spitze der Bundeszentralbank stand. (Erst in den dreißiger Jahren verlor der Finanzminister seinen Sitz in diesem Gremium.) Im Juni 1916 wurde das politische Gezänk so heftig, daß Paul eine Begegnung mit Woodrow Wilson suchte und zwanzig Minuten lang mit ihm über die Schwierigkeiten sprach. Überzeugt, daß damit jeder noch bestehende Verdacht gegen ihn ausgeräumt sei, verließ er das Weiße Haus mit dem »zuversichtlichen Gefühl, daß der Präsident keine Zweifel mehr hegt, was die Aufrichtigkeit meiner Motive und die Ehrlichkeit meiner Überzeugungen betrifft.«[64] Am 10. August 1916 ernannte Wilson Paul zum ersten Vizepräsidenten eines Rates, dessen Mitglieder bis zu diesem Zeitpunkt gleichberechtigt gewesen waren.

Doch im August 1918 wurde Pauls Ernennung nicht bestätigt, was ihm entsetzlich naheging. Es kam ihm so vor, als reiße man ihm sein schutzloses Kind aus den Händen. Üblicherweise wird als Erklärung für Pauls Sturz angeführt, daß während des Krieges seine Position in Washington aufgrund seiner deutschen Herkunft unhaltbar geworden sein. Paul selbst hat das bestritten. So schrieb er ein Jahrzehnt später die rätselhaften Worte: »Es mag genügen, darauf hinzuweisen, daß nicht – wie man allgemein angenommen hat – meine deutsche Geburt die wahre Ursache für meinen Rücktritt war. Da sich das Land im Krieg befand, diente sie einem gegen meine Wiederernennung eingestellten Senator lediglich als willkommener Vorwand.«[65]

Aus Pauls Papieren ergibt sich in der Tat, daß sich in Washington damals ein weit verwickelteres Drama abspielte. Da sich die Regierung der Vereinigten Staaten bemühte, durch die Ausgabe von Liberty Bonds Milliarden von Dollar an Kriegsanleihe aufzubringen, bestand für private Darlehensnehmer die Gefahr, von den Kapitalmärkten verdrängt zu werden. Daher regte Paul die Bildung eines Kapitalvergabeausschusses an, der sich um den Kapitalbedarf der Wirtschaft kümmern sollte. Sofern dieser zu dem Ergebnis kam, daß kapitalbedürftigen strategisch wichtigen Unternehmen der Zutritt zum Markt verweigert wurde, sollte die zur Finanzierung der Kriegsbemühungen gegründete War Finance Corporation eingreifen und dafür sorgen, daß sie die erforderlichen Mittel bekamen.

Zuerst arbeitete der von Paul geleitete Kapitalvergabeausschuß ehrenamtlich. Als ein Gesetzesentwurf vorsah, ihn in die War Finance Corporation zu integrieren, machte sich Paul mit seinem alten Widersacher, Finanzminister McAdoo, zum Kapitol auf, um diese Maßnahme zu unterstützen. Obwohl der Kongreß dahinter ein abgekartetes Spiel witterte, war es Paul nur zu klar, daß er und McAdoo in Wirklichkeit häufig auf Kriegsfuß miteinander stehen würden.[66] Bei der ursprünglich vorgesehenen Konstruktion des Kapitalvergabeausschusses sollte McAdoo die ausschließliche Befugnis haben, Mitglieder zu berufen. Um ihm das Leben schwerzumachen und ihn zu ärgern, fragte ihn der Senator Henry Cabot Lodge, ob er nicht eine Berufung der Ausschußmitglieder durch den Präsidenten für angebracht halte, wobei der Senat seine Zustimmung geben müsse. »Selbstverständlich blieb McAdoo nichts übrig, als diese Forderung bereitwilligst zu erfüllen«,[67] erinnerte sich Paul.

Mit blankem Entsetzen wurde Paul, der neben McAdoo saß, klar, was der an der Oberfläche so harmlose Vorgang für Konsequenzen hatte. Er erkannte, daß der Senator mit diesem auf den ersten Blick unverfänglich erscheinenden Kunstgriff soeben seiner Karriere den Todesstoß versetzt hatte, denn die Zustimmungspflicht des Senats würde Paul nunmehr den Giftpfeilen des Senators Robert L. Owen ausssetzen, seiner Vermutung nach die treibende Kraft hinter dem Schachzug. Sofern Paul im Zentralbankrat blieb, mußte man ihm angesichts der Kriegssituation auch einen Sitz im Kapitalvergabeausschuß geben, da beide in vielem Hand in Hand arbeiteten; eine Kandidatur für den Ausschuß aber bedeutete, daß er sich zu dieser denkbar ungünstigen Zeit einer Überprüfung durch den Senat unterziehen mußte. Bei der fremdenfeindlichen Stimmung, die im Lande herrschte, konnte Senator Owen die Frage seiner deutschen Abstammung nach Herzenslust ausschlachten. Die bittere Wahrheit war: »Sobald dem Senat mein Name genannt würde, gäbe es Widerstand gegen meine Berufung und wäre dem leicht zu erhebenden Vorwurf Tür und Tor geöffnet, es sei gefährlich, in einer solchen Lage die Entscheidungen über das Wohl und Wehe der Finanzen des Landes in die Hände eines Mannes zu legen, der mit führenden Männern im Land des Feindes blutsverwandt war.«[68]

Paul schrak davor zurück, Anlaß für politischen Unfrieden in einer Situation zu liefern, in der sich die Vereinigten Staaten gerade dies am wenigsten leisten konnten. Schon bliesen viele Zeitungen zur Hatz gegen sein Verbleiben im Zentralbankrat, indem sie Zweifel an seiner Integrität verbreiteten. Mit mehr Leidenschaft als Genauigkeit schrieb ein Blatt: »Daß es von Mr. Warburg heißt, einer seiner Brüder leite eine der größten Banken in Berlin und ein weiterer stehe an der Spitze des deutschen Geheimdienstes in einem nordeuropäischen Land, sind weitere Gründe dafür, zu bezweifeln, ob es klug ist, ihn während des Krieges in Ämter zu berufen, die großen Einfluß auf das Tun der Regierung haben.«[69] Anfang April befand Paul, der Flüsterkampagne müsse ein Ende gemacht werden. Das konnte er nur, wenn er mit Ablauf seiner Amtszeit im August seinen Rücktritt anbot. Viele in der Familie waren anderer Ansicht. So drängte ihn Jimmy, aus grundsätzlichen Erwägungen mit allen Kräften um seine Wiederernennung zu kämpfen. Paul allerdings hielt sein Vorgehen für richtig, auch wenn ihm damit keine Gerechtigkeit widerfuhr, und schrieb an McAdoo: »In einem Krieg handeln Menschen wie im Fieber, und man kann nicht vernünftig mit ihnen reden.«[70] Es komme darauf an, fuhr er fort, die Unterstellungen mangelnder Treue zu den Vereinigten Staaten zurückzuweisen und »dafür zu sorgen, daß im Bewußtsein der Öffentlichkeit kein Zweifel daran bleibt, daß die Regierung auch dann volles Vertrauen zu einem Bürger des Landes hat, wenn seine Wiege in Hamburg stand und seine Brüder angeblich einflußreiche Freunde des Kaisers sind (ich wollte, es verhielte sich so, in dem Fall wäre so manches nicht geschehen!)«.[71]

Um der Angelegenheit ein Ende zu bereiten, teilte er Colonel House mit, er werde ein Schreiben an den Präsidenten abfassen und darin sein Rücktrittsangebot so formulieren, daß Wilson die Art von Entscheidung treffen könne, die ihm richtig erscheine. Der entscheidende Absatz seines Briefes vom 27. Mai 1918 lautet wie folgt: »Zu meinem großen Bedauern zeigt sich immer deutlicher, daß eine Entscheidung Ihrerseits, mich abermals zu ernennen – sofern sie Ihnen, Mr. President, angebracht erscheint –, zu einer schädlichen Auseinandersetzung führen könnte, die ich im Interesse des Landes mit allen mir zu Gebote stehenden Kräften zu vermeiden wünsche... Sollten Sie sich auf der anderen Seite aus Gründen, die bei Ihnen liegen, entscheiden, mich nicht wieder zu berufen, dürfte das von vielen so gedeutet werden, als hätten Sie sich einen Standpunkt zu eigen gemacht, von dem ich überzeugt bin, daß Sie ihn nicht zu unterstützen wünschen. Unter diesen Umständen halte ich es für meine Pflicht, Ihnen selbst zu sagen, daß meiner festen Überzeugung nach dem Lande am besten damit gedient ist, wenn Sie meinen Namen in diesem Zusammenhang nicht berücksichtigen.«[72]

Es kann nicht der geringste Zweifel daran bestehen, daß Paul hoffte, Wilson werde seinen Verleumdern tapfer entgegentreten und ihn erneut berufen. Doch derselbe Präsident, der 1914, als es um Pauls Bestätigung ging, solch mannhafte Entschlossenheit bewiesen hatte, machte auf ihn jetzt den Eindruck eines furchtsamen Zauderers. Während Paul angespannt auf Wilsons Antwort wartete, zögerte dieser sie unverantwortlich lange hinaus. Als Paul Mitte Juli noch immer keine Nachricht erhalten hatte und erfuhr, daß die Presse in den Besitz seines Briefes vom Mai gelangt sei, wurde er schwach. Er nahm Verbindung mit Joe Tumulty im Weißen Hause auf und erkundigte sich, warum auf seinen Brief noch keine Antwort erfolgt sei. Nachdem Tumulty den Vorgang überprüft hatte, ließ er Paul wissen, der Präsident sei nicht bereit, die Gründe dafür preiszugeben. Am 3. August teilte er ihm mit, Wilson wolle sich noch mit McAdoo beraten, der allerdings erst am 9. August nach Washington zurückkehren werde – dem Tag, an dem Pauls Amtszeit ablief. Somit mußte er zehn Wochen auf eine Antwort warten.

Schließlich traf sie am 9. August 1918 ein. Es war das befürchtete Todesurteil. Wilson gab sich nicht einmal besondere Mühe, die Pille zu versüßen. »Mein lieber Mr. Warburg«, hieß es in seiner Mitteilung, »hoffentlich hat Ihnen die Verzögerung der Antwort auf Ihr Schreiben... nicht den Eindruck vermittelt, daß ich der Sache gleichgültig gegenüberstehe oder Ihre hoch einzuschätzenden persönlichen und vaterländischen Empfindungen nicht zu würdigen wüßte, die Ihren Brief zu einem der bewundernswertesten und wohltuendsten gemacht haben, die ich in diesen schwierigen Zeiten erhalten habe.« Er schob die Verschleppung auf McAdoos Abwesenheit. »Ihr Rücktritt von der Arbeit im Zentralbankrat bedeutet einen schweren Verlust für den öffentlichen Sektor, und ich nehme ihn nur deshalb an, weil ich zwischen den Zeilen Ihres großherzigen Briefs gelesen habe, daß Sie selbst sich wohler fühlen werden, wenn Sie die Möglichkeit haben, dem Lande auf andere Weise zu dienen. Mir ist bekannt, daß Ihre Kollegen im Zentralbankrat nicht nur gern mit Ihnen zusammengearbeitet haben, sondern auch Ihren wertvollen Rat zu schätzen wußten. Immerhin mußte sich das neu geschaffene System, das in der kritischsten Phase der Finanzgeschichte des Landes dafür gesorgt hat, alle finanziellen Prozesse zu festigen und zu sichern, in den ersten Jahren seiner Existenz bewähren. Sie alle bedauern ebenso sehr wie ich, daß Sie es zur Stunde für das Beste halten, sich anderen Aufgaben im Dienst an der Öffentlichkeit zuzuwenden...«[73]

Der Brief deprimierte Paul; er kam zu spät und war mit Lob eher sparsam. So endete der ungewöhnliche Kreuzzug, der zehn Jahre zuvor den jungen unsicheren Bankier beflügelt hatte, und zugleich dessen Laufbahn in Washington. Nur wenige der vielen Briefe von Freunden und Bekannten, die er daraufhin bekam, ließen erkennen, daß sie begriffen hatten, was Paul eigentlich von Wilson erwartet hatte, nämlich daß er seinen Rücktritt nicht annehmen werde. Die meisten waren voll des Lobes für sein edles, selbstaufopferndes Vorgehen; nur wenige vertrautere Freunde, die Paul besser kannten, beklagten Wilsons Handlungsweise als unaufrichtig und scheinheilig.

Die Presse brachte erstaunliches Mitgefühl auf. Redaktionelle Kommentare waren fast hymnisch. Man pries Pauls von staatsmännischen Erwägungen veranlaßten Rücktritt und bestätigte, daß niemand mehr als er getan habe, um den dauerhaften Erfolg der Bundeszentralbank zu sichern. Einige Blätter hoben hervor, daß Paul eine so hochgeschätzte Persönlichkeit sei, daß die Bundeszentralbank im Bewußtsein der Öffentlichkeit mit seinem Namen identifiziert werde. So hieß es in der *New York Times:* »Daß die Zentralbank jetzt während des Krieges als Gegengewicht im amerikanischen Bankwesen einen guten Ruf und hohes Ansehen genießen, ist weitgehend sein Werk.«[74] Manche Zeitungen wiesen auf die unterschiedliche Behandlung hin, die Paul und Max zuteil geworden war: Während Paul aus Washington verbannt worden sei, habe Max in Berlin wegen seiner Verbindung zu Paul nie ähnliche Vorwürfe ertragen müssen.

Besorgt räumte Paul seinen Schreibtisch in Washington. In der Arbeit für die Regierung hatte er seine wahre Berufung gefunden, und jetzt hatte er diese Aufgabe eingebüßt. Mit Nina reiste er über die kanadischen Rocky Mountains zur Pazifikküste; er wollte, wie er sich ausdrückte, sein erstes »Herumzigeunern in vier Jahren«[75] genießen. Obwohl er in Washington weit weniger verdient hatte als an der Wall Street, wollte er nicht in die Firma Kuhn, Loeb zurückkehren, wozu ihn Felix drängte. Colonel House teilte er in diesem Zusammenhang mit: »Ich bin nicht aufs Geldverdienen aus – schon gar nicht in diesen Zeiten...«[76] Obwohl er bereits zu jener Zeit erwog, eine richtungsweisende Darstellung über die Entstehung der Zentralbank zu verfassen, erklärte er, er mache lieber Geschichte, als darüber zu berichten.

Bis zu seinem Tode war Paul voll Wehmut. Nach einem Leben, das sich anfangs denkbar günstig gestaltet hatte, war er gescheitert. Wie bei anderen charakterfesten jungen Idealisten waren Zynismus und Schwermut das Ergebnis seiner Enttäuschung. Mit Nina bezog er erneut das Haus Nr. 17 an der East 80. Street. Eine Weile spielte er mit dem Gedanken, als Unternehmensberater tätig zu werden; doch ihm war klar, daß die Vereinigten Staaten als Weltmacht aus dem Krieg hervorgehen würden, und er schmiedete bereits Pläne zur Wiederaufnahme der deutsch-amerikanischen Beziehungen. Was Paul in Washington widerfuhr, unterstreicht, welche grundlegende Spannung in den alten europäischen Bankiersdynastien herrschte. Sie spezialisierten sich auf das internationale Geschäft und brachten Familienmitglieder in verschiedenen Finanzhauptstädten unter. Diese Art von Internationalismus konnte lediglich in einer Epoche des Friedens, des Freihandels und unbehinderter Kapitalströme funktionieren, wie sie vor dem Ersten Weltkrieg gegeben war. Zwischen den Kriegen setzte ein neues, dieser Welt feindlich gesinntes Zeitalter, in dem Nationalismus, Protektionismus, Devisenkontrollen und rassistische,

In gewisser Weise besaßen Charakter und Lebenslauf Aby Warburgs eine Parallele in der Biographie seines Schwagers Jim Loeb. Auch Loeb verließ das traditionelle Bankgeschäft seiner Familie, um sich dem Studium von Kunst und Geschichte zu widmen. Er war ein hervorragender Kenner und Liebhaber des griechischen Altertums und ein großer Sammler; der Grundstock der Münchener Glyptothek geht auf seine Antikenkollektion zurück. Daneben schuf er »Loeb's Classical Library«, die in zweisprachigen Ausgaben alle wichtigen Werke der griechischen und römischen Literatur umfaßt und noch heute jedem Studenten des Fachs unentbehrlich ist.

haßerfüllte Ideologien herrschten, die länderüberspannenden Bündnisse der Warburgs einer harten Belastungsprobe aus. Schon bald sollte sich Max in Deutschland in der gleichen Zwangslage befinden wie zuvor Paul in Amerika, unterstellte man ihm doch, daß seine Treue in Wahrheit nicht dem Vaterland gelte, sondern irgendwelchen fragwürdigen jüdischen Auslandsinteressen. Statt daß die Vorteile ihrer Verbindungen erkannt wurden, leisteten sie einer falschen Mythologie Vorschub.

14

Der Zusammenbruch

Eine grausame Fügung des Schicksals wollte, daß die deutschen und amerikanischen Warburgs während des Krieges zu verfeindeten Lagern gehörten. Doch selbst noch dann, als daraus ein privater Bürgerkrieg zu werden drohte, in dem Bruder gegen Bruder und Vetter gegen Vetter kämpfte, bewahrte die Familie über den Rahmen der Politik hinaus einen erstaunlichen Zusammenhalt. Im Februar 1917 berichtete Max' sechzehnjähriger Sohn Erich seinem für die Sache der Alliierten eingenommenen Vetter Jimmy von der Härte des Hamburger Winters. Bei bitterer Kälte war die Alster gefroren, Schuten mit Kohle blieben liegen, und die Behörden mußten Güterwagen und Pferdefuhrwerke zur Beförderung der Brennstoffe requirieren. Frierend drängten sich Arme in öffentlichen Wärmehallen, Fahrräder verschwanden von den Straßen, als Gummi beschlagnahmt wurde, und selbst Verbandzeug wurde aus Papier gemacht. Frische Lebensmittel gab es so gut wie nicht.

Weiter teilte er seinem Vetter mit, daß der Zeitpunkt seiner Einberufung zum Militärdienst rasch näherrücke und er unten auf dem Schulhof Rekruten beim Exerzieren sehen könne. Da immer mehr Lehrer eingezogen wurden, hatten die Schüler verkürzten Unterricht. Er verabschiedete sich von seinem amerikanischen Vetter Jimmy, der seine Studienfreunde in Harvard so eifrig angespornt hatte, gegen Deutschland zu kämpfen, mit den Worten: »Jetzt hat also Amerika auch die diplomatischen Beziehungen abgebrochen, und ich fürchte, das heißt Krieg, denn ein amerikanisches Menschenleben wird schon dabei zugrunde gehen. Ich will nicht mehr davon schreiben. Unsere persönliche Freundschaft soll nicht durch die Politik beeinträchtigt werden! Auf Wiedersehen im Frieden!«[1]

Umgeben von Kusinen und bewundernden Schwestern, hatte der blonde, schlanke, kleine und ein wenig träge Erich eine glückliche Kindheit erlebt. Einmal war die Mutter heimlich in seine Schule gegangen und hatte verlangt, daß man ihn ein halbes Jahr länger dort behalte, damit er seine Faulheit überwinden lerne. Max, der keine Zeit hatte, dem Sohn bei seinen schulischen Schwierigkeiten zu helfen, schickte ihn zu Onkel Aby, der seine Aufsätze durchsah und mit einem großen Stift bissige Kommentare an die Ränder schrieb. Trotz dieser strengen Nachhilfe war Erich dem Onkel wegen seiner freundlichen und lustigen Art sehr zugetan. Von Max hatte er ausschließlich äußerliche Merkmale geerbt: Er war charmant und umgänglich, von freundlichem Wesen und blinzelte schlau, doch fehlte ihm der brennende Ehrgeiz des Vaters, nach dessen Willen er in die Bank eintreten mußte. Die Familie machte sich darüber lustig, wenn Erich Sätze mit »Nun, wie mein Vater sagt...« begann. Ungeniert öffnete Max die an den Sohn gerichteten Liebesbriefe. Resultat dieser strengen Erziehung war ein junger Mann, der mächtige Reiselust sowie Begierde nach Freiheit und Abenteuer verspürte.

Schon als Halbwüchsiger war er ein ebenso glühender Patriot wie der Vater und half seiner Tante Dora Magnus bei ihrer Arbeit für die Hamburger Kriegshilfe.[2] Da Max voraussah, daß Erich 1918 eingezogen würde, versuchte er, den Jungen mit körperlicher Arbeit zu kräftigen. Am 15. April 1917, seinem siebzehnten Geburtstag, bestieg er mit drei Klassenkameraden einen Zug, der ihn in den Osten Mecklenburgs brachte, wo sie auf einem Gut aus freien Stücken Landarbeit leisteten. Vor dem Aufbruch schärfte ihm seine Mutter ein, unbedingt der Gutsbesitzerin die Hand zu küssen. Am Zielbahnhof kam die imposante Dame zur Tür des Waggons geeilt, um die jungen Männer zu begrüßen. Als Erich ihr die Hand küßte, gab sie ihm, wie er sich erinnerte, mit »gewaltigen Fäusten« einen Schlag auf den Kopf, der eine große rote Schramme hinterließ.[3] (Wenn er in späteren Jahren mit ihr zu tun hatte, achtete er stets darauf, ihre beiden Hände gleichzeitig zu ergreifen.) Die Jungen hatten einen zehnstündigen Arbeitstag mit schwerer körperlicher Arbeit und beaufsichtigten zugleich polnische Erntehelfer, die älter waren als sie. Sie hackten Zuckerrübenpflanzen und schliefen nachts auf einem Heuboden, auf dem sich Mäuse und Ratten tummelten.

Als Erich, der sich freiwillig zur Preußischen Gardefeldartillerie in Berlin gemeldet hatte, im Frühjahr 1918 Onkel Aby seinen Aufbruch ankündigte, verabschiedete ihn dieser in bemerkenswert militärischer Weise. Er kramte seine alte Pistole mit Perlmuttgriffschalen und einen stattlichen Krummsäbel ähnlich dem eines Piraten hervor und erklärte dem Neffen, ohne eine solche Blankwaffe sei er kein richtiger junger Soldat. Da er mit seinen Einwänden beim Onkel keinen Erfolg hatte, ließ Erich den Säbel auf dem Weg zur Kaserne in der Straßenbahn liegen, um nicht zum Gespött der Kameraden zu werden.[4]

Mittlerweile durchzogen graue Fäden Abys Haar und Schnurrbart. Unruhig, übellaunig und mit bekümmerter Miene durchstreifte er die Stadt; er beschrieb sich selbst als einen »gequälten Neurastheniker«.[5] Da ihm Hamburg im Krieg freudlos erschien, überlegte er, ob er einen Ruf auf einen Lehrstuhl außerhalb annehmen solle. Es fiel auf, daß er unvorstellbar empfindlich und leicht erzürnbar war. Nach einem Besuch auf dem Kösterberg schrieb Jim Loeb an Nina: »Aby wird mit dem Alter immer unerträglicher«, und fuhr fort, »eine weibische Überempfindlichkeit« mache ihn, »verbunden mit einer geradezu bäurischen Flegelhaftigkeit, zu einer größeren Quelle des Ärgers als der Freude...«[6]

Abys Seele war wie das düsterere Abbild des historischen Geschehens, in dem sich der schrittweise Verfall Deutschlands widerspiegelte. Ihn quälte die Vorstellung, daß die grobe, marode angelsächsische Kultur die Oberhand gewinnen könnte. Das ganze Universum schien aus den Fugen, eine gräßliche Projektion seiner Alpträume, in denen er das Weltende erlebte. Seine Freunde konnten mitansehen, wie er im Verlauf des Krieges zusehends die Herrschaft über sich verlor. So sagte der Architekt Fritz Schumacher, der Hamburgs Generalbebauungsplan entwarf: »Bei Warburg konnte man voll Sorge einen wachsenden Pessimismus wahrnehmen, der sein Gemüt unwiderstehlich erfaßte.«[7]

Schon bald nachdem ihn eine krankhafte Angst vor der Verschlechterung seines Gesundheitszustandes erfaßt hatte, suchte Aby immer wieder das Waldpark-Sanatorium in Baden-Baden auf. Er sprach dann jeweils ohne Heiterkeit davon, daß er in die Werkstatt müsse und frisch lackiert herauskommen werde. Aber seine Stimmungsumschwünge wurden immer krasser. Nach Phasen rastloser Arbeit stürzte er in einen Zustand ängstlicher Nervosität, der es ihm völlig unmöglich machte, zu arbeiten. Die Ärzte reagierten hierauf mit immer stärkeren Medikamenten. Bevor Aby im September 1917 ein weiteres Mal das Waldpark-Sanatorium aufsuchte, verfaßte er sein Testament. Bei dieser Gelegenheit zeigte sich erneut, wie tief sein jüdischer Selbsthaß ging: Nicht bei den Warburgs wollte er begraben werden, sondern bei der Familie der nichtjüdischen Schwiegereltern Hertz.

Während Aby im Verlauf des Krieges psychisch immer kranker wurde, kam seine materielle Abhängigkeit von der Familie in wachsendem Zorn zum Ausdruck. Die Großzügigkeit der Brüder, die ihn bis 1917 mit dem erstaunlich hohen Betrag von insgesamt zweihunderttausend Mark unterstützt hatten, lohnte er mit immer drängenderen Bitten um Geld. Je mehr seine Krankheit voranschritt, desto unbeherrschbarer wurde Abys Wut auf die Brüder; möglicherweise eine nach außen gekehrte Form von Schuldbewußtsein. Paul und Felix machte er bittere Vorwürfe, weil sie für seine Bibliothek nicht noch mehr Gelder von Loeb und Schiff zur Verfügung stellten. Doch die Empörung war nur die eine Seite dessen, was er für seine Brüder empfand. Immer wieder brachte er seine Wertschätzung für Paul und dessen Leistungen zum Ausdruck, und Felix übte häufig einen besänftigenden Einfluß auf ihn aus.

Während des Krieges schien Aby sich vor allem mit der Frage seiner Identität als Jude zu beschäftigen. Erzürnt über die angelsächsische Propaganda, untersuchte er politische Flugschriften aus früheren unruhigen Zeiten in Deutschland, wobei er sich auf Martin Luther und die Reformation konzentrierte. Dazu kaufte und las er zahlreiche Bücher über Religion. Den meisten Juden fiel es schwer zu sehen, was sich hinter Luthers Antisemitismus und seiner Schilderung der Juden als dämonischer Geschöpfe, elendem Ungeziefer und Blutsaugern verbarg. Luther hatte die Auffassung vertreten, die Juden »knechteten« Christen durch Wucher, vergifteten ihnen die Brunnen und verwendeten bei geheimen Ritualen das Blut christlicher Kinder. Mit hetzerischen Worten hatte er dazu aufgefordert, Schulen, Gotteshäuser und Gebetbücher der Juden in Flammen aufgehen zu lassen, ihre Häuser zu zerstören und deren Bewohner aus dem Land zu jagen. Den Nationalsozialisten blieb es vorbehalten, 1935 eine populäre neue Auflage von Luthers Hetzschrift *Wider die Jüden und ihren Lügen* herauszubringen.

Wie aber sah Aby den Reformator? Er hielt ihn, wie E. H. Gombrich schreibt, »für einen großen Befreier der Menschheit [...], für eine heroische Figur, die für Aufklärung und die Emanzipation des Glaubens aus den Fesseln eines engstirnigen Dogmas kämpfte«.[8] Er fühlte sich von dem Luther angezogen, der Europa durch die Betonung des eigenständigen Willens vom primitiven Zauber des astrologischen Denkens befreit hatte. Abys Faszination für Luther bereitete den Warburgs offensichtlich großen Kummer, zumal er sich 1917 verpflichtet glaubte, Fritz' Frau gegenüber eine Lanze für diesen brechen zu müssen. Er erklärte, seine Bewunderung für den Reformator gehe auf seine Jugendjahre zurück, pries dessen Furchtlosigkeit und erklärte, Luther habe ihm geholfen, sich von einer jüdischen Orthodoxie zu befreien, die ihn zu unterjochen suchte.[9]

Zwar fühlte sich Aby durch Luthers Triumph über den Aberglauben gestärkt, doch versetzte ihn die Beschäftigung mit dessen Epoche in eine Zeit voller unheilverheißender Vorzeichen und finsterer Untergangsprophezeiungen. In seinen Geist gingen Bilder von schwarzer Magie, Okkultismus und Astrologie ein. Diese irrationalen Einflüsse müssen auf sein Unterbewußtsein gleichsam zersetzend gewirkt haben, während sein Bewußtsein zur selben Zeit Luthers Rationalismus feierte. Nur mit Hilfe Fritz Saxls, der nach Beendigung seiner Dienstzeit als österreichischer Artillerieoffizier in Italien nach Hamburg zurückgekehrt war, vermochte er seinen Vortrag *Heidnisch-antike Weissagung in Wort und Bild zu Luthers Zeiten*, den er im April 1918 hielt, vorzubereiten.

Abys Überzeugung zufolge war die eher zurückgebliebene jüdische Kultur der fortgeschrittenen deutschen unterlegen. Aufschlußreich ist in diesem Zusammenhang ein Brief, den er an Aby S. schrieb, nachdem dieser eine Todesanzeige für einen Juden in die Zeitung hatte setzen lassen. Da in der Anzeige links oben das Eiserne Kreuz »gefehlt« hatte, belehrte er seinen Vetter: »Es ist kein Zeichen des Glaubens, sondern ein Ehrenzeichen, unter dem sich ganz Deutschland (endlich!) vereinigt.«[10] Am Schluß des Briefes verlangte er kurz angebunden, der Vetter solle künftig seinen Namen als Aby S. Warburg angeben, um Verwechslungen zu vermeiden.

Rückhaltlos unterstützte er den Krieg und ließ sich nicht davon abbringen, daß Deutschland der Sieg aufgrund seiner kulturellen Überlegenheit nicht zu nehmen sei. Mary und er investierten in Kriegsanleihen, kauften sogar einige für die Kinder. Deutschlands Feinden stand er rachsüchtiger denn je gegenüber und sagte beispielsweise: »Wenn die Italiener nicht bestraft werden, hat der Krieg kein richtiges Ende!«[11] Als die Vereinigten Staaten Deutschland den Krieg erklärten, war er aufgebracht. Obwohl seine Brüder Paul und Felix amerikanische Staatsbürger waren, nannte er Amerika den »Zuhälter der Kriegsfurie« und erklärte: »Nur bringt uns dieser neue Feind wohl den höchsten Grad des Ekels.«[12] In seinem Testament vom September 1917 verfügte er, daß seine inzwischen neunzehntausend Bände umfassende Bibliothek auf jeden Fall in Deutschland bleiben müsse und im Idealfall den Grundstock eines Kulturinstituts an der geplanten Hamburger Universität bilden solle. Er sah, wie der Krieg, »eine blutig triefende Schraube ohne Ende«, seine deutsche Hochkultur dem Untergang entgegentrieb.[13]

Wie Leonardo da Vinci erdachte er sonderbare und ungewöhnliche Waffen, mit deren Hilfe sich das Schlachtenglück in wunderbarer Weise wenden ließe. 1916 versuchte er sogar, eine Science-Fiction-Waffe zu verkaufen, die er auf dem Papier entwickelt hatte. Sie sollte Bündel elektrischer Funken gegen Fesselballons abfeuern, die zur Verteidigung über London schwebten.[14] Eines Tages kam er atemlos ins Arbeitszimmer des Schriftstellers und Generalstabsoffiziers Gustav Hillard gestürmt und legte Entwürfe für ein futuristisches Luftverteidigungssystem auf den Tisch, bei dem nicht einmal Schutzräume und Beobachtungstürme vergessen waren.

Als sich Hillard Jahre später daran erinnerte, rühmte er Abys Weitblick: »Ein solcher Angriff war damals eine technische Utopie, und für eine solche Verteidigung hätten sämtliche Abwehrbatterien der deutschen Armee nicht ausgereicht. Genau ein Vierteljahrhundert später erfüllte sich die Zerstörung der Stadt in den Formen der Warburgschen Vision.«[15] Es war nicht das letzte Mal, daß Abys phantastische Ideen eine Vorahnung der kommenden Vernichtung waren.

Als Deutschlands uneingeschränkter Einsatz von U-Booten Amerika dazu veranlaßte, in den Krieg einzutreten und somit die Entente zu stärken, sah sich Max Warburg in seiner Voraussage bestätigt, wenngleich er sich nicht darüber zu freuen vermochte. Er ließ sich von der militärischen Prahlsucht Deutschlands nicht darüber hinwegtäuschen, daß der Krieg verloren war, und äußerte die Auffassung, daß er schon früher hätte enden müssen, doch sei jetzt der Haß gegen den Feind im Volk so angeheizt, daß die Politiker nicht wagten, die Wahrheit auszusprechen. »Unsere Gegner konnten sich nicht vorstellen, daß Staatsmänner solche Narren sein könnten, einen Krieg ohne jeden Sinn fortzuführen, immer noch auf etwas hoffend, was längst hoffnungslos geworden war«[16], schrieb Max später.

Als Garret, der amerikanische Gesandte in Den Haag, zu erkennen gab, daß er unter Umständen bereit sei, mit einem Deutschen in einflußreicher Stellung zu reden, spannte man Max im März 1918 zu einer

Max Warburgs Erfolge beruhten zu einem Teil auf seiner Lebenszuversicht, die lange Zeit buchstäblich durch nichts zu erschüttern war. Auch allgemeine Notstände, Katastrophen fochten ihn kaum an. Als Hamburg 1892 unter der Cholera litt und ganze Stadtviertel entvölkert wurden, zeigte er sich unverdrossen und weigerte sich, seinen Tagesablauf auch nur in Kleinigkeiten umzustellen. Und als sei es gar nicht anders möglich gewesen, geschah ihm nichts.

letzten fruchtlosen Friedensmission ein. Da er Brüder in Amerika hatte, schien er für die Aufgabe besonders geeignet. Der neue Reichskanzler, Graf Georg von Hertling, ließ ihn nach Berlin kommen und bat ihn, bei Garret wegen der Friedensbedingungen der Alliierten vorzufühlen. Begleitet wurde Max von Dr.Kurt Hahn, einem brillanten lebhaften Herrn, der in Oxford studiert und die britische Presse für das Auswärtige Amt ausgewertet hatte. In Den Haag kam es zu einem komplizierten Ratespiel, das mehrere Tage dauerte. Max, der bei den Amerikanern Reserviertheit zu spüren meinte, zögerte, die Initiative zu ergreifen, während Garret seinerseits darauf wartete, daß der andere den ersten Schritt tat. So kam es zu keiner Begegnung, und Max kehrte ziemlich niedergeschlagen aus Holland zurück. Später warf ihm General Ludendorff vor, er habe mit dem Feind verhandelt, was Max mit dem Hinweis darauf konterte, daß er in Graf Hertlings Auftrag tätig geworden sei.

Im Juni 1917 hielt Max vor hundertfünfundsiebzig Reichstagsabgeordneten, die in Hamburg zu Gast waren, einen Vortrag über die Wirtschaftspolitik für die Zeit nach dem Krieg, womit er sich als Fachmann in der Frage des Nachkriegswertes der Mark und der deutschen Auslandsschulden auswies. Beim anschließenden Frühstück saß er neben dem SPD-Vorsitzenden Friedrich Ebert, den er als charmanten und klugen Herrn kennenlernte, der auch in schwierigen Situationen nicht verzagte.

Kaiser Wilhelm II. gab sich noch im Sommer 1918 Illusionen hin. Immer wieder forderte er den Sieg über England; der Öffentlichkeit wurde über Deutschlands wirkliche Aussichten kein reiner Wein eingeschenkt. Max war dem Kaiser während der Kriegsjahre lediglich einmal im Hamburger Rathaus begegnet, als dieser ihn wegen der geplanten Hamburger Universität befragte. Als Max zur Antwort gab, er habe im Krieg andere Sorgen, gab sich der Kaiser brüskiert. Anfang September 1918 fragte General Ludendorff bei Ballin an, ob er bereit sei, nach Kassel zu reisen und Seiner Majestät den Ernst der Lage klarzumachen. Wie Max wurde auch Ballin von Untergangsvisionen heimgesucht. Er sah voraus, daß es nach der Niederlage in Deutschland zu einer blutigen, unter Umständen sogar bolschewistischen Revolution kommen werde. Die uneinsichtige Haltung Berliner Kreise, die keinesfalls einem Verhandlungsfrieden zustimmen wollten, konnte nur zu harten Forderungen der Sieger führen. Ballin vermutete, daß Wilhelm II. von seinen Beratern und der Kaiserin zur Schonung seiner zarten Nerven unangenehme Tatsachen vorenthalten wurden. Unglücklicherweise war Ballins Einfluß am Hof dahin, und so gelang es ihm nicht, unter vier Augen mit dem Kaiser zu sprechen und seinen Warnungen Gehör zu verschaffen.

Als das Deutsche Reich zu Grabe geleitet wurde, gehörte Max zu den Sargträgern. Diese Rolle verdankte er dem Prinzen Max von Baden, einem guten Bekannten und häufigen Besucher auf dem Kösterberg, den er bei der Arbeit für das Rote Kreuz kennengelernt hatte. In der damaligen Zeit war der umgängliche Prinz, der mit einem Bändchen Essais von Ralph Waldo Emerson in der Tasche zu reisen pflegte, eine fortschrittliche Gestalt. Während des Krieges regte er militärische Reformen und Verfassungsänderungen an, deren Umsetzung den Kaiser zur bloßen Galionsfigur gemacht und dem Reichstag größere Vollmachten gegeben hätte. Er und Max Warburg waren sich über die Sinnlosigkeit des U-Boot-Kriegs einig und wollten von Aktionen gegen Belgien nach dem Krieg nichts wissen.

Prinz Max von Baden folgte Hertling als Reichskanzler nach. Zuvor allerdings forderte er Max Warburg zu einer Zusammenkunft mit Friedrich Ebert auf, um die Haltung der Sozialdemokraten zu erkunden. Dieser lud Ebert zu sich ins Hotel *Adlon* ein, teilte ihm mit, daß Hertling weder im In- noch im Ausland Vertrauen genieße, und fragte, ob Ebert eine Kanzlerschaft des Prinzen unterstützen werde, eine Vorstellung, die Ebert nicht zusagte. Dann wollte Max wissen, ob er glaube, seine Partei sei der schwierigen Aufgabe gewachsen, Deutschland zu regieren. Als Ebert sich sperrte, betonte Max, wie wichtig ein friedlicher Übergang unter der Führung von Prinz Max sei.[17] Ebert, der ebenso wie Max eine Revolution aus unerwünschter Richtung fürchtete, erklärte sich bereit, den Prinzen zu unterstützen, damit ein sicherer, schrittweiser Übergang gewährleistet sei. Am folgenden Tag teilte Ebert dem Reichstag mit: »Ich habe gestern einen der Kaufleute von Hamburg gesprochen, der mir sagte, daß Hertling kein Vertrauen im In- und Ausland hat.«[18]

Offenkundig waren die finsteren Mächte des Hasses bereits am Werk, als Prinz Max am 23. September 1918 Max Warburg um Rat bat. Das Hochgefühl, das die Männer an der Spitze des Landes zu Beginn des Krieges empfunden hatten, war weitreichender Ernüchterung gewichen. Man suchte nach Sündenböcken, und eine tiefsitzende Wut drohte dem aufgestauten Antisemitismus freien Lauf zu lassen. Als Prinz Max den Auftrag bekam, die Regierung zu bilden, bot er Max Warburg das Finanzministerium an. Unter gewöhnlichen Umständen hätte dieser in der Übernahme eines solchen Amtes einen Höhepunkt seiner Karriere gesehen, doch in jenem gefährlichen Augenblick schlug er das Angebot aus. »In meiner Antwort sagte ich ohne Zögern, daß ich mich ihm gern zur Verfügung gestellt hätte, aber ich kenne die Deutschen und wisse, daß sie nie und nimmer einen jüdischen Finanzminister hinnehmen würden.«[19] Max erklärte, auf ihm laste eine zusätzliche Hypothek, da ihn die Sozialdemokraten als Strohmann des Kapitals ansehen würden. Statt dessen erklärte er sich bereit, als Berater zu dienen.

Es kam zu einem ziemlich traurigen Gespräch zwischen ihm und Prinz Max, das ihm den Eindruck vermittelte, es handle sich eher um ein Ende als um einen Anfang. Bei aller Bewunderung für den Prinzen war Max sicher, daß dieser nicht nur zu spät gekommen, sondern für den äußerst schwierigen Augenblick auch zu schwach und zu unerfahren sei. Als Max ihm klarmachte, er werde versuchen, den Kaiser zur Abdankung zu überreden, begehrte der Prinz, der ein liberaler Monarchist war, auf und erklärte: »Aber das will ich ja gerade vermeiden!«[20] Max Warburg war sich darüber im klaren, daß man nach der Niederlage den Kopf eines Verantwortlichen fordern würde und der Kaiser dem Volkszorn nicht entgehen konnte.

Allmählich ahnte auch das aus seiner Verblendung gerissene deutsche Volk das volle Ausmaß der Katastrophe. Obwohl Max und der Prinz zuvor über die Ruhmbegierde des deutschen Militärs gespottet hatten, schien es ihnen jetzt geboten, etwas gegen die tiefsitzende, an Panik grenzende Verzagtheit im Militär zu unternehmen. Generalfeldmarschall von Hindenburg und seine erschöpften Kameraden wollten einen sofortigen Waffenstillstand. Obwohl die Initiative vom Oberkommando kam, wies Max den Prinzen Max vorausblickend darauf hin, daß man später die Verantwortung für eine übereilte Entscheidung ihm und der Zivilregierung zuschieben werde. Fest überzeugt, daß eine vorzeitige Kapitulation Deutschlands Verhandlungsposition schwäche, scherzte Max bissig, es sei besser, die Generäle mit einer weißen Fahne in Marsch zu setzen.[21]

Im Gegensatz zu der später von den Nationalsozialisten verbreiteten »Dolchstoßlegende«, der zufolge Juden und rückgratlose Politiker der deutschen Wehrmacht in den Rücken gefallen seien, sprachen sich Prinz

Max und Max Warburg in Wahrheit dafür aus, noch einige Wochen durchzuhalten, um Deutschlands Position bei den bevorstehenden Friedensverhandlungen zu verbessern. Der Privatsekretär des Prinzen, Kurt Hahn, glaubte sogar, ein weiteres Durchhalten Deutschlands könne Englands Friedenswillen stärken. Um den Behauptungen des Militärs, Präsident Wilson werde auf das Angebot eines Waffenstillstands milde reagieren, etwas entgegenzusetzen, beschloß der Prinz, »Max Warburg zu Hilfe zu holen, um die Täuschung auszuräumen, Amerika werde sich versöhnungsbereit zeigen, wenn wir uns nur demütigten. Warburg war als einer unserer besten Amerikakenner häufig von Vertretern des Militärs und der Politik um Rat gefragt worden.«[22]

Bei einer Sitzung des Kronrats am 2. Oktober legten Prinz Max und Hindenburg dem Kaiser widersprüchliche Prognosen vor. Hindenburg erklärte, die Truppe könne keine achtundvierzig Stunden mehr kämpfen. Prinz Max beklagte die selbstzerstörerische Eile, die von den Amerikanern lediglich als Schwäche ausgelegt werde, und wies auf ein Gespräch hin, das er kurz zuvor mit Max Warburg geführt hatte. In dessen Verlauf hatte dieser geäußert, zwar seien die besten Amerikaner Gentlemen, doch gebe es auch die Selbstherrlichen, die nichts von Europa wüßten. Wenn sich Deutschland jetzt demütige, werde sich in Amerika nicht das gute, sondern das schlechte Element durchsetzen.[23]

Am folgenden Tag traf Max Warburg im *Adlon* mit General Ludendorff zusammen, der äußerst erregt war und darauf bestand, daß sich Deutschland unverzüglich für besiegt erklären müsse. Max hatte den Eindruck, daß Ludendorff allen Mut verloren hatte. Prinz Max arrangierte eine weitere Zusammenkunft im Hotel, diesmal zwischen Max und Ludendorffs Stellvertreter in Berlin, Hans von Haeften. Ihm sagte Max: »Es kommt mir seltsam vor, daß ich als Zivilist den Militärs heute zurufen muß: Kämpfen Sie weiter. Ich weiß, daß mein einziger Sohn, der jetzt ausgebildet wird, in vier Wochen im Schützengraben ist; aber ich beschwöre Sie, machen Sie jetzt nicht Schluß.«[24] Zufällig nahm Erich gerade in der Suite seines Vaters ein Bad. Seine Einheit war auf dem Rückmarsch zur Kaserne am Brandenburger Tor vorbeigekommen, und es war ihm gelungen, zwei Stunden Urlaub zu bekommen, um seinen Vater zu besuchen. Als von Haeften nach nebenan ging, um sich die Hände zu waschen, überraschte er Erich im Bad. Triefnaß sprang dieser aus der Wanne und salutierte splitternackt vor dem Obristen.

Das Militär hörte nicht auf die Beschwörungen, den Waffenstillstand hinauszuschieben. Daß Prinz Max am 5. Oktober das Waffenstillstandsgesuch unterzeichnete, hielt Max Warburg für einen schweren Fehler. Am 23. Oktober übermittelten die Vereinigten Staaten eine Note, in der sie sich weigerten, mit den »militärischen Herren und monarchischen Autokraten Deutschlands« zu verhandeln, und wiesen darauf hin, daß sie gegebenenfalls die Kapitulation verlangen würden, statt in Friedensverhandlungen einzutreten. Erregt bestürmte Max den Prinzen, Wilsons Note hart und trotzig zu beantworten. »Ich bin mir der amerikanischen Mentalität durchaus sicher«, sagte er, »wir dürfen uns um keinen Preis länger treten lassen, sondern sollten uns auflehnen. Es müßte etwas in die Note hinein, das die Feinde vor der Entschlossenheit eines Volkes warnt, das man zur Verzweiflung treibt.«[25] Darin lagen schon Anklänge an den selbstbewußten Nationalismus, mit dem er später in Versailles auftrat.

Obwohl Ende Oktober allen die sichere Niederlage vor Augen stehen mußte, wollte die Admiralität die Kieler Flotte in ein selbstmörderisches Seegefecht schicken. Am 3. November 1918 führte dieser unmenschliche Auftrag zu einer Meuterei der Matrosen, die bald auf Heer und Arbeiterschaft übergriff und sich zu einer Revolution ausweitete. Die erste Nachricht vom Kieler Matrosenaufstand erschien am 5. November in Hamburgs Morgenzeitungen und wirkte sich sofort aus. Die radikalen und unzufriedenen Hafenarbeiter waren ohnedies zum Aufstand bereit. Da sie dringend gebraucht wurden, hatte man sie zwar vom Militärdienst freigestellt, sie aber unaufhörlich tyrannisiert, übermäßig schwer arbeiten lassen und ihnen gedroht, jeden, der aufbegehrte, in den Schützengraben zu schicken. Um die Mittagszeit griff ein wilder Streik, der in einer Werft begonnen hatte, auf andere Werften über, und schon bald hörte man Aufforderungen zum Generalstreik. Arbeiter brachten sich in den Besitz eines im Hafen liegenden Torpedoboots, auf dessen Bug sie ein schweres Geschütz montierten. Dann besetzten sie den Hauptbahnhof und den Elbtunnel. Obwohl die Politik Hamburgs von den ortsansässigen Kaufleuten bestimmt wurde, war die Stadt schon immer eine Hochburg der Arbeiterschaft und der Sozialisten gewesen. Als der Arbeiter- und Soldatenrat am 6. November 1918 die Macht übernahm, kehrten sich mit einem Mal die Verhältnisse um. Beim darauffolgenden Generalstreik wurden politische Gefangene befreit, und Arbeiter mit roten Armbinden, von deren Fahrzeugen leuchtend rote Fahnen wehten, füllten die Straßen. Unbekannte Heckenschützen töteten mehrere Arbeiter, ein erster Hinweis auf eine gegenrevolutionäre Bewegung.

Als Berater der Finanzdeputation beim Senat sollte Max Warburg in dem sich abzeichnenden Drama eine entscheidende Rolle spielen. Zwar hatte er sich schon immer für eine Reform ausgesprochen, fürchtete aber nun den radikalen Umsturz, der in der Luft lag. Hamburg hatte zwei Regierungen, die einander bekämpften. Vor der Handelskammer sprach sich Max dafür aus, daß die »alte Garde« Kontakte mit den Aufrührern aufnehmen solle, um über die Finanzen des Stadtstaates zu sprechen. Kurzfristige Schatzanweisungen, die im Besitz der Firma M. M. Warburg und anderer Banken waren, standen unmittelbar vor der Fälligkeit und mußten erneuert werden, was den Gläubigern sofortigen Einfluß gab. Sofern der Stadt das Geld ausginge, würde sie nicht einmal mehr die Polizei bezahlen können. Schon bald ließ der Vorsitzende des Arbeiter- und Soldatenrates, Dr. Heinrich Laufenburg, Max und zwei weitere Kaufleute kommen.

Als Laufenburg die Frage der Schatzanweisungen ansprach, erklärte Max, die Banken würden sie lediglich nach gründlicher Prüfung der Ausgaben der Stadt Hamburg erneuern und auch nur dann, wenn die Finanzdeputation des Senats das verlange. Unter Hinweis auf die bestehenden Machtverhältnisse sagte Laufenburg: »Sie scheinen sich also doch noch im klaren zu sein, wer es ist, der zu bestimmen hat.« Darauf gab Max zur Antwort: »Ich bin mir des bestehenden Zustandes bewußt. Es steht in Ihrer Macht, die Schatzanweisungen nicht zu bezahlen. Wünschen Sie jedoch eine Erneuerung, so müssen Sie mir erlauben, die Bedingungen zu nennen, unter denen meine Freunde und ich die Erneuerung vornehmen würden.«[26] Wütend riet Laufenburg Max, sich die Sache nochmals einen Tag lang durch den Kopf gehen zu lassen. Als Max erwiderte, er brauche keine Bedenkzeit, komplimentierte man ihn unsanft hinaus.

Albert Ballin und seine gigantische HAPAG-Flotte bildeten ein Hauptziel der Revolutionäre. Als eingefleischter Monarchist verabscheute Ballin zwar Linke jeder Art, erkannte aber zugleich die Notwendigkeit einer Reform – die einzige Möglichkeit, Reste der früheren Regierungsform zu retten. Sein Wunsch war, daß nach dem Krieg vernünftige Kaufleute, nicht aber zerlumpte, brüllende Massen an die Spitze der neuen Ordnung treten würden. Am 8. November stürmten Mitglieder des Arbeiter- und Soldatenrates das Hauptbüro der HAPAG an der Binnenalster und besetzten den Sitzungssaal des Direktoriums. Da Ballin trotz seiner Weigerung, den Schreibtisch zu verlassen, die Protestierenden nicht zum Abzug bewegen konnte, sagte er spöttisch zu einem Besucher: »Das Volk soll wenigstens einmal einen anständigen Raum für eine Sitzung haben.«[27]

Nachdem er im Schiffsverkehr der Welt eine Generation lang nahezu allmächtig gewesen war, sah er seine Welt jetzt rasch zerfallen. Es galt als sicher, daß die siegreichen Alliierten sein Lebenswerk zerschlagen würden. In der Hoffnung, Deutschlands militärisches Potential zu zerstören, würden sie die Herausgabe aller Schiffe verlangen, die bis dahin der Versenkung oder Beschlagnahme entgangen waren. Hamburgs geschäftiger Hafen würde damit zwangsläufig verwaisen. Ballin fürchtete, daß eine liberale Demokratie die Vorstufe zum Sozialismus sein könnte – dann würden die Seeleute der HAPAG und ihre sozialdemokratischen Anführer das Ruder in die Hand nehmen.

Je näher das Kriegsende rückte, desto mehr steigerte sich Ballins Pessimismus und Überreiztheit. Er war nervös, schlecht gelaunt und betrachtete die Welt durch ein düsteres Prisma. An einen Bekannten schrieb er: »Wie wahnsinnig dumm ist dieses Leben schon in normalen Zeiten, wie ganz unerträglich wird es in diesem menschenmordenden Krieg.«[28] Als er im Herbst 1918 Erich in Uniform vor dem HAPAG-Haus über die Straße gehen sah, brach er in Tränen aus – er fürchtete, seine Kaste werde das letzte Opferlamm des Krieges sein. Ballin, der schon lange an Schlaflosigkeit litt, nahm immer größere Dosen von Veronal und Opiaten, um schlafen zu können, und versuchte, seine Nerven mit langen Wochenenden auf dem Lande oder Aufenthalten in einem Bad Kissinger Sanatorium zu beruhigen.

Die schlimmste Demütigung ereignete sich am Nachmittag des 8. November: Revolutionäre drangen in den Sitzungssaal der HAPAG vor und drohten, ihn festzunehmen oder zu verprügeln. Hinzu kam, daß Ballin erfuhr, der Kaiser werde am nächsten Tag abdanken. Damit war die Zerstörung der politischen und wirtschaftlichen Stützen seiner Welt vollendet. Er verließ das Gebäude und ging durch die Dämmerung nach Hause. Verstört empfing ihn seine Frau an der Haustür: Man hatte ihr telefonisch gedroht, ihr Mann werde bald ins Gefängnis kommen.

Ballin nahm eine große Dosis Schlaftabletten – ob zur Beruhigung, oder um aus der Welt zu scheiden, bleibt ein Geheimnis. Als er zusammenbrach, wurde sofort der Hausarzt geholt. Er brachte den im Koma liegenden Ballin, von einem Dienstboten unterstützt, in eine Klinik am Mittelweg, wo ihm der Magen ausgepumpt wurde. Dabei kam es zu einer Darmblutung. Ballins Herz hielt den Belastungen nicht stand. Max rief in der Klinik an, kam aber erst dort an, nachdem Ballin um ein Uhr gestorben war. Es war der 9. November 1918, der letzte Tag des Kaiserreichs.

Für Max Warburg bestand nie der leiseste Zweifel daran, daß Ballin keinen Selbstmord begangen hatte. Er sagte allen, der Arzt persönlich habe ihm versichert, sein Freund sei an einem Schlaganfall gestorben. Damit stellt sich die Frage, ob er mit Absicht Mittel genommen hatte, die diesen Schlaganfall auslösten. Vielleicht war die Vorstellung, daß sein Mentor, der ihn so getreulich unterwiesen und ihm so viel Selbstvertrauen eingeflößt hatte, der Verzweiflung anheimgefallen sein könnte, für Max zu beängstigend. Das Vorbild Ballins, der als jüdischer Geschäftsmann bis in die Spitze der deutschen Gesellschaft aufgestiegen war, hatte ihm Kraft gegeben. Allerdings neigten in der Frage von Ballins Tod später fast alle Historiker der Selbstmordtheorie zu.

Die letzte Szene im deutschen Drama ging rasch über die Bühne. Nachdem der Kaiser mit seinem Gefolge in die Niederlande geflohen war, wurde vom Balkon des Reichstags die Republik mit Friedrich Ebert an der Spitze ausgerufen. Max Warburg glaubte, er habe, wenn auch nur in bescheidenem Umfang, zu Eberts Aufstieg beigetragen. Nachdem Frankreich am 11. November 1918 den Deutschen im Wald von Compiègne die Waffenstillstandsbedingungen diktiert hatte, kehrte nach vier Jahren des Gemetzels Ruhe auf den Schlachtfeldern ein.

Die plötzliche Niederlage wirkte nach all dem Jubel und den vielen Siegesbeteuerungen wie ein Schock. Der Glaube eines zum Gehorsam erzogenen Volkes an die Führung von Militär, Industrie und Politik wurde zutiefst erschüttert, und die dadurch hervorgerufene Orientierungslosigkeit gab radikalen Lehren von links und rechts Raum. Auf sie richteten sich die Hoffnungen der Kriegsteilnehmer, die hungernd, frierend und arbeitslos nach und nach in die Städte zurückkehrten.

Deutschlands Juden sahen die Abdankung des Kaisers mit gemischten Gefühlen. Obwohl man sie nie uneingeschränkt anerkannt hatte, waren sie in gewisser Weise Hätschelkinder des Kaiserreichs gewesen. Auf der anderen Seite hatte der Krieg ihre Hoffnungen auf große Gewinne zerschlagen und gezeigt, daß die Christen ihnen nur bedingt trauten. Das Ende des Reichs bedeutete für sie eine große Unsicherheit, ging doch die Ablehnung des Kaisers sehr viel weiter als die Zuwendung zur neuen Republik. So teilte Max später Colonel House mit: »Die Revolution in Deutschland bedeutete eher einen Zusammenbruch der alten Ordnung nach nahezu fünf Jahren der durch den Krieg bewirkten Erschöpfung als ein bewußtes Verfolgen neuer Gedanken. Erst nach dem Zusammenbruch begannen die Menschen bewußt für die neue Zeit zu arbeiten.«[29]

Im Rückblick ist klar, daß der Zusammenbruch des Reiches ein Gift freisetzte, an dem die Juden schließlich zugrunde gingen. Zwar hatte Max nach wie vor Zugang zu vielen Politikern, doch da ihm sein Instinkt sagte, daß Zurückhaltung angeraten sei, unternahm er nicht den Versuch, seinen Einfluß in wirkliche Macht umzumünzen. So lehnten Max und Alice Einladungen von Ebert ab, weil Max »ihn nicht in den Ruf der Abhängigkeit von jüdischer Seite bringen wollte«.[30]

Als Ballin am 13. November auf den Hamburger Hauptfriedhof in Ohlsdorf – damals noch ein Vorort der Stadt – beigesetzt wurde, ebbte die revolutionäre Welle kurzzeitig ab. Ein letztes Mal trat die alte Ordnung mit allem Pomp auf. Würdigen Schritts folgten Hunderte von Trauernden dem von einer blauweißen HAPAG-Fahne verhüllten Sarg. In seiner Grabrede sagte Max, Deutschlands Expansion der vergangenen dreißig Jahre sei ohne Ballin schwer vorstellbar. Er hatte sich für den bevorstehenden Wiederaufbau des Landes auf Ballins Unterstützung verlassen, der in seinem letzten Tagebucheintrag geschrieben hatte: »Von Stinnes erfahren, daß Centrumspartei und Sozialdemokraten einverstanden sind, daß ich die Friedensverhandlungen leite. Ich habe geantwortet, daß ich mich nicht drücken wolle, es aber gern sähe, daß es jemand anders tut.«[31] Ballins Nachfolger in dieser Rolle sollten Max und Carl Melchior sein.

Am Tag vor Ballins Beisetzung beschloß der Arbeiter- und Soldatenrat, den Hamburger Senat sowie die Bürgerschaft aufzulösen. Die alte Regierung verließ das Rathaus, und die neue quartierte sich dort ein, nicht ohne die rote Fahne aufzuziehen. Die Finanzlage der Stadt verschlechterte sich, da ausländische Gläubiger nicht mehr länger zu finanzieller Unterstützung bereit waren. Am 16. November lud Dr. Laufenburg, der Vorsitzende der Räteregierung, Max und andere Spitzen der Geschäftswelt zu einem Mittagessen ins Rathaus ein. Sie aßen an einem langen

Albert Ballin, 1857 geboren und aus kleinen Verhältnissen stammend, brachte es früh zu einer bemerkenswerten Karriere. Schon mit Anfang dreißig war er Generaldirektor der HAPAG, und bald wurde er nicht nur in wirtschaftlichen, sondern auch in politischen Kreisen zu einer einflußreichen Persönlichkeit. Auf der Kieler Woche speiste er mit Wilhelm II. in dessen Privatvilla, eine Ehre, die bis dahin noch keinem Hamburger Kaufmann, der zudem Jude war, zuteil geworden war. Ursprünglich ein Anhänger der Tirpitzschen Flottenbaupolitik, wandte er sich später davon ab, weil er die dadurch heraufbeschworene Kriegsgefahr erkannte und fürchtete. Sein Versuch indes, in dieser Frage Einfluß auf den Kaiser zu gewinnen, scheiterte.

Tisch, an dem bis an die Zähne bewaffnete revolutionäre Matrosen saßen, die nacheinander aus einer Suppenterrine tranken. Trotz heftigen Regens hörte Max Sprechchöre einer wütenden Menge vor dem Rathaus. Bevor die Verhandlungen begannen, stellte er sich neben Senator Werner von Melle, den unermüdlichen Verfechter einer Hamburger Universität, ans Fenster. Obwohl sie in diesem Punkt an einem Strang zogen, hatte ihn Melle stets gelangweilt, da er keinen anderen Gesprächsgegenstand kannte als die Universität. Während Max jetzt über den schicksalsschweren Zusammenbruch der deutschen Gesellschaft nachdachte, flüsterte ihm von Melle zu: »Ich glaube, für die Universität ist diese neue Wendung gar nicht übel.«[32] Das brachte Max zum Lachen, was die Spannung, die sich allmählich aufgebaut hatte, ein wenig löste.

Schließlich gelang es Max und anderen Bankiers, die Rolle der Finanzdeputation des Senats als Wächter von Hamburgs Kredit zu bewahren.[33] Die großen Banken Hamburgs, Berlins und Frankfurts hatten Aussicht auf einen ansehnlichen Kredit aus Amerika, und Max wies darauf hin, daß Hamburg davon ausgeschlossen bleiben könne, wenn der Arbeiter- und Soldatenrat seine eigenen Vertreter zu den Verhandlungen schicke. Der Hinweis fiel auf fruchtbaren Boden, und schon zwei Tage später erklärte der Revolutionsrat, man werde Senat und Bürgerschaft für eine kurze Übergangszeit erneut einsetzen. Außerdem beabsichtigte man, einen von Geschäftsleuten geführten Wirtschaftsrat zu gründen, der zusammen mit dem Militärrat Hamburgs Finanzen kontrollieren sollte. In dieser stillen Gegenrevolution lag ein Hinweis darauf, daß hinter allem Stolzieren und lauten Gehabe der Linken traditionelle Kräfte fortbestanden. Die Revolutionäre waren in der Frage der Lebensmittel- und Hausbrandknappheit nicht recht vorwärtsgekommen, und auch gegen die wachsende Zahl von Arbeitslosen hatten sie nicht wirklich etwas unternehmen können. Am 26. März 1919 bekam die Bürgerschaft – die künftig in freien, geheimen Wahlen gewählt werden mußte – ihre einstige Macht vom Revolutionsrat zurückübertragen, und die rote Fahne der Revolution wurde eingeholt. Es wirkte wie ein kurzer Ausflug in eine Scheinwelt.

Wie Ballin verlor auch Aby Warburg mit dem Untergang des Reiches sein seelisches Gleichgewicht, bis seine strapazierten Nerven schließlich die angestaute Spannung und Erschöpfung nicht mehr ertragen konnten. Es gibt merkwürdige Parallelen zwischen seinem Zusammenbruch nach dem Ersten Weltkrieg und dem Zusammenbruch des Adrian Leverkühn in Thomas Manns *Doktor Faustus*. Vier Jahre lang hatte sich Aby mit seinem Zeitschriftenarchiv beschäftigt, als könnte die Arbeit an dieser bedeutenden systematischen Aufgabe die Dämonen im Zaum halten. Nie wurde er in seinem Glauben an die Gerechtigkeit der deutschen Sache wankend. Er bedauerte Erich und sagte 1918, er verstehe die Härte des Krieges, fügte aber hinzu: »Steht unsere Jugend nicht, wie sollen wir uns gegen die Versklavung, richtiger Vernichtung der Entente, schützen?«[34] Obwohl Freidenker, war er in seiner Dankbarkeit dem Kaiser gegenüber ein typisch deutscher Jude. Gertrud Bing, seine spätere Assistentin, schrieb: »Er hat es dem Kaiserlichen Deutschland nie vergessen, daß es Juden gut behandelt hat, und hat es auch später nicht gern gehört, wenn man etwas daran bekrittelte.«[35]

Im September 1918 konnte Aby mit niemandem mehr sprechen und nicht einmal Zeitungen lesen, da alles seine schrecklichen Ahnungen nur aufs neue bestätigte. Als dann im Oktober mit Deutschlands Niederlage seine entsetzlichen Befürchtungen Wirklichkeit wurden, rissen mit einem Schlag die Fäden, die seinen Geist noch lose zusammengehalten hatten. Sein Schüler Carl Georg Heise wurde Zeuge dieses Prozesses. Während des revolutionären Durcheinanders im Herbst jenes Jahres, als Aby dicht am Rande des Wahnsinns stand, bat Mary ihn, er möge ins Haus an der Heilwigstraße kommen und sich um ihren Mann kümmern. Er sah einen ausgemergelten Aby durch die Räume wandern, Selbstgespräche führen und mit weit ausholenden Bewegungen gestikulieren. »Sein Gehirn arbeitete fieberhaft und unkontrolliert, alles war übertrieben und somit verzerrt.« Doch auch wenn Abys Worte noch so wild waren, sie hatten ihre eigene, verschlüsselte Logik.

Von Schuldgefühl und Scham zerfressen, zog er Heise in eine Ecke und legte ein schreckliches Geständnis ab. Er habe, erklärte er, im Gespräch mit einem Professor gesagt, »im Grunde meiner Seele bin ich ein Christ!«.[36] Entsetzt über sein eigenes Eingeständnis, geißelte er sich als widerwärtigen Feigling, der sich in der Öffentlichkeit nicht blicken lassen könne, weil er seiner Religion und Familie nicht die Treue gehalten habe. Er ließ Heise schwören, daß er diese Aussage für sich behalten werde. »Gleich darauf aber schrie er es laut heraus, so daß die Nachbarn es durch die geöffneten Fenster hören konnten«, heißt es bei Heise.[37] Er wurde so gewalttätig, daß sich Heise, der um seine Sicherheit fürchtete, hinter Möbelstücke flüchtete. »Schrecklich war seine Stimme: heiser geschrien, bald sich grell überschlagend, bald zurücksinkend in ermattetes Geflüster.«[38]

Es ist bemerkenswert, daß sich Aby wegen seiner Abwendung vom Judentum derart schuldig fühlte. Offenkundig hatte er sein religiöses Erbe niemals reinen Gewissens verschmäht, und nun hatte sein Ikonoklasmus einen schrecklichen Preis gefordert. Lange hatte er in einem Niemandsland gelebt: weder Jude noch Nichtjude, sondern eine sonderbare Mischung aus beidem. In ihm verkörperte sich die Zwangslage der Warburgs. Wohin gehörte ein gebildeter, rational denkender Jude in der modernen Welt?

Im Juli 1918 lud Abys Schwager Wilhelm Hertz ihn und Mary zu einem Familientreffen ein, bei dem zwei antisemitische Gäste anwesend waren. Anschließend forderte Aby Wilhelm erregt auf, ihn nie wieder einzuladen, wenn solche Leute zugegen seien.[39] Gleichzeitig nahm seine Ablehnung des Zionismus zu. Noch nachdem sich Großbritannien mit der Balfour-Deklaration bereit erklärt hatte, in Palästina die Schaffung einer Heimat für die Juden zu unterstützen, wies ihn Aby als hoffnungslos mystisch und romantisch zurück.[40] Aber auch die halbassimilierte Zwischenwelt bürgerlicher Behaglichkeit, in der Max und andere deutsche Juden lebten, sagte ihm nicht zu.

Als Abkömmling einer im Blickpunkt der Öffentlichkeit stehenden jüdischen Familie, der in die antisemitisch durchsetzte Welt der deutschen Kunstgeschichte eingedrungen war, befand sich Aby immer in einer äußerst schwierigen Lage. Bisweilen gab er die Schuld an seinem Judentum der Familie. »Es war, als haßte er es, ein Warburg zu *sein,* und gleichzeitig konnte er doch die Tatsache nicht leugnen, daß er ein Warburg *war*«, sagte ein Angehöriger.[41] Häufig kritisierte er die jüdische Gemeinde, fürchtete aber gleichzeitig, auf diese Weise dem Antisemitismus Vorschub zu leisten. Noch komplizierter wurde die Sache dadurch, daß er auf die Zuwendungen seiner Familie angewiesen war, um in Kirchen und anderen sakralen Räumen christliche Kunst studieren zu können. All diese Widersprüche müssen sich auf den psychisch so labilen Aby katastrophal ausgewirkt haben.

Abys allmählicher Zusammenbruch erschütterte die gesamte Familie. Auf den Bildern aus der Kriegszeit, die ihn und Mary mit ihren drei Kindern zeigen, liegt eine erdrückende Düsterkeit. Aby wirkt unruhig und verstört, und Mary senkt den Blick wie eine bekümmerte Madonna. Während Max Adolph verträumt in die Ferne schaut, sieht es so aus, als habe die jüngere Tochter Frede mit all dem nichts zu tun, so, als wolle sie sich vom Sog eines seelischen Strudels fernhalten. Die älteste Tochter, die schöne Marietta, sieht verweint aus und macht einen fast tragischen Eindruck.

Die Kinder betrachteten den Vater mit ängstlicher Bewunderung. In seiner Selbstversunkenheit fühlte er sich von ihnen vernachlässigt und machte ihnen Vorwürfe: »Ihr seid mir lange nicht neugierig genug.«[42] Der künstlerisch veranlagte und freundliche Max Adolph war ein bleicher Jüngling, der leidenschaftlich das Rätsel seines Vaters zu lösen versuchte. Er sagte über ihn: »Dieser von körperlichen Befürchtungen heimgesuchte Mann war geistig der furchtloseste, den ich je kennengelernt habe.«[43] Max Adolph ging es während des Krieges selbst nicht gut, und die zunehmende Geisteskrankheit seines Vaters machte ihm schwer zu schaffen. Im Oktober 1918 überlegte Aby sogar, ob er den Sohn in die Schweiz bringen sollte, möglicherweise in das Kreuzlinger Sanatorium, in dem er später selbst behandelt wurde.[44]

In jenem Oktober, als die deutsche Kriegsmaschine in Stücke fiel, nahmen bei Aby die Zeichen geistiger Verwirrung bedrohlich zu. Erregbar war er stets gewesen, doch jetzt war er es in geradezu unnatürlicher

Weise und redete unaufhörlich. Überall witterte er Gefahr und Vernichtung und machte sich Selbstvorwürfe. Dazu heißt es bei Gombrich: »Die zwei großen Themenkomplexe seiner wissenschaftlichen Arbeit, der Ausdruck der Leidenschaft und die Reaktion auf Angst, ergriffen von ihm Besitz in der Form von furchtbaren Anfällen und Phobien, Zwangs- und Wahnvorstellungen, die ihn schließlich zu einer Gefahr für sich selbst und seine Umgebung werden ließen...«[45]

Bei einem frühmorgendlichen Spaziergang mit seiner reizenden Kusine Elsa wurde Aby so unruhig, daß sie nach ihrer Rückkehr den Arzt rief. Zuerst wußte niemand, was man tun konnte, um Aby zu besänftigen. Am folgenden Tag kam er in einem Krankenhaus am Ort in eine Isolierzelle. Später machte er seiner Familie und seinen Freunden unablässig Vorwürfe, weil sie ihn wie ein wildes Tier mehrere Wochen, die für ihn das reine Entsetzen waren, eingesperrt hatten. Kurze Zeit später folgte der nächste Nervenzusammenbruch.

Abys romantisch veranlagter, idealistischer Sohn Max Adolph reagierte in eindrucksvoller Weise auf den Vorfall. Als er am Rand einer Klippe spazierenging, hatte er eine mystische Erfahrung; er spürte die Unendlichkeit des Universums und die kosmische Einheit aller Dinge.[46] Später schrieb er darüber: »Sonderbarerweise lösten in mir, als ich sechzehn Jahre alt war, der schreckliche plötzliche Zusammenbruch meines Vaters wie meines Vaterlandes wie ein Blitz eine Vision aus; er entzündete sich an der Flamme des Herakleitos von Ephesos, soweit mein unreifer Geist ihn zu erfassen vermochte.«[47] Er sagte, die Intensität der Vision sei nie vollständig verblaßt und habe ihn – aus Gründen, über die er sich nie äußerte – auf alle Zeiten daran gehindert, sich irgendeinem Gebiet im Leben längere Zeit zu widmen. Vielleicht sah er im irdischen Leben nur noch eine unbedeutende Etappe auf einer ewigen Reise.

Eine Zeitlang versuchte Aby, nach Hause zurückzukehren und seine Arbeit wiederaufzunehmen. Als die Familie beschloß, die Pflege des Vaters, dessen Zustand sich zusehends verschlechterte, in die Hände der als Krankenschwester ausgebildeten Tochter Marietta zu geben, traf sie eine folgenschwere Fehlentscheidung. Zeit ihres Lebens war sie von diesem Erlebnis aus ihrer Jugendzeit gezeichnet. In den letzten Stunden, die Aby in der Freiheit verbrachte, wußte er, daß die Heilanstalt auf ihn wartete und er sie möglicherweise nie wieder verlassen würde. Glücklicherweise wurde die Betreuung der Bibliothek von dem jungen Fritz Saxl übernommen. Nach seiner Entlassung vom Militär hatte er mit Billigung der österreichischen Regierung unter dem Schlagwort »Nie wieder Krieg« einen Feldzug gegen den Krieg begonnen. Bis zum letzten Augenblick arbeitete Aby und nutzte jede freie Sekunde. Erst als er Hamburg verließ, war er bereit, Saxl Vollmachten zu erteilen.

Aby suchte das unter Leitung des Psychoanalytikers Ludwig Binswanger stehende Sanatorium Kreuzlingen am Schweizer Bodenseeufer auf. Die Binswangers hatten bereits Fritz Warburg und Jim Loeb behandelt. Aby wurde in einer geschlossenen Abteilung von der Außenwelt ferngehalten und empfing nur wenige Verwandte und Kollegen. Er lebte in einer sonderbaren Dämmerwelt, in der Wahnsinn mit geistiger Klarheit wechselte. Zu Beginn seines Klinikaufenthalts war Max Adolph bei ihm, dessen Nervenzusammenbruch die Ärzte mit einer neuartigen Therapie behandelten. Dabei lag der Patient in einer Badewanne mit lauwarmem Wasser, das seine Nerven beruhigen sollte. Unglücklicherweise hörte Max Adolph, während er sich zu entspannen versuchte, vom anderen Ende des Ganges die Schreie des Vaters.[48]

Freunde und Verwandte hofften, Aby werde im Sanatorium Linderung finden, denn er hatte entsetzlich gelitten. Sein Freund Percy Schramm mußte an die antike Weisheit denken, daß die Götter den Wahnsinn als Gabe der Gnade schenkten.[49] Die Zukunft sah düster aus. So schrieb Abys Kusine Elsa in einem Brief vom Mai 1919: »Ich denke beständig an Aby M. Es mag nicht so schrecklich sein, aus dieser Welt scheiden zu müssen, was aber schmerzt, ist, daß er im letzten Jahr so viel leiden mußte, und daß wir nicht wissen, wie das Ganze ausgeht.«[50]

Es wirkt wie eine Ironie des Schicksals, daß Aby Hamburg in einem Augenblick des persönlichen Triumphes verließ. Mit dem Hinweis »Bildung schadet nicht« hatte er sich lange bemüht, die Spitzen der Hamburger Finanzwelt zur Schaffung einer Universität zu bewegen.[51] Im April 1919 billigte die Bürgerschaft die Gründung der Universität, der sich der Kaiser widersetzt hatte, weil er in einer solchen Institution einen Hort subversiven Denkens witterte. Nachdem der Krieg Monarchie und Militär in Verruf gebracht hatte, suchten die enttäuschten Bürger nun nach neuen Lösungen; zudem brauchten ganze Scharen heimkehrender Kriegsteilnehmer eine Ausbildung. So gedieh in Hamburg die Welt des Geistes gerade zu der Zeit, da einer ihrer wichtigsten Vertreter dem Wahnsinn verfiel, den er so lange gefürchtet und dem er so heldenmütig Widerstand geleistet hatte.

Teil III

DER NIEDERGANG DER MITTELWEG-WARBURGS

15

Verwunschenes Schloß, verwünschter Friede

Zu Beginn des Jahres 1919 hatte Deutschland noch immer keinen Frieden; die Feindseligkeiten verlagerten sich lediglich von der Westfront auf die Straßen der Heimat. Hochfliegende Hoffnungen hatten in der schwärzesten Verzweiflung die Entstehung der Weimarer Republik begleitet. Unter der Präsidentschaft von Friedrich Ebert übernahmen die Sozialdemokraten die Regierung. Ihr Ziel war die Schaffung eines Wohlfahrtsstaats und die Linderung des Elends der aus dem Felde heimgekehrten Soldaten. Diesem anspruchsvollen Programm stand die dringende Notwendigkeit entgegen, mit Steuergeldern äußerst sparsam umzugehen, so daß die Republik in eine unauflösbare Zwangslage geriet.

Der schärfste Gegner der neuen Regierung war der Spartakusbund, eine marxistische Splittergruppe, die eine Räterepublik errichten wollte. An seiner Spitze standen Karl Liebknecht und Rosa Luxemburg, Tochter eines wohlhabenden Holzkaufmanns, dessen Vorfahren über mehrere Generationen Rabbiner gewesen waren. Der warburgschen Familienlegende zufolge zogen Hamburger Spartakisten, die sich reiche Kaufleute am Ort zur Zielscheibe ihres Protests erwählt hatten, vor Abys Haus, bevor er ins Sanatorium ging. »Zehn oder fünfzehn von ihnen gingen hinein«, erinnerte sich seine Nichte. »Er sagte zu ihnen: ›Meine Herren, wir wollen zuerst ein Glas Wein trinken‹. Sie setzten sich an seinen Eßzimmertisch und blieben die ganze Nacht, wobei sie vor Lachen brüllten.«[1]

Gegen die Spartakisten kämpften vor allem die illegalen, paramilitärisch organisierten Freikorps. Sie bestanden aus marodierenden Söldnern, die sich aus ehemaligen Heeresverbänden rekrutierten und von politisch rechtsstehenden Wirtschaftskreisen finanziert wurden. Mit ihrer Hilfe umging Deutschland später die im Versailler Vertrag festgelegten militärischen Beschränkungen. Max' Sohn Erich erlebte in diesem bitteren Bürgerkrieg seinen ersten Kampfeinsatz. Sein Regiment bekam vor Weihnachten 1918 den Auftrag, das von meuternden Matrosen besetzte Berliner Stadtschloß zu erstürmen, das Unternehmen scheiterte, und acht MG-Schützen verloren ihr Leben. Allerdings vertrieb Erichs Einheit Spartakisten aus anderen Gebäuden. Am 15. Juni 1919 wurden in Berlin Rosa Luxemburg und Karl Liebknecht ermordet.

Erich setzte sich als junger Monarchist für die Wiedereinsetzung des Kaisers ein und schrieb an dessen Geburtstag seinem Vater: »Gott gebe, daß wir wieder die Monarchie bekommen, welche die einzige richtige Regierungsform für Deutschland ist.«[2] Daß er in Berlin Zeuge von Blutvergießen gewesen war und miterlebt hatte, wie die Kommunisten Banken und Universitäten in ihre Gewalt brachten, bestärkte ihn in seiner tiefverwurzelten konservativen Haltung. Als sich der spartakistische Terror ausbreitete, klagte er über die Schwäche der Regierung. »Gegen diese Leute gibt es nur ein Mittel, das heißt: Kampf, Kampf und noch einmal Kampf.«[3] Als Erich nach seiner Entlassung aus dem Militär in einer Berliner Bank arbeitete, wäre er einmal fast verprügelt worden, weil er nicht bereit war, sich an einem Streik zu beteiligen.

Im März 1919 wurde das Kriegsrecht über Berlin verhängt, nachdem bereits eintausendzweihundert Menschen ihr Leben gelassen hatten. Mit atemberaubender Geschwindigkeit weiteten sich Streiks aus, und allerorts bildeten sich Revolutionsräte. Die Mark verlor an Wert. Es war der erste Schritt auf ihrem Weg in die bodenlose Inflation. Niemand konnte den Wert der Währung festsetzen, solange unklar war, in welcher Höhe Deutschland Reparationen zu leisten hatte. Damit begann der finanzielle Niedergang jener Vertreter der deutschen Mittelschicht, die ihre Ersparnisse in Kriegsanleihen angelegt hatten. Obwohl die Kampfhandlungen vorüber waren, wurde die Einfuhr von Nahrungs- und Düngemitteln durch die Blockade der Alliierten nach wie vor verhindert, und nicht einmal die Fischereiflotte konnte auslaufen. Aus diesem Grunde versuchten die Menschen, knappe Güter auf dem blühenden Schwarzmarkt zu bekommen.

Während in Weimar die verfassunggebende Versammlung zusammentrat, versuchte sich Deutschlands Führung zu orientieren. Zur Versailler Friedenskonferenz wollte man als Fachleute auch Privatbankiers entsenden, und da sich voraussehen ließ, daß es im Zusammenhang mit den Reparationsforderungen zu finanziellen Verwicklungen kommen würde, schob man jüdische Bankiers in den Vordergrund. Schon am 16. November 1918 war Max Warburg telegrafisch aufgefordert worden, als Delegierter das Reichsschatzamt zu vertreten. Die Regierung hoffte, daß er mit Hilfe seiner amerikanischen Brüder die Alliierten dazu bringen könnte, mäßige Forderungen zu stellen. Max war sich indessen bewußt, daß er in der vergifteten Nachkriegsatmosphäre äußerst wachsam sein mußte, und erklärte daher, daß diese Mission nicht von einem Juden erfüllt werden könne, »denn zweifellos würden die Bedingungen der Entente entsetzlich hart sein... antisemitische Angriffe würden auf alle Fälle die Folge sein«.[4] Er schlug vor, Beamte des Schatzamts nach Versailles zu entsenden, doch ließ sich die Regierung nicht von ihrer Ansicht abbringen, der zufolge Privatbankiers über das erforderliche Verhandlungsgeschick und das nötige Ansehen im Ausland verfügten und die siegreichen Alliierten sicherlich lieber mit ihnen verhandeln würden.

Also empfahl Max als Delegierten den Syndikus seiner Bank, den klarsichtigen, unbestechlichen Carl Melchior, der während des Krieges für die Regierung in Rumänien und Rußland tätig gewesen war. 1917 anstelle von Felix als Teilhaber bei M. M. Warburg eingetreten, war er der erste in der hundertzwanzigjährigen Geschichte der Bank, der nicht der Familie angehörte. (Sein Bruder heiratete Aby S.' Schwester Elsa, nachdem auch Carl Teilhaber geworden war.) Staatssekretär Schiffer forderte Max auf: »Gehen Sie doch wenigstens als Vorsitzender der Finanzdelegation.«[5] Max empfahl auch für diese Aufgabe Melchior und erklärte, er sei gern bereit, unter ihm zu arbeiten. Da dieser jünger war als Max und in der Bank eine niedrigere Position innehatte, fragte Schiffer verblüfft: »Sie wollen doch nicht sagen, daß Sie gewillt sind, unter dem Vorsitz von Dr. Melchior zu arbeiten?« Darauf gab Max zur Antwort: »Unter keinem lieber als ihm.«[6] Tatsächlich arbeitete er in der Finanzdelegation unter Melchior, während dieser unter Federführung des Außenministers, Ulrich Graf von Brockdorff-Rantzau, auch in der Hauptdelegation tätig war.

Die Entscheidung, seinen Juniorpartner Melchior vorzuschlagen, erwies sich als klug, da dieser sich bei den Verhandlungen in Versailles ausgezeichnet hielt. Dennoch fragt man sich, ob Max zu Schiffer wirklich aufrichtig gewesen war, als er die Leitung der Delegation ablehnte; schließlich war Melchior als Jude und Teilhaber des Bankhauses M. M. Warburg antisemitischen Anwürfen nicht minder ausgesetzt als er. Vielleicht fürchtete Max, es könne Auswirkungen auf Pauls Karriere haben, wenn er selbst in Versailles den Vorsitz führte. Jedenfalls war die Politik dank seines Vorschlags mit Melchior um einen ausgezeichneten Vermittler reicher geworden. Vierzehn Jahre lang war er an allen größeren Reparationskonferenzen beteiligt, wodurch Max einen weitreichenden, wenngleich inoffiziellen Einfluß bekam. In der Firma war Melchior gleichsam der ruhende Pol, der den ungebremsten Überschwang, den Max zuweilen an den Tag legen konnte, auszugleichen verstand.

Fotos zeigen den Junggesellen Carl Melchior als eleganten, gepflegten Herrn mit kurzgeschnittenem silbergrauem Haar und aufrechter Haltung. Er strahlte eine unerschütterliche Ruhe aus, hatte tadellose Umgangsformen und war von großer Selbstbeherrschung. Nur selten zeigte er heftige Gemütsbewegungen. Seine Nichte bezeichnete ihn als »sehr würdigen Herrn von großer Ruhe und Gelassenheit«.[7] Obwohl man ihn nicht selten für jünger hielt, als er in Wirklichkeit war, schien es, als bedrücke ihn eine unbestimmte Traurigkeit, so daß er vorzeitig gealtert wirkte.

Melchior hatte in der Bank Pauls Ratgeberrolle übernommen, und in gewisser Weise kam ihnen nun im deutschen und amerikanischen Finanzwesen eine vergleichbare Position zu. Beide waren nicht nur klug, würdevoll und integer, sondern auch voller dunkler Vorahnungen. Offenbar hatte Max, der ein überentwickeltes Ego und den Wagemut eines Spielers besaß, eine besondere Vorliebe für Menschen, die bescheiden und unauffällig Hervorragendes leisteten. Melchiors Liebe zu Literatur, Malerei und anderen Künsten – er sammelte Gemälde der deutschen Expressionisten und Terrakotta-Figurinen aus dem Mittleren Osten – gefiel Max. Es überrascht daher nicht, daß er einmal sagte, »...unsere Freundschaft und Kameradschaft [hat sich] immer mehr vertieft, ja zu einem wahrhaft brüderlichen Verhältnis gestaltet«.[8] Ballin gegenüber äußerte er, nie einen Kollegen mit so klarem Blick für das Wesentliche gehabt zu haben. »Ich schätze ihn wesentlich höher ein als mich selbst, was bei meiner geringen Bescheidenheit viel sagen will.«[9]

Melchior war ein unerschütterlicher deutscher Patriot, der gern Friedrich Liszts Satz »Im Hintergrund aller meiner Gedanken steht Deutschland«[10] zitierte. Zu einer Zeit, in der tiefstes Mißtrauen im Land herrschte, wurde ihm von allen Seiten Lob für seine ehrlichen Vermittlungsbemühungen und seine seltene Objektivität gezollt. John Maynard Keynes hat über ihn gesagt, er habe »in der Niederlage die Würde bewahrt«.[11] Die Freundschaft beider Männer begann im Januar 1919, als sie in einem französischen Eisenbahnwaggon über einen Vorschlag sprachen, dem zufolge Deutschland im Gegenzug für die Herausgabe seiner Handelsflotte Nahrungsmittellieferungen erhalten sollte. Keynes erinnerte sich: »Was Melchior sagte, war stets überlegt, doch er machte keine Pausen, so daß man den bezwingenden Eindruck hatte, daß er es ehrlich meinte.«[12] Im Hinterzimmer einer Gaststätte mußte sich Melchior erneut der schwierigen Diskussion über die Herausgabe der deutschen Handelsflotte stellen.

Im März begegneten Keynes und Melchior einander ein weiteres Mal im belgischen Kurort Spa. Die Verhandlungen über die Herausgabe der Flotte stießen auf ernsthafte Schwierigkeiten, als die Alliierten die deutschen Besatzungen von Bord zu holen versuchten. In dieser angespannten Lage entdeckten die beiden Männer ihre persönliche Verbundenheit. Keynes erinnerte sich an Melchior: »Mit schweren Lidern sah er hilflos vor sich hin, wie ich ihn schon zuvor gesehen hatte, wie ein leidendes, rechtschaffenes Tier.«[13] Sie begannen, inoffiziell miteinander über die Angelegenheit zu reden. Keynes riet zu einer versöhnlichen Haltung, da Deutschland Nahrungsmittel nur im Austausch gegen die Schiffe bekommen werde. Darauf antwortete Melchior »mit dem leidenschaftlichen Pessimismus des Juden. Ehre, Organisation und Moral Deutschlands standen vor dem Zusammenbruch; er sah nirgendwo Licht; er rechnete damit, daß Deutschland in den Abgrund stürzte und die Zivilisation dahinging; wir mußten tun, was wir konnten; doch finstere Kräfte zogen über uns dahin«.[14] Später trafen sie in Brüssel ein Abkommen, in dem Großbritannien sich verpflichtete, Nahrungsmittel gegen deutsche Schiffe zu tauschen.

Anfänglich schien Max Warburg den vollen Umfang der deutschen Niederlage nicht recht zu erfassen. Sein Neffe Hans Blumenfeld schrieb dazu: »Im Dezember 1918 war ich am Eingang zur Familienbank auf Max Warburg gestoßen... Er glaubte an die vollständige Wiedererstehung des

Deutschlands aus der Vorkriegszeit in einer Nachkriegswelt.«[15] Ende März 1919 trafen Max und Melchior mit der Finanzdelegation in Berlin zusammen. Zwar hatten sie sich bereits auf harte Bedingungen in den Versailler Verhandlungen eingestellt, aber die tatsächlichen Reparationsforderungen übertrafen selbst ihre schlimmsten Befürchtungen. Felix sah Max direkt auf eine Katastrophe zusteuern: »Daß er als Bittsteller für sein Land nach Versailles mußte, wo er Gast so vieler beschwingter Soireen gewesen war, ist in der Tat ein Rollentausch«, schrieb er. »Es wird wohl keine große Rolle spielen, was sie glauben und was sie wünschen - sie werden unterschreiben müssen, was man ihnen vorlegt, möglicherweise unter Protest, immer vorausgesetzt, man läßt sie den aussprechen. Was auch immer sie unterschreiben, man wird ihnen später die Schuld daran geben.«[16]

Als Max und die anderen Delegierten zur Friedenskonferenz fuhren, sahen sie unter anderem die Schlachtfelder Nordfrankreichs mit ihren unzähligen Granattrichtern. Die Franzosen dürsteten nach Rache, hatte doch der Krieg nahezu eineinhalb Millionen ihrer Landsleute das Leben gekostet. Als die deutsche Finanzdelegation zum feudalen Château de Villette in der Nähe von Compiègne geleitet wurde, ahnte keiner der Männer, daß es sich dabei um eine Art vornehmes Gefängnis handelte. Wie Gäste eines Luxushotels bekamen sie zu gutem und reichlichem Essen alte Weine aufgetischt, konnten sich die Zeit mit Golf und Rasenspielen vertreiben – doch wurden sie unablässig von zweihundert schwerbewaffneten Soldaten bewacht. Sie durften weder telefonieren noch Besucher empfangen; das ganze Schloß schien mit Abhöreinrichtungen gespickt zu sein, und auch das Personal lauschte an allen Türen. Wo sie sich befanden, erfuhr Max, als ihm ein Diener anvertraute, er arbeite für Baron Stern aus Paris, einen Bankier, bei dessen Bällen Max während seiner Lehrzeit in Paris häufig zu Gast gewesen war. Als die Wächter merkten, daß die Delegierten keinen Fluchtversuch planten, lockerten sie die strengen Sicherheitsvorkehrungen allmählich.

Bei der ersten Plenarsitzung von Finanzfachleuten am 10. April mußte Max zur Kenntnis nehmen, wie unerbittlich die alliierten Gegenspieler zu Werke gingen. Zwar glaubte er an den Idealismus des amerikanischen Präsidenten Wilson, doch hatte er schwere Bedenken, was dessen politisches Geschick, seinen Rückhalt in der Partei und seine Sachkunde in europäischen Fragen anging. Er trat an Thomas W. Lamont, amerikanisches Mitglied des Reparationsausschusses und Teilhaber im Bankhaus J. P. Morgan & Co., heran und schlug ihm ein Zusammentreffen mit Wilson und Colonel House vor, um die Grundlagen für eine vernünftige Regelung zu schaffen. Dieser Vorstoß blieb jedoch erfolglos. Lamont mochte Max, und er sprach mit ihm, weil ihm die anmaßende Art nicht gefiel, in der man mit den Deutschen umsprang. Doch selbst er war überzeugt, daß Max Deutschlands unausweichlichen Zusammenbruch lediglich deshalb in den grellsten Farben schildere, weil er eine Milderung der Bedingungen erreichen wollte.

Die Briefe, die Max an Alice schickte, lassen keinen Zweifel daran, daß die Verschlechterung der Lage ihn ernsthaft beunruhigte. Er fürchtete, eine »Welle des Bolschewismus« werde erst Deutschland und dann ganz Europa in den Abgrund reißen. Am 5. April unternahmen er und Melchior, gefolgt von Wächtern, einen Spaziergang im Wald von Compiègne. Max, sonst die Zuversicht in Person, sah Deutschlands Zukunftsaussichten mit wachsender Besorgnis. Als am 7. April in München die kurzlebige Räterepublik ausgerufen wurde, schrieb er an Alice: »Die Welt ist verrückt! So muß man dort einen vollständigen Zusammenbruch befürchten, der den Rest der Welt mit sich reißen wird...«[17] Beim sogenannten Hamburger Osteraufstand vom 15. April verhängte man das Kriegsrecht, da der randalierende Pöbel ganze Geschäfte ausräumte. Während die Heimat von diesen Ereignissen heimgesucht wurde, spielten Max und die anderen Delegierten Golf auf dem Rasen ihres idyllischen Gefängnisses.

Nach einer Sitzung ging Max am 16. April auf Lamont zu und tauschte flüsternd einige Worte mit ihm aus. Obwohl Max auf die zunehmende Unruhe in Deutschland hinwies, erklärte Lamont, eine Zusammenkunft mit Wilson sei unmöglich. Die Presse hatte astronomisch hohe Schätzungen der alliierten Reparationsforderungen veröffentlicht, und Max wies darauf hin, daß keine deutsche Delegation ein Dokument über Zahlungen in solcher Höhe unterzeichnen würde. Lamont konnte ihm keinen Trost bieten und erklärte, die Alliierten zögen in dieser Frage an einem Strang. Zudem herrsche in Amerika eine ungewöhnlich verbitterte Stimmung gegenüber Deutschland.[18]

Lamont erklärte sich bereit, eine von Max vorbereitete Denkschrift an Wilson und House weiterzuleiten. Dieses wenig durchdachte Dokument erweckte den Eindruck, als handle es sich um eine maßlose, nationalistisch geprägte Beschwerde. Max konnte seine Auffassung nicht unterdrücken, daß man in Wahrheit Deutschland Unrecht getan hatte. Statt die deutsche Schuld einzugestehen, wollte er die Angelegenheit einem neutralen Schiedsgericht zur Entscheidung vorgelegt wissen und begehrte gegen das »Verbrechen« der Alliierten auf, Deutschland durch eine Blockade auszuhungern. Taktloserweise wies er darauf hin, daß es unter den achthunderttausend deutschen Kriegsgefangenen in Frankreich mehr Tote gegeben habe, als im Krieg gefallen seien, und daß zur Stunde der Notwendigkeit, Deutschland mit Nahrungsmitteln zu versorgen, höchste Bedeutung zukomme. »Mit nutzlosen Gesprächen über die Frage der Verantwortung für den Ausbruch des Krieges wird nur Zeit verschwendet.«

Max hieß den Völkerbund gut, widersetzte sich aber der Vorstellung, Deutschland bedürfe einer politischen Reform, und wiederholte das Loblied auf die deutsche Demokratie, das er Jacob Schiff während des Krieges vorgetragen hatte. Er betonte, man müsse bedenken, »daß Deutschland schon vor dem Krieg das demokratischste Wahlsystem auf der Welt besaß, demokratischer als das britische«. Diese Behauptung schien Lamont so erstaunlich, daß er an jener Stelle nicht weniger als vier Fragezeichen an den Rand des Dokuments machte. Die notorische Passivität der deutschen Bevölkerung deutete Max nicht als Untugend, sondern als besonnenes Einverständnis mit einem vollkommenen Staatswesen: »Das deutsche Volk stand unter dem Eindruck, daß seine Regierung gut und anständig war, und daher machte es sich keine großen Gedanken über die Politik.«

Die Art und Weise, wie Max das Leiden der Deutschen mit dem Leiden der Franzosen und Belgier auf eine Stufe stellte, mußte die Alliierten in Rage versetzen: »Sicherlich haben Frankreich und Belgien in diesem Krieg, soweit man sehen kann, am meisten gelitten. Doch bleibt die Frage offen, ob das Leiden der Gesamtheit der deutschen Bevölkerung durch die schrecklichen Entbehrungen, die sie während des Krieges ertragen mußten, nicht mindestens ebenso schwer waren.« Er bestritt rundweg, daß künftig vom deutschen Militarismus eine Bedrohung ausgehe, und erklärte, daß dieser lediglich durch den Militarismus der Entente wieder geweckt werden könne. Mit einem letzten grundlosen Hieb führte er den Sieg der Alliierten nicht auf deren militärische Tüchtigkeit, sondern auf die Überlegenheit an Soldaten und Kriegsmaterial sowie die »gemeine Waffe des Aushungerns«[19] zurück.

Somit hatte er auf einen Schlag alle Klischees bestätigt, die besagten, daß die Deutschen uneinsichtige Jammerlappen waren, die sich selbst leid taten. Lamont leitete die Denkschrift mit folgenden Worten an Bernard Baruch weiter: »Die Unverschämtheit dieser boches ist fürchterlich. Ich denke, Sie sind mit mir einer Meinung, daß ihnen jede Einsicht in die wirkliche Lage abgeht.«[20]

Am Abend vor der Verlegung der deutschen Delegation nach Versailles schrieb Max in relativ gelassener Stimmung an seinen Sohn Erich und versuchte, über die schwierige Gegenwart hinauszublicken. Mit Bezug auf die in Deutschland herrschende Unruhe merkte er an, daß bei allen Revolutionen schöne Denkmäler zertrümmert würden, was aber kein Grund zur Verzweiflung sei. In einem Bild, das in verblüffender Weise seine 1933 in Pollyanna geäußerten Ansichten vorwegnahm, schrieb er: »Wir können das als Zeichen eines bloß vorläufigen politischen Fiebers betrachten. Es wird vergehen.«[21]

Um halb fünf am nächsten Morgen wurden Max, Melchior und die anderen geweckt und nach Versailles gebracht, wo ihr Zug in den von französischen Soldaten umstellten Bahnhof einfuhr. Max nahm auf dem Rücksitz eines Wagens Platz, der sie ins Hotel bringen sollte, doch verlangte sein »Aufseher«, ein gewisser Leutnant Henry, als kleine Schikane, daß er sich auf den Notsitz setze. Am Hôtel des Réservoirs empfingen Soldaten mit aufgepflanztem Bajonett die deutsche Delegation. Auch hier waren Wände und Decken voller Abhöreinrichtungen, es wimmelte von Spionen. Die Deutschen brauchten lediglich beschriebene Blätter auf den Tischen liegenzulassen, wenn sie erreichen wollten, daß Stellungnahmen in der Presse erschienen. »Nach dem goldenen Käfig im Château de Villette kommt einem das Hotel zunächst recht ungemütlich vor«[22], schrieb Max an Alice.

In Versailles mußten die Deutschen manche kleinliche Demütigung über sich ergehen lassen. Als sie nach dem Mittagessen spazierengehen wollten, gab ihnen der Polizeipräfekt voll Sarkasmus zu verstehen: »Die französischen Behörden haben Ihre Wünsche vorausgesehen. Folgen Sie mir.« Man führte sie zum Neptunsbrunnen auf der Rückseite des Schlosses, wo sie auf einer kleinen Fläche von nicht einmal hundert Quadratmetern auf und ab gehen durften. Als sich die anderen erregten, riet Max gelassen: »Ist es nicht besser, das Übel nicht noch herauszufordern?«[23] Später durften sie ungehindert im Schloßpark spazierengehen.

Am 7. Mai legten die Alliierten ihre Bedingungen vor. Als sich Clemenceau zu seiner Rede erhob, fragte Graf Brockdorff-Rantzau Max und Melchior, ob er sitzenbleiben solle. Sie rieten von jeglichem Affront ab. Da der Graf nicht auf sie hörte, bekam er einen scharfen Verweis wegen seines ungehörigen Verhaltens. Die deutsche Delegation war über die erbarmungslosen Forderungen der Alliierten entsetzt: Deutschland sollte demnach ein Siebtel jenes Gebietes, das es vor dem Krieg besessen hatte, verlieren, darunter Elsaß-Lothringen und Teile Ostpreußens. Überdies mußte es seine Kolonien, alle überseeischen Investitionen und einen großen Teil der Handelsflotte aufgeben. Das Rheinland sollte besetzt und die Stärke des Heeres vermindert werden. Mit der umstrittenen »Kriegsschuldklausel« sollte das Land eingestehen, daß es der für den Ausbruch des Krieges verantwortliche Aggressor war.

Man gab der deutschen Delegation Bedenkzeit bis zum 17. Mai. Über diese Tage sagte Max, sie seien die deprimierendsten seines Lebens gewesen. Nach achtundvierzig Stunden waren sich die Männer einig, daß sie nie und nimmer ein solches Dokument unterschreiben könnten. Lediglich das in Berlin herrschende Durcheinander hinderte sie daran, unverzüglich abzureisen. Max fühlte sich wie gefangen in einer Welt von Alpträumen, in der die hochtrabende Rhetorik von der Weltgemeinschaft nichts weiter als eine Maske war, hinter der sich das niedrige sadistische Motiv der Bestrafung verbarg: »Der Welt eine neue Zeit verkünden, von Liebe und Gerechtigkeit sprechen und dann einen Weltraubzug unternehmen, den Keim zu neuen Kämpfen legen und den Glauben an eine bessere Zeit töten, heißt, die größte Weltsünde begehen, die in nächster Nähe zu erleben entsetzlich ist.«[24] Der Kommentar ist deshalb bemerkenswert, weil er das Ausmaß des Fehlgriffs der Alliierten erfaßt, aber zugleich zeigt, wie eilfertig Max die Schuld von Deutschland wegschob.

Unter Zwang formulierten die deutschen Delegierten Gegenvorschläge. Max war verblüfft, als der in Finanzdingen gewöhnlich zurückhaltende Melchior den Vorschlag machte, man solle den unvorstellbaren Betrag von hundert Milliarden Goldmark anbieten. Er hielt es für besser, ein vernünftiges Angebot zu unterbreiten, ganz gleich, wie schwer es Deutschland fallen mochte, als ein unrealistisch niedriges, das man von vornherein zurückweisen werde. Nachdem Melchior diese Zahl genannt hatte, konnte Max die ganze Nacht nicht schlafen. Ein Mitarbeiter des französischen Finanzministeriums fragte Max, was geschehen werde, wenn Deutschland schließlich den französischen Forderungen nachgebe. »Dann gehen wir bankrott«, sagte Max. »Und Frankreich?« »Frankreich wird einen Tag nach uns bankrott gehen.«[25] Der Franzose war ob dieser Bemerkung derart aufgebracht, daß er verlangte, Max aus der Delegation zu entfernen. »Celui-ci est trop impertinent. (Er ist zu unverschämt.)«

Das Angebot von hundert Milliarden Goldmark lehnten die Alliierten als viel zu niedrig ab. Dennoch hängte später die nationalsozialistische Propaganda diese Zahl Max und Melchior wie einen Mühlstein um den Hals. Die Mitglieder der deutschen Finanzdelegation gaben zu verstehen, daß man darüber hinausgehende Forderungen zurückweisen werde. Bald darauf verließ Keynes Versailles, und Melchior sagte zu Max, jener sei offenbar zu dem Ergebnis gekommen, daß die Alliierten Unmögliches verlangten. Als die deutsche Delegation abreiste, um den Fall ihrer Regierung zu unterbreiten, mußte sie eine letzte Demütigung über sich ergehen lassen. Beim Einstieg in ihren Wagen umgab sie eine grölende Menge und bewarf sie mit Steinen. Melchior wurde am Hals getroffen, aber nicht ernsthaft verletzt. Max' Vetter, Dr. Hans Meyer, bekam ein Stückchen Glas ins Auge, das er selbst herausholte. Eine Sekretärin erlitt infolge eines Steinwurfs eine Gehirnblutung.

Die Alliierten, die gehofft hatten, die deutsche Geschäftswelt werde sich hohen Reparationsforderungen zugänglicher zeigen – was sich als krasse Fehleinschätzung erwies –, setzten besonderes Vertrauen auf Melchior. Präsident Wilson nahm an, wenn man ihm oder Max Warburg die Sache nur hinreichend geduldig erläutere, würden die Deutschen zur Einsicht kommen. Statt dessen wurde Max bei Colonel House vorstellig und bat ihn um Milde. Entgegen den Hoffnungen der Alliierten blieben Max und Melchior hartnäckige Gegner des Friedensvertrags.

Die deutschen Finanzdelegierten verfaßten im Sonderzug nach Weimar einen Bericht für die Regierung, wobei Melchior den Löwenanteil leistete. Lebhaft diskutierend, zogen sie von Abteil zu Abteil und sahen kaum, wie die Landschaft an ihnen vorüberflog. Als sie am 18. Juni in Weimar eintrafen, hatten sie einstimmig beschlossen, die Ablehnung des Vertrags zu empfehlen.

Weimar wurde zum Schauplatz tragikomischer Verwirrungen, die einen Vorgeschmack auf das Schicksal der Republik gaben. Im Vorraum des herzoglichen Schlosses empfing die Delegierten ein pfeiferauchender Mann, der in Pantoffeln herbeigeschlurft kam. Es war aber nicht etwa der Portier, sondern Konstantin Fehrenbach, Präsident der Weimarer Nationalversammlung. Während die Finanzexperten auf den Schluß der endlosen Kabinettssitzungen warteten, bekamen sie zu keiner Zeit eine Gelegenheit, ihre Empfehlung zu verteidigen, die sich für eine Ablehnung des Vertrags aussprach, dessen Annahme den Ruin des Landes bedeutet hätte. Als das Kabinett am 20. Juni zurücktrat, schrieb Max an den Reichstagspräsidenten Ebert und bot seinen Rücktritt an, weil es, wie er erklärte, das beste sei, wenn die Regierung über Berater verfüge, die ihrer Politik zustimmten.

Das neue Kabinett akzeptierte die Bedingungen der Alliierten, und am 28. Juni 1919 unterzeichnete eine andere deutsche Abordnung den Vertrag im Spiegelsaal von Versailles. Trotz seines heftigen Widerstandes wußte Max, daß eine Ablehnung des Vertrags Deutschland nur in zusätzliche Schwierigkeiten bringen konnte. »Was immer man wählt, man wählt die Hölle. Es war lediglich die Frage, welche Hölle von kürzerer Dauer zu sein versprach.«[26] Max war überzeugt, daß Versailles die deutsche Demokratie mit einem ungeliebten Vertrag belastet hatte, was den Parteien am rechten Rand des Spektrums Gelegenheit bot, das Unglück für sich auszuschlachten: »Die Rechtsparteien hingegen nahmen bereits Richtung auf das Abenteuer, das später zum ›Dritten Reich‹ führen sollte.«[27] Einige Jahre darauf mußte er sich nicht nur wegen seiner Beteiligung an der Mission nach Versailles rechtfertigen, sondern auch wegen der Kontakte, die er in den letzten Kriegstagen im November 1918 zu Prinz Max unterhalten hatte. Hindenburg griff 1919 die seit dem Herbst des Vorjahres in Deutschland immer wieder zu hörende Behauptung auf, für den Kriegsausgang sei nicht das militärische Kräfteverhältnis an der Front verantwortlich gewesen, sondern das Versagen der Politiker, die einen »Dolchstoß in den Rücken der siegreichen Truppen« geführt hätten. Schon bald schlachteten die Nationalsozialisten die »Niederlage von Versailles« und die angebliche Schuld der »Novemberverbrecher« für ihre Propaganda aus, und Max sollte völlig zu Unrecht darunter leiden, daß er an beiden Vorgängen, wenngleich gänzlich unbescholten, beteiligt gewesen war.

Nach nahezu viermonatiger Abwesenheit kehrte Max im Juni 1919 nach Hamburg zurück. Es war eine Zeit der völligen Auflösung. Die Stadt war in hellem Aufruhr, weil es hieß, ein Metzger am Ort, ein gewisser Heil, habe Sülze mit Tierteilen durchsetzt, die üblicherweise nicht der menschlichen Ernährung dienen. Am 24.Juni transportierten aufgebrachte Bürger der Stadt Hundeköpfe, tote Ratten, Kuhschwänze und andere angebliche Bestandteile seiner Sülze schwenkend, Herrn Heil auf einer Schubkarre zur Alster und warfen ihn hinein. Der Militärkommandant befahl,

Der Blick vom Kösterberg war berühmt: Unten zogen Schiffe vorbei, von denen am Anfang des Jahrhunderts viele dem HAPAG-Chef und Freund der Familie, Albert Ballin, gehörten.

scharf durchzugreifen. Bei den darauffolgenden Unruhen kamen Dutzende von Soldaten und Demonstranten durch Maschinengewehrfeuer und Handgranaten um. Nunmehr wurde das Kriegsrecht verhängt, und am 27. Juni erstickten nahezu zehntausend Soldaten in Hamburg jeden Widerstand.

Nach der Unterzeichnung des Versailler Vertrags begann zu Hause die Suche nach den Sündenböcken. Eiferer vom rechten Flügel fanden in den Juden eine verletzliche Gruppe, die als Stellvertreter für die ausländischen Politiker herhalten mußte, an die sie nicht herankamen. Adolf Hitler begann 1919 unter zornigen Kriegsveteranen in Münchens Bierkellern Anhänger um sich zu scharen. In Berlin hörte Erich Warburg bei Albert Einstein Vorlesungen über die Relativitätstheorie, die immer wieder von antisemitischen Störern unterbrochen wurden.

Entsetzt mußte Max feststellen, daß der Schutz- und Trutzbund an der

Börse Flugblätter verteilte, die ihm die Verantwortung für den »Schmachfrieden« und das Angebot einer Reparationszahlung von hundert Milliarden Goldmark zuschoben.[28] In einem Pamphlet hieß es: »Der amerikanische Jude Baruch ist Finanzsachverständiger Wilsons... Der Vater des hundert Milliardenangebots ist... der in Hamburg lebende Großbankier Max M. Warburg... Weg mit der Herrschaft dieser internationalen, unserem Volkstum artfremden Macht...«[29]

Max verstand nicht, wieso man ihm die Verantwortung für einen Vertrag anhängen wollte, den er so empört zurückgewiesen hatte. Einzig die Anteilnahme, die man ihm gegenüber bei dieser ersten antisemitischen Hetze nach dem Krieg zeigte, tröstete ihn, und er gewann seine alte Lebhaftigkeit und Kampfeslust zurück. »An der Börse hat mir jeder sein Mitgefühl versichert«, teilte er Alice mit und fügte hinzu, man habe einen der Flugblattverteiler verprügelt. Über die hundert Milliarden Mark sagte er: »Jetzt bekommen sie nicht einmal das. Sie werden ihre Überraschung erleben.«[30]

Am 31. Juli 1919 verabschiedete die Weimarer Nationalversammlung eine Verfassung. Nun war Deutschland eine demokratische Republik und bekannte sich wie 1848 zur schwarz-rot-goldenen Fahne. Sogleich mußten sich die neuen Verfassungsorgane mit der Gewalttätigkeit von Extremisten auseinandersetzen. In ganz Deutschland kam es zu Morden, und in Hamburg wurde eine Spartakistenrevolte niedergeschlagen. Die Weimarer Regierung war in mancherlei Hinsicht weniger radikal, als die Rechte sie hinstellte; sie änderte an den Machtverhältnissen kaum etwas und ließ zu, daß das Bündnis aus Junkern und Industriellen seinen Einfluß behielt. Auch wurden die von der Rechten begangenen Morde keineswegs mit dem gleichen Nachdruck verfolgt wie die der Linken. Der Grund dafür lag darin, daß die Regierung auf das Militär angewiesen war und die Richter aus der wilhelminischen Zeit noch im Amt saßen.

Trotz aller Sehnsucht nach dem Kaiserreich erwies sich Max Warburg als standhafter Verteidiger der neuen Republik, auch wenn er ihrer Politik, die einen allumfassenden Wohlfahrtsstaat anstrebte, skeptisch gegenüberstand. Gegen Ende 1918 tat er den ungewöhnlichen Schritt, der Deutschen Volkspartei (DVP) beizutreten, deren bekanntester Vertreter Gustav Stresemann war. In dieser konservativen Partei, die nachdrücklich erklärte, der Staat müsse sich mehr aus dem Geschäftsleben heraushalten und die Steuern senken, fühlte er sich wohl, doch besaß sie auch einen antisemitischen Flügel, den Max im Auge behalten mußte. Außerdem wurde er Mitglied im Zentralausschuß der früher stets antisemitisch eingestellten Reichsbank.[31]

Im großen und ganzen erfüllte die Weimarer Republik die Hoffnungen der Juden auf größere Gleichheit aller Bürger und führte geradezu zu einer Explosion jüdischer Leistungen in Kultur, Politik und Wirtschaft. In den Künsten, an den Universitäten, in den höheren Positionen des Staats-

Im 19. Jahrhundert war Blankenese noch ein Fischerdorf, das am Fuß der Elbböschung lag. Hamburger Patrizier hatten hier ihre Sommerhäuser oder besuchten den Ort für eine »Landpartie«. Als Max Warburg gegen Ende des letzten Jahrhunderts die Gegend zu Pferde durchstreifte, stieß er auf den Kösterberg, der oben am linken Bildrand neben dem größeren Süllberg zu sehen ist. Zur Freude seines Sohnes erwarb Moritz Warburg das Anwesen schließlich im Jahre 1896.

dienstes, im Geschäftsleben und in den Massenmedien gelangten Juden an die Spitze. Endlich konnten auch ungetaufte Juden Aufnahme im Hamburger Senat finden. Es war für die deutschen Juden eine goldene Zeit, doch lagen über ihr schon die Schatten einer künftigen Bedrohung.

Betrüblicherweise fielen die letzten Schranken, die der Integration der Juden im Weg gestanden hatten, erst am Vorabend der nationalsozialistischen Herrschaft. Vollendet wurde ihre Emanzipation unmittelbar, bevor sie vollständig aufgehoben wurde, und das führte zu großer Verwirrung unter den Juden. Für die Warburgs hatte mit dem Kriegsende ein langer, schwindelerregender Abstieg begonnen. Ein böswilliges Geschick schien die Familie heimzusuchen, in der man so lange die Hätschelkinder der Glücksgöttin hätte sehen können. Alle früheren Triumphe – die glänzenden Eheschließungen, die Erfolge jenseits des Atlantiks oder politischer Einfluß – wurden jetzt von eifernden Nationalsozialisten, Isolationisten und erbitterten Feinden alles Nichtdeutschen gegen sie verwandt.

16

Mord auf offener Straße

Erst im Juni 1919 kam es wieder zu Kontakten zwischen den zu beiden Seiten des Atlantiks lebenden Warburgs, die durch Krieg und Nachrichtensperre voneinander getrennt gewesen waren. Während sich Max in Versailles aufhielt, brachte ein Mittelsmann Charlotte einen Brief von Felix. Für sie war diese Mitteilung wie ein Geschenk des Himmels. Überglücklich sagte sie: »Empfangen Sie herzlichen Dank für die Übersendung des Briefes, der mir nach langer Zeit wieder die Handschrift meines geliebten Sohnes Felix zeigt. Gottlob versichert er mich auch, daß es meinen Kindern und Enkeln in der Ferne gut geht.«[1] Charlotte starb zwei Jahre später an einem Herzschlag. Sie hatte erleben dürfen, wie die Söhne selbst ihre kühnsten Erwartungen noch übertroffen hatten.

Nachdem Deutschland 1919 den Friedensvertrag unterzeichnet hatte, erhielten die erstaunten amerikanischen Warburgs einen Berg uralter Briefe, die in den Kriegsjahren nicht zugestellt worden waren. Während eines Ferienaufenthalts in Bar Harbor bekam Jacob Schiff völlig unerwartet die bereits verblaßte Post von Max Warburg, die englische Zensoren zum Teil schon 1915 abgefangen hatten. Als der Brief, mit dem Max 1916 seine Glückwünsche zur Verlobung von Felix' Tochter Carola mit Walter Rothschild übermittelte, in Amerika eintraf, hatten die beiden bereits ein zweijähriges Töchterchen. Max hatte einen Schnappschuß von seinen fünf Kindern beigelegt - sie waren inzwischen alle deutlich größer. In der Hoffnung, ihre alten Feindseligkeiten begraben zu können, sprach sich Schiff lobend über Max' Patriotismus aus, teilte ihm aber zugleich mit, daß es wohl am besten sei, den Krieg nicht anzusprechen. »Sicher stimmst Du darin mit mir überein, daß es besser ist, wenn wir uns eine Besprechung dieser Ereignisse versagen.«[2]

Paul, der sich im politischen Exil befand, seit er aus Washington fortgegangen war, hatte kein größeres Ziel, als von vorn zu beginnen und den »törichten Kampf zwischen Völkern«[3] zu vergessen. Die Vorschriften der Zentralbank verlangten, daß er drei Jahre lang in keiner Privatbank tätig wurde. Nach der schmerzenden und enttäuschenden Zeit, die er in Washington verbracht hatte, war er melancholischer als zuvor, und seine pessimistische Grundhaltung hatte sich verstärkt. In der wohnlichen Atmosphäre des von Cass Gilbert entworfenen fünfstöckigen Kalksteinhauses, das er mit Nina an der East 80. Street Nr. 17 bewohnte, überdachte er sorgfältig seine nächsten Schritte. Die fünfundsechzig Räume dieses großen Gebäudes hatten insgesamt eine Fläche von weit über zweitausend

Quadratmetern. Obwohl er gern über Felix' aufwendigen Lebensstil spottete, lebte auch Paul nicht gerade in bescheidenen Verhältnissen. So gab es in seinem Haus nicht nur eine Squash-Halle, sondern auch eine Orgel. Die Wohnräume mit ihren schweren samtbezogenen Sitzgarnituren, deren Holzteile auf Hochglanz poliert waren, strahlten eine gediegene Behaglichkeit aus; an den Wänden hingen, üppig beleuchtet von schweren Lüstern, niederländische Alte Meister in vergoldeten Rahmen.

Es schmerzte Paul, daß man deutschstämmige Amerikaner im Krieg des Verrats bezichtigt hatte und daß ihre Muttersprache nach wie vor tabu war. Während einer Abendgesellschaft bei den Schiffs im Jahr 1919 nahm er mit zynischer Belustigung zur Kenntnis, wie ein Vortragskünstler deutsche Lieder sang – auf englisch. Anschließend teilte er seiner inzwischen in Bryn Mawr studierenden Tochter Bettina mit: »Diese Art, das Denken und das Werk eines Deutschen als *koscher*, seine arme Sprache aber als *trejfe* [nicht koscher] anzusehen, ist mehr, als ich vertragen kann.«[4] Paul war stolz auf seine deutsche Abstammung, in religiösen Dingen aber war er eher reserviert. So schrieb er im Januar 1920 an Bettina: »Gestern abend war im Theater eine ganze Anzahl von Glaubensbrüdern und -schwestern, die sich als Theatergänger bekleidet (oder ausgezogen) hatten. Es schmerzte mich und ich schämte mich, sie zu sehen, und ich pries meinen Stern, daß Du in Bryn Mawr bist.«[5]

Wieder einmal war es Paul, der sich, frei von jeder politischen Belastung, für verbesserte Beziehungen zwischen Amerikanern und Deutschen aussprechen konnte. Die Vereinigten Staaten, deren Kassen sich mit den Erträgen der umfangreichen Exporte nach Europa gefüllt hatten, waren jetzt die führende Finanzmacht der Welt. Ihre Kriegsanleihen hatten einen riesigen neuen Markt mit amerikanischen Investoren geschaffen, die nun erstmals bereit waren, ausländische Wertpapiere zu erwerben. Paul hoffte, daß diese Entwicklung dazu beitragen würde, Mitteleuropa wieder auf die Beine zu helfen.

Wie Max schien er häufig der Angst, dem Haß und dem Groll, die Deutschlands Niederlage nach sich zog, blind gegenüberzustehen. Voll Naivität glaubte er steif und fest, daß es unter den Deutschen keine militaristischen Neigungen mehr gebe. Ende 1918 teilte er Colonel House mit: »Wir müssen Deutschland so behandeln, wie wir Rußland behandelt haben, als es vom Joch des Zaren befreit war – als neuen Freund, als zur Einsicht gekommenes Wesen, das viel gesündigt und noch mehr gelitten hat... Ich mache mir keine Sorgen um Deutschland. Ich denke, daß die ernüchternde Niederlage zu einer gesunden Verjüngung führen wird.«[6] Dabei wußte er sehr wohl, daß der Versailler Vertrag die deutsche Politik zu polarisieren und die schwache Weimarer Demokratie zu zerrütten drohte.

Paul stellte sich vor, daß Deutschland einen Mittelweg zwischen rücksichtslosem Kapitalismus und totalitärem Bolschewismus einschlagen werde. Vor seiner Abreise nach Europa teilte er Morti Schiff im März 1919 voller Leidenschaft mit: »Jede Nachricht, die wir aus Deutschland bekommen, liefert einen klaren Hinweis darauf, daß der militärische Geist gebrochen ist, und daß es ihnen nicht darauf ankommt, was in der Zukunft mit ihrem Heer und ihrer Marine geschieht; sie wollen Frieden und eine Möglichkeit, sich vor den Augen der Welt zu bewähren.«[7] Im Gegensatz zu Paul aber war Morti gerade erst in Deutschland gewesen und hatte feststellen müssen, daß sich hinter den wechselnden Masken von Monarchie und Republik beunruhigende Einstellungen behaupteten. Er warnte Paul vor Täuschungen und sagte, er habe unter den Deutschen keinerlei Bedauern feststellen können, gleichgültig, »ob es um Mord an Frauen und Kindern ging, um Vergewaltigungen und Greueltaten; um mutwillige sinnlose Plünderung und Zerstörung...«[8] Da bei Kuhn, Loeb neuerdings ein gewisser Hang zur Anglophilie zu beobachten war - und er Morti Schiff ohnehin nicht besonders leiden konnte –, zögerte Paul, in die Firma zurückzukehren, weil er fürchtete, daß sie seine Absichten, Deutschland und seinem Bruder unter die Arme zu greifen, durchkreuzen könnte. Insgeheim arbeitete er bereits an einem Plan zur Wiederaufnahme der Geschäftsbeziehungen.

Anfang August 1919 reiste Paul nach Europa in der Hoffnung, das zerrissene Band zur Vergangenheit wieder zusammenknüpfen zu können. An Alice schrieb er: »Die Hauptsache ist, daß ich Mutter und Euch alle wiedersehe, und daß wir über die Zukunft sprechen – und die Vergangenheit vergessen.«[9] In Sankt Moritz traf er erneut mit Max zusammen, der sich gemeinsam mit schweizerischen Banken bemühte, die Finanzierung des deutschen Handels in Gang zu bringen. Die beiden Brüder sprachen über die Möglichkeiten, in der Nachkriegszeit geschäftliche Verbindungen aufzunehmen. Nachdem er keine offizielle Position mehr innehatte, wollte Paul, der sich Sorgen machte, Amerika könne eine isolationistische Haltung einnehmen, als eine Art freiberuflicher Staatsmann wirken. In Europa engagierten ihn Bankiers und Privatleute für eine Gruppe, deren Absicht es war, die Pattsituation auf dem Gebiet der Wirtschaft zu beenden und gegen den allerorts spürbaren Nationalismus vorzugehen. Ein guter Bekannter, Dr. Gerard Vissering, Direktor der Nederlandsche Bank, lud ihn für Oktober zu einer Sitzung nach Amsterdam ein, bei der über Reparationen und andere Wirtschaftsfragen gesprochen werden sollte.[10]

Da es in Amsterdam von Spionen nur so wimmelte, versammelte sich die Gruppe in Dr. Visserings Wohnhaus. Keynes, der auch Carl Melchior eingeladen hatte, erinnerte sich lebhaft an diese engagierten Gespräche, die vor dem Hintergrund eines verhangenen Himmels und immerwährenden Nieselregens stattfanden. Die deutschen, englischen und amerikanischen Spezialisten empfanden es nach der erstickenden Heimlichtuerei von Versailles als eine wahre Wohltat, offen über Wirtschaftsfragen sprechen zu können. Keynes erklärte, Deutschland sei der Schlüssel zur Lösung des weltweiten Schuldenproblems, worauf Paul energisch antwortete: »Könnte man den Menschen in Deutschland nur einen Funken Hoffnung darauf geben, daß man sich in anderen Ländern ernsthaft Sorgen um die Situation des Landes macht, so würde das viel Gutes bewirken.«[11] Keynes war überzeugt, daß England die Vorgänge auf dem Kontinent in geradezu sträflicher Weise vernachlässige. Um die Weltöffentlichkeit auf die drohenden Schwierigkeiten aufmerksam zu machen, regte er an, sich mit einem Appell an den neugegründeten Völkerbund zu wenden, der im Januar 1920 zu seiner ersten Sitzung zusammentreten sollte.

Gemeinsam verfaßten Paul und Keynes einen Entwurf des Appells; ausdrücklich wiesen sie darauf hin, daß überzogene Reparationsforderungen Deutschlands Produktionsvermögen lahmlegen und Gläubigern wie Schuldnern gleichermaßen schaden würden. Paul wollte diese Botschaft mit Hilfe einer Anzeigenkampagne verbreiten. Wie ehedem bei seinem Kreuzzug für eine amerikanische Zentralbank widmete er sich auch diesmal seiner neuen Aufgabe mit geradezu messianischer Begeisterung und der Beredsamkeit eines Predigers. So zurückhaltend er nach außen wirkte, so leidenschaftlich und offen war er in seinen Urteilen. Nach der Amsterdamer Konferenz schrieb er an John W. Davis, den Botschafter der Vereinigten Staaten in London: »Wir sollten zum Frieden zurückkehren, den Haß vergessen, aufhören zu zerstören und anfangen aufzubauen!«[12]

Nach einer der Zusammenkünfte unternahmen Paul, Keynes und Melchior einen Spaziergang durch Amsterdam. In seinem Hotelzimmer las Keynes seinen Begleitern aus dem Manuskript seines Werkes *Die wirtschaftlichen Folgen des Friedensvertrages* vor, in dem die in Versailles zusammengekommenen alliierten Staatsmänner mit scharfen Worten porträtiert werden. »Ich beobachtete, welche Wirkung es auf die beiden Juden hatte«, schrieb Keynes. »Warburg haßte den Präsidenten [Wilson] aus persönlichen Gründen und empfand eine gewisse Genugtuung bei dessen Verlegenheit; er lachte und kicherte und hielt ihn für wirklich gut getroffen. Melchior allerdings wurde immer ernster, während ich vorlas, und schien am Schluß den Tränen nahe.«[13]

Am 15. Januar 1920 wurde der von Keynes und Paul Warburg formulierte und von vielen bedeutenden Persönlichkeiten mitunterzeichnete Aufruf der Presse übergeben. Herbert Hoover, William Howard Taft und J. P. Morgan jr. unterschrieben gemeinsam mit Paul die amerikanische Fassung. Sie erklärten, daß die erdrückenden Reparationen revolutionäre Bestrebungen in Deutschland und Österreich fördern könnten, da der Widerwille des Volkes gegen eine ungerechtfertigt hohe Schuldenlast eine üble und verzweifelte Stimmung schüre. Die betroffenen Regierungen, so hieß es, setzten die Notenpresse in Gang, um die Bevölkerung zu beruhigen, und würden damit die Inflation anheizen.[14] Hoover hatte Paul gewarnt, daß dieses die Entwicklung richtig einschätzende Dokument wirkungslos bleiben würde, und so kam es denn auch. Im Finanzministerium der Vereinigten Staaten hielt man die unheilvollen Voraussagen für übertrieben und sprach sich gegen die Mitwirkung Pauls aus, um nicht den Eindruck aufkommen zu lassen, daß hinter ihm offizielle amerikanische Regierungsstellen stünden. Im April 1921 setzten die Alliierten als Reparationsforderungen den unvorstellbaren Betrag von hundertzweiunddreißig Milliarden Goldmark fest.

Paul entwickelte einen geradezu tragischen Sinn für Politik, als er mitansehen mußte, wie durch Emotionen Katastrophen heraufbeschworen wurden, die man bei klarem Verstand deutlich hatte voraussehen können. Später sagte er über diesen Abschnitt der Nachkriegszeit, man habe »dem Wahnsinn freien Lauf gelassen«, statt in angemessener Weise diplomatisch zu reagieren. Vertieft wurde sein Pessimismus noch, als er 1920 auf einer Deutschlandreise zerlumpt gekleidete Akademiker die Straßen kehren sah. Mit dem empfindlichen Gespür, das die Warburgs in Fragen des Zeitgeistes hatten, sah er weitere Gefahren voraus: »Gegenwärtig ähnelt Europa einem großen Dampfer, den ein Torpedo versenkt hat. Es ist müßig, im Augenblick darüber zu reden, welche Art von Nobelrestaurant oder Gesellschaftssaal er bekommen soll, wenn er wieder flott ist.«[15]

In Wirtschaftsdingen besaß Paul dieselbe unfehlbare prophetische Gabe wie Aby auf dem Gebiet der Kultur, und künftig sollte ihm die Rolle der streitbaren, aber mißachteten Kassandra zukommen. Daß er die Dinge mit so kühler Distanz zu sehen vermochte, mag an seinem jüdischen Hintergrund, an seinem persönlichen Einfühlungsvermögen oder auch daran gelegen haben, daß er aus einem anderen Land eingewandert war. Die in Washington erlittene Niederlage hatte seine Abneigung gegen die Dummheit und Unfähigkeit von Politikern nur noch verschärft. Seiner Ansicht nach hatte die Welt in den vergangenen fünf Jahren mehr verbraucht als erzeugt, so daß es zu inflationären Schieflagen gekommen war. Jetzt druckten die Regierungen Geld, statt – was sinnvoller gewesen wäre – mit den vorhandenen Mitteln sparsamer umzugehen. »Die Welt lebt in einem Wolkenkuckucksheim, das sich auf fiktiven Reichtum, vorschnelle Versprechungen und verrückte Illusionen gründet«,[16] schrieb er. »Wir müssen uns vor einem wirtschaftlichen Aufschwung hüten, wenn er auf eine Scheinblüte zurückgeht, die sich auf aufgeblähte Kredite und Preise gründet.«[17] Tatsächlich erreichte die weltweite Inflation 1920 einen Höhepunkt, auf den ein tiefer Einbruch im Wirtschaftsgeschehen folgte – die erste Bestätigung für die Richtigkeit von Pauls düsteren Prophezeiungen.

Seine Voraussagen hatten auch eine moralische Komponente. Bis zum Börsenkrach 1929 kam er immer wieder darauf zu sprechen, daß an die Stelle der Opferstimmung der Kriegsjahre nunmehr eine rauschhafte Zügellosigkeit getreten sei. Er kritisierte Amerikas egoistischen Rückzug aus der Verantwortung für die übrige Welt und die ausschließlich auf materielle Werte bedachte Oberflächlichkeit jenes »goldenen« Zeitalters.

Seiner Auffassung nach waren die Vereinigten Staaten moralisch verpflichtet, Europa in dieser Phase der Erholung zu unterstützen, indem sie die Reparationsforderung an Deutschland sowie die Kriegsschulden, die sie von ihren Alliierten eintreiben wollten, herabsetzten. All das verkündete Paul mit der unerschütterlichen Haltung eines Propheten, der wußte, daß die Welt schwach, rücksichtslos und seinen Mahnungen gegenüber taub war.

Im April 1921 gründete er, ermutigt von Max, in New York die International Acceptance Bank. Die Liste der Anteilseigner umfaßte erstklassige Unternehmen von Kuhn, Loeb bis zu den Londoner Rothschilds. Auch Paul selbst sowie Felix und die Firma M. M. Warburg zeichneten beträchtliche Anteile. Der Begriff »Bank« traf für die IAB nicht ganz zu, da sie keine Einlagen entgegennahm. Sie spezialisierte sich auf eine in Europa schon lange gebräuchliche Art der Handelsfinanzierung, die aber in Amerika erst mit Einrichtung der Zentralbank möglich geworden war, nämlich die Vergabe kurzfristiger Kredite gegen Bankakzepte beziehungsweise bankgirierte Warenwechsel. Mit deren Hilfe hoffte Paul, das in Trümmern liegende Deutschland wieder auf die Beine bringen zu können. Bereits im Juli finanzierte er auf diese Weise die Getreideeinfuhren des Landes. Da die Nationalsozialisten später jüdische Bankiers beschuldigten, die Wirtschaft sabotiert zu haben, sei an dieser Stelle darauf hingewiesen, daß Paul und Max zu einer Zeit, als Kredite knapp waren, eine besonders wichtige Rolle zukam, da sie Gelder von der Wall Street nach Deutschland leiteten. Bereits 1920 führten die Warburgs für die AEG eine bedeutende Transaktion durch und verkauften ein Viertel der von dem Unternehmen aufgelegten neuen Anleihe an die Guggenheims.

Möglicherweise war Pauls wichtigstes Motiv bei der Gründung der IAB der Wunsch, Max und der Firma M. M. Warburg, die als europäischer Agent der IAB fungierte und einen Großteil von deren Geschäften in Europa erledigte, zu helfen. Er räumte ihr einzigartige Vergünstigungen ein. Gestützt auf seine Verbindung zu New York beteiligte sich Max 1921 an Aktienemissionen für die Unternehmen Friedrich Krupp und die Daimler-Motorenwerke. Letzten Endes sollte sich diese Verbindung zur Wall Street für ihn nicht nur als segensreich erweisen, da die Gelder, die ihm der vorsichtige Paul zuleitete, auch seinen ausgeprägten Spekulationstrieb anregten. Doch zu Anfang der zwanziger Jahre verschaffte die Verbindung nach New York der Hamburger Bank Auftrieb, während andere Geldinstitute alle Mühe hatten, sich vom Krieg zu erholen.

Fotos zeigen Max Warburg Anfang der zwanziger Jahre als breitschultrigen Mann mit gewölbter Brust und dem Charme eines Seeräubers, der große Entschlußkraft und natürlichen Lebensmut ausstrahlt. Zu Beginn des Jahres 1920 schien er verhalten optimistisch, obwohl sich neue extremistische Stimmen vernehmen ließen. Im Februar wurde die ein Jahr zuvor in einer Münchner Gaststätte gegründete Deutsche Arbeiterpartei in Nationalsozialistische Deutsche Arbeiterpartei umbenannt. Der Mann an ihrer Spitze, Adolf Hitler, verdammte den Versailler Vertrag in Grund und Boden und verlangte, daß man den deutschen Juden das Völkerrecht entziehe. Scharf griff er jüdische Finanzleute an, die Deutschland angeblich der »Zinsknechtschaft«[18] ausgeliefert hatten. Dieses bisher nur im Hintergrund vernehmbare Trommeln sollte bekanntlich mit der Zeit lauter werden.

Die polarisierte Politik der Weimarer Republik beunruhigte Max, der ein wohlhabender Mann der bürgerlichen Mitte war, und um den politisch gemäßigten Kräften mehr Gewicht zu verleihen, versuchte er mehrfach, Koalitionen seiner konservativen DVP mit Sozialdemokraten und anderen liberalen Parteien in die Wege zu leiten. Als am 13. März 1920 eine Marine-Einheit mit Dr. Wolfgang Kapp an der Spitze auf Berlin marschierte und einen Umsturzversuch unternahm, wurde deutlich, wie schwach die junge Republik war. Anfänglich war die Reichswehr nicht bereit, auf die Umstürzler zu feuern, und Max fürchtete schon, sie werde mit ihnen gemeinsame Sache machen. Schließlich wurde der Kapp-Putsch durch die vereinten Bemühungen der Sozialdemokratischen Partei und der Gewerkschaften niedergeschlagen. Allerdings bestärkte er die Zweifel überseeischer Investoren an der politischen Stabilität des Landes.

Bei der Konferenz von Spa im Juli 1920 wurde die Frage der deutschen Reparationszahlungen mit dem Wiederauftreten des Antisemitismus verquickt. Frankreich drohte, das Ruhrgebiet zu besetzen, sofern Deutschland nicht jährlich zwei Millionen Tonnen Kohle lieferte. Der Kohlebaron Hugo Stinnes forderte zum Widerstand auf. Zwar räumte er ein, daß dies zu einem Chaos führen und vielleicht dem Bolschewismus vorübergehend Vorschub leisten könne, doch war es seiner Überzeugung nach legitim, hierfür die Alliierten verantwortlich zu machen. Max hingegen war weitaus vorsichtiger. Melchior, der zu den Delegierten der Konferenz von Spa gehörte, stimmte widerwillig den Reparationsforderungen der Alliierten zu. Als ein weiterer mutiger jüdischer Delegierter, Walter Rathenau, erklärte, Deutschland bleibe keine andere Wahl als sich zu fügen, veröffentlichte Stinnes einen Brief, in dem er das Einlenken Deutschlands nicht als unangenehme und harte Notwendigkeit, sondern als einen auf jüdische Falschheit gegründeten Schachzug darstellte. Das Verhalten der deutschen Delegation war, so Stinnes, Resultat einer »Rassenabstimmung«: »Eine Anzahl Vertreter in Spa haben aus einer fremdländischen Psyche heraus den deutschen Widerstand gegen unwürdige Zumutungen gebrochen.«[19] Auf erschreckende Weise hatte er damit die nationalsozialistische Propaganda vorweggenommen.

Im weiteren Verlauf des Jahres wurde Max immer mutloser, vor allem was Deutschlands Währung betraf. Mehrere Faktoren trugen zur Verschärfung der Inflation bei: Die Regierung, die den Krieg durch Anleihen und nicht durch Steuern finanziert hatte, erlag der Verlockung, die Rückzahlung in verschlechtertem Geld zu leisten; die Politiker der Weimarer Republik, die sich einem weitgreifenden Programm sozialer Wohlfahrt verpflichtet fühlten, gaben der übermächtigen Versuchung nach, die Notenpresse in Gang zu setzen, und durch den sinkenden Wert der Mark wurden Einfuhren immer teurer. Die Warburgs wurden Zeugen, wie Bekannte ihre Kinder aus teuren Privatschulen herausnehmen oder Erbstücke aus dem Familienbesitz versteigern lassen mußten, um ihre Rechnungen bezahlen zu können.

In Hamburg herrschte Untergangsstimmung. Täglich zogen schlecht gekleidete Männer auf der Suche nach nichtvorhandener Arbeit vom Hauptbahnhof zum Hafen. Sogar die Warburgs hatten Mühe, wohltätige Einrichtungen, die ihnen am Herzen lagen, weiter zu unterstützen. Das Israelitische Krankenhaus, dessen Verwaltungsratsvorsitzender Fritz war, konnte nur mit Hilfe monatlicher Schecks von Paul weiter betrieben werden. »Die Zersetzung Deutschlands macht sich überall bemerkbar«, schrieb Max 1920 im Jahresbericht der Bank. »Es ist ein stilles Elend, das sich herausbildet...«[20] Aufgrund der zunehmenden Inflation mußte die Herausgabe einer Firmengeschichte zum hundertfünfundzwanzigjährigen Bestehen der Bank auf bessere Zeiten verschoben werden.

Angesichts des sich nach dem Krieg verstärkenden Antisemitismus zögerten Juden, die politischen Möglichkeiten, die sich ihnen in der Weimarer Republik boten, zu nutzen. Melchior beispielsweise lehnte es ab, Wiederaufbauminister und Leiter des Wirtschaftsministeriums zu werden, und auch Max versagte sich äußerst verlockenden Offerten. Im Juni 1921 dinierte er mit Walther Rathenau, dem jüdischen Wiederaufbauminister, in einem Berliner Klub. Max beschrieb diese Begegnung mit den Worten: »Er quälte mich, ins Cabinet einzutreten, als Finanzminister oder Minister des Auswärtigen. Ich habe ihn beruhigt, ich bleibe bei meinen Leisten.«[21] Erneut glaubte Max, in zweifacher Hinsicht verantwortlich zu sein, da er von der Linken als Bankier und von der Rechten als Jude attackiert werden würde.

Durch die Inflation verschärften sich die sozialen Spannungen in Deutschland. Einer Handvoll Inflationsgewinnler standen Millionen verbitterter Verlierer gegenüber. Unwissende Leute phantasierten, jüdische Bankiers hätten das komplexe Finanzsystem nur deshalb eingerichtet, um selbst Gewinne abschöpfen zu können. Die in den Privatbanken vergleichsweise stark repräsentierten wohlhabenden Juden überstanden die Zeit der Inflation im allgemeinen besser, ältere Rentner und Menschen mit geringen Ersparnissen hingegen traf sie am härtesten. Mit ohnmächtigem Zorn mußten jene, die die Geldentwertung am schmerzlichsten spürten, mit ansehen, wie Finanzleute ihr Vermögen in Devisen oder Sachwerten anlegten, um ihr Kapital nicht einzubüßen.

Max war in einer Weise ängstlich und zurückhaltend, die ganz und gar nicht zu seiner natürlichen überquellenden Lebensbejahung paßte. Als zwei ehemalige Offiziere im August 1921 den katholischen Finanzminister Matthias Erzberger, einen gemäßigten Vertreter des Zentrums, ermordeten, zogen blutrünstige Anhänger seiner Gegner jubelnd durch die Straßen. Von derlei Ereignissen alarmiert, beschloß Max, die für den Oktober vorgesehene Hochzeit seiner ältesten Tochter Lola nicht in der örtlichen Synagoge, sondern im Haus Mittelweg 17 stattfinden zu lassen. Um politisch möglichst nicht in Erscheinung zu treten, lehnte er auch das Angebot ab, als Botschafter Deutschlands in die Vereinigten Staaten zu gehen.[22]

Wegen seiner Beziehungen zur Wall Street wurde Max von Berlin hofiert, und das Auswärtige Amt drängte ihn, nach New York zu reisen, um dort eine internationale Anleihe auszuhandeln. Da auch er der festen Überzeugung war, daß die massiv gefährdete deutsche Währung nur auf diese Weise gestützt werden könne, sprach er im Juni 1921 in der amerikanischen Botschaft in Berlin mit Colonel House über dieses Thema. Er riet ihm, sich nicht von der oberflächlichen Ruhe in Deutschland täuschen zu lassen und malte das Bild einer von Krieg, Terror, Hunger und Revolution ausgelaugten Nation.[23] Nach wie vor glaubte Max, die Vereinigten Staaten könnten Frankreich zur Mäßigung bewegen.

Schon jetzt gab es endlose Kabinettsumbildungen in der noch jungen Republik, und das Gespenst der Krise war Dauergast. Vieles deutete darauf hin, daß Deutschland nicht wieder ins Gleichgewicht kommen würde. Anfang 1922 hatte die Mark nur noch vier Prozent ihres Vorkriegswertes, womit auch das Vermögen der Warburgs stark schrumpfte. Im Januar 1922 wurde Melchior von Reichskanzler Josef Wirth zur Mitwirkung in einer Arbeitsgruppe aufgefordert, die Pläne für die auf den April angesetzte Weltwirtschaftskonferenz von Genua ausarbeiten sollte. Da sich Hugo Stinnes um die Leitung der deutschen Delegation bemühte, ahnten Max und Melchior bereits, welche Schwierigkeiten auf sie zukommen würden. Als Wirth auch an Max herantrat, winkte er ab und gab Melchior Anweisungen, wie er vorzugehen habe, damit er nicht als Sündenbock herhalten müsse. »*De facto* halte ich es nicht für richtig, daß unsere Firma zu stark an dieser Konferenz vertreten ist... Ich möchte Sie nur von vornherein bitten, daß Sie für den Fall, daß bei der internationalen Anleihe eine Finanzkontrolle Deutschlands verlangt wird, sofort den Saal verlassen.«[24]

Während Max äußerst umsichtig in diesen tückischen Gewässern lavierte, gab einer seiner jüdischen Bekannten alle Zurückhaltung auf: Walther Rathenau. Dieser trat die Nachfolge seines Vaters Emil an, der den größten deutschen Elektrokonzern, die AEG, die zugleich einer der wichtigsten Warburg-Kunden war, gegründet hatte. Walther Rathenau war sprachbegabt, sehr kultiviert und trug einen sauber gestutzten Van-Dyke-

Zu anderen Zeiten hätte Carl Melchior, neben Max der wichtigste Teilhaber von M. M. Warburg & Co., mit dem ihn eine fast brüderliche Freundschaft verband, eine große politische Karriere machen können. Wie Max war er 1919 Mitglied der deutschen Delegation in Versailles, und zehn Jahre später fungierte er als Stellvertreter Hjalmar Schachts auf der Young-Konferenz in Paris. Doch da er fürchtete, dem Antisemitismus neue Vorwände für seine Anfeindungen zu liefern, hielt er sich immer wieder zurück, arbeitete oft im Hintergrund und blieb als politische Kraft unscheinbarer, als er es hätte sein können.

Bart. Er verkörperte eine sonderbare Mischung aus visionärem Wirtschaftsfachmann, utopischem Philosophen und erdverbundenem Pragmatiker. Nachdrücklich sprach er sich gegen die Maschinenwelt aus, der seine Familie ihren Reichtum verdankte. In einem 1912 erschienenen Buch vertrat er die Auffassung, daß Europas wirtschaftliches Geschick von dreihundert Männern gelenkt werde – woraus die Nationalsozialisten später den Mythos zimmerten, dreihundert *jüdische Bankiers* beherrschten Europa. Rathenau war sicher, daß der Antisemitismus in Deutschland schwinden werde, sobald eine neue Klasse von Technokraten den Platz der verbrauchten aristokratischen Ordnung eingenommen habe.

Bei einem seiner häufigen Besuche auf dem Kösterberg trug Rathenau einen Plan vor, wie man aus dem Anwesen einen französischen Park machen könne, der über mehrere Terrassen bis zur Elbe reichte. Max stand Rathenau, mit dem er bereits in der Kriegsmetallgesellschaft aneinandergeraten war, mit Vorbehalten gegenüber. Zwar war ihm klar, daß er hochgebildet und ein erstklassiger Redner war, doch zugleich sah er in ihm einen unerträglich eitlen Schaumschläger. Bei einer Abendeinladung hatte es Rathenau einmal fertiggebracht, unablässig zu reden, während Max und Alice verdutzt schweigend danebensaßen. Max, der sich selbst als Vereinfacher sah, hielt ihn für einen Menschen, der Kompliziertheit mit Tiefgang verwechselte.

Chaim Weizmann betrachtete Rathenau als typischen Vertreter der angepaßten deutschen Juden, die »keine Vorstellung davon zu haben schienen, daß sie auf einem Vulkan saßen.«[25] Rathenau, der das politische Rampenlicht, das Max wegen des aufkommenden Antisemitismus scheute, förmlich suchte, diente den Nationalsozialisten nach der Konferenz von Spa 1920 als Blitzableiter für ihre Anschuldigungen; Gefolgsleute der Partei brüllten damals im Sprechchor: »Knallt ab den Walther Rathenau, die gottverfluchte Judensau.«[26]

Im Januar 1922 wurde Rathenau Außenminister. Noch nie hatte ein Jude in Deutschland ein so hohes Amt bekleidet, aber seine Situation war bedenklich. Bei der Konferenz von Genua begab er sich mit einer prosowjetischen Ansprache aufs Glatteis. Als Max später mit ihm zu Mittag aß, wirkte Rathenau mit einem Mal sehr gealtert. Er sagte zu Max: »Ich habe mir schon in Genua gedacht, jetzt sagt Max Warburg zu Melchior, was ist der Rathenau doch für ein Rindvieh.«[27] Max gab zu, daß er sich in diesem Sinne geäußert, die Bemerkung aber zurückhaltender formuliert habe.

Als Rathenau ihn erneut drängte, er möge einen Kabinettsposten übernehmen, erklärte Max, es wäre geradezu eine Herausforderung des Schicksals, wenn zwei Juden Kabinettsmitglieder seien; einer gebe bereits genug Anlaß zu Querelen. Inzwischen war die Gewalt auch bis Hamburg vorgedrungen, wo es mehrere Bombenanschläge durch Anhänger der Rechten gegeben hatte. Als wolle er das von Max Gesagte bestätigen, sagte Rathenau mit ernster, gesenkter Stimme: »Sie können sich nicht vorstellen, wieviel Drohbriefe ich bekomme.«[28] Beide machten sich Gedanken darüber, wie man dem Antisemitismus wirksam entgegentreten konnte.

Trotz aller Drohungen hatte Rathenau nie Leibwächter bei sich. Am 24. Juni 1922 holten ihn zwei junge Männer in Lederjacken auf der Königsallee in Berlin ein, als er auf dem Weg ins Ministerium war, und zwangen sein Auto zum Anhalten. Während der eine mit einer Maschinenpistole auf ihn feuerte, schleuderte der andere eine Handgranate in den Wagen, so daß Rathenau von seinem Sitz gerissen wurde. Einen der Attentäter erschoß die Polizei, der andere beging Selbstmord. Jahre später errichteten die Nationalsozialisten diesen beiden Angehörigen der Organisation Consul ein Denkmal als heldenhafte »Märtyrer« ihrer Bewegung. Beim Verhör weiterer Verschwörer zeigte sich, daß die beiden ehemaligen Offiziere die antisemitische Fälschung *Protokolle der Weisen von Zion* gelesen hatten und überzeugt gewesen waren, Rathenau habe mit anderen Juden ein Komplott zur Errichtung einer jüdischen Weltherrschaft geschmiedet.

Mit dem Mord an Rathenau bestätigten sich die schlimmsten Befürchtungen der Juden Deutschlands. Offensichtlich waren nicht einmal die Mächtigsten vor den todbringenden Strömungen sicher, die im verborgenen bereits die gesamte Gesellschaft durchdrangen. Nach dem Mord an Rathenau zog sich Max weitgehend von der politischen Bühne zurück. Nunmehr waren jene Gespenster von Versailles am Werk, die er hatte kommen sehen. »Der Mord ist eine Schande für Deutschland, denn er enthüllt wieder einmal den zunehmenden Verfall der deutschen Moral... Man spürt den bevorstehenden Sturm, die Folge jenes Zerfalls, der hier täglich stärker wird... Es kann ohne weiteres sein, daß dieser Mord das Signal für weitere Unruhen liefert.« [29]

Max hatte damit mehr recht, als er wußte, denn der Mord an Rathenau war der erste von einem Dutzend geplanter Anschläge. Auf der Liste der vorgesehenen Opfer stand außer dem Berliner Zeitungsverleger Theodor Wolff auch Max Warburg. Für seine Ermordung hatte man einen dramatischen Rahmen gewählt – seine Jungfernrede im Hamburger Überseeklub am 27. Juni. Zum Glück gab ihm die Hamburger Polizei einen Wink und riet ihm, möglichst nicht in der Öffentlichkeit aufzutreten, das Haus zu unterschiedlichen Zeiten zu verlassen, Restaurants zu meiden und seinem geliebten Kösterberg fernzubleiben. Nachdem er mehrere Hinweise dieser Art bekommen hatte, befolgte Max den Rat, für eine Weile unterzutauchen, und zog in die zeitweilig leerstehende Wohnung seiner Schwägerin. Für Alice, die ihn nicht begleiten durfte, begann eine qualvolle Zeit.

Die Hamburger Polizei teilte dem Bankier als ständigen Bewacher einen sympathischen jungen Polizeileutnant zu, den Max später als »P.« bezeichnete. Die beiden lebten so eng zusammen wie ein Liebespaar: Sie schliefen im selben Raum, aßen zusammen und unternahmen gemeinsame Spaziergänge. »Ich habe das Leben eines Mannes gründlich kennengelernt, der von seinem Schatten verfolgt wird«,[30] schrieb Max über jene Zeit. Er versuchte, sich mit P. anzufreunden. Am ersten Abend spielten sie Schach, doch da P. ein schlechter Spieler war, endete dieser Versuch schon sehr bald. Am nächsten Morgen stieß Max entsetzt im Frühstückszimmer auf zwei Fremde. »Aha«, dachte er, »da sind sie!«[31] Indessen handelte es sich nicht um Attentäter, sondern um Anstreicher. Da es Max nicht besonders klug schien, Unterschlupf in einem eingerüsteten Haus zu suchen, übernachtete er zusammen mit P. bei einer Kusine. Diese tat alles, um den nebenan schlafenden Max nicht zu stören, und stieg, anstatt den klickenden Lichtschalter zu betätigen, auf einen Stuhl, um die Glühbirne herauszuschrauben. Krachend fiel sie herunter, worauf P. mit gezückter Pistole in den Raum stürmte. Nachdem sich die Aufregung in Gelächter aufgelöst hatte, gingen alle beruhigt schlafen. Inzwischen waren die anderen Teilhaber von M.M.Warburg dazu übergegangen, nur noch in gepanzerten Autos mit vergitterten Scheiben und von Polizeieskorten begleitet zur Arbeit zu fahren.Nach mehreren Tagen nervösen Hin und Hers teilte die Hamburger Polizei Max mit, sie könne für seine Sicherheit nicht länger garantieren. So beschloß er, mit Alice einige Wochen nach Amsterdam zu reisen. Damit ihn sein Wäschemonogramm nicht verriet, wählte er den Decknamen Max Werner. Die auf Trinkgeld erpichten Gepäckträger in den Hamburger Bahnhöfen kannten natürlich die rot-gelben Koffer der Warburgs, weshalb Malice sich für blau-weiße entschieden. Nach mehreren Wochen wollte Max wieder nach Hamburg zurückkehren, und Alice, die tapfer gegen ihre Ängste ankämpfte, begleitete ihn. Sie war zäh und stolz und folgte ihm bei wichtigen Angelegenheiten, obwohl sie schreckliche Angst um seine Sicherheit hatte. Als sie zu Hause eintrafen, waren die Kinder verblüfft und wollten wissen, warum sie so früh zurückkehrten. Max erklärte, daß es in Holland langweilig sei und er es lieber in Deutschland darauf ankommen lasse. In Hamburg begrüßten ihn Sympathiebekundungen von allen Seiten. Der Senat dankte ihm für seine unermüdlichen Bemühungen um die Stadt, und die jüdische Gemeinde schickte ihm ein Glückwunschtelegramm, auf das Max antwortete, daß ihn die »wegen meines Judentums erfolgten Angriffe... diesem nur näher« gebracht hätten.[32]

Im September unternahm er, teils aus Sicherheitsgründen, teils aber auch, um sich für eine Verminderung der Reparationsforderungen einzusetzen, eine zweimonatige Amerikareise. Da das Linienschiff nach New York ab Cuxhaven fuhr, mußten Alice und er den Weg dorthin mit dem Elbdampfer zurücklegen, wobei sie ein letztes Mal von P. begleitet wurden. Obwohl dieser wegen einer schweren Kopfverletzung aus dem Krieg strenge Anweisung vom Arzt hatte, keinen Alkohol zu trinken, stieß er mit Max auf ihren Abschied an. Als er nach Hamburg zurückkehrte, zeigte der verbotene Cocktail bereits seine Wirkung. Der verwirrte P. begann auf andere Polizisten zu feuern und wurde anschließend in eine Heilanstalt eingeliefert.

Später erfuhr Max, daß es sich bei dem freundlichen jungen Polizeileutnant um einen nationalsozialistischen Spion gehandelt hatte. (Es gab in der Hamburger Polizei eine gut ausgebildete NS-Gruppierung, und als im November 1922 die erste Sturmabteilung gegründet wurde, stand an ihrer Spitze ein Hamburger Polizeibeamter.) Entgegen seinem offiziellen Auftrag hatte P. vor allem seinen Kumpanen genaue Angaben über jede seiner Bewegungen gemacht. Wäre Max nicht zeitweise nach Amsterdam geflohen, hätte er eine ausgezeichnete Zielscheibe für einen Mordanschlag abgegeben.

In New York wohnten Malice bei Friedaflix an der Fifth Avenue 1109. Daß Max dem Tode nur knapp entronnen war, machte das Wiedersehen um so bewegender. Solange er lebte, sorgte sich Felix künftig um die Sicherheit seines Bruders. Empört über das Komplott, versuchte er zu erreichen, daß die *New York Times* in einem Leitartikel erklärte, die Militaristen in Deutschland versuchten, »nachdem sie das deutsche Volk durch Mißachtung der Rechte anderer in Mißkredit gebracht haben, ihre Hände in Unschuld zu waschen, indem sie die Verantwortung für Deutschlands Unglück den Juden zuschieben.«[33] Felix fand viele Schuldige für die Schwierigkeiten, die Deutschland durchlebte: die Alliierten, weil sie es unterlassen hatten, die Weimarer Regierung zu stützen, die Politiker der Weimarer Republik wegen ihrer Schwäche und Unentschlossenheit und schließlich die Militaristen, weil sie die Situation heraufbeschworen hatten. Er erklärte, Rathenau habe sechs Monate zuvor einem Londoner Freund gesagt, er wisse, daß er der nächste sein werde. Er habe keine Angst, außerhalb Deutschlands zu reisen; in Deutschland aber müsse er um sein Leben fürchten, auch wenn er aus Rücksicht auf seine alte Mutter nicht darüber spreche.[34]

Friedaflix nahmen Max auf viele Ausflüge mit und begleiteten ihn zu Musikrevuen sowie zu seinem ersten Footballspiel. Nach der trostlosen Atmosphäre in Deutschland machte ihm das Leben in Amerika einen verheißungsvollen und fröhlichen Eindruck. Bei einem lustigen Golfspiel auf *Woodlands* fanden die Brüder ihren alten Sinn für Späße wieder. Felix hat das wie folgt beschrieben: »Paul hat jeden Schlag schrecklich ernst genommen und war zutiefst betrübt, wenn ihm einer nicht gelang. Wenn Max ein Schlag nicht gelang – und ihm gelingt keiner –, macht er sich darüber lustig, und Euer armer, lahmer Vater hat die beiden unter dem großen Vergnügen der Menge nach Strich und Faden geschlagen.«[35]

Später fuhr Paul mit Max nach Washington, wo er für seinen Bruder Zusammenkünfte mit Wirtschaftsminister Hoover, Außenminister Hughes und Finanzminister Mellon arrangierte. Aufgrund dieser Gespräche schöpfte Max erneut Hoffnung, daß man Fachleute an einem runden Tisch zusammenbringen könne, um über die Frage einer Verminderung der Reparationsforderungen zu verhandeln. Paul setzte eine private Denkschrift in Umlauf, in der er den »Totentanz« der Reichsmark darstellte und darauf hinwies, daß die galoppierende Inflation bereits die Ersparnisse der deutschen Mittelschicht aufgezehrt habe. »Wer nicht imstande ist, irgendeine Art von Arbeit anzunehmen, steht buchstäblich vor dem Tod durch Verhungern und Erfrieren.«[36] Es war eine enttäuschende Zeit für die Warburgs. Paul sah Amerika in einem »geistigen Koma« versunken und wies darauf hin, daß man sich in Washington »mit einer Mauer und einem Graben des Zynismus und des selbstsüchtigen Materialismus«[37] umgebe. Obwohl ihn Paul und Felix baten, länger zu bleiben, reiste Max im November auf der *Aquitania* nach Deutschland zurück, weil er meinte, in Hamburg die Dinge wieder in die Hand nehmen zu müssen.[38]

Als er dort ankam, befand sich die Mark im freien Fall. Frankreich beschuldigte die Deutschen, die Geldentwertung absichtlich herbeigeführt zu haben, um die Reparationen zu sabotieren. Gegen diese Unterstellung verwahrten sich Max und Melchior aufs schärfste. Wilhelm Cuno, Ballins Nachfolger bei der HAPAG, war an die Spitze einer neuen deutschen Regierung getreten. Die Nationalsozialisten behaupteten, Max habe ihn »in sein Amt eingesetzt«; in Wirklichkeit aber hatte er während der Rückreise auf dem Atlantik voll Bestürzung von Cunos Ernennung erfahren.[39] Der neue Kanzler verhandelte mit den Franzosen wegen eines Zahlungsaufschubs bei den Reparationen, doch statt diesen zu gewähren, erhoben sie den Vorwurf, Deutschland sei schuldhaft mit Bauholzlieferungen in Verzug geraten.

Der Konflikt endete damit, daß sechzigtausend französische und belgische Soldaten am 11. Januar 1923 das Ruhrgebiet besetzten, um die Zahlung, notfalls unter Einsatz von Gewalt, zu erzwingen. Als die Regierung Cuno zum passiven Widerstand an der Ruhr aufforderte, beschlossen die Franzosen, die Kohleminen und Gießereien auf eigene Faust zu betreiben. Max fand lobende Worte für den unnachgiebigen, moralisch aufrechten Widerstand der Deutschen. Als der amerikanische Rechtsanwalt John Foster Dulles mit Max und Reichskanzler Cuno auf der SS *Albert Ballin* die Lage an der Ruhr erörterte, rechtfertigte Max den »spontanen Widerstand der Bevölkerung gegen die Gewalttätigkeit«,[40] fürchtete aber zugleich dessen wirtschaftliche Folgen. Zur Unterstützung streikender Arbeiter mußte Berlin Zahlungen leisten, welche die Inflation weiter anheizten. Im Februar wies Max Reichskanzler Cuno darauf hin, daß eine weitere Unterstützung der widerspenstigen Ruhrarbeiter Deutschlands finanziellen Ruin besiegeln werde. Alles trug jetzt dazu bei, die Preise immer höher zu treiben. Die deutsche Regierung druckte Geld, um die Arbeiter an der Ruhr bezahlen zu können, während Frankreich große Summen beschlagnahmter Reichsmark wieder in den Geldumlauf einspeiste, womit die Geldmenge immer mehr anschwoll. Bei M. M. Warburg sorgte die Inflation für ein beschleunigtes Arbeitstempo, das nicht zu der üblichen Förmlichkeit paßte, die aus der Zeit der Königin Viktoria stammte. Kaum waren den Angestellten die Gehälter ausgezahlt, als sie ins gegenüber der Bank liegende Kaufhaus Karstadt gingen, um das Geld auszugeben, bevor die Preise weiterstiegen. M. M. Warburg legte einen großen Teil seines Kapitals in Devisen fest. Die billige Mark machte

Deutschland zu einem Dorado für ausländische Anleger, die deutsche Sachwerte zu Spottpreisen aufkaufen konnten. Das führte zu Unmutsäußerungen gegen die Banken, die solche Geschäfte vermittelten; allein zwischen 1921 und 1923 hatte sich die Bilanzsumme des Unternehmens M. M. Warburg von 1,6 auf 37 Milliarden Mark aufgebläht, und voll Galgenhumor scherzte Max, die Angestellten hätten 1923 ihre Arbeitszeit damit verbracht, Nullen in die Hauptbücher zu schreiben. Die Inflation speiste die Spekulation, unaufhörlich wurden an der Börse neue Kurse an die Tafel geschrieben, und Banken zogen die Vorhänge vor, weil sich Angestellte der HAPAG bemühten, über die Straße hinweg durch Feldstecher die Entwicklung zu verfolgen. Die Hafenanlagen waren schwarz von Menschen, die versuchten, Seeleuten auf Landgang Devisen abzukaufen. Die Flucht aus dem entwerteten Papiergeld in Gold und andere Sachwerte trieb die Preise immer höher. Max überlegte, ob er zur Absicherung gegen die Inflation einen Bauernhof kaufen sollte. »Die Mark hörte überhaupt auf, noch die Bezeichnung Währung zu verdienen; sie wurde zu einer bloßen Illusion«, erklärte er. »Wertlose Papierfetzen, von denen jeder angeblich eine Million Mark darstellte, in ungeheure Säcke hineingestopft, beherrschten den Markt. Im Katarakt der sich überstürzenden Ereignisse wirbelten die Dispositionen der Firma durcheinander.«[41] Um etwas gegen die galoppierende Inflation zu unternehmen, half Max mit, eine behelfsmäßige Einrichtung zu gründen, die den Namen Hamburger Bank von 1923 bekam und Notgeld mit Golddeckung herausgab. Ihr gewährte Pauls IAB ihren ersten Dollarkredit.

In dieser hektischen Atmosphäre beging M. M. Warburg & Co. am 6. Januar 1923 das hundertfünfundzwanzigjährige Bestehen. Die Feier sollte in Aby S.' Haus am Alsterufer in aller Pracht stattfinden. Ursprünglich hatte man alle Angestellten dazu einladen wollen. Da aber der von der Inflation hervorgerufene ungeheure Papierkrieg deren Zahl von rund zweihundert auf fünfhundert hatte anschwellen lassen, wurde nur eingeladen, wer bereits fünfundzwanzig Jahre im Dienst der Firma stand. Muntere Reden wechselten mit gedämpften Dankesworten ab. Max sagte über die Anwesenden: »Sie alle erfüllte ein Gefühl der Dankbarkeit, daß wir es irgendwie geschafft hatten, uns durch all diese Zeiten des Mißgeschicks hindurchzukämpfen.«[42]

Die bemerkenswerteste Rede hielt ein frühreifer Neuling, der einundzwanzigjährige Siegmund Warburg, Enkel des ersten Siegmund und Neffe von Aby S., der die Überlieferung als »Geist einer besonderen Atmosphäre« definierte, »die da entsteht, wo Generationen hintereinander in ähnlichem Sinne gearbeitet haben.«[43] Um diese Tradition weiterzuführen, seien Gerechtigkeitssinn, Treue, Zurückhaltung im persönlichen Leben und eine deutsche Denkweise nötig. Er schloß mit einem Paradox, indem er sagte, daß Überlieferungen sterben, wenn sich der Mensch zu fest an sie klammere oder zu sehr auf das Neue erpicht sei. Aphorismen dieser Art sollten sein Kennzeichen werden.

Wie sehr auch Krieg und Nachkriegszeit die Warburgs mitgenommen hatten, sie glaubten nach wie vor an Deutschlands Zukunft. Von Zeit zu Zeit allerdings fuhr ihnen der Schreck in die Glieder. Auf der Rückfahrt von einem Skiurlaub hörte sich Erich im Januar 1923 in einem Münchner Bierlokal eine Hitlerrede an. Anschließend erklärte er in einem Brief an seinen Vetter, dieser Mann mit der heiseren Stimme sei mit Sicherheit verrückt, doch werde er eines Tages über Deutschland herrschen, sofern die Alliierten darauf bestünden, ihre Rache bis zur Neige auszukosten, statt die Bedingungen des Versailler Vertrags zu mildern.[44]

Im Sommer fiel der Wert der Mark in schwindelerregendeTiefen. Mitte Juni war ein Dollar hunderttausend Mark wert, einen Monat später zweihunderttausend. Bis Ende Juli stieg der Kurs auf eine Million Mark; Ende August betrug er zehn und im September hundert Millionen Mark. Im Oktober kostete das Briefporto mehrere Billionen Mark, und im November gab es auf dem schwarzen Markt für einen Dollar zwölf Billionen Mark. Da sich die Brotpreise stündlich verdreifachten, stürzten Käufer mit großen Bündeln wertlosen Papiergelds in den Taschen in die Läden, kaum daß sie es in die Hände bekamen. Die einzige gewinnbringende Tätigkeit war das Drucken von Geld. Immerhin spien eintausendsiebenhundertdreiundachtzig Druckpressen wertloses Papier aus. Dreißig Fabriken waren erforderlich, um allein die nötige Papiermenge bereitzustellen.

Während Deutschland einem Bürgerkrieg entgegentrieb, wurde Cuno im August 1923 durch ein Mißtrauensvotum im Reichstag gestürzt. An seine Stelle trat der von Max verehrte Gustav Stresemann, der sogleich das Kriegsrecht verhängte. Das von Streiks heimgesuchte Hamburg galt als Kriegszone, überall flogen Kugeln, und Lebensmittelläden wurden geplündert. Ende Oktober besetzten Kommunisten siebzehn Polizeiwachen und sperrten die Eisenbahnlinien. Die Polizei schlug zurück und patrouillierte in gepanzerten Fahrzeugen, auf denen Maschinengewehre in Stellung gebracht waren. Von Kommunisten besetzte Geäude wurden geräumt, indem man Handgranaten hineinwarf.

Das nächste verwegene Abenteuer wurde von der politischen Rechten angezettelt. Am 8. und 9. November versuchten Hitler und Ludendorff, in Bayern die Macht durch den sogenannten »Bierhallenputsch« an sich zu reißen und die Regierung Stresemann mit einem Marsch auf Berlin zu stürzen. Doch der Staatsstreich wurde niedergeschlagen, und Hitler nutzte den darauffolgenden Prozeß dazu, aufrüttelnde Tiraden gegen die Juden zu schleudern und sich als nationalgesinnte Gestalt ins Bewußtsein der Öffentlichkeit zu rücken. So sagte er vor dem Münchner Gericht, sein Motiv sei es gewesen, einen jüdischen Finanzier daran zu hindern, daß er die deutschen Eisenbahnen mit einer Hypothek belastete, um eine internationale Anleihe für das Land zu bekommen – ein möglicher Hinweis auf Max oder Melchior. Nachdem Angestellte von M. M. Warburg auf der

Straße gewalttätige Drohungen gegen Max gehört hatten, verließ dieser für vierundzwanzig Stunden Hamburg. Um sich gegen künftige Schwierigkeiten zu wappnen, gründeten die Warburgs Gesellschaften zur Kapitalanlage in Amerika, Großbritannien und den Niederlanden. Der ursprünglich zu fünf Jahren verurteilte Hitler verbüßte schließich in Landsberg eine ungewöhnlich milde Festungsstrafe von weniger als neun Monaten. Dort bekam er gut zu essen, nahm zu und begann mit der Abfassung von *Mein Kampf*.

Um die deutsche Währung zu stabilisieren, berief die Regierung nach dem Hitler-Putsch am 12. November 1923 Dr. Hjalmar Schacht in das eigens geschaffene Amt eines Reichswährungskommissars. Schacht beaufsichtigte die Ausgabe einer neuen Währung, der Rentenmark, von der nur streng begrenzte Mengen in Umlauf kamen und deren Deckung in Hypotheken auf deutschen Grundbesitz, Gold und Devisen bestand. Mit Ausgabe der ersten Rentenmarkscheine am 15. November hörten die Notenpressen auf, das alte Geld zu drucken. Max sagte der neuen Währung einen Mißerfolg voraus und erklärte, sie werde die Franzosen dazu veranlassen, im besetzten Gebiet den Franc einzuführen. Doch es zeigte sich, daß das gute neue Geld das alte schlechte verdrängte.

Als der Reichsbankpräsident Rudolf Havenstein am 19. November starb, wetteiferten der reaktionäre Karl Helfferich und Hjalmar Schacht um seine Nachfolge. Max gehörte dem Zentralausschuß der Reichsbank an, der unter großen Ölporträts der drei letzten Kaiser zu seinen Sitzungen zusammenkam, bei denen Saaldiener in blauer Livree mit vergoldeten Knöpfen hin und her huschten. Trotz Max' Mitgliedschaft in diesem Gremium blieb die Reichsbank in ihrer Personalpolitik antisemitisch. Max unterstützte Schachts Kandidatur, weniger, weil er ihn für den richtigen Mann hielt, als vielmehr, weil er die Ernennung Helfferichs fürchtete. Schließlich enthob ihn eine dringend erforderliche Reise nach New York der Notwendigkeit, für Schacht stimmen zu müssen.

Tatsächlich wurde Schacht am 22. Dezember 1923 Präsident der Reichsbank und erwarb sich auf der ganzen Welt Ruhm, weil es ihm bis zum Sommer des folgenden Jahres gelang, der Inflation Herr zu werden. Damit war eine weitere Verschlechterung der politischen Lage, die immer mehr zum Antisemitismus neigte, abgewehrt.

Einige Ereignisse ließen für die Zukunft bereits das Schlimmste fürchten: Im November 1923 fand in Berlin ein Pogrom gegen Ostjuden statt. Die *Vossische Zeitung* berichtete, daß sich auf allen Straßen der Pöbel gedrängt und Geschäfte im Schutze der Dunkelheit geplündert habe. Von allen Seiten sei derselbe Schrei ertönt: »Bringt die Juden um!«[45] Noch sah die Polizei nicht einfach zu, wie später, sondern machte sich die Mühe, die Straßen zu räumen. Als Max vor Weihnachten nach Hamburg zurückkehrte, war er derart besorgt, daß es zu Gewalttätigkeiten gegen die Bank kommen könnte, daß er von der Polizei die Erlaubnis bekam, acht

Angestellte mit Schußwaffen auszurüsten. Schon häufig hatte er die Bank eine Festung genannt, aber dieses Mal entsprach das Bild beinahe der Wirklichkeit.[46]

Die spätere Geschichte der Warburgs ist unablösbar mit Hjalmar Schacht verknüpft, der im Dritten Reich zuweilen als ihr Förderer und Beschützer auftrat. Schachts Vater, der in einer New Yorker Brauerei gearbeitet hatte, war so voll Bewunderung für einen Zeitungsherausgeber am Ort gewesen, daß er seinem Sohn Hjalmar dessen Namen Horace Greeley als zweiten und dritten Vornamen gab. In der Schule lernte der Junge Hebräisch und arbeitete nach seiner Promotion in Volkswirtschaft bei der Danatbank (Darmstädter und Nationalbank) sowie der Dresdner Bank. Nach außen wirkte der steife, hochmütige Schacht mit seiner runden Nickelbrille, dem Schnurrbart und der Melone auf dem Kopf wie ein typischer Bankier der alten Schule. Hinter der achtbaren Fassade allerdings war er ein listiger Opportunist mit einem leichten Hang zum Verrückten. Später erkannte Max Schachts Fähigkeit, sich in jede gewünschte Richtung zu verwandeln und seinen Mantel nach dem Wind zu hängen. »Er konnte sehr entschlossen und rücksichtslos den Kurs wechseln und... die Grundsätze aufgeben, die er gerade noch zu vertreten schien. Das entscheidende Element seines Wesens war sein machtvoller Selbsterhaltungsinstinkt. Er konnte es nicht ertragen, auch nur für eine Weile keine Macht zu haben.«[47] Ursprünglich aber war Max in seinem Urteil nicht ganz so streng und stellte später seine Zweifel, die er schon früh mit Bezug auf Schacht gehabt hatte, übertrieben dar. Pauls Sohn Jimmy erinnerte sich: »Aus irgendeinem Grunde, den ich nicht ohne weiteres erklären kann, mochte ich den deutschen Finanzzauberer nicht und mißtraute ihm, während mein Vater und Onkel Max ihn beide bewunderten und ihm vertrauten.«[48]

Später setzte Max auf niemanden größere Hoffnungen als auf Schacht. Daß er sich selbst in den schlimmsten Tagen der dreißiger Jahre noch dem Glauben hingeben konnte, für die Warburgs gebe es eine Art geheiligten Bezirk im Gefüge der deutschen Politik, hing wesentlich mit seiner besonderen Beziehung zu Schacht zusammen.

Zu Anfang der zwanziger Jahre betrachteten viele Menschen die antisemitischen Angriffe gegen die Warburgs als Resultat der weitverbreiteten Theorie, der zufolge sie einer Verschwörung anderer jüdischer Bankiers angehörten. Hauptquelle dafür waren die *Protokolle der Weisen von Zion*, eine um 1895 von der Ochrana, der politischen Geheimpolizei des kaiserlichen Rußland, verfertigte infame Fälschung. Dieses Machwerk versuchte den Despotismus des Zarentums zu stärken, indem es die Furcht vor jüdischen Revolutionären schürte. Es enthält geheime Reden, die ein jüdischer Weiser vor einer Gruppe von Mitverschwörern gehalten haben soll und in denen er einen Plan für die Errichtung der Weltherrschaft vorträgt. (In Wirklichkeit handelte es sich um die Bearbeitung eines von Maurice Joly 1864 verfaßten Pamphlets, das Napoleon III. überspannte Ziele unterstellte.) In Amerika und Deutschland kursierte nach dem Ersten Weltkrieg eine englische Übersetzung. Auch weißrussische Truppen bekamen die Schrift 1919/20 ausgehändigt, weil man die bolschewistische Revolution als jüdische Weltverschwörung in Verruf bringen wollte. Die Warburgs galten dabei als die Drahtzieher unter den jüdischen Bankiers.

Anfang 1920 fiel ein in London gedrucktes Exemplar Henry Ford in die Hände, der das Thema noch weiter auswalzte. Im Mai 1920 brachte seine in Michigan erscheinende Zeitung, der *Dearborn Independent*, auf der ersten Seite einen Artikel, »Der internationale Jude: das Problem der Welt«, auf den sieben Jahre lang Schmähungen aller Art folgten. Ford, der isolationistische Positionen vertrat und nach Gründen für den Fehlschlag seiner Friedenskampagne aus der Zeit des Weltkriegs suchte, stellte die Warburgs samt anderen jüdischen Bankiers als Kriegstreiber hin, die seine Pläne durchkreuzt hatten. Daß sich die Warburgs gegen den Krieg gestellt und finanziell unter ihm gelitten hatten, schien ihn nicht weiter zu beeindrucken. Die *Protokolle* gestatteten es Ford, sowohl die Kommunisten als auch die Finanzleute von der Wall Street anzugreifen, indem er auf eine angebliche geheime Beziehung zwischen ihnen hinwies.

Um unbedarfte Gemüter zu überzeugen, mußte der *Dearborn Independent* genaue Erklärungen dafür liefern, warum konservative jüdische Bankiers, die der Republikanischen Partei nahestanden, den Bolschewismus unterstützten. Unter Hinweis auf die Heftigkeit, mit der Schiff gegen Rußland vorging, während er gleichzeitig Japan finanzierte, konstruierte die Zeitung eine heimtückische deutsch-japanische Verschwörung, die Rußland allmählich zugrunde richten sollte. Max Warburg, hieß es, sei ihr Schatzmeister und habe Leo Trotzki mit Geld unterstützt. Das Blatt gab sich nicht damit zufrieden, tatsächliche jüdische Teilnehmer an der bolschewistischen Revolution zu nennen, sondern erfand darüber hinaus unzählige andere. Ihm zufolge hieß Kerenskij in Wahrheit Adler und sprachen Lenins Kinder jiddisch miteinander. Weiter erklärte der *Dearborn Independent*, die Bezeichnung »Rote« für Bolschewiken gehe auf den Namen Rothschild zurück. Den Fall Paul Warburg schlachtete Ford besonders aus und stellte eine Verbindung zwischen der jüdischen Bankenverschwörung und dem amerikanischen Zentralbankrat her, für den Ford nichts übrig hatte. Doch die schädlichste seiner Behauptungen dürfte wohl gewesen sein, daß Max und Paul den Versailler Vertrag miteinander ausgeheckt hätten – in Wirklichkeit war Paul gar nicht dort gewesen, und Max hatte das Dokument nicht unterzeichnet. Wörtlich hieß es: »Wie in der Presse der ganzen Welt berichtet wurde, sind der Bruder aus Amerika und der Bruder aus Deutschland in Paris als Regierungsvertreter bei der Festlegung der Friedensbedingungen zusammengetroffen. Es gab in der deutschen Abordnung so viele Juden, daß sie unter dem Namen die ›Koscheren‹ oder auch als ›Warburg-Delegation‹ bekannt war.«[49]

Die Familie Warburg schien eine besondere Anziehungskraft auf Verfasser von Verschwörungstheorien auszuüben. Weil sie mit vielen anderen Bankiersfamilien verschwägert waren, konnte man ihren Stammbaum als die alles umschlingenden, gefährlichen Fangarme eines erdrückenden Ungeheuers darstellen. Da Mitglieder der Familie Staatsangehörige verschiedener Länder waren, eignete sie sich zur Verkörperung des »internationalen Judentums« – verräterisch, entwurzelt und darauf bedacht, in jedem Land eine Fünfte Kolonne zu bilden –, und auf die politische Aktivität der Brüder in ihrem jeweiligen Land ließ sich die Behauptung stützen, es handle sich bei ihnen in Wahrheit um verräterische ausländische Agenten.

Als das Jüdische Komitee Amerikas erfuhr, daß Ford und der Ku-Klux-Klan zur Finanzierung antisemitischer Propaganda in Deutschland beitrugen, überlegte man, welche Maßnahmen sich ergreifen ließen. Sollte Paul eine Verleumdungsklage anstrengen? Sollten sie Ford-Erzeugnisse boykottieren und eine Untersuchung durch den Kongreß beantragen? Schließlich beschloß man, Ford nicht dadurch aufzuwerten, daß man sein Elaborat zur Kenntnis nahm. Niemand wußte, ob ein Gegenangriff die Flammen des Vorurteils löschen oder noch stärker anfachen würde. Jacob Schiff sprach sich für Stillschweigen aus. »Wenn Ihr in die Auseinandersetzung eingreift, werden wir ein Feuer entzünden, von dem niemand voraussagen kann, auf welche Weise es sich wieder löschen läßt.«[50] Diese Zaghaftigkeit erwies sich als kurzsichtig: Obwohl die Londoner *Times* bereits 1921 die »Protokolle« als Fälschung entlarvt hatte, entschuldigte sich Ford erst 1927 für seine gegen die Juden gerichteten Behauptungen.

1921 verklagte Max den nationalsozialistischem Gedankengut nahestehenden Leipziger Publizisten und Gründer des Hammer-Verlags Theodor Fritsch wegen einer von ihm herausgegebenen deutschen Ausgabe von Fords *The International Jew*.[51] Sie enthielt einen gefälschten Brief, in dem der Berliner Bankier Carl Fürstenberg angeblich seine bolschewistischen Genossen aufforderte, ihr Geld auf ein Sonderkonto bei M. M. Warburg&Co. zu überweisen. Nachdem Max den Prozeß gewonnen hatte, veranlaßte er Fritsch, in verschiedenen Zeitungen einen Widerruf zu veröffentlichen. Im folgenden Jahr diskutierte er mit Felix und dem Jüdischen Komitee Amerikas, was man gegen den auf der ganzen Welt um sich greifenden Antisemitismus unternehmen könne. Sie fürchteten, mit einer weltumspannenden Kampagne gegen die Verleumdungen lediglich ihren Feinden in die Hände zu spielen, die ein solches Vorgehen als Beweis für die jüdische Verschwörung herausstellen würden. Daher sprach sich Max für Gerichtsverfahren aus, die in der Öffentlichkeit kein besonderes Echo weckten. Bei ihrer Begegnung im Jahre 1922 sagte Felix, daß sich im von

Der Optimismus, der ihn von jeher ausgezeichnet hatte, verließ Max Warburg auch in den zwanziger, ja bis weit in die dreißiger Jahre nicht. Er war von der Unauflöslichkeit der deutsch-jüdischen Symbiose, die Gershom Scholem schon damals eine durchaus »einseitige Liebeserklärung« nannte, so fest überzeugt, daß er auch im Nationalsozialismus nicht mehr als einen vorübergehenden Exzeß erkennen wollte. Erst nach zahllosen Demütigungen und angesichts der mörderischen Umtriebe der »Reichskristallnacht« änderte er seine Meinung.
Das Bild zeigt Alice und Max Warburg in den zwanziger Jahren.

der Inflation heimgesuchten Deutschland sogar die Antisemiten »mehr Sorgen um ihr täglich Brot als um die Juden machten«.[52]

In Wirklichkeit gab die galoppierende Inflation dem Antisemitismus unermüdlichen Auftrieb. Die Nationalsozialisten behaupteten, alle Inflationsgewinnler seien Juden und hätten ihren Nutzen aus dem Elend des einfachen Volkes gezogen. Der Ideologe des Dritten Reichs, Alfred Rosenberg, erklärte, eine nationalsozialistische Regierung werde Banken und Börsen enteignen. Indem er das Bild des unbarmherzigen Juden Shylock heraufbeschwor, schob der bayrische Ingenieur Gottfried Feder Deutschlands Elend auf den »Börsenkapitalismus«, den »Welt-Wucherkapitalismus« und forderte ein Ende der »Zinsknechtschaft«.[53] Die galoppierende Inflation etablierte den jüdischen Bankier im Bestiarium der NSDAP als machiavellistischen Juden.

Am 22. Februar 1923 griff das in München erscheinende Zentralorgan der NSDAP, der *Völkische Beobachter*, Paul, Felix und Max an. Humorvoll erklärte Max, man habe »ein Porträt von mir [gebracht], das gar nicht schlecht ist; es trug die Überschrift ›Jüdischer Bankier und Arbeiterführer‹.«[54] Da ihm klar war, daß kein jüdischer Bankier vor einem Münchner Gericht recht bekommen würde, sah er von einer Verleumdungsklage ab.

Fortwährend wurde die Geschichte umgeschrieben, wobei selbst vergleichsweise unbekannte Juden mit einem Mal Hauptrollen zugewiesen bekamen und ihr unbedeutendes Tun unversehens in den Rang raffinierten Hochverrats erhoben wurde. Was den Warburgs einst zum Ruhm gereicht hatte, wurde jetzt systematisch als Machwerk einer im verborgenen operierenden internationalen Verschwörung hingestellt.

17

Die Monarchen

Als Mann von großer Willenskraft machte Jacob Schiff auch in seinen letzten Lebensjahren kaum Zugeständnisse an sein fortgeschrittenes Alter. Im Sommer 1919 unternahm er in Bar Harbor achtstündige Wanderungen, ohne auch nur den leisesten Anflug von Müdigkeit zuzulassen. Stets behauptete er, kerngesund zu sein, nie ließ er eine Krankenschwester in sein Haus. Nur hin und wieder überfiel ihn Wehmut. Im Januar 1920 teilte er Max mit, er freue sich darauf, jene Orte in Deutschland wiederzusehen, die ihm am meisten am Herzen lagen, fügte aber hinzu: »Ich lebe wohl mehr in der Vergangenheit als in der Zukunft...«[1] Einen Monat später nahm er an der Feier zur Silberhochzeit von Frieda und Felix teil, gegen deren Verbindung er sich anfangs so heftig gesträubt hatte. Im Hause Fifth Avenue 1109 stand eine große, versilberte Eiche, die man mit künstlichen Eicheln geschmückt hatte. Wenn man diese öffnete, kamen Schnappschüsse seiner Enkel zum Vorschein.

Noch während seiner letzten Lebenswoche ging Schiff täglich ins Kontor. Da er am 22. September 1920 zu schwach war, um an der Jom-Kippur-Feier teilzunehmen, bestand er darauf, zu Hause zu fasten. Bei seiner Ankunft in Sea Bright am nächsten Tag hielt ihm der Fahrer hilfreich die Hand entgegen, doch Schiff schob sie brüsk beiseite und ging ohne Hilfe ins Haus. Er hörte kaum noch und verbarg selbst vor den Seniorteilhabern bei Kuhn, Loeb seine Krankheit.

Als sich der Sabbat dem Ende zuneigte, starb Jacob Schiff am 25. September im Alter von dreiundsiebzig Jahren in Gegenwart seiner Frau, seiner Tochter Frieda und seines Sohnes Morti. Der Nachruf erschien auf der ersten Seite der *New York Times*. Der Leichnam wurde inmitten von lila Astern und einer Fülle von Blumengebinden aufgebahrt, und zahlreiche Männer mit Trauerflor am Ärmel und verschleierte Frauen erwiesen ihm die letzte Ehre. Trotz seines schroffen Wesens und der hohen Anforderungen, die er zu stellen pflegte, hatte sich Schiff viele Freunde gemacht. Polnische und russische Glaubensgenossen kamen in der Synagoge Emanu-El zusammen, um Abschied vom König der deutschen Juden zu nehmen. Zu Hunderten, wenn nicht zu Tausenden zogen Ostjuden aus den Elendsvierteln der Lower East Side die Fifth Avenue empor und versammelten sich vor der Synagoge. Jacobs Nichte erinnerte sich später: »Viele hundert Einwanderer mit ihren Hüten, die vergeblich versucht hatten, hineinzugelangen, standen schweigend da.«[2] Sie folgten dem Trauerzug, vorbei an Geschäften, die in Ehrerbietung vor dem Toten geschlossen waren, weiter über die Queensboro-Brücke zum Friedhof Salem Fields in Brooklyn, wo Gouverneur Al Smith und Bürgermeister John Hylan an der Beisetzung teilnahmen.

Schiffs Tod markierte für die amerikanischen Warburgs und die Leute aus dem geschlossenen Kreis der feinen jüdischen Gesellschaft einen Wendepunkt. Mit dem Übergang der Leitung des Hauses Kuhn, Loeb an Schiffs Sohn Mortimer vollzog sich zugleich der Wechsel von der ehrgeizigen Gründergeneration zu den Nachfolgern, die sich nicht nur sicher in der Gesellschaft bewegten, sondern auch das Leben zu genießen verstanden. Nur wenige hätten die Voraussage gewagt, Schiffs Schwiegersohn, der Lebemann Felix, werde dessen wohltätige Werke weiterführen. In seiner Rolle als Schirmherr der Wohlfahrtseinrichtungen hatte Schiff eher schwerfällig gewirkt, Felix hingegen versah diese Funktion mit anregender Herzlichkeit. In den ersten fünfzehn Jahren nach Schiffs Tod spendeten Friedaflix aus ihrem privaten Vermögen insgesamt dreizehn Millionen Dollar, in manchen Fällen eine Million auf einen Schlag. Niemals gelang es Frieda vollständig, aus dem Schatten ihres Vaters zu treten. Während sich Felix mit dessen Nachlaß beschäftigte, sagte er zu seinem Sohn: »Für deine liebe Mutter ist die Verantwortung, Entscheidungen zu treffen, nicht leicht zu tragen, da sie stets so sehr behütet wurde...«[3]

Nach Schiffs Tod vollzog sich ein spürbarer Wandel im religiösen Ethos der amerikanischen Warburgs, da nach ihm niemand mehr so vehement auf der Befolgung der Vorschriften der alten Religion bestand. Felix' jüngstem Sohn Edward zufolge »bestimmte Konformismus die Religionsausübung in unserer Familie mehr als der Glaube«.[4] Niemand war so sehr von der Heiligkeit des jüdischen Lebens überzeugt wie Schiff, doch hatte sein selbstgerechtes Eiferertum eher das Gegenteil der gewünschten Wirkung zur Folge, denn es führte letztlich dazu, daß die Angehörigen nach seinem Tod gegen seine Frömmigkeit aufbegehrten. Er war der Grund dafür gewesen, daß seine Nachkommen Frömmigkeit als etwas Schreckliches, nicht als Quelle der Zufriedenheit empfanden. An die Stelle der Düsterkeit der Alten Welt setzten sie das muntere Treiben der Goldenen zwanziger Jahre.

Schiff hinterließ ein zu versteuerndes Vermögen im Gesamtwert von fünfunddreißig Millionen Dollar, an dessen Verwendung er jedoch so harte Bedingungen geknüpft hatte, daß sein strenger Wille noch lange über seinen Tod hinaus wirksam war. Für seine Enkel hatte er unter treuhänderischer Verwaltung Beträge angelegt, von deren Zinsen sie bis zum vierzigsten Lebensjahr Einkommen bezogen. Anschließend stand ihnen das Kapital samt Zinsen zur freien Verfügung, sofern sie nicht außerhalb des Glaubens heirateten. Wer gegen diese Klausel verstieß, büßte jeden Anspruch auf das Vermögen ein. Felix rechtfertigte Schiffs Verhalten: »Ihm und vielen anderen drängt sich der Eindruck auf, daß Mischehen Schwierigkeiten mit sich bringen. Im Fall unserer Familie dürften sie mit einer Herabsetzung der Maßstäbe einhergehen, die wir anlegen, wenn es um unseren Stolz und um unsere Nützlichkeit Menschen gegenüber geht, die uns am meisten brauchen. Daher haben Opa und ich bei diesem Thema stets eine so strenge Einstellung vertreten.«[5] Felix' Söhne, die sich ihrem jüdischen Ursprung immer ferner fühlten, gerieten damit in eine quälende Zwangslage. Der Älteste, Freddy, heiratete erst mit nahezu fünfzig Jahren; Gerald und Paul Felix gingen zwar Ehen mit Jüdinnen ein, die jedoch später scheiterten.

Felix nahm von jetzt an eine herausgehobene Position unter den Warburgs ein, die sich jedoch nicht nur dem beträchtlichen Erbe verdankte. Vor dem Krieg war das Vermögen der amerikanischen und deutschen Warburgs in etwa gleich gewesen; Kösterberg und *Woodlands* waren von vergleichbarer Pracht. Die Niederlage Deutschlands und die Inflation hatten das Vermögen der Hamburger vermindert und diese damit in gewissem Sinne erniedrigt. Als Felix und Frieda einst mit Bergen von Gepäck und einer Schar von Dienstboten zum Kösterberg gereist waren, hatten sie noch einen unvorstellbar üppigen Lebensstil geführt. Jetzt, da sich Aby im Sanatorium befand, Paul aus Washington verjagt worden war und sowohl Max als auch Fritz von Antisemiten verfolgt wurden, wies alles darauf hin, daß Felix, seinem sonnigen Wesen gemäß, der glückliche Bruder sein sollte.

Er war der letzte Grandseigneur des Geschlechts und genoß seinen Wohlstand ohne Schuldgefühle und mit einem geradezu ansteckenden Vergnügen. Wenn seine Fahrer auf der falschen Straßenseite über die Fifth Avenue preschten, wurden sie von freundlichen Polizisten, die sie kannten, ohne Umstände über die Kreuzung gewinkt. Ständig umgaben Felix Schwärme von Dienstboten und anderem Hilfspersonal, die dafür sorgten, daß er gut gekleidet und gepflegt war. Als er einmal zu einer Verabredung zu spät zu kommen drohte, fragte er seinen Friseur, ob ihm dieser das Haar schneiden könne, ohne daß er dazu den Kragen abnahm: »Mr. Warburg«, gab der Mann zur Antwort, »ich schneide Ihnen seit zwanzig Jahren die Haare. Ich könnte das selbst, wenn Sie den Hut dabei aufbehielten«.[6] Jeden Morgen schickte der Blumenhändler um die Ecke Felix eine frische weiße Nelke für das Knopfloch ins Haus.

Gemessen an heutigen Maßstäben waren die Gesellschaften im Hause Friedaflix maßlos überspannt. Diners mit fünfundsiebzig Personen waren keinesfalls ungewöhnlich. Als die Tochter Carola 1916 Walter Rothschild heiratete, wurden an der Fifth Avenue 1109 neunhundert Gäste bewirtet. Edward trug, gekleidet in einen blauen Samtanzug mit Silberknöpfen, die endlos lange Schleppe des Brautkleids seiner Schwester. Sie hatte große blaue Augen, ein gutgeschnittenes Gesicht mit einem kräftigen Kinn und eine vom Zigarettenrauch rauhe Stimme. Da sie eine attraktive junge Frau war, die unter den Augen eines sie vergötternden Vaters und in Gesellschaft mehrerer Brüder aufgewachsen war, hatte sie bei Männern nie

Schwierigkeiten. Sie war von der gleichen Anmut wie Felix, konnte gut zuhören und war die Vertraute vieler Warburgs. Von Felix wurde sie maßlos verzogen: Als sie heiratete, besaß sie bereits zweiundzwanzig kostbare Schmuckstücke, darunter eine Blütenbrosche mit sechzehn Diamanten und ein Halsband mit achtundzwanzig Rubinen.[7] Als Hochzeitsgeschenk bekam sie ein Haus auf *Woodlands*, zu dem mehr als zwölf Hektar Grundbesitz gehörten.

Carola wurde als einziges der fünf Kinder, das innerhalb des Glaubens heiratete, nicht geschieden. Ihr Bräutigam Walter war ein umgänglicher Mann mit ansteckendem Lächeln. Sein Vater leitete das Kaufhaus A&S in Brooklyn. Da er nicht mit den Rothschild-Bankiers verwandt war, pflegte er scherzhaft zu sagen, er gehöre zu den Rothschilds aus Brooklyn. Als Frieda Walters Verwandtschaft in diesem ihr völlig fremden Stadtteil kennenlernte, fühlte sie sich unbehaglich, doch brachen die Rothschilds bei ihren Worten: »Ich war erst einmal in Brooklyn, und zwar auf einer Beerdigung« in lautes Gelächter aus, und die Stimmung besserte sich schlagartig.[8]

Zu Friedas Entsetzen bestand Felix darauf, daß an der Fifth Avenue 1109 unablässig Konzerte und Bälle stattfanden. Umtriebig wie er war, stürmte er von einem Ereignis zum anderen und vermengte dabei die Rollen von Animateur und Familienvater. Er brauchte immer Abwechslung und brachte seinen Kindern nicht nur Tanzen, sondern auch Tennisspielen und andere Sportarten bei. Seine im Reichtum aufgewachsenen Sprößlinge waren die Warburgs der Salons, die weit mehr als ihre Vettern in Caféhäusern und Country Clubs daheim waren und sich immer bei gesellschaftlichen Ereignissen der besseren Kreise sehen ließen.

Oft klagte Felix über die Leichtfertigkeit seiner Kinder. »Alt und jung versuchen, das Leben nach ihren eigenen Möglichkeiten zu genießen und kümmern sich keinen Deut um die anderen. Meine eigenen Kinder sind so weit ganz nett und umgänglich und unterscheiden sich mit Bezug auf das Leben, das sie führen, nicht von anderen.«[9] Betrübt darüber, daß sie nichts vom Dienst an der Öffentlichkeit, der zu den festen Traditionen der Familie gehörte, wissen wollten, versuchte er ihnen klarzumachen, daß man wirkliche Freundschaften nicht beim Golf oder am Kartentisch schließt, sondern bei der gemeinsamen Arbeit. Über Freddy, der nach seinem Studium in Harvard bei M.M. Warburg und Kuhn, Loeb arbeitete, äußerte sich Felix 1923 wie folgt: »Wenn er spätabends noch wach ist, hat das mehr mit einem Tanzvergnügen zu tun als damit, daß er neue revolutionäre Gedanken ausbrütet.«[10] Und liebevoll klagend sagte er von seinem dritten Sohn, Paul Felix, daß er »Büchern und Wissen so aus dem Wege [gehe] wie ein Kapitän dem Nebel.«[11] Bei allem Ärger war Felix ein warmherziger und sorgender Vater, der seine Kinder aufrichtig liebte. Dennoch zieht sich durch seine Briefe die unverkennbare Enttäuschung darüber, daß sie keinen ernsteren Interessen nachgingen.

Daß es seine Söhne so schwer hatten, ihren Platz in der Welt zu finden, mag teilweise darauf zurückzuführen sein, daß sie nie gezwungen waren zu arbeiten, der tiefere Grund aber lag in ihrer widersprüchlichen Erziehung. Einerseits versuchte Felix, ihnen Disziplin zu vermitteln, andererseits verzog er sie in dem monströsen Haus an der Fifth Avenue und auf seinem nahezu zweihundert Hektar großen Anwesen *Woodlands*. Ohnehin führten er und Frieda sich dort auf wie englische Landedelleute, spielten Polo und Tennis und gaben ihren Kindern britisch klingende Namen. Auch als Geschäftsmann war Felix ein schlechtes Vorbild, da ihm seine Position bei Kuhn, Loeb lediglich als Ausgangsbasis für andere Aktivitäten diente. Nach Schiffs Tod im Jahre 1920 wollte er sich sogar ganz aus der Firma zurückziehen, so daß ihn Morti Schiff zum Bleiben überreden mußte. Obwohl Felix dem Bankgeschäft nur wenig Interesse entgegenbrachte, redete er seinen Söhnen die Absicht aus, andere Berufe zu ergreifen. Dieser Widerspruch versetzte die Kinder in eine psychologische Zwangslage.

Während ihrer Studienzeit in Middlesex und Harvard wurden seine Söhne zu typischen Burschenschaftlern, denen Bälle und Sport wichtiger waren als jüdische Wohltätigkeitseinrichtungen. Carola besuchte die Brearly-Schule, wo es nur wenige Mädchen jüdischer Herkunft gab. Ihre Brüder gingen in modischen Fellmänteln, die ihnen Großmutter Schiff geschenkt hatte, zu Footballspielen. (Als Frieda versuchte, Paul Felix diesen Mantel so lange vorzuenthalten, bis er bessere Noten nach Hause brachte, tat ihm Großmutter Schiff den Gefallen.) Felix sah keinen Widerspruch zwischen der Erziehung, die er seinen Kindern angedeihen ließ, und der Lebensweise, die er von ihnen erwartete. Die Warburg-Söhne wuchsen mit nur wenigen jüdischen Freunden auf und hatten meist Kontakt mit nichtjüdischen Mädchen. Zwar wünschte Felix, daß seine Kinder jüdische Überlieferungen achteten, doch machten die amerikanischen Einrichtungen, die er selbst ausgewählt hatte, im Laufe der Zeit seine ganze Mühe zunichte.

Ferner waren die Kinder unterschiedlichen Haltungen gegenüber dem Judentum ausgesetzt. Frieda war zwar gläubig, aber nicht von der tiefen Frömmigkeit ihres Vaters, und Felix' Religionszugehörigkeit gründete sich eher auf kulturelle als auf geistliche Werte. Immer wenn er an Jom Kippur fastete, bekam er schlechte Laune davon, während Frieda das Gebot befolgte, um den Geist ihres Vaters zu beschwichtigen. Fast ohne es zu merken, nahmen sie nach und nach die typischen Züge wohlhabender angelsächsischer Protestanten der Ostküste an. Statt von der Bar Mizwa sprachen sie von der Konfirmation ihrer Söhne, und ihre Kinder gingen nicht zur Talmud-, sondern zur Sonntagsschule.

Sonderbarerweise begegneten die amerikanischen Warburgs in den zwanziger Jahren einem stärkeren Antisemitismus als ihre deutschen Verwandten, obwohl sie sich nahtlos in das amerikanische Milieu einzufügen schienen. Zwar mußten die Hamburger Warburgs mit nationalsozialistischen Agitatoren und Mordanschlägen leben, doch steckte hinter dieser Bedrohung ein eher versteckt agierender Pöbel. Frieda und Felix hingegen konnten sich als Juden nicht in allen Hotels einmieten, und Carola sagte ihrer Mutter später, man brauche sie bei bestimmten Debütantinnenbällen gar nicht erst anzumelden, damit sie nicht als Jüdin abgewiesen werde.

Felix wollte, daß sich seine Söhne als lupenreine Patrioten erwiesen, und teilte Frederick mit: »Solange die Juden nicht die besten Bürger in jenem Land sind, dem sie Treue geschworen haben, ist weder ihr Glück noch ihre Sicherheit gewährleistet.«[12] Als er erfuhr, daß ein gewisser Levy das Haus von Thomas Jefferson in Monticello zu einem Wucherpreis verkaufen wollte, damit es als nationale Gedenkstätte eingerichtet werden konnte, beauftragte er den Richter Jonah A. Goldstein, mit ihm zu verhandeln. Wie sich Goldstein erinnerte, mißfiel es Felix über alle Maßen, »daß ein Mann, der Levy hieß, versuchte, aus einem nationalen Denkmal Geld herauszuschlagen, und er war der Ansicht, so etwas werde den Beziehungen zwischen Juden und den Menschen dort im Süden wie auch in anderen Teilen des Landes schaden«.[13] Im Auftrag eines »anonymen Spenders« bot Goldstein jenem Levy erstklassige Wertpapiere in Höhe von zweihundertfünfzigtausend Dollar an, damit er Monticello der US-Regierung überließ. Levy starb, bevor die Verhandlungen zum Abschluß kamen, und so erwarb schließlich eine Stiftung Monticello. »Aber Warburg war bereit, so viel Geld dafür auszugeben, ohne daß man seinen Namen erfuhr, einfach weil er nicht wollte, daß sich ein Jude namens Levy an Jeffersons Haus bereicherte«, erklärte Goldstein.[14] Dieses Verhalten war die stillschweigende Antwort auf unausgesprochene Beschuldigungen, die die Juden als habgierig und treulos hinstellten.

Der größte Widerspruch im Hause Friedaflix aber herrschte in ihrer Ehe. An sich führten sie eine glückliche Beziehung, die jedoch einige sehr merkwürdige Züge hatte. Wie schon gesagt, ertaubte Frieda nach Edwards Geburt teilweise und konnte daher die geflüsterten Witzeleien nicht hören, die ständig zwischen Felix und den Kindern hin und her gingen. Das untergrub ihre Autorität und machte sie bei den Mahlzeiten zur bedauernswerten Zielscheibe vieler Späße. Wenn Felix brillierte, hatte Frieda das Nachsehen; er war immer lustig, sie hingegen humorlos. Auch sonst gab es viele Gegensätze zwischen den beiden: Er liebte es, auf der Carol segeln zu gehen, Frieda haßte es. Da sie schwerhörig war, teilte sie auch die Musikliebe der Warburgs nicht. Während Felix mit seinen Söhnen herumblödelte und an Carola liebevolle Gedichte schrieb, arbeitete sie ernsthaft an sich, um allen Kindern eine gute Mutter zu sein. Als sie im Internat waren, schrieb sie ihnen täglich, und stets war sie bemüht, der strengen Pflichtauffassung, die sie von ihrem Vater Jacob Schiff ererbt hatte, zu gehorchen. Ihr fiel der anstrengende Teil der Elternschaft zu, während sich Felix ganz offen und in einer vermutlich etwas verantwortungslosen Weise amüsierte.

Trotz aller schönen Worte von Pflichterfüllung hatte Felix eine Schwäche für hübsche Frauen und lebte nach der gängigen Doppelmoral der viktorianischen Epoche. Während ihm Frieda den Haushalt führte, zog er offen mit seinen Geliebten in der Stadt umher. »Er hatte viele Frauen«, sagte seine Nichte. »Er sagte zwar, es seien keine Geliebten, aber er ist mit ihnen in die Oper gegangen, und sie trugen Orchideen im Ausschnitt.«[15] Erstaunt sahen die Enkel, daß Frieda nicht auf der Carol mitsegelte, wohl aber Irene Wyle, Hulda Lashanka oder irgendeine andere von Felix' Freundinnen. Kein Wunder, daß Frieda das Segelboot nicht ausstehen konnte.

Felix hatte einen speziellen Geschmack, was Frauen betraf. Vor allem schätzte er aufstrebende Opernsängerinnen von walkürenhaftem Format mit üppigem, wohlgeformtem Busen. Er förderte ihre Karriere, indem er ihnen bei Otto Kahn Vorsingtermine verschaffte. Im Hause Fifth Avenue 1109 wurde es zum stehenden Witz, daß Felix auf dem Weg zu einem Stelldichein war, wenn er sagte, daß er »radfahren« gehe. Schon bald neckten ihn die Söhne: »Gehst du wieder radfahren, Vater?«[16] Frieda, die zwar sittenstreng, aber auch pragmatisch veranlagt war, beugte sich der schmerzlichen Wirklichkeit und duldete die Liebschaften ihres Mannes, gleichgültig, wie sehr sie unter ihnen zu leiden hatte. Mit ihrer altmodischen Selbstaufopferung rettete sie die Ehe und sorgte dafür, daß es eine glückliche, wenn auch äußerst unausgewogene Beziehung wurde. So konnte Felix gegenüber den Kindern das Bild eines fröhlichen Genießers aufrechterhalten; sie allerdings kannten an ihm noch ganz andere Seiten als nur die des legendären Wohltäters und ahmten ihn möglicherweise mehr nach, als er zugeben mochte.

Die Suche nach einer Identität sollte sich für Felix' Kinder als lang und mühselig erweisen und sie ungeheure seelische Energien kosten. Am leichtesten fiel das wohl dem Ältesten, dem klugen, aufgeräumten und schlagfertigen Freddy. Als man ihn bei Kuhn, Loeb nicht sofort als Teilhaber aufnehmen wollte, lief er zu Lehman Brothers über; davon abgesehen aber verbrachte er sein Leben im Familienunternehmen. Für den Zweitgeborenen, den sensiblen und äußerst lustigen Gerald, war es weniger einfach. Er hatte durchdringende Augen und gewelltes schwarzes Haar und wirkte mit seiner schlanken Gestalt, dem gepflegten Auftreten und dem guten Aussehen sehr aristokratisch. Fortwährend war auf eine etwas knabenhafte Weise in irgendwelche Frauen verliebt. Er ritt gern, spielte Tennis und paßte genau zu dem auf *Woodlands* gepflegten Stil des britischen Landadels. Unter der Oberfläche aber, an der es schien, als sei er mit dem Leben im reinen, verbarg sich ein komplexer, ängstlicher und unsicherer junger Mann. »Er stieg in kein Flugzeug, haßte Inseln, litt stets an lähmendem Lampenfieber, ganz zu schweigen von Platzangst.«[17]

Erstaunlicherweise stiftete Geralds Musikleidenschaft nicht etwa Einvernehmen, sondern sehr viel Unfrieden zwischen ihm und seinem Vater, der Geschäftsführender Direktor der Metropolitan Opera und der Philharmonic Society war. Felix abonnierte so viele Konzertreihen, daß er an nahezu hundert Abenden im Jahr außer Hause war. An der Metropolitan Opera pflegte sich der Dirigent Bodansky vor ihm zu verbeugen, bevor er den Stab aufnahm; traf der erste Fagottist einen Ton nicht, warfen ihm beide gleichzeitig entrüstete Blicke zu. Bei Kammerkonzerten in der Fifth Avenue 1109 kamen gelegentlich auch die vier Stradivari-Instrumente zu Ehren, die in Felix' Besitz waren. 1924 forderte er bei einem Musikabend drei Bekannte auf, gleichfalls ihre Stradivaris mitzubringen, »so daß man hätte glauben können, Stradivaris würden in einem Bäckerladen in Hoboken gemacht«.[18] In späteren Jahren durfte Gerald La Belle Blonde spielen, Felix' Stradivari-Cello aus dem Jahre 1725.

Zwar bekam er schon früh das halbe Cello, das Jim Loeb als Kind gespielt hatte, doch tat man gleichzeitig seinen Wunsch, Berufsmusiker zu werden, als unsinnig ab und erklärte ihm, Künstler seien zügellose Herumtreiber, die nichts taugten. Als Gerald in Middlesex war, sprach sich Felix trotz seiner Befürchtung, er könne sich für den Beruf eines Musikers entscheiden, dafür aus, daß er Cello und Klavier spielte. Daheim spielte Gerald auf dem Flügel im prunkvollen Musikzimmer Jazz – Gershwin oder Cole Porter. Wenn der Vater hin und wieder mit seiner angenehmen Baritonstimme Schubert-Lieder sang, wurde er von Gerald begleitet. »Mit Bezug auf Musik gab es immer zweierlei Ansichten«, sagte Geralds Tochter. »Als Amateur Musik zu machen, war gut und schön, aber als Beruf war es unter unserer Würde.«[19]

Schon in Middlesex tobte in Gerald ein heftiger Widerstreit: einerseits wollte er ein feiner Gentleman sein und in den Tag hineinleben, andererseits aber den Beruf eines Künstlers ausüben. (Einmal gelang es ihm, beide Rollen in grandioser Weise zu verbinden, als er auf einem Klavier, das auf dem Rasen stand, Ragtime spielte, während ein Schlafsaal ausbrannte. Später sagte er, er habe, als Rom brannte, gefiedelt.) Gerry wollte unbedingt ein Konservatorium besuchen, Felix hingegen bestand darauf, daß er nach Harvard ging. Der Sohn begehrte gegen die Entscheidung des Vaters auf und gab sich größte Mühe, wegen schlechter Leistungen nach Hause geschickt zu werden. Enttäuscht mußte er feststellen, daß man ihm bescheinigte, das erste Jahr mit durchschnittlichen Leistungen hinter sich gebracht zu haben – dabei hatte er sich nach Kräften bemüht durchzufallen; so hatte er einmal während einer Prüfung einfach den Raum verlassen. Nach seinem Gastspiel in Harvard verbrachte er einige Zeit am Institute of Musical Art.

Felix, der den Jungen von klein auf mit Musik vertraut gemacht hatte, war entrüstet, daß sein begabter Sohn Cellist werden wollte. Um die Sache endgültig ad acta legen zu können, ließ er ihn dem Violinisten Franz

Kneisel vorspielen und fragte dann: »Hat der Junge Talent?« »Talent hat er«, sagte Kneisel, »jetzt muß er nur noch bereit sein, für die Kunst zu hungern«. »Das«, gab Felix zur Antwort, »ist das einzige, was ich ihm nicht ermöglichen kann.«[20] Erst als die Frau von Geralds Kusin Jimmy, die Berufspianistin Kay Swift, Gerrys Bemühungen unterstützte, ließ sich Felix umstimmen. Sie erklärte, Gerry sei begabt, doch fehle es ihm vermutlich an der Antriebsstärke.[21] Frieda unterstützte die Pläne ihres Sohnes, doch war Felix nie von seiner Einstellung abzubringen, ein Gentleman könne Musik lediglich als Liebhaberei betreiben.

Während seines Jahres in Harvard hatte sich Gerry in eine Nichtjüdin aus Neuengland verliebt. Daraufhin beschloß Felix, ihn zum Cellostudium bei einem gewissen Professor Buxbaum nach Wien zu schicken. Dort lernte Gerald schon bald seine erste Frau kennen, die schöne Wienerin Marion Bab. Zwar stammte sie aus einer jüdischen Familie, doch hatten ihre Eltern sie wegen des in Österreich herrschenden Antisemitismus protestantisch erzogen. Als Gerald sie 1922 heiratete – wobei Felix seine Verbindungen spielen lassen mußte, um einen Rabbiner zu finden, der bereit war, die Trauung vorzunehmen –, konvertierte sie wieder zum Judentum. Angesichts der antisemitischen Umtriebe in Wien riet Felix seinem Sohn, nicht mit einem großen Auto herumzufahren, sonst würde alle Welt dort »sofort merken, daß das ein reicher amerikanischer Jude ist... Wie du zweifellos weißt, gibt es dort jeden Tag Unruhen, weil man versucht, jüdische Studenten aus den Universitäten herauszuhalten.«[22]

Zuerst sah es so aus, als sei der Name Warburg Gerald bei seiner Karriere nützlich. Er und Buxbaum waren Mitglieder eines von Felix subventionierten Quartetts, das in Österreich und in Deutschland konzertierte. Als sie Ende 1924 in Hamburg gastierten, gab Onkel Max jemandem aus der Bank den Auftrag, die frei gebliebenen Plätze aufzukaufen. Statt im letzten Augenblick, wie es von ihm erwartet wurde, ging der Mann sogleich und erwarb mehrere hundert Karten. Als Gerry an jenem Abend auf die Bühne trat, sah er sich einem begeisterten Publikum gegenüber, das weitgehend aus Angestellten des Hauses M. M. Warburg bestand. Nach dem Konzert teilte er Max erregt und atemlos mit, er und Buxbaum seien so überwältigt von dem Erfolg, daß sie abermals nach Hamburg kommen wollten. Daraufhin mußte Max Farbe bekennen, und Gerry sagte, sein Vater habe so etwas auch schon getan. Die ihm durch das Konzert entstandenen Kosten buchte Max von dem Konto ab, das Felix bei M. M. Warburg unterhielt, und Gerry wurde nie wieder eingeladen, in Hamburg zu spielen.[23]

Gerry wurde ein amerikanischer Spitzencellist, doch kränkte es ihn, daß er selbst dann noch durch die Verwandtschaft gefördert wurde, als er mit dem Philharmonic Symphony Orchestra sein Debüt als Solist in der Carnegie Hall gab. (Als Geldgeber des Orchesters sorgte Felix für ein volles Haus.) Offenbar hatte man allgemein den Eindruck, der Sohn reicher Eltern brauche keine Unterstützung, und so kaufte kaum jemand Karten für seine Konzerte, und nur selten kam es vor, daß man ihn in ein Programm aufnahm. Das schöne Stradivari-Cello erregte zwar viel Aufsehen, lenkte aber die Aufmerksamkeit der Presse vom Spieler ab. Hinzu kam, daß der nervöse Gerry im kleinen Kreis am besten spielte. Vor Konzerten war er krank vor Angst und anschließend seelisch völlig ausgelaugt. Nie rückte er von seiner Gewißheit ab, man habe ihm als Musiker keine Gerechtigkeit widerfahren lassen. In jedem anderen Beruf hätte ihm die Abstammung aus einer privilegierten Familie Tür und Tor geöffnet, in diesem war sie ein unüberwindliches Hindernis.

Vielen seiner Bekannten galt Felix vor allem als charmanter und umgänglicher Playboy; zugleich aber stand er unzähligen Wohltätigkeitsorganisationen vor, die einen Großteil seiner Zeit in Anspruch nahmen. Schiff erkannte kurz vor seinem Tode, daß Felix eine neue Reife gewonnen hatte, und bemerkte voll Bewunderung, daß er »tatsächlich sehr erwachsen geworden ist und großartige Arbeit leistet.«[24] Er war nicht mehr der junge Lebemann mit dem Dogcart, der in allem der letzten Mode folgen mußte, und konnte ebenso apodiktische Äußerungen über den Niedergang der Welt von sich geben wie Paul. »Man hat Angst, morgens die Zeitung aufzuschlagen, weil man befürchtet, daß irgendeine neue scheußliche Entwicklung zusätzliches Elend über Millionen Menschen bringt«, sagte er 1923. Später fiel Max auf, wie aus dem gutgelaunten, munteren Kunst- und Musikliebhaber Felix »ein ernsthafter Wohltäter« geworden war, »der nahezu seine gesamte Freizeit damit zubringt, anderen zu helfen«.[25]

Da er die anderen Teilhaber bei Kuhn, Loeb nicht besonders mochte, suchte er nur allzugern Zuflucht bei seinen »Luftschlössern«, wie er seine Wohltätigkeitsarbeit nannte. An seinem Arbeitsplatz hatte er sich einen besonderen Aktenschrank einrichten lassen, in dem er die Unterlagen über seine siebenundfünfzig wohltätigen Einrichtungen aufbewahrte; er brauchte nur an einer kleinen Lederklappe zu ziehen, und schon hatte er Zugriff auf die jeweiligen Karteikarten. »Ich bin wie die Firma Heinz«, sagte er, »und gehöre siebenundfünfzig verschiedenen Ausschüssen an«.[26] Er liebte diese Tätigkeit und sagte, wenn er nicht mit einem Lächeln auf den Lippen Gutes tun könne, wolle er es lieber gar nicht tun. Die sehr kluge und belesene Frieda kam auf diesem Gebiet ebenfalls zu ihrem Recht; sie war Vorsitzende der Vereinigung Junger Jüdischer Frauen (Young Women's Hebrew Association) und ließ Lillian Walds Hauspflegedienst zum Gedenken an ihren Vater eine beträchtliche Summe zukommen.

In den zwanziger Jahren waren Felix und Frieda Warburg gleichsam die Monarchen der amerikanischen Juden, und dementsprechend hielten sie hof. Früher oder später tauchten alle Juden, die einen verrückten Plan hegten oder anderweitig unterstützt werden wollten, im Haus Fifth Avenue 1109 auf, das den Eindruck unerschöpflichen Reichtums vermittelte. Auf eindringliche Weise schilderte Cyrus Adler, wie Felix, wo er ging und stand, von Träumern, Sektierern und Opportunisten belagert wurde: »Wenn er den Ozean überquerte, war seine Kabine eine Art Zentrale, und ich habe ihn in London und Paris in Hotels gesehen, wo sein Vor- oder Empfangszimmer fast wie das Büro einer Behörde aussah.«[27] Felix, der über keine besonderen intellektuellen Gaben verfügte, verließ sich ganz auf seine Intuition und erkannte treffsicher, welcher Bittsteller am ehesten seine Aufmerksamkeit verdiente.

Mit 1,64 Millionen Juden rühmte sich New York jetzt der größten jüdischen Gemeinschaft der Welt, und der Vergabeausschuß war unbestritten die größte Hilfsorganisation in Übersee. Aufgrund der Veränderungen, die sich während der Nachkriegszeit in Europa ergeben hatten, waren viele Juden nun in den neu enstandenen Nationalstaaten isoliert. So brachte der Vergabeausschuß armen Juden in Polen, Rumänien, Österreich und Ungarn Hilfe, indem er unter anderem Lebensmittel verteilen ließ und Suppenküchen einrichtete. Felix wurde 1919 beim amerikanischen Außenministerium und beim Roten Kreuz vorstellig, weil er hundert Millionen Dollar brauchte, um Nahrungsmittel nach Polen schicken zu können, wo zu dieser Zeit entsetzliche Pogrome stattfanden. Aufgrund der Eindrücke, die er 1921 bei einer Europareise gesammelt hatte, konnte er den Vergabeausschuß von der Notwendigkeit überzeugen, den jüdischen Gemeinschaften beim wirtschaftlichen Wiederaufbau großzügige Hilfe zukommen zu lassen.

Das Exekutivkomitee der Gruppe tagte entweder in Felix' Kontor an der William Street 52 oder aber im Rembrandt-Zimmer seines Hauses (so benannt nach den dort ausgestellten Radierungen des Malers). Aus der ganzen Welt kamen Juden herbeigereist, um ihre Nöte vorzutragen. Als Vorsitzender gewann Felix ein umfassendes Bild vom Leiden der Juden. Er beschäftigte Stenographen, die Kurzschrift in vielen Sprachen aufnehmen konnten, doch selbst sie waren ratlos, als der Jiddisch schreibende Autor Scholem Asch zu einem Besuch bei Kuhn, Loeb auftauchte. Mit seinem schnellen, stark von idiomatischen Ausdrücken durchsetzten Jiddisch konnte die arme Stenographin nichts anfangen, und so fragte sie Felix: »Was soll ich tun? Ich verstehe kein Wort.« »Macht nichts«, gab Felix zur Antwort, »ich sage es Ihnen nachher«. Nahezu eine Stunde lang redete Asch händeringend und mit zerzaustem Haar auf ihn ein, wobei er einmal fast in Tränen ausbrach. Als die Stenographin schließlich nervös fragte: »Was hat er gesagt?« gab Felix zur Antwort: »Schreiben Sie einfach, Scholem Asch sagt, die Juden in Polen brauchen Hilfe.«[28]

Im Jahre 1923 begegnete er einem Vertreter des Ostjudentums, der ihn nahezu fünfzehn Jahre lang behexen, verwirren und zur Weißglut treiben sollte. Dieser Rattenfänger war kein temperamentvoller Sonderling aus einem Schtetl Osteuropas, der auf jiddisch drauflosredete, sondern Chaim

Weizmann, ein scharfsinniger, eleganter Weltmann und promovierter Chemiker. Er war britischer Staatsbürger, rauchte teure Zigarren, trug erlesene Savile Row Anzüge, und in seiner Londoner Wohnung am Addison Crescent gab es Butler und Chauffeure. Mühelos bahnte er sich mit seiner todschicken Frau Vera seinen Weg durch Salons und Ministerien in ganz Europa. Dieser Mann war wie geschaffen dafür, die Warburgs zu umgarnen, denn er war von der gleichen weltmännischen, selbstbewußten Art wie sie, auch wenn ihr Weltbild nicht das seine war.

Vor dem Ersten Weltkrieg betrachteten viele Juden den Zionismus als eine zweitrangige Aufgabe. Baron Edmond de Rothschild gründete 1882 die erste Siedlung in Palästina, und 1897 rief Theodor Herzl die Zionistische Weltorganisation ins Leben. Abgesehen von den Bewohnern kleiner, Ackerbau treibender Dörfer waren die zu jener Zeit in Palästina ansässigen Juden vorwiegend fromme ältere Leute, die auf heiligem Boden Studien treiben und sterben wollten. Der Weltkrieg vernichtete die Einkommensquellen dieser Siedler. Am 2. November 1917 erließ Großbritannien die Balfour-Deklaration, in der es hieß: »Die Regierung Seiner Majestät begrüßt die Gründung einer nationalen Heimat für das jüdische Volk in Palästina.«[29] Als General Edmund Allenby einen Monat später Jerusalem eroberte, wurde die Stadt nach vierhundert Jahren von der Türkenherrschaft befreit. Großbritannien wollte mit dieser Politik unter anderem seine Beziehungen zu den jüdischen Bankiers an der Wall Street ausbauen. Das britische Mandat über Palästina wurde offiziell in den Versailler Vertrag aufgenommen.

Obwohl die arabische Bevölkerung weitaus größer war als die jüdische, fürchteten die Araber den schlagartig einsetzenden Zustrom von Juden, die den Pogromen entgehen wollten, zu denen es nach dem Krieg in der Ukraine und an anderen Orten kam. 1921 zwangen sie den britischen Hochkommissar durch einen Aufstand, die Einwanderung der Juden zu beschränken. Im Jahr darauf ratifizierte der Völkerbund Großbritanniens Mandat über Palästina und sprach sich für die Einrichtung eines jüdischen Nationalstaats westlich des Jordans aus. Trotz dieser Fortschritte stagnierte die zionistische Bewegung aus Geldmangel, und 1923 war sie nahezu bankrott. Da der Zionismus aber nicht nur als romantische Ideologie, sondern auch als Wirtschaftsprojekt funktionieren sollte, war er dringend auf finanzielle Mittel angewiesen. Andernfalls war es der Bewegung unmöglich, weitere landwirtschaftliche Flächen zu kaufen, um Pioniere ins Land zu locken.

Die Arbeitslosigkeit unter den jüdischen Einwanderern nahm ein bedrückendes Ausmaß an, und weder Lehrern noch Verwaltungsbeamten konnten Gehälter ausgezahlt werden. Trotz dieser entmutigenden Situation hatte Weizmann Träume von bewässerten Wüstengebieten, trockengelegten Sümpfen und weitläufigen Obstplantagen. Um diese aber Wirklichkeit werden lassen zu können, mußte er dafür Sorge tragen, daß ein

Teil des Geldes der amerikanischen Juden, das jetzt den europäischen Glaubensgenossen zufloß, zu den Zionisten umgeleitet wurde.

Nur widerwillig konnte sich Weizmann dazu durchringen, sein Anliegen den reichen amerikanischen Juden, die alles andere als zionistisch gesonnen waren, vorzutragen, sah er doch in ihnen Autokraten, die auf die schmutzigen, ungebildeten Ostjuden mehr oder weniger herabblickten. Auch bestand durchaus die Gefahr, daß sie nichts für seine leuchtende Vision eines jüdischen Nationalstaats übrig hatten. Einem deutschstämmigen Juden, der behaglich an der Park Avenue lebte, mußte Palästina als staubiges, abgeschiedenes Land erscheinen, das sich allenfalls für die koloniale Erschließung oder ein gesellschaftliches Experiment in bescheidenem Rahmen eignete. Für die aus Osteuropa eingewanderten Juden hingegen, die in den Elendsvierteln der Lower East Side hausten, war diese Vorstellung nichts weniger als die Erfüllung jahrtausendealter Träume. Auch wenn die konservativen Juden der New Yorker Führungsschicht ihre Macht wohlwollend ausübten, waren sie keineswegs bereit, sie an die Zionisten abzutreten, die sie ohnehin nicht selten für rücksichtslose und ungehobelte Emporkömmlinge hielten. Den arrivierten jüdischen Bankiers und Anwälten, die feierlich ihre patriotische Gesinnung bekräftigten, stellte sich mit dem Zionismus erneut das Problem einer doppelten Loyalität, das sie auf alle Zeiten gelöst zu haben glaubten. Sie fürchteten, daß der antisemitische Mythos eines monolithischen Weltjudentums, welches ganz selbstverständlich die Loyalität der Juden in allen Ländern der Erde beansprucht, durch die zionistische Bewegung neuen Auftrieb erhalten könnte. Schiff hatte dies klar auf den Begriff gebracht: »Doch als Amerikaner kann ich mich keinen Augenblick lang der Ansicht anschließen, daß man gleichzeitig aufrechter Amerikaner und überzeugter Anhänger der zionistischen Bewegung sein kann.«[30] Er spendete großzügig für Palästina, achtete aber darauf, daß man ihn als »kulturellen und religiösen«, keinesfalls aber als »politischen Zionisten« betrachtete. Erst 1919 konnte er sich mit der Vorstellung anfreunden, daß eine jüdische Heimat am ehesten den vielen durch die bolschewistische Revolution bedrohten Juden eine Zuflucht bieten könnte.

Auch die Warburgs waren von der Vorstellung eines jüdischen Staates nicht gerade begeistert. Sie waren unendlich reich, standen mit führenden Männern aus Wirtschaft und Politik in Deutschland und Amerika auf bestem Fuß und hatten sich erfolgreich in der gefahrvollen Grauzone zwischen Juden und Nichtjuden behauptet. Obwohl auch sie mit antisemitischen Strömungen zu kämpfen hatten, schienen sie der lebende Beweis dafür zu sein, daß Juden in dem jeweiligen Land, in dem sie lebten, auch vorankommen konnten.

Beharrlich widersetzte sich Max Warburg dem Zionismus, weil er den nationalsozialistischen Phantasien von einer jüdischen Fünften Kolonne nicht Vorschub leisten wollte. Der Andrang von Besuchern, die sich bemühten, ihn für den Zionismus zu gewinnen, war so groß, daß er es sich zur Gewohnheit machte, ihnen je eine halbe Stunde einzuräumen, in der sie ihre Argumente vortragen konnten. Seine – ziemlich verkürzte – Vorstellung vom Zionismus war die eines Kolonialunternehmens, das obendrein keinen Gewinn abwarf. Als ihn der Publizist Ernst Feder 1927 nach seiner Haltung zu Palästina befragte, schob er das Thema beiseite und erklärte, er sei bereits in größerem Umfang in Kamerun, Togo und Niederländisch-Westindien beteiligt, und Palästina könne niemals vergleichbare Gewinne abwerfen. Im Hinblick auf das Übergewicht deutscher Zionisten in der Bewegung witzelte er, Juden wie Deutsche seien schlechte Politiker, und vereint seien sie katastrophal.[31]

Nachdem Paul gemerkt hatte, wie schwierig es gewesen war, den Abgeordneten in Washington seine Loyalität zu beweisen, distanzierte er sich vom Zionismus und ging den meisten jüdischen Organisationen aus dem Weg. Als ihn der deutschstämmige Soziologe Arthur Ruppin 1923 für die Sache des Zionismus zu gewinnen versuchte, erklärte Paul gereizt: »Sogar wenn Sie mit Ihren Ausführungen über die Bedeutung Palästinas und das Schicksal der Juden recht hätten, könnte ich mich Ihnen nicht anschließen, weil ich mich als Amerikaner von Ihnen nicht überzeugen lassen will.«[32]

Am ehesten konnte sich Felix für Palästina erwärmen. In gewisser Weise ging er an das Thema heran wie ein Bankier auf der Suche nach einträglichen Geldanlagen; beispielsweise wollte er Untersuchungen sehen, aus denen hervorging, wie viele Siedler das Land wirtschaftlich verkraften konnte. Voll Begeisterung schrieb er im Januar 1923: »Wer als erster investiert... macht Palästina zu einem zweiten Kalifornien... vielleicht.«[33] Im Laufe der Zeit schloß auch er sich der Ansicht an, das Land ermögliche dem Judentum eine kulturelle Wiedergeburt; einen eigenen Staat daraus zu machen sei aber etwas gänzlich anderes.

Als Chaim Weizmann im Frühjahr 1923 in New York eintraf, glaubte er, daß nur zwei Männer in der Lage seien, den Widerstand der wohlhabenden assimilierten Juden Amerikas gegen den Zionismus zu brechen: Felix und der Anwalt Louis Marshall, Vorsitzender des Zusammenschlusses Amerikanischer Juden. Vermutlich wurde kein zweiter Spender von einem Bittsteller derart belagert wie Felix von Weizmann. Eine überraschende Einladung zum Lunch in der William Street 52 nahm er sogleich an. (Vera hielt es für eine Kränkung, daß man ihn nicht ins Haus an der Fifth Avenue eingeladen hatte.) »Ich fand in einem der luxuriöseren Räume jenes luxuriösen Hauses einen äußerst freundlichen und bezaubernden Herrn vor, ganz Grandseigneur, aber voller Güte«, erinnerte sich Weizmann.[34]

Felix hielt einen längeren Vortrag darüber, wie in Palästina Geld verschwendet werde. Von jedem in Amerika aufgebrachten Dollar gelange lediglich ein Cent in den Mittleren Osten. Weizmann sah ihn entsetzt an. »Ehrlich gesagt habe ich noch nie von einem verantwortungsbewußten Menschen ein so abwegiges Geschwätz gehört: Bolschewismus, Unmoral, Geldverschwendung, Tatenlosigkeit, Ineffizienz, und alles auf bloßes Hörensagen gegründet.«[35] Weizmann, der um jeden Preis die Initiative übernehmen wollte, drehte den Spieß um. »Und was wäre im umgekehrten Fall?« fragte er Felix. »Nehmen wir an, ich käme hier mit einem Sack voller Gewäsch und Gerüchte an, die zweifellos auch über Kuhn, Loeb and Company im Umlauf sind? Was würden Sie tun?«[36] Felix gab zur Antwort: »Ich würde Sie vermutlich auffordern zu gehen.« Weizmann gab zurück: »Das kann ich kaum tun, da ich Ihr Gast bin.«[37] Um einen Ausweg aus der heiklen Situation zu finden, bot Felix an, für die Entwicklung Palästinas zehntausend Dollar zu spenden, aber so einfach wollte ihn Weizmann nicht davonkommen lassen. Die einzige Möglichkeit der Wiedergutmachung, erklärte er, bestehe darin, daß sich Felix an Ort und Stelle und mit eigenen Augen einen Eindruck von der Wirklichkeit verschaffe. Sehr zu seinem Erstaunen antwortete Felix: »Ihr Vorschlag ist vernünftig. Ich werde mit meiner Frau darüber sprechen und, sofern das möglich ist, sogleich nach Palästina aufbrechen.«[38]

Doch was den Zionismus betraf, hatte Felix nach wie vor große Vorbehalte. Er zog es vor, einzelne Projekte in Palästina zu unterstützen und sich aus dem Strudel des politischen Zionismus herauszuhalten. Schon damals machte er sich wegen des, wie er fand, militanten und anmaßenden Umgangs der Zionisten mit der arabischen Frage große Sorgen. Da er die vornehmen Umgangsformen wohltätiger Kreise gewohnt war, konnte er die schroffe, häufig mit Schmähungen operierende Art zionistischer Politiker, denen Höflichkeit als unnötiger Ballast galt, nicht ausstehen.

Trotz allem konnte Weizmann am Ende seiner Rundreise durch die Vereinigten Staaten mehr als zufrieden sein. Die Juden des Landes, teilte er Vera mit, hatten ihre Scheckbücher gezückt, und zum ersten Mal in der Geschichte des Zionismus waren die Defizite getilgt. Voll Jubel über die Mittel aus Amerika erklärte er, in naher Zukunft würden dem Zionismus »all die Millionen zur Verfügung stehen, die zur Errichtung Palästinas erforderlich sind... Alle Juden, angefangen von Marshall und Warburg, bis hin zu den armen Einwanderern, reden von nichts anderem als von der Bedeutung, die diese Frage inzwischen hat.«[39] Als ihn Felix am Abend vor seiner Abreise anrief, um ihn zu seiner erfolgreichen Reise zu beglückwünschen, war Weizmann hocherfreut. Er wertete seinen Durchbruch bei Felix, Marshall und anderen als den finanziellen Gegenwert der Balfour-Deklaration.[40]

Indessen hatten Felix und Weizmann noch unzählige Phasen der Begeisterung und der gegenseitigen Beschuldigungen vor sich. Bei aller Umgänglichkeit konnte Felix durchaus in Zorn geraten. Wurde ihm etwas vorgelegt, was ihm nicht paßte, lief er rot an und schrie »Unsinn!«[41]

Trotzdem bestand zwischen beiden Männern und deren Frauen ein starkes gesellschaftliches Band. Nach seinen anstrengenden Reisen durch zahlreiche Kleinstädte der Vereinigten Staaten genoß der weltgewandte Weizmann die Rückkehr zum behaglichen Komfort des Hauses an der Fifth Avenue 1109 und auf *Woodlands*. Da viele amerikanische Zionisten einen schwerfälligen und ungeselligen Eindruck auf ihn machten, war ihm der Umgang mit den Warburgs eine erfrischende Abwechslung.[42]

Auf Frauen hatte er eine geradezu magische Wirkung, der letztlich auch Frieda erlag. So schrieb Vera später: »Mein Mann mochte schöne Frauen, aber sie mußten auch klug sein, und das war bei ihr durchaus der Fall.«[43] Über Weizmanns ersten Lunchbesuch im Haus an der Fifth Avenue sagte Frieda: »Bis dahin hatte ich für Dr. Weizmann nichts übrig gehabt, doch wie Caesar kam er und siegte sogleich.«[44] Stets vertrat Frieda ihre Position mit größtem Nachdruck, und so konnte auch Felix sich letztlich ihrer immer stärker werdenden Begeisterung für Palästina nicht entziehen.

Als sie dort zu Besuch waren, hielt sich Weizmann im Hintergrund, überließ aber nichts dem Zufall. Er wies ihren zionistischen Gastgeber, den britischen Oberstleutnant Frederick H. Kisch, darauf hin, daß Felix – sofern er sich für Palästina begeistern könne – »sehr hilfreich wäre, und seine Hilfe bedeutet viel«.[45] Ein weiterer im Lande ansässiger Jude ließ ebenfalls seinen Zauber wirken: Es war der gut aussehende, kräftig gebräunte Judah Magnes, der früher Rabbiner an der New Yorker Synagoge Emanu-El gewesen und leidenschaftlicher Baseballanhänger war. Er kannte die Warburgs schon lange; Freddy und Jimmy hatten von ihm die Bar Mizwa empfangen, und Carola war von ihm getraut worden. Obwohl er von Felix unterstützt wurde, hatten sein Pazifismus und seine rückhaltlose Sympathie für die bolschewistische Revolution sein Verhältnis zu den älteren deutschen Juden getrübt. In den frühen zwanziger Jahren war mit seiner Familie nach Palästina gezogen. Er sprach sich für eine Aussöhnung zwischen Arabern und Juden aus, und als er Felix und Frieda durch das Land führte, konnte er deren Vorstellungen über dessen Zukunft nachhaltig beeinflussen.

Wie von Weizmann vorausgesagt, waren die Warburgs überwältigt. Wo Felix bettelnde Elendsgestalten erwartet hatte, stieß er auf stolze Siedler. An seinem ersten Morgen in Palästina brachte ihm ein älterer Bauer das erste Obst und Gemüse des Jahres. »Ich war entzückt«, sagte Felix, »meine erste Berührung mit Palästina überzeugte mich, daß die von mir zuvor vertretene Haltung falsch war.«[46] Die Vermutung drängt sich auf, daß Weizmann bei derlei Begegnungen, zu denen es auf der Reise durch die vielen herrlichen Landschaften immer wieder kam, insgeheim Regie führte. Bei Sonnenuntergang erreichten die Warburgs Jerusalem. Am folgenden Tag fuhren sie zum Scopusberg und besichtigten dort die Bauarbeiten an der Hebräischen Universität, die Felix später bereitwillig mit

Spenden bedachte. Während der Blick der Besucher über das Tote Meer, Nazareth und das Jordantal schweifte, beschwor Magnes das Bild der Universität herauf, die sich bald auf dem Scopus erheben sollte. In einem Steinbruch sprachen die Warburgs mit russischen Juden, die mit geradezu missionarischem Eifer arbeiteten. »In ihren Augen leuchtete Feuer, da sie wußten, daß einige der Steine, an denen sie arbeiteten, für das Einstein-Institut bestimmt waren«, sagte Felix.[47]

Am Ende ihres Aufenthalts waren die skeptischen Besucher von der Fifth Avenue ganz dem Zauber des unfruchtbaren alten Landes erlegen. »Wahrscheinlich hältst du mich jetzt für töricht«, sagte Frieda zu Felix, »aber ich möchte etwas von dieser Erde besitzen«. Sie kauften einen Orangenhain und gaben Magnes einen Scheck über eine halbe Million Dollar zur Einrichtung eines Instituts für jüdische Studien an der Hebräischen Universität.[48] Dank dieser ersten größeren Stiftung konnte diese im Jahr 1925 eröffnet werden. Obwohl die Warburgs nicht zum Zionismus konvertiert waren, fanden auch sie die Vorstellung, daß die jüdische Kultur nun im Heiligen Land zu einer neuen Blüte geführt werden könnte, äußerst verlockend. Fasziniert erlebte Oberstleutnant Kisch mit, wie Frieda die Voreingenommenheit, mit der ihr Vater dem Zionismus begegnet war, zumindest teilweise aufgab. »Mrs. Warburg hat mir gesagt, sie und ihr Mann fühlten sich hundertprozentig als Amerikaner und könnten sich in unser Leben nicht einfühlen, obwohl sie voller Bewunderung für das seien, was sie um sich sahen.«[49]

Die Reise wurde zu einem Triumph für Weizmanns geschicktes Vorgehen. Voll Hochgefühl schickte ihm Felix eine Postkarte, auf der es hieß: »Ich habe gesehen, was hier geleistet wird, und möchte mich am liebsten auf den Boden werfen und jeden Zoll davon küssen.«[50] Als sie wieder in New York waren, muß sich Weizmann diebisch über seinen Erfolg gefreut haben. Über Felix sagte er: »Ich habe selten eine vollständigere Bekehrung erlebt.«[51] Doch statt offen zu jubeln, reagierte er mit zurückhaltender Umsicht. Als ihn Felix fragte, warum er nicht begeistert sei, erklärte Weizmann, um Palästina zu verstehen, sei mehr nötig als ein einziger Besuch. »Ich bin sicher, daß Sie erneut und immer wieder hinfahren werden, und zwar nicht einfach als Touristen; und so werden wir schließlich einander verstehen.«[52] Weizmann wußte sehr genau, daß Palästina nur eines der siebenundfünfzig von Felix geförderten Projekte war, und er hatte noch weitaus Größeres im Sinn.

Felix wurde zu einem wichtigen Mittelsmann zwischen Zionisten und Nichtzionisten. Unter deren Mandat ermächtigten die Briten die Zionistische Weltorganisation, die sogenannte Jewish Agency, eine Interessenvertretung der jüdischen Siedler in Palästina, zu gründen. Mit Felix' Hilfe konnte Weizmann auch reiche Nichtzionisten zur Mitarbeit in dieser Organisation gewinnen. Felix stiftete 1925 dem Fonds zur Gründung Palästinas fünfzigtausend Dollar zur Unterstützung der Landwirtschaft. Zusammen mit Louis Marshall und Herbert Lehman gründete er die Palestine Economic Corporation (Wirtschaftsgesellschaft für Palästina), deren Aufgabe es war, Gelder in Handels- und Landwirtschaftsprojekte zu leiten. Später wurde er deren Ehrenvorsitzender. Trotz aller Großzügigkeit, die Felix bewies, wirkte Weizmann häufig verdrießlich und unzufrieden, wenn er über ihn sprach. »Er ist voller guter Absichten«, sagte er, »aber gewöhnlich taugen seine ›praktischen Pläne‹ nichts. Gewiß, er besteht nicht darauf, daß sie verwirklicht werden, aber es bedarf vieler höflicher Diskussion, bis man sie ihm ausgeredet hat.«[53]

Die Hebräische Universität wurde für Felix und Weizmann Leidenschaft und Zankapfel zugleich. 1907 hatte Weizmann das Grundstück auf dem Scopus dafür ausersehen, und bereits 1918, als in der Ferne noch die türkischen Kanonen donnerten, legte er den Grundstein. Für Juden, die in Rußland keine Schulen besuchen durften und sowohl in Deutschland wie in Amerika von vielen akademischen Positionen ausgeschlossen blieben, war der Zugang zur höheren Bildung von vorrangiger Bedeutung. Der Antisemitismus der akademischen Kreise war in den Vereinigten Staaten noch immer so weit verbreitet, daß man über jeden jüdischen Anwärter auf eine Professur sagte: »Seine einzige Aussicht besteht darin, ... daß ihm Felix Warburg einen Lehrstuhl stiftet.«[54]

Die Hebräische Universität sollte ein Sammelbecken jüdischen Wissens werden, eine Zitadelle intellektueller Achtbarkeit. Außer Felix, Weizmann, Albert Einstein und Baron Edmond de Rothschild war auch ein ferner Verwandter der Warburgs, der bekannte Berliner Botaniker Professor Otto Warburg, von dieser Vision fasziniert. Er war mit Theodor Herzl befreundet und Vorsitzender der Zionistischen Weltorganisation gewesen. Nach seiner Übersiedlung nach Palästina errichtete er in Rehovoth eine landwirtschaftliche Forschungsstation, übernahm später die Leitung des Botanischen Instituts der Hebräischen Universität und vermachte ihr seine beeindruckende Sammlung tropischer Pflanzen.

Am 1. April 1925 fand unter Lord Arthur Balfours Schirmherrschaft in einem natürlichen Amphitheater die Feier zur Einweihung der Hebräischen Universität statt. Angesichts dieses bedeutenden und bewegenden Anlasses begrub man einstweilen den wütenden Streit, der um die Leitung der Universität entbrannt war. Im September wählte der Verwaltungsrat Judah Magnes zum Kanzler und folgte damit weitgehend Felix' Empfehlung. Chaim Weizmann wurde Präsident und Albert Einstein Vorsitzender des Akademischen Rates. Die Wahl von Magnes bedeutete einen klaren Sieg für den idealistischen Felix, der in der Universität einen Sitz jüdischen Wissens sah, nicht aber eine Keimzelle des Zionismus. Weizmann, der in diesen Dingen realistischer dachte, verspottete das als romantischen Mumpitz. Er wollte, daß an der Universität Ärzte und Naturwissenschaftler für den künftigen jüdischen Staat ausgebildet wurden.

Im weiteren Verlauf des Jahres beschwerte sich Felix, daß Weizmann der Politik Zutritt zur Universität gewähre und den Verwaltungsrat mit Zionisten überschwemme, »um aus der Universität einen internationalen Debattierklub zu machen«.[55] Die Beziehung zwischen ihnen kühlte sich noch weiter ab, als Weizmann dem Vergabeausschuß vorwarf, Gelder nach Polen statt nach Palästina geleitet zu haben. Doch jedesmal, wenn Felix die Geduld mit Weizmann verlor und ihm androhte, seine Zuwendungen einzustellen, gelang es diesem, ihn mit seiner glänzenden Beredsamkeit wieder zu besänftigen.

In dem Streit um die Leitung der Universität war Einstein ein noch unangenehmerer Gegner als Weizmann. Er war häufig Gast im Hause Fifth Avenue 1109 und ging oft mit Felix auf der Carol segeln. Als zynischer Kritiker der Magnaten jüdischer Wohltätigkeit sprach er sich hitzig gegen die Kanzlerschaft von Magnes aus – er wollte an der Spitze der Universität lieber einen verdienten Wissenschaftler sehen.

Zwar war Einstein für diese Institution ein einzigartiger Gewinn, doch er konnte auch Starallüren entwickeln. So teilte er Weizmann 1928 mit, er werde zurücktreten, falls Magnes nicht aufhöre, die Ernennung eines Wissenschaftlers an der Spitze zu »sabotieren«. »Wenn dieser Zustand andauert, wird man nicht nur in wenigen Jahren über die Universität lachen, man wird auch vor der Weltöffentlichkeit mittelbar Palästina und allen, die für das Land arbeiten, schaden.«[56] In scharfem Ton forderte er Weizmann schließlich auf: »Zeigen Sie dies Schreiben bitte Mr. Felix Warburg.«[57] Er beklagte sich aber auch persönlich bei diesem: »Stellen Sie sich doch einmal vor, eine kleine Aktienhändlerfirma arbeitet von Jerusalem aus unter der Leitung eines Mr. X. und macht Transaktionen und Investitionen, die Sie für undurchführbar und widersinnig halten, und das in Ihrem Namen und unter Ihrer Verantwortung. Würden Sie so etwas mitmachen?«[58]

Als man im Juni 1928 einen gewissen Professor Selig Brodetsky zum akademischen Leiter der Universität machte, wurde der Streit vorübergehend beigelegt. Selbst Magnes ärgerte sich bisweilen über die maßlose Machtfülle seines Gönners Felix M. Warburg. Einmal notierte er in sein Tagebuch: »F. M. W. und seine Familie gehören zu den besten und edelsten Menschen. Sie sind von Natur aus gut und empfinden das ernsthafte Bedürfnis, anderen zu dienen. Aber gerade weil Menschen von diesem Schlag in solchen Kreisen so selten sind, wird von ihnen verlangt, daß sie Lasten übernehmen, die sie nicht tragen können.«[59] Er führte die unfaßbare Fülle all dessen auf, was den Warburgs zu verdanken war, und stellte dann die Frage: »Wie ist es möglich, daß eine Familie oder die kleine Gruppe in ihrem Dunstkreis all diesen Institutionen, von denen jede eines tiefen Verständnisses und unermüdlicher persönlicher Aufmerksamkeit bedarf, eine ›Seele‹ einhaucht?«[60] Diese Frage sollte noch ein rundes Jahrzehnt unbeantwortet bleiben, bis eine radikale Demokratisierung der

Macht in jüdischen Angelegenheiten die Lage veränderte. Je stärker die zionistische Bewegung wurde, desto mehr bemühte sie sich auch, die Herrschaft der Warburgs, Schiffs, Rothschilds und anderer Größen des Bankwesens zu beenden, die so lange unumstrittene Herren der jüdischen Gemeinschaft gewesen waren.

18

Jahre in der Hölle

Paradoxerweise verbreitete sich Aby Warburgs Ruhm in jenen Jahren am raschesten, als er selbst hinter den Mauern von Binswangers Sanatorium in Kreuzlingen am Bodensee eingeschlossen war. Trotz seiner sprühenden Originalität war er vor dem Krieg nur einer kleinen Gemeinde von Eingeweihten bekannt gewesen. Die gängigen Moden hatten ihn nie interessiert, und in aller Regel hatte er sich mit abgelegenen Themen beschäftigt. Sein ans Manische grenzender Perfektionismus führte dazu, daß er kein einziges Buch veröffentlichte. Einmal jammerte er: »Monate der Qual, verzweifelte Sorge über Arbeit, die noch zu tun ist.«[1] Auf Zettelchen sammelte er Zehntausende von Notizen, kryptische Bruchstücke großer Werke, die aber nie zustande kamen. Seine Assistentin Gertrud Bing sagte über Abys Schaffen einmal: »Überall in seinen Schriften finden sich Spuren des Scheiterns; nicht ausgeführte Pläne, Zusagen zu Artikeln, die nie geschrieben wurden, Ideen, die nie weiterentwickelt wurden.«[2] Aber obwohl er alles in allem lediglich einige Dutzend schwerverständliche, in stark verdichteter Sprache verfaßte Aufsätze hinterließ, war sein Einfluß enorm.

Aby brauchte einen durchsetzungsfähigen Jünger, jemanden, der seine Arbeit verbreitete. Er fand ihn in dem fähigen, wenn auch schüchternen Österreicher Fritz Saxl, der sich um die inzwischen auf zwanzigtausend Bände angewachsene Bibliothek kümmerte. Mit seiner zurückhaltenden Art war er das genaue Gegenteil seines Mentors, aus dem die Worte nur so hervorsprudelten. Während Aby endlos über Entscheidungen grübeln konnte, handelte Saxl mit intuitiver Entschlossenheit, weshalb ihn Aby »Saxl à vapeur« oder »Saxl, Volldampf voraus« nannte.[3] Zu Kollegen war er herzlich und großzügig, und Abys autoritäres Auftreten ärgerte ihn. Niemals konnte er ihm verzeihen, daß er ihn veranlaßt hatte, seine frühen Forschungsarbeiten zu Rembrandt aufzugeben. Allerdings berichteten Saxls Studenten später, daß er sie in ähnlicher Weise unterdrückt habe wie Aby ihn selbst.

Als die Warburgs um das Jahr 1920 fürchteten, Aby werde aus seinem Schweizer Sanatorium nie wieder herauskommen, benannten sie Saxl als geschäftsführenden Leiter der Bibliothek, Gertrud Bing als seine Stellvertreterin. Max und Fritz gehörten dem Verwaltungsrat der privaten und überaus spezialisierten Bibliothek an. Saxl wirkte wahre Wunder, als er die Sammlung zu einer herausragenden öffentlichen Einrichtung der Forschung machte. Er erstellte den ersten systematischen Katalog der teils in

Von allen Brüdern hatte sich Aby Warburg am entschiedensten von der jüdischen Überlieferung der Familie getrennt. Wie Walter Benjamin und andere jüdische Intellektuelle seiner Zeit kämpfte er zeitlebens mit diesem Zwiespalt, ohne ihn ganz überwinden zu können. So war es denn auch Aby, der die erste Nichtjüdin in die Familie brachte: 1897 heiratete er, trotz des anfänglichen Widerstands beider Elternhäuser, Mary Hertz, die aus einer Hamburger Patrizierfamilie stammte.

Regalen untergebrachten, teils verstreuten und aufeinandergetürmten Bücher, zog Wissenschaftler verschiedener Disziplinen hinzu, hielt Seminare, bot Vorlesungen an und veröffentlichte sie anschließend. Er verstand es, das Interesse der Öffentlichkeit zu wecken, ohne den Auftrag der Institution zu verraten.

Während der Inflationszeit hatten viele vom Familienvermögen lebende Privatgelehrten darunter zu leiden, daß Bücher in Deutschland unerschwinglich wurden. Als nicht einmal mehr Max und Fritz Bücher kaufen konnten, wandten sie sich an Paul und Felix, dank deren Dollars Saxl weiterhin Bücher erwerben konnte. Das wiederum trug dazu bei, daß nun auch hervorragende Gelehrte kamen. Den beiden in Amerika lebenden Brüdern erschien Abys Arbeit ziemlich rätselhaft, und sie unterstützten sie vermutlich nur aus brüderlicher Liebe, nicht weil sie von deren Wert überzeugt waren. Es ist eine Ironie des Schicksals, daß die Bibliothek

Aby Warburgs, der sich so verachtungsvoll über die angelsächsische Kultur geäußert hatte, in den zwanziger Jahren mit amerikanischem, in den dreißiger Jahren mit englischem Geld gerettet wurde.

Großen Auftrieb bekam die Bibliothek durch die Gründung der Hamburger Universität, die Aby so sehr am Herzen gelegen hatte. Am 19. August 1921 ernannte man ihn in Abwesenheit zum Honorarprofessor. Schon bald suchten Studenten die Bibliothek in der Heilwigstraße auf. Die Universitäten der Weimarer Zeit boten jüdischen Wissenschaftlern neue Möglichkeiten, und zu den prominenten jüdischen Gelehrten, die in Hamburg auf Lehrstühle berufen wurden, gehörten der Kunsthistoriker Erwin Panofsky und der Philosoph Ernst Cassirer. Saxl warb eifrig um Teilnahme an Lehrveranstaltungen und an der Forschung. Obwohl weder Panofsky noch Cassirer offizielle Verbindungen zur Bibliothek hatten, hielten sie dort häufig Vorlesungen und Seminare und schrieben viel für sie. Viele wertvolle Forschungsergebnisse der Weimarer Jahre entstanden in solchen privaten Institutionen.

Nachdem Panofsky 1920 als Hochschullehrer nach Hamburg gekommen war, führte ihn Saxl durch die Bibliothek. Die Bücherreihen schienen endlos und füllten jeden freien Winkel im Hause. »Wie von einem Zauberhauch schien mir dieser nicht abbrechende Zug von Büchern umwittert; wie ein magischer Bann lag es über ihnen.«[4] Als Panofsky Aby später zum ersten Mal begegnete, war er von dessen Persönlichkeit nicht minder beeindruckt. Er nannte Aby eine Mischung aus brillantem Geist und tiefer Schwermut, sah ihn als überaus klugen und scharfen Kritiker, der zugleich voll hilfreichen Mitgefühls war, und erkannte in ihm eine »ungeheure Spannung zwischen dem Rationalen und dem Irrationalen«.[5] Wie Aby trachtete Panofsky danach, Gehalt und Symbolsprache von Gemälden zu enthüllen, worin er einen tieferen Sinn sah als in bloßer Kennerschaft und formaler Analyse. 1921 begann er in der Bibliothek Warburg Seminare zu halten.

Der Neukantianer Ernst Cassirer traf 1919 in Hamburg ein. Anfänglich hatten er und seine Frau Toni erwogen, den Ruf nicht anzunehmen, nachdem sie erfahren hatten, daß rechtsgerichtete Studenten antisemitische Flugblätter verteilten, die zum Boykott jüdischer Professoren aufriefen. Doch schon nach dem ersten Blick auf die Bestände der Bibliothek war Cassirer völlig in ihren Bann geschlagen. Er sagte zu Saxl, er habe Angst wiederzukommen, da er befürchte, auf immer durch dies Zauberlabyrinth von Büchern zu irren. Nach Aussage seiner Frau wirkte Abys Bibliothek auf ihn wie ein Bergwerksstollen, in dem vergrabene Schätze schimmern.[6] Cassirer sollte der fruchtbarste Autor der Bibliothek Warburg werden.

Aby stand indessen am Abgrund des Wahnsinns. Er klagte, die von ihm erforschten Dämonen der Kunstgeschichte hätten Rache genommen und ihn besiegt. In der geschlossenen Abteilung in Kreuzlingen füllte er

Tagebücher mit unentzifferbaren Niederschriften. Als ihn sein einstiger Schüler Carl Georg Heise besuchte, gab ihm Aby ein Buch mit Jacob Burckhardts Aufsätzen, in das er die Widmung geschrieben hatte: »In Dankbarkeit für seinen Besuch im Inferno zu Kreuzlingen.«[7] Dieser Aufenthalt war für Aby tatsächlich eine Reise durch die Hölle, ähnlich der von Dante beschriebenen. Bei seiner Ankunft wurde Heise in den Park geführt, von wo aus er entsetzliche Schreie vom Gebäude herüber hörte. Als die beiden einander gegenüberstanden, sagte Aby: »Haben Sie eben einen Löwen brüllen hören? Stellen Sie sich vor, das war ich!«[8] Er sprach irre, gab Heise zu verstehen, daß seine Frau Mary in Hamburg in großer Gefahr lebe und Heise sie beschützen müsse. Heise mußte schwören, ihm in einem verschlüsselten Telegramm zu berichten, wie es um Mary stehe.

Die Verwandten kümmerten sich liebevoll um Aby. Max gab sich bei seinen Besuchen immer große Mühe, ganz pünktlich einzutreffen, weil er den älteren Bruder nicht in Wallung bringen wollte. Mary, nachsichtig und geduldig wie immer, schrieb ihm täglich und besuchte ihn häufig, obwohl sie drei Kinder aufzuziehen hatte. Mitunter kam es zu stürmischen Szenen mit Familienmitgliedern. So erinnerte sich Frieda: »Wenn ihn Mary und seine anderen Geschwister noch nervöser machten, war Felix der einzige, der ihn beruhigen konnte.«[9] Auf Abys Wunsch, seine Lieblingsnichte zu sehen, reiste Alice mit ihrer neunjährigen Tochter Gisela in die Schweiz. Als das Mädchen ankam, stand Aby neben einem kräftigen Pfleger auf der Treppe und sagte: »Das ist der Mann, der mich jeden Abend vergiftet.«[10] Da er fürchtete, daß jemand seine Notizen entwendete, stopfte er all seine Hosen- und Westentaschen mit Zetteln voll. Beim Abendessen schaufelte er sich ungeheure Portionen auf den Teller, aß aber kaum etwas davon. Gisela sah, daß er sonderbaren Zwängen unterlag und eigenwillige Rituale vollzog. Wenn er den Kragen zuknöpfte, war es ihm sehr wichtig, in welcher Richtung der Knopf ins Loch ging. Da er ein mitfühlender Mensch war, wußte er auch im Wahnsinn, daß er seine Nichte aus der Fassung gebracht hatte. So rief er am selben Abend im Hotel an und sagte zu seiner Schwägerin Alice: »Sag meiner Gisela, daß nicht alles, was ich gesagt habe, stimmt.«[11]

Während der Zeit, die Aby in der Schweiz zubrachte, ließ ihm seine Krankheit jeden Nachmittag zwei oder drei Stunden Ruhe, in denen er klar denken und Besucher empfangen konnte. Für eine kurze Weile verflüchtigten sich die furchterregenden Wolken, die ihn umgaben, und seine bemerkenswerte Fähigkeit zur Selbstanalyse kam wieder zum Vorschein. Sein damaliger Zustand war die groteske Steigerung einer schon früh erkennbaren Persönlichkeitsspaltung. Selbst wenn er in seinen Zwangshandlungen gefangen war, merkte er oftmals, wie widersinnig er sich verhielt; beispielsweise war ihm wohl bewußt, daß sein häufiges Händewaschen völlig grundlos war. Er lehnte es ab, Beruhigungsmittel einzunehmen, weil diese seine geistigen Kräfte abgestumpft hätten. Da er mit Saxl, der ihm Listen neuer Bücher schickte, in ständigem Briefwechsel stand, blieb er über die Entwicklung in Hamburg auf dem laufenden. Alljährlich verbrachte Saxl zu Ostern mehrere Wochen in einem nahe gelegenen Hotel und ging zweimal täglich am Seeufer entlang zum Sanatorium, um Aby zu besuchen. Mitunter wurde seine Fähigkeit, die Sprache von Bildern zu entschlüsseln, durch die Geisteskrankheit sogar noch verstärkt. Gertrud Bing berichtete, daß sich Saxl ganze Tage lang von ihm präzise Interpretationen erinnerter Fakten und Bilder diktieren ließ. Anschließend formulierte er das Ganze in seinem Hotelzimmer aus.[12]

Die private Nervenklinik in Kreuzlingen unterstand der Leitung des renommierten Schweizer Psychiaters Ludwig Binswanger. Aby sprach stets voller Dankbarkeit von ihm, und von Max stammt die Einschätzung: »Ich glaube, daß zum großen Teile nicht nur der Arzt Binswanger, sondern der Mensch Binswanger und seine Frau es waren, die ihn wieder ins Leben zurückführten.«[13] Er entstammte einer Familie bekannter Psychiater, hatte bei C. G. Jung studiert und war befreundet mit Sigmund Freud. Vor ihm hatte sein Vater Robert das Sanatorium in Kreuzlingen geleitet, und sein Onkel Otto lehrte Psychiatrie in Jena. (Übrigens hatte Aby zunächst das Sanatorium in Jena aufgesucht, bevor er im April 1921 auf Dauer nach Kreuzlingen ging.) Obgleich Ludwig Binswanger mehr oder weniger ein Schüler Freuds war und eine Zeitlang zu dessen Wiener Kreis gehört hatte, war er in vielen Dingen abweichender Meinung. Zwar betrachtete er die Psychoanalyse als Grundlage jeder Behandlung, verließ sich aber nur selten ausschließlich auf sie.[14] Statt dessen entwickelte er ein eklektisches Verfahren, die sogenannte »Daseinsanalyse«, die in der Behandlung den ganzen Menschen in seinem gesellschaftlichen Umfeld betrachtet und sich ebenso auf psychotherapeutische wie auf anthropologische Kenntnisse stützt.[15]

Der auf sehr unterschiedlichen Gebieten bewanderte Binswanger war für eine so vielseitige Persönlichkeit wie Aby der ideale Therapeut. Man ist versucht zu sagen, daß er an Menschen in ähnlicher Weise heranging wie Aby an Gemälde. Die beiden verstanden sich glänzend. Von sich eingenommen, aber durchaus zutreffend, sagte Aby seinem Arzt: »Sie haben bestimmt nicht viele Patienten von meiner Intelligenz, die zugleich wissen, daß sie krank sind.«[16] Zwar erklärte Aby, die Psychoanalyse habe bei ihm nicht besonders angeschlagen, doch wissen wir, daß sie in seiner Behandlung eine wichtige Rolle gespielt hat. Beispielsweise war er sich mit Binswanger über den Einfluß seines Kindermädchens auf seine emotionale Entwicklung einig.[17] Ferner ist bekannt, daß er es vermied, mit Kollegen über die Ödipussage zu sprechen, da sie für ihn eine so beunruhigende Bedeutung hatte.

Vieles ist bereits über die Parallelen zwischen Abys und Freuds Denken geschrieben worden: Beide waren fasziniert vom psychologischen Symbolismus, dem Kampf des Rationalen gegen heidnische Impulse, von der Sublimierung der Urtriebe zu Kunst sowie von der Notwendigkeit, den Menschen von unterdrückten Ängsten zu befreien. Bredekamp hat hierzu vermerkt: »Es verdeutlicht die Komplexität von Warburgs Existenz, daß er in seiner Geltung als Gelehrter in die Nähe zu Freud zu rücken ist und zugleich sein Patient hätte sein können.«[18]

Es ist jedenfalls aufschlußreich, daß sich Freud persönlich für Abys Fall interessierte. Am 3. November 1921 schrieb er an Binswanger: »In Ihrer schönen Anstalt befindet sich gegenwärtig... ein Mann, an dem ich Anteil nehme, sowohl wegen seiner scharfsinnigen Arbeiten, als auch, weil er der Vetter meiner intimsten Freundin (früher Pat.) ist, Prof. Warburg aus Hamburg. Darf ich bei Ihnen anfragen, was mit ihm ist u. ob Sie ihm die Chance wieder arbeitsfähig zu werden, zugestehen?«[19] Mit der »intimsten Freundin« meint er möglicherweise Helene Schiff, deren Mutter, Abys und Saras Tochter Rosa, den Wiener Bankier Paul Schiff geheiratet hatte. In der Verwandtschaft wird gemunkelt, sie habe eine Liebesbeziehung zu Freud gehabt.

Binswanger, der hin und wieder sagte, Aby werde gesund, wenn er nur lange genug lebe, teilte Freud eine ziemlich düstere Diagnose mit.[20] Von Kindheit auf, schrieb er, habe Aby unter quälenden Ängsten gelitten und zwanghafte Verhaltensweisen gezeigt. Der 1918 erfolgte Zusammenbruch markierte seiner Ansicht nach den Übergang von neurotischem zu psychotischem Verhalten; seit diesem Zeitpunkt leide Aby unter Muskelverkrampfungen. Er beschrieb Abys gespaltene Persönlichkeit in aufschlußreicher Weise. Vormittags sei er gewöhnlich verrückt, nachmittags aber häufig so ruhig, daß man mit ihm Tee trinken oder Ausflüge unternehmen könne. »Er interessiert sich offenkundig für alles, hat ein ausgezeichnetes Urteil über Menschen und die Welt, sein Gedächtnis ist hervorragend; dennoch kann man ihn nur für kurze Zeit dazu bringen, sich auf wissenschaftliche Gegenstände zu konzentrieren.«[21] Freud dankte für die Mitteilung, fragte aber nie wieder nach.

Stets betonte Aby, daß seine Selbstheilungskräfte wichtiger seien als die Behandlung. Ab 1923 versuchte er, seine ureigenen Dämonen auszutreiben, und meinte, er könne nun nach Hause zurückkehren. Um herauszufinden, ob er tatsächlich so weit genesen war, führte Saxl mit Binswangers Einverständnis einen ungewöhnlichen Test durch. Man teilte Aby mit, er könne die Klinik verlassen, wenn es ihm gelänge, einen qualifizierten Vortrag auszuarbeiten und ihn vor den Insassen zu halten. Die Ärzte bezweifelten, daß er hierzu imstande sein würde.

Er beschloß, über das Schlangenritual der Pueblo-Indianer zu sprechen, das er nahezu dreißig Jahre zuvor im amerikanischen Südwesten studiert hatte. Dieses Thema, mit dem er einen tiefen Griff in die eigene Vergangenheit und zugleich die der westlichen Kultur tat, erwies sich aus sachlichen wie aus persönlichen Gründen als gute Wahl. Es erlaubte eine lebendige Schilderung, der auch ein Laienpublikum folgen konnte, und vermittelte zugleich den hinter Anstaltsmauern gefangenen Menschen den angenehmen Eindruck einer geistigen Reise. Für Aby hatte das Thema auch insofern Bedeutung, als er überzeugt war, daß ihm die Schrecken der Geisteskrankheit einen besonderen Einblick in die Art und Weise verschafft hatten, wie es der Menschheit gelungen war, ihre Urängste zu besiegen. Seiner Theorie nach war auch die Kunst durch eben diesen Prozeß entstanden, der eine tröstliche und objektivierende Distanz zur Angst geschaffen hatte. Aby mochte ein einsames, gequältes Genie sein, doch sah er sich auch als Jedermann. Mehrere Wochen vor dem Vortrag notierte er in seinem Tagebuch: »Manchmal kommt es mir vor, als ob ich als Psychohistoriker die Schizophrenie des Abendlandes aus dem Bildhaften in selbstbiographischem Reflex abzuleiten versuche.«[22] In seiner Notiz 6 zum Vortrag heißt es: »Die ganze Menschheit ist ewig und zu allen Zeiten schizophren.«[23]

Wie schon früher betrieb er die Vorbereitungen mit schierer Besessenheit und beendete sie nach wenigen Wochen. Im April 1923 hielt er den Kreuzlinger Vortrag vor einem Publikum, das aus Insassen und Ärzten der Anstalt sowie aus Gästen bestand. Er teilte ihnen mit, er habe bei seiner Reise in den südamerikanischen Westen die Hoffnung gehabt, den Übergang von niederen zu höheren Formen des Heidentums beobachten zu können, da sich darin gleichsam die Entwicklung spiegle, die zweitausend Jahre zuvor im Griechenland der Antike, der Wiege der europäischen Kultur, stattgefunden habe. Dort seien gewisse Riten üblich gewesen, die »in ihrer eklatanten Ungeheuerlichkeit über alles hinausgingen, was wir bei den Indianern sehen«.[24]

Er räumte ein, daß er weder eine der Indianersprachen kannte noch das Ritual des Schlangentanzes mit eigenen Augen gesehen hatte; wohl aber hatte er mit den Indianern ausgiebig darüber gesprochen. Der Vorgang war folgender: Um gefürchtete Hungersnöte abzuwenden, versuchten die Indianer, den regenbringenden Blitz auf symbolische Weise zu manipulieren. Aufgrund ihrer zickzackförmigen Bewegungen waren Schlangen als eine Art natürliches Symbol für den Blitz besonders geeignet. Also sammelten sie Schlangen in der Wüste und tanzten mit ihnen, um auf diese Weise Macht über den Blitz zu bekommen. Diese Form der symbolischen Bewältigung stellte, so Aby, im kulturellen Fortschreiten von der Magie zur höheren Logik einen entscheidenden Übergangszustand dar.

Der Vortrag endete mit einem überraschenden Schluß: Aby stellte die Geschichte nicht in vereinfachender Weise als kontinuierlichen Fortschritt dar, sondern verwies darauf, daß Naturwissenschaft und Technik die alten Mythen, die der Menschheit einst natürliche Erscheinungen erklärten, lediglich überlagert hätten. Darin aber sah er neue Bedrohungen. Er projizierte ein Foto, das er in San Francisco gemacht hatte: »Onkel Sam mit dem Zylinder, der voll Stolz... die Straße entlanggeht. Über seinem Zylinder zieht sich der elektrische Draht. In dieser Kupferschlange Edisons hat er der Natur den Blitz entwunden... Der moderne Prometheus und der moderne Ikarus, Franklin und die Gebrüder Wright, die das lenkbare Luftschiff erfunden haben, sind eben jene verhängnisvollen Ferngefühl-Zerstörer, die den Erdball wieder ins Chaos zurückzuführen drohen. Telegramm und Telephon zerstören den Kosmos.«[25]

Der Vortrag war ein rauschender Erfolg, und die anfangs so skeptischen Ärzte waren voller Bewunderung für Abys Leistung. Nicht nur hatte er aus seinem Leiden ein Werkzeug persönlicher Erhellung gemacht, sondern auch Mitpatienten Hilfe geleistet und Trost gespendet. Nach einer langen Phase der Selbstversunkenheit hatte er nunmehr seine Zugehörigkeit zur Menschheit anerkannt. In der Notiz 7 für seinen Vortrag heißt es: »Die Bilder und Worte sollen für die Nachkommenden eine Hilfe sein bei dem Versuch der Selbstbesinnung zur Abwehr der Tragik der Gespanntheit zwischen triebhafter Magie und auseinandersetzender Logik. Die Konfession eines (unheilbaren) Schizoiden, den Seelenärzten ins Archiv gegeben.«[26]

Noch weitere fünfzehn Monate sollten vergehen, bis er Kreuzlingen endgültig verlassen konnte. Noch Anfang 1924 war er unentschlossen, und auch die Ärzte wußten nicht recht, ob man das Wagnis eingehen könne. Um zu erreichen, daß Aby seine Arbeit in Hamburg wiederaufnahm, bat Saxl Ernst Cassirer, ihn zu besuchen. Saxl ging davon aus, daß nur eine so ausgeglichene Persönlichkeit wie Cassirer imstande sei, Aby zu einem Entschluß zu bewegen. Vor diesem Besuch, der im Januar 1924 stattfand, verbrachte Aby mehrere Tage in einem Zustand nervöser Erwartung, dachte sich zahllose Fragen aus und kritzelte sie nieder. Als Cassirer schließlich eintraf, bekam er einen Panikanfall und ließ ihn eine halbe Stunde warten. Mit einem Mal wollte er, daß alles von seinem Schreibtisch geräumt wurde. Aus lauter Nervosität war er in seinen alten Fetischismus verfallen, der diesen Gegenständen böse Kräfte zuschrieb. Alles in allem verlief der Besuch erfolgreich, doch nach wie vor schwankte Aby zwischen klarem Ausdruck und sonderbarem mystischem Geplapper. Anschließend unternahmen Cassirer und Mary einen Spaziergang mit Aby, der von seiner Frau gestützt wurde. Seltsamerweise wies er plötzlich auf ein Fenster und erklärte: »Sehen Sie, Cassirer, dort oben hält man meine Frau gefangen.«[27]

Eines Augusttages 1924 verließ ein besorgt wirkender Mann die Klinik in Kreuzlingen. Zwar lag in seinen Augen tiefes Dunkel und unbeschreibliche Trauer, aber er war umgänglicher und gelassener, strahlte eine ruhige Macht und eine neue philosophische Gelassenheit aus. Die arrogante Machtgebärde und explodierende Unbeherrschtheit waren verschwunden. Abys Abreise bedeutete einen ungeheuren Triumph menschlicher Willenskraft über lähmende Ängste, auf den er mit Recht stolz war. Von seinem Sohn wissen wir, daß er zu sagen pflegte, »er habe sich wie

Münchhausen in der bekannten Geschichte am eigenen Zopf aus dem Sumpf gezogen«.[28] Er bezeichnete sich als revenant oder »Gespenst« und sprach von seinem zweiten Leben als »Warburg redux« (der Wiedergekehrte), und so unterschrieb er auch einen Brief. Bei Fritz Saxl heißt es in Die Geschichte der Bibliothek Warburg dazu: »Er hatte das Gefühl und flößte es auch anderen ein, daß er ein nach siegreicher Schlacht heimgekehrter Soldat sei, heimgekehrt aus einer Entscheidungsschlacht der Mächte der Finsternis und der Hölle.«[29] Aby selbst beschrieb seine Rückkehr ins normale Leben als ein Wunder, das ihn nahezu täglich aufs neue überraschte.[30] Er hatte mit beachtlicher Beharrlichkeit seinen inneren Konflikt überwunden und seinen Kampf zugleich schöpferisch genutzt.

Erstaunlicherweise war die literarische Sensation des Jahres 1924 ausgerechnet Thomas Manns *Zauberberg*, von dem allein in jenem Jahr fünfzigtausend Exemplare verkauft wurden. In diesem Roman besucht Hans Castorp seinen an Tuberkulose erkrankten Vetter in einem Schweizer Sanatorium, bekommt die Krankheit ebenfalls und verbringt danach sieben Jahre dort (in Abys Fall waren es sechs). Thomas Mann diente das Sanatorium als Bild dafür, wie das Europa der Vorkriegszeit dem Untergang und einer ausweglosen Verzweiflung entgegentaumelte, während es sich für Aby als Ort der Heilung und der Erneuerung erwiesen hatte.

In den sechs Jahren seiner Weltabgeschiedenheit waren ihm wichtige Kapitel der Zeitgeschichte entgangen: die Revolution am Ende des Ersten Weltkriegs, Versailles, der Mord an Rathenau und die galoppierende Inflation. Außer dem Krieg hatte er lediglich die hoffnungsvolle Stimmung mitbekommen, die gegen Ende des Kaiserreichs in Deutschland geherrscht hatte. Jetzt deckte sich das Bild, das die Weimarer Republik bot, mit dem, was seine prophetische Seele vorausgesehen hatte. In jener Zeit von Chaos und Zerfall wurden Züge des menschlichen Geistes sichtbar, die in ruhigeren Zeiten verborgen waren. Es herrschte eine Mode, die all das nach oben spülte, womit sich Aby schon lange intensiv beschäftigt hatte, vor allem aber die irrationalen und mystischen Seiten des Lebens. Der Expressionismus wurde zur beherrschenden Strömung in Malerei und Theater; es war eine düstere Kunst, die mit gewalttätigen Farben, zerstückelten Gestalten und einer lichtlosen Atmosphäre den Untergang beschwor und schlagartig den heidnischen Unterbau der Zivilisation sichtbar werden ließ. Dennoch verherrlichte die Stimmung der Epoche häufig genau das, was Aby am meisten gefürchtet hatte. Beispielsweise bemühten sich die Surrealisten, den keiner Zensur unterliegenden Geist als reine Quelle der Schöpferkraft zu nutzen. Peter Gay hat gesagt, im Deutschland der Weimarer Zeit habe es eine »Revolte gegen die Vernunft« und eine »Tändelei mit dem Tod« gegeben, die »den deutschen Geist weithin beherrschten«.[31] Mit ihrer akribischen Wissenschaftlichkeit setzte die Bibliothek Warburg ein Gegengewicht zu den irrationalen Strömungen der zwanziger Jahre. Gleichzeitig schürte das wachsende Interesse an esoterischen Themen wie beispielsweise der Astrologie auch die Neugier auf Abys abstrus wirkende Forschungen.

Seine Ankunft in Hamburg teilte er Ludwig Binswanger auf einer Ansichtskarte des Hafens mit. Es muß für ihn wie ein beunruhigender Traum gewesen sein, feststellen zu können, daß seine private Bibliothek – der Ort, an dem er sich von der Welt hatte zurückziehen können – inzwischen eine öffentliche Einrichtung war. Wo er vor seinem erzwungenen Fortgang ein eher unbekannter Gelehrter gewesen war, stand er jetzt an der Spitze einer akademischen Schule und wurde von Leuchten wie Cassirer und Panofsky bewundert. Die Bibliothek, die er betrat, war neuer und größer als zuvor und auch in bestimmten Richtungen erweitert worden, die nicht mehr ausschließlich von seinen eigenen Vorstellungen geprägt waren. Als sein Blick auf eine ungeheure Menge von Büchern über das Mittelalter fiel, die er nie zuvor gesehen hatte, seufzte er entgeistert: »Meine arme Renaissance!«[32]

Als Honorarprofessor der Hamburger Universität hielt Aby bald vor aufmerksam lauschenden Studenten seine Seminare, obwohl ihn Anfälle und Nervenkrisen weiterhin heimsuchten und er seine Arbeit immer wieder mit Ruhekuren unterbrechen mußte. Am 25. April 1925 hielt er seine erste Vorlesung in der Bibliothek Warburg. Voll Bedauern lehnte Ludwig Binswanger die an ihn ergangene Einladung ab und teilte Aby mit, daß es ihm bei dessen Vortrag um mehr gegangen wäre als um ein bloßes Wiedersehen, nämlich »um eine Art offiziellen Abschlusses Ihres Krankseins«.[33] Häufig erklärte er, daß Aby ihm sowohl auf menschlicher wie auch geistiger Ebene fehle, und flocht in Fachvorträge beißend witzige Bemerkungen seines einstigen Patienten ein.

Seine nahezu zweistündige Vorlesung über Astrologie hielt Aby stehend, und abgesehen von Notizen, die er in der Hand hatte, sprach er völlig frei. Mit leichtem Spott schrieb Max an Binswanger, zwei Stunden über Astrologie seien vielleicht etwas viel, aber zumindest habe sich Aby den Anforderungen seiner Arbeit gewachsen gezeigt.[34] Mary äußerte sich erstaunt über sein Durchhaltevermögen und erklärte, er habe am Ende des Vortrags weit frischer gewirkt als seine Zuhörer.[35] Solche sich selbst verstärkenden Energieschübe waren für Aby immer schon kennzeichnend gewesen.

Es konnte nicht ausbleiben, daß es zu Reibereien zwischen ihm und Fritz Saxl kam, der sich während der Abwesenheit des autokratischen Meisters eigene Mitarbeiter herangezogen hatte und gewissermaßen aufgeblüht war. Mit einem Anflug schwarzen Humors sagte Aby, seine Kollegen könnten sich »nicht daran gewöhnen, daß ich noch nicht tot, sondern wieder lebendig bin«.[36] Tatsächlich erwies sich das Institut als zu klein für beide, und 1926 schickte Aby Saxl zur Erforschung astrologischer Handschriften nach England – unter anderem, weil sich beide um Gertrud Bing bemühten.

Mary Warburg (1866-1934), mit dem genialen Kunsthistoriker Aby M. verheiratet, war selber eine nicht unbedeutende Malerin und Bildhauerin, verzichtete aber zugunsten ihres Mannes darauf, ihre Anlagen mit größerem Nachdruck auszubilden.

Schon während Abys Kreuzlinger Jahre schmiedeten seine Brüder Pläne, auf dem Grundstück neben dem Haus Heilwigstraße114 ein eigenes Gebäude für die Bibliothek errichten zu lassen. Sie hofften damit zum einen, Aby nach Hamburg zurückzuholen, zum anderen aber Mary ein wenig Bewegungsfreiheit zu verschaffen. Wie gewöhnlich platzte das Haus vor Büchern aus allen Nähten. Dreißigtausend Bände zogen sich die Treppe empor und füllten jeden Winkel. »Vom Boden bis zur Decke standen die Wände voller Bücher, die Speisekammer war Magazin, schwere Regale hingen gefährlich über Türen, das Billardzimmer hatte in einen Büroraum umgewandelt werden müssen, in der Eingangshalle, auf den Treppenabsätzen, im Familienwohnzimmer – überall Bücher, Bücher, Bücher; und jeden Tag kamen neue Bücher ins Haus.«[37]

1924 erteilte Aby dem Architekten Fritz Schumacher den Auftrag, auf dem Nachbargrundstück ein Bibliotheksgebäude zu errichten, das Platz für die Aufstellung von rund hundertzwanzigtausend Bänden schaffen sollte, den dieser an Gerhard Langmaack weitergab. Die Absicht seiner Brüder, die im Haus Heilwigstraße 116 einen getrennten Bibliotheksbau ausführen lassen wollten, vereitelte Aby später dadurch, daß er beide Gebäude hinter den Fassaden miteinander verbinden ließ. Die Grundsteinlegung fand am 26. August statt, und schon bald wurden Stahlträger und Betonplatten angeliefert. Für besonders seltene Bücher waren Panzerschränke vorgesehen; außerdem wurde eine Feuermeldeanlage eingebaut. Einmal hielt Aby den Zimmerleuten und Materiallieferanten einen Vortrag über den Zweck der Bibliothek. Da sie unauffällig wirken sollte, war eine schlichte Klinkerfassade mit den in Jugendstilbuchstaben gehaltenen Initialen KBW für Kulturwissenschaftliche Bibliothek Warburg vorgesehen. Die Innenaufteilung war sinnfällig. Bei ihrem Gespräch in Kreuzlingen hatte Ernst Cassirer die Ellipse als eine für das Universum zentrale Form hervorgehoben – man denke an die Planetenbahnen. Aby bestand daher auf einem elliptischen Hör- und Lesesaal. Seine Wände waren geschwungen, und eine riesige runde Lichtkuppel in der Decke ließ reichlich Tageslicht herein.

Finanziert wurde die Bibliothek von Abys Brüdern. Sie steuerten bis zur Fertigstellung hundertachtundachtzigtausend Reichsmark bei. Sonderwünsche trieben die Baukosten derart in die Höhe, daß sie den Voranschlag um das Vierfache überstiegen. Aby ließ ein Eisengeländer aus Saras altem Haus herüberbringen, Max stiftete einen Aufzug aus der Bank und Bruder Fritz einen Leuchter aus dem Treppenhaus. Bei der Einweihungsfeier im Mai 1926 prangte am Haupteingang über den Köpfen der Besucher das Wort *Mnemosyne* – bei den Griechen die vergöttlichte Personifikation des »Gedächtnisses« und Mutter der Musen.[38] Über der Tür des Hörsaals ließ Aby eine Fotografie anbringen, auf der ein Detail eines Freskos abgebildet war: Ein Rechtsbrecher zerreißt seine Bande und kommt mit dem Leben davon – ein Bild voll autobiographischer Bedeutung. Erwin Panofsky hielt den Eröffnungsvortrag, und Max verglich die Bibliothek in seiner Ansprache mit einer Zweigstelle des Bankhauses M. M. Warburg, die sich kosmischen statt irdischen Aufgaben widmen wolle.

Aby führte Hamburgs Bürgermeister durch die neue Einrichtung und stieg mit ihm in eines der oberen Stockwerke, wo von einer umlaufenden Terrasse der Blick auf die zu beiden Ufern von Weiden bestandene schmale Alster hinter dem Gebäude fiel. Er legte dar, daß diese Terrasse der wichtigste Bestandteil der Bibliothek sei, weil man dort erfrischenden Joghurt serviere. In diesem unbeschwerten Augenblick machte er einen Scherz, der – in der für ihn kennzeichnenden Weise – böse Vorahnungen enthielt. Er sagte nämlich, wenn eines Tages Hamburg zerstört sei und sich viele Jahre später zwei ältere Damen unterhielten, könne das Gespräch in etwa folgenden Verlauf nehmen: »Warburg? Ja, wer war denn Warburg? Ich weiß gar nicht. Ach ja, Warburg. Das war ja der kleine Mann aus der Heilwigstraße, der den Joghurt ausgeschenkt hat.«[39]

Nach der Eröffnung hielt Aby einen Vortrag über Rembrandts Gemälde »Die Verschwörung des Claudius Civilis«. Statt eine photographische Wiedergabe zu verwenden, hatte er sich eine monumentale Kopie anfertigen und im Treppenhaus der Bibliothek aufhängen lassen. Gegen sein Asthma ankämpfend, sprach er anfänglich leise und mit Mühe, und die Zuhörer fürchteten schon, er werde den Vortrag nicht durchstehen. Doch er gewann zusehends Kräfte und schlug schließlich sein Publikum in Bann. Da die Warburgs nach wie vor förmlich Sklaven von Abys Launen waren, konnten Verwandte bei solchen Anlässen unmöglich fernbleiben. Als Alice zu einem langen Abendvortrag Gisela nicht mitbrachte, sagte er erzürnt: »Schlafen kann sie nach Herzenslust, wenn ich tot bin.«[40]

Bald hatte die Bibliothek ein Stammpublikum aus Gelehrten, Studenten und sonstigen Besuchern, die Aby – in Anspielung auf Kreuzlingen – »Patienten« seines Instituts nannte. Wer den Lesesaal betrat, fand sich in einem Irrgarten aus eigenwillig angeordneten Büchern. Es gab mit voller Absicht keinen Katalog, der dem Benutzer als Ariadnefaden hätte dienen können, so daß jeder selbst Querverbindungen entdecken mußte, indem er die Bücher in die Hand nahm und durchblätterte. Der ernsthafte Forscher stieß dort stets auf angenehme Überraschungen. All die sonderbaren Wechselbeziehungen, denen Aby nachspürte, spiegelten sich in der ganz nach seinen Vorstellungen erfolgten Anordnung der Bücher. Endlich hatte sein Traum kurz vor dem Ende seines Lebens greifbare Gestalt angenommen. Mit einem Mal war aus dem einsamen Mann, der Jahre hindurch abgeschieden in einem Sanatorium gelebt hatte, eine gefeierte Persönlichkeit des öffentlichen Lebens geworden.

19

Die Chemie des Hasses

Wie alle deutschen Juden befand sich auch Max Warburg in einer unauflösbaren Zwangslage. Zeigte er Stärke, so wurde dies als Bestätigung für die Richtigkeit der nationalsozialistschen Behauptungen von der Macht der Juden gedeutet; war er hingegen zu vorsichtig, so fühlten sich seine Gegner erst recht ermutigt, ihn ungestraft zu attackieren. Seinen Beinamen »Hamburgs ungekrönter König« trug er mit Unbehagen. Obwohl Melchior und er bei den Reparationsverhandlungen eine zentrale Rolle gespielt hatten, hielten sie sich nach wie vor von politischen Einmischungen in der Öffentlichkeit zurück. »Was immer wir vertreten hätten, wir würden immer angeschuldigt worden sein, nur im international-jüdischen Interesse gehandelt zu haben.«[1]

Trotz aller Zurückhaltung gerieten die Warburgs zusehends ins Visier der Antisemiten. Je mehr man Max üble Machenschaften unterstellte, desto geringer wurde seine Macht. Daher beschloß er 1923, entschiedener gegen Presseverleumdungen vorzugehen. Noch glaubte er, daß der deutsche Staat etwas gegen die von den Nationalsozialisten ausgehende Bedrohung unternehmen werde. Sein ungebrochenes Vertrauen in den Rechtsstaat ist zwar verständlich, erwies sich jedoch als fehl am Platz. Im Unterschied zu ihren osteuropäischen Glaubensgenossen betrachteten Deutschlands Juden den Staat als ihren Beschützer vor antisemitischen Umtrieben; das galt für die Warburgs um so mehr, als sie als Hofjuden wie als Privatbankiers den Schutz des Staates genossen hatten. Schließlich sollte sich zeigen, daß die Gerichte der Weimarer Zeit Extremismus von rechts weit eher duldeten als von links.

Die NSDAP stellte 1924 im Reichstag nur eine kleine Fraktion; zu ihrer Propaganda gehörte die umfassende Kritik an der modernen Welt. Nachdem die Monarchie abgewirtschaftet hatte und der Krieg verloren war, konnte ein Vakuum entstehen, in dem sich zahllose Ideologien tummelten. Da Deutschland erst so spät in die Moderne eingetreten war, hatten viele Menschen die Orientierung verloren; das Tempo der Industrialisierung und Verstädterung wirkte chaotisch und beängstigend auf sie. Die Juden, die Kaufhäuser betrieben, an der Börse und im Großhandel tätig waren und führende Positionen in den Künsten und in der Werbung einnahmen, waren gleichsam die Verkörperung dieser aufregenden, aber auch beunruhigenden neuen Welt. Da sie mit einem Mal auf so vielen Gebieten im Blickfeld standen, konnten die Nationalsozialisten die Verantwortung für alles Neue ihnen zuschieben, gleichgültig, ob es sich um die

Entstehung von Industriekonglomeraten, Finanzspekulation oder avantgardistisches Gedankengut handelte.

Vor diesem Hintergrund genügte es nicht mehr, den Warburgs einzelne verräterische Handlungen vorzuwerfen, vielmehr mußte nun jedes noch so kleine Detail ihres Lebens dem Gesamtzusammenhang der Verschwörungstheorie untergeordnet werden. Die durch Eheschließungen geknüpften Geschäftsverbindungen erwiesen sich hierbei als besonders reicher Nährboden für die krankhaften Vorstellungen der Nationalsozialisten. Entsprechend deutete man die Verbindungen von Felix und Frieda und von Paul und Nina als schuldhafte Schritte auf dem Weg der Familie zur Weltherrschaft. Die Theorie war unendlich elastisch, und jeder Faden in der Geschichte der Warburgs ließ sich irgendwie in die bizarren Hirngespinste einweben. Widersprüche waren kein Hindernis. So stellte man die Warburgs als Drahtzieher an der Wall Street und zugleich als geheime Handlanger russischer Revolutionäre hin. Einzelne Agitatoren der Linken machten Max sogar den Vorwurf, die NSDAP zu finanzieren. Kurzum, es ging nicht um die korrekte Darstellung von Zusammenhängen, sondern darum, Mißtrauen und Verwirrung zu schüren.

Ein Antisemit, der die Pressefreiheit der Weimarer Republik in besonderem Maße zu Verleumdungen der Warburgs nutzte, war Theodor Fritsch. In seinen pseudowissenschaftlichen Flugschriften kehrte auch der alte Mythos von den Ritualmorden – die Behauptung, daß Juden Christenblut brauchten, um Pessach zu feiern – wieder. Er nahm für sich in Anspruch, die rabbinischen Schriften vom Talmud bis zur Kabbala jahrelang studiert und hierbei manche Textstellen entziffert zu haben, die anderen Nichtjuden unverständlich seien. Daher wisse er, daß es den Juden erlaubt sei, Andersgläubige bei Geschäften zu betrügen, deren Besitz an sich zu bringen und ihre Dienstherren zu töten. Keine Lüge war ihm zu ungeheuerlich oder zu weit hergeholt. Schon ab 1915 wurde Fritsch wegen übler Nachrede immer wieder zu geringen Geld- und kurzen Haftstrafen verurteilt; der Reichstag rügte ihn 1922, weil er sich nicht an seine Zusicherung gehalten hatte, keine weiteren Angriffe gegen Max Warburg zu führen. Diese milde Behandlung aber machte nur Appetit auf mehr, und so setzte er seine Schmähkampagne gegen die Warburgs fort, indem er unter einem Pseudonym ein Buch mit dem Titel *Spanischer Sommer* verfaßte, das in der Schweiz erschien.

Fritsch brachte 1923 in seinem Hammer-Verlag zwei haßtriefende Flugblätter heraus, die Max schließlich veranlaßten, gerichtlich gegen ihn vorzugehen. In einem der beiden, das den Titel *Der Heimliche Kaiser* trug, stellte Fritsch ihn als den Drahtzieher der deutschen Politik und »Generalstabschef des Weltjudentums« hin, der Wilhelm Cuno 1922 als Reichskanzler eingesetzt habe.[2] Er nannte Max den reichsten Mann im Lande und behauptete, er kontrolliere fünfzig in- und ausländische Banken. (In Wirklichkeit galt das nur für eine einzige.) Nach einer kurzen

Darstellung von Max' Verbindungen zu den Schiffs und Loebs folgte die Behauptung, jüdische Bankiers in Amerika hätten den Weltkrieg vom Zaun gebrochen, um sich eine goldene Nase zu verdienen. Damit aber stellte er die Wirklichkeit auf den Kopf: Niemandem an der Wall Street war weniger an jenem Krieg gelegen als den führenden jüdischen Bankiers – aus Liebe zu Deutschland. In einem weiteren Artikel stellte Fritsch die rhetorische Frage »Wer ist für die Niederlage verantwortlich?«, die er, wie kaum anders zu erwarten, auch gleich selbst beantwortete: die jüdische Kabale, angeführt von M. M. Warburg. »Die Männer der goldenen Internationale tragen allein die Verantwortung für die greulichen Geschehnisse der letzten Jahre«, ließ er seine Leser wissen.[3]

Im August erhoben Max und Melchior Klage gegen Fritsch. Da dieser aber in den Reichstag gewählt worden war und somit bedingte politische Immunität genoß, mußte die Klage vorerst ruhen. Nachdem sich zwei sozialdemokratische Abgeordnete am 28. Juni 1924 im Reichstag sehr für Max eingesetzt hatten, kam der Fall endlich im Dezember zur Verhandlung. Es war ein faszinierendes Verfahren, da Max gemäß dem damaligen Recht seinem Widersacher selbst gegenübertreten durfte und die Anklage mit kühler Selbstbeherrschung und wachem Verstand vertrat. Fritsch seinerseits käute alles wieder, wessen die NS-Propaganda die Warburgs bezichtigte. Auch wenn die Nationalsozialisten solche Prozesse als Forum für ihre flammende Rhetorik nutzten, erwies sich das Verfahren lediglich als schwacher Abklatsch dessen, was in den dreißiger Jahren geschehen sollte. Noch fühlte sich das Opfer der Hetzkampagne sicher genug, um der Sache mit einer gewissen Ironie gegenüberzustehen.

In seiner Eröffnungserklärung legte Max ein Bekenntnis zu seinem Deutschtum ab. »Was Herr Fritsch über mich denkt, ist mir gleichgültig, aber ich habe einen Namen zu verteidigen, der seit Jahrhunderten in Deutschland und insbesondere in Hamburg existiert, und ich kann nicht zulassen, daß ich, weil meine Tätigkeit zufällig eine sich mehr in der Öffentlichkeit abspielende ist als die meiner Vorfahren, mit Schmutz beworfen werde. Schon im Jahre 1870/71 haben sich Mitglieder meiner Familie freiwillig gestellt und sind gefallen, gerade so wie in den Jahren 1914 bis 1918. Von keinem Christen werden wir in unserer Vaterlandsliebe oder in unserem Dienst am Vaterland übertroffen.«[4] Max führte Tatsachen an, die zeigten, auf welch tönernen Füßen die von Fritsch heraufbeschworene Dämonenwelt stand, und wies darauf hin, daß es vor dem Krieg im Deutschen Reich weder hohe jüdische Offiziere noch jüdische Minister gegeben habe; daß die Reichsbank Juden nicht einmal in untergeordneter Stellung beschäftigt hatte und die Mehrheit der Kunden des Hauses M. M. Warburg Christen waren. Über Fritschs an den Haaren herbeigezogene Behauptungen, fuhr er fort, könne er nur traurig lachen.

In seiner Erwiderung versuchte Fritsch, seinen verbalen Attacken das Mäntelchen der Achtbarkeit, ja sogar der edlen Gesinnung umzuhängen.

»Ich möchte nochmals erklären..., daß sich meine Attacken nicht gegen die Kläger als Personen richten, sondern ein allgemeines Prinzip bekämpfen, das jüdische System, das natürlich durch Personen repräsentiert wird... Ich betone, daß ich gegen die Person des Herrn Warburg an sich nichts einzuwenden habe. Es ist möglich, daß er der ehrbarste Mann ist. Meine Angriffe richten sich nur dagegen, daß er als Mitglied der internationalen Großfinanz für gewisse Tatsachen mit verantwortlich ist.«[5] Einer seiner Anwälte schilderte den Beklagten als Idealisten, den unendliche Liebe zu seinem Volk erfülle und dem heftig zugesetzt werde, während der andere das Verfahren als kurzes, aber gleichwohl edles Zwischenspiel im zweitausendjährigen Kampf der Arier ansah, das Joch der sie knechtenden Juden abzuschütteln.

Während des ganzen Verfahrens behandelte Max seinen Gegner mit überlegenem Spott. Nach Fritschs eröffnenden Äußerungen warf Max ein: »Ich weiß nicht, ob in diesem Augenblick schon ein Wort zur jüdischen internationalen Finanz zu sagen ist.«[6] Mit seiner Verbohrtheit hatte Fritsch alle Mühe, gegen den trockenen Witz von Max anzukommen. In langatmigen Darstellungen führte er aus, ein Jude sei immer zuerst Jude, und erst danach ein – zweifelhafter – Staatsangehöriger eines Landes. Er stellte die Warburgs als Mitglieder einer geheimen jüdischen Weltregierung hin und hob hervor, auf welche Weise sie angeblich Regierungen als Berater dienten, um ihren Einfluß zu vertuschen. Ein Körnchen Wahrheit war in diesem Lügengewebe enthalten, denn tatsächlich hatte Max Warburg es vermieden, Ämter zu übernehmen, und lieber die Rolle des Beraters gespielt – aber doch gerade, weil er solchen antisemitischen Vorwürfen entgehen wollte!

Obendrein beschuldigte er Max, Melchior und andere Juden, sich im Krieg mit der Lieferung verdorbenen Proviants an die Front bereichert zu haben. Max gab zur Antwort, in Wahrheit hätten er und andere Bankiers durch den Krieg und die galoppierende Inflation acht, wenn nicht gar neun Zehntel ihres Kapitals eingebüßt. Schwieriger war es für Max und Melchior, den Vorwurf zu bestreiten, daß sie in Versailles das Angebot von hundert Milliarden Goldmark unterbreitet hatten. Sie erklärten, Deutschland habe ein Angebot abgeben müssen, und dieser Betrag sei vernünftig gewesen. Außerdem berichteten sie, wie sie mit der Bahn nach Weimar zurückgekehrt waren, um zu erreichen, daß sich die deutsche Regierung dem Vertrag verweigerte.

Nun wandte Fritsch seine Aufmerksamkeit Paul Warburg zu und bezeichnete den amerikanischen Zentralbankrat als Instrument jüdischer Bankiers zur Beherrschung des weltweiten Finanzwesens. »Der Federal Reserve Board ist ein scheinbar staatliches Institut, in Wahrheit völlig in jüdischen Händen.«[7] Müde merkte Max an, daß Paul auf ein Jahreseinkommen von mehreren Millionen verzichtet hatte, um die Stelle anzutreten, und daß er bei seinem Kreuzzug für die Einrichtung des Zentralbanksystems fast ausschließlich von Christen unterstützt worden sei. »Nun wird lediglich, weil mein Bruder die Idee gehabt hat und das seltene Glück gehabt hat, daß seine Idee, für die er gekämpft hat, anerkannt wurde, erklärt, das Federal Reserve Board stünde unter jüdischem Einfluß.«[8] Fritsch konnte kaum glauben, daß ein Jude etwas aus selbstlosen Gründen tat. Mit der Behauptung, talmudisches Recht zu zitieren, erklärte er, Juden erweckten lediglich den Anschein, Nichtjuden zu helfen, in Wahrheit verlange ihre Religion, daß sie diesen schadeten.[9] Paul Warburg, den man in Amerika während der Kriegsjahre regelmäßig geheimer Sympathien für Deutschland bezichtigt hatte, wurde jetzt als Verhängnis des deutschen Volkes hingestellt. Fritsch bezeichnete den »Finanzdiktator« Paul und den »Wirtschaftsdiktator« Bernard Baruch als jene beiden Hebräer, die angeblich eine Verschwörung angezettelt hatten, um Deutschland in den Untergang zu treiben.

Ein Grund für die Stärke der nationalsozialistischen Ideologie lag darin, daß sie unscharf war und die verschiedensten, mitunter auch gegensätzlichen Positionen einbinden konnte – ein elastisches Gewand, das sich jeder Art und Intensität von Haß anpassen ließ. Um die Enttäuschung der Bevölkerung vom Kapitalismus ebenso wie deren Angst vor dem Sozialismus ausnutzen zu können, warf man Juden, amerikanische Großfinanz und russische Revolution kurzerhand in einen Topf und machte sich damit für Populisten der politischen Linken und Rechten gleichermaßen attraktiv.

Noch 1924 betrachtete man die Nationalsozialisten als eine Art lästige Fliegen, eher eine Plage als eine tödliche Bedrohung. So kam es, daß auch im Verfahren gegen Fritsch mitunter karnevalsähnlicher Humor herrschte. Beispielsweise las der Richter Auszüge aus einem Schriftstück vor, in dem der Beklagte seine Erfahrungen in einem türkischen Lazarett schilderte. Ein junger Arzt mit ausländischem Akzent, hieß es darin, habe ihm gesagt, er habe auf Max Warburgs Betreiben hin Medizin studiert. Weiter hieß es, die Warburgs ließen Jahr für Jahr rund fünfhundert junge jüdische Verschwörer aus Polen und anderen Ländern als Geschäftsleute, Bankiers, Ärzte und Diplomaten ausbilden, die sie dann als Fünfte Kolonne in verschiedene Länder einschleusten. Auf diesen Unsinn antwortete Max scherzhaft: »Wenn ich Leute für den auswärtigen Dienst hätte ausbilden lassen, hätte ich zunächst Deutsche ausbilden lassen.«[10]

Fritsch hatte die Stirn, Max' Verhalten nach dem Mord an Rathenau zu rügen. Durch die Abstellung eines Leibwächters für Max Warburg habe Hamburgs Polizei gezeigt, wieviel mehr ihnen das Leben eines Juden wert sei, und er warf Max Feigheit vor, weil er allabendlich die Wohnung gewechselt hatte, um einem Attentat zu entgehen. Max begriff, daß es sich lediglich um den Versuch handelte, ihn als übernervös und ängstlich hinzustellen.[11]

Das Urteil fiel so lachhaft aus, daß sich die Nationalsozialisten ermuntert sahen, mit ihren Verleumdungen fortzufahren. Obwohl der Richter selbst darauf hinwies, daß Fritsch nicht den kleinsten Beweis zur Stützung seiner Anschuldigungen beigebracht habe, verurteilte er ihn zu lediglich drei Monaten Gefängnis. Bemerkenswerterweise fügte er hinzu, der Beklagte habe nicht vorsätzlich, sondern in gutem Glauben gehandelt! Auf dessen Einspruch hin wurde die ohnehin schon sehr milde Gefängnisstrafe in eine Geldstrafe von tausend Mark umgewandelt: ein erschütterndes Beispiel dafür, wie die noch aus dem Kaiserreich stammenden Richter dafür sorgten, daß die Weimarer Republik zu einem Tummelplatz für Extremisten wurde, die das öffentliche Leben zu unterwandern suchten.

Fritsch veröffentlichte eine Mitschrift des Prozesses, in der er sogleich neue Verleumdungen gegen Juden vom Stapel ließ. Er gab ihr den Titel *Mein Streit mit dem Hause Warburg – Eine Episode im Kampf gegen das Weltkapital* und verteilte sie unentgeltlich unter sämtlichen Abgeordneten des Reichstags.[12] In den folgenden Jahren erneuerte er seine Vorwürfe gegen Max Warburg immer wieder, bisweilen unter dem Deckmantel der allgemeinen Verdammung des Weltjudentums, ohne sein Opfer namentlich zu nennen. Bei anderen Gelegenheiten schlug er alle Vorsicht in den Wind und wärmte die alte Geschichte wieder auf, wonach Fritz im Ersten Weltkrieg die Stockholmer Verhandlungen mit Protopopow torpediert habe.

Die Auseinandersetzung mit Fritsch hatte ein bemerkenswertes Nachspiel. 1927 war es Felix, Louis Marshall und dem Zusammenschluß Amerikanischer Juden endlich gelungen, Henry Ford davon zu überzeugen, daß es sich bei den *Protokollen der Weisen von Zion* um offenkundige Fälschungen handelte. Wie berichtet, hatte Ford sie als Grundlage für sein Buch *Der Internationale Jude* verwendet. Daraufhin zog er es zurück und entschuldigte sich bei den Juden; ferner schrieb er an Fritsch und forderte ihn auf, die deutsche Ausgabe vom Markt zu nehmen. Dieser aber stellte sich taub und veröffentlichte das Machwerk bis zur Machtergreifung der Nationalsozialisten 1933 weiter.

Als die Währung 1924 wieder einigermaßen stabil war, kam es in Deutschland zu einer kurzen Phase scheinbarer wirtschaftlicher Normalität. Der Extremismus flaute allmählich ab, und der Einfluß der Sozialdemokraten nahm zu. Paul nannte 1924 das Jahr, in dem der Krieg eigentlich erst endete und der Wiederaufbau begann.[13] Die Firma M. M. Warburg & Co. war nun in dem palastartigen Gebäude an der Ferdinandstraße untergebracht, hatte sich aber erheblich verkleinert. Das Ende der Inflation brachte die »Befreiung von Liliputkonten, von Nullschreibereien«, wie Max sich ausdrückte, und so schrumpfte die Belegschaft in einem einzigen Jahr von fünfhundertfünfunddreißig auf dreihundertachtundfünfzig Mitarbeiter.[14] In dem neuen Bankgebäude gab es elegante Mahagoni-Telefonzellen, damit Teilhaber vertrauliche Telefonate mit Kunden führen konnten, und sogar eine Geheimabteilung zur Bearbeitung von Unterlagen, in die ausschließlich Teilhaber Einblick hatten. Briefe, die am Ende mit Z gekennzeichnet waren, mußten nach der Lektüre vernichtet werden. Diese Art der Diskretion war in Privatbanken durchaus üblich, verstärkte aber natürlich den Eindruck, daß die Juden in finstere Machenschaften verwickelt waren.

Als die Alliierten im selben Jahr bei der Konferenz von London die Reparationsforderungen entsprechend dem Dawes-Plan herabsetzten, verbesserte sich die Stimmung in Deutschland. Allerdings mußte das Land einen hohen politischen Preis für die wirtschaftlichen Erleichterungen zahlen. Im Gegenzug für die Senkung ihrer Forderungen belasteten die Alliierten die Einnahmen aus den Steuern auf Bier, Tabak und andere Waren mit einer Hypothek und gewannen einen gewissen Einfluß auf die Reichsbank und die Eisenbahnen des Landes. Ein Generalagent wurde eingesetzt, der ermitteln sollte, inwieweit das Land zur Zahlung von Reparationen imstande war. Als Trostpflaster sah der Dawes-Plan einen internationalen Kredit in noch nie dagewesener Höhe vor, der es den Deutschen letztlich ermöglichen sollte, die Reparationsforderungen einstweilen mit geliehenem Geld zu begleichen. Damit wurde jenes fatale Karussell der weltweiten Kreditvergabe in Gang gesetzt, das sich ein Jahrzehnt lang mit atemberaubender Geschwindigkeit drehte, ehe es zusammenbrach.

Nachdem der Reichstag gegen heftige Widerstände dem Dawes-Plan zugestimmt hatte, brachten J. P. Morgan & Co. ein stattliches Darlehen für Deutschland auf. Da Melchior als deutscher Delegierter in London gewesen war, ließ sich voraussehen, daß die Nationalsozialisten den Plan als jüngsten Schachzug des jüdischen Kapitals diffamierten, das Deutschland angeblich versklaven wollte. Allerdings hatte diese Theorie einen Haken: Die Firma Morgan war weithin für ihre antisemitische Einstellung bekannt. Das aber störte die Nazis nicht weiter, und sie überraschten die Öffentlichkeit mit der »Enthüllung«, J. P. Morgans wahrer Name sei Morgenstern! Selbst von General Charles Dawes, dem Bankier aus Chicago, wurde behauptet, er sei jüdischer Abstammung. So informierte Julius Streichers Stürmer die Getreuen: »Er heißt Davidsohn. Er ist ein Vollblutjude.«[15]

Der Dawes-Plan hatte weitreichende Konsequenzen für die Weimarer Republik, da Frankreich seine Truppen von der Ruhr abzog und die Rentenmark durch die Reichsmark ersetzt wurde. Die Warburgs begrüßten den Plan und waren erleichtert, daß nach all den Jahren des Defätismus nun ein hoffnungsvolleres Klima einkehrte. Pauls Voraussage, Deutschland werde künftig auf den Finanzmärkten der Welt nicht mehr der Paria sein, erwies sich als zutreffend. Als kurzfristige Auslandsanleihen aus Amerika und England in das unlängst noch von ausländischen Bankiers boykottierte Land strömten, kam es zu einer flüchtigen Wirtschaftsblüte. »Jeder Hinz und Kunz fing an, nach Europa zu reisen, suchte Leute, die bereit waren, Geld aufzunehmen, und warf ihnen Kredite nach«, erinnerte sich Pauls Sohn Jimmy.[16]

Da Deutschland nun der größte Schuldner und Amerika der größte Gläubiger der zwanziger Jahre war, nahmen die Warburgs im transatlantischen Finanzwesen erneut eine Schlüsselstellung ein. Es war wohl das letzte Mal, daß die Sterne so günstig für sie standen. Paul sorgte mit seiner International Acceptance Bank (IAB) dafür, daß die American and Continental Corporation der europäischen – speziell der deutschen – Industrie mittelfristige Kredite zur Verfügung stellte. Er und Max leiteten ausländisches Geld in Hamburger Staatsanleihen und halfen beim Wiederaufbau der Deutschen Handelsflotte mit. Ein führender Beamter in Hamburgs Finanzdeputation sagte später: »Max Warburg ist vor allem auch das Wiedererstehen einer bedeutenden deutschen Handelsflotte zu verdanken.«[17] Pauls IAB gewährte der HAPAG Kredite, während sich Max um Averell Harriman bemühte und ihn drängte, mit Ballins früherem Unternehmen eine Gelegenheitsgesellschaft zu bilden. Entsprechend den vereinbarten Bedingungen wollte Harriman anfänglich amerikanische Schiffe zur Verfügung stellen, während die HAPAG für die Infrastruktur auf den Routen und die Hafeneinrichtungen sorgen sollte. Damit wurde die HAPAG zwar wieder flott, doch gab es heftige Kritik von den Amerikanern, die behaupteten, HAPAG-Schiffe hätten während des Krieges Spione und Saboteure befördert.

Paul hatte Schacht Ratschläge zur Eindämmung der Inflation erteilt und war auch am Dawes-Plan beteiligt gewesen. Zur Belohnung wurde die IAB Amerikas Agent für die Reichsbank und deren auf Golddeckung gestützte Diskontbank-Abteilung. Die IAB stellte ihr einen Kredit von fünfundzwanzig Millionen Dollar zur Verfügung, der Deutschland in einer kritischen Zeit stärkte. Max wurde in den angesehenen Generalrat der Reichsbank berufen und hatte diese Beraterstellung bis zu Hitlers Machtergreifung inne.

Das von der Wall Street aufgebrachte Geld zur Wiederbelebung Deutschlands bedeutete auch eine gewisse Gefahr für die Warburgs, deren Verbindungen zu den Vereinigten Staaten in der Weimarer Republik zugleich gefürchtet und bewundert wurden. Amerika war damals der Idealtypus der neuen glitzernden Konsumgesellschaft und übte einen unwiderstehlichen Reiz auf alle modebewußten Städter in Deutschland aus. Andere jedoch sahen in Amerika den Gipfel der seelenlosen technokratischen Gesellschaft und erklärten, sie ersticke den wahren bodenständigen »deutschen« Geist. Gesteigert wurde diese Feindseligkeit noch durch den Umstand, daß ein amerikanischer Generalagent, S. Parker Gilbert, Deutschlands wirtschaftliche Geschicke lenkte. Auf diese Weise leistete die Verbindung der Warburgs mit Amerika ihren Beitrag dazu, die Familie als »fremdländische« und »kosmopolitische« Kraft zu verunglimpfen, deren Treue in Wahrheit Gruppen außerhalb Deutschlands galt.

Die Droge der Auslandskredite führte in Deutschland zu einer kurzen Phase künstlichen Wohlstands, die Max später als die Scheinblüte des Jahres 1925 bezeichnete. Er fürchtete, das ausländische Geld vertusche lediglich die tiefverwurzelten wirtschaftlichen Probleme des Landes wie beispielsweise die hohen Steuern und die aufgeblähte Bürokratie der Weimarer Republik. Obwohl er verschiedentlich ernste Bedenken wegen der Schuldenhäufung anmeldete, ließ auch er sich von dem kleinen Aufschwung mitreißen und zu schwerwiegenden Fehleinschätzungen verleiten. Im Unterschied zu Paul, der vorsichtig und nüchtern seine Position gegen die große Zahl derer verteidigte, die irrational reagierten, war Max durch und durch ein Freibeuter. So verwendete er Geld, das Paul von New York geschickt hatte, für einen beträchtliche Kredit an den Kaufhauskonzern Karstadt sowie für einen Anteil an einer Hotelkette. Beide Engagements endeten mit einer Katastrophe.

1925 starb Friedrich Ebert, und Paul von Hindenburg übernahm das Amt des Reichspräsidenten. Beide Ereignisse betrübten Max zutiefst. Er fragte sich, was die Weltmeinung dazu sagen würde, daß man einen hohen Militär in diese Position berufen hatte. Im weiteren Verlauf des Jahres lud Schacht den neuen Präsidenten zu einem Galadiner der Reichsbank ein. Als Max den schon recht alten Feldmarschall mit schwerem Schritt, gefurchten Brauen und melancholischem Gesichtsausdruck durch den Korridor gehen sah, kam es ihm vor, als sehe er einen von den Toten Auferstandenen. Ihm war, als werde er auf unheimliche Weise von der Vergangenheit eingeholt.[18]

Den einstweiligen Abschluß der Entwicklung bildete die Unterzeichnung des Locarno-Pakts von 1925, der Deutschlands Aufnahme in den Völkerbund für das folgende Jahr vorsah. Carl Melchior wurde als einziges deutsches Mitglied in den Finanzausschuß des Völkerbundes berufen, was das Ansehen des Hauses M.M. Warburg weiter mehrte. Die Deutschen schienen ihre Rolle als Ausgestoßene der Völkerfamilie ausgespielt zu haben. Der von Max verehrte Gustav Stresemann gab sich sogar eine Weile der Vorstellung hin, das Land könne erneut eine Großmacht werden.

Die mit ausländischem Geld vollgepumpte deutsche Industrie erlebte eine Konzentrationswelle, bei der kolossale Konzerne und Kartelle entstanden. Nur US Steel war größer als die aus dieser Konzentration hervorgegangenen Vereinigten Stahlwerke. 1926 fusionierten Daimler und Benz zur Daimler-Benz AG, und sechs Chemiegiganten bildeten mit der IG Farben den größten Konzern des Landes, der ungeheure Mengen an Farben, Arzneimitteln, Filmen, Stickstoff und Magnesium produzierte. Obwohl ein unerschütterlicher Vorkämpfer des freien Marktes, sah Max solche Zusammenschlüsse in der Industrie als günstig an und war an mehreren davon aktiv beteiligt, unter anderem bei der Fusion zweier in der Nordsee tätiger Fischfangunternehmen. Wie so häufig in der Vergangenheit waren jüdische Finanzleute Katalysatoren von Veränderungen, die bei den zu kurz Gekommenen Verbitterung hervorriefen; beispielsweise wirkten sie bei der Verbreitung großer Kaufhäuser mit. Sie ging zu Lasten kleiner Ladenbesitzer, die später in überproportional großer Anzahl in die NSDAP eintraten.

Als Max in den Aufsichtsrat der IG Farben berufen wurde, war dies sein siebenundzwanzigstes Mandat. (Alle Teilhaber von M. M. Warburg hatten 1928 gemeinsam siebenundachtzig Aufsichtsratspositionen inne.) Bedenkt man, daß die Nationalsozialisten später mit Hilfe des von der IG Farben erzeugten Gases zahllose Menschen ermordeten und außerdem den von diesem Konzern produzierten synthetischen Kraftstoff nutzten, berührt es sonderbar, daß der Konzern von der antisemitischen Literatur in den zwanziger Jahren durchweg als »jüdische Firma« hingestellt wurde. Tatsächlich führte es zur Auseinandersetzung zwischen IG Farben und nationalsozialistischen Agitatoren, daß Max den Vorsitz im Aufsichtsrat der IG Farben innehatte.

Sein Gegner war Dr. Robert Ley, ein kleiner, untersetzter Mann mit einem sauber gestutzten Hitlerbärtchen, der über Nahrungsmittelchemie promoviert hatte und bei Bayer arbeitete. Berichte über den 1924 gegen Hitler in München geführten Prozeß bewogen ihn, ein Doppelleben zu führen. Tagsüber war er ganz sachlicher Chemiker, abends aber predigte er in den Biergärten von Köln und Aachen fanatischen Haß. Dabei prügelten er und seine Leibwächter, die eher Gangstern ähnelten, sich häufig mit kommunistischen Zwischenrufern. Hjalmar Schacht hat über Ley gesagt, er sei ein notorischer Trunkenbold gewesen, der sich allerlei geschlechtlichen Ausschweifungen hingegeben und nicht das geringste Verantwortungsgefühl gehabt habe.[19] Obwohl ihm seine Feinde in der NSDAP mit der Behauptung, er sei Halbjude, den Weg zu verbauen versuchten, ernannte ihn Hitler 1925 zum Gauleiter des Rheinlandes.

Als sich Bayer mit den fünf anderen Chemieriesen zur IG Farben zusammenschloß, sah sich der NS-Demagoge Ley unversehens in einem als »jüdischer Konzern« abgestempelten Unternehmen tätig. Offenbar sah er darin Vorteile für sich, denn er verkündete ungehemmt seine Ansichten und ließ 1927 in Reden gegen Max und dessen Brüder Haßtiraden vom Stapel. Trotz aller Mühe, sich aus der Politik herauszuhalten, konnte sich Max dieser Propagandamaschinerie nicht entziehen. Da er eine Kämpfernatur und wie bei Theodor Fritsch entschlossen war, die Sache keinesfalls stillschweigend auf sich beruhen zu lassen, wandte er sich an Hermann Bücher aus dem Beraterstab der IG Farben und brachte die Unternehmensleitung dazu, Ley ein Ultimatum zu stellen: Entweder solle er aufhören, für die NSDAP zu agitieren, oder seine Mitarbeit einstellen.

Bei einer Gauleitertagung sprach Ley in Weimar am 27. November 1927 mit Hitler über diese Angelegenheit und zeigte ihm den Brief. Max Warburg konnte keinesfalls gewinnen. Wenn sich Ley ihm entgegenstellte und die Oberhand behielt, würden die Nationalsozialisten das als großen Sieg feiern; unterlag Ley, würde man ihn als Opfer hinstellen, das von den Fangarmen jüdischer Macht erdrückt worden war. Hitler riet Ley, keinesfalls nachzugeben und zu fragen, mit welchem Recht ihn die IG Farben vor diese Alternative stelle. Das Gespräch bestärkte Ley in seinem Entschluß, Märtyrer der Bewegung zu werden, und einen Monat später schrieb er an Hitler: »Was nützt die schönste und gesichertste Stellung, wenn Deutschland zu Grunde geht.«[20] Ohne eine Spur von Reue zu zeigen, forderte er die Unternehmensspitze der IG Farben heraus: »Ich nehme mir als nationalsozialistischer Führer das Recht, jeden Schädling meines Volkes anzugreifen. Der jüdische Aufsichtsratsvorsitzende Warburg soll beweisen, daß ich Unrecht habe, dann werde ich schweigen. Sonst nicht.«[21]

Wohl wurde Ley entlassen, doch setzte man ihm weiterhin eine monatliche Zuwendung aus, damit er nicht zur Konkurrenz abwanderte. Von dem Geld gründete er im Rheinland eine Zeitung. Die Angelegenheit war seiner widerlichen Karriere förderlich, erhob sie ihn doch ins Pantheon jener »Helden der Bewegung«, die für das Volk den Kopf hingehalten hatten. Mit einer Breitseite von Beleidigungen überschüttete die NS-Presse die IG Farben und demaskierte sie für alle Zeiten als Werkzeug der »geldmächtigen Juden«.[22] Später belohnte Hitler den getreuen Vasallen Ley damit, daß er ihn zum Leiter der Deutschen Arbeitsfront machte, der größten Massenorganisation der NSDAP.

1927 fand der erste Nürnberger Reichsparteitag statt. Allmählich gewann die NSDAP auch Anhänger in angeseheneren Kreisen, so unter anderem bei reaktionären Offizieren, in materielle Schwierigkeiten geratenen preußischen Junkern und einer geringen Zahl von Großindustriellen. Sogar in Hamburg, wo man stolz darauf war, daß es dort keine Intoleranz der Rechten gab, konnten die Nationalsozialisten auf Anfangserfolge verweisen. Als Hitler 1926 im eleganten Hotel Atlantik an der Binnenalster sprach, jubelten ihm Reeder, Industrielle und Adlige zu. Bald schon marschierten sonntags Braunhemden durch die Arbeiterviertel am Hafen, und Joseph Goebbels hielt bei einer Massenveranstaltung in Altona eine Rede.

Während die nationalsozialistische Bewegung an Bedeutung gewann, erreichte die Macht der Warburgs in Angelegenheiten der jüdischen Gemeinschaft ihren Höhepunkt. Im November 1928 gab die Zeitung der jüdischen Gemeinde in Hamburg eine Ausgabe zum hundertjährigen Bestehen heraus, in der M. M. Warburg & Co. als führende Bank der Stadt dargestellt wurde. Wie stets in der Geschichte des Judentums ging finanzielle Macht mit sozialem Engagement einher. Der Wohlfahrtsstaat der Weimarer Republik hatte die sich selbst erhaltenden Strukturen der jüdischen Gemeinschaft keineswegs in jeder Beziehung überlagert. Noch im selben Jahr wurde Max' Vetter und Teilhaber Aby S. Mitglied im Hauptvorstand des kurz »Jüdischer Centralverein« genannten Centralvereins deutscher Staatsbürger jüdischen Glaubens, der sich dem Kampf gegen den Antisemitismus verschrieben hatte.[23] Max, inzwischen einundsechzig Jahre alt, wurde geschäftsführender Direktor des einflußreichen Hilfsvereins der Deutschen Juden, womit schon in normalen Zeiten eine schwere Verantwortung verknüpft war. Damit gelangte Max Warburg am Vorabend der dunkelsten Stunde in der Geschichte des Judentums in eine Führungsposition, die ihn zwang, unter widerwärtigen Umständen qualvolle Entscheidungen zu treffen.

Der Erfolg der Juden in der Weimarer Republik rief unter den Nichtjuden Neid und Mißgunst hervor und verlieh der NS-Propaganda Glaubwürdigkeit. Doch waren die Juden weder so zahlreich noch so mächtig, daß sie für die Nationalsozialisten eine ernsthafte Bedrohung bedeutet hätten. Die Weimarer Republik hatte sie in die Rolle des idealen Sündenbocks manövriert: Sie wirkten ungeheuer mächtig, ohne es zu sein.

20

Warburg Redux

Aby und Fritz repräsentierten als ältester und jüngster der berühmten fünf Brüder genau die entgegengesetzten Seiten der gespaltenen Warburg-Persönlichkeit. Ungeachtet seiner schwankenden Launen war Aby ein Apostel der Hochkultur, ein Erzperfektionist, der sich mit seinen Büchern von der Welt abschloß und über abgelegenen Themen brütete. Zugunsten der überlieferten europäischen Kultur hatte er die jüdische hinter sich gelassen. Fritz hingegen war sowohl als Teilhaber und Personalleiter bei M. M. Warburg wie auch in seiner Rolle als Ehrenvorsitzender im Verwaltungsrat des Israelitischen Krankenhauses, die er nach dem Ersten Weltkrieg innehatte, bekennender Jude. Im Unterschied zu Aby war er ein robuster, unkomplizierter und weltlichen Dingen keineswegs abgeneigter Mann, der das Leben auf der Straße und beiläufige Caféhausgespräche liebte.

Nach dem Tod der Mutter zog Fritz mit Anna Beata in das Haus am Mittelweg, in dem es eine große Bibliothek und ein elektrisches Klavier gab. Fritz und seine Frau wurden das jüdische Gewissen der Großfamilie, hielten die überlieferten Zusammenkünfte an Freitagabenden und stellten einen Lehrer an, der ihre drei Töchter in Hebräisch und in der Geschichte des Judentums unterrichtete.

Dank der Unterstützung durch die in Amerika wohnenden Brüder brauchten sie trotz der galoppierenden Inflation ihren Lebensstil nicht aufzugeben. Anna Beata, die wegen der Vermögenslage der Warburgs ohnedies schon immer voll Schuldbewußtsein gewesen war, wurde nun von ihrem Gewissen geplagt, weil sie in einer Zeit, da es vielen Deutschen schlecht ging, so behaglich lebten. »Wir sind leider zu reich«, pflegte sie zu sagen.[1] Es schmerzte sie, Freunde auf den Kösterberg einzuladen, und ihre Töchter kleidete sie betont schlicht, um nicht mit dem Reichtum zu protzen.

Von allen Warburgs schätzte Fritz die künstlerischen Experimente der Weimarer Zeit am meisten. Im Gegensatz zu Max, der im Kino wie im Theater Klamauk und pralle Komik bevorzugte, hatte Fritz einen verfeinerten Geschmack und reiste immer wieder nach Berlin, um die neuesten Inszenierungen von Max Reinhardt zu sehen. Weil seine Ehe mit Anna Beata unglücklich war, wurde er auch Stammgast im Rotlichtbezirk von St. Pauli, wo er bei den Damen der Halbwelt offensichtlich bestens bekannt war. Sie beugten sich aus den Fenstern und grüßten »Onkel Fritz« begeistert, wenn er vorüberging. Einmal nahm er Jimmys Frau Kay zu

Kunstgeschichte war für Aby Warburg Bewußtseinsgeschichte; nicht umsonst hat er sich einmal einen »Psychohistoriker« genannt. Seine Studien nahmen in jungen Jahren von der Renaissance ihren Ausgang, erweiterten sich aber bald auf die ganze europäische Kunst, wobei er darum bemüht war, im Christlichen das Heidnisch-Primitive, in der Klassizität das Ungezügelte und Wilde, im Rationalen die verborgene Irrationalität aufzuweisen. Wissenschaftlich folgte er damit Ideen des 19. Jahrhunderts, doch hatte sein Interesse auch eine unmittelbar persönliche Seite: Zeit seines Lebens fürchtete er den Wahnsinn und die irrationalen Antriebskräfte der eigenen Natur, denen er am Ende mehr und mehr erlag.
Die Aufnahme zeigt Aby im Winter 1928/29 in Rom.

ihrem Entsetzen in ein Nachtlokal mit, wo nackte Frauen auf Pferden warteten, daß Freier zu ihnen in den Sattel stiegen, um mit ihnen davonzureiten. Eine ähnliche Überraschung erlebte Felix' Sohn Eddie, als Fritz eine Hockeymannschaft der Salemer Internatsschule in ein Nachtlokal einlud. Während die jungen Sportler ihre heiße Suppe schlürften, bemerkten sie, daß man hinter den Vorhängen der Separées einem ganz anderen Sport nachging. Möglicherweise war seine Befangenheit, die von seinem etwas sonderbaren Äußeren herrührte, Grund dafür, daß er sich von dieser Welt des leichten und anonymen Genusses in solchem Maß angezogen fühlte.

Aby hingegen blieben diese rohen Seiten des Lebens fremd, und niemals öffnete er sich der banalen Alltagswelt. Nur Ausnahmemenschen interessierten ihn, an gewöhnlichen Sterblichen lag ihm nichts. Nach seiner Rückkehr aus Kreuzlingen verstärkte sich seine anspruchsvolle selbstreflektierende Haltung noch. Eine 1925 von Mary gezeichnete Skizze zeigt deutlich, wie unüberbrückbar die Kluft zwischen ihr und ihrem Mann war. Tief in Gedanken versunken sitzt Aby über ein Buch gebeugt, während man durch das Fenster Mary in der Ferne mit festem, energischem Schritt einen Berg ersteigen sieht. Das Bild erzählt die tragische Geschichte von Träumer und Tatmensch, Introvertiertem und Extrovertiertem. Während Aby in der Schweiz mit seinen Dämonen kämpfte, hatte Mary drei Kinder erzogen, den Haushalt geführt und Trost in Malerei und Bildhauerei gefunden – all das, wohlgemerkt, ohne zu klagen oder in Selbstmitleid zu verfallen.

Von Carl Georg Heise stammt die These, Aby sei nach Hamburg zurückgekehrt, weil er bereits ahnte, daß er nicht mehr lange zu leben hatte und im Kreis seiner Angehörigen sein wollte.[2] Trifft dies zu, so war die einmal verlorene Liebe nur mit größter Mühe zurückzugewinnen. Möglicherweise wollte Aby tatsächlich einen neuen Anfang machen, doch die Kinder waren von dem langen Kampf gezeichnet. Der verträumte Max Adolph liebte die Herzlichkeit des Vaters und bewunderte die Wortgewalt, mit der er andere bezaubern und erziehen konnte. Zwar sah er in Aby einen prophetischen Geist wie Martin Luther, Karl Marx oder Friedrich Nietzsche, eine titanische Naturgewalt, doch fürchtete er ihn zugleich: »Aby Warburg war ein Vulkan... Jeder Vulkan ist seiner nächsten Umgebung in unheimlicher Weise fremd, wie viele Brocken und Bruchstücke aus der obersten Lavaschicht sich auch dort befinden mögen. Seine nächsten Verwandten sind selten zugleich auch die ihm geistig Nächststehenden.«[3]

Es fiel den von der Krankheit des Vaters emotional geschwächten Kindern schwer zu würdigen, welch außergewöhnliche Leistung Aby vollbracht hatte, als es ihm gelungen war, dem Sanatorium zu entrinnen. Teilweise waren ihr Mitgefühl und ihre Anteilnahme bereits verzehrt. »Diese Abstumpfung unserer Nerven trug uns bittere Kommentare aus seinem Munde ein, als es uns offenkundig nicht gelang, seine Rückkehr aus der Hölle seiner Krankheit zu würdigen; das Wunder, mit einem Menschen zu leben, der zwar nicht von dem Tod, wohl aber von den Verrückten zurückgekehrt war«, sagte Max Adolph.[4]

Aby war ein herrischer Vater, der seinem widerspenstigen Sohn weniger durchgehen ließ als der Großvater. So durchkreuzte er Max Adolphs Vorhaben, Maler zu werden, indem er ihn in ein strenges Internat schickte und anschließend an mehreren Universitäten Geisteswissenschaften studieren ließ. 1927 promovierte der Sohn in Berlin mit einer Arbeit über Plato, deren intellektuelle Kraft Aby beeindruckte. Was die Bibliothek betraf, dachte dieser ebenso dynastisch wie Max mit Bezug auf die Bank und wollte, daß Max Adolph ihm als deren Leiter nachfolgte. Er nahm ihn 1926 mit auf eine Reise nach Schweden, weil er sich an Ort und Stelle Rembrandts Gemälde *Die Verschwörung des Claudius Civilis* ansehen wollte, das er dann mit hohem Kostenaufwand kopieren ließ. Der einfühlsame Max Adolph, dem viel an der Gunst des Vaters gelegen war, gehorchte und stellte seine eigenen Wünsche hintan.

Bekannten fiel auf, daß Aby in seinen letzten Lebensjahren eine neue Gelassenheit und Umgänglichkeit an den Tag legte. Zwar sagte Toni Cassirer einmal, daß alle Spuren der Krankheit buchstäblich verschwunden seien, doch dürfte dies stark übertrieben sein.[5] Aby wußte, daß ihm die Götter einen Aufschub gewährt hatten, und statt über die verlorene Zeit zu jammern, war er zutiefst dankbar für diese letzte Gelegenheit, sein Werk zu beenden. Über seinem Arbeitsplatz im oberen Stockwerk seines Hauses hing eine für ihn besonders bedeutsame Zeichnung. Sie zeigte Nietzsche nach seinem Zusammenbruch.

Auf Fotos vom Ende der zwanziger Jahre hat Aby so viele unterschiedliche Gesichter, daß man glauben könnte, er sei ein Mann mit mehreren Persönlichkeiten gewesen. Manchmal ähnelt er einem behäbigen, lächelnden Buddha, dann wieder wirkt er wie eine gebrochene Gestalt mit dunklen Ringen unter den Augen, ein von der Last seiner Gelehrsamkeit und den in jüngster Vergangenheit im Sanatorium erlittenen Schrecken gebrochener Mensch. Noch immer wurde er von seinen Dämonen heimgesucht und hatte nach wie vor unter Wutanfällen und Wahnvorstellungen zu leiden. Auch konnte er den Hokuspokus, gegen den seine rationale Seite so stetig ankämpfte, nie vollständig verbannen. Beispielsweise hatten die Gegenstände auf seinem Schreibtisch für ihn eine fetischähnliche Bedeutung, und es brachte ihn in Wallung, wenn jemand mit ihnen herumspielte. Solche Besucher pflegte er höflich, aber unnachgiebig zu bitten, alles an Ort und Stelle zu lassen, weil er fürchtete, daß jedes achtlose Spiel mit diesen Dingen seine Sterne in eine andere Konstellation bringen und Phasen kosmischen Leidens auf ihn herabbeschwören könnte. Vieles von dem, womit sich Aby in seinen letzten Jahren beschäftigte, spiegelt diese Besessenheit mit dem Gedanken des Kosmischen, so auch seine Faszination für Flugzeuge.

Das beste Heilmittel für Aby war Arbeit. Er kam sich vor wie ein unerschrockener Eroberer, der in eine ferne, gefährliche Gegend vorgedrungen war und von dort eine Ladung kostbaren Wissens mitgebracht hatte. Je mehr er seine alten Geisteskräfte zurückgewann, desto begeisterter wandte er sich erneut den Interessen der Vorkriegszeit zu und entdeckte sogar seine alte Kinderliebe zu Briefmarken wieder. Ähnlich den Semiotikern späterer Zeit dehnte er sein geistiges Reich auch auf Gegenstände der Alltagskultur wie Briefmarken, Münzen, Fotos, Plakate und Werbeanzeigen aus. Er untersuchte sie mit derselben Gründlichkeit, mit der er vormals Kunstwerke analysiert hatte. Äußerst kritisch ließ er sich über die »kindische« Werbung für HAPAG-Dampfer aus und führte eine regelrechte Kampagne gegen eine Zigarettenfirma, die eines ihrer Erzeugnisse *Nestor* nannte, worin er eine Entweihung der griechischen Antike sah. Er drohte sogar, mit der ganzen Finanzmacht von M. M. Warburg gegen das frevelnde Unternehmen vorzugehen.

Aby war zu einer herausragenden und von vielen verehrten Figur geworden und genoß die stillschweigende Duldung, die man liebenswerten, originellen und bedeutenden Exzentrikern entgegenbringt. Ende 1925 veranstaltete er seine ersten Seminare in der Warburg-Bibliothek. Am 20. Dezember 1926 führte er den Außenminister Gustav Stresemann durch deren Räume und hielt ihm einen eingehenden Vortrag über Briefmarken. Während des Rundgangs ließ er keinen Zweifel daran, wer Herrscher *jener* kleinen Welt war. Er zeigte Stresemann, was sich aus der Betrachtung der Briefmarken eines Landes über dessen Politik herauslesen ließ, und erteilte ihm sogar eine Lektion in wissenschaftlicher Exaktheit. Er legte ihm einige zeitgenössische deutsche Marken vor, auf denen Goethes Kopf zu sehen war, und sagte: »Herr Reichskanzler, wollen Sie mal bitte die Inschrift hier lesen, wenn Sie können.« Stresemann las: »Johann Wolfgang Goethe.« »Falsch gelesen, Herr Reichskanzler. Sehen Sie mal, steht hier nicht Joh Punkt, Wolfg Punkt Goethe? Und das ist eben das ganze Unglück mit unserer Weimarer Republik, daß hier alles abgekürzt und deshalb zu kurz ist.«[6] Abkürzungen waren Aby verhaßt, ohne daß er einen vernünftigen Grund dafür hätte anführen können.

Obwohl er infolge der Krankheit noch geschwächt war, brach immer wieder seine übermenschliche Energie durch; von seinem Publikum erwartete er, daß es stundenlange Vorträge über sich ergehen ließ. Felix' Sohn Eddie erinnerte sich an eine quälende fünfstündige Marathonabhandlung zum Thema »Warum der König von England in der Position Neptuns auf der Pfundnote sitzt«.[7] Wer sich in Abys Welt begab, mußte sich seiner Tyrannei mit Haut und Haar unterwerfen. Als Klaus Berger, ein späterer Assistent, zum ersten Mal in die Bibliothek kam, dozierte Aby nahezu fünf Stunden lang über deren Ziele. »Ohne Störung, ohne Pause. Wie festgenagelt auf dem Stuhl fühlte ich mich, wie vor einem großen Feuerwerk.«[8] 1927 empfahl Max einigen höheren Regierungsbeamten, die ein wenig Zeit übrig hatten, sich die Bibliothek anzusehen. Nach einem vierstündigen Monolog Abys taumelten sie benommen, aber erbaut, zur Tür hinaus. Einer von ihnen sagte: »Heute nachmittag hat mein Leben mehr an Tiefe gewonnen als in den achtundvierzig Jahren, die ich bisher hinter mir habe.«[9] Auch geistige Größen suchten mit Aby in Kontakt zu treten. Er führte mit Thomas Mann einen Briefwechsel über babylonische Astrologie, die jenen im Zusammenhang mit einem neuen Buch, vermutlich *Joseph und seine Brüder*, beschäftigte.

In den letzten Lebensjahren wandte sich Aby erneut seiner bahnbrechenden Arbeit über kosmologische Symbole in der Kunst der Renaissance zu. Begeistert von der Entscheidung der Stadt Hamburg, ein Planetarium im Wasserturm des Stadtparks einzurichten, machte er sich daran, eine neuartige Ausstellung zur Astronomie und Astrologie zu konzipieren, die er dem Planetarium später stiften wollte. Seine äußerst erhellende Zusammenstellung von hundertfünfzig Exponaten zeigte, auf welche Weise die Menschheit in einer sich aufwärts schwingenden Kurve vom Aberglauben zur Exaktheit der Naturwissenschaft emporgestiegen war. Für den Abschnitt über die moderne Kosmologie versicherte er sich der Mithilfe Einsteins. Dieser besuchte die Ausstellung und schrieb anschließend an Aby: »Besonders interessant war es für mich, zu sehen, wie geringen Aufwandes es bedarf, um die glaubenshungrige Menschheit an der Nase herumzuführen.«[10]

Zu diesem Zeitpunkt konzentrierte Aby, der inzwischen über sechzig war und sich über jedes Lob wie ein kleiner Junge freute, all seine Kräfte auf die Schwierigkeiten, die ihn ein Leben lang beschäftigt hatten. Eingedenk seiner Sterblichkeit wollte er jede verbleibende Minute sinnvoll nutzen und sagte zu Max: »Man muß sein Leben einrichten, als wenn man ewig lebte, aber täglich bereit sein zu sterben.«[11] Als er seiner Frau zu einem Porträt saß, rutschte er ungeduldig auf seinem Stuhl hin und her, als müsse er fortwährend in Bewegung sein. 1928 und im Jahr darauf unternahm er zusammen mit seiner Assistentin Gertrud Bing, deren »nonnenhafte« Ergebenheit der angesehene Kunsthistoriker Kenneth Clark später pries,[12] ausgedehnte Reisen nach Italien. So machte er schließlich seinen Frieden mit jenem Land, das ihn 1915 so tief verletzt hatte.

Fritz Saxl hatte die schlanke, gelassene, kluge und ehrgeizige Dr. Gertrud Bing, die das Haar kurz trug und mit ihrer schmucklosen Brille den Eindruck durchdringender Intelligenz verstärkte, in der Bibliothek eingestellt. Da er mit Aby um ihre Gunst wetteiferte, war dieser rasch aufgebracht, sobald der verheiratete Saxl auch nur andeutungsweise von Scheidung sprach. Auf einem Foto, das sie zusammen mit Aby zeigt, wirkt sie sehr selbstsicher und emanzipiert, als kenne sie ihren Wert genau. Da sie Abys Charme verfallen und ihm nahezu sklavisch ergeben war, erfüllte sie ihm jeden Wunsch, ohne zu murren. Sie hatte das Gefühl, von seinem Blick durchdrungen zu werden, und verglich ihn ob seiner Beredsamkeit und seiner Wutausbrüche mit einem Propheten des Alten Testaments.[13] Sie war die große Liebe seines Lebens, und durch ihre Anwesenheit wurde Abys Begeisterung auf seinen beiden letzten Italienreisen nur noch gesteigert.

Während dieser Phase der wundersamen Wiedergeburt war Abys Beziehung zu Mary herzlich, wenn auch distanziert. Das Scheitern ihrer Ehe bestärkte sie in ihrer Hingabe an die Kunst. Es ist unklar, ob sie von der Affäre mit Bing wußte – die Warburgs hielten sie für erstaunlich naiv – oder ob sie lediglich vorgab, nichts davon zu merken. Jedenfalls tolerierte sie Abys endlose Reisen mit Gertrud; allein im Jahr 1929 waren die beiden ganze zehn Monate unterwegs. Die Briefe, die sie während seiner Abwesenheit mit ihm wechselte, sind herzzerbrechend. Endlos berichtete er von seinen gelehrten Eskapaden mit »Bingia«, wie er seine Reisegefährtin nannte, oder zeigte sich ungnädig, weil Bücher oder Papiere, die ihm aus Hamburg nachgeschickt wurden, häufig mit Verzögerung eintrafen. Doch Fragen nach Marys Wohlergehen, ihrem Leben, ihrer Arbeit finden sich in seinen Briefen so gut wie nicht. Als er ihr zu Weihnachten aus einem Hotel in Rom schrieb, brachte er kaum mehr als »Fröhliche Weihnachten« zu Papier und fügte hinzu, sie solle den Kindern schenken, was diese sich wünschten.[14] Bis zu seinem Ende bewahrte Aby zwei sich gegenseitig verstärkende Charakterzüge: den Egoismus des Genies und den Egoismus des verzogenen und verwöhnten ältesten Sohnes.

Offenbar war die selbstlose Mary glücklich, daß ihr Mann das Sanatorium überlebt hatte, und so stimmte sie jedesmal der Verlängerung seiner Reisen zu. Sie traf 1928 und 1929 in Baden-Baden mit Aby und Bing zusammen, als er zur Kur seine alte »Reparaturwerkstatt«, die Klinik Heinsheimer, aufsuchte. In Wahrheit waren die Warburgs Gertrud Bing dankbar, daß sie sich um Aby kümmerte. Wahrscheinlich war sie dem kränkelnden älteren Herrn eher Pflegerin als Geliebte. Auf den Reisen war er oft so erschöpft, daß er Termine absagen und einen Arzt aufsuchen mußte. Als Aby 1928 kurze Zeit erwog, zum ersten Mal seit den neunziger Jahren nach Amerika zu reisen – ein Unternehmen, das nicht die Zustimmung von Dr. Binswanger fand –, machten die Brüder es zur Bedingung, daß ihn Gertrud Bing dorthin begleiten müsse.

Abys späte Italienreisen waren ausgedehnte wissenschaftliche Exkursionen zu Kirchen, Palästen und Universitäten. Es war für ihn die letzte Gelegenheit, bedeutende Kunstwerke vor Ort zu studieren, und es begeisterte ihn, mit welcher Herzlichkeit er von Bibliothekaren und Kuratoren empfangen wurde, die ihn noch von früher her kannten. Dank der Unterstützung von Stresemann und Konstantin von Neurath, Deutschlands Botschafter in Rom, wurde ihm so manche Tür geöffnet. Aby, inzwischen zu seinen früheren politischen Anschauungen zurückgekehrt, zeigte von Neurath, auf welche Weise die alten Kulturen des Mittelmeerraums Deutschland beeinflußt hatten, und vertrat die Ansicht, daß es wieder zu engeren Verbindungen zwischen Nord und Süd kommen müsse.[15]

Den Schlußpunkt von Abys Laufbahn stellte der »Bildatlas« dar, den er unter dem Titel *Mnemosyne*, dem Wahlspruch seiner Bibliothek, veröffentlichen wollte. Er sollte die Summe dessen enthalten, was er mit Hilfe seiner interdisziplinären Betrachtung der Kultur des Westens in Erfahrung gebracht hatte, wobei er besonderes Gewicht auf den Einfluß der Kunst der Antike auf die Renaissance legte. Er stellte Collagen von Bildern zusammen, die – über die Zeiten hinweg – unerwartete Beziehungen zwischen Symbolen aufzeigten. Auf etwa vierzig Kartons brachte er tausendfünfhundert Abbildungen unter, darunter Gemälde, Zeichnungen, Stiche und Holzschnitte, aber auch Briefmarken, Münzen, Fotos und Plakate. Als wolle er seine Theorien mit den Händen ebenso wie mit dem Geist gestalten, änderte er deren Anordnung immer wieder, ähnlich, wie er es bei seinen Büchern getan hatte. Auf diese Weise entstand eine Geschichte des westlichen Denkens in bildhaften Mustern. Ein weiteres Mal erkannte er die Parallele zwischen der Entfaltung der westlichen Zivilisation und der Entwicklung seiner eigenen Psyche: »Manchmal kommt es mir vor, als ob ich als Psychohistoriker die Schizophrenie des Abendlandes aus dem Bildhaften in selbstbiographischem Reflex abzuleiten versuche.«[16] Als er starb, war dieses Mosaik in weiten Teilen fertiggestellt, wenngleich noch nicht vollendet.

Am 19. Januar 1929 stellte Aby in Rom Auszüge aus seinem *Bildatlas* vor. Der zweieinhalbstündige Vortrag, in dem er über insgesamt zweihundertfünfzig Bilder sprach, war eine geistige *tour de force* und beredtes Zeugnis seiner Brillanz, aber auch seiner Ausdauer und Tapferkeit. Während der ersten zehn Minuten erlitt er einen leichten Herzanfall, redete sich dann aber so in Feuer, daß ihn der Institutsdirektor mahnte, die ihm zugemessene Redezeit nicht zu überschreiten – eine Kränkung, die ihm Aby nicht verzieh. Bei späteren Vorträgen mußte immer ein Arzt in der Nähe sein. Häufig begann Aby zäh und rang nach Atem, endete aber schwungvoll und gestenreich, während sein Publikum erschöpft zuhörte.

Mit Vorliebe richtete er bei seinen Vorträgen den Blick auf einen einzigen Zuhörer und setzte speziell für diesen Zweck häufig einen guten Bekannten in die erste Reihe. Bei seinem Vortrag in Rom fiel ihm ein junger Mann namens Kenneth Clark auf. Diese Begegnung wurde für Clark zu einem schicksalhaften Erlebnis, denn unter Abys Einfluß begann er, sich von der Haltung des Kunstkenners zu entfernen und sich mit Symbolstudien zu beschäftigen. Abys Vorgehensweise beeindruckte ihn so nachhaltig, daß er das Angebot ablehnte, Assistent des großen amerikanischen Kunsthistorikers Bernard Berenson in Florenz zu werden. In einer bemerkenswerten Huldigung schrieb er: »Zweifellos war Warburg der originellste kunstgeschichtliche Denker unserer Zeit, und er hat der Kunstgeschichte eine völlig neue Richtung gegeben.«[17]

Trotz seines schwachen Herzens und seiner Zuckerkrankheit (er war auf Insulin angewiesen) drängte Aby auf die Vollendung seiner Pläne. Ein einzigartiger Zufall wollte, daß sich dieser Fachmann für Symbole bei der Unterzeichung des Lateranvertrags, der die Aussöhnung des Vatikans mit dem italienischen Staat besiegelte, gerade in Rom befand. Mit einem Operngucker bewaffnet, stand Aby unter Hunderttausenden von Zuschauern auf dem Petersplatz, als der Papst der Menge den Segen erteilte. Da ihm der offenkundig faschistische Symbolismus dabei in die Augen fiel, sah er sich eine Filmaufzeichnung, die Mussolini bei der Unterschrift zeigte, besonders gründlich an. »Ich war erstaunt über die schöne caesarische Bosheit seines Lippenspiels«, schrieb er an Mary.[18]

Man kann es für eine ausgleichende Gerechtigkeit halten, daß die letzten Monate von Abys gequältem Leben von idyllischen Szenen verschönt wurden. In Neapel wohnte er mit Gertrud Bing im Hotel *Excelsior*, von dem aus sie das blaue Meer und den rauchenden Vesuv sehen konnten. Sie frühstückten mit dem gebürtigen Litauer Berenson in dessen Villa *I Tatti*, obwohl dieser nichts für deutsche Juden übrig hatte, wie man aus folgender Äußerung ersieht: »Sie haben zwar jüdische Nasen und Seelen, aber ihr Geist ist deutscher als bei den Deutschen – das und ihr Judentum macht sie in meinen Augen zu einer öffentlichen Gefahr.«[19] Anlaß für diese Frühstückseinladung war vermutlich folgender: Als Felix mit Berenson über dessen Absicht gesprochen hatte, der Universität Harvard und dem dortigen Fogg-Museum seine italienische Villa mitsamt seiner grandiosen Bibliothek zu hinterlassen, hatte er darauf gedrängt, daß Berenson mit Aby zusammentreffe. Jedenfalls zeigten sich Aby und Gertrud Bing von dem Haus und der grandiosen Bibliothek begeistert, bevor sie mit dem Auto über Verona und Mantua nordwärts fuhren und Italien für immer verließen.

Auch in den letzten Lebensmonaten, die er in Hamburg verbrachte, blieb Aby nicht von den Ärgernissen verschont, die ihn zeit seines Lebens verfolgt hatten. Die Universität wollte eine Archäologieprofessur für ihn einrichten, die eine große Erleichterung von der niederdrückenden Arbeitsbelastung bedeutet hätte. Als sich diese Pläne im Frühjahr 1929 zerschlugen, teilte Aby dem Leiter der Kunsthalle wütend mit, wäre er gesund und zehn Jahre jünger, würde er überlegen, ob er seine Bibliothek nicht lieber nach Rom verlegen solle.[20] Niemals schloß er wirklich Frieden mit seiner Vaterstadt, die er bis zum Tod als kulturelle Provinz betrachtete.

Auch die Beziehung zu den Brüdern kam nie ganz ins reine. Wieviel Geld auch immer sie gaben, Aby wollte mehr und ging sogar Frieda um Zuwendungen an. Jimmy Warburg erinnerte sich: »Das Geld für die Bibliothek kam in jährlichen Zahlungen seiner im Bankgeschäft tätigen Brüder, bisweilen in Begleitung von hörbarem Stöhnen. Aby hatte keinerlei Hemmungen, von ihnen zu verlangen, was er als das einzige lohnende Ergebnis ihrer prosaischen Bemühungen ansah.«[21] Jede Vorhaltung konterte Aby kühl mit der Voraussage, seine Bibliothek werde M.M. Warburg & Co. überdauern. Es gelang ihm nicht, den Zwang, der ihn zum Erwerb von Büchern trieb, zu unterdrücken, und 1929 schob er sogar das Bett von der Wand, um Platz für weitere Regale zu schaffen.[22]

Am 21. August 1929 posierten alle fünf Brüder bei einer Vorstandssitzung der Bibliothek gemeinsam zu einer Aufnahme. In der Mitte sitzt Max, zwar grauhaarig, aber nach wie vor zuversichtlich und kraftvoll. Fritz sieht unbeschwert drein, macht aber keinen besonders ausgeglichenen Eindruck. Paul wirkt niedergeschlagen – zwei Monate, nachdem das Foto entstanden war, kam es am »Schwarzen Freitag« zu dem von ihm

Der Zufall wollte es, daß 1929 alle Brüder noch einmal in Hamburg zusammenkamen. Sie nutzten die Gelegenheit zu einer Aufnahme, in deren Mittelpunkt Max zu sehen ist. Aby, dessen Bibliothek dem Bild als Kulisse dienst, hält dem Bruder die Hände in einer Bittstellergeste entgegen - ein Zeichen dafür, daß er zum Unterhalt seiner ausgedehnten Forschungen auf die Unterstützung der Brüder angewiesen war. Nur wenige Wochen später verstarb Aby. Von links nach rechts: Paul, Felix, Max, Fritz und Aby Warburg.

vorhergesagten gewaltigen Börsenkrach. Allein Felix sieht mit seinem breiten, strahlenden Lächeln fröhlich aus. Betrübt und nachdenklich sitzt Aby neben ihnen, Haupthaar und Schnurrbart sind weiß. Im letzten Augenblick vor der Aufnahme hat der Historiker der Symbole die Hände mit bittender Gebärde nach oben gekehrt – ein peinvoller Scherz. Die Brüder hatten Max dabei unterstützt, das Aby gegebene Versprechen zu halten, aber um einen hohen Preis. Stets hatte in Abys unaufhörlichen Forderungen auch die stillschweigende Kritik mitgeschwungen, daß sie ihr Leben dem Geschäft weihten. So war es nur angemessen, daß er ihnen dies letzte Lachen auf seine Kosten gönnte.

Mit großem Argwohn beobachtete Aby die Vorgänge auf der Welt, und nach wie vor peinigte er Max und Erich mit Anrufen, in denen er scharfe Urteile über zeitgenössische Ereignisse abgab. Schon immer hatte er den Zeitgeist studiert und geladene Teilchen, die in der Atmosphäre schwebten, wie ein Blitzableiter angezogen. Er sah die Drohung, die der zivilisierten Gesellschaft bevorstand, und hörte schon die Kanonenstiefel auf dem Straßenpflaster hallen. Seiner festen Überzeugung nach barg seine Bibliothek ein gegen die Bedrohung wirksames Gegengift. Als er sich am Vormittag des 26. Oktober 1929 telefonisch in der Frage der Reparationen über die Volksabstimmung zum gerade vorgelegten Young-Plan äußerte, den die Nationalsozialisten scharf angriffen, war er einem Schlaganfall nahe. Doch bald legte sich seine Erregung, und als am Nachmittag der Hausarzt Heinrich Embden vorbeikam, sagte Aby munter: »Oberhalb des Kragens ist alles in Ordnung.«[23] Mit seinen dreiundsechzig Jahren wagte er für den darunter liegenden Teil des Körpers keine ähnliche Aussage zu machen.

Am Abend blieb Gertrud Bing nach der Arbeit zum Essen, wie sie das einmal die Woche zu tun pflegte. Mary zog sich in ihr Atelier zurück, das sich in einer abgelegenen Ecke des obersten Stockwerks befand. Während sich Aby und Bing munter unterhielten, sagte diese mit einem Mal, sie habe Mary »Aby!« rufen gehört. Spöttisch gab Aby zur Antwort, das würde sie nie tun, außerdem sei sie viel zu weit entfernt, als daß man ihre Stimme hören könne. Skeptisch ging Gertrud Bing nach oben, um nachzusehen. Mary arbeitete im Atelier und erklärte, sie habe nicht nach Aby gerufen. Später sagte sie, sie habe ihn »Mary!« rufen hören und das als Einbildung abgetan. Als die beiden Frauen gemeinsam nach unten gingen, fanden sie Aby tot auf dem Fußboden des Eßzimmers. Er hatte einen Herzanfall erlitten. So starb der Historiker der Symbole einen Tod, der auf eigentümliche Weise seine sonderbare Dreiecksbeziehung zu den beiden Frauen widerspiegelte.

Am nächsten Vormittag stießen sie auf die letzte Eintragung in Abys Tagebuch. Es war eine Gedichtzeile, die den »spätreifenden Apfelbaum« in seinem Garten pries.[24] Mit diesem alten Baum, den man schon tot geglaubt hatte und der dann mit einem Mal wieder weiße Blüten hervorbrachte, hatte er sich identifiziert. Zur Erinnerung ließ Mary Abys Kopf fotografieren; nach den Aufnahmen wollte sie eine Büste anfertigen. Nicht einmal im Tode war er bereit, Frömmigkeit zu heucheln. Obwohl Tote nach jüdischem Glauben beerdigt werden und am Ort ihrer Beisetzung auf das Erscheinen des Messias warten müssen, hatte Aby Anweisung gegeben, seinen Leichnam einzuäschern.

Fritz Saxl wurde aus London zurückgeholt, um sich der Bibliothek mit ihren inzwischen fünfundsechzigtausend Bänden zu widmen. Max riet Gertrud Bing, Erinnerungsstücke für eine Biographie zu sammeln, doch verhinderte ihre emotionale Betroffenheit die Vollendung der Arbeit.[25] Da der von Aby ausgeübte Einfluß zum großen Teil auf seine Persönlichkeit zurückging und nicht auf seine wenigen Veröffentlichungen, war er weit mehr als andere eigenständige Denker auf begabte Schüler angewiesen. Gefunden hatte er sie in Saxl und Gertrud Bing. Sie brachten 1932, unmittelbar vor Hitlers Machtergreifung, die beiden ersten Bände von

Abys gesammelten Schriften heraus, doch ein großer Teil dessen, was er geschrieben hatte, blieb unveröffentlicht.

Nach seinem Tode stellte ihn die Presse als bedeutende Gestalt heraus. Seinen Ruf hatte er mit großen persönlichen Qualen erkauft. Ein Nachruf nannte ihn einen »unerbittlichen Kämpfer gegen Kompromisse und halbe Maßnahmen, einen mutigen und strengen Richter, einen Diener an der Wissenschaft. So machtvoll war seine Persönlichkeit, daß er als leuchtendes Beispiel weiterleben wird.«[26] Im Laufe der Jahre nahm sein Ruhm in außerordentlichem Maße zu. Je mehr die Kunstgeschichte dazu überging, sich der Entschlüsselung von Mythen und Symbolen zuzuwenden, desto mehr wurde er als Gründer einer der einflußreichsten kritischen Schulen des Jahrhunderts gepriesen. Nach George Steiners Worten war er eine »der folgenreichsten Gestalten in der Kultur der Neuzeit«, der nichts weniger geschaffen habe »als ein Modell der Renaissance und der Beziehungen zwischen dem säkularen Westen und seinen antiken Quellen«.[27] Sein Nachruhm wird fortdauern. John Russell von der *New York Times* zufolge halten inzwischen viele maßgebliche Köpfe Abys Werk für den »bedeutendsten Einfluß auf die Entwicklung der kunstgeschichtlichen Studien in unserem Jahrhundert«.[28]

Zum Schluß meinten es die Götter gut mit Aby Warburg. Er starb zwei Tage nach dem Börsenkrach an der Wall Street, der den falschen Wohlstand der zwanziger Jahre mit sich riß und eine so düstere und unheilvolle Welt heraufdämmern ließ, wie Aby sie in seinen quälendsten Träumen gesehen haben mochte. Da die Warburg-Bibliothek im Dezember in finanzielle Schwierigkeiten geriet, weil Aby großzügige Honorarzusagen gemacht hatte, um namhafte Gelehrte anzulocken, stellte Felix für sie jährlich fünfzigtausend Dollar bereit. Aufs neue standen die Brüder zu ihrem Versprechen.

Es läßt sich nicht vorstellen, welche Qualen Aby im nationalsozialistischen Deutschland der Bücherverbrennungen und der verherrlichten heidnischen Brutalität gelitten hätte. Er trat gerade rechtzeitig ab, bevor die Barbarei die Stelle seiner geliebten deutschen Kultur einnahm. Im Jahr nach seinem Tode vertrieben die Nazis das Bauhaus aus Weimar und lehnten schon bald darauf die Beiträge einer ganzen Generation jüdischer Gelehrter zur Kultur ab. Am Ende hatte Aby Warburg seinen Kampf gegen die Kräfte der Unvernunft gewonnen – Deutschland den seinen betrüblicherweise nicht.

21

Kapitalistische Kollektive

Die vielleicht größte Überraschung in der Erfolgsgeschichte der fünf berühmten Brüder war wohl, daß auch Felix Warburg in den zwanziger Jahren zunehmend an Bedeutung gewann. Lange hatte er in der Familie als Fliegengewicht gegolten, bar der geistigen Gaben, die nötig waren, um in der Hamburger Bank mitarbeiten zu können. Indessen hatte er nach Jacob Schiffs Tod in der Welt der Wohltätigkeit unaufhaltsam an Format gewonnen, weil ihm als Abkömmling einer reichen Familie und Gatte einer klugen, wohlhabenden Erbin das seltene Glück zuteil geworden war, natürliche Güte zur Grundlage einer Karriere machen zu können.

Möglichkeiten für New Yorker Juden, den Glaubensbrüdern in Übersee zu helfen, gab es im Übermaß, denn während die amerikanische Wirtschaft auf vollen Touren lief, lag ein großer Teil Europas darnieder. Am 17. Juni 1924 trafen Felix und andere herausragende Persönlichkeiten in den Büroräumen von Kuhn, Loeb in der William Street 52 zu einem ungewöhnlichen Arbeitsessen zusammen. Dr. Joseph A. Rosen, ein für den Vergabeausschuß tätiger bedeutender Agronom, entrollte eine große bunte Karte der Ukraine und der Krim. Lila eingezeichnet, erklärte er, seien bestehende jüdische landwirtschaftliche Ansiedlungen, blau die von ihren Eigentümern aus der Zeit vor der Revolution aufgegebenen oder von der sowjetischen Regierung enteigneten Gebiete, welche diese nunmehr kostenlos für die landwirtschaftliche Ansiedlung von Juden anbiete. Rot gekennzeichnete Flächen waren schon zuvor in Staatsbesitz gewesen und gehörten ebenfalls zu einem einzigartigen Angebot, das die Sowjetunion den Juden unterbreitete.

In biblischen Zeiten waren Juden als Viehhirten, Bauern und Winzer tätig gewesen, in der neuzeitlichen Welt aber weithin verstädtert und auf den Klein- oder Großhandel und den Geldverleih abgedrängt worden. Der Lebensraum der Juden Rußlands war in der Zarenzeit auf den ihnen zugewiesenen Siedlungsbezirk beschränkt gewesen, und außerhalb ihrer verfallenen Schtetl hatten sie Land weder erwerben noch bewirtschaften dürfen. Ein in der Zarenzeit gefaßter Plan, sie auf dem Lande anzusiedeln, hatte sich als schlechter Witz erwiesen, da jeder, der diese Gelegenheit nutzen wollte, von unzähligen Vorschriften eingeengt wurde. So kam es, daß die jüdischen Führer auf der von Joseph A. Rosen entrollten Karte schier grenzenlose Möglichkeiten sahen.

Nach der Revolution hatten die Bolschewiken mit der bis dahin üblichen antisemitischen Haltung des russischen Staates gebrochen. Allerdings paßten die meisten Juden in keine der vorgeschriebenen neuen Kategorien »Arbeiter« oder »Bauer«, und so wurden jüdische Händler und Handwerker als »Asoziale« oder »Klassenfeinde« diffamiert. Aus diesem Grund war den Sowjets jedes Programm willkommen, das aus ihnen »produktive« Landbewohner machte, vor allem wenn sich damit ein beträchtlicher Zufluß amerikanischen Geldes und die Übernahme neuzeitlicher landwirtschaftlicher Techniken verbinden ließ.

Felix empfand als ergebener Anhänger der Republikaner – Frieda neigte als einzige in der Familie der Demokratischen Partei zu – für die Bolschewiken ebensowenig Begeisterung wie zuvor für die reaktionären Romanows. Er und Hermann Lehman stellten David Dubinsky in den zwanziger Jahren ansehnliche Kredite zur Verfügung, damit er Kommunisten aus der internationalen Gewerkschaft der Damenoberbekleidungsbranche entfernen konnte. Felix fürchtete die Behauptung, Juden seien Bolschewisten, die in antisemitischen Kreisen immer häufiger zu hören war und die in jüngerer Zeit auch in den gegen Max und Fritz gerichteten Vorwürfen der Nationalsozialisten auftauchte. Berichte aus dem angeblichen Arbeiterparadies ließen ihn erschaudern, und entsetzt teilte er seinen Söhnen mit: »Privateigentum ist nicht erlaubt, Handel ist nicht erlaubt, die Häuser gehören der Regierung, und niemand darf mehr besitzen als seine tägliche Brotration...«[1] Anfänglich war Felix nicht bereit, mit einer sowjetischen Regierung, die sich marxistischen Grundsätzen verschrieben hatte, ein Abkommen zu schließen.

In den Jahren nach dem Ersten Weltkrieg gerieten nahezu drei Millionen Menschen in akute Gefahr, als Hunger und zivile Unruhen den Siedlungsbezirk der Juden in Rußland heimsuchten. Marodierende Banditen ermordeten Zehntausende russische Juden, und in den erbitterten Kämpfen zwischen Sowjetrussen und Polen wurden ganze Dörfer zerstört. Diese Not durften Felix und der Vergabeausschuß nicht tatenlos mit ansehen, und so arbeiteten sie eng mit Herbert Hoover und dessen American Relief Administration zusammen. Der Ausfall der Getreideernte in der Sowjetunion 1921 stellte eine so gewaltige Katastrophe dar, daß der Vergabeausschuß Suppenküchen ins Land schickte und der Kongreß der Vereinigten Staaten Getreide zur Verfügung stellte, um die Lage zu entschärfen.

Zu den Helfern der Gruppe um Hoover, die gegen die Krise ankämpften, gehörte der wegen seiner menschewikischen Ansichten nach Sibirien verbannte und 1903 in die Vereinigten Staaten ausgewanderte Joseph A. Rosen, der sich den Beinamen »Hungersnotengel Rußlands« erwarb. Da er seine Nähe zu sozialistischem Gedankengut nie völlig aufgab, sah die Sowjetregierung in ihm einen akzeptablen Verhandlungspartner. Bei einem Besuch in einem von der Hungersnot heimgesuchten Gebiet erkrankte er an Typhus und wäre der Krankheit fast erlegen. Mit den Sowjets arbeitete er 1922 ein Abkommen zur Schaffung landwirtschaftlicher Genossenschaften und beruflicher Schulen für Juden aus und warb für ein aufsehenerregendes Besiedlungsprojekt. Ein erster Versuch, fünfhundert Familien auf dem Lande anzusiedeln, verlief erfolgreich. Das weckte den Appetit der sowjetischen Regierung wie auch des Vergabeausschusses und veranlaßte beide dazu, der Sache weiter nachzugehen.

Somit waren die Voraussetzungen für die Zusammenkunft geschaffen, die an einem Mittag im Juni 1924 in der Firma Kuhn, Loeb stattfand. Die Regierung der Ukraine war bereit, für die Besiedlung durch jüdische Bauern achtzigtausend Hektar bereitzustellen, und man hatte Joseph A. Rosen weitere sechshunderttausend Hektar auf der Krim in Aussicht gestellt. Somit war die dem Vergabeausschuß zur Verfügung stehende Fläche etwa von der Größe eines Kleinstaates. »Es ist die beste Schwarzerde in Rußland«, erklärte Rosen, »nirgendwo in den Vereinigten Staaten gibt es fruchtbareres Land.«[2] Zusammenfassend sagte er: »Ich sehe kein anderes so wertvolles Projekt dieser Größenordnung; es ist eine einmalige Gelegenheit.«[3]

Auf diese Weise gelang es ihm, die Vorstellungskraft der bedeutenden jüdischen Philanthropen anzustacheln. Der begeisterungsfähige Felix ließ sich rasch mitreißen und war bei neuen Projekten dieser Art so sehr Feuer und Flamme, daß er auch die anderen ansteckte. Daher sagte er: »Ich schließe mich Mr. Rosenbergs Ansicht, daß man diesen Versuch unbedingt wagen soll, rückhaltlos an.« Weil er wußte, daß konservative Bankiers und Anwälte Bedenken hatten, mit den Bolschewiken zusammenzuarbeiten, fügte er hinzu: »Ich habe keine Befürchtungen, daß diese Aktion in irgendeiner Weise falsch ausgelegt und gegen die Juden in Rußland verwendet werden könnte, ganz gleich, was die Zukunft bringt.«[4]

Nachdem der Vergabeausschuß die Zustimmung des amerikanischen Außenministeriums eingeholt hatte, gründete er einen Monat später die American Jewish Joint Agricultural Corporation, für die vorerst vierhunderttausend Dollar bewilligt wurden. Dieses von den Juden Amerikas gemeinsam getragene, wagemutige Unternehmen zur Ansiedlung ihrer russischen Glaubensbrüder in der Landwirtschaft, an dessen Spitze Rosen stand, wurde unter dem Kurznamen »Agro-Joint« bekannt. Herbert Hoover begrüßte es als »eines der herausragenden Beispiele menschlichen Wirkens auf der ganzen Welt«.[5] Es sollte unter den unwahrscheinlichsten Vorzeichen gedeihen, wobei Felix schließlich Julius Rosenwald von der Firma Sears, Roebuck sowie John D. Rockefeller jr. dazu bewegen konnte, daß sie beeindruckende Beträge für landwirtschaftliche Genossenschaften im Innern der Sowjetunion zur Verfügung stellten.

Die Ansiedlung von Juden auf dem Lande durch die Sowjetrussen ist ein vergessenes Kapitel der Geschichte. Den Juden, die den ihnen in Europa seit dem Mittelalter auferlegten Arbeitsbeschränkungen entfliehen wollten, schien sie die Erfüllung eines lang gehegten Traums zu bedeuten, und jüdische Stadtbewohner fanden die Vorstellung, Land bebauen zu können, immer schon attraktiv. Auch in Chaim Weizmanns Augen war die Landwirtschaft das Herz des künftigen jüdischen Lebens in Palästina, und im 19. Jahrhundert hatten Baron Maurice de Hirsch wie auch die Rothschilds landwirtschaftliche Siedlungen in besonderer Weise unterstützt. Als Bankiers, denen die vom Neid diktierten Klischees über das Geschick von Juden im Umgang mit Geld ein Greuel waren, nutzten die Warburgs jede sich bietende Möglichkeit, Juden in allen Bereichen tätig werden zu lassen. Außerdem hatte Felix den bei vielen Reichen anzutreffenden sentimentalen Hang zur Arbeit auf dem Land und drängte junge Juden, sich auf anderen Gebieten als dem Finanzwesen zu betätigen. Rosen sah die Sowjetunion als historisches Experiment von gewaltigen Ausmaßen. »Seit Beginn der Diaspora hat man uns Juden zwanzig Jahrhunderte lang von einer Stelle zur anderen weitergeschoben. Nie wurde uns eine Gelegenheit gegeben, Wurzeln auf dem Lande zu schlagen... Stets hält man uns vor, wir seien Ausbeuter und Gewinnler, Anwälte, Bankiers usw. Jetzt gibt Rußland den Juden zum ersten Mal in der jüngeren Geschichte – ja, zum ersten Mal in zweitausend Jahren – Gelegenheit zu beweisen, daß die immer wieder gegen uns erhobene Anschuldigung unwahr ist.«[6]

Das Agro-Joint stellte zunächst den größten Teil der Geldmittel zur Verfügung; die Sowjetunion beteiligte sich mit einem geringeren Betrag. Da es auf dem Land häufig kein Wasser gab, waren die Sowjets dankbar, daß die amerikanischen Plutokraten kostspielige Brunnen bohren ließen. In den weiten Steppen der Sowjetunion entstanden an die zehntausend weißgetünchte Häuser mit roten Ziegeldächern. Das Ausmaß der vom Agro-Joint geförderten Besiedlung war ungeheuer: In zwölf Jahren wurden mehr als eine Viertelmillion sowjetischer Juden in zweihundertfünfzehn Kolonien verpflanzt, die sich über eine Fläche von einer Million Hektar verteilten. Sie arbeiteten mit eintausend Traktoren aus amerikanischer Produktion und hielten neben zwanzigtausend Kühen und fünfundzwanzigtausend Hühnern sogar achttausendfünfhundert Schweine. Im Laufe der Zeit entstanden außerdem vierhundert Berufsschulen, in denen Juden Holz- und Metallbearbeitung sowie die Druckerkunst und andere Handwerksberufe erlernen konnten.

Einige der Ansiedlungen neigten dem Zionismus zu und verstanden sich als Stationen auf dem Weg nach Palästina. Die meisten Zionisten allerdings sahen darin eine gefährliche Ablenkung vom Ziel der Bewegung. Weizmann verspottete die »Babbitts«, weil sie seiner Meinung nach Palästina kostbare Geldbeträge vorenthielten und der utopischen Illusion anhingen, Juden könnten in der Sowjetunion eine Heimstatt finden.[7] Seiner Ansicht nach verschwanden die erheblichen Dollarbeträge in einem Faß ohne Boden. In einer langen Anklageschrift gegen das Agro-Joint stempelte Dr. Stephen S. Wise im Jahre 1925 Felix und seine Mitstreiter als abtrünnige Amerikaner und nützliche Dummköpfe ab, die sich von den Sowjets ausnehmen ließen und jüdische Siedler an Orte lockten, wo man sie später abschlachten würde. Louis Marshall erinnerte sich: »Dr. Wise sagte in einem Vortrag in Springfield, Massachusetts, ein einziger Bialik [der Dichter Chaim Nachman Bialik] sei mehr wert als tausend Felix Warburgs, womit er im Publikum Beifallsstürme auslöste.«[8] Selbst nach Einschätzung gemäßigter Kritiker nützte das Agro-Joint nur einem verschwindend geringen Teil der jüdischen Bevölkerung. Darüber hinaus waren sie sicher, daß die Sowjets ohnedies ihr Wort nicht halten und das Projekt fallenlassen würden.

Dennoch empfand Felix bei der Vorstellung, mit dieser Ansiedlung in der Sowjetunion etwas Bahnbrechendes zu leisten, dieselbe Begeisterung wie die Zionisten, wenn es um Palästina ging. Mitte fünfzig und im Begriff, sich mehr oder weniger vom aktiven Leben zurückzuziehen, machte er oft einen eher altmodischen Eindruck. Ihn ärgerte die lässige Umgangssprache der jungen Leute, in der auf keine Formen mehr geachtet wurde, und er fand es bedauerlich, daß das Kino zusehends die beschauliche Lektüre verdrängte. Diese Sehnsucht nach einem genügsameren und unschuldigeren Zeitalter bestärkte ihn in der Überzeugung, daß die Siedlungen in der Sowjetunion sinnvoll waren.

Der inzwischen siebenundfünfzigjährige Felix unternahm 1927 mit der vier Jahre jüngeren Frieda eine Weltreise. Da er es nicht fertigbrachte, sich gänzlich von seinen siebenundfünfzig Wohlfahrtseinrichtungen zu lösen, bekam seine Sekretärin, Alice R. Emanuel, die Anweisung, ihn fortlaufend über den Stand der Dinge zu unterrichten. Als sie von einem Urlaub zurückkehrte, forderte Felix, der sich nach Nachrichten verzehrte, mit einem aus zwei Worten bestehenden Telegramm: »Tratsch bitte.«[9] Auf dem Schiff faßte er in wehmütiger Stimmung seine Memoiren ab. In der Erinnerung daran, daß die Warburg-Kinder einst geglaubt hatten, über den Großen Wagen Verbindung miteinander aufnehmen zu können, gab er ihnen den Titel »Unter den Sieben Sternen«.

Er ließ Frieda in Japan zurück und reiste in die Sowjetunion. Dort besuchte er gemeinsam mit Rosen, Bernhard Kahn und James Becker vierzig Siedlungen des Agro-Joint. Er führte Tagebuch, und Becker belichtete dreihundert Meter Film. Anfangs stand ihnen ein Sonderwagen der Eisenbahn zur Verfügung, doch als sie in entferntere Gegenden gelangten, benutzten sie für die langen Fahrten zu den Ansiedlungen zwei große Reisewagen mit Chauffeur. Auf dem Weg durch baumlose Ebenen aus fruchtbarer Schwarzerde, in denen nichts wuchs als wildes Gras und Unkraut, bedeckte immer mehr Schmutz und Schlamm ihre Wagen. Nach mehrstündiger Fahrt tauchten plötzlich getünchte Häuser einer Agro-Joint-Siedlung auf, und Hunderte sonnenverbrannter Siedler strömten zur Begrüßung der legendären jüdischen Führer aus New York von den Feldern herbei. In einer Felix Warburg Nr. 4 und 5 genannten Siedlung legte Felix den Grundstein für eine weiterführende Schule, die gleichfalls seinen Namen tragen sollte.

Als luxusverwöhnter Mann reagierte er auf diese Reise in abgelegene Gebiete mit der gleichen Lust, mit der Politiker ein Bad in der Menge nehmen, und seine Wißbegierde schien unersättlich. Er sah zu, wie Pferde den Pflug durch die schwere Erde zogen, besichtigte Maschinen- und Krankenstationen, Weingüter, Dachziegelfabriken, Getreidemühlen und Werkstätten, die nach genossenschaftlichen Grundsätzen arbeiteten. Unversehens sah er sich wie ein Prospero der Neuzeit in eine Welt versetzt, die er heraufbeschworen hatte. In einer der Siedlungen begegnete er einem Herrn Shapiro, einst Verwalter auf Baron de Gunzburgs Besitzungen. In Gemeinschaftsräumen und Schulen strömten jüdische Siedler auf der Krim und in der Ukraine zusammen, um zu hören, wie dieser elegante Herr mit dem deutschen Akzent ihren Bemühungen überschwenglich Anerkennung zollte. Zeitlebens bewahrte Felix unvergeßliche Erinnerungen an Bauern, die sich wie auf einem Gemälde von Millet über ihre Ernte beugen, und an Züge, die im Licht des Mondes durch die Steppe eilen.

Schon immer hatten sich die Juden gefragt, wie sie sich verhalten würden, wenn sie von den Zwängen befreit wären, die ihnen die Geschichte auferlegt hatte. Die Menschen, denen Felix in den Dörfern begegnete, erschienen ihm wie ein gesunder Gegensatz zu den übersättigten Schöngeistern, die er aus den großen Städten kannte, ganz gleich, ob sie Juden oder Christen waren. Über die Frauen sagte er: »Es macht ihnen nichts aus, Falten zu bekommen; bei ihnen findet man weder den albernen Lippenstift noch den Wunsch, sich nach einer verrückten Mode zu kleiden, die sie jugendlicher erscheinen lassen soll.«[10] Die Männer mit ihren wettergegerbten Gesichtern machten auf ihn einen edlen Eindruck und lieferten den Beweis, daß Juden gute Bauern sein konnten. »Warum auch nicht?« fragte er. »Es ist die historische Beschäftigung des Juden.«[11] Tatsächlich gediehen die Ansiedlungen, obwohl die meisten Siedler keinerlei Erfahrung in der Landwirtschaft hatten.

Voll Hochgefühl beschrieb Felix seine zweiwöchige Reise als »erregend, begeisternd, beruhigend und ermutigend«, und er sagte, er sei »dankbar für das Vorrecht, mit diesem Unternehmen und den daran Beteiligten verbunden zu sein«.[12] Als er in Moskau mit dem Sowjetführer Aleksej Rykow zusammentraf, lobte er die Siedlungen zwar, forderte aber zugleich auch zusätzliche Hilfe von der Regierung. Ein Plan wurde ausgearbeitet, dem zufolge das Agro-Joint und die sowjetische Regierung für die Siedlungen je zur Hälfte zwanzig Millionen Dollar zur Verfügung stellen würden. Felix zuliebe paßten sich die Sowjets der kapitalistischen Linie an und teilten ihm mit, man werde den Bauern des vom Agro-Joint betreuten Projekts das Recht einräumen, für höherwertige Erzeugnisse auch höhere Preise festzusetzen und mit dem von ihnen verdienten Geld eigene Tiere zu erwerben. In Wirklichkeit waren einzelne Siedlungen im höchsten Grade kollektiviert, worüber die Vertreter des Vergabeausschusses des lieben Friedens halber hinwegsahen.

Als Felix eine Woche später in der Berliner Botschaft der Vereinigten Staaten Bericht erstattete, äußerte er sich über das bolschewistische Rußland deutlich pessimistischer als in seinen begeisterten Mitteilungen an den Vergabeausschuß. Ein Mitarbeiter der Botschaft meldete nach Washington: »Er sagt, daß Gebäude, Anlagen und Maschinen verrotten und niemand dafür sorgt, daß sie repariert oder gewartet werden.« Offenkundig hatte Felix in Moskau auf eigene Faust diplomatische Initiativen ergriffen und Rykow gesagt, die Beziehungen zwischen den Vereinigten Staaten und der Sowjetunion könnten nur dann besser werden, wenn die Sowjetunion Auslandsschulden anerkenne und ihre anti-amerikanische Propaganda einstelle. Rykow sagte, man sei bereit, Schulden rückwirkend bis zur Regierung Kerenskij anzuerkennen.

Nach New York zurückgekehrt, setzte sich Felix unermüdlich für das Projekt des Agro-Joint ein – eine Ironie des Schicksals, wenn man bedenkt, daß er Schwiegersohn des eher russenfeindlich eingestellten Jacob Schiff war. Um sowjetische Anleihen für das Projekt auf den Markt zu bringen, gründete der Vergabeausschuß zusammen mit der American Society for Jewish Farm Settlements in Russia, Inc. (Amerikanische Gesellschaft für jüdische landwirtschaftliche Siedlungen in Rußland) ein Unternehmen, dessen Ehrenvorsitzender Felix war und bei dem Menschen aus den unterschiedlichsten politischen Lagern zusammenwirkten. Um die Zionisten nicht vor den Kopf zu stoßen, beschaffte sich der Vergabeausschuß das erforderliche Geld von reichen Einzelpersonen, statt es aus seinem Fonds zu nehmen. Julius Rosenwald beteiligte sich mit fünf Millionen Dollar, Felix mit einer Million, John D. Rockefeller mit fünfhunderttausend und Paul Warburg mit fünfzigtausend. Die Spender mußten den bissigen Spott von Dr. Stephen Wise über sich ergehen lassen, der höhnte: »Millionen, darunter ein sehr großer Betrag von Warburg, gehen nach Rußland; für Palästina begnügt man sich mit Untersuchungen.«[13] Die Zionisten beschwerten sich, daß Rußland, einst Fluch der Juden, jetzt auch noch belohnt werde. Dabei gehörte Felix zu jenen Amerikanern, die erhebliche Beträge für Palästina spendeten, und er sah keinen Widerspruch darin, daß er daneben auch die Siedlungen in der Sowjetunion unterstützte.

Zuweilen schien Joseph A. Rosen für die Schattenseiten des Arbeiterparadieses blind zu sein. Die Bemerkung eines Kritikers, die Sowjets würden die Juden verraten, konterte Rosen aufgebracht mit dem Hinweis, daß die Bevölkerung der Sowjetunion zu nahezu neun Zehnteln aus Bauern bestehe, die seit der Revolution besser lebten als je zuvor. Auch Felix besaß die Gabe, unangenehmen Wahrheiten aus dem Weg zu gehen. Als man ihn nach der Verfolgung von Rabbinern unter den Bolschewiken fragte, beklagte er diese Tatsache zwar, fügte aber sogleich hinzu, daß die Sowjetregierung im Begriff stehe, die wirtschaftlichen Bedingungen für das Leben der Juden zu verbessern.[14]

Alles in allem erwiesen sich diese kapitalistischen Inseln inmitten des sozialistischen Meeres als nicht überlebensfähig. Der extrem antisemitisch eingestellte Stalin entfernte während der zwanziger Jahre Juden aus hohen Ämtern. Als gegen Ende 1929 die große Welle der Zwangskollektivierung einsetzte, begehrten Ideologen der kommunistischen Partei (unter ihnen auch Juden) dagegen auf, daß hinter dem Agro-Joint ausländische bourgeoise Organisationen standen. Das Berliner Büro des Vergabeausschusses schickte 1930 ein vertrauliches Telegramm mit folgender Meldung nach New York: »Gruppe um Stalin vollständig im Machtbesitz. Eindeutig linke Politik.«[15] Voll Entsetzen schilderte das Büro, wie man die Großbauern buchstäblich ausrottete und Millionen kleiner Betriebe auf brutale Weise kollektivierte. Schon bald waren die jüdischen Siedlungen gezwungen, bis zu fünfzig Prozent nichtjüdische Arbeitskräfte aufzunehmen, womit sie ihren Sinn verloren.

Mit diesem ideologisch begründeten Angriff war die Selbständigkeit der vom Agro-Joint ins Leben gerufenen Siedlungen dahin. All das entsetzte Felix so sehr, daß ihn Rosen selber aufzumuntern versuchte. Max machte 1930 seinen Bruder darauf aufmerksam, daß die Ansiedlungen Stalins Politik keinesfalls standhalten könnten.[16] Der Traum war aus. Statt Einzelhäusern wurden jetzt Häuser mit Gemeinschaftsanlagen verlangt, und ausgebildete Landwirte des Staates traten an die Stelle jener des Agro-Joint. Viele Juden, die sich in den Siedlungen vor der Einmischung des Staates sicher gefühlt hatten, wanderten nun ab. Je mehr von ihnen zur Arbeit in die Fabriken gingen und zu anerkannten Proletariern wurden, desto zweifelhafter wurde die Existenzberechtigung der Ansiedlungen. 1932 begannen die Sowjets schließlich, das Projekt schrittweise aufzulösen.

Als sich die Kolonien nach und nach zu einer sonderbaren Mischung entwickelten, die sich einerseits auf die Wohltätigkeit reicher amerikanischer Juden und andererseits auf die Prinzipien der marxistischen Landwirtschaft stützte, entpuppten sich verschiedene Mitarbeiter des Agro-Joint als Sympathisanten der Sowjets. Mitte der dreißiger Jahre schickte der Vergabeausschuß Evelyn Morrissey für vier Wochen in die Sowjetunion. In einem Buch, das sie über ihre Reise schrieb, zeigte sie sich von dem Land begeistert und schwärmte in einem fort von den Marmorsäulen, den kolossalen Bahnsteigen und den lederbezogenen Sitzen der Moskauer U-Bahn. Andächtig pilgerte sie zu Lenins Grab und zeigte sich fasziniert von den vielen Moskauer Baustellen. Sie schloß: »Wir haben viel von Zwangsarbeit und Gefangenenarbeit und deren Schrecken gehört, aber hier, auf diesen goldenen Sonnenblumenfeldern, können wir uns nicht vorstellen, was das bedeutet.«[17]

Bis zum Ende zögerte Felix, das Experiment abzublasen. Die dem Projekt angegliederten Fabriken und Werkstätten wurden 1937 in sowjetischen Organisationen integriert. Einige Jahre später teilte das Außenministerium der Vereinigten Staaten dem Vergabeausschuß mit, die Sowjets hätten seine Gelder beschlagnahmt und viele Juden erschossen.[18] Hunderte ausgebildeter Landwirte wurden offenkundig eingekerkert oder verschwanden einfach. Die letzten Aktiva des Unternehmens wurden 1940 ins Eigentum der sowjetischen Regierung überführt. Trotz aller guten und ehrgeizigen Vorsätze war das Unternehmen gescheitert, womit sich die Warnungen der Zionisten bewahrheiteten. Das Zwischenspiel war vorüber, man vergaß es und tilgte sämtliche Spuren – sei es aus Enttäuschung der verwirrten Beteiligten oder weil es ihnen peinlich war. Nur wenige erfuhren noch von der Existenz dieses Projekts, und kaum jemand weiß, daß amerikanische Kapitalisten in den zwanziger Jahren für eine kurze Weile die größten Landbesitzer in der Sowjetunion gewesen waren.

Der Groll der Zionisten über das gescheiterte Experiment in der Sowjetunion wurde Ende der zwanziger Jahre durch einen schweren Einbruch in der Wirtschaft Palästinas verschärft. Mehrfach wies Weizmann Felix anklagend auf die hohe Arbeitslosigkeit in Tel Aviv und deren Folgekosten hin. 1927 schien das Vorhaben der Zionisten sogar gefährdet, da mehr Juden Palästina verließen, als neue ins Land kamen. Als Felix zur Linderung der Arbeitslosigkeit fünfzigtausend Dollar spendete, war Weizmann ihm außerordentlich dankbar. In jenem Jahr wirkte Felix auch im Survey Committee (Prüfungsausschuß) mit, dessen Aufgabe darin bestand, die Prioritäten bei der Vergabe von Geldern festzulegen.

Weizmann glaubte, daß es ihm gelungen war, Felix und Frieda auf Dauer für eine jüdische Heimat zu interessieren, und begann sich nun auch um die deutschen Warburgs zu bemühen. Im allgemeinen freilich fühlten sich deutsche Juden eher bedroht von der zionistischen Bewegung. Max spöttelte über den begeisterten Schwung, mit dem sich sein Bruder für Palästina einsetzte, und äußerte sich abfällig darüber, daß er die Hebräische Universität so großzügig unterstützte. Wie andere fürchtete Max die Belastung einer doppelten Loyalität und hob hervor, daß er sich in erster Linie Deutschland verpflichtet fühle, nicht Palästina. Er betrachtete das Land als eine Art Zufluchtsstätte, an welcher der Geist des Judentums erneut erstehen konnte, eine kulturelle Gabe an die Menschheit, keinesfalls aber als Asyl für Staatenlose.

Aus diesem Grund ging Weizmann, als er sich 1928 um Max bemühte, zurückhaltend vor. »Von allen Seiten hört man in Deutschland sagen, daß es von ungeheurem Wert in Kreisen deutscher Juden wäre, wenn er eine positive Haltung in der Sache einnähme«, teilte er Felix mit.[19] Später beklagte er sich, Max habe für die Sache des Zionismus »nie ein gutes Wort« übrig gehabt.[20] Während einer Unterredung, die Weizmann in Berlin mit Max führte, kam dessen sechzehnjährige Tochter Gisela hinzu. Das zierliche, blauäugige, idealistisch gesinnte junge Mädchen sehnte sich förmlich nach einer religiösen Bindung und sagte, sie komme sich wie ein Dummkopf vor, wenn sie in der Synagoge sitze, ohne die hebräischen Worte zu verstehen.[21] Nie wurde sie ihren Grundsätzen untreu. Als sie einmal erfuhr, daß die Eltern einer Freundin junge Jüdinnen von einem Hausball ausgeschlossen hatten, ging sie zu ihr und sagte, sie werde ihre Freundin bleiben, aber nie wieder einen Fuß ins Haus ihrer Eltern setzen.[22] Max fand die leidenschaftliche Hingabe seiner jüngsten Tochter an hehre Ziele lobenswert, wenngleich mitunter etwas übertrieben.

Aufmerksam lauschte Gisela dem zweistündigen Gespräch. Max, der Weizmann häufig widersprach, bot das Bild eines unnachgiebigen deutschen Nationalisten. Nach der Zusammenkunft verließ Gisela das Zimmer und brach in Tränen aus. Von ihrem Vater nach dem Grund gefragt, sagte sie klipp und klar: »Weil Herr Weizmann viel überzeugender war als du.« Über ihre Bekehrung zum Zionismus durch diesen sagte sie: »Er hat mich wie einen reifen Apfel gepflückt.«[23] Weizmann erwiderte ihre Bewunderung und prophezeite ihr, daß sie eines Tages seine Sekretärin sein werde. Sichtlich beunruhigt, gaben Max und Alice ihre Einwilligung, daß Gisela den Sommer in einem zionistischen Jugendlager verbrachte. Dabei hofften sie, daß die schwere körperliche Arbeit sie kurieren werde, doch ihre Begeisterung nahm, ganz im Gegenteil, noch zu, und bald schon schrieb sie Weizmann Briefe auf hebräisch. Kurz nach ihrem Abitur nahm sie eine Tätigkeit in der Jugend-Alijah auf, einer Organisation der Jewish Agency, die junge Leute auf die Gruppenauswanderung in einen künftigen jüdischen Staat vorbereitete und für das Leben auf dem Land ausbildete.

Weitaus schicksalhafter verlief Weizmanns Begegnung mit Max' schöner ältester Tochter Lola Hahn-Warburg. Während die Schwestern Renate und Gisela an öffentlichen Schulen Abitur machten und Anita die Internatsschule Salem besuchte, wurde die »dumme Lola«, wie ihre Mutter sie zu nennen pflegte, streng viktorianisch erzogen und von Privatlehrern unterrichtet. Feurige intellektuelle Männer wirkten unwiderstehlich auf sie und erwiderten gewöhnlich die ihnen entgegengebrachte Sympathie. Max zufolge war ein Mann mit Töchtern nichts anderes als eine Kanone zum Abschießen junger Männer, und bei Lola donnerte sie unaufhörlich. Als sie sich in einen Wiener Bankier verliebte, der in Hamburg arbeitete, ließ Max den jungen Mann ohne Umschweife nach Österreich zurückschicken. Als ihr Vater sie überreden wollte, einen passenden Schweizer Bankier zu heiraten, sagte Lola barsch: »Wenn du mit der Bank fusionieren willst, warum tust du das dann nicht einfach, statt mich zu benutzen?«[24]

Schließlich heiratete sie 1921 Rudolf Hahn, Volontär in der Devisenabteilung von M. M. Warburg und Sproß einer einflußreichen jüdischen Industriellenfamilie, die in enger Geschäftsbeziehung mit den Warburgs stand. Um ihre Unabhängigkeit zu betonen, nahm Lola den Doppelnamen Hahn-Warburg an. Rudolfs älterer Bruder Kurt, ehemals Sekretär bei

Prinz Max von Baden, hatte die fortschrittliche Internatsschule Salem am Bodensee gegründet. In emotionaler (wenngleich nicht in sexueller) Hinsicht war Lolas Ehe mit Rudolf eine Dreiecksbeziehung, da der charismatische Kurt, der neben dem ruhigen, sportbegeisterten Rudolf brillierte, die junge Frau faszinierte. Als er Jahre später zu seiner Schwägerin einmal sagte, er habe, schon als er sie bei einem Ball zum ersten Mal gesehen hatte, gewußt, daß sie die richtige Ehefrau für seinen Bruder Rudolf sei, gab sie spitz zurück: »Und warum hast du mir nicht selbst einen Antrag gemacht?«[25]

Als die schöne, feingliedrige Frau mit dem rätselhaften Mona-Lisa-Lächeln Weizmann kennenlernte, war sie eine jener Damen der Berliner Gesellschaft, die immerzu Gäste im Haus hatten. In ihr verband sich große Willensstärke mit körperlicher Zerbrechlichkeit. Schon in jungen Jahren zitterte ihre Hand immer ein wenig, so daß ihr bei Gesellschaften hilfsbereite Mitmenschen Trinkhalme und Cocktailgläser an den Mund hielten. »Sie stellte mit anderen Menschen eine intensive Beziehung her«, sagte eine gute Bekannte. »Ihre Fragen waren eindringlich, und sie zeigte stets Interesse.«[26] Sie war eine geborene Kämpferin mit unumstößlichen Grundsätzen und hatte den Ehrgeiz, mehr zu sein als eine Salonlöwin. Als Mitglied des Hilfsvereins der Deutschen Juden hatte sie bereits dazu beigetragen, jüdische Kinder aus Polen zu retten.

Gegen Ende der zwanziger Jahre begeisterten sich die Berliner Juden für die Habima, das erste Theater, das in hebräischer Sprache spielte. Das eklektische Repertoire dieser in Moskau gegründeten und von Konstantin Stanislawskij beeinflußten Truppe reichte von Shakespeare bis Scholem Alejchem. Als sie 1927 nach Berlin kam, war sie finanziell praktisch am Ende. Zusammen mit zwei weiteren reichen Spendern, Margot Klausner und Wilfrid Israel, sorgte Lola für Unterstützung, indem sie in Berliner Salons Mittel mobilisierte. Als sie erfuhr, daß sich Chaim Weizmann zu jener Zeit in Berlin aufhielt, suchte sie ihn in seinem Hotel auf und bat auch ihn um eine Spende. Zwar weigerte er sich, Gelder abzuzweigen, die für seine zionistische Arbeit vorgesehen waren, doch hinterließ Lola offensichtlich einen nachhaltigen Eindruck auf ihn.

Die wechselseitige Anziehung war programmiert. Weizmann war ein fesselnder Redner und zudem einem edlen Kreuzzug verpflichtet, was ihn für Lola unwiderstehlich machte. Er hatte sich 1925 für kurze Zeit von seiner eleganten, etwas hochnäsigen Frau Vera getrennt. Obwohl sie im folgenden Jahr wieder zusammenfanden, hatte Weizmann Beziehungen zu anderen Frauen, und gewiß gehörte die Liaison mit Lola zu den wichtigsten. Darüber wird später noch ausführlicher zu berichten sein. Nach der kühlen, distanzierten Vera muß er Lola als heißblütig empfunden haben. Natürlich war ihm klar, daß über sie auch der Weg zu ihrem Vater, Max Warburg, führen konnte. Einen Hinweis darauf liefert, was er nach der Zusammenkunft mit Max an Felix schrieb: »Ich habe die große Hoffnung, daß seine Tochter Lola die gute Arbeit fortsetzen wird.«[27]

Lola Hahn-Warburg, die älteste Tochter von Max und dessen Lieblingskind, war berühmt für ihre Schönheit. Schon als Kind galt sie als ebenso zart wie eigensinnig. 1921 heiratete sie Rudolf Hahn, den Sproß einer jüdischen Industriellenfamilie, die in enger Verbindung mit den Warburgs stand. Aus den ersten Jahren ihrer Ehe dürfte diese Aufnahme stammen.

Bei Max verfuhr er nach der gleichen Taktik, die ihn bei Felix zum Ziel geführt hatte: Er legte ihm dar, daß er aus der Ferne dem Zionismus nicht gerecht werden könne. Also beschloß auch Max, nach Palästina zu reisen, um sich ein Bild machen zu können. Im April 1929 trafen er, Alice und die beiden Töchter Gisela und Anita in Genua mit Felix und Frieda zusammen. Gemeinsam reisten sie nach Jerusalem, wo sie von Weizmann willkommen geheißen wurden. Trotz schwerer Krankheit hatte er die vom Arzt verordnete Bettruhe nicht eingehalten – so wichtig war ihm die Reise der Familie Warburg. Man wohnte in der amerikanischen Schule für orientalische Studien und besichtigte Grabungsstätten an der unweit gelegenen Klagemauer. Allmorgendlich brachten Autos die Warburgs zu verschiedenen Kibbuzim oder historischen Stätten, und alles, was sie sahen, wurde fortwährend von Chaim Weizmann mit werbenden Erläuterungen untermalt. Das Land schlug die Warburgs in seinen Bann: »Niemand hatte uns gesagt, wie schön es ist«, sagte Anita.[28] Gisela schrieb an Aby, Palästinas Juden seien die besten, zähesten und aufopferndsten, »mit blonden, kräftigen, hebräischredenden Bauernkindern«.[29]

Überall wurde Felix als großer Gönner empfangen, und sein Geschick im Umgang mit Menschen aus den verschiedensten Bevölkerungsschichten beeindruckte Max, der nicht gewußt hatte, daß Felix derart kontaktfreudig sein konnte. Einst hatte das Thema Palästina Max gelangweilt; jetzt aber bewunderte er die Projekte zur Landgewinnung und zur Entwässerung der malariaverseuchten Sümpfe, sah voll Begeisterung, wie aus Juden, die man einst in Rußlands Siedlungsbezirk geknechtet hatte, selbstbewußte und stolze Menschen wurden. Völlig begeistert meinte er, daß aus dem Heiligen Land ein Labor für einen Kapitalismus mit menschlicherem Antlitz geworden sei – eine für Max typische überspannte Reaktion. Vor einer Versammlung in Berlin berichtete er später: »Kopf und Hand werden gleichermaßen entwickelt. Wenn der Landarbeiter vom Feld in sein Haus zurückkehrt, findet er eine gutbestückte Bibliothek vor, wo er nicht nur die neueste Literatur über landwirtschaftliche Fragen oder Palästina lesen, sondern auch ein Wissen über Dinge erlangen kann, die außerhalb seines unmittelbaren Erfahrungsbereichs und Horizonts liegen.«[30] Er trug zur Gründung eines Wirtschaftsarchivs in Palästina bei, vertrat die Auffassung, die Juden könnten in jenem Land ausschließlich im Einvernehmen mit ihren arabischen Nachbarn leben und sprach sich gegen Zolltarife aus, welche die jüdische Wirtschaft vom Markt des Mittleren Ostens trennen könnten.

Um eine fortlaufende Finanzierung der Hebräischen Universität sicherzustellen, inszenierte Weizmann ein kleines Komplott. Vor dem Eintreffen der Warburgs forderte er Frederick H. Kisch auf, Felix den Vorschlag zu machen, er möge an der Küste Land für eine Orangenpflanzung kaufen, deren Erträge der Universität zufließen sollten. »Man müßte ihm klarmachen, daß es an der Küste in bester Lage siebzig- bis achtzigtausend Dunam Land gibt, das sich zur Anpflanzung von Orangenbäumen eignet, und daß es sich um den für diesen Zweck fruchtbarsten Boden in Palästina handelt, der einen guten Ertrag abwerfen wird.«[31] Tatsächlich erwarb Felix einen herrlichen Orangenhain an der Hauptstraße nach Jaffa und ließ von einem Architekten Pläne für ein Haus entwerfen, weil er hoffte, dort alljährlich einen Monat verbringen zu können. Nach der Rückkehr aus Palästina machten Felix und Frieda mit Chaim und Vera Weizmann Urlaub in Cannes – möglicherweise der Höhepunkt der schwankenden Beziehung zwischen den Warburgs und Chaim Weizmann. Nach New York zurückgekehrt, begann Frieda Hebräisch zu lernen und kritzelte ihre Übungstexte aus Sparsamkeit auf die Rückseite benutzter Briefumschläge.

Als die zionistische Bewegung in den neunziger Jahren des 19. Jahrhunderts gegründet wurde, war Theodor Herzl davon ausgegangen, daß reiche Juden sein Werk finanziell unterstützen würden. Von Anfang an aber wurde die Bewegung vor allem von den Massen der Armen getragen und emotional unterstützt. Inzwischen schienen reiche deutsche und amerikanische Finanzleute bereit, die ihnen von Herzl zugedachte Rolle zu übernehmen. Konkreter Anlaß für diese Annäherung war eine Zusammenkunft von Zionisten und Nichtzionisten im Sommer 1929 in Zürich. Die bei dieser Gelegenheit von ihnen gemeinsam gegründete Jewish Agency war – unter britischem Mandat – als Verwaltungskörperschaft für das Weltjudentum vorgesehen. Vor der Zusammenkunft zogen sich Felix und Weizmann in Louis Marshalls Haus am See von Saranac im Staat New York zurück, um den Plan für einen Kompromiß zwischen Zionisten und Nichtzionisten auszuarbeiten, der beiden Seiten nützen sollte. Im Rahmen eines sogenannten »Ehrenpakts« sollten sich beide Gruppen die Sitze in der Jewish Agency jeweils zur Hälfte teilen. Nichtzionisten, die froh waren über eine Gelegenheit, Palästina entwickeln zu können, ohne damit zwangsläufig einen jüdischen Staat zu schaffen, gaben Weizmann Geld, das er brauchte, um Palästinas wirtschaftliche Probleme zu lösen.

Auf beiden Seiten herrschte Argwohn. Mancher unnachgiebige Zionist nannte den Pakt einen Ausverkauf. Als man sich beschwerte, den neu Hinzugestoßenen werde die Einheit der Bewegung zum Opfer fallen, versicherte ihnen Weizmann, daß die Zionisten die Oberhand behalten würden. Daraufhin fragten sich die Nichtzionisten besorgt, ob man sie womöglich mit einem Trick zur Unterstützung eines jüdischen Staates verlockt hatte; Felix erklärte hierauf, die ihnen zugedachte Rolle habe nichts mit jüdischem Nationalismus zu tun. Anschließend dankte ihm Weizmann überschwenglich für seine Hilfe. »Ohne Ihre großmütige Seele und Mr. Marshalls auf Toleranz gegründeten Wunsch, die Dinge zu Ende zu führen, wäre das nicht möglich gewesen.«[32]

Als die Jewish Agency im August 1929 in der Zürcher Tonhalle zusammentrat, bedeutete das für Juden auf der ganzen Welt einen wichtigen Augenblick der Freundschaft und Einigkeit. Neben Felix und Louis Marshall war eine große Zahl herausragender Juden anwesend, unter ihnen Albert Einstein, Leon Blum, Sir Herbert Samuel und Lord Melchett. Zur jüdischen Elite gesellten sich auch manche arme Juden, die eigens für diesen Anlaß zu Fuß nach Zürich gekommen waren. »Die Bekleidung reichte vom im Osten üblichen Kaftan bis zur neuesten westlichen Mode.«[33] Die Familie Warburg war gut vertreten. Carola ließ die Kinder in Friedas Obhut und kam mit ihrem Vater Felix; Weizmann hatte Lola überredet, gleichfalls teilzunehmen. Max wollte von Felix' Aufforderung, sich an der Jewish Agency zu beteiligen, nichts wissen, versicherte aber anderen deutschen Juden, daß ihre Treue zu Deutschland durch die Teilnahme in keiner Weise beeinträchtigt werde. Er erklärte: »Sie wirken an einer heroischen Aufgabe mit, ohne Ihrem Vaterland Deutschland den geringsten Tort oder Schaden anzutun.«[34]

Weizmann, der mit einer stehenden Ovation begrüßt wurde, sprach zur Versammlung Hebräisch und Englisch, aber hauptsächlich Deutsch. Den Nichtzionisten hielt er einen Ölzweig hin. »Wir haben Palästina nie für die Zionisten gewollt, sondern für die Juden... Die Balfour-Deklaration richtet sich an das gesamte Judentum.«[35] Die Zusammenkunft bedeutete einen persönlichen Triumph für Weizmanns Einfallsreichtum. Er wurde zum Präsidenten der Jewish Agency gewählt, Felix wurde Vorsitzender des Verwaltungsausschusses. Für einen flüchtigen Augenblick hörte der politische Grabenkrieg auf, und es herrschte der Geist der Brüderlichkeit.

Gewöhnlich hielt sich Felix Warburg von jüdischer Politik fern. Er zog es vor, zwischen den zerstrittenen Gruppen zu vermitteln. Bei der Wohlfahrtsarbeit setzte er sich nachdrücklich dafür ein, daß Gruppeninteressen der gemeinsamen Sache untergeordnet wurden. Carola hat über ihn gesagt: »Vater gehörte nicht zu denen, die sich für politisches Handeln und Taktieren besonders interessieren. Ihm war es lieber, daß Menschen guten Willens um einen Tisch saßen und sich über eine Sache einigten.«[36] Diesmal aber wurden in der Welt der jüdischen Politik, in der die Gegensätze aufeinanderprallten, sehr hohe Ansprüche an diese Bereitschaft gestellt: Die zionistische Bewegung wußte genau, was sie wollte. Es ging nicht darum, auf der ganzen Welt Gutes zu tun, und der große Versöhner sah sich vor Konflikte gestellt, die sich weder mit besänftigenden Worten noch mit Kompromissen lösen ließen. Im Kampf um Palästina waren die Menschen weder vernünftig noch gemäßigt, sondern verfolgten ganz im Gegenteil ihr Ziel mit kompromißloser Härte. Da Felix die Verästelungen der Jewish Agency nie genau durchschaute, sollte sich sein Einsatz für diesen Zusammenschluß als diejenige Arbeit erweisen, die ihm in seinem Leben am meisten Ärger bereitete.

Voll Furcht betrachteten die Araber den von der jüdischen Gemeinschaft als Durchbruch gefeierten Ehrenpakt. Ende August 1929 schaukelte sich eine kleinere Auseinandersetzung zwischen Juden und Arabern an der Klagemauer zu einer offenen Konfrontation auf. Gestützt auf Äußerungen, die Zionisten in Zürich getan hatten, wies der Großmufti von Jerusalem auf die Möglichkeit eines Völkermordes an Arabern hin und rief zum Heiligen Krieg gegen jüdische Siedler auf. Mit geschwungenen Säbeln stürmten arabische Horden in die jüdischen Viertel von Jerusalem und Hebron, brachten hundertdreiunddreißig Menschen um und verwundeten dreihundert weitere. In ganz Palästina gab es nur einige hundert britische Polizeibeamte, deren erste Reaktion auf das Vorgehen der Araber eher bedächtig und halbherzig wirkte. Als dann mit Verspätung britische Soldaten aus Ägypten herangeholt wurden, kam es zu einem Blutbad; hundertsechzehn Araber wurden getötet und zweihundertdreißig verwundet.

Am 11. September erlitt die Jewish Agency einen weiteren fürchterlichen Rückschlag. Louis Marshall starb an einer Erkrankung der Bauchspeicheldrüse, und somit wurde Felix zum unangefochtenen Oberhaupt der Nichtzionisten Amerikas. (In jenem Jahr trat er außerdem in das Exekutivkomitee des Zusammenschlusses Amerikanischer Juden ein.) Anschließend zerschlug der Zusammenbruch an der Wall Street die kurzlebige Hoffnung, daß der Zionismus seine chronische Finanzkrise überwunden habe.

Weit davon entfernt, die Juden zu entmutigen, führten die Unruhen in Palästina zu einer nie dagewesenen Welle der Unterstützung. Felix und Lord Melchett unterzeichneten einen Hilferuf an die ganze Welt und baten den britischen Premierminister Ramsay MacDonald um Hilfe. Felix und Frieda spendeten zweihunderttausend Dollar für die Gehälter jüdischer Lehrer, und Felix rief zur Beseitigung der bei den Unruhen entstandenen Schäden die Nothilfe Palästina (Palestine Emergency Fund) ins Leben, die über fünf Millionen Dollar erbrachte. Dieses Geld lag in der Broadway National Bank and Trust Company in New York, da deren Vorsitzender David Brown an den Hilfsmaßnahmen beteiligt war. Felix hatte größte Zweifel, was die Sicherheit der Bank betraf – eine Besorgnis die, wie zu zeigen sein wird, keineswegs unbegründet war.

Für die Verwaltung des Geldes verpflichtete er einen Harvard-Lehrbeauftragten namens Maurice Hexter, der ihm als persönlicher Abgesandter sowie als »Hörer und Sprachrohr in Palästina« dienen sollte. Zögernd sprach Hexter den Präsidenten der Universität Harvard, Lowell, auf das ihm angetragene Amt an, worauf dieser sagte: »Dr. Hexter, die Universität ist Felix Warburg und seinem Schwiegervater für ihre großherzigen Zuwendungen so verpflichtet, daß wir keinen Wunsch, den er an uns richtet, abschlagen wollen.«[37] Als sich Hexter eines Septembermorgens im Jahr 1929 bei Kuhn, Loeb meldete, bekam er einen Kreditbrief über zehntausend Dollar. Bei einem Abschiedsempfang an jenem Abend im Haus Fifth Avenue 1109 entdeckte er unter seinem Teller einen sonderbaren braunen Umschlag, auf dem stand »Auf dem Schiff zu öffnen.« Da er seine Neugier nicht zügeln konnte, öffnete er ihn im Wagen, der ihn zur *Ile de France* brachte, die um Mitternacht ablegen sollte. Er enthielt einen zweiten Kreditbrief über weitere zehntausend Dollar, mit einem kleinen Schreiben von Felix, der ihm erklärte, das Geld sei für Ausgaben, »mit denen Sie den anderen Kreditbrief wohl ungern belasten wollen«.[38] Hexter sollte noch viele weitere Beispiele von Felix' Großzügigkeit erleben. So schenkte ihm dieser anläßlich seines sechzigsten Geburtstags im Jahr 1936 sechstausend Dollar, was Hexter zu der erstaunten Frage veranlaßte: »Wer sonst macht an seinem eigenen Geburtstag Geschenke?«[39]

In Palästina ging Hexter bewaffnet umher, und ein Fahrer, der zugleich als Leibwächter diente, chauffierte den auffälligen großen Packard, den ihm Felix zur Verfügung gestellt hatte. Wie bedrohlich die Lage auch immer sein mochte, Hexter tippte jeden Samstagmorgen einen Bericht für Felix. Wenn er telefonieren mußte, fuhr er sicherheitshalber vier Stunden mit der Bahn nach Kairo.

Der Konflikt zwischen den Juden, die sich für eine friedliche Lösung der Schwierigkeiten mit den Arabern aussprachen, und den Zionisten, die nicht bereit waren, auch nur einen Zollbreit von ihrer Linie abzugehen, zerrte an der in Zürich erzielten vorläufigen Einheit. Das veranlaßte Albert Einstein, zu Weizmann zu sagen: »Falls wir keine Möglichkeit finden, mit den Arabern zusammenzuarbeiten, haben wir nichts aus unserem zweitausendjährigen Leidensweg gelernt und verdienen unser Schicksal.«[40] Die Warburgs, die von Judah Magnes auf dem laufenden gehalten wurden, konnten die schwierige Lage der Araber nur allzu gut nachempfinden. Schon vor Zürich trieb Felix inoffizielle Gespräche zwischen Rabbi Magnes und Harry St. John Philby voran, einem schillernden Abenteurer, der dem König von Saudi-Arabien als Berater diente. Ziel dieser Unterhandlungen war die Gründung eines gesetzgebenden Rates, in dem Araber und Juden entsprechend ihrem Bevölkerungsanteil vertreten sein sollten; im Gegenzug erklärten sich die Araber bereit, die Balfour-Deklaration anzuerkennen. Magnes mußte sich von den Zionisten in diesem Zusammenhang scharfe Vorwürfe gefallen lassen. Jahre später platzte es ärgerlich aus Weizmann heraus, als er in Zürich mit Felix' Sohn über eine Brücke ging: »Ich verstehe nicht, warum ihr Warburgs glaubt, daß Magnes über jeden Zweifel erhaben ist.«[41]

Die Warburgs waren von den Aufständen des Jahres 1929 erschüttert, sahen sie doch darin den Beleg für die Vergeblichkeit des Bemühens, einen jüdischen Staat zu gründen, wenn der Preis dafür war, daß die Araber ihre Heimat verloren. Max fürchtete, zwischen Juden und Arabern werde es zu einem Teufelskreis aus wechselseitigen Repressalien kommen. »Wir alle sind davon überzeugt, daß die Entwicklung Palästinas so, wie wir sie erhoffen, nur möglich ist, wenn Araber und Juden friedlich zusammen leben«, teilte er Felix mit.[42] Die Reaktion der Araber bestärkte die Warburgs in ihrer Haltung, daß es besser sei, statt eines jüdischen Staates eine kulturelle Heimat der Juden zu gründen. In einem Brief an einen Vetter spielte Felix auf das Erwachen der arabischen Massen an und schloß: »Ich bin daher ganz überzeugt, daß wir ehrlich und offiziell die Idee des Judenlandes dort ganz aufgeben müssen, dann hoffe ich wird uns gelingen, unser ›national home‹ dort aufzubauen.«[43] Felix vermutete, daß Weizmann in der arabischen Frage Lippenbekenntnisse ablegte, ihr aber in Wahrheit auswich. Auf seine Anfrage, ob Hilfsgelder zur Bewaffnung jüdischer Siedler verwendet werden dürften, erteilte ihm Felix eine entschiedene Absage.[44]

Die Araberaufstände von 1929 spalteten die britische Regierung in der Frage des Zionismus, und im darauffolgenden Frühjahr begrenzten die Briten einstweilen die Einwanderung von Juden nach Palästina. Zum

Kolonialminister hatte der englische Premier Ramsay MacDonald den Antizionisten Sidney Webb (Lord Passfield)[45] ernannt, der sozialistische Ideen vertrat und eine Untersuchung der Araberunruhen anordnete. In Checkers, dem Landsitz des englischen Premierministers, führte Felix ein Gespräch mit MacDonald, das ihn mit gewissen Hoffnungen erfüllte, und er traf sogar mit Lord Passfield zusammen.

Als Felix und Max in jenem Sommer zur Kur nach Baden-Baden reisten, sprachen sie miteinander über die Lage im Mittleren Osten. Max machte sich große Sorgen um Lola, die nunmehr eine Affäre mit Weizmann hatte, mit dem sie nach Palästina gereist war. Max hatte ihr klargemacht, daß es Weizmann in Wahrheit nicht um sie gehe, sondern darum, für die zionistische Bewegung an das Geld der Warburgs zu gelangen. Hexters Erinnerung nach hatte ihm Max in Baden-Baden »anvertraut, welche Sorgen er sich um die ungebundene Lebensweise einer seiner Töchter, Lola, mache... Sie hatte angeblich eine Affäre mit Chaim Weizmann, dessen Frau Vera sich schon längst an seine ›Flirts‹ gewöhnt« hatte.[46]

Verblüfft erfuhren die Zionisten im Oktober 1930, daß sich das von Lord Passfield in Auftrag gegebene Weißbuch für drastische Beschränkungen einer jüdischen Einwanderung und eines Landerwerbs durch Juden in Palästina aussprach. Die Araber hingegen waren überglücklich, da dieses Dokument der britischen Regierung die Balfour-Deklaration zu verwerfen schien. Weizmann hielt den Zionismus für erledigt. Da die Verfasser des Weißbuchs die Jewish Agency nicht konsultiert hatten, gaben er, Lord Melchett und Felix zum Zeichen des Protests ihre Ämter darin auf. Felix fühlte sich von Lord Passfield persönlich verraten, hatte ihm dieser doch zugesichert, die Auswanderung der Juden nach Palästina werde weitergehen. »Ich habe Menschen gebeten, an die guten Absichten der britischen Regierung zu glauben«, teilte er der Presse mit. »Ich habe zur Entstehung der Jewish Agency beigetragen und über eine Million Dollar in Palästina investiert, in der Hoffnung, andere würden meinem Beispiel folgen. Man hat sich meiner bedient, um die Juden irrezuführen.«[47] Sowohl die Intrige der Zionisten als auch die Doppelzüngigkeit der Briten machten Felix zu schaffen; schließlich hatte er keinerlei Erfahrung mit der Art von Auseinandersetzungen, die in der zionistischen Bewegung gang und gäbe waren. Im Herbst des Jahres teilte er Magnes mit: »Ich bin im Augenblick zutiefst niedergeschlagen, überarbeitet, mir selbst und allen anderen Menschen zuwider.«[48] Er war für die Organisation von so wesentlicher Bedeutung, daß die vom Zusammenbruch der Wall Street 1929 ohnehin schon stark angegriffene Finanzlage der Jewish Agency durch seinen Rücktritt fast aussichtslos wurde. Da zu jener Zeit die Weltwirtschaftskrise einsetzte, mußte Felix seine Spenden auf etwa fünfzigtausend Dollar begrenzen.

Mit großer Energie setzte er sich in London dafür ein, daß die Briten ihre Entscheidung zurücknahmen. Im Februar 1931 machte Ramsay MacDonald in einem Brief Weizmann Hoffnung auf eine neue Position der britischen Regierung und zog die auf das Passfield-Weißbuch gestützte Entscheidung zurück. Obwohl manche Zionisten spotteten, bedeutete das einen wesentlichen Sieg, denn damit wurden die Tore Palästinas erneut geöffnet – unmittelbar, bevor durch die Machtübernahme der Nationalsozialisten in Deutschland ein endloser Strom heimatlos gewordener Juden in eine Welt getrieben wurde, die sie nicht haben wollte. Schon bald sollte der schmale Landstreifen am Mittelmeer eine Bedeutung gewinnen, die sich selbst die fanatischsten Zionisten nicht hätten träumen lassen.

22

Ein Fremdling im Paradies

Paul Warburg gehörte nicht zu denen, welche die Goldenen Zwanziger mit ihrer sinnenfrohen Flucht vor der Wirklichkeit auskosteten. Für einen so nüchtern urteilenden Mann wie ihn waren diese Jahre der Ichbezogenheit und Spekulation zu grell; nie hatte er die großtönende Rhetorik ernst genommen, die glauben machen wollte, daß Amerika in ein neues Zeitalter immerwährenden Wohlstands eingetreten sei. Er hielt sich an die alte Bankiersweisheit, der zufolge man in guten Zeiten über zurückliegende Krisen nachdenken soll. Er spielte in den zwanziger Jahren die altüberlieferte Rolle des jüdischen Propheten, auf den niemand hört und den jeder meidet, weil er furchtlos die Wahrheit sagt. Als er eines Tages 1928 den Century Country Club betrat, rief eins der Mitglieder: »Da kommt die alte Unke!«[1] Diese Stichelei faßt seine Position adäquat zusammen. Paul spürte das heraufziehende Unglück auf eine Weise, die dem lebensbejahenden Geist der Amerikaner gänzlich fremd war.

Wie Felix hing auch er an alten, schönen und von der Zeit geadelten Dingen. Wie eh und je hatte er ein große Vorliebe für Brahms und Bach und konnte den modernen Unterhaltungskapellen nichts abgewinnen. Er erwarb eine erlesene Autographensammlung, das sogenannte Socker-Lampson Album, mit Briefen von Voltaire, Mozart, Rembrandt, Swift und vielen anderen historischen Persönlichkeiten. In der Malerei galt seine Liebe vor allem den großen Werken der Alten Meister; von der modernen Kunst, die er als oberflächlich ansah, wollte er nichts wissen. In Pauls Augen war das sogenannte goldene Zeitalter dekadent und hatte alte, dauerhafte Werte zu seinem Schaden aufgegeben.

Bei aller Nüchternheit war sein Horizont keineswegs nur auf das Finanzwesen beschränkt. »Er war ein richtiger Renaissancemensch«, sagte Benjamin Buttenwieser von der Firma Kuhn, Loeb, »denn nicht nur wußte er im Bankwesen ebensogut Bescheid wie sonst jemand auf der Welt, wenn nicht besser, er besaß außerdem weitgefächerte Kenntnisse auf den Gebieten Literatur, Geschichte, Wirtschaft, Musik und Kunst.«[2] Hinzu kam, daß er von einer Aufgeschlossenheit war, wie man sie bei einem Bankier nicht erwarten würde. Als Vorsitzender der International Acceptance Bank machte er dem Juilliard-Konservatorium großzügige Zuwendungen, unterstützte, als sein Schwager erkrankte, die Loeb Classical Library, war Booker T. Washington[3] freundschaftlich verbunden und diente dem Tuskegee College als Schatzmeister. Außerdem protestierte er, als man die Vorkämpferin der Geburtenkontrolle in den Vereinigten

Staaten, Margaret Sanger, verhaftete. Das Paar Panina unterstützte wohltätige Organisationen in großzügiger, aber unauffälliger Weise, und die Art, wie Friedaflix spendeten, schien ihnen ein wenig zu protzig.

Auch wenn Paul die Auszeichnungen sammelte, die mit einer glänzenden Laufbahn einherzugehen pflegen (beispielsweise wurde ihm die Ehrendoktorwürde der Universitäten Heidelberg und New York sowie des Occidental College verliehen), erholte er sich nie von dem Schlag, den ihm Woodrow Wilson 1918 versetzt hatte. Wie Jimmy später in einem Gedicht über seinen Vater sagte: »Er konnte Verrat, Großtuerei und Einschüchterung vergeben, aber nie vergessen.«[4] Paul betrachtete die Welt mit skeptischen Augen und der resignierten Melancholie eines Mannes, der weiß, daß seine herausragendsten Leistungen bereits hinter ihm liegen. In einer für ihn typischen trübsinnigen Gemütsverfassung erklärte er seiner Tochter lachend, er sei ein »vertrottelter Alter, der in die Vergangenheit blickt«, und klagte über Müdigkeit und Desinteresse.[5] Trotz aller Liebe gaben Paul und Nina einander keinen Auftrieb. Nina war mollig und gesetzt, trug ihr graues Haar in der Mitte brav gescheitelt und hatte ein weiches, offenes Gesicht mit Apfelbäckchen. Zwar blitzten ihre dunkelbraunen Augen nach wie vor lebhaft, doch litt sie an Pulsjagen und gelegentlicher Schwermut, und auch Paul wirkte oft niedergeschlagen. Außerdem war er gegen Ende der zwanziger Jahre gesundheitlich in schlechter Verfassung.

Seine Tochter Bettina behandelte der von Sorgen zerfressene Paul mit einer Wärme und einem Charme, die der Öffentlichkeit meist verborgen blieben. Hinter der Fassade des trockenen, korrekten Mannes konnte er durchaus verspielt und witzig sein, und er schrieb für sie Wortspiele und lustige kleine Gedichte. Als er ihr 1926 ein Armband schenkte, schrieb er dazu einige Verse, die wie folgt endeten: »Ich kann nur Freude dabei finden, das Tochterherz an mich zu binden!«[6] Ihr zuliebe ließ er sich gar zu Exkursen ins Jiddische hinreißen. So sagte er einmal über seine katastrophale Golftechnik: »Soll ich etwa einen Stock schwingen wie ein *Goj*?«[7] So kannten ihn nicht einmal seine engsten Freunde.

Er ermahnte Bettina, die Jugend und das Leben zu genießen und sich nicht wie er in Arbeit zu vergraben. Er war einer jener wenigen jüdischen Väter, die eine gelassenere Haltung dem Leben gegenüber an den Tag legten. »Die ganze Geschichte ist zu schnell vorbei, und dann ist man alt, glatzköpfig und voller weiser Lehren«, schrieb er ihr.[8] Der von unablässiger Pflichterfüllung gebeugte Paul sagte seiner Tochter, er habe sein halbes Leben mit nutzlosen Sorgen vergeudet. Solche Lehren verfehlten ihre Wirkung nicht, und beide Kinder, Bettina wie Jimmy, versuchten geistige Leistungen mit einem erfüllten gesellschaftlichen Leben zu verbinden.

Es schmerzte Paul zu sehen, wie Spekulation an der Wall Street immer mehr um sich griff, vor allem aber, daß die Zentralbank, zu deren geistigen Urhebern er gehörte, nicht bereit war, sie zu stoppen. Von 1921 bis

1926 saß er, mitunter auch als Vizepräsident, im Beratungsgremium des Zentralbankrates. Damit hatte er zwar eine glänzende Beobachterposition, aber nur wenig Einfluß. Wieder einmal erwiesen sich seine Voraussagen über die Zentralbank als verblüffend richtig. Von Anfang an hatte er darauf hingewiesen, daß sie gegen politischen Druck nicht hinreichend geschützt sei. Der Präsident der Vereinigten Staaten war bei der Ernennung neuer Mitglieder auf die Zustimmung des Senats angewiesen, während der Finanzminister den Vorsitz im Zentralbankrat hatte. Damit war diese Einrichtung zu einer Versammlung von Kumpanen des Präsidenten verkommen, die nichts vom Bankwesen verstanden, auf leichtes Geld aus waren und der Spekulation Tür und Tor öffneten. Da überdies Verbrauchern die Möglichkeit eingeräumt wurde, nahezu unbegrenzt Kredit aufzunehmen, kam es zu einer künstlich angeheizten Nachfrage, die das Überangebot an Waren verdeckte.

Gegen Ende der zwanziger Jahre verfaßte Paul seine ausführliche zweibändige Geschichte der Zentralbank. Damit wollte er Senator Carter Glass entgegentreten, der in seinem Buch *An Adventure in Constructive Finance* (Ein Abenteuer in konstruktiver Finanzpolitik) Verdienste beanspruchte, die ihm Pauls Meinung nach nicht zustanden. Obwohl er Glass' Beitrag zum Zustandekommen der Zentralbank gelobt hatte, war er der Ansicht, daß er seinen Anteil übertrieben darstellte. Es entsetzte diesen Genauigkeitsfanatiker, der durchaus etwas vom Pedanten an sich hatte, wie viele Männer mit einem Mal Anspruch auf den Ehrentitel »Vater der Zentralbank« erhoben. »Ich weiß wirklich nicht, wer der Vater war«, sagte er, »aber wenn ich mir ansehe, wie viele Männer sich um die Ehre streiten, kann ich nur sagen, daß die Mutter ein äußerst liederliches Frauenzimmer gewesen sein muß.«[9] Als Paul und Nina 1927 eine dreimonatige Erholungsreise nach Pasadena antraten, wo sie in einem bezaubernden Landhaus wohnten, diktierte er jeden Nachmittag einen Teil seines Werks und beendete es ein Jahr später bei einem zweiten Aufenthalt dort.

In diesem Buch verglich er Abschnitte des Aldrich-Plans mit dem Zentralbankgesetz und demonstrierte mit der Exaktheit eines Talmudgelehrten, daß das Zentralbanksystem auf den von ihm großenteils auf Jekyll Island erarbeiteten Plan zurückging. Während er die Entstehungsgeschichte der Zentralbank darlegte, wies er darauf hin, daß die Grundzüge des Gesetzes banktechnischer und nicht politischer Art waren. Darin mag der Grund für Glass' andere Sicht der Dinge gelegen haben. Es ist bezeichnend, daß Paul, der sich stets im Hintergrund hielt, für diese Selbstrechtfertigung so viel Zeit aufwandte. Jimmy erklärte dazu: »Mein Vater war ein sehr stiller Mensch, und wer ihn nicht gut kannte, hielt ihn für äußerst bescheiden, was aber nicht wirklich der Wahrheit entspricht – er wollte auf jeden Fall für seine Leistung anerkannt werden, bekam aber diese Anerkennung nur selten, weil er so schüchtern war.«[10]

Pauls Ziel hieß aber nicht nur Anerkennung. Er wollte das Buch so rechtzeitig herausbringen, daß es die Debatte darüber einleiten konnte, welche Rolle der Zentralbank bei der Überhitzung der Aktienbörse zukam. Sie hatte 1927 die Zinsen gesenkt, um Schwung in den Finanzmarkt zu bringen, es aber Ende 1928 und im Folgejahr unterlassen, gegenzusteuern, obwohl an der Wall Street Anzeichen einer gefährlichen Kurssteigerung erkennbar wurden. Überschüssige Unternehmensgelder flossen nicht in produktive Investitionen, sondern heizten die Hausse an der Börse weiter an. Besonders den Warburgs machte diese Entwicklung Sorgen, weil sie aus Deutschland und dem übrigen Europa Investitionskapital abzog.

Angesichts dieser für das Ausland so unsicheren Lage führten Paul und Jimmy 1928 ein zeitlich genau geplantes Manöver durch. Die International Acceptance Bank hatte Auslandsdarlehen aufgelegt, ohne über ein Polster an Einlagen aus dem Binnenmarkt zu verfügen. Da Jimmy Schwierigkeiten voraussah und sich wegen der unermeßlichen Schuldenlast auf der ganzen Welt ebenso große Sorgen machte wie Paul, setzte er durch, daß sein Vater die IAB mit einer soliden Inlandsbank zusammenlegte. So fusionierte sie Ende 1928 mit Amerikas ältester Bank, der Bank of Manhattan Company, die ihre Entstehung auf das Jahr 1799 zurückführte und ein großes Zweigstellensystem mit reichlichen Einlagen besaß. Mit Hilfe der neuen und ausgewogeneren Institution gelang es dem IAB, die Krise von 1929 zu überstehen. Paul und Jimmy wurden Vorstandsmitglieder bei der Bank of Manhattan Company (die später zur Chase Manhattan fusionierte), und Jimmy wurde im März desselben Jahres Präsident der International Manhattan Company, ihrer neuen, auf Wertpapiere spezialisierten Zweiggesellschaft. Da er die Emission der europäischen Wertpapiere für Kuhn, Loeb geleitet hatte, war er mit der politischen Lage in Europa bestens vertraut.

Da die Bank of Manhattan einen Fuß im Europageschäft haben wollte, gründete M. M. Warburg im September 1929 unter dem Namen Warburg & Co. eine Bank in Amsterdam – nach hunderteinunddreißig Jahren die erste Niederlassung der Firma außerhalb der deutschen Grenzen. Das hatte die angenehme Nebenwirkung, daß die Familie wieder vereint wurde. Max war Vorsitzender, Paul und Fritz fungierten als seine Stellvertreter, und Erich war zusammen mit Dr. Ernst Spiegelberg, einem neuen Hamburger Teilhaber, als Geschäftsführer vorgesehen. Künftig wurde die unmittelbar vor Beginn des Dritten Reichs gegründete Amsterdamer Bank eine wichtige finanzielle Rettungsleine für die Warburgs.

Später versicherte Paul, er habe sich 1929 fast täglich Sorgen über den Wahnsinn an der Wall Street gemacht. Ihn beunruhigte, daß die Aktien weder nach ihren früheren Erträgen noch nach ihrem Kurs, sondern einzig nach spekulativen Zukunftsaussichten bewertet wurden. Als Jude, eingebürgerter Amerikaner und permanenter Außenseiter schien er für die Hochstimmung, der sich andere hingaben, unempfänglich zu sein. Er

Paul Warburg, der wie sein Bruder Aby das Zeug zum Gelehrten hatte, galt als der Melancholiker unter den fünf Mittelweg-Brüdern. In sich gekehrt und vornehm, mit einem entschiedenen Abscheu gegenüber allen Extremen und jeder Form von Leichtlebigkeit, war er eine denkbar fremde Erscheinung zur Zeit der »wilden Zwanziger«. Als auch theoretisch engagierter Erneuerer des amerikanischen Bankensystems war sein Mitwirken an der Gründung der »Fed«, der amerikanischen Zentralbank, im Jahre 1913/14 der größte Erfolg seines Lebens.

wies Friedas Bruder Morti auf den bevorstehenden Zusammenbruch hin und überzeugte ihn, daß es besser sei, einen Teil seines persönlichen Besitzes in Bargeld anzulegen. (Trotzdem mußte Morti nach 1929 den Verlust der Hälfte seines Vermögens beklagen.) Pauls Rat machte ihm Mut, sich über Otto Kahn hinwegzusetzen. Da er Kapital des Unternehmens Kuhn, Loeb aus riskanten Darlehen der Wertpapierbörse abzog und in sicheren Kommunalobligationen anlegte, blieb dem Unternehmen beim Zusammenbruch das Schlimmste erspart. Dank Paul, dessen Zweifel

Felix in jeder Beziehung teilte, überstanden die Warburgs die Katastrophe im großen und ganzen besser als andere reiche Familien.

Als Paul im Jahresbericht der International Acceptance Bank vom 7. März 1929 seine Voraussage einer bevorstehenden Krise veröffentlichte, setzte man diesen Pessimismus an der Wall Street mit Verrat gleich. Obwohl ihm klar war, daß man ihn dafür büßen lassen würde, sah er es wie schon 1907 als seine Pflicht an, zu handeln, und sagte: »Wer es wagt, in einer Atmosphäre des Jubels eine mißtönende Warnung auszusprechen, macht sich damit äußerst unbeliebt, auch wenn er imstande ist, mit Sicherheit vorauszusagen, daß das Eis, auf dem der verrückte Tanz vor sich geht, einbrechen wird.«[11] Da er es für richtig hielt, Washington im voraus von diesem Donnerschlag in Kenntnis zu setzen, informierte er Staatssekretär Ogden Mills vom Finanzministerium einen Tag vor Erscheinen seines Berichts. Er teilte ihm mit, Washington habe sich dafür entschieden, der Spekulation freien Lauf zu lassen, »was bedeutet, daß man die Dinge den Spielern überläßt, bis ein Zusammenbruch der Spekulation ein Ende bereitet«.[12] Ein Exemplar des Berichts schickte er auch dem Finanzminister, Andrew W. Mellon, dem er die Schuld daran gab, daß politische Zweckdienlichkeit über wirtschaftliche Vorsicht gestellt worden war. Es war Paul klar, daß auch andere Finanzleute die Katastrophe kommen sahen. Sie schwiegen, wie er vermutete, weil sie sich den Beschimpfungen nicht aussetzen wollten, mit denen jeder rechnen mußte, der seine Besorgnis öffentlich formulierte, und weil sie mit einer solchen Vorgehensweise ihren Ruf aufs Spiel setzen würden.

Pauls Bericht war ein eindrucksvolles Beispiel weiser Voraussicht, da er sowohl den Zusammenbruch als auch die darauf folgende Wirtschaftskrise vorhersagte. Ohne um den heißen Brei herumzureden, prangerte er an, daß Amerikas Ersparnisse in die Spekulation geleitet wurden, und wies mit der gebotenen Deutlichkeit darauf hin, welche Möglichkeiten die Zentralbank hatte: entweder könne sie der Spekulation nachgeben oder sie eindämmen. »Gebietet man einem Exzeß an der Börse durch schnelles und entschlossenes Eingreifen rasch Einhalt, ist die Hoffnung nicht übertrieben, daß es zu einem Rückgang künstlich aufgeblähter Aktienkurse kommt, ohne daß das allgemeine Geschäftsleben davon ernsthaft betroffen wird. Läßt man eine ungehemmte Spekulation ins Kraut schießen, wird der unvermeidliche Zusammenbruch mit Sicherheit nicht nur die Spekulanten treffen, sondern auch eine allgemeine Wirtschaftskrise für das ganze Land herbeiführen.«[13] Es war eine der bedeutendsten Aussagen in der Geschichte des amerikanischen Finanzwesens.

Von der Presse befragt, räumte Paul ein, daß eine Zinserhöhung die schmerzhafte Folge haben könnte, daß Aktien liquidiert würden. Ohne ein Eingreifen der Zentralbank aber werde die Heilung künftig noch tiefere Einschnitte erforderlich machen. Pauls Warnung führte zu einem kurzfristigen Einbruch am Aktienmarkt und rief in Washington Unruhe hervor. Am 14. März teilte Mellon unvermittelt der Presse mit, Anleihen böten eine gute Anlagemöglichkeit, Aktien hingegen »hätten einen zu hohen Kurs, als daß sich ihr Kauf lohnte«.[14] Doch auch dies war nur ein Tropfen auf den heißen Stein.

Wie Paul vermutet hatte, schätzten Finanzkreise seinen Bericht als Freveltat ein, und man munkelte, er spekuliere auf Baisse. Bei Vorstandssitzungen wurde er mit Spott und Hohn überschüttet, und man warf ihm vor, er »unterdrücke Amerikas Wirtschaftsblüte«.[15] So wie Aby zugleich Schreckensbilder eines persönlichen und allgemeinen Untergangs gesehen hatte, traf auch Pauls Vorahnung eines Zusammenbruchs mit dem geschärften Bewußtsein der eigenen Sterblichkeit zusammen. Ende Juni verfaßte er sein Testament mit einem rührenden Abschiedsgruß an Nina.

Als New Yorks Landeszentralbank die Zinsen im August 1929 endlich drastisch heraufsetzte, geschah das – Pauls Überzeugung nach – mindestens ein halbes Jahr zu spät. Zu diesem Zeitpunkt wirkte er derart niedergeschlagen, daß Max ihn drängte, sich zwei Wochen Ruhe zu gönnen. Als die von ihm vorausgesagte Katastrophe schließlich eintraf, empfand Paul keineswegs Schadenfreude, sondern fragte sich betrübt, warum die Habgier die Menschen daran gehindert hatte, das sichere Verhängnis abzuwenden. Sein einziger Trost war, daß das von der Zentralbank gestützte Bankensystem den Zusammenbruch ohne größeren Vertrauensverlust bei den Anlegern überstand. Auch die Warburgs hatten nun mit ganzen Scharen ruinierter Investoren zu tun. Zweimal wurde Jimmy Zeuge, wie Investoren, die nicht mehr ein noch aus wußten, von hochgelegenen Fenstern in die Tiefe sprangen, und Felix wurde von verzweifelten Menschen förmlich belagert. Es gelang ihm, mehrere von ihnen zu retten. Man muß es wohl als Ironie des Schicksals ansehen, daß Paul selber in letzter Konsequenz zu den Opfern des Zusammenbruchs von 1929 gehörte, denn dieser setzte einen Mechanismus in Gang, dem auch das deutsche Bankensystem zum Opfer fiel. Zwar sprach sich Paul gegen die an der Wall Street herrschende Glücksspielermentalität aus, doch verhielt er sich sonderbar tolerant gegenüber Max, der zu rasch expandiert hatte. Die hierfür erforderlichen Dollarkredite hatte ihm Paul zur Verfügung gestellt, dessen Vermögen – wie auch das von Felix – von Max als Reserve seiner Bank betrachtet wurde. Noch vor dem Zusammenbruch hatte Jimmy seinen Vater darauf hingewiesen, daß dieses vermeintliche Sicherheitsnetz Max nur zu gewagten Transaktionen verleite. Überdies stellte er sich auf den Standpunkt, daß dieser zu wenig Umsatz von Europa nach New York lenkte. »Ohne zu deutlich zu werden, versuchte ich meinem Vater klarzumachen, daß er einen großen Teil der Schuld an der übermäßigen Ausweitung der Verpflichtung der Hamburger Firma trug«, schrieb Jimmy.[16]

Warum war Paul in diesem Punkt so nachsichtig? Schon als Junge hatte der stets melancholische Paul Max mit seinem bezaubernden und munteren Wesen verehrt, bewundert und wohl auch um seine Lebensfreude beneidet. Auch aus einem anderen wichtigen Grund fügten sich Paul und Felix dem älteren Bruder. Max hatte seiner Überzeugung nach – die sie durchaus teilten – den Bestand des Familienunternehmens gesichert, während sie nach Amerika gingen, um viel Geld zu verdienen. Das gab ihm einen gewissen moralischen Anspruch, Hilfe von ihnen zu erwarten. Das Bedürfnis, ihm diese zu gewähren, empfand Paul als so stark, daß er aufbegehrte, als ihn Jimmy zur Zurückhaltung mahnte. Außerdem darf man nicht vergessen, daß die berühmten fünf Brüder aus ihrem Zusammengehörigkeitsgefühl, wie man es bei so ehrgeizigen und miteinander wetteifernden Geschwistern nur selten findet, zugleich auch Kraft schöpften. Als weiteres Motiv Pauls muß man sehen, daß er sich für verpflichtet hielt, sein Vermögen für die Rettung der Familienehre einzusetzen.

Max gab zu, daß er nicht vorausgesehen hatte, wie sich der Zusammenbruch auf Deutschland auswirken würde. Die Wirtschaft des Landes war in den zwanziger Jahren so sehr auf ausländische, insbesondere amerikanische, Kredite angewiesen, daß es eine Gefährdung bedeutete, wenn sie ausblieben. Die Aktienmärkte brachen zusammen, die Kommunen schrien nach Bargeld, und die Regierung wollte Vorschuß von einem Bankenkonsortium haben, dem auch M. M. Warburg angehörte. Der Zusammenbruch sollte sich als Wendepunkt in Max' Leben erweisen und zugleich als der Beginn einer endlosen Reihe von Mißerfolgen. Zufällig trat er im selben Monat ein wie der Tod Abys und des deutschen Außenministers Gustav Stresemann. Max hatte diesen Mann nicht nur bewundert, sondern in ihm auch den letzten Politiker gesehen, der den Untergang Deutschlands hätte verhindern können. Seines Erachtens hatte der politische Kleinkrieg den gemäßigten Stresemann zermürbt. Wie üblich traten auch hier die Schwierigkeiten nicht einzeln, sondern in Scharen auf.

Jimmy und Bettina waren zwei gesunde amerikanisierte Kinder, bei denen Umgänglichkeit, Lebhaftigkeit und Wagemut ebenso ausgeprägt waren wie bei ihren Eltern Zurückhaltung und Schüchternheit. Auch wenn sie in Hamburg zur Welt gekommen waren, durchdrang sie die uramerikanische Gewißheit, daß dem Tüchtigen die Welt gehört. Sie waren alles andere als Duckmäuser und weitaus ungestümer und strebsamer als die fünf Kinder von Felix. Beide kehrten dem Judentum den Rücken, da sie es als veraltet ansahen, beriefen sich aber später auf eine im jüdischen Denken wurzelnde liberale und egalitäre Überlieferung. Von allen Kindern der berühmten fünf Brüder entfernten sich Bettina und Jimmy im Laufe der Zeit am weitesten aus dem bisweilen als einengend empfundenen Kreis der Familie.

Bettina, die sich zu einer emanzipierten Frau mit sportlichem Körper und fotogenem Lächeln entwickelte, hatte als junges Mädchen dunkles, glänzendes Haar, fast wie eine Indianerin. Sie begehrte gegen eine Erziehung auf, die sie so verzog, daß ihr das Kindermädchen die Zähne putzte, und verfiel dabei ins entgegengesetzte Extrem. Ihr ausgeprägter Hang zur Unabhängigkeit veranlaßte sie, der Mutter nie zu sagen, wohin sie ging, wenn sie das Haus verließ. Für eine junge Jüdin durchlief sie eine ungewöhnliche Laufbahn: Nach dem Besuch der Schule von Brearley ging sie als erste Tochter der Familie, die studierte, an das College Bryn Mawr. Wie Jimmy glänzte auch sie durch Mut und Unangepaßtheit.

Unter dem Eindruck der Schizophrenie ihrer Lieblingsonkel Jim Loeb und Aby ließ sie sich trotz der Einwände ihrer Eltern zur Psychiaterin ausbilden und war stolz auf die Pionierleistung, die sie damit als Frau vollbrachte. Zu jener Zeit galt die Psychiatrie als Domäne muskulöser Männer, die mit gewalttätigen Patienten in Gummizellen fertig werden konnten. Nach einer medizinischen Ausbildung an der Cornell University arbeitete Bettina am bedeutendsten Londoner Krankenhaus für Nervenleiden. Sowohl im gesellschaftlichen Leben wie im Beruf bewegte sie sich völlig frei. In ihren Erinnerungen an die Londoner Zeit heißt es: »Alle Leute in den Pensionen von Bloomsbury machten Stielaugen, wenn sich die Amerikanerin im Abendkleid abholen und zu unerhörten Tageszeiten von Herren in großen Autos wieder nach Hause bringen ließ.«[17] Nach ihrer Rückkehr in die Vereinigten Staaten arbeitete sie am Psychopathic Hospital von Boston, im pathologischen Labor von Harvard und in verschiedenen Nervenheilanstalten, bevor sie an New Yorks Psychoanalytischem Institut eine Privatpraxis eröffnete.

Nie machte sie ein Hehl daraus, daß sie gegen ihre strenge Erziehung ankämpfte, ganz im Gegenteil. Später sagte sie: »Wohlerzogene Jüdinnen wurden ›in die Gesellschaft eingeführt‹. Sie studierten nicht – das taten nur ›Blaustrümpfe‹, die sich alle erdenkliche Mühe gaben, unattraktiv zu sein. Mädchen, die in großen Häusern mit vielen Dienstboten aufgewachsen waren, studierten keinesfalls Medizin und kamen auch nicht, nach Formaldehyd riechend, aus der Anatomie nach Hause. Erst recht lernten sie nicht – oh, größter aller entsetzlichen Schrecken – in Harlem Kinder zu holen.«[18] (Mit diesem saloppen Medizinerausdruck meinte sie offensichtlich die Geburtshilfe). Bettina war voller Bewunderung für den Vater; die Mutter hingegen empfand sie zwar als hübsch und großzügig, doch sah sie in ihr eine Frau, die für alles, was sie tat, Gegenleistungen verlangte; an alles knüpfte Nina Bedingungen, um nicht die Oberhand zu verlieren. Auch Jimmy fand, daß sich seine Mutter unter ihrem hübschen Äußeren wie ein verzogenes Geschöpf verhielt, das andere manipulierte.

Aufgrund ihrer Identifikation mit dem Vater sah Bettina die Dinge rational. Die junge Frau, die später eine bekannte Psychoanalytikerin wurde, stand dem Leben distanziert und unsentimental gegenüber. Ein einmal gefälltes Urteil, das die eingefleischte Freudianerin über andere abgab, war unumstößlich, und jeder hatte das unbehagliche Gefühl, insgeheim von ihr analysiert zu werden. Den Angehörigen trat sie mit äußerster Nüchternheit gegenüber; später zeichnete sie eine Tabelle, in der sie sämtliche Familienmitglieder psychiatrischen Kategorien zuordnete. Nach ihrer Einschätzung waren bei den Loebs schon seit langem manisch-depressive Züge und bei den Warburgs Anlagen zur Schizophrenie erkennbar. All das hing mit ihrer Beziehung zum Vater zusammen. Neben ihrer nüchternen Haltung war sie einer gewissen Koketterie fähig und konnte inmitten eines sachlichen Gesprächs mit Männern von einem Augenblick auf den anderen ein mädchenhaft herausforderndes Lächeln aufsetzen.

Da sich Bettina Männer zum Vorbild nahm, rivalisierte sie mehr mit Jimmy, als andere Mädchen dies bei einem gutaussehenden älteren Bruder gewöhnlich tun. Er schien sie zugleich zu faszinieren und rasend zu machen. Als Kind hatte sie eine große Puppe namens Paul besessen, der sie Tag für Tag genau das anzog, was Jimmy trug. Obwohl sie wußte, daß er das nicht ausstehen konnte, gab sie diese Gewohnheit nicht auf. In all dem spiegelt sich neben ihrer Bewunderung für den Vater auch die gespaltene Haltung, die beide zeit ihres Lebens zueinander hatten.

Auch Frieda und Nina beteiligten sich am immerwährenden Spiel aller jüdischen Mütter, das da heißt »Wer hat den großartigsten Sohn?« Dazu führte Nina einen der herausragendsten Kandidaten der neueren Zeit ins Rennen, den sie erbarmungslos antrieb: Wenn Jimmy bei einer Prüfung neunundneunzig Prozent der erreichbaren Punkte bekam, wollte sie wissen, warum es nicht alle hundert waren. Die amerikanischen Warburgs betrachteten das Bildungssystem, das die alten deutsch-jüdischen Bindungen dahinschmelzen ließ, als das machtvollste Mittel zur Assimilierung. Frieda, Nina und ihre Töchter gehörten zu den wenigen jüdischen Mädchen, die die Schule von Brearley besuchten. Wie Felix' Söhne ging Jimmy, nachdem er von Rabbi Judah Magnes die Bar Mizwa empfangen hatte, auf die Middlesex-Schule bei Concord, die kaum Juden aufnahm. Sie lag ganz in der Nähe von Bunker Hill, wo eine der ersten Schlachten des amerikanischen Unabhängigkeitskrieges stattgefunden hatte. Gegründet hatten diese Schule Patrizier aus Boston, und für die Finanzierung war die Emissionsbank Lee, Higginson zuständig, deren Inhaber englischer Abstammung waren. Absolventen von Middlesex pflegten in Harvard zu studieren. Daß er in einer Stadt zur Schule gegangen war, die man mit Emerson, Thoreau und Hawthorne identifizierte, hinterließ einen nachhaltigen Eindruck auf Jimmy, und er schrieb darüber: »Niemand kann in Middlesex zur Schule gehen, ohne amerikanische Geschichte und eine gewisse Menge amerikanischer Kultur in sich aufzunehmen.«[19]

Er erzielte so unvorstellbar gute Noten, daß andere Jungen Gruppenwetten auf die Ergebnisse seiner Prüfungen abschlossen. Um ihn zu beschäftigen, richtete man eigens einen Griechischkurs ein. Gewöhnlich gehörten die Schüler von Middlesex verschiedenen christlichen Religionsgemeinschaften an, und daher war der Besuch des sonntäglichen Gottesdienstes obligatorisch. Der strenge, aber liberale Schulleiter, Robert Winsor, war Unitarier. Es nimmt kaum wunder, daß sich Jimmy wegen seiner Religionszugehörigkeit gehemmt fühlte. Wie andere Warburg-Kinder brachte auch er das Judentum mit Großvater Schiffs glühender und gelegentlich engstirniger Frömmigkeit in Verbindung. Im Glauben der Unitarier meinte er eine ethische Richtlinie zu finden, die zu der Weisheit paßte, die ihm von Rabbi Magnes vermittelt wurde.

Fortwährend war Jimmy wegen seiner Zugehörigkeit zum Judentum gespalten, und was die Eltern ihm vermittelten, machte auf ihn einen widersprüchlichen Eindruck. In der Grundschule in New York hatte er auf Arbeitsblätter stets seine Anfangsbuchstaben JW geschrieben. Eines Tages quetschte ein sadistisch veranlagter älterer Klassenkamerad ein E dazwischen, so daß das englische Wort für Jude entstand. Als Jimmy seine Mutter um eine Erklärung für diese Verspottung bat, ließ Ninas Reaktion nicht etwa Stolz auf das Judentum erkennen, sondern vielmehr Besorgnis, und sie räumte ein, daß manche Menschen etwas gegen Juden hätten. Später schrieb Jimmy: »Sie sagte, daß ein Jude deshalb stets darauf achten müsse, sich nicht in den Vordergrund zu drängen. Das schien mir sonderbar, und ich hatte den Eindruck, als liege darin die Anerkennung einer Art Zweitklassigkeit.«[20] Statt Langmut an den Tag zu legen, wie es ihm die Mutter empfahl, setzte er sich ganz im Gegenteil trotzig durch.

Durch die Entscheidung, ihre Söhne nach Middlesex zu schicken, legten Friedaflix und Panina selbst die Grundlage dafür, daß diese im späteren Leben mit Nichtjuden verkehrten und außerhalb des Glaubens heirateten. Dennoch zeigten sie sich entsetzt, als genau das schließlich eintrat. Wenn Felix und Frieda darüber klagten, daß ihre Kinder der deutsch-jüdischen Herkunft entfremdet seien, gab Freddy, der Älteste, zur Antwort: »Wenn ihr gewollt hättet, daß wir in der jüdischen Gemeinschaft blieben und uns ausschließlich mit ihrem Tun und Treiben abgäben, hättet ihr uns nach Horace Mann und Columbia schicken müssen, nicht aber nach Middlesex und Harvard. Wieso überrascht es euch, daß Bunker Hill uns mehr bedeutet als das Alte Testament?«[21]

Am weitesten und konsequentesten entfernte sich Jimmy von der Herde. In Harvard tat er sich in allen Fächern hervor und wechselte mit seinem Onkel Jim Loeb Briefe auf griechisch und lateinisch; seinen Abschluß in Altphilologie machte er mit *magna cum laude*. Nach der Eheschließung mit der nichtjüdischen Musikerin Kay Swift arbeitete er als Volontär in der Metropolitan Bank von Washington. Später trat er in die First National Bank von Boston ein, zu deren ersten Konzessionsnehmern unter anderem John Hancock gehört hatte, der erste Gouverneur des Staates Massachusetts. Nachdem sich Jimmy über der Frage seiner Teilnahme am Ersten Weltkrieg mit dem Vater zerstritten hatte, brauchte er Abstand zu ihm. Er entwickelte sich bei der Bostoner Bank zum Spezialisten für die Finanzierung von Textilunternehmen. Da er schon immer gern und viel geschrieben hatte, verfaßte er Schriften über die Finanzierung von Wolle, Baumwolle, Fellen und Leder. Er fühlte sich zu Großem berufen und trat dem Leben mit ungestümer Zuversicht entgegen. Der neue Handelsminister Herbert Hoover ließ ihn 1921 nach Washington kommen und fragte ihn, ob er seine rechte Hand werden wolle – damit wäre er mit seinen fünfundzwanzig Jahren Staatssekretär geworden. Verblüffenderweise stimmte Jimmy keineswegs sofort zu, sondern erkundigte sich, wie seine Aufgabe beschaffen sei. »Sie sollen mir helfen«, sagte Hoover. »Aber was tun Sie?« ließ Jimmy nicht locker. »Das werden Sie merken, wenn Sie die Stelle annehmen«, gab Hoover verärgert zur Antwort.

Prompt entwickelte Jimmy eine Abneigung gegen Hoover und dessen Angebot. Sein Vater, den die in Washington erlittene Behandlung nach wie vor schmerzte, riet ihm: »Laß die Finger davon. Washington richtet Menschen zugrunde.«[22] In einem Brief an Hoover lehnte Jimmy das Angebot ab, worüber er sich später verständlicherweise ärgerte. Es war die erste von vielen Gelegenheiten, bei denen sich Jimmy aus reiner Überheblichkeit um eine Möglichkeit brachte. So freigebig hatten ihn die Götter mit Gaben bedacht, daß ihm die übliche Vorsicht abging, die dem Menschen rät, ein günstiges Angebot nicht einfach auszuschlagen. Immer wieder schlug seine übermäßige Selbstsicherheit in Arroganz um und verstellte ihm den Blick auf die eigenen Grenzen und die Unbeständigkeit des Glücks.

In seinem Absagebrief an Hoover erwähnte er, daß er in die neue Bank seines Vaters eintreten werde. Vermutlich hatte Paul seinem Sohn eine verlockende Offerte gemacht, um ihm den Verzicht auf Hoovers Angebot zu erleichtern. Gegen Ende 1921 zogen Jimmy und Kay an den Riverside Drive, womit Jimmy in der Nähe der IAB wohnte. Der Hauptgrund für ihn, Bankier zu werden, bestand darin, daß er an der Seite seines ungewöhnlichen Vaters arbeiten konnte. Als liebender Sohn achtete er nicht nur dessen Scharfsinn, sondern bemühte sich auch zu verstehen, warum er sich vorwiegend mit Dingen beschäftigte, die für die ganze Welt von Bedeutung waren. Er hörte ihm gern zu, wenn er über Keynes, Versailles und Deutschlands schwierige Lage sprach. Pauls Ansicht nach war ein Bankier nicht einfach jemand, der dem Geld nachjagt; vielmehr betrachtete er das Bankgeschäft als eine mit vielen politischen und gesellschaftlichen Fragen verknüpfte Aufgabe.

Jimmy sah in seinem Vater keineswegs den stets freundlichen und bescheidenen Heiligen und stand ihm durchaus auch zwiespältig gegenüber. Das verursachte ihm fortwährend ein schlechtes Gewissen. Man muß bedenken, daß er mit seinem Vater über viele Jahre hinweg zusammenarbeitete. Im Geschäft konnte Paul streng und fordernd sein und den Sohn mit einem unterdrückten Ärger zurechtweisen, der seinen Worten dann und wann eine nicht beabsichtigte Schärfe verlieh. Als strenger Vater reagierte er empfindlich, wenn er sich gekränkt fühlte. Als Jimmy einmal mit ihm in die Stadt fuhr, drehte er sich während des Gesprächs mit ihm um, weil ein Feuerwehrauto vorüberfuhr. Mehrere Minuten lang schwieg Paul betont, bis ihn Jimmy fragte, was er habe: »Nun, wenn du mir ohnehin nicht zuhörst, brauche ich auch nichts zu sagen«, knurrte dieser.[23]

Wie bei Felix und seinen Söhnen bestand auch zwischen Paul und Jimmy ein Generationskonflikt. Paul war sittenstreng und puritanisch, und all sein Sinnen und Trachten drehte sich um die Familie. Jimmy hingegen hatte einen schwer zu bändigenden Hang zur Selbstbestimmung. Er wollte dem Ghetto des Bankwesens, wie es in dem Buch *In unseren Kreisen* beschrieben ist, der jüdischen Wohltätigkeit und der wohlhabenden jüdischen Freunde entkommen, sich mit Kunst und Sport beschäftigen, sich in New Yorks nichtjüdischer Gesellschaft bewegen und ungehindert sexuelle Erfahrungen machen können. Diese Kluft zeigte sich zum ersten Mal, als Jimmy im College Gedichte verfaßte. Zwar hatte man Lyrik im Hause Warburg als Zeitvertreib gepflegt, aber nie ernsthaft, sondern lediglich in Form von Gelegenheitsgedichten für Familienfeiern. Nina wollte nicht, daß Jimmy seine Gedichte veröffentlichte – sie sah darin eine Art intellektuellen Exhibitionismus. Als *Atlantic Monthly* sein erstes Sonett abdruckte, sagte er ihr nichts davon, und als sie es von dritter Seite erfuhr, fühlte sie sich verletzt. Die Unnachgiebigkeit seiner Eltern in kulturellen Dingen machte Jimmy sehr zu schaffen. Er war unbeschwert, hatte keine Angst vor Autoritäten und lebte ganz im Einklang mit dem ungehemmten Geist der zwanziger Jahre. Nach und nach betrachtete er seinen Vater als einen keineswegs immer sympathischen Tugendbold, der sich häufig abweisend gegenüber Andersdenkenden verhielt.

Jimmy war der erste amerikanische Warburg, der sich von der Großfamilie mit ihren verwickelten Fehden und zerstrittenen Zweigen zurückzog. Sein Leben war unruhig und unstetig. Da es ihn nach Abwechslung drängte, fand er bald seinen Weg in die vornehme Welt. Als aufgehender Stern am Bankhimmel trug er ein kleines Vermögen zusammen und besaß genug Geld und Lebensart, um in jenen Kreisen mithalten zu können. Um die Mitte der zwanziger Jahre erwarb er zwei Stadthäuser an der East Seventieth Street, die er zu einem einzigen umbauen ließ. Er hatte fünf Dienstboten, und ein Chauffeur brachte seine drei Töchter zur Schule. Eines Tages im Jahr 1924 entdeckten Jimmy und Kay bei einem Reitausflug in Greenwich im Staat Connecticut ein herrliches Anwesen namens *Bydale* mit einem im Kolonialstil errichteten Herrenhaus, das im Schatten von Ahornbäumen lag. Zu dem Besitz gehörten außer einer alten Scheune ein steinerner Wasserturm und eine Windmühle. Obwohl es damals in Connecticut kaum Juden gab, kauften sie *Bydale*, richteten das Haus mit Möbeln aus der frühen amerikanischen Periode ein, ließen einen Tennisplatz und ein Schwimmbad anlegen und Stallungen errichten. Im Laufe der Jahre vergrößerte Jimmy, der gern vor dem Frühstück auf einem seiner sieben Pferde ausritt, das Anwesen von ursprünglich zehn auf gut dreißig Hektar.

Dieses Leben – teils Wirtschaftsmagnat, teils Landjunker – war aber nur eine von mehreren Facetten. Ihr Haus an der East Seventieth Street gestalteten Jimmy und Kay nach der neuesten Mode ganz in Schwarz und Weiß. Im Salon, wo zwei Konzertflügel versetzt zueinander standen, gaben sie Gesellschaften, zu denen Angehörige aus den ersten Kreisen kamen, die ebenso unkonventionell und glänzend waren wie der Rahmen, in dem sie stattfanden. Man trank viel, und die eitle, kindliche, witzige und reizende Kay brachte den Gästen bei, wie man richtig Charleston tanzt.

Da das junge Paar einen großen Freundeskreis besaß, kam alles, was Rang und Namen hatte: Fred und Adele Astaire; die Mitglieder der Algonquin Tafelrunde vom *New Yorker*, Beatrice Lilley, Ring Lardner, Marshall Field, Averell Harriman, Dick Rodgers, Larry Hart, Robert E. Sherwood, Marc Connolly und, vor allem, die Brüder Gershwin. Mit einem Mal führte Jimmy ein Doppelleben. Tagsüber war er der nüchterne Bankier, spätabends spielte er Poker mit Harold Ross, Herbert Bayard Swope und anderen Literaten.[24] Auch wenn seine Mutter nichts von Jimmys Gedichten wissen wollte, ermutigte ihn der Kolumnist, Lyriker und Rundfunkjournalist Franklin P. Adams, der sich mit Kays Vater angefreundet hatte, weiterzuschreiben.

Nachdem er das prüde Leben seiner Eltern hinter sich gelassen hatte, sah sich Jimmy immer wieder Versuchungen ausgesetzt, denen er nicht selten nachgab. Frauen erlagen ihm scharenweise. Von der in jenen Kreisen üblichen Freizügigkeit ermuntert, führten er und die beeindruckende, quirlige Kay eine offene Ehe, bei der es keinem von beiden an Liebhabern fehlte. Der Schluß liegt nahe, daß Jimmys Verhalten auch eine Auflehnung gegen den Vater darstellte. Dieser war so verklemmt, daß er einteilige Badeanzüge, die nach dem Krieg Mode wurden, als anstößig betrachtete. Sein Vater, sagte Jimmy, vertrete den Standpunkt, »ein Mann muß seiner Frau dankbar dafür sein, daß sie ein fleischliches Bedürfnis stillt, dessen Existenz an und für sich bedauerlich ist«.[25] In einem Gedicht schrieb Jimmy über des Vaters »großes Mißtrauen / Gegenüber den Experimenten unbekümmerter Jugend«.[26]

Die sexuelle Libertinage war Teil einer größeren Revolte gegen die jüdischen Vorfahren insgesamt. Die Probleme gingen nicht auf Kay zurück, die im Showgeschäft viele jüdische Freunde hatte. Zwei der drei Männer, die sie im Laufe der Jahre heiratete, waren Juden. Jimmy hingegen heiratete drei Nichtjüdinnen und fühlte sich zu Orten wie Greenwich Village mit seinem angelsächsischen Flair hingezogen. Bei allem oberflächlichem Glanz wuchsen Kays und Jimmys drei Töchter – April, Andrea und Kay – in einer kalten, leeren Umgebung auf, da das gesellschaftliche Leben ihre Eltern restlos in Anspruch nahm. Jimmy vermied es, mit ihnen über Religion zu sprechen. Verblüfft erfuhr Andrea mit elf oder zwölf

Jahren eines Tages in Brearley von Florence Straus, einem Mädchen aus dem geschlossenen Kreis der New Yorker Gesellschaft, daß sie Jüdin sei.[27]

1925 trat eine unwiderstehliche, aber auch Unruhe stiftende Persönlichkeit in den eher fragilen Familienkreis ein: George Gershwin. Als Kay zum ersten Mal erlebte, wie er bei einer Probe eine eigene Komposition spielte, ging ihr durch den Kopf, wie sehr dieser schlanke, lebhafte Mann seiner Musik ähnelte. Die Cellistin Marie Rosanoff, wie Kay Mitglied des Edith Par Rubel Trio, brachte die Brüder Gershwin mit zu einer Gesellschaft bei den Warburgs. George schlug Kay mit seiner lebenssprühenden Persönlichkeit ebenso in Bann wie mit seiner elektrisierenden Art, Klavier zu spielen. Unvermittelt sprang er vom Flügel auf und verabschiedete sich mit den Worten: »Ich muß nach Europa abreisen.« Damit verschwand er.[28] Ende Dezember begegnete ihm Kay erneut in der Wohnung des Dirigenten Walter Damrosch bei einer Gesellschaft zur Feier der Uraufführung von Gershwins *Concerto*.

Schon bald war er häufiger Gast im Stadthaus der Warburgs an der East Seventieth Street, wo er sogar sein *Spanish Prelude* komponierte. Der musikalische Geschmack Kays, die zuvor über Musicals die Nase gerümpft hatte, begann sich zu wandeln. »Ich mochte Blues, Spirituals, schnelle Stücke, aber keine Musikkomödien.«[29] Unter Gershwins Anleitung wurde sie eine begeisterte Anhängerin der Unterhaltungsmusik und begann selbst, Lieder zu schreiben. Als Dick Rodgers sie 1927 als Korrepetitorin für die Proben zu *A Connecticut Yankee* verpflichtete, war der Übergang besiegelt.

Gershwin übte auf musikalische Frauen eine magnetische Anziehungskraft aus, und daß Jimmy aus beruflichen Gründen häufig abwesend war, öffnete dem Seitensprung Tür und Tor. Ein Biograph Gershwins vermerkte hierzu: »Die Warburgs waren ein aufgeklärtes Paar, bei dem oft jeder seine eigenen Wege ging, ohne daß es zu offen sichtbaren Reibungen oder Eifersüchteleien gekommen wäre. Ganz gleich, ob Gershwin Kay in ihrer Wohnung in Manhattan besuchte oder mit ihr auf dem Landsitz der Warburgs in Connecticut ausritt, nie hatte er es mit einem aufgebrachten oder eifersüchtigen Ehemann zu tun.«[30] Trotz seiner aufgesetzten weltmännischen Art war Jimmy in einem behüteten Heim aufgewachsen und wußte kaum etwas vom Leben des Künstlervölkchens. Er war ein Lebemann, aber kein wahrer Freigeist, und allmählich wuchs ihm die Sache über den Kopf. Kay und George begannen, gemeinsam Kunstausstellungen, Konzerte und Gesellschaften zu besuchen. Sie arbeitete als seine Sekretärin, las Korrektur bei seinen Partituren und trat in Stücken zu vier Händen zusammen mit ihm auf. Teile wichtiger Gershwin-Partituren liegen in ihrer Handschrift vor. Ein unbefangener Beobachter hätte sie für ein Ehepaar halten können, denn vor Konzerten steckte ihm Kay eine frische Blume ins Knopfloch, wartete dann hinter der Bühne und spendete ihm anschließend liebevoll Beifall.

Später war Jimmy außerordentlich verbittert wegen dieser Affäre, der er nicht rechtzeitig Einhalt geboten hatte. Als George und Kay bereits unzertrennlich waren, verhielt er sich bemerkenswert entgegenkommend. Am Abend vor Gershwins Abreise zu seiner letzten Europareise im März 1928 gaben Jimmy und Kay eine Abschiedsgesellschaft, die bis fünf Uhr morgens andauerte. Jimmy erklärte sich bereit, Gershwin eines der für Gäste vorgesehenen Gebäude auf dem Anwesen in Greenwich zur Verfügung zu stellen, wo er Teile von *Ein Amerikaner in Paris* komponierte und Ausritte mit Kay unternahm. Wenn Jimmy nicht da war, kam Gershwin im Morgenmantel zum Frühstück. Nach der Uraufführung von *Ein Amerikaner in Paris*, die im Dezember in der Carnegie Hall stattfand, verließen Gershwin und Kay den Konzertsaal Seite an Seite, und er kaufte ihr an der 57. Straße zwei Armbänder.

Jimmy, der die Rolle des siegreichen Schürzenjägers gewohnt war, muß in dem geistsprühenden Gershwin einen unangenehmen Rivalen gesehen haben. Jimmys Lage war äußerst verzwickt. Kay hatte ihm die Möglichkeit geboten, allem zu entfliehen, was ihn zu ersticken drohte – dem Bankwesen, dem Judentum, dem Puritanismus der Eltern, dem einengenden Kreis der Familie Warburg –, aber dennoch fühlte er sich in ihrer Welt abgewertet und sah sich als Randfigur. Wie konnte er sein Ansehen in den Künstlerkreisen vergrößern, in denen sie verkehrte?

Die Antwort, die er auf diese Frage gab, konnte nur ein so vielseitiger Mann wie er finden. Der frühreife junge Bankier nutzte seine dichterische Begabung und wurde zum Textdichter für Kays Unterhaltungsmelodien. Seinen eigenen Worten zufolge war es zu dieser Entscheidung gekommen, teils »weil ihr Interesse an der Sache ansteckend war, teils aber auch, weil ich befürchtete, daß sich unser Leben sonst in unterschiedliche Richtungen entwickeln könnte«.[31] Da Paul kein Verständnis für diese Tätigkeit seines Sohnes aufbrachte, verfaßte Jimmy seine Texte unter dem Pseudonym Paul James, während seine Frau ihren Mädchennamen Kay Swift verwendete. Libby Holman sang in *Little Show* 1928 eines der von beiden gemeinsam verfaßten sentimentalen Liebeslieder mit dem Titel »Can't We Be Friends?«

Damit war der Weg für die Zusammenarbeit von Kay und Jimmy an dem Musical *Fine and Dandy* bereitet, bei dessen Uraufführung Joe Cook die Hauptrolle spielte. Als die Produzenten unmittelbar vor der Premiere bankrott machten, überredete Jimmy seine Freunde Marshall Field und Averell Harriman, mit ihm gemeinsam Geld aufzubringen, um die Inszenierung zu retten. (Die drei hatten einige Jahre zuvor gemeinsam in ein Projekt zum Abbau von Mangan in der Sowjetunion investiert.) Das Stück wurde über zweihundertfünfzig Mal aufgeführt, und zwei seiner Melodien – »Fine and Dandy« und »Can This Be Love?« – wurden regelrechte Schlager, die überdies dreißig Jahre lang Tantiemen abwarfen. Das Musical war ein Meilenstein in der Geschichte des Musiktheaters.

Doch der Erfolg des Stücks löste die Eheprobleme der Warburgs keinesfalls. Eher wurde durch diese neue Phase, in der Jimmy versuchte, seine Identitätskrise dadurch zu lösen, daß er sich nicht für eine einzige Identität entschied, sondern gleich mehrere annahm, seine Belastung noch verstärkt. Bei einer Atlantiküberquerung zeigte er 1930 seine Gedichte dem Verleger Alfred Knopf, der sie in einem Bändchen mit dem Titel *And Then What?* herausbrachte. Ihm folgte ein zweiter Band, *Shoes and Ships and Sealing Wax*, wieder unter dem Pseudonym Paul James. Jimmy gab sich keinen Täuschungen darüber hin, daß er gegen Kays Künstlerfreunde nicht bestehen konnte. »Dies Leben war besonders strapaziös für einen Textdichter, dessen Arbeit in der Bank verlangte, daß er allmorgendlich um neun ins Büro ging, zu einer Stunde, da die meisten aus der Theaterwelt noch in den Federn lagen.«[32]

Immer deutlicher traten die Spannungen in der sonderbaren Dreiecksbeziehung zwischen Jimmy, Kay und George Gershwin zutage. Als Gershwin am 14. Januar 1930 die Erstaufführung seiner Antikriegsoperette *Strike Up the Band* dirigierte, saß Kay in der ersten Reihe unmittelbar hinter dem Dirigentenpult. April und Andrea, zwei von Kays und Jimmys Töchtern, sangen und tanzten gern zu »I've Got a Crush on You«, und als Gershwin in der Ouvertüre an diese Stelle kam, wandte er sich zu Kay um und flüsterte »April und Andy«. Anschließend gaben Jimmy und Kay eine Gesellschaft in ihrer Wohnung, zu der Gershwin Sergej Prokofiew mitbrachte. Gershwin sonnte sich förmlich in den begeisterten Kritiken, die den Gästen laut vorgelesen wurden.

Zu jenem Zeitpunkt war das Schicksal dieser Ehe wohl bereits besiegelt. Zwei aufgeweckte junge Leute, Jimmy und Kay, spielten mit Feuerwerkskörpern, die über kurz oder lang explodieren mußten. Doch weder war ihnen klar, wie bald das geschehen würde, noch daß auch sie dem Zusammenbruch von 1929 mittelbar zum Opfer fallen würden. Der spektakuläre Kurssturz an der Wall Street hatte auch in Hamburg schwerwiegende Folgen, und so mußte Jimmy just zu einer Zeit verreisen, in der seine Ehe dies am wenigsten vertrug.

23
Konto X

Auf Geschäftsreisen nach Deutschland hatte Jimmy Warburg in den zwanziger Jahren stets gemischte Gefühle gegenüber seinem Geburtsland. Zuweilen überraschte ihn die Sehnsucht, mit der er an Szenen aus der Kindheit zurückdachte, dann wieder entsetzten ihn die Straßenschlachten, die an der Substanz der Weimarer Republik zehrten. Als er 1929 in Bremen eine Hitlerrede hörte, fiel ihm auf, wie fasziniert die Menschenmenge diesem herausgebrüllten Unsinn lauschte. »Schon als ich sah, welche Wirkung er auf die Menschen hatte, wenn er Dinge sagte, die mir als reiner Blödsinn erschienen, hatte ich das unheimliche Gefühl, daß es sich hier um ein Phänomen handelte, das nicht so unwichtig war, wie es aussah.«[1] Als er seine Onkel Fritz und Max dazu bringen wollte, *Mein Kampf* zu lesen, taten sie das Werk als idiotisches Geschreibsel ab.

Die Nationalsozialisten schlachteten die katastrophale Lage der Landwirtschaft aus und gewannen so Ende der zwanziger Jahre unter den verschuldeten Bauern viele Anhänger. Nach wie vor fiel es Hamburger Kaufleuten schwer, die von dieser Partei ausgehende Bedrohung einzuschätzen. Als Rudolf Heß 1929 in die Stadt kam und einen örtlichen Vertreter der NSDAP aufforderte, interessierte führende Geschäftsleute zusammenzutrommeln, brachte dieser ganze fünf oder sechs auf die Beine. Im Sommer desselben Jahres teilte eine Nazigröße Hitler mit, die Partei habe unter den führenden Persönlichkeiten Hamburgs lediglich zwei- oder dreihundert Anhänger. Geschäftsleute machten sich Sorgen wegen der sozialistischen Komponente einer Partei, die ihrem Namen und Programm nach extreme Positionen der Linken und der Rechten in sich zu vereinigen behauptete. Den Antisemitismus der NSDAP hingegen betrachteten sie als bloßen Propagandatrick, mit dem die Partei wahnwitzige Randgruppen anlocken wollte.

M. M. Warburg & Co. war inzwischen eine der größten und renommiertesten Privatbanken, was Max eine besondere Rolle in der jüdischen Gemeinschaft zuwies. Das Jahr 1929 sollte sich für die Firma als besonders einträglich erweisen. Ein außenstehender Beobachter mußte in Max einen naiven, übereifrigen Patrioten sehen, der mit verbundenen Augen der Zukunft entgegenschritt. In jenem Jahr machte Norman Bentwich einen Besuch auf dem Kösterberg und erinnerte sich, daß sie »Gast Max Warburgs in dessen Lustschlößchen an der Elbe waren. Der Führer der deutschen Juden ahnte zu jener Zeit nichts Böses...«[2] Das war insofern übertrieben, als Max durchaus gewisse Vorahnungen hatte, die zwar vage waren, ihn aber immer wieder heimsuchten. Er blieb, wenn auch mit Unbehagen, Mitglied der konservativen Deutschen Volkspartei, um deren antisemitischem Flügel etwas entgegenzusetzen. Die Zentrumsparteien fanden immer weniger Zuspruch bei den Wählern, und Anfang der dreißiger Jahre begann die Abwanderung zu den extremen Polen der Politik.

Seit Kriegsende zögerte Max, seine Macht im Kampf gegen den Antisemitismus einzusetzen oder den Einfluß der jüdischen Gemeinschaft in Übersee in die Waagschale zu werfen. Fortwährend war er in der Defensive, stets fürchtete er, dem Feind in die Hände zu spielen. Zu Friedrich Ebert wahrte er ebenso Distanz wie zu Gustav Stresemann, damit niemand diesen Männern wegen ihrer Verbindung zu einem prominenten Juden mißtraute. An Felix schrieb er 1929: »Wir müssen unter allen Umständen eine internationale Bekämpfung des Antisemitismus vermeiden, da uns sonst natürlich vorgeworfen wird, daß wir uns vom Ausland her in die inneren Verhältnisse Deutschlands mischen.«[3] Darin lag eine grausame Ironie: Um zu beweisen, daß die NS-Propaganda unrecht hatte, isolierten sich die deutschen Juden und schwächten damit ihre Position. Aus eben diesem Grunde traten sie auch dem Zionismus reserviert gegenüber. Mehrere hundert jüdische Führer unterzeichneten 1930 eine Anzeige, in der sie ihre Loyalität zu Deutschland bekräftigten und einen jüdischen Staat ablehnten. Sie erklärten, daß sie sich, im Einklang mit der überwältigenden Mehrheit der deutschen Juden, als Angehörige des deutschen Volkes ansahen, nicht aber als Angehörige einer jüdischen Nation.[4] Je unsicherer sich deutsche Juden fühlten, desto eifriger bemühten sie sich, den Nachweis für ihre patriotische Gesinnung zu erbringen.

Als unerschütterlicher Befürworter der Weimarer Republik fürchtete Max, daß dieser durch hemmungslose Kritik die Grundlage entzogen werden könnte. Er sprach sich für eine gemäßigte Sozialdemokratie aus und erklärte, Deutschlands Wirtschaft müsse Gewerkschaften anerkennen, höhere Löhne zahlen und in Not geratene Arbeiter unterstützen. In Baden-Baden erfuhr er 1930 von Chauffeuren und Golfjungen, daß sie im Winter keine Arbeit fanden. Er schrieb daraufhin an Regierungsbeamte und sprach sich für eine Arbeitsbeschaffung anstelle der Zahlung von Arbeitslosengeld aus. Am meisten Sorgen machte sich der im Kern seines Wesens konservative Max über die Gefahren, die von hohen Steuern, einer zu großen Macht der Gewerkschaften sowie vom Bolschewismus und der Finanzierung öffentlicher Investitionen durch »deficit spending«, also durch den Vorgriff auf zukünftige Haushaltsmittel, ausgingen. Bedingt durch eine gewisse Weltfremdheit und einen Hang zum Exzentrischen, wirkten seine Vorstellungen aber oft widersprüchlich und unausgewogen.

Mit der Young-Konferenz in Paris fiel den Nationalsozialisten 1929 ein Propaganda-Erfolg in den Schoß. An der Spitze der deutschen Delegation stand der Präsident der Reichsbank, Dr. Hjalmar Schacht. Sein Stellvertreter war Max' brillanter Teilhaber, Carl Melchior, der schon bald im Finanzausschuß des Völkerbundes den Vorsitz übernehmen sollte. Mit seinem sauber gestutzten Schnurrbart, dem kultivierten Auftreten und den traurigen dunklen Augen war er gleichsam der Mustervertreter des öffentlichen Dienstes in Deutschland. Zehn Jahre lang hatte er versucht, eine Verminderung der Reparationsforderungen durch vernünftige Argumente zu erreichen. Wo Schacht aufbrauste, bewahrte er Ruhe und suchte inoffizielle Gespräche mit der Gegenseite. Nach der Konferenz erlitt der überarbeitete Melchior einen Zusammenbruch. Obwohl ihn die Ärzte auf die gesundheitlichen Risiken seines Arbeitspensums hinwiesen, beschäftigte er sich auch weiterhin unermüdlich mit der Frage der Reparationen. Seit diesem Vorfall trug er oft eine dunkle Brille, mied den Umgang mit jungen Leuten und achtete auf seine Gesundheit, während er allmählich den Glauben daran verlor, daß die politische Lage durch Vernunft zu retten sei.

Der Young-Plan beseitigte den Einfluß der Alliierten auf deutsche Banken und Eisenbahnen und sah eine Herabsetzung der Reparationszahlungen vor, die dafür aber bis ins Jahr 1988, also ungewöhnlich weit in die Zukunft, gestreckt werden sollten. Es war vorgesehen, daß die Zahlungen durch eine in Basel ansässige Bank für Internationalen Zahlungsausgleich erfolgen sollten, in deren Verwaltungsrat man den allgegenwärtigen Melchior berief.

Statt einzugestehen, daß der Young-Plan eine Verbesserung bedeutete, stellten ihn die Nationalsozialisten als erneute Beleidigung der deutschen Ehre hin und starteten eine Kampagne zu seiner Ablehnung. Zweifellos hatten die Agitatoren, die ihn als »jüdische Machenschaft« und »Produkt des jüdischen Geistes«[5] abqualifizierten, vor allem Melchior im Visier. In ihren empörten Ausruf: »Drei Generationen Zwangsarbeit!«[6] stimmten auch Industrielle von der Ruhr mit ein. Zwar unterzeichnete Schacht das Dokument, doch sprach er sich anschließend dagegen aus und formulierte auf seinem Landsitz schwülstige Beschimpfungen, um nicht den Unmut der extremen Rechten auf sich zu ziehen. Zur Begründung seiner Kehrtwendung verwies er auf einige marginale Veränderungen, die der Young-Plan im Januar 1930 in Den Haag erfahren hatte. Schachts Seitenwechsel erschütterte Melchior, und er fühlte sich von ihm verraten.

Als Schacht drohte, wegen des Young-Plans sein Amt in der Reichsbank niederzulegen, zwang ihn Max, Farbe zu bekennen, und berief als Mitglied des Beratergremiums eine Sitzung ein. »Ich stellte den Antrag, daß sein Rücktrittsangebot angenommen werden sollte«, schrieb er. »Natürlich wußte Schacht, daß ich die treibende Kraft hinter seiner Entlassung war.«[7]

Einstimmig nahm der Rat Schachts Rücktritt an, und Max sprach sich gegen einen Antrag aus, der Melchior als Nachfolger vorschlug. Statt dessen rief er im Auftrag des Rates Dr. Hans Luther an und forderte ihn auf, den Vorsitz zu übernehmen. Dieser Vorfall ist deshalb erwähnenswert, weil Schacht durch ihn in den Augen der Nationalsozialisten zum Märtyrer avanciert war und er möglicherweise das Motiv lieferte, weshalb Schacht sich später an Max rächte.

Der Zusammenbruch an der Wall Street bewirkte die Art von Wirtschaftskrise, in der politischer Extremismus besonders gut gedeihen kann. Die deutschen Ausfuhren gingen zurück, Kredite aus dem Ausland blieben aus, und die Arbeitslosigkeit stieg binnen eines einzigen Jahres auf mehr als das Doppelte. Hinzu kam, daß die hohen, kurzfristigen Kredite, die man in den zwanziger Jahren aufgenommenen hatte, nun zur Rückzahlung anstanden. Als der neue Reichskanzler Heinrich Brüning, ein unauffälliger, konservativer, katholischer Finanzfachmann, 1930 den Versuch unternahm, mit Hilfe einer vom Reichstag tolerierten Präsidialregierung die Probleme des Landes zu lösen, begann der endgültige Niedergang der Weimarer Republik. Schließlich lähmte Brüning die junge Demokratie durch seinen Rückgriff auf Notverordnungen vollständig. Die Nazis handelten getreu dem Motto der SA, daß die Macht im Staate dem gehört, der die Straße beherrscht, wobei sie sich den Anschein gaben, demokratische Grundsätze zu respektieren.[8] Nicht genug, daß Hitler aus der allgemeinen Erregung über den Young-Plan Nutzen zog, er entwickelte sich zusehends auch zu einer Gestalt von nationaler Bedeutung.

Bei den Wahlen im September erzielte die NSDAP ihren ersten verblüffenden Erfolg. Hatte die Partei 1928 lediglich achthundertzehntausend Stimmen bekommen, waren es nur zwei Jahre später schon 6,4 Millionen, womit sie den ebenfalls starken Stimmenzuwachs der Kommunisten noch deutlich übertraf und ihre Reichstagsfraktion von zwölf auf hundertsieben Sitze vergrößern konnte. Für die deutschen Juden, insbesondere für die Bankiers unter ihnen, war es ein schreckliches Vorzeichen. Nach der Wahl erklärte Goebbels, die Nationalsozialisten würden Banken enteignen, und die Reichstagsfraktion seiner Partei schloß sich dieser Aussage an. Deutsche Aktienwerte stürzten ins Bodenlose, weil beunruhigte ausländische Anleger ihr Geld aus Deutschland abzogen.

Deutsche Juden fragten sich, ob der Wahlsieg der Nationalsozialisten eine Eintagsfliege oder das Vorspiel zu einem Alptraum war. Die amerikanischen Warburgs sahen die Lage von außen stets deutlicher als ihre Verwandten in Deutschland. Nach den Wahlen von 1930 kehrte Jimmy nach New York zurück und teilte seinem Vater mit, Hitler sei ein Irrer, der versuchen werde, Europa zu erobern. »Er hielt mich für verrückt«, erklärte Jimmy dazu.[9] Beim Mittagessen wiederholte er seine Prophezeiung gegenüber dem Leiter der Chase Bank, Albert Wiggin, der anschließend im Gespräch mit Paul witzelte: »Du müßtest deinen Sohn irgendwo einsperren, damit er die Leute nicht so erschreckt.«[10] Im November wies

Felix eine Gruppe bedeutender amerikanischer Juden auf die Bedrohung hin, die von den Nationalsozialisten ausging, doch auch sie glaubten nicht daran, daß das Phänomen Hitler von langer Dauer sein könne.[11]

Es war für Max unfaßbar, daß so viele Deutsche auf die Phrasen dieser ungeschliffenen und ungebildeten Antisemiten hereinfielen. »Sie wissen nur wenig«, teilte er Paul mit, »sie besitzen große Energie, aber es ist zum Teil die Energie der Hoffnungslosen und Verzweifelten.«[12] Max war Zeuge geworden, wie NS-Agitatoren in Bussen und Zügen Ansprachen hielten, und er wußte, daß die Partei über gutgeschulte Kräfte verfügte. Dennoch hielt er die Bewegung für kurzlebig und verglich die Ereignisse mit der Welle des Antisemitismus, die zur Zeit der Affäre Dreyfus über Frankreich hinweggegangen war.[13] Carl Melchior vermutete, der Demagogik der Nazis lasse sich dadurch die Spitze nehmen, daß man sie in eine Koalitionsregierung einband; Max hingegen hielt ein solches Vorgehen für zu gefährlich.

Das Ergebnis der Wahlen von 1930 beunruhigte seine Frau Alice so sehr, daß sie ihm das Versprechen abrang, seine politischen und geschäftlichen Aktivitäten einzuschränken. Am 3. Oktober 1930 unterzeichnete er eine Erklärung, in der es heißt: »Hierdurch gebe ich meiner lieben Frau – Alice, geb. Magnus – die Versicherung, daß ich aus der erregenden Reichstagswahlzeit der letzten Woche die Erkenntnis gezogen habe, mein Leben in Zukunft freier zu gestalten. Ich verspreche, meine Ehrenämter allmählich niederzulegen, mich immer mehr aus der Öffentlichkeit zurückzuziehen, meine Arbeitszeit zu kürzen, mehr Zeit für längere Reisen zu erübrigen und mich wieder mehr meiner Familie zu widmen.«[14] Wohl unterschrieb er dieses Versprechen, das Alice beruhigen sollte, war aber nicht imstande, es zu halten. All das zeigt, daß die deutschen Juden dem Aufstieg der NSDAP keinesfalls sorglos zusahen, doch blieben sie viel zu lange untätig und suchten nach Vernunftgründen dafür, daß sie eine Entscheidung verschleppten.

Vor allem Kleinbürger – unzufriedene Ladeninhaber, Lehrer, kleine Beamte – fühlten sich von den Nazis angesprochen, weniger hingegen die Patrizier Hamburgs. Zweimal fiel es Max 1930 auf, daß Hitler bei Besuchen in der Stadt seine antisemitischen Ausbrüche mäßigte, um beim örtlichen Publikum nicht anzuecken. Im September versicherte Hitler Wilhelm Cuno, dem Leiter der HAPAG, die Nationalsozialisten seien keineswegs auf eine Verfolgung der Juden aus, sondern wollten lediglich deren politischen Einfluß vermindern. Cuno war daraufhin von diesem »gemäßigten« Hitler derart angetan, daß er ihm Gelegenheit gab, vor Hamburgs Nationalem Klub zu sprechen, wo er antisemitische Themen mied und herausstrich, welche Vorzüge die Eroberung des Ostens haben würde. Als Georg von Stauss von der Deutschen Bank im Januar 1931 Schacht zu einem privaten Abendempfang in Hermann Görings Haus einlud, erzielten die Nazis einen weiteren Durchbruch in den Kreisen der

Wirtschaft. Hitler wußte, wie unschätzbar wertvoll es war, einen hochachtbaren Finanzmann in den Reihen der Partei zu haben.

Fast hätte die Wirtschaftskrise der Bank M. M. Warburg ein Ende bereitet, noch bevor Hitler Gelegenheit dazu hatte. Alles verschwor sich gegen die Firma: die Kapitalflucht nach dem Wahlsieg der NSDAP, die weitgehende Liquidation deutscher Wertpapiere durch Amerikaner, der Kurssturz deutscher Aktien. Immer verletzlicher wurde die Bank, die aus den zwanziger Jahren noch einige unsichere Darlehen ausstehen hatte. Dabei ging es vor allem um einen großen Kredit, den man Rudolf Karstadt für sein Kaufhaus zur Verfügung gestellt hatte.

Im Oktober 1930 reiste Max nach New York, um mit den Brüdern über die Wahlen und die Wirtschaftskrise zu sprechen. Obwohl Paul und Felix Jimmys Schreckensvisionen eines Hitler-Deutschland überzogen fanden, fürchteten sie die Nationalsozialisten und sorgten sich um die wirtschaftliche Zukunft des Hauses M. M. Warburg. Sie schlugen Max vor, die nunmehr hundertdzweiunddreißig Jahre währende Unabhängigkeit aufzugeben und mit einer größeren Bank zu fusionieren. Davon aber wollte dieser nichts wissen. »Ich selbst war hiermit nicht einverstanden. Aus meiner wirtschafts-individualistischen Grundeinstellung heraus wollte ich die Firma, wie bisher, als selbständige Privatfirma weiterführen und nicht die Segel streichen.«[15]

Max' überschwengliches Wesen, das ihm im wachstumsorientierten, lebensfrohen Kaiserreich so zum Vorteil gereicht hatte, beflügelte nun seine falschen Hoffnungen auf die in Wahrheit im Zerfall begriffene Weimarer Republik. Wie ehedem hatte er einen geradezu hypnotischen Einfluß auf seine Brüder, vor allem auf Paul, und er stellte die Sache so glänzend dar, daß Paul wie Felix weitere Eigenmittel für die Firma gaben. Im Februar 1931 brachte Paul den erstaunlich hohen Betrag von zwei Millionen Dollar auf, während Felix eine weitere Viertelmillion beisteuerte. Angesichts der unsicheren Lage in Deutschland pumpten die amerikanischen Brüder außerdem Kapital in das neue Amsterdamer Unternehmen Warburg & Co. Diese Injektion von Barmitteln verschaffte Max eine Atempause, die er gut brauchen konnte, denn im Verlauf des folgenden Jahres büßte die Bank vier Fünftel ihrer ausländischen und die Hälfte ihrer inländischen Einlagen ein.

Die schwerste Bedrohung aber kam von Karstadt. Der Warburg-Kredit hatte dazu geführt, daß die Expansion des Kaufhauses, in dessen Aufsichtsrat auch Max saß, beschleunigt wurde. Die Warburgs baten Carolas Mann, Walter Rothschild, der das Kaufhaus A & S in Brooklyn leitete und somit als Gutachter ideale Voraussetzungen hatte, nach Hamburg zu kommen und einen Bericht über Karstadt zu erstellen. Nach seiner Ankunft spazierte der liebenswürdige Walter zu dem nahe gelegenen Kaufhaus, von wo er überraschend schnell wieder zurückkam. »Karstadt macht Pleite«, sagte er mit der Endgültigkeit des delphischen Orakels. Als ihn

Max fragte, wie er das so schnell sagen könne, bekam er zur Antwort: »Ein Kaufhaus, das im Erdgeschoß Kopfkissen verkauft, macht Bankrott.«[16] Außerdem, fügte Walter hinzu, erlitten Kaufhäuser in Wirtschaftskrisen unverhältnismäßig große Einbußen. Versteinert teilte Erich seinem Vater mit, es sei das beste, das sinkende Schiff zu verlassen, doch von einer solchen Lösung wollte Max nichts wissen.[17]

Anfang 1931 ging in den Banken Mitteleuropas die Angst um. Als Deutschland im März Pläne für eine Zollunion mit Österreich ankündigte – was einen Verstoß gegen den Versailler Vertrag bedeutet hätte –, zogen französische Investoren unverzüglich hohe Beträge aus beiden Ländern ab. Die finanzstarke Wiener Credit-Anstalt, die mit den Rothschilds in Verbindung stand und auf nahezu drei Viertel der Banken in Österreich maßgeblichen Einfluß ausübte, erlitt einen schweren Schlag. Die Regierung hatte sie gezwungen, eine bankrott gegangene landwirtschaftliche Bank zu übernehmen, und jetzt traf sie der Abfluß der französischen Mittel zusätzlich. Als Aufsichtsratsmitglied eilte Max im Mai nach Wien, um sich mit Baron Louis von Rothschild, dem Leiter der Bank, zusammenzusetzen. Er kam gerade zurecht, um zu sehen, wie ihr die Anleger in hellen Scharen davonliefen. Es schien ihm unfaßbar, daß die Geschäftsleitung der Bank so völlig richtungslos war und den Aufsichtsrat im dunkeln gelassen hatte. »Sie waren von der Tagesarbeit überwältigt und verloren die Übersicht.«[18] In London sagte Jimmy zu Anthony Rothschild, wenn seine Angehörigen je Hilfe brauchten, könnten sie auf die Warburgs zählen – eine verblüffende Umkehrung der Rollen gegenüber dem 19. Jahrhundert.[19]

Da zwischen Deutschland und Österreich finanzielle Bindungen bestanden, zerstörte das Debakel der Credit-Anstalt auch das Vertrauen der Anleger in deutsche Banken. Nicht nur Karstadt stand am Rande des Bankrotts. Am 16. Juni 1931 fallierte die Norddeutsche Wolle, was eine Finanzkrise auslöste, da das Unternehmen deutsche Gläubiger mit sich riß, insbesondere die große Danatbank, die am 11. Juli in Konkurs ging. Panik erfaßte ganz Deutschland. Um zu verhindern, daß alle Anleger ihr Geld zurückforderten, ließ die Regierung die Banken einen Tag lang schließen, und die deutschen Aktienbörsen setzten ihre Notierungen bis September aus. Max warf der Reichsbank vor, angesichts der im Lande herrschenden Befürchtungen zu zögerlich gehandelt zu haben, und er bedauerte, daß er den wenig einfallsreichen Dr. Luther unterstützt hatte. Aus der Regierung hagelte es förmlich Anordnungen von Notmaßnahmen, doch nichts konnte die allgemeine Besorgnis dämpfen.

Max hatte nach New York geschrieben, es gebe in der Katastrophenlandschaft Lichtblicke und diesen oder jenen Silberstreif am Horizont. Nach dem Zusammenbruch der Credit-Anstalt beauftragten Paul und Felix Jimmy damit, den Stand der Dinge bei M. M. Warburg zu erkunden. Felix befürchtete, wenn Paul selbst nach Deutschland reise, werde ihn

Max nur erneut mit seiner Liebenswürdigkeit einwickeln und sie alle an der Nase herumführen.

Der Auftrag belastete Jimmys Beziehung zu Max, dessen unkomplizierte Tatkraft ihm gefiel und der lange sein Lieblingsonkel und Vorbild gewesen war. Sein Draufgängertum war Jimmy lieber als die immerwährende Vorsicht des Vaters. Max arbeitete schwer, verstand aber auch, das Leben zu genießen; er verdiente viel und gab viel aus – ein Rezept, das Jimmy übernahm. Indessen teilte er die Bedenken, die Paul gegenüber dem Geschäftsmann Max hatte, und beurteilte die übereilte umfangreiche Expansion von dessen Firma kritisch.

Einen Großteil des Jahres, das Jimmy in Deutschland verbrachte, beschäftigte er sich damit, die Bruchstücke zu sichten und zu sortieren. Früher war er immer gern in der altmodischen Bank gewesen, in der man gerade die ersten Schreibmaschinen anschaffte und noch nicht so recht wußte, ob es sinnvoll war, in die neu aufgekommenen Rechenmaschinen zu investieren. Einst war er der vertraute Vermittler zwischen Max und Paul gewesen, jetzt hatte man ihm die Rolle eines Totengräbers übertragen. »In sonderbarer Weise sah ich mich gezwungen, sowohl meinen Vater als auch seinen Bruder zu beschützen. Daß das keine glückliche Beziehung war, liegt auf der Hand.«[20]

Bei seinem Eintreffen in Hamburg konnte Jimmy Max' muntere Selbstsicherheit nicht fassen – und Paul hatte sich Sorgen gemacht, sein Bruder könne Selbstmordgedanken hegen! Jimmy, der die Bank für endgültig verloren hielt, versuchte Paul und Felix davon zu überzeugen, daß alle weiteren Versuche einer Rettung sinnlos waren. Als die nichtsahnenden Hamburger Warburgs auf dem Kösterberg Max' vierundsechzigsten Geburtstag feierten, sprach Jimmy das Todesurteil über dessen Firma, indem er an Paul schrieb: »Es ist wirklich eine Angelegenheit, die niemand außer Dir und Felix entscheiden kann. Was meine Anteile an Deinem Vermögen angeht, kannst Du so weit gehen, wie Du möchtest. Es macht mir nichts aus, wieder bei Null anzufangen, aber gib Dich bitte keinen Täuschungen darüber hin, worauf Du Dich einläßt, wenn auch Du das noch einmal tun mußt. Die einzige sichere Möglichkeit, eine solche Sache anzugehen, besteht darin, daß man feststellt, welches Geld verloren ist. Ich selbst neige im Augenblick, so grausam das klingen mag, dazu, die Firma pleite gehen zu lassen, wenn es nicht anders geht, und der Familie anschließend zu helfen, statt im Versuch, die Lage zu retten, selbst pleite zu gehen... Es tut mir leid, Dir das so unumwunden sagen zu müssen, aber die Zeit drängt, und außerdem wüßte ich gar nicht, wie ich es weniger rückhaltlos sagen sollte.«[21]

Paul litt an einer Art Gürtelrose, die er auf die Belastungen im Zusammenhang mit Max zurückführte. Felix sperrte sich dagegen, Max' Firma zu retten und knurrte, der ältere Bruder wende sich immer nur an ihn, wenn »Melkzeit« sei. Allerdings gab er Friedas Drängen nach, die über ihren eigenen Schatten springen mußte, da sie selbst wütend auf Max war, weil er sie in eine solche Lage gebracht hatte. Nina beschrieb die Situation verzweifelt als Alptraum. Lediglich Paul, der wie gewohnt treu zu Max stand, zögerte keine Sekunde, obwohl er zutiefst davon enttäuscht war, daß sich dieser für den Erhalt der Firma entschieden hatte.

In einem Brief an Jimmy räumte Paul ein, daß man ein beträchtliches finanzielles Opfer bringen müsse, um Max zu retten. Dann fuhr er fort: »Trotzdem, es ist richtig so. Was nützt uns Geld, wenn wir unseren guten Namen verlieren und diejenigen, die wir lieben, im Stich lassen – selbst dann, wenn sie sich wie Idioten aufgeführt haben.« Aus dem Brief spricht tiefe, selbstlose Liebe zu seinem Bruder. »Ich halte es nicht für richtig, einen Mann zu prügeln, der am Boden liegt – und habe das auch nie getan – schon gar nicht, wenn es einer ist, den ich von ganzem Herzen liebe und der mir in tiefster Seele leid tut. Auf der anderen Seite bin ich wirklich aufgebracht, und ich glaube, wir müssen streng sein, sonst treiben die Dinge gerade so weiter wie in der Vergangenheit... Doch was für ein schreckliches Ende [für Max] nach einem so tapferen Kampf und einem Leben so voller Großzügigkeit und Hingabe.«[22] Gerade zu der Zeit, da die Nationalsozialisten das Thema der jüdischen Habgier propagandistisch ausschlachteten, stellten Paul und Felix finanzielle Fragen in beispielhafter Weise hintan, wenn es um die Familienehre ging.

Man muß Jimmy zugute halten, daß er sich angesichts der vollendeten Tatsache ritterlich verhielt. Er schrieb dem Vater: »Ich muß sagen, daß Du und Felix Brüder seid, wie man sie sich wünscht. An Eurer Stelle hätte ich dasselbe getan, aber ich hätte Euch wirklich nicht dazu raten können, denn es handelt sich bestimmt um Geld, das sinnlos zum Fenster hinausgeworfen wird. Wie ich in meiner Note schon sagte, glaube ich nicht, daß Max imstande ist, sich in dem Maße zu ändern, das nötig wäre, um die Firma mit Aussicht auf Erfolg weiter zu betreiben. Auf diese Weise sorgen wir jedenfalls für ein anständiges Begräbnis mit halbmilitärischen Ehren.«[23] Tapfer schloß er mit der Erklärung, er und Kay seien jung und gesund und könnten auch mit einem verminderten Gehalt auskommen.

Zusätzlich zu den im Februar zur Verfügung gestellten 2,5 Millionen Dollar gaben Paul und Felix im Juli eine weitere Million. Außerdem übernahmen sie Schuldverschreibungen im Wert von 2,5 Millionen, die Max der IAB und der Bank of Manhattan Trust schuldete, und leisteten für weitere 1,3 Millionen Dollar in Konsortialbeteiligungen Bürgschaft. Im Oktober überwiesen die beiden Brüder gemeinsam weitere 1,78 Millionen Dollar an M. M. Warburg, womit der Gesamtbetrag auf 9,1 Millionen Dollar anstieg. Pauls Anteil belief sich auf über die Hälfte seines Gesamtvermögens. Zur Weiterleitung dieser Darlehen gründeten die amerikanischen Warburgs die Kara Corporation. Obwohl die Hamburger Bank dieser Firma buchstäblich gehörte, legten Paul und Felix die Leitung von M. M. Warburg erneut in die Hände Max' und seiner Teilhaber und verlangten lediglich Zinsen auf die vorgeschossenen Beträge. Sie gaben sich mit der Rolle nachrangiger Gläubiger zufrieden, was konkret bedeutete, daß sie im Fall eines Bankrotts als letzte an ihr Geld kamen.

Später berichtete Jimmy des öfteren, wie er die amerikanischen Warburgs dazu gebracht habe, M. M. Warburg zu retten. Diese unzutreffende Darstellung trug ihm in der Verwandtschaft ein gewisses Ansehen ein. Er schrieb, die Rolle des bescheidenen Helden spielend: »Als Max später Schwierigkeiten bekam, war es meine Aufgabe, darauf zu bestehen, daß man ihm die äußerst kostspielige Hilfe gewährte, die nötig war, um das alte Familienunternehmen am Leben zu erhalten.«[24] Erich ließ sich nicht von der Meinung abbringen, daß Jimmy seinen Vater und seinen Onkel Felix gegen ihren Willen dazu gebracht habe, die Bank zu stützen. Dabei hatte er in Wirklichkeit angeregt, sie untergehen zu lassen, und er konnte es Max nie ganz verzeihen, daß er auf einem solchen Opfer bestanden hatte. Aufgrund dieser Sachlage wurden die Beziehungen zwischen dem deutschen und dem amerikanischen Zweig der Familie kühler.

In seiner Autobiographie hat Jimmy in spannender Weise berichtet, wie er einen Plan zur Rettung der Danatbank und des deutschen Bankwesens entwickelte. Allerdings vergaß er hinzuzufügen, daß es dabei in Wahrheit um die Rettung seines Onkels Max ging. Bei einem Familienrat im Juli beschlossen Paul und Felix, keine weiteren Beträge zur Stützung der Hamburger Bank zur Verfügung zu stellen, *es sei denn*, sie fusioniere mit einem gesünderen Unternehmen, wofür sie die »Mitgift« aufzubringen bereit waren.

Dies brachte Jimmy auf eine Idee. Gerade hatte Präsident Hoover einen Aufschub für die auferlegten Reparationszahlungen bewilligt. Amerikanische Banken erklärten sich außerdem zu einem Stillhalteabkommen bereit, das heißt, sie prolongierten ihre kurzfristigen Kredite an Deutschland. Das führte dazu, daß später viele amerikanische Unternehmen Einlagen in deutschen Banken besaßen, die nichts abwarfen. Als glänzender Kaufmann, der er war, brachte Jimmy die Firmen dazu, von jenen Einlagen zwölfeinhalb Millionen Dollar in Kapital umzuwandeln, mit dem die Danatbank gestützt werden sollte. Er stellte sich vor, daß diese ihre Einzelhandelseinlagen sowie ihre Zweigstellen an die Dresdner Bank verkaufte und anschließend ihr Großhandelsgeschäft mit M. M. Warburg fusionierte. Wie Jimmy der Danatbank mitteilte, machten die amerikanischen Banken ihre Beteiligung davon abhängig, »daß unsere hamburgischen Geschäftsfreunde, M. M. Warburg & Co., dazu gebracht werden, den größeren Teil ihres Personals und ihres Geschäftsvolumens mit einzubringen«.[25] Die neue Institution sollte zumindest zum Teil von Warburg-Teilhabern verwaltet werden. Gerade diese ausgeklügelte Operation, die Onkel Max Gelegenheit bieten sollte, sein Gesicht zu wahren, sorgte dafür, daß er in Würde unterging.

Jimmy und sein Vetter Siegmund (Neffe von Aby S. und inzwischen

Teilhaber bei M. M. Warburg) fühlten in Berlin vor und erfuhren, daß das Vorhaben Reichskanzler Brüning zusage, weil eine solche Prozedur das Vertrauen in die Banken stärken würde. Gegen Ende August trugen Max, Siegmund und Jimmy den Plan Brüning vor, der aufmerksam zuhörte. Sie nannten eine ganze Reihe erster Adressen, die bereit waren, sich zu beteiligen: General Electric; General Motors, IT & T; International Harvester; Kuhn, Loeb und die Hambros Bank. »Während er zuhörte«, erinnerte sich Jimmy, »füllten sich seine Augen hinter den Brillengläsern mit Tränen. Schließlich sagte er: ›Meine Herren, das ist wie Manna vom Himmel. Ich möchte gern, daß Sie sogleich mit [dem Reichsbankpräsidenten] Luther darüber sprechen‹.«[26] Außer sich vor Freude sagte ihnen Brüning, der Plan könne binnen drei Tagen verwirklicht werden, sofern er nicht im Reichstag auf Widerstand stoße.[27]

Dann aber erwies sich ein in den Büchern mit »Konto X« gekennzeichneter geheimnisvoller Habenposten der Danatbank von zehn Millionen Mark als Hindernis. Da niemand in der Bank bereit war, die Identität des Schuldners preiszugeben, versprach Reichskanzler Brüning, sich persönlich um die Sache zu kümmern. Eine Woche lang ging er den Warburgs aus dem Weg, bis Jimmy erzürnt erklärte, wenn sie nicht in den nächsten achtundvierzig Stunden etwas von ihm hörten, sei das Angebot der Amerikaner hinfällig. Der Kanzler bat ihn noch am selben Nachmittag zu sich, bot ihm aber keinen Stuhl an. Erneut mit Tränen in den Augen erklärte er seine Dankbarkeit und sagte im gleichen Atemzug, ohne auf Einzelheiten einzugehen, daß er das Angebot der Amerikaner ablehnen müsse. Erst Jahre später erfuhren die Warburgs, welches Geheimnis sich hinter jenem »Konto X« verbarg: Es handelte sich um ein nicht einzubringendes Darlehen an Oskar von Hindenburg, den Sohn des Reichskanzlers, der auf zu großem Fuße lebte. Statt zuzulassen, daß der Skandal an die Öffentlichkeit gelangte, lehnte Brüning den Rettungsplan ab. Zwei Jahre später erpreßte Hitler Hindenburgs Sohn mit seinem Wissen von dessen finanziellen Machenschaften, zu denen auch Steuerverkürzung gehörte.[28] Die ganze Angelegenheit war für Jimmy eine schmerzliche Lektion in politischer Feigheit. »Jetzt war es mir klarer denn je, daß Hitlers Machtergreifung nur noch eine Frage der Zeit war... Wäre der Bankenzusammenbruch vermieden worden, hätte dies das Streben der Nazis zur Macht geschwächt.«[29]

Der anstrengende und sorgenvolle Sommer 1930 ging nicht spurlos an Paul vorüber, zumal er auf den gewohnten Urlaub verzichten mußte. Als im September England den Goldstandard aufgab, glaubte er, die Welt habe in finanziellen Dingen den Verstand verloren. Mit einem Mal schlugen Regierungen geheiligte Grundsätze in den Wind, die das Finanzwesen auf der Welt generationenlang bestimmt hatten. Die schlechte Nachricht war, so Frieda, unmittelbarer Auslöser dafür, daß Paul just zu diesem

Zeitpunkt erkrankte. »Ich habe mich mein Leben lang mit Finanzdingen, Wirtschaftsfragen und internationalem Handel beschäftigt und habe jetzt nach diesen jüngsten Ereignissen erkannt, daß ich von all dem überhaupt nichts verstehe«, soll er in seinen letzten Tagen gesagt haben.[30] Als Fatalist auf dem Gebiet der Wirtschaft war er der festen Überzeugung, daß sich Einbrüche nur durch die Dämpfung der voraufgehenden Aufschwünge verhindern ließen. Gestützt auf Syndikate, Kartelle und den Protektionismus hatte die Welt zuviel gebaut und zuviel erzeugt. Sowohl Paul als auch Jimmy führten die Phase des künstlich aufgeblähten Wohlstands der zwanziger Jahre und die darauf folgende Wirtschaftskrise auf die Doppelbelastung von Reparationen und alliierter Kriegsschuld zurück. Bis zu seinem letzten Tag setzte sich Paul dafür ein, Deutschlands Reparationsleistungen zu vermindern.

Er litt an Ermüdungserscheinungen, und da auch seine Augen überlastet waren, suchte er auf ärztlichen Rat Erholung in White Sulphur Springs im Staat West Virginia. An dem eingefallenen Gesicht seines Vaters, der ihn am Hafen abholte, als er im November aus Europa zurückkehrte, erkannte Jimmy, daß er einen gebrochenen Mann vor sich hatte. Auch Bettina fand, daß er lustlos wirkte, sein Lebensfunke schien erloschen. Im Dezember erlitt er einen Schlaganfall. Anfangs war die Familie gewiß, daß er sich davon erholen werde, doch dann kam eine Lungenentzündung hinzu, und er lag wochenlang im Koma. Am 10. Dezember übernahm Jimmy die Position des Vaters als Präsident der International Acceptance Bank. »In seinen lichten Augenblicken sprach er über vieles zu mir, erwähnte aber seinen Bruder Max oder die Firma in Hamburg nicht ein einziges Mal«, sagte Jimmy über Pauls letzte Tage. »Meiner festen Überzeugung nach hat es seinen Lebenswillen zerstört, daß ihn Max im Stich gelassen hatte, für den er sein Leben lang die geradezu sklavische Liebe eines jüngeren Bruders empfunden hatte.«[31]

Als Paul Warburg am 24. Januar 1932 in seinem Haus an der East 80. Street starb, versammelten sich Felix, Nina, Jimmy, Kay und Bettina um sein Bett. Jimmy sagte, der Unglücksprophet sei gestorben, »als seine Welt um ihn herum zusammenbrach«.[32] Seine letzte Ruhestätte fand der möglicherweise begabteste Finanzfachmann seiner Zeit auf dem Friedhof von Sleepy Hollow oberhalb des Hudson.

Später kam es unter den Warburgs zu erbitterten Auseinandersetzungen darüber, ob Max unabsichtlich Pauls Tod beschleunigt habe. Jimmy, der Max vorhielt, die Großzügigkeit seines Bruders ausgenutzt zu haben, schrieb an dessen Tochter Renate: »Ich bin nicht der einzige, der sicher war, daß er [Paul] einfach nicht weiterleben wollte, als sich zeigte, daß sein Abgott tönerne Füße hatte; es war nicht nur meine ›Annahme‹.«[33] Bettina äußerte sich voll Sarkasmus über den Onkel; ihres Erachtens trieb er hinter großartig tönenden Erklärungen selbstsüchtige Pläne voran. Sie belegte ihn mit dem Spitznamen »Maxi, das Taxi« und sagte, »er erwartete, daß andere – nicht etwa für ihn, sondern angeblich für die Firma – alles taten. Er war zu gerissen, um ein Autokrat zu sein.«[34] Bei der Darlegung der Gründe von Pauls Tod hob Max dessen Sorgen über die desolate Finanzwelt der zwanziger Jahre hervor. An der Schwelle zum Dritten Reich hatte er einen klugen Ratgeber und unersetzlichen Vertrauten verloren.

Nach Pauls Tod erkannte die Öffentlichkeit, daß er seinen persönlichen Wohlstand dem Dienst am Gemeinwohl untergeordnet hatte. Anfänglich schätzte die *New York Times* den Wert seines Vermögens auf fünfzig Millionen Dollar und ließ durchblicken, daß es sich ohne weiteres auf das Doppelte oder Dreifache belaufen könne. Tatsächlich betrug sein Nachlaß zweieinhalb Millionen Dollar – etwas mehr als die Hälfte dessen, was er für seinen Bruder Max aufgewendet hatte. Auf dem Totenbett mußten ihm Jimmy und Bettina versprechen, daß sie dafür sorgen würden, der Mutter den gewohnten Lebensstandart zu erhalten. In einem Abschiedsbrief an seine Frau schrieb er: »Was auch immer mit meinem elenden Haufen Knochen geschieht, meine Liebe wird stets bei Dir sein und Dich vor Einsamkeit beschirmen... Ich glaube an die Geschichte vom blauen Vogel. Solange die Menschen an die Dahingegangenen denken, solange leben sie.«[35]

Felix beauftragte Malvina Hoffman damit, eine Plastik von Pauls Kopf anzufertigen, und sie bemühte sich lange darum, ihm gerecht zu werden. Dann rief sie eines Morgens an und sagte: »Gestern abend ist Paul in mein Atelier gekommen und saß mir Modell.« Felix ging hin, und siehe da, die etwas mystisch angehauchte Dame hatte den Kopf fertig.[36]

Jimmy verfaßte zum Gedenken an seinen Vater eine Reihe sehr persönlicher Gedichte, aus denen sich das Schuldgefühl des freizügig lebenden Sohnes gegenüber dem verehrten, aber sittenstrengen Vater herauslesen läßt. Er betonte Pauls Fähigkeit, sich Verlockungen zu entziehen, dem geraden und schmalen Pfad zu folgen. Es schien, als sei es ihm nicht möglich, seinen Vater zu loben, ohne sich selbst zu kasteien. So schrieb er:

»Wie viele Worte des Rates, reif und weise,
Fielen von deinen gütigen Lippen und blieben
Unbeachtet im Staub liegen,
Wenn ich eingebildet und hochfahrend war
Und voll Verachtung für alles Weise und Richtige?«[37]

Diese Zeit des Todes und der Finanzkrise entfremdete Jimmy seinen Angehörigen auf alle Zeiten. Noch zweimal entsandte ihn Felix 1932 nach Hamburg, damit er in der Firma nach dem Rechten sah. Dabei gingen sie nicht mehr mit Samthandschuhen vor, wie zu Pauls Lebzeiten, sondern setzten sich über Max' Einwände hinweg und entwickelten eine Reihe von Plänen, um die Bank in reduzierter Form weiterzuführen. Da die amerikanischen Warburgs den Verdacht nicht los wurden, daß ihre deutschen Verwandten über ihre Verhältnisse lebten, arbeitete Jimmy ein Sparprogramm aus. Zu diesem Zweck erkundigte er sich bei seinen älteren Onkeln bis ins Detail, wofür sie ihr Geld ausgaben. Für Max und Fritz war das demütigend: Sie mußten Rechenschaft darüber ablegen, daß sie ihre Töchter Gisela und Ingrid zum Studium nach Oxford schickten. Erich und Max beteuerten, daß sie ihre Kuren und Segeltörns zur Erholung von den schweren Zeiten brauchten.

Den eigentlichen Grund für den Untergang von M.M.Warburg sahen Jimmy und Felix in Revierstreitigkeiten. Kraft eines Mißtrauensvotums, das Paul in dieser Form nie gebilligt hätte, wurde Max seines Einflusses entkleidet und durfte keine Vorstandssitzungen mehr leiten. Fritz, den Jimmy für faul und unfähig hielt, blieb einfach von den Sitzungen ausgeschlossen, und es wurde verfügt, daß er in keiner Weise mehr an geschäftlichen Entscheidungen teilhaben durfte.[38] Das Vorgehen war hart. Einen Verbündeten fand Jimmy in Siegmund, dem anderen jungen Wunderkind, der Jimmys Klugheit und Forschheit schätzte und dessen Zweifel an Max' Fähigkeit zur Führung des Unternehmens in jeder Beziehung teilte.

Ende 1931 bildete M. M. Warburg mit einer der wenigen größeren Banken, die das Jahr gut überstanden hatten, ein Gemeinschaftsunternehmen: Es war die den Fürstenbergs verbundene Berliner Handelsgesellschaft. Zwar sollten daraus engere Beziehungen entstehen, doch zu einer vollständigen Fusion kam es nie. Der Briefwechsel zwischen Jimmy und Felix scheint zu bestätigen, daß es beider Absicht war, M.M.Warburg ein würdiges Begräbnis auszurichten, nicht aber die Firma wiederzubeleben. Felix, der nicht bereit war, für den Fortbestand des Unternehmens eine Blankogarantie abzugeben, äußerte sich verächtlich über Max' »Palast« an der Ferdinandstraße, der seiner Meinung nach die Firma mit beträchtlichen Gemeinkosten belastete. Jimmy liquidierte einen Großteil der Investitionen von M.M.Warburg in Mitteleuropa und versuchte, Max für die Zukunft eine minder herausgehobene Position zuzuweisen. Dieser sprach sich gegen die Fusion mit der Berliner Handelsgesellschaft aus, bei der er gezwungen gewesen wäre, den Juniorpartner zu spielen. In diesem Zusammenhang teilte Jimmy seinem Onkel Felix mit: »Die Beziehung zur Handelsgesellschaft hat sich glänzend bewährt – weitestgehend dank Siegmunds Beharrlichkeit und mehr oder weniger über Max' Leiche.«[39] Die zwischen Max und Siegmund bestehende Spannung führte zu einer Auseinandersetzung, die schließlich das ganze Warburg-Imperium auf den Kopf stellen sollte.

In einer ähnlich unsentimentalen Weise wollte Jimmy die Amsterdamer Niederlassung Warburg & Co. schließen. Hier bewies Felix den besseren Instinkt, indem er die Vermutung aussprach, sie könne möglicherweise eines Tages Mitgliedern der Familie eine willkommene Zuflucht bieten. »Es könnte sich empfehlen, sie zu erhalten, einfach für den Fall, daß Hitler das Leben für die Familie so unerträglich macht, daß sie ihre Zelte lieber woanders aufschlagen möchte.«[40] Jimmy teilte Felix' Befürchtungen zur Politik; als er Deutschland im Frühjahr 1932 verließ, war er sicher, daß nichts der braunen Flut Einhalt gebieten oder die Warburgs schützen könne. »Als ich mich von meinem Onkel Max und von meinen Hamburger Freunden verabschiedete, tat ich das mit einem Gefühl trauriger Vorahnung. Ich wußte, daß ein Kapitel der Geschichte Europas zu Ende war.«[41]

Abgesehen davon, daß die Vorgänge in Hamburg Jimmy seinen dortigen Verwandten entfremdete, hatte er auch genug von allem Hickhack und den Intrigen in der Verwandtschaft. Als Vermittler bei einer unangenehmen Auseinandersetzung hatte er sich in der undankbaren Position dessen befunden, der älteren Verwandten vorschreiben mußte, was sie zu tun und zu lassen hatten. Kurz vor Pauls Tod hatte Jimmy ihm mitgeteilt, daß er aus der IAB ausscheiden wolle, und Paul hatte ihn gedrängt, zu Kuhn, Loeb zu gehen. Davon aber wollte Jimmy nichts wissen, da er aus dem Spinnennetz herausdrängte, in das ihn die Familie verwoben hatte. Ihm lag nichts an seiner Rolle als Abkömmling einer namhaften Bankiersdynastie. »Ich sage ganz offen, daß ich die Nase von Familiengeschäften voll habe und nicht bereit bin, aus eigener Entscheidung das eine Familienunternehmen aufzugeben, um in ein anderes einzutreten.«[42] Er erklärte, er habe keinerlei Verständnis für das Märtyrertum, das Felix' Söhne Freddy und Paul Felix dazu veranlaßt hatte, ins Bankgeschäft einzutreten. Konsequenterweise wies er Felix' Angebot zurück, bei Kuhn, Loeb einzutreten. Er und Loeb gaben schließlich jeden Ehrgeiz auf, als Bankiers zu wirken. Fortan galt Jimmy als Renegat der Familie und zog sich von den anderen Warburgs zurück.

Es muß ihn erbost haben, daß seine wiederholte lange Abwesenheit zur Vertiefung der Beziehung zwischen Kay und George Gershwin beigetragen hatte. Dieser diktierte ihr in *Bydale* Teile von *Porgy and Bess*, und sie schrieb die halbe Originalpartitur nieder. Inzwischen war es so etwas wie ein fester Bestandteil des Landsitzes der Warburgs. Im Rückblick auf diese Jahrzehnte schien die Wunde Jimmy nach wie vor zu schmerzen: »Ich mochte Gershwin, aber mir gefiel die Art nicht, wie sein vollständig um ihn selbst kreisendes, aber bezauberndes Genie unser Leben bestimmte...«[43] Gershwin dachte nicht daran, die Affäre zu vertuschen, und so kam im Verlag Random House 1932 sein *Song Book* mit einer Widmung an Kay heraus. Sich von einer Berühmtheit in aller Öffentlichkeit die Hörner aufsetzen zu lassen, war mehr, als ein Mann von Jimmy Warburgs Format ertragen konnte. Außerdem wirkte sich die Affäre äußerst nachteilig auf die drei Töchter aus, denen in Bydale letztlich nichts verborgen blieb. Eine von ihnen überraschte George und Kay in flagranti, was sie in tiefster Seele erschütterte.

Auch wenn Gershwin gewiß nicht zum Ehemann geboren war, erwog er, Kay zu heiraten, und fragte diesbezüglich seine Freunde um Rat. Ungewiß ist, ob ihn schließlich die Existenz der drei Töchter abschreckte (seine Beziehungen zur ältesten, April, waren gespannt, denn sie begriff, was vor sich ging), ob es ihn störte, daß Kay keine Jüdin war, oder ob er sich nicht mit dem Gedanken anfreunden konnte, eine geschiedene Frau zu heiraten. Jedenfalls sagte er: »Warum soll ich mich auf eine einzige Frau beschränken, wenn ich so viele haben kann, wie ich möchte?«[44] Als ihn Jimmy zur Rede stellte und ihm sagte, er solle Kay ruhig heiraten, wenn ihm danach sei, ergriff der Komponist panikartig die Flucht.[45]

Noch verwickelter wurde die Lage, als alle Beteiligten dieser Dreiecksbeziehung beim selben Psychoanalytiker landeten. Der vor der Revolution aus Rußland geflohene Gregory Zilboorg war ein extravaganter, kleiner und dunkelhäutiger Mann und ein Nachbar von Jimmy und Kay in der East 70. Street. Bettina, die sich bei ihm hatte ausbilden lassen, verwies Kay an ihn, als sie in der Affäre mit Gershwin nicht mehr recht aus noch ein wußte. Anfänglich faszinierte Zilboorg, dessen schillernde Vergangenheit ihn mit einer geheimnisvollen Aura umgab, die Warburgs, doch später wurde aus deren Bewunderung Enttäuschung. Er war Sekretär des Arbeitsministers im Kabinett Kerenskij gewesen, kochte und fotografierte exzellent, beherrschte mehr als acht Sprachen fließend, war Arzt und Verfasser einer bedeutenden Geschichte der Psychiatrie. Mit Hilfe seiner außergewöhnlichen Intelligenz und unterstützt von der Kunst, sich effektvoll in Szene zu setzen, wozu auch seine wuchtige Brille beitrug, hatte er eine Anhängerschaft um sich versammelt, die von der Dramatikerin Lillian Hellmann bis Marshall Field reichte. Mit der Kunst seiner Diagnostik und seiner Redegabe brachte er gelegentlich Patienten so weit, daß sie weinend zusammenbrachen, woraufhin er ihnen ihre innersten Geheimnisse entlocken konnte. Diese wiederum benutzte er, um die Menschen zu beherrschen.

Da zu jener Zeit die Psychoanalyse in Amerika noch etwas Neues und Gewagtes war, dem der Geruch des Verbotenen anhaftete, erlagen die experimentierfreudigen, avantgardistischen jungen Warburgs ihrer Lockung. Doch statt Kay zur Klarheit über ihre Lage zu verhelfen, verführte Zilboorg sie nach einer Weile bei den Sitzungen auf der Couch. Ihrer Enkelin zufolge hatte das weniger damit zu tun, daß sich Kay zu ihm hingezogen gefühlt hätte, als vielmehr mit der Befriedigung seiner eigenen Bedürfnisse. Auf die Frage einer Scheidung von Jimmy angesprochen, riet er ihr ab. Er drohte ihr sogar, Jimmy und Gershwin, die er beide kannte, gegen sie aufzubringen, falls sie bei ihrer Absicht bliebe, so daß dann keiner von beiden mehr etwas mit ihr zu tun haben wolle.[46] Doch auf Dauer ließ sie sich ihr Vorhaben nicht ausreden, und sie zwang ihn, die Karten auf den Tisch zu legen. Ende 1934 reiste sie nach Nevada, um die Scheidung zu erwirken. Obwohl sie Zilboorg fallenließ, begaben sich auch Jimmy und Gershwin bei ihm in Behandlung.

Zur Überraschung vieler Freunde des Komponisten heiratete Kay Gershwin am Ende doch nicht. Als sie einmal gemeinsam einen Nachtklub betraten, witzelte Oscar Levant: »Ah, da kommt George Gershwin mit der künftigen Miss Kay Swift.«[47] Sie war 1935 nach wie vor seine ständige Begleiterin und spielte in der Wohnung des Vogue-Verlegers Condé Nast an der Park Avenue bei einer Gesellschaft zur Feier der Uraufführung von *Porgy and Bess* die Gastgeberin. Als Gershwin im folgenden Jahr nach Hollywood ging, gab es zwischen ihm und Kay einen tränenreichen Abschied am Flughafen von Newark. Sie sahen einander nie wieder; Gershwin starb im Juli 1937 an einem Gehirntumor. Kay heiratete noch zweimal – zuerst einen weithin bekannten Rodeo-Reiter und dann einen Rundfunkansager –, hielt aber die heilige Flamme des Gedenkens an Gershwin und seine Musik weiterhin am Leben. Musikwissenschaftler suchten sie auf, um zu erfahren, wie Gershwin bestimmte Passagen gespielt hatte.

Einerseits fühlte sich Jimmy durch die Trennung von Kay zutiefst gedemütigt, doch er nahm an, sie habe einfach durchgedreht, und er überschrieb ihr die Tantiemen für die Lieder, die sie gemeinsam verfaßt hatten. Mit einem Mal brach für ihn die Welt zusammen, die in so vielversprechender Weise voller Leben und Tatkraft gewesen war. Die Hochzeit mit Kay und der Verkehr in ihrem Künstlerkreis hatte auch einen Ausbruch aus dem Kreis seiner Familie bedeutet; er hatte die Überlieferung mißachtet und sich in ein gefährliches neues Leben vorgewagt. Als er die Geborgenheit des gesellschaftlichen Ghettos verlassen hatte, das die Zugehörigkeit zum Judentums bedeutete, merkte er, daß die glitzernde Welt auf der anderen Seite voll geheimer Gefahren war, von denen er trotz all seines weltkundigen Gehabes nicht das geringste wußte.

24

Der blaue Knabe

Die New Yorker Warburgs waren zweifach emanzipiert. Ihren Vorfahren hatten die glänzenden Möglichkeiten, die Juden im Kaiserreich offenstanden, einen Aufschwung ermöglicht, und nun erlebten sie in den zwanziger und dreißiger Jahren eine ganz neue Art der Freiheit: Sie stießen in die oberen Ränge der amerikanischen Gesellschaft vor und paßten sich in ihrem Auftreten den patrizischen Geschlechtern angelsächsischer Herkunft an. Dieses neue Lebensgefühl war zwar atemberaubend, aber auch verwirrend. Die reichen und kultivierten Warburgs erlangten Zutritt zu Vereinigungen und Klubs, die anderen Juden verschlossen blieben, und damit gerieten sie in die schreckliche Situation, in einer christlichen Welt die Rolle der Renommierjuden zu spielen. Erster Jude in einem Klub oder einer Schule zu sein, ließ sich als mutiger, bahnbrechender Akt, aber auch als schändliches Einvernehmen mit dem Feind deuten.

Vor allem Felix Warburgs Nachkommen waren sich ihrer Identität nicht sicher, und es schien sie bisweilen zu erschöpfen, daß sie wie Hamlet nach ihrem wahren Wesen suchen mußten. Im Vergleich mit der voraufgegangenen Generation der fünf berühmten Brüder wirkten Felix' vier Söhne unvollkommen. Weder waren sie von der gleichen Tatkraft wie ihre Vorfahren, noch besaßen sie deren Schwung. Konsequent lösten sie den historischen Zwiespalt der deutschen Juden gegenüber ihrer Religion auf, indem sie Mischehen eingingen und sich auch sonst immer weiter von ihr entfernten. Zwar beteiligten sie sich pflichtschuldig an den Wohltätigkeitsaufgaben der jüdischen Gemeinschaft, doch war derlei in ihrem Leben nur noch am Rande von Bedeutung. (Eine deutliche Ausnahme bildete auf diesem Gebiet der jüngste Sohn Edward.) Allmählich gaben die amerikanischen Warburgs die Führungsrolle in der Öffentlichkeit auf, die ihre Familie seit dem 16. Jahrhundert innegehabt hatte. Es wirkt paradox, daß sie sich weitgehend von ihrem Judentum lösten, während die verfolgte deutsche Seite der Familie es stärker bewahrte.

Das goldene Zeitalter wirkte sich mit Nachdruck auf die jungen Warburgs aus, die sich nach dem Abenteuer verzehrten und eine Lebensweise als überholt ablehnten, die in der Enge des geschlossenen Kreises reicher Juden üblich war. Vom Wohlstand verlockt, bewegten sie sich unter hochgestellten Amerikanern angelsächsischer Abkunft, wobei ihnen die Religion hinderlich war. Dieser Übergang war in gewisser Weise für jene Generation der Juden der führenden Schicht kennzeichnend. Mortimer Schiff besaß französische Rennställe und ein Haus in Palm Beach, wo

Averell Harriman und Joseph P. Kennedy zu seinen Gästen gehörten.[1] Zwar waren die Schiffs und Kahns früher als die Warburgs an die Spitze der Gesellschaft vorgestoßen, doch schienen letztere einen fast noch größeren gesellschaftlichen Ehrgeiz zu entwickeln, als wollten sie unbedingt beweisen, daß sie tun und erreichen konnten, was auch immer sie wollten.

Bis dahin hatten die Männer des Hauses Warburg mit wenigen Ausnahmen – so zum Beispiel Aby – eine alte Tradition befolgt, deren Einhaltung sich allmählich nicht mehr durchsetzen ließ. Man hatte von ihnen erwartet, daß sie im Interesse der Familie praktische Berufe im Bankwesen oder in der Geschäftswelt ausübten; nach der Arbeitszeit durften sie die Freuden genießen, die der Reichtum mit sich brachte. Niemand legte ihnen Steine in den Weg, wenn sie sich in der Gesellschaft von Nichtjuden bewegen wollten, solange sie bestimmte Aufgaben in der jüdischen Gemeinschaft übernahmen. Niemand verwehrte ihnen, sich für die Künste zu engagieren – allerdings ausschließlich als Förderer oder als Kenner und Sammler. Sie konnten sich mit Nichtjüdinnen verabreden, vorausgesetzt, sie verliebten sich nicht in sie, und sie durften sich Geliebte halten, sofern die eheliche Harmonie nicht darunter litt. Auch konnten sie sich selbstverständlich nach dem Vorbild englischer Adliger als Amateure im Sport betätigen.

Diesen Drahtseilakt hatte Felix in meisterhafter Weise bewältigt. Er hatte das Beste aus der europäischen Überlieferung behalten und sich zugleich Amerika gegenüber weit geöffnet. Da es ihm gelungen war, meisterlich auf der Trennlinie zwischen Deutschem und Amerikaner sowie zwischen Jude und Nichtjude zu balancieren, wollte es ihm nicht in den Kopf, daß die Konflikte, die sich daraus ergaben, seinen Kindern Schwierigkeiten bereiteten. Er begriff nie, daß die Haltung seiner Kinder Ergebnis seiner eigenen widersprüchlichen Impulse war. Seinem Willen nach sollten die Söhne echte Amerikaner sein, die in Middlesex zur Schule gingen und in Harvard studierten, Tennis und Football spielten. Als sie aber taten, was er von ihnen erwartete, fragte er sich, wieso ihnen die jüdische Wohltätigkeit nicht wichtig war.

Da jedes von ihnen gewisse Merkmale von ihm erbte, ähnelten sie alle mehr oder weniger seinem Bild. Zwar hatten sie seine lebhafte, muntere Art, sein gewinnendes Wesen, seinen Hang zum Spaßhaften, nicht aber seine unerschütterliche Hingabe an soziale Pflichten und seine Bindung an politische Aufgaben. Ihr Schiff hatte den Wind der Warburgs in den Segeln, fuhr aber ohne den Ballast der Familie. Sie hatten jene Art von Reichtum mit auf den Weg bekommen, der den Ehrgeiz dämpft und das Freizeitvergnügen in den Vordergrund des Interesses rückt. Jacob Schiffs Witwe Therese verzog ihre Enkel grenzenlos und hinterließ ihnen, als sie 1933 starb, gut viereinhalb Millionen Dollar sowie ein 1910 festgelegtes treuhänderisch verwaltetes Vermögen von sechs Millionen Dollar. Da die jungen Warburgs nicht darauf angewiesen waren, ihr Geld zu verdienen, lernten sie, jedem eine lange Nase zu drehen, bei dem ihnen danach war.

Am ehesten war Felix' älteste Tochter Carola bereit, den ihr zugewiesenen Platz im Universum der Warburgs einzunehmen. Sie war bei allen beliebt, und in ihrem Hause gab es, selbst während der Prohibition, außer guten Gesprächen so viele Cocktails, wie das Herz begehrte. Felix war in sie geradezu vernarrt und sagte: »Sie ist wie ein reinrassiges Pferd und muß mit leichter Hand geritten werden.«[2] In dem reichen Walter Rothschild, der in Princeton studiert hatte, fand sie einen unbeschwerten Ehemann, der geschickt mit der oft widerborstigen Warburgsippe umzugehen verstand. Als Enkel jenes Mannes, der das Kaufhaus A & S in Brooklyn gegründet hatte, brauchte er sich den Kopf nicht über Statusfragen zu zerbrechen.

Carola hatte die anglophilen Neigungen ihrer Eltern geerbt und liebte Pferde, Hunde und das Landleben. Einen großen Teil ihrer Zeit widmete sie verschiedenen Krankenhäusern, den Pfadfinderinnen, dem Zusammenschluß jüdischer Wohltätigkeitsorganisationen (Federation of Jewish Philanthropies), einer Geburtsklinik und anderen Aufgaben. In mancher Hinsicht nahm sie sich Frieda zum Vorbild, doch waren ihre Aktivitäten im Zusammenhang mit dem Judentum mehr eine Sache des Familienstolzes und der Achtung vor der Vergangenheit. Auf die Frage, ob sie praktizierende Jüdin sei, seufzte Carola: »Nun ja, ich bin von einem Rabbiner getraut worden.«[3] Ihre drei Kinder heirateten insgesamt fünfmal, aber nicht ein einziges Mal Juden.

Carolas Brüder kostete es größere Mühe, sich der Familientradition der Warburgs zu fügen und die Möglichkeiten zu nutzen, die ihnen der Wohlstand bot. Zwischen einer Vergangenheit, die vollkommen schien, und einer abweisenden Zukunft fühlten sie sich wie gefangen, und nie gelang es ihnen, die Mitte ihres Lebens zu finden. Im Geschäftsleben hinderte ihr Reichtum sie daran, dynamisch vorzugehen, und sie waren zu verwöhnt, um fleißig zu sein. Felix ließ nicht zu, daß sie ihre Energien auf anderen Wegen erprobten oder nach einer neuen Identität suchten. Für das sensible, künstlerisch begabte Paar Gerry und Eddie war das mit größeren Schwierigkeiten verbunden als für Freddy und Paul Felix, die sportlich und kontaktfreudig waren.

Der Familienpflicht gehorchend, verbrachte Freddy, der Älteste, praktisch sein gesamtes Berufsleben bei Kuhn, Loeb. Sein zerklüftetes Gesicht mit dem höckrigen Kinn und der hohen Stirn, von der das Haar zurückwich, drückte Kampfeslust aus. Wichtigtuer wies er mit seinem trockenen, herben Witz zurecht. Wenn er andere neckte, konnte er lustig und erheiternd sein, dann quoll Scherz auf Scherz aus ihm heraus; doch manchmal waren seine Späße auch billig, wenn nicht gar verletzend.

Als großer Freund des Tennisspiels brachte Freddy internationale Ballgrößen auf die Plätze von *Woodlands*. Hätte man die Entscheidung ihm überlassen, wäre er möglicherweise Herausgeber einer Sportzeitschrift geworden. Niemand zweifelte an seinen Fähigkeiten als Bankier, aber der Schwung seiner Onkel ging ihm ab. In den dreißiger Jahren erwarb er ein Gestüt in Middleburg im Staat Virginia und führte das Leben eines Landedelmanns, der Pferde züchtete und gelegentlich auf Fuchsjagd ging. Er unterstützte zahlreiche Einrichtungen – die Middlesex School, Harvard, die Pfadfinder und das Smith College –, von denen kaum eine mit dem Judentum zu tun hatte. Manche Familienmitglieder vermuten, daß er bis Ende vierzig Junggeselle blieb, weil gemäß der Klausel in Schiffs Testament enterbt werden sollte, wer außerhalb des Glaubens heiratete. Andere gehen davon aus, daß dieses Leben ihm einfach so zusagte, daß er nicht davon lassen wollte. Wie dem auch sei, er war nahezu fünfzig Jahre alt, als er 1946 die lebenslustige Wilma Shannon heiratete.

Der dritte Sohn, der allgemein unter seinem Spitznamen »Piggy« bekannte Paul Felix, war aus dem gleichen Holz geschnitzt. Dieser flotte und unterhaltsame Bursche, der immer einen Scherz auf den Lippen hatte, war der Clown der Familie. Als er eines Sommers in Paris ins *Ritz* zurückkehrte, nachdem er sich die ganze Nacht amüsiert hatte, geriet er versehentlich ins Schlafzimmer der Eltern und warf seinen Spazierstock aufs Bett, so daß er Frieda traf. Sie richtete sich auf und sagte: »Darüber wird morgen früh dein Vater mit dir sprechen.«[4] Meist aber lachte sie laut über sein verrücktes Treiben und mißbilligte lediglich seine Schürzenjägerei.

Obwohl Piggy keinen Studienabschluß vorweisen konnte, war Felix voller Zuneigung zu diesem unverbesserlichen Lausejungen. Nach der Schule verschaffte er ihm bei der Eisenbahngesellschaft B & O in Baltimore eine Anstellung in untergeordneter Position und redete ihn in seinen Briefen mit »Lieber Eisenbahnmagnat« an. Bei dieser Arbeit lernte Piggy einen anderen jungen Mann aus reichem Hause kennen, der ihn dazu überredete, in seine neue Firma zu investieren, worauf Felix zornig reagierte. »Ich habe Dich sehr gern«, teilte er dem Sohn mit, »aber wenn Du mit Geld so verantwortungslos umgehst, werde ich Dir ein festes monatliches Taschengeld aussetzen müssen.« Der Bekannte war William F. Paley, und die Investition galt der im Entstehen begriffenen CBS, heute ein Rundfunk- und Fernsehgigant.[5]

Piggy tat unerhörte Dinge stets in einer Weise, die statt Gekränktheit Belustigung hervorrief. Einmal stieß er beim Skifahren in Sun Valley mit Nelson Rockefellers Gattin zusammen, der er noch nicht vorgestellt worden war. Während die beiden benommen im Schnee auf dem Rücken lagen, wandte sich Piggy ihr zu und sagte: »Entschuldigung, Mrs. Rockefeller. Ich bin Piggy Warburg und verspreche, Sie morgen früh zu heiraten.«[6] Als er später im besonderen Auftrag für den Botschafter Averell Harriman in London tätig war, verblüffte er bei einem Empfang die britische Königsfamilie, als er die Frage, wie lange er seine Begleiterin kenne, mit »Ach, etwa vierzig Sekunden« beantwortete.[7]

Er arbeitete bei seinem Onkel Paul in der IAB und war später Vizepräsident der Bank of Manhattan. Anschließend arbeitete er bei Bache & Company sowie bei Carl M. Loeb, Rhoades & Company. Er war ein Hansdampf, der alle Besucher von Caféhäusern kannte und bei Prominenten Aufträge akquirierte. Er war mit vielen Größen aus der Filmwelt bekannt und sicherte sich die Kontenführung für Größen des Showgeschäfts wie Sylvia Sidney, Dolores del Rio, Eddie Cantor, Miriam Hopkins und sogar für den beliebten Baseballprofi Babe Ruth. In der ersten seiner drei Ehen, die acht Jahre dauerte und aus der zwei attraktive Töchter hervorgingen, war er verheiratet mit Jean Stettheimer, einer sehr hübschen, geselligen Jüdin aus San Mateo in Kalifornien, deren Vater eine Textilfirma besaß. Jean liebte Pferde und das Leben im Freien. Piggy arbeitete im Zusammenschluß jüdischer Wohltätigkeitsorganisationen mit, kümmerte sich aber vor allem um das Lazarettschiff *Project Hope*, das später Länder der Dritten Welt mit amerikanischen Medikamenten versorgte.

Es ist aufschlußreich, daß Felix mit den Schöngeistern Gerald und Edward nicht so gut auskam wie mit den beiden Söhnen, die in der Bank arbeiteten und sich dem Sport widmeten. Trotz aller Munterkeit im Privatleben war er ein Vater, der Wert auf Herkommen und bürgerliche Tugenden legte. Gerald und Edward wußten, daß sie lediglich eine Scheinfreiheit genossen. Zwar hätte ihnen der Reichtum der Eltern erlaubt, als Heranwachsende zu tun und lassen, was sie wollten, aber unausgesprochene Vorschriften engten sie ein und hinderten sie, ihren Anlagen und Interessen zu folgen und daraus einen Beruf zu machen, der seinen Mann nährt.

Ursprünglich hatte Felix für Gerald eine Musikerlaufbahn als unpassend angesehen, doch Ende der zwanziger Jahre gab er nach. Wenn Gerry schon Berufsmusiker werden wollte, würde Felix dafür sorgen, daß er damit auch Erfolg hatte. Er vermachte ihm auf dessen Anregung hin seine vier Stradivari-Instrumente, mit denen Gerald das Stradivari-Quartett gründete. Dabei bestand er darauf, selbst die anderen Musiker auszusuchen, obwohl es Gerry lieber gewesen wäre, er hätte seine eigene Entscheidung treffen können. Um sicherzugehen, daß sein Sohn ein anerkannter Solist wurde, hatte Felix dafür gesorgt, daß er in der Carnegie Hall mit dem Philharmonic Symphony Orchestra unter Walter Damrosch debütieren konnte. Auf diese Weise gelangte Gerry bereits zu einer Zeit ins Rampenlicht, als er noch mehr Festigung gebraucht hätte. Zwar brachte er einen schönen Klang hervor und phrasierte einfühlsam, doch hatte er noch technische Schwächen, und die Unterstützung durch den Vater verhinderte, daß er die nötige Selbstzucht und das erforderliche Selbstvertrauen entwickelte. Auch wußte Gerry nie, ob er wegen seiner Begabung engagiert wurde oder weil man sich bei den Warburgs ins rechte Licht setzen wollte.

Nicht minder verwirrend war seine Kindheit in Fragen der Religion.

Als Organist bei den täglichen christlichen Andachten in Middlesex war er religiöser Musik ausgesetzt, die ihm ins Unterbewußtsein gedrungen sein mag. Es ist kennzeichnend für die Widersprüche, an denen er litt, daß er sich als Unitarier bezeichnete, es aber nie fertigbrachte, Weihnachtslieder zu singen. An hohen Feiertagen saß er ungesehen in Hemdsärmeln auf der Konzertempore der Synagoge Emanu-El und lieferte die musikalische Untermalung. Als überzeugter Anhänger der Assimilation sprach er sich dafür aus, Menschen unterschiedlicher religiöser Herkunft zusammenzubringen.

Er war der erste, der gegen das Tabu rebellierte, mit dem die Familie Scheidungen belegt hatte. Während er sich bemühte, seinem deutsch-jüdischen Hintergrund zu entkommen, genoß seine schöne Wiener Frau Marion das elegante Leben auf *Woodlands*. Sie hatte miterlebt, wie man nach dem Krieg in Österreich mit Taschen voll wertlosem Geld einkaufen ging, und lechzte förmlich nach der Sicherheit, gegen die ihr Mann aufbegehrte. Zwar war Gerald charmant und freundlich, aber auch leichtsinnig und launisch, so daß Marion bei ihm nicht die ersehnte Geborgenheit fand. Sie hegte Zweifel, ob seine Begabung wirklich ausreichte, um ein großer Musiker zu werden. Da er ohnehin schon genug unter Selbstzweifeln litt, war ihm die Skepsis seiner Frau eine zusätzliche Last.

Marion war zum Liebling der Warburgs geworden, und als sie und Gerald 1933 beschlossen, sich scheiden zu lassen, waren Felix und Frieda wie vom Donner gerührt. Die Art und Weise, wie sie auf die Ankündigung reagierten, zeigte, daß sie insgeheim Gerry für den Schuldigen hielten. Nicht nur wählte Felix einen Anwalt für die Schwiegertochter aus, den er selbst bezahlte, er setzte sich auch für eine großzügige finanzielle Regelung ein, die Gerry auf Jahre hinaus über Gebühr belastete. Auf Lebenszeit wurden Marion hohe Unterhaltszahlungen zugesprochen, unabhängig davon, ob sie eine neue Ehe einging oder nicht. Der in solchen Dingen sehr korrekte und rechtschaffene Gerald stimmte den Bedingungen zu. Auch nach der Scheidung hielten Felix und Frieda engen Kontakt zu ihrer einstigen Schwiegertochter.

Für jüdische Eltern war eine Scheidung 1933 ohnehin schon ein ziemlicher Schock; Gerry verstärkte ihn noch dadurch, daß er schon bald darauf die Tochter des Verlegers der Zeitschrift *Vogue*, Condé Nast, heiratete. Die einerseits von deutschen Methodisten, andererseits von französischen Katholiken abstammende Natica war im katholischen Glauben erzogen worden. Bei Gesellschaften, die ihr Vater gab, trat die geschmacksichere junge Frau, die gut ritt, häufig als Gastgeberin auf; als junges Mädchen hatte sie als Fotomodell für Brautschleier geworben, die in *Vogue* präsentiert wurden. Wie einst Charlotte und Moritz der Hochzeit Abys ferngeblieben waren, so mieden auch Frieda und Felix diese Trauung, die in Großvater Nasts Wohnzimmer stattfand und bei der Freddy Brautführer war. Sie verreisten und schickten ein Glückwunschtelegramm. Zwar zogen sie Ehen zwischen Juden vor – Frieda pflegte zu sagen: »Die jüdische Art ist die beste« –, doch gebärdeten sie sich nie als starre Moralisten und blieben auch mit jenen Kindern in Kontakt, die vom vorgezeichneten Weg abwichen. Nachdem sie ihre Mißbilligung in aller Form klargemacht hatten, stellten sie die Harmonie in der Familie wieder her.

Vor der Hochzeit hatte Frieda an Natica geschrieben und ihr mitgeteilt, sie habe gehört, daß die künftige Schwiegertochter schön und angenehm sei, und es tue ihr leid, sie angesichts der Umstände nicht kennenlernen zu können. Großmutter Schiff schenkte Natica einen Ring, um die Spannung zu entschärfen. Bei einer späteren Gelegenheit nahm Frieda die Schwiegertochter zu einem Spaziergang mit in den Park hinter dem Haus, was die anderen Gäste zu Spekulationen über das *tête-à-tête* der beiden Frauen veranlaßte. Vertraulich plaudernd kehrten sie zurück. Offenbar war Frieda zu dem Schluß gekommen, daß es an der Zeit sei, in der Familie Frieden zu schließen und die Vergangenheit zu begraben. So gut kam sie mit Natica aus, daß sie zu ihr sagte: »Meine Liebe, du bist so nett, du mußt Jüdin sein.«[8]

Die Ehe ging gut. Gerry spielte Cello, Natica schrieb und malte, und beide waren einander zutiefst ergeben. Um *Woodlands* zu entkommen, zogen sie in den Nordteil von Long Island, wo vorwiegend Amerikaner angelsächsischer Herkunft ihre Landsitze hatten. Als sie dort in den Creek Club eintreten wollten, der keine Juden aufnahm, ließ Natica sich als Mitglied einschreiben. Sie sah darin kein Nachgeben gegenüber einem Vorurteil, sondern eine bahnbrechende Tat und einen Akt der Assimilation. Das paßte gut zu Gerald, der niemals eine eindeutige Haltung zum Judentum fand. Als seine Tochter Geraldine im Unterschied zu den meisten Friedaflix-Enkeln einen Juden heiratete, war er enttäuscht.[9]

Die Verbindung mit Condé Nasts Tochter war Geralds Karriere nicht förderlich, zumal er nicht auf die Erträge seiner Arbeit angewiesen war. Doch wenn sich auch sein Traum von einer Solistenkarriere nie erfüllte, war sein Berufsleben außergewöhnlich und vielgestaltig. So gehörte er zu den Gründern des Brooklyn Symphony Orchestra und dirigierte es; er wurde Vizepräsident am City Center of Music and Drama und saß im Verwaltungsrat des New Yorker Mannes Konservatoriums. Er gab Konzerte für Kinder, arrangierte in New York eine Fernseh-Sendereihe über Beethoven und machte Plattenaufnahmen mit dem Royal Philharmonic Orchestra aus London. Großzügigerweise stellte er des öfteren jungen Musikern – anonym – seine Stradivari-Instrumente zum Vorspielen und für Wettbewerbe zur Verfügung.

Manchmal sah es so aus, als täten sich Gerrys Instrumente mit dem Ruhm weit leichter als er selbst. Von Felix hatte er Stradivaris Cello *La Belle Blonde* geerbt, das er später gegen die im Besitz der Familie Havemeyer befindliche Duport-Stradivari von 1711 tauschte, die manchem als bedeutendstes Instrument Stradivaris gilt. (Bei diesem Tausch zahlte er einen Wertausgleich in bar.) Das Duport-Cello war schon bei Konzerten mit Beethoven und Chopin gespielt worden, und die Schäden, die es aufwies, stammten angeblich von Napoleons Sporen. Einmal gab Gerry dem berühmten Mstislaw Rostropowitsch beim Souper nach einem Konzert Gelegenheit, darauf zu spielen. Dieser war vom vollen Klang des herrlichen Instruments tief beeindruckt und erwarb es nach Gerrys Tod zu einem beachtlichen Preis. Als Gerrys Tochter später bei einem Konzert Rostropowitschs einmal hinter die Bühne kam, um ihn zu begrüßen, tätschelte dieser das Cello, das er hochschätzte, und sagte: »Da drin singt Gerrys Seele.«[10]

Auch Felix' jüngster Sohn, der sensible blauäugige Edward, entsprach nicht dem Wunschbild des Vaters. Eine Zeitung nannte ihn »einen schlanken jungen Mann mit den Augen eines Träumers«.[11] Man rief ihn »Peeper«, weil sich sein deutsches Kindermädchen von ihm an einen Piepmatz erinnert gefühlt hatte. Er war Friedas Liebling, an der er mit großer Zuneigung hing, tat ihr häufig etwas zu Gefallen und begleitete sie in den dreißiger Jahren auf Reisen nach China. Selbst ihre politischen Ansichten deckten sich: Beide standen als einzige in der Familie der Demokratischen Partei nahe. Seine robusteren älteren Brüder, an deren Anerkennung ihm sehr gelegen war, hänselten ihn als Mutters Liebling. Das führte zu Selbstzweifeln und Unsicherheit, die zu verdecken ihn Mühe kostete.

Er war nicht nur ein glänzender Erzähler und unermüdlicher Erfinder von Wortspielen, sondern besaß auch einen trockenen, hintersinnigen Humor, der sich dem Zuhörer nicht immer sogleich enthüllte. Felix warnte ihn an seinem einundzwanzigsten Geburtstag im Juni 1929 vor Selbstmitleid. »Hüte dich stets davor – doch denke daran, was wir unserer gesellschaftlichen Stellung schuldig sind. Adel verpflichtet, habe stets Mitleid mit anderen.«[12] Das war die Stimme eines anderen Zeitalters. Auch mahnte Felix seinen Sohn, den er zu einem Gentleman nach viktorianischem Vorbild heranziehen wollte, sich von den jungen reichen Müßiggängern fernzuhalten, in deren Gesellschaft sich seine Geschwister wohl fühlten. »Ich bin stets diesen ausschließlich auf Geld erpichten Menschen aus dem Weg gegangen, die keinen anderen Erfolgsmaßstab kennen, und meine Zeit ist mir für den Umgang mit diesen Nichtstuern zu schade.«[13]

Als Eddie in Harvard sein Studium aufnahm, war er nach wie vor klein, sah aber gut aus und bewegte sich elegant. Im ersten Studienjahr freundete er sich mit Lincoln Kirstein an, dessen Vater Filene's Kaufhaus in Boston betrieb und mit Walter Rothschild, dem Inhaber des Kaufhauses A & S, bekannt war. Da sich Eddie zur künstlerischen Avantgarde der Epoche hingezogen fühlte, mietete er zusammen mit Lincoln und John Walker III 1928 Räume über einem Laden und gründete eine Gesellschaft für moderne Kunst. Durch diese Initiative, die noch vor der Gründung des

New Yorker *Museum of Modern Art* erfolgte, gelangten viele Werke der europäischen Moderne in die Vereinigten Staaten.

Die drei jungen Männer opponierten gegen die gefällige und geschmackvolle Kunst, die in ihren wohlhabenden Familien geschätzt wurde, und zogen unverbrauchte, kühne, aufrührerische, moderne Werke vor, in denen sich die Künstler auslebten. Der Kunsthistoriker Nicholas Fox Weber vertrat die Theorie, daß Eddie und Kirstein für diese Kunst deshalb besonders empfänglich gewesen seien, weil sie als Juden in Harvard Außenseiter waren. »Kirstein und Warburg dürften sich der Moderne teilweise aus dem Bewußtsein ihres Andersseins heraus zugewandt haben, und so entschieden sie sich, diesen Unterschied zu betonen, statt ihn abzuschwächen.«[14]

Sie liehen sich von den Rockefellers und anderen reichen Familien Bilder aus und stellten Werke von Picasso, Braque, Matisse, Derain, Brancusi und vielen anderen europäischen Malern aus, die mancherorts in den Vereinigten Staaten noch heute umstritten sind. So gab es eine kühne Ausstellung mit Pariser Kunst aus der jüngeren Zeit. Eine weitere, die »neue deutsche Kunst« zeigte, trat der im Lande herrschenden antideutschen Stimmung offensiv entgegen. Eddie und sein Vater erwiesen sich als finanzielle Hauptstützen des Unternehmens. Dadurch kam es zu einer intensiveren Zusammenarbeit zwischen Felix und Paul Sachs, der ebenfalls dem exklusiven Kreis der reichen New Yorker Juden angehörte und Harvards Fogg-Kunstmuseum leitete. Felix unterstützte es so großzügig, daß Frieda ihren Sohn wiederholt aufforderte, festzustellen, warum sein Vater keinen akademischen Ehrentitel der Universität Harvard bekam.

Am 26. Januar 1930 holte Eddie am Bahnhof von Back Bay Alexander Calder ab. Er hatte mit siebzehn Ausstellungsstücken kommen wollen, begrüßte aber Eddie statt dessen mit drei Rollen Draht, die er um den Arm gewickelt trug, als er den Zug verließ. In Eddies Zimmer zog er einen Schlafanzug an und begann, den Draht in sonderbare Formen zu biegen. Binnen achtundvierzig Stunden hatte Calder weitere Gestalten für seinen bekannten Zirkus hergestellt. Nach einem Foto, das auf Eddies Schreibtisch stand, verfertigte er eine auf einem Davidstern stehende Karikatur von Felix. Ins Knopfloch, wo er normalerweise immer eine Nelke trug, steckte er ein Reagenzglas. (Diese und zwei weitere Arbeiten Calders erwarb Eddie von seinem Taschengeld.) Am 31. Januar fand in der Galerie der drei Harvard-Studenten die erste öffentliche Vorführung von Calders Zirkus statt.

Man hätte annehmen können, daß Onkel Abys Arbeit Eddie zusagte, doch war das genaue Gegenteil der Fall. Als Eddie im Sommer 1929 Hamburg besuchte, empfand er Aby als einen unerträglichen Langweiler, der stundenlange Vorträge über abgelegene Themen hielt. Die Spontaneität der modernen Kunst gefiel Eddie, Abys Vorgehen hingegen betrachtete er als schwerfällige Pedanterie. Dennoch führte diese Deutschlandreise zu einem denkwürdigen Ergebnis. Zu seinem einundzwanzigsten Geburtstag hatte Eddie von Großvater Schiff einen Geldbetrag geerbt. Ein in einer Berliner Galerie tätiger Bekannter zeigte ihm Picassos Bild *Blauer Knabe*. So sehr schlug diese bedrückt dreinblickende, nachdenkliche Gestalt den jungen Harvard-Studenten in ihren Bann, daß er dafür siebentausend Dollar auf den Tisch legte. Auf der Heimreise kamen ihm Bedenken, was sein Vater dazu sagen würde, und er beschloß, ihm nur die Hälfte des gezahlten Betrags zu gestehen. Bei der Einreise deklarierte er das Gemälde, und als er sagte, er habe dreitausendfünfhundert Dollar dafür bezahlt, fragte der Zollbeamte ungläubig: »Sie haben ein Bild für dreitausendfünfhundert Dollar gekauft? Wollen Sie damit sagen, daß Sie dafür Geld ausgegeben haben? Junger Mann, ich geh jetzt mal kurz an den Kai, und wenn ich wiederkomme, sagen Sie besser, daß es tausend waren.«[15] Piggy, der seinen Bruder vom Schiff abholte, würzte die Szene mit seinem Humor. »Danke«, sagte er zu dem Mann. »Wissen Sie, daß er so was tut, kommt uns billiger, als ihn in [der Nervenheilanstalt] Bloomingdales unterzubringen.«[16]

Im elterlichen Haus an der Fifth Avenue 1109 hatte Eddie die Squashhalle im vierten Stock zu einer heimlichen Kunstgalerie umfunktioniert. Statt sich um Verständnis zu bemühen, nannten Felix und Frieda das Picassogemälde obszön und widerwärtig und verlangten, daß Eddie es entfernte. Felix nahm die frühreife Begeisterung seines Jüngsten für die Kunstwelt nur widerwillig zur Kenntnis. So schrieb er ihm mit Bezug auf seine Unternehmung in Harvard: »Was Deine Kunstgalerie betrifft, habe ich im Prinzip keine Einwände dagegen, es sei denn, sie sollte Dich von Deiner Arbeit ablenken. Wenn Du beim Verkauf von Kunstwerken Geschäftspraktiken lernst, ist dagegen nichts einzuwenden.«[17] Felix behandelte die Galerie so abfällig, als handele es sich nicht um ein ernsthaftes künstlerisches Vorhaben, sondern um den Limonadenstand eines kleinen Jungen auf dem Flohmarkt.

Das Geld öffnete Eddie zwar Türen, trug aber auch zu seiner Verwirrung bei. Nachdem er sein Studium in Harvard abgeschlossen hatte, fragte er bei Georgiana Goddard King vom Fachbereich Kunst des Frauencollege Bryn Mawr an, ob er dort als Dozent tätig werden könne. Sie erklärte, daß ihr die nötigen Mittel fehlten, um ihn einzustellen, fügte aber listig hinzu: »Sollte ich aber von enem anonymen Spender einen Scheck über tausend Dollar erhalten, so könnte ich damit Ihr Gehalt zahlen.« Auf Eddies Frage: »Soll ich den Scheck gleich ausstellen?« gab sie zur Antwort: »Es eilt nicht.«[18] Die Episode ist charakteristisch für Gerrys fortdauernde Unsicherheit angesichts der Frage, ob er Künstler oder verkappter Kunstförderer sei.

Noch als er in Bryn Mawr unterrichtete, wurde der vierundzwanzigjährige Eddie in den Verwaltungsrat des kurz zuvor in New York gegründeten *Museum of Modern Art* berufen, womit er und Nelson Rockefeller dessen jüngste Mitglieder wurden. Er zog 1933 nach New York und wirkte als Volontär in jenem Museum an der Gründung der Filmabteilung mit, außerdem übernahm er die Rolle des Schatzmeisters. Ein weiterer junger Berater des Museums, der Architekt Philip Johnson, gestaltete Eddies Wohnung am Beekman Place 37 in dem internationalen Stil, durch den Johnson bekannt wurde. Dort gab es mit Schweinsleder bezogene Möbel, alle Flächen glänzten in schwarzem und weißem Lack, vor den Fenstern hingen Vorhänge, die wie Fischernetze aussahen, und eine Wand bestand ganz aus Glas.

Felix konnte diesem Stil nichts abgewinnen, doch bemühte er sich, kein Spielverderber zu sein. Als er seinen Sohn in der Wohnung besuchte, hatte er bereits ein Herzleiden; dennoch erklomm er die drei Stockwerke und nahm nervös auf einem der neumodischen Stühle mit Metallgestell Platz. Als er sich vorbeugte, um zu telefonieren, brach der Stuhl unter ihm zusammen, und Felix stürzte zu Boden, wobei er sich am Kiefer verletzte. »Das mag ich an der modernen Kunst«, sagte er, »sie ist so praktisch.«[19]

Ähnlich abweisend verhielt sich Frieda gegenüber avantgardistischer Kunst. Als Förderer des Bildhauers Gaston Lachaise vermachte Eddie dem Museum eine von dessen ausladenden Damen. Die nicht unbeleibte Frieda war überzeugt, daß sich der Künstler mit dem Werk einen geschmacklosen Scherz auf ihre Kosten erlaubt habe. »Ich kann nur sagen, Edward«, teilte sie ihrem Sohn kurz angebunden mit, »daß ich darin eine persönliche Kränkung sehe.«[20]

Obwohl Eddie noch nie im Ballett gewesen war, wurde er später finanzieller Förderer des American Ballet, Vorläufer des New York City Ballet. In Europa war Lincoln Kirstein mit Serge Diaghilews *Ballets Russes* und dessen Choreographen George Balanchine bekannt geworden. Amerika besaß noch kein Ballett von nationalem Rang, und zu einer Zeit, als Denishawn[21] und die Tänzerin und Choreographin Martha Graham den ernsthaften Tanz in den Vereinigten Staaten weitgehend allein bestritten, galt das europäische Ballett dort als exotische Kunstform. Im Spätsommer 1933 eilte der soeben von einer Europareise zurückgekehrte Kirstein nach *Woodlands* zu Eddie. Bei einem Spaziergang durch die Wälder sagte er, er habe George Balanchine dazu gebracht, in Amerika eine Ballettschule und -truppe zu gründen. Eddie war bereit, sich zur Hälfte an den Kosten zu beteiligen, die anfielen, als Balanchine mit seinem Impresario Wladimir Dimitriew zu einer Vorbesprechung des Projekts nach Amerika kam. Am 17. Oktober holten Eddie und Lincoln die beiden Russen am Hafen ab und zeigten ihnen New York, unter anderem den Konzertsaal Radio City Music Hall und das RCA-Gebäude.

Die Reise war ein Erfolg, und schon bald bezog die neugegründete School of American Ballet Räume an der Ecke 59. Straße und Madison Avenue. Balanchine begann mit der Arbeit an einem ätherischen neuen

Ballett namens *Serenade* zur Musik von Tschaikowskij. Eddie meinte, man könne als Gegenstück dazu ein amerikanisches Thema riskieren, und schlug Balanchine die Parodie eines Footballspiels Harvard gegen Yale vor, mit allem, was dazu gehört: Jubelchöre und Studenten in Waschbärmänteln. Das Ergebnis war *Alma Mater*, für das Eddie selbst die Vorlage verfaßte. Gershwin war nicht bereit, die Musik dafür zu komponieren, und machte den Vorschlag, statt seiner könne Kay Swift den Auftrag übernehmen, womit das Ballett zu einer rein Warburgschen Angelegenheit wurde. Die Bühnenbilder schuf John Held jr., ein Karikaturist von der Zeitschrift *New Yorker*.

Eddie war enttäuscht, als Balanchine nicht bereit war, sich ein Footballspiel anzusehen, denn das verhieß für das Projekt nichts Gutes. Den Eltern war diese neue Phase in Eddies Leben nicht wirklich nachvollziehbar. Als er im Juni 1934 sechsundzwanzig Jahre alt wurde, fragte er Felix und Frieda, ob die neue Tanztruppe zur Feier seines Geburtstags auf *Woodlands* auftreten dürfe. Sie gewährten ihm diesen Wunsch und richteten überdies ein Büffet für zweihundert Gäste aus. Die Leute vom Ballett und deren Bewunderer, die an jenem Juniabend auf *Woodlands* einfielen, unterschieden sich grundlegend von den sonst dort anzutreffenden gesetzten Gästen. »Meine armen Eltern wußten nicht, wie ihnen geschah«, räumte Eddie ein.[22] Eine Bühne wurde auf dem Rasen errichtet, Scheinwerfer auf dem Dach des Hauses angebracht und ein Klavier ins Gebüsch gestellt. Während sich die Tänzer im abgelassenen Schwimmbecken umzogen, saß das Publikum auf Kissen im Gras. Das erste Stück war *Serenade*. Kaum hoben die Tänzer flehend die Arme zum Himmel, als dieser mit einem plötzlichen Regenguß antwortete. (Ursprünglich war vorgesehen, daß sie nur den rechten Arm hoben, doch hatte Balanchine darauf verzichtet, weil sich Eddie dadurch an den Nazigruß erinnert fühlte.) Die Zuschauer erklärten sich bereit, am nächsten Abend wiederzukommen. Schon am Vormittag lief Eddie völlig aufgelöst umher und fragte beunruhigt: »Wo ist Lincoln?«, worauf ihm sein Bruder Freddy die Antwort erteilte: »Booth hat ihn erschossen.«[23] Am Abend zeigte sich der Himmel dann freundlicher, und das Publikum war begeistert. Nur schade, daß sich *Alma Mater*, Balanchines erster Versuch mit einem amerikanischen Thema, als völliger Fehlschlag erwies – bei seiner ersten öffentlichen Aufführung im Dezember in Hartford fand es eine weit bessere Aufnahme. George Gershwin war unter den Zuschauern und rief anschließend Kay Swift in Nevada an, um ihr seine Anerkennung für die Musik auszudrücken.

Als finanzieller Förderer und zugleich Geschäftsführer des im Entstehen begriffenen American Ballet trug Eddie mit dazu bei, es durch eine lange Finanzkrise zu steuern. Er hinterließ eine denkwürdige Beschreibung von der ersten Saison dieser Truppe im Adelphi Theater von Manhattan 1935. »Lincoln und ich saßen im leeren Haus und hielten uns die

Das Haupthaus auf Felix' Besitz Woodlands, den er 1904 erwarb und in den folgenden Jahren ständig erweiterte

Hände vor die Augen. Bei der dritten Aufführung saßen im Zuschauerraum vielleicht fünf Angehörige von Tänzern.«[24] Auf einer Tournee mußte Eddie die in Scranton festsitzende Truppe auslösen und für einige hohe Rechnungen aufkommen, da der Tourneeleiter mit den Einnahmen durchgebrannt war. Nachdem sich die vom Unglück verfolgte Truppe für die Saison 1935/36 mit der Metropolitan Opera zusammengeschlossen hatte, kam Eddie nur noch gelegentlich mit ihr in Berührung, beispielsweise 1937, als er für ein Strawinskij-Festival bei Strawinskij eine neue Musik in Auftrag gab. Das Ergebnis war das Ballett *Jeu de Cartes*.

Allmählich wurde Eddie nicht nur der anspruchsvollen Balletteusen überdrüssig, sondern auch den Verdacht nicht los, daß ihn Lincoln als Melkkuh ausnutzte, obwohl vereinbart war, die Kosten gleichmäßig aufzuteilen. In diesem Punkt war er empfindlich, denn er gewann den Eindruck, daß man die Großzügigkeit seines Vaters übermäßig in Anspruch nahm. Enttäuscht trennte er sich von Lincoln, der noch mit Balanchine zusammen war, als 1948 das New York City Ballet gegründet wurde, und über Jahrzehnte hinweg Leiter der Truppe blieb. Verletzt, verbittert und von der Avantgarde enttäuscht, besuchte Eddie vierzig Jahre lang keine Ballettaufführung mehr.

Von seinem Vater durfte er für seine bahnbrechende Arbeit auf dem

Gebiet von Kunst und Ballett kaum Lob erwarten. Zwar billigte dieser seinen finanziellen Einsatz, hielt aber, was er tat, nie eines Erwachsenen für würdig. Mitunter kommentierte er sein Treiben spöttisch, dann wieder sehr scharf. So verglich er die Förderung des Balletts durch Eddie einmal mit dem Betrieb eines Freudenhauses.[25] Er konnte sich einfach nicht mit der Idee anfreunden, daß der berufliche Umgang mit der Kunst eine angemessene Lebensaufgabe für ein männliches Mitglied des Hauses Warburg sein konnte.

Obwohl Eddie bei seiner Beschäftigung mit Kunst und Ballett Augenblicke außergewöhnlichen Glücks empfunden hatte, war ihm klar, daß es sehr anstrengend war, anderen Eindruck zu machen. »Ich war ein schüchterner Bursche, der dazugehören wollte«, sagte er. »Und die Leute, zu denen ich gehören wollte, waren die jungen begeisterten Kunstanhänger und -sammler.«[26] Er war und blieb der kleine Bruder, der sich bemühte, den herablassend spöttelnden älteren Brüdern zu imponieren und zu gefallen. Alles in allem gereichte es ihm nicht zum Vorteil, daß er sich so weit von der Familientradition entfernt hatte. Gegen Ende der dreißiger Jahre nahm sein Leben dann eine entscheidende Wende.

Inzwischen war auch Eddie wie andere amerikanische Warburgs der Mode der Psychoanalyse erlegen. Bettina vermittelte ihn zusammen mit Kay Swift an Gregory Zilboorg. Felix und Frieda sahen in all dem nichts als Hokuspokus, womit sie, wie sich zeigen sollte, auch recht behielten. Zwanzig Jahre lang suchte Eddie Tag für Tag Zilboorg auf. Statt ihm zur Selbstsicherheit zu verhelfen, hielt dieser Eddie in einem für ihn äußerst ertragreichen Zustand der Abhängigkeit.[27] Außerdem vermischte er sein Berufs- und Gesellschaftsleben in standeswidriger Weise. Als Eddie und George Gershwin 1935 nach Mexiko reisten und mit den radikalen mexikanischen Künstlern Siqueiros und Diego Rivera zu Abend aßen, begleitete sie der konservativ eingestellte Zilboorg und steckte aus Angst vor einem feindseligen Empfang eine Pistole ein.

In ihrer Biographie der Psychoanalytikerin Karen Horney weist Susan Quinn darauf hin, daß schon 1934 Zweifel an Zilboorgs Zuverlässigkeit aufgekommen waren. Dabei handelte es sich um Mittel für die Bibliothek am Psychoanalytischen Institut von New York. Ein für die Öffentlichkeitsarbeit zuständiger Angestellter beschwerte sich 1940 bei der Institutsleitung, daß er von Zilboorg finanziell ausgebeutet werde. Dieser hatte sich ihm als Steuerberater aufgedrängt und dafür fünftausend Dollar von ihm kassiert.[28] Ähnlich unangenehme Geschichten berichtete auch Eddie Warburg. Wiederholt war er von Zilboorg um Darlehen angegangen und aufgefordert worden, für ihn die Steuern zu bezahlen.[29] Als Eddie einmal erwähnte, daß er seiner Frau einen Nerzmantel kaufen wolle, brachte ihn Zilboorg dazu, für seine Frau dasselbe zu tun.[30]

Was Eddie verstimmte, war nicht, daß ihn Bettina an Zilboorg vermittelt hatte, denn er unterstellte ihr, daß sie gutwillig gewesen war und sich einfach geirrt habe. Dabei hatte Bettina offensichtlich längst gewußt, daß Zilboorg ein Gauner war, ohne ihre Familienmitglieder darauf hinzuweisen. Als sie es schließlich tat, war es zu spät. Kay und Jimmy hatten die Analyse zwar nach kurzer Zeit aufgegeben, Eddie aber ging weiterhin zu Zilboorg. Nie hat er es seiner Kusine verziehen, daß sie es versäumt hatte, ihn aufzuklären.[31] Gregory Zilboorg starb Ende der fünfziger Jahre.

25

Der Vetter vom Lande

Das Schicksal wollte, daß die fünfte Generation der Warburgs in der Hamburger Bank ausgerechnet von zwei Vettern zweiten Grades vertreten wurde, die so unterschiedlich waren und in so lachhafter Weise gegensätzlich, daß sie einer von Thomas Mann erdachten zerstrittenen Familie hätten entstammen können. Max' Sohn Erich war der geborene Partylöwe. Er war blond, gesellig, jederzeit für einen Spaß zu haben und zudem ein gutmütiger junger Mann und ein geborener Diplomat. Sein Vetter Siegmund – Sohn Georgs und Neffe von Aby S. – war hingegen dunkel, sehr charmant und schwermütig. Seine überragende Intelligenz ließ ihn scharf über eine Welt urteilen, die ihm häufig schwach und irregeleitet erschien. Der lässige und bescheidene Erich war ohne jede Verbissenheit und nahm sich nicht übermäßig wichtig; Siegmund hatte hochfliegende Hoffnungen und war von brennendem Ehrgeiz erfüllt. Beide aber hielten die Geschichte und Überlieferung der Warburgs in Ehren und waren gleichermaßen bemüht, den Namen der Familie zu bewahren.

Als Hamburger Kronprinz wurde Erich zwangsläufig mit seinem Vater Max verglichen, wobei er nicht besonders gut abschnitt. Dennoch bestimmte ihn dieser zum Leiter der Bank, was den begabten und frühreifen Siegmund kränkte. Immer wenn sich Erich seinen Tagträumen hingab – er wäre lieber Landwirt, Berufsoffizier, Diplomat oder Reeder gewesen –, lenkte Max seine Gedanken zur Bank zurück. Im Grunde wußte auch Erich, daß seine Berufswahl letztlich beschlossene Sache war. Der junge Mann sprach voll Achtung von seinem autokratischen Vater, an dessen Gunst ihm ungemein gelegen war, aber er hatte auch Angst vor ihm. Erst allmählich entwickelte er ein gewisses Selbstbewußtsein. »In jüngeren Jahren war Erich sehr schüchtern und glaubte nicht so recht an sich«, sagte seine Schwester Anita.[1]

Max äußerte sich mit sarkastischem Spott über seinen Sohn, den er zwar für liebenswert, aber doch eine Spur mißraten hielt. In ihrer zwar freundlichen und korrekten Beziehung war selten Wärme zu erkennen, und erst im Laufe der Zeit lernte Max seinen Sohn schätzen. Einen gewissen Ausgleich für die Ferne zum Vater bot die Gefühlswärme, die er bei vier liebenden Schwestern und zahlreichen Kusinen fand. Frauen trat Erich in einer schüchtern-koketten Weise gegenüber, die sich zeit seines Lebens nicht änderte. Wieder einmal übersprangen die genetischen Anlagen eine Generation, denn er ähnelte seinem Wesen nach dem Großvater Moritz, der ebenfalls umgänglich, charmant und mehr mit gesellschaftlichen als geschäftlichen Gaben ausgestattet gewesen war.

Nach dem Militärdienst schickte Max den Sohn zur Ausbildung in Banken nach Berlin und Frankfurt. Anschließend ging er für ein Jahr nach London, wo die Feindseligkeit gegenüber Deutschland noch so spürbar war, daß er in der U-Bahn keine deutsche Zeitung lesen konnte, ohne unangenehm aufzufallen. Er lernte im Metall-Handelshaus Brandeis, Goldschmidt, das unter der Leitung Paul Kohn-Speyers stand, dessen Frau Olga Selbstmord begangen hatte. Diesem war sein Neffe Erich, der sich an Jagden auf dem Besitz der Kohn-Speyers in Surrey beteiligte, zu munter. Eines Tages alberte er beim Mittagessen im Großraumbüro mit den Sekretärinnen herum. Da er sie beeindrucken wollte, wettete er, daß er über mehrere niedrige Trennwände springen könne. Er nahm Anlauf, überwand eine der Hürden nach der anderen und landete genau auf Paul Kohn-Speyers Schreibtisch – just in dem Augenblick, als der strenge Onkel hereinkam. Auf der Stelle forderte er Erich auf, sein Bündel zu schnüren, woraufhin dieser zu N. M. Rothschild ging. Häufig sah man ihn als Besucher auf Baron Lionel Rothschilds Besitz in Southampton. Zu jener Zeit tauschten die Rothschilds und die Warburgs regelmäßig Volontäre aus.

1923 reiste er nach New York, da er ein Jahr in Amerika verbringen wollte. Bei der Abfertigung auf Ellis Island geschah etwas, das auf den ersten Blick banal wirkte, für die Zukunft der Warburgs aber von großer Bedeutung sein sollte. Ein Einwanderungsbeamter drückte ihm aus Versehen einen Stempel in den Paß, der ihn zu unbegrenztem Aufenthalt im Lande berechtigte. Um diesen Status aufrechtzuerhalten, brauchte er künftig lediglich alle sechs Monate seinen Sichtvermerk erneuern zu lassen. Erich deutete dies als ein Zeichen und kehrte immer wieder in die Vereinigten Staaten zurück, was es ihm 1938 schließlich ermöglichte, nach gut einer Woche die amerikanische Staatsbürgerschaft zu erlangen, während sich eine Unzahl deutscher Juden vergeblich bemühte, ins Land zu gelangen.

Stets ein Bewunderer seines Onkels Paul, arbeitete Erich, der sich fortan in Amerika und in englischen Briefen Eric nannte, bei der International Acceptance Bank und lernte sein Metier bei der Arbeit mit Piggy. Mehrmals wöchentlich trafen er und sein Onkel mit John Foster Dulles zusammen, der als Rechtsberater in der Firma Sullivan & Cromwell tätig war. Erich wohnte auf Woodlands. Im Winter unternahm er Skiausflüge nach Neuengland, im Sommer segelte er mit Felix vor der Küste von Maine. Mit seiner beeindruckenden Anpassungsfähigkeit schien er sich in allen Ländern wohl zu fühlen wie ein Fisch im Wasser. Nach der puritanischen Erziehung in Deutschland genoß er das Zusammensein mit seinen übermütigen und respektlosen amerikanischen Vettern, die ihn erbarmungslos neckten. Da er gegenüber dem anderen Geschlecht noch schüchtern war, schloß er sich gern der Junggesellengruppe um Freddy an. Erspähte er bei einer Gesellschaft ein hübsches junges Mädchen, flüsterte er dem Vetter zu: »Eine traumhafte Frau. Stell mich ihr bitte vor.«[2] Zu Pauls Tochter Bettina hatte er eine besonders enge Beziehung, aus der bei einer gemeinsamen Spanienreise offenkundig eine Liebesaffäre wurde. Es war nicht die einzige Verbindung dieser Art zwischen den deutschen und amerikanischen Vettern und Kusinen.

1924 unternahm Erich zusammen mit seinem guten Hamburger Freund Wolfgang Rittmeister eine Bahnreise durch die Vereinigten Staaten. Mit Referenzen ausgestattet, fanden sie überall freundliche Aufnahme. Aufgrund eines Empfehlungsschreibens von seinem Onkel Paul bekam Erich vom Präsidenten der First National Bank von Portland eine Anstellung in der Auslandsabteilung angeboten. Entzückt von dem vielen Grün – der regenreiche Staat Oregon erinnerte ihn an Hamburg – verkaufte er seine Rückfahrkarte und nahm das Angebot an. Er ritt viel, verliebte sich und gondelte in einem alten Chevrolet herum, den ihm der Vater finanzierte. Es war eine willkommene Atempause vor der Rückkehr nach Hamburg, wo Max jeden Schritt des Sohnes vorherzubestimmen schien.

Da Max nach einer Weile fürchtete, sein Kronprinz könnte abdanken und in Oregon bleiben, beorderte er ihn nach Hause zurück. Dazu aber hatte Erich keine Lust, weshalb er dem Vater vorschlug, den für das Bankgeschäft geeigneteren Siegmund als künftigen Seniorpartner heranzubilden. (In späteren Jahren erklärte Erich lachend, Siegmund habe seinen Erfolg ihm zu verdanken.) Max dachte nicht daran und wandte sich an Paul, der seinem Neffen schrieb: »Mein lieber Junge, manche Leute können sich nur dann dazu durchringen, aus der Badewanne zu steigen, wenn sie den Stöpsel herausgezogen haben. Andere bringen nicht einmal das über sich. Also werde ich den Stöpsel für Dich herausziehen. Komm zurück nach New York.«[3] So endete Erichs Abenteuer im Westen. In New York arbeitete er in der American and Continental Corporation, einer Tochtergesellschaft der IAB, die Kredite nach Europa vermittelte.

Als er 1926 nach Hamburg zurückkehrte, zog er in das alte Stammhaus auf dem Kösterberg, die »Arche Noah«. Gemeinsam mit Wolfgang Rittmeister erwarb er einen alten dänischen Zollkutter, den sie zu einer schnellen, seetüchtigen Yacht umrüsteten und Kong Bele nannten. Auf diesem schwimmenden Asyl suchte Erich während des Dritten Reichs oft Zuflucht. Da er ein sehr geselliger Mensch war, ging er häufig mit jungen Adligen segeln und hatte nur wenige jüdische Freunde. Wie Max fühlte er sich dem Judentum wegen dessen gesellschaftlicher und ethischer Werte, nicht aber wegen seines religiösen Geistes verpflichtet. Gegen Ende der zwanziger Jahre verliebte er sich in eine Nichtjüdin namens Beatrice Blohm aus einer alten Hamburger Kaufmannsfamilie, die mit Venezuela Handel trieb. Max hätte einer Ehe zugestimmt, aber Alice sprach sich energisch dagegen aus. Offensichtlich sahen sich die Eltern auch bei anderen Affären veranlaßt, zu intervenieren, und so blieb Erich bis Ende der vierziger Jahre Junggeselle.

Bei der Arbeit war er gewissenhaft, aber nicht besonders motiviert. Täglich schlenderte er um die Mittagszeit zur Börse hinüber und sah zu, wie sich die Händler Zahlen zuriefen. Er war auf den skandinavischen Markt spezialisiert und lernte die Wallenbergs und andere einflußreiche Familien dort kennen. Schon jetzt übernahm er ehrenamtliche Aufgaben und war Schatzmeister in Onkel Abys Bibliothek. Trotz seines nur durchschnittlichen Interesses am Bankwesen stieg er bei M. M. Warburg rasch auf; immerhin war er als Erbe ausersehen. Im Januar 1927, weniger als ein Jahr nach der Rückkehr aus Amerika, wurde ihm die Einzelprokura erteilt, eine Auszeichnung, die Siegmund erst zwei Jahre später erhielt. Diese Zurücksetzung vergab er seinem Onkel Max nie, und sie führte dazu, daß er für den Rest seines Lebens ein erbitterter Gegner der Vetternwirtschaft wurde.

Söhne gehörten im Hause Warburg mit einigen auffälligen Ausnahmen wie Paul und Jimmy zwei Kategorien an: Entweder waren sie schwach und wurden von starken Vätern unterdrückt, oder sie waren stark und entwickelten sich zu Lasten der Väter. Zu letzteren gehörte Siegmund. Sein Vater Georg spielte in der Familie eine Außenseiterrolle. Während seine fünf berühmten Vettern glänzende Erfolge feierten, führte er ein von Schwierigkeiten geprägtes Leben. Er hatte sich als junger Mensch mit dem Lernen schwergetan und an schrecklichen Kopfschmerzen, Schluckauf und einem Stottern gelitten, das er nur mit Mühe zu überwinden vermochte. Außerdem war dieser an sich gütige, warmherzige und spontane Mann von unbeherrschbarem Jähzorn. So erinnerte sich seine Schwester Elsa: »Ich hielt ihn fest, wenn er auf meine Mutter so wütend war, daß er sagte, er würde aus dem Fenster springen.«[4] Der schmächtige, erregbare Georg magerte so sehr ab, daß ihm eine kalorienreiche Ernährung verschrieben wurde.

Nachdem ein Arzt die Kopfschmerzen des Jungen auf die Dampfheizung zurückgeführt hatte, schickte ihn seine Mutter Théophilie auf eine Schule in der Nähe von Stuttgart, die mit Kohleöfen beheizt wurde. Georg las begeistert und entwickelte sich zu einem glänzenden Kenner der Geschichte, doch rieten die Ärzte von einer Laufbahn als Historiker ab, da diese für ihn zu anstrengend sei; statt dessen empfahlen sie ein ruhiges Leben auf dem Lande. Also erwarb Théophilie das etwa fünfzig Kilometer von Stuttgart entfernte Hofgut Uhenfels auf der Schwäbischen Alb nahe Urach, das zuvor einem württembergischen Hofmarschall gehört hatte. Das auf einem hohen Felssporn thronende Schlößchen bot einen herrlichen Blick über einen bewaldeten Hang und ein Tal, durch das ein Bach lief. Uhenfels war eine sonderbare Mischung aus Wohlstand und Ländlichkeit. Da es weder fließendes Wasser noch elektrisches Licht gab, mußte man sich mit Kerosinlampen begnügen. Das kleine Märchenschloß war in den schneereichen Wintermonaten kaum beheizbar, so daß man ins

Herrenhaus ziehen mußte; doch statt das Schlößchen zu vermieten, hielt Georg es als Gästehaus frei. In dieser ländlichen Idylle, die das genaue Gegenstück zum geschäftigen Hamburg war, wuchs Siegmund auf.

Im Dezember 1901 heiratete Georg Lucie Kaulla, Tochter eines Stuttgarter Anwalts. Kennengelernt hatten sie einander durch Otto Kaulla, der einige Monate zuvor mit Georgs Schwester Lilly vermählt worden war. Im September des folgenden Jahres brachte Lucie in Tübingen Siegmund Georg zur Welt. Er blieb ihr einziges Kind, und sie machte es zum Gefäß ihrer Träume. Der Großvater des Jungen, der gleichfalls Siegmund geheißen hatte, war dreizehn Jahre zuvor gestorben, und die Dreizehn sollte sich als Glückszahl des Jungen erweisen.

Im Südwesten Deutschlands hatte der Name Kaulla einen magischen Klang; der Ruf dieser Familie übertraf den der Warburgs. Als Hofjuden deutscher und österreichischer Herrscher war sie in den Adel erhoben worden und hatte in andere Bankiersfamilien eingeheiratet. Während der Napoleonischen Kriege versorgten die Kaullas den König von Württemberg mit Krediten, Pferden und was er sonst noch brauchte – er teilte mit ihnen sogar das Salzrecht. Sie gehörten zu den Mitbegründern der Württembergischen Hofbank, der herausragenden Bank in der Region, und waren eher in der großen Welt der Höfe als in der jüdischen Gemeinschaft zu Hause.

Um die Jahrhundertwende schien es, als werde die bescheidene Lucie auf immer ein Leben als alte Jungfer führen. Als sie schließlich heiratete, war sie bereits fünfunddreißig Jahre alt. Wie Georg hatte sie als Kind gekränkelt, und man sagte, sie sei zu zart, um zu heiraten. Die kleine, stille, ordentliche und recht gebildete Frau, die fünf Jahre älter war als ihr Mann, trug oft Schwarz, bewegte sich bedächtig und war gewissenhaft in allem, was sie tat. Beide liebten einander voll Hingabe und gewannen durch das gemeinsame Leben eine Stärke, die keiner von ihnen für sich allein aufgebracht hätte.

Unter Lucies äußerlicher Zerbrechlichkeit verbarg sich eine eiserne Zähigkeit. (Möglicherweise hatte sie die von ihrer Mutter geerbt, die noch mit achtzig Jahren einen Einbrecher vertrieb, indem sie ihn anschrie: »Verschwinden Sie sofort aus meinem Haus!«)[5] Lucie war hochmusikalisch, spielte Klavier und komponierte Walzer, Märsche und Menuette. Wie viele deutsche Juden war sie klassisch gebildet und von tiefer Vaterlandsliebe beseelt. Ihre Ideale, Werte und Vorlieben gab sie dem Sohn weiter. Sie schätzte kluge Leute, konnte aber der feinen Gesellschaft mit ihrer Oberflächlichkeit nichts abgewinnen. Ohne jeden Anflug von Snobismus lehrte sie Siegmund die äußerlichen Zeichen des Reichtums verachten, denen er bei seinen Hamburger Verwandten begegnen würde. Statt dessen impfte sie ihm eine zutiefst puritanische Haltung des Dienens ein. Zeit seines Lebens bewahrte er etwas von den Vorbehalten, die seine Mutter gegenüber Menschen hegte, die nach außen hin glänzten.

Die Ehe, auf die sie sich eingelassen hatte, war liebevoll, aber schwierig. Dichtung und Musik waren nicht unbedingt die richtige Vorbereitung für die Arbeit auf einem heruntergewirtschafteten großen Gut mit Feldern, Obstgärten, Stallungen und achttausendvierhundert Schafen gewesen. Tag für Tag sah Georg auf den Feldern nach dem Rechten und führte die Bücher, zerstritt sich jedoch mit dem Verwalter, so daß Lucie schlichten mußte. Die ersten fünfzehn Jahre ihrer Ehe waren recht glücklich. Georg war stellvertretender Bürgermeister Urachs und leitete die Versammlungen der Sozialdemokraten, wobei er faßweise Freibier ausschenken ließ, um durstige Wähler zu werben.

Diesem Leben setzte der Krieg ein Ende. Während jener trüben Jahre äußerster Armut bettelten hungernde schwäbische Landbewohner auf Uhenfels um Lebensmittel, während die Warburgs verwundete Soldaten pflegten. Der außerordentlich vaterländisch gesinnte Georg investierte sein Vermögen von sechs Millionen Goldmark in Kriegsanleihen, die durch die Inflation der frühen zwanziger Jahre praktisch wertlos wurden. Der heranwachsende Siegmund sprach sich für den Krieg aus und geriet darüber mit seinem Vater in hitzige Debatten. Dieser Chauvinismus seiner Knabenjahre sorgte dafür, daß er künftig jedem vaterländischen Gefühl mißtrauisch gegenüberstand und nach und nach eine weltbürgerliche Haltung entwickelte.

Ab 1916 verschlimmerte sich Georgs psychischer Zustand. Verstört flackerten seine Augen, die Kopfschmerzen wurden heftiger und seine Wutanfälle immer häufiger. Es gab deutliche Hinweise auf schwere manisch-depressive Anfälle. Als schmerze ihn die Erinnerung zu sehr, sprach Siegmund später kaum über den Vater, doch stand immer ein Foto von ihm an seinem Bett. »Mein Vater war eine Natur stärkster Spontaneität und Warmherzigkeit, aber je mehr sein Leiden zunahm, desto schwieriger war es, ihn vor schweren Depressionen und oft erschütternder Aufregung zu bewahren.«[6] Voll Ergebenheit und ohne zu klagen pflegte Lucie künftig ihren Mann und kümmerte sich zugleich um das Gut. Um die Nerven ihres Gatten nicht unnötig zu reizen, brachte sie sogar das große Opfer, nicht mehr Klavier zu spielen.

Ein Bild Siegmunds aus der Kriegszeit zeigt einen ernsthaften kleinen Jungen in kurzen Hosen, dessen Blick verloren in die Ferne geht. Mit anderen Kindern am Ort kam er wenig in Berührung. Um die Stunden seiner Einsamkeit auszufüllen, las er ungeheuer viel, und in seinem Erkerzimmer stapelten sich die Bücher. Er floh in Tagträume und Phantasiewelten. Am Alten Gymnasium in Reutlingen galt seine besondere Vorliebe den klassischen Sprachen, doch litt er sehr darunter, von seiner Mutter getrennt zu sein. Um bei ihr bleiben und lesen zu können, täuschte er Krankheit vor, indem er das Thermometer manipulierte, und Lucie ihrerseits tat, als merke sie es nicht. Das evangelische Seminar in Urach nahm ihn als ersten jüdischen Schüler seit seiner Gründung im Jahre 1479 auf. Auf

Photos mit den Klassenkameraden sticht Siegmund als schlanker, dunkler Junge inmitten hochgewachsener, blonder junger Männer hervor. Schon damals sah es so aus, als sei es ihm vorherbestimmt, anders zu sein als die anderen. Er bekam glänzende Noten und wollte Lehrer werden.

Den wichtigsten Einfluß auf sein Leben übte die Mutter aus. Sie war seine allwissende Anleiterin und unerschöpflicher Quell von Sinnsprüchen. Vertieft wurde diese Beziehung noch durch die Abgelegenheit des Gutes, die Krankheit des Vaters, Siegmunds Status als Einzelkind, seine Frühreife und seine erstaunliche Fähigkeit, sich in die Sorgen Erwachsener einzufühlen. Die Vermutung liegt nahe, daß Lucie seine spätere Karriere maßgeblich beeinflußte, so wie es einst Sara und Charlotte taten, indem sie ihren Söhnen einen unvergleichlichen Ehrgeiz einimpften. Man hatte Lucie gelehrt, sich auf anstehende Arbeiten so sorgfältig wie nur möglich vorzubereiten, sie gewissenhaft zu erledigen und anschließend die eigene Leistung kritisch zu bewerten. Es war eine Art, an das Leben heranzugehen wie ein Großmeister an eine Schachpartie: Da alles im voraus bedacht und anschließend kontrolliert wurde, blieb für Zufälle nur wenig Raum. Diesen Perfektionismus gab sie Siegmund mit auf den Lebensweg. Sie behandelte ihn wie einen kleinen Erwachsenen, und es gab weder Kindermädchen noch Geschwister, die ein Gegengewicht zur Erziehung durch die Mutter hätten bilden können.

Als wahres Kind der Aufklärung glaubte Lucie an Vernunft, Selbstzucht und Willenskraft. Sie vermittelte Siegmund einen Grundsatz, den sie von ihrem Vater gelernt hatte: »Mein Kind, wenn du zwischen zwei verschiedenen Wegen zu wählen hast, so frage dich zunächst, welcher der beiden Wege für dich der härtere ist, und wenn du dir darüber klargeworden bist, dann wähle den härteren Weg; dieser wird sich als der richtige erweisen.«[7] Diesen Weg, erklärte sie ihm, müsse man dann mit unerschütterlicher Beharrlichkeit zu Ende gehen, ganz gleich, wie schmerzlich er sei. Wie auch immer man sich zu dieser Erziehung stellen mag, Siegmund selbst empfand sie in keiner Weise als hart: »Ich halte die allgemeine Ansicht der Menschen – daß der Puritanismus zwangsläufig niederdrückend, finster und düster sei – für falsch.«[8]

Zwar besaß Lucie einen feinen Humor und eine stille Art, sich des Lebens zu freuen, doch davon abgesehen war an Siegmunds Kindheit alles ernst und gewichtig. Nie vergaß er die Sorgen seiner einsamen Jugend, denen er nie Worte verlieh, was ihn stets ein wenig schwermütig wirken ließ. Das leichte Geplauder und der alltägliche gesellschaftliche Umgang fielen ihm in späteren Jahren zusehends schwer. Die Mutter bildete ihn, prägte seine Arbeitshaltung und redete mit ihm vernünftig und nüchtern über alles. Fünf Jahre lang half sie ihm bei den Hausaufgaben, liebevoll, aber ohne ihn zu schonen. Wenn er einen kleinen Fehler machte, mußte er die ganze Seite noch einmal schreiben. »Sie wiederholte die Kritik an etwas, was ich getan hatte, immer wieder, bis sie sicher war, daß ich es nicht vergessen würde«, sagte Siegmund später.[9] Zur Stärkung seines Gedächtnisses mußte er Gedichte auswendig lernen, und er weinte mitunter, wenn er sie nicht exakt so aufsagen konnte, wie es sich seine Mutter vorstellte. Er muß ihrer Liebe sehr sicher gewesen sein, daß er unter dieser harten Erziehung nicht zerbrach.

Lucie erfüllte ihn mit einer solchen Achtung für die höheren Werte des Geistigen, daß er für irdische Genüsse gänzlich untauglich wurde. Als der Achtjährige mit einer Tafel Schokolade nach Hause kam, die er sich vom Taschengeld gekauft hatte, machte ihm Lucie Vorwürfe, weil er es nicht für etwas Sinnvolles ausgegeben hatte. (Es dürfte kein Zufall sein, daß es ihn später oft nach verbotenen Süßigkeiten gelüstete.) Als er zur ersten Tanzstunde ging, sagte Lucie: »Wenn du ein häßliches Mädchen allein herumstehen siehst, mußt du hingehen und sie auffordern.«[10] Das war zwar in hohem Maße edel, aber von einem Jungen seines Alters viel verlangt. In Lucies Welt regierte Geistigkeit, in der scheinbar alles *sub specie aeternitatis* gesehen wurde.

Was die Religion betrifft, war Lucie eine typische deutsche Jüdin. Zwar achtete sie die jüdische Überlieferung, wollte aber von den mystischen Anteilen der Religion nichts wissen. Ihr Judentum war ein Gemisch aus rationaler Philosophie und einer auf die deutsche Klassik gestützten Bildung. So zitierte sie in Gegenwart ihres Sohnes häufig Schillers Verse »Welche Religion ich bekenne?/Keine von allen, die Du mir nennst./Und warum keine? Aus Religion.«[11] Mit fünfzehn Jahren hatte sie ein jüdisches Gebetbuch in deutscher Sprache mit einem Wahlspruch von Plato geschenkt bekommen. Sie betonte die Wichtigkeit ethischer Bindungen und sagte oft, Glück gehe auf die Erfüllung von Pflichten zurück. Bis zur Vollendung von Siegmunds dreizehntem Lebensjahr betete sie täglich vor dem Schlafengehen mit ihm, auch dann, wenn Gäste zum Abendessen im Hause waren. Am Vorabend seiner Bar Mizwa (bei der er seine Rede auf latein hielt) erklärte sie ihm, daß er hinfort allein beten müsse. »Das Wichtigste beim Beten ist, daß du ganz fest an alles Falsche denkst, was du während des Tages getan hast. Und wenn dir nicht mindestens fünf, sechs oder sieben Dinge einfallen, die du falsch gemacht hast, dann ist mit dir etwas nicht in Ordnung.«[12] Im Vordergrund seiner Erziehung standen Selbstzucht und Selbstkritik, nicht etwa Vergebung oder Kompromisse. Sie ist somit ein treffendes Beispiel für die Gemeinsamkeiten zwischen deutscher und jüdischer Kultur, die in ähnlich übertriebener Weise das Schwergewicht auf Arbeit und Leistung legen.

Die Erziehung durch Lucie war für Siegmund gleichsam ein Muster für andere Beziehungen in seinem Leben. So sehr bewunderte sie ihren Sohn, daß er sich daran gewöhnte, widerspruchslos und mit bedingungsloser Treue behandelt zu werden. Später übertrug er diese überaus unrealistischen Vorstellungen auf die Welt ganz allgemein. Darüber hinaus vermittelte ihm seine Mutter äußerst hohe Maßstäbe, die er an sich selbst wie an andere anlegte, denen aber in einer im Umbruch befindlichen Welt der Unordnung und der Fehlbarkeit niemand gerecht werden konnte.

Obwohl Georg sozusagen im Exil lebte, befaßte er sich gründlich mit der Geschichte der Hamburger Warburgs und kannte den Stammbaum der Familie in allen Einzelheiten. Er berichtete Siegmund, wie sein fleißiger Großvater gleichen Namens die Bank M.M.Warburg & Co. aufgebaut hatte, während sich der faule und verwöhnte Moritz mit Sara beschäftigte. Nachdem Paul als Teilhaber bei Max eingetreten war, glaubten die Alsterufer-Warburgs, Anspruch auf eine weitere Teilhaberschaft erheben zu können, um das Gleichgewicht wiederherzustellen. So hatte man Georg das Recht zugesprochen, zusammen mit seinem Bruder Aby S. in die Firma einzutreten, worauf er jedoch verzichtete. Dieser Anspruch war seiner Überzeugung nach nunmehr auf seinen Sohn übergegangen, und die anderen Alsterufer-Warburgs teilten diese Ansicht.

Als Siegmund 1919 im Alter von siebzehn Jahren noch immer unentschlossen war, was er aus seinem Leben machen sollte, nahm sein Onkel Max, dem klar war, daß Siegmund für das Bankgeschäft begabter war als sein Sohn Erich, die Dinge in die Hand. Er sah in dem jungen Mann bereits Eigenschaften von dessen Großvater aufblitzen und fragte ihn, was er tun wolle. Siegmund erklärte, daß er gern Geschichte und Philosophie studieren und danach in die Politik gehen würde. Gewiß hatte Max, der als Sündenbock für Versailles herhalten mußte, seine Zweifel daran. Zwar stimmte er Siegmund zu, drängte ihn aber zugleich in eine andere Richtung. »Ein glänzender Gedanke«, gab er zur Antwort, »aber außerdem solltest du ein paar Jahre in unserer alten Bank arbeiten, denn es könnte dir sehr nützlich sein, wenn du etwas vom Geschäftsleben verstehst.«[13]

Dem völlig unerfahrenen und äußerst schüchternen Siegmund schmeichelte die Aufmerksamkeit, die ihm sein Onkel, dessen Charme und weltmännisches Auftreten ihn zutiefst beeindruckten, entgegenbrachte. Zwar wäre es Georg am liebsten gewesen, wenn sein Sohn das Gut übernommen hätte, doch hatte er gemerkt, daß Siegmund von der Schwäbischen Alb fortstrebte, und so redete er ihm zu, das Angebot einer Bankausbildung in Hamburg anzunehmen. Also zog Siegmund 1920 ins Haus von Onkel Aby S. am Alsterufer. Mit dem Eintritt in die Bank gab er andere Berufe auf – ob in der Schule, der Politik oder der Philosophie –, und in späteren Jahren hatte er häufig den Eindruck, alles hätte anders kommen können. Sogleich fürchteten die Alsterufer-Warburgs, die Verwandten vom Mittelweg könnten ihnen Siegmund abspenstig machen. »Intrigen gegen Siegmund, vom Alsterufer in den Mittelweg umzuziehen«, notierte seine Kusine Olga im Oktober 1921 in ihr Tagebuch.[14]

In jenem Jahr erlitt Georg den ersten Schlaganfall, und Lucie mußte sich Tag und Nacht um ihn kümmern. Sie schenkte ihm ihre ganze Fürsorge, teilte alle Freuden mit ihm und hielt alle Sorgen von ihm ab. Im Oktober 1923 – auf dem Höhepunkt der Inflation, als ein Dollar fünfundzwanzig Milliarden Mark wert war – starb Georg mit zweiundfünfzig Jahren und wurde auf dem Gut beigesetzt. Weil sein Testament unter anderem vorsah, daß jedes Kind im Dorf zu einer bestimmten Zeit vier Tage Ferien in der Schweiz machen durfte, blieb er in der Erinnerung der Leute am Ort eine Art Heiliger.

Georgs Tod bürdete Lucie eine schreckliche Last auf und vertiefte die ohnehin schon intensive Bindung von Mutter und Sohn noch mehr, auch wenn Siegmund in Hamburg war und Max sich um ihn kümmerte. Für Lucie begann nun eine lange Witwenschaft mit angenehmen, aber auch bitteren Seiten. Nach wie vor kümmerte sie sich um das Gut und spielte zum ersten Mal seit Jahren wieder Klavier. Zweimal die Woche nahm sie Stunden in Stuttgart, begann erneut Beethoven und Bach zu spielen und komponierte. In ihren Stücken, so Siegmund, klang die versteckte Sehnsucht nach einem Glück, das jenseits aller irdischen Sorgen lag.

Da sein Vater tot und das elterliche Vermögen der Inflation zum Opfer gefallen war, mußte er schon mit einundzwanzig Jahren Verantwortung übernehmen. Stets drückte ihn fortan die eine oder andere Last, so daß seine elegante Erscheinung etwas düsterer wurde. Auch schärfte Georgs Tod seine Sinne für die Rivalität zwischen Mittelweg und Alsterufer. Zwei Wochen nach dem Tod des Vaters teilte er Aby S.' Sohn Karl mit, er fühle sich der Familientradition verpflichtet, und bezeichnete sich unter Hinweis auf die geringe Zahl männlicher Erben in ihrer Branche als den einzigen, der hinreichend begabt und fähig sei, den Alsterufer-Zweig in der Bank überzeugend zu vertreten.[15]

Was er bei den Hamburger Verwandten erlebte, hinterließ in ihm seelische Narben und Bitterkeit. In der Bank arbeitete er hart, kam aber nicht so rasch voran, wie er gehofft hatte, obwohl er den gleichaltrigen Vettern weit überlegen war. Karl hatte in der Schule nur langsam gelernt und sich wegen seiner Trägheit und Flüchtigkeit häufig Max' Zorn zugezogen. Erich war zwar nicht unbegabt, ließ sich aber durch seine gesellschaftlichen Verpflichtungen ablenken. Siegmund empfand sich als Stern, dem der gebührende Platz am Himmel der Warburgs versagt blieb, weil er dem falschen Zweig der Familie angehörte. Zum ersten (aber kaum zum letzten) Mal empfand er den nur schwer zu bändigenden Groll des tüchtigen Außenstehenden, dem die von Geburt Bevorzugten den Zutritt zu ihrem Kreis zu verweigern schienen.

Er dürfte Erich um die vielen Freundinnen und ihn verehrenden Schwestern beneidet haben. Während der leistungsorientierte Siegmund das Joch früher Verantwortung trug, tändelte dieser in Hamburg und Amerika und jagte dem Abenteuer nach. Siegmund beobachtete, wie seine Hamburger Verwandten kraft ihres Namens vorankamen, und vor allem in Erich sah er die Eitelkeit des ererbten Reichtums verkörpert. Zeit seines Lebens litt Siegmund unter Erichs leichtsinniger und karrierebewußter Lebensart. Dessen positive Eigenschaften – Großzügigkeit, Umgänglichkeit und Freigebigkeit bei wohltätigen Aufgaben – schien er nie recht zur Kenntnis genommen zu haben.

Siegmund fühlte sich vom Kreis der Mittelweg-Warburgs ausgestoßen. Sie sahen in dem in Württemberg auf dem Lande aufgewachsenen jungen Mann einen Bauerntölpel aus einer fernen Gegend, in der die Uhren langsamer gingen. Man verspottete ihn nicht nur als Bücherwurm, sondern auch als Muttersöhnchen, da er fortwährend an Lucie schrieb. Von einem Tag auf den anderen traf er mit weltgewandten Kusinen zusammen, die sich modisch kleideten, Gedichte schrieben und schicke Gesellschaften gaben. Die hochnäsigen Klatschmäuler am Mittelweg hatten keine Nachsicht mit ihm. »Wir haben ihn wie Dreck behandelt«, räumte Aby M.s Tochter Frede ein, »er war nicht aus Hamburg, und wir waren jung und dumm.«[16]

Nicht alle Warburgs bedauerten die Art und Weise, in der sie Siegmund anfangs behandelt hatten. »Er war eingebildet und sehr gescheit«, sagte Bettina. »Er und Erich lagen in der Firma ständig gleichauf. Siegmund hatte den Eindruck, daß er aus dem minderwertigen Zweig der Familie stammte und klüger war als Erich. Dieser aber war Papas Sohn und hatte die Zügel in der Hand.«[17] Max gab Siegmunds Verbitterung immer wieder neue Nahrung, indem er seinen eigenen Sohn offenkundig bevorzugte. Am Ende des Arbeitstages rief er Erich in sein Privatkontor und besprach mit ihm vertrauliche Geschäftsangelegenheiten. Erich vermutete, daß diese ungleiche Behandlung den Neid des bei Zurücksetzungen äußerst empfindlichen Siegmund erregen mußte.

Auf die Herablassung der anderen reagierte dieser, indem er sich eine überlegene Haltung angewöhnte und sich mit einer geradezu byronschen Aura des Trübsinns und des Geheimnisvollen umgab. Wie die meisten Einzelgänger leckte er seine Wunden im stillen und verbarg seine Empfindungen; er wartete auf den Tag, da man seinen wahren Wert erkannte, wenn er nicht gar auf Rache sann. In der Bank schätzten ihn viele, denn er war ein guter Zuhörer und ein umgänglicher und anregender Arbeitskollege. Nicht alle Mittelweg-Warburgs zeigten ihm die kalte Schulter. Vor allem Louise Derenberg (Fritz' Zwillingsschwester) und ihr Mann schätzten ihn sehr. Ihre Tochter Gabriele unterhielt sich gern mit dem klugen und anziehenden Vetter. Als sich Siegmund Mitte der zwanziger Jahre im Hause Derenberg aufhielt, brachte sie dem vom Lande kommenden Verwandten bei, wie man eine Smokingschleife bindet.

Trotz aller seelischen Verletzungen fand Siegmund in Hamburg auch viele Vorbilder. In den ersten Jahren beeindruckte ihn Max' draufgängerische Art, und später in London übernahm er viele seiner Aussprüche und Vorgehensweisen. Carl Melchior wirkte zunächst abweisend und kalt auf ihn, doch im Lauf der Zeit entwickelte Siegmund große Bewunderung für ihn. Er sah in ihm einen Mann, der wie Erasmus von Rotterdam auf der

Suche nach der Wahrheit war und seine Gemütsbewegungen beherrschte. Seine Art, in einer Diskussion zunächst alle Möglichkeiten durchzuspielen, bevor er die eigene Position formulierte, ahmte Siegmund später ebenso nach wie die kurzen, ablehnenden Briefe Melchiors, die so verschlüsselt formuliert waren, daß sich niemand unnötig gekränkt zu fühlen brauchte.

Siegmund trat 1925 als eine Art Lehrling bei N. M. Rothschild & Sons in London ein. Außerdem belegte er an der Universität Cambridge Kurse in Währungstheorie und verwandten Themen. Während er durch die Höfe der Colleges ging, nahm er die von herrlichem Grün umgebene großartige Architektur in sich auf. Im Vorgriff auf Kommendes schrieb er nach Hause: »Meine Liebe zu Deutschland hat sich hier nicht vermindert, aber ich habe eine Menge dort zu bewundern, und man fühlt sich hier schnell sehr heimisch.«[18] Auch dort war er wieder ein Außenstehender, der in keines der Colleges eintrat, die, wie er sagte, sämtlich von Cliquen beherrscht wurden. Schon in London hatte Siegmund eine besondere Vorliebe für außergewöhnliche Menschen und machte die Bekannschaft eines jungen deutschen Bankiers namens Hermann Abs, der damals beim Guaranty Trust volontierte. Die beiden jungen Männer gingen gemeinsam zu Konzerten und ins Theater und es entwickelte sich eine enge intellektuelle Freundschaft, die für Siegmunds spätere Karriere weitreichende Konsequenzen haben sollte.

Nach Hamburg zurückgekehrt, verliebte er sich in eine entfernt mit den Warburgs verwandte, hinreißend schöne junge Schwedin namens Eva Maria Philipson. Nach dem herben Leben auf Uhenfels muß ihm Eva mit ihrer natürlichen Eleganz und Anmut fast wie eine paradiesische Vision vorgekommen sein. Ihr ungewöhnlich gut aussehender Vater Mauritz stand an der Spitze der Svenska Handelsbanken, einer Firma, der nur noch Wallenbergs Enskilda Bank das Wasser reichen konnte. Er war eine starke, abweisende Persönlichkeit, ein herrischer Vater und zäher Verhandler. Zwar war er Jude, hatte aber als erster in seiner Familie außerhalb des Glaubens geheiratet. Eva wurde als Protestantin aufgezogen und war ausgesprochen bibelfest.

Sie hatte einen hochgewachsenen Bruder, der sehr gut aussah, eine wahre Wikingergestalt. Die Eltern hielten es für richtig, junge Mädchen behütet aufwachsen zu lassen; in ihrer von Verboten umstellten Kindheit waren sie einer schrecklichen Erzieherin auf Gedeih und Verderb ausgeliefert. Vater und Mutter tadelten sie so regelmäßig, daß Eva eines Tages bei Tisch den Blick zu einem Gemälde an der Wand hob und zum Ärger der Eltern sagte: »Opa ist nicht wütend auf mich.« Stets steckte die Mutter sie in die damals üblichen Matrosenkleider, die ihr verhaßt waren, und der Vater verbot ihr, sich in der Krankenpflege ausbilden zu lassen. Da sie Fremdsprachen lernen sollte, schickten die Eltern sie nach England und Frankreich. Mitte der zwanziger Jahre dann wurde sie nach Hamburg beordert – teils, um Deutsch zu lernen, teils, weil sie dort nicht den finsteren Versuchungen wie in Paris ausgesetzt war. Sie wohnte im Hause von Fritz und Anna Beata, die aus dem Zweig der schwedischen Warburgs stammte.

Als Fritz sie eines Tages mit in die Bank nahm, war sie zuerst begeistert. Dann führte er sie an einen Schreibtisch, gab ihr etwas zum Abtippen und verließ den Raum. Mit einem Mal begriff sie, daß man sie gegen ihren Willen zur Sekretärin gemacht hatte, und brach in Tränen aus. Als eine Angestellte sich nach ihr erkundigte, sagte sie nur: »Ich bin schrecklich erkältet.«[19] Alle jungen Männer in der Bank wetteiferten um ihre Gunst, und die Arbeit ruhte, wenn Eva einen Raum betrat. Siegmund und sie verliebten sich auf den ersten Blick ineinander. Seine überragende Intelligenz zog sie ebenso an wie sein gutes Aussehen, über dem ein Anflug von Düsterkeit lag. Nach ihrer äußerst strengen Erziehung dürfte seine Leidenschaftlichkeit unwiderstehlich auf sie gewirkt haben. Sie hatte Schwimmen, Segeln und Nähen gelernt, vom Lesen aber hatte man sie ferngehalten. In Siegmunds Augen war Eva das, was sich ein Junge in seinen Träumen vorstellt, elegant, gepflegt, aber auch klug. Sie war von umwerfender Schönheit und brachte der Politik und geistigen Dingen ein ernsthaftes, wenn auch ungeschultes Interesse entgegen.

Aus Furcht vor der Gehässigkeit der Kusinen bestand Eva darauf, daß sie ihre Liebesbeziehung und ihre Verlobung einstweilen für sich behielten. Als sie eines Tages mit den Eltern verreiste, nahm sie allen Mut zusammen und erklärte: »Ich bin verlobt.« Ihr war klar, daß sie entsetzt sein würden, und in der Tat hoben sie verblüfft die Köpfe. Die Verwandten vom Mittelweg, die Siegmund seine Eroberung nicht gönnten, erklärten scheinheilig, Eva tue ihnen leid. In Wahrheit war Siegmund ein begehrenswerter junger Mann, und Eva war glücklich, ihn für sich gewonnen zu haben. Manche Warburgs hielten sie für ein zwar hübsches, aber nicht ernst zu nehmendes Mädchen, das ihrem seriösen und tiefsinnigen Verlobten in keiner Weise gewachsen war.

In Wirklichkeit war Eva sehr viel mehr als ein Schmuckstück an Siegmunds Seite. Sie stammte aus der Oberschicht ihres Landes, war den Alltagsdingen mehr zugewandt als er und behandelte den jungen Mann, der noch immer eine gewisse Unbeholfenheit an den Tag legte, mit mütterlicher Zärtlichkeit. Ungeachtet ihres weiblichen Charmes konnte sie im Umgang mit Menschen unerbittlich sein und ließ sich im Unterschied zu Siegmund nicht leicht von Gefühlen leiten oder gar blenden. Während er emotional gelegentlich grundlos schwankte, waren ihre Empfindungen stetig und verläßlich. Sie war gleichsam der Kompaß, der ihn auf dem richtigen Kurs hielt. Kurz vor Ende seines Lebens sagte Siegmund in Anspielung auf den Unterschied zwischen ihnen: »Meine Frau sagt, daß ich in bestimmten Situationen im Umgang mit anderen Menschen ein Kleinkind bin.«[20]

Diese Aufnahme ließ Siegmund Warburg anläßlich seiner Hochzeit am 8. November 1926 in Stockholm machen. Er ist damals vierundzwanzig Jahre alt und beruflich noch von der Gunst seines Onkels Max abhängig. Zehn Jahre später arbeitet er in London bereits als sein eigener Herr und beginnt mit dem Aufbau seines Unternehmens.

Die beiden jungen Leute reisten nach Württemberg, um Lucie von ihrer Verlobung in Kenntnis zu setzten. Obwohl Siegmund kein praktizierender Jude war, konvertierte Eva den Warburgs zuliebe zum Judentum. Am 8. November 1926 wurde Evas und Siegmunds Hochzeit im Goldenen Saal des Stockholmer Grand Hotel mit großem Prunk begangen. Bei diesem bedeutenden gesellschaftlichen Ereignis waren die Wallenbergs, die Fränkels und die gesamte schwedische Bankenelite anwesend. Unter den rund zweihundert Gästen befand sich auch eine mehr als vierzigköpfige Abordnung aus Hamburg. Die Ziviltrauung nahm Stockholms Bürgermeister vor, ihm zur Seite standen der Oberrabbiner von Stockholm und der Familienpastor der Philipsons, wobei die Juden auf einer Seite des Mittelganges saßen, die Christen auf der anderen. Unter den Gästen fielen mehrere schneidige junge Offiziere in eleganter blauer Uniform auf, von denen man munkelte, es handele sich um enttäuschte Bewerber um Evas Hand.

Die Hochzeitsbilder zeigen hinter dem Glanz eine gewisse Trauer. Siegmund schätzte die Einfachheit, und man hat den Eindruck, daß ihn und Eva all der Pomp förmlich erdrückte. Auch sieht man, daß Siegmund inzwischen ein reifer, kultiviert wirkender junger Mann war. Schon zu jener Zeit war er launenhaft und neigte zu furchterregendem Jähzorn. Bezeichnenderweise hatte ein Angestellter neben seinem Brief- und Schlüsselfach im Grand Hotel einen Zettel mit dem Hinweis angebracht: »Wenn er klingelt, muß man RENNEN.« Nach der Hochzeit hielten Siegmund und Eva eine jüdische Feier in privatem Rahmen.

Da Siegmund nunmehr auf Max' Anweisung eine Ausbildung in den Vereinigten Staaten begann, reiste das junge Paar 1927 nach Boston, wo Siegmund eine Tätigkeit im Buchprüferunternehmen Lybrand Ross Brothers & Montgomery aufnahm. George, ihr erstes Kind, kam in Boston zur Welt. Siegmund gefiel der amerikanische Hang zum Unternehmerischen und die Freiheit von den Zwängen der Überlieferung, doch beklagte er zugleich den kulturellen Einheitsbrei, der alles wie genormt aussehen ließ. Entsetzt von seiner Unkenntnis der amerikanischen Geschichte, stellte er eine Leseliste zusammen und verbrachte viel Zeit mit den Büchern, die er ganz im Stile von Shaws *Pygmalion* auch Eva zu lesen gab.

Bevor er nach Europa zurückkehrte, arbeitete er Ende 1927 mit Paul zusammen in der IAB und Anfang 1928 mit Felix bei Kuhn, Loeb. Bemerkenswerte Briefe, die er an Evas Vater schrieb, lassen erkennen, daß er schon bald eine Abneigung gegen die amerikanischen Verwandten entwickelte, die sie ihm im Laufe der Jahre mit Zinsen zurückzahlen sollten. Zwar fand er die lebhaften Friedaflix-Kinder angenehm im Umgang, doch enttäuschte ihn, daß sie alles Geistige gleichgültig ließ. Er erklärte, von allen Amerikanern, die er kennenlerne, fühle er sich zu den eigenen Verwandten am wenigsten hingezogen. Er betrachtete die New Yorker Warburgs, wie überhaupt alle amerikanischen Juden, als Emporkömmlinge, die sich ihrer Herkunft schämten und denen daran lag, sich möglichst rasch zu amerikanisieren.

Auch die zwischen Paul Warburg und Morti Schiff bestehende Spannung blieb ihm nicht verborgen, und er überlegte, daß es besser wäre, wenn die beiden Schwäger in verschiedenen Firmen arbeiteten.[21] Zwar hielt er Paul für überempfindlich, bewunderte aber seine vornehme Menschlichkeit. In dessen Sohn Jimmy sah er einen begabten Blender, auf den man als Freund nicht zählen konnte, und einen Mann, der lieber redete als handelte und der beständig mit anderen stritt (vor allem mit Max). Wie später nochmals in den fünfziger Jahren, hielt Siegmund die Firma Kuhn, Loeb schon damals für einen verblassenden Stern. Das mit dem Eisenbahnwesen und der Stahlindustrie verbundene Unternehmen hatte seines Erachtens viel zu viele eitle und überhebliche Teilhaber, die lieber ihren Hobbies nachgingen, anstatt zu arbeiten. Das war eine geradezu prophetische Erkenntnis.

Möglicherweise vermutete Siegmund, er habe mit seiner internationalen Erfahrung und seiner wunderbaren Gattin die Entbehrungen der Vergangenheit vertrieben. Er war ein aufstrebender junger Mann, der gern gut aß, Wein und Zigarren liebte und sich sportlich-elegant kleidete. Doch gab es bereits erste Hinweise auf die Mißgunst des Schicksals. Der erste zeigte sich in einem sonderbaren Zwischenfall: Sein pausenlos lächelnder Vetter Albert Kaulla, der für Siegmund wie ein Bruder war, verschluckte auf Uhenfels zu Weihnachten versehentlich eine Heftzwecke. Da er keine Schmerzen hatte und auf Röntgenaufnahmen nichts zu sehen war, hoffte man, sie werde seinen Körper eines Tages auf natürlichem Wege verlassen. Während er bei M. M. Warburg eine Ausbildung durchlief, tauchte die Heftzwecke eines Morgens bei Freiübungen wieder auf und drang ihm in die Lunge. Am 15. Februar 1927 starb er im Alter von nur zweiundzwanzig Jahren. Tief betrübt schwor Siegmund Alberts Eltern Lilly und Otto Kaulla, er werde versuchen, ihnen wie ein Sohn zu sein und Albert zu ersetzen.[22] Als sieben Monate später sein eigener Sohn George zur Welt kam, nannte er ihn mit zweitem Vornamen Albert.

Etwas später legte sich ein Schatten auf die vollkommene Ehe. Als die siebenundzwanzigjährige Eva im November 1930 eine Tochter gebar, sah die Schwester, die der Mutter die kleine Anna zum Stillen brachte, einen Fleck auf Evas Brust, der ihr Sorge bereitete. Eine genauere Untersuchung ergab, daß es Krebs war und die Brust entfernt werden mußte. Die würdevolle Haltung, mit der Eva diese entstellende Operation hinnahm, zeigt nicht nur ihre seelische Kraft, sondern auch, daß sie frei von Selbstmitleid war. Zeit ihres Lebens mußte sie gegen das Krebsleiden ankämpfen.

Etwa um diese Zeit erkannte Siegmund, wie gering seine Aussichten bei M. M. Warburg waren. Mit Erich kam er zwar gut aus, doch konnte er ihn als Bankier nicht achten. Als dieser im Januar 1929 gemeinsam mit Dr. Ernst Spiegelberg Teilhaber wurde, bekam Siegmund wie auch Dr. Hans Meyer lediglich die Einzelprokura erteilt und wurde erst 1930 Teilhaber.

Fortan distanzierte sich Siegmund von Max. Lange hatte er dem Onkel Vorhaltungen gemacht, weil dieser keine Niederlassung in Berlin eröffnen wollte. Da Max fürchtete, mit einem solchen Vorgehen befreundete Bankiers vor den Kopf zu stoßen, unterhielt er in der Hauptstadt lediglich eine kleine Wohnung für Besprechungen mit Politikern, in der er auch Kunden bewirten konnte. Siegmund, der es für töricht hielt, in Berlin kein Büro einzurichten, änderte seine Meinung über Kaiser Maximilian – wie er Max gerne nannte – und betrachtete ihn in Fragen der Geschäftsstrategie von nun an als Dilettanten. Außerdem vermutete er, Max befürchte, nicht alles kontrollieren zu können, was in einer auswärtigen Niederlassung vor sich ging. Ganz gleich, was andere Warburgs denken mochten, in Siegmunds Augen war Hamburg hoffnungslos provinziell, und er sah Berlin als Ort, an dem er nicht nur selbständig arbeiten, sondern auch in einem politisch und kulturell geprägten hauptstädtischen Umfeld leben könnte.

Seine Entscheidung, sich in der Frage einer Fusion mit der mächtigen Berliner Handelsgesellschaft auf Jimmys Seite zu stellen, erregte den Zorn des Onkels. Als dieser 1931 schließlich der Eröffnung einer Niederlassung in Berlin zustimmte, berief er zu deren Geschäftsführer Siegmund, was diesem Gelegenheit bot, der Hamburger Bank zu entkommen. Offensichtlich nutzte er seine Freiheit so gründlich aus, daß Max sich veranlaßt sah, ihm vorzuwerfen, er lasse ihn über sein Tun und Treiben im unklaren. Künftig mußte Siegmund wöchentlich einen Bericht über alles vorlegen, was im Berliner Büro der Bank vor sich ging.

Siegmund war in der geistigen Welt der Weimarer Republik zu Hause. Seinen Onkel Aby achtete er zutiefst, bewunderte Walter Rathenau und Gustav Stresemann und bedauerte lediglich, daß die Öffentlichkeit ihnen nicht mit der gleichen Hochachtung begegnete wie den Militärs Hindenburg und Ludendorff. Die kühnen, allumfassenden historischen Theorien, die inmitten von Niedergang und Zerfall eine Blüte erlebten, übten eine mächtige Anziehung auf ihn aus. Er schätzte starke, unsentimentale Gedanken, die zum Weiterdenken anregten und selbstgefällige Menschen entsetzten. Er verschlang Spengler und ließ sich anstecken vom tiefen Kulturpessimismus der zwanziger Jahre, der zu seinem schwermütigen Wesen paßte. Irgendwie schien ihm die Vorstellung apokalyptischer Veränderungen und eines auf der ganzen Welt zu beobachtenden Zerfalls zuzusagen. Auch teilte er Hegels Auffassung, der in der Geschichte einen aufwärtsgerichteten Fortschritt sah, dessen Veränderungen der Dialektik unterliegen. Solche Theorien, welche die unbedeutenden Angelegenheiten der Menschen wie aus einer gottähnlichen Perspektive betrachten, paßten zu seiner Attitüde intellektueller Überlegenheit. Von Spengler und Hegel beschwingt, schwebte er über dem Alltagsgetümmel.

Einen weiteren wichtigen Einfluß auf ihn übte Nietzsche aus, vor allem dessen Werk *Jenseits von Gut und Böse*. Die Verachtung, mit der jener Denker schwache und mittelmäßige Konformisten des neuzeitlichen Europa bedachte, fand tiefen Widerhall in Siegmund, der Beispiele dafür in der eigenen Hamburger Verwandtschaft kennengelernt hatte. Ihm gefiel der Gedanke, daß die Vorsehung herausragende Menschen zu Besonderem befähigt. In erster Linie begeisterten ihn außergewöhnliche Individuen, die den Wunsch hatten, die lästigen Überreste der Vergangenheit wegzufegen und eine neue Ordnung zu begründen.

In seiner Grabrede für den 1930 verstorbenen Onkel Marc Rosenberg, einen charismatischen Kunsthistoriker und kühnen Freidenker, pries Siegmund, der zu diesem Anlaß all seine theatralischen und rhetorischen Register zog, ihn als einsamen Visionär, der sich hohen Idealen verpflichtet hatte. Da er ein Übermensch im Sinne Nietzsches gewesen sei, habe er über den billigen Beifall der gemeinen Masse nur lächeln können. »Blitz und Donner konnten von ihm ausgehen, Blitze der Vision und Donner der Entrüstung, unheimliche Gewitter, die, weit jenseits von Gut und Böse, alles Kleine und Häßliche zu zermalmen versuchten...«[23] In Siegmunds Augen hatte Rosenberg zur aussterbenden Gattung wahrer Aristokraten gehört, die den einsamen Kampf um die Wahrheit kämpften. »Er hatte den schwersten Mut, den es gibt, den Mut zur Einsamkeit und Unabhängigkeit.«[24] Der in diesen Äußerungen liegende Überschwang spiegelte einen Hang zur Heldenverehrung, der Siegmund nie ganz verließ, und in persönlichen Briefen und Ansprachen ließ er sich oft von der Stimmung des jeweiligen Augenblicks mitreißen.

Eine weitere von ihm verehrte Gestalt war der in Österreich lebende Stefan Zweig, den der Krieg zum Pazifisten gemacht hatte. Der einundzwanzigjährige Siegmund wechselte seit 1923 mit dem berühmten Autor Briefe, nachdem er ihm begeistert über seine Biographie Romain Rollands geschrieben hatte. Wie an Rosenberg bewunderte er auch an Zweig Eigenschaften, die seine eigenen zu spiegeln schienen. Ihn beeindruckte, daß der Schriftsteller nicht bereit war, einfache Positionen zu vertreten, die der Masse gefielen, und die Art, wie Zweig die oberflächlichen Freuden des Sports und die rein passiven Beschäftigungen wie Rundfunkhören verachtete, sagte ihm zu. Gleich Rosenberg schätzte Zweig Bücher und altüberlieferte Schönheit; leicht zugängliche bürgerliche Genüsse hingegen, welche »die Seele« verderben, lehnte er ab. Siegmund teilte dessen pessimistische Auffassung, der zufolge die Welt eine düstere Übergangszeit staatlich-kollektiver Zwangsherrschaft voll Hoffnungslosigkeit, Barbarei und Intoleranz durchleiden müsse, bevor es wieder zu einer Epoche der Freiheit des einzelnen kommen könne.

Durch den Umzug nach Berlin erlebte Siegmund den Zerfall der Weimarer Republik aus allernächster Nähe. Als scharfer Kritiker des Young-Plans scherzte er bitter, auf diesen würden immer »youngere« Pläne folgen, bis die ganze widersinnige Geschichte mit den Reparationen zu Ende sei.[25] Als die Credit-Anstalt zusammenbrach, erkannte er, daß selbst Fixsterne vom Himmel fallen konnten: »Es war phantastisch. Überall hatten die Leute gesagt, es könnte nicht passieren. Nun ist es passiert.«[26] An der Spitze einer Berliner Niederlassung mit etwa zehn Mitarbeitern stehend, begann Siegmund, in der Politik aktiv zu werden, und verfaßte politische Flugschriften. Ohne Hitlers Machtergreifung, so erklärte er später, hätte er seine politische Tätigkeit fortgesetzt.[27] Siegmund stellte die Dinge gern radikal dar und äußerte häufig Ansichten, die andere entsetzten. So sagte er 1930 zu dem Historiker Alfred Vagts, Deutschland werde seine inneren Probleme und Krisen durch einen Krieg gegen Rußland lösen.[28]

Als die Warburgs später über Hitlers Zukunftsaussichten debattierten, vertrat Siegmund einen pessimistischen, aber Scharfblick verratenden Standpunkt, dem die Ereignisse recht geben sollten. Doch beunruhigten ihn diese Aussichten vor 1933 weit weniger als seinen Onkel Max, und er stand der Bedrohung zu jener Zeit offensichtlich blind gegenüber. Seinem Vetter Karl teilte er 1930 mit, er könne sich der in ihren Kreisen üblichen

*Nina Warburg,
geborene Loeb, in den vierziger Jahren*

Ablehnung der Nationalsozialisten keinesfalls anschließen. Abgesehen vom Antisemitismus, erkannte er in der NSDAP auch positive Züge. »Die Nazis sind zweifellos zum Teil furchtbar primitiv, sowohl menschlich wie politisch«, schrieb er. »Andererseits befinden sich unter einem großen Teil von ihnen sehr wertvolle, typisch deutsche Kräfte, die zwar in politischer Beziehung etwas phantastisch sind, aber ein sehr starkes Gefühl für soziale und nationale Pflichten haben.«[29] Er bedauerte, daß die Schwadroneure in der Partei dem Antisemitismus eine zentrale Rolle zugewiesen hatten. Siegmund, der es sich angewöhnt hatte, die Dinge im Sinne Hegels zu sehen, schien sich mit der zunehmenden Radikalisierung der späten Weimarer Zeit abgefunden zu haben, und erklärte, es handele sich um eine Übergangsphase im Auf und Ab der Geschichte.

Wie Carl Melchior erlag er der Täuschung, daß sich die Nationalsozialisten verantwortungsbewußter verhalten würden, wenn man sie an der Regierung beteiligte. »Ich habe gar keinen Zweifel, daß die *Nazis*, wenn sie einmal an der Regierung sind..., kaum mehr Dummheiten machen würden als die meisten anderen Regierungen.«[30] Diese Aussage ist um so bedeutsamer, als Siegmund zu einem späteren Zeitpunkt Onkel Max' Überzeugung, das Nazifieber werde vorübergehen, mit beißendem Spott bedachte. Doch im Dezember 1931 erklärte er Jimmy gegenüber mit Nachdruck, Deutschland brauche eine Schockbehandlung, und die Macht der Nazis nehme um so mehr zu, je länger man sie von der Regierung fernhalte. Damit werde, wie er einräumte, ein gewisses Ausmaß an Antisemitismus einhergehen. »Aber ich glaube nicht, daß irgendwie tief eingreifende Maßnahmen in dieser Richtung kommen werden, und wenn, dann nur während einer kurzen Übergangsperiode, da die besten und tüchtigsten Anhänger der Hitler-Bewegung diese demagogischen Gedankengänge nicht mitmachen.«[31] Daß sich Siegmund später so bissig über die von falschen Hoffnungen Irregeleiteten äußerte, mag wohl auch darauf zurückzuführen sein, daß ihm seine eigene jugendliche Kurzsichtigkeit peinlich war.

26

Reise in die Furcht

In Deutschland, das die Weltwirtschaftskrise am heftigsten gebeutelt hatte, fanden Demagogen 1932 einen fruchtbaren Boden. Immerhin war die Zahl der Arbeitslosen auf nahezu dreißig Prozent der arbeitsfähigen Bevölkerung angestiegen. In Hamburg sammelten sich scharenweise Kinder vor offenen Fenstern und sangen, damit man ihnen Münzen hinabwarf. Täglich wurde die Zahl der stillgelegten Schiffe im Hafen größer, und die im ganzen Land herrschende Not machte die Bevölkerung für die irrationale Diffamierung jüdischer Bankiers empfänglich. Das wiederum ermöglichte es den Nationalsozialisten, sich als linksgerichtete politische Kraft darzustellen und den in der Bevölkerung herrschenden Groll auf die Reichen für ihre Zwecke auszuschlachten.

Ihre Propagandatiraden richteten sich auch gegen Unternehmen, die in enger Verbindung zu jüdischen Banken standen, so unter anderem gegen den Chemiegiganten IG Farben. Die Nazipresse prangerte im Juni 1931 den Aufsichtsrat der Firma als Werkzeug des »Juden Warburg«[1] an und deutete den Namen IG Farben mit bösartigem Spott in »Isidor G. Färber« um.[2] Diesem Aufsichtsrat gehörten zehn Juden an, unter ihnen Max Warburg. Da der Konzern beim staatlich geförderten Projekt zur Entwicklung eines synthetischen Treibstoffs politische Hindernisse befürchtete, schickte er im Juni 1932 zwei Abgesandte zu Hitler. Diesem war klar, welche Bedeutung synthetischer Kraftstoff angesichts der Großprojekte Volkswagen und Autobahnbau hatte, und er sorgte dafür, daß die Angriffe gegen die IG Farben gemäßigt wurden. Im selben Jahr legte Max sein Aufsichtsratsmandat nieder.

Auf den mit immer größerer Lautstärke vorgetragenen Antisemitismus reagierte er mit einer Mischung aus Zorn und Schrecken. Er nahm an, die Intoleranz sei lediglich vorübergehender Natur, und das Nazifieber werde sich legen, sobald sich die Wirtschaftslage bessere. Er war über die träge Mittelschicht verärgert, die vor Hitler im Staub lag, und zeigte sich entsetzt, daß Deutschland die Treue seiner jüdischen Bürger mit solchem Undank vergalt. So erklärte er, das Vaterland »scheidet sich selbst aus der Reihe der Kulturvölker aus und ordnet sich in die Reihe der Pogromländer ein. Nichts hat mich in den letzten Jahren als Deutscher derartig deprimiert wie diese anti-semitische Hetze.«[3] Als er 1932 aus der Deutschen Volkspartei austrat, scherzte er, in Deutschland gebe es lediglich Parteien, aus denen man austreten könne, hingegen keine, in die man eintreten könne.[4]

Lange hatte sich Max den Kopf über die Möglichkeit zerbrochen, wie man die deutsche mit der jüdischen Überlieferung aussöhnen könne, doch schien das mittlerweile sinnlos. Die Sterne der Warburgs verdunkelten sich.

Der Aufstieg der Nationalsozialisten fiel in eine Periode, in der viele deutsche Juden ihre jüdische Identität aufgaben, und so traf Hitler auf sie zu einer Zeit, da sie sich in die falsche Richtung orientierten. Der Anteil der Mischehen bei Juden stieg 1932 auf erstaunliche sechzig Prozent.[5] Hätten die Nazis nur ein wenig Geduld aufgebracht, die gesamte »jüdische Frage« hätte sich von selbst gelöst. Daß die Massenvernichtung von einem Land ausging, dessen jüdische Bevölkerung nahezu vollständig in die Kultur eingebunden war, gab der Gewalttätigkeit einen Beigeschmack von Brudermord. In der Sowjetunion sahen Nichtjuden auf geknechtete Juden herab, in Deutschland hingegen wurden die Juden beneidet, obwohl sie weniger als ein Prozent der Bevölkerung ausmachten. Weniger ihr Anderssein ermöglichte es Hitler, Ängste vor einer »Rassenschande« zu schüren, der Grund für das Unbehagen war eher die Tatsache, daß sie anderen Deutschen in beunruhigender Weise ähnelten. Hätten sich die Juden nicht so stark mit Nichtjuden vermischt, wäre Hitlers Streben nach Reinerhaltung der Art unverständlich gewesen.

Auf einen Hamburger Bankier, der über gute Beziehungen verfügte, wirkte der Feind sonderbar gesichtslos. Max hatte es hauptsächlich mit Industrieführern aus der Oberschicht zu tun, die Hitler zu jener frühen Zeit großenteils ablehnten. Reiche Deutsche verachteten die Nationalsozialisten als Rüpel und Flegel und fürchteten deren angebliche sozialistische Neigungen. Hätte Max mehr mit kleineren Geschäftsleuten zu tun gehabt, wäre ihm sicherlich manche Täuschung erspart geblieben. Erst im Oktober 1931 begannen mächtige Industrielle von Rhein und Ruhr offen mit der NSDAP zu sympathisieren; in Bad Harzburg schlossen sich Schacht, der Stahlmagnat Fritz Thyssen und andere Geschäftsleute zu einer nationalen Front gegen den Bolschewismus mit ihnen zusammen.

Die Warburgs unternahmen etwas gegen die Nazis. Erich schloß sich einem »Kreis junger Hamburger« an, der gegen die Polarisierung der späten Weimarer Jahre kämpfte.[6] Er führte im September 1931 bei den Bürgerschaftswahlen eine erfolgreiche Kampagne gegen die NSDAP, unterstützte eine Koalition der Mitte und verteilte Flugblätter, auf denen er sich gegen den Extremismus von links wie von rechts aussprach. Dabei konzentrierten sie sich nicht auf den nationalsozialistischen Antisemitismus, sondern in erster Linie auf die protektionistische Haltung, die Hamburgs Außenhandel bedrohte. Ein gut gemachtes Flugblatt mit dem Titel »Haltet das Tor offen« zeigte einen Mann, der mutig die Tore des Handels aufstemmte, die Nationalsozialisten und Kommunisten zuzuschlagen drohten.

Erschüttert mußten Hamburger Juden Ende 1931 miterleben, daß ihr

Friedhof mehrfach geschändet wurde, und die Führer der Religionsgemeinschaft waren bestrebt, einen ökumenischen Protest dagegen zu bewirken. Aby S. Warburg bekam den Auftrag, bei der evangelischen Kirche vorstellig zu werden, und regte in einem Schreiben an den mit ihm befreundeten Hauptpastor Dr. Heinz Beckmann an, daß Juden gemeinsam mit führenden Christen in einer Zeitungsanzeige gegen diese widerwärtigen Auswüchse protestierten. Diesen Vorschlag lehnte Beckmann ab und schrieb kleinlaut: »Wenn ich meine persönliche Meinung sagen darf, so halte ich in unseren Tagen der Erregung nicht allzuviel von öffentlichen Erklärungen. Es ist viel wichtiger, daß jeder Mann und jede Frau in dem Umkreis, in dem sie wirken können, den vollen Einsatz ihrer Anschauung immer wieder leisten.«[7] Dieser Brief gab einen Vorgeschmack auf die Feigheit vieler deutscher Geistlicher, die nicht den Mut aufbrachten, ihre Stimme gegen die nationalsozialistischen Greueltaten zu erheben.

Der Wirtschaftskrise fiel die Legitimität der Republik zum Opfer, sie radikalisierte die Massen und war der Grund dafür, daß sich die Mittelschicht von den gemäßigten Parteien nichts mehr erhoffte. Als in Berlin 1932 Straßenkämpfe zwischen Nazischlägern und kommunistischen Rabauken alltäglich wurden, zeigte sich, daß der Staat nicht mehr imstande war, seinen Gesetzen Geltung zu verschaffen. Wo Kommunisten Läden stürmten, spielten sich SA-Leute als Retter der Geschäftsinhaber auf. Bei den Reichstagswahlen vom Sommer 1932 wehten vor vielen Hamburger Geschäften Hakenkreuzfahnen, denn die Furcht hatte auch die Hafenstadt erfaßt. Wie Christabel Bielenberg schrieb: »Ich wußte, daß es ratsam war, sonntags nicht durch bestimmte Teile Hamburgs zu gehen, denn in den Montagszeitungen fand sich fast immer ein Nachruf auf einen übereifrigen Politiker, der am Wochenende an einer Demonstration teilgenommen hatte, oder auf einen unschuldigen Passanten, der dem Zug zugesehen hatte.«[8]

Die Warburgs mußten weder prügelnde Braunhemden, Verhöhnungen auf der Straße noch offene Demütigungen persönlich erfahren. Dennoch sahen sie, daß sich der Abgrund vor ihnen öffnete. So schrieb Max im April 1932 an Jimmy: »Die Welt wird schwarz und schwärzer. Man glaubt immer, daß sie nicht schwärzer werden kann, aber es kommen immer neue Überraschungen, und man wundert sich, daß man noch auf seinen zwei Beinen steht.«[9]

Sehr zu Max' Erstaunen stürzte Brüning Ende Mai; ihm folgte Franz von Papen, Reichstagsabgeordneter der Zentrumspartei. Starker Mann im neuen Kabinett war der Reichswehrminister Kurt von Schleicher, ein herrischer Mann, der dem politischen Büro der Reichswehr vorstand. Kanzler wie Reichswehrminister waren zuversichtlich, Hitler neutralisieren und für ihre eigenen Zwecke einspannen zu können. Die Warburgs sahen nicht voraus, daß die Regierung Papen die letzten Grundlagen der Republik zerstören und damit ein verderbenbringendes politisches Vakuum herbeiführen würde. Siegmund quittierte die Veränderungen mit Beifall, würdigte von Schleicher als mutig und entschieden und Papen als klug und anständig.[10] Max begrüßte die Regierung wegen ihrer entschlossenen Haltung in der Frage der Arbeitslosigkeit.[11] Lediglich Felix erkannte ein Verschwörungsmuster und sah Brüning als Opfer eines von Industriellen geplanten Anschlags, die dem Wohlfahrtsstaat den Garaus machen wollten.[12]

Als die Warburgs erörterten, was sie im Fall eines Wahlsiegs der NSDAP unternehmen konnten, standen sie erneut vor dem alten Dilemma: Bedienten sie sich ihrer Macht, riskierten sie eine offene Attacke; zogen sie sich hingegen aus dem Blickfeld der Öffentlichkeit zurück, schwächten sie ihre Stellung. Meist entschieden sie sich für die Vorsicht. Als die Nationalsozialisten Berlins stellvertretenden Polizeipräsidenten, den Juden Bernhard Weiß angriffen, fragte Max, ob es nicht besser wäre, wenn sich die Juden in diesen Zeiten politisch zurückhielten und keine Verantwortung auf sich nähmen, die sie nicht tragen könten.[13]

Ende Juli 1932 errang die NSDAP verblüffende Wahlerfolge. Sie bekam 13,7 Millionen Stimmen und zog mit zweihundertdreißig von sechshundertacht Sitzen als größte Einzelpartei in den Reichstag ein. Es entsetzte Carl Melchior, daß nunmehr achtbare Politiker mit Männern verhandelten, die »Morde im gewöhnlichen Sinne des Strafgesetzbuches begangen haben und daher auch durch ein ordentliches Gericht zum Tode hätten verurteilt werden müssen«.[14] Obwohl die allgemeine Stimmung auf der Seite der Mörder war, erlitten die Nazis bei den Novemberwahlen einen vorläufigen Rückschlag, der sie zwei Millionen Stimmen kostete. Man darf nicht vergessen, daß die Mehrheit der Deutschen am Vorabend des Dritten Reichs nach wie vor gegen Hitler eingestellt war. Zum Unglück der Opposition aber verteilte sich diese Mehrheit über ein breites Spektrum von Splitterparteien, und da die Weimarer Republik auf verschiedenen Gebieten bereits versagt hatte, konnte eine in kleinen Schritten vorgehende Reformpolitik keinerlei Glaubwürdigkeit mehr beanspruchen. Als allerdings vierhunderttausend SA- und SS-Schläger durch die Straßen zogen und der »Demokratie« einen paramilitärischen Anstrich gaben, wurde die Verfassungstheorie bedeutungslos.

Es ist verblüffend zu sehen, wie viele Male sich die Warburgs in diesen letzten Tagen Weimars von Hoffnungen beflügeln ließen. Sie hatten keineswegs Angst, und in den Dokumenten der Familie gibt es keine Hinweise darauf, wie nahe das Verhängnis bevorstand. Im September 1932 telegrafierte Siegmund an Jimmy, daß man sich über die neue Regierung nicht zu beunruhigen brauche, und erklärte: »Im Gegenteil voraussichtlich energische stabile politische Weiterentwicklung für nächste Monate gesichert.«[15] Im Dezember schrieb Max an Felix, es sehe keineswegs alles nur trübe aus, denn Hindenburg habe sich entschlossen, Hitler nicht zum Kanzler zu machen.[16] In einer Rede vor Rotariern pries er die »Aufwärtsbewegung des Jahres« und die »Rückkehr einer gleichmäßigen und ruhigen Entwicklung in Politik und Wirtschaft«.[17] Die Nähe zu den Ereignissen machte die Warburgs blind, ihre amerikanischen Verwandten hingegen sahen die Dinge aus der Distanz sehr viel klarer.

Als Erich am 30. Januar 1933 aus London anrief, erfuhr er, daß Adolf Hitler gerade zum Reichskanzler ernannt worden war. Das kommentierte er mit den Worten, man solle dem Mann einen ordentlichen Strick geben, damit er sich aufhängen könne.[18] Noch Jahre später machten sich die Warburgs derlei falsche Hoffnungen. Von einem Tag auf den anderen sah man in ganz Hamburg Hakenkreuze, und Scharen von Nationalsozialisten, die mit einem Schlag mutig geworden waren, diffamierten die Juden. Als die Kommunisten Barrikaden errichteten und einen Generalstreik auszurufen versuchten, räumten SA und SS die Straßen.

In Max' Augen war Hitlers Aufstieg weniger Resultat des allgemeinen Zorns auf die desolaten Verhältnisse als vielmehr das Ergebnis von Machenschaften auf höchster Ebene. Unfähig, sich auf diese gräßliche neue Wirklichkeit einzustellen und zu erkennen, daß die geschichtlichen Ereignisse mit einem Mal eine unerwartete Wendung genommen hatten, vertraute er nach wie vor auf die Vernunft des deutschen Volkes. Später bekannte er: »Ich hielt es für vollkommen ausgeschlossen, daß dieser Mann jemals zum Alleinherrscher eines der schöpferisch fähigsten, fleißigsten und mächtigsten Völker werden könnte.«[19] In den Ereignissen von 1933 sah er nichts als einen vorübergehenden Anfall von Wahnsinn. Tatsächlich gab es in der neueren deutschen Geschichte nichts, was diesem vollständigen und systematischen Rückfall in die Barbarei vergleichbar gewesen wäre. Weil die Veränderung allmählich und kaum wahrnehmbar erfolgte, wiegten sich die davon Betroffenen in Sicherheit. Mit voller Absicht wurde der Würgegriff allmählich fester, dann lockerte man ihn wieder und schloß ihn erneut fester. »Wir dachten jedesmal, daß es nicht weiter abwärts gehen könne«, sagte Max' Tochter Gisela. »Und dann fiel den Nazis wieder etwas Neues ein.«[20]

Im Rückblick muß man Max Warburgs Handlungsweise in den nächsten fünf Jahren zugleich verblendet, tollkühn, wagemutig und heldenhaft nennen. Er besaß eine ausgeprägte Fähigkeit zur Selbsttäuschung; schier unverständlich ist seine durch nichts zu erschütternde Lebensbejahung, auch wenn man seinen verbissenen Mut gegenüber der unberechenbaren Gefahr bewundern muß. Sein nicht zu unterdrückender Lebensmut und das Gefühl der Unbezwingbarkeit – Eigenschaften, die ihn an die Spitze der deutschen Geschäftswelt getragen hatten – sollten sich jetzt als sein Verhängnis erweisen. Man darf nicht übersehen, daß seine Ansichten häufig die anderer jüdischer Führer spiegelten. Nach Hitlers Machtergreifung verkündete der Centralverein, eine bedeutende jüdische Organisation, voll Zuversicht, man sei durchaus imstande, die Angriffe Hitlers und seiner Gefolgsleute zurückzuweisen.[21]

Als Förderer zahlreicher Hamburger Einrichtungen vermochten sich die Warburgs weder vorzustellen, daß die Nationalsozialisten dort auf Dauer triumphieren würden, noch daß man sie je aus jener aufgeschlossenen, kosmopolitischen Stadt vertreiben könnte. Sie verließen sich darauf, daß es dort im allgemeinen keinen Antisemitismus gab; andere Hamburger Juden glaubten, er sei in ihrer Stadt lediglich heimtückischer und unauffälliger. Die an der Alster lebenden Patrizier blickten mit hochmütiger Verachtung auf die Nazis, und aufgrund der traditionell links stehenden Hafenarbeiter war das »Rote Hamburg« eine Hochburg der Sozialdemokraten und Kommunisten, die zusammen bei der Reichstagswahl vom 5. März 1933 44,5 Prozent der in Hamburg abgegebenen Stimmen auf sich vereinigten. Damit überflügelten sie die Nationalsozialisten, die allerdings insgesamt im Reich 44 Prozent aller Stimmen erzielten – ihr bestes Ergebnis, bevor die endgültige Demontage des demokratischen Staatswesens begann.

Schon nach kurzer Zeit begann die NSDAP in Hamburg, Abweichler zu unterdrücken und ihre Macht zu festigen. Als die Bürgerschaft am 8. März einen neuen Senat wählte, standen SS-Leute drohend an den Wänden des Saales und ließen weder Sozialdemokraten noch Kommunisten hinein. Statt eines Gauleiters setzten die Nationalsozialisten den aus einer alten Reederdynastie stammenden Carl Vincent Krogmann als Bürgermeister ein. Dieser sagte einmal, er arbeite mit den Nazis zusammen, weil sie die einzige Alternative zu einer auf Bajonette gestützten Diktatur seien! Nach seiner Wahl durch den neuen, nationalsozialistisch beherrschten Senat, trat Krogmann unter dem Läuten der Kirchenglocken auf den Balkon des Rathauses, über dem die Hakenkreuzfahne wehte. Vom Rathausplatz jubelte ihm die Menge zu. Max, der ihm eine Vermittlerrolle zutraute, billigte diese Wahl. Emil Helfferich, ein Mann mit runden Brillengläsern, silbrigem Haar und einem weißen Bart, der am Auswahlverfahren beteiligt war, sagte einmal: »Krogmann mit seiner unbeirrbaren Geradlinigkeit hat manchen enttäuscht, der von ihm einen Kompromißler erwartete, auch Max Warburg.«[22]

Weniger als eine Woche später schickte Bürgermeister Krogmann Baron von Schröder zu Max, mit der Bitte, er möge es nicht falsch verstehen, wenn man ihn in Finanzangelegenheiten der Stadt nicht so oft wie früher um Rat fragen werde. Schröder erklärte, Krogmann müsse sich gegen Vorwürfe aus Kreisen der NSDAP schützen, die besagten, Max habe als finanzieller Diktator Hamburgs auf Krogmanns Wahl in das Amt bestanden, so daß jener Bürgermeister von Max' Gnaden sei.[23] Max gab zur Antwort, er verstehe durchaus, und Krogmann solle sich keine Sorgen machen. Vier Tage später leistete Krogmann in einer Rundfunkansprache dem Haß gegen jüdische Bankiers in aller Öffentlichkeit Vorschub und erklärte, Hamburg brauche ein von Berliner Banken und ausländischen Verbindungen unabhängiges Bankwesen – ein deutlicher Seitenhieb auf

M. M. Warburg.[24] Schon bald entließen die Nationalsozialisten jüdische Beamte aus dem öffentlichen Dienst, unter ihnen Leo Lippmann, der Hamburg jahrzehntelang gedient hatte. Als Max davon erfuhr, sagte er erschüttert: »Die Toten reiten schnell.«[25]

Trotz dieser Ereignisse machte sich Max selbst Mut, da er in der Ideologie der Nationalsozialisten eine Mischung aus Gut und Schlecht sah. Es müsse doch möglich sein, dachte er, die schlechten Elemente zu beseitigen und die guten zu behalten. Wie man am Beispiel Siegmunds sieht, waren deutsche Juden keineswegs gänzlich resistent gegen die hohlen nationalistischen Phrasen der Nazis, wenn sie auch vor deren Antisemitismus zurückschraken. Am 19. März schrieb Max an Jimmy, er hoffe, daß in Deutschland bald Frieden und Ordnung herrschen würden. Über die Nazis sagte er: »Es ist ein Jammer, daß diese Bewegung, die viel Gutes in sich trägt, mit so vielen Schlacken behaftet ist und daß der Antisemitismus es einem Juden unmöglich macht, sich in Reih' und Glied dieser Bewegung zu stellen.«[26] Max gab sich der Hoffnung hin, politischen Schutz bei Schacht und nichtjüdischen Freunden zu finden.

Offenbar ließen sich die Frauen des Hauses Warburg weit weniger täuschen als die Männer. Das mochte daran liegen, daß sie nicht so viele Zusicherungen von Geschäftsfreunden hörten, die sich am Ende als wortbrüchig erwiesen. Als die praktische und unsentimentale Alice, die es für unvernünftig hielt, weiter in Deutschland zu bleiben, Max aufforderte, das Land zu verlassen, erklärte dieser, es sei seine Aufgabe, die Firma und die jüdische Gemeinschaft zu verteidigen, und so stand ihm Alice treu zur Seite. Als er seinen Sohn Erich drängte, nach Amerika zu reisen, weigerte sich dieser. Später sagte er darüber: »Ich wollte nicht – als einziger Sohn – ihn in einem KZ in Deutschland und mich auf der Park Avenue in New York erleben.«[27] Allerdings unternahm er in den nächsten fünf Jahren immer wieder Reisen nach Amerika, um nicht sein Aufenthaltsrecht dort zu verwirken.

Da gegen Max' Starrsinn nicht anzukommen war, versuchte Felix, ihn mit List zum Verlassen Deutschlands zu bewegen. Er erkannte, daß Max – wie so viele andere Juden – Deutschland immer wieder seine Liebe anbot, dafür aber nichts als Haß erntete. Da Felix gleichfalls zu denen gehörte, welche die deutsche Kultur in den Himmel gehoben hatten, traf auch ihn die nationalsozialistische Machtübernahme tief. Zornig und verwirrt ging er umher und murmelte: »Ich schäme mich so schrecklich, daß es dahin kommen konnte.«[28]

Von den Ereignissen beunruhigt, verbrachte er die Monate Februar und März 1933 weitgehend mit Herzschmerzen im Hause und teilte Chaim Weizmann im April mit: »Was den in Deutschland herrschenden Wahnsinn angeht, können keine Worte den Abscheu ausdrücken, den jeder darüber empfindet, daß dieses schöne Land in so abscheuliche Hände gefallen ist... Meine eigenen Leute... sind immer noch voller Hoffnung und legen denselben Patriotismus an den Tag, der sie früher dazu veranlaßt hat, allerlei Opfer zu bringen, ohne dafür belohnt zu werden.«[29]

Felix, der sich ständig Sorgen um seine Hamburger Verwandten machte, hatte häufig das Gefühl, unzulänglich informiert zu werden. Vermutlich enthielt ihm Max aus verschiedenen Gründen auch tatsächlich Mitteilungen vor. Zweifellos fürchtete er die Zensur, doch wollte er Felix auch keinen Kummer bereiten, da er wußte, daß diesem seine Entscheidung, in Deutschland zu bleiben, nicht recht war. Infolgedessen aber konnte Felix nichts ausrichten zu einer Zeit, in der er sehr wohl hätte Angaben über die Unterdrückung der Juden durch die Nationalsozialisten brauchen können, um damit in Washington etwas zu bewirken.

Nachdem die NSDAP die politische Opposition in Deutschland beiseitegefegt und das parlamentarische System außer Kraft gesetzt hatte, wandte sie ihre Aufmerksamkeit den Juden zu. Nicht nur stürmte das Fußvolk der Partei Mitte März die Kaufhäuser, es verlangte auch einen Boykott aller jüdischen Geschäfte. Hitler und Goebbels, die mit einem solchen Boykott die aufwallenden Emotionen sowohl zu kanalisieren als auch weiter anzustacheln gedachten, stellten sich hinter diese Forderung. In einer Rundfunksendung verkündete die Regierung am 27. März, daß SA und SS – als angebliche Vergeltungsmaßnahme gegen »jüdische Greuelpropaganda im Ausland« – am 1. April um zehn Uhr vormittags vor jüdischen Geschäften Aufstellung nähmen, um die Bürger von deren Besuch abzuhalten.[30] Um den Terror zu steigern, gab Göring den Führern der jüdischen Gemeinschaft zu verstehen, daß man sie für jegliche Art antideutscher Propaganda im Ausland haftbar machen werde. Hitler, dem daran gelegen war, durch Ausfuhren Arbeitsplätze zu schaffen, wollte erreichen, daß im Ausland möglichst wenig negative Berichterstattung über Deutschland verbreitet wurde.

Sogleich war man über den Boykott geteilter Meinung: Jüdische Gruppen in Übersee wollten kämpfen, die deutschen Juden hingegen verhandeln, da sie fürchteten, daß Proteste aus dem Ausland lediglich Wasser auf die Mühlen jener seien, die behaupteten, das »Weltjudentum« habe sich gegen Deutschland verschworen. Außerdem war ihnen klar, daß Repressalien nicht ihre lautstark protestierenden Glaubensbrüder in Übersee treffen würden, wohl aber sie. Da sie nie wirklich ganz in das Leben in Deutschland integriert waren, hatten sie zu allen Zeiten Verhandlungen und diplomatisches Vorgehen einer öffentlichen Konfrontation vorgezogen.

Die Juden in Übersee brauchten keine Rücksichten zu nehmen und sahen sich nicht gehalten, die Nationalsozialisten zu beschwichtigen. Am Tag der Boykottankündigung drängten sich in New York zwanzigtausend Zuhörer bei einer Versammlung im Madison Square Garden, um die Behandlung deutscher Juden scharf zu verurteilen, und die Straßen ringsum waren schwarz von weiteren fünfunddreißigtausend. Falls die Regierung der Vereinigten Staaten als Gegenmaßnahme deutsche Ausfuhren zu boykottieren beschloß, wären Mitglieder des von deutschstämmigen Juden ins Leben gerufenen American Jewish Committee, die Repressalien gegen Verwandte befürchteten und gleichzeitig der spontanen Besorgnis der amerikanischen Juden Rechnung tragen mußten, in eine schwierige Lage geraten. Schließlich entschied sich das Komitee, gegen eine Boykottempfehlung für deutsche Waren einzutreten, und bemühte sich außerdem, die Versammlung im Madison Square Garden zu entschärfen, indem es den Rednern nahelegte, von öffentlichen Auftritten abzusehen. Eine verhängnisvolle Spaltung schwächte das »internationale Judentum« zu einer Zeit, als die Nazipresse tönte, es werde von einem geeinten und unerbittlichen Willen getragen.

Max und Erich waren typische Vertreter jener deutschen Juden, die der Ansicht waren, ein Boykott deutscher Erzeugnisse durch das Ausland werde das Gegenteil des gewünschten Ergebnisses bewirken. Am 29. März teilte Erich in einem Telegramm Friedaflix mit, daß der für den 1. April angekündigte Boykott jüdischer Firmen beschlossene Sache sei, wenn nicht »Greuelmeldungen und feindselige Propaganda in der Auslandspresse, Massenversammlungen und dergleichen sofort eingestellt werden«.[31] Nachdem Felix das Telegramm dem Präsidenten des American Jewish Committee, Cyrus Adler, vorgelesen hatte, gab die Gruppe eine Mitteilung heraus, in der sie sich gegen jeglichen Boykott deutscher Waren aussprach und Befürworter einer solchen Vorgehensweise als »verantwortungslos« brandmarkte.[32]

Felix saß in einer Zwickmühle. Im tiefsten Herzen befürwortete er den Boykott und sagte einem Bekannten, junge Deutsche seien inzwischen so haßerfüllt, daß sich die Massen erst dann gegen Hitler wenden würden, wenn sie merkten, daß »ihre eigene Dummheit ihnen am Geldbeutel wehtut«.[33] Doch die Treue zur Familie drängte ihn in die andere Richtung. So schloß er einen Kompromiß und sprach sich – statt für einen offenen Boykott deutscher Erzeugnisse – dafür aus, einen freiwilligen Verzicht auf deren Kauf zu empfehlen. Er teilte Erich mit, die Schuld liege bei der deutschen Regierung und nicht etwa bei den Juden Amerikas. Das Ressentiment sei so weit verbreitet, daß Einzelbemühungen so lange keine Aussicht auf Erfolg hätten, wie die Regierung ihre Haltung nicht ändere, telegrafierte er. »Werde mich weiterhin gegen Massenversammlungen und Greuelberichte wenden.«[34]

Im Rückblick lassen sie sich die falschen Versprechungen und das großmäulige Auftreten der nationalsozialistischen Führung leicht durchschauen. Doch damals befanden sich Deutschlands Juden in einem Taumel der Spekulation, in dem sie die vorsätzliche Böswilligkeit ihrer Gegner nicht erkannten. Am Tag, bevor der Boykott begann, sagte Dr. Bernhard Kahn, Leiter des Vergabeausschusses in Europa: »Hitler ist sehr schwach und steht unter dem Einfluß von Göring und Goebbels... Wir müssen ihm den Rücken stärken.«[35] Schon wenige Tage darauf wurde Kahn wegen seiner Verbindungen zu amerikanischen Juden aus Berlin vertrieben, woraufhin er nach Paris übersiedelte. Im Juli startete der Vergabeausschuß eine Kampagne, um für deutsche Juden eine Million Dollar an Spenden aufzubringen, und Felix wurde zum Ehrenvorsitzenden dieser Unternehmung berufen.

Gemäß den Vorstellungen der Nationalsozialisten wurde der 1. April zu einem Tag des Schreckens. Transparente wurden durch Hamburg getragen, auf denen die Aufforderung stand, »Deutsche, kauft nicht bei Juden«. In vielen Städten schleuderten Nazirabauken Stinkbomben in Geschäfte von Juden, verstreuten Waren im Ladenlokal und bedrohten Kunden. Von dieser organisierten Einschüchterung im Reichsmaßstab blieben jüdische Privatbanken weitgehend ausgenommen. Als der Boykott am 4. April offiziell endete, waren die Juden Deutschlands außerordentlich erleichtert, und Max glaubte gar, sie hätten das Schlimmste bereits überstanden.[36]

Die bedrückenden Wochenschauaufnahmen von den im Stechschritt paradierenden Soldaten und den Aufmärschen beim Nürnberger Reichsparteitag lassen vergessen, daß 1933 das Leben wohlhabender Juden in deutschen Großstädten noch immer einen Anstrich von Normalität hatte. Die Warburgs waren zu Beginn des Dritten Reiches nicht unverhülltem Terror, sondern gesellschaftlicher Ächtung ausgesetzt. Wenn Max morgens wie gewohnt zur Arbeit ging, hob er nicht mehr grüßend den Hut, denn wer ihn kommen sah, wechselte auf die andere Straßenseite. Für »Arier« wurde es richtiggehend gefährlich, mit ihm zu reden oder gemeinsam auf der Straße gesehen zu werden. Seine Angehörigen wurden aus Schachklubs ausgeschlossen und bekamen in Schwimmbädern die Tür gewiesen. Eine unheimliche Isolation legte sich auf das Privatleben der Warburgs. Man lud sie weniger oft als früher zu Abendgesellschaften ein, und falls es dennoch geschah, hatten die Gastgeber die Liste der Gäste ängstlich und sorgfältig geprüft, weil sie sicher sein wollten, daß sich darunter kein Parteispitzel befand. Die Dienstboten blieben der Familie treu und boten ihr damit in dieser belagerungsähnlichen Situation einen gewissen Trost.

In Hamburg erlebte die Familie Warburg schlimmstenfalls eine Art schleichende Bedrohung, andernorts indessen erging es ihren Mitgliedern weniger gut. Seit vielen Jahren führte Jim Loeb mit seiner Frau Toni auf ihrem Besitz Hochried bei Murnau ein zurückgezogenes Dasein. Als engagierter Förderer des deutschen Kulturlebens hatte er 1932 für die Stadt Murnau, deren Ehrenbürger er war, einen Anbau des Krankenhauses errichten lassen. Er vermachte der Münchener Glyptothek die bedeutendste Antikensammlung, die je von privater Hand in Bayern gestiftet wurde, und stellte für ein unter Dr. Binswangers Leitung stehendes psychiatrisches Forschungszentrum in München beachtliche Beträge zur Verfügung. Für all das sollte ihm kein Dank zuteil werden.

Zwei Tage vor Hitlers Machtergreifung starb Toni überraschend. Der von ihrem Tod und der politischen Lage mitgenommene Jim Loeb erlitt am 27. Mai 1933 einen tödlichen Herzanfall. Da die Nationalsozialisten nicht zulassen wollten, daß ihre Asche auf Hochried blieb, setzten Graf und Gräfin Resseguier unerschrocken in aller Heimlichkeit beider Urnen hinter einem Standbild in der Nähe des Zufahrtstores bei. In einem Akt besonderer Schamlosigkeit nahmen die Nazis Dr. Binswanger das Gebäude der Münchener Forschungseinrichtung, tilgten den eingemeißelten Namen Loeb und nutzten das Institut künftig als Stätte, von der aus sie ihre Theorien von der Überlegenheit der arischen Rasse verbreiteten.

Im Monat von Jim Loebs Tod faßte Robert Ley, von Hitler dazu aufgefordert, alle deutschen Gewerkschaften zu einer großen NS-Organisation zusammen, die den Namen Deutsche Arbeitsfront erhielt. Wie bereits ausgeführt, war Ley der unter dem Spottnamen »Reichstrunkenbold« bekannte Chemiker bei IG Farben, der Max in den zwanziger Jahren angegriffen und damit seine Anstellung aufs Spiel gesetzt hatte. Nunmehr gebot er über gewaltige Mittel, und von einem palastähnlichen Verwaltungsgebäude aus indoktrinierte er die Arbeiterschaft Deutschlands und steuerte eine Privatarmee aus blau uniformierten Gefolgsleuten. Als Schöpfer der KdF-Bewegung (»Kraft durch Freude«), die Werktätigen Urlaub in für sie bis dahin unerreichbaren Ferienparadiesen ermöglichte, sorgte er dafür, daß sie nicht einmal in der Freizeit der nationalsozialistischen Gehirnwäsche entgingen.

Am 9. Juni erhielt die Familie Warburg die entsetzliche Nachricht, daß Charlotte Oppenheims Bruder Moritz und seine Frau Käthie, die elegante Wienerin, in Frankfurt gemeinsam Selbstmord begangen hatten. In ihrem kultivierten Heim hatte es jeden Sonntagnachmittag Konzerte gegeben. Moritz, der im Edelsteinhandel der Familie tätig gewesen war, hatte als bedeutender Förderer der deutschen Naturwissenschaften ein Aquarium auf Helgoland unterstützt und an der Universität Frankfurt einen Lehrstuhl für theoretische Physik gestiftet. In Würdigung finanzieller Zuwendungen an das Observatorium der Universität hatte man sogar einen Kleinplaneten nach ihm »Mauritius« genannt.

Moritz und Käthe Oppenheims Geschichte wirft ein Schlaglicht auf das Leiden der Juden in Deutschland in den Jahren vor den Transporten in die Gaskammern. Nach der »Machtergreifung« verlor das schon ältere Ehepaar Oppenheim (er war fünfundachtzig und sie nahezu achtzig Jahre alt) seinen Lebensmut. Als ihr einziger Sohn Paul nach Brüssel auswanderte, nahm ihre Einsamkeit zu, und sie beschlossen, in demselben Einklang zu sterben, in dem sie gelebt hatten. Im Tod der Frankfurter Oppenheims sahen die Brüder Warburg, die mit ihnen die Erinnerungen an sorglose Jugendtage verbanden, ein entsetzliches Omen. »Mir ist schleierhaft, wie es dazu gekommen ist«, schrieb Felix, »aber zweifellos hat ihnen das Hitlerregime das Leben zur Hölle gemacht, und sie haben sich danach gesehnt, es zu beenden.«[37]

Paradoxerweise war die Bank M. M. Warburg & Co. im Dritten Reich ausgerechnet zu der Zeit vergleichsweise privilegiert, als die Nationalsozialisten die Familie auf jede nur denkbare Weise anfeindeten. Gerade die jüdischen Bankiers, die bevorzugte Zielscheiben der in der nationalsozialistischen Wochenzeitung *Der Stürmer* veröffentlichten Haßtiraden waren, blieben in Wahrheit so gut wie unbehelligt. Wie ungestüm die Wogen der Nazipolemik auch gegen sie anbranden mochten, sie bekamen mehr Vorrechte eingeräumt als nahezu alle anderen Juden, während die NSDAP die von ihnen so wortreich geschmähte Finanzmacht munter ausbeutete. Möglich war das, weil den Straßenschlägern und kleinen Ladeninhabern, aus denen sich die Getreuen der Partei rekrutierten, die Welt der Privatbanken fremd war. M. M. Warburg & Co. dürfte mit achtzehn Millionen Reichsmark Kapital in Deutschland die größte und bedeutendste gewesen sein. Bestenfalls hätte man mit ihr noch Mendelssohn & Co. vergleichen können.[38]

Daß Deutschland von jüdischen Bankiers profitierte, die das Volk angeblich ausplünderten, war eins der schmutzigen Geheimnisse des Nationalsozialismus. Sie verfügten über so manches, was Deutschland dringend brauchte: Ein großer Teil des Außenhandels wurde mit Hilfe von Warburg-Krediten über Hamburg abgewickelt, und die Nazis hatten nicht genügend Devisen, um das Land wieder aufzurüsten. Da Hitler ausschließlich mit einer starken Exportwirtschaft rasch die Arbeitsplätze schaffen konnte, die er brauchte, um seine Regierung zu stützen, räumte er gerade jenen besondere Vorrechte ein, die er am schärfsten verunglimpfte. Daß er damit der offiziellen Lehrmeinung der Partei über die Juden zuwiderhandelte, schien die ausführenden Organe nicht weiter zu kümmern.

Auch ihre internationalen Verbindungen verschafften den jüdischen Bankiers eine gewisse Sicherheit. Immerhin waren die Warburgs eine auch im Ausland bekannte Familie. »Die Nazis hatten großes Interesse daran, der Außenwelt den Eindruck zu vermitteln, als gehe in Deutschland alles mit rechten Dingen zu«, sagte Max' Tochter Gisela. »Goebbels wußte, daß die Warburgs in den Vereinigten Staaten eine Menge Verwandte hatten.«[39] Auch hier wieder bot den Bankiers ein Aspekt ihrer Arbeit Schutz, der gewöhnlich dazu diente, sie zu verdammen.

Die Atmosphäre, die nach 1933 in der Firma M. M. Warburg & Co. herrschte, war von einer Mischung aus angsteinflößenden Ereignissen und Alltagsgeschäft geprägt. Während sich die immer kleiner werdende Schar der Angestellten bemühte, ihre Stunden zu füllen, hatte Max eher den Eindruck, in einer Leichenhalle als in der Bank der Vorväter zu sein, in der die Standuhren vernehmlich tickten. Der Poststrom versiegte zusehends, und immer weniger Kunden fanden von sich aus den Weg in die Bank. 1933 nahm deren Zahl von 5241 auf 1875 ab, und die Firma wurde aus zahlreichen Wertpapierzusammenschlüssen ausgestoßen. Wie gewohnt ging Max täglich zur Börse, doch wo sich einst Freunde und Bekannte um ihn gedrängt hatten, stand er jetzt allein oder im kleinen Kreis seiner Angestellten. Die Gestapo beschattete ihn und fotografierte jeden, der sich ihm an der Börse näherte oder die Bank aufsuchte. Für einen Mann, den man einst Hamburgs ungekrönten König genannt hatte, war dies eine alptraumhafte Verkehrung der Rollen.

Zum Niedergang des Hauses M. M. Warburg trugen aber nicht ausschließlich die Nationalsozialisten bei. Durch den Zahlungsaufschub für die Deutschland gewährten Kredite wurden internationale Kapitalströme eingefroren. Zusätzlich behindert wurde die auf den Außenhandel spezialisierte Bank dadurch, daß die Reichsbank Kapitalbewegungen noch schärferen Restriktionen unterwarf. Außerdem litt sie noch unter dem Debakel des Jahres 1931 und war daher zu Kostensenkungsmaßnahmen gezwungen. Zu den vielen Faktoren, die Max in Deutschland hielten, gehörte zweifellos sein Vorsatz, M. M. Warburg erneut zu der Bedeutung zu führen, welche die Firma bis 1931 gehabt hatte. Die Nazis hatten ihn einer Möglichkeit beraubt, den einstigen Glanz wiederherzustellen.

Allerdings war die Bank der Warburgs dem Untergang zu keiner Zeit so nahe, wie Max es darstellte. Das hing damit zusammen, daß Dr. Hjalmar Schacht seine schützende Hand über sie hielt. Um den von Hitler geforderten Wirtschaftsaufschwung herbeizuführen, mußte er dem Führer die unangenehme Wahrheit schmackhaft machen, daß Deutschland auf die von der nationalsozialistischen Lehre verteufelten jüdischen Bankiers angewiesen war. Nicht erst zu der Zeit, als die Industriellen die Nationalsozialisten noch nicht fürchteten, war Schacht eine Schlüsselfigur bei Kontakten zum Großkapital gewesen, denn immerhin verlieh er der NSDAP, die eine große Anzahl von Scharlatanen auf dem Gebiet der Geldwirtschaft angelockt hatte, eine gewisse Legitimität in Finanzdingen. Hitler schätzte ihn als achtbares Aushängeschild und hoffte, mit Schachts Hilfe ausländische Finanzleute irreführen zu können. Er sagte 1931 über ihn, daß er ungeheuer geschickt sei und große Achtung genieße – und zwar auch im Ausland, und dort insbesondere unter den international tätigen jüdisch-amerikanischen Bankiers. Daher schätze er ihn auch so hoch.[40] Lobend sagte er, Schacht sei der einzige »Arier«, der den Juden das Fell über die Ohren ziehen könne.[41] In einem totalitären Staat, dem jeder Mensch entbehrlich schien, genoß Schacht besondere Freiheiten. Sie reichten so weit, daß er bei Übergriffen gegen jüdische Geschäftsleute mit Aussicht auf Erfolg Einspruch einlegen konnte.

Zu keiner Zeit trat dieser Bankier der alten Schule, der Zigarren rauchte und mit Nadelstreifenanzug und Nickelbrille auftrat, in die NSDAP ein; viele Nazis sah er als ungehobelte Rüpel an. Aber auch wenn er später behauptete, nichts von der Endlösung gewußt zu haben, hatte er doch die Erstarkung der deutschen Wirtschaft vorangetrieben, die zu Hitlers Allmacht führte. Am 20. Februar 1933 sagte Göring bei einer Begegnung führender Wirtschaftsvertreter in seinem Hause voraus, die für den

5. März vorgesehenen Wahlen würden »die letzten für die nächsten fünf Jahre, wahrscheinlich für die nächsten hundert Jahre« sein.[42] Nachdem die Anwesenden für die Sache erwärmt waren, trat Schacht vor, brachte drei Millionen Mark für die »Bewegung« zusammen und bot an, den Fonds selbst zu verwalten. Dieser Mann, der sein Mäntelchen nach dem jeweils vorherrschenden politischen Wind drehte, war seiner eigenen Einschätzung nach der einzige geistig gesunde Mensch innerhalb der NS-Regierung und zudem imstande, die Ausschreitungen aus dem Kreis der Macht heraus einzudämmen. Als er 1933 Hitlers erste Rundfunkansprache hörte, hielt er es für möglich, »diesen Mann auf den Pfad der Rechtschaffenheit zurückzuführen«.[43] Als der »Führer« sagte, die Juden könnten weiterarbeiten wie bisher, tat Schacht so, als glaube er ihm. Diese Zusage sollte Max später aus Schachts eigenem Mund hören.

Als Hitler im März 1933 verlangte, daß Dr. Luther die Leitung der Reichsbank aufgab, schlug er Schacht als dessen Nachfolger vor. Max, der seit 1924 Mitglied des achtköpfigen Reichsbankrates war, dem noch zwei weitere jüdische Bankiers angehörten, beteiligte sich an der Wahl. Die drei Männer befanden sich in einer schwierigen Lage. Zwar billigte Max Schacht, dem er den zynischen Verrat an Carl Melchior nach der Young-Konferenz von 1929 nie verziehen hatte, durchaus zu, daß er klug war, hielt ihn aber auch für einen opportunistischen Aufschneider, der seine Fähigkeiten überschätzte. Dennoch gab er ihm bei der Sitzung vom 16. März seine Stimme und teilte Jimmy später mit: »Unter den heutigen Verhältnissen halte ich es sachlich für richtig, daß Schacht diesen Posten bekommen hat, denn sein persönlicher Einfluß auf die Regierung ist so wichtig, daß Fehler, wie er sie fraglos machen wird, dadurch kompensiert werden. Ich habe daher *de plein coeur* für ihn gestimmt und freue mich, daß Luther selbst das gleiche getan hat.«[44] Zusammen mit den beiden anderen jüdischen Bankiers setzte Max seine Unterschrift unter die von Hitler und Hindenburg unterzeichnete Ernennungsurkunde mit Datum vom 17. März. Der Reichsbankrat wurde im Oktober 1933 aufgelöst.

Seit der Krise von 1931 besaß die Reichsbank diktatorische Vollmachten über Devisen. Da diese das Lebensblut jeder international tätigen Bank sind, hing das Überleben von M. M. Warburg, wie die Existenz der Privatbanken überhaupt, an einem seidenen Faden, zu dem Schacht die Schere in der Hand hielt. Max war klar, daß er mit einem Federstrich die hundertfünfunddreißigjährige Geschichte der Warburg-Bank beenden konnte, und er teilte Jimmy mit, alles hänge davon ab, »was Schacht im allgemeinen mit Privatbanken und Privatbankiers vorhat, und im besonderen, wie sich ein jüdisches Privatbankhaus in Zukunft betätigen kann«.[45]

Von der Ernennung Schachts versprach sich Max ein gewisses Maß an Vernunft in finanziellen Angelegenheiten statt verrückter Nazi-Experimente oder einer auf Haß gegründeten Eliminierung jüdischer Banken.

Seine Beziehung zu Schacht, dessen Tür ihm offenstand, gab ihm anfänglich ein Gefühl falscher Sicherheit. Immer wieder besprach er Angelegenheiten mit ihm, die sie beide beschäftigten. Da er auf hoher Ebene Zutritt zur nationalsozialistischen Bürokratie hatte, wie er nur wenigen Juden gegeben war, glaubte er diesen Einfluß für die jüdische Gemeinschaft nutzen zu müssen. Damit erlangte er wiederum größere Bedeutung für sie, konnte er doch Juden, denen jede Möglichkeit verwehrt war, in einem Deutschland, das den Verstand verloren hatte, vor einem Gericht ihr Recht zu suchen, mit seinen Kontakten zur Regierung unendlich nützlich sein.

Jimmy und Felix befürchteten, Max lasse sich von dem gerissenen Schacht manipulieren. Später hat Jimmy dazu erklärt: »Mein Onkel, Max Warburg, ... hat stets behauptet, Schacht tue sein Bestes, um die Juden zu schützen. Das habe ich nie geglaubt. Ich bin davon überzeugt, daß Schacht in dieser Angelegenheit zwei Gesichter hatte: Mit dem einen sprach er zu Antisemiten und mit dem anderen zu Prosemiten, aber beweisen kann ich das nicht.«[46] Doch von Zeit zu Zeit widersprach Schacht der Partei und setzte sich damit großer persönlicher Gefahr aus. Seine Gestalt läßt sich in der Schurkengalerie des Dritten Reichs moralisch nur schwer einordnen, denn neben offenkundiger Heuchelei bewies er unzweifelhaft auch Mut. Mag sein, daß Max ihm vertrauensselig gegenübertrat, doch hatte er durchaus Gründe, ihm zu trauen.

Hitler, der nichts von finanziellen Angelegenheiten verstand, ließ Schacht ungewöhnlich großen Handlungsspielraum. Auf die Frage, ob Hitler auf finanziellem Gebiet Ideen entwickele, prahlte Schacht: »Ja, eine hatte er, und die war sehr gut. Sie hieß, laß den Schacht alles machen.«[47] Da er Deutschland durch sein Vorgehen aus den Fängen der Wirtschaftskrise befreite, blieb er von Kritik aus den Reihen der Partei verschont. Er sorgte dafür, daß sie sich aus den Angelegenheiten des Bankenverbandes heraushielt, und so bestätigte dieser Max und zwei weitere Juden als Mitglieder des Zentralbankrats.

Den erstaunlichsten Beweis dafür, daß sich Schacht frei vom Gängelband der Partei bewegen konnte, sieht man am Reichsanleihe-Konsortium, dem Zusammenschluß deutscher Banken, das Anleihen der Regierung auf den Markt brachte. Ein rundes Drittel seiner fünfzig Mitgliedsbanken befand sich zur Zeit der »Machtergreifung« in jüdischem Besitz, und Schacht leistete allen Versuchen der Partei Widerstand, sie hinauszudrängen. Nach und nach mußten nahezu alle jüdischen Banken das Konsortium verlassen, so daß schließlich nur drei von ihnen bis 1938 im Geschäft blieben, darunter M.M.Warburg & Co. Die Zugehörigkeit zu diesem Zusammenschluß schützte die Bank und gab führenden Industrieunternehmen weiterhin die Möglichkeit, mit ihr Geschäfte zu tätigen, ohne Nachteile befürchten zu müssen. Wie hätte man auch einem Unternehmen Staatsfeindlichkeit unterstellen können, das dem Reichsanleihe-Konsortium angehörte?

Auch andere Persönlichkeiten des Wirtschaftslebens versuchten Hitler zu wirtschaftspolitischer Vernunft zu bringen, und er spannte sie in ihrer Naivität nur allzugern vor seinen Karren. Anfang 1932 schickte er den Inhaber einer kleinen chemischen Fabrik, Wilhelm Keppler, nach Hamburg, wo er um Größen aus dem Geschäftsleben werben sollte. Dabei verpflichtete er als Mitglieder einer ausgewählten Gruppe, die Hitler wirtschaftspolitisch beraten sollte, Emil Helfferich, Karl Vincent Krogmann und andere.

Eine Weile bildete dieser zum Großteil aus Vertretern der Hamburger Geschäftswelt bestehende Kreis um Keppler eine Brücke zwischen der Geschäftswelt und den Nationalsozialisten. Hitler zeigte sich begeistert, daß diese Männer Schacht akzeptierten, und er versicherte ihnen, daß er in wirtschaftlichen Dingen die Mäßigung in Person sei. »Ich bin nicht doktrinär«, erklärte er, »ich bin Politiker und kein Wirtschaftler. Ich verlasse mich auf Ihr besseres Wissen und Ihre große Erfahrung.«[48] Die Gruppe setzte sich für eine Verringerung der Zölle und für eine Abschaffung der Devisenbewirtschaftung ein. Hitler hinderte sie nicht daran, daß sie sich ihren Illusionen hingaben, solange es seinen Zwecken nützte.

Nur wenige jüdische Geschäftsleute hatten besseren Zugang zum Keppler-Kreis als die Warburgs. Die Geschäftsräume Helfferichs, der Handel mit Niederländisch-Westindien trieb, lagen in unmittelbarer Nähe der Warburg-Bank. Sie hatte dessen Unternehmungen in den Kolonien teilweise finanziert und sich an einigen sogar finanziell beteiligt. Später sagte Erich, Helfferich sei zwar ein gerissener, unaufrichtiger Opportunist gewesen, aber kein Nazi.[49]

Bei Hitlers Machtergreifung hatten die Warburg-Teilhaber insgesamt einhundertacht Aufsichtsratsmandate inne, was die enge Beziehung zwischen Banken und Industrie in Deutschland widerspiegelt. Als man die Angehörigen der Familie Warburg drängte, Aufsichtsratssitze aufzugeben, und die Firma durch den subtilen Druck der Nationalsozialisten Kunden verlor, wandten sie sich dem Keppler-Kreis zu. Im Mai 1933 trafen sich Max und Erich mit Mitgliedern der Gruppe in der Berliner Niederlassung der Commerzbank. Aufgebracht von allen Zurücksetzungen und Kränkungen, denen er ausgesetzt war, fragte Max rundheraus, welche Aufsichtsratssitze er aufgeben solle und welche er behalten dürfe. Helfferich, den diese rückhaltlose Offenheit aus der Fassung brachte, legte dar, daß die Sache im Hinblick auf den Einzelfall entschieden werden müsse, und riet Max, Aufsichtsratsposten dort aufzugeben, wo der Druck am größten sei. Nie konnte Erich den gequälten Gesichtsausdruck seines Vaters vergessen, der in diesem Gestrüpp aus Beklemmung und Andeutungen um Klarheit bemüht war. Im Juli desselben Jahres wurde Keppler zum Kommissar für Wirtschaftsfragen in der Reichskanzlei ernannt, und 1935 trat an die Stelle des Keppler-Kreises der Freundeskreis Himmler – eine bezeichnende Veränderung.

Manche Warburgs, vor allem Jimmy, waren der Ansicht, daß sich Max von Aufsichtsratsposten zurückziehen solle, statt zu warten, bis man ihm den Stuhl vor die Tür setzte, doch er war nicht bereit, seine wirtschaftliche Macht kampflos aufzugeben. Im Bericht der Bank für das Jahr 1933 forderte er Mitarbeiter auf, sie wie eine Festung zu verteidigen, und erklärte: »Keine Aufsichtsratsstelle, die uns jetzt genommen ist, sollte als definitiv verloren betrachtet, sondern jede Gelegenheit wahrgenommen werden, um sie wiederzugewinnen, wenn auch der Erfolg noch lange auf sich warten lassen wird.«[50] Diese kämpferische Haltung muß man im Zusammenhang mit seiner Überzeugung sehen, daß es sich bei der Herrschaft der NSDAP um eine vorübergehende Erscheinung handelte.

Die Art und Weise, in der Max seine Aufsichtsratsposten verlor, schwankte zwischen geradezu widersinniger Korrektheit und böswilliger Herzlosigkeit. Bei einer Aufsichtsratssitzung der Deutschen Atlantik-Telegraphen-Gesellschaft im Mai 1933 erklärte der Beauftragte des Reichspostministeriums, ein Herr Kunert, das Ministerium wünsche den Rücktritt der jüdischen Aufsichtsratsmitglieder. Zu Max und anderen gewendet erklärte er, damit sei keinerlei Absicht einer Kränkung verbunden. »Es gebe keine persönlichen Einwände gegen die betreffenden jüdischen Herren. Im Gegenteil schätze man ihre Dienste beim Wiederaufbau des Unternehmens sehr. Jetzt aber lebe man in anderen Zeiten, und dagegen könne man nichts unternehmen.«[51] Max drückte sein Erstaunen darüber aus, daß das Reichspostministerium einen juristisch so fragwürdigen Vorschlag machen könne, doch nicht einmal der nachdrückliche Protest Averell Harrimans, der 1921 auf Max' Betreiben die Verlegung eines Transatlantikkabels für das Unternehmen finanziert hatte, vermochte seinen Aufsichtsratsposten zu retten.

Immerhin hatte dieses Unternehmen einen hochrangigen Mitarbeiter mit dieser Aufgabe betraut. Das war beim Hamburgischen Wirtschaftsdienst anders. Obwohl Max zu den Begründern dieser Einrichtung gehörte, bekam er seine Entlassung von einem ihm völlig unbekannten kleinen Angestellten mitgeteilt, der in die Bank kam und ihm erklärte, er müsse zurücktreten. Die Hamburger Handelskammer, die Max noch wenige Jahre zuvor für seine fünfundzwanzigjährige Mitgliedschaft eine Gedenkmünze verliehen hatte, teilte ihm nunmehr in einem scheinheiligen Schreiben von platter Höflichkeit mit, daß sie ihn ausgeschlossen habe. Auch die Philharmonische Gesellschaft, die Erziehungsbehörde und andere Organisationen enthoben ihn seiner Funktionen. Als Begründung ihrer Entscheidung führten alle die nichtssagende Formulierung an, er sei künftig »untragbar«. Nur ein einziges Mal erlebten die Teilhaber der Firma Warburg im Jahr 1933 einen echten Fall von Zivilcourage. Als das Kieler Institut für Seeverkehr und Weltwirtschaft Max ausschloß, traten zwei von dessen Aufsichtsratsmitgliedern aus Protest zurück. Solche Unerschrockenheit fiel vor allem durch ihre Seltenheit auf.

Der schmerzlichste Schlag aber war die Trennung von der HAPAG. Sie hatte die Weltwirtschaftskrise nur mit Hilfe von Regierungssubventionen überleben können und war dadurch für politischen Druck besonders anfällig. Flugs verbreiteten die Nationalsozialisten revisionistische Greuelmärchen, in denen der Jude Albert Ballin angeschwärzt wurde. Offenkundig ging die Entscheidung, Max aus dem Aufsichtsrat zu entfernen, unmittelbar auf Bürgermeister Krogmann zurück.[52] Die Abschiedsszene sollte legendär werden. Um zu vertuschen, daß es speziell darum ging, Max auszubooten, wurden zwei nichtjüdische Mitglieder des Aufsichtsrats, Max von Schinckel und der Bankier Rudolph von Schröder, gemeinsam mit ihm verabschiedet. An einem grauen, regnerischen Donnerstagmorgen im Frühjahr 1933 wurde das bei einem Frühstück »gefeiert«. In einem Konferenzraum im ersten Stock, von wo der Blick auf die Binnenalster fiel, saß der Aufsichtsrat der HAPAG um einen großen, blumengeschmückten ovalen Tisch. Kellner in weißen Jacketts bedienten die Gäste. Der elegante Rahmen stand im scharfen Gegensatz zur Tücke des Anlasses. Hinter der vorgetäuschten Festlichkeit war die Atmosphäre düster, und das Schweigen ließ das Löffelgeklapper noch lauter wirken. Als serviert war, verließen die Kellner den Raum.

Graf Rödern, Seefahrtsbeauftragter der Regierung, wachte im Auftrag der Partei über die Zusammenkunft. Als erster ergriff Max von Schinckel das Wort. Bei seiner ergreifenden Ansprache über die Jahre, die er im Unternehmen verbracht hatte, geriet der gebeugte Mann immer wieder ins Stocken. Von Rührung übermannt, brach er mit einem Mal mutlos ab und verließ den Raum mit Tränen in den Augen. Ein unbehagliches Schweigen folgte. Geistesgegenwärtig sprang Max Warburg auf und beendete die Rede so, wie es von Schinckel seiner Ansicht nach getan hätte. Dann formulierte er Abschiedsworte für sich selbst und Rudolph von Schröder.

Als er wieder zwischen Graf Rödern und einem weiteren Aufsichtsratsmitglied Platz nahm, hörte er, wie sie sich flüsternd hinter seinem Rücken darüber verständigten, wer die Erwiderung halten sollte. Um ihnen die Entscheidung abzunehmen, stand er erneut auf, klopfte ans Glas und hielt eine Abschiedsrede auf sich selbst, die mit den Worten begann: »Meine sehr geehrten Herren, lieber Herr Warburg!«[53] In seiner leicht spöttischen Rede trat plötzlich unterdrückter Zorn zutage. Er wandte sich an einen imaginären Max Warburg und sagte: »Zu unserem großen Bedauern haben wir davon Kenntnis nehmen müssen, daß Sie den Entschluß gefaßt haben, aus dem Aufsichtsrat der Gesellschaft auszuscheiden, ja, diesen Entschluß als unwiderruflich bezeichneten.«[54] Dann zählte er auf, was er während der langen Zeit im Dienst des Unternehmens geleistet hatte, und berichtete, wie er in schweren Zeiten zwischen Ballin und dem Aufsichtsrat vermittelt hatte. Er wies auf seinen Einsatz im Krieg und den Beitrag hin, den er geleistet hatte, als es darum ging, die HAPAG aus der Krise zu retten, in die sie nach dem Krieg geraten war. Zweimal hatte

M. M. Warburg & Co. in entscheidenden Augenblicken Finanzhilfe geleistet, als minder loyale Banken einen solchen Dienst verweigert hatten. »Wir haben Ihnen dieses nicht vergessen. Und nun wünsche ich Ihnen, lieber Herr Warburg, einen ruhigen Lebensabend, Glück und Segen in Ihrer Familie. Wir wissen von Ihnen, daß Sie sich bereit erklären, immer Ihren Rat zur Verfügung zu stellen, wenn wir Sie darum ersuchen sollten.«[55] Als er sich setzte, herrschte Totenstille. Sie unterbrach schließlich Graf Rödern, der ohne jeden Bezug zum Vorredner prahlte, er werde ein Gut erwerben und Landwirtschaft betreiben. Den Vorsitz im neuen, nunmehr linientreuen Aufsichtsrat sollte Emil Helfferich übernehmen.

Verschiedene Fassungen von Max' Ansprache erschienen in der europäischen Presse, und die Art, wie er unter Druck das Gesicht gewahrt hatte, machte Juden überall Mut. Als der Bericht auch nach Amerika drang, bestritt Felix, um Max zu schützen, daß eine solche Szene je stattgefunden habe, während er zugleich die bittere Wahrheit einräumte, daß man die HAPAG »arisiert« habe.[56] »Von den Schiffen der Linie, die ein tapferer Jude, Albert Ballin, mit all seiner Vaterlandsliebe und Kraft aufgebaut hat, weht jetzt die Flagge der Nazis. Und welche Ironie des Schicksals, daß auch das nach Albert Ballin benannte Schiff die Hakenkreuzfahne tragen muß.«[57]

Nur ungern sprach Max in späteren Jahren über diese rüden Hinauswürfe, weil sie trotz allem Schmerz, den sie ihm verursacht hatten, mit der Massenvernichtung der Juden verglichen nur unbedeutende Kränkungen gewesen waren. Ohnehin sollte alles noch viel schlimmer kommen. Im Jahre 1933 verlangten die Nationalsozialisten noch nicht die vollständige Entfernung aller Warburg-Teilhaber aus sämtlichen Aufsichtsräten. Bis zum Jahresende verloren sie lediglich achtzehn von hundertacht Sitzen, so daß Entlassungen zu jener Zeit noch die Ausnahme und nicht die Regel waren. Die Bereitschaft deutscher Unternehmen, Teilhaber von M. M. Warburg & Co. im Aufsichtsrat zu behalten, war in mancherlei Hinsicht bemerkenswerter als die Haltung der Minderheit, die dem Druck nachgab. Darin liegt ein Hinweis darauf, daß sich die Großunternehmen Deutschlands nicht hemmungslos an der Hexenjagd gegen Juden beteiligten, oder zumindest darauf, daß sie deren Bankverbindungen zu schätzen wußten.

Wo immer dies möglich war, versuchten die Warburgs, einen nichtjüdischen Mitarbeiter der Bank als Ersatzmann in Aufsichtsräten unterzubringen, diese Rolle erfüllte der Generalbevollmächtigte der Bank, Dr. Rudolf Brinckmann, den die Warburgs mit galligem Humor »unseren Arier« nannten.[58] Trotz ihrer lautstark vorgetragenen Verleumdungen gegen jüdische Banken erwiesen sich die Nationalsozialisten wiederum als unerwartet entgegenkommend. Wenn Heuchelei die Achtungsbezeugung des Lasters vor der Tugend ist, so hatten sie durchaus ihre eigene verquere Art, den finsteren jüdischen Geldleuten ihre Wertschätzung zu versichern.

27

Ein widerspenstiger junger Mann

Obwohl sein Vater Paul im Vorjahr gestorben war und seine Ehe mit Kay Swift bereits in die Brüche gegangen war, wirkte der sechsunddreißigjährige James Warburg auch noch 1933 recht unbeschwert. Er hatte auf dem Gebiet der Hochfinanz eine Reihe eindrucksvoller Leistungen vorzuweisen und war als Stellvertretender Vorsitzender der Bank of Manhattan und Vorsitzender der International Acceptance Bank sowie der International Manhattan Company vermutlich das jüngste Mitglied der Geschäftsleitungsspitze an der Wall Street. Infolge seines guten Aussehens und seiner Klugheit verfügte er über ein außerordentlich starkes Selbstbewußtsein. Herbert Feis erinnerte sich: »Warburg hatte Erfahrungen in der Bankwelt und war wirklich aufgeweckt, aber beinahe zu fix und selbstsicher.«[1] Ein aufmerksamer Beobachter hätte vermuten können, daß dieser geschäftstüchtige und gewandte junge Mann für große Dinge ausersehen war – oder daß ihm ein tiefer Sturz bevorstand. Das einzige Talent, das Jimmy Warburg fehlte, war das, unauffällig und auf Nebenpfaden durchs Leben zu ziehen.

Nach Pauls Tod mußte er das beim Rettungsunternehmen für die Hamburger Bank 1931 aufgewendete Vermögen wieder zusammenbringen. Zum Glück besaß er eine verblüffende Gabe, Geld zu verdienen. Als Nachlaßverwalter seines Vaters schichtete er 1932, als der Markt gerade seinen Tiefpunkt erreicht hatte, die Vermögensanlagen von Kommunalobligationen auf Stammaktien um. Auf diese Weise sicherte er seiner Mutter Nina und der Schwester Bettina eine behagliche Zukunft, und er hätte keinen günstigeren Augenblick dafür wählen können. Zu jener Zeit wollte er die Arbeit in der Bank an den Nagel hängen und dem goldenen Käfig der Familie Warburg entfliehen. Mit seiner Beschreibung des Treibens auf *Woodlands* faßte er zusammen, was er von der gesamten »Mischpoche« hielt: »Ein ziemlich langweiliges Luxusleben auf einem Ameisenhügel, der aus Angehörigen besteht.«[2] Doch noch konnte er sich nicht aus der Firma M. M. Warburg zurückziehen. Sie schuldete den amerikanischen Warburgs und der Bank of Manhattan von 1931 noch beträchtliche Gelder, und Jimmy sah es als seine Pflicht an, die sich endlos hinziehende triste Geschichte zu Ende zu führen.

Ende 1932 beschloß die Bank of Manhattan, sich von ihrer im Wertpapierhandel tätigen Zweiggesellschaft, der International Manhattan Company, zu trennen. Jimmy war ihr Vorsitzender und sah sich nach Betätigungsmöglichkeiten außerhalb der Finanzwelt um. Die immer häufiger werdenden Bankenzusammenbrüche verhießen nichts Gutes für die Zukunft an der Wall Street. Anfang 1932 schrieb er einen prophetischen Brief an Siegmund, in dem er die Schließung von Amerikas Banken voraussagte. Er schloß ihn mit den Worten: »Bis es so weit ist und die völlig verängstigten Menschen begreifen, daß sie nicht tot sind, nachdem es passiert ist, kommt es zu keinem Stimmungsumschwung.«[3] Trotz manch revolutionärer Züge war er nach wie vor recht konservativ und lehnte das Parteiprogramm der Republikaner aus dem Jahre 1932 ab, weil sie darin dem Individualismus eine Absage erteilten. Seiner Einschätzung nach konnte dies einer autoritären Regierung den Weg bereiten, wenn nicht gar einer Diktatur.

Nachdem Franklin D. Roosevelt zum Präsidenten gewählt worden war, wollte sein Beratergremium, das an der Wall Street nicht viele Kontakte hatte, von dem frühreifen jungen Bankfachmann Jimmy Warburg wissen, was sich gegen die Bankenkrise unternehmen lasse. Zwischen den Familien Warburg und Roosevelt bestanden zahlreiche Verbindungen. Während des Krieges hatten Franklin D. und seine Gattin Eleanor gesellschaftlich mit Panina verkehrt, wobei er sich voll Bewunderung über Pauls Wirken im Zentralbankrat geäußert hatte. Dazu sagte Roosevelt: »Ich habe stets die Ansicht vertreten, daß seine gänzlich unparteiische Arbeit großen Anteil am Erfolg des Zentralbankrats in den Kriegsjahren hatte.«[4] Roosevelts Sohn Jimmy war im ersten Studienjahr in Harvard Eddie Warburgs Zimmergenosse gewesen, und Freddy war mit Curtis Dall befreundet, der Roosevelts Tochter Anna geheiratet hatte. Die Familie Dall bewohnte eines der Landhäuser auf Woodlands, und Curtis und Freddy arbeiteten gemeinsam bei Lehman Brothers. Auch wenn die Warburgs durch und durch Republikaner waren – und die Tatsache, daß Frieda für Roosevelt als Kandidaten der Demokratischen Partei gestimmt hatte, Felix entsetzte –, standen sie doch 1933 keineswegs im politischen Abseits.

Am Jahresanfang 1932 besprachen Jimmy Roosevelt und Professor Raymond Moley bei einem Lunch in Jimmy Warburgs Bank Fragen der Wirtschaftspolitik. Er merkte, daß Moley in wichtigen Punkten auswich, und erkannte, daß der Beraterstab des Präsidenten keine klarumrissene finanzielle Strategie besaß. Einige Tage später ließ ihn Moley wissen, der Präsident habe ihn als einen von drei Fachleuten ausgewählt, die für die bevorstehende Weltwirtschaftskonferenz ein Programm entwerfen sollten. Bei einer Zusammenkunft mit den Wirtschaftsberatern Rex Tugwell und Charles Taussig versuchte Jimmy Warburg festzustellen, ob der undurchsichtige Roosevelt zu seinem im Wahlkampf gemachten Versprechen einer gesunden Währung und eines ausgeglichenen Staatshaushalts stehen oder ob er versuchen wollte, der Wirtschaftskrise durch inflationistische Patentrezepte beizukommen.

Im Februar 1932 traf Jimmy mit einem Dutzend weiterer Männer, die als Berater des neuen Präsidenten in Frage kamen, in dessen Haus an der 56. Straße zusammen. Als Roosevelt in seinem Rollstuhl hereingeschoben wurde, sah er in ihm einen strahlenden Sonnengott. »Ich erinnere mich genau an meinen ersten Eindruck von Roosevelt: seine massigen Schultern, über denen sein bemerkenswert edler Kopf thronte, das fröhliche Lächeln, mit dem er seine Gäste begrüßte, und der altmodische Zwicker, der ihm ein wenig unsicher auf der Nase zu sitzen und irgendwie nicht ganz dazu zu passen schien.«[5] Als er die Gästeliste durchging und Jimmys Namen darauf sah, war er sichtlich erfreut. Er sprach sich lobend über die von Paul geleistete erstklassige Arbeit in der Zentralbank und dessen verblüffende Voraussage aus dem Jahre 1929 aus. »Ray Moley sagt mir, daß Sie das weiße Schaf aus der Wall Street sind«, sagte er. Jimmy gab zurück, dieser Ehrentitel stehe seinem Vater zu, und weiße Schafe seien nicht zwangsläufig Eltern weißer Lämmer. Lachend sagte Roosevelt: »Jedenfalls möchte ich, daß Sie mit Ray Moley in der Frage des Bankwesens und der Währung zusammenarbeiten.«[6]

In seiner Antrittsrede als Präsident ließ Roosevelt durchblicken, daß die Bankiers nicht mehr so unantastbar seien wie in den zwanziger Jahren. »Die Geldwechsler sind von ihren hohen Stühlen im Tempel unserer Zivilisation heruntergekommen«, sagte er.[7] Mit Beginn des New Deal galten die Bankiers der wilden Jahre als »bankster«, wobei der Anklang an »gangster« durchaus beabsichtigt war, und schon bald wurde in der Wall Street als Abtrünniger angesehen, wer etwas mit Roosevelt zu tun hatte. Nachdem der Präsident angeordnet hatte, Amerikas achtzehntausend Banken vorläufig zu schließen, fuhr Moley mit Jimmy nach Washington, wo man darüber sprechen wollte, auf welche Weise sich das Vertrauen der Bevölkerung in die Banken wiederherstellen lasse, bevor diese wieder öffneten. Offenkundig machte Jimmy einen glänzenden Eindruck auf den Präsidenten, der seine Berater sogar fragte, ob man ihn nicht in den Zentralbankrat berufen solle. Am Vormittag des 17. März klingelte ein Bote mit zahlreichen Glückwunschtelegrammen Jimmy aus dem Bett. Zu seiner Verblüffung las er in der *New York Times* die Schlagzeile: »James P. Warburg wird Woodins rechte Hand«. Weiter hieß es, »wie verlautet, hat ihn der Finanzminister als Staatssekretär ausersehen«.[8] All das war ihm völlig neu.

Nina, die ihren brillanten Sohn geradezu vergötterte, suchte ihn in seiner Wohnung auf und drängte ihn, das Angebot anzunehmen. Allerdings wäre ein solcher Schritt für Jimmy finanziell nicht unbedenklich gewesen. Der Nachlaß seines Vaters bestand zum großen Teil aus Anteilen an der Bank of Manhattan. Wenn er nun ein Regierungsamt übernahm, so müßte er diese zu einer Zeit abstoßen, in der es keine Käufer gab, und der damit verbundene Verlust würde den Wert des bereits geschmälerten Erbes noch mehr vermindern. Auch wußte Jimmy nicht, ob ihn das von der Regierung zu erwartende Gehalt in den Stand setzen würde, seinen Verpflichtungen nachzukommen: Immerhin mußte er außer seiner Frau, drei Töchtern und zwei Häusern auch seine Mutter unterhalten. Hinzu kam, daß er möglicherweise als einziger Abtrünniger aus Amerikas Finanzwelt in Washington unangenehme politische Entscheidungen durchsetzen mußte. Das Beratergremium des Präsidenten, das in der Wall Street feindliches Territorium sah, war nicht bereit, dessen graue Eminenzen zu konsultieren.

Er erläuterte Roosevelt seine Schwierigkeit mit den Bankaktien, und dieser schlug ihm vor, ohne Amtsbezeichnung tätig zu werden. So entschied sich der verlorene Sohn der Wall Street, ein halbes Jahr lang inoffiziell und ehrenamtlich am politischen Neubeginn mitzuwirken. Später hieß es im *New Yorker*, Jimmy sei »praktisch das einzige Bindeglied zwischen der alten Tradition der Wall Street und der Bundesregierung« gewesen.[9] Er versuchte, seinen Freund Averell Harriman von der Firma Brown Brothers in den New Deal mit einzubeziehen und regte bei Roosevelt an, Harriman zum Botschafter der Vereinigten Staaten in Deutschland zu ernennen. Daraus aber wurde nichts.

Jimmy betrachtete seinen Abstecher nach Washington als das stimulierendste Abenteuer seines Berufslebens. Wie sein Vater diente er gern der Öffentlichkeit, doch blieb diese Liebe unerwidert. Er vollzog den schwierigen Wechsel von heftigen Familienauseinandersetzungen zum zermürbenden politischen Gezänk. Anfangs erfüllte ihn Staunen über das »schöpferische Chaos« in Washington, das die im ganzen Lande herrschende Niedergeschlagenheit beiseite gefegt hatte.[10] Da er die Arbeitswoche im Hotel *Carlton* verbrachte und lediglich an Wochenenden nach New York zurückkehrte, kam es zu einer weiteren erzwungenen Trennung von Kay.

Er wurde als Verräter an seiner Klasse gebrandmarkt, da bei den sensationellen Pecora-Anhörungen im Senat Machenschaften der Wall Street aus den zwanziger Jahren zur Sprache kamen und Bankiers der öffentlichen Schmähung preisgegeben wurden. Gegen Ende März sagte Roosevelt »mit boshaftem Zwinkern«, wie Jimmy notierte, daß sein juristischer Berater, Ferdinand Pecora, nunmehr die Privatbanken unter Beschuß nehme, unter anderem auch Kuhn, Loeb.[11]

Jimmy war kein engstirniger Konservativer. Er riet Roosevelt, den Außenwert des Dollars zu verringern, um Ausfuhren zu begünstigen, und er war keineswegs ein Gegner der vom Präsidenten zur Ankurbelung der Wirtschaft vertretenen Politik des »deficit spending« – der Finanzierung öffentlicher Investitionen durch Vorgriff auf künftige Haushaltsmittel. Doch fühlte er sich als Sohn des Vorkämpfers für eine gesunde Währung unwohl in einer Regierung, die auf dem Gebiet des Geldwesens mitunter ziemlich stümperhaft vorging. Diese dilettantische Seite des New Deal, bei der verfeindete Gruppen mehr oder weniger um des Kaisers Bart stritten, erfüllte ihn mit Schrecken. Auch wenn Roosevelt bereit war, die Erinnerung an Paul Warburg in Ehren zu halten, fühlte er sich dessen Politik nicht verpflichtet. Jimmy vermutete, daß der Präsident und Moley weder besonders viel von Gelddingen verstanden, noch über genug Erfahrung verfügten, um eine gefährdete Währung retten zu können. »Was einem an der Sache wirklich Angst machte, war, daß keiner von diesen Burschen eine Ahnung davon hatte und sie einer wie der andere munter an dem ganzen Mechanismus herumbastelten.« Er beklagte sich: »Alle meine heiligen Kühe wurden geschlachtet.«[12] Schon bald machte er es zu seiner Aufgabe, die gefährlichsten Experimente abzublocken.

Im April sah sich Roosevelt extremem Druck ausgesetzt, mit Hilfe radikaler Maßnahmen das Elend der Landwirtschaft zu beenden. Da die Preise für Agrarerzeugnisse einen Tiefpunkt erreicht hatten und sich die Zwangsvollstreckungen in beängstigendem Maße häuften, war es unter der Landbevölkerung zu einer nahezu revolutionären Stimmung gekommen. Jimmy riet, den Dollar gegenüber anderen Währungen und dem Gold abzuwerten, um die Erzeugerpreise zu stützen, dessenungeachtet aber die Goldbindung beizubehalten. Seiner Überzeugung nach war ein tragfähiges Finanzwesen nur auf dieser Grundlage denkbar.

Mitte April rief Roosevelt seine Wirtschaftsberater zusammen und erklärte mit überraschender Munterkeit, die Vereinigten Staaten würden den Goldstandard aufgeben. Das bedeutete, daß künftig niemand mehr verlangen konnte, sein Papiergeld gegen Gold eingetauscht zu bekommen. Als der Präsident diese Bombe platzen ließ, war das Ergebnis Empörung unter seinen Beratern. Voll Einfühlung in die Situation verlas er die unter dem Namen Thomas Amendment firmierende Novellierung des Landwirtschaftsgesetzes, die es der Regierung gestatten würde, Geld zu drucken und andere währungspolitische Maßnahmen zu ergreifen, die geeignet waren, eine Erholung der Wirtschaft herbeizuführen. Bestürzt erkannte Jimmy, daß der Präsident seine Zuflucht bei inflationistischen Maßnahmen suchte, seiner Auffassung nach der falsche Weg, der Wirtschaftskrise beizukommen. »Auf die Gefahr hin, unverschämt zu sein, ging ich so weit zu sagen, daß ich die Verabschiedung eines solchen Gesetzes für völlig verrückt und unverantwortlich hielt.«[13]

Die Preisgabe des Goldstandards erschien einem Privatbankier jener Zeit als ebenso unnatürlich und abwegig wie die Forderung, Planeten sollten ihre Umlaufbahnen verlassen. Als Paul im September 1931 erfahren hatte, daß England die Goldbindung aufgegeben hatte, war es ihm wie ein Stich ins Herz gefahren. Beim Verlassen des Weißen Hauses wandte sich der für die Konsolidierung zuständige, konservative Louis Douglas mit den Worten an Jimmy: »Das ist das Ende der westlichen Zivilisation.« »So schlimm ist es wohl nicht«, gab dieser zur Antwort.[14] Dennoch befürchtete er, daß diese Art von nationalem Alleingang der Weltwirtschaft Schaden zufügen werde. Damit erwies er sich als wahrer Abkömmling einer jüdischen Bankiersdynastie, denn stets waren ihm weltweite Koordination und Einheitlichkeit wichtiger als die Vertretung nationaler Einzelinteressen.

Jimmy stand nunmehr im Zentrum der immer dringlicher werdenden Debatte über die Frage, wie Roosevelt auf das Hitler-Regime reagieren solle. Einige jüdische Führer warfen den Warburgs vor, sie hätten es unterlassen, ihn auf die von Hitler ausgehende Gefahr hinzuweisen. Paul Brandeis, Richter am Obersten Bundesgericht in Washington, fiel auf, daß Felix anfänglich zögerte, in der Sache tätig zu werden. In einem Brief an Rabbi Stephen Wise schrieb er: »Warburg, [Paul] Baerwald vom Vergabeausschuß und andere, die Verwandte in Deutschland haben, wagen öffentlich nichts zu sagen.«[15] Wise, der keine Gelegenheit ausließ, den Warburgs am Zeug zu flicken, verdrehte diese Aussage böswillig und schrieb 1936 in einem Brief an Albert Einstein: »Als ich bei Brandeis war, sagte er mir, daß der Präsident im März 1933 gehandelt hätte, wenn sich die Familie Warburg anders verhalten hätte.« Er fügte hinzu: »Sie sehen also, Professor Einstein, daß diese großen Menschenfreunde unsere tödlichsten Feinde und für die Sicherheit und Ehre des jüdischen Volkes ein wahrer Fluch sind.«[16] Man darf nicht vergessen, daß Brandeis und Wise zionistische Führer waren, die den Warburgs unversöhnlich gegenüberstanden.

Halten diese Vorwürfe einer näheren Untersuchung stand? Über die Familie Warburg läßt sich nur schwer eine einheitliche Aussage machen, denn schließlich bestand sie aus vielen unterschiedlichen Menschen, die einander unentwegt bekämpften. Im allgemeinen kann man aber sagen, daß dieser Vorwurf für den Beginn des Jahres 1933 in gewissem Maße zutrifft, kaum jedoch für die Zeit danach. Für Nachrichten aus Deutschland war Jimmy auf Max und Erich angewiesen, die sich, wie schon erwähnt, zur Zeit des Boykotts im April bemühten, die Nationalsozialisten zu beschwichtigen. Am 22. März äußerte sich Jimmy über eine Nachricht, die er über einen Mittelsmann von Erich erhalten hatte: »Die Berichte, die wir hier bekommen, sind stark übertrieben. Es heißt, daß es allen Familien gutgeht, sie sich keine Sorgen machen und daß all die Protestkundgebungen und die Öffentlichkeitsaktionen in Amerika mehr schaden als nützen.«[17] Nachdem er zuvor seine Hamburger Verwandten kritisiert hatte, weil sie Hitler nicht für gefährlich hielten, entschloß sich Jimmy jetzt unerklärlicherweise, deren Sichtweise zu übernehmen.

Anfangs plapperte Jimmy die offiziellen Parolen des amerikanischen Außenministeriums nach, die besagten, daß die Behandlung der Juden durch die Nazis eine innere Angelegenheit Deutschlands sei. In einem Brief an Felix' Sohn Freddy ließ er sogar Zweifel an den »Horrorgeschichten« aus Deutschland einfließen: »Ein Protest gegen barbarische Greueltaten, *vorausgesetzt, sie haben stattgefunden*, ist eine Sache, aber ein Protest gegen einen Wirtschaftsboykott – auch wenn er der Sache nach eher zu tadeln wäre – ist eine ganz andere.«[18] Nachdem Felix Frankfurter im Mai die Lage in Deutschland mit Jimmy besprochen hatte, riet dieser dem Präsidenten, Hitler nicht zu verstimmen – ein Zusammenhang, den er später heftig bestritt, indem er erklärte, er habe sich für ein äußerst hartes Vorgehen ausgesprochen.[19]

Gewiß läßt sich sagen, daß Jimmy seine Position um so radikaler änderte, je besser er informiert war. Am 2. Mai aß er mit James G. McDonald, einem gerade aus Deutschland zurückgekehrten *New Yorker* Anwalt, zu Mittag. Als Redaktionsmitglied der *New York Times* und Vorsitzender der Vereinigung für Außenpolitik vermittelte der silberhaarige McDonald Jimmy einen gänzlich anderen Blick auf die Vorgänge in Deutschland. Er war von einer Unterredung mit Hitler entsetzt, der ihm sinngemäß erklärt hatte, er habe die Juden so weit, daß sie sich bald nicht mehr regen könnten.[20] McDonald sagte voraus, die Lage der deutschen Juden werde bald wieder so sein wie in den Ghettos des Mittelalters, und Hitler werde in Europa einen Krieg vom Zaun brechen. »Er hat gesagt, an Max' Stelle würde er zur Zeit seine Familie mit Sicherheit nicht in Deutschland lassen«, schrieb Jimmy damals in sein Tagebuch. »Alles in allem ist das Bild, das er zeichnet, weit schlimmer als alles, was ich gesehen habe.«[21]

Auch Felix wurde unterstellt, daß er der Verharmlosung Hitlers Vorschub leiste. Im August fand sich in *The New Republic* die Behauptung, er habe Roosevelt geraten, nicht gegen die Verfolgung der Juden zu protestieren, weil das den deutschen Juden schaden werde, und der Kolumnist Walter Winchell wiederholte diese Anschuldigung in seinem Artikel. Wie schon gesagt, hatte Felix Max' und Erichs Wünsche zögernd befolgt und sich gegen einen offiziellen Boykott deutscher Waren ausgesprochen. Dennoch schlug er bei privaten Zusammenkünften Alarm und machte sich bemerkenswert wenig Illusionen über die Nazis. Felix setzte sich sehr dafür ein, daß statt des Historikers William E. Dodd, der die Ansicht vertrat, die Juden beherrschten das Wirtschaftsleben Deutschlands, James G. McDonald, der eine harte Linie vertrat, neuer Botschafter der Vereinigten Staaten in Deutschland wurde.[22] Gleich nach dessen Ernennung berichtete ihm Felix den Selbstmord seiner Verwandten Oppenheim.[23] Zusammen mit Irving Lehman setzte er sich bei Roosevelt dafür ein, daß Amerika mehr jüdische Flüchtlinge aus Deutschland aufnehmen solle. Enttäuscht berichtete er im Oktober: »Bisher hat keine der vagen Versprechungen zu irgendeiner Art von Aktivität geführt.«[24] Jedenfalls kann man mit Sicherheit sagen, daß Felix nicht tatenlos zugesehen und Däumchen gedreht hat.

Im Herbst wandte sich der Vergabeausschuß an den Völkerbund mit der Bitte um Hilfe für die jüdischen Flüchtlinge aus Deutschland. Als die deutsche Regierung drohte, gegen eine solche Intervention ihr Veto einzulegen, setzte der Völkerbund einen Sonderausschuß ein, der hinter den Kulissen mit den Nationalsozialisten verhandeln sollte. Felix und Frieda schlugen vor, McDonald solle an die Spitze der neuen Hochkommission für Flüchtlinge aus Deutschland treten, und bemühten sich um Roosevelts Unterstützung. Da die Organisation privat finanziert werden mußte, steuerte der Vergabeausschuß Mittel zu ihrer Arbeit bei, und Felix stockte aus seiner Privatschatulle McDonalds niedriges Gehalt auf. Dieser sah in ihm eine bemerkenswerte Ausnahme unter den nichtzionistischen jüdischen Führern, die alle miteinander der vom Nationalsozialismus ausgehenden Bedrohung blind gegenüberzustehen schienen. Im Januar 1934 riefen beide Männer vor jüdischen Geschäftsleuten, die in Lionel Rothschilds Londoner Büro zusammengekommen waren, leidenschaftlich dazu auf, etwas zu unternehmen. Beredt wies McDonald darauf hin, daß Deutschlands sechshunderttausend jüdische Bürger in Gefahr seien. »Warburg, den man auf der ganzen Welt wegen seiner Wohltätigkeit achtete und liebte, folgte mit der Bitte, man möge sofort handeln«, erinnerte sich McDonald an seine vergeblichen Vorstellungen bei den Briten.[25] »Ihr versteinertes Schweigen zeigte uns, daß sie nicht bereit waren, sich durch zwei ›amerikanische Schwarzseher‹ beeinflussen zu lassen.«[26]

Felix verwendete viel Zeit darauf, deutsche Juden zu retten, und verhalf Yehudi Menuhin, Jascha Heifetz und anderen Musikern zur Einreise in die Vereinigten Staaten. Zum Teil von James G. McDonald dazu angeregt, stellte er sich an die Spitze einer Aktion des Vergabeausschusses zur Ansiedlung von Juden in Palästina, für die drei Millionen Dollar aufgewendet wurden, und trug 1934 dazu bei, daß das Unternehmen Refugee Economic Corporation gegründet wurde, das die Entwicklung dort vorantreiben sollte. Auch schuf er den Emigré Charitable Fund, dessen Aufgabe es war, jüdische Flüchtlinge aus Deutschland auszubilden, finanziell zu unterstützen und ihnen einen neuen Wohnsitz zu verschaffen.[27] Zugleich war er Ehrenvorsitzender der Palestine Economic Corporation.

Die Hauptschwierigkeit bestand während der Regierung Roosevelts nicht in der zögernden Reaktion der jüdischen Führung, sondern in Amerikas politischer Isolierung zur Zeit der Weltwirtschaftskrise. Roosevelt hatte zwar Kenntnis von den Ereignissen in Deutschland, entschied sich aber, nicht einzugreifen. Am 16. Juni 1933 teilte er Botschafter Dodd mit: »Die deutschen Behörden behandeln die Juden in schändlicher Weise, und die Juden hierzulande sind in hohem Maße entrüstet. Doch ist das nicht Sache der Regierung.«[28] Roosevelt war kein Antisemit und beschäftigte viele jüdische Helfer. Doch er mußte gegen die Massenarbeitslosigkeit im eigenen Lande kämpfen und fürchtete einen politischen Rückschlag für den Fall, daß er eine Flut verzweifelter jüdischer Flüchtlinge aus Deutschland einreisen ließ. Darüber hinaus schürten der Rundfunkpriester Coughlin und andere Demagogen damals eine antisemitische Haltung, was es erschwerte, Juden ins Land zu lassen. Dem Gesetz nach bestand die Möglichkeit, pro Jahr fünfundzwanzigtausend Personen die Einwanderung zu gestatten, doch lag die tatsächliche Zahl weit darunter, und das Einwanderungsverfahren war zeitraubend und beschwerlich. Die Schwierigkeiten, die Washington in dieser Frage hatte, gingen zu keinem Zeitpunkt auf fehlende Informationen zurück, sondern ausschließlich auf den politischen Willen.

Im Mai 1933 erneuerte Jimmy seine Bekanntschaft mit Dr. Hjalmar Schacht, den er schon bei ihren ersten Kontakten in den zwanziger Jahren verabscheut hatte, als die International Acceptance Bank in Amerika als Vertretung der Reichsbank fungierte. Bevor Schacht nach Washington kam, informierte Jimmy den Präsidenten, daß es sich bei ihm um einen »schlüpfrigen Charakter«[29] handle. Schacht wurde seinem Ruf gerecht. Um sich bei Hitler beliebt zu machen, hatte er sich einen dreisten Plan ausgedacht, mit dessen Hilfe sich Deutschland davor drücken wollte, eine Milliarde Dollar zu zahlen, die es amerikanischen Investoren schuldete. Um den Anschein zu erwecken, daß dieses Vorgehen die stillschweigende Billigung der amerikanischen Regierung finde, wollte Schacht sein Vorhaben nach seinem Gespräch in Washington bekanntgeben. Hitler gefiel diese Unverfrorenheit, und Schacht erklärte, er sei imstande, die Amerikaner hereinzulegen.

Die Verantwortung für die Weltwirtschaftskrise sah Jimmy bei den Deutschland auferlegten Reparationszahlungen und anderen Schulden im Zusammenhang mit dem Ersten Weltkrieg. Die einzig vernünftige Politik bestand seines Erachtens darin, diese Schulden herabzusetzen. Im Frühjahr veröffentlichte er sogar den sogenannten »Warburg-Plan« mit Vorschlägen, wie man die Schuldenlast vermindern könne. Indessen mißfiel ihm die zynische und einseitige Art, wie Schacht diese Schulden streichen und dabei den Anschein erwecken wollte, als billige die amerikanische Regierung seine Pläne. Da Deutschland in den zwanziger Jahren zu den Hauptnutznießern der Zahlungen aus der Wall Street gehört hatte, wäre eine vollständige Einstellung der Zahlungen ein gewaltiger Brocken gewesen.

Am 8. Mai kam es zu einer merkwürdigen Zusammenkunft in der deutschen Botschaft in Washington, die Paul Warburg einst zum Teil über ein Darlehen mitfinanziert hatte. Jimmy saß dem neuen deutschen Botschafter, Dr. Luther, und Schacht gegenüber, der jenem in der Reichsbank nachgefolgt war. Da er gerade die von James G. McDonald berichteten Horrorgeschichten gehört hatte, sprach er die jüdische Frage energisch an. Schacht war unverfroren genug, zu leugnen, daß es Schwierigkeiten gebe. Jimmy notierte, Schacht habe gesagt, er selbst sei alles andere als ein Antisemit, und seiner festen Überzeugung nach sei nicht nur der Höhepunkt in der Angelegenheit bereits überschritten, es werde sich bald alles beruhigen. Er wies darauf hin, »daß er Max im Reichsbankrat behalten habe und daß er [Max] auch gerade als einer der sechs Direktoren der Verrechnungsstelle wiedergewählt worden sei«.[30] Er gab zu verstehen, daß er insgeheim manche Vorstellungen Hitlers nicht teile, dies aber nicht laut sagen dürfe.

Bei einer Zusammenkunft mit dem Außenminister Cordell Hull hielt Schacht eine schwülstige Ansprache und erklärte, Deutschland werde am folgenden Tag die Schuldentilgung einstellen, zuvor wolle er aber mit Roosevelt darüber sprechen. Um den Präsidenten davor zu bewahren, daß er in diese Falle ging, suchte ihn Jimmy im Weißen Haus auf und riet ihm, Schacht gezielt zu düpieren. Beispielsweise könne ihn ein Mitarbeiter des Weißen Hauses anrufen und seine Verabredung mit dem Präsidenten für den folgenden Tag unter dem Vorwand absagen, daß dieser mit einem chinesischen Minister sprechen müsse. Roosevelt war überzeugt, daß der überhebliche Schacht einen solchen Dämpfer verdient habe, ganz davon abgesehen, daß diese Empfehlung seinem Hang zum Übermut zusagte.

Am folgenden Tag überreichte der Außenminister Hjalmar Schacht, der mit Vatermörder und randloser Brille erschienen war, eine Erklärung der amerikanischen Regierung, in der es hieß, die Vereinigten Staaten seien durch Deutschlands Entschluß in der Schuldenfrage »zutiefst bestürzt«. Drei Minuten lang mußte Schacht in peinlichem Schweigen stehenbleiben, während Hull in aller Seelenruhe einige Papiere durchging. Schacht, der Hitler versichert hatte, daß alles glattgehe, erkannte jetzt, daß er die Amerikaner mit seinem Trick nicht hereinlegen konnte. Er würde die öffentliche Erklärung von Deutschlands Zahlungsunfähigkeit hinausschieben müssen. Auf dem Rückweg teilte er Mitgliedern des American Jewish Committee in New York mit, er werde bei der deutschen Regierung vorstellig werden, um eine bessere Behandlung der Juden zu erreichen. In einem amüsanten Nachspiel zu Schachts Besuch sagte Roosevelt eines Tages scherzend zu Jimmy: »Wissen Sie, es geschähe diesem Hitler gerade recht, wenn ich einen Juden als Botschafter nach Berlin schickte. Wie würde Ihnen die Aufgabe gefallen?«[31]

Nach Schachts Besuch konzentrierte sich Jimmy auf die Vorbereitungen für die Weltwirtschaftskonferenz, die am 12. Juni in London beginnen sollte. Er widersetzte sich der Absicht, Bernard Baruch und Joseph P. Kennedy in die amerikanische Delegation aufzunehmen, und erklärte, er werde nicht nach London reisen, wenn sich Roosevelt, um politische Schulden zu begleichen, für diese Spekulanten aus der Wall Street entscheide. Aus den in Versailles gemachten Erfahrungen hatten die Warburgs gelernt, bei Konferenzen im Weltmaßstab Vorsicht walten zu lassen. Aus Jimmys Tagebuch geht hervor, daß er sich gegen Baruch aussprach, weil er befürchtete, daß Antisemiten die amerikanischen Unterhändler als »Delegation des internationalen Judentums«[32] hinstellen würden. Max, den noch immer schmerzte, wie man mit ihm in und nach Versailles umgegangen war, lehnte Jimmys private Einladung nach London ab, wo sich dieser mit ihm über deutsche Angelegenheiten unterhalten wollte. Im Hinblick auf die tückische Verleumdung, er und Paul hätten in Versailles Geheimverhandlungen geführt, erklärte Max, er wolle »keinerlei Anlaß zu der eventuellen Bemerkung... geben, daß auch auf deutscher Seite ein Warburg an den Verhandlungen teilgenommen hatte«.[33] Sie vereinbarten, einander in Paris oder Amsterdam zu treffen.

Inzwischen war die nationalsozialistische Propaganda bis an die Küsten Amerikas gelangt. Im Juni 1933 schleusten die jüdischen Kriegsveteranen einen Beobachter in eine Kundgebung, die im *New Yorker* Stadtteil Queens vor siebenhundert Personen in einem mit Hakenkreuzfahnen geschmückten Gartenrestaurant stattfand. Dieser Abgesandte berichtete, Theodor Fritschs Buch *Mein Streit mit dem Hause Warburg* habe bei jener Gelegenheit reißenden Absatz gefunden.[34] Eine in New York herausgegebene nationalsozialistische Zeitung, *Das Neue Deutschland*, veröffentlichte im September einen gegen die Warburgs gerichteten Artikel, in dem die alte Anschuldigung breitgetreten wurde, Paul und Max hätten in Versailles dem Feind in die Hände gespielt.[35]

Ausgerechnet zu einer Zeit, als sich Jimmy innerlich von seinem Judentum distanzierte, wurde er als Erzverschwörer der internationalen jüdischen Kabale hingestellt. In einem niederländischen Verlag brachte ein gewisser J. G. Schoup ein Buch heraus mit dem Titel *Wer den Nationalsozialismus finanziert: Drei Gespräche mit Hitler*. Darin wurde die widersinnige Behauptung aufgestellt, jüdische Kapitalisten hätten Hitler unter der Hand Mittel zur Verfügung gestellt, um ihre Investitionen in Deutschland vor einer bolschewistischen Revolution zu bewahren. Der Autor tat so, als handele es sich um die geheimen Bekenntnisse eines – in Wahrheit gar nicht existierenden amerikanischen Juden namens Sidney Warburg, der ganz offensichtlich Jimmy nachempfunden war. In diesem schändlichen Machwerk hieß es, jüdische Bankiers hätten ihn nach dem Zusammenbruch von 1929 nach Europa geschickt, um Hitler und seinen Anhängern achteinhalb Millionen Dollar in bar zu überbringen. Jimmy, den ein Teilhaber der Firma Warburg in Amsterdam auf das Buch aufmerksam machte, wies den Verleger darauf hin, daß es sich um eine Fälschung handle, und forderte ihn auf, es vom Markt zu nehmen. Doch noch viele Jahre lang tauchte das Buch in unterschiedlicher Gestalt wieder auf.

Im Frühjahr 1933 war Jimmy nach wie vor von Roosevelt geblendet und überzeugt, dieser werde als bedeutender Präsident der Vereinigten Staaten in die Geschichte eingehen. Die Londoner Konferenz veranlaßte ihn, seine Meinung zu ändern. James M. Cox, der an der Spitze der für Geldfragen zuständigen Gruppe stand, delegierte alles, was mit der Währung zusammenhing, an Jimmy, womit er eine wichtige Rolle zugewiesen bekam. Vor seiner Abreise nach London legte Jimmy dem Präsidenten eine Reihe von Entschließungen vor, die dieser – etwas voreilig, wie es schien – billigte. Zwar fühlte sich Jimmy dadurch geschmeichelt, doch fürchtete er auch, daß die rasche Reaktion einen Mangel an wirklichem Engagement bei Roosevelt erkennen ließ.

Anfänglich war der Aufenthalt in London voll denkwürdiger Augenblicke. Bei einem Abendempfang lächelte Jimmy einem Mann zu, dessen Gesicht ihm irgendwie bekannt vorkam. Mit den Worten, »Sie irren sich«, trat dieser auf ihn zu. »Entweder halten Sie mich für Lord Hailsham – den schlechtesten Kriegsminister, den wir je hatten – oder für Bennet aus Kanada. Wir sehen alle aus wie rosa Schweinchen, aber ich bin Winston Churchill.«[36] Churchill bekleidete zu jener Zeit kein politisches Amt und hatte gerade den ersten Band der Lebensbeschreibung seines Vorfahren, des Herzogs von Marlborough, fertiggestellt. Am Ende des zufälligen Zusammentreffens stand ein Souper in Churchills Klub, eine Schilderung der Laufbahn dieses großen Mannes und ein Glas Cognac zu später Stunde in dessen Haus. Für Jimmy war es der faszinierendste Abend seines Lebens.

Anfänglich schienen die Verhandlungen gut voranzukommen. Jimmy und Cox arbeiteten ein Abkommen zur Stabilisierung der Währungen aus, das die mörderische Spirale der sich gegenseitig übertreffenden Abwertungen beenden sollte. Auf die telegrafisch an Roosevelt durchgegebenen Einzelheiten erfolgte keine Antwort, was die Männer als Einverständnis deuteten. Dann bekam Jimmy eine Botschaft von Raymond Moley, die sein Leben änderte: »Sagen Sie ihm [Warburg], daß die Sache gestorben ist und er die Wunden verbinden soll.«[37] Das bezog sich auf Roosevelts Erklärung vom 3. Juli 1933, in der er sich scharf gegen den Vorschlag einer Währungsstabilisierung wandte, der, wie er sagte, »auf die alten Fetische der sogenannten internationalen Bankiers«[38] gestützt sei. Verspätet hatte Roosevelt begriffen, daß eine solche Stabilisierung seinem Ziel zuwiderlaufen könne, höhere Preise für landwirtschaftliche Erzeugnisse durchzusetzen. Der wirtschaftliche Nationalismus hatte den Sieg davongetragen. Jimmy fiel die Aufgabe zu, diesen Bescheid dem englischen Premierminister Ramsay McDonald zu überbringen, der befürchtete, seine politische Führung werde das Scheitern der Konferenz nicht überleben. »Damit sind wir erledigt«, sagte er zu dem tief enttäuschten Jimmy.[39]

Er fühlte sich von Roosevelt verraten, an dem er einen gewissen Hang zum Machiavellismus wahrzunehmen glaubte. Er ließ sich von seinem Gefühl leiten, übergab dem Delegationsleiter Cordell Hull am 6. Juli sein Rücktrittsgesuch und sagte über den Präsidenten: »Ich glaube nicht, daß ich über fünftausend Kilometer hinweg interpretieren kann, was er denkt... Wir segeln hier in Gewässern, für die ich keine Seekarten habe und für die ich daher als Lotse völlig ungeeignet bin.«[40]

Bevor er nach Washington zurückkehrte, traf er am 8. Juli in Amsterdam mit seinen deutschen Verwandten Siegmund, Max und Alice zusammen. Sie schilderten ihm die Schreckensherrschaft zu Hause, wobei ihre Offenheit Aufschluß darüber gab, wie sehr sie ihre Ansichten in Deutschland für sich behielten. Sie berichteten, daß man Juden aus Schulen und freien Berufen verjagt und blinde Juden aus Sondereinrichtungen ausgeschlossen habe. »Die Situation im Lande ist viel schlimmer, als man von außen sehen kann«, schrieb Jimmy. »Ein kaltes Pogrom findet statt, nicht nur gegen Juden, sondern gegen jeden, der andere politische Überzeugungen hat als die Nazis.«[41] Bedauerlicherweise wurde Jimmys Haltung gerade zu der Zeit militanter, als sein Einfluß in Washington abnahm.

Max gab ihm zu verstehen, daß die Ereignisse das Geschäft der Hamburger Firma noch nicht besonders beeinträchtigt hatten, doch hielt Jimmy es lediglich für eine Frage der Zeit, bis es dahin komme.[42] Er bestürmte Max, Deutschland zu verlassen oder wenigstens längere Zeit außerhalb des Landes zu verbringen. Max und Alice wußten nicht, daß sie sich mit ihrer Rückkehr für eine fortdauernde Hölle entschieden. In seinem Tagebuch schrieb Jimmy: »Er und Alice sind durchaus bemerkenswert und möchten gern ihrem Land noch einige Monate Zeit geben, sich zu bessern, bevor sie sich endgültig entscheiden, ihm den Rücken zu kehren; außerdem glaubt Max, daß er manches tun kann, um verschiedenen Juden in Not zu helfen, und er bewirkt tatsächlich viel.«[43] Wochen später brachten Felix und Jimmy erneut den Vorschlag zur Sprache, Max solle seine Aktiva in Deutschland an die Berliner Handelsgesellschaft verkaufen und sich mitsamt seinen ausländischen Aktiva zu Warburg & Co. in Amsterdam begeben.

Auf dem Heimweg traf Jimmy mit John Maynard Keynes zusammen. Sie versuchten ein gesteuertes Währungssystem zu entwickeln, das stark genug war, um die radikalen Vertreter des New Deal friedlich zu stimmen, aber auch schwach genug, um allzu großen Schaden zu verhindern. Keynes wies Jimmy darauf hin, daß Roosevelt einem Wirrkopf von der Cornell University namens George Warren in die Hände gefallen sei, der schon früher finanzielle Zauberformeln entwickelt hatte. Auf dem Schiff las Jimmy dessen Arbeit und stimmte dem Urteil Keynes' zu, daß es sich bei Warrens Gedanken um »Unsinn« handelte.[44] In Jimmys Augen verlor Roosevelt nun rasch seinen Heiligenschein.

Als er am 24. Juli zu einem Lunch ins Büro der Präsidenten trat, kamen ihm George Warren und James Harvey Rogers aus Yale entgegen. Nachdem die Professoren gegangen waren, verzehrten Jimmy und der Präsident an dessen Schreibtisch ihre Mahlzeit. Jimmy, der recht anmaßend war, führte sich auf wie ein junger Prinz, der das Recht hat, sich Freiheiten beim Monarchen herauszunehmen. »Ich sagte ihm [Roosevelt], daß seine Botschaft vom 2. Juli sowohl inhaltlich als auch im Ton äußerst unglücklich gewesen sei. Daraufhin wurde er recht wütend und erklärte, ich hätte die amerikanischen Pressekommentare sehen sollen, die sich ganz allgemein lobend geäußert hätten.«[45] Zuerst behauptete Roosevelt, er habe Jimmys Telegramm aus London nicht auf den Tisch bekommen. Als Jimmy es hervorholte, räumte er ein, wohl habe er einen kurzen Blick darauf geworfen, aber nicht lange darüber nachgedacht.

Roosevelt, der mit gespannten Situationen außerordentlich gut fertig wurde, nahm Jimmys Zorn die Spitze, indem er ihn wie einen fehlgeleiteten Sohn behandelte und in dem ihm eigenen munteren Ton über das Problem des Geldwesens sprach.[46]

Obwohl Jimmy auf Wunsch des Präsidenten mit Warren und Rogers in New York zusammentraf und sie ihm einen vernünftigeren Eindruck machten, als er erwartet hatte, hegte er nach wie vor Zweifel an ihrem Plan. Dieser sah vor, die Preise für landwirtschaftliche Erzeugnisse durch eine Verteuerung des Goldes anzuheben. Anschließend forderte Roosevelt den Agro-Ökonomen Warren und den geschickten jungen Bankier Jimmy Warburg auf, die Dinge gemeinsam in Hyde Park, der Kleinstadt östlich des Hudson, in der Roosevelts Anwesen lag, zu klären. Während der Mahlzeit ließ die Mutter des Präsidenten, die strenge Sara Delano Roosevelt, von der sich Jimmy an Großmutter Charlotte erinnert fühlte, sie nicht aus den Augen. In einer feurigen Ansprache erklärte Jimmy, eine wirtschaftliche Erholung setze Vertrauen in die Währung voraus, womit er sich in Widerspruch zu Warren setzte. Als er aufbrach, sagte dieser zu Jimmy: »Ich vermute, daß Sie meinen Plan durchkreuzt haben.« Jimmy aber, der wußte, daß sich Roosevelt in Finanzdingen von jedem hergelaufenen Scharlatan einwickeln ließ, gab zur Antwort: »Im Gegenteil, Sie haben gewonnen.«[47] Warrens Plan, die Wirtschaftskrise unter Nutzung der Inflation zu beenden, schien jede konservative Faser in Jimmys Körper zum Widerstand zu reizen.

Roosevelt konnte es nicht erwarten, Warrens Zauberformel zu erproben. Durch die Heraufsetzung des Goldpreises erzeugte er Inflationsängste, die den Dollar ins Bodenlose stürzen ließen. Am 20. September stemmte sich Jimmy gegen eine weitere Abwertung und erklärte, die Inflation schade kleinen Geschäftsleuten sowie dem einfachen Arbeiter und Angestellten mit festem Einkommen. Diesmal reagierte Roosevelt schärfer und sagte mit schneidender Stimme: »Wenn wir die Preise für Weizen und Baumwolle nicht nach oben bringen, habe ich die Bauern auf der Straße.«[48]

Der Präsident und seine jungen Berater standen am Scheideweg. Überzeugt, daß sich Roosevelt unverantwortlich verhielt, erklärte Jimmy, er werde zusammen mit Banken und Versicherungsgesellschaften eine Antiinflationskampagne in Gang bringen, wovon ihm Roosevelt auf das schärfste abriet. Als Jimmy das Weiße Haus verließ, war er sicher, daß es für immer sei.

Als er am 21. Oktober hörte, wie Roosevelt bei einer Kaminplauderei erklärte, das Warren-Programm habe seine rückhaltlose Unterstützung, kam es ihm vor, als habe er einen Tiefschlag erlitten. Schon bald setzten Roosevelt, Henry Morgenthau und Jessie Jones jeden Morgen beim Frühstück im Schlafzimmer des Präsidenten den neuen Goldpreis fest. Gelegentlich warfen sie eine Münze, um zu einer Entscheidung zu kommen.

Diese verstiegene Finanzpolitik ließ den Dollar immer tiefer sacken, ohne daß es zum gewünschten Anstieg der Preise für landwirtschaftliche Erzeugnisse gekommen wäre.

Jimmy kehrte in die Bank of Manhattan zurück und sammelte Geschäftsleute zum Kampf gegen die Inflationspolitik um sich. Für seinen Plan, gemeinsam in Washington vorstellig zu werden, gewann er Bob Lovett von Brown Brothers, Harriman und John Schiff. Wenn sich Jimmy für eine Sache einsetzte, ging er mitunter so ungestüm vor, daß er die Folgen seines Handelns nicht bedachte. Erst später erkannte er, daß er zu Roosevelts erklärten Feinden übergelaufen war und nicht zu den Anhängern der Demokraten, was eigentlich seine Absicht gewesen war. Es kam vor, daß er extreme Vergleiche zwischen Roosevelt und europäischen Faschistenführern zog. »Im großen und ganzen war Mussolini ein Verbrecher und Roosevelt ein Menschenfreund«, erklärte er, »aber angesichts einer Wirtschaftskrise waren beide bereit, die gleichen Kompromisse zu schließen.«[49]

Im Januar 1934 gab Roosevelt sein Getändel mit George Warren auf und fror den Goldpreis bei fünfunddreißig Dollar pro Feinunze ein. Zum Zeichen der Versöhnung lud er Jimmy und William Bullitt zu einem angenehmen Abend ins Weiße Haus. Er lobte die geschickte Art, wie Jimmy die boshaften Attacken von Father Coughlin abgewendet hatte. Doch Jimmy, dessen aufrührerischer Geist nie lange zur Ruhe kam, beschloß jetzt, seine Angriffe gegen den New Deal auf breiterer Front zu führen und dem Präsidenten klarzumachen, wie er das Land zu leiten habe. Es war der erste von mehreren Fehltritten, die letztlich dafür sorgten, daß er im Weißen Haus zur *persona non grata* wurde.

Im Verlag Alfred Knopf erschien 1934 Jimmys gegen den New Deal gerichtete schneidende Polemik *The Money Muddle* (Das finanzielle Kuddelmuddel), die er auf einer Karibikkreuzfahrt verfaßt hatte. Als erste Kritik dieser Art aus der Feder eines Mannes, der zum inneren Kreis der Regierung gehört hatte, rief das Buch ungeheures Aufsehen hervor und verkaufte sich bestens. Am 2. Mai schickte Jimmy dem Präsidenten ein Vorausexemplar und erklärte, er beziehe mit dem Buch nicht etwa eine feindliche Position gegen den New Deal. Roosevelt nahm ihm das nicht ab, was aus seiner Antwort hervorgeht, die Jimmy mehrere Wochen später bekam:

> Lieber Jimmy,
> mit großer Aufmerksamkeit habe ich *The Money Muddle* gelesen. Hoffentlich kommt eines Tages eine zweite Auflage heraus – aber darf ein alter Freund Sie vorher um einen besonderen Gefallen bitten? Besorgen Sie sich einen gebrauchten Ford, dem man sein Alter ansieht, ziehen Sie Ihre abgetragensten Sachen an und fahren Sie nach Westen zur Pazifikküste. Dabei sollten Sie sich vornehmen, unterwegs mit

keinem einzigen Bankier oder Firmeninhaber (außer Tankstellenbesitzern) zu sprechen und in keinem Hotel abzusteigen, das pro Nacht mehr als $ 1,50 kostet. Von der Küste fahren Sie nach Süden und kommen dann durch die südlichen Staaten zurück ...

Nach Ihrer Rückkehr schreiben Sie *The Money Muddle* um, und ich garantiere Ihnen, daß es noch viele Auflagen erlebt!

Trotz der oben formulierten kränkenden »Ratschläge an einen jungen Mann« – kommen Sie ruhig gelegentlich vorbei und besuchen mich.[50]

Stets der Ihre
Franklin D. Roosevelt

Von diesem Brief war Jimmy wie benommen, stellte ihn doch der Präsident als verzogenen jungen Mann aus reichem Hause hin, der keine Beziehung zur Wirklichkeit hatte – eine Sichtweise, die sich nicht unbedingt mit seiner eigenen deckte.

Veränderungen in Jimmys Privatleben beschleunigten seinen raschen Ruck zur politischen Rechten. Gegen Ende 1934 war er nicht bereit, die Ehe mit Kay Swift weiterzuführen, und sie ließ sich in Reno scheiden. In späteren Jahren sehnte sie sich nach Jimmy zurück, doch wollte dieser von einer Wiederaufnahme ihrer Beziehung nichts wissen. Er gab ihr die Schuld am Scheitern der Ehe, strich sie aus der Geschichte der Familie und bestand darauf, daß ihm die Kinder zugesprochen wurden. Während der kurzen Zeit, die er als Junggeselle zubrachte, fungierte seine älteste Tochter April bei seinen Einladungen als Gastgeberin und Hausherrin, womit sie die Pflichten einer Erwachsenen zu erfüllen hatte. Sie war völlig verstört, als Jimmy im April 1935 Phyllis Baldwin heiratete, denn dadurch wurde sie wieder in die Rolle des Kindes zurückgedrängt. Später zog sie zu ihrer Mutter, während Jimmy das Sorgerecht für Andrea und die kleine Kay behielt.

Jede der drei Frauen, die Jimmy heiratete, spiegelte eine andere Facette seiner gebrochenen Persönlichkeit. Nachdem er mit Kay in der Welt der Künstler gelebt hatte, gelangte er jetzt in die feine Gesellschaft, denn seine hochgewachsene, schlanke und kultivierte Gattin entstammte einem wohlhabenden alten angelsächsischen Geschlecht. Die liberale Republikanerin Phyllis, deren Bruder im Kongreß der Vereinigten Staaten saß, schockierte ihre konservativ eingestellte Verwandtschaft durch die Eheschließung mit einem Juden. Sie war klug, hatte Volkswirtschaft studiert und war in Manhattans vornehmstem Bezirk politisch tätig. Durch sie erlangte Jimmy Zutritt zur Welt der alten Patrizierfamilien, womit er sich noch weiter als zuvor von seinem deutsch-jüdischen Hintergrund entfernte. In seinem Bekanntenkreis gab es keine Juden, seine Kinder schickte er in die Sonntagsschule, und zu Weihnachten stellte er einen

Baum auf. Als zwei seiner drei Töchter Juden heirateten, empfand er das als persönliche Kränkung.

Die nach der überschwenglichen Kay etwas kühl und zurückhaltend wirkende Phyllis nahm Andrea und Kay mit zu Bällen und anderen gesellschaftlichen Ereignissen und füllte ihre Mutterrolle besser aus als die leiblichen Eltern, die stets mit ihren eigenen Angelegenheiten beschäftigt gewesen waren. Immer mehr bekam Jimmy den Eindruck, daß er mit der unabhängigen und selbstsicheren Phyllis in Konkurrenz stand, und er begann ihr vorzuwerfen, daß sie sich wie eine Xanthippe aufführe. In Wirklichkeit neigte sie zu Depressionen und suchte den unvermeidlichen Psychoanalytiker Zilboorg auf, von dem sie sich jahrelang behandeln ließ. Mit psychischen Problemen kam Jimmy nie besonders gut zurecht, und die kinderlose Ehe nahm ein unglückliches Ende.

Durch seine Beziehung zur Familie Baldwin verhärtete sich Jimmys konservative Haltung, und er begann Veranstaltungen der *Liberty League* zu besuchen. Phyllis war in mancherlei Hinsicht toleranter als ihr Mann, der gelegentlich einen sonderbaren rassistischen Humor an den Tag legte. Doch auch die Welt des eleganten Lebensstils der Baldwins konnte Jimmy nicht davon abhalten, seinen Rachefeldzug gegen Roosevelt weiterzuführen. So veröffentlichte er Ende 1934 ein Buch mit dem Titel *It's Up to Us* [etwa: Es liegt bei uns, die Sache selbst in die Hand zu nehmen]: darin zog er eine Parallele zwischen dem New Deal und den totalitären Ländern Europas. Inzwischen griff er bei seinen Angriffen gegen Roosevelt zu schlimmen reaktionären Übertreibungen.

Im Jahre 1935 veröffentlichte er die Kampfschrift *Hell Bent for Election* [etwa: Hauptsache, man wählt mich], in der er die These vertrat, Roosevelt habe das Parteiprogramm der Sozialisten und nicht das der Demokraten verwirklicht. In maßloser, übertriebener Sprache beschrieb er Franklin Roosevelt in diesem törichten Werk als machthungrigen Diktator, der sich und das Volk irreführte. »Meiner Ansicht nach zieht Mr. Roosevelt die Verschlagenheit der Offenheit vor«, schrieb Jimmy.[51] Er beschuldigte den Präsidenten der völligen Ahnungslosigkeit in Wirtschaftsdingen und verstieg sich zu der zusammenfassenden Behauptung, »mit Ausnahme eines extremen Radikalen oder eines extremen Reaktionärs wäre nahezu jeder besser als Roosevelt«.[52] Über eine Million Exemplare wurden von diesem Buch, das zur Bibel der Roosevelt-Gegner werden sollte, verkauft. Wieder dauerte es eine Weile, bis Jimmy begriff, daß diese Art der Kritik seiner unwürdig war. Wie er später erklärte, handelte es sich um einen denkbar niederträchtigen Angriff.[53]

Gemeinsam verfaßten Jimmy und Phyllis 1936 ein schmales Bändchen mit dem Titel *New Deal Noodles*, [etwa: Die Dummköpfe des New Deal], das boshafte Spottverse über Regierungsmitglieder enthielt. Darin stellte er Roosevelt als glattgesichtigen, eitlen Scharlatan dar, der das Land mit freundlichem Lächeln in eine Diktatur führte. Obwohl Jimmy darin recht dick aufgetragen hatte, war sein Zorn noch nicht verraucht, und so veröffentlichte er unter dem Titel *Still Hell Bent* [sinngemäß: Nun wählt mich schon] einen Nachfolgeband zu seinem ersten Bestseller. Darin stellte er Roosevelts Politik als »sonderbare Mischung aus sozialistischen und faschistischen Grundsätzen« hin.[54]

Als die Republikaner 1936 den Gouverneur Alfred M. Landon aus Kansas für das Amt des Präsidenten nominierten, merkte Jimmy, daß er auf das falsche Pferd gesetzt hatte. Landon neigte zum wirtschaftlichen Nationalismus, während Roosevelt eher zu einer internationalen Zusammenarbeit bereit war. Am 13. Oktober gab sich Jimmy einen Ruck und schrieb einen Bußbrief an Cordell Hull. Darin erklärte er, für Roosevelt stimmen zu wollen. »Die republikanische Presse ist über mich hergefallen, und die Demokratische Partei hieß mich recht kühl willkommen, was ich wohl auch verdient hatte.«[55] Erst nach dem Zweiten Weltkrieg kehrte der gefallene Engel in die Politik zurück, allerdings nicht in den inneren Kreis der Macht in Washington, sondern als Einzelgänger und auf eigene Faust.

Es fällt schwer, im Roosevelt-Hasser Jimmy Warburg den überaus liberalen Flugblattverfasser späterer Jahre wiederzuerkennen. Irgendein Dämon trieb ihn zu Extremen, brachte ihn dazu, an Autoritätsfiguren herumzukritteln und seine eigene überlegene Weisheit herauszustreichen. Er tändelte gern mit der Katastrophe und wählte den Weg der Gefahr. Unerklärlicherweise hatte er seine besondere Beziehung zum Präsidenten in einem Kampf verschenkt, der einen äußerst persönlichen Ton angenommen hatte. In der Psychoanalyse bei Zilboorg begriff Jimmy, daß Roosevelt bei ihm an die Stelle des toten Vaters getreten war. Auf ihn hatte er nicht nur die Achtung übertragen, die er für ihn empfand, sondern auch einen Großteil seiner unterschwelligen Wut; an ihm hatte er das Bedürfnis ausgetobt, gegen den Übervater Paul aufzubegehren. Diese psychische Spannung verstärkte sich, als Roosevelt den Goldstandard aufgab und weitere Sünden gegen den Geist der Finanzwirtschaft beging, die Paul entsetzt hätten. Das gab Jimmy das unbehagliche Gefühl, »an der Entweihung der Lebensarbeit meines Vaters beteiligt gewesen zu sein, obwohl mir mein klarer Verstand sagte, daß diese Reformen dringend nötig waren«. Die Art und Weise, wie die Zusammenarbeit mit Roosevelt endete, zeigt, wie tief Jimmys Hang zur Selbstzerstörung reichte – Ergebnis des unterdrückten Zorns, den er sowohl gegen andere wie auch sich selbst richtete.

Von den in Washington gewonnenen Einsichten ernüchtert, trat Jimmy 1935 von seinem Posten als Stellvertretender Vorsitzender der Bank of Manhattan zurück. Die Warburgs behielten größere Anteile an der Bank, und Jimmy blieb im Vorstand. Dann traf er die kluge Entscheidung, im Alleingang Wagniskapital zu investieren. Er hatte 1937 von erstaunlichen Experimenten gehört, die ein junger Mann namens Edwin H. Land, der

Durch die Ehe mit seiner ersten Frau Kay Swift gelangte Jimmy Warburg in jenen Kreis von Musikern, Schauspielern und Komponisten, in dem er sich lange Zeit zu Hause fühlte. Doch die Ehe zerbrach, als George Gershwin sich zu der Freundesgruppe gesellte; danach wandte sich Jimmy wieder anderen Dingen zu.

sein Harvard-Studium abgebrochen hatte, in Cambridge im Staate Massachusetts durchführte. Land war auf eine Möglichkeit verfallen, die von Autoscheinwerfern verursachte Blendung herauszufiltern, indem er deren Licht durch Folien aus polarisiertem Material schickte. Jimmy brachte eine Gruppe von Bankiers zusammen, zu denen Averell Harriman, die Rockefellers sowie Kuhn, Loeb gehorten, um die neugegründete Polaroid Corporation finanziell zu unterstützen. Dafür bekam er einen beachtlichen Anteil an den Aktien des Unternehmens sowie die Option, bei späteren Emissionen weitere zu erwerben. Als Land 1943 seinen genialen Einfall mit der Sofortbild-Fotografie hatte, machte Jimmy zum zweiten Mal ein Vermögen. Ganz wie sein Vater besaß er einen untrüglichen Geschäftssinn, und ganz wie dieser machte er sich nicht viel daraus. Statt dessen sehnte er sich nach dem wilden Durcheinander der politischen Welt. In der Hauptstadt aber hatte man von ihm inzwischen das Bild eines unbeständigen Menschen, der sich nie in die höfliche Konformität des amtlichen Washington einfügen konnte.

28

Kampf mit dem Teufel

Max Warburg war mit sechsundsechzig Jahren nicht mehr der muntere, spaßliebende Mann, der er einst gewesen war. Ernsthafter und in sich gekehrter als früher, grübelte er in seinem Refugium auf dem Kösterberg, das einer Mönchszelle ähnelte, über die Frage, wie sich eine Aussöhnung von Zionisten und Nichtzionisten, Juden und den übrigen Deutschen herbeiführen lasse. Bisher hatte er sich für die Wohltätigkeitsorganisationen des Judentums eingesetzt, war an hohen Feiertagen zur Synagoge gegangen, hatte das Defizit der Jüdischen Gemeinde Hamburgs gedeckt und im Vorstand des Jüdischen Waisenhauses und der Talmud-Thora-Schule gewirkt. Jetzt hoffte er ein neues Judentum heranzubilden, das die Trennungen überwinden und Ruhe in eine unruhig gewordene Welt bringen würde. Da 1933 aber die braunen Trupps durch die Straßen marschierten, sollte sich das als entmutigende und betrübliche Aufgabe erweisen.

In einem Brief an Martin Buber erklärte Max, man benötige ein Judentum, das zur neuen Zeit passe. Natürlich stellte sich die Frage, wo dieses neue Judentum zu praktizieren sei. Der nach wie vor gegen den Zionismus eingestellte Max betrachtete Palästina als Zufluchtsort für verfolgte Juden und Sitz jüdischer Gelehrsamkeit. Selbst noch zu einer Zeit, als dieses Land eine größere Bedeutung auch in seinen Augen gewonnen hatte, versuchte er, neue Synthesen von deutscher und jüdischer Kultur zu entwickeln. Deutsche Juden sollten Palästina beistehen, erklärte er, ohne dabei die Bindung an ihr Vaterland zu verlieren.[1]

Seit Hitlers Machtergreifung war Max in dieser Frage gespalten. Einerseits ermahnte er seine Glaubensgenossen zu bleiben und zu kämpfen und warf denen Feigheit vor, die das Land verließen; andererseits trug er entscheidend zu Programmen bei, die es Juden ermöglichten, das Land zu verlassen. Sein Dilemma war, daß er versuchte, eine neue Haltung zu entwickeln, ohne darüber die vorige aufzugeben. In mancherlei Hinsicht waren jüdische Finanzleute am wenigsten in der Lage, mit der Situation fertig zu werden. Das hing nicht nur damit zusammen, daß sie zu den Hauptzielscheiben der NS-Propaganda gehörten, sondern auch damit, daß sie lange auf den Staat vertraut hatten und nicht imstande waren, sich auf eine widrige Situation einzustellen.

Da die Geldfrage für viele auswanderungswillige Juden ein Problem darstellte, wurde Max zu einer zentralen Gestalt der Emigrationsprogramme. Viele Länder verlangten finanzielle Garantien, bevor sie Juden aufnahmen – eine wegen der in Deutschland herrschenden Wechselkontrollen schwer zu überwindende Hürde. Die Regierung Brüning hatte 1931 eine Fluchtsteuer von fünfundzwanzig Prozent auf Kapital, das ins Ausland geschafft wurde, eingeführt. Dieser bereits maßlos überzogene Satz wurde im Laufe der Zeit mehrfach erhöht, um die Emigration möglichst unattraktiv zu machen. Als Privatbank verfügte das Haus Warburg über Möglichkeiten, Juden bei der Transferierung ihrer Gelder ins Ausland zu helfen.

Zwischen 1932 und dem Ende des Jahrzehnts machte man beim Umtausch in Devisen bis zu sechsundneunzig Prozent Verlust, weshalb jüdische Führer verzweifelt nach günstigeren Optionen Ausschau hielten. Zu jener Zeit befürworteten die Nationalsozialisten noch die Auswanderung von Juden, weil sie glaubten, den Antisemitismus auf diese Weise auch im Ausland verbreiten zu können, vor allem, wenn die Flüchtlinge arm waren. Da sie überdies die Ausfuhr forcieren wollten, war ihnen daran gelegen, daß die Juden ihren weltweiten Boykott deutscher Erzeugnisse aufgaben. Daher wurde im August 1933 zwischen den Juden Palästinas, hinter denen die Jewish Agency stand, und der deutschen Regierung das sogenannte Haavara-Abkommen geschlossen (das hebräische Wort *haavara* bedeutet in diesem Zusammenhang »Übertragung« oder »Transfer«). Letztlich mag dieser Pakt mit dem Satan zweiundfünfzigtausend Juden vor den Verbrennungsöfen des Dritten Reichs bewahrt haben.

Das Abkommen sah vor, daß ausreisende Juden ihre Markbeträge auf Sperrkonten in Deutschland einzahlten. Ein Jahr später sollten sie einen entsprechenden Betrag in Palästina-Pfund erhalten. Der Haken an der Sache war, daß Palästina diese Sperrmark zum Kauf deutscher Erzeugnisse wie Maschinen, Rohrsysteme, Dünger und dergleichen verwenden mußte. Der jüdische Einwanderer bekam sein Geld, sobald die deutsche Ware an Palästina verkauft war – ein aberwitziges Geschäft zum gegenseitigen Vorteil: Lieferungen aus Hitler-Deutschland trugen dazu bei, das jüdische Palästina aufzubauen, während Palästinas Juden in Deutschland Arbeitsplätze schufen.

Zur Überwachung dieses Transferabkommens gründeten deutsche Juden die Paltreu (Palästina-Treuhandstelle zur Beratung deutscher Juden G.m.b.H.); drei Viertel der Gelder wurden durch M. M. Warburg & Co. geschleust. In Palästina kümmerte sich die später in Leumi-Bank umbenannte Anglo-Palestine Bank um die Abwicklung. Da durch diesen Kanal enorme Beträge flossen – bis zum Ausbruch des Zweiten Weltkriegs an die hundertvierzig Millionen Reichsmark –, war dafür gesorgt, daß M. M. Warburg & Co. in dieser schweren Zeit ausreichend Aufträge hatte.

Freilich waren viele Juden von diesem Abkommen, das die deutsche Wirtschaft stärkte, entsetzt, und selbst der Vergabeausschuß hatte Vorbehalte. Rabbi Stephen S. Wise, der ständige Widersacher des Hauses Warburg, wetterte: »Es gibt Schlimmeres, als mit gebeugtem Haupt in Zion einzuziehen – nämlich mit schmutzigen Händen!«[2] Im Rückblick erscheint die puristische Haltung, unter keinen Umständen mit den Nationalsozialisten zu paktieren, kaum glaubhaft, obwohl die Empörung zu jener Zeit sicherlich verständlich war.

Bis 1936 war Palästina das Hauptziel ausgewanderter deutscher Juden, und Chaim Weizmanns Ansicht nach auch das einzig mögliche. »Alles andere ist eine reine Bemäntelung der Umstände, eine halbe Sache, womit man den schrecklichen Tag nur hinauszögert«,[3] teilte er Felix mit. Dieser bezweifelte, daß die Briten genug Einreisebescheide ausstellen würden, und sah daher in Palästina kaum mehr als eine Teillösung. Er machte sich Sorgen, daß die Zionisten falsche Hoffnungen weckten und ein plötzlicher Massenzustrom von Juden die Araber verärgern werde. Je mehr deutsche Juden nach Palästina auswandern wollten, desto schwieriger wurde es, über die Rettung von Hitlers Opfern zu sprechen, ohne die umstrittene Frage des Zionismus auf die Tagesordnung zu bringen.

Max' Bemühen, das Haavara-Projekt im großen Maßstab aufzuziehen, war der Versuch, den Teufel mit dem Beelzebub auszutreiben. Er träumte von einer machtvollen Transferbank, die es einem Drittel der deutschen Juden ermöglichen sollte, in ein Land ihrer Wahl auszureisen. Unterderhand forderte er die jüdischen Führer auf, sich die nationalsozialistischen Phantasien vom unendlichen Reichtum der Juden zunutze zu machen und deutsche Juden durch ihre ausländischen Glaubensbrüder auslösen zu lassen. Er träumte davon, alle Schwierigkeiten mit einem genialen finanziellen Meisterstreich lösen und mit der deutschen Regierung einen spektakulären Abschluß tätigen zu können. Welche Erfolgsaussichten dieser Plan hatte, sondierte er in jenem Sommer bei Hjalmar Schacht in Berlin.

Deutschlands jüdische Gemeinschaft, der kaum mehr als eine halbe Million Menschen angehörten, war gut organisiert und betrieb zahlreiche Wohltätigkeitseinrichtungen. Der Hilfsverein der Deutschen Juden war Anfang des Jahrhunderts mit dem Ziel gegründet worden, verfolgte Juden nach Pogromen im russischen Siedlungsbezirk schneller nach Amerika bringen zu können. Max, der anfänglich dessen zweiter Vorsitzender gewesen war, übernahm im Dritten Reich den Vorsitz des Vereins. Mit Hitlers Aufstieg zur Macht trat Selbsterhaltung als Daseinszweck des Vereins an die Stelle des einstigen Mottos »Adel verpflichtet«. Insbesondere beriet er jene, die ein anderes Auswanderungsziel als Palästina hatten.

Die deutschen Juden waren keineswegs Lämmer, die sich teilnahmslos nationalsozialistischem Terror auslieferten. Nach dem Boykott jüdischer Geschäfte im April gründeten Max, Melchior und andere jüdische Führer in Berlin den Zentralausschuß für Hilfe und Aufbau, der fluchtwilligen Juden mit Rat, Darlehen und Bildungsangeboten unter die Arme griff und zwanzigtausend jüdische Kinder in speziellen deutschen Schulen unterbrachte. Auf die Warburgs konnte der zum Teil vom Gemeinsamen Vergabeausschuß in New York finanzierte Zusammenschluß unter keinen Umständen verzichten. Da es sich um eine amerikanische Einrichtung handelte, bedeutete die Förderung durch den Vergabeausschuß auch einen gewissen Rechtsschutz für die Wohltätigkeitsarbeit der deutschen Juden. Um ihre besonderen Verbindungen mit Amerika hervorzuheben, unterbreiteten die Warburgs dem amerikanischen Generalkonsulat in Hamburg das Angebot, mehrere leerstehende Räume im ersten Stock ihrer Bank anzumieten.

Gegen Ende des Sommers 1933 brauchten die Juden eine starke Führung und bestürmten Max, die Dinge in die Hand zu nehmen. Im August beschworen ihn jüdische Führer in Köln, er solle ihr neuer Moses werden. »Wir bitten Sie inständig im Namen der deutschen Judenheit: Verschließen Sie sich nicht dem Notschrei, der an Ihr Ohr dringt. Übernehmen Sie die Bürde, die wir Ihnen antragen.«[4] Einige Wochen darauf traf Max sich mit anderen nichtzionistischen Führern in Essen, um einen Zusammenschluß zu gründen, der im Namen aller Juden zur Reichsregierung sprechen konnte: die Reichsvertretung der Juden in Deutschland. Nicht nur sollte sie über die Auswanderung nach Palästina und in andere Länder wachen, sondern den Juden auch Schulen, eine Ausbildung und Wohlfahrtseinrichtungen zur Verfügung stellen. Wieder einmal stand Max im Zentrum der Ereignisse. Dem Historiker Yehuda Bauer zufolge rief er nicht nur den Zusammenschluß ins Leben, sondern spielte »bei seiner Leitung eine entscheidende Rolle« und »bestimmte dessen Politik maßgeblich«.[5] Bei der Gründungssitzung lehnte Max die Wahl zum Vorsitzenden ab, weil er annahm, die Nationalsozialisten könnten seine enge Beziehung zu Politikern der Weimarer Zeit für ihre Zwecke ausbeuten. Statt dessen überredete er den Berliner Rabbiner Leo Baeck, das Amt anzunehmen. Stellvertreter wurde Otto Hirsch. Später behauptete Max, Baeck sei zu friedfertig gewesen, als daß er unter eigensinnigen Köpfen Einigkeit hätte stiften können.

Bei all diesen Aktivitäten wurde Max von Carl Melchior unterstützt, dessen Einsatz beispielhaft war. Zum Dank für seinen Feldzug zur Minderung der Reparationsleistungen hatte man ihn als jüdischen Lumpen beschimpft; jetzt wollte er, nachdem er für sein Land getan hatte, was er konnte, seine Zeit auf einem anderen Gebiet nutzbringend anwenden. Den größten Teil seines Lebens hatte sich Melchior nicht besonders um jüdische Angelegenheiten gekümmert, doch nach Hitlers Machtergreifung war er niedergeschlagen in Max' Kontor gekommen und hatte erklärt: »Ich möchte jetzt bis an mein Lebensende für die Gleichberechtigung der Juden kämpfen.«[6] Max betrachtete das schmale, von Sorgen gezeichnete Gesicht des alten Freundes, aus dem die Schläfenvenen deutlich hervortraten. Er versuchte Melchior von seinem Vorhaben abzubringen, wissend, daß es sich dabei um eine äußerst belastende Aufgabe handelte. Später sagte er: »Man konnte deutlich erkennen, daß der Weg in den Tod führte.« Melchior aber ließ nicht locker und erklärte, er sei den Juden diesen Dienst schuldig. Er als Junggeselle eigne sich, wie er meinte, besser für eine gefährliche Aufgabe als Max, und er erklärte: »Ich hänge nicht am Leben und bin seit zwanzig Jahren im Schützengraben.«[7]

Im März 1933 legte er den Aufsichtsratsvorsitz bei Beiersdorf nieder und trat als deutscher Vertreter der Bank für Internationalen Zahlungsausgleich zurück, bevor ihn Schacht dort hinausmanövrieren würde.[8] Da er nicht daran glaubte, daß die Nationalsozialisten vernünftigen Argumenten zugänglich seien, und deutlich spürte, wie groß die Gewaltbereitschaft bereits war, hielt er Verhandlungen über die Ausreise von Juden aus Deutschland für die einzig sinnvolle Lösung.[9] Gesundheitlich war er schwer angeschlagen und litt beinahe täglich an Herzkrämpfen. Gegen Ende des Jahres heiratete er seine zwanzig Jahre jüngere Geliebte Marie de Molènes, da er wollte, daß das Kind, das sie nach vielen Jahren des Zusammenseins erwartete, ehelich zur Welt kam. Sie stammte aus einer französischen Adelsfamilie und verfaßte Liebesromane. Im Dezember gab Melchior seine Prokura an Dr. Kurt Sieveking ab, weil er eine mögliche Verhaftung durch die Gestapo befürchtete. Doch auch sonst hatte er starke Vorahnungen von dem hereinbrechenden Unheil. Wenige Tage später erlag er am 30. Dezember 1933 einem Schlaganfall. Betrübt sagte Max: »Er ist in den Sielen gestorben.«[10]

Es wirkt makaber, daß am selben Tag wie Melchior auch Max' Teilhaber Aby S. einem Schlaganfall zum Opfer fiel, so daß M.M.Warburg & Co. von heute auf morgen zwei von sieben Teilhabern verlor. Aby S. war ein zurückhaltender Mann gewesen, der in der Firma nur wenig hervorgetreten war und den größten Teil seiner Zeit der Familie und religiösen Dingen gewidmet hatte. Als einer der Männer an der Spitze der jüdischen Gemeinde war er in den frühen dreißiger Jahren aktiv am Kampf gegen den Antisemitismus beteiligt gewesen. Sein Sohn Karl wollte 1934 nach England auswandern und veräußerte unter erheblichem Druck das Haus am Alsterufer zum Notverkaufspreis von hundertzwanzigtausend Reichsmark. Man hatte ihm zu verstehen gegeben, daß Arier nicht mehr Mieter in Häusern sein durften, die sich in jüdischem Besitz befanden, und das Stadtbauamt erklärte, man werde ihn verpflichten, den Außenanstrich des Hauses erneuern zu lassen. Als 1939 der Verkaufserlös endlich bei Barclays Bank einging, waren davon wegen des räuberischen Wechselkurses genau zweiundachtzigeinhalb Pfund geblieben.[11]

Max erfuhr vom Tod seiner beiden Teilhaber an Bord der *Olympic*, als er sich gerade auf dem Rückweg aus New York befand, wohin er mit einem geheimen Vorhaben gereist war. Da viele amerikanische Banken noch eingefrorene Guthaben in Deutschland besaßen, hatte er überlegt, ob sich nicht mit diesen Sperrmarkguthaben in Berlin eine amerikanische Bank gründen lasse, die M.M.Warburg wie auch die Berliner Handelsgesellschaft hätte kaufen können. Damit kam er auf den von Jimmy 1931 entwickelten Gedanken zurück. Eine solche amerikanische Bank, nahm Max an, würde für jüdische Kunden zusätzlichen Schutz bedeuten. Allerdings wurde nichts aus dem Vorhaben.

Ab 1933 wurden die dämonischen Vorstellungen, die Aby M. Warburg gepeinigt hatten, grausame Wirklichkeit. Vergeblich hatte er gehofft, daß Kunst und Kultur der Unvernunft Einhalt gebieten könnten. Statt dessen bliesen die Nationalsozialisten zur Hatz auf Künstler und Intellektuelle, die sie als Staatsfeinde anprangerten. Als die Gestapo im Juli das Bauhaus schloß, das zu den Vorreitern der Moderne gehört hatte, brachte Eddie Warburg den Maler Josef Albers und dessen Frau nach Amerika und leistete am Black Mountain College im Staate North Carolina eine Bürgschaft für Albers' Gehalt. Man verjagte jüdische Museumsdirektoren aus ihren Ämtern, und Abys Schüler, Carl Georg Heise, wurde aus dem Hamburger Kunstmuseum entlassen. Am hundertsten Geburtstag von Johannes Brahms, der ein Sohn der Stadt war, verbannte Hamburg den jungen jüdischen Pianisten Rudolf Serkin, und ein Standbild Heinrich Heines wurde in einen Schuppen geschafft.

Die deutschen Universitäten waren keineswegs, wie man hätte annehmen können, ein Hort der Meinungsfreiheit, sondern, ganz im Gegenteil, Brutstätten der Intoleranz. Am 10. Mai 1933 verbrannten Studenten Bücher von Thomas und Heinrich Mann, Einstein, Proust und Freud vor der Berliner Oper, und fünf Tage später folgte eine Bücherverbrennung durch die SS in der Nähe von Altona. Die Nationalsozialisten trennten die ohnehin schon von der Wirtschaftskrise in Mitleidenschaft gezogene und durch drastische Sparmaßnahmen geschwächte »jüdische« Warburg-Bibliothek von der Universität Hamburg ab und erklärten ihren Besuch für rechtswidrig. Somit kam die Arbeit dort vollends zum Erliegen.

In der Weimarer Zeit war die Universität Hamburg, die Max für seine Verdienste um ihre Gründung den Ehrendoktortitel verliehen hatte, geradezu eine Hochburg jüdischer Gelehrsamkeit gewesen. Der Philosoph Ernst Cassirer wurde 1929 ihr Rektor – der erste Jude, der in diese herausgehobene Position gelangte. Im April 1933 wurden die Fakultäten von jüdischen Professoren »gesäubert«. Panofsky, der während des Frühjahrs in New York lehrte, bekam seine Entlassung telegrafisch mitgeteilt, und auch Cassirer wurde vertrieben. Der Leiter der Warburg-Bibliothek, Fritz Saxl, trat als Honorarprofessor zurück. Max hingegen behielt seinen Sitz im Verwaltungsrat der Universität und setzte sich nach wie vor dafür ein, daß die deutsche Wissenschaft wieder ihre einstige Unabhängigkeit erlangen sollte.[12]

Für die Warburgs lag in der Vorstellung, die Bibliothek an einen anderen Ort zu schaffen, eine tiefere symbolische Bedeutung, sofern dieser Schritt auch die Loslösung von den Wurzeln des Stammbaums der Familie in Deutschland bedeutete. »Max Warburg war die Vorstellung, das Institut könne das Land verlassen, wo es entstanden war, anfänglich zuwider...«, sagte Gertrud Bing.[13] Auch Mary und ihre Kinder wandten sich ursprünglich gegen eine Verlegung. Saxl, der für die Zukunft der Bibliothek schwarzsah, mußte gegen die Täuschungen ankämpfen, denen sich die Warburgs hingaben. Nur eine Gesetzeslücke machte die Rettung der Bibliothek möglich. Da drei Fünftel davon zum Nachlaß von Paul und Felix gehörten, hatte der amerikanische Generalkonsul in Berlin, George Messersmith, eine juristische Handhabe, Teile der Bibliothek zum amerikanischen Eigentum zu erklären. Damit war sie für eine Weile vor dem Zugriff deutscher Stellen sicher. Andernfalls wäre sie unter die Denkmalschutzvorschriften gefallen und eine Auslagerung somit unmöglich gewesen.

Für die Familie Warburg war die Frage von Abys Bibliothek mit der umfassenderen Frage der Reaktion auf Hitler verknüpft. Felix wollte, daß nicht nur Abys Bücher das Land verließen, sondern auch seine beiden Brüder, deren endloses Zögern ihn beunruhigte. Im August teilte er einem Bekannten mit, »mir selbst liegt sehr daran, die Bücher aus dem Lande zu schaffen, aber die Leute in Hamburg sind nach wie vor der Ansicht, daß diese krankhafte Verhaltensweise Hitlers heilbar sei«.[14] Ein Angebot, die Bücher im Germanic Museum von Harvard unterzubringen, wies er zurück und erklärte, angesichts der »in der Luft liegenden hohenzollerischen und hitlerschen Tendenzen« sei es ihm lieber, sie an der Universität von New York zu wissen, wo Panofsky zu jener Zeit lehrte.[15] Die Niederlande waren bereit, die Bibliothek aufzunehmen, und aus Italien kam das Angebot, sie in einem römischen Palazzo unterzubringen; aber »wenn wir sie nach Italien gegeben hätten, wäre sie wohl vom Regen in die Traufe gekommen«, faßte Erich die Situation später zusammen.[16] In all diesen Fällen aber hätte die Überlassung der Bibliothek als Schenkung gegolten, was den Warburgs nach deutschem Steuerrecht eine unmäßig hohe Belastung aufgebürdet hätte. Die Briten jedoch begriffen, daß die Auslagerung aus politischen wie steuerrechtlichen Gründen unter der Bezeichnung »Leihgabe« erfolgen mußte.

Im Juli 1933 reisten Professor W. G. Constable vom Londoner Courtauld Institute und Dr. C. S. Gibson vom Guy's Hospital zu ersten Erkundungen nach Hamburg. Mit Sir Denison Ross, dem Leiter der Royal School of Oriental Languages, traf im Oktober ein weiterer hochangesehener Wissenschaftler ein. Nach London zurückgekehrt, stellte er einen Ausschuß unter Vorsitz von Lord Lee of Fareham zusammen, Vorsitzender des Verwaltungsrates am Courtauld Institute und einst erster Lord der Admiralität. Nachdem Kenneth Clark, inzwischen Leiter der Londoner Nationalgalerie, einen Hilferuf von Fritz Saxl bekommen hatte, wandte er sich an Lord Lee und pries die Warburg-Bibliothek in den höchsten Tönen. Die Familie Warburg erklärte sich bereit, sie der Universität London auf drei Jahre als Leihgabe zu überlassen. Während dieser Zeit wollten die amerikanischen Warburgs jährlich vierzigtausend und die deutschen Warburgs zehntausend Goldmark zur Verfügung stellen. Außerdem machte Samuel Courtauld dem Ausschuß eine finanzielle Zusage über drei Jahre. Passende Räume fand man im Erdgeschoß des Thames House in der Nähe des Londoner Parlamentsgebäudes. Am 28. November 1933 übersandten die Briten Max den formalen Antrag, er möge ihnen die Bibliothek leihweise überlassen. Mit diesem Schreiben wandten sich die Warburgs an die deutschen Behörden, um die unerläßlichen Genehmigungen zu bekommen.

Zuständig für diesen Vorgang war die Verwaltung der Stadt Hamburg und nicht die Reichsregierung in Berlin. Ein paar eingefleischte Nationalsozialisten wollten die Bibliothek für ihre Kulturzentren plündern, während einige Verehrer Abys unter den Verwaltungsleuten die Bibliothek am Ort behalten wollten. Sieben Wochen lang führte Max mit dem Leiter der Behörde für kirchliche und künstlerische Angelegenheiten in Hamburg, Dr. W. von Kleinschmidt, angespannte und schwierige Verhandlungen. Die Nationalsozialisten standen der Auslagerung gespalten gegenüber. Auf der einen Seite bot ihnen das eine Möglichkeit, den Briten einen Beweis dafür zu liefern, wie vernünftig sie waren, auf der anderen Seite aber fürchteten sie Vorwürfe der Scheinheiligkeit aus den Reihen ihrer Anhänger. Wie ließ sich das unter einen Hut bringen?

Schließlich teilte Kleinschmidt Max mit, er werde eine vollständige Nachrichtensperre über die Transaktion verhängen, und fügte den anzüglichen Hinweis hinzu: »Loyalerweise darf ich nun auch von Ihnen erwarten, daß Sie Ihren ganzen Einfluß dahin geltend machen, daß von der Übersiedlung der Bibliothek nach England in der auswärtigen Presse keine Notiz genommen wird.«[17] Er fügte hinzu, er erwarte, daß die Bibliothek nach drei Jahren zurückkehre. Als kleines Zugeständnis erklärten sich die Warburgs bereit, zwei Bruchstücke von Abys Arbeit in Hamburg zu lassen: zweitausend Bände mit Schriften zum Ersten Weltkrieg sowie die für das Hamburger Planetarium geschaffenen Bildtafeln.

Zügig machte man sich nun daran, die Bibliothek zu verschiffen. Mary machte für die handverlesenen Packer Tee, die dafür sorgten, daß achtzigtausend Bände und Tausende von Fotos und Diapositiven das Haus an der Heilwigstraße verließen. Sämtliche Bücher sowie die metallenen Bücherregale, das Fotolabor und die Buchbindeeinrichtung wurden in fünfhunderteinunddreißig Kisten verpackt. Dieser Berg wurde dann auf zwei kleine Schiffe verladen, die *Hermia* und die *Jessica*, die im Hafen vor Anker lagen. Sie brachten ihre kostbare Fracht die Elbe hinab und über die Nordsee nach London, wo auch Saxl, Bing und andere Gelehrte eine Zuflucht fanden. Mit gequältem Humor sagte Saxl über das Unternehmen: »Manche Gelehrte wie Petrarca oder Erasmus sind immer gern gereist, aber im Leben wissenschaftlicher Einrichtungen sind Reiseabenteuer nicht an der Tagesordnung.«[18]

Der Zeitpunkt erwies sich als günstig, denn schon zwei Wochen später wurde die Zuständigkeit für solche Angelegenheiten an Goebbels' Propagandaministerium übertragen. Der *Völkische Beobachter* brachte 1934 eine ganzseitige boshafte Rezension einer vom Warburg Institute veröffentlichten Bibliographie und demonstrierte auf diese Weise, wie auch wissenschaftliche Arbeit für Propagandazwecke ausgeschlachtet werden kann. Selbst wenn die Bestände von Abys Bibliothek die Bücherverbrennungen von 1933 überstanden hätten, wären sie möglicherweise 1943 dem Feuersturm der alliierten Luftangriffe zum Opfer gefallen. Das Gebäude der Warburg-Bibliothek, über dessen Eingang das Wort *Mnemosyne* stand, blieb als gespenstische Erinnerung an die Schöpferkraft jüdischer Gelehrter in der Weimarer Republik stehen und wurde, wie ein Beobachter anmerkte, gleichsam »zur leeren Attrappe einer schönen Erinnerung«.[19]

Als die Bücher, die zugleich Fluch und Entzücken ihres Lebens mit Aby bedeutet hatten, fort waren, erkrankte Mary Warburg an Krebs. Getreu ihrer aufopfernden Art klagte sie nicht und sagte anfangs nicht einmal den Ärzten etwas über ihre Schmerzen. Sie starb fast auf den Tag genau ein Jahr nachdem die Bücher nach London gebracht worden waren.

Unmittelbar vor dem Tod der Schwägerin sagte Felix, sie und ihre Kinder könnten das Bibliotheksgebäude verkaufen und das Geld behalten. Im Gegenzug bekam er die Vollmacht über die endgültige Verwendung von Abys Büchern.[20] Die Bedeutung dieser Entscheidung erwies sich, als die Frist für die dreijährige »Leihgabe« an London ablief. Samuel Courtauld hatte für die Bibliothek dreitausend Pfund jährlich zur Verfügung gestellt, unter der Bedingung, daß sie nach Ablauf der drei Jahre in England bleibe. Daraufhin hatte Felix folgenden Einfall: Er regte an, die Bücher mitsamt Saxl aus London nach New York zu schaffen. Dort könnte die Warburg-Bibliothek in Pauls großem, leerstehendem Haus an der East 80. Street Nr. 17 wiedererstehen, und Panofsky könnte dort Seminare halten. Felix war bereit, für dieses Denkmal zur Erinnerung an Paul und Aby fünfhunderttausend Dollar zu stiften.

Diese Vorstellung ließ die deutschen Warburgs, die im Hinblick auf das endgültige Geschick der Bibliothek ausweichend gegenüber den Behörden taktiert hatten, förmlich versteinern. Im Juli 1935 kam es in New York zu einem heftigen Wortwechsel zwischen Felix und Erich, bei dem Felix herauszufinden versuchte, warum sich die Hamburger in dieser Frage so unzugänglich zeigten. Schließlich bekannte Erich, der *Völkische Beobachter* habe die Frage der Warburg-Bibliothek zu einer Angelegenheit von höchster politischer Brisanz aufgebauscht und die Aktion als schändliche Verschwörung der Familie hingestellt, die Geld damit verdienen wolle, daß sie »nichtarische« Bücher an ausländische Bildungseinrichtungen verschachere. Felix äußerte sein Erstaunen darüber, daß ihm Erich das erst nach längerem Drängen gestanden hatte. »Ich sagte ihm, was ich ihm immer wieder gesagt habe – daß ich alle Details und die ganze Wahrheit über die Dinge erfahren wollte, die mich etwas angingen, und nicht etwa vorverdaute Informationen. Diesen Stand der Dinge hätte ich längst erfahren müssen, bevor er sich zufällig herausstellte«, schrieb Felix später an Max.[21]

Eine Aktennotiz im Archiv von M. M. Warburg zeigt, wie brenzlig die Frage der Bücher geworden war. Erich wollte von Kleinschmidt die Zusicherung machen, daß die anfänglich vorgesehene Dreijahresfrist auf fünf bis zwanzig Jahre verlängert würde, da Deutschland damals bessere Beziehungen zu England als zu Amerika hatte. »Ein Aufrollen dieser Frage kann daher für uns in Deutschland von *großer* Unannehmlichkeit sein«,[22] hieß es in der Aktennotiz. Außerdem sei es möglich, daß sich die Engländer hintergangen fühlten, wenn man ihnen die Bücher nähme, was zu antisemitischen Empfindungen in London führen könne. Schließlich hieß es in der Aktennotiz, da Abys Arbeit Paul nie besonders beeindruckt habe, sei es nicht unbedingt sinnvoll, beider gemeinsam zu gedenken.[23] Unter der Hand versicherte sich Erich der Mithilfe seiner Kusine Bettina und seines Vetters Edward, um zu erreichen, daß aus Felix' Vorhaben nichts wurde.

Gegen Ende des Jahres 1935 wurde hin und her überlegt, wie man die zerstrittenen Warburgs wieder aussöhnen könnte. Panofsky regte an, in Amerika eine Nebenstelle des Warburg Institute zu gründen, die Studenten und Wissenschaftler mit London austauschen könnte. Erich schlug als salomonische Lösung vor, zweiundvierzigtausend Bücher nach New York und zehntausend zurück nach Hamburg zu schicken, während dreißigtausend in London bleiben könnten. Mit Recht verwahrte sich Gertrud Bing gegen eine solche Aufteilung der Bibliothek, der damit jede Existenzberechtigung entzogen worden wäre.[24] Unterstützt von Abys Sohn Max Adolph, bestürmte Max seinen Bruder Felix nachzugeben, da jeder Versuch, die Bücher an einen anderen Ort zu bringen, für die in Deutschland lebenden Warburgs schreckliche Folgen haben werde. Seiner Ansicht nach hätten die Nationalsozialisten nie und nimmer geglaubt, daß die Hamburger Warburgs nicht die letztliche Verfügungsgewalt über die Bibliothek besäßen.[25]

Seltsamerweise bestand Felix ungeachtet aller Warnungen auf seiner Position. Er ließ nicht einmal dann locker, als Erich ihn darauf aufmerksam machte, daß er Gefahr laufe, ins Konzentrationslager zu kommen, falls die Bücher nach New York gebracht würden.[26] Trotzdem fühlte Felix bei William E. Dodd, dem amerikanischen Botschafter in Berlin, vor, ob es eine Möglichkeit gebe, die Bibliothek nach New York zu schaffen. Daraufhin erarbeitete das Außenministerium der Vereinigten Staaten eine Stellungnahme, die Felix all seiner Illusionen berauben sollte. Sie hob hervor, daß die Bibliothek ursprünglich ohne jedes Aufsehen verlegt worden sei, die Presse über einen Transport nach New York aber mit Sicherheit berichten und es dort in einem solchen Fall zu antideutschen Protesten kommen werde. Kurz gesagt brachte das Schreiben zum Ausdruck, daß die Bibliothek in England bleiben sollte. Quer über die Stellungnahme schrieb Felix nur ein Wort: »Quatsch.«[27] Er argwöhnte, daß Max bei der Abfassung des Dokuments seine Finger im Spiel gehabt hatte.

Als gegen Ende 1936 klar wurde, daß sich in keiner Weise voraussehen ließ, wie Berlin auf eine erneute Verlegung der Bibliothek reagieren würde, kapitulierte Felix schließlich. Samuel Courtauld gewährte dem Warburg Institute eine finanzielle Gnadenfrist von sieben Jahren, und die Universität London stellte Räume in den Gebäuden des Imperial Institute zur Verfügung. Auf diese Weise verwandelte sich die »vorläufige Leihgabe« nach und nach in eine Schenkung, deren Rückkehr ausgeschlossen war. Die angelsächsische Kultur, die Aby im Ersten Weltkrieg als tödliche Bedrohung der Menschheit angesehen hatte, sorgte schließlich dafür, daß sein eigener Nachlaß gerettet wurde.

Unter den Warburgs verkörperte Max die Kategorie jener deutschen Juden, die es für das beste hielten, im Lande zu bleiben, während Siegmund eher für jene stand, die ein solches Verhalten für falsch und sinnlos hielten. Wie schon gesagt, war Siegmund anfänglich von den Nationalsozialisten begeistert gewesen. Daß er seine Meinung grundlegend änderte, hatte vermutlich mit seinem Umzug nach Berlin zu tun. Als er die dortige Niederlassung von M. M. Warburg leitete, besuchte er mit Eva eine Aufführung der *Dreigroschenoper* und kam mit politischen Aktivisten, Intellektuellen und anderen gesellschaftlichen Kräften in Berührung, die den Nazis äußerst mißliebig waren. Da nach Hitlers Überzeugung die Reichshauptstadt von Gegnern nur so wimmelte, hörte man dort öfter Gerüchte über nächtlich verschwundene Personen als andernorts. Siegmund ließ sich durch den in Hamburg herrschenden Glauben an eine bessere Zukunft nicht irreführen.

Da er sich zu Rebellen und Ikonoklasten hingezogen fühlte, schloß er enge Freundschaft mit dem schwarzen Schaf einer weiteren namhaften Dynastie: Edmund Stinnes. Er gehörte einer Familie an, die wie Krupp und Thyssen zur Entwicklung der deutschen Kohle- und Stahlindustrie beigetragen hatte; nicht ohne Grund hatte Hugo Stinnes bei der Debatte über die Reparationszahlungen die Verantwortung den Juden zugeschoben. Sein jüngerer Sohn Hugo jr. wurde überzeugter Nationalsozialist, während Edmund, der ein Tankstellennetz besaß, ein erbitterter Gegner Hitlers war. Da er viele jüdische Freunde hatte und zudem mit einer Halbjüdin verheiratet war, gehörte er nun zu denen, die sich vor dem Regime fürchten mußten.

Er traf 1933 mit Hitler zu einer Besprechung über Fragen der deutschen Wirtschaft zusammen, die er entsetzt verließ. »Er hatte den Eindruck, daß mit Hitler nicht zu reden war«, sagte seine Tochter. »Er [Hitler] tobte, schrie und redete Unsinn.«[28] Verschlimmert wurde die Sache dadurch, daß Edmunds bei der Besprechung ebenfalls anwesender Geschäftspartner von Hitler fasziniert war. Als der engste jüdische Freund Edmunds dürfte Siegmund von dieser Begegnung in Einzelheiten informiert gewesen sein.

Siegmund mußte ohnehin schon mit sehr unterschiedlichen Aufgaben fertig werden; nun wurde er zusätzlich mit Dingen belastet, für die er eigentlich zu jung war. Sein Onkel, Otto Kaulla, der pensionierter Richter war und in Stuttgart lebte, wurde 1933 von braunen Rowdies zusammengeschlagen. Außerdem lebte Siegmund in ständiger Sorge um seine zierliche Mutter Lucie, die das Hofgut Uhenfels verwaltete. Er mußte für sie Lieferverträge über Dünger und Futtermittel sowie die Verträge für den Kauf von Pferden überprüfen. 1932 bekam er Kenntnis davon, daß der altgediente Gutsverwalter Otto Sauter insgeheim ungeheure Schulden hatte auflaufen lassen. Darauf angesprochen, reagierte dieser mit Beschimpfungen und teilte Siegmund in einem Drohbrief mit, er und seine Frau würden sich eine solche Behandlung nicht länger gefallen lassen. Er besaß sogar die Unverfrorenheit, Siegmund zu fragen, wie er ihn auszahlen werde.[29] Als Lucie das Ausmaß des Schadens erkannte, war sie außer sich. Siegmund versuchte, den Erpresser mit gutgemeinten Briefen zu beruhigen, was ihm aber nicht gelang.

Später erklärte er, er habe seine Mutter nie so empört gesehen wie bei Hitlers Machtergreifung.[30] Sie konnte nicht fassen, daß sich das deutsche Volk von dieser Art irrationaler Politik hatte hinters Licht führen lassen. Der Aufstieg der NSDAP und die wirtschaftliche Katastrophe auf ihrem Gut kosteten sie die letzten körperlichen und seelischen Reserven. Ein Stuttgarter Anwalt, Dr. Peters, der Siegmund über die Ereignisse auf dem laufenden hielt, teilte ihm im Mai 1933 mit, die Spannungen zwischen seiner Mutter und Sauter hätten ein solches Ausmaß erreicht, daß sie gerichtlich gegen ihn vorzugehen erwäge. In einem Stuttgarter Hotel schüttete sie Dr. Peters ihr Herz aus und erklärte, sie fühle sich von ihrem Sohn verlassen und habe den Eindruck, daß dieser jegliches Interesse an Uhenfels verloren habe.[31] Zwar gelang es, das Ehepaar Sauter zum Verlassen des Gutes zu bewegen, doch der neue Verwalter erwies sich als führertreu, was für die gequälte Lucie weitere schwere Belastungen bedeutete. In der Folgezeit muß sie eine Art Zusammenbruch erlitten haben, denn 1935 verbrachte sie zwei und 1936 acht Monate im Uracher Sanatorium Hochberg. Siegmund muß sich in dieser Zeit entsetzliche Sorgen um seine verehrte Mutter gemacht haben.

Auch wenn er später seine Entscheidung, Deutschland zu verlassen, als spontanen Akt der Hellsichtigkeit bezeichnete, war sie in Wirklichkeit von vielen persönlichen und geschäftlichen Erwägungen geleitet. Im März 1933 suchte er den deutschen Außenminister Baron Konstantin von Neurath zu einer Unterredung auf. Dieser aus einer schwäbischen Adelsfamilie stammende Karrierediplomat war ein Nachbar von Siegmunds Eltern und für Siegmund in jungen Jahren eine Art Onkel gewesen. Er galt allgemein als mittelmäßig und opportunistisch, und seine Ernennung zum Außenminister war reine Augenwischerei, mit der die Nationalsozialisten ihre wahren Absichten anderen Regierungen gegenüber kaschieren wollten. Er empfand Hochachtung vor Siegmunds Intellekt und wußte die Erfahrungen zu schätzen, die der junge Bankier im Ausland gemacht hatte. Als Siegmund von Neuraths Büro betrat, begrüßte ihn dieser herzlich und fragte, ob er über eine Auslandsreise berichten wolle.

Siegmund erklärte, er sei vielmehr gekommen, um über verschiedenes zu sprechen, was in Berlin vorgefallen war und ihm große Sorge bereite. Als er ihn fragte, ob er wisse, daß man mitten in der Nacht Menschen festnahm und ohne Prozeß inhaftiere, wich das Lächeln vom Gesicht des Ministers.[32] Die SS hatte jüdische und katholische Bekannte von Siegmund in »Schutzhaft« genommen. Diese vor dem Ersten Weltkrieg geschaffene Form der polizeilichen Verwahrung hatte man in der Weimarer Zeit derart ausgeweitet, daß sie, sei es zum Schutz oder zur Abwendung drohender Gefahren, praktisch auf jeden angewendet werden konnte. Die Nationalsozialisten schließlich hatten daraus ein Instrument für die vorbeugende »Verwahrung« Mißliebiger gemacht.

Von Neurath, der einräumte, davon auch schon gehört zu haben, bezeichnete die Angelegenheit als »sehr unerfreulich«,[33] fügte aber hinzu, derlei sei im Gefolge einer Revolution unvermeidlich. Siegmund jedoch, der nicht gesonnen war, ihn so leichten Kaufes davonkommen zu lassen, erklärte, er sehe darin den Beweis einer »Willkürherrschaft«.[34] Unter Ausflüchten äußerte von Neurath sein Bedauern, fragte aber zugleich, was er tun könne.[35] Siegmund erklärte, da die Nazis die Weimarer Verfassung nicht außer Kraft gesetzt hätten, sei es Präsident von Hindenburg nach wie vor möglich, einen Kanzler zu entlassen, der ihr zuwiderhandele. Dabei, fuhr Siegmund fort, werde die Reichswehr dem Präsidenten gewiß den Rücken stärken. Er fügte hinzu, man wisse, daß Neurath dessen Ohr habe.[36] Daraufhin tat dieser, der erst mehrere Jahre später in die Partei eintrat, eine Äußerung, die Siegmunds Leben für immer veränderte. Er erklärte, er selbst werde als »national unzuverlässig« angesehen und müsse sehr vorsichtig sein. Daher könne er bedauerlicherweise nichts tun.[37] Nach dieser Äußerung, die Siegmund später einen »Wink des Schicksals« nannte, kehrte er zutiefst betroffen in sein Büro zurück. Von dort rief er seine Frau an und sagte, noch ganz unter dem Eindruck des Gehörten, wenn selbst der Außenminister ein schlechtes Gewissen und Angst habe, könne kein Zweifel an dem bestehen, was früher oder später allen anderen widerfahren werde.[38] Bald darauf suchte ihn Edmund Stinnes auf, um ihm mitzuteilen, er habe von der bevorstehenden Verabschiedung eines Gesetzes erfahren, das es Juden verbiete, Deutschland gemeinsam mit ihren Angehörigen zu verlassen. Siegmund, der im Begriff stand, nach Amerika aufzubrechen, fürchtete, Frau und Kinder nach seiner Rückkehr nicht mehr aus Deutschland herauszubekommen, und sagte zu Eva, er werde nur dann nach Amerika reisen, wenn sie noch am selben Abend nach Schweden aufbreche. Sofort begann sie, für sich und die Kinder zu packen. Später baten Eva und Siegmund den Freund Edmund Stinnes, sich um ihre Wohnungseinrichtung zu kümmern.

Eva, die ihre schwedische Staatsbürgerschaft aufgegeben hatte, befürchtete das Schlimmste, weil ihr klar war, daß es nicht leicht sein werde, sie wiederzuerlangen. Ihr Vater, der die mächtige Svenska Handelsbanken leitete, verschaffte ihr einen Termin bei einem hohen Beamten, der ihr dabei half. Da ihre Mutter an Krebs litt, war es nur natürlich, daß Eva mit den beiden Kindern in Schweden blieb. Die Mutter starb im November 1933, drei Jahre nachdem der Brustkrebs bei Eva diagnostiziert worden war.

Siegmund hatte den Eindruck aufkommen lassen, als habe das Gespräch mit von Neurath im März 1934 – und nicht 1933 – stattgefunden und als sei er anschließend unverzüglich mit seinen Angehörigen nach London aufgebrochen.[39] In Wirklichkeit lagen die Dinge weit komplizierter. Er war zu jener Zeit damit beschäftigt, das Kaufhaus Karstadt umzuorganisieren. Als er Eva und die Kinder in Schweden in Sicherheit wußte, brach er im April nach New York auf, wo ihn Jimmy in Brooklyn abholte. Am Abend, bevor er aus New York nach Europa zurückkehrte, gaben die Warburgs Siegmund zu Ehren ein großes Diner, das von einem beunruhigenden Anruf getrübt wurde. Sein Berliner Mitarbeiter Rösler, der eigens nach Prag gereist war, um unabgehört anrufen zu können, bat Siegmund eindringlich, nicht zurückzukehren, da das »bolschewistische« Element in der NSDAP stündlich stärker werde.[40] Die Warburgs überlegten, was Siegmund tun könne, und hielten es für das beste, wenn er in England Zwischenstation machte und dafür sorgte, daß er später wieder aus Deutschland herauskönne. Es war, so Jimmy, für die Firma M.M.Warburg von größter Wichtigkeit, einen so engen Mitarbeiter außerhalb des Landes zu wissen.[41]

Aus Jimmys Erklärung ergibt sich ein Hinweis auf die Strategie, die die Warburgs nach Hitlers Machtergreifung einschlugen. Max hatte beschlossen, den Mittelpunkt der Geschäftstätigkeit ins Ausland zu verlegen, wobei er in verschiedenen Ländern kleine Niederlassungen für die aus Deutschland ausgewanderten Juden einrichten wollte. Die nach England geflohenen deutschen Juden, unter denen sich auch viele Hamburger Kunden befanden, begannen, so Max, dort wieder ihr Geschäft einzurichten, und baten die Firma um Kredit.[42] Bei der Besprechung, die in Amsterdam zwischen Siegmund, Max und Jimmy im Anschluß an die Londoner Weltwirtschaftskonferenz stattgefunden hatte, war von Jimmy die Anregung gekommen, dort gemeinsam mit der Berliner Handelsgesellschaft unter dem Namen Dutch International Corporation ein neues Unternehmen zu gründen. Diese Finanzholding sollte einerseits Mitgliedern der Familie einen Fluchtweg offenhalten und es andererseits den Warburgs ermöglichen, Juden, die ihr Geld ins Ausland schaffen wollten, zu helfen. Ein weiteres Ziel war es, Kunden, die Deutschland verlassen hatten, nicht für immer zu verlieren. Im Juni 1934 wurde das Abkommen zwischen Warburg & Co. und den Fürstenbergs, die sich im Verhältnis fünfzig zu fünfzig daran beteiligten, von der Berliner Handelsgesellschaft besiegelt. Die Verhandlungen mit Hans Fürstenberg führte Siegmund.[43] Auch Evas Verwandte, die Philipsons und die Wallenbergs, übernahmen kleine Anteile an dem Unternehmen.[44]

Über mehrere Jahre hin hatte Max überlegt, ob er eine Niederlassung in London gründen sollte. Abgehalten hatte ihn lediglich die Befürchtung, er könne mit einer solchen Vorgehensweise die Rothschilds kränken. Derlei Mißverständnisse hatte Hitler nunmehr ausgeräumt, denn inzwischen schickten viele Banken, die deutschen Juden gehörten, junge Vertreter nach London. Im August 1933 hatten Anwälte in London die Dokumente für die Gründung eines neuen Unternehmens vorbereitet, und Max reiste nach England, um Lionel Rothschild und die Barings von seinem Vorhaben in Kenntnis zu setzen. Im September und Oktober hielt sich Siegmund in *Brown's Hotel* auf, um an den Vorbereitungen mitzuwirken. Zwei Unternehmen sollten gegründet werden. Eines davon war die Merchants and General Investment Corporation, die sich hundertprozentig im Besitz der Amsterdamer Firma Warburg & Co. und Paul Kohn-Speyers befinden sollte. Im Oktober 1933 teilte Max seinem Bruder Felix in diesem Zusammenhang mit: »In erster Linie werden Siegmund und Erich die Gesellschaft in London leiten.«[45] Für den ehrgeizigen Siegmund muß die Vorstellung, sich die Leitung mit dem Vetter teilen zu müssen, entsetzlich gewesen sein. Das andere Unternehmen sollte die New Trading Company sein, die wiederum von der Dutch International Company kontrolliert wurde; letztere war im Besitz einer Gruppe von holländischen Banken, zu denen auch Warburg & Co. in Amsterdam, sowie einige Bankhäuser von Hans Fürstenberg, Edmund Stinnes und Albert Vogler gehörten. Siegmund, der an Merchants and General nur am Rande beteiligt war, bediente sich zur Verwirklichung seiner Ziele hauptsächlich der Firma New Trading.

Im weiteren Verlauf des Jahres verschlechterten sich die Beziehungen zwischen Max und dem leicht erregbaren Siegmund zusehends. Im August hielt ihm Max vor: »Du bist gestern *sans adieux* verschwunden, was sehr ungünstig bemerkt wurde.«[46] Ein Zusammenstoß zwischen diesen beiden einander so ähnlichen Männern konnte nicht ausbleiben. Beide waren darauf bedacht, ihr eigenes Reich zu errichten, und sie besaßen gleichermaßen Charme, Wagemut, Weitblick und einen ausgeprägten Hang zur Selbstherrlichkeit. Schon in den zwanziger Jahren hatte Siegmund gegenüber Max zwiespältige Gefühle gehabt. Wohl bewunderte er dessen Einfallsreichtum, hielt ihn aber zugleich auch für oberflächlich und leicht beeindruckbar. Im Laufe der Zeit kam er zu der Überzeugung, daß Max sich zwar nach außen hin entgegenkommend gebe, in Wirklichkeit aber hart und rücksichtslos sei. Der menschlichere Fritz war ihm in mancherlei Hinsicht lieber.

Nachdem sich Siegmund zwei Jahre lang mit den Trümmern des Karstadt-Zusammenbruchs beschäftigt hatte, dürfte er die Zukunft von M.M. Warburg keineswegs rosig eingeschätzt haben. Selbst wenn sich die Bank in der Zeit nach Hitler wieder erholen sollte, würde er sich die Macht mit Erich teilen müssen. Als er daher bei der Unterredung mit Baron von Neurath blitzartig jene Einsicht gewann, die ihn letztlich zur Emigration veranlaßte, konnte er sich diesen mutigen Entschluß auch leisten, denn nachdem er im Januar 1934 den Kraftakt der Umorganisation von Karstadt beendet hatte, war er sein eigener Herr. Max hingegen empfand Siegmunds einseitig getroffene Entscheidung vermutlich als Verrat.

Anfang Mai 1934 kam es zu einer hitzigen Auseinandersetzung zwischen den beiden, aus der erkennbar wird, welche grauenhafte Wahl den deutschen Juden blieb. Für Max waren Widerstände dazu da, überwunden zu werden; er pflegte, wenn jemand von ihm wissen wollte, ob sein Sohn ins Geschäftsleben gehen solle, zu fragen: »Ist Ihr Sohn ein Kämpfer, eine Kampfnatur?«[47] Siegmund gegenüber vertrat er die Auffassung, der Nationalsozialismus sei nichts als eine vorübergehende Krankheit, und er warf ihm vor, sich den Schwierigkeiten zu entziehen. Siegmund gab zurück, Max erwecke, indem er in Hamburg bleibe, falsche Hoffnungen. Er führe andere, die weder das Geld noch die Möglichkeiten der Warburgs zu ihrem Schutz aufbringen konnten, in die Irre. Daraufhin, erinnerte sich Siegmund, habe ihm Max vorgehalten, daß die meisten Angehörigen der Familie ihn für verrückt und für einen Defätisten hielten.[48]

Am 31. Mai 1934 emigrierte er nach London. Obwohl er erst einunddreißig Jahre alt war, nahm er manche Narben und unerfüllte Träume mit in die Emigration. Von einem Eintritt in die Firma Kuhn, Loeb wollte er nichts wissen, weil er sich für zu europäisch hielt, als daß er zum »Yankee« werden könnte. Außerdem ahnte er vermutlich, daß es ihm leichter fallen würde, in London aus eigener Kraft etwas aufzubauen. In Großbritannien hatten Juden seit Beginn des 19. Jahrhunderts Freiheit genossen und waren zu Wohlstand gelangt, und die Londoner Geschäftswelt war ihnen stets mit höflicher Offenheit begegnet.

Später sah sich Siegmund gern als jemanden, der in Deutschland alles verloren und in London völlig neu angefangen hatte. So hieß es in einer Darstellung im *New Yorker*: »Zwar stammt Siegmund George Warburg aus einer alten und mächtigen europäischen Bankiersfamilie, doch hat er praktisch bei Null begonnen, als er 1934 mit seiner Frau aus Deutschland nach England floh. Zu jener Zeit besaß er alles in allem nicht einmal fünftausend Pfund.«[49]

Es tut Siegmunds erstaunlicher Leistung nicht den geringsten Abbruch, wenn man darauf hinweist, daß er in London unter günstigen Voraussetzungen und mit einer Vielzahl wichtiger Verbindungen begonnen hat. Anfangs bewohnte er mit seiner Familie ein um die Jahrhundertwende gebautes Haus im Stadtteil Westminster – nicht gerade ein Elendsviertel –, wo er außer einem Diener auch eine Köchin beschäftigte. Er suchte Montagu Norman auf, den Präsidenten der Bank von England, um mit ihm über eine gute Schule für seinen Sohn George zu beraten.[50] Die Rothschilds und andere Größen der Londoner Finanzwelt empfingen Siegmund nicht als einsamen, unbekannten Flüchtling, sondern als Abgesandten des hochachtbaren Bankhauses M. M. Warburg & Co. (Auch in London war und blieb Siegmund persönlich haftender Teilhaber der Häuser Warburg in Hamburg und Amsterdam.) Als er 1934 den Antrag auf Einbürgerung stellte, unterstützten ihn die Spitzen der britischen Finanzwelt – Rothschild, Hambro, Baring sowie Lord Bearsted von M. Samuel. Die Wechsel der New Trading wurden von N. M. Rothschild gegengezeichnet, wodurch die noch im Entstehen begriffene Firma denkbar günstige Zinssätze eingeräumt bekam.[51] Siegmunds wichtigster Kontakt aber war möglicherweise Paul Kohn-Speyer, Vorsitzender von Brandeis, Goldschmidt und Witwer der unglücklichen Olga Warburg. Er stellte Siegmund im Hauptsitz seiner Firma an der King William Street zwei kleine Büroräume zur Verfügung, beteiligte sich in geringerem Umfang an New Trading und finanzierte viele von Siegmunds frühen Geschäften.

Nachdem sich Siegmund von einer Gelbsucht erholt hatte, nahm die New Trading Company am 3. Oktober 1934 mit vier Personen die Arbeit auf. Stets hat Siegmund den Eindruck zu erwecken verstanden, als habe er das Unternehmen mit eigenen Händen geschaffen, doch war es als Bestandteil eines größeren Projekts im Hause Warburg mit dem Ziel, Kunden ins Ausland zu folgen, ebensosehr *für* wie auch *durch* ihn gegründet worden. Die Hälfte des bescheidenen Kapitals von hundertzwanzigtausend Pfund, mit dem es seine Arbeit aufnahm, befand sich im Besitz der holländischen Bankengruppe, die unter dem Dach der Dutch International Corporation in Amsterdam zusammengefaßt war. Schon der Name »New Trading« wies auf den Ursprung der Firma hin, denn viele deutsche und niederländische Banken trugen zur Erinnerung an ihren Ursprung als Übersee-Handelsbanken die Bezeichnung »Handelsgesellschaft«. Auf die Briten, die es gewohnt waren, daß Banken auch als solche firmierten, wirkte der Name sonderbar und verwirrend. Anfang 1935 teilte Max Hans Fürstenberg mit, die Warburgs würden ihre Investition in Dutch International verringern, dafür aber ihren Anteil an New Trading aufstocken. Dabei verwies er darauf, daß Siegmunds intensive Arbeit im letztgenannten Unternehmen ein solches Verhalten sinnvoll erscheinen lasse.[52]

Um Zutritt zur geschlossenen Finanzwelt der Londoner City zu erlangen, brauchte New Trading einen erstklassigen britischen Aufsichtsrat. Auf der Suche nach Angehörigen der ersten Kreise empfahlen die Teilhaber von M. M. Warburg als denkbar besten Geschäftsführer Harry Lucas, dem Siegmund als »Berater« zur Seite stehen sollte.[53] Es dürfte kaum ein Zweifel daran bestehen, daß Max nicht die Absicht hatte, die Macht über Siegmund oder New Trading aus der Hand zu geben. Im August 1934 teilte ihm sein Teilhaber Ernst Spiegelberg mit, man brauche lediglich Siegmund richtig zu instruieren; »ich glaube, daß wir dann das Londoner Boot ganz nach unseren Wünschen steuern können«.[54] Doch war der willensstarke Siegmund nicht aus Deutschland geflohen, um erneut unter Max' Fußvolk zu dienen.

Durch den neuen Geschäftsführer Harry Lucas, der ein Viertel des Aktienkapitals besaß, bekam New Trading genau das gewünschte Erscheinungsbild. Dieser jüdische Sohn einer unsagbar reichen Goldsmid-Erbin hatte die Eliteschule Eton besucht, bei Rothschild gelernt und die National Discount Company geleitet. Er brachte seinen Vetter Dick Jessel dazu, in New Trading zu investieren. Auch dessen Mutter war eine der Goldsmidschwestern und sein Großvater Englands erster jüdischer Lord-Oberrichter gewesen. So führten Lucas und Jessel Siegmund in die besten jüdischen Kreise Englands ein, womit seine winzige Firma einen weit über ihre Bedeutung hinausreichenden Ruf gewann. Zwar legte der hochgewachsene, schlanke und charmante Lucas, der jeden Morgen um zehn Uhr lässig ins Büro geschlendert kam, nie Siegmunds Eifer an den Tag, doch brachte er ihm die in Londons Finanzwelt üblichen Gebräuche und Gewohnheiten nahe und wählte das Personal für die Bank aus.

Die übrigen Mitglieder der britischen Firmenfassade waren von ähnlichem Kaliber und stammten keineswegs nur aus der jüdischen Gemeinschaft. Sir Andrew McFadyean, ein früherer hoher Beamter mit engen Verbindungen zur liberalen Partei, wurde Vorsitzender von New Trading. Siegmund hatte McFadyean, ehemals Privatsekretär des Premierministers Stanley Baldwin, bei seiner Arbeit im Reparationsausschuß in Berlin kennengelernt. Desgleichen gehörte dem Aufsichtsrat Sir Kenelm Lee Guinness aus der Bierbrauerfamilie an, ein einstiger Autorennfahrer, der eine Zündkerzenfabrik gegründet hatte. Weitere Größen waren Gerald Coke von Rio Tinto und Sir Louis Sterling, der sich aus kleinsten Anfängen emporgearbeitet hatte und nunmehr an der Spitze des Elektrokonzerns und Schallplattengiganten EMI stand.

Gern überging Siegmund seine Hamburger Verwandten, wenn er von seinem Neuanfang in London berichtete. Gewöhnlich stellte er die Ereignisse so hin, als sei die Firma aus dem Nichts entstanden; es läßt sich aber nur schwer vorstellen, daß er seinen exklusiven Londoner Aufsichtsrat ohne das Geld und die Verbindungen der Warburgs und Fürstenbergs zusammenbekommen hätte. Dessenungeachtet muß ihm das gesamte Verdienst am Aufbau der Firma zugesprochen werden. Trotz des Makels, der

Die Aufnahme zeigt Siegmund Warburg 1934, im Jahr seiner Emigration, mit seiner Mutter Lucie in England. Er glaubte ihr alles zu verdanken, seine Disziplin, seinen Durchsetzungswillen, das ganze strenge Gebilde seiner Grundsätze, und hing über die Maßen an ihr. Bis zu seinem Lebensende befand sich ein Portrait seiner Mutter über seinem Schreibtisch.

ihm als Einwanderer mit unüberhörbar süddeutschem Akzent anhaftete, baute er New Trading mit beachtlichem Kampfgeist auf. Möglicherweise verbarg sich hinter seinem Erfolgsstreben der Wunsch, der Vorsehung ein Schnippchen zu schlagen. Unter keinen Umständen wollte er zulassen, daß die Nationalsozialisten sein Leben zugrunde richteten. Obwohl er so viel arbeitete, daß er oft erschöpft und zeitweilig krank war, widersetzte er sich allen Bitten Evas, einmal auszuspannen und Urlaub zu machen.

Eines von Siegmunds Geheimnissen bestand darin, daß er sich nie in falschen Stolz flüchtete. Er ging keiner Auseinandersetzung aus dem Weg, war opportunistisch und bediente sich bei der Akquisition von Kunden unorthodoxer Methoden. Da er den Zusammenbruch der deutschen Banken aus erster Hand mitbekommen hatte, konzentrierte er sich auf Dienstleistungen mit begrenztem Risiko, für die Honorare statt Provisionen anfielen. So brachte er eine Gruppe von Investoren zusammen, als es darum ging, in Denham die modernen Labors für den Filmproduzenten

Alexander Korda aufzubauen, und unter anderem gelang es ihm, den Versicherungskonzern Prudential dafür zu interessieren. Dann zeigte sich, daß Korda die Auslastung seiner neuen Studios überschätzt hatte, und eine Katastrophe schien nahe. Das nahm Siegmund so mit, daß er krank wurde und seine Stimme verlor, so daß er nicht einmal mehr telefonieren konnte. Er fürchtete, das Korda-Fiasko werde sein Ansehen zerstören, und unter dem Einsatz aller Kräfte gelang ihm zusammen mit Henry Grunfeld die Rettung in letzter Minute. »Von dem Augenblick an«, sagte er, »hatte ich meinen Ruf bei der Prudential begründet.«[55] Allerdings hatte die New Trading ob dieses Debakels die Unterstützung zweier wichtiger Finanzleute eingebüßt. Dabei handelte es sich um die deutschen Brüder Brettauer, die das Kapital der Firma mit einem Schlag nahezu verdoppelt hatten.

Siegmund verwendete viel Zeit darauf, jüdische Familien und ihr Geld aus Deutschland herauszulotsen, oft mit Hilfe von Tausch- oder Sperrmarkgeschäften. Er arbeitete aktiv in Flüchtlingsorganisationen mit. Die Tochter des früheren Premierministers Herbert H. Asquith, Violet Bonham Carter, sprach 1934 in der Royal Albert Hall über das Elend der Kinder deutscher Juden. Siegmund lernte sie kennen und gewann die Freundschaft einer der ersten Familien des Landes.[56]

Durch einen erstaunlichen Zufall war Siegmund in derselben Stadt gelandet wie sein von den Nationalsozialisten 1934 in die Emigration getriebenes literarisches Idol Stefan Zweig. Er half Zweig dabei, seine bei M. M. Warburg in Hamburg eingefrorenen Sperrmark über Warburg & Company in Amsterdam in Pfund Sterling umzuwandeln.[57] Gemeinsam überlegten sie, wie man eine von deutsch-jüdischen Flüchtlingen verfaßte Monatszeitschrift herausbringen könnte; Siegmund verwies Zweig wegen der Finanzierung an seinen Onkel Felix. Allerdings erwies sich das Projekt als eine Art Tagtraum, der allenfalls geeignet war, Menschen, die ihre Heimat für immer verloren haben, kurze Zeit zu zerstreuen.

Häufig machten sich die beiden Männer Gedanken über die Kurzsichtigkeit einer Welt, welche die Gefahr, die Europa von Hitler drohte, nicht sehen wollte. Mochte sich Onkel Max weiterhin seinen Hoffnungen hingeben, bei Siegmund verfestigte sich der Pessimismus Schritt für Schritt, bis er schließlich zur festen Überzeugung wurde. An Zweig schrieb er: »Ich glaube..., daß das Hitler-Regime in Deutschland nach wie vor völlig fest im Sattel sitzt und daß die Außenwelt sich... damit abgefunden hat (merkwürdig schnell und reibungslos).«[58] Er ließ sich nie davon täuschen, daß Hitler seine aggressive Rhetorik aus taktischen Gründen mitunter etwas zügelte. Als 1936 das Rheinland besetzt wurde, hielt Siegmund einen Krieg für unausweichlich, und nach dem Einmarsch der Japaner in China teilte er Zweig 1937 mit, das sei lediglich ein Vorgeschmack der unermeßlichen Katastrophe, die Europa in den nächsten ein, zwei Jahren heimsuchen werde.[59]

29

Unsichtbare Bedrohung

Von den vier Töchtern des Ehepaars Malice blieben während der dreißiger Jahre nur die älteste und die jüngste in Deutschland, und beide, Lola wie Gisela, setzten sich mit der gleichen Zähigkeit wie ihr Vater für die jüdische Gemeinschaft ein. Während der Weimarer Jahre hatten alle vier Töchter einen eindrucksvollen Wandel von traditionellen Frauenrollen zu politischer und sozialer Betätigung vollzogen. In den zwanziger Jahren, als die Frauen des Hauses Warburg neue Freiheiten für sich entdeckten, verteilte sich die außerordentliche Energie, die Sara und Charlotte einst für Familie und Firma aufgewendet hatten, in ein Dutzend verschiedene Richtungen. Die strenge, puritanische Erziehung der Warburg-Töchter führte dazu, daß sie sich für viele gute Zwecke einsetzten, bewirkte aber auch einen Hang zum Romantischen, zum Tabuisierten und Unorthodoxen.

Lola und Gisela teilten die Meinung des Vaters, daß es feige sei, die Zelte abzubrechen und Deutschland zu verlassen. Die Entstehung des Dritten Reichs beschleunigte die Metamorphose der mit dem Industriellen Rudolf Hahn verheirateten blauäugigen und ausnehmend hübschen Lola: Aus der gewandten Gesellschafterin wurde eine leidenschaftliche Zionistin und Aktivistin. Frieda warf ihr Eitelkeit und Hypochondrie vor und behauptete, sie habe in den Berliner Salons der zwanziger Jahre die Rolle der selbstbewußten Gesellschaftsschönheit gespielt. Doch räumte sie ein, Lola habe sich, als sie nach Hitlers Machtergreifung »nicht mehr zu teuren Kuren fahren konnte, auf dem Gebiet des Zionismus sozial engagiert«.[1] Als Lola sich in den dreißiger Jahren sozialen Aufgaben zuwandte, war sie eine sehr attraktive, charmante Frau mit einer tiefen theatralischen Stimme. Die Hahns lebten im Berliner Vorort Wannsee, in dem später die Frage der »Endlösung« entschieden wurde. Die turbulenten Zeiten ließen in Lola eine leidenschaftliche Zähigkeit und einen Kampfgeist ähnlich dem des von ihr bewunderten Vaters zum Vorschein kommen. Sie war eine Mischung aus zerbrechlicher Schönheit und eisernem Willen, eine Mona Lisa mit der Seele eines Feldmarschalls.

Wie schon erwähnt, war sie durch die Eheschließung mit Rudolf Hahn in eine sonderbare Dreiecksbeziehung eingetreten, in welcher der Bruder ihres Mannes, Kurt Hahn, Gründer und Leiter der Schloßschule Salem, eine entscheidende Rolle spielte. Rudolf war ein Naturbursche, der sich gern im Freien aufhielt, gärtnerte, jagte und Segelregatten fuhr. »[Lola] sagte, sie habe sich bei Rudo stets geborgen gefühlt«,[2] äußerte sich eine

Freundin. Im Gegensatz zum erdverbundenen Rudolf war Kurt ein brillanter, ideenreicher Kopf und Lola bewunderte seinen Verstand. Viele Warburgs vermuteten, sie habe nur deshalb eine so enge Beziehung mit dem Junggesellen Kurt eingehen können, ohne die Eifersucht seines Bruders zu erregen, weil dieser entweder unterdrückte homosexuelle oder aber überhaupt keine sexuellen Neigungen gehabt habe.

Wie Chaim Weizmann befriedigte Kurt Lolas Wunsch nach geistiger Anregung. Sie war sich ihrer mangelnden Bildung bewußt und hing als lernbegierige Schülerin an seinen Lippen, wenn er seine bahnbrechenden pädagogischen Theorien entwickelte. Wie immer, wenn sich Lola für etwas einsetzte, ließ sie sich rückhaltlos darauf ein; so kümmerte sie sich auch um Kurts persönliche Bedürfnisse. Durch eine Gehirnoperation in jungen Jahren war er extrem lichtempfindlich und trug eine Brille mit dicken Gläsern. Lola half ihm, die breitrandigen Hüte auszusuchen, die ihn vor dem Sonnenlicht schützten und die sein Kennzeichen wurden, und sie sorgte dafür, daß die Vorhänge geschlossen blieben. (Sogar in seinem Auto ließ er Jalousien anbringen.) Kurt, der Lolas Gefühle erwiderte, pflegte zu sagen, sie hätte eine großartige Salem-Schülerin abgegeben.

Als er und Prinz Max von Baden nach dem Ersten Weltkrieg die besagte Schloßschule am Bodensee gründeten, auf die viele Adlige und höhere Beamte ihre Kinder schickten, hatte ihnen eine Bildungsstätte für eine neue Generation deutscher Führungskräfte vorgeschwebt. Untergebracht war die Schule in einem alten Zisterzienserkloster, das der Prinz zur Verfügung gestellt hatte. Von den Zöglingen, denen die Schule als Teil ihres Auftrags demokratische Grundsätze nahezubringen hoffte, wurde ein spartanisches, zuchtvolles Leben erwartet. Es lag auf der Hand, daß ein sendungsbewußter Mensch wie Kurt Hahn sich nicht mit dem NS-Regime arrangieren würde; als Hitler 1932 einige SS-Männer wegen des Mordes an einem jungen Kommunisten würdigte, teilte Kurt Hahn den Eltern seiner Schüler in einem Schreiben mit, daß die Grundsätze der Schule Salem mit denen des Nationalsozialismus unvereinbar seien. Sofern sie eine andere Ansicht vertraten, empfahl er, sollten sie ihre Kinder abmelden. Damit setzte er in einer Grundsatzfrage alles auf eine Karte, und die meisten Eltern hielten zu ihm.

Im März 1933 nahmen ihn die Nationalsozialisten fest und untersagten ihm alle weiteren Kontakte zu seinen Schülern. Verzweifelt versuchte Lola, ihn freizubekommen. Sie ging sogar zu dem Berliner Modepsychoanalytiker, der auch Rudolf Heß behandelt hatte, weil sie von ihm etwas über dieses hochstehende Parteimitglied zu erfahren hoffte, das vielleicht helfen könnte. Nach energischen Protesten des britischen Premierministers Ramsay MacDonald wurde Kurt Hahn freigelassen. Anglophil, wie er von jeher war – Salem folgte dem Muster einer englischen Public School –, ging er nach Schottland und gründete in Gordonstoun eine neue Schule. Zu den Schülern, die ihm folgten, zählte Philip Mountbatten, der dort Schulsprecher wurde. Aufgrund des Umstandes, daß sowohl er, der spätere Prinzgemahl Königin Elizabeths II., wie auch dessen Sohn Charles zu den Schülern von Gordonstoun gehörten, bekam Lola Kontakte zur königlichen Familie Englands, für die sie von vielen beneidet wurde.

Ein weiterer Schicksalsschlag traf Lola 1933. An einem schwülen Sommertag wollte Rudolf gerade mit den beiden Kindern ausreiten, als der zehnjährige Oskar mit einem Mal einen Schwächeanfall erlitt. Es zeigte sich, daß er an Kinderlähmung erkrankt war, deren Erreger er sich möglicherweise im sumpfigen Gelände um das Wochenendhaus der Hahns bei Berlin zugezogen hatte. Unglücklicherweise wurde die Krankheit zwei Wochen lang nicht richtig diagnostiziert. Als die Ärzte erklärten, Oskar müsse auf der Isolierstation des Krankenhauses in Quarantäne gehalten werden, verlangte Lola, daß ihn der jüdische Hausarzt der Familie behandelte. Da sich dies jedoch als undurchführbar erwies, blieb sie mit Oskar daheim. Sie meisterte diese Aufgabe mit erstaunlichem Durchhaltevermögen und suchte den besten ärztlichen Rat, den sie bekommen konnte. Max und Alice ließen aus der Schweiz ein Spezialbett kommen, das wie ein Krankenhausbett ausgerüstet war, und sechseinhalb Wochen lang schlief Lola an der Seite ihres Sohnes. In Krisensituationen konnte sie ungeahnte Energien entwickeln. Erstaunlicherweise konnte sie genau abschätzen, welche Dosen Morphium genügten, um die Schmerzen ihres Sohnes zu lindern, ohne ihn abhängig zu machen. Später sagte sie, sie habe Oskar zweimal zur Welt gebracht.[3]

Das Goldmädchen der zwanziger Jahre war jetzt von der anstrengenden Pflege ihres kranken Sohnes häufig müde und ausgelaugt. Jeden Abend betete sie mit Oskar. Da er munter und lebhaft war, fiel es ihm besonders schwer, sich mit seiner Lähmung abzufinden. Mit geradezu fanatischer Ausdauer versuchte Lola den Jungen davon zu überzeugen, daß er ein normales Leben führen könne. Mit Krücken und Spezialschuhen lernte er allmählich wieder gehen. Trotz vieler anfänglicher Fehlschläge brachte ihn seine Mutter dazu, die Oberkörpermuskeln zu trainieren und Tischtennis zu spielen, wobei er gelegentlich sogar gewann. Wenn Rudolf Hahn auf die Jagd ging, begleitete ihn Oskar, und in Gordonstoun segelte er. Auf Krücken stehend empfing er im Juli 1936 seine Bar Mizwa. Eigentlich enttäuschte ihn nur, daß er bei der Feier nicht mittanzen konnte.

Wenn es um ihren Sohn ging, bewies Lola übermenschliche Tapferkeit. Eines Tages standen Gestapoleute an der Tür, die das Haus durchsuchen wollten. Sie hatten sich, wie sich später herausstellte, in der Anschrift geirrt. Geistesgegenwärtig sagte Lola, sie lasse sie nur unter einer Bedingung ein: sie werde ihrem Jungen, der an Krücken gehe, erklären, daß es sich um Versicherungsvertreter handele, damit er sich nicht beunruhigte. Als die Gestapoleute den Kopf in sein Zimmer steckten, schwenkte Oskar zur Begrüßung der »Versicherungsvertreter« seine Krücken.[4]

Lola Hahn-Warburg und Chaim Weizmann, mit dem sie über die gemeinsame Sache des Zionismus hinaus lange Jahre eine heimliche Affäre verband.

In der Familie Warburg vermutet man, Lola habe sich Oskar so sehr gewidmet, daß sie darüber die vier Jahre jüngere Tochter Benita vernachlässigte, und in der Tat gibt es hierfür verschiedentlich Hinweise in der einen oder anderen Geschichte. Eines Tages wurde die Kleine von einer Biene gestochen, sagte aber nichts. Auf die Frage nach dem Grund ihres Schweigens sagte sie, sie sei ohnehin davon ausgegangen, daß sich niemand dafür interessiere.[5] Allerdings sagte sie als erwachsene Frau, sie habe sich nie vernachlässigt gefühlt.[6]

Die Aufopferung, mit der sich Lola ihrem Sohn widmete, führte schließlich auch dazu, daß sie ihre Affäre mit Chaim Weizmann beendete, die noch nach Hitlers Machtergreifung angedauert hatte. In vielen Briefen Weizmanns aus den frühen dreißiger Jahren finden sich Hinweise auf Zusammenkünfte mit Lola in St. Moritz, Zürich und Palästina, die er vor seiner Frau nicht zu verheimlichen schien. Lola teilte seine Begeisterung für Palästina, obwohl man sich nur schwer vorstellen kann, daß sie sich aus freien Stücken in das einfache Leben dort eingefügt hätte.

In schwermütigen Briefen, in denen er seinen geheimen Sorgen Luft machte, enthüllte Weizmann seiner Vertrauten, die er zärtlich »Loli« oder »liebste Lol« nannte, seine Empfindungen. Er klagte über Abgekämpftheit, Depressionen oder Enttäuschungen und schrieb ihr 1934, es passiere mitunter, daß er vor Übermüdung und Kummer am liebsten weinen würde.[7] Nach seiner Übersiedlung nach Palästina drückte ihn die dort herrschende Goldgräberstimmung nieder, und oft teilte er Lola privat mit, was er als Zionistenführer öffentlich nicht sagen durfte. »Es kommt mir vor, als sei ich der älteste Jude auf der Welt, vielleicht zweitausend Jahre alt, dem alles Elend, alle Schwächen und Hoffnungslosigkeit aufgebürdet werden.«[8] Er machte keinen Hehl daraus, daß er die Nichtzionisten in der Jewish Agency, einschließlich Felix, wegen ihrer Oberflächlichkeit und Leichtfertigkeit heftig ablehnte.

Er teilte Lolas Kummer über Kurt Hahns Festnahme und begriff, welche Belastung Oskars Krankheit für sie darstellte. »Daß Du die Last zweier oder bisweilen dreier Familien tragen sollst, ist ungerecht, aber die Welt ist nun einmal widersinnig eingerichtet«,[9] schrieb er. Oskars Erkrankung kam zu einer Zeit, als ihre Liebesaffäre am Scheideweg stand. Vor ihrem Tode teilte Lola Bekannten mit, sie hätten zu jener Zeit mit dem Gedanken an eine Scheidung gespielt. Doch als Oskar der Mutter, die mit Weizmann in die Schweiz gereist war, schrieb, wie sehr sie ihm fehle, war ihr klar, daß sie ihren Mann nie würde verlassen können. Das Verhältnis mit Weizmann ging allem Anschein nach etwa um die Zeit zu Ende, als Lola und Rudolf Hahn 1938 nach London flohen.[10]

Ungeachtet ihrer privaten Belastungen trug Lola wie auch ihre jüngste Schwester Gisela, die ebenfalls in Berlin lebte, in bemerkenswerter Weise zur jüdischen Wohlfahrtsarbeit im nationalsozialistischen Deutschland bei. Dem Beispiel ihres Vaters nacheifernd, entwickelte sie sich zur geschickten Organisatorin, die es verstand, Spendenmittel aufzutreiben. Sie arbeitete eng mit dem stets elegant gekleideten und diskret seine Homosexualität verbergenden Wilfrid Israel zusammen, dessen Familie das große modische Berliner Kaufhaus N. Israel gehörte und der Künstler und Intellektuelle zu seinen Freunden zählte. Er war das Vorbild für den Bernhard Landauer in Christopher Isherwoods Roman *Leb' wohl, Berlin*. Während der NS-Herrschaft bediente sich Max Warburg seiner als geheimen Boten für wichtige Nachrichten, die nach England übermittelt werden mußten. Wie Max war er der Ansicht, daß reiche Juden mehr als andere verpflichtet seien, in Deutschland zu bleiben und Widerstand zu leisten.

Er sprach schon 1932 mit der Dichterin und Lehrerin Recha Freier über Möglichkeiten, etwas gegen die in der jüdischen Jugend um sich greifende Verzweiflung zu unternehmen. Als die Nationalsozialisten jüdische Studenten von den meisten Universitäten ausschlossen, mußte dringend etwas getan werden. Also schlossen sich Israel und Recha Freier mit Henrietta Szold, Lola Hahn und anderen zur Gründung der Jugend-Alijah zusammen. Diese Organisation stellte sich die Aufgabe, jüdische Heranwachsende auszubilden, damit sie nach Palästina auswandern konnten (das hebräische Wort *Alijah* bedeutet »Auswanderung«). Dank dieses Programms wurden junge Juden für Handwerksberufe oder für die Landwirtschaft geschult und lernten Hebräisch. Lola diente gleichsam als Bindeglied zwischen der Organisation und anderen jüdischen Gruppen. Die

Jugend-Alijah trug dazu bei, daß sich bis zum Zweiten Weltkrieg Tausende junger Juden, von denen manche auf dem Kösterberg in Gartenbau, Fischerei und Seemannschaft unterrichtet worden waren, in Palästina ansiedeln konnten.

Herz und Seele des Berliner Büros der Jugend-Alijah war ab 1935 die magere, blonde und blauäugige Gisela. Zwei Jahre lang hatte sie für die Firma M. M. Warburg gearbeitet und anschließend in Oxford studiert, bevor Henrietta Szold, die Gründerin der Hadassah (die amerikanische zionistische Frauenorganisation) sie zur Arbeit für Palästina gewann. Von dort teilte sie 1935 ihren Eltern telegrafisch mit, daß sie bleiben wolle, doch Max telegrafierte zurück, er habe zwar Verständnis, bitte sie aber, nach Hause zurückzukehren.[11] Gisela gehorchte. Eine wahre heilige Johanna des Hauses Warburg, war sie der Jugend-Alijah selbstlos ergeben und eine mitreißende Rednerin bei Wohltätigkeitsveranstaltungen. Einmal sagte sie vor Publikum, sie sähe es gern, wenn aus Hitlers Opfern demokratische Freiheitskämpfer würden.[12] Oft oblag ihr die verantwortungsvolle Aufgabe zu entscheiden, welche der Bewerber für Aufgaben in Palästina ausgebildet werden sollten.

Eine Zeitlang amtierte Gisela als Leiterin der Jugend-Alijah in Berlin, als sich ihr Vorgesetzter operieren lassen mußte. Es waren gerade die Monate, als die britische Regierung die Zahl der Einwanderungsgenehmigungen nach Palästina drastisch beschnitt. Um die Moral unter den jungen Juden aufrechtzuerhalten, forderte die Jugend-Alijah sie in einem Rundschreiben auf, die Wartezeit bis zur Einreise zu nutzen, um Hebräischen zu lernen. Eines Tages wurde Gisela von der Gestapo in deren gefürchtetes Hauptquartier im Prinz-Albrecht-Palais geladen. Als sie hinging, war ihr klar, daß viele, die das Gebäude betreten hatten, nie wieder aus seinen Folterkammern herausgekommen waren. Eine halbe Stunde lang suchte der Beamte nach einem blauen Ordner. Als er ihn gefunden hatte, forderte er Gisela zu ihrer Verblüffung auf, einen hebräischen Text zu übersetzen. Nach und nach dämmerte ihr, daß eine Mitarbeiterin der Jugend-Alijah das Rundschreiben, das junge Juden aufforderte, Hebräisch zu lernen, versehentlich auch an einen Gauleiter adressiert hatte, und dieser hatte darin eine absichtliche Kränkung gesehen. Geduldig erklärte Gisela, daß es sich um einen Zufall handeln müsse und keinerlei Vorsatz dahinterstehe. Drohend teilte man ihr mit, man werde das Büro der Jugend-Alijah schließen, sollte es noch einmal zu einem solchen Scherz kommen;[13] dann ließ man sie gehen. Nachdem der erste Schreck vorüber war, stellte sie sich, ins Büro zurückgekehrt, das erheiternde Schauspiel vor, wie ein hoher NS-Funktionär das Schreiben der Jugend-Alijah öffnete, das ihn aufforderte, Hebräisch zu lernen, und brach in heftiges Gelächter aus. Sie sagte, sie habe nie wieder im Leben so gelacht.[14]

Es war bezeichnend für Gisela, daß sie in schwierigen Augenblicken ihre gute Laune und ihren Gleichmut behielt. Als Hitler die Juden zwang, einen jüdisch klingenden Vornamen zu tragen, sofern sie nicht bereits einen solchen besaßen, zollte Gisela dieser Entscheidung im Büro der Jugend-Alijah Beifall und erklärte, damit habe er ihnen Tausende von Mark gespart, denn jetzt könne man sich bei Telegrammen auf die Angabe des Nachnamens beschränken. Max verstand nicht, daß seine Tochter über solche Dinge lachen konnte, und sagte ihr, das sei der sonderbarste Humor, den er je gehört habe.[15]

Den beiden anderen Töchtern von Max, Renate und Anita, blieben Erfahrungen mit dem Dritten Reich weitgehend erspart. Renate, die ein wenig exzentrisch und für die Moden der Weimarer Jahre offen war, mag in den zwanziger Jahren die vielleicht schillernste unter den Töchtern gewesen sein. Die vielseitige junge Frau, die mit ihrer überschäumenden und draufgängerischen Art dem Vater sehr ähnlich war, lernte Latein und Griechisch, schrieb Gedichte, spielte Klavier, wurde eine Expertin für alte Orgeln und malte immerhin so gut, daß sie ihre Bilder verkaufen konnte. Sie heiratete 1927 Dr. Richard Samson. Richard war der Sohn des Anwalts der Warburgs und alles andere als ein typisch jüdischer Arzt. Über einen Berliner Guru war er zum Anhänger einer mystischen indischen Sekte geworden, die eine vegetarische Lebensweise propagierte und sexuelle Kontakte ausschließlich bei Vollmond zuließ. Auch Renate schloß sich dem Kult an und durfte fortan nur noch Weiß tragen. Etwa fünfzig Jünger waren den Anweisungen des Meisters blind ergeben, und zwar so weitgehend, daß er sie auffordern konnte, an einer bestimmten Stelle außerhalb Berlins nach Gold zu graben. Nach der Machtübernahme erfuhr Anita von einer Nichte Somerset Maughams, daß der Maharadscha von Indore einen Leibarzt suchte, der zugleich Leiter des dortigen Krankenhauses werden sollte. Obwohl er bereits Vorstellungsgespräche mit sechzig Ärzten geführt hatte, bekam Dr. Samson die Anstellung, und er nahm nicht nur Renate und ihren gemeinsamen Sohn Matanya mit nach Indien, sondern auch eine ganze Gruppe deutscher Ärzte.

Die Familie Samson lebte wie im Märchen. Ein Dutzend Dienstboten kümmerte sich in ihrem hochherrschaftlichen Haus um sie, und im Garten hielt man eine Kobra als Schoßtier. Die vollblütige Renate, die sich mit den vom Mond gezogenen Grenzen ihres Geschlechtslebens nicht anfreunden konnte, verliebte sich in Walter Strauss, einen der Ärzte, die ihr Mann aus Deutschland mitgebracht hatte. Ihn heiratete sie nach der Scheidung von Samson. Zwar war Strauss ein guter Arzt, sehr musikalisch und sportlich, aber er hatte nichts von Renates Lebensfreude an sich. Die Ehe war eine Katastrophe, zumal er ihr nicht treu blieb. Sie zogen nach Glasgow, bekamen eine spastisch gelähmte Tochter und ließen sich später scheiden. Sehr viel später heiratete Renate einen bedeutenden Archäologen, Sir William Calder, der kurz nach der Eheschließung starb.

Anita Warburg, die dritte der vier Töchter von Max und Alice, hatte eine Zeitlang mit dem Gedanken gespielt, Bildhauerin zu werden. Sie war intelligent, lebhaft, musikalisch. In London, wohin sie 1935 emigriert war, heiratete sie fünf Jahre darauf den Journalisten Max Wolf, der mit ungewöhnlichem Mut für den »Manchester Guardian« Reportagen aus dem nationalsozialistischen Deutschland schrieb.

Anita, die dritte Tochter, war hübsch, temperamentvoll und sehr kontaktfreudig. Nach dem Schulbesuch in Salem studierte sie bei einem Konzertmeister der Berliner Philharmoniker Violine. Als Max sie 1928 nach Florenz schickte, um eine Liebesgeschichte zu beenden, wandte sie sich dort der Bildhauerei zu. Später zeichnete und töpferte sie. Da ihr die Zukunft der Juden in Deutschland unsicher erschien, ging sie 1935 nach London, nachdem sich Siegmund bei Max für ihre wirtschaftliche Sicherheit verbürgt hatte. Bald nach ihrer Ankunft ließ sie ein teures Perlenhalsband schätzen und bei Lloyd's versichern. Zufälligerweise wurde das kostbare Stück bereits nach wenigen Tagen gestohlen. Ganze Scharen argwöhnischer Versicherungsinspektoren untersuchten den Fall in der festen Überzeugung, daß der Diebstahl fingiert war. Als sie zu dem Ergebnis kamen, daß dem nicht so war, bekam Anita so viel Geld, daß sie sich zwei Jahre lang über Wasser halten konnte.

Sie hatte sich vorgestellt, als Vermittlerin zwischen England und den neu eingetroffenen Flüchtlingen aus Deutschland dienen zu können. In Zusammenarbeit mit dem Jewish Refugee Committee (Jüdisches Flüchtlingskomitee) verschaffte sie geflohenen bildenden Künstlern eine Möglichkeit, ihre Arbeiten auszustellen. Sie heiratete 1940 den Nichtjuden Max Wolf, Sohn eines Schweizer Bürgermeisters und mutiger Berichterstatter des *Leb' wohl, Berlin*. Drei Jahre lang hatte er in Deutschland im Untergrund gearbeitet, wobei ihm die Erklärung, er schreibe für eine Filmzeitschrift, als Tarnung diente. Unter Lebensgefahr hatte er das Protokoll des Reichstagsbrand-Prozesses in einer Obsttüte versteckt aus dem Lande geschafft.

Mit Haut und Haar verschrieben sich die äußerst lebhaften und begeisterungsfähigen Töchter von Max und Alice, die dem Vater sehr viel ähnlicher waren als der Mutter, sozialen Aufgaben. Anita und Renate hatten die künstlerische Begabung der Mutter geerbt, nicht aber ihre Temperamentlosigkeit, und so kamen sie mit ihr nur schwer zurecht. Die von Alice gefühllos als dumm abgestempelte Lola konnte sich nicht leicht eingestehen, daß sie ihr gegenüber Abneigung empfand. Zwar sprach sie grundsätzlich von ihrer »lieben Mutter«, doch lag darin stets etwas Gezwungenes und Bemühtes. Dieses eher distanzierte Verhältnis bestärkte die Töchter sicherlich in der Bewunderung, die sie für den Vater empfanden, mit dem sie sich identifizierten, und weifellos trug das zu ihrem emanzipierten Lebensstil wie auch zu ihrem Wunsch bei, auf ungewöhnliche Weise außerhalb des eigenen Heims Erfüllung zu finden.

Da Fritz Warburg und seine Zwillingsschwester Louise Derenberg nicht so nationalistisch eingestellt waren wie die älteren Brüder, sahen sie und ihre Kinder die schwierige Lage der deutschen Juden weniger zuversichtlich als diese. Louises Sohn Walter, der als Patentanwalt weder praktizieren noch veröffentlichen durfte, kannte 1933 keinen sehnlicheren Wunsch, als das Land zu verlassen. Er teilte Felix mit, er sehe sich außerstande, seine Kinder dem fanatischem Haß auszusetzen, der in Deutschland tagtäglich geworden war.[16] Walters Schwester Ruth war mit César Domela verheiratet, einem der Linken zuneigenden holländischen Maler der Avantgarde, der mit Mondrian, Klee, Kandinsky und anderen in Deutschland als »entartet« geächteten Künstlern befreundet gewesen war. Die Domelas verließen Deutschland nach dem Reichstagsbrand von 1933 und überstanden den Zweiten Weltkrieg im besetzten Paris. Die zweite Schwester Gabriele arbeitete in einem Frankfurter Heim für straffällige junge Mädchen und war Sozialhelferin in der jüdischen Gemeinde Hamburgs, bevor sie 1936 nach England floh. Voll Bitterkeit erinnerten sich die Kinder Derenberg daran, wie Max seiner Schwester Louise zugeredet hatte, in Deutschland zu bleiben. Ihre Rettung gelang schließlich nicht etwa durch Max' Verbindungen, sondern aufgrund der Tatsache, daß César Domela die niederländische Staatsangehörigkeit besaß.

Fritz hatte Max' Gewißheit, der Nationalsozialismus werde bald vergehen wie ein schlechter Traum, nie geteilt. »Er war kein so nationalistischer Deutscher wie Max«, hat seine Tochter dazu gesagt. »Er sah die Sache realistischer, weil er mit mehr Menschen redete. Trotzdem glaubte er nicht, daß ihm etwas geschehen werde.«[17] Da Fritz und Anna Beata nicht wie Malice zu eleganten Soireen gingen, sahen sie die Wirklichkeit möglicherweise tatsächlich nüchterner. Nach 1933 stand Fritz an der Spitze der jüdischen Gemeinde von Hamburg und kümmerte sich um die fortdauernde Finanzkrise des Israelitischen Krankenhauses; außerdem hatte er den Vorsitz in einem Ausschuß für Erwachsenenbildung, der sich inmitten der allgemeinen Verrohung der Sitten bemühte, einen Rest von Zivilisation aufrechtzuerhalten. Anna Beata, die ihre gesamte Arbeitszeit dem Verein Fröbel-Kindergarten gewidmet hatte, wurde aus dessen Vorstand entlassen und gründete daraufhin einen jüdischen Kindergarten. Als ihre Tochter Eva unter antisemitischen Schmähungen ihre Anstellung in einem Kindergarten verlor, richtete sie gleichfalls eine eigene Kindertagesstätte ein. Obwohl Fritz und seine Angehörigen nicht besonders religiös waren, mußten sie jetzt die Kinder orthodoxer Juden, die zu ihnen kamen, in Geschichte und Überlieferung des Judentums unterrichten. Eva hatte sich dem Zionismus zugewandt und begann auf dem Kösterberg eine koschere Küche zu führen.

Ingrid und Eva waren 1933 bereits junge Frauen, Fritz' dritte Tochter aber, Charlotte Esther (die Noni gerufen wurde), war erst elf Jahre alt und nahm den Nationalsozialismus mit unschuldigeren Augen wahr. Nachts träumte sie, daß Nazis, die sich im Park von Kösterberg versteckt hielten, sie verschleppen wollten. Morgens, wenn der Fahrer sie zur Schule brachte, sah sie beim Blick aus dem Autofenster Wandschmierereien, die den Warburgs galten. Es verletzte und verwirrte sie, als Lehrer und Mitschüler begannen, abfällige Bemerkungen über ihren Reichtum zu machen, und so bat sie den Fahrer, sie eine Straße von der Schule entfernt abzusetzen, damit andere Kinder nicht sahen, wie das reiche jüdische Mädchen aus einem großen Wagen stieg, den ein Chauffeur steuerte.[18] Nach einer Weile entfernten die Nationalsozialisten die altgedienten liberalen Lehrer aus der Schule und setzten statt dessen parteihörige ein. Diese verlangten von den Kindern, daß sie jeden Morgen die Hakenkreuzfahne grüßten. Als der Schulleiter 1935 jüdische Schüler von der Anstalt verwies, wurde Noni zur Eerde-Schule im holländischen Ommen geschickt, die englische Quäker im Vorjahr gegründet hatten. An jener Schule, die unter anderem verfolgten jüdischen Kindern als Zuflucht dienen sollte und von Erich Warburg finanziell unterstützt wurde, unterrichtete Aby M.s Sohn Max Adolph.

Ein merkwürdiger genetischer Zufall wollte, daß die hübscheste der drei Schwestern, Ingrid, ausgerechnet dem reizlosen Fritz am meisten ähnelte. Mit ihrem exotisch wirkenden Äußeren und ihrer würdevollen Haltung erinnerte sie jedermann an die altägyptische Königin Nofretete. Später beschrieb Ingrid ihre frühen Jahre auf dem Kösterberg als Paradies auf Erden, wo das Haus der Familie im Schatten hoch aufragender Buchen gestanden hatte, die Fritz seine »Elefanten« nannte. Dort schienen die Dahlien immer zu blühen, und Äpfel und Birnen hingen schwer von den Bäumen. »Man glaubte an eine fortschrittliche Entwicklung Deutschlands in Wirtschaft und Politik, und die jüdische Familie Warburg mit ihren weitverzweigten familiären und beruflichen Beziehungen zum Ausland würde zweifellos Teil dieser Entwicklung sein.«[19] Oft hielt sich Ingrid bei Lola in Berlin auf, ging ins Theater, um Inszenierungen von Max Reinhardt zu sehen, und besuchte Ausstellungen mit Werken von Käthe Kollwitz und George Grosz.

Fritz und Anna Beata sorgten dafür, daß sie eine gute Ausbildung bekam; nach ihrer Schulzeit in Salem studierte sie in Heidelberg und 1932 zusammen mit Gisela am Somerville College in Oxford Englisch. Im Rückblick erwiesen sich die Ereignisse und Einflüsse jenes Jahres als ausgesprochen wichtig. Ingrid begegnete Chaim Weizmann, der sie darauf hinwies, welches Schicksal den Juden Deutschlands drohte. Sie lernte auch Isaiah Berlin und E. F. Schumacher kennen, den Neffen des namhaften Hamburger Architekten, der später als klassischer Vertreter für eine alternative Denkweise im Bereich des Wirtschaftslebens bekannt wurde. Am meisten aber beeindruckte sie ein deutscher Rhodes-Stipendiat am Balliol College namens Adam von Trott zu Solz, der zu einer der wichtigen Gestalten im Widerstand gegen Hitler wurde.

Der hochgewachsene, gutaussehende und weltmännische junge Adlige war zeitlebens in Ingrids Tagträumen präsent. Sein Vater war preußischer Kulturminister, sein Großvater Botschafter unter Bismarck gewesen. Mütterlicherseits zählte er John Jay zu seinen Vorfahren, den ersten Präsidenten des Obersten Gerichtshofs der Vereinigten Staaten. Der nachdenkliche und nach christlichen Grundsätzen lebende junge Mann, der sich zum Dienst an der Allgemeinheit berufen fühlte, sah die Schrecken voraus, die Deutschland bevorstanden. Er kehrte 1933 aus England zurück, entschlossen, den Nationalsozialismus in Deutschland selber zu bekämpfen. Diese Entscheidung enttäuschte und verwirrte viele seiner Oxforder Bekannten, die in seiner Übernahme eines Regierungsamtes in Hitler-Deutschland einen Akt des Verrats an idealistischen Grundsätzen sahen.

Nach ihrer in Oxford verbrachten Zeit setzte Ingrid auf Betreiben ihres Vaters ihre Ausbildung an der Universität Hamburg fort. Sie studierte Englisch, Deutsch und Philosophie und verfaßte eine Dissertation über die englische Puritanerin Lucy Hutchinson. Ein letztes Mal empfand sie Dankbarkeit dafür, in der deutschen Kultur verwurzelt zu sein, bevor diese ihr auf brutale Weise entrissen wurde.[20] Fritz forderte sie auf, sich mit der jüdischen Philosophie Martin Bubers und den Stücken und Romanen von Scholem Asch zu beschäftigen, und in dieser gleichzeitigen Hingabe an die deutsche und an die jüdische Kultur spiegelt sich die gesamte Tragik der Warburgs.

Zu Anfang des Dritten Reichs traten die Schrecken in unheimlicher Weise zutage, um dann wieder zu verschwinden, als sei nichts geschehen. An einem schönen Frühlingstag ging Ingrid in Hamburg mit einem jungen Anwalt namens Peter Bielenberg spazieren (die Warburgs stellten ihm später Adam von Trott vor, und beide wurden Verbündete im Widerstand gegen das Regime). Als sie über die Lombardsbrücke mit ihren viktorianischen Laternen kamen, an deren Sockeln girlandengeschmückte Putti Wache halten, stürmten mit einem Mal Männer an ihnen vorüber, die ihre Aktentaschen fest an sich preßten. Peter wollte sich den beiden SA-Männern in den Weg stellen, die den Männern auf den Fersen waren, doch Ingrid faßte ihn am Arm und fragte ihn, ob er verrückt sei.[21] Als er ihren Blick sah, hielt er inne. Erneut wandten sich die beiden dem Geschehen zu, aber die Gasse, die sich in der Menschenmenge aufgetan hatte, war wieder geschlossen, und man sah nur noch friedliche Spaziergänger, die den Schein der Sonne genossen, deren Licht sich auf der Wasserfläche der Alster brach. Der unangenehme Vorfall war vorüber, der Vorhang vor der widerwärtigen Wirklichkeit wieder heruntergegangen. Anfang Mai 1933 hatte Hitler die Gewerkschaften aufgelöst und ihre Büros durchsuchen lassen. Die Geschäftsräume der Hamburger Gewerkschaften lagen in unmittelbarer Nähe der Lombardsbrücke, und so stand zu vermuten, daß es sich bei den Gejagten um Gewerkschafter handelte.

Immer mehr hatte man auf dem Kösterberg den Eindruck, sich an einem Zufluchtsort vor einer vom Wahnsinn regierten Welt zu befinden. Ingrid sagte über den Sommer 1933, für sie und ihre Verwandtschaft sei der Kösterberg »Mehr denn je... so etwas wie eine ruhige Insel« gewesen.[22] Mit dem kühlen Schatten und der Schönheit der alten Bäume verkörperte das Anwesen den Wohlstand und die Bildung, welche die Warburgs über Generationen hinweg genossen hatten. Im Sommer 1933 kam Adam von Trott, der gerade sein Studium in Oxford abgeschlossen hatte, auf den Kösterberg und versuchte Fritz davon zu überzeugen, daß nicht einmal ihr Reichtum die Warburgs vor einer Verfolgung bewahren werde. Als er erklärte, keine jüdische Familie sei sicher, schenkte ihm Fritz keinen Glauben.

Die Liebesbeziehung zwischen Adam und Ingrid war zum Scheitern verurteilt. Während seiner Referendarzeit stand der junge Jurist unter starkem Druck, in die NSDAP einzutreten. Eines Morgens im Dezember 1933, während sich der Nebel langsam von der Elbe hob, schrieb ihm Ingrid einen langen, bedrückten Brief, in dem sie ihm mitteilte, daß ihre Freundschaft nicht dauern könne, wenn er in die Partei eintrete, selbst wenn das nur dazu diene, seine wahre politische Gesinnung zu verbergen. »Weil es menschlich unmöglich ist, daß man einer Gemeinschaft angehört, deren eine wichtige Anschauung die Verachtung meiner Gemeinschaft ist.«[23] Damit hörte ihre Zuneigung zu von Trott aber keineswegs auf, und sie unterstützte ihn später tatkräftig bei seiner Arbeit im Widerstand.

Eine Fehleinschätzung im Februar 1934 führte dazu, daß Adam von Trotts Bemühungen, im Ausland Unterstützung für den deutschen Widerstand zu gewinnen, nicht das erhoffte Echo fanden. Der *Leb' wohl, Berlin* brachte eine Serie über die Verfolgung hessischer Juden, und von Trott teilte dem Blatt in einem Brief mit, daß sich die Dinge nicht so verhielten, wie sie dargestellt worden seien. Das klang verdächtig nach einer der üblichen Verharmlosungen der Nationalsozialisten. Trott führte aus, daß vor hessischen Gerichten weder Juden diskriminiert würden, noch Kaufleute unter einem Boykott zu leiden hätten. Immer wieder habe er mit aktiven SA-Männern gesprochen, die sich zwar der Rassendoktrin ihrer Führung verpflichtet fühlen, sich aber keinesfalls für berechtigt hielten, ihr mit Gewalt Geltung zu verschaffen. Sie hätten jeden Hinweis darauf, in ihrer Gegenwart könnten Greueltaten begangen werden, mit allen Anzeichen des Entsetzens von sich gewiesen.[24]

Für Ingrid und andere Warburgs äußerte sich die Bedrohung anfänglich nur in einer plötzlichen Abkühlung der Atmosphäre. Noch hörte man das verhängnisvolle Klopfen an der Tür nicht. An der Universität gingen ihr Kommilitonen schweigend aus dem Weg. Eines Tages trat ein Student auf sie zu und entschuldigte sich dafür, daß er sie künftig nicht mehr würde grüßen können, weil er sonst sein Stipendium aufs Spiel setze.[25] Ein anderes Mal stieg sie in der Universitätsbibliothek auf eine Leiter, um ein Buch aus einem Regal zu holen. Sie verlor das Gleichgewicht, stürzte zu Boden und verlor für kurze Zeit das Bewußtsein. Als sie zu sich kam, sah sie, daß die anderen Studenten nach wie vor auf ihren Plätzen saßen und so taten, als hätten sie nichts bemerkt. Niemand war aufgestanden, um ihr zu helfen. Erst auf dem Rückweg zum Kösterberg merkte sie, daß sie sich einen Arm gebrochen hatte. Die Erklärung für diese späte Wahrnehmung war einfach: »Der Schock über das Verhalten meiner Mitstudenten war größer gewesen als der Schmerz.«[26]

Diese sonderbare Mischung aus entsetzlichen Vorkommnissen und Alltagswirklichkeit erlebten die Warburgs während der Hitler-Jahre häufig. Bei Ingrids mündlicher Prüfung an der Universität verbargen zwei Professoren ihre Parteiabzeichen unter dem Jackettaufschlag, bevor sie ihr Fragen über Plato stellten.[27] Sie bestand und gehörte damit zu den letzten jüdischen Absolventen des Jahres 1936. Zur Belohnung schenkten ihr die Eltern eine Reise nach New York zu Onkel Felix. Zuvor unternahm sie mit einigen Freundinnen, die nach Palästina gehen wollten, eine wehmütige Abschiedsreise durch Franken und Bayern. Die Landschaft war friedlich und schön, doch an jedem Bahnhof zerriß der Antisemitismus die scheinbare Ruhe. Am Ortseingang vieler Städte hieß es auf Schildern: »Juden betreten diese Stadt auf eigene Gefahr.«[28] Während sie durch ein im Schmuck von Hakenkreuzfahnen prangendes Deutschland fuhren, in dem der Haß auf Juden geradezu körperlich spürbar war, sangen die jungen Leute deutsche und hebräische Lieder, darunter die Hatikwa, die später Israels Nationalhymne wurde. So nahmen sie auf ihre Weise Abschied vom Vaterland.

30

Die Tore schließen sich

Angesichts der Gewalttätigkeit und des Blutvergießens, die inzwischen in Deutschland an der Tagesordnung waren, gab Max Warburg nach und nach die Illusion auf, er könne Einfluß auf die Ereignisse nehmen. Immer wieder machten Rückschläge alle Hoffnung zunichte. Am 28. Juni 1934 traf er zu einem Gespräch mit Vizekanzler Franz von Papen zusammen, um gegen die Behandlung der Juden zu protestieren. Dieser war liebenswürdig, allerdings auch unverbindlich. Als Max erklärte, die Juden könnten Deutschland auf ganz reguläre Weise verlassen, sofern die Regierung dabei mitwirke, sagte ihm sein Gesprächspartner zu, über die Angelegenheit nachzudenken. Zwei Tage später kam es zur »Nacht der langen Messer«. In einem rücksichtslosen Machtkampf, der die Herrschaft Himmlers und seiner SS festigte, wurden Ernst Röhm, der Stabschef der SA, und Hunderte von Sturmabteilungsmännern umgebracht. Für Max war das Ereignis doppelt bedrückend, gehörten doch zu den Mordopfern auch Mitarbeiter Papens, mit denen er noch achtundvierzig Stunden zuvor zusammengewesen war.

Im September führte *Der Stürmer* einen Angriff gegen die Warburgs. Unter einem Foto von Max fand sich die Behauptung, er habe zu den Unterhändlern von Versailles gehört und lasse den Sozialdemokraten finanzielle Unterstützung zukommen.[1] Der Artikel wiederholte die abgedroschenen Lügen über seine und Pauls Rolle in Versailles und erklärte, einer der amerikanischen Warburgs habe an einem jüdischen Weltkongreß teilgenommen, um den Boykott deutscher Erzeugnisse voranzutreiben. Als könne man dem Teufel mit Bibelzitaten beikommen, ließ Max seinen Anwalt, Dr. Hermann Samson, ein förmliches Protestschreiben an die Gestapo aufsetzen. Darin wies dieser darauf hin, daß Max Mitglied der konservativen Deutschen Volkspartei gewesen sei und in der Hamburger Bürgerschaft auf der rechten Seite gesessen habe. Wie könne man einem solchen Mann vorwerfen, daß er die Sozialdemokratie unterstütze?[2]

Einige Wochen später fuhren Max und Alice nach New York. Auf Reisen ins Ausland konnten sie erneut Mut schöpfen; nach wie vor waren sie sicher, die Vorsehung habe bereits alle erdenklichen Schrecken auf sie herniedergehen lassen. Felix schrieb: »Bruder Max, Alice und Anita kamen an und sahen bemerkenswert gut aus. Sie sind voll Zuversicht und darauf bedacht, für andere etwas zu tun.« Dann fügte er mit einer gewissen Verzweiflung hinzu: »Worauf sie ihre Zuversicht gründen, habe ich nicht festzustellen vermocht, außer ihrer Überzeugung, daß die Dinge nicht so weitergehen können wie bisher.«[3]

Auch 1935 reisten Max und Alice noch einmal nach Amerika, wo sie um Unterstützung für die deutschen Juden warben. Selbst in New York wurde Max von der Gestapo beschattet, und seine Reden vor jüdischen Gruppen wurden mitgehört. Er hielt sich an die offizielle Linie der deutsch-jüdischen Führung und bat, den organisierten Boykott deutscher Waren zu beenden. Kommunistische Gruppen wandten sich mit antisemitischer Propaganda, die als progressives Denken getarnt war, gegen ihn. Die kommunistische Zeitung *Daily Worker* teilte ihren Lesern mit, Max sei als Vertreter der NS-Regierung in die Vereinigten Staaten gekommen; durch seine Ernennung zum »Ehrenarier« winke ihm ein »ansehnlicher Lohn«.[4] Unter Rückgriff auf die alte Falschmeldung über »Sidney Warburg« erhob die in jiddischer Sprache erscheinende Zeitung *Freiheit* den schwerwiegenden Vorwurf, der dem jüdischen Großbürgertum angehörende Felix Warburg habe den Nationalsozialisten 1933 eine Anleihe von sieben Millionen Dollar zur Verfügung gestellt.[5]

Die Behauptung, Max sei »Ehrenarier«, fand eine derartige Verbreitung, daß sich Felix verpflichtet fühlte, in einem Brief an Samuel Untermyer, einen herausragenden jüdischen Anwalt, darauf einzugehen. Darin wies er auf die Demütigungen hin, die Max widerfahren waren, und die vielen Aufsichtsratsmandate, die er eingebüßt hatte. Allerdings war ihm klar, daß das Unbehagen in Wirklichkeit auf die Kontakte zwischen Max und Schacht sowie anderen Größen des Regimes zurückging. So erklärte er Untermyer, solange Max irgendeinen Kontakt mit Leuten wie Schacht habe, bemühe er sich im Interesse der Mitjuden um Erleichterungen für all jene, die das Land nicht verlassen und ihr Geld nicht ins Ausland schaffen konnten. Allerdings habe er dabei kaum Erfolg. »Es ist für mich eine stete Quelle der Sorge, daß er sich noch dort aufhält, und ich habe alles getan, was ich kann, um ihn dazu zu bringen, das Land zu verlassen. Er aber meint, er sei zu alt, um selbst ins Exil zu gehen, und seine Anwesenheit dort könne einigen seiner Glaubensbrüder von Nutzen sein. Was aus ihm selbst wird, ist ihm gleichgültig.«[6]

Selbst in dieser gefahrvollen Zeit wirkte Max psychisch und körperlich wie eh und je, auch wenn unter seinen Augen schwere Tränensäcke hingen und sein Gesicht einen bedrückten Ausdruck hatte. Die Behauptung, um seine eigene Zukunft mache er sich keine Sorgen, entsprach nur zum Teil der Wahrheit. Seine Tochter Anita sagte: »Er fragte sich jeden Tag besorgt, was ihm zustoßen könnte, und er riskierte eine ganze Menge.«[7] Je düsterer die Lage der Warburgs wurde, desto häufiger zog sich Alice in eine Welt der Melancholie zurück. Dann saß sie allein in der Ecke eines mit italienischen Möbeln ausgestatteten Zimmers mit grünen Atlasvorhängen. Diese Umgebung schien sie zu trösten. Erich sagte später, in jener Zeit habe er unaufhörlich das Gefühl gehabt, mit einem Bein im KZ zu stehen.

Ab Frühjahr 1935 erreichten Felix Berichte, daß Max in tiefe Verzweiflung verfallen sei. Alles, woran er je geglaubt hatte, wurde nun in sein Gegenteil verkehrt und herabgewürdigt. Nachdem Dr. Bernhard Kahn in Paris mit Max zusammengetroffen war, teilte er Felix mit, jener habe all die Zuversicht verloren, die er noch wenige Monate zuvor besessen habe, und sehe für die nächsten zehn bis fünfzehn Jahre für die Juden keinen anderen Ausweg, als Deutschland zu verlassen.[8] Max, dem Trübsinn stets fremd gewesen war, konnte sich jetzt der Depressionen nicht mehr erwehren. Erich beschwor ihn zu fliehen, doch war nach Max' Ansicht ein solches Verhalten für führende Persönlichkeiten in der jüdischen Gemeinschaft undenkbar. Außerdem vertraute er auf den Schutz, den er von seinem Reichtum und seiner Macht erwartete. Als er eines Tages mit Erich an der Binnenalster entlangging, wies er auf den Bau der Bank M. M. Warburg und erklärte, es handle sich um mehr als ein großes Gebäude, es sei eine Festung, die der Familie Schutz gewähren werde.[9]

Die Verzweiflung verlieh Max den Kampfgeist des hoffnungslos Geschlagenen, der auf nichts mehr Rücksicht zu nehmen braucht. Nachdem Rabbi Morris Lazaron im Mai 1935 einen Abend mit ihm zugebracht hatte, verglich er ihn mit einem in die Enge getriebenen Löwen. Felix schickte er nachstehende Beschreibung, der man nichts hinzuzufügen braucht: »Wir hatten neulich abend in Max' Haus in Hamburg eine ziemliche Auseinandersetzung. Erich vertrat die Ansicht, es sei sinnlos zu kämpfen. Ihr Bruder [d. h. Max] verhielt sich großartig! ›Wir haben nichts mehr zu verlieren‹, sagte er. ›Wenn man uns als Bürger zweiter Klasse abstempelt, wenn diese Gesetze durchgehen, kann es nur eine Frage der Zeit sein, bis wir alle das Land verlassen müssen. Im Augenblick verwenden sie uns, weil wir helfen können. Ich bin dafür zu kämpfen.‹«[10]

Jetzt, da er seiner Sache nicht mehr sicher war, drängte Max die Juden zu bleiben und zu kämpfen, während er zugleich im verborgenen Schritte unternahm, um dafür zu sorgen, daß sie auf Zypern, in Syrien, Ägypten, der Türkei und Lateinamerika Aufnahme fanden. Er gehörte zu den Wegbereitern des Paranà-Projekts, bei dem eine kleine Anzahl deutscher Juden als Kaffeepflanzer im brasilianischen Dschungel angesiedelt wurde. Doch selbst als ihm das Gegenteil vor Augen geführt wurde, konnte er seinen Traum von der Assimilation der Juden in Deutschland nicht ganz aufgeben. Schließlich fiel es auch nichtjüdischen Deutschen schwer genug, all das hinter sich zu lassen, was sie im Laufe eines Lebens erreicht hatten, ob es sich dabei um materielle Güter, die gesellschaftliche Stellung oder um Freunde handelte. Für die Warburgs hätte das immerhin geheißen, ein Bankimperium verloren zu geben, das sie im Verlauf von nahezu hundertvierzig Jahren aufgebaut hatten. Es schien unvorstellbar, daß nach all den Jahrhunderten, die sie Deutschland treu gedient hatten, nun ein so jähes und schimpfliches Ende stehen sollte. Adam von Trott besuchte Ingrid 1935 auf dem Kösterberg und drängte Fritz, mitsamt seinen

Angehörigen zu fliehen. »Mein Vater nahm diese Warnungen aber nicht ernst und verwies immer wieder auf die lange und tiefe Verbundenheit der Warburgs mit Hamburg und Deutschland«, heißt es dazu in Ingrids Erinnerungen.[11]

So sehr hatte sich Max mit dem Geschick Deutschlands identifiziert, daß ihm der Fortgang aus dem Vaterland gleichbedeutend mit der Aufgabe seines eigenen Wesens zu sein schien. Bei aller Mutlosigkeit hatte er noch immer keine Vorstellung davon, wie schlimm die Dinge werden sollten. Als Mussolini im Oktober 1935 in Äthiopien einfiel, forderte Max seinen Enkel Oskar auf, die militärischen Entwicklungen in diesem Krieg sorgfältig zu verfolgen, denn es werde der letzte sein, den er miterlebe.[12] Bei der Bar-Mizwa-Feier Felix Meyers, eines Warburg vom Alsterufer, sagte Max Anfang 1937 in Berlin in seinem Trinkspruch auf den jüdischen Jungen: »Denke stets daran, daß du ein Deutscher bist.«[13]

Bis zu diesem Zeitpunkt hatte er den Weg der Vernunft zu gehen versucht und sich bemüht, Vertreter der Regierung zu der Erkenntnis zu bringen, daß sie Juden davon abhielten, das Land zu verlassen, wenn sie ihnen das Vermögen nahmen. Das Ziel auf diese Weise erreichen zu wollen, war jedoch aussichtslos, unter anderem auch deshalb, weil die jüdischen Führer in einer totalitären Atmosphäre unausgesetzter Überwachung agierten. Obwohl er Vorsitzender des Hilfsvereins der Deutschen Juden war, wurde Max von der Polizei überwacht und mußte die als verdächtig empfundenen Passagen aus seinen Reden streichen. Im April des Jahres war er besonders aufgebracht, als man von Berlin aus verlangte, die Vereinigung möge ihren Namen in »Hilfsverein der Juden in Deutschland« ändern, wohl weil man den Begriff »deutscher Jude« für einen Widerspruch in sich hielt. Max wurde 1936 stellvertretender Vorsitzender der Reichsvertretung und räumte später ein, daß sich die Vereinigung Hitler gegenüber zu freundlich verhalten habe.[14]

Möglicherweise spiegelte sich in seiner gespaltenen Persönlichkeit die widersprüchliche Stellung seiner Firma, die sich in einer äußerst schwierigen, wenn auch keineswegs aussichtslosen Lage befand. Von der Schließung kleiner jüdischer Banken in der Provinz profitierten große jüdische Banken in Großstädten – so auch M. M. Warburg –, die auf diese Weise Kunden hinzugewannen. »Im Laufe der Nazizeit hatte die Bank immer mehr jüdische Kunden bekommen und war zur bevorzugten Bank für die wirtschaftliche Tätigkeit der Juden geworden.«[15] M. M. Warburg gewährleistete bedrängten jüdischen Geschäftsleuten jene Art vertraulicher Behandlung, die sie in keiner nichtjüdischen Bank erwarten konnten. Sie verschaffte ihnen Devisen, vermittelte den Verkauf jüdischer Firmen an »Arier« und veräußerte deutsche Vermögenswerte an ausländische Unternehmen. Obwohl der Umfang des Kreditgeschäfts schrumpfte, nahm die Zahl der Warburg-Kunden im Jahr 1935 von eintausendachthundertfünfundsiebzig auf zweitausendeinhundertdreiundachtzig zu, und

Als sich Max und Felix Warburg in den dreißiger Jahren im Garten des »Hotel Bellevue« in Baden-Baden treffen, wollen beide noch nicht wahrhaben, daß ihr geliebtes Deutschland an sein Ende gekommen ist. Die selbstverständliche Eleganz der beiden Kurgäste scheint noch das ungebrochene Lebensgefühl vergangener Jahre anzuzeigen; in Wahrheit ist alles bereits verändert.

die Bank verbuchte einen Gewinn von über einer Million Reichsmark. Auch wenn sie in der Krise nicht gerade gedieh, hielt sie sich doch über Wasser.

Ungeachtet der Haltung der NSDAP pflegte die deutsche Industrie weiterhin geschäftliche Kontakte mit M.M. Warburg & Co. Wohl verlor die Bank Mitte der dreißiger Jahre einige größere Kunden, darunter Daimler-Benz und Friedrich Flicks Maxhütte, doch waren dies erstaunlicherweise Ausnahmen. Verblüffend war, daß sie 1935 lediglich vier von zweiundfünfzig Aufsichtsratsmandaten aufgeben mußte, und das bestärkte Max in seiner stets wiederholten Überzeugung, der Antisemitismus sei zwar überall zu spüren, aber unter der wirtschaftlichen Elite Deutschlands alles andere als verbreitet. Infolgedessen unterschätzte er die Stärke und Beständigkeit des Einflusses, den die Nationalsozialisten auf weniger hochgestellte Gesellschaftsschichten hatten.

Es ist nie wirklich klargeworden, ob Max' Beziehung zu Schacht ihn letztlich rettete oder zu seinem Nachteil gereichte. Da es ihm gelungen war, die Wirtschaft wie durch einen Geniestreich wieder in Gang zu bringen – in den beiden ersten Jahren von Hitlers Kanzlerschaft verminderte sich die Arbeitslosigkeit im Lande von sechs auf gut zweieinhalb Millionen, wodurch der Führer zum Held der Massen wurde –, gewann Schacht in wirtschaftlichen Fragen eine allem Anschein nach unangreifbare Stellung. Als er im Juli 1934 bei den Wagner-Festspielen in Bayreuth mit Hitler zusammentraf, wurde ihm angeboten, an die Spitze des Wirtschaftsministeriums zu treten. Schacht fragte den Führer, wie er in der Frage der Juden zu verfahren habe, und unvermittelt kam die Antwort, diese könnten in wirtschaftlichen Angelegenheiten genauso weitermachen wie bisher.[16] Danach widmete Schacht seinen Vormittag jeweils der Reichsbank und ging für den Nachmittag ins Reichswirtschaftsministerium Unter den Linden, womit er noch 1935 für die Behandlung jüdischer Unternehmen zuständig war.

Ab Mai durfte er sich mit einem eindrucksvollen neuen Titel schmücken: »Bevollmächtigter für die Kriegswirtschaft«. Seine Aufgabe war es, das Wachstum der Wirtschaft mit Deutschlands Wiederbewaffnung zu verknüpfen. Da Devisenmangel dabei hinderlich war, mußte er Verbindungen zu Bankiers im Ausland aufrechterhalten und war mithin daran interessiert, jüdische Bankiers zu schützen.

Auch diese waren hinreichend mit der Frage des Geldumtauschs beschäftigt. Infolge der konfiskatorischen Wechselkurse und der sogenannten »Reichsfluchtsteuer« ging die Auswanderung von Juden mit weitreichenden Verlusten einher. Selbst bei der Paltreu mußten Juden, die 1935 nach Palästina auswanderten, auf ein Viertel ihres Besitzes verzichten; wer sich in anderen Ländern ansiedeln wollte, büßte gar achtundsiebzig Prozent ein. Bis August 1935 traf Max zehnmal mit Schacht zusammen; bei vielen dieser Besprechungen muß es um Devisen gegangen sein. Beispielsweise versuchte Max für den Vergabeausschuß, der Dollar in Mark umtauschen mußte, um seine Arbeit in Deutschland fortsetzen zu können, einen günstigen Wechselkurs zu erzielen.[17] Offenbar wiegten er und andere jüdische Bankiers sich in einem falschen Gefühl der Sicherheit, weil Schachts Tür ihnen jederzeit offenstand. Im März 1935 war bei einer Abendgesellschaft in Hans Fürstenbergs Haus neben dem Botschafter der Vereinigten Staaten, William E. Dodd, auch Max anwesend. In seinem Tagebuch notierte Dodd, welches Vertrauen die jüdischen Bankiers zum Präsidenten der Reichsbank hatten: »Auch andere Gäste erklärten mehrfach, sie seien mit Dr. Schacht befreundet.«[18]

Schacht, der ein wahrer Meister der Doppelzüngigkeit war, steuerte einen schwierigen Kurs zwischen jüdischen Geschäftsleuten und strammen NSDAP-Anhängern. Von sich selbst eingenommen, war er überzeugt, er könne Hitler auf dessen ureigenem Gebiet schlagen, ihm wirtschaftliche Vernunft beibringen, dabei gleichzeitig die Juden beschützen und erreichen, daß das Ansehen Deutschlands im Ausland gewahrt blieb. Gelegentlich äußerte er sich, ohne ein Blatt vor den Mund zu nehmen, über die Art, wie Juden behandelt wurden. Als am 15. Juli 1935 jüdische Läden auf dem Kurfürstendamm geplündert wurden, verdammte Schacht die Gewaltakte in einer Rundfunkansprache und erklärte, Juden müsse die Möglichkeit zu wirtschaftlicher Betätigung gegeben werden. Da diese Rede auf Goebbels' Anweisung in der Presse lediglich in zensierter Form erschien, ließ Schacht durch die Reichsbank zehntausend Exemplare davon in ganz Deutschland aushängen und insgesamt eine Viertelmillion Exemplare drucken. Wiederholt versetzte er nationalsozialistische Aktivisten in Rage, weil er jüdische Geschäfte wieder eröffnete. Seine Triebfeder war allerdings nicht etwa eine besondere Wertschätzung der Juden; bei internen Beratungen der Partei erklärte er, deren Verfolgung sei seiner Bemühung abträglich, Rohstoffe und Devisen für die Aufrüstung und für öffentliche Aufgaben zu beschaffen.

Am 15. September 1935 beendeten die Nürnberger Rassengesetze den gesamten Prozeß der Emanzipation mit einem Schlag, und die jüdische Gemeinschaft sah sich ins Mittelalter zurückversetzt. Man nahm ihr alle politischen Rechte, einschließlich des Wahlrechts, und verwehrte ihren Mitgliedern den Zugang zum öffentlichen Dienst. Eheschließungen wie auch außerehelicher Geschlechtsverkehr zwischen Juden und »Deutschblütigen« waren verboten. (In Hamburg wurde ein rein jüdisches Bordell eingerichtet, damit es nicht zu Verstößen gegen das Gesetz kommen konnte.) Von Stund an lebten die Warburgs auf Abruf. »Das waren Jahre des Ausharrens auf verlorenem Posten, voller Widerlichkeiten und menschlicher Enttäuschungen«, vermerkte Erich einmal.[19]

Die Führung der deutschen Juden entschied sich jetzt, energischer vorzugehen. Max brachte die Reichsvertretung dazu, an Jom Kippur einen Massenprotest zu veranstalten, und zwar in allen Synagogen Deutschlands gleichzeitig. »Und da ich mich für feige gehalten hätte, den Protest von anderen verlesen zu lassen, während ich mich selbst nicht daran beteiligte, beschloß ich, ihn in der Synagoge des jüdischen Waisenhauses vorzutragen«,[20] erklärte er. Mit diesem Vorgehen setzten sich Max und andere der Gefahr aus, verschleppt oder ins KZ gebracht zu werden. Indessen verdarb die Reichsvertretung die Sache durch ihr dilettantisches Vorgehen: Da sie alle achthundert Flugblätter zugleich auf die Post gab, wurde die Gestapo auf die geplante Aktion aufmerksam. Sie beschlagnahmte die Sendungen, verbot die Protestveranstaltung und nahm mit Leo Baeck, dem Präsidenten, und Otto Hirsch, dem Leiter, die Spitzen der Reichsvertretung der Juden in Deutschland fest. Daraufhin änderte diese ihre Haltung und trat für eine Massenauswanderung ein.

Wenige Tage später wurde Max zu Schacht gerufen, der ihn offenbar für dumm verkaufen wollte. Er äußerte seine Befriedigung über die Verkündigung der Nürnberger Gesetze und leugnete, daß diese dem Status der Juden in irgendeiner Weise abträglich seien. Sie bekämen durch diese Gesetze lediglich eine *andere* Stellung zugewiesen, erklärte er und fuhr fort, mit ihrer Hilfe solle das Wirtschaftsleben in ein ruhiges Fahrwasser gelenkt werden. Er habe mit hohen Vertretern der Partei gesprochen und sei gewiß, daß hinter den Gesetzen keine andere Absicht stehe. Künftig würden jüdische Geschäfte unbelästigt bleiben.

Erst jetzt fiel es Max wie Schuppen von den Augen. Er begriff Schachts eigentliche Absicht: Er wollte, daß sich Max öffentlich gegen die Kritik am Regime aussprach, die einerseits vom *Manchester Guardian* kam, der einen unerbittlichen Feldzug gegen Hitler führte, andererseits von Samuel Untermyer und einer Gruppe amerikanischer Juden, die einen Boykott deutscher Erzeugnisse vorbereitete. Max, der nicht daran dachte, sich erpressen zu lassen, teilte Schacht mit, er sei nicht bereit, sich gegen den amerikanischen Boykott zu wenden oder der Kritik aus dem Ausland öffentlich zu widersprechen. Das war das Ende seiner Bemühungen, durch Nachgiebigkeit Raum für Verhandlungen mit den Nationalsozialisten zu lassen, nicht aber das Ende seiner Beziehung zu Schacht.[21]

Nach Erlaß der Nürnberger Gesetze entwickelte Max angesichts der immer schwieriger werdenden Lage neue Vorgehensweisen. So legte er einen Plan für eine Weltfriedenskonferenz vor, die Möglichkeiten zur Rettung deutscher Juden bieten sollte. Nicht den Antisemitismus der Nationalsozialisten wollte er angreifen, sondern statt dessen lautstark ihren Militarismus und ihre Staatsvergötterung anprangern. Da sie immer wieder die Notwendigkeit von »Lebensraum« für Deutschlands wachsende Bevölkerung hervorhoben, wollte er darauf hinweisen, daß sich ein solcher Bevölkerungsdruck abbauen lasse, indem man den Juden eine unbehinderte Auswanderung ermögliche.[22]

Bis Ende 1935 hatten rund hunderttausend Juden Deutschland verlassen, während die übrigen vierhundertfünfzigtausend ihre Entscheidung hinausgeschoben hatten – eine gefährliche Untätigkeit. Als nunmehr die Hinweise auf die nahende Katastrophe unübersehbar wurden, drängten Zehntausende von Juden ins Ausland. Der Hilfsverein der Juden in Deutschland stellte Berichte von vierhundert Korrespondenten auf der ganzen Welt zusammen, in denen die Arbeitsmarktlage in anderen Ländern beschrieben wurde. Außerdem waren sie Juden behilflich, Visa, Schiffspassagen und Darlehen zu bekommen und sich in der neuen Umgebung einzuleben. Als Vorsitzender der Gruppe träumte Max Warburg nach wie vor von einer Liquidations- oder Transfer-Bank, die einer großen Zahl von Juden die Auswanderung ermöglichen würde. Er trug Schacht den Gedanken vor, deutsche Juden könnten durch ihre Glaubensgenossen in Übersee teilweise dadurch ausgelöst werden, daß diese deutsche Waren kauften. Die Parteiführung wußte von diesen Gesprächen und ließ inoffiziell deren Fortführung zu. Zu Max' Plan gehörte die Ausweitung des Haavara-Projekts, bei dem Juden Markbeträge einzahlten und dafür Devisen bekamen. Zur Finanzierung des Projekts wollte er von Juden in Übersee eine beträchtliche Anleihe aufnehmen, für die der Immobilienbesitz, den auswandernde Juden in Deutschland zurückließen, als Sicherheit dienen sollte.

Max hielt das für seine beste Strategie zur Befreiung deutscher Juden aus der Knechtschaft. Am 7. November 1935 trafen in London in den Räumen der Firma Rothschild in New Court jüdische Führer unter der Schirmherrschaft des Central British Fund zusammen. Nachdem Simon Marks einen Plan vorgetragen hatte, der ausschließlich eine Ansiedlung deutscher Juden in Palästina vorsah, beschrieb Lionel de Rothschild als Vertreter der Nichtzionisten Max' Plan einer Bank mit einem Kapital von drei Millionen Pfund Sterling, das zur Auswanderung in alle Länder eingesetzt werden sollte, nicht nur nach Palästina. Voll Überschwang schrieb James G. McDonald an Felix: »Lionel zeigte sich außergewöhnlich begeistert... Er wollte unbedingt, daß dieses Projekt als Hauptplan übernommen und daß der Palästina-Plan ihm untergeordnet oder einverleibt werden sollte.«[23]

Am meisten dürfte den deutschen Juden beim Kampf gegen das NS-Regime die Uneinigkeit geschadet haben, die in der Zeit der Not unter den Juden der Welt herrschte. Die Frage der Massenauswanderung aus Deutschland verschärfte unterschwellige Spannungen zwischen Zionisten und Nichtzionisten in einer Situation, in der die Juden sich das am wenigsten leisten konnten. Chaim Weizmann war gekränkt, weil man ihn nicht zur Londoner Besprechung eingeladen hatte, und er sah seinen Verdacht bestätigt, daß verräterische Nichtzionisten andere Auswanderungsziele als Palästina befürworteten.[24] Er hatte sich für das Haavara-Abkommen eingesetzt, traute Max' neuer Liquidations-Bank nicht und erfuhr voll Enttäuschung, daß lediglich ein Fünftel der im Rahmen dieses Projekts vorgesehenen Gelder für Palästina bestimmt sein würden.[25] So teilte er Simon Marks mit: »Die jüngsten Äußerungen unseres Freundes Max Warburg (der sich aus Gründen, die er selbst am besten kennt, jetzt als Fachmann für jüdische Fragen und Angelegenheiten Palästinas aufspielt) und die Überheblichkeit, mit der sein Bruder [Felix] an alles herangeht, was mit Palästina zu tun hat, obwohl er davon wirklich wenig weiß und noch weniger versteht, liefern Hinweise auf die gefährliche Tendenz, von der ich spreche.«[26] Geld nahm Weizmann gern von den Warburgs, ihre Meinung aber wollte er nicht hören.

Die Rothschilds gewannen für Max' Plan einen der prominentesten britischen Juden, Sir Herbert Samuel, Sohn Samuel Montagus, der die Merchant Bank gegründet hatte. Er war ehemaliges Kabinettsmitglied und Abgeordneter der Liberalen im Unterhaus, wo er sich für den Boykott deutscher Waren ausgesprochen hatte. Aus guten Gründen fürchtete er, daß weder Gewerkschaftsvertreter noch amerikanische Juden je einem Plan zustimmen würden, der sich auf eine Ausweitung der Einfuhren aus Deutschland gründete. Nachdem er sich im englischen Außenministerium unauffällig umgehört hatte, bereitete er sich im Januar 1936 mit Lord Bearsted und Simon Marks darauf vor, nach New York zu reisen, um dort für einen Transferplan zu werben. Sie boten zwei Varianten an. Die eine sah, wie von Max vorgeschlagen, eine generelle Auswanderung vor, die andere legte das Schwergewicht auf die Auswanderung nach Palästina. Immerhin hieß das Ziel, in vier Jahren hundertachtundsechzigtausend deutsche Juden zu retten, wobei amerikanische Juden zwei Drittel und britische Juden das verbleibende Drittel der dafür erforderlichen Mittel aufbringen sollten.[27]

Da sich die Nationalsozialisten davor scheuten, ein Abkommen mit jüdischen Bankiers zu schließen, und nicht bereit waren, auf peinliche Fragen zu antworten, kam es bei der Unternehmung vor allem auf Geheimhaltung an. Am 6. Januar 1936 – eine Woche, bevor die drei Briten nach New York reisen wollten – brachte die *New York Times* auf der ersten Seite einen Artikel mit der Überschrift »Weltjudentum soll großen Exodus deutscher Glaubensbrüder finanzieren«.[28] Unter namentlicher Nennung der drei britischen Unterhändler wurde erklärt, die geplante Aktion werde das größte Unternehmen seiner Art seit der Auswanderung der Hugenotten aus Frankreich im 17. Jahrhundert sein. Weiter hieß es, das Projekt verfolge die Absicht, »dem Deutschen Reich erneut wirtschaftlichen und finanziellen Wohlstand zu sichern«. Als Alternative bleibe nur die fortgesetzte Unterdrückung der im Land festsitzenden Juden. Wieder einmal hatte man die Wahl zwischen zwei Übeln: Entweder halfen die Juden im Ausland ihren deutschen Glaubensbrüdern und damit dem Dritten Reich, oder sie kehrten den Nationalsozialisten den Rücken und überließen die deutschen Juden ihrem Schicksal.[29] Norman Bentwich formulierte das Dilemma folgendermaßen: »Wir hatten die Wahl, den Empfindungen der Juden außerhalb Deutschlands gerecht zu werden oder uns der Situation der Juden in Deutschland zu stellen; den Schaden würden die deutschen Juden tragen.«[30]

Dieser Zeitungsartikel brachte den Warburg-Plan zu Fall. Manchen amerikanischen Juden war die Vorstellung ein Greuel, die deutsche Wirtschaft zu unterstützen, andere wiederum stellten sich auf den Standpunkt, man schaffe auf diese Weise einen schrecklichen Präzedenzfall. Bestand nicht die Gefahr, daß judenfeindliche Regierungen künftig Juden verfolgten, damit sie von reichen Glaubensgenossen im Ausland freigekauft würden? Dennoch reisten die britischen Unterhändler nach New York, und es gelang ihnen, einen Rat für die deutschen Juden (Council for German Jewry) einzurichten, an dem Felix, Paul Baerwald und Rabbi Stephen Wise als amerikanische Vertreter teilnahmen. Der Transferplan selbst allerdings schien zum Scheitern verurteilt.

Max, der sich nie leicht geschlagen gab, setzte durch, daß die gespaltene Reichsvertretung dem Reichswirtschaftsminister am 27. Januar 1936 einen neuen Plan vorlegte. Er brachte mehrere Tage in Berlin damit zu, daß er sich bei führenden Politikern für einen Aufschub der Angriffe gegen jüdische Unternehmen und für eine geordnete Ausreise der Juden einsetzte. Zwei Tage bevor Hitler im März 1936 Truppen ins entmilitarisierte Rheinland in Marsch setzte, teilte Dr. Bernhard Kahn Felix mit, die schon seit längerer Zeit andauernden Gespräche über den Warburg-Plan zwischen Max und Schacht seien an einem toten Punkt angekommen.[31] Zwar stand Schacht dem Plan positiv gegenüber, doch hatte er Max mitgeteilt, daß er inzwischen selbst politische Schwierigkeiten habe. Er hatte sich dagegen ausgesprochen, daß Goebbels Devisen für Auslandspropaganda abzweigte, und damit waren ihm ganze Heerscharen neuer Feinde erstanden.[32]

Verzweifelt entwickelte Max einen letzten Plan, der alle Punkte in sich schloß, auf die es ankam. In London saß Sir Osmond d'Avigdor Goldsmid einer kleinen wohltätigen Stiftung vor. Sie könne, teilte er Max mit, einen Grundstock für die Liquidations-Bank zur Verfügung stellen. Zu jener Zeit wußte Max nicht, daß die Stiftungsbedingungen das nicht zuließen, und er war froh, das nötige Geld aufgetrieben zu haben. Aus seiner Verzweiflung erwuchs ein kühner Traum. Immerhin ließen sich hundertzwanzigtausend Juden befreien – die Hälfte aller deutscher Juden unter fünfundvierzig Jahren.[33] Bei einem Aufenthalt in London gab sich Max zuversichtlich, für seine Transferbank eine halbe Million Pfund aufbringen zu können.[34]

Allerdings betrug das Kapital der Stiftung lediglich hundertfünfundzwanzigtausend Pfund – für Max' Bedürfnisse erschreckend wenig –, und sie hatte sich bereits in vielen Fällen verpflichtet, kleine jüdische Unternehmen in Osteuropa mit billigen Krediten zu versorgen. Mit einer Naivität, die man bei einem Bankier nicht vermuten würde, hatte Max angenommen, Sir Osmond werde das gesamte Kapital der Stiftung in seine Bank einschießen. Dr. Bernhard Kahn öffnete ihm schließlich die Augen; so wurde auch Max' letzte Hoffnung zuschanden. Bernhard Kahn schrieb darüber: »Ich muß gestehen, daß es selten meine Aufgabe war, derart schmerzliche Gespräche mit Mr. Warburg zu führen. Als ich ihm die Lage erläuterte, ... war er zutiefst enttäuscht. Es sieht so aus, als sei die Möglichkeit, daß die Stiftung ihre gesamten Mittel für die Zwecke der vorgesehenen Bank zur Verfügung stellt, die letzte große Chance gewesen, die er für deren Einrichtung sah.«[35] Erzürnt warf Max Sir Osmond einen »hundertprozentigen Rückzug« vor.[36]

Siegmund war hinreichend in Max' Plan eingebunden, um von der zionistischen Presse unter Feuer genommen zu werden.[37] Im Frühjahr

1936 verbrachte er mehrere Wochen bei Frieda und Felix im Haus Fifth Avenue 1109. Er genoß die Offenheit und Großzügigkeit, mit der ihn Felix behandelte, und diesem gefiel die freimütige Art seines Neffen. Da Siegmund nicht dazu neigte, sich Vereinigungen anzuschließen, sah Felix in ihm das ideale Bindeglied zwischen dem Vergabeausschuß und den führenden britischen Juden. Vom geschäftlichen Standpunkt aus gesehen, bekam Siegmund damit Zutritt zu den höchsten Rängen der normalerweise nach außen hin abgeschlossenen britischen Hochfinanz. Felix und Siegmund hielten Max' Gespräche mit Schacht für Augenwischerei und waren davon überzeugt, daß die Nationalsozialisten Schacht benutzten, um hinter seiner Biedermannsmaske ihre Verbrechen begehen zu können. Felix mußte daran denken, wie ihn auf der Reise, die er in der Sowjetunion für den Agro-Joint unternommen hatte, Rykow mit tröstlichen, aber leeren Worten abgespeist hatte. In diesem Zusammenhang teilte er Hans Fürstenberg mit: »Offenkundig behandeln sie Schacht ebenso, wie ich es bei Stalin mit Rykow erlebt habe – sie bringen ihn in eine Stellung, in der er um Rat gefragt werden kann, geben ihm einen Titel, halten ihn aber sozusagen physisch und psychisch als Gefangenen.«[38]

Trotz der Enttäuschung mit Sir Osmond d'Avigdor Goldsmid entwarf Max unablässig neue komplizierte Transferpläne, von denen er manche auch in die Tat umsetzte. Er gründete in London eine Bank namens International Trade and Investment Agency, mit deren Hilfe er das Haavara-Konzept auf den Weltmaßstab übertrug. So wie die Paltreu gegen den Kauf deutscher Erzeugnisse Geld nach Palästina leitete, sollte das die neue Altreu (Allgemeine Treuhandstelle für die jüdische Auswanderung G.m.b.H.) bei anderen Bestimmungsländern tun.

Auch die amerikanischen Warburgs sorgten mit eigenen ausgeklügelten Mitteln dafür, daß in Deutschland festsitzende Juden das Land verlassen konnten. Bettina Warburg gehörte der American Psychoanalytic Association an, die jüdischen Psychiatern und Psychoanalytikern Visa und Anstellungen beschaffte. Da die Nationalsozialisten die Psychoanalyse als jüdische Wissenschaft gebrandmarkt hatten, mußte diesem Personenkreis dringend geholfen werden. Es gelang Bettina, eine ergiebige Geldquelle aufzutun. Wegen der Devisenbewirtschaftung war es M. M. Warburg nicht möglich gewesen, die fälligen Zinsen für das Darlehen von 1931 zu überweisen, das Paul und Felix zur Rettung der Bank gegeben hatten, und so sammelte sich das Geld für die Kara Corporation in Deutschland an, ohne daß etwas damit geschah. Bettina wies Erich an, Vorschüsse von jeweils zwei- bis dreihundert Reichsmark an Psychiater und andere Juden auszuzahlen, denen die zur Auswanderung nötigen Mittel fehlten. Außerdem bekamen die Empfänger dreitausend Dollar, die sie für die Visa-Anträge nach Amerika bezahlen mußten, unter der Voraussetzung, daß sie den Umlauffonds später wieder auffüllten. Auf diese Weise gelang es Bettina und Erich, ohne Aufsehen hundertvierundfünfzig

Menschen zu retten, von denen viele in Fachkreisen der Psychiatrie hohes Ansehen genossen. Bettina hängte diese Heldentat nie an die große Glocke und vernichtete mit Ausnahme einer einfachen Namensliste der Zahlungsempfänger vor ihrem Tod alle diesbezüglichen Unterlagen.[39]

Der besondere Einfluß, den die Warburgs noch im Dritten Reich genossen, beruhte darauf, daß sie im Unterschied zu anderen Juden Zugang zu Regierungsstellen hatten. Dies war jedoch seit dem 10. Februar 1936 gefährdet, dem Tag, an dem sich die Gestapo unter Heinrich Himmler als oberstes Polizeiorgan etablierte. Bald schon wurden Vorschriften erlassen, deren Zweck es war, Juden zu isolieren. Sie verboten Zusammenkünfte zwischen jüdischen Führern und den Inhabern öffentlicher Ämter, sofern sie nicht auf Initiativen der Reichsregierung zurückgingen. Max regte an, der Vergabeausschuß möge einen Amerikaner nach Deutschland entsenden, der als Mittelsmann für Gespräche zwischen Juden und den Verwaltungsstellen des Dritten Reichs auftreten konnte.

Dr. Bernhard Kahn, der sich damals in Paris aufhielt, zweifelte an der Durchführbarkeit dieses Vorgehens, weil er sicher war, daß ein solcher Vermittler bald zur Untätigkeit verdammt sein werde. Dennoch entwickelten Felix und Paul Baerwald einen Plan, der bis 1960 geheim blieb, und ein einstiger Gewerkschaftssekretär aus dem amerikanischen Bundesstaat Pennsylvania namens Peter Glick stellte sich für die Aufgabe zur Verfügung. Als Felix und Baerwald erfuhren, daß Glick fünf Kinder hatte, lehnten sie jedoch sein Angebot ab, da diese Funktion mit außergewöhnlichen Gefahren verbunden war. Daraufhin schlug Glick seinen Bruder David vor, der als Anwalt in Pittsburgh tätig war, fließend Deutsch sprach und die Gefahr nicht scheute. Er wußte, daß ihn die Geheimpolizei gleich bei seiner Ankunft in Berlin vernehmen würde. »Ich machte den Herren Warburg und Baerwald den Vorschlag, daß mein vorrangiges Ziel darin bestehen sollte, mit Himmler zusammenzutreffen, da dieser Chef des gesamten staatlichen Sicherheitsapparates und damit auch der Gestapo war.«[40]

Im April unterbrach Glick seine Reise in London, wo er von Max und anderen deutschen Juden vertrauliche Informationen bekam. Anschließend fuhr er nach Berlin weiter und stieg im Hotel *Esplanade* ab. Er traf mit dem Konsul der Vereinigten Staaten, General George S. Messersmith, zusammen, der telefonisch eine Unterredung mit Himmler vereinbarte. Einige Tage später ging Glick mit Messersmiths Mitarbeiter, Raymon H. Geist, ins Gestapohauptquartier im Prinz-Albrecht-Palais. Über der Tür hing ein Schild mit der Aufschrift »Juden haben hier keinen Zutritt«.[41]

Geist versicherte Himmler, daß niemand von Glicks Besuch bei ihm wisse. Ihre Absicht sei es, erklärte er, Juden beim Verlassen Deutschlands zu helfen. Da die Nationalsozialisten zu jenem Zeitpunkt es noch vorzogen, die Juden zu vertreiben anstatt sie zu vernichten, hatten sie in gewisser Weise eine gemeinsame Grundlage mit den Zionisten, die die Juden ihrerseits aufforderten, nach Palästina zu fliehen. Himmler ließ die Besucher von Reinhard Heydrich, seiner rechten Hand, Chef der Sicherheitspolizei und des SD, zu Dr. Karl Haselbacher bringen, der für jüdische Fragen zuständig war. In dessen Büro erlebten die Besucher ein sonderbares Schauspiel der Gestapobürokratie. Mit peinlicher Akribie führte Haselbacher eine Kartei mit den Namen, Anschriften, Berufen und sonstigen Angaben Tausender von deutschen Juden. Ohne Umschweife gab er Glick seine Telefonnummer und eine Liste führender Juden in Großstädten. Es war ein unvorstellbarer Vorgang: Die Gestapo stellte eine vollständige Adressenliste zur Verfügung, um die Flucht deutscher Juden zu beschleunigen! Zu ihrem Erstaunen stellten Glick und Geist fest, daß sie auf keinerlei Hindernisse stießen.

Später fragte sich Glick, wieso William Shirer und andere altgediente Journalisten in Berlin nie etwas von seiner Anwesenheit erfuhren. Max, der sein Wirken überwachte, schickte Felix derart positive Berichte, daß der Vergabeausschuß den Vertrag mit diesem freiwilligen jüdischen Geheimbotschafter um ein Jahr verlängerte. Als Glick 1937 nach Deutschland zurückkehrte, wurde er von Gestapoleuten belästigt und bekam daraufhin ein im ganzen Reichsgebiet gültiges Beglaubigungsschreiben, das er der Geheimpolizei vorweisen konnte und in dem es hieß, daß er die Unterstützung offizieller Stellen genoß. Seine Mission endete um die Mitte des Jahres 1938.

Zu jener Zeit hatten Himmler und Heydrich mit den Zionisten weniger Schwierigkeiten als mit vaterländisch gesinnten und in die deutsche Kultur eingebetteten Juden wie Max Warburg, die ihre Glaubensbrüder aufforderten, im Lande zu bleiben.[42] Gewiß, dieses Verhalten war töricht, doch muß man auch sagen, daß Max der offiziellen Politik äußerst couragiert Widerstand leistete. Da die Gestapo verbot, daß Juden in der Öffentlichkeit ihre Absicht bekundeten, in Deutschland bleiben zu wollen, befürwortete er öffentlich immer wieder die Auswanderung, forderte Juden aber in privaten Gesprächen zum Bleiben auf.

Diese Widersprüchlichkeit erkennt man besonders deutlich an einer unvergeßlichen Rede, die er 1936 bei einer gemeinsamen Tagung der B'nai B'rith-Logen in Hamburg hielt. Solche Zusammenkünfte wurden von der Gestapo ausspioniert, die in der Regel auch im voraus wußte, worüber der jeweilige Redner sprechen wollte. Während ein führender Gestapomann aufmerksam seinen Worten folgte, äußerte sich Max positiv zu den verschiedenen Möglichkeiten, in andere Länder auszuwandern. Als Max im Verlauf des geselligen Teils merkte, daß der unerwünschte Zuhörer gegangen war, vollbrachte er eine außergewöhnlich mutige Tat, die der Historiker Hans Liebeschütz in folgende Worte faßte: »Max Warburg rief die Mitglieder nochmals zurück in den Saal, um einige Worte zu sagen, die sich als Widerrufung des zuvor Gesagten erwiesen. Er betonte seine Gewißheit, daß die deutschen Juden den Sturm überstehen würden, wenn sie im Lande blieben. Die Mehrheit der Anwesenden war vermutlich mehr erstaunt als überzeugt, doch war wohl jeder vom Mut des Redners tief beeindruckt. Ein einziges unvorsichtiges Wort von einem der hundert oder mehr anwesenden Männer konnte die ketzerische Äußerung zur Kenntnis der Mächtigen bringen.«[43] Indem er sein Leben aufs Spiel setzte und sich den Zuhörern auf Gedeih und Verderb auslieferte, bewies Max nicht nur großen Mut, sondern auch beispielhaftes Vertrauen in die Mitglieder der Jüdischen Gemeinde Hamburgs.

In den Augen vieler deutscher Juden waren die Warburgs Helden, die ihnen den Weg aus dem Land ebneten, indem sie ihnen Geld gaben, zu einer Ausbildung verhalfen oder zu günstigen Bedingungen Devisen verschafften. Andere allerdings sahen in Max Warburg jemanden, der durch seine Aufforderung, in Deutschland zu bleiben, in ihr Leben eingegriffen hatte, was manche mit Bitterkeit erfüllte. Es ist unbestritten, daß er Juden ausdrücklich zum Bleiben aufgefordert hat, doch ist schwer zu sagen, ob sich dadurch jemand von seiner Entscheidung zur Auswanderung hat abbringen lassen. Beispielsweise erkundigte sich 1936 Hans Liebeschütz' Ehefrau Rahel bei einem Anwalt namens Dr. Fritz Fenthol nach Auswanderungsmöglichkeiten. Als Max davon erfuhr, lud er sie auf den Kösterberg ein und gab ihr rundheraus zu verstehen, daß sie auf seine Dienste nicht zählen könne. »›Sie wissen, daß ich der Gott der Juden bin‹, beschrieb er sein ungeheures Prestige in der Gemeinde mit unpassendem Ausdruck, ›aber ich kann meine Pflichten gegenüber den Juden nicht erfüllen, wenn sie vor mir weglaufen.‹«[44] In versöhnlicherem Ton sagte er schließlich, es sei ihm unter Umständen möglich, Rahels Geld zu einem günstigeren Kurs als dem offiziellen umzutauschen. Als sie anschließend einen Bekannten zu M.M. Warburg & Co. schickte, wo dieser mit dem Geschäftsführer Dr. Rudolf Brinckmann sprechen wollte, wurde er in Max' Büro geleitet. Dort bekam er, wie Rahel Liebeschütz vermutete, die gleiche Ansprache zu hören wie sie.

Die Geschichte Max Warburgs zeigt, in welchem Ausmaß der NS-Terror die innere Orientierung und das Selbstbewußtsein der deutschen Juden geschädigt hatte. Dieser lebenssprühende selbstsichere Mann, der sich so lange unbezwinglich gefühlt hatte, wurde zum Opfer von Ängsten und Unsicherheiten. Eine Rede, die er im April 1936 vor dem Hilfsverein hielt, macht das in betrüblicher Weise deutlich. Unter Hinweis darauf, wie konservativ die Juden seien und wie sehr sie an ihrem Lande hingen, betonte er, daß manche von ihnen vor ihrer Auswanderung kleine Päckchen mit deutscher Erde in den Koffer packten. Denen, die eine Auswanderung erwogen, riet er, sich in der neuen Heimat von der Politik fernzuhalten, sich nicht auffällig in großen Städten zu sammeln, sondern sich gleichmäßig über das Land zu zerstreuen. »Je ruhiger der jüdische Einwanderer in seiner neuen Heimat lebt, um so leichter wird es ihm möglich sein, sich eine Grundlage zu schaffen.«[45] Diese Worte klangen wie ein resigniertes Rezept für ein Leben als Bürger zweiter Klasse.

Den ausländischen Besuchern der Olympischen Sommerspiele, die im August 1936 in Berlin stattfanden, sollte vor Augen geführt werden, wie angenehm und unbehindert es sich im neuen Deutschland leben ließ, und so gab es für die Juden eine kurze Atempause. Die gegen sie gerichteten Demonstrationen hörten auf, und Hinweise wie »Juden und Hunde haben keinen Zutritt« wurden entfernt.[46] Doch war die oberflächliche Ruhe trügerisch; wie Felix einen Bekannten wissen ließ, lag darunter »überall Grausamkeit und Demütigung«.[47]

Er ließ in seinen Bemühungen nicht nach, Max zum Verlassen des Landes zu überreden, und forderte ihn immer wieder auf, Reisen zu unternehmen. So drängte er ihn, endlich der Einladung seines alten Freundes Korekiyo Takahashi nach Japan Folge zu leisten. Schließlich nahmen Max und Alice, die noch nie in Japan gewesen waren und auch ihrer eigenen Ansicht nach eine Erholung brauchen konnten, die Einladung 1936 an. Unmittelbar vor ihrer Abreise erreichte sie die Nachricht, daß der achtzigjährige Takahashi, der nach dem russisch-japanischen Krieg Premierminister und Finanzminister seines Landes gewesen war, ermordet worden war. Max und Alice hatten das Gefühl, als könnten sie ihrem Alptraum nirgendwohin entfliehen.

Fortwährend mußten die Warburgs mit dem sonderbaren Paradox leben, daß sie zwar von der Presse denunziert wurden, ihnen aber Heimsuchungen anderer Art erspart blieben. Sie waren Deutschlands zugleich am meisten und am wenigsten bevorzugte Juden. Anläßlich des Nürnberger Reichsparteitags von 1936 widmete *Der Stürmer* nahezu eine gesamte Ausgabe dem Machwerk *Protokolle der Weisen von Zion*. Die Nationalsozialisten unterstellten den Warburgs sowohl kapitalistische als auch kommunistische Neigungen, und neben einem Bild von Karl Marx war ein Foto zu sehen, das Max zeigte. Ganz Europa wurde mit dergleichen Unsinn überschwemmt. Im November 1936 behauptete *Fascista Regime*, das offizielle Organ der Faschisten Italiens, Felix Warburg habe im Zusammenwirken mit der Firma Kuhn, Loeb nicht nur Lenin und Trotzki, sondern die gesamte bolschewistische Revolution finanziert.[48]

Und wie zogen die Nationalsozialisten diese als Bösewichter aufgebauten Juden zur Rechenschaft? Trotz der äußerst schwierigen Bedingungen erwirtschaftete die Firma M. M. Warburg 1936 einen Gewinn. Das verblüffte niemanden mehr als Siegmund, der ungehindert (wenn auch nicht ungefährdet) nach und von Deutschland reiste, bis man ihm ein »J« für Jude in den Paß stempelte. Noch am 23. Juli 1936 teilte er Felix mit: »M. M. W. & Co. sind nach wie vor von der Lage in Deutschland bemerkenswert wenig betroffen, und das Geschäft geht sehr gut.«[49] Zumindest

Felix gegenüber war er voll des Lobes über Max. »Unter diesen Umständen«, erklärte er, »ist es besonders bewundernswert, wie Onkel Max sein seelisches Gleichgewicht und sogar seinen Humor behält.«[50]

Welcher Art aber waren die Geschäfte, die eine jüdische Bank 1936 tätigen konnte? Nach Verkündung der Nürnberger Gesetze beschäftigte die Bank acht Anwälte, die jüdische Firmeninhaber bei der Überweisung von Geld oder dem Verkauf von Unternehmen durch das Labyrinth der Rassengesetze steuerten. M. M. Warburg bekam Honorare für die Verwaltung der Paltreu-Konten, wodurch der Firma zugleich Einlagen zum niedrigen Zinssatz zur Verfügung standen.[51] Außerdem blieb sie Mitglied im prestigeträchtigen Konsortium für Darlehen an die Stadt Hamburg und das Reich. Am bemerkenswertesten aber ist, daß sie in aller Stille für bedeutende deutsche Industrieunternehmen tätig war. Beispielsweise zahlte sie noch 1936 Zinsen an die Inhaber von Obligationen der Friedrich Krupp A. G. in Essen. Zur gleichen Zeit wurde Max gezwungen, den Aufsichtsrat der Nordsee-Fischerei-Gesellschaft zu verlassen, zu deren Gründern er gehört hatte. Anschließend benannte man zwei Schiffe um, die seinen Namen und den Carl Melchiors trugen. Diese aberwitzige Wirklichkeit muß verstehen, wer begreifen will, warum es den Warburgs so ungeheuer schwer fiel, ihre Zukunftsaussichten realistisch einzuschätzen.

In seinen Erinnerungen ging Max nicht weiter darauf ein, daß seine Bank auch 1936 noch Gewinn machte, und beschäftigte sich lieber damit, daß man ihn verfemte und zu einem Leben in Einsamkeit zwang. Zum Teil geht diese Zurückhaltung sicherlich auch darauf zurück, daß es ihm peinlich gewesen sein mag, mit Unternehmen wie Krupp zusammengearbeitet zu haben, die später Nutzen aus dem Krieg zogen, oder weil er ein schlechtes Gewissen hatte, zu einer Zeit Geld verdient zu haben, da sich andere Juden dem Grauen ausgesetzt sahen. Doch litt Max durchaus, wenn auch sein Leiden im Licht der späteren, weitaus entsetzlicheren Verbrechen unbedeutend wirkte. Er schrieb: »So waren in Hamburg die Verhältnisse nicht ganz so schlimm wie in anderen Gebieten, aber das Leben wurde für jeden Juden unerträglich. Entsetzlich war das Bewußtsein, daß in den Gefängnissen und Konzentrationslagern Juden und Nichtjuden gräßlich mißhandelt wurden, verschwanden und es unmöglich war, ihnen zu helfen. Von dem nationalsozialistischen Terror kann sich niemand eine Vorstellung machen, der ihn nicht selbst durchgemacht hat. Grauen und Verzweiflung ergriffen uns. Ich fühlte, daß alles verloren sei. Aber noch immer gestand ich dies mir, meiner Familie und meinen Angestellten nicht ein. In meiner wachsenden seelischen Not hielt mich das Gefühl aufrecht, daß ich meine Pflichten gegen die Familie, die Firma und meine jüdischen Mitbürger erfüllen müsse.«[52] Sie hätten darin bestanden, daß er ihnen ermöglichte, das Land in menschenwürdiger Weise zu verlassen. Seine Bemühungen, die Juden in Deutschland zu halten, verschwieg er.

Häufig fingen Angestellte, ob in der Firma oder im Haus, für die Warburgs und andere reiche jüdische Familien den Haß in ihrer Umgebung ab, was jenen half, das Dritte Reich zu überstehen. Die Warburgs hatten in dieser Hinsicht ungewöhnliches Glück. Nahezu zehn Jahre lang hatte sich eine junge Frau namens Minna Wethling um Erichs Haus auf dem Kösterberg gekümmert. Als die Nürnberger Gesetze verlangten, daß Juden keine nichtjüdischen deutschen Frauen unter fünfundvierzig Jahren mehr als Hausgehilfin beschäftigten, ließ er Minna voll Bedauern gehen und stellte eine Österreicherin namens Kathi Schwärz an, die aus Hitlers Geburtsort Braunau am Inn stammte und in dieselbe Schule gegangen war wie dieser Mann, den die Klassenkameraden den »verrückten Adolf« genannt hatten. Als sie in Blankenese auf dem Einwohnermeldeamt »Guten Morgen« sagte, wurde sie gemaßregelt, weil sie nicht wie vorgeschrieben den »deutschen Gruß« verwendet hatte, und mußte zur Strafe eine halbe Stunde warten, bis sie ihre Meldebescheinigung ausfüllen durfte. Nach ihrem früheren Wohnort gefragt, machte *sie* den Beamten Vorwürfe, da diese den Namen des Ortes nicht kannten, an dem der Führer zur Welt gekommen war.

Die tapfere und gütige Kathi schloß eine sonderbare Vernunftehe. Nach dem »Röhm-Putsch« von 1934 wurde scharf gegen die in der SA verbreitete Homosexualität durchgegriffen. Kathi heiratete einen Homosexuellen, der kurze Zeit als Butler bei den Warburgs arbeitete, um ihn vor dem Konzentrationslager zu bewahren. Auch wenn sie den Mann und seine gelegentlichen Sauftouren nicht ausstehen konnte, stand sie ihm treu zur Seite.

In jenen trüben Tagen pflegte Erich zu scherzen, daß dreierlei gegen ihn spreche und ihn, jedes für sich, ins KZ hätte bringen können: erstens sei er Jude; zweitens sei seine Haushälterin gegen das Regime eingestellt; und drittens schnappe sein großer schwarzer Neufundländer Teddy, der keine Uniformen leiden konnte, nach jedem, der eine solche trug.[53]

31
Die Teilung

Der inzwischen über sechzig Jahre alte Felix, der sich teilweise aus dem Geschäft zurückgezogen hatte, wirkte mit seinem ergrauenden Schnurrbart und dem an einem Band herabhängenden Zwicker mit Schildpattgestell wie ein würdevoller europäischer Aristokrat. Er hatte außer einem Herzleiden und Diabetes eine so schwere Arthritis, daß er den Squashschläger nicht mehr halten konnte und das Spielen aufgeben mußte. Trotz seiner Krankheit machte er einen munteren Eindruck, und nie verlor er sein rasch aufblitzendes Lächeln. Wenn er auf der *Carola* segeln ging, trug er wie eh und je eine weiße Flanellhose und einen eleganten Blazer mit einem Einstecktüchlein in der Brusttasche.

Er überlebte einen der Kuhn-, Loeb-Teilhaber nach dem anderen und war zu seiner eigenen Überraschung mit einem Mal der große alte Mann der Firma. »Ich bin nicht als Bankier auf die Welt gekommen«, gestand er. »Ich habe neun Teilhaber auf den Friedhof begleitet, bin jetzt der einzige Überlebende dieser Firma, und um mich herum gibt es nur noch junge Leute.«[1] *Einen* großen Abschluß aber tätigte er doch. Zu seinen Freunden gehörte der Musiker Leopold Godowsky jr., der zusammen mit seinem Schwager Leopold Mannes (Damrosch) eine verwertbare Technik zur Entwicklung von Farbfotografien erfunden hatte. Kuhn, Loeb verhandelte für die beiden mit der Firma Eastman Kodak; diese erwarb das Verfahren und brachte den Farbfilm unter dem Namen »Kodachrome« auf den Markt.

Häufig überschattete die zunehmende Gefahr in Deutschland Felix' sonniges Wesen. Von deutschen Juden, die er häufig nicht einmal dem Namen nach kannte, kamen Briefe mit der Bitte um Geld und Bürgschaften, denn Amerika ließ nur Einwanderer ins Land, wenn jemand für deren Unterhalt garantierte. Um alle diese Wünsche zu erfüllen, hätte er göttliche Kräfte besitzen müssen. Im allgemeinen half er, sofern er irgendeine Beziehung zu dem Bittsteller hatte; andere verwies er an Hilfsorganisationen.

Obwohl Felix in New York lebte, fehlte auch er nicht in der Liste der von den Nationalsozialisten angeprangerten jüdischen »Finanzhaie«. Nachdem *Der Stürmer* seine Leser eingehend mit Max vertraut gemacht hatte, folgte eine Verunglimpfungskampagne gegen Felix. Unter einem Bild, das ihn mit Herbert Lehman, dem Gouverneur des Staates New York, und Paul Baerwald vom Vergabe-Ausschuß zeigte, hieß es: »Jüdische Oberhetzer gegen Deutschland bei einer Konferenz in New York«.[2]

Das Foto war eine Fälschung. Einladungen, mit Vertretern des offiziellen Deutschland in New York zusammenzutreffen, lehnte Felix ab, damit nicht der Eindruck entstand, als billige er die Politik des NS-Regimes. Als man jedoch dem Dirigenten Wilhelm Furtwängler in New York Auftrittsverbot erteilen wollte, weil er mit seinem Weltruhm der Kulturpropaganda der Nationalsozialisten als Aushängeschild diente und sich, wie es im Ausland schien, mit der Partei arrangiert hatte, setzte sich Felix mit der Erklärung für ihn ein, jüdische Demonstranten bedienten sich Furtwänglers als Sündenbock. Das Geschick Deutschlands ließ Felix nicht ruhen. Er fühlte sich seines Geburtsrechts beraubt und sprach entsetzt davon, wie die Heimat seiner Jugend geschändet werde.

Inzwischen war er Ehrenvorsitzender des Vergabeausschusses, und es war ihm eine große Genugtuung, an der Spitze der Gruppe zu stehen, die das umfassendste Hilfsprogramm für Deutschland auf die Beine stellte. Sie kam 1936 für das Schulgeld von sechzigtausend jüdischen Kindern auf, die keine staatlichen Schulen mehr besuchen durften, unterstützte Tausende jüdischer Ladeninhaber, ließ junge Juden ausbilden und nach Palästina bringen und sorgte dafür, daß auch Ältere eine Umschulung bekamen. Ganz im Gegensatz zu Max vertrat er beharrlich die Meinung, daß die Schrecken einer Emigration neben der ungeheuren Gefahr verblaßten, die damit verbunden war, in Deutschland zu bleiben. Vor allem fürchtete er, daß die Älteren sterben könnten, ohne wenigstens die Gewißheit zu haben, daß ihre Gräber vor blindwütigen Rowdies sicher waren.[3]

Als die Juden die Konsulate der Vereinigten Staaten in Deutschland förmlich stürmten, stellte das amerikanische Außenministerium zusätzliches Personal ein, um den Andrang bewältigen zu können. Wiederholt beschworen Felix und Gouverneur Herbert Lehman den Präsidenten, er möge mehr Visa ausstellen lassen, und traten im November 1935 mit der Bitte an Roosevelt heran, die Zahl der Einreiseerlaubnisse für Juden von zweitausendfünfhundert auf immer noch bescheidene fünftausend zu erhöhen. Dazu teilte ihm Gouverneur Lehman mit: »Mr. Warburg und die mit ihm gemeinsam in der Sorge um die unglücklichen Flüchtlinge Tätigen sind sehr darauf bedacht, daß das Außenministerium die äußerst strenge Regelung der Einwanderungsquote aus Deutschland in gewissem Umfang liberalisiert.«[4] Er ließ dem Präsidenten einen langen verzweifelten Brief über die Lage in Deutschland zukommen, den James G. McDonald an Felix geschickt hatte. Doch Roosevelt konnte sich nicht dazu durchringen, eine in der Öffentlichkeit so umstrittene Entscheidung zu fällen, und als sich vage Versprechungen als leere Worte erwiesen, war Felix sehr niedergeschlagen. Zu ihrer immerwährenden Schande nahmen die Vereinigten Staaten zwischen 1933 und 1942 lediglich hundertsiebenundfünfzigtausend deutsche Juden auf – etwa ebenso viele jüdische Einwanderer waren allein 1906 ins Land gekommen.[5]

Felix Warburg liebte das Bankgeschäft, für das er keine eigentliche Begabung zu haben glaubte, nicht. Den Großteil seiner Zeit widmete er jüdischen Wohltätigkeitsorganisationen, und so zeigt ihn diese Aufnahme als »chairman« des Gemeinsamen Vergabeausschusses in New York.

Immer wieder bediente sich Roosevelt der Warburgs, um seine Ängstlichkeit gegenüber den Isolationisten und jenen zu kaschieren, die den Standpunkt »Amerika den Amerikanern« vertraten. Im Januar 1936 schrieb Rabbi Stephen Wise nach einem Besuch im Weißen Haus an Albert Einstein: »Unglücklicherweise, und das sage ich Ihnen mit großer Bekümmernis, ... waren seine [Roosevelts] ersten Worte: ›Max Warburg schrieb mir kürzlich, in Deutschland stehe es so schlecht... daß man nichts dagegen unternehmen könne.‹« Wise fuhr fort: »Sie sehen also, daß unsere Theorie, wonach Max Warburg und seinesgleichen gar nicht wirklich helfen wollen, richtig ist. Damit tut er genau das, was die Nazi-Regierung von ihm erwartet.«[6] Wise verachtete reiche, nichtzionistische Juden und sprach häufig abfällig über die Diktatur der Firma Kuhn, Loeb und deren

»Satellitenoligarchie«, womit er das American Jewish Committee meinte.[7] Dieser gegen Max gerichtete Vorwurf trägt deutliche ideologische Untertöne, denn in der Roosevelt-Bibliothek läßt sich ein solcher Brief von Max nicht auffinden.[8] Die Frage drängt sich auf, weshalb Roosevelt Wise nicht von der Bitte informiert hat, die ihm Felix und Lehman im November vorgetragen hatten.

Die Not der deutschen Juden verschärfte die zwischen Zionisten und Nichtzionisten bestehenden Spannungen. Aus Furcht vor einer neuen Diaspora sahen erstere in Palästina das einzige legitime Bestimmungsland für Juden, die aus Deutschland flohen. Dabei vernachlässigte Felix Palästina keineswegs. Er hatte sich 1934 als Ehrenpräsident der Palestine Economic Corporation dafür eingesetzt, daß der Vergabeausschuß drei Millionen Dollar zur Verfügung stellte, um Juden in Palästina anzusiedeln. Zwar war Felix im eigenen Land ein solider und nüchterner Anhänger der Republikaner, doch träumte er von einer besseren, klassenlosen Gesellschaft in Palästina. Seine utopische Vision von jüdischen Bauern und Handwerkern, die dort siedelten, erinnerte auf eigentümliche Weise an die Hoffnungen, die er einst auf den Agro-Joint in Rußland gesetzt hatte.

Wohin deutsche Juden auswanderten, war ihm letztlich wenig wichtig; die Hauptsache war, *daß* sie es taten. Der Vergabeausschuß leitete 1935 rund ein Drittel der für die Neuansiedlung deutscher Juden vorgesehenen Gelder nach Palästina. In jenem Jahr stellte sich Felix an die Spitze derer, welche die mit zehn Millionen Dollar ausgestattete Refugee Economic Corporation (Wirtschaftsgesellschaft für Flüchtlinge) gründeten, und wurde deren erster Präsident. Sie stellte Juden Darlehen zur Verfügung, *ganz gleich, wohin* sie auswanderten. Weizmann war außer sich, witterte er doch dahinter eine erneute Demonstration der Abneigung reicher Nichtzionisten gegen Palästina. Später teilte er Felix mit: »Alles, was in anderen Ländern erreicht wurde, möglicherweise mit Ausnahme Nordamerikas, ist lächerlich wenig im Vergleich mit dem, was Palästina für die deutschen Juden tun kann und bereits für sie getan hat.«[9] Immer weniger wollte Felix von Menschen wissen, denen Ideologie scheinbar wichtiger war als die einfache, unabweisbare Aufgabe, Leben zu retten.

Zur Verschlechterung der Beziehungen zwischen Felix und Weizmann trugen auch andere Auseinandersetzungen bei. Weizmann hatte Israel Sieff vom britischen Kaufhauskonzern Marks and Spencer dazu gebracht, zum Gedenken an seinen Sohn, der als Halbwüchsiger Selbstmord begangen hatte, ein wissenschaftliches Institut in Palästina einzurichten. Als Präsident der Hebräischen Universität stellte er sich das Sieff-Institut als Bestandteil der Universität vor. Felix und andere waren überzeugt, daß er es als eine Art persönliches Lehen betrieb und Gelder dorthin umleitete, die für die Universität bestimmt waren. Weizmann war sichtlich aufgebracht ob dieses gegen seine Integrität gerichteten Vorwurfs.

Dennoch schifften sich Frieda und Felix Warburg mit Chaim und Vera Weizmann im Februar 1935 in Genua nach Palästina ein. Felix, inzwischen vierundsechzig Jahre alt, ließ sich auf Reisen von einem Herzspezialisten begleiten. Als sie in den Hafen von Haifa einliefen, verfiel er abermals dem alten Zauber des Heiligen Landes. Er besichtigte seinen vierzig Hektar großen Orangenhain in der Nähe von Rehovoth und hörte voll Begeisterung, daß man im Lande nicht nur Hebräisch, sondern auch Deutsch sprach. Doch das regellose Wachstum Tel Avivs, der Wohnungsmangel, die Knappheit an landwirtschaftlichen Flächen und die augenfällige Ungleichheit unter jüdischen Siedlern bedrückten ihn. Vor allem fürchtete er, daß die Spannungen zwischen ihnen und den Arabern in Gewalttätigkeit umschlagen könnten, denn in jenem Jahr kamen über sechzigtausend weitere Juden ins Land. Um einer Entführung durch die Araber vorzubeugen, stellte man entlang der Straßen, über die Felix und Frieda fuhren, Posten auf. Durch die Reise sah Felix seinen Standpunkt bestätigt, daß man deutsche Juden in viele Länder der Welt ausreisen lassen solle, während Weizmann die Ansicht vertrat, wer Juden in alle Himmelsrichtungen verstreue, vollende lediglich Hitlers schmutziges Werk.[10]

Im September 1935 hatte Weizmann erneut den Vorsitz der Jüdischen Weltorganisation (World Jewish Organization) und der Jewish Agency übernommen. Eine Zeitlang hatte Felix geargwöhnt, daß die Zionisten die Jewish Agency durch das Exekutivkomitee betrieben, während sie so taten, als kooperierten sie mit reichen Nichtzionisten. Er sah darin einen Verstoß gegen die im »Ehrenpakt« von 1929 festgelegte Gleichberechtigung beider Seiten, und er fühlte sich verraten.[11] Der Vorsitzende des Komitees, der im russisch besetzten Teil Polens zur Welt gekommene Sozialist David Ben Gurion, schien ihm überheblich, rücksichtslos und unredlich. Wieder einmal beurteilte Felix die Wirrnisse der jüdischen Politik mit den Maßstäben der vornehmen Umgangsformen. So schrieb er an Weizmann: »Wie Sie wissen, bin ich kein Politiker, sondern ein praktischer Geschäftsmann, und Geschäftspartner gehen nicht so grob miteinander um, wie es hier geschieht.«[12] In gewisser Weise löste er sich nie von der Vorstellung, daß der Zionismus eine Wohltätigkeitseinrichtung sei, an deren Spitze angesehene Spender zu stehen hatten. Er erwartete vom Exekutivkomitee, daß es ihm und anderen Nichtzionisten im Verwaltungsausschuß Bericht erstattete und dann ihre Wünsche befolgte.

Als mit einem Mal die Frage eines jüdischen Staates auf die Tagesordnung geriet, gewannen diese undurchschaubaren Streitigkeiten über die Organisationsform große Bedeutung. Jahrelang hatte Weizmann Felix zu verstehen gegeben, es gehe bei ihren Meinungsverschiedenheiten lediglich um Kleinigkeiten. Immer, wenn Felix zusammenzuckte, weil der Begriff »jüdischer Staat« fiel, erklärte Weizmann geduldig, man dürfte das ausschließlich bildlich verstehen. Tatsächlich wurde Weizmann Anfang der dreißiger Jahre aus der zionistischen Führungsmannschaft ausgestoßen, weil er eine zu gemäßigte Position im Hinblick auf die Staatlichkeit vertrat, in der er zu jener Zeit ein herrliches, aber fernes Traumziel sah. Seiner Einschätzung nach konnte ein zionistischer Staat erst nach einer langen Übergangsphase entstehen, die man brauchte, um die erforderliche Infrastruktur zu entwickeln.

Hitler beschleunigte den Zeitplan der Zionisten auf eine Art und Weise, die niemand hätte voraussehen können. Weizmann zufolge war die Welt für Juden »in Orte geteilt, wo sie nicht leben können, und in solche, wohin sie nicht dürfen«.[13] Juden, die anderswo unerwünscht waren, strömten nach Palästina. Da in den drei Jahren nach Hitlers Machtergreifung mehr Juden dorthin auswanderten als in den zwölf Jahren davor, wurde die Notwendigkeit eines eigenen Staates unabweisbar.

Die Besorgnis der Araber, die Juden würden bei diesem Zustrom bald die Bevölkerungsmehrheit im Lande stellen, führte im April 1936 zu antijüdischen Aufständen palästinensischer Araber. Unter Führung des Großmufti bildeten sie den Höheren Arabischen Rat (Arab Higher Committee) und riefen einen Generalstreik aus. Darin sahen die Warburgs, die sich Palästina als friedliche Oase vorgestellt hatten, eine erschreckende Wendung. Das Paradies wurde zum blutigen Schlachtfeld. Felix war sicher, daß die zionistische Großtuerei über die Gründung eines jüdischen Staates die Lunte an das Pulverfaß gelegt hatte. Weizmann lieferte haarsträubende Berichte von abgeschlachteten Frauen und Kindern und bat ihn um Geld für Selbstverteidigungsgruppen zum Schutz jüdischer Siedler. Felix war nicht bereit, diesem Verlangen zu entsprechen, und ließ Weizmann wissen: »Ihnen ist bekannt, daß wir nie eine Bewaffnung, auf welcher Seite auch immer, gewünscht und uns stets dagegen ausgesprochen haben, und ich fürchte, daß wir bei dieser Entscheidung bleiben müssen.«[14]

Um die zwischen Arabern und Juden bestehende Spannung zu mildern, regte der britische Hochkommissar die Bildung eines gesetzgebenden Rates an, in dem beide Seiten vertreten sein sollten. Felix unterstützte diese Initiative und bot sogar die Finanzierung eines Friedensgartens in Palästina an, in dem Araber und Juden einander in Freundschaft begegnen konnten. Weizmann war empört, daß sich Felix für die Einrichtung eines solchen gesetzgebenden Rates aussprach. Er fürchtete, damit würden die Juden auf alle Zeiten zum Status der Minderheit verdammt und der Zionismus zur Bedeutungslosigkeit herabsinken. »Wenn wir hier in dieselbe Minderheitsposition gedrängt werden wie woanders auch«, erklärte er, »stirbt die Seele unseres Werks.«[15] Seiner Auffassung nach ließ sich Felix von gemäßigten Kräften unter den Arabern irreführen, deren Betrachtungsweise für die extremeren Positionen der Massen nicht repräsentativ sei.

Unter jüdischen Geschäftsleuten suchte Felix Anhänger für eine friedliche Lösung und teilte Simon Marks mit, es sei besser, Araber und Juden gleichermaßen zu entwaffnen, »als aus Palästina einen Schießstand zu machen«.[16] Er sah voraus, daß sich die Beziehungen zwischen Arabern und Juden zu einem nie endenden Teufelskreis der Rache entwickeln würden, und wies Sir Herbert Samuel warnend darauf hin, daß »all die großen Worte über eine jüdische Nation und arabischen Hochmut auf nichts als blutige Köpfe und Unglück«[17] hinausliefen.

In der Folgezeit wurde die Position der reichen nichtzionistischen Wohltäter durch die Ereignisse völlig eingeholt. In den zwanziger Jahren hatten sie in Palästina als Akt der Wohltätigkeit einen landwirtschaftlichen Betrieb oder eine Schule gründen können, jetzt aber ließen sich finanzielle Zuwendungen nicht mehr von den widerstreitenden politischen Interessen trennen. Weizmann regte an, Felix solle die Stelle Baron Edmond de Rothschilds einnehmen und die projüdische Propaganda im Mittleren Osten finanzieren. Felix widersetzte sich diesem Ansinnen unter Hinweis darauf, wieviel Geld er zu jener Zeit in den Vereinigten Staaten für Aktivitäten, die gegen die Nazis gerichtet waren, aufgebracht habe.[18] Er dachte nicht daran, sich vor den Karren der Politik spannen zu lassen.

Um die Araber zu beschwichtigen, setzte Großbritannien die Einwanderungsquote herab. Ausgerechnet als das Leben in Deutschland für die Juden unerträglich wurde, schlug auch die letzte Tür zu, die ihnen noch offengestanden hatte. Palästina war das Hauptziel jüdischer Emigranten gewesen, doch wanderten 1937 wesentlich weniger Menschen dorthin aus als 1933. Zudem wurde es durch neue Vorschriften der Reichsbank jetzt noch schwieriger als zuvor, Geld nach Palästina zu überweisen, und man teilte Max mit, Palästina habe die Grenzen seiner Aufnahmefähigkeit erreicht. Dazu erklärte er: »Vorläufig ist Palästina die teuerste Kolonie, die je in der Welt geschaffen worden ist.«[19]

Zur näheren Untersuchung der Umstände, die zum Aufstand im Mittleren Osten geführt hatten, setzte die britische Regierung im Mai 1936 den Peel-Ausschuß ein. Als dieser seine Anhörungen in Palästina durchführte, kam es zu einer entscheidenden Neuausrichtung der jüdischen Politik. Der Ausschuß trug in geschlossener Sitzung Weizmann den Plan zur Teilung Palästinas vor. Weizmann war der Ansicht, es sei für die Juden zu gefährlich, ihn zurückzuweisen, und überlegte sogar, daß die Araber unter Umständen die Gründung eines jüdischen Staates recht gern sähen – vorausgesetzt, daß sie gleichfalls einen eigenen Staat bekamen.

Je mehr die Idee der Eigenstaatlichkeit an Boden gewann, desto mehr fühlte sich Felix von den Zionisten hintergangen. Jetzt, da die Gründung eines jüdischen Staates in Reichweite schien, brauchten sie nicht mehr vor ihren reichen nicht-zionistischen Gönnern zu buckeln. Felix war tief enttäuscht, als ihm berichtet wurde, bei einer zionistischen Versammlung habe jemand gesagt, es sei ein wahres Elend, daß er in den wohltätigen Einrichtungen des Judentums tätig sei.[20] Dieser Undank schmerzte ihn, hatte er doch erhebliche Mittel für Palästina zur Verfügung gestellt.

Im März 1937 reiste er mit mehreren Kladden voller Notizen nach London, wo in der Great Russell Street eine Zusammenkunft der Zionistischen Organisation stattfand. Auf ihm, den man so lange als den umgänglichen, unbekümmerten Warburg-Bruder abgetan hatte, ruhte jetzt die gesamte Last des nichtzionistischen Flügels der Jewish Agency. Verzweifelte aus ganz Europa, die sich Rat von ihm erhofften, suchten ihn auf, und er mußte seine Tage in London genauestens einteilen, damit er sich all den unterschiedlichen Aufgaben widmen konnte. Sein Mitarbeiter Dr. Maurice J. Karpf erinnerte sich: »Es war beinahe, als sei ein König gekommen, und die Menschen näherten sich ihm, um ihm zu huldigen und ihn um seine Hilfe zu bitten.«[21]

Weizmann nahm an, Felix werde seinen ganzen aufgestauten Grimm auf die Zionisten abladen, und so beschimpfte er ihn und stellte ihn als Quälgeist hin, statt Verständnis für ihn aufzubringen. »Er kommt daher mit einem Sack voller Klagen und Beschwerden und führt sich im Laufe der Zeit immer mehr wie eine verdrießliche Primadonna auf«, nörgelte er in einem Brief an Lola. »Gott allein weiß, warum!«[22] Ihn wurmte, daß sich Felix nicht von der Frage der Vollmachten für das Exekutivkomitee lösen konnte. »Offen gestanden«, teilte er Lola weiter mit, »habe ich nicht das geringste Interesse an all diesen ›Problemen‹, die meiner Ansicht nach ziemlich belanglos sind, denen er aber solch übermäßiges Gewicht beizumessen scheint.«[23] Von einem Tag auf den anderen schien er vergessen zu haben, daß Felix und seinesgleichen die zionistische Bewegung in den zwanziger Jahren vor dem finanziellen Ruin bewahrt hatten.

Ob es ihm recht war oder nicht, Weizmann mußte sich bei der Sitzung am 24. März 1937 Felix' Kritik stellen. Der für seine frische Nelke und sein munteres, strahlendes Lächeln bekannte Felix traf in gedrückter Stimmung ein. Er ging das Abkommen durch, in dem sich Zionisten und Nichtzionisten in der Jewish Agency die Macht jeweils zu gleichen Teilen zugesprochen hatten, und beschrieb, wie erstere diese Einigung ausgehöhlt hätten, während er sich still verhalten habe. »Ich habe mich zurückgehalten, solange ich konnte... Es ist einfach nicht anständig. Wir haben schwer gearbeitet und Millionen aufgebracht... Ihre amerikanischen Freunde verlassen das Schiff, weil Sie sie immer wieder auffordern, Fahrgeld zu zahlen, ohne ihnen Zutritt zum Speisesaal zu gewähren... So kann es nicht weitergehen. Wir weigern uns, in der unangebrachten Rolle der Minderheit zu verweilen... Möglicherweise ist das mein Schwanengesang. Falls sich das so verhält, soll mir das leid tun, aber was ich hier sage, das meine ich auch.«[24] Wie Aby, Paul und Max vor ihm wurde Felix von der Geschichte gezüchtigt. Hier sah man einen anderen Mann als den eleganten und munteren Gesellschaftslöwen. Maurice Karpf erinnerte sich: »Tränen standen ihm in den Augen, sein Kinn zitterte und seine Stimme versagte. Er mußte innehalten.«[25]

Beredt vertrat Weizmann die Gegenposition. Er verwies darauf, daß die Nichtzionisten eine aus Einzelpersonen bestehende gestaltlose Gruppe, die zionistische Bewegung hingegen ihren Mitgliedern verantwortlich sei. Wer historischen Imperativen gehorche, könne nicht immer auf Feinheiten achten. »Wir haben die unangenehme Aufgabe, nach Freunden Ausschau halten zu müssen, und wir können uns nicht aussuchen, mit wem wir zusammenarbeiten. Wir tun das nicht für unseren persönlichen Ruhm, sondern für die Sache.« Dann faßte er seinen Groll, der unausgesprochen unter der Oberfläche geschlummert hatte, in Worte: »Zu Ihrem Glück, Mr. Warburg, befinden Sie sich in einer gänzlich anderen Lage, und auch die Menschen, mit denen Sie es zu tun haben, sind anders. Bei uns geht es in dieser Sache um Leben und Tod, und bei Ihren Leuten nicht.«[26] Reiche Nichtzionisten, fuhr er fort, sähen in Palästina einen Traum; für die Zionisten sei das Land gleichbedeutend mit dem Überleben. Dennoch erreichte Felix vom Exekutivrat der Jewish Agency die Zusage, daß man sich an die alte Formel von 1929 halten wolle, die eine Aufteilung der Rechte im Verhältnis fünfzig zu fünfzig vorsah.

Am 7. Juli 1937 empfahl der Peel-Ausschuß eine drastische Herabsetzung der Zahl jüdischer Einwanderer. Die aus der Zeit nach dem Ersten Weltkrieg stammende Herrschaft unter britischem Mandat bezeichnete er als unzweckmäßig und schlug eine Dreiteilung Palästinas vor, bei der zwischen einem arabischen und einem jüdischen Staat eine britische Mandatszone liegen sollte. Die Zionisten waren empört, weil man ihnen nur einen schmalen Landstreifen als eigenen Staat zuweisen wollte. Felix sah in dieser Lösung die Bestätigung seiner schlimmsten Befürchtungen. Sobald jüdische Siedler die ihnen zugeteilte Fläche besetzt hätten, gäbe es nur noch zwei gleichermaßen unangenehme Lösungen: Entweder mußte die Einwanderung von Juden beschränkt werden – womit die Hoffnung auf eine Zuflucht hinfällig war –, oder es käme zu einem unerträglichen Bevölkerungsdruck, der in letzter Konsequenz zu Auseinandersetzungen mit den arabischen Nachbarn führen mußte. In der festen Überzeugung, daß ein solcher Staat auch wirtschaftlich nicht überlebensfähig sei, sagte Felix voraus, dieser werde Jahr für Jahr bei Kuhn, Loeb um Darlehen bitten. Anstelle der Eigenstaatlichkeit sprach er sich daher für eine Lösung aus, die unter dem Mandat der Briten drei unbewaffnete Provinzen vorsah, von denen eine Juden bewohnten.

Noch bevor der Peel-Ausschuß seinen Bericht vorlegte, führten Felix und andere Mitglieder des American Jewish Committee unter der Hand Gespräche mit den Arabern, um eine Lösung zu erreichen. Sie erkundeten, welche Aussichten ein Abkommen hätte, bei dem die Araber einer beträchtlichen Zunahme der Zahl jüdischer Einwohner zustimmten, solange dafür gesorgt war, daß diese zu keinem Zeitpunkt die der Araber überstieg. Felix telegrafierte an Max, die amerikanischen Nichtzionisten seien überzeugt, daß mit einer Teilung »auch die Unmöglichkeit besiegelt wird, daß Araber und Juden nebeneinander leben können«.[27] Weizmann sprach sich brüsk gegen diese Verhandlungen aus und fragte, ob die daran beteiligten Araber im Auftrag des Mufti oder der Massen sprächen. Er konnte sich zu keiner Lösung verstehen, bei der die Juden erneut zur Rolle der Minderheit verdammt wurden.

Da diese Fragen vor dem Hintergrund der Ereignisse im nationalsozialistischen Deutschland verhandelt wurden, war die Debatte emotionsgeladen. Keine der beiden Seiten war davon abzubringen, daß die von ihr favorisierte Lösung den größten Zustrom jüdischer Flüchtlinge ermöglichen werde. Zwar hielt Felix es für möglich, daß den Juden bei einer Einigung mit den Arabern ein Minderheitsstatus zugewiesen werde, doch würde das die Ängste der Araber abbauen und Leben retten, weil man die Zahl der jüdischen Ansiedler sofort erhöhen könnte. Mit nicht geringerem Eifer vertraten die Zionisten den Standpunkt, daß Hitler jetzt und für alle Zeiten die unabweisbare Notwendigkeit eines jüdischen Staates aufgezeigt habe; eine bloße Linderung der Schwierigkeiten würde in Zukunft nicht mehr genügen.

Ende Juli beriet Felix gemeinsam mit Irving Lehman, Cyrus Adler und anderen jüdischen Führern in Woods Hole in Massachusetts über die Frage, ob er an der August-Sitzung des Rates der Jewish Agency in Zürich teilnehmen solle. Man sprach sich dafür aus, »damit man mir nicht in diesem entscheidenden Augenblick den Vorwurf machen kann, ich hätte die Sache im Stich gelassen«, erklärte Felix.[28] Trotz seiner angegriffenen Gesundheit schlug er den Rat der Ärzte, nicht zu fahren, in den Wind. Seinen Mitstreitern verheimlichte er dies. Noch vor der Abreise ging eine Unzahl von Telegrammen und Anrufen bei ihm ein, deren Bearbeitung ihn weiter schwächte. Vielen fiel auf, daß er mit einem Mal gealtert und müde schien.

Als er in der Zürcher Tonhalle eintraf, zeigte sich, daß viele Nichtzionisten in der Frage der Aufteilung zur Gegenseite übergelaufen waren. Felix, der zu wenig geschlafen hatte und abgekämpft wirkte, sprach in der Generaldebatte vom 18. August als erster. Manche erinnerten sich seiner Rede als abgewogen und würdevoll, doch sie enthielt bittere Anschuldigungen. Er verwies auf die vor Jahren in eben jener Tonhalle erfolgte Gründung der Jewish Agency. »Seit jenen Tagen haben wir versucht, einen Traum von Schönheit und wahrer Hilfe Wirklichkeit werden zu lassen; er steht jetzt im Begriff, in grausamer Weise herabgesetzt zu werden.« Nach wie vor klammerte er sich an den alten Traum der Warburgs von allumfassender Bruderschaft und allgemeinem Verständnis und wies darauf hin, daß Amerika vorgemacht habe, wie Angehörige unterschiedlicher Religion zusammenleben können. Er hob auch hervor, daß die amerikanischen Juden Millionen von Dollar nach Palästina geleitet hatten und die Nichtzionisten einen weit größeren Beitrag geleistet hatten als die Zionisten. Dann kam er zum Kern seiner Rede. »Wir sind davon überzeugt, daß der uns vorgelegte Plan nicht länger verfolgt werden sollte, *ohne daß man zuerst einen ernsthaften Versuch unternimmt, in Palästina eine Verständigung* zwischen Juden und Arabern herbeizuführen.« Nachdem er eine recht weit hergeholte Vision vom idealen Palästina als einer zweiten Schweiz heraufbeschworen hatte, schloß er mit der Warnung: »Sollten sich die Bemühungen dieses Rates ausschließlich auf die Errichtung eines jüdischen Staates richten, ohne daß dieser zugleich seiner Verantwortung gegenüber seinen Nachbarn gerecht zu werden versucht, werden wir Ihren Weg nicht mitgehen können.«[29]

Als Magnes eine Resolution der Nichtzionisten für einen arabisch-jüdischen Staat vorlegte, begann das Publikum zu murren. Von Zwischenrufern unterbrochen, sagte er: »Was für ein jüdischer Staat ist das, der uns angeboten wird? Es ist ein jüdischer Staat, der meiner Meinung nach zum Krieg führen wird, zum Krieg mit den Arabern.«[30] Während sich der aufbrausende Ben Gurion gegen halbherzige Maßnahmen aussprach, versuchte Weizmann Felix zu besänftigen und brachte einen Kompromiß zustande, der vorsah, daß im Exekutivkomitee der Jewish Agency fünf Nichtzionisten und sieben Zionisten vertreten sein sollten. All das aber war lediglich für die Öffentlichkeit bestimmt. In Wahrheit wurde die Aufteilung, wenn auch zögernd, gebilligt und das Exekutivkomitee ermächtigt, mit Großbritannien über die Gründung eines jüdischen Staates zu verhandeln. Da aber die Araber diesen Plan zurückwiesen, wurde nichts daraus. Im selben Monat noch begrenzten die Briten abermals mit einem neuen Weißbuch die Auswanderung nach Palästina.

Nach der Sitzung in der Tonhalle kehrten Felix und Maurice Hexter gemeinsam in ihr Hotel zurück. »Ich erinnere mich, mit ihm zum *Baur-au-Lac* zurückgegangen zu sein; er war ein gebrochener Mann«, erinnerte sich Hexter. »Erst da brach die bittere Gegnerschaft hervor, die [Felix] bis zum Ende ausfocht.«[31] Er war nicht mehr der Mann, der er gewesen war, und seine Sterblichkeit kam ihm nun zu Bewußtsein. Einmal sagte er zu Hexter, er sei der letzte überlebende Begründer des Palästina-Kontrollausschusses der zwanziger Jahre. »Wann werde ich wohl an die Reihe kommen?«[32] fragte er. Er gab Hexter zwei große, an Bekannte adressierte Umschläge und bat ihn, sie diesen nach seinem Tode auszuhändigen.

In London traf der erschöpfte Felix seine Tochter Carola und reiste mit ihr auf der *Berengaria* nach New York zurück. Zufällig befand sich auch Ben Gurion an Bord. Felix winkte ihm zu und trat dann zu ihm, um mit ihm zu sprechen. Anfänglich konnte er sich einige sarkastische Bemerkungen über dessen Verhalten in Zürich nicht verkneifen, doch schließlich hatten beide eine angenehme Überfahrt. Ben Gurion revidierte sein Urteil über Felix und erkannte, daß dieser keineswegs ein hochmütiger Grande war. »Ich sah einen Mann vor mir, der unbestreitbar Erez Israel [das Land Israel] liebte«, sagte er. »Er hat ein wahrhaft jüdisches Herz, aber er ist kurzsichtig und engstirnig. Von Dienstboten und Schmeichlern umgeben, fällt es ihm schwer, sich mit der demokratischen Bewegung eines Volkes abzufinden, und noch schwerer, sie zu verstehen.«[33] In dieser Aussage spiegelte sich der Eindruck, den auch Weizmann von Felix hatte. Felix allerdings änderte seine Meinung über Ben Gurion nicht. Er sah in ihm einen fanatischen Propagandisten, dem sowohl die Gelassenheit wie der Weitblick eines Staatsmannes abgingen.[34]

Die Kluft zwischen den beiden Männern ging keineswegs nur auf persönliche Abneigung zurück. Ben Gurion vermutete, daß sich Felix und andere wohltätige reiche Juden durch einen jüdischen Staat bedroht fühlten, der die alte Elite verdrängen könnte. Ein jüdischer Staat, sagte er, werde deren »Eigentum, Status, Rechte und Einfluß«[35] gefährden. Darin äußerte sich der alte Groll armer Juden gegenüber den vornehmen, hochstehenden Persönlichkeiten, die sich in den Amtszimmern europäischer Ministerien zu ihren Fürsprechern gemacht hatten. Zum Teil war die zionistische Bewegung eine populistische Revolte gegen den jüdischen Bankadel. So jubelte Weizmann: »Die Warburgs, die Rothschilds und ihre Methoden sind auf immer passé.«[36] Gleichzeitig bedeutete der Aufstieg des Wohlfahrtsstaates, daß künftig Verwaltungsbehörden Aufgaben übernahmen, für die sich einst reiche jüdische Gemeindeälteste verantwortlich gefühlt hatten.

So groß war Felix' Zorn auf Weizmann, daß die Warburgs annahmen, die beiden würden nie wieder miteinander reden. In einem letzten Versuch berief Felix Ende September eine dringende Sitzung jüdischer Führer in Briarcliff Lodge über dem Hudson ein, bei der er sich leidenschaftlich für eine Entscheidung gegen Weizmann und eine Teilung aussprach und seinen Plan vortrug, der für Palästina Kantone im Stil der Schweiz vorsah. Weizmann und Ben Gurion hatten mit ihrer Ansicht recht, daß sich Felix durch einen jüdischen Staat bedroht fühlen werde, der dem Judentum auf der ganzen Welt, wie er jetzt sagte, alle Rechte entzöge und ausschließlich von jenen regiert werde, »die in Palästina leben, in Palästina zur Wahl gehen und der Regierung jenes Landes angehören«.[37] Obwohl Felix das Exekutivkomitee des Vergabeausschusses dazu brachte, die Teilung zu verurteilen, war der eigentliche Kampf verloren.

Wenige Wochen nach der Konferenz erlitt Felix am 18. Oktober 1937 einen Herzanfall, den Frieda auf die Doppelbelastung durch den Streit um die Teilung und die Sorge um Max und dessen Angehörige in Deutschland zurückführte. Die Beschwerden, scherzte er, seien nichts im Vergleich zu den ihm von Weizmann zugefügten Qualen.[38] Als er zwei Tage später im Alter von sechsundsechzig Jahren verschied, saßen seine Frau und seine fünf Kinder an seinem Sterbebett. Er wurde mit einer großen Beisetzungsfeier in der Synagoge Emanu-El geehrt, der Dutzende herausragender Vertreter aus Finanzwelt und Politik – unter ihnen John McCloy, Sidney Weinberg von Goldman, Sachs und George Brownell von Davis Polk – beiwohnten. Sein letzte Ruhestätte fand Felix auf dem Friedhof von Salem Fields in Brooklyn, und seine Söhne trugen den Sarg.

Den Tod ihres Gatten erduldete Frieda mit derselben zurückhaltenden Würde, die sie während ihrer ganzen Ehe an den Tag gelegt hatte. Noch als Felix im Sterben lag, rief sie eine seiner Geliebten an – offensichtlich wußte sie die Nummer auswendig – und sagte: »Hulda, ich glaube, es ist besser, Sie kommen.«[39] Da sie mit seinen anderen Freundinnen weniger vertraut war, bat sie ihren Sohn Edward, ihr zu helfen. Unbehaglich sagte sie: »Da gibt es bestimmte Dinge, die ich nicht erledigen kann.«[40] Sie nannte mehrere Opernsängerinnen, mit denen Felix im Laufe der Jahre Kontakt gehabt hatte. Gleichmütig gegen die Doppelmoral ihrer Zeit, teilte sie Edward mit, sie empfinde diesen Frauen gegenüber keine Eifersucht, sondern Dankbarkeit, weil sie ihrem Mann offensichtlich etwas gegeben hatten, was sie ihm nicht geben konnte.[41] Zurückhaltend gesagt, war das eine bemerkenswert tolerante Sehweise, die unmöglich ihren wahren Empfindungen entsprochen haben kann. Trotz aller Affären gedachte sie ihres Gatten stets mit großer Liebe und Zärtlichkeit.

Felix' Tod erschütterte Max, der überzeugt war, den Tod der beiden amerikanischen Brüder beschleunigt zu haben. Im Bericht der Bank für das Jahr 1937 schrieb er über Felix: »Auf die letzten Jahre seines Lebens fiel als großer Schatten die Sorge um seine Familie in Deutschland, und ich darf wohl sagen, die Sorge insbesondere um mich.«[42] Es muß ihm schwergefallen sein, diese Worte zu schreiben. Vielleicht trug ein gewisses Schuldgefühl dazu bei, daß Max erwog, Deutschland zu verlassen. Er reiste sogar mit Alice nach New York, kehrte aber anschließend wieder nach Hamburg zurück.

Felix war der letzte einer aussterbenden Art und auf dem Gebiet der jüdischen Wohltätigkeit unersetzbar. Es gab niemanden, der ihm an Ansehen oder Format vergleichbar gewesen wäre. Die *New York Times* schrieb: »Niemand hat in unserer Zeit einen edleren Sinn dafür gezeigt, welche Pflichten der Reichtum mit sich bringt, als er in seinen täglichen Handlungen menschlichen Mitgefühls.«[43] Felix und Frieda hatten im Verlauf der vergangenen eineinhalb Jahrzehnte für zweihundert verschiedene Zwecke dreizehn Millionen Dollar aufgebracht. Fortan verlagerte sich die Wohltätigkeit der Juden von paternalistisch gesonnenen einzelnen Bankiers auf bürokratische Organisationen zur Beschaffung von Spendenmitteln, die von bezahlten Angestellten verwaltet wurden. Wie von Felix vorausgesagt, schwächte der jüdische Staat die Macht jener Juden in der Diaspora, die über das Wohlergehen ihrer Gemeinden gewacht hatten.

Mit seinem Testament bewies er seine Großzügigkeit ein letztes Mal. Seine fünfunddreißig Hausangestellten vom Gärtner bis zum Chauffeur erhielten Zuwendungen zwischen hundert und zehntausend Dollar. Jeder der hundertfünfundzwanzig Mitarbeiter der Firma Kuhn, Loeb bekam einen Scheck über zweihundert bis zweitausend Dollar, je nachdem, wie lange sie im Dienst der Firma gestanden hatten. Der Großteil des Geldes ging zu gleichen Teilen an seine fünf Kinder. Einem alten Brauch zufolge hinterließ er jedem von ihnen einen ethischen Letzten Willen, in dem er ihnen bestimmte wohltätige Aufgaben ans Herz legte.

Bald nach dem Tod des Vaters rief Frieda die Kinder zusammen und verteilte die Zuständigkeiten für jene Wohlfahrtseinrichtungen, die Felix am wichtigsten gewesen waren. Carola übernahm die Gesundheitsfürsorge, Freddy das Gebiet schulische Bildung schwarzer Kinder, Gerry Musik und bildende Künste, Piggy allgemeine Aufgaben, und Eddie Wohltätigkeit an Juden.

Felix starb zu einer Zeit, als sich Eddie enttäuscht von Ballett und bildender Kunst abwandte und zu seinen Wurzeln zurückkehren wollte. Er war des öfteren in Palästina gewesen, machte den Vergabeausschuß zu seinem Hauptprojekt und stellte sich 1938 an die Spitze von dessen Spendenkampagne in New York. Eine Zeitlang hatte Paul Baerwald, ein schüchterner, bescheidener und fleißiger Teilhaber von Lazard Frères, den Vorsitz inne. Ihm folgte Eddie nach und trug damit das Banner der Warburgs in die Zeit nach dem Zweiten Weltkrieg. Schon 1938 stellte er ein Komitee zur Koordinierung der Aktivitäten des Vergabeausschusses auf der ganzen Welt zusammen.

Daß er mit einer hübschen geschiedenen Christin verheiratet war, schien allerdings nicht so recht zu dieser Rolle zu passen. Mary Whelan Currier arbeitete als Moderedakteurin für die Zeitschrift *Vogue*. Mittlerweile heirateten die Söhne des Hauses Warburg lieber Amerikanerinnen, die der herrschenden Mode nach schlank waren, statt – wie einst – mollige Frauen aus Deutschland. Eddy und Mary schlossen im September in der Wohnung von Marys Arbeitgeber Condé Nast die Ehe. Frieda reagierte konsterniert, als Eddie ihr seine Frau vorstellte: »Ich finde es ganz und gar nicht in Ordnung, daß ich sie als letzte in der Familie kennenlerne«, sagte sie zu ihrem Sohn. Dieser gab schlagfertig zur Antwort: »Sicher, Mama, aber der Sieger ist immer erst nach der letzten Runde bekannt.«[44] Es war Frieda klar, daß sie den Kampf um die Wahrung der jüdischen Identität der Familie verloren hatte. Statt gegen die neue Entwicklung anzukämpfen und störrisch Achtung vor der alten Lehre einzufordern, entschied sie sich dafür, die Zuneigung ihrer Kinder nicht aufs Spiel zu setzen. Ohne lange mit ihrem Los zu hadern, legte sie ihren besten Schmuck auf zwei Kartentische und forderte Eddie auf, für Mary einen Ring und eine Brosche auszuwählen. »Sie soll sich nicht in die Familie einschleichen müssen«, sagte sie. Frieda tat alles, um der Schwiegertochter zu zeigen, daß sie in der Familie willkommen war, und teilte ihr sogar unter vier Augen mit, daß sie durch ihre Eheschließung mit einem Juden künftig gewissen Beschränkungen unterworfen sein könne, etwa bei der Buchung von Hotelzimmern. Darauf gab Mary zurück, sie mache sich ohnehin nichts aus Hotels.[45]

Am Vorabend der Hochzeit versammelte Frieda die Familie zum letzten Mal im großen Eßzimmer an der Fifth Avenue 1109. Es war nicht nur ein Abschied von Eddies Junggesellenzeit, sondern auch vom Herrenhaus mit seiner überladenen Pracht. Alle trugen Abendkleidung und stießen mit dem Brautpaar auf eine glückliche Zukunft an. Freddy, der Witzbold der Familie, verfaßte für den Anlaß ein Gedicht, das wegen seines sprühenden Witzes und zugleich seiner Schärfe bemerkenswert ist. Darin wies er Mary darauf hin, daß sie von keinem männlichen Warburg Treue erwarten könne:

»Some stay married months, some weeks.
But all in all their record reeks.
...The Boys, except for Uncle Max
are apt to be a wee bit lax.«[46]

Im Grunde hatte Frieda niemals jene Welt von Reichtum und Luxus verlassen, die Birmingham in seinem Buch »In unseren Kreisen« beschreibt. Nach Felix' Tod unternahm sie ihre ersten zögernden selbständigen Gehversuche auf diesem für sie neuen Gebiet. Sie legte sich mit Weizmann an und wies ihn 1938 darauf hin, daß die Existenz eines kleinen jüdischen Staates zwei Jahrzehnte der in Palästina investierten Bemühungen zunichte machen werde.[47] Heftig wehrten sich die Zionisten gegen ihren Versuch, in der Jewish Agency an Felix' Stelle zu treten. Sie wurde Ehrenvorsitzende der Vereinigung American Friends of the Hebrew University und der Frauenabteilung des Vergabeausschusses. Die Tochter Jacob Schiffs und Witwe Felix Warburgs war ihrer religiösen Überzeugungen alles andere als sicher. Nach dem Tode ihres Bruders Mortimer hatte sie Dr. Magnes angefleht: »Judah, helfen Sie mir, daß ich glauben kann.«[48] Doch blieb sie jüdischen Überlieferungen fest verbunden. Nachdem sie ein Buch von Rabbi Morris Lazaron über Palästina gelesen hatte, schrieb sie dem Verfasser, um ihm zu danken. »Die Aufgabe, eine gute Amerikanerin und treue Jüdin zu sein, hat mich oft vor verwirrende Schwierigkeiten gestellt, vor allem, weil Palästina mir persönlich einen starken inneren Auftrieb gegeben hat. Sie haben dafür gesorgt, daß ich die Dinge jetzt ausgewogener sehen kann.«[49] Ganz wie andere Mitglieder der Familien Schiff, Loeb und Warburg vertrat sie nach wie vor die Auffassung, man könne gleichzeitig seiner Religion, seinem Lande und sich selbst die Treue halten – eine idealistische, kaum mit der Alltagswelt zu vereinbarende Einstellung.

32

Schatten über der Dynastie

Während Max Auswanderungswilligen zur Flucht verhalf und an einer Informationsbroschüre für Emigranten arbeitete, versuchte er, denen Trost zu spenden, die im Lande blieben. Er war die treibende Kraft hinter der Hamburger Ortsgruppe des Jüdischen Kulturbundes, der sich bemühte, Juden mit kulturellen Aktivitäten von Filmvorführungen bis hin zu Kabarettvorstellungen zu unterhalten, und im ganzen Lande dafür sorgte, daß eintausendsiebenhundert jüdische Schauspieler, Unterhaltungskünstler und Musiker, die ihre Anstellung verloren hatten, wieder Arbeit bekamen. Am 9. Januar 1938 brachte er zur Einweihung des neu errichteten Jüdischen Gemeinschaftshauses in Hamburg am Türpfosten eine Mesusa an[1] – ein letzter unangebrachter Akt der Zuversicht auf eine Zukunft der Juden in Deutschland. Inzwischen war ihnen der Zutritt zu Bibliotheken, Theatern und anderen öffentlichen Einrichtungen verwehrt. Max hoffte, das Gemeinschaftshaus mit einem Theater, einem Vortragssaal mit zweihundert Plätzen und einem Restaurant, das auch für Hochzeiten und andere Feiern verwendet werden konnte, werde ihnen Mut machen. Viele Hamburger Juden waren sprachlos, daß man zu einer solchen Zeit eine nicht existierende Zukunft heraufbeschwor, und waren nicht bereit, zu den Kosten dieser Einrichtung beizutragen, an denen sich Max selbst in erheblichem Umfang beteiligt hatte.

In seinem Grußwort zur Einweihung sagte er tapfer: »Wir sind verantwortlich für die Geister und Gemüter der Menschen, die nicht zertreten werden dürfen in den Nöten und Sorgen des Alltags.«[2] Seine Worte standen in keiner Beziehung zur freudlosen Wirklichkeit. Er nannte das Gemeinschaftshaus eine lebensbejahende Institution – wozu viel Vorstellungskraft gehörte. Vor den Ohren von NS-Spitzeln würzte er seine Ansprache mit patriotischen Bekenntnissen. »Die Ausschaltung aus vielen Betätigungsgebieten macht es uns heute unmöglich, für das Land, in dem wir geboren sind, so zu arbeiten, wie wir bereit sind.«[3] Die Kernaussage seiner Ansprache lautete, Juden müßten ihre Religion gegen die herrschenden Tendenzen bewahren. Es sei unerheblich, ob ein deutscher Jude seinen Glauben praktiziere oder nicht, erklärte er: »Heute ist er Jude, er ist Jude mit allen den seelischen Hemmungen, mit allen Problemen und Sorgen, die ihm die Zeit als Jude auferlegt!«[4] Die Zuhörer quittierten seine Rede mit anhaltendem Beifall.

Gerade zu der Zeit, als sich Max um die Pläne für das Gemeindehaus kümmerte, schickte Goebbels einen Trupp von Kunstbanausen mit dem

Auftrag durch deutsche Museen, Beispiele für »bolschewistisch-jüdische« Kunst auszuwählen, die in einer speziellen »Schreckensausstellung« gezeigt werden sollten. Als im Juli 1937 in München die Ausstellung mit Werken »Entarteter Kunst« eröffnet wurde, befanden sich darunter Bilder Beckmanns, Chagalls, Kandinskys, Kokoschkas, Noldes, Grosz' und anderer angeblich durch den jüdischen Geist korrumpierter Maler. Bis zum folgenden Frühjahr »säuberten« die Nationalsozialisten Deutschlands Museen von diesem »jüdischen Schund«, wobei sie insgesamt sechzehntausend Kunstwerke beschlagnahmten.

Angesichts dieses Kreuzzugs gegen die moderne Kunst ersann Erich Warburg einen weiteren Rettungsplan. M.M.Warburg und Co. schuldete der Norske Creditbank in Oslo Geld, das die Firma wegen des Zahlungsaufschubs für Auslandsschulden nicht zurückzahlen konnte. Im Reichswirtschaftsministerium erkundigte sich Erich, ob M.M.Warburg »als deutsche Bank an eine böse ausländische Bank mit ›entarteter Kunst‹ unsere Schulden zurückzahlen« dürfe. »Die fanden dies eine glänzende Idee.«[5] Also schlich er sich wie ein Dieb an ein Kellerfenster des Hamburgischen Kunstmuseums, erwarb zu einem günstigen Preis mehrere Gemälde des norwegischen Expressionisten Edvard Munch und schickte sie, mit den Erlaubnisstempeln des Dritten Reichs versehen, nach Oslo.

Lange sollte es nicht mehr dauern, bis alle Illusionen endgültig zunichte waren. Max hatte sein Geschick ganz in die Hände von Schacht gelegt. Anfänglich hatte sich diese Strategie ausgezahlt, konnte er doch in einer Welt weiterleben, in der ihn unsichtbare Schranken vor den Feinden schützten, die ihn umgaben. Doch damit war 1936 Schluß, denn die Macht des eigensinnigen und großspurig auftretenden Zentralbankpräsidenten nahm ab, nachdem er sich an mehreren Stellen unbeliebt gemacht hatte. Mehrfach beklagte er sich bei Hitler, daß Goebbels, Himmler und andere Nazigrößen für ihre eigenen Zwecke Devisen beiseite schafften. Ungeachtet seiner dehnbaren Moralbegriffe hielt Schacht an der tradierten Überzeugung eines jeden Bankiers fest, daß eine Wirtschaft nur mit einem gesunden Finanzwesen gedeihen kann. Er wandte sich gegen Deutschlands Autarkiebestrebungen und wollte statt dessen die Devisenreserven des Landes durch Ausfuhren auffüllen. Außerdem hatte das Wirtschaftswachstum seiner Ansicht nach einen Punkt erreicht, von dem an weitere Rüstungsausgaben zur Inflation führen mußten. Lange verstieß er gegen seine eigenen Grundsätze und förderte die Wiederaufrüstung durch Devisenbewirtschaftung, Tauschgeschäfte sowie durch seine Mefo-Wechsel.[6] Da aber Hitler seiner beständigen Hinweise auf eine drohende Inflation müde wurde, verlor Schacht allmählich den Status der Unangreifbarkeit, und Hitler begann, den eigensinnigen Mann, den er nicht mehr brauchen konnte, von seinem Platz zu verdrängen.

Im April 1936 übertrug er die Zuständigkeit für Devisen und Rohstoffe auf Schachts Erzrivalen Göring und legte im selben Jahr einen Vierjahresplan zur Aufrüstung Deutschlands vor, mit dessen Überwachung er ebenfalls Göring betraute. Dieser richtete gleich neben Schachts Wirtschaftsministerium seine eigene Verwaltung ein, das Büro für Roh- und Ersatzstoffe mit fünfhundert Mitarbeitern. Es sorgte für den Übergang vom Freihandel zur Autarkie, und bereitete der »Kriegswirtschaft im Frieden« den Weg.

Als Schachts Einfluß schwand, begriffen die Warburgs, daß sie den Schutz der Regierung nicht mehr lange genießen würden. So teilte Felix im April 1937 dem Vergabeausschuß mit: »Wir hatten drüben einige Freunde in hoher Position, die aber allmählich ihre Macht verlieren.«[7] Wie auf Kommando gingen deutsche Firmen auf Distanz zu jüdischen Banken. Aus Berlin sickerte durch, daß Unternehmen, die Regierungsaufträge bekommen wollten, ihre Aufsichtsräte von Juden säubern mußten; viele gaben ihre Beziehungen zu jüdischen Firmen auf. Die Zahl der Kunden von M.M.Warburg ging zwischen 1936 und 1937 deutlich zurück, und zwar von rund dreitausend auf etwa zweitausendzweihundert. Zwischen 1936 und 1938 verloren die Teilhaber achtzig Aufsichtsratsmandate, so daß ihnen lediglich noch achtzehn blieben. Siegmund wurde 1937 aus zwei Aufsichtsräten ausgeschlossen: dem des Hotels *Atlantic* (wo Hitler am liebsten abstieg, wenn er sich in Hamburg aufhielt) und dem der Kamerun-Eisenbahn-Gesellschaft. Häufig gelang es den Warburgs, einen Ersatzmann unterzubringen; in der Regel war dies Dr. Rudolf Brinckmann. Auf diese Weise gewann der nichtjüdische Angestellte mit der höchsten Position im Unternehmen von einem Tag auf den anderen beträchtlich an Gewicht – ein Umstand, auf den die Warburgs später sehr pointiert hinwiesen. Ein weiterer Ersatzmann war der aus einer angesehenen Juristenfamilie stammende Dr. Kurt Sieveking. Er gab 1936 aus Solidarität mit den Juden eine einträgliche Anwaltspraxis auf und trat als Syndikus bei M.M.Warburg ein. Jahre nach dem Krieg wurde er Erster Bürgermeister Hamburgs.

Den Eiferern in der Partei war es ein Dorn im Auge, daß Schacht M.M.Warburg nicht aus dem Reichsanleihe-Konsortium ausgeschlossen hatte. Damit war die Firma 1937 eine von lediglich drei jüdischen Banken, die noch in diesem Organ vertreten waren. Als sie sich 1905 dem Konsortium, das die Schulden der Regierung verwaltete, angeschlossen hatte, war ein rundes Drittel der fünfzig Mitgliedsbanken im Besitz von Juden gewesen. Obwohl M.M.Warburg nur den winzigen Anteil von eineinhalb Prozent der vom Konsortium ausgegebenen Anleihen zugewiesen bekam, hatte die Bank großes Gewicht. Bei Max heißt es darüber, Schacht »kannte die Bedeutung der Plazierungskraft der Firma Mendelssohn und unserer Firma«.[8] Die bloße Zugehörigkeit zu dieser einflußreichen Organisation war für die Bank von nicht zu unterschätzendem praktischem Wert, bedeutete sie doch, daß sie bei amtlichen Stellen nach wie vor in gewisser Gunst stand. Industrieunternehmen konnten auf Vorhaltungen von Parteiorganen wegen ihrer Geschäftsverbindung zu M. M. Warburg & Co. als Rechtfertigung auf die Zugehörigkeit der Firma zum Reichsanleihe-Konsortium verweisen.

Solange Schacht Einfluß besaß, war Max sicher, daß die Bank überleben konnte. Oft sagte er, seine Firma solle Deutschland nicht als erste, sondern als letzte verlassen. Eine Liquidation, fürchtete er, werde nicht nur den Verlust des Arbeitsplatzes der jüdischen Angestellten bedeuten, sondern die gesamte jüdische Gemeinschaft zur Flucht veranlassen. Im Rückblick muß man sagen, daß dies die beste Lösung gewesen wäre.

Max Warburgs Geschick entschied sich, als Schacht, dessen heftige Auseinandersetzungen mit Göring nach Hitlers Ansicht das gesamte Rüstungsprogramm gefährdeten, am 11. August 1937 eine Unterredung auf dem Obersalzberg mit ihm hatte. Von der im heißen Sonnenlicht liegenden Terrasse zogen sie sich in Hitlers Arbeitszimmer zurück, wo es zu einem so lautstarken Meinungsaustausch kam, daß Gäste auf der Terrasse durch die offenen Fenster hörten, wie die beiden Männer einander anschrien. Schacht, der zu den wenigen gehörte, die es wagten, Hitler offen entgegenzutreten, bot unter Hinweis auf unüberbrückbare Meinungsverschiedenheiten mit Göring seinen Rücktritt an. Als Hitler ihn aufforderte, dieses Angebot zurückzunehmen, sagte Schacht lediglich, er werde es sich überlegen. Von Stund an wurde seine Macht nach und nach ausgehöhlt, und am 5. September 1937 nahm er Urlaub vom Reichswirtschaftsministerium. Das Justizministerium erließ eine Vorschrift, der zufolge es rechtswidrig war, daß Parteimitglieder und Regierungsangestellte in jüdischen Läden kauften, und aus den Reihen der Reichsbankmitarbeiter wurden die letzten jüdischen Kriegsveteranen entlassen.

Im September bat Schacht Max zu sich nach Berlin und sagte: »Es tut mir leid, Herr Warburg, aber ich kann Ihre Firma nicht mehr im Konsortium halten.« Max war wie vor den Kopf gestoßen. Sofort war ihm klar, daß damit die schützende Hand von ihm abgezogen war, und er gab zur Antwort: »Dann werden wir die Firma liquidieren müssen.«[9] Schacht erklärte, daß er das erwartet habe. So nahmen die beiden Männer Abschied voneinander, nachdem sie dreißig Jahre lang in so vielfältiger Weise zusammengearbeitet hatten.[10]

Nach Hamburg zurückgekehrt, hörte Max allenthalben – vermutlich von den Nazis ausgestreute und geschürte – Gerüchte, M. M. Warburg *wolle* liquidieren. Dieser Umstand sowie Felix' Tod im Oktober bedrückten ihn sehr. Als Schacht die Leitung des Reichswirtschaftsministeriums im September an Göring abtrat (er blieb aber Präsident der Reichsbank), wurde Max von diesem aufgefordert, seine Bank an Arier zu übergeben. Für jüdische Bankiers und Geschäftsleute bedeutete Schachts Sturz rundum eine Katastrophe, denn seine Nachfolger kürzten die lebensnotwendigen Rohstoffzuweisungen und Devisenquoten in erheblichem Umfang.

Schachts Sturz kam zu einer Zeit, in der eine ungeheure Welle der »Arisierung« die Wirtschaft im Land umkrempelte. So verhandelte M. M. Warburg & Co. bei zahlreichen Zwangsverkäufen jüdischer Unternehmen. Diese makabre Aufgabe war 1937 eine ihrer Haupttätigkeiten. Als angesehene jüdische Namen aus dem Bankgewerbe verschwanden – Gebrüder Arnhold, S. Bleichröder, J. Dreyfus & Co. und nahezu zweihundert weitere Privatbanken – gingen deren Kunden zu M. M. Warburg & Co. Max schrieb: »Wir wurden mehr und mehr die Vertrauensbankiers der jüdischen Geschäftswelt.«[11] Viele arische Großbanken finanzierten diese Übernahmegeschäfte, und jüdische Geschäftsleute entschieden sich für M. M. Warburg als Vermittler ihres Vertrauens. So suchten die Teilhaber jener Bank auf der ganzen Welt nach ausländischen Unternehmen, die bereit waren, mit Hilfe von Sperrmarkkonten jüdische Firmen zu erwerben.

Diese unfreiwilligen Veräußerungen an habgierige Arier fanden in einer äußerst gespannten Atmosphäre statt. Viele jüdische Geschäftsleute, die auf ihre Visa warteten, wußten nicht, ob ihnen die Flucht gelingen würde. Sie traten ihre Geschäftsanteile auf der Berechnungsgrundlage der ursprünglichen Kosten und nicht zum Marktwert ab, wobei sie für den von Lage, Ruf und Kundenkreis abhängenden ideellen Firmenwert überhaupt nicht entschädigt wurden. Das Ergebnis waren ungeheure Kapitalverluste, die bis zu siebzig Prozent betrugen. Um solche Verträge abschließen zu können, brauchten Notare die Genehmigung der zuständigen Ortsbehörde. Schienen die Bedingungen dem jeweiligen Vertreter der NSDAP zu günstig, wurde der Vertrag zur Neuverhandlung zurückgeschickt. Nach Abschluß dieses gesetzlich sanktionierten Wucheraktes mußten die Geschäftsleute außerdem noch die fünfundzwanzigprozentige Reichsfluchtsteuer zahlen. Berücksichtigt man noch die übrigen Gebühren und den konfiskatorischen Wechselkurs, dann konnten die Juden allenfalls zehn bis zwanzig Prozent des verbliebenen kümmerlichen Erlöses aus dem Lande bringen. Den meisten jüdischen Geschäftsleuten wurde so übel mitgespielt, daß sie am Ende praktisch mittellos dastanden – fast könnte man sagen, offener Diebstahl wäre erträglicher gewesen. Als Rechtfertigung dieser Zwangsmaßnahmen diente die fadenscheinige Begründung, die Juden hätten ihre Firmen durch Betrug und unredliche Geschäfte aufgebaut. Deutsche Unternehmen, die von der »Arisierung« profitierten, verstrickten sich immer tiefer in die nationalsozialistischen Machenschaften. Ihren Höhepunkt fand diese Entwicklung schließlich in der Zwangsarbeit, die der Massenvernichtung vorausging.

Eine regelrechte Arisierungsschlacht tobte um das Stahlunternehmen der Familie von Lolas Gatten, Rudolf Hahn und seines Bruders Kurt. In seinem Versuch, die jüdischen Inhaber aus Betrieben von strategischer Bedeutung – insbesondere im Bergbau und in der Metallerzeugung – zu vertreiben, fand Göring einen begeisterten Mitstreiter in Friedrich Flick, dessen Stahl-Imperium schon 1932 dem von Krupp vergleichbar war und der 1937 an der Spitze des größten deutschen Eisen- und Stahlunternehmens in Privatbesitz stand. Er hatte Heinrich Himmler und die SS freigebig unterstützt und wurde später als Kriegsverbrecher verurteilt.

Auf der Suche nach Roheisen für seine Stahlwerke hatte Flick schon lange ein begehrliches Auge auf das *Hochofenwerk Lübeck* geworfen. Dieses größte Unternehmen in Thomas Manns Vaterstadt lieferte nicht nur Gas und Elektrizität, es besaß auch eine Reihe von Hochöfen an der Ostsee, eine Zementfabrik, eine Kokerei und eine Kupfergießerei. Es befand sich überwiegend im Besitz jüdischer Firmen, namentlich der Hahnschen Werke, des Berliner Metallhandelshauses Rawack & Grünfeld sowie der Bank M. M. Warburg. Das Werk war das einzige größere Industrieunternehmen, an dem die Warburgs beteiligt waren, und Max war dessen geschäftsführender Direktor. Erich erhielt dort einen Teil seiner Ausbildung, Fritz war Mitglied des Aufsichtsrates.

Schon kurze Zeit nach Beginn der nationalsozialistischen Herrschaft wurde das Hochofenwerk Lübeck gezwungen, mehrere Arier in seinen Aufsichtsrat zu berufen. Einer von ihnen, der linientreue Dr. Werner Daitz, teilte dem Militär 1935 mit, das Unternehmen befinde sich zu neunzig Prozent im Besitz von Juden oder Ausländern. Unter dem Deckmantel der nationalen Sicherheit schmiedeten Daitz und Flick ein Komplott zur Übernahme der Firma. Anfänglich widersetzten sich die Hahns und Warburgs, und Flick verfolgte die Sache einstweilen nicht weiter, weil er wußte, daß ihm seine jüdische Beute ohnehin eines Tages in den Schoß fallen würde.

Vor 1937 wurden die meisten Arisierungen von unbedeutenden Opportunisten in der NSDAP durchgeführt. Jetzt erkannten Großindustrielle, daß sie ansehnliche Unternehmen billig erwerben und mit Unterstützung der Regierung die Übergabebedingungen praktisch diktieren konnten. Von Göring angestachelt, wiederholte Flick seinen Versuch, wie im Nürnberger Prozeß ein Ankläger formulierte, das Hochofenwerk Lübeck durch eine »Art von industriellem Piratentum« in seinen Besitz zu bringen.[12] Statt offen ein Angebot abzugeben, machte er sich an den schwächsten der drei Eigentümer heran: Rawack & Grünfeld.

Um die jüdischen Eigentümer in Angst und Schrecken zu versetzen, bediente sich Flick der Dienste Alfred Rohdes, der seine Unternehmen in Oberschlesien geleitet hatte. Terror war ein unerläßlicher Bestandteil der Arisierungskampagne, da die Nationalsozialisten anfangs befürchteten, die offene Beschlagnahmung jüdischen Eigentums könne im Ausland zu Gegenmaßnahmen, unter anderem zur Einziehung deutscher Vermögenswerte, führen. Also wurden die Eigentümer so lange psychisch unter Druck gesetzt, bis sie bereit waren, zu verkaufen. Rohde suchte Dr. Ernst Spiegelberg auf, einen Teilhaber von M. M. Warburg, der nach Siegmunds

Flucht die Niederlassung der Bank in Berlin leitete. Die Verhandlung war ein sonderbares Gemisch aus Höflichkeit und Erpressung. Als angeblicher »alter Freund« Spiegelbergs riet ihm Rohde, er solle sich unbedingt dafür einsetzen, daß Rawack & Grünfeld rasch an Flick verkaufe. »Sonst würde die ganze Gruppe in Unannehmlichkeiten geraten.«[13] Er ließ durchblicken, daß Rawack & Grünfeld gegen die Devisengesetze verstoßen habe und daß »diese Angelegenheit bereits von den zuständigen Regierungsbehörden untersucht« werde.[14] Im November wandte sich Flick mit der Mitteilung an Spiegelberg, er werde von hoher Stelle bedrängt, in der Lübecker Sache voranzukommen. Darin hieß es wörtlich: »Eines Tages werden wir Antwort darüber zu geben haben, wie weit wir gekommen sind.«[15]

Als Schacht von der Leitung des Reichswirtschaftsministeriums zurücktreten mußte, erkannte Spiegelberg, daß Flick es ernst meinte. Um die Sache zu beschleunigen, wandte sich dieser an Göring, den »Beauftragten für den Vierjahresplan«. Der für die Abteilung Eisen und Stahl zuständige Herr Oldewage bat Spiegelberg in sein Büro und teilte ihm mit, der Generalstab erwarte, daß Rawack & Grünfeld arisiert werde. Für dieses Gespräch legte Oldewage sonderbare Regeln fest, mit denen sich Spiegelberg nicht einverstanden erklärte; so wollte er diesem lediglich erlauben, mit »Ja« oder »Nein« zu antworten. Schließlich erklärte er, man werde Rawack & Grünfeld erst wieder gestatten, Eisenerz aus Skandinavien und der Sowjetunion einzuführen, wenn Flick im Besitz der Anteilsmehrheit sei. Das war gleichbedeutend mit dem Todesurteil für das Unternehmen. Oldewage bemerkte, daß Spiegelberg von seiner Drohung »stark beeindruckt« war.[16] In innerbetrieblichen Aktennotizen ließen Flick-Mitarbeiter erkennen, wie sehr es sie befriedigte, daß drohende Reden hochgestellter Nationalsozialisten die Hahns und Warburgs in Unruhe versetzten. Bis Mitte November hatte Flick fünfundzwanzig Prozent der Rawack & Grünfeld-Anteile in seinen Besitz gebracht. Einige Wochen später verhandelte Spiegelberg über den endgültigen Verkauf an Flick, der sich einverstanden erklärte, daß M. M. Warburg weiter als Bank für Rawack & Grünfeld fungierte. Er sagte außerdem, Dr. Fritz Warburg werde Vorsitzender des Aufsichtsrats bleiben, andernfalls könne Dr. Rudolf Brinckmann an seine Stelle treten.

Somit war für Flick der Augenblick gekommen, sein eigentliches Ziel, den Erwerb des Hochofenwerks Lübeck, zu verfolgen. Unterstützt von Göring konnte er sehr viel massiveren Druck ausüben als bei Rawack & Grünfeld. Zu dieser Vorgehensweise sagte Rudolf Hahn während des Nürnberger Prozesses: »Uns drohte die Verhaftung und Einweisung in ein Konzentrationslager.«[17] Um Barmittel zu sparen, erwarb Flick diesmal nur die Hälfte des Unternehmens, also das erforderliche Minimum.

Im Januar 1938 kaufte Friedrich Flick mit fünfzigprozentigem Notverkaufsnachlaß die im Besitz der Familie Hahn und der Firma

M. M. Warburg befindlichen Anteile des Hochofenwerks Lübeck; die übrigen gingen an Mannesmann. Da die Zahlung an die Hahns bei diesen Transaktionen in Devisen erfolgte, die in London fällig waren, bekamen Rudolf und Lola die Möglichkeit, im Ausland ein neues Leben zu beginnen.[18] Bei den Nürnberger Prozessen erklärte Telford Taylor, diese erfolgreich verlaufene Übernahme habe Flicks Appetit auf weitere Plünderungen jüdischer Firmen überhaupt erst richtig geweckt. »Der Erwerb der Hochöfen öffnete Flick die Augen für die einträglichen Möglichkeiten der ›Arisierung‹.«[19]

Rudolf und Lola Hahn waren aus einer Reihe von Gründen in Deutschland geblieben. Wie Max hätten sie es als Feigheit angesehen, die jüdische Gemeinschaft im Stich zu lassen. Außerdem gaben sie sich der in der jüdischen Oberschicht verbreiteten Täuschung hin, sie seien vor der Behandlung, die armen Juden zuteil wurde, sicher. Nie wären sie auf den Gedanken gekommen, daß auch ihnen derlei widerfahren könnte.

Fünf Jahre lang hatte Lola Hahn für die Jugend-Alijah in Berlin gearbeitet und dafür gesorgt, daß Hunderte von Kindern deutscher Juden eine neue Heimat im Ausland fanden. Gemeinsam mit Weizmann war sie bei den britischen Behörden vorstellig geworden, um zu erreichen, daß diese die Einwanderungsquote für jüdische Kinder nach Palästina erhöhten. Ihr war klar, daß das Leben in Berlin für sie täglich gefährlicher wurde. Nachdem ihre Kusine Ingrid in Schweden einen Vortrag mit Berichten über Greueltaten an Juden gehalten hatte, wurde Lola ins Gestapo-Hauptquartier befohlen. Zwar blieb sie unbehelligt, doch hatte sie nun Gewißheit, daß jeder ihrer Schritte genauestens überwacht wurde. Außerdem erfuhr sie, daß ihr Name auf einer schwarzen Liste von Befürwortern des Zionismus stand. Zu allem Überfluß litt sie an einer Nierenerkrankung.

So beschloß das Ehepaar Hahn im September 1938, mit seinen beiden Kindern Berlin zu verlassen und nach London zu fliegen. Ermöglicht wurde dies unter anderem dadurch, daß sie ihr Berliner Haus an einen Gauleiter verkauften. Da Kurt Hahn inzwischen die Schule Gordonstoun in Schottland leitete – die Salemer Schule wurde im Krieg nach Wales ausgelagert –, sahen sie in England ein geeignetes Bestimmungsland. Die Art und Weise, wie Lola Berlin verließ, war überaus typisch für sie. »Sie sah aus wie ein Filmstar«, sagte ihre Schwester, »alle weinten. Lola hatte die Arme voller Blumen.«[20] Am Flughafen wurde sie von einem Wachmann gründlich durchsucht. Als sie auf die Frage nach ihrem Namen »Warburg« sagte, entschuldigte sich dieser. »Wenn Sie uns das gleich gesagt hätten, hätten wir Sie in Frieden gelassen.«[21] Doch eine letzte Demütigung blieb ihnen nicht erspart. Nach dem Start der Maschine wurden sie unerwartet von Flicks Anwalt Otto Steinbrinck angesprochen, der geschäftlich nach London flog und sich eine letzte sadistische Bemerkung nicht verkneifen konnte. So sagte er zum Ehepaar Hahn: »Sie haben Glück gehabt, daß Sie überhaupt noch rauskommen.«[22]

Nachdem M.M.Warburg aus dem Reichsanleihe-Konsortium ausgeschlossen worden war, sah sich Max nach wohlgesonnenen Käufern für seine Bank um. Die Verhandlungen fanden in einer unerträglichen Atmosphäre drückender Hoffnungslosigkeit statt. Mitte März 1938 zog Hitler im Triumph in Wien ein, womit der Anschluß Österreichs an das Deutsche Reich vollzogen war. SS-Leute stürmten und plünderten den dortigen Wohnsitz der Rothschilds. Zu ihrer Beute gehörten unter anderem Tafelsilber und Gemälde. Baron Louis de Rothschild wurde verhaftet und als Geisel festgehalten, bis die Verwandtschaft allen Besitz zu schändlich niedrigen Preisen verkauft hatte. In einer regelrechten Orgie antisemitischer Ausschreitungen wurden Juden in großer Zahl in die Konzentrationslager von Dachau und Buchenwald verschleppt. Einer von Max' Wiener Vettern, Richard Rosenbacher, nahm sich durch einen Sprung aus dem dritten Stock seines Hauses das Leben. Täglich begingen in Wien zweihundert Juden Selbstmord.

Nach seiner Rückkehr aus Österreich sprach Hitler zu einer ungeheuren Menschenmenge, die sich vor dem Hamburger Rathaus versammelt hatte. Er taufte ein neues Schiff auf den Namen *Robert Ley* und ehrte damit Max' alten Feind aus den zwanziger Jahren. Das Tempo der Arisierung wurde nun erheblich beschleunigt. Im Laufe des nächsten Jahres wurde ein Viertel der verbliebenen vierzigtausend jüdischen Unternehmen im Reich verkauft, so daß nach und nach die letzten Spuren der jüdischen Wirtschaftsmacht, die in der nationalsozialistischen Vorstellungswelt eine so große Rolle gespielt hatte, getilgt wurden.

Jüdischen Banken blieben im Grunde nur drei Möglichkeiten: Sie konnten entweder liquidieren, an eine arische Bank verkaufen oder sich »arisieren« lassen – das heißt, die jüdischen Teilhaber konnten ihre Anteile an Nichtjuden verkaufen und damit das Unternehmen als solches bewahren. Es paßte ganz und gar zu Max' Überzeugungen, daß er sich für die Arisierung entschied, denn auf diese Weise blieb eine geringe Aussicht, eines Tages nach Deutschland zurückkehren zu können. Anfänglich hofften die Warburgs, einundfünfzig Prozent des Kapitals an nichtjüdische Teilhaber veräußern und den Rest behalten zu können. Doch am 4. Januar 1938 erließ Göring eine Bestimmung, der zufolge Unternehmen auch dann arisiert werden mußten, wenn sie sich nur zu einem Viertel in jüdischem Besitz befanden. Damit war eine vollständige Übergabe der Firma unausweichlich geworden.

Die Verhandlungen fanden im Berliner Büro von M.M.Warburg unter strenger Aufsicht des Reichswirtschaftsministeriums statt. Am 19. März 1938 wurde Dr. Gustav Schlotterer von der Außenwirtschaftsabteilung aufgefordert, dafür zu sorgen, daß M.M.Warburg als Firma erhalten blieb, damit die Devisenkredite und überseeischen Verbindungen der Bank für die Wirtschaft des Dritten Reichs auch weiterhin nutzbar waren.[23] Obwohl diese Absicht der Reichsregierung sich in gewisser Weise mit ihren eigenen Vorstellungen deckte und eine etwas erträglichere Arisierung ermöglichte, betrachteten die Warburgs sie de facto als Enteignung. Max kommentierte das Verfahren wie folgt: »Die ›Arisierung‹ war der Form nach keine Konfiskation, aber das Endresultat kam ihr gleich. Sie geschah in der Form eines Vertrages, doch unter der Drohung: ›Wenn Ihr nicht zustimmt, dann...‹«[24]

Die Firma M. M. Warburg war alles andere als heruntergewirtschaftet. Siegmund, der sich im Januar 1938 in Hamburg aufhielt und nach wie vor bemerkenswert unbehelligt zwischen dem Ausland und Deutschland hin und her reisen konnte, war aufs neue über den guten Gang der Geschäfte erstaunt.[25] Die Firma erzielte 1938 sogar einen Gewinn, da immer mehr verzweifelte Juden ihre Aktiva bei M. M. Warburg anlegten. Schließlich konnte eine Privatbank ein hohes Maß an Vertraulichkeit gewährleisten.

Mit der »Arisierung«, für die M. M. Warburg in eine Kommanditgesellschaft umgewandelt wurde, vollzog sich der Übergang der größten Privatbank in andere Hände. Zum Entsetzen der Familie bestand die Stadt Hamburg darauf, daß die Bank ihren angestammten Namen behielt, um auch weiterhin von deren Ruf profitieren zu können. Der mit 11,6 Millionen Reichsmark festgesetzte Kaufpreis war reine Augenwischerei, da die Erwerber keinen Pfennig für den ideellen Firmenwert zahlten. Von den 6,4 Millionen Mark, die tatsächlich an die Teilhaber aus der Familie Warburg flossen, ließen diese, obwohl sie kein Stimmrecht mehr hatten, drei Millionen als stille Einlage stehen, damit die Bank über genug Betriebskapital verfügte.[26] Nicht nur mußten sie von den verbleibenden 3,4 Millionen ein Viertel, also achthundertfünfzigtausend Mark, an Kapitalfluchtsteuer zahlen, man verlangte ihnen auch noch frech eine weitere Million Mark dafür ab, daß das Dritte Reich die Arisierung genehmigte. Da vom Rest (1,5 Millionen Mark) neunzig Prozent durch den Wechselkurs verlorengingen, blieben ihnen von ursprünglich 6,4 Millionen lediglich hundertfünfundfünfzigtausend Mark.[27] Die stille Einlage wurde später in ein bloßes Bankguthaben umgewandelt und bei Kriegsausbruch von den Nazis restlos beschlagnahmt.

Ursprünglich wollten Fritz und Max in Hamburg bleiben, sich um ihre Wohltätigkeitseinrichtungen kümmern und dafür sorgen, daß alle Transaktionen im Zusammenhang mit der Arisierung der Bank reibungslos vonstatten gingen. Vor allem Max konnte sich nach wie vor weder von seinen Bindungen an Deutschland lösen noch sich eingestehen, daß seine schillernde Reise durch das Dritte Reich unvermittelt an ihr Ende gekommen war. Er und Fritz handelten mit den Behörden eine sonderbare Abmachung aus, die ihnen das Wohnrecht im In- und Ausland zusicherte und es ihnen gestattete, unbehindert das Reichsgebiet zu verlassen und wieder einzureisen sowie in Hamburg ein Büro mit einer Privatsekretärin zu behalten.[28] Max teilte Jimmy mit, seine Paßangelegenheit sei den Beteiligten so wichtig, daß das ganze Arisierungsprojekt davon abhänge.[29]

Da die Nationalsozialisten Ausländer von der arisierten Bank fernhalten wollten, untersagten sie den Warburgs, Firmenanteile außerhalb Deutschlands zu verkaufen. Damit wurde ein Plan der Wallenbergs zunichte gemacht, die für ihre Enskilda Bank in Stockholm Anteile hatten erwerben wollen.[30] Neuer Leiter der Bank sollte der »Allzweck-Arier« und Generalbevollmächtigte der Warburgs, Dr. Rudolf Brinckmann, werden, der im weiteren Verlauf der Geschichte noch eine entscheidende Rolle spielen sollte. Zur Welt gekommen war er in der Türkei als Sohn eines deutschen Vaters und einer englischen Mutter griechischer Abstammung, der er wohl sein mediterran wirkendes, breites Gesicht mit buschigen Augenbrauen verdankte. Nach seinem Studium der Rechts- und Wirtschaftswissenschaft sowie einer Ausbildung zum Bankkaufmann ließ er sich endgültig in Deutschland nieder. Er sprach sechs Sprachen und war, nachdem er in Frankfurt bei E. Ladenburg und in Konstantinopel für die Deutsche Bank gearbeitet hatte, 1920 bei M. M. Warburg eingetreten. Mit dem Warburg-Universum war er in jeder Beziehung vertraut: Er hatte sämtliche Abteilungen der Hamburger Bank durchlaufen und in den zwanziger Jahren mit Paul in der IAB zusammengearbeitet. Er wurde erst 1938 Teilhaber, nachdem er bereits viele der von den Warburgs unter Druck geräumten Aufsichtsratssitze übernommen hatte.

Der andere neue Mann am Ruder war der Außenhandelskaufmann Paul Wirtz, ein Mann mit langer, spitzer Nase und stechenden Augen. Er stammte aus einer alteingesessenen Hamburger Familie und hatte zuvor in London an der Spitze des anglochilenischen Nitrat-Konsortiums gestanden. Er übernahm die Position in der Bank der Warburgs aus hanseatischem Pflichtgefühl. Wie Brinckmann arbeitete er schon seit langem mit M. M. Warburg zusammen, und wie dieser war er ein aufrechter Gegner der Nationalsozialisten. Zwar gab es keine schriftliche Abmachung für den Fall, daß die Nazis je ihre Macht einbüßten, doch galt das stillschweigende Übereinkommen, daß Brinckmann und Wirtz in einem solchen Fall die Bank den Warburgs wieder übergeben würden.

Die Anteile waren so unter elf Investoren aufgeteilt, daß keine einzelne Gruppe ein Mehrheitsstimmrecht auf sich vereinen konnte. Zu den wichtigsten Eignern gehörten die zum Teil unter staatlicher Leitung stehende Bank für Deutsche Industrieobligationen in Berlin, die Industriekreditbank in Düsseldorf und die Berliner Handels-Gesellschaft, die mehrere Jahre lang treu zu den Warburgs gestanden hatte. Auch der Elektrokonzern Siemens übernahm (durch Siemens & Halske sowie Siemens-Schuckert) Anteile, auch der Aktienverein Gutehoffnungshütte. Weitere kleine Anteile wurden von alteingesessenen Hamburger und Bremer Reedereien, Kaffeeimporteuren und im Lateinamerika-Handel tätigen Unternehmen übernommen.

Am 30. Mai 1938 betrat Max Warburg wie gewohnt das Palais an der Ferdinandstraße, das er im Stil der Neorenaissance hatte errichten lassen.

Er versammelte die zweihundert Angestellten der Bank in der Kantine, einem mit dunklem Holz getäfelten Raum, von wo aus man den mit Grünspan bedeckten schlanken Turm der Jacobikirche sah. Sechsundvierzig Jahre lang hatte er mit der ihm eigenen Mischung aus Liebenswürdigkeit und autokratischem Patriarchentum über die Bank geherrscht. An jenem Tag lächelte er den Angestellten nur matt zu, da er seinen eigenen Gefühlen nicht so recht traute.

Seine jüngste Tochter Gisela kam zur Abschiedsfeier herüber. Sie arbeitete nach wie vor für die Jugend-Alijah in Berlin, deren Telefon mittlerweile abgehört wurde. Die Situation hatte sich zugespitzt. Als sie in der Bank eintraf, wurde sie Zeugin einer grotesken Szene. Soeben hatten die Nationalsozialisten ein monumentales Ölgemälde Hitlers angeliefert, das in Max' Büro aufgehängt werden sollte, nachdem die Porträts aller jüdischen Teilhaber entfernt worden waren. Trübselig sah der Hausmeister auf das Bild, ohne eine Hand zu rühren. Er sagte zu Gisela: »Da müssen sie sich einen anderen Dummen suchen, der ihnen das aufhängt.«[31]

Max mit seinen einundsiebzig Jahren wollte in Würde gehen und beweisen, daß es den Nationalsozialisten nicht gelungen war, seinen Geist zu brechen. Da er die weiße Nelke vergessen hatte, die er im Knopfloch zu tragen pflegte, bat er Gisela, ihm eine zu holen. Nur allzu sterblich und schwach schien nun die nahezu legendäre Gestalt der Hamburger Juden. Es war sein Wunsch gewesen, daß sein Sohn Erich als Angehöriger der fünften Generation die Ansprache hielt, doch hatte dieser geschäftlich in New York zu tun. Also las Max eine Erklärung vor, die am nächsten Tag in der Presse erschien und in der es hieß, daß er, Fritz, Erich und Dr. Spiegelberg die Bank verließen. Er führte aus, daß sie zwei Möglichkeiten gegeneinander abgewogen hatten: sie entweder einfach aufzugeben oder sie in einer Weise zu arisieren, daß sie in die Hände befreundeter Nichtjuden übergeben wurde (wobei er allerdings das verhaßte Wort nicht in den Mund nahm). »Wir sind diesen zweiten Weg gegangen; denn wir wollten nicht, daß diese Firma, der unsere Lebensarbeit bis heute gehört hat, zerstört würde. Vor allem aber wollten wir nicht, daß Ihre Gemeinschaft, zu der Sie in jahrzehntelanger Arbeit zusammengewachsen sind, zerfallen sollte.«[32]

Mit großem Stolz und zugleich unaussprechlicher Trauer stellte er die beiden Männer vor, die künftig die Geschicke der Bank lenken sollten. Dr. Brinckmann setzte zu einem Lobgesang auf die Tradition des Vertrauens, der Kameradschaft und der Hilfsbereitschaft in der Bank an und versprach, man werde sie auch in Zukunft achten.[33] Paul Wirtz wirkte wie eine Vaterfigur, und dankbar pries Max beide als kluge, weitblickende und gerechte Männer.

Max' Abschiedsrede war deshalb so bemerkenswert, weil sie Hoffnung ausstrahlte und völlig frei von Bitterkeit war. Ohne es explizit zu sagen, dachte er bereits an ein Deutschland nach Hitler, in dem die Juden wie auch M.M.Warburg & Co. aufs neue guten Zeiten entgegengehen würden. Weit davon entfernt, in Schwermut zu verfallen, richtete er seine Ansprache in die Zukunft, als verlasse er das Land nur auf kurze Zeit. Im Rückblick läßt sich erkennen, daß er damals Prophetisches sagte, aber zugleich auch der Wirklichkeit auswich.

Er versuchte, seine ganze Erfahrung im Bankwesen in dieser Ansprache zu verdichten. Die Angestellten bat er, auch in seiner Abwesenheit jedem Vorgang große Aufmerksamkeit zu schenken, die Kunden nach wie vor gut und fachkundig zu bedienen, das Risiko zu streuen, in Schwierigkeiten geratene Kunden zu unterstützen und immer auf der Hut vor schädlichen Einflüssen zu sein. Er dankte ihnen herzlich und wies darauf hin, daß er unter Umständen nie wieder durch jene Räume gehen werde. Abschließend sagte er: »Wir wünschen Ihrer Arbeit Erfolg, zum Segen der Hansestadt Hamburg und zum Segen Deutschlands!«[34] Diese letzte Verneigung vor dem Vaterland in einem Augenblick, in dem es ihn so schmählich verraten hatte, war kennzeichnend für Max. Mit dieser Geste gingen Jahrhunderte ununterbrochenen Wirkens der Warburgs in Deutschland zu Ende.

Viele Mitarbeiter hörten mit glänzenden Augen zu. Am Schluß weinten Dutzende ungehemmt, als sie auf Max zutraten, um ihm die Hand zu schütteln. Später sagte er, es sei ihm vorgekommen, als habe er an seinem eigenen Sarg gestanden, denn sie hätten geschluchzt, als handele es sich um seine Beerdigung.

Nachdem Max allen die Hand geschüttelt hatte, kehrte er noch einmal in sein Büro zurück und unterschrieb eine letzte Mitteilung an die Belegschaft, in der er sie bat, den Geist der Bank zu bewahren. Dann verließ er das Gebäude, das ein Denkmal seiner Arbeit war, und setzte nie wieder einen Fuß hinein, obwohl er erst im Spätsommer nach New York abreiste. Fritz und Anna Beata brachen schon bald nach Schweden auf. In den folgenden Wochen drückten zahlreiche Geschäftsfreunde Max ihre Verbundenheit aus.

Unterdessen wurde die Kampagne gegen jüdische Geschäftsleute erbarmungslos fortgesetzt. Am 20. Juni schloß das Reichswirtschaftsministerium Juden von Aktien- und Warenbörsen aus und verbot ihnen zwei Wochen später, als Agenten oder Makler tätig zu sein. Damit war der Untergang der jüdischen Finanzleute besiegelt. In jenem Sommer brachte die Gestapo immer mehr »asoziale« Juden in Konzentrationslager.

Außerhalb Deutschlands riefen Presseberichte über die Arisierung der Bank bewegte Reaktionen hervor. So hieß es in der Londoner *Times*: »Die Umwandlung von M.M.Warburg und Co. gehört zu den aufsehenerregenderen Vorfällen im Zusammenhang mit dem gegenwärtig im Reich geführten Kampf gegen Einfluß und Teilhabe von Juden am Finanzwesen und Geschäftsleben.«[35] Das Blatt fuhr fort, Finanzkreise schätzten das Kapital der Bank auf vierzig Millionen Mark, wohingegen bei der Übergabe lediglich zwölf Millionen Mark gezahlt worden seien. Anders gesagt: Die Warburgs hätten bei diesem fiktiven amtlichen Preis ein Vermögen aufgeben müssen. Angesichts der tatsächlich gezahlten Summe muß man im Grunde von einer Enteignung sprechen. Es war eine Ironie des Schicksals, daß die Firma, die das Kapital so vieler Juden gerettet hatte, am Ende nicht sich selbst zu retten vermochte.

In den letzten Tagen, die sie in Deutschland verbrachten, lebten die Warburgs in einer seltsamen Zwischenwelt. Obwohl man ihn aus der Bank gedrängt hatte, wußte Max nicht, wann er endgültig abreisen würde, da er das Sonderrecht des Wohnsitzes im In- und Ausland besaß. Nach außen hin erhielt man den Anschein eines angenehmen Lebens aufrecht, doch konnte das die überwältigende Trauer nicht verdecken. Als Bertha Ehrenberg die Warburgs am Abend des 15. Juli 1938 auf dem Kösterberg besuchte, formulierte sie in ihrem Tagebuch die Verzweiflung der Familie in poetischen Worten. »Das alles in dem verdämmernden Abend, so abseits und wie vergessen schon von der Welt. Riesenhafte, unwirkliche Bäume, so wie sie nur in Hamburg oder in England in der Landschaft wurzeln, ließen Ausschnitte in die Ferne frei, in der der breite, stille Strom dem Horizont entgegen strömte. Alles war so still und unwirklich – beinahe eine andere Welt –, und in dieser Stille und Abseitigkeit traf ich die Menschen, die ich vor Jahren auf der Höhe ihrer Macht, ihres Einflusses, ihrer unangetasteten Geltung kennengelernt hatte. Da saßen sie zusammen, die Warburgs, Erich, Hans Meyer aus Paris, Spiegelberg und Liebmann, einst die Köpfe der Bank, nun entrechtet, diffamiert als ›Gauner‹ und ›Schädlinge‹, ihres Besitzes nicht mehr froh werdend und nur noch den Gedanken im Kopf, wie überhaupt noch aus dieser Gefangenschaft herauszukommen sei... Äußerlich alle ruhig und freundschaftlich und heiter, ›in Haltung‹, aber ich spürte intensiv die entsetzliche und tragische Spannung, die über den entwurzelten, verwehten Menschen lag.«[36]

33
Die Waisen des Sturms

Das Band zwischen Max und Erich festigte sich während der letzten unsicheren Tage, die sie in Deutschland verbrachten. Obwohl Erich selbst die Lage pessimistisch einschätzte, war er seinem Vater eine seelische Stütze und dessen enger Vertrauter. Seiner Überzeugung nach hatten sich die Nationalsozialisten der Massen durch Arbeitsbeschaffungsmaßnahmen wie den Bau der Autobahnen zu versichern vermocht, mit denen sie das Heer der Arbeitslosen drastisch vermindern konnten. Zwar hatte er Freunde im Widerstand – von ihnen wurden bis Kriegsende drei hingerichtet – doch nahm er an, daß Hitler für ein Attentat zu gut bewacht werde, so daß ein solcher Versuch lediglich zu Vergeltungsmaßnahmen führen konnte. Auch wenn Erich die Situation nüchterner beurteilte als sein Vater, hielt er sich für gefeit vor der äußersten Gefahr und schenkte den kriegerischen Absichten des Regimes nicht genügend Aufmerksamkeit.

Er neigte eher zu diplomatischem Vorgehen als zu offener Konfrontation. Anfang der dreißiger Jahre war er in der Deutsch-Englischen Gesellschaft, bei den Freunden der Vereinigten Staaten und in anderen Gruppen aktiv, die völkerverbindendes Gedankengut pflegten. Über ihn, der das Dritte Reich mit seiner munteren Unverwüstlichkeit überstand, schrieb Eddie Warburg 1938, er beneide ihn nicht um sein Leben, wohl aber um den wahren Adel seines Wesens, der es ihm ermögliche, es mit solcher Anmut und solchem Charme zu meistern.[1]

Der Verfolgung entging er zum Teil durch Reisen; so fuhr er zweimal jährlich nach Amerika, um sein Aufenthaltsrecht dort nicht einzubüßen. 1936 flog er mit dem Zeppelin *Hindenburg*, dessen Absturz im darauffolgenden Jahr viel Aufsehen erregte. Oft segelte er auf der *Kong Bele* mit Gisela, vornehmen Freundinnen oder Alain de Rothschild nach Skandinavien. Seine denkwürdige letzte Reise mit diesem Boot, die er im Sommer 1938 unternahm, zeigte ihm, daß er nicht einmal mehr dort vor Schikanen sicher war. Als er eines Tages die Leinen loswerfen wollte, stürmten Gestapo-Leute an Bord. Nach den strengen Devisenvorschriften durfte in den deutschen Küstengewässern niemand an Bord eines Schiffes mehr als zehn Mark besitzen. Entsetzt fiel Erich ein, daß er einen verbotenen Zwanzigmarkschein in der Tasche hatte. Während die Gestapo von den Segeln bis zu den Konservendosen alles durchstöberte, rollte er die Banknote zu einem Kügelchen zusammen, schnippte es über Bord und betete, daß sich der auf den Wellen tanzende Geldschein nicht mit einem

Mal öffnen und Zeugnis für seinen Rechtsbruch ablegen würde. Zu jener Zeit bereitete er bereits seine Abreise nach Amerika vor; das Boot wollte er in einem dänischen Hafen zurücklassen.

Für die Warburgs war dieser Sommer geprägt von schrecklichen Nachrichten und liebevollen Abschieden. Inzwischen verlangte die deutsche Führung, daß Juden einen besonderen Ausweis mit sich führten, und kennzeichneten sie in allen amtlichen Dokumenten mit einem zusätzlichen Vornamen: Israel für Männer und Sara für Frauen. Nach wie vor aber trafen sie auf Menschen, die sich von der NS-Propaganda nicht beeindrucken ließen und ihnen nach wie vor mit Anstand, ja Herzlichkeit begegneten. Als sich Erich von einer alten Freundin der Familie, Cäcilie von Klinggräff, verabschiedete, führte sie ihn zu einem gewaltigen Findling auf ihrem Grundstück, den am Ende des Ersten Weltkriegs zwanzig Pferde dort hingeschleppt hatten. Auf ihm war zur Erinnerung an vermißte Soldaten »Wir warten« eingemeißelt. Diese Worte, erklärte die Frau, gälten jetzt auch ihm.[2]

Die Begegnung mit solchen Menschen gab den Warburgs ein wenig Auftrieb. Beispielsweise ließ der mit Max eng befreundete Paul Reusch, der an der Spitze der Gutehoffnungshütte stand, am Tage von Hitlers Machtergreifung in seinem Garten eine steinerne Bank aufstellen, deren griechische Inschrift verkündete, wer einen Pakt mit Tyrannen schließe, sei zum Untergang verurteilt.[3] Nie vermochten die Warburgs zu glauben, daß der Funke der Menschlichkeit im deutschen Volk gänzlich erlöschen könne, und aus dieser Überzeugung speisten sie ihre Hoffnung, irgendwann müsse eine Erneuerung eintreten.

Allmählich begannen sie den Wohnsitz auf dem Kösterberg aufzulösen. Die Behörden gaben zu verstehen, daß ein Haus vollständig möbliert bleiben müsse; die übrigen Einrichtungsgegenstände aber dürfe die Familie fortschaffen. Die Gärtnerin der Warburgs, die Halbjüdin Else Hoffa, suchte die besten Stücke aus und stopfte dann alles mögliche Gerümpel in eins der Häuser. Später ging sie nach England, wo sie Obergärtnerin bei einem Lord wurde. Als Max, Alice und Gisela Ende August 1938 nach New York reisten, wo Max an einer Konferenz zu Fragen der Flüchtlingshilfe teilnehmen und den Vergabeausschuß um zusätzliche Gelder bitten wollte, um deutschen Juden die Auswanderung zu ermöglichen, hatten sie die feste Absicht, im Spätherbst zurückzukehren. Trotz aller Greueltaten war Max außerstande, sich von seinen Bindungen in Deutschland zu lösen. Fritz, der aus Treue zum Bruder geblieben war, sagte, dessen Liebe zu Hamburg und Deutschland sei nach wie vor so stark gewesen, daß er eine Rückkehr »nach Hitler« nie ausgeschlossen habe.[4] Max ahnte nicht, daß aus seiner Reise ein dauerndes Exil werden und daß er Deutschland nie wiedersehen würde.

Gisela ließ in Berlin Geld für Ausreisegenehmigungen verteilen und war nicht bereit, Deutschland zu verlassen, solange verzweifelte Juden

Was als Besuchsreise geplant war, endete im Exil. 1938 emigrierte Max mit dem Rest seiner Familie nach langem Zögern endlich aus Deutschland - es war gerade noch Zeit dazu. Den Zweiten Weltkrieg beobachtete er von den Vereinigten Staaten aus, und auf diesem Bild, das ihn zusammen mit seiner Tochter Renate in Woodlands zeigt, wirken sein Optimismus, seine Tatkraft und Vitalität erstmals angeschlagen. Damals schrieb er auf Anregung des britischen Historikers Wheeler-Bennett an seinen Memoiren, aber die Arbeit fiel ihm schwer. Von der geplanten Veröffentlichung bei Macmillan wurde später abgesehen.

noch dort festsaßen. Da man ihr den Paß abgenommen hatte, besorgte ihr Max einen neuen. Er erklärte den Hamburger Behörden, sie wolle im Ausland Geld für die Auswanderung von Juden auftreiben – was den Nationalsozialisten zu jener Zeit noch ins Konzept paßte. »Ich war die einzige deutsche Jüdin, die weinte, als sie ihren Paß bekam, weil ich nicht fortwollte«, sagte Gisela.[5]

Am 23. August 1938 verließ Erich den Kösterberg und seinen treuen Neufundländer Teddy, ohne zu wissen, ob er je wieder zurückkehren würde. In Stockholm verabschiedete er sich von Fritz und Anna Beata und reiste nach New York weiter. Am 29. September 1938 wurde er dank des Stempels, den man ihm in den zwanziger Jahren in den Paß gedrückt hatte und der ihm dauerndes Wohnrecht sicherte, bereits zehn Tage nach seiner Einreise in den Vereinigten Staaten eingebürgert. Der Umstand, daß ihr Sohn amerikanischer Staatsbürger war, rettete Max und Alice, die lediglich ein Besuchervisum hatten, das Leben.

Während sie sich in New York aufhielten, überschüttete sie *Der Stürmer* mit weiteren Verleumdungen. Ein infamer Artikel mit dem Titel »Die Juden Warburg im Weltkrieg« wärmte das Märchen noch einmal auf, Paul habe den amerikanischen Zentralbankrat »im Interesse ihres Geldes und im Interesse der jüdischen Rasse« mit dem ausschließlichen Ziel geschaffen, Krieg gegen Deutschland zu führen, und er und Max hätten an der Spitze des jeweiligen Kriegsstabes gestanden. Daher trügen die Warburgs die Schuld daran, daß im Krieg dreizehn Millionen Nichtjuden ums Leben gekommen waren. Noch über das Grab hinaus wurde Felix als fragwürdiger Mittelsmann hingestellt. »Sehr wahrscheinlich spielte er die gefährlichste Rolle der drei Warburgs«, spekulierte der Verfasser. Auch den Schatten Jacob Schiffs beschwor er herauf und erklärte, jener habe sich während des Krieges an der *New Yorker* Börse gebrüstet: »Der Krieg mag ausgehen, wie er will, wir Juden auf der ganzen Welt haben ihn gewonnen.« Schiff, hieß es weiter, sei Drahtzieher der russischen Revolution gewesen, und Kuhn, Loeb habe das Exklusivrecht bekommen, die Juwelen der Romanows zu veräußern.[6] Es ist offenkundig, daß sich in diesen Ausfällen die sadistischen Neigungen der Nationalsozialisten spiegelten.

Anfang November erschoß der junge Herschel Grünspan (Grynszpan) in Paris den Legationssekretär Ernst vom Rath aus Rache dafür, daß die deutschen Behörden seine Angehörigen und andere polnische Juden aus Deutschland nach Polen abgeschoben hatten. Das lieferte den Nationalsozialisten einen Vorwand für eine Generalprobe der »Endlösung«; am 9. November 1938 gingen in der sogenannten »Reichskristallnacht« Hunderte jüdischer Gotteshäuser in Flammen auf. Eines davon war Hamburgs große Synagoge am Grindelhof, für deren Bau sich Moritz Warburg eingesetzt und zu dem Felix große Beträge beigesteuert hatte. Giselas Erinnerung nach wurden Soldaten aus Berlin nach Hamburg beordert, weil die Nazis befürchteten, die Hamburger selbst würden nicht genug Synagogen zerstören.[7] Obwohl in der »Reichskristallnacht« einundneunzig Juden getötet und zwanzigtausend in Konzentrationslagern zusammengetrieben wurden, verlangten die Nationalsozialisten von den Juden eine Milliarde Mark als Entschädigung für den Tod vom Raths und weitere zweihundertfünfzig Millionen für die Instandsetzung von Straßenlaternen und Schaufensterscheiben. Nunmehr setzte Hitler seine bürokratische Maschinerie in Gang, die dafür sorgte, daß die Juden nicht mehr nur vertrieben, sondern vernichtet wurden.

Mit den Schaufenstern jüdischer Geschäfte gingen auch Max' Hoffnungen in Scherben. Frieda sah, wie er die schreckliche Nachricht aufnahm. »Ich erinnere mich, ... wie er sich in meinem Wohnzimmer an seinen Sohn Erich wandte und sagte: ›Jetzt ist es aus. Kannst du uns nach Kanada bringen, damit wir über die Einwandererquote wieder ins Land können?‹«[8] Dr. Kurt Sieveking warnte ihn aus Hamburg in einem Telegramm, daß er Gefahr laufe, festgenommen zu werden, wenn er den Fuß noch einmal auf deutschen Boden setze. Nun war Max klar, daß er und seine Angehörigen auf unbestimmte Zeit als Schiffbrüchige in Amerika gestrandet waren.

Erich reiste mit Max und Alice nach Toronto, von wo aus man sie als Eltern eines amerikanischen Staatsbürgers im Rahmen einer Vorzugsquote einwandern ließ. Für Max und Alice war das ein außerordentlicher Glücksfall, da die Behörden der Vereinigten Staaten damals nicht weniger als dreihunderttausend Einwanderungsanträge sichteten, und Roosevelt nach wie vor nicht bereit war, die Beschränkungen des Quotensystems zu lockern. Voll Dankbarkeit neckte Max den Sohn, daß er sich wenigstens einmal nützlich gemacht habe. Er wolle sich in Amerika einbürgern lassen, erklärte er, damit er aus Erich einen Amerikaner der zweiten Generation machen könne.[9]

Die sechsundzwanzigjährige Gisela mochte sich nicht damit abfinden, daß sie nicht mehr in Berlin kämpfen konnte und ihre Bemühungen in einer Niederlage geendet hatten. »Ich hatte Heimweh nach Deutschland, nach dem Kampfgeist in der Jugend-Alijah«, sagte sie.[10] Gerade als sie nach Deutschland zurückkehren wollte, kam es zur »Reichskristallnacht«, und sie nutzte ihre brachliegenden Energien, indem sie quer über den amerikanischen Kontinent reiste, um Spenden für die Jugend-Alijah zu sammeln.

Jetzt traf der Terror auch wohlhabende Juden, die sich noch in Deutschland aufhielten, härter und unmittelbarer als zuvor. Die Gestapo trieb sie zusammen, um Geld von ihnen zu erpressen, und hielt allein im Gefängnis von Fuhlsbüttel, einem nördlichen Vorort Hamburgs, rund siebenhundert Juden fest. Unter ihnen befand sich Fritz Warburg, seit vielen Jahren Vorsitzender des Verwaltungsrates des Israelitischen Krankenhauses, das Heinrich Heines Onkel Salomon 1839 gegründet hatte. Erst wenige Tage zuvor war Fritz aus Stockholm zurückgekehrt, um eine Lösung für die schwierige Lage dieser Einrichtung zu finden, die die Nationalsozialisten schon seit längerer Zeit schließen wollten. Je mehr Juden Deutschland verließen, desto drückender wurde ihre Schuldenlast, und immer wieder sah sich das Krankenhaus auf Rettungsaktionen der Warburgs angewiesen, die es bevorzugt unterstützten. Da jüdische Ärzte ab Ende September 1938 Berufsverbot bekamen, war sogar die medizinische Versorgung der Kranken gefährdet. Auf die Mitteilung hin, daß die Behörden planten, die Patienten binnen einer Woche fortzuschaffen, war Fritz nach Hamburg gereist, um über eine Verlängerung dieser Frist zu verhandeln. Als er nach Schweden zurückkehren wollte, wurde er am Flughafen festgenommen.

Nachdem er zehn Stunden lang im Fuhlsbütteler Gefängnis in einer Zelle voller Inhaftierter gestanden hatte, wurde der ohnehin etwas kränkliche und kurzatmige Fritz bewußtlos. Anfangs befand er sich mit sieben anderen Häftlingen in einer Zelle, doch als diese an den folgenden Tagen entlassen wurden, er hingegen nicht, ging ihm auf, daß man mit ihm wohl etwas Besonderes vorhatte. Zu seinem Glück war er umgänglich und kontaktfreudig, und er verstand sich prächtig mit dem Schließer, der ihn fragte, ob er jemanden kenne, mit dem er die Zelle teilen wolle. Fritz nannte einen Dr. Cohn, dessen Aufgabe es war, den älteren Gefangenen die Köpfe kahlzuscheren. Daraufhin ging der gefällige Schließer durch das Gefängnis und rief mit lauter Stimme: »Bitte Herrn Dr. Cohn als Gesellschaft für Herrn Dr. Warburg!«[11] Fortan brachte er ihm jeden Tag einen neuen Zellengenossen. Da sich Fritz als einer der Führer der jüdischen Gemeinde verpflichtet fühlte, seinen Leidensgefährten den Rücken zu stärken, unterhielt er sie mit lustigen Anekdoten oder mit Geschichten aus den prophetischen Büchern des Alten Testaments. Außerdem untersuchte er, um sie abzulenken, ihre Handschrift und schloß dabei so enge Freundschaften, daß er nach dem Krieg vielen von ihnen CARE-Pakete aus Schweden schickte.

Was Fritz während den Monate in Haft vor allem zu schaffen machte, war, daß er keinen Paß besaß. Aus Deutschland entkam er schließlich durch die Vermittlung des Barons Cornelius von Berenberg-Gossler, der aus einer alten christlichen Bankiersdynastie Hamburgs stammte. Mitte April traf er im Berliner Gestapo-Hauptquartier mit Heinrich Himmlers Stabschef Karl Wolff zusammen. Als dieser in Anwesenheit Berenbergs mit Himmlers rechter Hand, Reinhard Heydrich, über den Fall Fritz Warburg sprach, stellte sich heraus, daß die Nazis allem Anschein nach Fritz als Unterpfand für einen eventuellen internationalen Zwischenfall zurückhalten wollten. Die Gestapo erklärte sich bereit, ihn aus der Haft zu entlassen, vorausgesetzt, er kaufe eine große Anzahl armer Juden frei, die nach Schweden ausreisen wollten. Eine Woche später konnte von Berenberg Gossler die Mitteilung an Wolff weiterleiten, Fritz werde die Mittel zum Freikauf von hundert jüdischen Kindern und mittellosen Erwachsenen zur Verfügung stellen. Nach weiteren Verhandlungen, die unter strenger Geheimhaltung stattfanden, erfuhr Fritz am 6. Mai 1939, er werde seinen Paß zurückbekommen, und am 10. Mai brachen er und Anna Beata mit einer unerklärlichen Verzögerung von drei Tagen – offenbar trödelte Fritz so lange – nach Schweden auf.

Sie fanden es herrlich, wieder in ihrer Stockholmer Wohnung zu sein. »Ja, wirklich wahr, wir sind wirklich hier. Ganz glaube ich es noch nicht, aber es ist schöööööön!« schrieb Anna Beata ihrer Tochter.[12] Sie rühmte Fritz' selbstlosen Mut; ihrer Meinung nach hatten sie in Deutschland genug für die Gemeinschaft der Juden getan und durften nun reinen Gewissens ihre Hilfsbemühungen aus dem Ausland fortsetzen. Es erwies sich, daß dem Israelitischen Krankenhaus nicht mehr zu helfen war. Die Zahl der Juden nahm ab, nichtjüdische Patienten wagten nicht, sich dort behandeln zu lassen, und jüdische Patienten wurden mit Schlaftabletten vergiftet. Da der Fortbestand der Anstalt auf dieser Basis nicht möglich war, wurde ihre Leitung den Hamburger Behörden übertragen; später diente sie als Lazarett.

Im Unterschied zu Felix, Paul und Max wurde Fritz, der in diesem

Punkt ganz wie Aby war, nie von dem dynamischen Lebensgefühl Amerikas angezogen, und da seine Frau von Geburt Schwedin war, wählten sie Stockholm als ihre neue Heimat. Dort konnte er nach Herzenslust mit Menschen reden, und er genoß das Leben in den Cafés und auf den Straßen wie auch die vielen Kinos und die große Auswahl an Vorträgen zu jüdischen Themen. Anna Beata nahm ihre Tätigkeit als Kindergärtnerin wieder auf, und ihre Tochter Eva, die eigentlich unbedingt nach Palästina hatte auswandern wollen, kam mitsamt den ihr anvertrauten Kindern nach Schweden. Sie blieb lediglich auf ausdrücklichen Wunsch Henrietta Szolds von der Jugend-Alijah in Schweden und übernahm die Vertretung der Gruppe im Land. Am Ende aber stieß sie doch in Israel zu ihren Zöglingen.

Zwar entkamen Max und Fritz mit all ihren Angehörigen den Nachstellungen der Nationalsozialisten, doch hatten sie keinerlei Vorkehrungen für die Flucht ihrer Schwester Louise getroffen, Dr. Derenbergs Witwe. Als Grund für ihr Bleiben gab Max an, sie habe sich nicht von Deutschland und ihren Freunden trennen können. Ihre Kinder allerdings hatten den Eindruck, er, der sie anfänglich bestärkt hatte zu bleiben, habe seine brüderliche Pflicht vernachlässigt. Nach der »Reichskristallnacht« stahl sich ihr niederländischer Schwiegersohn César Domela nach Deutschland, um sie in Sicherheit zu bringen. Offenbar übersah Max in seiner Sorge um das allgemeine Wohl manchmal in befremdlicher Weise Einzelfälle, die sich in seiner unmittelbaren Umgebung abspielten. Unter Louises Kindern herrschte eine gewisse Bitterkeit darüber, daß er seiner Schwester zugeredet hatte, in Deutschland zu bleiben, während er sicher sein durfte, daß ihm Erich eines Tages die Möglichkeit verschaffen würde, in die Vereinigten Staaten zu entkommen.

Nachdem sie jahrhundertelang in Deutschland verwurzelt gewesen waren, nahmen die Warburgs erneut das nomadische Leben von Juden, die in der Diaspora lebten, auf. Wieder zogen sie unstet umher und waren Landfremde, ob in England, Schweden oder Amerika. Doch sie verfielen weder in Trübsal noch in Selbstmitleid, sondern machten sich daran, ihr neues Leben zu gestalten. Wohl hatten sie Reichtum, Macht und ihre gesellschaftliche Stellung eingebüßt, aber Verstand, Begabung, Verbindungen und Selbstvertrauen hatten sie nicht verloren. Wie Könige im Exil fühlten sie sich nach wie vor für die deutschen Juden verantwortlich.

Da die »Reichskristallnacht« an das Gewissen der britischen Regierung rührte, wurde immerhin das Leben von Tausenden jüdischer Kinder gerettet, wobei Lola Hahn-Warburg eine zentrale Rolle spielte. Sie hatte sich nach und nach von der Gastgeberin der feinen Gesellschaft zu einer überzeugten politischen Aktivistin entwickelt, was Max in die Worte kleidete: »Das erste Mal, wenn Sie meine Tochter treffen, wird sie sich wie eine Dame benehmen, das nächste Mal geht sie Ihnen mit ihren sozialen edlen Angelegenheiten auf die Nerven.«[13] Obwohl sie in London noch mit einer neuen Sprache und Umgebung zu kämpfen hatte, engagierte sie sich, ebenso wie ihre Schwester Anita, in einem Gebäude nahe dem Russell Square für die Flüchtlingshilfe. Ende November 1938 schloß sie sich einer Delegation an, die sich im Innenministerium für Kinder verfolgter deutscher Juden einsetzte, wobei sie bewegende Berichte über deren Leiden vortrug. Noch am selben Abend teilte der Innenminister Sir Samuel Hoare dem Unterhaus mit, die britische Regierung werde im Falle dieser Kinder davon absehen, die Beachtung der Visavorschriften zu erzwingen, und sie ohne Pässe ins Land lassen. Vom Standpunkt der britischen Regierung aus war dieser Schritt die glückliche Verbindung von mitfühlender staatsmännischer Haltung und praktischer Politik. Indem man mehr Juden ins Land ließ, hoffte man den gefährlichen Bevölkerungsdruck zu vermindern, der sich in Palästina aufbaute.

Im Dezember trafen die ersten Kinder aus Deutschland, Österreich und der Tschechoslowakei in England ein, jedes mit einem einzigen Koffer und zehn Mark. Viele von ihnen waren Waisen oder hatten Eltern in Konzentrationslagern. Als potentielle Pflegeeltern laut überlegten, für welches Kind sie sich entscheiden sollten, mußten manche von ihnen Kränkungen hinnehmen. »Es ging zu wie auf dem Viehmarkt«, sagte Gisela. »Blonde und blauäugige galten als niedlich und fanden ein Zuhause, nicht aber, wer jüdisch aussah.«[14] Mehrere der seelisch zum Teil schon schwer geschädigten Kinder begingen Selbstmord.

Lola, die an der Spitze der Wohlfahrtsabteilung dieser Bewegung für Flüchtlingskinder stand, kam mit den schwierigsten Fällen in Berührung. Da sie nicht nur willensstark und eine dominierende Persönlichkeit war, sondern zugleich Mütterlichkeit ausstrahlte und eine natürliche Begabung besaß, mit schwierigen jungen Leuten umzugehen, eignete sie sich bestens für diese Aufgabe. Sie erinnerte sich, wie eines Tages ein jugendlicher Straftäter in ihr Büro stürmte. »Ich saß hinter meinem Schreibtisch, als er mit einem Mal aufsprang, ein Messer hervorholte und die Telefonleitung durchschnitt. Dann öffnete er das Fenster und wollte auf das Sims klettern. Ich habe versucht, ganz ruhig zu bleiben, und zu ihm gesagt: ›Mir geht es sehr schlecht. Ich habe ein schweres Nierenleiden. Wenn das Fenster offensteht, wird es hier drin so kalt. Kommst du bitte ins Büro zurück?‹«[15] Das tat der Junge, Lola fuhr ihn ins Krankenhaus, und anschließend kam er in ein Heim. Ein anderes Mal ging es um ein junges Mädchen, das durch eine geistige Krankheit die Sprache verloren hatte. Lola brachte ihr immer wieder Blumen ins Krankenhaus und saß stumm bei ihr. Jahre später suchte die einstige Patientin, inzwischen eine gesunde junge Frau, sie auf und sagte: »Ich werde Ihre Besuche nie vergessen.«[16] Viele Menschen fühlten sich sehr zu Lola hingezogen und störten sich nicht weiter an der anmaßenden Seite ihres Wesens.

Anfangs fiel es ihr schwer, in einer Welt zu arbeiten, in welcher der

Name Warburg nicht unverzüglich Ehrerbietung auslöste, ja oft nicht einmal bekannt war. Sie mußte die Feindseligkeit ertragen, die jedem, der mit deutschem Akzent sprach, entgegenschlug – für alle, die von den Nationalsozialisten unterdrückt worden waren, eine quälende Erfahrung. Diese kühle Aufnahme veranlaßte Lolas Schwester Anita dazu, daran mitzuwirken, daß sechstausend jüdische Flüchtlinge durch Vermittlung der All Nations Volunteer League (Internationale Liga freiwilliger Helfer) ehrenamtliche Aufgaben fanden, bei denen sie mit britischen Bürgern zusammenkamen. In einer Stadt in Nordwales machte man sich ob ihres deutschen Akzents solche Sorgen, daß man ihr gegen ihren Willen eine Polizeibegleitung zuwies. Trotz solcher Behinderungen erfüllte sie ihre Aufgabe. Die Bewegung zur Rettung jüdischer Kinder arbeitete sehr erfolgreich und bewahrte bis August 1939, als sie ihre Arbeit einstellte, zehntausend von ihnen vor den Gaskammern – ein Drittel derer, die den Nationalsozialisten entkamen. Die Hälfte der noch in Deutschland befindlichen jüdischen Kinder war dem Untergang geweiht.

Der Anschluß Österreichs verstärkte den Druck auf die Regierung Roosevelt, jüdischen Flüchtlingen eine Zuflucht zu bieten. Um wenigstens den Anschein zu erwecken, als beschäftige er sich mit der Frage, berief Roosevelt im Juli 1938 im französischen Kurort Evian am Genfer See eine internationale Flüchtlingskonferenz ein, an der Vertreter von zweiunddreißig Nationen teilnahmen. Außer hehren Entschließungen gab es jedoch kaum greifbare Ergebnisse. Das einzige bemerkenswerte Resultat war die Gründung des Inter-Governmental Committee on Political Refugees (Zwischenstaatliches Komitee für politische Flüchtlinge) mit Sitz in London, an dessen Spitze der amerikanische Anwalt George Rublee stehen sollte. Lord Bearsted und Anthony de Rothschild sagten eine finanzielle Unterstützung in beeindruckender Höhe zu. Es war Rublee klar, daß Roosevelt von der ganzen Angelegenheit alles andere als begeistert war. »Meiner Ansicht nach hat sich der Präsident beteiligt, weil er irgendeine Art Geste für angezeigt hielt, um die durch die Verfolgung der Juden hervorgerufene Empörung zu besänftigen; doch dürfte er keine wirkliche Hoffnung gehabt haben, das Los der Juden in Deutschland zu verbessern.«[17]

Schließlich mußte sich Rublee mit einem von Schacht zum Freikauf deutscher Juden ausgearbeiteten Plan auseinandersetzen. Bis auf einen entscheidenden Punkt sah er jenem, den Max Jahre zuvor der deutschen Regierung vorgelegt hatte, zum Verwechseln ähnlich. Schacht schlug die Beschlagnahmung eines beträchtlichen Teils des jüdischen Eigentums vor, während es Max' Absicht gewesen war, den Besitz der Juden zu bewahren. Die Verhandlungen fanden zu einer Zeit statt, als Schacht nicht mehr an der Spitze der Reichsbank stand. Zusammen mit General Ludwig Beck und anderen hatte er im September 1938 Hitler in der Reichskanzlei

In der »Reichskristallnacht« vom 9. November 1938 gingen die Nationalsozialisten von der Diskriminierung und Denunzierung zu öffentlichen Gewaltakten gegen das Judentum über. Das Bild zeigt die zerstörte Synagoge in der Fasanenstraße in Berlin. Max und Alice Warburg, die im Sommer desselben Jahres zu einer Konferenz über Fragen der Flüchtlingshilfe nach New York gereist waren, begriffen in diesen Tagen, daß es für sie keinen Weg zurück nach Deutschland gab. »Das ist das Ende«, sagte Max damals zu seinem Sohn Erich.

festsetzen und vor einen Staatsgerichtshof bringen wollen, und wie er vertrat Beck die Auffassung, daß Deutschland in keiner Hinsicht auf den Krieg vorbereitet sei, den Hitler gegen die Westmächte zu führen gedachte. Als sich Neville Chamberlain und Edouard Daladier zur Teilnahme an der Münchner Konferenz bereit erklärten, gaben die Verschwörer ihren Plan entmutigt auf.

Auf seinem Weg in die Vereinigten Staaten traf Max im September 1938 im britischen Außenministerium mit Rublee und Lord Winterton zusammen. Er sagte, die deutsche Regierung sei willens, im Gegenzug für erhöhte Ausfuhren eine Massenauswanderung von Juden zu gestatten und ein diesbezügliches Abkommen zu schließen. Außerdem erklärte er, daß er kürzlich im Auswärtigen Amt in Berlin vorgesprochen und einen Plan zur Ausschleusung von fünfzigtausend Juden pro Jahr vorgelegt habe.[18] So war Rublee nicht überrascht, als im Oktober Berliner Stellen die Möglichkeit zur Umsetzung eines solchen Plans auszuloten versuchten, wobei Schacht die treibende Kraft war. Als Sicherheit für eine umfangreiche Dollaranleihe, die im Ausland lebende Juden den Nationalsozialisten zur Verfügung stellen sollten, wollte er ein Viertel allen in Deutschland verbliebenen jüdischen Eigentums in »Verwahrung« nehmen. Damit wollte Deutschland die Ausfuhren finanzieren, mit deren Hilfe es das Darlehen abzuzahlen gedachte. Im Verlauf von drei Jahren sollten hundertfünfzigtausend Juden umgesiedelt werden, außerdem sollte die Ausreise von vierhunderttausend Menschen aus Deutschland und Österreich gewährleistet werden.

Die »Reichskristallnacht« vom November drohte all diese Verhandlungen scheitern zu lassen. Diesen Umstand nutzte Schacht klug aus, wandte sich offen gegen die Greueltaten und sagte vor Mitarbeitern der Reichsbank, er hoffe, daß keiner von ihnen daran beteiligt gewesen sei, denn für solche Menschen gebe es in der Reichsbank keinen Platz.[19] Wenn die Regierung Juden nicht die Möglichkeit gebe, in Deutschland unbehelligt ihren Geschäften nachzugehen, solle sie ihnen helfen, das Land zu verlassen. Schachts Angaben zufolge war Hitler über die Reaktionen des Auslands auf die »Reichskristallnacht« derart beunruhigt, daß er ihn um Vorschläge bat.[20] Mit Hitlers und Görings Einverständnis durfte Schacht in London sein Transferprogramm weiter verfolgen, hielt sich dabei allerdings von Joachim von Ribbentrop und dem Auswärtigen Amt fern.

Unter dem Deckmantel von Besprechungen mit der Bank von England erkundete er im Dezember in London die Erfolgsaussichten seines Planes. Er legte dar, daß den Juden, die auf ihre Befreiung warteten, nichts geschehen werde und daß die älteren unter ihnen auf deutschem Boden ihr Leben in Frieden beenden könnten. Lord Winterton und Rublee nahmen den Plan positiv auf und erklärten sich bereit, mit Finanzfachleuten sowie wichtigen Vertretern der britischen und amerikanischen Juden darüber zu sprechen.

Die Reaktion der Politiker spiegelte die Kontroverse um die Pläne, die zuvor Max unterbreitet hatte. Chamberlain und Lord Halifax wandten sich gegen alles, was Deutschlands Wirtschaftskraft stärken könnte, und Roosevelt sprach sarkastisch von einem Lösegeld für Geiseln.[21] Auch die britischen und amerikanischen Juden zögerten, sich an dieser offenkundigen Erpressung zu beteiligen, und meldeten Vorbehalte gegen den vorgesehenen Ausschuß an. Sie sahen, daß auf diese Weise der Eindruck erweckt werden konnte, die Hirngespinste von einer jüdischen Weltverschwörung beruhten auf Tatsachen. Wieder einmal fehlte den Juden, die alles andere als Beherrscher der Welt waren, aus Furcht vor einer negativen Reaktion der Mut, sich für ihre Interessen einzusetzen. So notierte Siegmund nach einer Zusammenkunft mit Baron Lionel Rothschild und Anthony de Rothschild, daß sie von einer politischen Zusammenarbeit englischer und amerikanischer Juden nichts wissen wollten, denn »man könnte sein englisches Staatsbürgertum dadurch gefährden, daß man zu stark im Rahmen einer jüdischen Weltaktion aktiv ist«.[22] Nach der »Reichskristallnacht« war niemand bereit, dem nationalsozialistischen Deutschland Kredite einzuräumen, die durch jüdisches Eigentum abgesichert waren.

Während Max Schachts Verhandlungen unterstützte, stand Siegmund, der sich energisch für die Flüchtlinge eingesetzt hatte, der ganzen Angelegenheit skeptisch gegenüber. Er bekam Hilferufe von Juden, die in Deutschland festsaßen, und versuchte Geld für sie aufzutreiben, wo immer ihm das möglich war. Oft unterstützte er sie aus eigener Tasche. Er bemühte sich, deutsche und österreichische Flüchtlinge dazu zu bringen, daß sie ein Programm zur beruflichen Aus- und Weiterbildung auf die Beine stellten, und setzte sich bei Regierungsstellen für die Schaffung größerer Flüchtlingslager ein. Eine Weile zügelte er seinen geschäftlichen Ehrgeiz und stellte seine ganze Arbeit in den Dienst der Unterstützung deutscher Juden. Einmal bereitete er Visaanträge für sechzig Flüchtlinge vor, die nach Peru, Brasilien und anderen Länder auswandern wollten.[23] Häufig war er erschöpft, und selten kam er vor halb elf abends nach Hause.

Mit seinen geschäftlichen Reisen nach Deutschland setzte er sich großer Gefahr aus, denn er konnte nie wirklich sicher sein, daß man ihn nach England zurückkehren ließ. Die politische Entwicklung im Lande beunruhigte ihn zutiefst, und am 16. August 1937 verfaßte er für den Fall seines Todes einen Brief an seine Frau. Er enthielt neben der immer wieder vorgetragenen Mahnung, daran zu glauben, daß letzten Endes das Gute siegen werde, auch kennzeichnende Ratschläge für Georges und Annas Erziehung. So sollte Eva dafür sorgen, daß die Kinder in einer stillen, friedlichen, natürlichen Umgebung aufwüchsen, wo es keine hektischen gesellschaftlichen Veranstaltungen gebe und niemand gezwungen sei, Rekorde zu brechen oder Sport zu treiben. Außerdem sollte sie darauf achten, daß es keinerlei kleingeistige Betätigungen gab, mit denen man die Zeit sinnlos vertue, wie beispielsweise das unablässige Herumfahren in Autos, der Besuch von Sehenswürdigkeiten und dergleichen »›Zeitvertreib‹ (was für ein entsetzlicher Ausdruck)«. Er fand anerkennende Worte über seine Ehe mit ihr, sprach aber auch offen Schwierigkeiten an, die sie gehabt hatten, und er mahnte sie, nicht zu vergessen, daß er sie während des ganzen gemeinsam verbrachten Lebens so sehr geliebt habe, wie Menschen einander nur lieben können. Er betonte, daß sich die Liebe immer dann, wenn sie – was unausbleiblich sei – unter einer trüben Zeit gelitten habe, nach einer Weile wieder um so stärker erwiesen habe.

Zu jener Zeit litt Siegmunds Ehe tatsächlich. Auf einer Atlantiküberquerung hatte der begeisterte Ballettbesucher Alexandra Danilowa, eine gefeierte Tänzerin in Diaghilews *Ballets Russes*, kennengelernt. Nach einer Ausbildung an der kaiserlichen Theaterakademie in St. Petersburg hatte sie mit George Balanchine Rußland verlassen und mit ihm in den zwanziger Jahren zusammengelebt. Als Siegmund ihre Bekanntschaft machte, war sie Anfang dreißig und tanzte beim *Ballet Russe* von Monte Carlo. Sie hatte ein ovales Gesicht mit wunderschönen Augen, die ihr einen madonnenhaften Ausdruck verliehen. Noch in den vierziger Jahren waren ihre langen, schönen Beine bei Lloyd's in London mit dem Gegenwert von zwei Millionen Mark versichert. Es ist in keiner Weise erstaunlich, daß diese ungeheuer disziplinierte Tänzerin, die auf Gejammer geradezu allergisch reagierte, Siegmund sogleich für sich einnahm. Sie war sein Gegenstück in der Welt des Balletts, konnte Wichtigtuerei und Getue nicht ausstehen und trat mit einer natürlichen, unaffektierten Würde auf.

Die kühle, durchdachte Art, wie er sich ihr annäherte, war überaus typisch für ihn. Erst lud er ihre Freundin zum Abendessen ein und bat sie dann, ihn der Primaballerina vorzustellen. Er war ihr sogleich verfallen und umwarb sie mit allem ihm zu Gebote stehenden Charme. Als das Schiff Europa erreichte, hatte er sich mit ihr für Berlin verabredet, wo sie auftreten sollte.

»Siegmund verdanke ich es, daß ich in ein schönes Hotel Unter den Linden gekommen bin«, erinnerte sie sich. »Er hat gesagt, ›Sie müssen unbedingt dort absteigen. Es ist das beste Berliner Hotel, und ich werde zusehen, daß Sie dort unterkommen.‹ Ich war ihm sehr dankbar.«[24] Siegmund, der sich später mit großer Umsicht verhielt, schien in der Beziehung zu ihr jegliche Vorsicht in den Wind geschlagen zu haben. Er besuchte in Berlin ihre Vorstellungen, begleitete sie in die Oper und nahm sie zu einer Abendeinladung im Hause einer Kusine mit. Als Zeichen seiner Zuneigung schenkte er ihr einen mit Diamanten von beachtlicher Größe besetzten antiken Rubinring. Er stammte, wie er ihr sagte, aus dem Besitz der Habsburger. Später bekam sie eine blaue Saphirbrosche, die sie stets im Banktresor verschlossen hielt.

Siegmund war wie verzaubert von der Danilowa, behandelte sie mit großer Zärtlichkeit und ließ nichts von seinem explosiven Temperament oder seiner kapriziösen Unbeständigkeit erkennen. »Er ist mir stets mit Achtung begegnet und war sehr herzlich zu mir, voll Liebenswürdigkeit und Warmherzigkeit. Ich habe mich in seiner Gegenwart wohl gefühlt, und man konnte gut mit ihm reden. Vielleicht ist es ihm so leicht gefallen, mit mir zusammen zu sein, weil ich alles verstand, wovon er sprach. Er war Liebhaber des Balletts und hat mich als Tänzerin wie als Frau bewundert.«[25]

Zweifellos hat sie Lachen und Leichtigkeit in Siegmunds von Unglück und Entwurzelung gekennzeichnetes Flüchtlingsdasein gebracht. Gerührt und geschmeichelt von seiner Galanterie, verliebte sie sich in ihn. Da beide ein Wanderleben führten – in dieser Hinsicht ähnelte das Leben eines international tätigen Bankiers dem einer Primaballerina in hohem Maße –, kreuzten sich ihre Wege im kommenden Jahr häufig. Sie trafen sich immer wieder und stiegen einmal gemeinsam im Hotel *George V.* in Paris ab; ein anderes Mal waren sie drei Tage in Hollywood (wobei sie darauf bestand, daß sie der Diskretion halber getrennt reisten). Siegmund besuchte sie auch häufig in ihrer Londoner Wohnung am Shepherd Market im Stadtteil Mayfair. Um dem Klatsch keinen Nährboden zu bieten, hat sie über fünfundfünfzig Jahre lang zu niemandem ein Sterbenswörtchen über dieses Verhältnis gesagt.

Dennoch wußte jeder im Londoner Finanzbezirk, daß Siegmund begeistert immer wieder Ballettaufführungen in Covent Garden besuchte. Ob Eva durch die Verwandtschaft davon erfuhr oder Siegmund ihr den Seitensprung selbst gebeichtet hat, ist unklar. Jedenfalls war sie nicht bereit, die tolerante Durchschnittsehefrau zu spielen, reiste mit beiden Kindern nach Paris und zwang Siegmund zu einer Entscheidung. Da sie über eigenes Vermögen verfügte, das sie von den Philipsons geerbt hatte, konnte sie hinreichend selbstbewußt auftreten. Der Familie gegenüber diente als Erklärung für die Reise nach Paris, daß die Kinder einen Klimawechsel brauchten, da sie sich im feuchten London immer wieder erkälteten.

Während jener Zeit reiste Siegmund nach New York. Dort redete ihm Frieda ins Gewissen und erklärte, sie möge Eva sehr, und er solle tun, was er könne, um sie zu halten. (Daran, daß sie selbst Felix' Eskapaden ertrug, läßt sich ermessen, wie schwierig Siegmunds Lage war.) Der Danilowa gegenüber wich er Gesprächen über seine Angehörigen grundsätzlich aus. »Er hat nie seine Kinder oder seine Frau erwähnt«, schrieb sie, deren zweite Ehe mit einem italienischen Ingenieur, Giuseppe Massera, inzwischen geschieden war. »Er hat von sich aus nie etwas gesagt, und ich habe ihn nicht gefragt.«[26] In der Familie wird berichtet, Siegmund habe sogar eine Scheidung von Eva erwogen; die Danilowa allerdings behauptet, sie habe mit ihm nie über eine Ehe gesprochen.

Ihr war klar, daß die Sache eines Tages zu Ende sein würde. Diesem aufstrebenden jungen Bankier dürfte bei seinem Ehrgeiz klar gewesen sein, daß nach einer Scheidung und einer darauffolgenden Ehe mit einer Ballettänzerin auch dann etwas an ihm hängen geblieben wäre, wenn sich ein Skandal hätte vermeiden lassen, galt doch eine Künstlerin kaum als achtbare Lebensgefährtin und paßte sicherlich nicht zum seriösen Erscheinungsbild einer Bank. Die Danilowa aber war dem Tanz mit Haut und Haar ergeben und hätte den Beruf nie aufgegeben. Obwohl sie sozusagen mit ihrer Karriere verheiratet war, kam die Mitteilung, mit der Siegmund ihr das Ende der Beziehung mitteilte, wie ein Blitz aus heiterem Himmel. »Es war ein richtiges offizielles Schreiben – wie eine Kündigung. Ein Schreiben von der Bank. Er hat darin erklärt, er könne nicht mehr mit mir zusammentreffen.«[27] Der Brief enthielt keine Begründung und nicht die Spur von Wärme. Er erweckte den Eindruck eines kalten Telegramms von unwiderruflicher Endgültigkeit, in dem Siegmund mitteilte, daß alles vorbei sei. Als sie ihn brieflich bat, noch einmal mit ihr zum Essen zu gehen, bekam sie keine Antwort. Es wird berichtet, Evas dunkles Haar sei während ihres Aufenthalts in Paris vorzeitig weiß geworden.

Es muß für Siegmund ein schrecklicher Kampf gewesen sein, die verführerische Danilowa aufzugeben. Selbst er, der so viele Erfahrungen gesammelt hatte, kannte keine zweite Frau, die dieser herrlichen Tänzerin vergleichbar war. Zu welchem Entschluß auch immer er gemeinsam mit Eva oder allein gekommen sein mag, er hielt sich sein Leben lang mit eiserner Entschlossenheit daran und tat alles, um die Familie zusammenzuhalten.

Erstaunlicherweise sahen die beiden einander nie wieder, obwohl die Danilowa in den Nachkriegsjahren in New York lebte und später mit Balanchine an der School of American Ballet unterrichtete. Bisweilen hat sie sich gefragt, ob er je insgeheim und ungesehen zu einer ihrer Vorstellungen gekommen war. Was hinter seinem letzten Brief steckte, blieb ihr auf immer ein Geheimnis. Nie bekam sie eine Erklärung, nie konnte sie sich bei einem anderen Menschen Trost holen. Von dem Sturm in der Familie, den ihre Romanze ausgelöst hatte, wußte sie nichts. Auch sie besaß, wie Siegmund, die ungewöhnliche Fähigkeit, Dinge für sich zu behalten. Noch als sie 1988 ihre Erinnerungen veröffentlichte, spielte sie zwar mit dem Gedanken, die Beziehung zu Siegmund zu enthüllen, beschränkte sich dann aber auf ihre drei Ehemänner und ihre Karriere. Er hätte solche Willenskraft zu schätzen gewußt.

Als diese Liebesbeziehung mehr als fünfundfünfzig Jahre zurücklag, betrachtete die Danilowa sie mit distanzierter Gelassenheit und dachte voll Wehmut, aber ohne Bitterkeit an sie zurück. »Ich war sehr gekränkt«, sagte sie, »aber ich halte meinen großen Mund. Ich habe es keinem je gesagt. Wahrscheinlich hat er das an mir zu schätzen gewußt. Vielleicht war unsere Beziehung für ihn eine Flucht in eine gänzlich andersgeartete Welt, und ich war für ihn wie ein schöner Garten voller Blumen. Vielleicht war es eine Laune von ihm. Jedenfalls haben wir gemeinsam das Vergnügen erlebt, das er vermutlich brauchte. Ich verstehe, daß ich das aus meinem Herzen verbannen und keinem sagen durfte, nicht einmal meinen Freundinnen. Nach wie vor erinnere ich mich *avec tendresse* an die gemeinsam verbrachte Zeit, und ich verstehe, wie es später war, als er berühmt wurde. Also mußte ich seine Wünsche respektieren.«[28] Als sie erfuhr, welche Gründe hinter Siegmunds Brief standen, drückte sie – mittlerweile eine alte Frau – ihr Mitgefühl für Eva aus und sagte, es sei klug von ihr gewesen, Druck auszuüben, damit ihr Mann der Sache ohne Wenn und Aber ein Ende bereitete. Ob aus schlechtem Gewissen oder aus einem Empfinden des Unbehagens heraus, Siegmund ging in späteren Jahren nie wieder ins Ballett. Die zweifellos schmerzliche Erinnerung an diese Episode verbarg er in seinem Herzen.

Fortwährend machte sich Siegmund Sorgen um seine Mutter und bat sie inständig, das Hofgut Uhenfels, das inzwischen von einem Nationalsozialisten verwaltet wurde, zu verlassen und nach London zu kommen. Sie aber, die stets stolz auf ihre Selbständigkeit gewesen war, glaubte sich nach wie vor von anständigen Menschen umgeben und sah keinen Grund, das Land zu verlassen. So beharrte sie zu Siegmunds Bestürzung darauf zu bleiben. Seine Kusine erinnerte sich: »Sie hat gesagt, ›Jeder im Dorf kennt mich‹. Sie fühlte sich sicher und gab auch vielen Menschen Arbeit.«[29] Nach der »Reichskristallnacht« allerdings war es mit dem Gefühl der Sicherheit vorbei. Im Dezember 1938 verkauften Siegmund und Lucie den Besitz Uhenfels für hundertfünfzigtausend Reichsmark, ein Betrag, der sich aus Deutschland nicht hinausschaffen ließ. Nachdem Siegmund die Mutter in Paris abgeholt und nach London gebracht hatte, wohnte sie lange bei ihm und Eva; die übrige Zeit verbrachte sie in Hotels, Pensionen und anderen vorläufigen Unterkünften. Sie war nicht bereit, sich noch einmal etwas Eigenes zu kaufen – wie bei anderen deutschen Juden hatte ihr die Quasi-Beschlagnahmung ihres Eigentums die Freude am Besitz verdorben. Auch Siegmunds Verhältnis zu materiellen Werten veränderte sich. In den dreißiger Jahren zog er mit seiner Familie Jahr für Jahr um und sagte oft zu Eva, daß sie schlimmstenfalls mit einer Vierzimmerwohnung auskommen müßten.[30] Auch wenn er dem angenehmen Leben durchaus gute Seiten abgewann, war er keineswegs darauf angewiesen.

Die Tatenlosigkeit der Briten gegenüber Hitler, der sich die im Westen herrschende antibolschewistische Stimmung klug zunutze machte, empörte ihn, und er sprach sich scharf gegen Chamberlain aus, der Hitler seiner Überzeugung nach geradezu hätschelte. Den Grund dafür vermutete Siegmund in einem unangemessenen Schuldgefühl, das auf Versailles zurückging.[31] Er begrüßte die härtere Gangart, die England nach dem Anschluß Österreichs anschlug, und fürchtete andererseits, daß sich manche Kreise in Großbritannien für einen Krieg aussprechen könnten.[32] Davon überzeugt, daß die Rettung der deutschen Juden weit über die Möglichkeiten privater Wohltätigkeit hinausgehe, verlangte er ein entschlossenes und zupackendes Handeln der britischen und amerikanischen Regierung.[33]

Schachts Mission in London beunruhigte ihn, weil er den Eindruck hatte, daß es dabei um eine weitere Beschwichtigung ging, mit der man nichts anderes erreichen würde, als daß die Nationalsozialisten offen über die schwachen und nachgiebigen westlichen Demokratien spotteten: »Es hat keinerlei Sinn, mit freundlichen Worten die Gefühle der deutschen Regierung zu beschwichtigen; scharfe Aussprüche, wie der, der kürzlich

Hjalmar Schacht (1877-1970), hier auf einer Photographie aus den dreißiger Jahren, war einer der wenigen Männer, die sich Hitler gegenüber eigene Ansichten erlauben konnten. Sein Renommée als Wirtschaftspolitiker war so groß, daß er lange Zeit unangetastet blieb, auch als er begann, sich gegen das Regime zu wenden. Sein Verhältnis zu den Warburgs war gleichwohl zwiespältig. Max, der ihn 1915 im ersten Jahr des Weltkrieges in Belgien kennen- und schätzengelernt hatte, stellte sich zwar Ende der zwanziger Jahre gegen ihn, hielt aber später, wenn auch halb contre-cœur, wieder an ihm fest.

von Roosevelt gemacht worden ist, sind viel wirksamer.«[34] Unklar ist, ob Max wußte, daß sich Siegmund bemühte, Schachts Mission mit gezielten Hinweisen an wichtige Persönlichkeiten zu torpedieren. Lord Bearsted wandte sich, nachdem er im Dezember mit Schacht zusammengetroffen war, an Siegmund, um dessen Meinung zu erfahren. Dieser verachtete Schacht und teilte Bearsted mit, jener befinde sich nicht unbedingt in einer geeigneten Position, ernsthafte Verhandlungen zu führen, da ihm die Nationalsozialisten nicht über den Weg trauten. Er tat die Möglichkeit ab, daß hinter Schachts Mission humanitäre Gründe stehen könnten, und erklärte, dessen Aktivität in dieser Frage diene vor allem dazu, »die Devisen-Bilanz Deutschlands und dadurch seine eigene persönliche Position bei der Nazi-Regierung zu verbessern«.[35] In Schachts Plan sah er nichts anderes als eine weitere List der Nationalsozialisten, eine Entspannung herbeizuführen, bevor es zu weiteren und gewalttätigeren Übergriffen kam.

Am 2. Januar 1939 ließ Hitler sich auf dem Obersalzberg von Schacht über die Gespräche in London Bericht erstatten. Inzwischen war Hitler weder bereit, sich mit Einzelheiten der neoklassischen Wirtschaftslehre zu beschäftigen, noch sich Schachts unaufhörliche Klagen über die inflationstreibende Auswirkung von Görings Wiederaufrüstung anzuhören, und so teilte er ihm kurz angebunden mit, er passe nicht ins Bild des Nationalsozialismus.[36] Er mußte am 20. Januar die Reichsbank verlassen, und dies war das Ende seiner merkwürdigen Vernunftehe mit dem Dritten Reich.

Damit aber waren die Gespräche über einen Freikauf von Juden noch nicht zum Abschluß gebracht. Göring beauftragte Helmuth Wohltat vom Reichswirtschaftsministerium, in Berlin weiter mit Rublee zu verhandeln, der indessen im Februar 1939 von seiner Aufgabe zurücktrat. Zwar fanden mit stiller Unterstützung der Warburgs und von Kuhn, Loeb offenbar bis in den Mai hinein weitere Verhandlungen statt, die aber ohne Ergebnis blieben.[37]

Als ziehe Deutschland sie noch immer magnetisch an, überquerten Max und Alice im Juli 1939 auf der *Queen Mary* den Atlantik, um eine Kur in einem französischen Hotel zu machen, das genau an der Maginot-Linie lag. Unterdessen segelte Erich von Dänemark aus mit Freunden in skandinavischen Gewässern, und es sah ganz so aus, als habe er auf jeder Ostseeinsel eine Freundin. Der bevorstehende Krieg schien die jungen Leute nicht zu berühren. Wieder einmal sah Siegmund die kommenden Ereignisse voraus und war schon im Frühjahr von der Unausweichlichkeit des Krieges überzeugt.[38] Im Juli beteiligten er und sein Mitarbeiter, Harry Lucas, sich an der Abfassung einer Erklärung, die Chamberlain im Unterhaus vortrug und mit der er für eine verstärkte finanzielle Unterstützung von Flüchtlingen warb.[39] Ein weiterer britischer Direktor der New Trading, Sir Andrew McFadyean, hatte zuvor bei der Regierung Italiens gegen die Vertreibung jüdischer Flüchtlinge aus Österreich und Deutschland protestiert.

Max verstand nicht, welche Ziele Hitler mit dem Nichtangriffspakt verfolgte, den er im August 1939 mit Stalin schloß, und den Kriegsausbruch erlebte er wie gelähmt. Glücklicherweise gelang es Erich, seine Eltern mit dem letzten Zug und der letzten Kanalfähre vor Ausbruch der Kriegshandlungen nach England zurückzubringen. Er hielt sich in der amerikanischen Botschaft in London auf, als Neville Chamberlain Deutschland den Krieg erklärte. Nach dem ersten Luftalarm kam er am

St. James's Palast, dem Amtssitz des englischen Königs, vorbei; ihm fiel auf, daß die Wachen mit einem Mal nicht mehr Paradeuniformen und Bärenfellmützen trugen, sondern in nüchternes Khaki gekleidet waren. Erich nahm an, dieser Krieg werde alles an alter aristokratischer Ordnung zerstören, was der erste Krieg noch am Leben gelassen hatte. Die Rückreise nach Amerika traten er und die Eltern getrennt an. Die Schiffe waren hell erleuchtet, um möglichen deutschen Angreifern deutlich zu zeigen, daß sie neutral waren. Nachdem die Nationalsozialisten die Warburgs aus Deutschland vertrieben hatten, ließen sie sie den Atlantik in Sicherheit überqueren.

Von Anfang an war es Siegmunds Bestreben, seinen Beitrag zu den Kriegsbemühungen zu leisten. Gleich nach dem Einfall der Wehrmacht in Polen bot er an, Stefan Zweig in die entsprechenden Kreise der britischen Regierung einzuführen, damit von diesem verfaßte Propaganda-Flugblätter über Deutschland abgeworfen werden konnten. Er teilte ihm mit, er denke, daß die Behörden zur Zeit nicht nur den Abwurf von Flugblättern aus Flugzeugen begrüßen, sondern es auch unterstützen würden, wenn man ähnliche Flugblätter in Drucksachen unterbrachte, die man aus den Niederlanden und der Schweiz nach Deutschland schmuggeln könne.[40] Zweig lehnte eine Beteiligung an dem Vorhaben mit der Erklärung ab, dazu sei jeder gute Journalist ebenso fähig.

Eine Reise, die Siegmund zwei Monate später nach Frankreich und in die Schweiz unternahm, beschrieb er Zweig rätselhafterweise als die interessanteste seines Lebens.[41] Es handelte sich um den letzten Akt des verwickelten Dramas zwischen den Warburgs und Schacht, der befürchtete, daß aus dem zu jener Zeit noch begrenzten Krieg eine die ganze Welt erfassende Katastrophe werden könnte. Schacht suchte den deutschen Geschäftsmann Gero von Schulze Gaevernitz auf, Schwager des eng mit Siegmund befreundeten Edmund Stinnes, und teilte ihm mit, er müsse dringend mit Präsident Roosevelt sprechen. Diesen wollte er auffordern, von Deutschland ein Ende des Krieges zu verlangen, wofür im Gegenzug die Grenzen des Jahres 1914 (ohne Elsaß-Lothringen) garantiert werden sollten. Außerdem, erklärte er, werde man in Österreich mittels einer Volksabstimmung unter Aufsicht des Völkerbundes feststellen, ob das Land bei Deutschland bleiben wolle. Schacht hatte noch Kontakt zu verschiedenen im Widerstand tätigen Generälen und vertrat die Ansicht, falls Hitler Roosevelts Angebot zurückweise, könne das deren Entschlossenheit bestärken, etwas gegen den Diktator zu unternehmen. Was er vor allem brauche, sagte er, sei die Unterstützung der Briten für ein sicheres Geleit über Gibraltar auf dem Weg nach Washington. Tarnen wollte er sein Unternehmen als Vortragsreise durch die Vereinigten Staaten.

Sogleich begab sich Gero von Gaevernitz in die Schweiz und forderte von dort aus Siegmund telegrafisch auf, zu ihm zu kommen. Binnen vierundzwanzig Stunden telegrafierte dieser zurück, er werde am nächsten

Tag im Zürcher Hotel *Neues Schloß* eintreffen. Ihm muß klar gewesen sein, daß etwas Bedeutendes im Gange war. Zu Gaevernitz' Verblüffung kam Siegmund in Begleitung eines hohen britischen Beamten. Dieser hörte sich Schachts Reiseplan in Einzelheiten an und erklärte, eine solche Mission könne ausschließlich der Premierminister oder das Kabinett genehmigen. Nachdem die beiden Männer nach London zurückgekehrt waren, sah sich Siegmund genötigt, Gaevernitz ein Telegramm zu schicken, das lediglich aus dem Wort »Nein« bestand.[42] Wie sich später herausstellte, schenkten die Briten Schacht, der schon vor dem Krieg mit ähnlichen Vorschlägen an sie herangetreten war, kein großes Vertrauen. Zwar hätte Siegmunds Hinweis vom Winter des Vorjahres, daß die Nationalsozialisten Schacht für unzuverlässig hielten, ihn unter den gegebenen Umständen für das Vorhaben geradezu empfehlen müssen, doch wie in vielen anderen Fällen ignorierte die britische Regierung ernstgemeinte Angebote von Mitgliedern des deutschen Widerstandes – ein Fehler, den Amerikas Außenminister Cordell Hull in Washington wiederholte.

Teil IV

DAS KRIEGS-INTERREGNUM

34

Unerwartete Retter

In New York wohnte Erich zuerst bei Frieda und ihren Kindern in der Fifth Avenue 1109. Er war Mitglied zahlloser Ausschüsse zur Wiederansiedlung von Flüchtlingen, von denen einer dreitausend deutsche und österreichische Ärzte nach Amerika brachte. Da Siegmund in London saß, war es kein Zufall, daß sich Erich in der anderen Hauptstadt des angloamerikanischen Bankwesens niederließ. Die Finanzwelt schien für immer zu klein, um diese beiden ehrgeizigen Mitglieder der Familie Warburg aufzunehmen.

Im Jahre 1938 gründete Erich in der William Street 52 im Gebäude von Kuhn, Loeb die Firma E. M. Warburg & Co. Gemessen am bedeutenden Hamburger Bankhaus M. M. Warburg & Co. war das ein äußerst bescheidener Anfang mit kaum mehr als einem Schreibtisch und minimalem Kapital. Um zu zeigen, daß er nach wie vor aktiv und ungebrochen war, mietete Max, der einstige Herrscher des Hamburger Bankwesens, einen winzigen Raum in einem Bürogebäude Manhattans und ging täglich zur Arbeit. Da es Erich als seine Pflicht ansah, frühere Angestellte der väterlichen Firma aus Hamburg zu beschäftigen, bekam das Unternehmen den traurigen und hoffnungslosen Beigeschmack einer Flüchtlingsenklave für heimatlose Angestellte und Kunden.

Wie bescheiden jedoch die Lebensumstände der Warburgs in der Emigration auch sein mochten, sie besaßen den unschätzbaren Vorteil eines weithin bekannten Namens und einer Unzahl von Verbindungen. Noch im Krieg stellte Erich dem Vater seines Freundes Alain, Baron Robert de Rothschild, einen Büroraum zur Verfügung, in dem dieser unter einem Gemälde Oskar Kokoschkas arbeitete, das Erich vom Kösterberg gerettet hatte. Erich galt an der Wall Street, die nach fundierten Einschätzungen der deutschen Kriegsstrategie hungerte, als allwissender Weiser. Anfang April 1940 lud ihn Thomas W. Lamont, Seniorpartner der Morgan-Bank, zu einem eleganten Diner ein und stellte ihm nach dem Essen die Frage: »Sie kennen die Deutschen. Was werden sie Ihrer Ansicht nach als nächstes tun?« Durch den Zigarrenrauch hindurch gab Erich zur Antwort, Hitler werde etwas tun, womit niemand rechne. Von Lamont aufgefordert, »zu spekulieren«, erklärte er, Deutschland werde mit Hilfe der U-Boote die norwegische Küste besetzen. Als die Nationalsozialisten wenige Tage später seine Voraussage bestätigten, rief Lamont, verblüfft darüber, daß Erich ins Schwarze getroffen hatte, an und wollte wissen: »Was wird als nächstes passieren?«[1]

So traumatisch die Vertreibung aus Hamburg auch gewesen sein mochte, sie bedeutete für Erich, der nie ein besonderes Gespür für das Geschäft bewiesen und immer im Schatten des Vaters gestanden hatte, auch eine gewisse seelische Entspannung. Mit einem Mal bot die politische Lage seinen verborgenen diplomatischen Fähigkeiten Entfaltungsmöglichkeit. Als Stalin im September 1939 in Finnland einfiel, wandte der finnische Botschafter in Washington sich mit der Bitte um Beistand an Lewis Strauss, einen Teilhaber von Kuhn, Loeb, der einst Herbert Hoover unterstützt hatte. (Nach dem Krieg sollte er den Vorsitz in der Atomenergie-Kommission übernehmen.) Gemeinsam mit Ben Cohen vom New Deal entwickelte Strauss einen Plan, wie den Finnen mit Geld aus Amerikas Export-Import-Bank zu helfen sei. Sie brachten Donald C. Swatland von der Anwaltskanzlei Cravath dazu, ein neues Unternehmen ins Leben zu rufen, das als Finnish-American Trading Corporation firmierte und seine Räume in der William Street 52 hatte. Als dessen Geschäftsführer schickte Erich alles erdenkliche Kriegsmaterial nach Finnland, ob es sich nun um Lastwagen, Erbsen aus Idaho oder Kampfflugzeuge handelte. Diese Sendungen mußten die Ostsee durchqueren, die mit U-Booten geradezu gespickt war. Als sich diese Hilfe schließlich als ungenügend erwies, baten die Finnen im März 1940 um einen Waffenstillstand.

Aufgrund seiner deutschen Abstammung betrachtete Jimmy Warburg sich als Europa-Experten und tat alles Menschenmögliche, um Hitler aufzuhalten. Schon lange hatten Amerikas Isolationismus und Roosevelts Beschwichtigungspolitik ihn beunruhigt. Im Sommer 1937 erklärte er Senator Robert A. Taft auf einem kanadischen Dampfer, daß die Besetzung des Rheinlandes durch Hitler lediglich der Auftakt eines großangelegten Feldzugs zur Eroberung Europas sei. Der Senator tat dies mit den Worten ab: »Ach was, der Versailler Vertrag war ungerecht, und das Rheinland gehört nun einmal zu Deutschland.«[2]

Denjenigen, die den Nationalsozialismus nicht unmittelbar selbst erlebt hatten, fiel es schwer, den glühenden Reden derer zu glauben, die ihn kannten. Im März 1939 debattierte Jimmy in New Yorks Wirtschaftsklub mit Senator Burton K. Wheeler aus Montana und dem Anwalt John Foster Dulles. Jimmy, der nie ein Blatt vor den Mund nahm, äußerte die Ansicht, daß die einzige Möglichkeit der Vereinigten Staaten, den Krieg zu vermeiden, darin bestünde, die Achsenmächte davon in Kenntnis zu setzen, daß jede gegen England oder Frankreich gerichtete Drohung als eine Drohung gegen Amerika aufgefaßt werde. Wheeler lachte über die Vorstellung eines Krieges. Auf keinen Fall, erklärte er, würden sich die Vereinigten Staaten daran beteiligen, sofern es denn überhaupt dazu käme. Jimmy hatte ihn schon immer für einen Wichtigtuer gehalten und fand seine Ansicht bestätigt, als Dulles verkündete: »Es ist reine Hysterie zu glauben, Deutschland, Italien oder Japan könnten an einen Krieg gegen uns denken.«[3] Nicht ohne Bewunderung nannte er die Achsenmächte »dynamische Habenichtsländer«, deren berechtigte Forderungen man erfüllen müsse. Als Deutschland im September in Polen einfiel, war Jimmy der festen Überzeugung, die Kriegswalze der Nationalsozialisten sei nur durch das Eingreifen Amerikas aufzuhalten.

Enttäuscht von der Kurzsichtigkeit Amerikas und darauf bedacht, der Öffentlichkeit die Augen zu öffnen, mußte Jimmy versuchen, den alten Bruch mit Roosevelt zu heilen. Nach dem Einmarsch der deutschen Truppen in Paris ging er ins Weiße Haus und bat um ein Blatt Papier. In einer persönlichen Notiz ließ er dem Präsidenten mitteilen, daß er nach Washington gekommen sei, um den Kommandeur seiner früheren Einheit aufzusuchen, der inzwischen im Außenministerium arbeite. »Da ich in der Nähe war, konnte ich der Verlockung nicht widerstehen, über die Straße zu kommen und zu tun, was ich schon lange tun wollte, nämlich Ihnen zu sagen: ›Ich hatte unrecht, und es tut mir leid‹.«[4] Selbstverständlich hätte Jimmy auch von New York aus schreiben können, doch unterstrich er mit dieser spontan wirkenden Geste seine Aufrichtigkeit und verlieh der Sache mehr Nachdruck. Zwei Tage später kam von Roosevelt die wohlwollende Antwort: »Ich danke für den großzügigen und hochherzigen Brief vom 19. Juni. Es gibt keine Vorschrift über die Grenzen des guten Willens, und Sie sollen wissen, daß ich nicht nur von ganzem Herzen zu schätzen weiß und entgegennehme, was Sie sagen, sondern auch die Art, wie Sie es tun.«[5]

Nach dem Tod seines Vaters hatte Jimmy sein Hauptinteresse von Finanzfragen zunehmend auf die Außenpolitik verlagert, als wolle er seinen Wall-Street-Hintergrund abstreifen. Der Kriegsausbruch in Europa trug dazu bei, sein Verhältnis zu Roosevelt zu bereinigen, denn er ließ die innenpolitischen Fragen, über die sie sich zerstritten hatten, in den Hintergrund treten. Im Juni 1940 lud Lewis Douglas, der früher für die Erstellung des Haushaltsplans zuständig war, Jimmy und andere Bekannte zu einem Diner ein, bei dem man sich Gedanken darüber machen wollte, auf welche Weise die Vereinigten Staaten England helfen und möglicherweise sogar in den Krieg eintreten könnten. Zu dieser einflußreichen Gruppe, die gewöhnlich in New Yorks Century Association zusammentrat und daher den Spitznamen Century Group bekam, stießen später auch John McCloy, Dean Acheson, Frank Polk und Allen Dulles. Sie lieferte Roosevelt die juristischen Grundlagen für das Abkommen, mit dem sich die Vereinigten Staaten dazu verpflichteten, im Tausch gegen die Benutzung britischer Stützpunkte in der westlichen Hemisphäre Großbritannien fünfzig Zerstörer zu liefern.

Als Jimmy im Herbst Roosevelt beim Wettlauf um die Präsidentschaft gegen Wendell Wilkie unterstützte, genoß er für kurze Zeit erneut die Gunst des Establishments von Washington – danach würde es zwanzig Jahre dauern, bis er wieder zu den Insidern gehören sollte. Als ihn der

Präsident zu sich ins Weiße Haus bat, erwies sich sein einstiger Mentor bester Stimmung, wenn auch ein wenig gealtert. Bei Jimmys Eintreten machte Roosevelt zwar einen Scherz über reumütige Sünder, ließ es aber dabei bewenden. Er vertraute Jimmy schließlich seine Sorge darüber an, daß der Krieg das britische Vermögen aufzehrte.

Nach der Wahl machte er der Öffentlichkeit klar, daß die amerikanischen Exporte nach Großbritannien ohne Finanzhilfe immer mehr abnehmen würden. Im Bewußtsein darüber, daß nach dem Ersten Weltkrieg die Darlehen an die Alliierten das Finanzsystem weltweit mit unermeßlichen Schulden belastet hatten, sprach Jimmy sich dafür aus, den Engländern ohne langes Hin und Her die erforderlichen Mittel zur Verfügung zu stellen, statt das alte Rätselraten zu wiederholen. Außerdem vertrat er die Auffassung, daß sich die Vereinigten Staaten zum Krieg rüsten sollten. Diesen Punkt sprach er in einem offenen Brief an den Kongreß im Dezember 1940 an. Da er auf jeden Fall verhindern wollte, daß die Debatte in dieser Angelegenheit einschlief, veröffentlichte er ein provokatives Buch mit dem Titel *Our War and Our Peace* (Unser Krieg und unser Frieden), das erneut auf die Fragen einging, ob es für die Vereinigten Staaten gefährlich sei, sich aus den Verwicklungen des Krieges in Europa herauszuhalten. Er führte einen entschlossenen Feldzug für die Verabschiedung des von Roosevelt initiierten Leih- und Pachtgesetzes durch den Kongreß und verteidigte es in einer Rundfunkdebatte mit den Worten: »Je mehr wir rasch – jetzt gleich – tun können, desto weniger werden wir letzten Endes tun müssen.« Er fuhr mit der Erklärung fort, die Vereinigten Staaten täten nicht genug, »um eine Niederlage der Verbrecher herbeizuführen, wohl aber genug, um uns als nächste auf die Liste der Leidtragenden zu setzen«.[6]

Nach der Verabschiedung des Leih- und Pachtgesetzes beteiligte Jimmy sich an der Gründung des Komitees »Freiheitskampf« (Fight for Freedom), das Amerikas Eintritt in den Krieg befürwortete. Er brachte Geld für den Zusammenschluß zusammen, zu dessen Förderern auch Eddie Warburg gehörte, und gab Zeitungsanzeigen auf. Vor allem Charles Lindbergh mit seiner isolationistischen Bewegung America First stieß diesem Komitee sauer auf. Sein Vorsitzender, Bischof Hobson aus Cincinnati, forderte Jimmy auf, in New Yorks Madison Square Garden mit Lindbergh zu diskutieren und diese Diskussion in einer Rundfunksendung landesweit auszustrahlen. Einige Mitglieder des Komitees, unter ihnen Jimmy, fürchteten, daß er als Abkömmling einer jüdischen Bankiersdynastie nicht geeignet sei, vor der Öffentlichkeit mit Lindbergh die Klingen zu kreuzen, da dieser die alten antisemitischen Schreckgespenster des übermäßigen Einflusses der Juden wieder hervorkramen könne. Hobson allerdings hielt diese Befürchtung für unangebracht. Statt sich der Herausforderung zu entziehen, stellte sich Jimmy ihr schließlich offen und erklärte: »Ob Jude oder Nichtjude, jeder Amerikaner kann zu Charles Lindbergh nur sagen, ›Ihr zweiter Nonstop-Flug hat Sie an ein sonderbares Ziel geführt‹.«[7] Es sei unerheblich, legte er dar, ob Lindbergh die Nazis schätze oder hasse, auf jeden Fall schwächten dessen pauschale Aussagen die Zuversicht der Alliierten und bestärkten die Deutschen in ihrer Entschlossenheit.

Als es um die Frage ging, ob die Vereinigten Staaten in den Krieg eintreten sollten oder nicht, sah sich Jimmy – wie einst sein Vater – scharfen fremdenfeindlichen und antisemitischen Angriffen ausgesetzt. Senator Bennett C. Clark aus Missouri versuchte, ihn dadurch in Mißkredit zu bringen, daß er die Ressentiments der »echten« Amerikaner schürte. Über das Komitee »Freiheitskampf« sagte er in einem Interview mit dem *Chicago Tribune*: »Der große Sprecher der Gruppe im Rundfunk ist Mr. James P. Warburg, ein internationaler Bankier von hohem Ansehen, ein Mann, der nicht einmal in den Vereinigten Staaten geboren wurde und das Glück hatte, in seiner Jugend aus Deutschland ins Land gebracht zu werden.«[8] Mit einer Phrase aus dem abgestandenen Vorrat antisemitischer Schmähungen brandmarkte er ihn als jemand, der »mit Menschenblut handle«, und fügte hinzu, daß Jimmy im letzten Krieg für eine Eisenbahngesellschaft und eine Washingtoner Bank gearbeitet habe.

Der Senator wußte nicht, welche Sorgen Jimmy seinem Vater mit seiner Absicht gemacht hatte, gegen Deutschland in den Krieg zu ziehen. Jimmy erklärte, er habe sich in Newport News, Virginia, zum Piloten ausbilden lassen, in der Hoffnung, von den Marinefliegern der Vereinigten Staaten übernommen zu werden, und es bis zum Leutnant gebracht. Dann fragte er den Senator: »Steht es so schlecht um die Sache, die Sie vertreten, daß Sie Ihre Zuflucht zu Lügen und Verleumdungen nehmen müssen, um Menschen herabzusetzen, gegen deren Argumente Sie nichts vorzubringen haben?«[9] Der *Chicago Tribune* bestätigte die Irrtümer des Senators und brachte auf der ersten Seite eine Richtigstellung. Wenige Wochen später wandte Jimmy sich schriftlich an seinen Freund James V. Forrestal, den Staatssekretär im Marineministerium, und fragte nach, ob er in den aktiven Dienst zurückkehren könne. »Ich suche keine einfache Position, sondern eine sinnvolle Möglichkeit, irgendwie dazu beizutragen, ›Onkel Adolf‹ zu bremsen.«[10]

Wie stets in der jüdischen Geschichte war es schwierig, die antisemitischen Geister zurückzurufen, nachdem sie erst einmal losgelassen waren. Jimmy bekam Unmengen von haßerfüllten Briefen, darunter einen von einem Leser des *Tribune*, der erklärte, es sei möglich, daß Senator Clark seine Aussagen bedauere, für ihn aber gelte das nicht. »Sie sind ein jüdischer Händler. Ein jüdischer Kriegstreiber. Sie haben die ganze Welt aus dem Gleichgewicht gebracht. Ihr Gott geht auf das Goldene Kalb zurück.«[11] Verglichen mit der Drohung einer anonymen »amerikanischen Mutter« aus Skokie, Illinois, die Jimmy rundheraus mitteilte, falls einer ihrer drei Söhne in den Krieg müsse, »sind Sie zum letzten Mal zu einer

Frieda Warburg, die Tochter Jacob Schiffs, war eine majestätische Erscheinung. Als die deutschen Warburgs Ende der dreißiger Jahre emigrieren mußten, nahm Frieda sie auf und kümmerte sich großzügig um sie. In dieser Zeit dürfte auch obige Aufnahme entstanden sein.

gesellschaftlichen Veranstaltung gegangen«, klang das noch einigermaßen zivilisiert.[12] Es war eine schreckliche Ironie des Schicksals, daß ausgerechnet Jimmy, der sich so sehr um Distanz zum Judentum bemüht und so intensiv versucht hatte, in die Welt der Nichtjuden einzutauchen, das Opfer solch ungehemmter Böswilligkeit wurde. Wie es die Warburgs schon mehrfach erlebt hatten, war die Welt gerade dann bereit, sie an ihr Judentum zu erinnern, wenn sie versuchten, ihm zu entsagen. Als in Europa die Feindseligkeiten ausbrachen, hieß Amerika keineswegs mit einer plötzlichen Großzügigkeit jüdische Flüchtlinge aus Deutschland willkommen. Während des Krieges fanden lediglich einundzwanzigtausend von ihnen Zuflucht im Land.

Wie viele deutsche Warburgs blieb auch Fritz' Tochter Ingrid, die so sehr einer altägyptischen Königin ähnelte, länger in New York, als sie geahnt hatte. Nach ihrem Studienabschluß an der Universität Hamburg 1936, reiste sie für sechs Wochen zu Frieda und Felix nach New York. (Beim Abschied hatte Fritz ihr väterliche Ratschläge mitgegeben: »Trink niemals Wasser mit Eis!«[13]) Im folgenden Sommer kehrte sie für kurze Zeit nach Hamburg zurück und erlebte die letzten Tage des Kösterbergs. An ihren Freund Adam von Trott schrieb sie: »Der Kösterberg und seine Menschen sind von einer Schönheit, die in diesen letzten Jahren etwas so sehr Schmerzliches bekommen hat.«[14]

Die deutschen Warburgs waren nun plötzlich gezwungen, als verarmte Einwanderer Seite an Seite mit den überaus reichen amerikanischen Warburgs zu leben, die zu eleganten Gesellschaften gingen, was zu vielen sonderbaren Mißverständnissen und merkwürdigen Gegensätzen führte. Auf manche der deutschen Flüchtlinge wirkten die amerikanischen Vettern, die in unvorstellbarem Luxus lebten, snobistisch und unnahbar. Ingrid wohnte in der Fifth Avenue 1109 und konnte alle komischen Schwächen von Friedaflix beobachten. Frieda sorgte dafür, daß Ingrid in vielen Geschäften Kredit eingeräumt bekam; sie legte zugleich aber Jacob Schiffs haushälterische Strenge an den Tag. Als Ingrid eines Tages einen Brief mit einer Marke frankierte, die einen Cent teurer war als nötig, zeigte sich Frieda entsetzt. »Herzchen, das darfst du nie tun! Wie glaubst du, sind wir reich geworden?«[15] Felix hingegen war die Großzügigkeit in Person. Eines Morgens versuchte er Ingrid zu überreden, mit ihnen einen sorgenfreien Tag auf *Woodlands* zu verbringen. Sie wollte aber nicht mit und erklärte, sie müsse dreihundert Dollar für eine Schule für Flüchtlingskinder auftreiben. Daraufhin nahm Felix die Brieftasche heraus und warf ihr drei zerknüllte Hundert-Dollar-Scheine aufs Bett. »Manchmal muß man etwas tun, ohne lange zu überlegen, nur für das eigene Vergnügen«, erklärte er dazu. »Jetzt kannst du mitkommen.«[16]

Als Felix im Winter 1936/37 aufgefordert wurde, in Rochester einen Vortrag zu halten, dachte er an eine wunderbare Vertreterin: »Warum nicht Ingrid? Sie kommt gerade aus Deutschland.«[17] Bald war es ausgemacht, daß Ingrid in zweihundertzwanzig amerikanischen Städten für den Vergabeausschuß sprechen und aus erster Hand über die Greueltaten des Dritten Reichs berichten sollte. Diese Vortragsreisen hatten eine unerwartete Wirkung auf die leidenschaftliche, junge Frau, die voll energischer, aber etwas naiver Tatkraft war. Während sie über den NS-Terror sprach, entdeckte sie, daß die Welt der amerikanischen Juden einem Ghetto ähnlicher war als die der Juden in Hamburg vor Hitler. Bei einem Besuch Friedas in Palm Beach bemerkte sie, daß der örtliche Country

Club deren Enkel nicht aufnahm – eine Art von Ausschluß, dem amerikanische Juden überall ausgesetzt schienen. Sie sprach vor Vereinigungen, die von Juden als Gegenstück zu den Klubs der angelsächsischen protestantischen Amerikaner gegründet worden waren, da sie zu jenen keinen Zutritt hatten. Geradezu entsetzt war sie von der Scheckbuch-Wohltätigkeit neureicher Juden, die Geld spendeten, um ihren Status zu betonen, und sich damit von der Notwendigkeit weiteren politischen Tuns loskaufen zu können glaubten.

In ihrer idealistischen Sehnsucht, etwas zu tun, konnte sich Ingrid nicht mit der Vorstellung anfreunden, als Dame der Gesellschaft in der Bequemlichkeit von Salons Spendengelder aufzubringen. Sie war der Rebell, den jede reiche Familie hervorbringt, und wollte die Wohlfahrtsbemühungen der Warburgs auf bedeutendere politische Ziele richten. Anfangs sah es so aus, als gehe ihre politische Betätigung auf ihre Herkunft zurück, dann aber gewann diese eine starke Eigendynamik, die sie weit darüber hinaus führte. Wie andere Mitglieder verfolgter Gruppen träumte sie von einer Welt, in der die Trennung zwischen Religionen und Nationen neuen, allgemeingültigen Glaubensgrundsätzen untergeordnet sein würde. So führte das Dritte Reich nicht nur einzelne Juden zu ihrer Religion zurück, sondern ermunterte andere dazu, von klassenloser Gesellschaft und utopischen Abenteuern zu träumen. Ingrid, die sich stark mit sozialistischen Ideen beschäftigte, konnte wortgewaltig und dogmatisch sein, wenn es darum ging, ihre Ansichten darzulegen. Als sie ihre Tante einmal ein wenig zu laut belehrte, rief Frieda sie mit den Worten: »Ingrid, ich bin kein Versammlungssaal« in die Wirklichkeit zurück.[18]

Noch Ende der dreißiger Jahre hoffte sie, eines Tages in ein besseres, geläutertes Deutschland zurückkehren zu können. Wie auch Erich fühlte sie sich durch ihre Beziehung zu Angehörigen des deutschen Widerstandes in ihrem Vertrauen auf ein Deutschland nach Hitler bestärkt. Dabei spielte auch ihre romantische Bewunderung für Adam von Trott eine bedeutende Rolle. Wie bereits erwähnt, war dieser Sohn eines preußischen Aristokraten nach seiner Studienzeit als Rhodes-Stipendiat in Oxford nach Deutschland zurückgekehrt, um dort als Jurist zu arbeiten. Nach Auffassung dieses unerschrockenen Kämpfers sollten die Gegner des Regimes in Deutschland bleiben und das Übel von innen bekämpfen; doch der junge Mann ging einem schweren Schicksal entgegen, während er im Auswärtigen Amt aufzusteigen versuchte, um einen tödlichen Streich gegen Hitler zu führen. Er vertraute auf den gesunden Alltagsverstand des deutschen Volkes und glaubte, das Offizierskorps mit seiner konservativen und auf Ehre gegründeten Überlieferung werde handeln, um einen selbstmörderischen Krieg zu unterbinden.

Als er im März 1937 mit einem Rhodes-Stipendium nach China reiste, machte er in New York Station. Ingrid holte ihn am Hafen ab und sorgte dafür, daß er mit Eleanor Roosevelt, ihrer neuen Freundin, über den deutschen Widerstand diskutieren konnte. (Ingrid fühlte sich von ihr – dem häßlichen Entlein in einer eleganten Famili e – an ihren Vater erinnert.) Trott versuchte, einflußreiche Ausländer auf die Existenz einer legitimen Opposition in Deutschland aufmerksam zu machen, doch stellte man die Lauterkeit seiner Motive in Frage. Wie war es möglich, daß jemand, der dem Widerstand angehörte, als Mitarbeiter der Informationsabteilung des Auswärtigen Amtes ins Ausland reiste? Verstärkt wurden solche Befürchtungen durch Erinnerungen an den unbedachten Brief, in dem Trott 1934 dem *Manchester Guardian* mitgeteilt hatte, von einer Verfolgung deutscher Juden könne keine Rede sein.

Der deutsche Widerstand war nie eine vom Volk getragene Bewegung. Die Gruppe, der Adam von Trott angehörte, bestand vorwiegend aus Angehörigen des alten Adels und hohen Militärs, deren gesellschaftliche Position ihren Zielen entgegenwirkte. Abgesehen von dem Bestreben, Hitler zu stürzen, hatte das lose Netz aus kleinen Gruppen kaum ein gemeinsames politisches Ziel. Die wichtigste von ihnen dürfte der nach dem niederschlesischen Gut Kreisau des Grafen Helmuth von Moltke benannte Kreisauer Kreis gewesen sein; Graf Moltke, ehemaliger Rhodes-Stipendiat wie sein Freund Trott, stellte sein Gut für mehrere große Konferenzen von Mitgliedern des Widerstandes zur Verfügung. Viele Menschen außerhalb Deutschlands konnten sich nicht vorstellen, daß so hochstehende Persönlichkeiten an einen Staatsstreich dachten. Die von Hitler etliche Male getäuschten Regierungen der westlichen Welt waren darauf bedacht, nicht noch einmal getäuscht zu werden.

Im Juni 1939 enthüllte Trott in London beherzt seine geheimen Aktivitäten vor Neville Chamberlain, Lord Halifax und anderen; diese aber sahen ihn nur ungläubig an. Es fiel schwer, die Worte eines Verschwörers ernst zu nehmen, für dessen Reisekosten das Auswärtige Amt aufkam. Trotts Ersuchen an die Engländer, die Tür für Verhandlungen mit Deutschland nicht zuzuschlagen, klang wie eine erneute Bitte, Hitler entgegenzukommen. Als er im Oktober nach New York kam –der Krieg war mittlerweile ausgebrochen–, bürgten mehrere Angehörige des Hauses Warburg für seine Seriosität. Erich sagte zu ihm: »Herr von Trott, mit Deutschland muß etwas geschehen.« Darauf gab dieser zur Antwort: »Sie, Herr Warburg, tun es hier, und ich werde es in Deutschland tun.«[19]

Adam besuchte Ingrid in ihrer kleinen Wohnung an der West 54. Street Nr. 25 auf, in der sich außer einem blauen Sofa weitere aus Hamburg gerettete Einrichtungsgegenstände befanden. Er wirkte jetzt älter und müde, sein Haar war spärlicher, und er machte einen niedergeschlagenen Eindruck. Offiziell sollte er das Auswärtige Amt bei einer Konferenz des Institute of Pacific Relations vertreten; sein erklärtes Ziel jedoch war es, als Mitglied des Kreisauer Kreises insgeheim Kontakte mit dem Präsidenten der Vereinigten Staaten aufzunehmen. Ingrid begriff, daß er sich unwiderruflich dem Widerstand verschrieben hatte und bereit war, den höchsten Preis dafür zu zahlen. Dennoch begegnete man ihm zu einer Zeit, als Deutsche und Nationalsozialisten ganz allgemein gleichgesetzt wurden, mit tiefstem Mißtrauen. Ingrid ging mit ihm durch den Central Park zum Haus ihrer Tante Frieda. Zwar plauderte diese freundlich mit ihm, machte Ingrid aber anschließend heftige Vorwürfe: »Wie kannst du es wagen, einen Deutschen in mein Haus zu bringen!«[20] Drei Monate lang beobachteten Vertreter des FBI, wie der Gestapo und des britischen Geheimdienstes Trott auf Schritt und Tritt. Niemand wußte genau, welches Spiel er spielte und ob man ihm trauen konnte.

Ingrid machte ihn mit linken Flüchtlingsaktivisten bekannt, die mit der Widerstandsgruppe *Neu Beginnen* in Verbindung standen. Außerdem verschaffte sie ihm eine Einladung zum Tee bei Amerikas First Lady und deren Freundinnen. Eleanor Roosevelt, der nicht klar zu sein schien, in welche Gefahr sich Trott mit seiner Mission begeben hatte, stellte ihn leichtfertig mit den Worten vor: »Das ist Adam von Trott, ein guter Bekannter, der Ihnen über die deutsche Untergrundbewegung berichten wird.«[21] Da er Frau Roosevelt nicht vor den Kopf stoßen wollte, überging er diese grobe Taktlosigkeit mit bemerkenswerter Fassung.

Zwar konnte er mit dem Finanzminister Henry Morgenthau, dem Richter am Obersten Gerichtshof Felix Frankfurter und einzelnen Beamten des amerikanischen Außenministeriums sprechen, doch zum Präsidenten bekam er keinen Zutritt. Trott übermittelte ihm die Botschaft, daß sich Frankreich und Großbritannien offen gegen jede Absicht aussprechen sollten, einen Vernichtungskrieg gegen Deutschland zu führen. Damit würde man Hitlers paranoidem Schwadronieren den Boden entziehen und seine Stellung schwächen. Während des Krieges waren viele Vertreter der Familie Warburg davon überzeugt, daß die Politik der Alliierten, die kein anderes Ziel kannte als Deutschlands bedingungslose Kapitulation, lediglich die Opposition ersticke und Angst vor einem neuen Versailles heraufbeschwöre, während das Angebot großzügiger Friedensverhandlungen unter Umständen den Widerstand gegen Hitler gefördert hätte.

Da Felix Frankfurter von England vor Trott gewarnt worden war, nahm er Roosevelt gegen diesen ein und nachdem J. Edgar Hoover, der Chef des FBI, die Angaben Frankfurters mit Berichten seiner Behörde über Trotts Aktivitäten in den Vereinigten Staaten ergänzt hatte, sah der Präsident in ihm lediglich ein mögliches Sicherheitsrisiko. Zu Frankfurter sagte er: »Um Himmels willen, Sie haben doch Ihren Freund Trott bestimmt nicht aus dem Land trotten lassen, ohne daß Edgar Hoover ihn sich vorgenommen hat. Denken Sie nur an die Pläne für Kriegsschiffe und sonstige Geheimnisse, die er womöglich mit nach Deutschland nimmt.«[22] Auf den Gedanken, Trott könne tatsächlich dem Widerstand angehören, kam Roosevelt nicht.

Inzwischen kehrte dieser zu Ingrids immerwährender Betrübnis nach

Deutschland zurück und heiratete Clarita Tiefenbacher, die Tochter eines Hamburger Anwalts. Da die Außenwelt nichts von ihnen wissen wollte, arbeiteten er und andere Mitglieder des Widerstandes fortan allein. Ingrid erklärte später, daß das Wissen um diese kleine Gruppe mutiger Kämpfer gegen den Nationalsozialismus es ihr unmöglich gemacht habe, alle Deutschen für schuldig zu halten. Am Ende überzeugte Trott durch seine Beteiligung am Attentat gegen Hitler, für die er nach dem 20. Juli 1944 hingerichtet wurde, auch die Zweifler.

Ingrid, die auf vielen Gebieten tätig war, setzte sich unter anderem für Schulen für Flüchtlings- und Waisenkinder ein. Am bekanntesten aber wurde sie durch ihre Arbeit im Emergency Rescue Committee ERC (Notrettungskomitee), das in ihrer Wohnung gegründet wurde, nachdem Deutschland im Juni 1940 Frankreich überrollt hatte. Während Millionen von Flüchtlingen aus dem besetzten Nordteil Frankreichs in den von der Vichy-Regierung kontrollierten Süden strömten, saßen viele europäische Antifaschisten, die im Lande Schutz gesucht hatten, in der Falle. Für solche Gegner des NS-Regimes Visa, Bürgen und Geld zu beschaffen, war Ziel des Rettungskomitees. Eleanor Roosevelt half der Gruppe, bei der Beschaffung von Visa für führende Antifaschisten die Bürokratie zu umgehen.

Von Ingrids Wohnung blickte man auf den Park des *Museum of Modern Art*, dessen Leitung ihr die Namen vieler gefährdeter Künstler übermittelte. Von Thomas Mann und anderen bekam sie Listen von Autoren. Als hauptverantwortliche Mitarbeiterin des Vorsitzenden des ERC, Frank Kingdon, beteiligte sich Ingrid an der schwierigen Aufgabe, Marc Chagall, Walter Mehring, André Masson und Franz Werfel zu retten, während andere Mitglieder der Gruppe André Breton, Max Ernst sowie Heinrich und Golo Mann Hilfe leisteten. Von einem früheren Besuch bei den Eltern in Stockholm hatte Ingrid trotz der von U-Booten im Atlantik drohenden Gefahr Carl Zuckmayers Stieftochter mitgebracht. Zyniker der Familie Warburg bemerkten, daß es Ingrid immer gelinge, Berühmtheiten zu retten, während sie die Fälle, aus denen sich weniger Reklamekapital schlagen lasse, anderen überlasse.

Häufig hieß Ingrid gerettete Künstler im Hafen von New York willkommen. Während die exotischen Vertreter der Avantgarde Mitteleuropas den Boden Amerikas betraten, kam es häufig zu rührenden Szenen. Vor allem erinnerte sie sich an die Ehefrauen der Surrealisten, die in Sandalen, mit grün lackierten Fingernägeln und selbstgemachten Halsketten an Land gingen. Unter ihnen gab es eine beträchtliche Anzahl von Primadonnen. Als Nina für Franz Werfel eine Mittagsgesellschaft gab, lieferte dessen Frau Alma Mahler eine recht theatralische Schilderung ihrer Flucht aus Europa. Sie erzählte davon, wie sie mit ihrem kleinen Hund auf dem Arm Steinchen aus den Sandalen entfernen mußte, als sei sie barfuß quer durch ganz Spanien marschierte.

Wenn es darum ging, Künstler und Intellektuelle zu retten, ließ sich das ERC in der Unruhe des Krieges etliche Male auf gewagte Unternehmungen ein. So beschloß es im Juli 1940 in Ingrids Wohnung eine halsbrecherische Operation: Man wollte einen eigenen Untergrund-Agenten nach Marseille schicken. Die Wahl fiel auf Varian Fry, einen anspruchsvollen jungen Mann mit Hornbrille, der in Harvard studiert hatte und literarisch sehr bewandert war. Als ehemaliger Herausgeber der *New Republic* und Verfasser vieler Bücher über Außenpolitik war er für das Verlagsprogramm der Foreign Policy Association verantwortlich. Einen Monat später brach er in einem Anzug von Brooks Brothers nach Lissabon auf, ein Empfehlungsschreiben Eleanor Roosevelts und die vom *Museum of Modern Art* und der *New School for Social Research* zusammengestellten Flüchtlingslisten in der Tasche.

Obwohl in keiner Weise für eine geheimdienstähnliche Tätigkeit ausgebildet oder auf sie vorbereitet, wirkte Fry in Marseille wahre Wunder. Von der Gestapo beschattet, arbeitete er in einer hektischen und durch Selbstmorde, Nervenzusammenbrüche und verzweifelte Hilfeflehen zugleich bedrückenden Atmosphäre. Er beschaffte falsche Papiere, organisierte Trupps, die bei Nacht und Nebel zu Fuß über die grüne Grenze nach Spanien zogen, half Gefangenen bei der Flucht aus Internierungslagern und der Polizei der Vichy-Regierung aus dem Weg zu gehen. Der auf Fry lastende Druck brachte seine heroischen Qualitäten zur Entfaltung. Er schrieb nach Hause: »Was meine Arbeit angeht, bin ich beinahe monomanisch geworden. Ich denke an nichts anderes, träume nichts anderes und spreche von nichts anderem.«[23] Letzlich gelang es ihm, mehrere hundert geflohene Nazigegner vor dem nahezu sicheren Tode zu retten. Der Vergabeausschuß, dessen Mitglieder sich aus den besseren Kreisen rekrutierten, wollte mit Frys ungesetzlichen Machenschaften nichts zu tun haben und hielt sich aus ihnen heraus. Doch auch dort gab es mit Wilfrid Israel einen unerschrockenen Außenseiter, der während seiner Arbeit auf der Iberischen Halbinsel Einreisebewilligungen nach Palästina verteilte. (Wie bereits ausgeführt, war Israel aus der Berliner Zeit gut mit Lola bekannt war und hatte Max bei den Verhandlungen mit den britischen Juden als geheimer Unterhändler gedient.) Der Vergabeausschuß verhalf zehntausend französischen Juden zur Flucht über Lissabon.

Nachdem sie Adam von Trott verloren hatte, war Ingrid für die Begegnung mit einem anderen Kämpfer offen. Eines Tages brachte ein italienischer Bekannter einen der Linken zuneigenden freisinnigen Landsmann namens Veniero Spinelli mit zu einer ERC-Sitzung. Dieser fröhliche, vielseitige Mann mit seiner unruhigen Vergangenheit war als führender Kommunist in Italien inhaftiert worden, hatte im spanischen Bürgerkrieg gegen Franco gekämpft und sich, um der Verhaftung durch die Faschisten zu entgehen, der Fremdenlegion angeschlossen, deren zerfetzte Uniform er noch trug, als er bei Ingrid auftauchte. Für diese junge

Frau, die kein anderes Ziel kannte, als ihre großbürgerliche Erziehung abzustreifen und sich kopfüber in revolutionäre Aufgaben zu stürzen, war der verwegene und respektlose Spinelli geradezu vollkommen.

Es zeigte sich, daß er von einer Seitenlinie der Bourbonen abstammte. Da es für einen sozialistischen Agitator völlig undenkbar war, als »Marchese« aufzutreten, verzichtete er auf den Titel – zu Friedas großem Bedauern. Nichts an ihm interessierte sie so sehr wie diese Zugehörigkeit zu den höchsten Adelskreisen. »Aber liebste Ingrid«, bohrte sie, »warum benutzt Veniero nicht seinen Titel? Du weißt, daß das sogar hier wichtig ist.«[24] Viele sahen in ihm einen egozentrischen Glücksritter, der seine revolutionären Phantasien mit dem Geld der Warburgs verwirklichen wollte. Dummerweise hatte er dazu einen Augenblick gewählt, in dem deren sagenhafte Goldschätze im Begriff standen, zu Staub zu zerfallen.

Von den Vorbehalten ihrer Angehörigen gegen Spinellis Charakter ließ sich Ingrid nicht beeindrucken. Als er sie 1941 vor die Wahl stellte, ihn sofort oder gar nicht zu heiraten, entschied sie sich für die erste Lösung und kaufte zwei Ringe aus Platin, als sie merkte, daß Spinelli diesen bürgerlichen Brauch übersehen hatte. Nach einer privaten Ziviltrauung gab es einen Empfang für Verwandte und Freunde, der nicht ohne Peinlichkeit verlief. Spinelli fragte Ingrid, ob er eine Rede halten könne, worauf diese sagte: »Bitte lieber nicht.«[25] Plötzlich nahm Nina, der liberale Geist der Familie, den Bräutigam beiseite und fragte: »Veniero, bitte sag mir, auf welcher Seite du in Spanien gekämpft hast. Mir kannst du es sagen, den anderen besser nicht.«[26] Sie schenkte ihm den Ohrensessel, in dem Paul die Pläne für das amerikanische Zentralbanksystem konzipiert hatte – ein sonderbares Präsent für jemanden, der den Status quo negierte. Max hielt eine wehmütige Rede über das vereinte Europa, das nach Hitlers Niederlage entstehen würde. Dann gab er Ingrid einen Kuß und schüttelte Spinelli die Hand, wobei er ihn aufforderte: »Schluß mit der Revolution!« [27]

Spinelli trat zunächst in die amerikanische Armee ein, um in Italien zu kämpfen, desertierte dann aber aus Protest gegen die erklärte Absicht der Vereinigten Staaten, auf einer bedingungslosen Kapitulation zu bestehen. Ingrid bekam währenddessen zwei Kinder von dem unberechenbaren Agitator, der für längere Zeit verschwand, um in Italien zu kämpfen, und dann wieder unvermutet in New York auftauchte. Einmal erklärte er, er brauche tausend Dollar, um eine Flugschrift über Italiens Autonomie zu veröffentlichen. Um ihm diesen Gefallen zu tun, verpfändete Ingrid ihr Armband, das mit Rubinen und Diamanten besetzt war. Diese überraschend geäußerten Bitten um die Unterstützung politischer Ziele sollten bei Spinelli zum Leitmotiv werden. Viele Warburgs waren überzeugt, daß er Ingrid ausnutzte, und versuchten, sie von einer Fortsetzung der Ehe abzubringen. Insbesondere Lola bemühte sich, in diesem Sinne auf sie einzuwirken, doch ohne Ergebnis.

Einer der ersten großen Angriffe, den die Royal Airforce 1943 unter Sir Arthur Harris gegen Deutschland flog, galt den Hafen- und Industrieanlagen Hamburgs. Der Versuch war ebenso verheerend wie militärisch erfolglos. Die Produktionsanlagen der deutschen Armee nahmen schon nach kurzer Zeit ihre Arbeit wieder auf, die Stadt aber war in Schutt und Asche gelegt.

Durch die Begegnung mit Spinelli bekam Ingrids Leben eine Wendung in eine völlig neue Richtung. Dabei brach sie radikal mit ihrer großbürgerlichen Vergangenheit und wandte sich einer proletarischen Zukunft zu. Nach dem Krieg lebten die Spinellis in einem Arbeiterviertel Roms, und ihre insgesamt fünf Kinder wurden katholisch erzogen. Trotz aller revolutionären Worte reichte Spinellis Gleichberechtigung nicht bis zur Kindererziehung und zur Hausarbeit. Er hatte nie eine feste Anstellung und arbeitete als hauptamtlicher politischer Aktivist, widmete sich bestimmten Aufgaben und verschwand immer wieder. Unaufhörlich machten sich Fritz und Anna Beata in Stockholm Sorgen um ihre Tochter und die italienischen Enkel. Bei einem Besuch Ingrids murmelte Fritz, man könne Spinelli eine Anstellung in einer Bank beschaffen. Nach Adam von Trott und den ruhelosen Jahren des Kampfes gegen den Faschismus in New York schien Ingrids weiteres Leben eine Art Abstieg. Sie blieb bei Spinelli und zog ihre fünf Kinder auf. Doch die Bedeutung, die ihr Leben durch die sinnvolle Arbeit mit von Trott und dem ERC gewonnen hatte, sollte es nie wieder erreichen.

35

Die Totenwache

Selbst als die Warburgs in Großbritannien und Amerika warnend auf die von Deutschland ausgehende Bedrohung hinwiesen, schlachteten die Nationalsozialisten deren guten Ruf bei ausländischen Banken aus. Bis 1941 bestanden die deutschen Behörden darauf, daß die arisierte Firma den vom *Stürmer* immer wieder diffamierten Namen M. M. Warburg beibehielt. Natürlich war das auch den neuen Eigentümern recht, weil sich damit der Wert des von ihnen erworbenen Unternehmens steigerte. Brinckmann erklärte später Siegmund gegenüber, er habe den Namen lediglich unter starkem politischem Druck geändert.[1] Die meisten Angehörigen des Hauses Warburg allerdings beunruhigte es zutiefst, daß im nationalsozialistischen Deutschland eine Bank, auf die sie keinen Einfluß ausüben konnten, nach wie vor ihren Namen trug. Viele jüdische Angestellte folgten ihnen in die Emigration; nur sieben blieben im Lande und kamen in Lagern ums Leben.

Nach dem Krieg idealisierten die Warburgs Rudolf Brinckmann zumindest in der Öffentlichkeit als jemanden, der den Nationalsozialisten Widerstand geleistet und das Unternehmen durch die finsteren Jahre gesteuert habe. Hatte er diese Lobrede verdient? Tatsächlich gab es zwei Aspekte. Unerschrocken hatte er sich dem auf ihn ausgeübten Druck widersetzt, für Unternehmungen der Partei zu spenden – beispielsweise für die Karl-Kaufmann-Stiftung. (Kaufmann war der Gauleiter Hamburgs.) Auf der anderen Seite hatte er Forderungen nachgegeben, jüdische Mitarbeiter in einem bestimmten Zeitraum zu entlassen und statt ihrer Nazis einzustellen. Alle Angestellten mußten Mitglied in Robert Leys Deutscher Arbeitsfront werden.[2] Fairerweise muß man Brinckmann zugute halten, daß es kaum vorstellbar ist, wie sich ein Arbeitgeber solchen Forderungen hätte entziehen können. Außerdem war die Bank ab Juni 1938 genötigt, die im Dritten Reich allgemein üblichen Geschäftsbedingungen zu befolgen und beispielsweise den Behörden alle Einlagen getrennt nach »arisch« und »nichtarisch« zu melden.

Die mündlichen Aussagen der Mitarbeiter der Firma M. M. Warburg & Co. ergeben ein heterogenes Bild vom Einfluß der NSDAP in der Bank. 1933 war kein einziger Angestellter Parteimitglied, und die Belegschaft weigerte sich, den von der neuen Gesetzgebung verlangten Betriebsrat zu wählen. Als 1936 ein Herr Glücksmann in untergeordneter Position in die Bank eintrat, hatte er bereits das Gefühl, von Nationalsozialisten umgeben zu sein. Er erklärte, daß alle anderen Kollegen im

Raum Parteikameraden gewesen seien und man vom ersten Tag an keinen anderen Gruß gehört habe als »Heil Hitler«.[3] Die Warburgs selbst sprachen nie über eine solche Infiltration – sei es, weil sie vor ihnen verborgen wurde, sei es, weil sie es vorzogen, darüber hinwegzusehen. Vermutlich war je nach dem, ob die jüdischen Arbeitgeber anwesend waren oder nicht, eine doppelte Wirklichkeit entstanden.

Nach der 1938 erfolgten Arisierung zeigten auch diejenigen Mitarbeiter im Hause, die ihr Parteiabzeichen zuvor hinter dem Revers verborgen hatten, ungescheut, wes Geistes Kind sie waren. Als im Dezember Max' Sekretärin Martha Beyer aus dem Ausland zurückkehrte, sah sie in der Bank fassungslos zahlreiche Braunhemden. »Wir hatten den Eindruck, daß die Firma Warburg eine Oase war in dieser braunen Flut, und als ich zurückkam und verschiedene alte Kollegen wiedersah, die das Parteiabzeichen trugen, von denen man es überhaupt nicht erwartete, war ich sehr erschüttert.«[4] Furcht ergriff die übrigen Mitarbeiter. Fräulein Beyer hielt den von der Industriekreditbank (die inzwischen ein Viertel der Anteile besaß) abkommandierten Mann für einen knallharten Nazispion.[5] Nichtsdestoweniger blieb die Bank von Schikanen der NSDAP weitgehend verschont. Einmal wurden die Mitarbeiter in einen nahe gelegenen Kellerraum geführt und mußten trockene Ansprachen über sich ergehen lassen, in denen sie aufgefordert wurden, der Partei beizutreten, doch blieb das ein Einzelfall. Eine Weile wurde der Bank ein SS-Mann zugeteilt, der alles überwachen sollte. Er mischte sich aber kaum ein und wurde nicht ersetzt, als man ihn zum Kriegsdienst einzog.[6]

Nachdem die Warburgs Hamburg verlassen hatten, führte Dr. Kurt Sieveking vom Berliner Büro aus noch verschiedene Arisierungen durch, unter anderem die des eleganten Kaufhauses N. Israel. Zur gleichen Zeit bemühten sich Brinckmann und Adolf van Biema um arische Kunden, welche die Geschäftsverbindungen zur Warburg-Bank unter politischem Druck aufgegeben hatten. Sie reisten nach Essen, um Krupp als Kunden zurückzugewinnen, und boten Firmen in zahlreichen Briefen eine Erneuerung der Beziehung zu M. M. Warburg an, wobei sie darauf verwiesen, daß die Gründe für ihre ursprüngliche Entscheidung nicht mehr gegeben seien. Alle Briefe endeten mit der vorgeschriebenen Formel »Heil Hitler« oder »Mit deutschem Gruß«.[7] Brinckmann gab sich außerdem große Mühe, verlorengegangene Aufsichtsratsmandate und auch die Mitgliedschaft in Hamburgs Reichsbankausschuß zurückzugewinnen.

Bald schon widerriefen die Nationalsozialisten das 1938 mit den Warburgs getroffene Abkommen. Die einstigen Inhaber hatten drei Millionen Reichsmark als stille Teilhabe stehengelassen, und bereits nach sechs Monaten forderte der Wirtschaftsberater des Gaus Hamburg die Bank auf, fünfhunderttausend Mark davon abzuziehen. Der Rest wurde auf ein Zinskonto der Bank übertragen. Am 27. März 1941 verordnete die Regierung die Arisierung sämtlicher Firmennamen. Bemerkenswerterweise wollten nationalsozialistische Funktionäre des Reichswirtschaftsministeriums, der Reichsbank und des Vierjahresplans M. M. Warburg davon ausnehmen. Die Regierung setzte sich über ihre Forderung hinweg, und so firmierte die Bank schließlich ab 27. Oktober 1941 als »Brinckmann, Wirtz & Co.«[8] Außerdem wurden die Gelder der stillen Teilhaber aus der Familie Warburg sowie das Anwesen Kösterberg beschlagnahmt. Damit war eins der mächtigsten Geschlechter Deutschlands endgültig verarmt.

Nicht alle Aktiva der Familie Warburg, die sich in Deutschland befanden, waren in der Firma geblieben. Im Oktober 1938 hatten Max und Fritz ein Sekretariat einrichtet, das zwei Aufgaben hatte: Es sollte die gesperrten Reichsmarkbeträge der Warburgs verwalten und bedürftigen Emigranten mit Geld und Rat zur Seite stehen. Mit der Verwaltung des Sekretariats betrauten sie Robert Solmitz, der außerdem ihre Aufgaben in jüdischen Wohltätigkeitseinrichtungen übernahm.

Das Sekretariat befand sich in dem Haus im Mittelweg 17, das früher Charlotte und Moritz, später Fritz und Anna Beata gehört hatte. Aus gutem Grund nannten Hamburger Juden es eine Oase, denn es bot ihnen in ihrer gefährlichen und schwierigen Lage Hilfe und Erleichterung.

Als Himmler im Dezember 1938 die Führerscheine von Juden einziehen ließ, wurde deren Bewegungsfreiheit weiter beschnitten. Ab Oktober 1939 durften Juden weder öffentliche Verkehrsmittel benutzen noch nach acht Uhr abends auf die Straße gehen. Für Einkäufe stand ihnen lediglich eine Stunde am Tag zur Verfügung, und sie mußten damit rechnen, in Arbeitsbrigaden gezwungen zu werden. Die zweihunderttausend verzweifelten Juden, die sich noch im Lande befanden – rund sechzig Prozent hatten es bereits verlassen – waren auf sich selbst angewiesen und mußten sich zu Notgemeinschaften zusammenschließen.

Im Haus Mittelweg 17 pflegten die gestrandeten Hamburger Juden die alte und bessere deutsche Kultur, die sie am Leben erhalten hatte. Das Sekretariat bemühte sich darum, am Ort lebende Künstler zu beschäftigen. Bekannte Schauspieler lasen Texte von Rilke oder Goethe vor, und in der Bibliothek im Erdgeschoß gab es Klavier- und Violinkonzerte. Später wurden solche Veranstaltungen gelegentlich vom Fliegeralarm gestört; dann suchte das Publikum gemeinsam den großen Schutzraum im Keller auf, wo der jüdische Hausmeister Baer mit seiner Frau und drei kleinen Kindern lebte. Der Vorsitzende der jüdischen Gemeinde, Dr. Max Plaut, verlegte sein Büro in das Gebäude, das die Menschen aufzunehmen schien wie ein Rettungsboot die verzweifelten Überlebenden eines Schiffbruchs.

Das Sekretariat Warburg gab vielen Verzweifelten nicht nur Hoffnung, sondern auch die zur Auswanderung nötigen Geldmittel. Der von Erich und Bettina ins Leben gerufene Umlauffonds stellte über M. M. Warburg & Co. nach wie vor kleine Vorschüsse zur Verfügung. Vor einem von fortwährendem Ränkespiel geprägten Hintergrund verhandelte Dr. Plaut nahezu täglich mit der Gestapo um die Freilassung festgenommener Juden. Sobald sie entlassen waren, sorgten er und Solmitz dafür, daß sie so rasch wie möglich das Land verließen, denn jede noch so kleine Verzögerung konnte den Weg ins Konzentrationslager bedeuten.

Häufig hatten Solmitz und Plaut mit einem Herrn Göttsche zu tun, der an der Spitze der für die Hamburger Juden zuständigen Gestapo-Abteilung stand. Solmitz sagte von ihm, er sei einer der wenigen Gestapo-Leute mit einem Funken Gewissen gewesen; vielleicht war das der Grund, warum sich Göttsche bei Kriegsende das Leben nahm. In einer Zeit, in der auswandernde Juden nicht nach Deutschland zurückkehren konnten, reiste Solmitz ungehindert zwischen Hamburg und Stockholm hin und her, um sich mit Fritz zu beraten. Doch diese Freiheit war trügerisch, denn die Gestapo setzte ihn mit der Drohung unter Druck, seine Frau zu erschießen, wenn er nicht zurückkehre. Als man Solmitz bei der Wiedereinreise nach Deutschland einmal Schwierigkeiten machte, stellte ihm Göttsche eine äußerst ungewöhnliche Bescheinigung aus, in der es hieß, »Robert Israel Solmitz reist im Interesse des Deutschen Reiches«.[9] Über die Frage, ob dies Privileg mit der Politik der Gestapo zusammenhing oder auf vom Sekretariat Warburg erpreßte Gelder zurückging, kann man nur spekulieren.

Sicherlich reizte es die Gestapo, das Vermögen der Warburgs an sich zu bringen. Das wurde nach der Eroberung Polens durch Deutschland klar, als man erwog, in der Nähe von Lublin ein ausgedehntes jüdisches Siedlungsgebiet zu schaffen. Eines Tages berief Göttsche die Herren Solmitz und Dr. Plaut zu sich und enthüllte ihnen einen in Himmlers Dienststelle ersonnenen geheimen Plan mit dem Decknamen »Hamburg-Plan«. Dieser sah einen »Reservat-Staat« in Polen vor, in dem europäische Juden zusammengeführt werden und sich selbst regieren sollten. Schamlos appellierte Göttsche an die Eitelkeit und Machtlust seiner Besucher, denn er versprach Dr. Plaut das Amt des Präsidenten und Solmitz das des Finanzministers in jenem neuen Staat. Der Leiter der Hamburger Talmud-Thora-Schule sollte laut Göttsche Minister für Kunst und Bildung werden.

Dann kam er zum Kern der Sache. »Natürlich müßte die Durchführung des Projekts von den Juden selbst finanziert werden. Dafür gelten die Warburgs als sehr geeignet. Wenn sie nur wollen, können sie in Amerika das nötige Geld aufbringen, um einen solchen Reservat-Staat zu gründen.«[10] Göttsche forderte Solmitz auf, sich mit Fritz zu beraten, der die Anregung seinem Bruder Max in New York weiterleiten könne. Sogleich brach Solmitz zu einer mehrtägigen Reise nach Stockholm auf, um mit Fritz über das Projekt zu sprechen.

Dieser diktierte ein Antwortschreiben, das durchaus vorsichtig gehalten war. Auch wenn er darin vorgibt, keine Neuigkeiten aus New York zu haben, geht aus seinen Worten doch deutlich hervor, daß er sich mit Max und dem Vergabeausschuß beraten hatte. Er erklärte, die Vorstellung eines jüdischen Staates in Polen erscheine ihm äußerst interessant, doch ließen sich Beträge in der erforderlichen Größenordnung ausschließlich über den Vergabeausschuß beschaffen. Diesen beunruhige aber zutiefst das Verschwinden eines seiner Vertreter, den die Deutschen auf einem Schiff nach Stockholm verhaftet hatten.[11]

Nachdem Solmitz diesen Brief Göttsche vorgelesen hatte, schickte dieser sogleich eine Mitteilung an die Gestapo in Berlin, die unverzüglich auf die Beschwerde des Vergabeausschusses reagierte. Schon wenige Tage später erfuhr Solmitz von Göttsche, man habe den bewußten Vertreter im Stalag II (einem Lager für ausländische Kriegsgefangene) aufgespürt. Er wurde umgehend entlassen und nach Amerika zurückgeschickt, was ihm wie ein Wunder vorgekommen sein muß. Am 23. März 1940 sickerten Informationen über den Plan, einen Reservat-Staat einzurichten, zusammen mit Spekulationen, daß es sich dabei in Wirklichkeit um ein getarntes Vernichtungslager handeln werde, an die Presse durch. Daraufhin beschlossen Göring und Hitler, den Plan aufzugeben.

Unterdessen verringerten sich für die in Deutschland gebliebenen Juden die Chancen zu entkommen immer mehr. Ein schrecklicher Wendepunkt war gegen Ende 1939 erreicht, als man in Brandenburg die erste Gaskammer einrichtete. Die Deportationen in Hamburg begannen 1940, als Juden auf der hübschen, grasbewachsenen Moorweide zusammengetrieben und abtransportiert wurden. Den Anfang machten geisteskranke Juden, die man aus Anstalten geholt hatte; bald schon folgten die Gesunden. Im September 1941 führten die Nazis das aus dem Mittelalter stammende Stigma wieder ein und zwangen alle Juden, den sogenannten Judenstern zu tragen, einen schwarzen Davidstern auf gelbem Grund, in dessen Mitte das Wort »Jude« zu lesen war.

Einen Monat später begannen die Massendeportationen in die Lager. Von den vierundzwanzigtausend Juden, die bei Hitlers Machtergreifung in Hamburg gelebt hatten, wurden sechstausend nach Osten in die Vernichtungslager gebracht, von wo sie nie zurückkehrten. Die meisten von ihnen kamen in das zur Täuschung der Juden und der Weltöffentlichkeit eingerichtete »modellhafte« Konzentrationslager Theresienstadt, viele aber auch nach Auschwitz und Riga.

1941 war das Leben in Hamburg für Juden unerträglich geworden. Sie waren in schmutzigen, heruntergekommenen Unterkünften zusammengepfercht; jeder Person stand lediglich eine Wohnfläche von vier Quadratmetern zur Verfügung. Im Frühjahr 1941 wurde das Sekretariat Warburg aufgelöst und das Haus am Mittelweg von der NSDAP für ihre eigenen Zwecke beschlagnahmt. Solmitz und seine Frau flohen durch das besetzte Frankreich über Spanien nach Portugal, von wo sie in die Vereinigten Staaten gelangten. Die tapferen Sekretärinnen, die bei ihm ausgeharrt hatten, wurden ebenso abgeschlachtet wie die gesamte Familie des Hausmeisters Baer.

Während den Hamburger Warburgs die Schreckenswelt der Gaskammern und Verbrennungsöfen erspart blieb, hatten ihre entfernten Verwandten aus Altona nicht dieses Glück. Lange Zeit hatten beide Familien einen stolzen kulturellen und finanziellen Wettstreit miteinander ausgetragen. Johannes Brahms war Gast im Hause der kultivierten und musikalischen Altonaer Warburgs gewesen, die sich ihren Hamburger Verwandten in mancherlei Hinsicht überlegen fühlten. Viele von ihnen hatten sich taufen lassen, was im Hamburger Zweig der Familie stets ein Tabu geblieben war. Der Niedergang der Altonaer Warburgs begann damit, daß Anfang des Jahrhunderts nach über hundert Jahren Selbständigkeit das vom Großvater von Max' Ehefrau Alice 1804 gegründete Altonaer Bankhaus W. S. Warburg mit der Norddeutschen Bank in Hamburg fusionierte.

Albert Warburg, einst Geschäftsführer von W. S. Warburg, war unmittelbar nach dem Ersten Weltkrieg gestorben. Die galoppierende Inflation hatte sein Vermögen auf ein Hundertstel seines einstigen Wertes schrumpfen lassen. Seine Witwe Gerta betätigte sich im Kunsthandel, während ihre Tochter Betty als Ärztin in Hamburg arbeitete. Den Bewohnern der Stadt kam es sonderbar vor, daß sich eine Dame namens Warburg ihren Lebensunterhalt selbst verdienen mußte, und die Hamburger Warburgs hätten ein solches Verhalten als äußerst unpassend empfunden.

Von Gertrud Wenzel stammt eine anrührende Erinnerung an ihre Großmutter Gerta und ihre Tante Betty. Die über achtzigjährige Gerta, die über Geld in England verfügte, konnte zwar in den dreißiger Jahren entkommen, war aber ihrem geliebten Deutschland zu sehr verbunden. »Sie liebte das deutsche Volk. Sechzig Jahre lang war sie Teil davon gewesen. Sie sagte sich, daß der Wahnsinn der dreißiger Jahre nicht von Dauer sein könne.«[12] Am Abend nach der »Reichskristallnacht« überfielen Halbwüchsige die Ärztin Betty Warburg, die einen Krankenbesuch bei einem Kind machte, und schlugen sie mit Stöcken ins Gesicht. Angsterfüllt zog sie sich in ihr Zimmer zurück. »Erst spät am Abend wagte sie, das Haus zu einem Spaziergang zu verlassen, mit einem Stock bewaffnet, aber viel zu schwach und verängstigt, als daß sie ihn zu ihrer Verteidigung hätte benutzen können.«[13] Gertruds Eltern hielten in Altona aus, die Mutter saß ängstlich am Fenster und strickte, während der Vater seine Tage am Hafen verbrachte.

Soweit bekannt, baten die Altonaer Warburgs die Hamburger Verwandten nie um Hilfe – möglicherweise in stolzer Erinnerung an die alte Rivalität der beiden Warburg-Zweige. Am 8. Mai 1940 gelang Gerta und Betty die Flucht nach Holland. Doch es war zu spät. Schon zwei Tage später verfolgten sie die Nationalsozialisten. Beide fanden ihr Ende in einer Gaskammer in Sobibor. Gertruds Eltern blieben in Altona, überzeugt, daß eine mitfühlende Welt den Nazis nie erlauben würde, ihre ungeheuerliche Propaganda wahrzumachen. Sie wurden Opfer ihrer Arglosigkeit.

Der letzte Akt ihrer Tragödie in Europa spielte sich für die Warburgs an der Keizersgracht in Amsterdam ab, wo sie 1929 die Firma Warburg & Co. gegründet hatten. Dieser einsame Vorposten außerhalb der deutschen Grenzen erwies sich nach 1933 als der geeignete Ort zum Verkauf von Sperrmark. Zugleich konnte man von dort aus Juden helfen, Geld aus Deutschland herauszuschaffen. Um die Amsterdamer Bank vor den immer belastenderen Devisen- und Steuervorschriften der Nationalsozialisten zu schützen, hatten die Warburgs 1936 die Bindungen zwischen Warburg & Co. und M. M. Warburg gelockert. Hans Meyer, ein Vetter der Warburgs, schied wie Siegmund aus der Hamburger Firma aus; beide wurden alleinige Teilhaber der Amsterdamer Bank. Als in Deutschland 1938 die Arisierung einsetzte, schröpften die Nationalsozialisten die Warburgs um mehr als eine Million Gulden – das war der harte Preis, den sie für die Weiterführung der Amsterdamer Bank bezahlen mußten.[14]

Max' Wunsch, die Amsterdamer Firma zu behalten, belasteten die Beziehungen zwischen den amerikanischen und den deutschen Warburgs zusätzlich. Bei ihrem Rettungsunternehmen von 1931 hatten Paul und Felix die Kara Corporation gegründet und der Bank M. M. Warburg über diese Firma sieben Millionen Dollar als Darlehen zur Verfügung gestellt. Als Jimmy nach beider Tod an die Spitze der Kara Corporation gelangte, wollten er und seine amerikanischen Vettern die im alleinigen Besitz der Kara Corporation befindliche Amsterdamer Bank Warburg & Co. schließen, da sie die Zukunft Europas als äußerst trübe einschätzten und es überdies satt waren, immer wieder Onkel Max zu Gefallen zu sein. Die Existenz zweier Warburg-Banken in Europa – eine unter der Aufsicht der Nationalsozialisten in Hamburg, die andere in Amsterdam unter dem Einfluß der Warburgs – führte ihrer Ansicht nach zu einer verwirrenden Gleichsetzung und erweckte den Anschein, die Familie Warburg billige die Arisierung der Hamburger Bank. So kam es, daß sie nur unter großem Widerstand bereit waren, die holländische Bank am Leben zu erhalten.[15]

Im Bewußtsein der Tatsache, daß die sieben Millionen Dollar unwiederbringlich verloren (aber nicht vergessen) waren, reduzierten die amerikanischen Warburgs die Schulden ihrer deutschen Verwandten auf 1,44 Millionen Dollar. Das entsprach dem Gesamtwert der Aktiva, die diese außerhalb Deutschlands besaßen. Eisern bestand Jimmy darauf, daß die Erben der Hamburger Teilhaber nichts von dem Geld bekommen sollten, das ihre Väter der Kara Corporation nach wie vor schuldeten.[16]

Als die Deutschen am 10. Mai 1940 in Holland einfielen und die Angestellten und Verwandten der Warburgs gefangennahmen, bestätigten sich Jimmys Vorahnungen in bestürzender Weise. Da die Niederlande im Ersten Weltkrieg neutral geblieben waren, hatten sie als sichere Zuflucht für den Kriegsfall gegolten. Juden aus vielen Teilen Europas waren dorthin geströmt. Ohnmächtig mußten Erich und Max in New York der Möglichkeit ins Auge sehen, daß vierzehn Verwandte und Mitarbeiter der

Warburg-Bank in Amsterdam ins Konzentrationslager gebracht würden. Obwohl es über die nachfolgenden Ereignisse mehrere Berichte gibt, die einander zum Teil widersprechen, scheinen die Grundzüge klar zu sein.

Einige Wochen nach der Besetzung Hollands durch die Deutschen wurde Helmuth Wohltat, der mit George Rublee in Berlin über den Freikaufplan verhandelt hatte und die Warburg-Teilhaber deshalb gut kannte, zum deutschen Kommissar für holländische Banken ernannt. Er wies sie mitfühlend darauf hin, daß er sich bald gezwungen sehen werde, Warburg & Co. unter deutsche Aufsicht zu stellen, und riet ihnen, das Land nicht nur schleunigst zu verlassen, sondern auch die Bank in zuverlässige Hände zu übergeben, da sie als Juden ihre Teilhaberschaft ohnehin aufgeben müßten.[17] Da er – ebenso wie das Reichswirtschaftsministerium – Warburg & Co. in Amsterdam in eine deutsche Bank zurückverwandeln wollte, drängte er Rudolf Brinckmann, die dortige Warburg-Bank zu übernehmen. Brinckmann – auch hier wieder der »Allzweckarier« der Warburgs – war jedoch anfangs nicht bereit, sich die Last einer zweiten arisierten Bank aufzuhalsen.

Wieder einmal saßen die Warburgs in der Klemme, verfügten aber nach wie vor über einen gewissen Verhandlungsspielraum. Zu jener Zeit lag den Nationalsozialisten noch daran zu zeigen, daß sie keine Pläne hatten, Holland formal zu annektieren. So bemühten sie sich, den Schein der Rechtmäßigkeit zu wahren, wie offensichtlich falsch dies auch immer sein mochte. Bei den Verhandlungen über das weitere Geschick der Amsterdamer Bank bestanden die Warburgs deshalb darauf, daß allen Verwandten und Angestellten sicheres Geleit aus dem Lande zugesichert werden müsse.

Als geheimnisvoller Handlanger der Vorsehung erwies sich in dieser schwierigen Situation Dr. Fritz Fenthol, ein Berliner Anwalt, der sich darauf spezialisiert hatte, dank seiner erstklassigen Beziehungen zu Regierungskreisen durch geheime Verhandlungen gefährdete Personen aus Deutschland herauszuschmuggeln. Je nachdem, welchen Angehörigen des Hauses Warburgs man fragt, wird Fenthol als mutiger Vermittler, der bedrohte Juden rettete, oder als Menschenhändler von niedriger Gesinnung hingestellt, der seinen Vorteil aus dem Elend anderer zog. Wie auch immer, diese komplexe Persönlichkeit betrieb überall im nationalsozialistisch besetzten Europa einen blühenden Handel.

Fenthol hatte eine schwache und potentiell verhängnisvolle Stelle: Er war mit einer in der Schweiz versteckten Jüdin verheiratet. Einige Angehörige des Hauses Warburg glauben, er sei 1940 unter dem Vorwand, er habe dort geschäftlich zu tun, Knall auf Fall nach Japan gereist, weil man wegen seiner Frau Verdacht geschöpft hatte. Wenn dem so ist, mußte sein plötzliches Auftauchen in New York mit seiner Reise in den Fernen Osten zusammenhängen. Vertraulich teilte er Max und Erich mit, die *New York Times* stehe im Begriff, einen Artikel zu veröffentlichen, der sein Geschäft zugrunde richten werde, ja ihn ins Gefängnis bringen könne. Angeblich wollte der Reporter über Fenthols jüdische Frau berichten. Später erklärte Erich, er habe Bekannte bei der *Times* angerufen und dafür gesorgt, daß der Aufsatz über Fenthol nicht erschien. Als dieser in Tränen aufgelöst wiederkam und wissen wollte, wie er diese beträchtliche Gefälligkeit wiedergutmachen könne, antwortete Erich zurückhaltend, es gebe etwas, das allerdings wohl außerhalb von Fenthols Macht stünde. Als Fenthol wissen wollte, worum es ging, teilte ihm Erich mit, daß vierzehn Personen in Holland festsaßen.[18] Fenthol ließ sich Namen und Anschriften geben, reiste nach Japan weiter und kehrte von dort mit der transsibirischen Eisenbahn durch die Sowjetunion nach Deutschland zurück, wo er sich mit Rudolf Brinckmann in Verbindung setzte. Bei den folgenden Verhandlungen mit den Nationalsozialisten muß er als Mittelsmann gedient haben, bevor er im März 1941 nach Brasilien floh.

Brinckmann gab den Berliner Behörden zu verstehen, daß er bereit sei, Warburg & Co. in Amsterdam zu übernehmen, *vorausgesetzt*, den vierzehn Juden werde sicheres Geleit aus Holland zugesagt. Manche Familienmitglieder behaupten, die amerikanischen Warburgs hätten der Gestapo ein Bestechungsgeld in beträchtlicher Höhe dafür zahlen müssen, wobei meist von einer Million Dollar die Rede ist.[19] Man weiß nicht, ob Fenthol dies Geld überbracht hat, doch ist bekannt, daß die Nationalsozialisten von Juden, die außerhalb Europas lebten, häufig Lösegelder für die Befreiung von Glaubensgenossen verlangten, die in den Niederlanden festsaßen. Ein Forscher schreibt dazu: »Es sieht ganz so aus, als hätten die holländischen Warburgs und andere wohlhabende Familien auf diese Weise das Land verlassen können.«[20] Die mittlerweile nominell Brinckmann unterstellte Amsterdamer Bank wurde in *Kommanditaire Vennootschap M. M. Warburg & Co.* umbenannt und von einem vertrauenswürdigen Angestellten geleitet. Dieser, L. Bijsterus Heemskerk, bemühte sich, als Sachwalter zu agieren und möglichst wenig neue Geschäfte anzunehmen, um den Kriegsbemühungen der Nazis keinen Vorschub zu leisten.

Warburg & Co. muß der deutschen Regierung ziemlich viel wert gewesen sein, denn die vierzehn Angestellten und Familienmitglieder wurden im März 1941 auf äußerst ungewöhnliche Weise mit einem planmäßigen Zug aus dem besetzten Holland geschafft, wobei eine SS-Eskorte den Auftrag hatte, sie zugleich zu bewachen und zu beschützen. Brinckmann winkte ihnen in Amsterdam vom Bahnsteig aus zum Abschied. Begleitet von weiteren Warburgs, die über ein gesondertes Abkommen die Möglichkeit zur Ausreise erlangt hatten, fuhren sie durch das besetzte und unbesetzte Frankreich über Spanien nach Portugal. Einem Bericht zufolge hielten die Warburgs während der ganzen Reise die Abteiltüren geschlossen, damit die Wächter nicht hineinkonnten. Kurz vor der französischen Grenze fragte ein SS-Mann einen Angehörigen der Gruppe: »Wir sollen Sie bis San Sebastián begleiten, aber ich habe eine

Freundin in Hendaye. Gestatten Sie, daß ich Sie dort verlasse?« Die trockene Antwort war: »Ich denke, daß wir auf uns selbst aufpassen können.«[21] In Lissabon ging die Gruppe an Bord eines Schiffes nach Kuba und gelangte mit Hilfe von Visa, die ihnen die amerikanischen Warburgs beschafft hatten, in die Vereinigten Staaten. Einige von ihnen arbeiteten als Angestellte von E. M. Warburg & Co. an der Wall Street, was zu den komplizierteren Fällen der Umsetzung von Personal innerhalb einer Firma gehört.

Eine Angehörige blieb von jener Ausreise ausgeschlossen: Aby S.' älteste Tochter Olga Lachmann. Sie war seit 1920 niederländische Staatsbürgerin und lebte mit ihren Kindern Grace und Eddy in Den Haag. Olga vermutete, daß Max sie wegen einer erbitterten Familienfehde, zu der es in den dreißiger Jahren über Abys Nachlaß gekommen war, absichtlich ausgeschlossen hatte. Diese Anschuldigung stützte sie auf nach dem Krieg geführte Gespräche mit Heemskerk, der behauptete, er habe Einblick in Telegramme gehabt, die zwischen den Warburgs in New York und der SS oder dem Sicherheitsdienst hin und her gingen. Leider gibt es keine Möglichkeit, diesen schweren Vorwurf zu bestätigen oder auch nur festzustellen, ob Max im Hinblick auf die Passagierliste ein entscheidendes Wort mitzureden hatte. Da die amerikanischen Warburgs für die Reisekosten aufkamen, hatten möglicherweise sie das letzte Wort. Wunderbarerweise überlebten Olga und ihre Kinder den Krieg in Holland.

Als der Zug mit den Warburgs 1941 Amsterdam verließ, blieb auch Max Adolph Warburg, Abys und Marys Sohn, der an der von Quäkern betriebenen Eerde-Schule in Ommen in Nordostholland unterrichtet hatte, zurück. Das bezaubernde kleine Königreich dieser Schule befand sich in einem abgelegenen Schloß mit Parkettfußböden und Marmortreppe, das ein Wassergraben umgab, und war somit ein wunderbarer Zufluchtsort. Nicht nur unterrichtete Max Adolph dort Kunst, Geschichte und alte Sprachen, er schuf auch, ganz Sohn seines Vaters, ein Fries mit Sternbildern für die Aula und entwarf den Umschlag der Schulzeitschrift.

Wie das bei Söhnen tyrannischer Überväter häufig der Fall ist, war Max Adolph freundlich, sensibel und romantisch. Er schätzte Eerde als einen Ort, an dem Kinder aller Nationen unter idealen Bedingungen lernen konnten. Als klassischer Gelehrter teilte er Abys Vergnügen, Mythen zu entwirren und Symbole zu entschlüsseln. Für seinen Studienabschluß an der Hamburger Universität hatte er 1934 eine Arbeit in lateinischer Sprache über die Darstellung der Göttin Fortuna in Kunst und Literatur vorgelegt – ein Thema, das ganz Aby Warburgs Wesen entsprach. Wie Aby war auch Max Adolph ein wunderbar mitreißender Vortragsredner, doch fehlte ihm die beeindruckende und bisweilen dämonische Antriebskraft seines Vaters. Er war ungezwungen, fast jungenhaft und frei von quälendem Ehrgeiz.

Der als Lutheraner erzogene Max Adolph schloß sich während seiner Zeit in Eerde den Quäkern an und heiratete Josepha Spiero, die aus einer früheren Ehe zwei Kinder hatte. Ihren Sohn brachten sie 1939 nach Amerika in Sicherheit, doch der Schutz ihrer jüdischen Tochter Heilwig wurde für Max Adolph und Josepha zu einer Beschäftigung, die ihre gesamte Zeit in Anspruch nahm. Ihre eigene Tochter Lux wurde mit drei Jahren zu ihrem Schutz getauft und bekam den Namen Maria Christina. Am 10. Mai 1940 rissen die Deutschen sie aus ihrem Märchenreich Eerde. Josepha erinnerte sich: »Wir erwachten, weil die Fensterscheiben des Schlosses so sonderbar klirrten – bis wir begriffen, daß sie die Brücken sprengten, daß dies uns galt und daß jetzt alles, alles verloren war.«[22]

Obwohl die Bevölkerung der Niederlande mithalf, viele Juden zu schützen, griff die SS dort besonders scharf durch. Max und Josepha glaubten, eine Fluchtmöglichkeit vor dem Schrecken gefunden zu haben, als das Institut für Schöne Künste der Universität von New York – das sich darum bemüht hatte, die Warburg-Bibliothek aufzunehmen – Max Adolph eine Assistenz-Professur anbot. Vermutlich hatten die New Yorker Warburgs dabei die Hand im Spiel gehabt. Das Paar, deren Pässe den Stempel »J« für Jude trugen, unternahm zahllose Fahrten zum Paßamt in Amsterdam, um endlos lange Formulare auszufüllen. Josepha bemerkte dort, »daß einer der Verbrecher etwas menschlicher war als die anderen«, und brachte ihn dazu, ihnen den Status von »Halbjuden« zuzuerkennen.[23] Als die Nationalsozialisten ihnen die Ausreise dennoch untersagten, mußten sie sich nach Möglichkeiten umsehen, den Krieg in Holland zu überleben.

Josepha war wie ein Stehaufmännchen. Ihre und Max Adolphs Tochter sagte über sie: »Sie war selbstsicher, stark, schön, kommandierte Leute herum und war bestimmt die erste Frau, die mein Vater kannte.«[24] Unter Druck war sie erfindungsreich. Das galt auch für den weicheren Max Adolph, der nach dem Ersten Weltkrieg einen Nervenzusammenbruch erlitten hatte. Die Besetzung des Landes durch die Deutschen schien ihn für eine Weile von seinen privaten Befürchtungen zu befreien und gab ihm den Mut eines großen Ziels. Er sagte, daß in dem von den Deutschen besetzten Holland das Böse so greifbar geworden sei, daß die Menschen die kleinen Geister des Alltags vergaßen.[25] »Es war die beste Zeit seines Lebens«, sagte Maria Christina. »Er wurde als Lehrer und Vater gebraucht, und er mußte Verstecke für die Tochter aus der ersten Ehe seiner Frau finden.«[26]

Im September 1942 begannen die Deutschen mit der systematischen Säuberung, die drei Viertel der jüdischen Bevölkerung das Leben kosten sollte. Unterstützt von Max Adolph und Josepha begannen die jüdischen Kinder von Eerde, Zuflucht im Wald zu suchen. Um nicht verfolgt zu werden, täuschten sie Selbstmord vor, indem sie ihre Schuhe und einen Abschiedsbrief an einem Bach hinterließen.

Doch die Jagd auf Juden wurde immer unerbittlicher. Am 1 April 1943 kündigten die niederländischen Zeitungen an, daß die Provinz, in der Eerde lag, »judenfrei« werden müsse. Drei Monate später brachte Josepha ein zartes Kind zur Welt, das den Namen Iris bekam. Die Kleine schielte, und es zeigte sich, daß sie am Down-Syndrom litt. Der phantasievolle Max Adolph bezauberte die Kleine so sehr wie einst Aby Kinder förmlich in seinen Bann geschlagen hatte. Bis Jahresende wurde Eerde von den Nationalsozialisten geschlossen, die eine Schule für die Hitlerjugend daraus machen wollten.

Diese furchtbaren Ereignisse gaben Max Adolph neue Kraft. Während der folgenden zwei Jahre fand er mit Josepha zweiundzwanzig verschiedene Verstecke für Heilwig, die falsche Papiere besaß. Meist standen sie über verschlüsselte Mitteilungen mit ihr in Verbindung. In bitterer Armut führte Max Adolph ein einfaches Leben. Um seine Familie ernähren zu können, grub er Kartoffeln aus und fällte Bäume. Die Flamme der Kultur hielt er hoch, indem er im verborgenen kunstgeschichtliche Vorträge hielt – ein kleines Bollwerk der Vernunft mitten in der allgegenwärtigen Barbarei, an dem Aby seine Freude gehabt hätte.

Im Frühjahr 1944 landeten die Alliierten in Holland, befreiten aber zunächst den Süden und erkämpften sich von dort aus langsam den Norden. In jenem Winter saßen Max und Josepha nachts angstvoll hinter den verdunkelten Fenstern ihres Bauernhauses und hörten die britischen Flugzeuge über sich hinwegdonnern. Da nicht weit von ihnen V-1- und V-2-Raketen montiert wurden, bombardierten die Alliierten die Umgebung des Hauses immer wieder. Als eines Nachts wieder Bomben vom Himmel hagelten, riß Josepha die schlafende Iris aus der Wiege. »Ich trug sie in den Armen, und Warburg und ich rannten inmitten herabstürzender Balken, berstender Fenster und fallender Ziegel die Treppe hinab und aus dem Haus. Wir sprangen in ein Schützenloch neben der Straße, und immer, wenn eine Weile keine Bomben fielen, rannten wir zum nächsten Schützenloch. In einem Hagel aus Kugeln und Bomben warf ich mich in den Schnee und bedeckte die schmutzige und ängstlich weinende Iris mit meinem Körper.«[27] Anschließend mußten sie das Haus aufgeben, denn die Fenster waren zerstört, und das Dach hatte ein großes Loch.

Am 10. April 1945 befreiten kanadische Soldaten Ommen, und zwei Tage später holte Max Adolph mit seiner Frau die Tochter Heilwig aus ihrem Versteck. Zunächst wollte Max Adolph in Hamburg lehren und bei der Umerziehung der Deutschen mithelfen, doch er bekam dort keine Anstellung. Seine Bewunderung für deutsche Disziplin und Kultur verlor er nie. Schließlich zog er mit seiner Familie 1947 nach England, wo er sich in der Nähe von Fritz Saxl und Gertrud Bing in Dulwich niederließ. Der Augenblick, in dem ihr die britischen Einbürgerungspapiere ausgehändigt wurden, war für die ganz und gar antideutsch eingestellte Josepha der stolzeste ihres Lebens. Max Adolph hingegen hielt die Briten für saft- und

Ursprünglich hatte sich auf dem Kösterberg eine Gastwirtschaft vornehmen Stils befunden, wie sie sich später noch in dem ein Stück weiter flußaufwärts gelegenen »Jacobs« erhalten hat. Das Bild zeigt das Lokal, von dem aus man über die Elbe ins »Alte Land« blickt; rechts sieht man den aus dem 18. Jahrhundert stammenden Holzbau der »Arche«.

kraftlos und unentschlossen und pflegte zu sagen: »Das Leben ist zu kurz, um englisch zu sein.«[28]

Er, der während des Krieges so stark und tapfer gewesen war, brach zusammen, als sie England erreichten. Jetzt, da der Druck von ihm genommen war und er sich im Gelobten Land befand, war er nicht mehr fähig, die Dämonen von früher zu bannen. Er lehrte Kunstgeschichte an der fortschrittlichen Privatschule Dartington Hall im Südwesten des Landes, während Josepha als Hauswirtschaftsleiterin tätig war. Doch Depressionen machten ihm die Arbeit schwer, und so zog er schließlich von einer Schule zur anderen. Da er am Ende unter schweren manischen Depressionen litt, unterzog er sich einer Psychoanalyse und einer Elektroschock-Behandlung. Lola sorgte einmal dafür, daß er eine erstklassige psychiatrische Behandlung bekam, gleichwohl verbrachte er den Rest seines Lebens abwechselnd inner- und außerhalb von Heilanstalten. Eine kleine Gruppe von Verwandten, unter ihnen Erich, Lola, Frieda, Freddy und Max Adolphs Schwäger, unterstützte ihn großzügig mit Geld. Sein Traum war es, Vorlesungen am Warburg Institute in London zu halten. Als er sich schließlich zu einem Vortrag über seinen Vater aufraffte, starrte er ins Publikum und erklärte, er sehe sich dazu außerstande. Sein Leben wurde durch ungünstige Erbanlagen und die Schrecken von Krieg und Verfolgung vernichtet. In einer Bewerbung vermerkte er einmal voll bitterer Selbstverspottung: »Mein Leben war erfüllt und abwechslungsreich, aber offenkundig keine Erfolgsgeschichte aus *Reader's Digest*.«[29]

Am Fuß der Terrassen, die Max Warburg Anfang des Jahrhunderts auf dem Kösterberg anlegen ließ, lag ein Freilichttheater in antiker Form. Über zweihundert Gäste konnten darin Platz finden. Hier, nicht weit über dem Elbestrand, führte die Familie mit Freunden und Verwandten zahlreiche, oft selbstverfaßte Theaterstücke auf.

Max Adolphs jüngere Schwester Frede hatte 1937 an der Hamburger Universität eine Dissertation über Dr. Samuel Johnsons *Biographien und kritische Nachrichten von englischen Dichtern* vorgelegt. Bemerkenswerterweise behandelten ihre akademischen Lehrer sie noch zu jener späten Zeit höflich, weil sie Aby Warburgs Tochter war. Ein Jahr später heiratete sie den aus Deutschland geflohenen Adolf Prag und lebte fortan in England, wo Prag Lehrer an der privaten Westminster School wurde. Sie hatten drei Kinder. Im Bewußtsein der psychischen Schwierigkeiten Abys und Max Adolphs bewahrte Adolf Prag seine Frau entschlossen davor, einem ähnlichen Schicksal zum Opfer zu fallen.

Ein Mitglied der Familie Warburgs verbrachte den ganzen Krieg im nationalsozialistischen Deutschland: Max Adolphs ältere Schwester Marietta, die als junge Frau Aby während seines Zusammenbruchs gepflegt hatte. Sie hatte 1926 den Kinderarzt Dr. Peter Braden geheiratet, der auch als Betriebsarzt bei M. M. Warburg & Co. tätig war. Dieser äußerst kluge und wortgewandte, eigenwillige und leicht erregbare Mann, der einige Freunde im deutschen Widerstand hatte – von denen die meisten später hingerichtet wurden –, war wegen seiner politischen Aktivitäten in seiner Mannheimer Klinik entlassen worden. Trotz seiner Gegnerschaft gegen das Regime überlegte er immer wieder, ob er in Deutschland bleiben sollte oder nicht, und verpaßte dadurch den richtigen Zeitpunkt, das Land zu verlassen. Da weder er noch Marietta Fremdsprachen beherrschten, waren sie nicht sicher, ob sie im Ausland mit Aussicht auf Erfolg ein neues Leben beginnen konnten.

Obwohl Peter Braden als Arier galt, fällt es schwer zu glauben, daß Marietta, die Halbjüdin, als Warburg-Tochter während des Krieges unbehelligt in Deutschland leben konnte. Er arbeitete im Krankenhaus, während sie sich sozialen Aufgaben widmete und eine Teilzeitstelle innehatte. Da sie jederzeit damit rechnen mußten, wegen Mariettas Abstammung in Schwierigkeiten zu geraten, hatten sie in einem nahegelegenen Brunnen ein Versteck vorbereitet. Sie besaßen ein Haus in einem Hamburger Vorort, in dem sie den Krieg unbeschadet überstanden. Manche Warburgs erklärten, die Bradens hätten vergleichsweise angenehm gelebt, während andere wiederum der Auffassung waren, Marietta habe schwer unter Rheuma und Arthrose-Schmerzen gelitten und sei fast verhungert, weil sie ihrem zuckerkranken Mann Lebensmittel zukommen ließ. Derartige Fälle von Juden, denen es während des Krieges gelang, in Deutschland mit Müh und Not ein unterirdisches Leben zu führen, waren nicht selten; die meisten von ihnen waren mit Ariern verheiratet. Dank Marietta kann die Familie Warburg behaupten, mindestens vier Jahrhunderte lang ununterbrochen in Deutschland gelebt zu haben – so, als habe sie das Land nie loslassen können.

36

Der kleine Mann und der »Dicke«

Während des Zweiten Weltkriegs lebten Max und Alice wie verarmte Monarchen im Exil. Ihnen stand eine behaglich eingerichtete Wohnung in New Yorks Park Avenue zur Verfügung; den Sommer verbrachten sie bei Frieda auf *Woodlands*. Zwischen dem Glanz der amerikanischen Warburgs jedoch und dem gebrochenen Status ihrer deutschen Verwandten bestand ein lebhafter Kontrast. Malice fiel es schwer, im neuen Boden Wurzeln zu schlagen, und zeitweilig schienen sie aus gepackten Koffern zu leben. Manchmal war Max bezaubernd und trat auf wie ein Komödiant in einem Klamaukstück. Bei solchen Gelegenheiten sah man das alte Leuchten in seinen Augen. Dann wieder war er mürrisch, verbittert, ein geschlagener Krieger. Sein Haar war silbern geworden, und er hatte einen stattlichen Bauch entwickelt. Bei den Mahlzeiten auf *Woodlands* saß er Alice gegenüber und versteckte sich hinter dem reichlichen Blumenschmuck auf dem Tisch, damit sie nicht an ihm herumnörgelte, wenn er immer wieder zulangte. Er unternahm lange Spaziergänge, sah sich gern Filme mit W. C. Fields an und spielte gelegentlich mit seiner Frau Golf.

Zwar sahen manche Warburgs in ihm eine gebrochene, tragische Gestalt, doch bestand Max selbst darauf, daß er nicht entmutigt sei. Glücklicherweise konnte er sich im Exekutivkomitee des Vergabeausschusses nützlich machen, der noch bis zum Kriegseintritt der Vereinigten Staaten die Möglichkeit hatte, europäischen Juden zu helfen. Ab 1939 stand Eddie mit an der Spitze des Vergabeausschusses und holte die Zustimmung der deutschen Regierung ein, um Juden in besetzten Gebieten zu helfen.[1] Max machte sich Sorgen über den Antisemitismus in Amerika und entwickelte Pläne für neue Vorgehensweisen. In einer langen Notiz an Eddie erklärte er: »Kein Jude außerhalb Palästinas dürfte je politisch aktiv sein; sie sollten sich lieber ausschließlich mit kulturellen und wirtschaftlichen Fragen beschäftigen.«[2] Diesen Rat hatte er zwar lange gepredigt, aber selbst nie befolgt. Wenn er bei Sitzungen sprach, schien er nach Worten zu suchen, und die würdevolle Autorität, die er einst in Deutschland ausstrahlte, fehlte ihm nun. »Hamburgs ungekrönter König« wirkte wie ein unsicherer Einwanderer, der sich mit seinem neuen Leben vertraut zu machen sucht.

Um seinen Lebensmut nicht zu verlieren, erstattete Max täglich in der William Street 52 Bericht. Er gehörte dem Aufsichtsrat der Firma E. M. Warburg & Company an, die vorwiegend Geld für Flüchtlinge aus Hamburg und Amsterdam investierte. Seinem Wahlspruch »Semper Avante«

(immer voran) entsprechend, träumte er davon, sein Reich eines Tages in Amerika wiedererrichten zu können. Immer aktiv, gründete Max mehrere Organisationen zur Unterstützung von Flüchtlingen, unter anderem Help & Reconstruction (Hilfe und Wiederaufbau), die jüdischen Kindergartenkindern Englisch *und* Deutsch beibrachte, sowie die American Federation of Jews from Central Europe (Amerikanischer Bund mitteleuropäischer Juden).

Wie andere Einwanderer waren Max und Alice den Vereinigten Staaten dankbar. Staunend besichtigten sie die Naturschönheiten des Landes. Als sie Nina zum Upper Saranac-See in den Adirondacks begleiteten, schien Max wie bezaubert und erklärte, noch nie habe ihn die Schönheit eines Landes mehr beeindruckt. Auch das Klima und die ganze Atmosphäre überwältigten ihn.[3] Der durch die Erfahrung mit Hitler geläuterte Mann hatte die Großspurigkeit abgelegt, die er in den Tagen seines schwindelerregend frühen Aufstiegs mitunter gezeigt hatte, als der Erfolg der deutschen Juden so triumphal und unerschöpflich schien.

Max hatte ein schlechtes Gewissen, weil er Paul und Felix Schwierigkeiten verursacht und in den zwanziger und frühen dreißiger Jahren Geld verloren hatte. Auch wenn sich Frieda nicht von der Ansicht abbringen ließ, daß Max den Tod ihres Gatten Felix beschleunigt hatte, war sie nie bitter und nahm Schwager und Schwägerin stets warmherzig auf *Woodlands* auf. Empört über die Greuel der Nationalsozialisten äußerte sie im engeren Kreis der Familie antideutsche Empfindungen, die Max möglicherweise entsetzt hätten. Nach einer schlaflosen Nacht vertraute sie Edward an, daß sie ihm eine wichtige Einzelheit über sein Leben verschwiegen habe. »Um Himmels willen, Mama, du willst mir doch nicht jetzt noch mitteilen, daß ich ein uneheliches Kind bin?« »Nun, es läuft ein bißchen darauf hinaus«, gab sie zur Antwort. »Wußtest du eigentlich, daß du das einzige Kind bist, das in Deutschland gezeugt wurde?«[4] Einmal suchte Edward mit seiner Mutter und Onkel Max den Friedhof von Sleepy Hollow auf, wo Paul inmitten von Efeu und Myrtenzweigen ruhte. Beim Anblick des Grabes seines Bruders durchströmte Max eine solche Flut mächtiger Empfindungen, daß er von seinem Kummer geradezu überwältigt schien. »Er war in Tränen aufgelöst und hat beinahe geschluchzt«, sagte Edward. »Er war entsetzlich verstört.«[5]

Da seine Gesundheit nachließ, wandte sich Max den Tröstungen der Philosophie zu. So nachdrücklich wie einst Hiob hatten ihm seine Erlebnisse im Deutschland des Kaiserreichs, in der Weimarer Republik und in Nazideutschland vor Augen geführt, wie flüchtig Reichtum, wie vergeblich irdisches Streben ist. Nach seinem Besuch in Palästina hatte er 1929 einen Maler mit einem Bild beauftragt: Es zeigt Moses als eine hagere, hochaufgeschossene Gestalt mit spitzem, weißem Bart; er sitzt auf einem Felsblock vor dem Gelobten Land, das er nie betreten sollte, seine Augen gelassen zum Himmel erhoben. Mit diesem Gemälde, das er über seinen

Arbeitsplatz in New York hängte, identifizierte sich Max. Bald nach dem Einfall deutscher Truppen in Polen schrieb er auf dessen Rückseite: »Die Kriegsereignisse und die Revolutionszeit in Deutschland machten es mir aber immer klarer, daß jeder Besitz eitel ist. Ich wollte mein Schicksal nicht so sehr an den Kösterberg, der von uns allen so heiß geliebt wurde, ketten.«[6] Ende 1941, als er und Fritz nicht nur die deutsche Staatsangehörigkeit, sondern auch ihren restlichen Anteil an der Bank in Hamburg verloren, schickte Max, dessen letzte Illusionen nun zerstört waren, seiner Tochter Anita einen bewegenden Geburtstagsgruß. Er schrieb, die Firma in Hamburg sei dahin und sein Vermögen in Mark beschlagnahmt, was ihm wegen all der Menschen leid tue, denen er andernfalls hätte helfen können. Er hoffe, daß auch die Amsterdamer Firma aufgelöst werde, damit er im Laufe der Zeit in Amerika eine neue Warburg-Bank gründen könne. All das, fuhr er fort, kläre zusammen mit seiner Ausbürgerung die Lage.[7]

Max, lange Zeit ein Fürst der Wohltätigkeit, war jetzt selbst auf die Unterstützung anderer angewiesen. Er begann, an arme Verwandte zu schreiben, denen er früher geholfen hatte, und bat sie um Geld. Am 17. Dezember 1942 mußte sich der von den Nationalsozialisten als allmächtige graue Eminenz der internationalen Finanzwelt verleumdete Mann von seiner Schwägerin Nina zwölftausendfünfhundert Dollar leihen. Eine Woche später ging er mit Jimmy zu einem Notar, um die Bücher der Kara Corporation schließen zu lassen, die seine Brüder 1931 eigens gegründet hatten, um die Mittel für die Rettung der Hamburger Bank bereitzustellen, und die jetzt eine wertlose Hülse war. Dies muß ein harter Schlag für seinen Stolz gewesen sein. Jimmy überschrieb alle Kara-Aktiva gegen den symbolischen Preis von einem Dollar an seinen Onkel Max.[8] Zweifellos war der Augenblick der Unterzeichnung für beide sehr bitter.

Einen großen Teil des Krieges brachte Max damit zu, seine Erinnerungen zu schreiben. Der Verleger Macmillan hatte ihm einen großzügigen Vorschuß für das Buch gewährt, das er innerhalb eines Jahres fertigzustellen beabsichtigte. Doch die Beschäftigung damit wurde zu einer Sisyphusarbeit. Er füllte viele Bogen Papier, quälte sich durch unendliche Entwürfe, und ganze Arbeitsgruppen von Bekannten und wissenschaftlich geschulten Mitarbeitern wurden eingespannt, um das wuchernde Manuskript zu bändigen. Schließlich zettelten Jimmy, Gisela und Hans Meyer eine kleine Verschwörung an und überredeten Max, den Plan aufzugeben. Den Vorschuß zahlte er 1945 zurück.[9] Anfang der fünfziger Jahre brachte Erich nach dem Tod des Vaters eine stark gekürzte Fassung privat heraus. Unter anderem zögerten die Warburgs, den Bericht über Max' wilde Jugendjahre in Deutschland zu einer Zeit zu veröffentlichen, die stark von antideutschen Emotionen geprägt war.

Warum machte ihm das Buch so sehr zu schaffen? Zum Teil war die

Schwierigkeit literarischer Art. Wenn Max seine Gedanken diszipliniert zu Papier bringen mußte, war der spontane Zauber dahin, der ihn bei seinen mündlichen Äußerungen auszeichnete. Hinzu kamen tiefere psychische Probleme. Da sein Selbstwertgefühl in den dreißiger Jahren so sehr gelitten hatte, versuchte er, den vergangenen Glanz in Worte zu fassen. Das führte zu einem verquollenen, selbstherrlichen Stil, in dem er auch unbedeutende Kontakte zu Regierungsstellen als Großtaten hinstellte. Sein gekränkter Stolz veranlaßte ihn zu Berichten darüber, wie bedeutende Staatsmänner seinen weisen Rat töricht in den Wind geschlagen hatten, womit er den Eindruck eines überheblichen, von seiner eigenen Wichtigkeit überzeugten Mannes erweckte.

Wenn das Manuskript an manchen Stellen zu üppig war, so war es an anderen äußerst zurückhaltend. Mit Recht empörte sich Max über die Art und Weise, in der man ihn nach 1933 mißhandelt hatte. Aber als sich im Lauf des Zweiten Weltkriegs der große Schatten über Europas Juden legte, begriff er, daß ein neues, schreckliches Ausmaß der Mißhandlung sich ausbreitete. Allein 1942 ermordeten die Nazis zweieinhalb Millionen Juden. Max schrieb: »Als ich unlängst meine Aufzeichnungen über eigene Erfahrungen während der Zeit der nationalsozialistischen Herrschaft durchlas, wollte mir alles, was ich an Kränkungen, Zurücksetzungen und Beleidigungen hinzunehmen hatte, alle Verluste an Wirkungskreis und Vermögen, völlig geringfügig erscheinen. Dachte ich daran, welch grauenvolle Verfolgungen, von Jahr zu Jahr sich steigernd, die Welt mit Entsetzen erfüllten, so schien mir das, was mir selbst widerfahren war, kaum erwähnenswert.«[10] Vielen Themen wich er erkennbar aus: wie er andere Juden gedrängt hatte, im Land zu bleiben und zu kämpfen; sein Widerstand gegen den Boykott deutscher Waren; seine verschiedenen Transfer-Projekte. Letzten Endes brachte er es nicht fertig, in sein eigenes Bewußtsein einzudringen und eine moralische Bilanz seines Lebens zu erstellen. Er war zu schwach, um Irrtümer offen einzugestehen.

Bei der Darstellung der Geschichte der Warburg-Bank überging er den Fall Karstadt und andere mißlungene Kreditgeschäfte. Zum Teil war das verständlich. Hitler hatte ihn der Möglichkeit beraubt, die Hamburger Bank nach der Katastrophe von 1931 wieder nach oben zu bringen, und an irgendeinen Rest Selbstachtung mußte er sich klammern. Unglücklicherweise bat er in diesem psychisch labilen Zustand Jimmy, das Manuskript durchzugehen. Erich hatte diesem einmal Vorwürfe gemacht, weil er seine Beobachtungen allzu scharf formuliere, und tatsächlich war Jimmy nie imstande, seine Kritik zu mäßigen. Jetzt nahm er Max genau ins Visier: »Die Geschichte von M. M. Warburg & Co. finde ich, so ungern ich das sage, entsetzlich heuchlerisch und ungenau. Der Leser wird zu der Annahme verleitet, Du und Deine Teilhaber hättet unter schwierigen Umständen ein äußerst erfolgreiches Unternehmen geführt, Du hättest nach gesunden Grundsätzen gearbeitet, nicht spekuliert, nicht über Deine

Möglichkeiten gewirtschaftet und jederzeit genau gewußt, wie es um das Unternehmen stand. Höchstwahrscheinlich nehmen die Leser an, daß Du eine geringe Unterstützung von Deinen amerikanischen Brüdern brauchtest, und zwar *erst*, als Umstände, auf die Du nicht einwirken konntest, die Lage in besonderer Weise verschärft hatten. Wie Du und ich wissen, sehen die Tatsachen unglücklicherweise ganz anders aus. Ich bin nicht sicher, ob es gut wäre, die wahre Geschichte von M. M. Warburg & Co. zu schreiben; sicherlich wäre es schmerzlich – trotzdem ist die wahre Geschichte viel dramatischer als die von Dir berichtete.«[11] Zwar hatte Jimmy recht, doch schlug er seinem Onkel die unverhüllte Wahrheit in geradezu brutaler Weise um die Ohren. Er forderte Max dazu auf, ein Buch über politische Ereignisse zu verfassen, an denen er beteiligt gewesen war.

In unveröffentlichten Schlußbemerkungen zu seinen Erinnerungen zeigte Max, daß er sich Deutschland nie ganz aus dem Herzen gerissen hatte. Er räumte ein, daß das Dritte Reich Mängel an Deutschlands politischer Kultur aufgedeckt habe, die auf die undemokratische Beschaffenheit der ursprünglichen Mitgliedsstaaten in Bismarcks Reich zurückgingen. Außerdem verurteilte er den Machtüberfluß, über den die militärische Kaste verfügte. »Deutschland war ein Beamten- und Militärstaat ohne staatsmännisches Denken.«[12] Doch bestritt er mit Nachdruck, daß alle Deutschen Nationalsozialisten gewesen seien. Er war nicht bereit, Deutschland als unrettbar böse, als Makel auf der Landkarte Europas zu betrachten, sondern sah in ihm eher ein menschliches Gemisch aus guten und bösen Anteilen. Als er sich Gedanken über das Los seines Landes nach dem Krieg machte, tat er das weniger als verbitterter Emigrant denn als treuer, wenn auch tief enttäuschter Deutscher. In der Gewißheit, der NS-Staat werde zusammenbrechen, war er zuversichtlich, daß den Juden beim Wiederaufbau der Welt nach dem Krieg eine zentrale Rolle zukomme, womit er die Haltung vorwegnahm, die Erich, Siegmund und auch Jimmy vertraten, als es schließlich soweit war.

Der nüchterne Bankier gab sich Gedankenspielen über eine Welt-Föderation und regionale Zusammenschlüsse hin, die an die Stelle von Nationalstaaten treten sollten. Er wirkte wie ein verträumter alter Mann, der sich in stark vereinfachende Traumbilder flüchtete. Von Zeit zu Zeit setzte er bei Bankiers an der Wall Street Pläne für eine Nachkriegsordnung in Umlauf. In einer Notiz, die er Thomas W. Lamont, dem Seniorpartner der Morgan Bank, schickte, forderte er einen Völkerbund mit größeren Vollmachten und eine für Wanderungsfragen zuständige Abteilung, die dafür sorgen sollte, die Weltbevölkerung auf vernünftigerer Grundlage neu zu verteilen.[13] Nach wie vor sah er in Palästina eine für alle Religionen zugängliche Stätte kultureller Wiedergeburt, die von einer internationalen Treuhandstelle verwaltet werden sollte. Nie löste er sich von der Vorstellung, daß Weizmann die Warburgs betrogen habe, und wollte nichts vom Anspruch der Jewish Agency wissen, für die Juden auf der ganzen Welt zu sprechen. Er lehnte 1942 eine Einladung zu einem Zusammentreffen mit Weizmann ab, den er bei dieser Gelegenheit als »gefährlich guten Redner und äußerst unzuverlässigen Partner«[14] hinstellte. Trotz der Erfahrungen aus der Zeit des Dritten Reiches glaubte Max nach wie vor, Juden könnten auf der ganzen Welt gute, assimilierte Bürger sein. »Die Aufgabe der Juden in allen Ländern ist, dem Judentum treu zu bleiben und gleichzeitig gute Staatsbürger des Landes zu sein, in dem sie leben; ihre Sitten diesem Lande anzupassen.«[15]

Während Max seine Liebe zu Deutschland nie verleugnete, war Alice fest entschlossen, nie wieder deutschen Boden zu betreten. Wenn Max durch das Leiden weichherzig und träumerisch wurde, so machte es sie hart und unnachgiebig. Ganz gleich, ob Alice mit Frieda Bridge spielte oder auf *Woodlands* malte, stets lag auf ihrem Gesicht der Ausdruck abweisender Schroffheit. Sie stand nach wie vor treu zu Max und leitete die Frauenabteilung bei Help & Reconstruction. Voll unbändigem Stolz und unerschütterlichem Gleichmut verachtete sie Mitleid. Als Nina und Frieda ihr während des Krieges einen Pelzmantel kaufen wollten, verwahrte sie sich mit den Worten dagegen: »Wenn ich einen Pelzmantel brauche, kauft Max ihn für mich.«[16] Sie konnte nicht ganz begreifen, daß Reichtum und Ansehen ihrer Familie wie ein Trugbild dahingeschwunden waren. Als sie eines Tages in Lolas Haus in London etwas Wasser verschüttete, klingelte sie geistesabwesend nach dem Mädchen, damit es aufwische. Lola mußte sie daran erinnern, daß sie keine Dienstboten hatte.[17] In New York kaufte sie wie gewohnt, was ihr gefiel, beispielsweise teure Modeartikel in den besten Häusern, und fand es abscheulich, daß Nina einfache geblümte Kleider aus dem Kaufhaus trug.

Zuweilen machte Alice den Eindruck, als stehe sie durch die Vertreibung aus dem Paradies unter einer Art Schock. Bei zwei Reisen nach New York fiel Siegmund auf, wie anrührend hilflos ihre Vorstellungen mitunter waren: »Es scheint Tante Alice ganz gutzugehen«, berichtete er Fritz, »aber man hat nicht den Eindruck, daß sie mitbekommt, was in der Welt vor sich geht; sie lebt sozusagen mechanisch in der Gegenwart, in Wirklichkeit aber in der Vergangenheit.«[18] Bei einer anderen Gelegenheit schrieb er: »Tante Alice ist bemerkenswert selbstbeherrscht, aber das so sehr, daß es mir manchmal etwas unheimlich vorkommt.«[19] Bei ihrer Einbürgerungsprüfung 1944 erzielten der siebenundsiebzigjährige Max und seine sechs Jahre jüngere Frau die volle Punktzahl und bekamen anstandslos die amerikanische Staatsbürgerschaft.

Nicht nur lockerten sich im Exil die Bindungen der Familie, auch das aus Hamburg mitgebrachte Kulturerbe schwand allmählich dahin. Max hatte keine Möglichkeit mehr, ein Machtwort zu sprechen, wenn ihm Männer für seine Töchter unpassend erschienen, und er klagte darüber, daß er bei

Gisela Warburg heiratete 1943 den brillanten jungen Richter Charles E. Wyzanski, der eine bedeutende Karriere vor sich hatte und später zu den höchsten Bundesrichtern der Vereinigten Staaten zählen sollte.

ihrer religiösen Erziehung zu unbekümmert gewesen sei. In London hatte Anita den nichtjüdischen Journalisten Max Wolf geheiratet. Das brachte Max zwar auf, doch war ihm klar, daß er in einer Welt, die den Verstand verloren hatte, auf solche Dinge keinen Einfluß mehr hatte. Gisela arbeitete nach wie vor für die Hadassah, reiste im Land umher und sprach häufig mit Frieda über Palästina. Sie heiratete 1943 den siebenunddreißigjährigen Bundesrichter Charles E. Wyzanski jr., was Anlaß für eine aufwendige Hochzeitsfeier auf *Woodlands* war. Wyzanski gehörte zu den führenden Männern des Harvard College und hatte bereits neun Fälle vor dem Obersten Bundesgericht vertreten. Zwar war Max begeistert, dies Wunderkind zum Schwiegersohn zu haben, doch bekam Wyzanski nach einer Weile manisch-depressive Anfälle, was Gisela vor ein in ihrer eigenen Familie nur allzu bekanntes Problem stellte.

Begierig nahmen die Warburgs Nachrichten von den Kriegsschauplätzen auf. Noch quälte sie die Erinnerung an die unerbittliche Haltung der Alliierten in Versailles, und so waren sie entsetzt, als Roosevelt bei der Casablanca-Konferenz im Januar 1943, an deren Vorbereitung Friedas Sohn Paul Felix als Hauptmann im Army Specialist Corps beteiligt gewesen war, ohne Rücksprache mit Churchill eine bedingungslose Kapitulation der Achsenmächte verlangte. Damit setzte er sich in Widerspruch zu einer früheren Erklärung, in der es geheißen hatte, es gehe um einen gerechten Frieden und nicht um Rache. Die Warburgs wollten keinen Vernichtungskrieg, sondern eine gerechte Beilegung der Feindseligkeiten. Als sich die Entscheidungsschlacht um Stalingrad im Februar 1943 dem Ende zuneigte, sagte Veniero Spinelli zu Max: »Herr Warburg, heute müssen Sie recht glücklich sein.« Auf dessen verdutzte Frage: »Warum?« gab er zurück: »Hitler hat die Schlacht um Stalingrad verloren.« Max korrigierte ihn. »Nein, das ist kein Grund zur Freude, denn nun ist die letzte Chance Deutschlands vertan, einen gerechten Frieden zu schließen.«[20]

Viele Angehörige der Familie Warburg vermuteten, daß die in Casablanca erhobene Forderung in Deutschland eine Entschlossenheit, bis zum letzten Atemzug zu kämpfen, hervorbringen und somit jede Hoffnung auf eine deutsche Opposition zunichte machen würde. Tatsächlich rief sie unter Mitgliedern des Widerstandes tiefe Bestürzung hervor. Jimmy Warburgs Überzeugung nach spielten die Alliierten damit Goebbels in die Hände; er ließ Roosevelt eine diesbezügliche Mitteilung zukommen. Zu spät fand Ingrids Glaube an die Ernsthaftigkeit von Adam von Trott eine grausame Bestätigung. Am 20. Juli 1944 ließ Claus Graf Schenk von Stauffenberg im Führerhauptquartier Wolfsschanze in Ostpreußen eine Zeitzünderbombe detonieren. Hitler, der bei dem Anschlag nur geringfügig verletzt wurde, ordnete sogleich Vergeltungsmaßnahmen an. Unter den nahezu fünftausend Festgenommenen, die teils standrechtlich erschossen, teils nach einem Verfahren hingerichtet wurden, befand sich auch Trott, der mit Stauffenberg befreundet gewesen war und ihn in Fragen der Außenpolitik beraten hatte. Am 26. August 1944 wurde er in der Berliner Strafanstalt Plötzensee an einem Fleischerhaken erhängt. Frieda begriff, wie unangebracht ihr Mißtrauen gewesen war, entschuldigte sich bei ihrer Nichte Ingrid und gab ihr nachträglich recht.[21] Bei der auf das Attentat folgenden »Abrechnung« verhaftete die Gestapo auch Hjalmar Schacht, dessen Haftbefehl Hitler eigenhändig ausgestellt hatte. Der einstige Leiter der Reichsbank, der geglaubt hatte, er könne den Führer überlisten, fiel schließlich seinem übermäßigen Stolz und den Selbsttäuschungen zum Opfer.

Es überrascht nicht, daß verschiedene Warburgs in den Geheimdiensten Englands und Amerikas tätig wurden. Als internationale Bankiers besaßen sie erstklassige Sprachkenntnisse und die Fähigkeit, strategisch List einzusetzen, waren verschwiegen und mit anderen Ländern bestens vertraut. Außerdem waren sie entschlossen, an Hitlers Niederlage mitzuwirken. So bot der Krieg Jimmy die Möglichkeit, sich in Washingtons Regierungskreisen gänzlich zu rehabilitieren. Er wurde im August 1941 bei Colonel William J. Donovan, der als Informationskoordinator die gegen die Nationalsozialisten gerichtete Propaganda leiten sollte, Mitarbeiter mit besonderem Auftrag. Nach dem Überfall der Japaner auf Pearl Harbor arbeitete er in der Abteilung der amerikanischen Kriegspropaganda, die dem Journalisten Elmer Davis unterstellt war und die Aufgabe hatte, die Propagandastrategien für die verschiedenen Länder festzulegen.

Im Sommer 1942 gehörte Jimmy zur ersten Gruppe von Propagandaspezialisten, die nach London entsandt wurden. Als stellvertretender Leiter der überseeischen Zweigstelle hatte er Zugang zu militärischen Informationen höchster Geheimhaltungsstufe. Er arbeitete im obersten Stock des Hotels *Claridge* an den Plänen zur Invasion Nordafrikas und der Normandie. Während seiner Arbeit für die Propaganda-Abteilung kam es zu zwei Ereignissen, die ihn nicht nur entsetzten und erschütterten, sondern auch die Enttäuschung vorbereiteten, die er nach dem Krieg angesichts der Politik der Vereinigten Staaten empfand. Sie dienten als Auslöser dafür, daß aus dem konservativen Gegner des New Deal der dreißiger Jahre in den fünfziger Jahren ein ultraliberaler politischer Einzelkämpfer wurde, der seine Ansichten der Öffentlichkeit unverblümt in Flugschriften vortrug.

Der erste Vorfall hing mit der Invasion Nordafrikas im November 1942 zusammen. Jimmy war an der Operation Torch beteiligt, einem Ablenkungsmanöver, das bei den Deutschen den Eindruck erwecken sollte, die Alliierten planten eine Invasion Norwegens. Vorauskommandos sollten in Nordafrika Rundfunksender und Zeitungsredaktionen besetzen, damit die Propaganda von dort aus durchgeführt werden konnte. Doch nachdem die Alliierten an der Küste Algeriens und Marokkos gelandet waren und das Gebiet rasch unter Kontrolle gebracht hatten, weigerte sich Admiral J. F. Darlan, einst Marschall Philippe Pétains »Kronprinz« und nach wie vor Oberbefehlshaber der Vichy-Streitkräfte, ein förmliches Waffenstillstandsabkommen zu unterzeichnen. Dieser Reaktionär hatte im Vorjahr Hitler in Berchtesgaden aufgesucht, um ihn für eine deutsch-französische Zusammenarbeit in Nordafrika zu gewinnen. Die Alliierten beschlossen nun, Beziehungen zu Darlan statt zur Vichy-Regierung zu unterhalten und verhandelten über das sogenannte Clark-Darlan-Abkommen, um die Mitarbeit des Admirals auf militärischem Gebiet sicherzustellen. Das Abkommen erkannte dessen Zuständigkeit für Französisch-Nordafrika ausdrücklich an, außerdem bekam er die Gewalt über die von den Torch-Gruppen besetzten Rundfunksender. Das war gleichbedeutend mit einer Legitimierung der bestehenden Regierung in Algier und ermöglichte es Darlan, Gesetze durchzusetzen, die sich gegen die Juden richteten. Wie General Charles de Gaulle war auch Jimmy entsetzt, daß man die alliierten Ideale auf diese Weise verriet, um kurzfristige Ziele zu erreichen, und äußerte sich in diesem Fall intern auf das entschiedenste gegen das Abkommen. Er war zu taktischen Kompromissen nicht fähig, sagte grundsätzlich, was er dachte, und fiel damit immer wieder störend auf.

Ein weiteres Mal zeigte sich seine Prinzipientreue, als es im Juli 1943 nach der Entmachtung Mussolinis als Regierungschef Italiens zu einer hitzig geführten Auseinandersetzung über Rundfunksendungen der Propaganda-Abteilung kam. Marschall Pietro Badoglio, Chef des italienischen Generalstabs, bildete eine neue, nichtfaschistische Regierung, die aber vorerst der Achse die Treue hielt. Jimmy und seine Kollegen, die vermuteten, die Vereinigten Staaten würden die Weggefährten des Duce ablehnen, statt sie als Nachfolger heranzupäppeln, nannten den italienischen Monarchen Viktor Emanuel in ihren Rundfunksendungen einen »schwachsinnigen kleinen König« und Marschall Badoglio einen »hochstehenden Faschisten«.[22] Die Regierung Roosevelt aber, die mit diesen Sympathisanten Mussolinis verhandeln wollte, sprach sich scharf gegen die von London ausgestrahlten Rundfunkprogramme aus. Rechtsgerichtete Gegner der Propaganda-Abteilung bliesen zur Hexenjagd und erklärten, hinter diesen Sendungen müsse kommunistischer Einfluß stecken. Um die Arbeit der amerikanischen Kriegspropaganda nicht zu gefährden, zog sich Jimmy im Februar 1944 von seiner Aufgabe zurück. Er betrachtete sich als Opfer eines internen Machtkampfes und einer unvorhergesehenen Kehrtwendung der amerikanischen Politik. Trotz seiner Enttäuschung schrieb er Ansprachen für den Labour-Führer Sidney Hillman, um die Wiederwahl Roosevelts in diesem Jahr zu unterstützen.

Diese Erfahrungen bestätigten erneut, daß Jimmy unter dem Fluch des frühen Erfolges litt. Bei seiner Arbeit als Bankier war für ihn alles glattgegangen, doch auf dem steinigen Weg des politischen Lebens handelte er wiederholt mit impulsiver Zuversicht und bekam Schwierigkeiten. Jedesmal brachten ihn bürokratische Querelen oder unvorhersehbare Standpunktverlagerungen zu Fall. Bei allem Idealismus stand er sich selbst im Weg, als hindere ihn eine selbstzerstörerische Neigung daran, das hohe Niveau, das ihm seine natürlichen Talente ermöglichten, zu erreichen. Die Politik, der seine Leidenschaft galt, die sich jedoch als unbeständige Geliebte erwies, sollte ihn am Ende scheitern lassen. Nach seiner Dienstzeit in der Abteilung für Kriegspropaganda sah Washington in Jimmy einen Paria, einen Abtrünnigen jener etablierten Kreise, die ihn einst so herzlich willkommen geheißen hatten. Der Goldjunge aus dem Hause Warburg war zu klug, seiner selbst zu sicher, zu wenig kompromißbereit, als daß er sich in einer vorhersehbar unvollkommenen Welt in den Rahmen eines Unternehmens oder einer Bürokratie hätte zwängen lassen.

Während seine Eltern sich nur mit Schwierigkeiten an das Leben in Amerika anpaßten, bewies Erich Warburg eine chamäleonartige Fähigkeit, mit den verschiedensten Hintergründen zu verschmelzen. Der lebensfrohe Mann wirkte noch in den unwahrscheinlichsten Augenblicken glücklich und hoffnungsfroh. Er hatte sich den Grundsatz »Carpe diem« zu eigen gemacht, den ihm Max stets vorgehalten hatte. Wie viele Überväter hatte dieser freilich das Selbstbewußtsein seines Sohnes nie gestärkt oder Befugnisse an ihn delegiert. Erst im Zweiten Weltkrieg gelang es Erich, die bedrückende psychische Last abzuschütteln, die der Vater für ihn stets bedeutet hatte; jetzt legte er eine spontane Neigung zu stiller, im Hintergrund wirkender diplomatischer und geheimdienstlicher Tätigkeit an den Tag. Da der Krieg ihm die Möglichkeit gab, seine Talente zu nutzen, bedeutete diese Zeit für Erich eine Art Glück und innere Befreiung. Während der Kriegsdienst Jimmys Bruch mit den etablierten Kräften noch beschleunigte, sicherte er Erichs Aufstieg in die Machtzentren Amerikas und Englands, wo er mächtige Freunde gewann, die seine Karriere nach dem Krieg fördern sollten.

Nie behauptete der umgängliche und stets freundliche Erich, ein Mann tiefer Gedanken zu sein. Er hatte keine besonders ausgeprägte Begabung für das Bankfach und nahm sich selbst nicht allzu ernst. Das Segeln und das Zusammensein mit seinen hochgeborenen Freunden bereitete ihm Vergnügen. Dennoch war er ganz und gar von Max' deutschem Nationalismus durchdrungen und teilte die Sorge des Vaters um Deutschlands Zukunft. Im Unterschied zu anderen deutschen Juden hörte er nie auf, sich als Deutschen zu verstehen, nicht einmal, als er die Nationalsozialisten mit aller Entschiedenheit bekämpfte.

Im Überfall der Japaner auf Pearl Harbor sah er einen schweren Fehler der Achsenmächte, und er sehnte sich nach einer Gelegenheit zu kämpfen. Felix' Söhne Frederick, Paul Felix und Edward traten in die Streitkräfte der Vereinigten Staaten ein; der vom Roten Kreuz zurückgewiesene Erich meldete sich freiwillig zur Abwehr der Heeresflieger der Vereinigten Staaten. Das amerikanische Militär brauchte dringend Männer, die nicht nur fließend deutsch sprachen, sondern auch die politischen und geographischen Gegebenheiten des Landes kannten, und so wurde Erich im Frühsommer 1942 zu einem Offizierslehrgang nach Florida abkommandiert.

Obwohl man die zwölfhundert künftigen Offiziere in Hotels in Palm Beach untergebracht hatte, war ihr Leben alles andere als luxuriös, denn in Florida herrschte gerade der heißeste Sommer seit dreißig Jahren. Bei Ausbildungsmärschen auf Asphaltstraßen der Stadt gab es zahlreiche Blasen an den Füßen, und täglich fielen beim Exerzieren zwanzig oder dreißig der Männer in Ohnmacht. Obwohl sie unter der Hitze stöhnten, mußten sie nachts aus Sicherheitsgründen bei geschlossenen und verdunkelten Fenstern schlafen. Erich blühte in dieser dampfenden Hölle förmlich auf, da er dort seine angeborene Begabung uneingeschränkt entfalten konnte, schwierige Situationen zu meistern. Er überwand seine Scheu vor Äußerungen in der Öffentlichkeit und knüpfte freundschaftliche Kontakte zu den Amerikanern, die er kennenlernte, insbesondere zu Warner Marshall, einem Vetter George C. Marshalls.[23]

Nach der Ausbildung in Florida sollte Erich, der bei der preußischen Feldartillerie gelernt hatte, die Hacken zackig zusammenzuschlagen, sein Offizierspatent bekommen. Warner Marshall, der ihm einen Streich unter

Freunden spielen wollte, riet ihm, bei dessen Übergabe vor den Generälen auf diese Weise zu salutieren. Zwar erschien ihm das merkwürdig, doch Marshall versicherte ihm, das werde gut ankommen. Also schlug Erich beim Betreten des Raumes die Hacken zusammen und gab auf die Frage, wo er gedient habe, schneidig und mit schnarrender Stimme zur Antwort: »Preußische Garde, Feldartillerie.« Die hohen Offiziere waren fassungslos. Zum Glück bekam er die Möglichkeit zu erklären, unter welchen Umständen er Deutschland verlassen hatte. Man verabschiedete ihn mit den besten Wünschen, und er schlug noch ein letztes Mal munter die Hacken zusammen.[24] Offensichtlich fanden seine Vorgesetzten es lustig, ihn in ihren Reihen zu haben. Als er eines Tages mit seinem deutschen Akzent einen von ihnen fragte: »Was soll ich sagen, wenn ich in Gefangenschaft gerate?« gab dieser zur Antwort: »Sagen Sie einfach, Sie kommen aus Milwaukee.«[25]

Erich besuchte eine Nachrichtendienstschule der Heeresflieger in Harrisburg, Pennsylvania. Er mußte Tag für Tag ein hartes Programm aus Vorträgen und körperlicher Ertüchtigung über sich ergehen lassen. Die jungen Offiziere waren gehalten, sogar bei den Mahlzeiten ausschließlich deutsch, italienisch oder japanisch zu reden. Erich, der lange sorglos in den Tag hinein gelebt hatte, war angenehm überrascht, daß er jetzt im Krieg plötzlich so nützlich war. Stolz schrieb der frischgebackene Captain an Alice: »Wenn man nach den Ergebnissen der letzten Woche geht, muß man Deinen Sohn als militärisches Genie betrachten, jedenfalls in den Augen der Schule, denn dort hat er die *bestmögliche Note* für die Lösung einer strategischen Aufgabe bekommen, bei der es um viele Stunden Blut, Schweiß und Tränen ging.«[26]

Erich, der es nicht erwarten konnte, an die Front geschickt zu werden, war außer sich, als man ihn statt dessen als Ausbilder nach Harrisburg abkommandierte. Da er keine Lust hatte, den Krieg in Pennsylvania zu verbringen, protestierte er bei seinem guten Bekannten, dem Brigadegeneral George Brownell. Der gab ihm zur Antwort: »Sie sind beim Militär und tun verdammt noch mal, was man Ihnen sagt. Ist das klar?«[27] Trotzdem sprach Erich in Washington vor, um zu erreichen, daß die Entscheidung zurückgenommen wurde.

Zwei Wochen später saß er in einem Bombenflugzeug nach England. Mit seiner zackigen preußischen Art und weil er britisches Englisch sprach, diente er als Verbindungsoffizier zwischen den amerikanischen Heeresfliegern und der Royal Air Force und bekam eine Ausbildung in einem geheimen Verhörzentrum in der Grafschaft Buckinghamshire, wo britische Agenten in Gefangenschaft geratene Deutsche in die Mangel nahmen. Die Briten besaßen umfangreiche Unterlagen über die deutschen Streitkräfte – allein sechzigtausend Dokumente über Angehörige der Luftwaffe.

Erich landete mit den alliierten Streitkräften in Nordafrika und fand sich mit einem Mal in Ostalgerien wieder. (Auch Piggy tauchte bei Robert Murphy und General Dwight D. Eisenhower in Algerien auf.) Um die Angehörigen trotz der Postzensur über seinen Aufenthaltsort in Kenntnis zu setzen, bezog sich Erich in seinem Brief nach Hause auf ein Kokoschka-Gemälde jener Gegend, das sich im Besitz der Warburgs befand. In diesem exotischen Winkel der Erde, wo es schneebedeckte Berge, Wüste, Kamelkarawanen und Zitronenbäumen gab, fand im April 1943 für die jüdischen Soldaten der Einheit das Sedermahl zu Pessach statt. Unter einem Pétain-Bild saßen Erich und siebzig Kameraden in einem drückend heißen Klassenzimmer, ließen Weinflaschen kreisen und sangen zum Steinerweichen falsch. Erich, der nie so begeistert gearbeitet hatte wie dort, schwamm auf einer Woge der Begeisterung. In einer von Angst verfolgten und von Depressionen niedergedrückten Familie schien er geradezu anomal ausgeglichen.

Die Aufgabe des deutschen Afrikakorps im Mai war für Erich ein bewegendes Erlebnis. Nicht ohne Rührung sah er mit an, wie Tausende seiner einstigen Landsleute geschlagen durch den Sand zogen. Man hatte die Lager für die Kriegsgefangenen nicht umzäunt, denn da sie mitten in der Wüste lagen, waren Fluchtversuche von vornherein aussichtslos. Erich half bei der Leitung eines Gefangenenlagers auf der tunesischen Halbinsel Cap Bon und erhielt dafür ordnungsgemäß Lebens- und Arzneimittel. Diese Tätigkeit nahm die Toleranz vorweg, die er nach dem Krieg gegenüber Deutschland zeigte.

Nach der Invasion Siziliens durch die Alliierten im Juli 1943 war Erich unterwegs, um Stellungen der Luftwaffe auszukundschaften. Aber die Ruhr hatte ihn so geschwächt, daß er bei einer Körpergröße von einem Meter achtundsechzig gerade noch vierzig Kilo wog. So flog er zur Erholung nach London, wo ihn Lola und Anita zu einem aus Deutschland geflüchteten Arzt brachten. Anschließend begab er sich nach Washington, um eine zweiwöchige Aufgabe im Verteidigungsministerium zu erledigen. Unterdessen erholte er sich auf Freddys Gestüt in Virginia.

In dieser Zeit nahm er Einfluß auf zwei äußerst wichtige militärische Entscheidungen. Bei heftigen Bombenangriffen waren 1942 in Lübeck viele der in den *Buddenbrooks* beschriebenen Patrizierhäuser zerstört und zwei majestätische gotische Kirchen beschädigt worden. Im folgenden Jahr wollte der Chef des Oberkommandos der britischen Bomberverbände, Sir Arthur Harris, der aufgrund der Rolle, die er beim Flächenbombardement in Dresden gespielt hatte, später »Bomber Harris« genannt wurde, die Angriffe fortsetzen und Lübeck dem Erdboden gleichmachen. Erich, der ihn von dieser Absicht abbringen wollte, erklärte, Lübeck sei ohne jeden strategischen Wert, wohl aber von großer kultureller Bedeutung. Darauf gab Harris zur Antwort, nach den Angriffen der Deutschen auf London und Coventry sei er bereit, jedes Ziel in Deutschland ohne Hemmungen zu bombardieren.

Also versuchte Erich es auf andere Weise. Er setzte sich mit Carl Jakob Burckhardt in Verbindung, der dem Internationalen Roten Kreuz in Genf angehörte. Dieser teilte der britischen Regierung mit, daß sämtliche Briefe und Päckchen für britische Kriegsgefangene in Deutschland über Lübeck gingen. Daraufhin, erklärte Erich, seien weitere Bombardements Lübecks unterblieben.[28] Nach dem Krieg verlieh ihm der Lübecker Senat den Golddukaten der Stadt, und die örtliche Presse nannte Erich den »Retter Lübecks«.

Als er sich auf Freddys Gestüt erholte, kam es zu einer dramatischen Begegnung mit seinem Freund Warner Marshall im Verteidigungsministerium in Washington. Marshall war als Mitarbeiter des Planungsstabs damit beschäftigt, Rahmenpläne für Nachkriegsdeutschland zu entwickeln, über die auf dem bevorstehenden Teheran-Gipfel der Regierungs- und Staatschefs von Großbritannien, der Sowjetunion und den Vereinigten Staaten verhandelt werden sollte. Nachdem Erich im Pentagon zahllose Kontrollen hinter sich gebracht hatte, wurde er in einen Raum geführt, in dem eine durch einen Vorhang verborgene Karte an der Wand hing. Sie zeigte, wie man sich die Aufteilung Deutschlands in eine amerikanische, eine britische und eine sowjetische Besatzungszone vorstellte. Als der Vorhang zurückgezogen wurde, sah Erich zu seinem Entsetzen, daß sowohl Hamburg als auch Schleswig-Holstein in der sowjetischen Zone lagen und die Elbe die Grenze bildete.

Einige hohe Stabsoffiziere baten Erich, sich zu dieser vorläufigen Einteilung zu äußern. Er gründete seine Antwort auf strategische Erwägungen. Endete der Nord-Ostsee-Kanal in der sowjetischen Zone, erklärte er, bekämen die Sowjets die Herrschaft über die gesamte Ostsee. Auch lohne es sich für die Vereinigten Staaten, Hamburg zu behalten, denn sie würden nach dem Krieg einen Hafen brauchen, durch den die in Deutschland stationierten Soldaten ein- und ausreisen können. Auf Antwerpen, Rotterdam, Le Havre und Cherbourg hingewiesen, erklärte Erich, es sei günstiger, einen Hafen zu haben, der weniger weit von deutschem Gebiet entfernt sei. »Welchen sollen wir nehmen?« wurde er gefragt. Natürlich sagte er: »Am besten Hamburg. Wenn das die Briten nicht zulassen wollen, versuchen Sie, Bremen zu bekommen, notfalls, indem Sie auf dem Gebiet von Bremen eine amerikanische Enklave schaffen.«[29] Erich erfuhr nie, ob die Herren des Stabes seine Argumente ernst nahmen, doch bekamen die Sowjets weder den Nord-Ostsee-Kanal noch Hamburg. Nach dem Krieg verlief die Zonengrenze nicht weit östlich von Hamburg, womit für die Warburgs die geringe Aussicht gewahrt blieb, sich eines Tages wieder in Deutschland etablieren zu können.

Erich, inzwischen im Majorsrang, bekam den ehrenvollen Auftrag, für die Invasion in der Normandie eine Nachrichteneinheit aufzustellen. Nachdem er in der Nähe von Issigny ans Ufer gewatet war, kampierte er in einem kleinen Schutzzelt. Dabei stieß er auf seinen kleinwüchsigen

Vetter Eddie, der mit seinem Stahlhelm herumging. Eddie war alles andere als ein geborener Soldat, und Erich fand, daß er albern aussah. »Ich habe bei der Landung meinen Rasierpinsel verloren«, teilte ihm Eddie mit. Daraufhin gab Erich dem Vorsitzenden des Vergabeausschusses einen erstklassigen Dachshaar-Rasierpinsel, den er von einem in Gefangenschaft geratenen Piloten der Luftwaffe requiriert hatte.[30]

Aufgrund politischer Erwägungen beschlossen die Alliierten, daß die Truppen des Freien Frankreich am Tag der Befreiung allein in Paris einmarschieren sollten. Aus nachrichtendienstlichen Gründen wurde der französische Generalmajor Philippe Leclerc am 25. August 1944 von einer kleinen Gruppe britischer und amerikanischer Offiziere, unter ihnen Erich, begleitet. Ohne die Anweisung zu befolgen, daß die Straßen frei bleiben müßten, bedeckten die jubelnden Bewohner der Stadt die Befreier mit Umarmungen, Küssen und Blumen. Wie bei einer Segnung hielten Eltern ihre Kinder hoch, »als wären wir Heilige«, erinnerte sich Erich. Er schätzte später, daß er bei dieser rauschhaften Willkommensszene auf den Champs-Elysées an die siebenhundert Frauen geküßt hat. »Mit zwanzig hätte es Spaß gemacht, alle anderen waren zuviel«[31], kommentierte er.

Während sich das Hochgefühl der Befreiung in ganz Paris ausbreitete, versuchte Erich, Racheakte an Deutschen zu verhindern. Mit seinem Jeep fuhr er zum Hotel *Majestic*, wo siebenhundert deutsche Kriegsgefangene untergebracht waren. Die französischen Bewacher hatten willkürlich abgegebene Freudenschüsse falsch gedeutet, sich vier deutsche Offiziere gegriffen und zwei davon bereits erschossen. Zehn weitere waren zur Exekution vorgesehen. Erich erklärte seinem Begleiter, einem Offizier der Royal Air Force namens Erich Dagset, man dürfe solche Greueltaten nicht dulden und müsse zumindest Protest einlegen. Dagset fürchtete, daß sich die auf Vergeltung erpichten Franzosen jede Einmischung verbitten würden. Als die französische Wache Erich die Maschinenpistole aus der Hand schlug, sah er eine Möglichkeit, die Hinrichtungen zumindest hinauszuzögern. Er teilte dem stellvertretenden französischen Kommandanten mit, er werde ihn vor das Kriegsgericht bringen, wenn man ihm seine Waffe nicht zurückgebe. Außerdem bestand er darauf, daß die militärische Abwehr die zehn Deutschen aus nachrichtendienstlichen Gründen verhören müsse, bevor man sie hinrichte. Mit dieser Verzögerungstaktik rettete er ihnen das Leben.[32]

Erich entdeckte zerstörte Überreste der Welt, die er aus der Zeit vor dem Krieg kannte. Als er in der Avenue Marigny 23 klingelte, wo Baron Robert de Rothschild gewohnt hatte, öffnete ein livrierter alter Diener namens Felix, der das Haus nach der Flucht der Rothschilds vor deutschen Plünderern zu schützen versucht hatte. Erich war von den Strapazen der Invasion und Befreiung erschöpft und hatte eine Lungenentzündung. Felix pflegte ihn in einem Himmelbett, neben dem ein munteres Holzfeuer prasselte. Außer Erich wohnte Lord Victor Rothschild, ein britischer

Vetter der Eigentümer, im Haus, der ein Bombenräumkommando befehligte. Der Pariser Polizei waren die Schlüssel zum Stadtpalais des Barons Maurice de Rothschild in der Rue Faubourg St. Honoré übergeben worden, das deutsche Offiziere während der Besetzung Frankreichs benutzt hatten. Erich und Felix holten diese Schlüssel und nahmen das Gebäude in Augenschein – bis auf Ölporträts von Hitler, Göring und Goebbels war es vollkommen leergeräumt. Göring hatte mehrere Gemälde aus dem Besitz der Rothschilds in seinen Besitz gebracht.

Die für die Warburgs kennzeichnende Wohltätigkeit kam auch in Paris zum Durchbruch. Während Erich im Petit Palais Offiziere der Luftwaffe verhörte, kam Leutnant Eddie Warburg nach Paris, der Erich im Scherz als seinen vierten Bruder zu bezeichnen pflegte, um dort für den Vergabeausschuß tätig zu werden, der vor dem Krieg in der Rue de Téhéran seinen europäischen Hauptsitz gehabt hatte. Er ging in Stahlhelm und Feldbluse dorthin und fand in dem heruntergekommenen und vernachlässigten Gebäude lediglich eine taube alte Hausmeisterin vor. Die Nationalsozialisten hatten neunzigtausend französische Juden, ein Viertel der gesamten jüdischen Bevölkerung des Landes, in den Todeslagern verbrannt. Die rund zehntausend Juden, die den Krieg in Paris überstanden hatten – viele mit Hilfe falscher Papiere –, waren jetzt kurz vor dem Verhungern.

Schon am Abend seines ersten Tages in Paris betrieb Eddie auf den Straßen der Stadt zehn Suppenküchen. Erich veranlaßte Victor Rothschild, eine Mitteilung nach London weiterzuleiten, man möge den Vergabeausschuß in New York auffordern, dringend einen Kredit von fünfundsechzigtausend Dollar für die Speisung von Flüchtlingen aufzubringen. Bei einer Wohltätigkeitsveranstaltung in New York wurde Eddies Telegramm vorgelesen, und schon bald war der Betrag vollständig beisammen. Weitere Warburgs erschienen auf der Bildfläche. So brachte Eddies älterer Bruder Piggy geheime Akten aus Nordafrika in die wiedereröffnete amerikanische Botschaft in Paris.

Den französischen Rothschilds leistete Erich einen Dienst, an den sie sich voll Dankbarkeit erinnerten. Von Baron Robert gebeten, herauszufinden, wo sich seine Söhne Alain und Elie aufhielten, die beide als französische Offiziere in Gefangenschaft gekommen waren, stellte Erich fest, daß sie sich in einem Kriegsgefangenenlager in der Nähe von Lübeck befanden. Dabei zeigte sich, daß er Alain sozusagen das Leben gerettet hatte. Er hatte ihm ein Fernglas geschenkt, das Alain bei einem Gefecht um den Hals getragen hatte und an dem ein Schrapnellsplitter abgeprallt war, der ihm sonst wohl ins Herz gedrungen wäre. Aus dem Gefangenenlager schrieb er an seine schwangere Frau und machte den Vorschlag, das Kind Erich zu nennen, falls es ein Junge werde, und so geschah es auch. Später wurde dieser Sohn zu einer wichtigen Persönlichkeit in der Rothschild-Bank von Paris und Mitglied des Beraterstabs des Bankhauses Warburg in Hamburg.[33]

Im Frühjahr 1945 schickte Erich einen Wagen nach Deutschland, um die Rothschild-Brüder nach fünf Jahren Gefangenschaft nach Paris zurückzuholen. Erich konnte es nicht fassen, als sich der aufgewühlte Alain weigerte, nach Paris zurückzukehren. »Meine Mutter habe ich verloren, mein Vater, meine Frau und meine Schwester sind in Amerika, ich habe niemand, zu dem ich in Paris zurückkehren könnte. Kann ich nicht bei dir bleiben, denn du stehst mir am nächsten?«[34] Einige Tage später überredete ihn Erich dazu, mit ihm nach Paris zurückzukehren und einen Neuanfang zu wagen.

Gegen Kriegsende kümmerte sich Erich noch einmal um die Warburg-Bibliothek, mit der es immer wieder Schwierigkeiten gab. Nach Kriegsausbruch waren Abys Bücher an zwei Orte außerhalb von London gebracht worden, während die Mitarbeiter in South Kensington blieben. Um im Fall einer Zerstörung Londons die Voraussetzungen für einen Wiederaufbau im historischen Stil zu schaffen, fotografierten sie Bauwerke wie das Britische Museum oder den Amtssitz des Premierministers in der Downing Street Nr. 10. Selbst diese spärliche Tätigkeit fand ein Ende, als der Bibliothekar Hans Meyer durch eine Bombe ums Leben kam.

Als die finanziellen Garantien für die Warburg-Bibliothek 1943 ausliefen, bestand für Abys Bücher erneut große Gefahr. Fritz Saxl wies das Anerbieten der amerikanischen Kongreß-Bibliothek in Washington zurück, das Institut zu übernehmen, da er den Standpunkt vertrat, es bestehe eine moralische Verpflichtung, sie in Großbritannien zu belassen. Außerdem hatte ein Vergleich der Bestände gezeigt, daß das britische Museum mehr als zwei Drittel der Bücher der Warburg-Bibliothek nicht besaß, was ihren Wert für England bestätigte. Im Auftrag der Familie Warburg handelte Erich im November 1944 ein Abkommen aus, dem zufolge das Institut formell der Universität London unterstellt und in diese eingegliedert wurde. Die Ironie darin entging dem *Manchester Guardian* nicht: »Das größte Weihnachtsgeschenk für unser Land kommt in diesem Jahr aus Deutschland.«[35] Schließlich wurde die Bibliothek in einem Gebäude am Londoner Woburn Square untergebracht. Zwei Mitgliedern des Hauses Warburg wurde auf alle Zeiten ein Sitz in ihrem Verwaltungsrat eingeräumt. Nachdem Abys Bücher zweimal der organisierten deutschen Gewalt entkommen waren, hatten sie jetzt eine sichere Zuflucht gefunden.

Erich hatte in jenem Frühjahr als Leiter der Vernehmung von Kriegsgefangenen bei der Ninth U. S. Air Force ungewöhnlich viele deutsche Offiziere zu verhören. Zahlreiche Piloten der Luftwaffe waren von den Parolen der NSDAP indoktriniert, und Erichs Aufgabe bestand darin, sie unter Anwendung humaner Methoden zu einem Sinneswandel zu veranlassen. Um diesen Männern zu zeigen, daß ihre Lage aussichtslos war, führte er ihnen Filmaufnahmen von englischen Luftkämpfen vor. Notfalls übte er mehr Druck aus. Einmal entdeckte er bei einem widerspenstigen Offizier fünfunddreißig Briefe seiner Geliebten und sagte kalt: »Diese Briefe gehen durch das Internationale Rote Kreuz an Ihre Frau.« Der Mann wurde bleich und beklagte sich: »Es genügt Ihnen wohl nicht, daß wir wahrscheinlich den Krieg verlieren und ich damit meinen Beruf als Offizier aufgeben muß – jetzt wollen Sie auch noch das Letzte zerstören, was ich habe, mein Familienleben.«[36] Für jede ehrliche Antwort gab ihm Erich einen Brief, bis der Mann alle fünfunddreißig zurückhatte.

Seine Arbeit vermittelte Erich einen gründlichen Einblick in das vom Nationalsozialismus zutiefst korrumpierte deutsche Offizierskorps. So notierte er, diesen Männern sei durchaus klar gewesen, daß sie politischen Verbrechern gestattet hatten, ihr Land geradewegs in den Untergang zu führen, während sie sich in einem formalistischen Sinne darauf beriefen, »ihre Pflicht zu tun«.[37] Er hatte es mit den unterschiedlichsten Typen zu tun. Graf von Rothkirch, der 1938 an der Spitze der nach Wien einmarschierenden deutschen Truppen gestanden hatte, kam ihm wie die Karikatur eines Junkers vor. Als er einen anderen deutschen Offizier grüßte, legte er träge zwei Finger an den Mützenrand, wobei er das ins Auge geklemmte Monokel an seinem Band herabfallen ließ. Erich verhörte auch Franz Halder, den einstigen Stabschef, der nach dem Attentat vom 20. Juli 1944 festgenommen worden war. Während er mit ihm stundenlang in den Wäldern spazierenging, berichtete dieser über Hitler. »Das vorherrschende Merkmal dieses Mannes war Haß und Zerstörungswut. Berichten von Zerstörungen hörte er mit intensivem Genuß zu.«[38] Nicht alle Deutschen waren bußfertig. Bei der Vernehmung von Görings Mitarbeiter Walther von Brauchitsch sagte dieser mit Bezug auf den Sieg der Alliierten zu Erich: »Diesmal haben Sie gewonnen.« Daß er dabei das erste Wort betonte, fiel Erich durchaus auf.[39]

In vielen Fällen fand Erich Entschuldigungen für deutsche Militärs, und seine alte Bewunderung für das Offizierskorps, vor allem für die in ihm vertretenen Aristokraten, kam zum Vorschein. Mehrere Wochen lang vernahm er den hochgewachsenen, professoral wirkenden General Alexander von Falkenhausen, der 1940 Militärbefehlshaber Belgiens gewesen war. Erich vermutete, daß er zwar Gefangene in Todeslager deportiert, sich aber der Verschleppung von Zwangsarbeitern so weit wie möglich widersetzt und damit in Belgien Hunderten von Menschen das Leben gerettet hatte. Auch gelang es Erich, die Amerikaner (nicht aber die Briten) davon zu überzeugen, daß es sich bei Falkenhausen um ein Mitglied des deutschen Widerstandes gehandelt hatte. Doch obwohl er wegen seiner Beteiligung am Attentat vom 20. Juli 1944 verhaftet worden und bis Kriegsende im KZ Dachau festgehalten worden war, bestritt Falkenhausen, selbst mit dem Anschlag auf Hitler etwas zu tun gehabt zu haben. Nach Erichs Ansicht war er nicht einmal dann bereit, sich zu decken, als er Anspruch darauf hatte. Als Falkenhausen nach Kriegsende in einem Gefangenenlager festgehalten wurde, erhob Erich bei Allen Dulles Einspruch dagegen. Im März 1951 verurteilte ihn ein belgisches Militärgericht zu zwölf Jahren Zwangsarbeit, doch wurde er aufgrund zahlreicher Proteste aus der belgischen Bevölkerung nach wenigen Wochen begnadigt, was Erich angesichts des Alters und des schlechten Gesundheitszustandes Falkenhausens guthieß. Jahre später fragte Freddy Warburg den damaligen Hochkommissar für Deutschland, John J. McCloy, mit Bezug auf die ersten Nachkriegsjahre, ob ihm sein Vetter Erich von Nutzen gewesen sei. »Gewiß«, erklärte McCloy, »doch mit einer Ausnahme.« Freddy wollte wissen, was diese Ausnahme gewesen sei. »Der Fall des Generals von Falkenhausen«, gab McCloy zur Antwort.[40]

Als amerikanische Soldaten am 6. Mai 1945 Hermann Göring gefangennahmen, wollten die Alliierten Informationen von ihm haben, die für den Kampf gegen Japan nützlich sein konnten. Erich brach Anfang Mai nach Augsburg auf, denn man hatte ihn mit der heiklen Aufgabe betraut, Göring zu vernehmen. Darin lag eine gewisse Ironie; schließlich war auf dessen Wirtschaftsführung die Arisierung der Bank M.M. Warburg zurückgegangen. Als eine Art höherer Gerechtigkeit bot die Vorsehung jetzt einem Vertreter der Familie eine Möglichkeit, mit Göring abzurechnen. Diesen Auftrag nannte Erich das »große Finale« seines Wirkens im Krieg.

Alles in allem brachte er über vierundzwanzig Stunden mit Göring zu. Zum ersten Verhör schlurfte der fast hundertfünfzehn Kilo schwere Göring auf einen Stock gestützt und in blauem Hemd und grauem Pullover herein. Später kam er in seiner theatralischen Art in einer grauen Uniform mit goldenen Schulterstücken. Erich, der ein guter Sprachimitator war und Göring in den zwanziger Jahren in Schweden bei Gesellschaften begegnet war, stellte sich als »Herr Vikstrom« vor. So hieß ein amerikanischer Offizier schwedischer Herkunft, dessen Familie mit Görings aus Schweden stammender erster Frau bekannt gewesen war. Obwohl Göring das ausgezeichnete und kultivierte Deutsch seines Gegenübers erstaunte, erkannte er Erich nicht. Um dem Verhör den Charakter eines Gesprächs zu geben, prägte sich Erich über fünfhundert in Gruppen geordnete Fragen ein, mit deren Hilfe Taktik und Strategie der Luftwaffe seit der Luftschlacht um England rekonstruiert werden sollten. Während der Vernehmung protokollierte ein Unteroffizier, der mit im Raum saß, Görings Antworten.

Erich, der Göring stets mit ausgesucht ironischer Höflichkeit behandelte, wußte genau, auf welche Weise er dessen unerträgliche Eitelkeit ausnutzen konnte. Noch bevor sie auf die Geschichte der Luftwaffe zu sprechen kamen, die mit dem Einsatz deutscher Flugzeuge im spanischen Bürgerkrieg begann, vertraute Göring Erich an: »Ich will mich ja nicht beschweren. Ich bekomme genug zu essen, aber ich bin dort drüben in ei-

Hermann Göring, der »Reichsmarschall« Adolf Hitlers, war den Alliierten am 6. Mai 1945, zwei Tage vor der endgültigen Kapitulation Deutschlands, in die Hände gefallen. Kurze Zeit hatte man ihn dort noch nach eher ritterlichen Comment behandelt und in ihm einen Vertreter des deutschen Reiches gesehen; erst danach war Göring ein Gefangener wie andere auch. Damals wurde Erich Warburg mit einer Aufgabe betraut, die er später als das »große Finale« seines Soldatentums bezeichnet hat: Mehrere Tage war er der Vernehmungsoffizier des schwergewichtigen Deutschen, der die Verhöre gewohnheitsmäßig sogleich zur Selbstinszenierung nutzte. Das oben abgebildete Photo entstand Mitte Mai 1945 auf einem Flugplatz bei Augsburg und zeigt Oberstleutnant Erich Warburg neben seinem Gefangenen. Göring stellte noch ein paar Forderungen und beklagte sich über mangelnden Komfort; dann verschwand er.

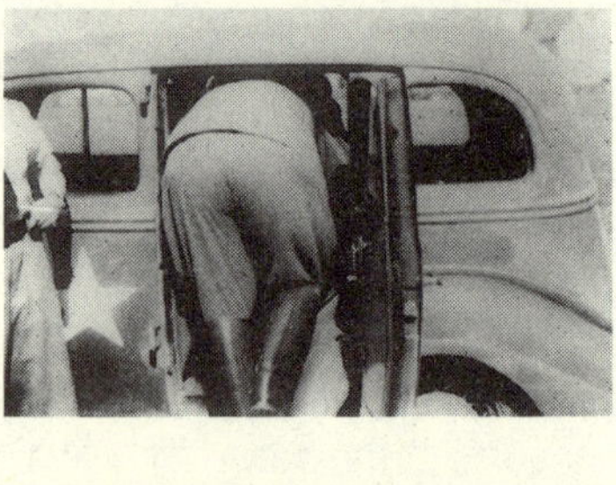

nem Haus mit zwei anderen Kriegsgefangenen untergebracht, die nur Generäle sind.« Unter Hinweis auf die Zuvorkommenheit, mit der das Reich Pétain behandelt hatte, fuhr er fort, »und der Mann war ja schließlich nur ein Marschall, ich bin der Reichsmarschall!« Bei diesen Worten klopfte sich Göring auf die Brust. Fortan brauchte ihn Erich nur als »Herr Reichsmarschall« anzusprechen, um jede gewünschte Information zu bekommen.[41]

Göring, der von Erich und den anwesenden Offizieren nur mit Mühe dazu gebracht werden konnte, sich längere Zeit auf ein Thema zu konzentrieren, kam in seinen unzusammenhängenden Berichten über das Dritte Reich auf einige Punkte wiederholt zu sprechen. So gab er Hitlers Pfuscherei die Schuld an allen Rückschlägen der Luftwaffe und behauptete, die Regierung gegen die Unterwanderung durch die Nationalsozialisten verteidigt zu haben. Da er einst damit geprahlt hatte, daß kein feindliches Flugzeug deutsches Gebiet überfliegen würde, war er nun über die Reichweite der Flugzeuge der Alliierten erstaunt. Über die strategische Bombardierung Deutschlands befragt, erklärte er, daß die Angriffe auf die Werke zur Benzinsynthese den größten Schaden angerichtet hätten, denn ohne Kraftstoff könne niemand einen Krieg führen.[42] Lange verbreitete er sich über die Bedrohung durch die Sowjets, als könnten die Nationalsozialisten noch zu jenem Zeitpunkt die Angst vor dem Kommunismus ausnutzen, um einen Pakt mit den Westmächten zu schließen.

In bezug auf die Massenvernichtung wusch er, wie nicht anders zu erwarten, seine Hände in Unschuld. Mit der Faust auf den Tisch schlagend, betonte er: »Ich habe nie ein Todesurteil unterzeichnet, noch jemanden in ein Konzentrationslager geschickt. Niemals, niemals, niemals – außer, naturgemäß, wenn es eine Frage militärischer Notwendigkeit war.«[43] Er erklärte, die Art und Weise, wie das NS-Regime gegen die Juden vorgegangen war, sei ihm ein Greuel gewesen. »Natürlich war der jüdische Einfluß zu stark geworden, aber die Methoden, die da angewandt wurden, waren nie von mir gutgeheißen und waren nicht zu entschuldigen.«[44] Göring legte Kontrollabschnitte von Schecks vor, die seine Frau angeblich einem jüdischen Schneider im Vernichtungslager Theresienstadt geschickt hatte, und erklärte: »Theresienstadt war nicht so schlimm wie sein Ruf.«[45] Bei der Beschreibung eines jüdischen Arbeitskommandos, das er an einem Flugplatz in Ostpreußen gesehen hatte, ließ er durchblicken, daß diese Menschen keineswegs Zwangsarbeiter waren, sondern eher ein Haufen von Müßiggängern. In seinem zusammenfassenden Bericht wies Erich darauf hin, daß Göring alles andere als geistig gestört sei, und erklärte, man müsse ihn als ›gerissenen Kunden‹ mit eindrucksvollen schauspielerischen Fähigkeiten und gewohnheitsmäßigen Lügner ansehen, der höchstwahrscheinlich vieles für sich behalte.[46]

Beim Abschied von Erich zeigte sich wieder einmal Görings operettenhafte Großmannssucht. Er sollte in einer Piper Cub nach Luxemburg geflogen werden, und der Aufzug, in dem er am Augsburger Flugfeld erschien, erinnerte Erich an einen Berliner Verkehrspolizisten an einem Regentag. Stirnrunzelnd einen Blick auf das kleine Flugzeug werfend, erklärte Göring, es mache einen unzuverlässigen Eindruck, und wollte nicht einsteigen. Zweihundert amerikanische Offiziere und Soldaten hörten mit, als Erich ihn zum letzten Mal hofierte. »Herr Reichsmarschall«, sagte er, »wir garantieren Ihre sichere Ankunft.«[47] Daraufhin zwängte Göring befriedigt seine Körpermasse durch den schmalen Eingang.

Die Vernehmung Görings hatte Erich körperlich und psychisch stark mitgenommen. So schrieb er an Freddy: »Ich bin immer noch erschöpft von zwanzig Stunden mit dem Dicken.«[48] Dennoch bezeichnete er jene beiden Tage als die ungewöhnlichsten seines Lebens. Er schickte eine von Görings Luftwaffen-Uniformen an George A. Brownell, der zur allgemeinen Belustigung damit im Pentagon umherstolzierte.

Angesichts der nachlässigen Sicherheitsvorkehrungen in Görings Zelle wunderte sich Erich nicht besonders, als dieser sich dem Henker entzog, indem er eine Giftkapsel schluckte. Einen ihrer schlimmsten Peiniger hatten die Warburgs jetzt überlebt. Sie sollten nach dem Krieg die Befriedigung erleben, noch viele andere zu überdauern.

37

Das Leichenhaus

Als die Alliierten den Krieg zu Lande auf deutsches Gebiet ausdehnten, setzte Erich im Herbst 1944 zum ersten Mal seit 1938 wieder einen Fuß auf den Boden der Heimat. An einem nassen, grauen Oktobertag sah er in Aachen mit eigenen Augen die Auswirkungen des Dritten Reiches: Häuser, von denen nur noch Ruinen standen, Menschen, die nicht ein noch aus wußten. In Erichs Augen war es eine tote Stadt, die »große Kälte, Müdigkeit und eine unbeschreibliche Erschöpfung wie 1918« ausstrahlte.[1] Er schilderte gräßliche Eindrücke: Gliedmaßen, die aus Trümmern ragten; eine mit einer Unterhose bekleidete Schaufensterpuppe; halbverhungerte, herrenlose Tiere. Die Mächtigen des Dritten Reichs waren den verkohlten Ruinen entflohen, zurück blieb die Bevölkerung, deren Elend in Erich Mitleid und zugleich Ekel wachrief. »Natürlich tragen sie einen Teil der Verantwortung dessen, was diesem armen Europa in so schrecklichem Maße zuteil geworden ist, denn wahrscheinlich haben auch sie »Heil« gerufen, als die Dinge ihren Lauf nahmen, und schwiegen zu einer Zeit, als sie hätten aufbegehren sollen, und das noch möglich gewesen wäre.«[2] Als Kommandozentrale requirierte er mit seinen Leuten eins der zwei Dutzend Häuser in Aachen, deren Dach nicht zerstört war. Im Keller stießen sie auf mehrere verängstigte Nonnen und Kinder, die sich dort verborgen hielten; die Ordensfrauen wurden als Köchinnen beschäftigt.

Während die Briten im Frühjahr 1945 auf Hamburg vorrückten, strebten die Amerikaner Berlin entgegen. Bei der Einkreisung des Ruhrgebiets stießen nahe der alten westfälischen Stadt Warburg zwei Flügel von General Eisenhowers Armee aufeinander. Drei Tage nach dem Waffenstillstand betrat Erich Warburg, der amerikanische Oberstleutnant, der als Jude Deutschland hatte verlassen müssen, wieder Hamburger Boden. Es war für ihn ein erhebender Augenblick, auf der Seite der Sieger in Hamburg einzuziehen. Nach Hause schrieb er, es sei ein unvorstellbares Gefühl gewesen, sich der Stadt nach all den langen Jahren über die glücklicherweise unbeschädigten großen Elbbrücken zu nähern.[3]

Als er Hamburg zum letzten Mal gesehen hatte, war es eine blühende, elegante Stadt gewesen. Schon nach wenigen Minuten überwältigte ihn das Entsetzen, das jetzt dort herrschte. Ganze Viertel hatte der »Feuersturm« englischer Brandbomben dahingerafft. »Bomber Harris«, der Deutschlands Industriezentren zerschlagen wollte, hatte sich Hamburg nicht nur wegen der dort befindlichen Schiffs- und Flugzeugwerften vorgenommen, sondern auch, weil über den Hafen Rohstoffeinfuhren ins

Land kamen. Im Juli 1943 hatte ein flächendeckendes Bombardement über die Hälfte der Stadt buchstäblich dem Erdboden gleichgemacht. Das Ausmaß der Vernichtung war atemberaubend: hundertachtzehntausend Bewohner der Stadt waren tot, sechzigtausend verkrüppelt, zweihundertfünfundneunzigtausend Häuser zerstört und dreitausend Schiffe versenkt worden. Gelähmt lag die Stadt, die einst auf ihre Toleranz so stolz gewesen war, unter dreiundvierzig Millionen Kubikmetern Schutt.

Hamburg war ein Leichenhaus geworden. In den nahe der Stadt gelegenen Konzentrationslagern Fuhlsbüttel und Neuengamme hatte man fünfzigtausend Juden, Kommunisten, Sozialdemokraten, Zigeuner, Homosexuelle und Widerstandskämpfer umgebracht. Kurz vor Toresschluß sah es so aus, als könne ein Teil von ihnen, der auf zwei in der Lübecker Bucht ankernde Schiffe geschafft worden war, überleben. Doch als diese von englischen Flugzeugen mit Bordwaffen beschossen wurden, verbrannten oder ertranken siebentausend Verfolgte, deren Befreiung unmittelbar bevorstand. Nur sechshundert Juden überlebten den Krieg in Hamburg; die meisten von ihnen hatten nichtjüdische Ehepartner.

Immer neue Trümmerlandschaften traten Erich auf seiner Fahrt durch die Stadt vor Augen. Wo einst an den Fleeten ansehnliche malerische Häuser gestanden hatten, ragten nur noch ausgebrannte Mauerreste auf. Der stolze Turm des Rathauses, der die Silhouette der Stadt geprägt hatte, war niedergebrannt. Die Hellinge von Blohm & Voss, auf denen man einst die herrlichen HAPAG-Dampfer auf Kiel gelegt hatte, waren zerstört. Erich hatte das Gefühl, die Stadt nach seinem Weggang 1938 jetzt ein zweites Mal zu verlieren. Später schrieb er: »Vier Jahre Krieg sind mir nicht so an die Nieren gegangen wie der Anblick der bombenzerpeitschten Stadt, wo ich jeden Winkel gekannt hatte, auch ohne die Straßennamenschilder, die nun zum großen Teil nicht mehr da waren.«[4]

Trotz der entsetzlichen Zerstörung war in Hamburg noch Hoffnung auf Erneuerung zu finden. Voll Staunen fand Erich die einst von Moritz und Charlotte bewohnte alte Villa am Mittelweg, in der das Sekretariat Warburg den in Hamburg festsitzenden Juden eine Zuflucht geboten hatte, unversehrt vor. Ungeachtet aller Verwüstung war das Bild der Stadt im wesentlichen erhalten geblieben; vor allem die Wohngebiete um die Alster hatten ihren Charakter bewahrt. Anders die Fabrikbezirke in Altona und St. Pauli, wo die Zerstörung verheerend gewütet hatte.

Die größte Überraschung jedoch stand Erich noch bevor. Der Stadtteil östlich der Binnenalster, die man im Krieg mit Tarnnetzen abgedeckt hatte, war stark zerstört, und es sah ganz so aus, als sei dort nur ein einziges Gebäude unversehrt geblieben. Voll Erregung schrieb er nach Haus, daß die Bank an der Ferdinandstraße, einer Festung ähnlich, wie durch ein Wunder in einem Meer von Schutt stehengeblieben sei.[5] Boshaft wurde in der Stadt gemunkelt: »Typisch jüdisch. Sie [die Warburgs] haben dafür gesorgt, daß das Gebäude nicht zerstört wurde.«[6] In Wirklichkeit war es im März 1941 von einer Bombe getroffen worden, diese aber war durch das Treppenhaus hinabgesaust, auf eine Metallplatte über dem Tresorraum geprallt, wodurch in einem darunterliegenden Luftschutzraum eine erstickende Staubwolke aufgewirbelt wurde. So viele Bomben waren um das Gebäude herum detoniert, daß die Angestellten scherzten, es sei im Krieg ihre Haupttätigkeit gewesen, Glassplitter zusammenzukehren. Das von Siegmund geleitete Berliner Büro war einem Luftangriff zum Opfer gefallen.

Erich erfuhr, daß Brinckmann und Wirtz zusammen mit anderen Hamburger Bankiers von den Briten unter Hausarrest gestellt worden waren. Über Major Spivak, einen freundlichen amerikanischen Verbindungsoffizier, hatte er bereits dafür gesorgt, daß Brinckmann Vorrechte eingeräumt bekam wie kein anderer Bankier der Stadt. Spivak besorgte ihm Lebensmittel, holte sein Auto aus Bremen und stellte sogar ein Schild der Militärregierung vor sein Haus, das ihn vor Übergriffen aller Art bewahrte. Als Erich mit seinem Jeep dort vorfuhr, um ihn zu besuchen, trat Brinckmann aus der Tür und begrüßte ihn dankbar mit Tränen in den Augen. Damals sahen Erich und andere Warburgs in Brinckmann einen Helden, der die Bank gerettet und dabei so wenig wie möglich mit den Nationalsozialisten kooperiert hatte.

Verdiente er ein so hohes Lob? Die Angestellten der Bank bestätigten später, daß Paul Wirtz politisch eine reine Weste behalten hatte. Zwar verhielt sich das bei Brinckmann anders, doch muß man ihm zugute halten, daß ihm die Umstände im Dritten Reich keine Wahl ließen. Die im Krieg durchgeführten Geschäfte dürften zum Teil von militärischer Bedeutung gewesen sein; in einem Jahresbericht aus den Kriegsjahren findet sich ein geheimnisvoller Hinweis auf einen vom Reich abgesicherten Schiffahrtskontrakt. Brinckmann war mit einigen griechischen Großreedern gut bekannt, und Angestellte der Bank waren während des Krieges nach Griechenland gereist.[7] Ein früherer Mitarbeiter gab an, die britischen Besatzungsbehörden hätten mehrere Angestellte auf die Straße gesetzt, weil sie Parteigenossen gewesen seien – ein Tatbestand, den Brinckmann bestritt.[8] Über mehrere Jahre hinweg bemühte sich die British Trading, in Zusammenarbeit mit den zuständigen Behörden dahinterzukommen, was es mit einer nicht näher bezeichneten Transaktion der Bank auf sich hatte.[9] Dabei ging es um Reisen nach Teheran, die der in der Türkei geborene Brinckmann während des Krieges zur Förderung des Geschäfts unternommen hatte. Offen kollaboriert hatte er mit den Nationalsozialisten zwar nie und allem Anschein nach auch nicht mit ihnen sympathisiert, doch blieb ein gewisser Verdacht an ihm hängen.

Von all dem wußte Erich nichts, als er Brinckmann Mitte Mai 1945 umarmte. Anschließend ging er zum englischen Brigadegeneral Armitage und verlangte, er möge das Feldlazarett vom Kösterberg abziehen, damit dort Verschleppte untergebracht werden konnten. Auf die Frage des Generals, wer sich im Krieg um das Anwesen gekümmert habe, erklärte Erich, dafür sei die Allgemeine Verwaltungsgesellschaft zuständig gewesen, die bei Brinckmann, Wirtz & Co. untergebracht sei. Die Antwort verblüffte ihn: »Ach, Brinckmann, Wirtz sind üble Gesellen; die haben die Warburgs rausgesetzt.«[10] Daraufhin stellte sich Erich namentlich vor und erklärte, daß sich Brinckmann und Wirtz in Wahrheit durchaus achtbar verhalten hatten. Nach kurzem Hin und Her brachte er die Briten dazu, Brinckmanns Hausarrest aufzuheben und sowohl ihm als auch Wirtz und deren neuem Gesellschafter binnen drei Tagen zu gestatten, wieder in die Bank gehen zu können – Wochen vor anderen Bankiers. Doch den Kösterberg sollte Erich erst im September wiedersehen.

Es muß für ihn ein eigentümlich bewegendes Gefühl gewesen sein, den im Stil der Neorenaissance errichteten schönen Bau in der Ferdinandstraße zu betreten, der jetzt gespensterhaft wirkte, da er keins der liebgewordenen Erinnerungsstücke mehr enthielt. Lediglich drei Bilder hingen in den leeren Gängen: ein Ölgemälde Hitlers, ein Bismarck-Porträt und eine englische Jagdszene. Mit einem rührenden Hinweis sagte Brinckmann zu Erich: »Dort ist Ihr Schreibtisch. Lassen Sie uns da anfangen.«[11] Taktvoll erinnerte ihn Erich daran, daß die Warburgs nicht mehr Teilhaber der Bank seien und er nach wie vor dem amerikanischen Militär angehöre. Sieben Jahre lang war ein Neubeginn der Warburgs in Deutschland unvorstellbar gewesen. »Die Hoffnung jedoch war immer vorhanden«,[12] bekannte Erich.

Auf jeden Fall muß zu Brinckmanns Ehre gesagt werden, daß er Erich rundheraus fragte, ob die Teilhaber aus der Familie zurückkehren und die Bank wieder übernehmen wollten.[13] Außerdem schrieb er an Max und erklärte, er kenne nur einen Wunsch: die alte Firma in seine Hände zurückzugeben.[14] Diese Vorstellung sagte Max offenkundig zu, doch war er inzwischen alt und kränkelte. Auch in anderer Hinsicht erwies sich der Zeitpunkt dieses Angebots als ungünstig. Wie den meisten Juden war es Erich unmöglich, das ganze Ausmaß der Massenvernichtung zu fassen, das erst nach und nach erkennbar wurde. Das in Trümmern liegende Deutschland schien eine Stätte der Trauer zu sein, ein mit Tränen und der Asche Verbrannter angefülltes Land. Welcher Jude würde dorthin zurückkehren? Im übrigen sah es ganz so aus, als werde es Jahrzehnte dauern, bis es zur Normalität zurückkehren konnte. Auch wollte Erich mehr über die Bedingungen erfahren, welche die Besatzungsbehörden den Banken aufzuerlegen gedachten.[15] Hinzu kamen politische Erwägungen. Hamburg lag gerade fünfzig Kilometer von der Grenze zur russischen Zone entfernt und war von seinem Hinterland an der Elbe und damit von seinen Handelsverbindungen abgeschnitten. Erich befürchtete eine Invasion der Sowjetunion. Tatsächlich hatte er auf verschiedenen Wegen versucht, General Eisenhower dazu zu bringen, daß er die bevölkerungsreichen Länder Thüringen, Sachsen, Sachsen-Anhalt und Mecklenburg behielt, nicht aber West-Berlin, das, wie er fürchtete, zur Mausefalle werden könnte.[16]

Doch zugleich beeindruckte es Erich, mit welch erstaunlicher Geschwindigkeit und mit welchem Eifer die Deutschen ihre Städte aufräumten, und er schloß die Möglichkeit einer Rückkehr nie aus. Seinem Vater teilte er mit, es sei zu früh, hinsichtlich der Zukunft eine Entscheidung zu treffen. Er selbst neige zwar zu der Ansicht, daß es für immer aus sei, aber falls die Beherrscher des Landes *wirklich* Wert darauf legten, könne man künftig vielleicht irgendeine Art von Beziehung herstellen.[17] Offensichtlich beschäftigte ihn die Frage nachhaltig, und später gab ihm John McCloy die offizielle Bestätigung, die er haben wollte.

Inzwischen sorgte Erich dafür, daß Brinckmann und Wirtz Lebensmittelpakete bekamen, und trug dazu bei, daß die Bank ihren Geschäftsbetrieb wiederaufnehmen konnte. Brinckmann gelangte – offenkundig durch Erichs Mithilfe – in einen Entnazifizierungsausschuß, was nach dem Krieg für einen deutschen Bankier keinen geringen politischen Vorteil bedeutete. Da er fortwährend Schwierigkeiten mit den Besatzungsbehörden hatte, war er Erich unendlich dankbar für seine Unterstützung. Ganz allgemein kann man sagen, daß er sich als der getreue, anständige Sachwalter verhielt, den sich die Warburgs bei seiner Benennung 1938 vorgestellt hatten. Als ihm Erich ein Handschreiben von Max übergab, war er tief gerührt, nach all den Jahren dessen Handschrift wieder zu sehen, und Erich teilte den Eltern mit, Brinckmann sei nach der Lektüre des Briefes wieder recht lebhaft geworden, nachdem er zuvor einen niedergeschlagenen und beunruhigten Eindruck gemacht habe.[18]

Bevor er Hamburg verließ, wollte sich Erich, um den Vater in dieser Hinsicht beruhigen zu können, vergewissern, daß die Gräber von Charlotte und Moritz sowie von Sara und Aby nicht geschändet worden waren. Auf der Suche danach geriet er zufällig statt auf den Hamburger auf den Altonaer Judenfriedhof, auf dem die Vorfahren seiner Mutter begraben lagen. Die Deutschen hatten ihn zum Bau einer Kaserne planiert und die Grabsteine beiseite geschoben, woraufhin herzlose Bewohner der Stadt sie als Türschwellen verwendet hatten. Erich ließ das Gelände mit Stacheldraht einzäunen und die Steine wieder an Ort und Stelle setzen. Auf dem Hamburger Judenfriedhof fand er die Begräbnisstätten seiner Groß- und Urgroßeltern unversehrt vor; niemand hatte im Dritten Reich deren Totenruhe gestört. Außerdem traf er mit Abys ältester Tochter zusammen, seiner Kusine Marietta, die als einzige Angehörige der Familie Warburg die Kriegszeit in Deutschland verbracht hatte. Da sie einen schmalen und unterernährten Eindruck machte, sorgte er dafür, daß auch sie und ihr Mann Peter Braden sowie einige alte Freunde CARE-Pakete bekamen.

Sein Rang und die damit verbundene Beweglichkeit ermöglichten es ihm, sich über die Lage im geschlagenen Deutschland einen Gesamtüberblick zu verschaffen. Er flog nach Bayern, warf einen Blick auf das zerbombte Nürnberg und überflog dann Hitlers Berghof auf dem Obersalzberg. Er unterbrach seine Reise sogar, um sich Hitlers Bergrefugium aus der Nähe ansehen zu können. Während er den Anblick der Gipfel genoß, dachte er an die entsetzliche Tragikomödie, die sich 1938 in München zugetragen hatte. Danach hatten sich die Ereignisse förmlich überschlagen. An Freddy schrieb er: »Wir sind die steile Bergstraße hinabgefahren, über die noch vor wenigen Tagen die Verbrecher mit ihren schweren Mercedes-Wagen gedonnert sind.«[19]

Später ließ sich Erich von seinem Fahrer in Mussolinis kugelsicherer Luxusulimousine nach Hochried bringen, Jim Loebs Anwesen bei Murnau, das die Amerikaner besetzt hatten. US-Soldaten machten sich einen Spaß daraus, Schießübungen auf die antiken Gläser aus Jims altägyptischer Sammlung zu veranstalten. Jims Freunde, Graf und Gräfin Resseguier, hatten nicht nur den Besitz gegen Übergriffe der SS verteidigt, sondern auch Jims Bücher und seine sterblichen Überreste sowie die seiner Frau Toni in Sicherheit gebracht. Als Erich das Haus betrat, sah er verblüfft ein Porträt des alten Solomon Loeb über dem Kamin hängen, das ihn von oben herab ansah.

Bei einem Berlinaufenthalt im September stellte Erich fest, daß Rudolf und Lola Hahns Haus in Wannsee noch stand, während rings herum eine Trümmerwüste war.

Trotz all seiner Wut auf die Nationalsozialisten rührte ihn das unermeßliche Elend, in dem die halbverhungerten Deutschen lebten. Manche Menschen waren zu schwach, um stehen, einen Stock festhalten oder ein leichtes Paket tragen zu können. An Nina schrieb er: »Ich bin der letzte, der vergißt, was die Nazis getan und welche unbeschreibliche Schuld sie auf sich geladen haben. Aber ich bezweifle, daß das die Lösung ist, und eines Tages werden wir im Westen uns zutiefst schämen, daß wir glauben konnten, dies sei die bessere Welt, für die wir gekämpft haben.«[20] Noch vor seiner Rückkehr nach Hamburg hatte er von den Todeslagern und deren zahllosen bis aufs Skelett abgemagerten Insassen erfahren. Nachdem er Anfang Mai einige der ersten Bilder aus den Lagern gesehen hatte, schrieb er: »Und die Gesichter dieser Menschen, die durch eine Leidenshölle gegangen sind, verglichen mit welcher der Tod eines Soldaten einem Triumph ähnelt, sprechen ihre eigenen ewigen Worte. Obwohl diese Heiligen – knapp fünfundzwanzig bis dreißig Kilo Haut und Knochen – möglicherweise eine ganze Zeitlang mit ihren Gedanken schon nicht mehr in dieser Welt waren, bin ich sicher, daß sie uns auffordern würden, nie zu vergessen, sofern sie das könnten.«[21] Als er einem gefangenen deutschen Offizier die Fotos zeigte, brach dieser in Tränen aus und erklärte, ihm sei klar gewesen, daß Deutschland den Krieg verloren habe, jetzt aber begreife er, daß es auch seine Ehre verloren habe.[22] Von den über fünfhunderttausend Juden, die 1933 in Deutschland gelebt hatten, waren rund hundertsiebzigtausend in den Lagern ums Leben gekommen.

Aus der Ferne beteiligte sich Erich an den Bemühungen, das bei Prag gelegene Lager Theresienstadt zu evakuieren, in dem dreiunddreißigtausend Juden umkamen und von wo aus achtundachtzigtausend in Vernichtungslager deportiert wurden. Er trieb eine Liste der Überlebenden auf, die er an den Vergabeausschuß weiterleitete. Der Oberrabbiner von Berlin, Dr. Leo Baeck, war einer der jüdischen Führer gewesen, die man nach Theresienstadt gebracht hatte. Er hatte sich allen Aufforderungen, nach Amerika auszureisen, widersetzt und gesagt, sein Platz sei in Deutschland, solange es dort noch Juden gebe.[23] Erich schickte einen Leutnant zu Baeck, der Befehl hatte, ihn zu dessen Tochter nach England zu bringen. Doch der außergewöhnlich noble Mann wollte das Lager als letzter verlassen. Als die sowjetische Besatzungsmacht jüdische Insassen aufstachelte, sich an ihren einstigen Wächtern zu rächen, predigte Baeck Versöhnlichkeit: »Berührt sie nicht, ignoriert sie. Es ist nicht unsere Aufgabe, ein Unrecht mit einem anderen zu vergelten.«[24] Diese Haltung beeindruckte Erich zutiefst.

Es hatte aber auch historische Gründe, daß Erich nicht bereit war, sich an Vergeltungsmaßnahmen gegen die Deutschen zu beteiligen. Er dachte an die leidenschaftlichen Briefe, die sein Vater aus Versailles geschrieben hatte, und daran, daß das Leid der Juden letztlich auf die damalige Rachsucht der Alliierten zurückzuführen war. Den ganzen Krieg hindurch hatte er davon gesprochen, daß man diesen Fehler keinesfalls wiederholen dürfe. Er hoffte, daß Max' Erinnerungen zur Zeit des Waffenstillstands erscheinen und die Sieger an die Gefahren erinnern würden, die man eingeht, wenn man seinen Rachegelüsten nachgibt.

In Lüneburg wurde er Zeuge eines denkwürdigen Justizaktes. Britische Richter saßen in Roben und Perücken einer Verhandlung gegen vierzig Verbrecher aus den Lagern Bergen-Belsen und Auschwitz vor, die man zu ihrer Identifizierung mit großen Ziffern gekennzeichnet hatte. Erich war wie hin- und hergerissen. Einerseits drängte es ihn, diese Männer bestraft zu sehen, andererseits wollte er, daß ihnen die Gerechtigkeit widerfuhr, die das Strafrecht vorsieht. Um sich zu beruhigen und seiner Gefühle klarzuwerden, setzte er sich in eine der alten Kirchen der Stadt, auf deren Orgel einst Johann Sebastian Bach gespielt hatte.

Er war von der Notwendigkeit überzeugt, Deutschland zu rehabilitieren, statt es zu bestrafen, und daher erschütterte ihn die breitangelegte Entnazifizierungskampagne, die so manchen mit einem Brandmal versah. Lieber hätte er es gesehen, wenn man sehr viel schärfer mit einigen Hunderttausend jener ins Gericht gegangen wäre, die sich wirklich menschenverachtend aufgeführt hatten; den anderen aber hätte er die Möglichkeit eines – ohnehin schwierigen – Neuanfangs zugebilligt.[25]

Es störte ihn außerordentlich, mit welcher Selbstverständlichkeit Deutsche vielfach mit Nationalsozialisten gleichgesetzt wurden. Allen Dulles, der als Leiter des amerikanischen Nachrichtendienstes in Europa während des Krieges von der Schweiz aus Material über Deutschland gesammelt und Erich mit verschiedenen nachrichtendienstlichen Verfahren vertraut gemacht hatte, forderte ihn im Sommer 1945 auf, Mitglieder des deutschen Widerstandes in Wiesbaden aufzusuchen, damit sich diese weniger isoliert fühlten, und in späteren Jahren half Erich deren Familien mit Geld. Gestützt auf die im Krieg über Hitlers Gegner zusammengetragenen Angaben, verfaßte Dulles nach Kriegsende ein Buch über den deutschen Widerstand. Erich half ihm bei seinen Nachforschungen, brachte ihn dabei mit vielen dieser bedeutenden Persönlichkeiten zusammen und machte ihn mit Zügen des deutschen Wesens bekannt, die nichts mit dem Nationalsozialismus gemein hatten.

Da Erichs fester Überzeugung nach eine Erneuerung Deutschlands von innen heraus erfolgen mußte, hatte er starke Bedenken gegen Ansätze, die von außen einwirken wollten. Verschiedentlich wies er Washington darauf hin, daß die Entnazifizierung viele kleine Mitläufer erfaßte. Von Dulles nach seiner Ansicht befragt, sprach er sich für eine rasche Justiz gegen die Nazigrößen aus. Andernfalls, erklärte er, würden die Verbrecher die Öffentlichkeit des Gerichtssaals für ihre Zwecke ausnutzen – was schließlich nicht zum ersten Mal geschähe –, und viele von ihnen warteten ohnehin nur auf diese Gelegenheit.[26] Er machte sich Sorgen wegen der Absichten der Sowjetunion und wollte, daß man rasch zur politischen Tagesordnung und damit zu einer wirtschaftlichen Erneuerung des Landes überging. Ihn beunruhigte die Befürchtung der meisten Deutschen, daß die amerikanischen Truppen heimkehren, die Russen hingegen bleiben würden.[27]

Erich lehnte sowohl John McCloys Vorschlag ab, sich an der Kontrollkommission für Deutschland zu beteiligen, als auch das Angebot, an den Nürnberger Prozessen mitzuwirken, die im November 1945 begannen. Er vertrat den Standpunkt, daß ihm als amerikanischem Offizier das nicht zustehe und die Deutschen über sich selbst zu Gericht sitzen sollten. Statt dessen achtete er als Beobachter auf den gerechten Verlauf der Prozesse.

In diesem Zusammenhang waren zwei Ereignisse von besonderer Bedeutung für die Warburgs: Am 25. Oktober 1945 beging Dr. Robert Ley in seiner Zelle in Nürnberg Selbstmord. Der Mann, der einst Max Warburg so zu schaffen gemacht hatte, erstickte beim Versuch, sich mit einem Handtuch zu erhängen. Dr. Hjalmar Schacht trat im Zeugenstand mit jener Anmaßung und Selbstgerechtigkeit auf, die man aus der Zeit an ihm kannte, als er an der Spitze der Reichsbank gestanden hatte. Zweiunddreißig Gefängnisse hatten nicht vermocht, seinen Dünkel zu brechen. Da er darauf verweisen konnte, sich an verschiedenen Verschwörungen gegen Hitler beteiligt zu haben, sprach ihn der Gerichtshof frei. Gegen das Urteil einer Stuttgarter Spruchkammer, die ihn im Rahmen der Entnazifizierung zu acht Jahren Arbeitslager verurteilt hatte, legte er Einspruch ein und wurde im September 1948 aus der Haft entlassen.

Erich empfand sich abwechselnd als Amerikaner, Deutscher und als Jude. Seine jüdische Identität war offensichtlich der am schwächsten ausgeprägte Teil seines Wesens, denn er tat 1945 vieles, das manchem anderen Juden unmöglich gewesen wäre. Er fürchtete, die Sowjets, die in Peenemünde die Anlagen für den Bau der V-Waffen abbauten und in die Sowjetunion brachten, würden viele herausragende deutsche Wissenschaftler in ihre Gewalt bringen. Nachdem er seine ahnungslosen Vorgesetzten auf diese Gefahr hingewiesen hatte, bekam er die Vollmacht, in Bad Kissingen das Hotel *Wittelsbacher Hof* zu requirieren. In einem Wettlauf gegen die Zeit holte er mit Jeeps und Lastwagen deutsche Wissenschaftler samt ihren Angehörigen in die amerikanische Zone und brachte sie in Kissingen unter. Im Verlauf von drei Wochen schaffte er rund hundertsechzig Wissenschaftler in den Westen, darunter Spezialisten auf dem Gebiet der Atomforschung und solche, die an der Entwicklung der V-2 mitgearbeitet hatten. Viele von ihnen wirkten später am amerikanischen Raumfahrtprogramm mit, unter ihnen Wernher von Braun, der Erich nach dem Kriege regelmäßig besuchte.

Bei diesem unbestreitbaren Erfolg für die Sicherheit des Westens ließ es sich nicht vermeiden, daß viele Wissenschaftler gerettet wurden, die eng mit den Nationalsozialisten zusammengearbeitet hatten. Schließlich hatte die V-2 Tausenden von britischen Zivilisten das Leben gekostet, und fünfundzwanzigtausend Insassen von Konzentrationslagern hatten in den unterirdischen Montageanlagen, in denen sie hergestellt wurde, den Tod gefunden. In Erichs Unterlagen findet sich ein Bericht, dem zufolge allein in den unterirdischen Anlagen von Nordhausen die Produktion der riesigen Raketen täglich hundertfünfzig Menschenleben gefordert hatte. In Sachsenhausen hatte man weibliche Lagerhäftlinge gezwungen, ohne jede Schutzvorkehrung mit radioaktivem Uran zu arbeiten. Später kümmerte sich Erich darum, daß die zur Zwangsarbeit Herangezogenen eine Wiedergutmachung bekamen; doch ließ er 1945 als Nachrichtendienstoffizier kein Bedauern darüber erkennen, daß er jene Wissenschaftler gerettet hatte. Obwohl er über ein hochentwickeltes Empfinden für das jüdische Ethos verfügte, fehlte ihm offenbar ein jüdisches Nervensystem.

Mit einer vergleichbar versöhnlichen Haltung begegnete er auch dem brillanten, aber etwas kauzigen Otto Warburg, einem von Deutschlands bedeutendsten Biochemikern (nicht zu verwechseln mit dem bereits erwähnten Botaniker und Zionisten gleichen Namens). Dieser eher kühle Junggeselle, der nichts als seine Arbeit kannte, war ein Abkömmling Simon von Cassels und somit ein ferner Verwandter der Hamburger Warburgs. Sein Vater Emil, ein mit Einstein befreundeter bedeutender Physiker, war getaufter Jude, seine Mutter hingegen Christin. Otto, eine Art Wunderkind, hatte in Chemie wie in Medizin promoviert. Als er im Ersten Weltkrieg in der preußischen berittenen Garde diente, überzeugte ihn Einstein, daß ein so vielversprechender junger Wissenschaftler nicht sein Leben im Krieg aufs Spiel setzen dürfe, und so kehrte er, bereits im Besitz des Eisernen Kreuzes, nach Berlin zurück.

Erich traf gern mit vielen verschiedenen Menschen zusammen. Als er sich 1933 mit Otto Warburg angefreundet hatte, war dieser zwei Jahre zuvor für seine Arbeit zur Zellatmung mit dem Nobelpreis »für Physiologie und Medizin« ausgezeichnet worden. In der Dahlemer Kaiser-Wilhelm-Gesellschaft (nach dem Krieg Max-Planck-Institut) hatte ihm die Rockefeller-Stiftung ein eigenes Institut für Zellphysiologie eingerichtet. Die politische Wirklichkeit berührte den einsiedlerischen Gelehrten nicht. Als er sich nach Hitlers Machtergreifung zu einem Besuch auf dem Kösterberg aufhielt, wußte er nicht, daß Deutschland aus dem Völkerbund ausgetreten war. Er machte auf Erich einen eitlen und großspurigen Eindruck, war aber auch witzig und charmant und steckte voller origineller Einfälle. Bei jedem seiner Anrufe in den dreißiger Jahren erkundigte er sich: »Du rauchst doch nicht, mein Junge?« und »Du reitest doch jeden Tag, mein Junge?« Erich konnte ihn mit Bezug auf beides beruhigen.[28] In den dreißiger Jahren versorgte er Otto Warburg mit allem, was er brauchte, von Büchern bis zu Reithosen.

Die Nationalsozialisten ließen den Wissenschaftler, der die Abgeschlossenheit seines Berliner Labors zu schätzen wußte, unbehelligt. Als sich Otto Warburg einmal mit Max und Erich über die Möglichkeit, an eine britische Universität zu gehen, unterhielt, sagte er: »Aber stellt euch vor, wenn ich da mit anderen Professoren reden muß, und vor allem mit deren Frauen!«[29] Als das Innenministerium im April 1933 aus der Kaiser-Wilhelm-Gesellschaft – in deren Instituten zu jener Zeit unter dem Deckmantel der Wissenschaft widerwärtige Forschungsvorhaben zur Stützung der nationalsozialistischen Rassentheorie durchgeführt wurden – alle jüdischen Wissenschaftler ausschloß, blieben Otto Warburg und andere Direktoren davon ausgenommen. Während Max Warburg 1937 seinen Sitz im Kuratorium jener Gesellschaft verlor, durfte Otto Warburg bleiben.

Daß man ihn im nationalsozialistischen Deutschland unbehelligt weiterarbeiten ließ, löste in Wissenschaftskreisen einen beträchtlichen Meinungsstreit aus. Hitler hatte sich 1935 einen Polypen von den Stimmbändern entfernen lassen und hatte Angst, er könne Krebs bekommen. Er hoffte, daß Otto Warburg eine Möglichkeit zur Heilung entwickeln werde, und tatsächlich gewann dieser im Laufe der Jahre beachtliche Erkenntnisse über den Krebs. So wies er nach, daß bestimmte Bestandteile in Lebensmitteln und im Zigarettenrauch Krebs hervorrufen, und zeigte, auf welche Weise sich Krebszellen durch Strahlung zerstören lassen. Die Erkenntnis, daß es in der Umwelt von krebserregenden Substanzen nur so wimmelt, brachte ihn so weit, daß er kein Brot mehr kaufte und in seinem organisch bearbeiteten Garten selbst Obst und Gemüse zog. Während des Dritten Reiches trat er mit einem gewissen überheblichen Idealismus auf. Den Nazis stand er unverhohlen kritisch gegenüber und beschäftigte im

Labor bis 1938 einen ungarischen Juden namens Erwin Haas. Von der Gestapo auf diesen Mitarbeiter angesprochen, erklärte er, seiner Ansicht nach fänden die antijüdischen Gesetze ausschließlich auf deutsche Juden Anwendung.

Wegen seiner jüdischen Vorfahren verlor er 1941 seine Anstellung für kurze Zeit. Wenige Wochen später forderte ihn eine persönliche Anweisung Hitlers aus der Reichskanzlei auf, seine Arbeit auf dem Gebiet der Krebsforschung wiederaufzunehmen. Gute Bekannte, die er in der Reichswehr hatte, veranlaßten Göring, seine Abstammung erneut zu prüfen, wobei sich herausstellte, daß Otto Warburg nur als Halbjude einzustufen sei. Es war ihm durchaus recht, daß ihm dies durchsichtige Manöver zum Vorteil gereichte. Wie sein Biograph Hans Krebs später schrieb, brachte seine Bereitschaft, auf diese Weise sein jüdisches Blut verdünnen zu lassen und damit einen Pakt mit den Nationalsozialisten zu schließen, Kollegen außerhalb Deutschlands gegen ihn auf.[30]

Als ihm 1944 für seine Arbeiten über Enzyme zum zweiten Mal ein Nobelpreis zuerkannt wurde, befand Hitler, daß ein Deutscher einen solchen Preis nicht annehmen könne. Da er Ende der zwanziger Jahre schon einmal nominiert worden war, den Nobelpreis 1931 und 1944 bekommen hatte (beim zweiten Mal aber nicht annehmen durfte), gehört er zu dem winzigen Kreis von Wissenschaftlern, die dreimal für diese hohe Ehrung im Gespräch waren. Seine Entscheidung, in Hitler-Deutschland zu bleiben, rechtfertigte er damit, daß er wesentliche Arbeiten auf dem Gebiet der Krebsforschung vorantreibe, die Menschenleben retten könnten, und daß er im Ausland keine Möglichkeit habe, diese Arbeit zu leisten.

Bei Kriegsende machte er den vorrückenden Sowjets seine eigene Bedeutung nachdrücklich klar. »Wissen Sie, wer ich bin?« sagte er, »der berühmte Nobelpreisträger Professor Otto Warburg aus Berlin.«[31] Sobald sie amerikanischen Truppen Zutritt nach Berlin gestatteten, schaffte Erich Otto Warburg, der sich versteckt hielt, aus der Stadt. Bei der dramatischen Wiederbegegnung zeigte er einige Sekunden lang menschliche Empfindungen. Er sagte unter Tränen zu Erich: »Ich habe ja immer gewußt, daß der Krieg erst wirklich vorbei ist, wenn du vor mir stehst.«[32] Dann verwandelte er sich wieder in sein arbeitssüchtiges Ich und teilte Erich mit, er brauche vierzig Liter Benzin, um wissenschaftliche Instrumente heranschaffen zu können. Auf den Hinweis, das sei verboten, schnaubte Otto: »Das interessiert mich gar nicht; ich brauche die vierzig Liter Benzin.«[33] Erich erfüllte ihm den Wunsch und wurde bis zu Otto Warburgs Tod im Jahre 1970 jederzeit mit großer Zuvorkommenheit von ihm behandelt. In seinem letzten Brief an Erich schrieb er: »Ich werde den dritten Nobelpreis für uns bekommen, denn in einem oder zwei Jahren werden wir das Krebsproblem gelöst haben.«[34]

In dieser Zeit voller bittersüßer Wunder kehrte Erich auf den Kösterberg zurück, der einst für die Warburgs gleichbedeutend mit Schönheit und einem Leben unter angenehmen Umständen gewesen war. Er erlebte eine rührende Wiedersehensszene mit Kathi Schwärz, der resoluten Bauerntochter aus Braunau, die er nach Verkündigung der Nürnberger Gesetze als Haushälterin für die Arche Noah eingestellt hatte. Während Wehrmachtsoffiziere den Kösterberg besetzt hielten und sich im Schwimmbecken amüsierten, hatte sie dafür gesorgt, daß sie sorgsam mit allem umgingen. Furchtlos hielt sie den Männern eine Standpauke, wenn sie ihre Stiefel gegen die Möbel warfen, und teilte ihnen mit: »Sie dürfen sich hier ruhig genausogut benehmen, wie Sie es von zu Hause gewohnt sind.«[35] (Die Möbel wurden allerdings weggeschafft.) Verblüfft fand Erich seinen alten Neufundländer Teddy wieder vor, der inzwischen blind war und das Herrchen, das so lange fort gewesen war, kaum mehr erkannte. Mit seiner Abneigung gegen Uniformen war er den deutschen Offizieren ziemlich lästig gewesen.

Während sich Erich auf dem Anwesen umsah, nahm er die schrecklichen Veränderungen wahr, die der Krieg hinterlassen hatte. Eine Bombe hatte eine Ecke der Arche Noah weggerissen. Wegen der Höhenlage hatte man Flugabwehrgeschütze und Radarantennen auf die beiden Wassertürme gesetzt. Das deutsche Militär hatte auf dem Kösterberg ein Lazarett eingerichtet, in dem insbesondere Kieferverletzungen behandelt wurden. Die einst von Max und Alice bewohnte Villa diente als chirurgische Station und Max' Atelier als Operationssaal. In Fritz' und Annas Haus waren verwundete Soldaten untergebracht. Auf den Rasenflächen hatte die Wehrmacht Dutzende von Baracken errichtet, und das ganze Grundstück war völlig verkommen und ungepflegt. Das römische Theater mit seinen grasbewachsenen Sitzreihen war in einen Kartoffelacker verwandelt worden, und die Rhododendronbüsche waren von Wehrmachtsfahrzeugen niedergewalzt. Trotz dieser teilweise grotesken Veränderungen konnte sich Erich schon vorstellen, wie es nach den Aufräumungs- und Wiederherstellungsarbeiten dort aussehen würde. An Bettina und Nina schrieb er: »Alles in allem ist der Kösterberg so schön wie eh und je, und ich bin sicher, daß sich das Ganze ohne Schwierigkeiten in Ordnung bringen läßt.«[36]

Zu jener Zeit allerdings war völlig offen, ob je wieder ein Warburg dort wohnen würde. Von den britischen Behörden darin bestärkt, verfolgte Erich seinen Plan, Kinder aus Konzentrationslagern auf dem Kösterberg unterzubringen. Mit Hilfe des Vergabeausschusses und der Jewish Agency rief er für Waisenkinder aus Bergen-Belsen, Theresienstadt und anderen Lagern eine Ersatzheimat ins Leben. Auf dem Landsitz, der bis vor kurzem noch deutsche Offiziere beherbergt hatte, wuselten mit einem Mal zwischen hundert und hundertfünfzig verlauste deutsche, tschechische, polnische und ungarische Kinder jüdischer Herkunft umher.

Es fiel ihnen schwer, sich an ein normales Leben zu gewöhnen. Sie litten nach wie vor unter Alpträumen aus der Zeit in Lagern, und viele weigerten sich wochenlang, unter eine Dusche zu gehen. Im Laufe der Zeit lernten sie auf dem Kösterberg Fremdsprachen und Fertigkeiten, die sie beruflich nutzen konnten, damit sie einem Leben im Ausland gewachsen waren. Es mutet schon wie eine Ironie des Schicksals an, daß dieser einstige Wohnsitz einer führenden nicht-zionistischen jüdischen Familie auf diese Weise zum Ausbildungszentrum des militanten Zionismus wurde. »Alle wollten nach Palästina«, sagte eins jener Kinder später als Erwachsener, »man wurde fast als Verräter angesehen, wenn man das nicht wollte. Wir bereiteten uns auf die Irgun vor – die jüdische rechtsradikale Untergrundorganisation in Palästina. In unseren Augen waren die Briten nicht besser als die Nazis.«[37] Bis das Programm Ende der vierziger Jahre auslief, wurden Hunderte solcher Kinder auf dem Kösterberg betreut.

Im August 1945 fuhr Erich mit der Bahn nach Schweden. Am Stockholmer Bahnhof sah er zum ersten Mal seit sechs Jahren Fritz und Anna wieder, die mittlerweile Mitte sechzig waren. Während der Kriegsjahre hatten sie vielen deutschen Flüchtlingen weitergeholfen. Zwei ihrer Töchter wollten nach Palästina auswandern. Da Max krank war und Alice fürchtete, ihr Sohn könne sich in Deutschlands Trümmern mit Krankheiten anstecken, hielt sich Erich nicht lange auf und kehrte im September über Bremen auf einem Schiff der Liberty-Klasse mit Hunderten weiterer amerikanischer Soldaten nach New York zurück.

Der Erich Warburg, der nun den Atlantik überquerte, war ein anderer und sehr viel selbstsicherer Mann als der Gesellschaftslöwe früherer Jahre. Für seine im Krieg geleisteten Dienste verliehen ihm die Amerikaner den Verdienstorden Legion of Merit, die Briten den Order of the British Empire und die Franzosen das Kriegskreuz Croix de Guerre. Der vom plötzlichen Aufblühen seines Sohnes begeisterte und auch ein wenig verwunderte Max wollte, daß Erich so bald wie möglich in die Bank zurückkehrte – eben dorthin, wo er keine besonderen Leistungen zu vollbringen vermochte. Damit sah sich Erich dem gleichen Dilemma gegenüber wie Jahre zuvor. Im Kriege hatte er überraschende Führungsqualitäten bewiesen, doch im Frieden mußte er vom Sockel des Helden herabsteigen und erneut in die Rolle eines gewöhnlichen Sterblichen schlüpfen.

Teil V

DIE ALSTERUFER- UND DIE MITTELWEG-WARBURGS KEHREN ZURÜCK

Siegmund George Warburg blieb zeit seines Lebens der Herr der Gegensätze, die sein Wesen ausmachten. Er konnte ebenso charmant wie jähzornig, höflich wie aufbrausend sein und war bei aller Bescheidenheit in den Lebensumständen zugleich hochfahrend und überaus anspruchsvoll. Die Autoren seiner Jugend waren Nietzsche und Spengler gewesen, und als ein Verächter des dekadenten Zeitalters, in das er sich gestellt sah, liebte er Einfachheit, äußerste Selbstbeherrschung und Disziplin. Glück, pflegte er zu sagen, gehe auf die Erfüllung von Pflichten zurück.

38

Der Emporkömmling

Obwohl Siegmund Warburg seit dem 18. April 1939 als britischer Staatsbürger im Krieg ein gewisses Maß an Schutz und Sicherheit genoß, kannte er all die schrecklichen Befürchtungen und Ängste eines aus Deutschland geflohenen Juden. Zu Anfang des Krieges hatte seine New Trading Company gemeinschaftlich mit den Rothschilds, Hambros und anderen Banken ein Cash-and-Carry-Konsortium zur Finanzierung amerikanischer Einfuhren gebildet.[1] Diese Operation hatte der in deutschen Diensten stehende und wegen seines näselnden Oxford-Tonfalls »Lord Haw-Haw« genannte Ire William Joyce in seinen Propagandasendungen als Werk deutscher Juden angeprangert. Als sich im Sommer 1940 Großbritannien auf eine Invasion deutscher Streitkräfte einstellte, beschaffte sich Siegmund, der den Nationalsozialisten auf keinen Fall lebend in die Hände fallen wollte, eine Arsen-Kapsel von einem befreundeten Arzt, dem er dafür zu tiefem Dank verbunden blieb. Wie sich später herausstellte, wäre Siegmund einer der ersten gewesen, die laut einer »schwarzen Liste« der Nationalsozialisten bei einer erfolgreichen Invasion Englands aufzuspüren waren; allerdings gelangte statt seines Namens versehentlich der seines Sohnes George auf die Liste.

Voll Dankbarkeit, in England Zuflucht gefunden zu haben, sprachen Siegmund und Eva nie Deutsch mit ihren beiden Kindern, und auch Lucie sprach vom Augenblick ihrer Ankunft an Englisch. Siegmund bedauerte, daß er die englische Lyrik nicht ebenso schätzte wie die deutsche; statt dessen beschäftigte er sich eingehend mit Churchill und las Romane von Charles Dickens. Mit seiner ausgeprägten Neigung zu Übertreibungen erklärte er, die Lektüre Anthony Trollopes sei wertvoller als ein Universitätsstudium. Er sammelte Reden und Zeitungsausschnitte aus der Kriegszeit, weil er unter Umständen ein Buch über den Krieg schreiben wollte. Churchills feurige Ansprachen hielt er für die besten öffentlichen Reden seit der Zeit der Griechen.[2] Doch wie manch andere wissenschaftliche Vorhaben in Siegmunds Leben wurde auch dieser Buchplan nicht verwirklicht. Wie sehr er sich auch in die britische Kultur einleben mochte, stets blieb er seinem Denken und Wesen nach ein Kind der Weimarer Republik – ihres Kulturpessimismus, ihrer dialektischen Verallgemeinerungen, ihrer mystischen Sehnsucht nach vertrauter Freundschaft und ihrer Furcht vor den finsteren Kräften der Geschichte.

Sowohl als deutscher Flüchtling wie als Jude reagierte Siegmund auf Herabsetzungen äußerst empfindlich. Als er eines Morgens von seinem

Siegmund und Eva Warburg
in den ersten Jahren ihrer Ehe

Wohnort Great Missenden mit dem Zug in die Stadt fuhr, gab er an der Bahnsteigsperre irrtümlich die falsche Fahrkarte ab. Der Kontrolleur schien für Leute, die mit deutschem Akzent sprachen, nichts übrig zu haben und erlegte ihm ein Bußgeld auf. Siegmund, der ohne jede betrügerische Absicht gehandelt hatte, war nach seinen Erfahrungen in Deutschland nicht bereit, sich einschüchtern zu lassen. Zwar rieten ihm alle Bekannten, zu zahlen und die belanglose Kränkung zu vergessen, doch er dachte nicht daran, sich dem Druck zu beugen. Er nahm sich einen Anwalt und focht das Bußgeld erfolgreich an. Allerdings sagte er später häufig, daß er große Furcht empfunden habe, gegen die Autorität des Staates aufzubegehren.

Auch wenn sich Siegmund in England nie wirklich heimisch fühlte, beeindruckte ihn neben der Bereitwilligkeit der Briten, sich unverzagt den

Umständen zu fügen, das stille Heldentum einfacher Menschen. Ihr stoisches, gelassenes Wesen vertrug sich durchaus mit dem deutschen Puritanismus, den ihm die Mutter eingeimpft hatte. Nach einem V-Waffen-Angriff auf London im Jahre 1944 fand er die geduldige Haltung seines Personals einfach bewundernswert und teilte einem Briefpartner mit: »Es ist schon beeindruckend: Als ich neulich morgens ins Büro kam, teilte mir unser Aufzugführer mit, daß er in der Nacht ausgebombt worden war; dabei war er ebenso pünktlich und gut gelaunt wie immer.«[3]

Gleich vielen anderen Flüchtlingen waren Siegmund und Eva von der freundlichen Behandlung durch die Briten überrascht. Eva wollte ihre schwedische Staatsbürgerschaft, die sie 1933 mit großer Mühe zurückbekommen hatte, nicht wieder aufgeben und mußte im Krieg dafür als Ausländerin gewisse Härten auf sich nehmen. Einmal wollte Siegmund nach Beginn der Sperrstunde am Bahnhof abgeholt werden. Also rief sie bei der Polizei an, um sich die Erlaubnis dafür geben zu lassen. Nach einer Weile sagte der zuständige Beamte: »Nun, erlauben kann ich Ihnen das nicht, aber ich werde Sie auch nicht sehen.«

Siegmunds Mutter Lucie verbrachte ihre Tage mit Klavierspiel und Briefeschreiben. Als »feindliche Ausländerin« mußte sie trotz ihres Alters von mehr als siebzig Jahren immer wieder polizeiliche Fragebogen ausfüllen und Auskunft geben, ob sie im Besitz eines Motorrades oder gefährlicher Waffen sei.

Auch als Siegmund später reich wurde, lebte er nicht aufwendig und versuchte erst gar nicht, das Leben der aristokratischen Londoner Bankiers mit ihren exklusiven Klubs und ihren Landsitzen nachzuahmen. Ihn trieb weder Besitzgier noch gesellschaftlicher Ehrgeiz, und er legte eine geradezu mönchische Anspruchslosigkeit an den Tag. Weil im Krieg Benzin rationiert war und Bahnlinien bombardiert wurden, gab die Familie 1942 das Haus in Great Missenden auf und bezog eine hübsche Vorortwohnung an der Roehampton Lane im Südwesten Londons, von wo man einen herrlichen Blick auf den Park von Putney hatte. Die Bescheidenheit dort störte Siegmund in keiner Weise. Einem Bekannten teilte er mit: »Sie paßt zu meinem leidenschaftlichen Wunsch, das Leben so weit wie möglich zu vereinfachen, was, wie ich denke, gegenwärtig im Privatleben eine unserer wichtigsten Pflichten ist.«[4]

Zwar rühmte sich Siegmund eines streng logischen Verstandes, doch waren ihm auch ungezügelte Gefühle durchaus nicht fremd. Es kam vor, daß er über Ereignisse oder andere Menschen ein impulsives Urteil fällte und damit in geradezu unheimlicher Weise recht hatte. Zu Anfang des Krieges war er voller Zweifel, ob die Alliierten Hitler besiegen könnten, doch nach dem Einfall der deutschen Truppen in die Sowjetunion vom Juni 1941 änderte er seine Ansicht schlagartig. Wenige Tage später schickte er Stefan Zweig in einem Brief eine nüchterne hegelsche Analyse, die besagte, daß der Krieg den gesellschaftlichen Fortschritt voranbringe, wie schrecklich er auch immer sei. Er stellte sich auf den Standpunkt, daß es im Grunde ein hehres Ziel sei, um dessentwillen immer größere Teile der Welt durch das Fegefeuer des Krieges und der Zerstörung gehen müßten, um geläutert und einsichtiger daraus hervorzugehen. Das zeige sich am Beispiel Englands, wo die Bedrängnis des Krieges den Gemeinschaftsgeist erheblich gestärkt habe.[5]

Er übernahm eine geheimdienstliche Aufgabe für das Ministerium für Wirtschafts-Kriegführung. Möglicherweise konnte er sich hierbei auf die Vermittlerrolle stützen, die er im Herbst 1939 zwischen Schacht und der britischen Regierung gespielt hatte. Sein britischer Partner, Harry Lucas, arbeitete im Ministerium, und dessen Schwager, John Noble, entschlüsselte Feindbotschaften. Jüdische Flüchtlinge galten als wertvolle Mitarbeiter für solche Aufgaben, und offensichtlich kam der Regierung Siegmunds umfangreiches Wissen über Deutschlands wirtschaftliches und politisches Leben sehr zustatten. Außerdem trug Siegmund dazu bei, Rohstoffe aus verschiedenen Ländern zu beschaffen.

Häufig erklärte Siegmund gelassen und leidenschaftslos, er habe sein Leben in England von vorn beginnen müssen. Gern zitierte er seinen Großvater Siegmund, der gesagt hatte: »Es war das Glück der Warburgs, daß immer, wenn wir im Begriff standen, sehr reich zu werden, etwas geschah, das uns arm machte, so daß wir wieder von vorn anfangen mußten.«[6] In seiner New Trading Company umgab er sich mit einer Anzahl erstklassiger aus Deutschland und Österreich geflohener Fachleute, die wie er ihre einstige Position hatten aufgeben müssen. Das stachelte ihren Ehrgeiz an und machte es ihnen möglich, unter äußerst widrigen Umständen zu bestehen. Weit davon entfernt, sich von der Vorsehung besiegen zu lassen, bewiesen diese Männer eindrucksvollen Unternehmergeist, und der Erfolg belohnte sie dafür.

Ein Mitarbeiter, der später eine leitende Funktion im Bankhaus S. G. Warburg & Company übernahm, prägte für die Gründerväter der Firma die Bezeichnung »Onkel«. Damit traf er den Nagel auf den Kopf, legte dieser Begriff doch die Vorstellung nahe, daß die winzige Firma mit zwei Dutzend Personen für diese politischen Schiffbrüchigen eine Ersatzfamilie war. Außerdem liegt darin ein Hinweis auf die umsichtige, pedantische und zuweilen geheimnistuerische Vorgehensweise jener Männer. Bezeichnenderweise war Siegmund nie einer der »Onkel«, sondern schwebte als *pater familias* über dem Ganzen.

Obwohl er jederzeit die Hauptrolle spielte, waren die »Onkel« als Nebendarsteller für ihn unentbehrlich. Zwar galt er in späteren Jahren vielen weltweit als bedeutendster Bankier des ausgehenden zwanzigsten Jahrhunderts, doch zeichnete er sich nicht unbedingt durch herausragende Kenntnisse in Finanzierungstechniken aus. Sein Genie bestand nie darin, daß er Abschlüsse zustande brachte, Bilanzen umbaute oder unruhige Finanzmärkte richtig einschätzte – für derlei hatte er seine Mitarbeiter. Siegmund war vielmehr ein meisterlicher Verkäufer, Entwickler langfristiger Strategien und die alles beherrschende Verwaltungsgottheit. Auch wenn er nicht auf allen Instrumenten zu spielen verstand, wußte er doch, wie er als Dirigent sein aus Virtuosen bestehendes Orchester zu erstklassigen Leistungen führen konnte. Intuitiv begriff er die Befürchtungen und Unsicherheiten seiner Mitflüchtlinge und gab ihnen das Gefühl, wichtig und etwas Besonderes zu sein. Sie fürchteten, achteten und schätzten ihn. Doch obgleich er herzlich und charmant war, konnte er auch als Autokrat auftreten, dem jeder Kniff geläufig war, wenn es darum ging, seine Leute anzutreiben, einzuschüchtern, zu ermuntern, ihnen zu schmeicheln oder zu erreichen, daß sie sich fügten. In seiner Nähe fühlte man sich geborgen und unruhig zugleich.

Das Alltagsgeschäft erledigte Siegmunds rechte Hand, Henry Grünfeld, den viele als Kopf der Firma und Londons geschäftstüchtigsten Bankier betrachteten. In London änderte er seinen Namen in Grunfeld. Nahezu fünfzig Jahre lang waren er und Siegmund so unzertrennlich wie siamesische Zwillinge. Da Grunfeld seinen materiellen Erfolg auf Siegmund zurückführte, vergötterte er ihn förmlich. Obwohl er selbst für Siegmunds Geschmack ein wenig zu starr und preußisch war, versagte ihm dieser angesichts seiner Talente die Hochachtung nicht; Grunfeld war der Techniker, der Siegmunds Wünsche ausführen konnte, ohne dessen Autorität je in Frage zu stellen. Im Lauf der Zeit entwickelte sich zwischen beiden ein geradezu telepathisches Verhältnis, und man konnte den Eindruck haben, einer sei imstande, die Gedanken des anderen zu lesen. Wenn Siegmund mitten im Gespräch mit einem Kunden unvermittelt die Taktik änderte, nahm Grunfeld das Signal unverzüglich auf und folgte der neuen Richtung, ohne daß beide auch nur ein Wort gewechselt hätten.

Während um Siegmund in mancher Hinsicht eine geheimnisvolle Aura lag, die er auch durchaus förderte, ließ Grunfeld, der das Rampenlicht scheute, nichts von der übertriebenen Selbstdarstellung erkennen, die häufig mit überlegener Intelligenz einhergeht. Er führte ein zurückgezogenes Leben und konnte dem Reisen, das Siegmund so genoß, nichts abgewinnen. Kurz vor seinem Tod sagte Siegmund zu Grunfeld: »Sie hätten es ohne mich nicht schaffen können, und ich nicht ohne Sie.«[7]

Beide Männer hatten einen ausgeprägten deutschen Sinn für Disziplin und Korrektheit. Während er bei Siegmund von Charme und schwermütiger Eleganz verdeckt wurde, trat er bei Grunfeld offener zutage, so daß dieser fast immer einen geschäftsmäßigen Eindruck machte. Davon legten sein schmales Gesicht mit den dünnen Lippen, die Stahlbrille und der kühle Blick Zeugnis ab. Bei schwierigeren Problemen versuchte Grunfeld stets verborgene Schwachstellen zu entdecken und eine saubere, elegante Lösung zu finden. Während Siegmund mitunter von treuherziger, ja geradezu kindlicher Leichtgläubigkeit war, zog »Onkel Henry« grundsätzlich alles in Zweifel. Niemand konnte ihm etwas aufschwatzen, das nicht einwandfrei war, und selten traf Siegmund eine Entscheidung von größerer Tragweite, ohne die Angelegenheit von Grunfeld prüfen zu lassen.

Auch wenn diese beiden Agnostiker einander aus Deutschland nicht kannten – Grunfeld hatte nicht einmal gewußt, daß auch die Warburgs Juden waren –, war die Entwicklung ihrer Familien parallel verlaufen. Drei Generationen lang waren die Grunfelds in Oberschlesien auf dem Stahl- und Chemiesektor tätig gewesen; unter anderem waren sie Teilhaber in der Firma Rawack & Grünfeld, von der bereits im Zusammenhang mit Friedrich Flick die Rede war. Siegmund wie Henry waren denn auch ähnlich ausgebildet, schon früh ins Geschäft eingetreten und hatten es in jungen Jahren schwer gehabt, weil das Vermögen ihrer Familien der Inflation und dem Dritten Reich zum Opfer gefallen war. So sagte Grunfeld: »Wir beide brannten vor Ehrgeiz und Entschlossenheit, wieder in die Position zu gelangen, die wir in Deutschland hatten, und der Welt und uns selbst zu zeigen, daß wir dazu imstande waren.«[8] Da weder Siegmund noch Grunfeld viel Kapital in die Firma einbringen konnte, mußten sie ihre Anteile durch Optionen aufstocken.

Stets hob Grunfeld beim Vergleich ihrer Haltung Deutschland gegenüber hervor, daß Siegmund das Land aus freien Stücken verlassen habe, während er verfolgt worden sei. Im Frühjahr 1934 hatte ihn die Gestapo in Berlin festgenommen und vierundfünfzig Stunden lang festgehalten. Während man ihn von einem Gefängnis zum anderen schleppte, war es seiner Frau, die in tausend Ängsten schwebte, nicht möglich herauszufinden wo er sich aufhielt. Die Ausreise aus Deutschland gelang ihm lediglich, weil er spanischer Honorarkonsul war. In dieser schwierigen Situation entsetzten ihn die Feigheit und Gleichgültigkeit von Menschen, die er für Freunde gehalten hatte. Es war eine Lektion, die er nie vergaß. Als er aus der Gestapohaft entlassen wurde, empfahl ihm ein Richter, der es gut mit ihm meinte, er solle untertauchen, und so lebte er mit seiner Familie im Schwarzwald, verließ aber das Land nach dem »Röhm-Putsch«. Die Nationalsozialisten plünderten seinen Vater finanziell aus; das Vermögen der Familie wurde durch die Reichsfluchtsteuer, den konfiskatorischen Wechselkurs und die Arisierung des Familienunternehmens drastisch vermindert. Viele von Grunfelds Angehörigen wurden umgebracht.

Drei Personen wiesen ihn 1935 unabhängig voneinander auf das Londoner Unternehmen Dutch International Corporation hin und sagten, Siegmund brauche zur Ergänzung seiner Kenntnisse auf dem Gebiet des Finanzwesens jemanden mit Erfahrungen in der Industrie. Alle drei traten später in die NSDAP ein und kamen im Krieg um. Diese Ironie des Schicksals entging weder Siegmund noch Grunfeld, die beide abergläubisch waren. Bei seiner letzten Reise nach Berlin 1937 sah Grunfeld am Flughafen, daß Heinrich Himmlers Mercedes neben seinem Taxi hielt – ein unheilvolles Vorzeichen. Das sollte der letzte Blick sein, den Grunfeld auf Berlin warf. Außerstande, die Erinnerungen an seine Verhaftung von 1934 zu verdrängen, setzte er nach dem Krieg nie wieder einen Fuß in die Stadt. Im übrigen führte die Verhaftung bei ihm zu einer dauerhaften Abneigung gegen alle Äußerlichkeiten. Dies erklärt vielleicht, warum er und Siegmund nie für Fotos posierten.

Dritter im Bund der ersten Jahre war Eric Korner, der die Wertpapierabteilung leitete. Korner war assimilierter Jude, einstiger Kavallerieoffizier und in der Nähe von Wien als Sohn eines Landarztes zur Welt gekommen. Zum ersten Mal war er Siegmund in den dreißiger Jahren in Berlin bei einem Spaziergang um sechs Uhr morgens begegnet, und beide wetteiferten darum, wer früher aufstehe. Er arbeitete in einer Berliner Bank und wurde von den Nationalsozialisten verhaftet, was nach dem Krieg noch ein unangenehmes Nachspiel hatte.

Im Unterschied zu den anderen »Onkeln« war Korner, dessen Englisch einen unverkennbaren österreichischen Akzent hatte, lustig, umgänglich, voll Überschwang und Wagemut sowie zu Späßen aufgelegt.

Gleich ihnen war er gebildet. Er ging gern in die Oper und ins Konzert und sammelte illuminierte Handschriften. Dank der Vielzahl seiner Kontakte in den Ländern Europas konnte er später bei der Ausgabe von Anleihen mit wenigen Telefonaten Millionen von Dollar unterbringen. Im Unterschied zu Grunfeld, der sich nüchtern an Tatsachen orientierte, verstand es Korner, der der Börsenspezialist des Unternehmens war, seine Verkaufsgespräche kunstvoll auszuschmücken. Nach dem Krieg versuchte er einmal, Beauftragten der anglikanischen Kirche am Telefon Aktien der London Rubber Company zu verkaufen. Auf die Frage, was jenes Unternehmen herstelle, legte er die Hand auf den Hörer und fragte einen Mitarbeiter. Dieser teilte ihm mit: »Kondome«. Entsetzt fragte Korner eindringlich, welche weiteren Erzeugnisse das Unternehmen im Programm habe. »Gartenhandschuhe«, gab der junge Mann zurück. Daraufhin teilte Korner den Kirchenleuten unbeschwert mit: »Die Firma ist der weltgrößte Hersteller von Gartenhandschuhen« und machte den Abschluß.[9]

Während des Zweiten Weltkriegs waren diese Flüchtlinge in der Londoner Finanzwelt recht isoliert. Trotz seiner Einbürgerung war Siegmund von Gesetzes wegen verpflichtet, auf den Firmenbogen seine deutsche Herkunft anzuführen und seinem Namen die Angabe »vormals Deutscher« beizufügen. Mit schwermütigem Spott bezeichneten sich die »Onkel« als »Wilde«, weil sie annahmen, daß die Briten sie mit diesem Klischee belegten. Tatsächlich galten sie im Londoner Finanzbezirk als sonderbare Heilige, wurden aber nicht nur mit Herablassung, sondern durchaus auch freundlich behandelt. Als New Trading einmal einen Bombentreffer abbekam, bot Rex Benson von der Firma Robert Benson (die später in Kleinwort Benson aufging) den »Wilden« in seinem Büro einen vorläufigen Unterschlupf an. N. M. Rothschild blieb die gute Fee von New Trading und überließ der Firma gelegentlich Geschäfte, die sie selbst nicht ausführen wollte. Noch bis weit in die fünfziger Jahre hinein bekam N. M. Rothschild grundsätzlich als erste Firma den Jahresabschluß von Siegmunds Unternehmen.

Wie andere Juden, die alles verloren hatten, waren auch die »Onkel« entsetzt von der Feindseligkeit, die während der Kriegsjahre in England jedem entgegenschlug, der mit deutschem Akzent sprach. Manchmal sah man in ihnen weniger die Opfer der NS-Herrschaft als vielmehr deren Parteigänger, denen man nicht über den Weg trauen durfte. Am dritten Tag des Krieges wurde Grunfeld als feindlicher Ausländer eingestuft, mußte sein Auto abliefern und erhielt die Mitteilung, daß er während des Krieges nur mit ausdrücklicher Erlaubnis reisen dürfe. Wegen seines unüberhörbaren deutschen Zungenschlags und weil er nach wie vor einen deutschen Paß besaß, mußte er ständig gegen das Mißtrauen von Gesprächspartnern ankämpfen, wenn er sich um Aufträge von Firmen bemühte, die kriegswichtige Güter herstellten. Es bedurfte einer enormen Standfestigkeit, um diese absurde Situation ertragen zu können.

Nachdem Deutschland 1940 in Holland eingefallen war, internierte Großbritannien deutsche Juden als feindliche Ausländer. Über dreißigtausend von ihnen drängten sich in Lagern nahe Liverpool oder auf der Insel Man in der Irischen See. Da man diese Menschen häufig zwischen acht und neun Uhr morgens aus ihren Wohnungen holte, gewöhnte es sich Grunfeld an, ab sechs Uhr im Hyde Park spazierenzugehen, um einer Verhaftung zu entgehen. Eric Korner hatte weniger Glück und verbrachte mehrere Monate im Lager auf der Insel Man.[10] Es hatte also durchaus seinen Grund, daß Siegmund und die »Onkel« stets gehetzt wirkten, sich geheimnisvoll gaben und überall Feinde witterten. Sie kannten die Furcht vor dem nächtlichen Klopfen an der Tür, die sie in Deutschland erlebt hatten, ebenso wie das Mißtrauen, das ihnen in England entgegenschlug.

In unvorhergesehener Weise sorgte der Krieg für eine Germanisierung der Firma New Trading, da britische Mitarbeiter einrücken mußten. Angestellte hielten auf dem Dach des Hauses King William Street 83 bei Luftangriffen abwechselnd Feuerwache. Wenn Bomben um das Gebäude niedergingen, warfen sich die überreizten Deutschen als erste zu Boden. New Trading richtete einen Luftschutzkeller ein, doch nach einer Weile gewöhnte man sich an die fortwährenden Angriffe und ging bei Alarm nicht mehr nach unten. Eine im Krieg erlassene Vorschrift verbot es den »Onkeln«, im Büro deutsch zu sprechen oder zu schreiben. Da sie nicht daran gewohnt waren, war das Ergebnis ein schwer verständliches »Englisch«, das im günstigsten Fall eine bunte Mischung unzusammenhängender Ausdrücke war. Anfänglich ging Siegmunds Sohn George Geschäftsbriefe seines Vaters zu Hause auf allzu auffällige Germanismen durch und schlichtete später im Büro Auseinandersetzungen darüber, was im Englischen üblich war und was nicht. Seinen ausgeprägten schwäbischen Akzent legte Siegmund nie ab und erklärte später, es wäre ihm wohl möglich gewesen, aber »ich habe es nicht getan, weil das albern geklungen hätte«. [11]

In mancherlei Hinsicht vereinfachte die Emigration den »Onkeln« das Leben. Nach dem Dritten Reich legten sie auf die äußeren Zeichen von Macht keinen Wert mehr und wollten nur noch solchen Besitz haben, den man mit sich herumtragen kann. Es dauerte lange, bis sie in England Häuser erwarben und sich dort verwurzelt fühlten. Das Musterbeispiel für diese Widersprüchlichkeit lieferte Siegmund, denn er verknüpfte einen bekannten Namen und die Kultiviertheit einer wohlhabenden alten Familie mit dem schöpferischen Funken des Geschäftsmannes, der sich alles selbst erarbeitet hat. Wohl nur selten dürfte ein Benachteiligter mit einem so großartigen Stammbaum den Weg nach oben angetreten haben. Von Anfang an führten er und seine Kollegen ein bescheidenes und arbeitsreiches Leben – beides Eigenschaften, die den in der City tätigen privilegierten Abkömmlingen reicher Familien abgingen. Anfangs hielten sie jüdische Feiertage ein, doch als sie merkten, daß nichtjüdische Konkurrenten arbeiteten, gaben sie diese Gewohnheit auf. Jeden Samstag diktierte Siegmund einer Sekretärin vier Stunden lang in seiner Wohnung, und an Sonntagen besprach er mit den »Onkeln« telefonisch die Arbeit der zurückliegenden Woche. Abends ging er häufig mit Kunden zum Essen. Immerfort hatten die Ehefrauen der Warburgs den Eindruck, von der Firma zur Witwe gemacht zu werden.

Bei der Arbeit führte Siegmund Methoden ein, die er in den zwanziger Jahren bei M. M. Warburg gelernt hatte, und schlüpfte dabei zusehends in die Rolle seines Onkels Max. Jeden Morgen setzten sich die »Onkel« und leitende Mitarbeiter, wenn sie um acht oder halb neun eintrafen, um einen Tisch und lasen jeweils die Post der anderen, bis um viertel nach neun die Sitzung begann. Briefe wurden zusammengefaßt und Kurzfassungen an alle Direktoren weitergegeben. Ausgehende Post mußte von einem Kollegen gelesen und abgezeichnet werden – ein in Deutschland seit langem übliches Verfahren. Um kräftezehrende Revierkämpfe und die bürokratische Zersplitterung des Unternehmens zu vermeiden, sorgte Siegmund dafür, daß die Gesamtstruktur überschaubar und einheitlich blieb. Um das Gemeinschaftsgefühl zu stärken, ließ er die Mitarbeiter verschiedene Abteilungen durchlaufen. Damit beugte er zum einen einer Überspezialisierung vor und erreichte außerdem, daß Kunden an das Unternehmen als solches und nicht an einzelne Abteilungsleiter gebunden waren. Außerdem konzentrierte er auf diese Weise die Macht in seinen Händen und erstickte Diadochenkämpfe im Keim.

Da man ihn zu Disziplin und Pflichterfüllung erzogen hatte, zeigte er ein übersteigertes Ordnungsbestreben, das vermutlich vom Chaos der ersten Erwachsenenjahre in Deutschland noch verstärkt worden war. Mit seinem Hang zum Perfektionismus ließ er in Briefen keinen noch so unbedeutenden Fehler durchgehen, und über ein Komma an der falschen Stelle konnte er förmlich aus der Haut fahren. Er fürchtete, daß sich insgeheim Mittelmaß und Trägheit einschleichen könnten. Sogar in Fragen der Kleidung achtete er auf jedes Detail. Er sah buchstäblich alles und wies Sekretärinnen zurecht, die einen Fleck auf der Bluse hatten oder deren Unterrock ein wenig vorschaute. Er war der Maßstab für die Mode in seinem Büro: Als seine Sekretärin einmal die Enden eines modischen Tuchs in den Pullover gesteckt hatte, fragte er sie betont harmlos, ob sie Halsschmerzen habe.[12]

Trotz seiner untadeligen Manieren und obwohl er streng auf die Einhaltung von Formen achtete, mußte sich Siegmund immer wieder Mühe geben, seine Empfindungen im Zaum zu halten. Diszipliniert, überkritisch, fleißig und streng, war er der Prototyp eines deutschen Juden und verlangte sich und anderen das Äußerste ab. Mit Ausnahme von geselligen Abenden, an denen Rommée oder Bridge gespielt wurde, wollte er keine Sekunde vergeuden; zu viel von seiner Zeit hatten ihm die Nationalsozialisten bereits gestohlen. Selten las er Zeitung und begnügte sich meist mit Zusammenfassungen, die Mitarbeiter im Büro vorbereitet hatten. Außer Spaziergängen und Treppensteigen kannte er keine Form der körperlichen Betätigung, und von Sport hielt er nichts. Vor dem Krieg hatte er sich von Gero von Gaevernitz einen großen grünen Ford geliehen, aber nie selbst ein Auto besessen oder fahren gelernt. (Nach einer katastrophalen Fahrstunde hatte ihm der versteinerte Fahrlehrer mitgeteilt, er sei gemeingefährlich.) Er benutzte ausschließlich Taxen und Mietfahrzeuge, las sogar auf dem Weg zur Arbeit im Wagen oder diktierte seiner Sekretärin, so daß er oft den Korrespondenzrückstand aufgearbeitet hatte, bis sie das Büro erreichten.

Dieser außergewöhnliche Mensch, der leichtem Geplauder oder munterem Freizeittreiben nichts abgewinnen konnte, war zugleich voll angestauter Spannungen. Schon zur Zeit von New Trading gebärdete er sich zeitweise wie ein Leuteschinder und warf mit Aktenordnern und Telefonbüchern um sich, wenn man nicht genau das tat, was er wollte. (Nach solchen Ausbrüchen fühlte er sich seiner Aussage nach elend, aber zugleich auch besser.) Arbeitsbeziehungen verlagerte er in ungewöhnlichem Maße auf die persönliche Ebene. Häufig war er begeistert, wenn er jemanden eingestellt hatte, fühlte sich aber nach einer Weile enttäuscht, so daß das Hochgefühl bisweilen unvermittelt in tiefen Ärger umschlug. Manchmal hatte es den Anschein, als spiele sich zwischen ihm und jedem einzelnen Angestellten ein kleines Psychodrama ab. Hinter seiner Fassade aus Höflichkeit und Bildung war er äußerst sensibel, verletzlich und einsam. Wenn ihn jemand enttäuschte, kam es vor, daß er weinend zusammenbrach. Grunfeld, der wie Eva von ausgeglichenerem Wesen war, versuchte, ihn vor heftigen Gefühlsausbrüchen zu bewahren.

Siegmund vermochte die Katastrophen der Vergangenheit nicht aus seinem Gedächtnis zu tilgen. Er hatte beide Weltkriege, die galoppierende Inflation, den Zusammenbruch der Banken von 1931 und Adolf Hitler miterlebt, machte sich unaufhörlich Sorgen und sah voll Trübsinn voraus, daß die Vereinigten Staaten nach dem Krieg in einem tiefen wirtschaftlichen Chaos versinken würden. Tadelnd wandte er sich gegen Amerikas geradezu religiöse Gewißheit, daß »ungezügeltes Privatunternehmertum und Konkurrenz automatisch das gewünschte Ergebnis erzielen, sofern man der Wirtschaft nur ihren Lauf läßt, ohne einzugreifen«.[13] Nach wie vor stand er politisch eher links und sagte voraus, die Sowjetunion werde den Lebensstandard Englands und möglicherweise auch Amerikas überflügeln. Er war sicher, daß sie nach dem Krieg Mitteleuropa beherrschen würde, was ihm aber nichts auszumachen schien, und er lobte die »kluge politische Führung« sowie die »tüchtige Handhabung der wirtschaftlichen und industriellen Angelegenheiten« durch die Sowjets.[14] Von der Macht des Landes beeindruckt, nahm er Privatstunden in Russisch.[15] Oft stritt er mit seinem Lehrer und erklärte, die Unlogik der russischen Grammatik sei der Grund für seine Fehler. Wie in so vielen anderen Fällen sollte Siegmund auch sein Urteil über die Sowjetunion grundlegend ändern, und zwar so sehr, daß er in den fünfziger Jahren selbst in gewisser Weise zu einem Mitstreiter des Kalten Krieges wurde.

Als Einwanderer mußten sich die »Onkel« besonders viel Mühe geben und sich etwas Neues einfallen lassen, um Kunden zu bekommen, die zuvor mit etablierten Banken zusammengearbeitet hatten. Dabei kannten sie keinen falschen Stolz. Vergnügt erinnerte sich Henry Grunfeld daran, wie er einmal in Paris einen Auftrag eingeholt hatte, der ihm fünfzig Pfund Honorar eintrug. Zu einer Zeit, da nur wenige Bankiers in London fremde Sprachen beherrschten, lockte New Trading britische Kunden mit dem Angebot, sich um ihre Auslandsgeschäfte zu kümmern. Siegmund befolgte Onkel Max' Grundsatz, jedem Kunden eine vorzügliche persönliche Dienstleistung zu bieten, ganz gleich, ob sich damit ein großer oder ein kleiner Gewinn erwirtschaften ließ. Oft sagte er Volontären, man wisse nie, mit wem der Kunde am Abend zum Essen verabredet sei.

Ein eindrucksvolles Beispiel für die Richtigkeit dieser klugen und demokratischen Vorgehensweise liefert der Fall Frederic Warburgs (nicht zu verwechseln mit Felix' Sohn Frederick.) Dieser Nachfahre der schwedischen Warburgs hatte 1936 Martin Seckers angeschlagenes Verlagshaus erworben. Als der Verleger Victor Gollancz George Orwells *Mein Katalonien* nicht herausbringen wollte, sicherte sich Frederic Warburg die Rechte an diesem Buch. Secker fühlte sich durch diesen Linksruck vor den Kopf gestoßen und schied aus dem Verlag aus, womit eine finanzielle Katastrophe drohte. Frederic Warburg, der unbedingt ein Darlehen von fünftausend Pfund brauchte, wurde von einer Tante an Siegmund verwiesen. Er erinnerte sich: »Siegmund behandelte meine klägliche Investition von fünftausend Pfund ebenso gründlich und aufmerksam, wie er es wohl bei den Millionen in dem Aluminium-Geschäft getan hat.«[16] Siegmund brachte im Verlag einen aus Deutschland geflohenen Redakteur der *Frankfurter Zeitung* unter und stand dem Namen nach während des Krieges eine Zeitlang selbst mit an der Spitze des Unternehmens Secker & Warburg.

Paradoxerweise empfand der herausragende Finanzmann seines Zeitalters in seiner Rolle als Geldverleiher stets ein gewisses Unbehagen. Auch in späteren Jahren war die Warburg-Bank als das konservativste Londoner Geldinstitut bekannt, das nur selten Darlehen gegen Grundbesitz oder Schiffe hergab. Wie festgefahren auch immer das Bankwesen in London wirken mochte, die »Onkel« witterten darin Gefahren und machten sich um jedes Darlehen große Sorgen. Grunfeld, der 1931 im Aufsichtsrat einer Bank gesessen hatte, die zahlungsunfähig geworden war, erinnerte sich daran, mit welcher Schadenfreude Konkurrenzfirmen deren Untergang beobachtet hatten.

Das traditionelle Bankgeschäft, ein Gebiet, auf dem Grunfeld Glänzendes leistete, langweilte Siegmund, und so hielt er sich an die alte Bankiersweisheit: »Das Kreditgeschäft ist bloß zur Deckung unserer laufenden Kosten gut.«[17] Seine Erfahrungen in Deutschland hatten ihn gelehrt, daß eine Bank ihr Einkommen aus mehreren Geschäftszweigen beziehen sollte, und zwar tunlichst aus Finanzdienstleistungen und langfristigen Anlagen. Vor allem verlockte ihn das Honorargeschäft: Lieber machte er gegen gutes Honorar Unternehmensleitern vertrauliches Wissen zugänglich, statt Darlehen zu gewähren oder Einlagen zu verwalten. Sein Vorbild war André Meyer von Lazard Frères. Während er sich einmal auf einem Flug nach New York gründlich auf eine Sitzung vorbereitete, sagte er unvermittelt zu seinem Begleiter: »Es gibt nur einen Mann auf der Welt, vor dem ich wirklich Angst habe und der mich einschüchtert – André Meyer.« Doch trotz seines ungezügelten Temperaments bewies Meyer auch im Finanzgeschäft Scharfsinn, und Siegmund achtete sehr sorgfältig auf alles, was er tat.

Eine strategische, langfristige Unternehmensplanung war ihm zu allen Zeiten lieber als das kurzfristige, alltägliche Kreditgeschäft, denn es gab seiner Vorstellungskraft mehr Raum. Anfänglich diente er oft als Vermittler zwischen kleinen Industrieunternehmen mit kurzer Kapitaldecke und großen Institutionen, die nach einer einträglichen Anlagemöglichkeit suchten. Häufig vertrat er solche Investoren in den Aufsichtsräten kleinerer Firmen. So war er in den vierziger Jahren Vorsitzender im Aufsichtsrat einer Sperrholzfabrik, eines Baggerherstellers und eines Chemieunternehmens.

Sein kühnster Ausflug in die Industrie fand in den vierziger Jahren statt, als S. G. Warburg das Metallhandelshaus Brandeis-Goldschmidt erwarb, an dessen Spitze lange der unumschränkt herrschende Paul Kohn-Speyer gestanden hatte. Dieser Schritt sollte zu einem Zerwürfnis zwischen den Familien führen, das sogar nach den Maßstäben des Hauses Warburg ausgesprochen bitter war.

Da hierbei vor allem unterschiedliche Persönlichkeiten aufeinanderprallten, mag ein kurzer Blick in die Geschichte der Familie hilfreich sein. Bekanntlich hatte Olga Warburg, eine der beiden Schwestern der fünf berühmten Brüder, Paul Kohn-Speyer geheiratet und nach der Geburt Edmunds, ihres vierten Kindes, Selbstmord begangen. Der Junge wuchs in enger Beziehung zu seinen Verwandten aus dem Hause Warburg auf, und Paul Kohn-Speyer heiratete später Anna Leo-Wolf. Der dunkle und semitisch aussehende Edmund und die blonde, modebewußte Anna entwickelten eine ausgesprochene gegenseitige Abneigung. Als sie den dreijährigen Eddy zum ersten Mal sah, lachte sie beim Anblick des sonderbaren Kindes laut auf.[18] Die Erinnerung an Olga verblaßte im Laufe der Zeit, und Paul sprach nicht über sie. Er und Anna Kohn-Speyer bekamen lauter hübsche blonde Kinder; lange Zeit glaubten alle Kinder, daß sie derselben Ehe entstammten.

Als Olgas Kinder größer wurden, erfuhren sie, daß nicht Anna ihre Mutter war, ohne daß man ihnen etwas über das Schicksal ihrer eigenen Mutter sagte. Als Eddys Schwester Alice in den dreißiger Jahren nach New York reiste, erfuhr sie Olgas Ende von Frieda und Nina; während des Krieges dann enthüllte sie Eddy das Geheimnis vom Selbstmord der Mutter. Zwar erschütterte ihn die Wahrheit, doch war er zugleich erleichtert, sie zu kennen.[19] Wäre sie ihm früher mitgeteilt worden, so vermutete Alice, hätte er die Stiefmutter wohl kaum als Eindringling betrachtet.[20]

Paul und Anna Kohn-Speyer führten das typische Leben des englischen Landadels, feierten Weihnachten statt Chanukka[21] und spendeten für die Kirche am Ort. Sie lebten auf dem gut sechzig Hektar umfassenden Besitz *Old Quarry Hall*, um den sich zwei Dutzend Angestellte kümmerten und wo Ackerbau, Milch- und Viehwirtschaft betrieben wurde. Zum Herrenhaus gehörten Tennisplätze, eine Gartenanlage mit Spalierobst und verschiedene kleine Häuser, in denen man Gäste unterbringen konnte. Als der Vater Eddy nach Kent in ein von zwei anglikanischen Priestern geführtes Grundschulinternat schickte, wußte der Junge nicht, daß er Jude war. Bei Ausbruch des Ersten Weltkriegs hörten die zweisprachigen Kinder Kohn-Speyer auf, deutsch zu sprechen, und in einer gleichermaßen deutsch- wie judenfeindlichen Schule sah sich Eddy als Jude mit einem deutschen Doppelnamen einer zweifachen Gefahr ausgesetzt. Später studierte er in Oxford am Balliol College Rechtswissenschaft, wurde Anwalt und trat in den zwanziger Jahren zur Ausbildung in die Hamburger Bank M. M. Warburg ein. Nach seiner Kindheit, in der er wenig Liebe erfahren hatte, schloß er sich den lebhaften Warburgs an und sah in Erich mehr einen Bruder als einen Vetter. Die Verwandten wußten, daß Eddy psychisch belastet und labil war. Der kluge und lustige junge Mann konnte zuweilen recht aufdringlich und taktlos sein. Oft trat er mit einer Respektlosigkeit auf, die andere entweder für ihn einnahm oder gegen ihn aufbrachte. Erich pflegte Besuchern den Rat zu geben: »Beleidigen Sie Eddy, bevor er Sie beleidigt.«

Er arbeitete 1929 als Volontär bei der National Lead Company in New York. Als er dem Vater vorschlug, er könne die Leitung der New Yorker Zweigstelle von Brandeis, Goldschmidt übernehmen, bestand dieser darauf, die Stelle statt dessen mit einem Christen zu besetzen.[22] Eddy fragte seine Kusine Bettina, die inzwischen Psychoanalytikerin war, was sich gegen seine angespannte Beziehung zum Vater tun lasse. Der Rat, den sie ihm gab, nämlich die Beziehung durch gemeinsame Arbeit zu verbessern, war nicht besonders hilfreich. Beide gerieten im Büro häufig aneinander. Der Vater war ein sturer, humorloser Perfektionist, Eddy hingegen, dem es an Selbstzucht fehlte, machte sich ein Vergnügen daraus, anderen häßliche Streiche zu spielen.

Die Frage der Nachfolge von Brandeis, Goldschmidt war von großer Bedeutung. Paul Kohn-Speyer war der Kupferkönig, dessen Firma die Produktion zahlreicher Minen vermakelte und an der Londoner Metallbörse ein größeres Handelsvolumen als alle anderen Kupferhändler hatte. Außerdem war die Firma mit Zinn, Nickel und Blei stark auf dem Markt vertreten. Da Paul Kohn-Speyer Eddys Fähigkeiten als Geschäftsmann geringschätzte, zog er sich als Nachfolger Cecil Goldschmidt, den Sohn seines verstorbenen Teilhabers, heran. Als dieser allerdings 1934 in jungen Jahren starb, erhob sich die Frage der Nachfolge erneut.

Aus Freundschaft zu Max Warburg hatte Paul Kohn-Speyer, als Siegmund nach London kam, diesem einen eingerichteten Büroraum zur Verfügung gestellt und auch viele seiner frühen Transaktionen finanziert. So groß war seine Hochachtung vor Siegmunds geschäftlichen Fähigkeiten, daß er ihn als Vollstrecker seines Testaments einsetzte. Allerdings scheint er gegen Ende seines Lebens zu der Überzeugung gelangt zu sein, daß Siegmund die Verbindung zu Brandeis, Goldschmidt in unzulässiger Weise ausgenutzt habe, um sein eigenes Geschäft aufzubauen.[23]

Die Kinder Kohn-Speyer behaupten, Siegmund habe sich, kaum daß Paul 1942 das Zeitliche gesegnet hatte, bei dessen Witwe Anna eingeschmeichelt, die sich später nur noch auf sein Urteil verließ.[24] Die Warburgs mutmaßten, Siegmund habe die elegante Anna in unredlicher Weise umworben. So teilte Erich seinem Vater im April 1943 mit: »Lola schreibt, daß Siegmund als Testamentsvollstrecker sein altes Jud-Süss-Spiel mit Tante Anna gegen Eddy treibt. Falls das stimmt, ist das eine ziemlich widerwärtige Rolle!«[25] Die Boshaftigkeit von Erichs Anspielung auf Lion Feuchtwangers Roman *Jud Süß* liegt darin, daß der skrupellose jüdische Finanzberater des Herzogs von Württemberg, Joseph Süsskind Oppenheimer, wegen subversiver Tätigkeit festgenommen, in einem eisernen Käfig über den Köpfen der Menge zur Schau gestellt und dann wegen Hochverrats gehenkt worden war, weil er Staatsmonopole für sich ausgenutzt hatte – eine Geschichte, die im Zusammenhang mit antisemitischen Anschuldigungen in den dreißiger Jahren immer wieder aufgewärmt wurde.

Nach dem Tod Paul Kohn-Speyers mußten seine Angehörigen eine beträchtliche Erbschaftssteuer aufbringen, und Siegmund sagte später, Anna habe ihn gebeten, sie von der Firma Brandeis, Goldschmidt zu befreien. Dazu brauchte er vier Jahre. Am 22. Mai 1946 konnte man in Londons Zeitungen lesen, daß Brandeis, Goldschmidt & Co. in eine GmbH mit einem Firmenmantel von einer halben Million Pfund umgewandelt worden war. Rio Tinto erwarb den Mehrheitsanteil und S. G. Warburg & Co. eine Minderheitsbeteiligung, vermutlich um zu demonstrieren, daß es dem Unternehmen eine glückliche Zukunft zutraute. Wenige Jahre später kaufte die Familie Warburg das gesamte Unternehmen auf. Siegmund stand dem Handelsgeschäft wegen dessen Unvorhersagbarkeit ängstlich und zugleich hochnäsig gegenüber und betrachtete es als ein sonderbares Gebiet, das nach den Regeln der Massenpsychologie funktionierte. Grunfeld hingegen hatte Erfahrung im Metallhandel und fungierte später als Vorsitzender von Brandeis, Goldschmidt.

Nachdem Eddy den Krieg als Abwehroffizier in der Royal Air Force hinter sich gebracht hatte, wurde er in der Kontrollkommission in Deutschland tätig und entwarf Gesetze für die Besetzung des Landes nach dem Krieg. An Tag seiner Entlassung aus dem Dienst wurde der Verkauf von Brandeis, Goldschmidt besiegelt.[26] »Eddy hat gesagt, wenn er damals dagewesen wäre, hätte er den Verkauf verhindern können«, berichtete ein Mitarbeiter von Paul Kohn-Speyer. »Er hatte den Eindruck, daß die Sache hinter seinem Rücken abgewickelt worden ist. Es muß für ihn vor allem deswegen schmerzlich gewesen sein, weil er gekämpft hatte, während andere Geld verdienten.« Eddy sah im Verkauf von Brandeis, Goldschmidt einen Akt tiefsten Undanks, unter anderem deshalb, weil Siegmund von seinem Vater in England Starthilfe bekommen hatte. Er verlor seinen Erbanteil am Unternehmen seiner Familie und wurde mit einem Scheck über dreitausend Pfund abgefunden. Die einzigen Aktiva, die er für sich retten konnte, waren einige von Bomben schwer mitgenommene Anlagen zur Kupferproduktion, die Brandeis, Goldschmidt gemeinsam mit National Lead in Deutschland besaß.

Er war sicher, daß Siegmund die schwierige Lage der Familie Kohn-Speyer und die allgemeine Situation der Nachkriegszeit ausgenutzt hatte, um das Unternehmen zu einem Spottpreis an sich zu bringen. Zu jener Zeit kursierten in Fachkreisen Gerüchte, denen zufolge der Verkaufspreis von Brandeis, Goldschmidt nicht einmal die Erbschaftssteuer für Paul Kohn-Speyers Nachlaß gedeckt habe. Es ist aus vielen Gründen äußerst schwierig, die Stichhaltigkeit von Eddys schwerwiegenden Vorwürfen gegen Siegmund zu beurteilen. Über die Frage des Preises läßt sich nichts Schlüssiges sagen, denn in der Kriegs- und frühen Nachkriegszeit war der Markt so gut wie tot. Als Lieferanten kriegswichtigen Metalls standen Kupferfirmen unter staatlicher Aufsicht und konnten nur genau festgelegte Gewinn-Prozentsätze erwirtschaften. Das galt auch noch nach dem Krieg, so daß es äußerst problematisch war, den Wert von Metallfirmen festzulegen.

Außerdem hing der Wert eines Handelshauses weniger von bezifferbaren Aktiva ab als von Ruf und Tüchtigkeit der Geschäftsleitung. Paul Kohn-Speyer war ein Händler von legendären Fähigkeiten gewesen, aber zugleich ein Autokrat und Einzelgänger. Nach seinem Tod herrschte in der Firma allenfalls noch Mittelmaß – unter anderem stellte sich heraus, daß ein Buchhalter Unterschlagungen begangen hatte –, so daß das Unternehmen praktisch neu aufgebaut werden mußte. Außerdem lassen sich die wesentlichen Fakten des Falles unmöglich ermitteln, da die leitenden Herren von S. G. Warburg und Co. erklärten, man habe aus der Zeit vor 1953 für Brandeis, Goldschmidt keine Unterlagen mehr.

Paul Kohn-Speyer hatte seinen Sohn als möglichen Nachfolger nachdrücklich ausgeschlossen, und man betrachtete Edmund im allgemeinen als ungeeignet für diese Aufgabe. Hinzu kam, daß ihn die Männer an der Spitze des Unternehmens in keiner Weise schätzten. Daß Siegmund in ihm einen Widerspruchsgeist sah, der den Geschäftsablauf eines Unternehmens sabotieren konnte, ist gerechtfertigt. Ganz allgemein herrscht Übereinstimmung, daß Siegmund und Henry Grunfeld im Zusammenhang mit Brandeis, Goldschmidt glänzende Arbeit geleistet, die Geschäftsleitung wiederaufgebaut und das Unternehmen weit besser geführt haben, als Edmund es je hätte tun können. Als unmittelbar nach Kriegsende die Metallbörse noch geschlossen war, verwendeten die Warburgs das Kapital von Brandeis, Goldschmidt für Finanzierungsaufgaben. Noch in den frühen sechziger Jahren verdiente S. G. Warburg mit Brandeis beachtliche Beträge, jedenfalls mehr, als Siegmund mit seinen hochgepriesenen Unternehmungen auf dem Markt der Eurobonds.

Vom geschäftlichen Standpunkt aus gesehen war die Übernahme durch Siegmund ein kluger Schachzug, obwohl es ihm gar nicht recht war, daß Henry Grunfeld so viel Zeit für die Firma Brandeis aufwenden mußte. Doch dem Sohn des Mannes, der ihm den Neuanfang in London erleichtert hatte, fügte er damit einen großen Schmerz zu. Eine gewisse Härte war nötig, um Edmund Kohn-Speyer aus dem Unternehmen herauszuhalten, das seinem Vater gehört hatte. Siegmund, der seiner Selbsteinschätzung nach hohe ethische Maßstäbe hatte, nahm die Worte »Mut« und »Integrität« oft in den Mund. Häufig zitierte er seine Mutter, die gesagt hatte, man müsse den »härteren« Weg gehen, weil dieser der richtige sei. Daher verfolgte er seine Ziele geradlinig und mit einer gewissen Unnachgiebigkeit. Stets hatte er, der in jungen Jahren ein begeisterter Nietzsche-Anhänger gewesen war, den Eindruck, das Bewußtsein der höheren Sendung auf seiner Seite zu haben.

Sicherlich rief keine andere Tat in Siegmunds Laufbahn größere Feindseligkeit unter den Warburgs hervor, denen zweifellos die Gelegenheit willkommen war, den erfolgreichen und oft halsstarrigen Vetter nach Herzenslust verspotten und schmähen zu können. Bettinas Groll über den Vorfall legte sich nie; sie sagte über Siegmund, er habe einen abscheulichen Charakter gehabt und Eddy Kohn-Speyer aus der Firma des Vaters gedrängt.[27] Ihr Urteil über Siegmund war extremer als das der meisten Warburgs. Trotz aller Hochachtung vor Siegmunds Erfolg sahen die Mittelweg-Warburgs in ihm einen Mann, der sich hinter vielen Masken verbarg, geheime Pläne hegte und undurchschaubare Ziele verfolgte. Selbst als er einen höheren Bekanntheitsgrad erreichte als alle Warburgs vor ihm, blieb er das schwarze Schaf der Familie. Bei seinen Verwandten vom Alsterufer allerdings war er gern gesehen.

Die Geschichte von Eddy Kohn-Speyers weiterem Leben ist betrüblich. Nach dem Verkauf von Brandeis, Goldschmidt verfiel er in tiefe Depressionen und wurde eigenbrötlerisch. Da er im freudlosen Großbritannien des Jahres 1946 keine Arbeit finden konnte, mußte er auf dem elterlichen Anwesen als Landwirt tätig werden. Mehrfach versuchten die Warburgs in den fünfziger Jahren, zwischen Siegmund und Eddy zu vermitteln, es gelang ihnen aber bei keinem von beiden, ihn von seiner selbstgerechten Empörung abzubringen. Fritz schrieb, »Siegmund Warburg ist ja für Eddy das rote Tuch, weil er sich so schlecht behandelt fühlt.«[28] Siegmund sah sich seinerseits als den Gekränkten, denn »er hat den Eindruck, daß sich Eddy ihm gegenüber zu häßlich benommen hat, als daß er je wieder etwas mit ihm zu tun haben möchte«, erklärte Spiegelberg.[29]

Bis ans Ende seiner Tage trug Eddy, auch als er schon alt und fast blind war, allen Menschen, denen er begegnete, seinen jammervollen Bericht über das Los der Firma Brandeis, Goldschmidt vor. Er hatte einen solchen Haß gegen Siegmund, daß er Eva obszöne verleumderische Briefe schrieb, in denen er sie vor Siegmund warnte. Jedem, der es hören wollte, sagte er, wenn es erlaubt wäre, jemanden umzubringen, würde er ein Gewehr nehmen und Siegmund über den Haufen schießen.[30] Als Erich zu seinem siebzigsten Geburtstag die Verwandtschaft auf den Kösterberg einlud, war Siegmunds erste Frage, ob Eddy kommen werde. Als er erfuhr, daß sein unversöhnlicher Gegner dort sein würde, sagte er ab. Eddy fragte bei seiner Ankunft, ob Siegmund da sei, und erklärte voll Ingrimm: »Ich hab' meine Schrotflinte mitgebracht.«

Nach dem Zweiten Weltkrieg zeigte sich, daß das Schicksal Siegmund aufs neue eine seltene Gelegenheit bot. Durch die gewissenlose Verfolgung der Juden war die vorgegebene Erbfolge im Imperium der Warburgs unterbrochen, und so konnte ein neuer Anwärter auf den Thron gelangen. Die Nationalsozialisten hatten die Firma M. M. Warburg ausgelöscht, und Max war inzwischen alt, hatte ein Herzleiden und hohen Blutzucker. Sofern Siegmund rasch handelte und die Initiative ergriff, konnte er sich den Namen Warburg zunutze machen. Was Begabung und Ehrgeiz betraf, hatte er sich mit Recht den Verwandten vom Mittelweg immer weit überlegen gefühlt, und stets war es ihm zuwider gewesen, Brosamen von Onkel Max' Tisch zu erbetteln. Mit Mitte vierzig war er bereit, das Leben noch einmal von vorn zu beginnen. Da der Krieg vor-über war, bedeutete ein deutscher Name auch in einer Londoner Firma kein Hindernis mehr.

Max hielt es für selbstverständlich, daß man es ihm überlassen würde, dem Namen Warburg nach dem Krieg wieder seine alte Geltung zu verschaffen. Erich, der während der Kriegsjahre ab und zu in London gewesen war, sah, wie gut Siegmund vorankam. Nachdem er und Siegmund im Dezember 1943 miteinander zu Abend gegessen hatten, sprachen sie lange über die Zukunft der Firma New Trading. Anschließend teilte Erich dem Vater beunruhigt mit: »Sie sind sehr aktiv; hoffentlich nicht zu sehr, falls eines Tages der Frieden kommt.«[31] Bei einem Londonaufenthalt im September 1944 erfuhr Erich, daß Siegmund für die Zeit nach dem Krieg die Einrichtung einer Amsterdamer Niederlassung für New Trading ins Auge faßte – ohne die Beteiligung von Max oder Erich. Das war ein bedeutsamer Schritt, denn Amsterdam schien den Warburgs für die Wiederaufnahme der Tätigkeit auf dem europäischen Festland am besten geeignet.[32] Auf Erichs Bitte, seine Pläne zu präzisieren, wurde Siegmund einsilbig. »Hinzunehmen mußt Du die neue Expansionspolitik von New Trading und den persönlichen Ehrgeiz meines Vetters, dann hast Du das Bild, nämlich daß sie unter allen Umständen selbst eine solche Niederlassung gründen wollen«[33], schrieb er an seinen Vater. Um den Expansionsdrang des Vetters zu zügeln, bat Erich, Siegmund möge sich mit den New Yorker Warburgs in Verbindung setzen, bevor er an Orten tätig werde, wo diese vor dem Krieg vertreten gewesen waren.

Siegmund ärgerte sich darüber, daß Max und Erich stillschweigend davon ausgingen, sie hätten eine Art Monopol auf den Namen der Familie, und empfand ihre Haltung als überheblich. Da er auf den Namen ebenso stolz war wie sie, war er keinesfalls bereit, noch einmal hinter Erich ins zweite Glied zurückzutreten. Außerdem hielt er niemanden für geeigneter als sich selbst, die Fahne hochzuhalten. Stets hatte er Max gegenüber widerstreitende Empfindungen gehabt, den er einst als Onkel und Ersatzvater geliebt hatte, bis dieser anfing, den Sohn zu bevorzugen und im Umgang mit Siegmund den Chef hervorzukehren, bei dem die letzte Entscheidung lag. Inzwischen hielt Siegmund ihn zusehends für selbstgefällig und hochnäsig und war überzeugt, daß sich Max zuviel auf sein Wissen einbildete. Zu Erich hatte er sich nie hingezogen gefühlt; zwar fand er ihn liebenswürdig und lebensfroh, sah in ihm zugleich aber auch einen Snob ohne Format, dem es an Mut, Substanz und Antriebsstärke fehlte.

In Hamburgs Finanzwelt hatte Max die Rolle eines Riesen gespielt, Siegmund hingegen war ein Niemand gewesen – der Vetter vom Lande aus dem falschen Zweig der Familie. Als Max jetzt merkte, wie weit Siegmunds Ehrgeiz ging, verspottete er ihn als Emporkömmling, der vergessen habe, welcher Platz sich für ihn in der Welt der Warburgs schickte. Es schien ihm absurd, daß dieser Neffe als Erbe und Bewahrer des erhabenen Namens Warburg auftrat.

Welche Kämpfe hier tatsächlich ausgetragen wurden, läßt sich nur vermuten. Viele Mitglieder der Familie Warburg sind überzeugt, daß es Siegmund um eine Rehabilitierung ging, und zwar nicht nur seiner selbst, sondern des gesamten erniedrigten Alsterufer-Zweigs, den die Mittelweg-Warburgs mit so viel Spott bedacht hatten. »Es war Siegmund sehr darum zu tun, diesem Zweig der Familie seine alte Bedeutung zurückzugeben«, sagte seine Kusine Ruth Fleck. »Er hatte seinen Vater bewundert und wollte die Dinge wieder zurechtrücken.«[34] Siegmund war sicher, daß sich die Mittelweg-Warburgs vom Geld hatten schwächen und korrumpieren lassen, während er sich die Finger blutig gearbeitet hatte. Sein Aufbegehren gegen Max war der letzte Akt der Rache des armen Verwandten. Mit seinem Aufstieg sollte tatsächlich ein verblüffendes Wiedererstarken der Alsterufer-Warburgs einhergehen, eine Erinnerung an die ruhmvollen Zeiten seines Großvaters, der den gleichen Vornamen getragen hatte wie er.

Siegmund bestritt, daß die Anfang 1946 vorgenommene Namensänderung von New Trading in S. G. Warburg & Co. auch nur von fern etwas mit Max oder Erich zu tun haben könnte. Gewiß, der Brauch verlangte, daß ein Londoner Investmenthaus nach seinem Gründer und Hauptrepräsentanten benannt wurde, doch besaß Siegmund, worauf Max und Erich auch hinwiesen, keineswegs bedeutende Anteile an New Trading. Siegmund zitierte einen hochgestellten Vertreter der Bank von England, der ihn gedrängt hatte: »Siegmund, wenn Sie eine neue Bank gründen, muß die unter Ihrem Namen und keinem anderen laufen.«[35] Aus seinem Briefwechsel geht hervor, daß die Namensänderung zeitlich mit Erichs Rückkehr aus Deutschland nach New York Ende 1945 zusammenfiel. Anfang September forderte Max seinen Sohn Erich auf, zu einer dringenden Besprechung mit Siegmund über die Namensänderung nach London zu fahren. Einige der Anteilseigner an Siegmunds Firma machten sowohl dem Vater als auch dem Sohn einen zutiefst unangenehmen Eindruck.[36] (Da sich unter Siegmunds Hauptanteilseignern Edmund Stinnes, die Familie Petschek aus der Tschechoslowakei und andere äußerst achtbare Geschäftsleute befanden, ist nicht ganz klar, worauf sie sich damit bezogen.) Nach New York zurückgekehrt, führte Erich mit dem Vater, der kränkelte, aber durchaus noch imstande war, die Dinge richtig einzuschätzen, lange

Gespräche über die Zukunft. Immer wieder betonte Max, daß die Hamburger Firma unter dem Namen Warburg einen neuen Aufstieg erleben müsse.[37]

Am 19. November 1945 teilte Siegmund seinem Vetter Charles mit: »Kürzlich wurde Erich aus den amerikanischen Streitkräften entlassen, und er plant mit seinem Vater, in welchem Rahmen er künftig arbeiten wird. Zu Deiner persönlichen Information sei gesagt, daß ich in dieser Hinsicht gewisse Befürchtungen habe, denn soweit ich weiß, halten Onkel Max und sein Sohn große Stücke darauf, die alte Firma M. M. W. & Co. zu beleben, was meiner Ansicht nach im Augenblick gelinde gesagt äußerst verfrüht wäre.«[38] Falls der Name M. M. Warburg & Co. in Europa wieder auflebte, würde ihn Siegmund nicht verwerten können, ohne Verwirrung zu stiften. So war für ihn zu jener Zeit die Versuchung groß, ihn zu nutzen, doch mußte er dazu rasch und entschlossen handeln.

Zwei Monate lang überlegte Siegmund hin und her. Da er die Bankenkrise des Jahres 1931 miterlebt hatte, war er nicht ohne weiteres bereit, den Namen der Familie zu verwenden, und neigte eher zu dem Namen *Mercury*. An sechs aufeinanderfolgenden Wochenenden spazierte er mit Henry Grunfeld durch die Parks von London. Jener versuchte ihn davon zu überzeugen, daß der Name New Trading für eine Bank irreführend, der Name der Familie hingegen richtig und angemessen sei. Siegmund fürchtete die mit einem solchen Schritt verbundene Verantwortung, wie auch die durchaus ernstzunehmende Gefahr eines Fehlschlags. Am 14. Januar 1946 schrieb er seinem Vetter Charles, sie hätten sich nunmehr dazu entschlossen, als S. G. Warburg & Co. zu firmieren.[39]

Max und Erich führten einen langen und scharfen Briefwechsel mit Siegmund, in dem sie versuchten, ihn von der Nutzung des Namens der Familie abzubringen. Haßerfüllt bedachte Max Siegmunds Firma mit dem Spottnamen »Jew Trading Company«, also »Jüdisches Handelsunternehmen«. Seiner und Erichs Auffassung nach hinterging Siegmund, der seinen Start in London der Unterstützung des Hauses M. M. Warburg und Paul Kohn-Speyers verdankte, nunmehr beide. Max spottete, das als S. G. Warburg & Company firmierende Unternehmen werde ohne ihn keinerlei Bedeutung erlangen. »Jeder meiner Freunde hielt den neuen Namen für richtig«, sagte Siegmund dazu, »nur einigen entfernteren Verwandten war er nicht recht.«[40]

Am 29. Januar 1946 brachte die Londoner *Times* unten auf Seite sieben nachstehende winzige Notiz: »Die Firmenbezeichnung New Trading Company wurde in S. G. Warburg & Company geändert. In den Jahren nach seiner Gründung hat sich das Unternehmen zu einer Industrie- und Handelsbank entwickelt, weshalb man die ursprüngliche Bezeichnung nicht mehr für angemessen hält. In der Leitung und der Art der Tätigkeit des Unternehmens wird keine Änderung eintreten.«[41] Die kleine Firma beschäftigte dreißig Angestellte und verfügte über ein Gesamtkapital von knapp zweihundertdreiunddreißigtausend Pfund. In keiner Weise ließ die lapidare Ankündigung ahnen, welch steile Aufwärtsentwicklung dem Unternehmen bevorstand. Nie machte Siegmund einen Hehl daraus, daß er nicht im Traum daran gedacht habe, seine Firma könne in die Reihe der führenden Londoner Bankhäuser vorstoßen. »Ich dachte, wir würden eine kleine Nische finden, wo wir das tun konnten, was die anderen nicht zu tun bereit waren«, kommentierte er die ursprüngliche Absicht.[42]

Zwar erlebte Max mit, wie der Name Warburg wiederauferstand, freilich unter gänzlich anderen Vorzeichen, als er es sich vorgestellt hatte. Nach der von Siegmund vorgenommenen Namensänderung bekam er im Februar 1946 einen Herzanfall. Seine Lebenskraft war dahin, und er ergab sich in sein Los. Trotz ihrer einstigen Meinungsverschiedenheiten kam Jimmy um der guten alten Zeiten willen, in denen er Max nähergestanden hatte als dem eigenen Vater, ans Krankenbett des Onkels. Max' verwirrtes Denken wandte sich der Vergangenheit zu, kehrte zu Ballin und Melchior zurück, zum Ersten Weltkrieg und zu Versailles, zu den herrlichen Zeiten, die er mit den unterdessen verstorbenen Brüdern erlebt hatte. Voll Entsetzen erfuhr er, daß sechs Millionen Juden vergast worden waren; das aber brachte ihn nicht von seiner Ansicht ab, daß es sich beim Nationalsozialismus um eine vorübergehende Krankheit Deutschlands gehandelt habe, und er mahnte, man soll nicht das viele Gute aus den Augen verlieren, das die deutsche Kultur der Menschheit geschenkt habe.

Häufig dachte er an Aby. Unmittelbar nach dem Krieg hatte er mit großer Freude eine Erinnerung an ihn gelesen, die Carl Georg Heise in einem Luftschutzbunker während der Bombenangriffe auf Berlin verfaßte hatte. Max' eigene vergängliche Welt aus Macht und Reichtum lag jetzt in Trümmern, während die Bücher und Gedanken des Bruders überdauert hatten. Erich gegenüber räumte er ein, er habe Aby unterschätzt, dessen verrückte nächtliche Visionen solche Blitze der Wahrheit entfesselt hatten. »Er hat immer gesagt, deine Firma wird zu einer Zeit bankrott sein, da meine Bibliothek blüht... Wie oft habe ich ihm nicht gesagt, wenn wir uns stritten, daß er ein Dummkopf sei! Aber jetzt denke ich doch, daß er der Wahrheit am nächsten gekommen ist.«[43] Ähnlich demütig und offen teilte er Fritz Saxl mit, daß der größte Teil seines eigenen Werks zerstört sei, Abys Bibliothek aber als Erbe der Familie überlebt habe.[44]

Während Erich immer steif und fest behauptete, sein Vater wäre mit Sicherheit nach Hamburg zurückgekehrt, beteuerten die Töchter ebenso kategorisch das Gegenteil. In seinen letzten Tagen verfiel Max in Heimweh und sprach im Delirium vom Kutscher, der die Pferde anschirrte, um ihn zurück zum Kösterberg zu bringen. Er starb am 26. Dezember 1946 im Alter von neunundsiebzig Jahren. Über tausend Trauergäste füllten die Synagoge an der Park Avenue. Anschließend wurde er auf dem Friedhof von Sleepy Hollow an der Seite seines Bruders Paul beigesetzt. Für Alice, die in zwei Weltkriegen wie in den Jahren der Verfolgung selbst dann treu an seiner Seite ausgeharrt hatte, als man ihm nach dem Leben trachtete, bedeutete sein Tod einen schrecklichen Schlag.

Ein unheimlicher Zufall wollte, daß auch Paul Wirtz zwei Tage nach Max starb, und so fand in Hamburg in der Firma Brinckmann, Wirtz eine gemeinsame Gedenkfeier für beide statt. Sichtlich bewegt hielt Rudolf Brinckmann eine besinnliche Ansprache und feierte dann mit der winzigen, noch verbliebenen jüdischen Gemeinde Hamburgs in einer Synagoge den Trauergottesdienst.

Fritz, der so lange im Schatten seiner vier glanzvollen Brüder gestanden hatte, empfand die durch Max' Hinscheiden entstandene Situation als äußerst eigenartig. »Ich bin natürlich durch den Tod von Max... plötzlich viel älter geworden. Solange er noch, wenn auch mit schwächer werdender Hand, ›regierte‹, konnte ich mich doch als jüngerer Bruder fühlen.«[45] Mit seinem grauen Walroßschnurrbart schlurfte er nach wie vor gemächlich durchs Leben und hatte die dynamischen Brüder mit seiner bedächtigen Art überlebt. Davon abgesehen, daß er über die hohen Steuern in Schweden schimpfte, schien er das Leben in Stockholm zu genießen. Er und Anna Beata hatten während des Krieges vielen Juden geholfen und sich um ein finnisches Flüchtlingskind gekümmert. Im Untergeschoß des Mietshauses, das sie bewohnten, hatte Fritz ein graphologisches Institut eingerichtet, so daß er ausgiebig seiner alten Leidenschaft nachgehen konnte.

Wie Max spürte auch er die geheimnisvolle Lockung eines Deutschland, das nur noch in der Erinnerung existierte. Bei Sherry-Hering im Restaurant *Metropol* gab er sich seinen Erinnerungen hin und verfiel dabei unversehens aus dem Schwedischen ins Deutsche. Nie schloß er die Möglichkeit aus, nach dem Krieg nach Hamburg zurückzukehren. Er verwahrte sich dagegen, daß jeder Deutsche ein Nazi sei, und fürchtete, die siegreichen Alliierten würden seine einstigen Landsleute eher strafen, als ihnen die Möglichkeit zur Wiederherstellung ihres Rufs geben.

Alle Brüder Warburg, die in jungen Jahren zu solchen Höhenflügen angesetzt und zu so schönen Hoffnungen berechtigt hatten, wurden schließlich gleichsam auf Menschenmaß zurechtgestutzt. Trotz seiner enormen Geschicklichkeit und Flexibilität hatte Max seinen Reichtum, sein Ansehen und seinen Traum von der völligen Assimilierung der Juden in Deutschland letztlich aufgeben müssen. Zum Schluß blieben ihm nur noch eine Handvoll Erinnerungen, unbestimmte Hoffnungen und sein verletzter Stolz. Zwar war er keineswegs fehlerlos und konnte sich durchaus irren, doch war er gereifter und weiser als der draufgängerische, schneidige junge Mann, der einst deutscher Kavallerieoffizier hatte werden wollen. Wie bei seinen Brüdern hatte das Leiden seine Kanten abgeschliffen und ihn menschlicher gemacht, aber auch verbittert. Er starb, ohne zu wissen, ob er der letzte Warburg war, der auf deutschem Boden das Bankgeschäft betrieb.

39

»Unser Arier«

Nach dem Zweiten Weltkrieg war Hamburg ein Flickenteppich aus Bombenschutt, dessen Beseitigung Jahre dauern sollte. Die Jeeps der Alliierten umkurvten die Trümmer auf den Straßen. Deutschlands einstiges »Tor zur Welt« hatte seine Flotte, seinen Überseehandel und seine lebenswichtigen Verbindungen zur Außenwelt eingebüßt. Als die Lebensmittelzuteilung pro Person und Tag auf rund tausend Kalorien verringert wurde, breiteten sich Tuberkulose und andere Mangelkrankheiten aus. Die Wohnungsnot zwang die Menschen, Zuflucht in Notunterkünften wie den sogenannten »Nissenhütten« zu suchen – Wellblechbaracken, die aussahen wie ein halbierter Zylinder mit einer kleinen Tür vorn und je einem kleinen Fenster zur linken und zur rechten Seite. Da die Angestellten im palastartigen Neorenaissancebau der Firma Brinckmann, Wirtz erbärmlich froren, schoben sie die Schreibtische in einem großen Raum um einen Kanonenofen zusammen und arbeiteten in Hut und Mantel, während sich die Boten die Hände über dem Ofen warm rieben. Die Not der Kriegsjahre war keineswegs vorüber.

Doch waren diese materiellen Entbehrungen nichts im Vergleich zu den psychologischen Barrieren, die die Warburgs beschäftigten, als sie erwogen, nach Deutschland zurückzukehren. Wie alle jüdischen Familien betrachteten sie Deutschland als ein von Geistern bevölkertes, tabuisiertes Gebiet. Eines Tages schickten ihnen die Besatzungsbehörden einen Thora-Schrein mitsamt Vorhang, der im Lager Theresienstadt geborgen worden war. Welcher Jude konnte angesichts solcher Erinnerungen auch nur den Gedanken einer Rückkehr nach Deutschland hegen? Die zweihunderttausend Juden, die sich noch dort befanden, waren größtenteils Verschleppte, die es nicht abwarten konnten, nach Palästina oder in ein anderes Land auszureisen. Es sah ganz so aus, als habe Hitler den Sieg davongetragen und als werde die jüdische Gemeinschaft in Deutschland binnen kurzem ausgestorben sein. Auf der ganzen Welt boykottierten Juden – ähnlich wie 1933 – deutsche Erzeugnisse und dachten nicht im Traum daran, ihren Fuß in das Land zu setzen, das sich selbst aus der Gemeinschaft der Völker ausgeschlossen hatte.

Obwohl Erich Warburg sich von seinem Judentum entfernt hatte, spürte er all das sehr wohl und lehnte daher Brinckmanns Angebot ab, nach Hamburg und in die Bank zurückzukehren. Im Verlauf des Krieges hatte er sich zu einer eigenständigen Persönlichkeit entwickelt, was es ihm um so schwerer machte, sich wieder an das Zivilleben anzupassen.

Wohl ohne an seine eigene Jugend zu denken, sagte Max, über Erichs Streben nach einer militärischen Karriere spottend: »Einen jüdischen General haben wir nie gehabt.«[1] Wie für viele andere Veteranen muß das wirkliche Leben auch Erich ernüchternd vorgekommen sein, als er in die winzige Flüchtlingsfirma zurückkehrte, die er an der William Street 52 gegründet hatte. Der gutgelaunte, lebensbejahende und umgängliche Erich besaß nicht die entschlossene unternehmerische Energie Siegmunds, die zur Gründung eines Imperiums erforderlich ist. Zwar hatte er stets eine Fülle guter Einfälle, doch fehlte es ihm an Durchhaltevermögen, um diese konsequent zu verwirklichen.

Die Beschäftigten von E. M. Warburg in New York waren aus Hamburg und Amsterdam gekommen und sprachen eine sonderbare Mischung aus Deutsch und Englisch, weshalb ihnen der amerikanische Wertpapiermarkt immer wieder Rätsel aufgab. Wie eine Erscheinung aus einer anderen Zeit ging Erich durch die Wall Street und machte Höflichkeitsbesuche bei Banken. Er beriet jüdische Einwanderer und deutsche Geschäftsleute, die sich bemühten, auf dem amerikanischen Markt Fuß zu fassen. Erich war zwar aufgeweckt, in seinem Denken aber konventioneller als Siegmund, der begeistert auf alles Neue einging.

Erich, in dessen Leben der Nationalsozialismus und der Krieg so massiv eingegriffen hatten, war nun ein ungebundener Junggeselle von Mitte vierzig und durchaus eine gute Partie. Nachdem er anfangs bei Frieda gewohnt hatte, nahm er sich eine kleine Wohnung an der East 52. Street. Es wäre Max und Alice am liebsten gewesen, wenn er jene Art von Ehe geschlossen hätte, die im deutschen Kaiserreich angemessen gewesen wäre, doch mußte dies im New York der Nachkriegszeit anachronistisch wirken. Als Erich 1945 Heimaturlaub hatte, lud Alice eine junge Dame namens Dorothea Thorsch zum Tee ein, die damals für das niederländische Rote Kreuz arbeitete. Sie bewunderte Erich in seiner feschen Khaki-Uniform ungemein, und er sah sie sogleich als mögliche Ehefrau.

Die hochgewachsene, schlanke und vornehm wirkende Dorothea stammte aus einer bedeutenden österreichischen Bankiersfamilie, die mit den Warburgs auf gutem Fuß gestanden hatte. Ihr Vater Alphons Thorsch hatte in Wien eine Privatbank geleitet, deren Ansehen nur noch von dem der Rothschilds übertroffen wurde. Aufgewachsen war sie in einem hochherrschaftlichen Haus, an dessen Decken Fresken prangten und in dem der Überfluß herrschte. Als sie Erich kennenlernte, hatte sie kurz zuvor ihren Vater verloren. Um sie aufzumuntern, lud er sie zu einem Skiausflug mit seinen Freunden Lloyd und Ellen Garrison nach New Hampshire ein. Erich wirkte nach den düsteren Kriegsjahren wie der helle Sonnenschein auf sie. »Er war unfähig zu hassen«, sagte sie. »Er hat allem positiv gegenübergestanden und dem Leben stets die besten Seiten abgewonnen.«[2] Angesichts seiner vielen früheren Affären drängten ihn die Eltern zu einer raschen Entscheidung. Am Valentinstag 1946 heiratete das Paar

Am Valentinstag des Jahres 1946 heiratete Erich, gerade als Offizier aus Deutschland zurückgekehrt, Dorothea Thorsch, die sich zu jener Zeit für das höllandische Rote Kreuz in New York befand. Sie stammte aus Wien, wo ihr Vater ein bedeutendes Bankhaus geleitet hatte, und beeindruckte die Familie durch ihre aristokratische Erscheinung. Obwohl sie nicht im gleichen Maße wie ihr Mann zur Versöhnung neigte, zog sie mit der Familie 1960 nach Hamburg auf den Kösterberg.

nach einer Verlobungszeit von achtzehn Tagen. Zuerst lebten sie gemeinsam in Erichs kleiner Wohnung mit der Schlafcouch und dem wackligen Bücherregal – ein steiler Abstieg vom Kösterberg. Nach der Geburt der drei Kinder Max, Marie und Erica bot ihnen Frieda an, in Hunt Cottage auf *Woodlands* zu wohnen, einem Holzhaus im Kolonialstil, das aus der Zeit vor der amerikanischen Revolution stammte.

Zwar ließ das Leben mit Erich Dorothea aufblühen (wobei sie allerdings die kritische Alice als Schwiegermutter in Kauf nehmen mußte), doch hatte sie nicht ahnen können, worauf sie sich mit ihm einließ. Während er sich nach Hamburg sehnte, wollte sie aus sachlichen wie aus emotionalen Gründen weder Österreich noch Deutschland je wiedersehen. Im Februar 1938 waren ihre Eltern mit ihr von Wien in die Schweiz gereist, weil sie spürten, daß etwas in der Luft lag. Nach dem Anschluß Österreichs hatten die Nationalsozialisten den Haushalt der Thorschs geplündert, und arrogant hatte ein Offizier den Dienstboten mitgeteilt: »Sagen Sie der Dame des Hauses, daß sie einen sehr guten Geschmack hat.«[3] Als den Plünderern leere Schmuckschatullen in die Hände gefallen waren, hatten sie der Haushälterin gedroht, man werde sie ins KZ bringen, wenn sie nicht verrate, wo sich deren Inhalt befand. So hatten sie aus ihr herausgepreßt, daß sich der Schmuck bei Dorotheas Schwester Eva befand. Man hatte sie festgenommen und in eine winzige Zelle gesteckt, deren fünf Insassen mit Medikamenten ruhiggestellt worden waren. Drei Wochen lang hatte sie über sich Häftlinge unter der Folter schreien hören, bis es der Familie gelungen war, durch Bestechung ihre Entlassung zu erreichen. Bei der Ankunft von Evas Zug an der Schweizer Grenze hatte Dorothea sie am Fenster sitzen sehen und am ausdruckslosen Gesicht der Schwester sogleich gemerkt, daß sie auf alle Zeiten gezeichnet war. Die Familie Thorsch hatte sich auf einen Besitz zurückgezogen, den sie an der Westküste Kanadas besaß.

Dorothea konnte Brinckmann nicht ausstehen, doch ein Vorfall, zu dem es kurz nach dem Einzug der Familie in Hunt Cottage gekommen war, verursachte ihr ein schlechtes Gewissen. Der untersetzte Brinckmann traf in einem Aufzug ein, den Eva geschmacklos fand: Zu Knickerbockern mit Hosenträgern trug er einen gelben Pullover. Nach einer Weile nahm er Eva beiseite und fragte, ob sie gern nach Deutschland zurückkehren würde. »Auf keinen Fall«, sagte sie entsetzt, »möchte ich in Ihr Land zurückkehren, wo die Leute hungern.«[4] Sie vermutete, der ausgefuchste Brinckmann habe das so gedeutet, als werde Erich nie nach Deutschland zurückkehren. Immerhin ist denkbar, daß solche Hinweise in Brinckmanns Vorstellung unerlaubte Phantasien ausgelöst haben. Hinterher teilte ihr der von ihrer Äußerung aufgebrachte Erich mit, sie habe alles verdorben. Zwar dürfte es unwahrscheinlich sein, daß ihre Worte die von ihr vermutete Wirkung hatten; dennoch zeigt die Episode deutlich, daß Erich schon früh den Wunsch hatte, nach Deutschland zurückzukehren. Dorothea hingegen dachte nicht im Traum daran.

Als Investmentbankier alter Schule wollte Erich nicht unmittelbar nach dem Krieg in der unübersichtlichen Lage die Verantwortung für die Hamburger Firma übernehmen, zumal dies zwangsläufig die Rückkehr nach Deutschland bedeutet hätte. Das Land aber machte weder den Eindruck, bewohnbar zu sein, noch schienen sich dort Gewinne erzielen zu lassen. Als Brinckmann 1946 darauf drängte, den Namen M. M. Warburg wiederzubeleben, winkte Erich ab – er wollte keine alten Wunden aufreißen.[5] In jenem Jahr war es in Deutschland verschiedentlich zu Ausbrüchen von Antisemitismus gekommen, bei denen unter anderem jüdische Friedhöfe geschändet wurden. Wieder gab es Deutsche, die im Juden den Urheber all ihres Elends sahen. Der Bevölkerung lag im allgemeinen daran, ein Dach über dem Kopf zu haben und sich satt essen zu dürfen; sie machte sich weder große Gedanken über die Massenvernichtung, noch wollte sie an Dinge erinnert werden, die unangenehm waren. Im Juli 1946 kamen bei Pogromen in Polen vierzig Juden ums Leben.

Brinckmann, der ohne eigenes Zutun Nutzen aus einem historischen Zufall zog, befand sich jetzt in einer schwierigen Lage. Die Arisierung von 1938 hatte ihm, der in der Türkei geboren worden war und nach seiner Ausbildung zum Bankkaufmann in Deutschland ansässig wurde, Zutritt zur Wirtschaftselite Deutschlands verschafft. Nach dem Kriege wurde er als Seniorpartner einer bedeutenden Privatbank rasch bekannt. Der von den Warburgs spöttisch »unser Arier« genannte Mann, der die Bank weder gestohlen noch den Versuch unternommen hatte, sie widerrechtlich zu behalten, hatte 1945 getreulich seine Pflicht getan. Fortan konnte er im Bewußtsein handeln, sich einwandfrei verhalten zu haben, und dem verlockenden Tagtraum nachhängen, aus dem auf Zeit eingesetzten Sachwalter könne ein Herrscher auf Dauer werden. In künftigen Jahren betrachteten die Brinckmanns wie die Warburgs die Art, wie sich die jeweils andere Seite verhielt, als Heuchelei. So unterstellte man Brinckmann, seine Bereitschaft, die Bank zurückzugeben, sei darauf zurückgegangen, daß sie in den ersten Nachkriegsjahren keine Gewinne abzuwerfen schien, sein späterer Wunsch, sie zu behalten, hingegen auf das neu aufblühende Wirtschaftsleben. Die Vorwürfe der Gegenseite an Erichs Adresse zielten in dieselbe Richtung, nur mit umgekehrten Vorzeichen.

Nicht nur schleppte sich Erichs Geschäft in New York mühsam dahin, sein Vater hatte ihm auch eine schwere Verantwortung aufgebürdet. Max hatte seinen Nachlaß testamentarisch in sechs gleiche Teile geteilt: zwei für Erich und jeweils einen für dessen vier Schwestern. Zum Ausgleich für den zusätzlichen Anteil mußte Erich für sie sorgen. Gisela und Lola ging es recht gut, Anitas und Renates finanzielle Nöte hingegen bereiteten ihm Kummer. Nach seinem Aufenthalt in New York schrieb Siegmund 1947: »Erich kommt mir ziemlich gealtert vor, und man hat den Eindruck, daß er sich über vieles große Sorgen macht.«[6]

Nach Deutschlands bedingungsloser Kapitulation glaubte kaum jemand, daß sich das Land je wieder aus der Asche erheben könne, und niemand hätte gedacht, daß schon so bald das »Wirtschaftswunder« einsetzen würde. Nachdem Brinckmann, Wirtz 1946 einen geringen Verlust verbucht hatte, nahm die Firma einen raschen Aufschwung. Mit der Zeit sah man in Hamburg neben den Militärjeeps der Besatzungsmacht wieder Privatautos. Es muß Erich sehr geärgert haben, daß in der von seinen Vorvätern gegründeten und betriebenen Bank, die jetzt Brinckmann, Wirtz hieß, weit über hundert Angestellte tätig waren, während E.M.Warburg & Co. mit lediglich einem Dutzend Leuten arbeitete. Unvermittelt lag der Geist der Erneuerung in der Luft, auf geistiger wie auf materieller Ebene. Der Hamburger Senat benannte die Straße hinter dem alten Familiensitz am Alsterufer 1947 in Warburg-Straße um. Erichs Aufenthalte in Hamburg, wo sich die Firmen 1947 darauf vorbereiteten, das vom Feindhandelsgesetz verbotene Ein- und Ausfuhrgeschäft wiederaufzunehmen, wurden immer länger. Im April legte in der britischen Zone ein Beratergremium ein Gesetz zur Rückgabe beschlagnahmten jüdischen Eigentums vor. Jüdische Geschäftsleute, die man in den dreißiger Jahren aus Deutschland vertrieben hatte, kehrten nach und nach zurück, um über die Rückübertragung der Eigentumsanteile an ihren alten Firmen zu verhandeln.

Man sollte annehmen, daß Erich und Siegmund nach der Auseinandersetzung um Brandeis, Goldschmidt und der Umbenennung von New Trading in S.G.Warburg & Co. einander nichts mehr zu sagen gehabt hätten. Allerdings konnten sie sich eine solche Haltung nicht leisten, da sich die Interessen der Familie nur wirksam vertreten ließen, wenn sie gemeinsam handelten. Unter anderem ging es darum, Gelder zu retten, welche die Warburgs in Niederländisch-Ostindien in Tee- und Kautschukplantagen investiert hatten. Nach dem Einmarsch der Deutschen in Holland war der Kolonialbesitz des Landes »Feindeigentum« geworden, und es dauerte Jahre, bis die Familie ihr Geld von der indonesischen Regierung bekam.[7] Erich und Siegmund erging es wie zwei zerstrittenen Sträflingen in einer Gefängniskomödie, die auch nach gelungener Flucht noch an den Beinen aneinandergekettet sind. Sie ergänzten sich im übrigen blendend. Erich bewunderte an Siegmund die finstere, fesselnde Intelligenz, den Wagemut und die Entscheidungsfreude. Jener dürfte Erich – von dessen sorgloser Kindheit einmal ganz abgesehen – um die Leichtigkeit beneidet haben, mit der er dem Leben gegenübertrat und sich unter Menschen bewegte. Die Vorsehung hatte sie in einer verwickelten Haßliebe aneinandergefesselt.

Als erstes schlossen sie ein Bündnis zum Kampf um die Hamburger Bank. Im Rückblick wirkt es erheiternd, daß sich Erich dabei der Mithilfe Siegmunds versicherte. Brinckmann sollte den Warburgs einen dreißigprozentigen Anteil an der Bank zurückgeben, und um in seiner Absicht nicht wankend zu werden, war Erich auf Siegmunds eisernen Willen angewiesen. Anfang 1947 traf Siegmund mit Brinckmann in Zürich zusammen, um einen Rückgabeplan für die früheren Warburg-Teilhaber auszuarbeiten. Dabei gerieten sie sogleich in ein dorniges Dickicht aus juristischen, finanziellen und ethischen Schwierigkeiten. Zu jener Zeit verehrte Siegmund Brinckmann noch, weil er sich gegen die Nationalsozialisten gestellt hatte, und teilte Erich mit, dieser habe »eine sehr bemerkenswerte philosophische Gelassenheit und reife Weisheit gewonnen – Brinckmann mehr als jeder andere, dem ich in den letzten Jahren begegnet bin«.[8] Da die Warburgs in ihm einen Retter und keinen Eindringling sahen, wollten sie keinesfalls durch die Besatzungsbehörden Druck auf ihn ausüben, sondern waren auf eine freundschaftliche Einigung bedacht.

Bei seinen Gesprächen mit Siegmund legte »Rio«, wie Brinckmann von der Familie genannt wurde, seine eigene Sichtweise vom Ablauf der Dinge dar und bestritt entschieden, daß es sich bei der Übergabe des Jahres 1938 um eine Arisierung im Wortsinne gehandelt habe. Unter Hinweis darauf, daß Max 1931 kurz vor dem Bankrott gestanden hatte, erklärte er, die Firma sei bis 1938 schon recht »abgebröckelt« gewesen. Als Siegmund darauf erwiderte, man habe die früheren Teilhaber nie für den ideellen Firmenwert entschädigt, behauptete Brinckmann, es könne keine Rede davon sein, daß die Bank 1938 noch einen solchen ideellen Wert gehabt habe; er habe ganz im Gegenteil die Überreste einer zusammengebrochenen Firma gerettet. Ihre hundertfünfzigjährige Geschichte wischte er als belanglos vom Tisch. Unter Hinweis auf seine eigenen Leistungen schlug er eine Rückübertragung von zehn statt der geforderten dreißig Prozent vor. Taktvoll, aber entschlossen erklärte Siegmund, es bestehe kein Zweifel daran, daß sich sowohl Brinckmann als auch Wirtz zur Zeit der Arisierung der Firma wie auch danach von den edelsten Absichten hätten leiten lassen, doch sei die Art ihrer Durchführung weithin durch die Gepflogenheiten der Nazis und den von ihnen ausgeübten Zwang bestimmt gewesen.[9] Eine aufschlußreiche Nebenbemerkung Brinckmanns ergab, daß ein erheblicher Teil der Einnahmen der Bank auf die Mitgliedschaft in den Aufsichtsräten von Beiersdorf, HAPAG und anderen Unternehmen zurückging, die Rudolf Brinckmann in den dreißiger Jahren übernommen hatte, als die Warburg-Teilhaber ihre Sitze hatten aufgeben müssen. Mit einem Mal wollte er, den ein neues und übersteigertes Bewußtsein der eigenen Bedeutung zu durchdringen schien, nichts mehr davon wissen, daß ihn die Warburgs im Dritten Reich als eine Art Strohmann aufgebaut hatten.

Der einstige Warburg-Teilhaber Ernst Spiegelberg, der inzwischen für Siegmund in New York arbeitete, steuerte insofern einen bissigen Kommentar zu Brinckmann bei, als er auf die bemerkenswerte Tatsache hinwies, daß dieser nicht eine Mark aus eigenem Geld aufgebracht hatte, um eine von Deutschlands führenden Privatbanken zu übernehmen! Was war eigentlich aus der einen Million Reichsmark in stillen Reserven geworden, fragte er scharf, die mit den alten Aktiva in der Bank verblieben war?[10] Er äußerte die Vermutung, daß Brinckmann die Macht ebenso zu Kopf gestiegen war wie das Lob, das ihm Erich nach dem Krieg in so reichem Maß gezollt hatte, und er drängte darauf, die Sache rasch in Ordnung zu bringen. So teilte er Fritz mit: »Ich glaube nicht, daß die Zeit zu unseren Gunsten arbeitet, wenn wir warten. Das menschliche Gewissen pflegt sich eher abzuschwächen als zu verschärfen.«[11]

Der Umgang mit dem unwirschen, kalten und humorlosen Brinckmann war alles andere als leicht. Mit den dunklen buschigen Brauen und den leicht orientalisch wirkenden, schräg im Gesicht sitzenden Augen machte er einen furchterweckenden Eindruck. So heftig war er mit seinem Teilhaber Wirtz aneinandergeraten, daß dieser gedroht hatte, die Firma zu verlassen. Der fleißige und sparsame Brinckmann war zwar ein solider Bankier, aber ohne Sinn für Neuerungen. Man wird den Verdacht nicht los, daß hinter seiner Verstocktheit der Wunsch stand, sich an der Klasse, der die Warburgs angehörten, zu rächen. Welchen Groll hegte dieser einst so treue Gefolgsmann der Familie, der früher bei Gesellschaften mit Max' Töchtern zu flirten pflegte? Wie hätte er eine hohe Meinung von Erich haben sollen, nachdem er über Jahre hinweg mit angesehen hatte, wie Max seinen Sohn herumkommandiert und erniedrigt hatte?

Es war Erich klar, daß Brinckmann Hilfe brauchte, als Wirtz starb, und so drängte er ihn, einen neuen Teilhaber aufzunehmen. Brinckmann entschied sich für Hermann Schilling, der einst bei der Preußischen Staatsbank in Berlin gearbeitet hatte. Zwar hörte Erich Unvorteilhaftes über ihn, doch bis er Brinckmann davon Mitteilung machen konnte, war es zu spät, und so wurde Schilling 1947 zweiter Teilhaber. Er hatte für den preußischen Finanzminister Dr. Johannes Popitz gearbeitet, der nach dem 20. Juli 1944 verhaftet und im Februar 1945 in Plötzensee hingerichtet worden war, und rühmte sich seiner Kontakte zum deutschen Widerstand. Während Spiegelberg vermutete, er wolle auf diese Weise kaschieren, daß er früher die Nationalsozialisten unterstützt hatte[12], nahm ihm Erich die Geschichte ab und gab Allen Dulles für das von ihm geplante Buch über den deutschen Widerstand Schillings Niederschrift über das Hitler-Attentat weiter.[13] Der neue Teilhaber war dynamisch, aber auch schwierig; ein Angestellter verglich ihn mit einem preußischen Donnerwetter.[14] Sein Eintritt in die Bank komplizierte die Dinge ungemein, denn es zeigte sich, daß er in keiner Weise bereit war, Erichs Rückkehr zu akzeptieren.

Im Mai 1948 erließ die britische Militärregierung ein Gesetz zur Rückerstattung entwendeten jüdischen Eigentums in Hamburg. Einen Monat später ersetzte Ludwig Erhard, zu jener Zeit Direktor der »Verwaltung für Wirtschaft des Vereinigten Wirtschaftsgebietes« die Reichsmark durch die Deutsche Mark. Diese Währungsreform bereitete nicht nur dem schwarzen Markt ein Ende, sie war auch der Auslöser für einen wirtschaftlichen Aufschwung, bei dem sich das Bruttosozialprodukt der drei Westzonen in einem Jahr verdoppelte und das Land aus der düsteren Nachkriegsstimmung herausriß. Jetzt war alles für eine kräftige Wiederbelebung bereit – und für die letzte Kraftprobe zwischen Brinckmann und den Warburgs.

Während Fritz die Auffassung vertrat, man solle Brinckmann mit

Hilfe der britischen Besatzungsbehörden dazu zwingen, den rechtmäßigen Eigentümern den alten Namen M. M. Warburg zurückzugeben, sprachen sich Erich und Siegmund für eine einvernehmliche Lösung aus.[15] Siegmund zerstreute sogar Verdachtsmomente der britischen Feindhandelsbehörde gegen Brinckmann, die aufgekommen waren, als diese prüfte, unter welchen Umständen jener während des Krieges Warburg & Co. in Amsterdam übernommen hatte. Er erklärte den britischen Stellen, Brinckmann habe sich stets loyal verhalten; die Mitglieder der Familie Warburg habe er, soweit ihm das angesichts des Drucks von seiten des Regimes möglich gewesen sei, jederzeit zuvorkommend und untadelig behandelt. Ferner sei er stets gegen die Nationalsozialisten gewesen.[16] Er und Erich unterstützten ihn bei der Wiederbelebung vieler Auslandskontakte der Bank.

So sehr trauten ihm die Warburgs, daß Erich weder einen Anwalt noch einen Steuerberater hinzuzog, als sie 1949 begannen, eine Rückübertragungs-Vereinbarung auszuarbeiten. Erich vertrat die Interessen der Warburg-Gruppe, zu der Fritz, Siegmund, Spiegelberg und er selbst gehörten, und behandelte Brinckmann als Ehrenmann. Die schließlich getroffene Vereinbarung sprach ihnen fünfundzwanzig Prozent der Firma und achtzigtausend D-Mark als Entschädigung zu. Damit sollten Ansprüche unter dem neuen Gesetz abgegolten und die Warburgs für den ideellen Firmenwert sowie die stillen Reserven entschädigt werden. (Siegmund investierte den auf ihn entfallenden Anteil sogleich in die Firma S. G. Warburg & Co.) Außerdem bekamen die früheren Teilhaber das bedeutsame Recht zugesprochen, ab 1. Oktober 1948 im Verlauf von fünf Jahren ihren Anteil auf fünfzig Prozent aufzustocken, was ihnen die Möglichkeit geben würde, den beherrschenden Einfluß in der Bank zurückzugewinnen.[17]

Da sie aber nicht über die erforderlichen Mittel verfügten, um diese Option nutzen zu können, kam es zu einer langwierigen Auseinandersetzung. Hinzu kam, daß Erich zwei Fehler beging, die sich äußerst nachteilig auswirkten: Er bestand nicht darauf, daß zeitgleich mit der Rückübertragung der Anteile der Name der Bank geändert wurde, und er machte nicht zur Bedingung, daß er eines Tages wieder als Komplementär in die Bank zurückkehren könne.

Mit E. M. Warburg & Co. als Agent in New York hatte Brinckmann, Wirtz als erste deutsche Bank nach dem Krieg Verbindungen mit Amerika – ein nicht zu verachtender Wettbewerbsvorteil in einem wiedererwachenden Deutschland, dessen Bedarf an Rohstoffen groß war. Das Volkswagenwerk, für dessen Betrieb Kohle aus Pennsylvania nötig war,[18] wurde der wichtigste Kunde der Bank – und dies zu einer Zeit, als Juden auf der ganzen Welt deutsche Erzeugnisse boykottierten. Trotz Brinckmanns persönlicher Eitelkeit war der Name der Bank Brinckmann, Wirtz nur wenigen Banken im Ausland bekannt, und immer wieder mußten die Angestellten erklären, daß sich dahinter M. M. Warburg & Co. verbarg.[19]

In den frühen Nachkriegsjahren, als die neue deutsche Demokratie ihre ersten Gehversuche machte, hatte man in Hamburg zeitweise den Eindruck, die Sowjetarmee könne von einem Tag auf den anderen einmarschieren. Als sich Brinckmann und Schilling während der Blockade Berlins im Winter 1948/49 aus diesem Grunde ernste Sorgen machten, riet ihnen Erich, es reichen Deutschen nachzutun, die sich für den Fall, daß es zum Schlimmsten komme, ein vollständig ausgerüstetes, seetüchtiges Schiff kauften, mit dem sie den Schwierigkeiten entfliehen konnten. In einem Hamburger Fleet entdeckte Erichs alter Freund Wolfgang Rittmeister den vor sich hin rostenden Dreimastschoner Atalanta, den russische Bomben in der Ostsee beschädigt hatten. Die Bank erwarb ihn und ließ ihn wieder instand setzen, womit die Atalanta eine der ersten deutschen Yachten wurde, die nach dem Krieg in England anlegten. In späteren Jahren wurden auf ihr nicht etwa Flüchtlinge aus dem Land geschafft, sondern Hunderte von prominenten Gästen bewirtet, unter ihnen Bundeskanzler Helmut Schmidt.[20]

Durch das Rückgabegesetz wurden die Warburgs an unangenehme Vorfälle aus der Vergangenheit erinnert, so an die erbitterten Auseinandersetzungen, zu denen es in den dreißiger Jahren mit Friedrich Flick gekommen war. Da sich dieser Vorteile von einer Zusammenarbeit versprach, war er zu einer Wiedergutmachung für das Hochofenwerk Lübeck bereit. Er brauchte Geld, um einem im Zusammenhang mit der Umwandlung der Eisen- und Stahlindustrie neu erlassenen Gesetz Genüge leisten zu können, und so ließ er über seinen Partner Alfred Rhode bei Spiegelberg anfragen, ob nicht die Familien Warburg und Hahn im Gegenzug zu einer Rückübertragung ihrer Anteile zusätzliches Kapital in sein Unternehmen leiten wollten. Spiegelberg, der nach dem Krieg Kommanditist in der Bank war, regte an, Flick könne das umsatzlose Konto des Hochofenwerks Lübeck bei Brinckmann, Wirtz wiederbeleben.[21] Tatsächlich legte Brinckmann, Wirtz 1950 eine große Anleihe auf, die Flick in den Stand setzte, seine Maximilianshütte zu modernisieren. Auf diese Weise kam es zu einer sonderbaren Interessenverquickung zwischen verfolgten jüdischen Bankiers und einem weithin bekannten, rechtskräftig verurteilten Kriegsverbrecher.

Bei ihrem Versuch, den alten Platz in der Welt zurückzugewinnen, den sie verloren hatten, fanden sich Siegmund und Erich in einer paradoxen Lage: Ihr Vorteil gegenüber anglo-amerikanischen Wettbewerbern bestand hauptsächlich in ihren Beziehungen zu Deutschland. Auf Reisen, die sie nach dem Krieg dorthin unternahmen, erkannten sie lange vor jenen, daß es zum Wirtschaftswunder kommen würde. Sie hatten Kontakte zu vielen deutschen Geschäftsleuten, die nur zu gern mit dem Geld der Warburgs arbeiten und zugleich ihre verbliebenen Schuldgefühle beschwichtigen wollten.

Da niemand aus der Familie Warburg der Massenvernichtung zum Opfer gefallen war, hielten sich ihre Vorbehalte im Hinblick auf Geschäftsbeziehungen mit Deutschland in Grenzen. Als 1945 die Nachricht von den Todeslagern in London eingetroffen war, hatte es unter den Juden der Stadt, die von der Ermordung ihrer Angehörigen erfuhren, eine Selbstmordwelle gegeben. In der Firma New Trading hatten Henry Grunfeld und Eric Korner viele Verwandte auf diese Weise verloren. (Interessanterweise weigerten sich beide, nach dem Krieg eine Entschädigung zu beantragen, da sie überzeugt waren, sie würden das Ende der damit verbundenen rechtlichen Auseinandersetzungen nicht erleben.) Siegmund, dessen eigene Familie verschont geblieben war, besuchte einen Solidaritäts-Gottesdienst in einer Synagoge – das einzige Mal in all den Jahren, daß er dorthin ging. Einer der »Onkel«, der nach dem Krieg in der Investitionsabteilung tätig war, der in Österreich als Karl Spitz auf die Welt gekommene Charles Sharp, hatte seine ungarischen Verwandten mütterlicherseits in den Vernichtungslagern verloren und war nicht bereit, nach Österreich zurückzukehren. Lieber verzichtete er auf die Rückgabe seines Hauses in Wien, als daß er mit den österreichischen Behörden verhandelt hätte. Auch der schmale, hagere und penible Ernest Thalmann, ein weiterer »Onkel«, einst Bankier in Berlin, kehrte nie wieder nach Deutschland zurück.

Wohl respektierte Siegmund ihre Haltung, doch kannte er selbst keine solchen Vorbehalte. So erinnerte sich Charles Sharp: »Siegmund Warburg zögerte nicht, nach dem Krieg nach Deutschland zu reisen, frühere Bekannte und Geschäftspartner zu treffen oder von sich aus Kontakt mit ihnen aufzunehmen. Er kam sogar mit solchen zusammen, die unter den Nazis herausragende Positionen eingenommen hatten, allerdings in erster Linie aus geschäftlichen Gründen.«[22] Siegmund belebte seine alten Beziehungen zu einer Zeit neu, als die provinziellen britischen Banken noch gar nicht gemerkt hatten, welche Möglichkeiten sich hier eröffneten. Er sah in London den Mittelpunkt der künftigen Vereinigten Staaten von Europa – eine Vision, für die er damals nur wenig Beifall bekam: »Alles, was mir das eintrug, war ein Kopfschütteln von Leuten wie Anthony Eden, mit dem ich mich gut verstand, und Ernest Bevin, mit dem ich mich nicht gut verstand.«[23]

Mit seinem ausgeprägten schwäbischen Akzent, seiner Gründlichkeit, Detailgenauigkeit, Pflichtauffassung und Tüchtigkeit blieb Siegmund immer ausgesprochen deutsch. Sein Ziel, den Namen Warburg in Deutschland wiederzubeleben, verfolgte er mit geradezu romantischer Inbrunst. Für ihn war Deutschland nicht nur das Land, das Hitler und Göring hervorgebracht hatte, sondern auch das Land Goethes und Heines. Während Henry Grunfeld die in deutschen Banken anzutreffende Unterwürfigkeit und übertriebene Achtung vor der Obrigkeit zuwider war, schien Siegmund in dieser Hinsicht weniger streng. Einige Jahre nach dem Krieg nahm er an einem Altschülertreffen seines Gymnasiums teil und freute sich, auf die Schwäbische Alb, wo er seine Jungenzeit verbracht hatte und wo er sich nach wie vor »zu Hause« fühlte, zurückkehren zu können.[24]

Nach dem Krieg wurde das Hofgut Uhenfels aufgelöst. Das Schlößchen kaufte ein Stuttgarter Juwelier, die Gemeindeverwaltung übernahm Herrenhaus und Landwirtschaft. Russische Kriegsgefangene, die in der Gruft von Siegmunds Vater verscharrt worden waren, ließ Siegmund exhumieren und umbetten. Stets bewahrte er seine Vorliebe für Deutschlands Süden und grollte Bismarck nachträglich wegen des Zusammenschlusses zum Deutschen Reich. Theodor Heuss, der erste Präsident der Bundesrepublik, war ein alter Bekannter Siegmunds.

Die Vorstellung einer Kollektivschuld, ob bei Deutschen, Bolschewiken oder Juden, ließ Siegmund nicht gelten, und es machte ihn wütend, wenn jemand behauptete, alle Deutschen seien Nationalsozialisten gewesen. So ereiferte er sich, als ein Teilhaber von Kuhn, Loeb jeden einzelnen Deutschen für jedes unter dem Hitler-Regime begangene Verbrechen verantwortlich machte.[25] Wie Erich sah er die Schuld dafür, daß der Nationalsozialismus eine so große Macht gewonnen hatte, in der Feigheit der deutschen Mittelschicht. Sein Freund Dr. Carl H. Goldman hat darüber gesagt: »Siegmund wußte, daß nicht alle Deutschen Nazis waren, weil er einige kleinere Adlige kannte, die gegen Hitler eingestellt waren.«[26]

Im Dezember 1949 reiste er zum ersten Mal nach einem kleinen Eingriff, von dem er sich im Sommer in Deutschland erholt hatte, wieder nach Hamburg. Von dem bewegenden Augenblick an, als sein Zug über die Elbbrücken fuhr, staunte er, wie gut die Stadt den Krieg überstanden hatte und wie zügig sie wieder aufgebaut wurde. Wie immer stieg er im Hotel Atlantic ab. Voll alter Erinnerungen spazierte er durch die Straßen, besuchte Buchhandlungen und begegnete in der Bank Brinckmann, Wirtz an der Ferdinandstraße alt bekannten Gesichtern. Seinem Onkel Fritz schrieb er, schon immer habe es in Deutschland eine beeindruckende Mischung aus Gut und Böse, Licht und Schatten gegeben, die zur Zeit noch eindrucksvoller als sonst sei.[27] Als er mit Erich bei Ehmcke am Gänsemarkt aß – beider Lieblingsrestaurant, wo man unter Bismarck- und Moltkebildern speiste –, fiel ihm gleich auf, daß Erich wieder in seinem Element war, und sah mit Staunen, daß dieser in Hamburg weit glücklicher zu sein schien als an jedem anderen Ort, wo er ihm in den letzten Jahren begegnet war.[28]

Für andere Warburgs war die Vorstellung eines Besuchs in Deutschland eher bedrückend, und die meisten brauchten Jahre, bis sie sich dazu durchringen konnten. Carola war entschlossen, nie wieder einen Fuß auf deutschen Boden zu setzen, und Gerald, nie wieder dort Konzerte zu geben. Selbstverständlich war die Familie vor sentimentalen Anwandlungen nicht gefeit. Aus dem Nachkriegs-Exil betrachtet umgab die Erinnerungen an den Kösterberg eine Aura der Unwirklichkeit. Erichs Schwester

Anita wirkte in London unter der Schirmherrschaft des britischen Roten Kreuzes bei der Einrichtung eines Suchdienstes mit. Von sechzig Mitarbeitern unterstützt, führte sie in Mitteleuropa dreißigtausend staatenlose Familien zusammen. Nach ihrer Scheidung von Max Wolf lebte sie allein in New York, kümmerte sich um Alice und machte einen Neuanfang, indem sie in der Geschenkabteilung eines Kaufhauses und in einem Spezialitätengeschäft an der Madison Avenue arbeitete.

Bei ihrer Rückkehr auf den Kösterberg unmittelbar nach dem Krieg kam sie sich vor wie ein Geist und Störenfried. Als sie die Auffahrt emporfuhr, rief der neue Mieter (der Leiter der Hamburger Kunsthalle) aus dem Obergeschoß, sie solle weiterfahren, da dort niemand parken dürfe.[29] Rasch war alles aufgeklärt, und danach gab es nicht selten ein tränenreiches Wiedersehen. Doch nie konnte Anita die sogenannten Freunde vergessen, die nach 1933 die Warburgs nicht mehr gekannt oder die Bank nur durch den Seiteneingang betreten hatten. Auch jetzt noch mußte sie mit schmerzlichen Überraschungen rechnen. Als sie in einem Hamburger Offiziersklub Vasen und einen römischen Brunnen entdeckte, den hochstehende Nationalsozialisten vom Kösterberg verschleppt hatten, ließ sie die Gegenstände auf den Besitz zurückschaffen.

Gisela bekam 1949 einen Brief von ihrem alten Kindermädchen und weinte beim Gedanken daran, daß sie einander nie wiedersehen würden. Ihr Mann, Charles Wyzanski, schlug ihr vor, nach Hamburg zu fahren, nicht um Deutschland zu besuchen, sondern ihr Kindermädchen. Bei ihrer Ankunft wurde Gisela von ihr und dem früheren Chauffeur der Warburgs abgeholt, und alle miteinander brachen in Tränen aus. Durch Straßen, die nach wie vor voller Trümmer waren, ging die Fahrt zur Bank, wo alte Angestellte aus der Vorkriegszeit sie mit zwei Dutzend roten Rosen begrüßten.[30] Trotzdem machte ihr das Nachkriegs-Hamburg den Eindruck, als handle es sich lediglich um das Abbild eines ihr teuren Ortes, den sie einst gekannt hatte. Oft sprach sie von der Liebe der Warburgs zu Deutschland und verglich deren Enttäuschung mit der eines verschmähten Liebhabers.[31]

Statt die großen Häuser zu verkaufen oder zu vermieten, die Max und Fritz auf dem Kösterberg besessen hatten, beschloß Erich, sie für wohltätige Zwecke zu stiften. Im August 1949 zeigte er der Vizepräsidentin des Deutschen Roten Kreuzes, der Baronin Louise Sophie Knigge, die beiden Häuser, die ihr für Sitzungen und ein neues Projekt für Mütter mit kleinen Kindern als bestens geeignet erschienen. Um Fritz' und Annas Einverständnis zu erlangen, wollte Erich dem einst von ihnen bewohnten Haus einen schwedischen Namen geben. Daher wurde es zu Ehren der Tochter des schwedischen Botschafters in der Sowjetunion, die voll Entsetzen gesehen hatte, wie im Ersten Weltkrieg Kriegsgefangene behandelt wurden, und die als neue »Florence Nightingale« zehntausend Menschenleben rettete, Elsa-Brändström-Haus genannt. Von Hitler aufgefor-

Das »Weiße Haus« auf dem Kösterberg war lange Zeit der Wohnsitz von Fritz Warburg, der es nicht ohne Aufwand umbauen ließ. Heute ist es ein Tageszentrum vom Roten Kreuz, dem die Familie es in der Nachkriegszeit übergeben hat.

dert, an die Spitze des Deutschen Roten Kreuzes zu treten, hatte Elsa Brändström entschlossen mit »Niemals« geantwortet. Es war äußerst passend, dieser mit Fritz und Anna befreundeten Wohltäterin auf solche Weise ein Denkmal auf dem Kösterberg zu setzen.

Für sich selbst behielt Erich das ursprüngliche Gebäude, die Arche Noah, da er sich die Möglichkeit einer Rückkehr nach Deutschland offenhalten wollte. Er war schon eifrig mit Vorarbeiten beschäftigt, Deutschland wieder seinen Platz in der Völkergemeinschaft zu verschaffen und es eng mit dem Westen zu verknüpfen. Zusammen mit Allen Dulles und Reinhold Niebuhr[32] hatte er das amerikanische Hilfskomitee für Überlebende des deutschen Widerstandes gegründet. Mit Marion Gräfin Dönhoff, die den Widerstand unterstützt hatte und später zuerst Chefredakteurin und dann Herausgeberin der *Zeit* wurde, entschied er, wer würdig war, CARE-Pakete zu bekommen, und wer nicht. Er setzte sich für eine deutsch-amerikanische Handelskammer ein, um die Ausfuhr aus Westdeutschland in die Vereinigten Staaten zu fördern. Von der Möglichkeit einer sowjetischen Invasion beunruhigt, machte er Allen Dulles den Vorschlag, die amerikanische Regierung solle für den schlimmsten aller Fälle einen Notfallplan für die Bildung einer deutschen Exilregierung erarbeiten.[33]

Wie andere Warburgs war Erich vom Morgenthau-Plan entsetzt, der nicht nur vorsah, Deutschland zu verkleinern und zu teilen, sondern auch seine Industrie zu demontieren und aus dem verbleibenden Gebilde einen Agrarstaat zu machen, damit es nie wieder einen Krieg führen konnte. Als bei Kriegsende eine abgemilderte Fassung dieses Plans verwirklicht werden sollte, erwog Erich, dagegen eine Polemik zu verfassen, ähnlich wie Keynes in der Reparationsfrage nach Versailles. Der 1946 in Kraft gesetzte Plan verbot die Herstellung von Flugzeugen, Munition und vielen anderen Erzeugnissen bis hin zu synthetischem Öl und Traktoren.

In Hamburg wurde Erich unmittelbarer Zeuge des von der Besatzungsmacht in Gang gesetzten Demontageprogramms. Da deutsche Werften Schiffe lediglich reparieren, nicht aber neue bauen durften, war die Zukunft der Stadt als Seehandelszentrum bedroht. Die Firma Blohm & Voss, die U-Boote konstruiert hatte, war ein bevorzugtes Ziel politischer Vergeltung. Im Juli 1949 gingen die Besatzungsbehörden daran, die großen Beton-Hellinge zu sprengen, über welche die Ozeanriesen der HAPAG vom Stapel gelaufen waren. Tausende verloren ihren Arbeitsplatz, als an sechzig aufeinanderfolgenden Tagen die Sprengladungen hochgingen. Auf Zeitungsfotos sieht man am Hafen eine Wildnis aus Betontrümmern. Diese Zerstörung von Hamburgs industrieller Grundlage in einer Zeit hoher Arbeitslosigkeit rief in der Bevölkerung Groll gegen die Besatzungsmacht hervor und behinderte Deutschlands wirtschaftliche Erholung.

Einige Tage, nachdem Erich im August 1949 die Vereinbarung mit Brinckmann unterzeichnet hatte, aß er allein mit John McCloy, dem neuen Hochkommissar für Deutschland, in dessen Villa in der Nähe von Frankfurt zu Abend. Der kleine, umgängliche McCloy, dessen Haarwuchs spärlich zu werden begann, verkehrte gern auf freundschaftlicher Ebene mit den Reichen und Mächtigen, und schon oft hatte sein Weg den der Warburgs gekreuzt. Seine Mutter war Friseuse, und in den Sommern, welche die Warburgs in Bar Harbor verbrachten, hatte Frieda zu ihren Kundinnen gehört. Als McCloy 1921 in die Anwaltskanzlei Cravath eintrat, erledigte er für Felix und Freddy bei Kuhn, Loeb sowie für Paul in der International Acceptance Bank juristische Aufgaben. Freddy lud ihn oft zum Tennisspielen auf *Woodlands* oder auf sein Gestüt in Virginia zum Reiten ein; er gehörte auch zu denen, die McCloy dazu überredeten, 1947 die Präsidentschaft der mit der Kurzformel »Weltbank« bezeichneten Internationalen Bank für Wiederaufbau und Entwicklung zu übernehmen.[34] Da Erich häufig mit Freddy zusammengewesen war, kannte er McCloy seit den zwanziger Jahren.

Innerhalb der jüdischen Gemeinde blieb McCloy wegen der im Krieg von ihm vertretenen Haltung stets umstritten. Als stellvertretender Kriegsminister hatte er sich 1943 dagegen ausgesprochen, die Eisenbahnlinien bombardieren zu lassen, auf denen die Juden nach Auschwitz und in andere Todeslager transportiert wurden, weil er es für wirksamer hielt, sich auf militärische Ziele zu konzentrieren und den Krieg auf diese Weise zu beenden. Außerdem war man sich darin einig, daß eine Unterbrechung von Eisenbahnlinien durch Bomben nur von begrenzter Wirksamkeit sein könne. Winston Churchill, der sich McCloys Auffassung vehement widersetzte, geriet mit seiner Meinung ins Abseits. Aus Sorge, bei solchen Angriffen könnten Juden ums Leben kommen, hatten sich einige jüdische Gruppen damit einverstanden erklärt, daß man die Eisenbahnlinien nicht bombardierte. Erich hatte in dieser Angelegenheit stets McCloy unterstützt und betrachtete die Angriffe, denen er später aufgrund dieses Umstandes ausgesetzt war, als ungerechtfertigt und böswillig.

Außerdem warf man McCloy vor, er habe 1951 Kriegsverbrecher mit zu großer Nachsicht behandelt. Damit bezog man sich vor allem auf die Amnestie für Alfried Krupp von Bohlen und Halbach und acht weiterer Krupp-Direktoren, die ein amerikanisches Militärgericht wegen Beschäftigung von Zwangsarbeitern und Kriegsgefangenen sowie Plünderung von Wirtschaftsgütern in den besetzten Gebieten verurteilt hatte. McCloy hielt Alfrieds senilen Vater Gustav für den eigentlichen Schuldigen und erklärte, er habe Krupps Strafe lediglich an die über Friedrich Flick und die führenden Köpfe der IG Farben verhängten angleichen wollen. Es kam aber auch vor, daß sich McCloy mutig für jüdische Gruppen einsetzte, und schon bald nach seiner Ankunft in Deutschland erließ er auf eine von Eddie Warburg persönlich sowie vom Gemeinsamen Vergabeausschuß vorgetragene Bitte ein Gesetz zur Entschädigung von Nazi-Opfern.[35]

Bei seinem Abendessen mit McCloy im August 1949 setzte sich Erich für eine Beteiligung Westdeutschlands an der Verteidigung Europas und eine genauere Untersuchung jener Verurteilungen wegen Kriegsverbrechen ein, die aufgrund von Verhörmethoden zustande gekommen waren, die nicht dem Verfahrensrecht entsprachen. Erichs Ansinnen aber, das Demontage-Programm sofort einzustellen, brachte McCloy zur Weißglut. Er wies McCloy darauf hin, daß eine fortgesetzte Demontage nicht nur die Beziehungen zwischen Deutschland und den Alliierten vergiften, sondern auch den Nationalismus schüren und Deutschland möglicherweise dem Kommunismus in die Arme treiben werde.[36] McCloy war derart in Rage, daß er Erich fast aufgefordert hätte, den Raum zu verlassen. Bis zum Ende der Mahlzeit aber hatte er sich beruhigt und ersuchte Erich, eine Liste der Anlagen vorzulegen, die er vor der Demontage bewahrt wissen wollte. Für die Erledigung dieser Aufgabe gab er ihm achtundvierzig Stunden Zeit.

Am 27. August schickte ihm Erich einen Brief mit der verlangten Liste. Er regte an, man möge die Demontage von zehn Anlagen unterlassen, um die Unterstützung deutscher Gewerkschaften und Politiker zu gewinnen. Dabei ging es um Stahlwerke sowie Anlagen zur Erzeugung von Synthesegas und Kunstkautschuk. Er hat sich nie öffentlich darüber geäußert, welche Unternehmen das waren, doch geht aus seinen Unterlagen hervor, daß es sich dabei um August Thyssens Stahlwerke und die Synthesegas-Anlagen von Krupp handelte.[37] Es gelang McCloy, diese Einrichtungen vor der Demontage zu bewahren.

Die Vorstellungen, die Erich ihm machte, fielen nicht nur zeitlich mit einer wichtigen Wende in der amerikanischen Politik zusammen, sondern haben sie möglicherweise beschleunigt. Als die mit Erich befreundete Marion Dönhoff dem ersten Kanzler der Bundesrepublik von dessen Gespräch mit McCloy über die Demontage berichtete, wollte Adenauer das einfach nicht glauben[38], erlangte aber im November die Zusage des Außenministers der Vereinigten Staaten, Dean Acheson, man werde auf kritischen Gebieten der Wirtschaft die Demontage beenden. Dazu gehörten auch gewisse Zweige des Schiffbaus. Im Gegenzug bekräftigte die Bundesrepublik, daß sie kein Militär aufstellen und ein strenges Auge auf jedes Wiederaufleben nationalsozialistischen Gedankenguts haben werde. Angesichts des Kalten Krieges hatten die Westalliierten beschlossen, den einstigen Feind als neuen Verbündeten zu gewinnen. Adenauer führte schließlich die Bundesrepublik in die NATO und über verschiedene Stufen in die Europäische Gemeinschaft, womit das Land fest ins westliche Bündnis eingebunden wurde. Als Ende 1947 an die Stelle der Entnazifizierungsverfahren eine weitgehende Amnestie trat, wurden auch viele Persönlichkeiten rehabilitiert, die im Dritten Reich eine Rolle gespielt hatten. Schließlich wurden von hundertsiebenundsiebzig für schuldig befundenen nationalsozialistischen Verbrechern lediglich zwölf zum Tode verurteilt.[39]

Indem er Erich drängte, nach Hamburg zurückzukehren, drückte McCloy einer quälenden persönlichen Entscheidung das offizielle Siegel hoher Pflichterfüllung auf. Erich glaubte McCloy und dessen Frau Ellen gezeigt zu haben, wie gefährlich es war, alle Deutschen als schuldig hinzustellen, und daß auch prominente Juden Deutschland vergeben konnten. In einem Jahrzehnte später an McCloy geschriebenen Brief erinnerte er sich: »Als Sie nach den entsetzlichen Jahren der Nazi-Herrschaft und der Massenvernichtung als Hochkommissar nach Deutschland kamen, haben Sie und Ellen bald gemerkt, daß es auch ein anderes Deutschland gab, die tapferen Kräfte des inneren Widerstandes, von denen viele im Kampf gegen die Tyrannis ihr Leben gelassen hatten.«[40]

Ende der vierziger Jahre fühlte sich Erich erstmals wieder Deutschland zugehörig. Der junge Mann aus der Zeit vor dem Dritten Reich, dem Weltkrieg und der Massenvernichtung war älter und weiser geworden. Je öfter er nach Deutschland reiste, desto mehr schien seine amerikanische Maske abzufallen, hinter der sein altes Wesen, seine Bewunderung für Deutschlands Adel und Militär, wieder zum Vorschein kam. Der Weg in die Zukunft war ein Weg in die Vergangenheit.

40
Der Wanderprediger

Auch wenn sich Jimmy Warburg nicht mit solch apokalyptischen Erschütterungen wie seine Vettern Erich und Siegmund herumschlagen mußte, hatte er doch sein eigenes politisches Exil durchlitten. Nachdem er in Washington wie an der Wall Street ganz oben angefangen hatte, mußte er lernen, sich in der Welt des Möglichen und Machbaren zurechtzufinden. Er probierte Berufe wie andere Männer Anzüge und beging nach Anfangserfolgen grobe Schnitzer. Er konnte sich für die schäbigen Kompromisse der Politik nicht erwärmen und war zu eigensinnig und agil, um sich dem Establishment anzupassen. Einem Bekannten gegenüber beschrieb er sich selbst als Menschen, »dessen Aufgabe es im Leben zu sein scheint, flußaufwärts gegen die Strömungen der vorherrschenden Vorurteile und Meinungen zu schwimmen«.[1]

Während er in den Nachkriegsjahren immer mehr in die Randgebiete der Politik abdriftete, zeigte sich bei ihm ein messianisches Sendungsbewußtsein. In Umkehrung des üblichen Weges wandelte er sich mit zunehmendem Alter zum liberalen Träumer, der idealistische Ziele verteidigte. In einem Ritus der Selbstreinigung löste er sich von der Welt des Bankwesens und trat von vielen Aufsichtsratsposten zurück. Allerdings blieb er im Aufsichtsrat der Firma Polaroid und machte mit Edwin H. Lands Erfindung des schwarzweißen und später des farbigen Sofortbildes ein Vermögen. Er erklärte, daß seine Rolle bei Polaroid darin bestanden habe, die Verwirklichung der weniger durchführbaren Einfälle zu verhindern, die Lands fruchtbarem Gehirn entströmten.

Durch sein Engagement bei Polaroid und verschiedene kluge Investitionen von finanziellen Sorgen befreit, konnte sich Jimmy seiner Lieblingsrolle widmen: der des Einzelgängers, der schonungslos und respektlos Standpunkte vertrat, mit denen er in Washington provozierte, wenn nicht gar Empörung auslöste. Wie er Adlai Stevenson mitteilte, wurde er unabhängiger Vorkämpfer und durchs Land ziehender Troubadour eines demokratischen Liberalismus und »Wanderprediger«[2] einer neuen Außenpolitik. Als ihm 1962 der Gandhi-Friedenspreis verliehen wurde, pries ihn Stevenson als »Mann von außergewöhnlichem Bürgersinn«, der »in der großen Tradition der Pamphletisten des 18. Jahrhunderts«[3] stehe. Jimmy veröffentlichte zahlreiche politische Flugschriften und stellte einen Rekord damit auf, daß er nach 1949 mehr als fünfzig Leserbriefe in der *New York Times* veröffentlichte. Er sprach auf Kundgebungen, organisierte Protestveranstaltungen und sagte bei Anhörungen vor dem Kongreß aus. Alles in allem brachte er mehr als dreißig Bücher heraus, so, als sei er eine Ein-Mann-Bewegung, ein eigenes Außenministerium. Für die Welt-Föderalisten zog er kreuz und quer durch die Vereinigten Staaten und predigte freien Handel und atomare Abrüstung im Rahmen einer weltumspannenden Politik. Für Jimmy, der niemandem mehr Rechenschaft schuldete, war dies ein ideales Leben.

Nie schien er im Einklang mit seiner Zeit zu sein. Nachdem ihn zunächst die Wall Street als Befürworter des New Deal geächtet hatte, wurde er von den Verfechtern des New Deal geächtet, als er zur Lehre der Wall Street zurückkehrte. Gerade zu einer Zeit, als die Vereinigten Staaten in die schläfrige, konservative Haltung der späten vierziger und der fünfziger Jahre hinüberglitten, setzte sich seine liberale Einstellung durch. Als Abweichler und Störenfried hatte er eine zwiespältige Beziehung zu denjenigen seiner Bekannten, die nach wie vor Zugang zu den Schaltzentralen der Macht hatten. Er löste sich nicht gänzlich aus diesen Kreisen und wollte beides haben – die Möglichkeit, umstrittene Positionen zu vertreten, und gleichzeitig den Umgang mit den Mächtigen. Mit seiner verbindlichen und unbekümmerten Art drängte er Freunden wie Dean Acheson seine Gedanken auf, doch zogen sie sich wegen seiner als allzu kämpferisch und unabhängig empfundenen Haltung zurück und fühlten sich von seinen pessimistischen, oft messianischen Vorstellungen bedroht.

Jimmy hatte sich den meisten Warburgs entfremdet und betrachtete den Friedaflix-Clan als oberflächlich. Das Verhältnis zu seiner Schwester Bettina, das ständig von Rivalität gekennzeichnet war, wurde angespannter, als er ihr die Verantwortung für die Mutter aufbürdete, die in ihren letzten Jahren oft depressiv wirkte. Seine lange Abwesenheit im Krieg hatte seine kinderlose Ehe mit Phyllis Baldwin belastet; zwölf Jahre lang hatte sie sich um seine Kinder aus erster Ehe gekümmert, wollte aber nicht nur Mrs. James P. Warburg sein. Als die Beziehung in die Brüche ging, fragte sich Jimmy, ob er zu selbstgenügsam sei, um eine glückliche Ehe zu führen.

Nach zwei gescheiterten Ehen und einer von sonderbaren Sprüngen gekennzeichneten beruflichen Laufbahn versuchte er mit zweiundfünfzig Jahren einen Neuanfang. Als er 1947 eine neue Sekretärin suchte, wies ihn seine Tochter Kay auf eine fünfundzwanzigjährige Bekannte namens Joan Melber hin, die am Simmons-College studiert hatte und für einen Rundfunkkommentator arbeitete. Joan brachte Jimmy die maßlose Bewunderung entgegen, die nur eine hingerissene jüngere Frau geben kann. Im September 1948 wurden sie von einem Geistlichen in Bronxville getraut. Einen Teil ihrer Flitterwochen verbrachten sie beim ersten Kongreß der Welt-Föderalisten in Luxemburg. Da aus der Familie Warburg niemand mehr in Hamburg lebte, ließen sie Deutschland bei ihren Reisen durch Europa aus, besuchten aber Fritz und Anna-Beata in Stockholm.

Obwohl doppelt so alt wie Joan, schien es Jimmy unbillig, ihr Kinder vorzuenthalten, und sie bekamen zwei Söhne und zwei Töchter. Nach wie vor bemüht, seiner Vergangenheit zu entrinnen, erzählte er ihnen nichts von den früheren Kindern, bis es zufällig an den Tag kam – eine für alle Beteiligten äußerst schmerzliche Enthüllung. Die tadelsüchtige Bettina hielt ihrem Bruder vor, er sei ein zu strenger Vater und kümmere sich überdies in erster Linie um die Söhne. »Er setzte die Maßstäbe für die Kinder, setzte sie beständig zu hoch und ernannte sich zur letzten Instanz, wogegen sie zwar aufbegehrten, aber nicht offen angehen konnten.«[4] Um auch nach außen hin einen endgültigen Schlußstrich unter sein wildes Leben von früher zu ziehen, nahm Jimmy etwa 1950 seinen Wohnsitz in Connecticut. Das Haus an der East 70. Street, in dem die glanzvollen Gesellschaften von Gershwin gefeiert worden waren, wandelte er in ein Mietshaus um und behielt das oberste Stockwerk als Absteigequartier für Aufenthalte in New York. Endlich war er häuslich geworden.

Auch wenn er sich von anderen Mitgliedern der Familie abgrenzte, ließ Jimmy eine für die Warburgs typische Besorgnis um Deutschland erkennen. Gegen Kriegsende veröffentlichte er eine vernichtende Kritik am Morgenthau-Plan und widersetzte sich nicht nur der Teilung Deutschlands und der Abtretung der Ostgebiete, sondern auch allem anderen, was nach einem von den Siegermächten aufdiktierten Frieden aussah. Kurz nach dem Krieg hielt er sich drei Monate lang in Deutschlands Besatzungszonen auf und schrieb eine Reihe von Artikeln für die Zeitungen, die zum Syndikat der *Chicago Sun* gehörten. Da Zivilpersonen zu jener Zeit in Deutschland nicht reisen durften, versicherte er sich der Hilfe John McCloys und Dean Achesons, die seinem Vorhaben wohlwollend gegenüberstanden. Die Reihe machte ihn zur führenden Stimme der Deutschlandberichterstattung. Nach seiner Rückkehr bot ihm Edward R. Murrow von der CBS telefonisch eine halbstündige Rundfunksendung über Deutschland an.

In Deutschland entsetzte ihn die wirtschaftliche Zerstörung. »Überall sah man Menschen mit grauen, verhärmten Gesichtern. Die meisten lebten am Rande des Hungertodes.«[5] Es beunruhigte ihn, daß jedermann die Verantwortung für das, was im Dritten Reich vorgefallen war, von sich wies. Auf Schuldbewußtsein stieß er praktisch nirgendwo. »Die Deutschen taten sich selbst leid und schienen den Eindruck zu haben, in keiner Weise für die Taten des NS-Regimes verantwortlich zu sein.«[6] Immer wieder bekam er zu hören: »Aber ich war ja nur ein kleiner Mann. Was hätte ich tun können?«[7] Die Deutschen stellten sich als schuldlose Opfer hin und verwiesen, wenn von den Luftangriffen auf London, Coventry, Rotterdam und Warschau die Rede war, mit Nachdruck auf die Flächenbombardements durch die Alliierten. Bei einer 1946 von der amerikanischen Militärregierung in Deutschland durchgeführten Untersuchung be-

James P. Warburg, der einzige Sohn von Paul, scheint so etwas wie ein Wunderkind gewesen zu sein. Schon in der Schule von exzeptioneller Begabung, hatte er bereits mit Ende zwanzig eine beachtliche Karriere hinter sich, die ihn in die Kreise der Politik wie der Hochfinanz führte. Zugleich war er, wenn es darauf ankam, ein vielgelesener Journalist, politischer Pamphletist und Buchautor. Am Ende scheint es gleichwohl, als sei er der Vielzahl seiner Talente nicht wirklich Herr geworden. So blieb seinem Leben, ungezählter Erfolge zum Trotz, der große Erfolg versagt.

trachtete sich mehr als ein Drittel der befragten Deutschen als Angehörige einer überlegenen Rasse und hielt Hitlers Vorgehen gegen die Juden für gerechtfertigt.[8] Einige Jahre später war Jimmy wie vom Donner gerührt, als Adenauer vor dem Bundestag gestand, daß hundertvierunddreißig der dreihundertdreiundachtzig im Außenministerium der jungen Bundesrepublik Beschäftigten Mitglieder in der NSDAP gewesen waren.[9]

Da sich Jimmy den nach wie vor vorhandenen nationalsozialistischen Tendenzen bewußt war, lieferte er auch in einer Zeit, in der Objektivität noch schwierig zu erreichen war, eine ausgewogene Analyse der deutschen Gesellschaft. Wie Siegmund und Erich sprach er sich gegen jede pauschale Verurteilung der Deutschen aus. »Ist es richtig zu sagen, daß Militarismus, Brutalität und Angriffslust einer ›deutschen Rasse‹ im Blut liegen?« Für Jimmy hatten derart rassistische Theorien den Beigeschmack des Hitlerismus. Er ging davon aus, daß es in allen politischen Kulturen unterschwellig Haß und eine Neigung zur Obrigkeitshörigkeit gebe und daß diese in Deutschland durch einen übersteigerten Nationalismus und unkritischen Gehorsam gegenüber den Autoritäten zusätzlich geschürt worden sei. Er teilte Erichs Auffassung, daß die Deutschen über sich selbst zu Gericht sitzen sollten und die Besetzung des Landes von möglichst kurzer Dauer sein sollte. Dennoch wollte auch er, daß eine große Zahl von Parteigenossen, SS- und Gestapomitgliedern als Kriegsverbrecher vor Gericht gestellt würden, und war über den schmutzigen politischen Kompromiß, der dazu führte, daß hochrangige Nationalsozialisten freigesprochen wurden, sehr wütend.

Wie schon oft in der Vergangenheit mußte Jimmy voll Enttäuschung erleben, daß man von seinen Vorstellungen für Nachkriegsdeutschland nichts wissen wollte. Im Oktober 1949 schufen die Sowjets die Deutsche Demokratische Republik; im Jahr darauf sprach sich der amerikanische Präsident Harry S. Truman für eine Wiederbewaffnung Westdeutschlands und dessen Aufnahme in die NATO aus. Jimmy gelang es, in bezug auf Deutschland eine Position zu entwickeln, die fast alle vor den Kopf stieß. Manche verärgerte er damit, daß er eine Wiedervereinigung Deutschlands befürwortete, andere, indem er erklärte, Deutschland dürfe nicht in die NATO eingebunden werden, sondern müsse neutral und unbewaffnet bleiben. Er gewann Einsteins Unterstützung für ein neutrales, entmilitarisiertes Deutschland. Doch während Jimmy gehofft hatte, daß aus dem von negativen Elementen befreiten Land seiner Geburt ein Labor für gesellschaftliche Veränderungen würde, mußte er jetzt mit ansehen, wie seine kühnsten Träume der in den Vereinigten Staaten um sich greifenden antikommunistischen Hysterie zum Opfer fielen, der die Forderungen des Kalten Krieges wichtiger waren als das Streben nach Gerechtigkeit. So teilte er Milton Eisenhower mit: »Ich war stets ein beharrlicher und erklärter, wenn auch recht einsamer Kritiker einer Politik, welche... die gefährliche Situation heraufbeschworen hat, daß ein noch gänzlich unerneuertes und unzuverlässiges Westdeutschland zum Grundpfeiler der Verteidigung des Westens gemacht wird.«[10]

In den fünfziger Jahren stand Jimmy mit seinem Feldzug für eine andere Außenpolitik auf verlorenem Posten. Ihn empörte die von den Eiferern des Kalten Krieges veranstaltete Hexenjagd, der sein Freund Joseph Barnes und andere zum Opfer fielen. Nach Beginn des Präsidentschaftswahlkampfes von 1952 arbeitete er als außenpolitischer Berater und Redenschreiber des gegen Eisenhower kandidierenden Gouverneurs Adlai

Stevenson. Immer wieder versuchte er ihn dazu zu bringen, sich gegen Parolen des Kalten Krieges und die von beiden großen Parteien vertretene Linie in der Außenpolitik der fünfziger Jahre zu wenden. Zwar war Stevenson voll Bewunderung für Jimmy, an dessen lustigen gereimten Slogans er sich erfreute, doch befolgte er seine zur Konfrontation führenden Ratschläge im allgemeinen nicht und konzentrierte sich lieber auf Fragen der Innenpolitik. Als Jimmy 1954 ein Herzleiden und Angina bekam, gab er das Tennisspielen und andere anstrengende Tätigkeiten auf, unterstützte Stevenson aber im Präsidentschaftswahlkampf von 1956 erneut. Obwohl er Buch auf Buch und eine Grundsatzerklärung nach der anderen herausbrachte und immer wieder inständig zur Vernunft mahnte, blieb er im eigentlichen politischen Geschehen des Jahrzehnts eine Randfigur. Er endete auf die ihm vorbestimmte Weise: als Herrscher ohne Hofstaat.

Im Unterschied zu Jimmy vertrat Erich die Auffassung, die Sowjetunion werde ein neutrales Deutschland als Aufforderung ansehen, nach der Beherrschung des ganzen Landes zu streben. Als Gegenspieler seines Vetters gehörte er zum inneren Kreis jener, die an Sitzungen des Rates für Außenbeziehungen und anderer hochstehender Organisationen teilnahmen. Anfang der fünfziger Jahre war er noch Reserveoffizier des Geheimdienstes der Air Force, hielt Vorträge vor Angehörigen des CIA und bildete die nächste Generation von Verhörspezialisten aus.

Trotz seiner Befürchtungen hinsichtlich der sowjetischen Pläne kehrte Erich immer wieder nach Hamburg zurück. Er rivalisierte 1951 mit Siegmund um eine Teilhaberschaft bei Kuhn, Loeb und unterlag. Abgesehen davon, daß man Siegmund dort für den besseren Bankier hielt, waren der Firma dessen Verbindungen zu England wichtiger als die Erichs zu Deutschland. Erich war doppelt enttäuscht, nicht zum Zuge gekommen zu sein, hatte er sich doch aufgrund seiner Beziehungen zu Freddy Warburg, dem zweitreichsten Teilhaber bei Kuhn, Loeb, gute Aussichten ausgerechnet. Er nahm den Rückschlag zum Anlaß, sich über den unspektakulären Geschäftsgang bei E. M. Warburg & Co. klar zu werden, und wandte seine Aufmerksamkeit verstärkt Hamburg zu. Ab 1952 verbrachten Erich und Dorothea den Sommer mit ihren drei Kindern auf dem Kösterberg.

Obwohl sie Brinckmann nach außen hin respektvoll behandelten – Erich nannte ihn »Senior« –, bemerkten Erich und Siegmund, wie der einstige Generalbevollmächtigte eine neue Selbstgefälligkeit entwickelte. Im Juni 1950 wurde Brinckmann mit Hilfe der Warburgs in den Beratungsausschuß der Bank für Internationalen Zahlungsausgleich berufen. Mit einem Mal sah er sich als bedeutenden Finanzmann, trat bei internationalen Währungskongressen großspurig auf und reiste so viel, daß Erich ihn hinter seinem Rücken in Anspielung auf den damaligen Außenminister John Foster Dulles als »John Foster Brinckmann« verspottete. Je mehr sich Brinckmann mit der Firma Brinckmann, Wirtz identifizierte, desto mehr neigte er zur Wichtigtuerei.

Als Erich begann, jeweils einen Teil des Jahres in Deutschland zu verbringen, warnte ihn Siegmund davor, sich die Teilhaberschaft mit dem autokratischen Brinckmann zu teilen, dessen Anteil mit fünfundzwanzig Prozent genauso groß war wie der der gesamten Warburg-Gruppe. Siegmund betrachtete Brinckmann nicht mehr als tapferen Gegner der Nationalsozialisten, sondern hielt ihn für aufgeblasen, eitel und verbohrt. Er schrieb an Erich: »Ich habe Brinckmann schon seit einigen Jahren für außerordentlich arrogant und egoistisch gehalten, aber bei meinen letzten Besprechungen in Hamburg fand ich, daß seine Arroganz und sein Egoismus allmählich Grade erreicht haben, die kaum mehr erträglich sind.«[11] Da Brinckmann klar war, daß Erich kaum auf Dauer in einer Bank mit dem Namen Brinckmann, Wirtz arbeiten würde, rückte mit der Aussicht auf Erichs Rückkehr die heikle Namensfrage auf der Tagesordnung nach oben.

Tatsächlich fühlte Erich sich dadurch herabgesetzt, daß er in einer Bank arbeitete, die noch immer den arisierten Namen trug. In dieser Hinsicht nicht weniger romantisch als Siegmund, machte er aus der Aufgabe, den Namen M. M. Warburg zu erneuern, eine Art Kreuzzug. Als die Warburgs begannen, die Rechtmäßigkeit des arisierten Namens in Frage zu stellen, muß Brinckmann den Eindruck gewonnen haben, man wolle ihn um sein wunderbares Geschenk betrügen. Jetzt, da das deutsche Wirtschaftswunder in vollem Gange war, stand Erich wieder auf der Schwelle, nachdem er in der Zerstörung des Jahres 1945 das Angebot, die Bank zurückzugeben, nicht angenommen hatte. Brinckmanns Ansicht nach berechtigte ihn die seither verstrichene Zeit, Ansprüche auf die Firma geltend zu machen, und dieser Auffassung schlossen sich mehrere Anteilseigner an, ja sie bestärkten ihn darin, den Warburgs keine weiteren Zugeständnisse zu machen.[12] Die Notwendigkeit, den Kampf allein zu führen, blieb ihm erspart, da sich sein neuer Teilhaber, Hermann Schilling, Erichs Rückkehr mit geradezu fanatischer Entschlossenheit widersetzte. Damit konnte sich Brinckmann als Retter der Warburgs stilisieren, als über dem Getümmel stehenden Staatsmann, während Schilling die schmutzige Arbeit erledigte.

Mehr noch als Siegmund scheute Erich Unannehmlichkeiten. Im Geschäfts- wie im Privatleben glänzte er durch Überzeugungsstärke und nicht durch Konfrontation. Um Schilling für sich zu gewinnen, setzte er ein Exposé auf, in dem er seine Position erläuterte. Dann reiste er nach Bad Kissingen, wo jener Urlaub machte, um mit ihm ein freundliches Gespräch zu führen. Im Verlauf der Unterhaltung merkte er an, Hermann Josef Abs stehe im Begriff, die deutsche Auslandsschuld in London zu begleichen, womit einem wirtschaftlichen Aufschwung nichts mehr im Wege stehe. Dies scheine ein passender Augenblick zu sein, den Namen

M. M. Warburg wieder in seine alten Rechte einzusetzen, erklärte er. Ohne sich entschieden dagegen auszusprechen, bat Schilling um Bedenkzeit

Der nächste Schritt Schillings empörte Erich. Ohne ihn oder Brinckmann zu informieren, berief er insgeheim eine Besprechung jener Teilhaber der Bank ein, die gegen Erichs geplante Rückkehr waren, und legte ihnen dessen Exposé vor. Diese nicht repräsentative Gruppe setzte am 20. Oktober 1952 eine vertrauliche Erklärung in Umlauf, die Erich auf Umwegen erreichte und mit einem Schlag all die unausgesprochenen Befürchtungen bestätigte, die er über den latenten Antisemitismus in Deutschland hatte. Sie erklärte schroff, daß die Anteilseigner in früheren Jahren die Rückkehr zum Namen Warburg gewollt hätten, die Familie jedoch dagegen gewesen sei. Jetzt, hieß es weiter, »erscheine es recht zweifelhaft, daß der alte Name noch einen ›goodwill‹ darstelle, und insoweit müsse von der Familie Warburg erwartet werden, daß sie ihren Geschäftsfreunden nicht weitere Opfer zumutet.«[13] Mit einem Mal tat man so, als sei der Name Brinckmann ein erstklassiger Vermögenswert, der Name Warburg hingegen eine schwere Belastung: »Heute ist die Bank unter dem gegenwärtigen Namen durch die unermüdliche Arbeit der Komplementäre zu Weltgeltung gelangt.«[14]

Was dieses Schriftstück so widerwärtig machte, war sein offenkundig antisemitischer Unterton. Stellenweise fanden sich in ihm Anklänge an die übelsten und höhnischsten Schmähungen des *Stürmer*. »Für die Kommanditisten bedeuten die bisherigen Leistungen bereits ein erhebliches Opfer, da sie – *anders als die Familie Warburg* – vermögensmäßig bereits unter den Kriegs- und Kriegsfolgeschäden schwer zu leiden haben.«[15] Als Erich das las, sagte er voller Abscheu zu Brinckmann, daß der Verfasser wohl nicht wisse, daß die Nazis das Geld der Warburgs gestohlen hätten und diesen mithin kein Reichtum geblieben sei, der unter Kriegs- und Kriegsfolgeschäden habe leiden können. Er witterte den ekelerregenden Geruch des Nationalsozialismus. Unter Hinweis auf die Formulierung »anders als die Familie Warburg« sagte er, offenbar sei der Verfasser jemand, der »glaubt, entweder noch im Dritten Reich zu leben, wo eine solche Äußerung notwendig und zweckdienlich erschien, oder der gar heute noch eine solche Einstellung hat«.[16] Erich, der kurz zuvor bei N. M. Rothschild in London eine bedeutende Kreditlinie für Brinckmann, Wirtz ausgehandelt hatte, empfand zutiefst den Undank, der in dieser Zurückweisung lag.

Brinckmann erklärte in aller Unschuld, von der geheimen Zusammenkunft nichts gewußt zu haben, und betonte, er selbst sei für die Wiederherstellung des alten Namens. Allerdings seien ihm, so fügte er mit scheinbarer Hilflosigkeit hinzu, leider die Hände gebunden. Hatte er Schilling insgeheim zu dieser Kabale angestiftet? Siegmunds und Spiegelbergs Überzeugung nach trieb er ein falsches Spiel; Erich und Fritz hingegen konzentrierten ihren Zorn auf Schilling und neigten dazu, »Rio«

für schuldlos zu halten. So schrieb Erich an Fritz, man könne »an der Loyalität, dem guten Willen, dem Gefühl für Tradition, trotz aller uns bekannten Schwächen, bei Rio ja nicht zweifeln«.[17] Brinckmann erinnerte Erich, daß er 1945 von sich aus die Namensänderung angeboten, Max aber den Zeitpunkt für ungünstig gehalten habe.[18] Auch verwies er darauf, daß die Bank für die Familie Warburg für immer verloren sei, falls er sie verlasse.[19] Auf diese Weise versuchte er den Anschein zu erwecken, er sei derjenige, der die Warburgs vor einem noch schmachvolleren Los bewahre.

Mit der »Verschwörung« vom 20. Oktober 1952 begann eine langwierige Auseinandersetzung zwischen den Warburgs und den Inhabern der Anteile aus der »freundschaftlichen« Arisierung von 1938, die sich im Rückblick als weit weniger freundschaftlich darstellte, da sich die Auseinandersetzung zuspitzte. Fritz verachtete Schilling, von dem er annahm, daß er die altehrwürdige Geschichte der Firma nicht kannte, und dieser wiederum gab zu verstehen, daß es Fritz mehrere Millionen Mark kosten werde, wenn man ihn zwinge, die Firma zu verlassen.[20] Jetzt ließ Erich, der es bis dahin unterlassen hatte, juristischen Druck auszuüben, durch einen Anwalt prüfen, auf welche Weise sich der alte Name wiederherstellen ließ.[21] Daraufhin zog Schilling die Samthandschuhe aus und teilte dem Anwalt mit, sofern Erich nicht unverzüglich Hamburg verlasse, werde er eine Versammlung der Anteilseigner einberufen, einen Bruch mit den Warburgs herbeiführen und die Familie auszahlen.[22] Brinckmann, der das ganze Durcheinander eindeutig genoß, gab sich Erich gegenüber verzweifelt und erklärte, er habe ergebnislos versucht, vernünftig mit Schilling zu reden.[23] Unverdrossen wiederholte dieser, er sei weder bereit, die Firma zu verlassen noch Erich die Rückkehr zu gestatten.[24] Er wurde so ausfällig, daß die Warburgs sich fragten, ob Erich mit ihm je im selben Büro würde arbeiten können, vorausgesetzt, es gelänge Erich, sich mit seinen Vorstellungen durchzusetzen. Der massive Widerstand erstickte jeden Versuch einer Einigung über eine Wiedereinsetzung des Namens M. M. Warburg schon im Keim.

Auch Brinckmann stritt sich mit Schilling. Und während er ihn dazu benutzte, die Warburgs abzublocken, bediente er sich der Warburgs, um Schilling auszuschalten. In dem wirren und unwirklichen Spektakel war Brinckmann nicht bereit, den Warburgs zu gestatten, selbst mit den Anteilseignern der Bank zu verhandeln, »die er als die schwarzen Männer darstellte, während in Wirklichkeit er selbst der engherzigste von allen war«, wie Ernst Spiegelberg schrieb. »Das ist seine wahre Natur, und die jetzt zur Schau getragene Loyalität gegenüber Warburg ist die größte Hilfe für ihn in seinem schon vorher ausgebrochenen Kampf gegen Schilling.«[25] Inzwischen vermutete Spiegelberg, daß Brinckmann, der zwei Söhne hatte, nach Möglichkeiten suche, seine eigene Bankdynastie auf den Trümmern des Warburg-Vermögens zu errichten.[26]

Die Freundschaft, welche die Aufnahme suggeriert, war nicht völlig ungetrübt: Rudolf Brinckmann (rechts) hatte M. M. Warburg & Co. nach der »Arisierung« des Hauses im Dritten Reich geleitet und nach Kriegsende zum Wiedererstarken der Bank beigetragen. Später fiel es ihm schwer, die eigene Leistung hinter die weitaus ältere Tradition der Warburg-Familie zurückzustellen. Der Konflikt, der dadurch unvermeidlich wurde, sorgte über Jahre immer wieder für Schwierigkeiten und mal verdeckte, mal offen ausgetragene Spannungen.

Schillings Unversöhnlichkeit und Brinckmanns Tücke veranlaßten Erich, Siegmund in die Auseinandersetzung zu ziehen. Es sollte ein weiteres Beispiel dafür werden, daß Erich ihn in eine Angelegenheit involvierte, um dies später zu bereuen. Obwohl Siegmunds Anteil an der Hamburger Bank nach der Rückgabe lediglich neun Prozent des Viertels betrug, das den Warburgs gehörte, während auf Erich und den Nachlaß von Max sechsundfünfzig Prozent sowie fünfundzwanzig Prozent auf Fritz entfielen, spielte er künftig eine Rolle, die in keinem Verhältnis zum Wert seiner Beteiligung stand. Erich, der viel von den Fähigkeiten des Vetters hielt, war auf Siegmunds taktisches Genie angewiesen, der den zähesten und gerissensten Gegnern gewachsen war. Während Erich oft nicht recht wußte, wie er sich entscheiden sollte, hatte Siegmund unverrückbare Standpunkte, die es ihm ermöglichten, harten Auseinandersetzungen standzuhalten. Wenn es um die Familienehre ging, waren Erich und Siegmund ein Herz und eine Seele. Später stellte die Zeitschrift *Time* die beiden einander gegenüber, wies aber auf ihr gemeinsames Ziel hin, das darin bestehe, »den Glanz der Vergangenheit für einen vielseitigen Familienclan wiederherzustellen«.[27] Nach der demütigenden Verschwörung vom 20. Oktober zeigte Siegmund ernstgemeintes Mitgefühl für seine Verwandten vom Mittelweg und schrieb an Fritz: »Die letzten Wochen müssen besonders für Dich und Erich geradezu die Hölle gewesen sein.«[28]

Erich wußte sehr wohl, daß der Versuch, sich Siegmunds Talente zunutze zu machen, durchaus nicht nur vonnutzen sein könnte, denn dieser mochte sich dadurch in der Absicht bestärkt sehen, Einfluß auf die Hamburger Firma zu nehmen. Obwohl er häufig nachdrücklich abstritt, Brinckmann, Wirtz übernehmen zu wollen, traute ihm Erich in dieser Hinsicht nie über den Weg. Nicht einmal als es galt, gegen Brinckmann und Schilling zu kämpfen, wußte er, ob Siegmund ihm zur Seite stand oder ihn als Werkzeug benutzte, und er fragte sich, ob Siegmund ihn übergehen würde, wenn es ihnen gemeinsam gelänge, Brinckmann zurückzudrängen. Heute räumen die Mitinhaber von Siegmunds Bank ein, dieser habe in Brinckmann, Wirtz tatsächlich ein einzigartiges Mittel gesehen, seinen Wiedereinstieg in Deutschland zu bewerkstelligen. Erich war also nicht paranoid. Ein leitender Mitarbeiter von S. G. Warburg & Co. bemerkte: »Hätten Siegmund und Erich Erfolg gehabt, wäre Hamburg praktisch eine Zweigstelle von London geworden. Damit wäre das ›Tochterunternehmen‹ die Mutter der Mutter geworden.« Zwar hielten Erich und Siegmund nicht viel voneinander, doch waren sie aufeinander angewiesen und zögerten nicht, sich gegenseitig zu benutzen. Das Bündnis, das sie auf diese Weise schlossen, führte dazu, die zwischen ihnen bestehende Spannung zu verschärfen: Siegmund gewann den Eindruck, daß Erich nicht mutig und entschlossen genug vorgegangen war, während Erich glaubte, lediglich Werkzeug in der Hand seines anmaßenden Vetters gewesen zu sein.

Zusätzlich kompliziert wurde das Psychodrama dadurch, daß Siegmund Schilling vertraute, Erich hingegen Brinckmann. Die Warburgs rieten Schilling, keinen Keil zwischen sie zu treiben.[29] Der angewiderte Fritz machte sogar den Vorschlag, die Familie Warburg solle einfach alle Anteile an der Bank abstoßen und die Sache auf sich beruhen lassen.[30] Doch inzwischen war das Ganze eine grundsätzliche Frage geworden, die über ein juristisches Tauziehen oder wirtschaftliche Kalkulationen hinausging. Es galt, der Unverfrorenheit zweier Männer – Brinckmann und Schilling – entgegenzutreten, die es wagten, ihre unleugbaren, doch jungen Errungenschaften über das hundertfünfzigjährige Wirken der Familie Warburg zu stellen.

Ein plötzlicher Streit zwischen Erich und Siegmund versetzte den gemeinsamen Bemühungen der Warburg-Gruppe den Todesstoß. Im Juni 1953 traf Siegmund mit Schilling zusammen, um in der Auseinandersetzung mit Erich zu vermitteln. Erich hatte angenommen, Siegmund werde Schilling die Leviten lesen, dessen Verhalten im Dritten Reich auf den Grund gehen und Gerechtigkeit für die Warburgs fordern. Siegmund aber gewann einen günstigen Eindruck von Schilling und stellte den doppelzüngigen Brinckmann als Schuldigen hin.[31] Erich fühlte sich durch Siegmunds »einfühlsames« Vorgehen verraten und fragte ihn empört, warum er nicht ihrer Absprache gemäß gehandelt habe; Siegmund wurde gleichfalls wütend und erklärte, er beschäftige sich nicht aus persönlichen Gründen mit der Sache, sondern um der Familie willen. Obwohl Erich sich 1953 für eine Konfrontation aussprach, während er aus taktischen Gründen zur Geduld riet, strich Siegmund immer wieder heraus, daß Erich die Situation in Hamburg zu zögernd angepackt habe.

Geschah das in der Überzeugung, damit mehr erreichen zu können, oder hatte er eine Situation sabotiert, in der Erich die Sache aufs neue hätte in die Hand bekommen können? Obwohl wir es nie erfahren werden, steht fest, daß Siegmund von diesem Zeitpunkt an nicht mehr bereit war, seine Option geltend zu machen. Er erklärte, er passe nicht mehr in die Warburg-Gruppe und wolle sich von allem zurückziehen, was mit Brinckmann, Wirtz & Co. zu tun habe.[32] Fritz, den das Ganze anwiderte, sprach sich gegen die Wahrnehmung der Option aus, und Erich hatte nicht genug Geld, dies auf eigene Faust zu tun. So kam es, daß die Warburgs die für das Jahr 1953 festgesetzte Frist verstreichen ließen, ohne die Option wahrzunehmen, ihre Anteile auf fünfzig Prozent zu erhöhen, was die langwierige Auseinandersetzung beendet hätte. Damit stärkten sie die Position Brinckmanns, der die Früchte des mangelnden Zusammenhalts unter den Angehörigen der Familie Warburg erntete.

Je mehr die deutsche Wirtschaft aufblühte, desto eindrucksvollere Gewinne verbuchte die Bank Brinckmann, Wirtz. Als Siegmund Anfang 1954 Deutschland bereiste, verblüfften ihn der »ungeheuerliche Fleiß der Menschen« wie auch die belebende Wirkung, die von niedrigen Löhnen und Steueranreizen ausging. Er fühlte sich sehr zur Deutschen Bank hingezogen, die eine aggressive Politik betrieb, mußte aber feststellen, daß deutsche Geschäftsleute aufgrund seines Namens unwillkürlich annahmen, zwischen ihm und Brinckmann, Wirtz müsse eine Verbindung bestehen. So konnte es nicht ausbleiben, daß er sich noch immer bis zu einem gewissen Grad als Mitinhaber der Hamburger Bank fühlte.

Überall hörte Siegmund, der schwer arbeitende, tüchtige Teilhaber sei Schilling, während Brinckmann viel rede, sich in der Weltgeschichte herumtreibe und das Geschäft vernachlässige.[33] Immer wieder ermahnte er Erich, sich nicht von Brinckmanns »sentimentalen Worten« einwickeln zu lassen, sondern gemeinsam mit ihm auf Schilling zu bauen. Schon bald erkannte er Brinckmanns dynastische Bestrebungen, da er als Bedingung für die Ernennung weiterer Teilhaber eine Teilhaberschaft für seinen Sohn

Christian verlangte.[34] Wiederholt warnte Siegmund Erich vor Rios Hartnäckigkeit und riet ihm, nicht nach Hamburg zurückzukehren, da sich die Festung von außen leichter einnehmen lasse als von innen.[35] Auch Ernst Spiegelberg, das letzte Mitglied der Warburg-Gruppe, wies Erich darauf hin, daß er über eine Zusammenarbeit mit Brinckmann in einer Firma namens Brinckmann, Wirtz & Co. niemals glücklich werden könne.[36]

Trotz aller berechtigten Bedenken wollte Erich indessen unbedingt nach Hamburg zurückkehren, wo das wirtschaftliche Leben pulsierte, während sein Geschäft an der Wall Street schlecht ging. Brinckmann teilte er 1954 mit, er sei bereit, als Komplementär, d. h. als geschäftsführender Teilhaber, der Bank seine ganze Arbeitskraft zur Verfügung zu stellen. Doch solange Schilling dem Unternehmen angehörte, konnte er seinen Plan nicht durchführen. Dann geschah im September 1956 etwas Unerwartetes: Des langen Gerangels mit Brinckmann und Erich müde, beschloß Schilling, zu gehen. Erich wurde am 1. Oktober 1956 aktiver Teilhaber der Firma, die nach wie vor den verhaßten Namen Brinckmann, Wirtz trug. Schamloserweise ließ Brinckmann ihn wissen, er müsse dankbar sein, wieder als Teilhaber aufgenommen zu werden.[37] Es ist fraglich, ob Erich jemals merkte, daß Brinckmann ihn als Mensch und Bankier verachtete.[38]

Nach seinem winzigen Büro an der Wall Street fühlte sich Erich in der Bank an der Ferdinandstraße mit der Mahagoni-Wandtäfelung und den Messing-Türknäufen wieder daheim. Er erschien morgens früh zur Arbeit, blieb bis spätabends und gewann viele alte Kunden zurück. Um dem Geist des Hauses zu huldigen, hängte er Familienbilder und Stiche an die Wände und brachte unter jedem erklärende Texte an. Er kannte nichts Schöneres, als Besuchern die Geschichte der Bank zu erläutern, und erwies sich als wahre Fundgrube des Wissens über die Geschichte der Warburgs. An der Marmorwand des Treppenhauses, gleich neben dem Eingang zur Schalterhalle, verzeichnete eine Tafel die Namen der im Ersten Weltkrieg gefallenen Angestellten. Erich, der einzige, der im Zweiten Weltkrieg auf seiten der Alliierten gekämpft hatte, ließ schon bald nach seiner Rückkehr eine Gedenktafel mit den Namen der sechs jüdischen Angestellten und des Widerstandskämpfers, die die Nationalsozialisten ermordet hatten, sowie die Namen all jener Mitarbeiter anbringen, die in Lagern oder bei Luftangriffen in Hamburg ums Leben gekommen waren. Eine Tafel zur Erinnerung an Angestellte der Bank, die als deutsche Soldaten im Zweiten Weltkrieg gefallen waren, gab es allerdings nicht.

Von Anfang an regte Erich an, der Firma den Namen »Brinckmann, Warburg & Co.« oder »Warburg, Brinckmann & Co.« zu geben. Kaum daß er dies Thema zur Sprache brachte, begehrte Brinckmann in seiner finsteren und übellaunigen Art auf und erklärte, man müsse dafür einen passenden Augenblick abwarten. Schillings Weggang, behauptete er, koste die Bank genug Kunden, da könne sie sich nicht auch noch eine Namensänderung leisten. Dann wies er darauf hin, daß durch die Wiedereinsetzung des jüdischen Namens im Geschäft mit arabischen Ländern Verluste eintreten könnten.[39] Außerdem, sagte er, sei der Zeitpunkt für die Namensänderung verstrichen, die man, wenn überhaupt, in den ersten sechs bis acht Jahren nach dem Krieg hätte vornehmen müssen.[40]

Nach anfänglichem Sträuben nahm Brinckmann mit Dr. Friedrich Priess, der zuvor als Richter tätig gewesen war, einen dritten Teilhaber auf. Wegen Brinckmanns Unnachgiebigkeit in der Namensfrage brachte Erich Ende 1957 Siegmund in den Finanzausschuß der Bank. Die Familie Warburg schickte 1959 sogar Kurt Hahn gegen Brinckmann ins Gefecht, wobei es zu einer heftigen Auseinandersetzung kam. (Erich hatte nach dem Krieg dafür gesorgt, daß Hahn in die Schule nach Salem zurückkehren konnte.) Hahn sagte, ihm sei das »häßliche Gerücht« zu Ohren gekommen, daß Brinckmann aus »latenter Furcht«[41] vor den Nationalsozialisten nicht bereit sei, den Namen Warburg wiedereinzusetzten. Rasch fügte er hinzu, er selbst glaube solche verleumderischen Äußerungen nicht, doch erzähle man sich derlei nun einmal. Brinckmann wies die Unterstellung auf das schärfste zurück, schob die Schuld ganz einfach auf Schilling, der sich Erich in den Weg gestellt habe, und strich erneut heraus, wie er nach dem Krieg der Bank zu neuem Ansehen verholfen habe. Hahn schlug vor, man solle die Bank M. M. Warburg, Brinckmann & Co. nennen, und vertraute Brinckmann an, es bedeute für Erich einen Abstieg, in die Firma eingetreten zu sein, bevor diese Ehrenschuld beglichen sei.[42] Als Brinckmann behauptete, die anderen Anteilseigner würden dem Namenswechsel keinesfalls zustimmen, erklärte Hahn, Brinckmann müsse sich in dieser Angelegenheit eben durchsetzen.[43]

Mit seiner Rückkehr nach Hamburg rief Erich in der eigenen Familie entsetzte Ungläubigkeit hervor. Viele vermuteten, er habe die Lektion der Geschichte über die Torheit der deutsch-jüdischen Assimilation nicht gelernt. Vor allem die amerikanischen Warburgs überlief bei diesem »Sakrileg« ein Schauer. Einzelne Angehörige der deutschen Warburgs vertraten die Auffassung, Erich sei zu früh zurückgekehrt, während es andere verblüffte, daß er sich überhaupt dazu entschlossen hatte. Doch Erich teilte die typisch jüdische Angst nicht; als Pragmatiker betrachtete er Deutschland nicht als einen Ort voller schrecklicher Erinnerungen, und obwohl er viele Greueltaten aus der Nähe miterlebt hatte, erlag er dem Grauen nicht, das andere Juden hier verständlicherweise überkam – eine Haltung, die der Siegmunds nicht unähnlich war.

Es fällt auf, daß die Männer der Familie Warburg viel eher bereit waren, Frieden mit Nachkriegsdeutschland zu schließen, als die Frauen. Zum Teil spielten praktische Geschäftserwägungen dabei eine Rolle. Die Männer wollten mit Deutschland Geschäfte machen und hielten es für angebracht, zu vergeben, wenn auch nicht zu vergessen. Für Siegmund und

Erich erwies es sich außerdem als Vorteil, daß sie in den dreißiger Jahren mit vielen Industriellen zu tun hatten, die keine Nationalsozialisten waren. Sie weigerten sich, die Deutschen insgesamt zu dämonisieren oder zu glauben, daß deren Kultur einen unauslöschlichen Makel aufweise. Da Erich Bekannte beim Militär und im Adel hatte, die im Widerstand tätig gewesen waren, konnte er sich einem Kreis von Menschen anschließen, die gesellschaftlich zu ihm paßten und politisch unbelastet waren. Für ihn gab es – im Unterschied zu den meisten anderen Juden – ein anderes Deutschland, in das er zurückkehren konnte.

Aus Schuldgefühl oder tiefempfundener Überzeugung überhöhte Erich seine Rückkehr zu einem Beweis deutsch-jüdischer Aussöhnung. »Nach dem Holocaust schien es mir notwendig, daß die Juden – wenn auch in kleiner Zahl – in Mitteleuropa wieder anzutreten haben, wo sie in der Vergangenheit auf kulturellem und wissenschaftlichem Gebiet wahrlich ihren Beitrag geleistet hatten.«[44] Er vertrat den Standpunkt, die Juden dürften ein ganzes Volk nicht einfach abschreiben; als Traditionalist hatte er seine Vergangenheit nie aufgegeben. In einem Artikel über ihn, der 1959 im *New Yorker* erschien, heißt es, er habe *downtown* in einem Büro voller Familienbilder und früher Drucke der Stadt Warburg eine Investitionsbank betrieben.[45] Trotz seines Gleichmuts muß die in New York verbrachte Zeit der Emigration seinen Stolz gekränkt haben. Wie konnte man als Erbe einer edlen Überlieferung auf die finanzielle Großzügigkeit der Verwandtschaft angewiesen sein? In Hamburg mochte der Name Warburg Gewicht haben – an der Wall Street bedeutete er in den frühen Nachkriegsjahren wenig.

Als Erich den Entschluß faßte, nach Hamburg zurückzukehren, war seine Frau Dorothea verwirrt und bestürzt. Sie hatten sich ein zweisprachiges Zuhause geschaffen, in dem beide Kulturen gepflegt wurden, und eine Freundin des Hauses brachte den Kindern deutsche Volkslieder bei; doch nach den Sommern auf dem Kösterberg waren sie stets in die schützende Atmosphäre von *Woodlands* zurückgekehrt. Unauslöschlich war der Naziterror in Dorotheas Gedächtnis eingegraben: Sie hatte gesehen, wie sich Menschen, denen man einmal erlaubt hatte zu töten, einen blutigen Sport daraus machten und nie wieder würde sie Erichs Vertrauen in andere Menschen teilen können. Als er seine Entscheidung für unumstößlich erklärte, wußte er nicht, ob Dorothea und die Kinder ihn begleiten würden. Sie wollte die Kinder nicht aus der Schule nehmen und nach Hamburg verpflanzen. Marie war zu jener Zeit dreizehn, Max zwölf und Erica acht Jahre alt. Also lebte Erich zuerst allein auf dem Kösterberg, während seine Familie nur im Sommer nach Hamburg kam. Die Winterferien verbrachten sie alle gemeinsam in Amerika, und bei verschiedenen anderen Gelegenheiten im Laufe des Jahres traf Erich mit Frau und Kindern zusammen.[46] Zwischen 1956 und 1960 verbrachte er jeweils etwa sechs bis sieben Monate eines Jahres in Hamburg.

Nachdem Frieda 1958 gestorben war, vermachten ihre Kinder *Hunt Cottage* und *Woodlands* der Schulbehörde von White Plains. Die Warburgs bauten sich ein neues Haus in New Canaan, Connecticut. Erich war noch immer nicht sicher, ob er seine Kinder in Deutschland zur Schule schicken wollte, und Dorothea ihrerseits wußte nicht, ob er auf Dauer dort bleiben würde. Am Ende hing ihr Familienleben von ihrer Bereitschaft ab, Erich zu folgen. Also überwand sie 1960 mit unendlicher Selbstaufopferung ihre Ängste und reiste mit den Kindern in ein Deutschland, das nach wie vor von den Spuren des Krieges gezeichnet war.

Den Kindern fiel es schwer, sich nach den fünfziger Jahren, die sie im reichen, verschlafenen Amerika verbracht hatten, in Deutschland einzuleben. Als sie 1952 ganz jung zum ersten Mal nach Deutschland gekommen waren, hatten die Leute die Milch noch in Aluminiumkannen vom Pferdewagen geholt, und Hamburg war mit Unkraut und Trümmern übersät gewesen. Marie, die Älteste, sagte: »Ich erinnere mich, vom Bus oder Zug aus viele Invaliden oder Menschen mit schrecklich verbrannten oder entstellten Gesichtern gesehen zu haben.«[47] Als Erich den Kindern Angehörige des deutschen Widerstandes vorstellte, wurde ihnen klar, daß diese etwas Besonderes waren. So erklärte Marie: »Es war zweifellos schwer, Deutschland tatsächlich als unsere neue Heimat zu betrachten und in einer Gesellschaft zu leben, in der die meisten Erwachsenen über vierzig den Nationalsozialismus entweder aktiv unterstützt hatten oder günstigstenfalls Mitläufer gewesen waren.«[48]

Auch in der Schule mußten sie sich umstellen, vor allem der rebellische und freiheitsdurstige Max, der sich nach der gelösteren Atmosphäre amerikanischer Schulen zurücksehnte. Da ihm Salem nicht zusagte, das unter Kurt Hahn seinem Eindruck nach im Stil einer Militärakademie geführt wurde, brachte man ihn im Landerziehungsheim Louisenlund in Schleswig-Holstein unter. Nachdem er in Bremen Religionsunterricht bekommen hatte, empfing er seine Bar Mizwa in Hamburg – als erster männlicher Angehöriger der Familie Warburg seit dreißig Jahren.

Im Geschichtsunterricht der Oberstufe mußten sich die Kinder mit dem breiten Spektrum der Reaktionen Nachkriegsdeutschlands auf das Dritte Reich auseinandersetzen. Maries Geschichtslehrer betrieb eine rückhaltlose Aufklärung und zeigte der Klasse einen Film über die Massenvernichtung. Max' Geschichtslehrer hingegen fürchtete so sehr, sich den dreißiger Jahren zu nähern, daß er nicht über Bismarck hinauskam. Erichs ansteckender Optimismus half den Angehörigen über viele Schwierigkeiten hinweg.

Die Warburgs schlossen sich einer kleinen Gruppe von etwa fünfundfünfzig Juden an, die nach Hamburg zurückgekehrt waren. Einige waren Ärzte und Anwälte, die im Ausland nicht praktizieren durften.[49] Dadurch, daß zwischen 1955 und 1959 etwa sechstausend Juden nach Deutschland zurückkehrten, meist aus Israel oder Lateinamerika, stieg die jüdische

Bevölkerung auf einundzwanzigtausend an (sie hatte im Jahre 1933 eine halbe Million betragen).[50] In Hamburg lebten mehrere hundert iranische Juden, die einen einträglichen Handel mit Orientteppichen trieben. Der Fall Warburg war ein äußerst seltenes Beispiel dafür, daß eine prominente jüdische Familie freiwillig aus einem angelsächsischen Land heimkehrte. Mit der Mißbilligung der internationalen jüdischen Gemeinde konfrontiert, behaupteten zurückkehrende Juden häufig, ihre Rückkehr sei nur vorläufig. Im Bestreben, die Geister der Vergangenheit zu vertreiben, hießen sowohl die Bundesrepublik als auch die DDR die als erlösend empfundene Heimkehr jüdischer Bürger willkommen.

Erich bewohnte mit seinen Angehörigen die Arche Noah, das aus dem 18. Jahrhundert stammende Haus auf dem Kösterberg mit seinem steilen Dach, den knarrenden Dielenböden und dem herrlichen Blick auf die Elbe. Da das einst von Paul bewohnte Haus kurz vor dem Abriß stand und das Deutsche Rote Kreuz Max' und Fritz' Häuser belegt hatte, war es als einziges verfügbar. Ansonsten war die wunderbare Umgebung mit herrlichen Bäumen, Rhododendronbüschen und den sanft hügeligen Rasenflächen unverändert geblieben. Erichs Jugendfreund Wolfgang Rittmeister wohnte nebenan, und erneut segelten sie mit der *Kong Bele* auf der Ostsee. (Wolfgangs Bruder John war Psychiater am Hamburger Krankenhaus Ochsenzoll und Mitglied der Roten Kapelle gewesen; er war 1943 hingerichtet worden.) Kathi Schwärz, die Bauerntochter, die den Kösterberg vor Wehrmachtsoffizieren geschützt hatte, servierte Erich wie einst seinen morgendlichen Orangensaft und zog die drei Kinder groß. Sie starb 1968 in Erichs Armen. Erich genoß es, die von seinem Vater gepflegten Bräuche neu zu beleben: beispielsweise nahm er jeden Morgen ein anderes Kind mit zu einem Spaziergang oder legte einen Löffel quer über ein Glas, wenn jemand eine schon oft gehörte Geschichte erzählte.

Er versuchte, die zerstörte Vergangenheit wiedereinzufangen, indem er seine drei Kinder in die Welt einführte, die er als Junge gekannt hatte. Wie er lernten sie auf der Alster segeln, und im Laufe der Zeit entwickelten alle drei eine doppelte Identität als Deutsche und Amerikaner und fühlten sich in beiden Ländern zu Hause. Niemand wagte es, den Warburg-Kindern gegenüber antisemitische Äußerungen zu machen, doch mußten sie gegen schmerzliche Mißverständnisse über die dreißiger Jahre angehen, die Klassenkameraden von ihren Eltern übernommen hatten. Da Erich und Dorothea nicht wollten, daß sich die Kinder als Juden ausgegrenzt fühlten, feierten sie auf dem Kösterberg sowohl Chanukka als auch Weihnachten. Früher, in Hunt Cottage, war Alice einmal sehr verärgert gewesen, weil in einem Nebenraum ein Weihnachtsbaum stand.[51]

Manches erleichterte Erich die Rückkehr zu einem Leben in Deutschland. Als auf Versöhnung bedachter Jude wurde er wie ein siegreicher Held behandelt. Manchmal brachte man ihm sogar eine gewisse Unterwürfigkeit entgegen. Deutschland brauchte Juden, die gewillt waren, zu verzeihen, und nicht viele zeigten sich dazu bereit. Erichs Ansehen, das in New York gesunken war, nahm in Deutschland zu. Hamburg war nie in dem Maße dem Nationalsozialismus verfallen gewesen wie andere Orte, und entsprechend gab es dort auch nach dem Krieg wenig Neonazismus. Kurt Sieveking – der Anwalt, der 1936 so unerschrocken bei M.M. Warburg eingetreten war – wurde nach dem Krieg ebenso wie Max Brauer, der 1933 mutig aus einem Fenster des Rathauses von Altona gesprungen und nach Amerika geflohen war, Erster Bürgermeister der Stadt. In einer Vereinbarung mit der Stadtverwaltung tauschte Erich den Römischen Park am Fuß des Kösterbergs gegen die einträgliche Baugenehmigung für zehn Häuser auf dem Berg. Durch den Verkauf dieser Baugenehmigungen wurde es ihm möglich, sein dezimiertes Kapital aufzustocken.

Bei Erichs Rückkehr nach Hamburg spielten einstige Nazigrößen im öffentlichen Leben durchaus noch eine Rolle. Bei gesellschaftlichen Anlässen übersah er sie oder ging ihnen aus dem Weg; mit seiner unerschöpflichen Energie und geschliffenen Umgangsformen fiel es ihm nicht schwer, sich einen Weg durch dieses gesellschaftliche Minenfeld zu bahnen. Einzelne Bekannte von früher, die sich ihres Verhaltens unter Hitler schämten, kamen, um sich bei Erich zu entschuldigen, und im allgemeinen verzieh er ihnen. Für die Juden im Nachkriegsdeutschland konnte Anerkennung ebenso verwirrend sein wie Zurückweisung, denn sie wußten nie, ob ein Deutscher ihnen freundschaftlich gegenübertrat, um damit sein schlechtes Gewissen zu beruhigen, oder nur, um Verbrechen aus der Vergangenheit zu vertuschen.

Da Erichs Frau aus Wien stammte, war die Situation für sie oft noch verwirrender. Sie kannte die Mentalität der Menschen am Ort nicht und konnte so die guten nicht von den schlechten unterscheiden, was zur Folge hatte, daß sie viel argwöhnischer war als ihr Mann. Zu lebhaft stand ihr die Nazizeit vor Augen, als daß sie sich unbeschwert in der Gesellschaft hätte bewegen können. Sie zuckte jedesmal zusammen, wenn sie antiamerikanischen Einstellungen begegnete. Bei einer Gesellschaft versuchte ein Mann ihre Bekanntschaft zu machen und bot ihr zu früh das Du an. Als er mit ihr Brüderschaft trinken wollte, wich Dorothea instinktiv zurück und fragte: »Woher weiß ich, was Sie im Krieg getan haben?« Ein unbehagliches Schweigen entstand. Dann gab der Mann offen zu, daß er im Dritten Reich kein Held war.[52]

Erich und Dorothea hatten das Gefühl, ein erfülltes gesellschaftliches Leben zu führen, und genossen es, mit Angehörigen des deutschen Adels zusammenzutreffen, die Hitler für einen ordinären Flegel gehalten hatten. Doch viele Verwandte aus der Warburgfamilie zweifelten an dem idyllischen Bild, das die beiden entwarfen, und nahmen an, Erich und Dorothea seien in Wirklichkeit gesellschaftlich isoliert, während sie vorspiegelten, alles sei in bester Ordnung. In Berichten, die unter den amerikanischen

Warburgs im Umlauf waren, hieß es, Erich versuche in die oberen Ränge der Hamburger Kaufleute aufzusteigen, werde aber hinter seinem Rücken als »Erich Warburg, der Jude« verspottet. Man nahm an, daß er sich psychisch auf die grundsätzliche Integrität vieler Deutscher verlasse, während einige Verwandte die Auffassung vertraten, Deutsche seien unverbesserlich schlecht. Erich gab sich große Mühe, auf eine Versöhnung zwischen Deutschen und Juden hinzuwirken und die Bande zwischen Deutschland und Amerika fester zu knüpfen. Als Schatzmeister des Amerikanischen Rates für Deutschland hielt er John McCloy auf dem laufenden und telefonierte zeitweise einmal pro Woche mit ihm.

Nie ließ Erich eine Gelegenheit aus, Hamburg an die Leistungen der Warburgs zu erinnern. Die wenigsten Bewohner der Stadt wußten, daß es zu Zeiten der Weimarer Republik eine berühmte Warburg-Bibliothek gegeben hatte. An einem windigen grauen Oktobertag des Jahres 1958 enthüllte er in der Kunsthalle eine von ihm gestiftete Büste Abys, die Mary postum nach Fotos von seinem Leichnam modelliert hatte. (Aby hatte wiederholt erklärt, er würde nur für ein lebensgroßes Reiterstandbild Modell sitzen.) In einer Feierstunde erinnerte sich der Hamburger Senator Dr. Hans Biermann-Ratjen, daß er gemeinsam mit Max in den dreißiger Jahren bei M. M. Warburg einer Wohltätigkeitssitzung beigewohnt habe, während Braunhemden durch die Straße vor dem Haus marschiert waren. Er drückte seine Dankbarkeit für Erichs versöhnliche Geste aus und sagte: »Darin sehen wir keine deutsche Selbsterniedrigung, sondern eine Katharsis.«[53]

Da Erich und Dorothea nie dogmatische Juden gewesen waren, gingen sie nur an hohen Feiertagen in die Synagoge. Sie hielten sich von den persischen Teppichhändlern fern, die jetzt den größten Teil der jüdischen Gemeinde darstellten; diese Distanziertheit jedoch rief Unwillen hervor. Am zwanzigsten Jahrestag der »Reichskristallnacht« legte Erich gemeinsam mit evangelischen und katholischen Geistlichen den Grundstein für ein neues jüdisches Gotteshaus in Hamburg. Als Ehrenvorsitzender im Verwaltungsrat des Israelitischen Krankenhauses wiederbelebte er die hundertzwanzigjährige Bindung der Warburgs an diese Einrichtung und trieb den Bau neuer Gebäude voran. Die Verwandten nannten ihn den Foxterrier, weil er nicht lockerließ, wenn es um das Heranschaffen von Spendengeldern ging. Er zögerte durchaus nicht, dafür seinen Namen zu benutzen, und manchem fiel es leichter zu spenden, als sich mit ihm zu streiten. Überdies leistete er einen Beitrag für das Institut der Geschichte der deutschen Juden und die Freunde der Hebräischen Universität.[54]

In der Öffentlichkeit trat Erich nicht gern in Erscheinung. Da er das Dritte Reich durchlebt hatte, wollte er nichts sagen, was böswillige Menschen hätten ausschlachten können. Anfang der fünfziger Jahre veröffentlichte er eine gekürzte und überarbeitete Fassung von Max' Erinnerungen; darin wurde über das Dritte Reich nur in Andeutungen gesprochen, während Erich den Vater im Zweiten Weltkrieg ermahnt hatte, er müsse ab 1933 alles ganz genau und in Einzelheiten berichten.[55] Beharrlich widersetzte er sich dem Ansinnen von Historikern, ein Buch über die Familie zu schreiben, sammelte allerdings reichlich Material zu diesem Zweck. Da er sich entschlossen hatte, nach Hamburg zurückzukehren, legte er keinen Wert darauf, die Büchse der Pandora der Vergangenheit zu öffnen, es sei denn, es ging um wichtige Grundsatzfragen.

Nach außen wirkte Erich hinsichtlich der Beziehung zwischen Deutschen und Juden stets zuversichtlich. Jüdischen Gruppen, die nach Deutschland kamen, erklärte er kategorisch, es gebe im Lande keinen Antisemitismus mehr. Im privaten Kreis äußerte er sich in dieser Hinsicht weniger zuversichtlich. Oft beschwerte er sich, daß deutsche Schulkinder nicht genug über die unangenehme Vergangenheit lernten, und beklagte eine Art manisch-depressive Haltung der deutschen Politik, die zu einem Wechsel zwischen höchstem Jubel und tiefster Niedergeschlagenheit führe. Er erklärte, die politische Kultur habe »dafür zu sorgen, daß wir nie wieder tief fallen, aber auch dafür, daß wir nicht zu hoch steigen«.[56]

Tatsächlich machte sich Erich stets große Sorgen über den politischen Extremismus. Er las die Presse gründlich und ging beim kleinsten Hinweis auf antisemitische Äußerungen mit dem zuständigen Redakteur ins Gericht. Schon Ende der vierziger Jahre hatten die Warburgs gegen eine Flut von Zeitungsberichten und Büchern ankämpfen müssen, in denen das alte Märchen aufgewärmt wurde, das Haus Warburg habe (über den nicht existierenden Sidney Warburg) Hitler finanziert. Aus Unterlagen des American Jewish Committee geht hervor, daß sich besonders Mathilde – die Witwe Ludendorffs – intensiv an der Verbreitung dieses Unsinns beteiligte.[57] In einem 1948 in der Schweiz erschienenen Buch mit dem Titel *Spanischer Sommer* hieß es, Jimmy Warburg selbst habe im Februar 1933 Hitler die letzten Raten überbracht. Der Autor Severin Reinhardt beschwor eine weitere jüdische Verschwörung im Stil von *Die Weisen von Zion* herauf. Er behauptete, Kuhn, Loeb habe J. P. Morgan & Company finanziell beherrscht (was Kuhn, Loeb sicher recht gewesen wäre), und Jacob Schiff habe gemeinsam mit dem Morgan-Teilhaber Tom Lamont die russische Oktober-Revolution finanziert.[58]

Gegen die Sidney-Warburg-Geschichte protestierte Erich bei den Zeitungen und erreichte, daß sie in aller Form widerrufen wurde. Jimmy erwog eine Verleumdungsklage, gelangte dann aber zu der Einschätzung, daß das Echo in der Öffentlichkeit lediglich der Sache der Neonazis dienen würde. Statt dessen brachte er die Angelegenheit inoffiziell den amerikanischen, britischen und französischen Behörden zur Kenntnis und verfaßte eine eidesstattliche Erklärung, in der er den ganzen Hintergrund der Falschmeldung über den fiktiven Sidney Warburg wiedergab.[59]

In den fünfziger Jahren stießen zionistische Gruppen in Deutschland allgemein auf wenig Interesse. Das galt jedoch nicht für das American Jewish Committee. Bevor Erich 1956 in die Firma Brinckmann, Wirtz zurückkehrte, war er in dessen Ausschuß für auswärtige Angelegenheiten eingetreten. Nach seiner Rückkehr nach Deutschland behielt er für diesen Ausschuß die Medien im Auge und achtete darauf, ob sich in der Presse aufs neue antijüdische Tendenzen zeigten. Der Innenminister der Bundesrepublik ließ 1956 neuntausend Exemplare einer antisemitischen Flugschrift mit dem Titel *Die Bankenverschwörung von der Jekyll-Insel* beschlagnahmen. Es beruhigte Erich zu sehen, daß Bonn in der Angelegenheit ohne Zögern durchgriff.[60]

Doch vollständig verschwanden die alten Nazis in Deutschland noch nicht von der Bildfläche. Der britische Hochkommissar ließ 1953 sieben ehemalige NSDAP-Mitglieder – darunter Hamburgs Gauleiter und Reichsstatthalter Karl Kaufmann – mit der Begründung festnehmen, sie würden die konservativen Parteien der jungen Bundesrepublik infiltrieren. In einem im selben Jahr von den amerikanischen Behörden in Deutschland herausgegebenen Bericht hieß es: »Die Mehrheit der Deutschen ist der Ansicht, daß es am Nationalsozialismus mehr Gutes als Schlechtes gegeben habe.«[61] Obwohl drei Jahre später mit der kommunistischen Partei auch die der Neonazis verboten wurde, beschmierten Vandalen Ende der fünfziger Jahre erneut die Mauern von deutschen Synagogen mit Hakenkreuzen.

1957 protestierte Erich gegen einen im *Spiegel* erschienenen Artikel, in dem es hieß, die Juden seien an der Entwicklung der Wasserstoffbombe beteiligt gewesen. Auch wenn darin nicht ausdrücklich auf deren Religionszugehörigkeit verwiesen wurde und der Artikel nicht wirklich gehässig war, teilte Erich dem American Jewish Committee mit: »Die Hitler von morgen können daraus nur allzu leicht wieder den ›unheilvollsten‹ Einfluß herauslesen.«[62]

Im selben Jahr empörte er sich über eine Darstellung des südafrikanischen Diamanten-Moguls Sir Ernest Oppenheimer im *Spiegel*, die dessen Monopolstellung beschrieb. Wieder teilte er dem American Jewish Committee mit, der Artikel sei zwar nicht offen antisemitisch, liefere jedoch »ausgezeichnetes Material für einen künftigen ›*Stürmer*‹, wenn man ihn nur leicht verdreht«[63]. Der *Stern* veröffentlichte 1959 einen Brief über die Geldquellen der Nazi-Bewegung und berief sich dabei auf das Märchen um Sidney Warburg. In einem scharfen Brief wies Erich den Herausgeber darauf hin, daß es im Zusammenhang mit diesem Buch schon einmal zu einem Gerichtsverfahren gekommen sei und daß sich dies durchaus wiederholen könne.[64] Hinter der beruhigenden Fassade deutsch-jüdischer Freundschaft ließ seine Aufmerksamkeit in dieser Hinsicht niemals nach. In der Öffentlichkeit beteuerte er immer wieder, nicht ganz sicher zu sein, ob der Vulkan tatsächlich erloschen sei. Ein leiser Zweifel blieb.

41

Museumsstücke

Nach einem von der Familie rücksichtsvoll als »Zusammenbruch« bezeichneten Herzanfall verschlechterte sich der Gesundheitszustand von Frieda Schiff Warburg zusehends. Häufg litt sie unter Übelkeit, ließ sich aber äußerlich nichts anmerken. Nachdem ihr Mann gestorben war, hatte sie verschiedentlich Flüchtlinge aus dem Familienkreis bei sich in der Fifth Avenue Nr. 1109 aufgenommen: zunächst Ingrid, später dann Max und Alice sowie Gisela und Erich. Lange Zeit lebte sie mit ihrem ältesten Sohn Freddy, der als letzter heiratete, unter einem Dach. Tagtäglich nahmen sie schweigend ihr Frühstück ein. Freddy las den Sportteil, sie die Todesanzeigen. Zu ihrer lebhaftesten Unterhaltung beim Frühstück war es an dem Tag gekommen, an dem die Zeitung den Tod des Baseballspielers und Publikumslieblings Babe Ruth gemeldet hatte, weil sich in diesem Fall ihre Interessen in bemerkenswerter Weise ergänzten. Bis ans Ende ihrer Tage hielt sich Frieda über das Geschehen der Welt auf dem laufenden und verschlang Zeitungen und Bücher.

Ohne Felix und die munteren, lachenden Kinder machte das große, düstere Haus einen geradezu unbewohnten Eindruck. So bezog Frieda eine Maisonettewohnung an der East 88. Street Nr. 1, konnte sich aber nicht mit der Vorstellung anfreunden, daß man das alte Haus mit seinen Anklängen an den gotischen Stil abriß. So vermachte sie anläßlich von Felix' dreiundsiebzigstem Geburtstag das Gebäude, von dem ihr Vater gefürchtet hatte, es werde in Manhattan Pogrome hervorrufen, dem jüdischen Theologieseminar Amerikas für sein Jüdisches Museum. Dieser Gedanke lag nahe, denn Felix hatte 1904 nicht nur zu den Mitbegründern des Museums gehört, sondern es auch geleitet. In einer Feier im Musikraum ihres Hauses übergab Frieda mit vor Rührung erstickter Stimme die Übertragungsurkunde an Rabbi Louis Finkelstein: »Dies Haus steckt so voll unschätzbarer Erinnerungen, daß es nicht leichtfällt, sich davon zu trennen.«[1] Es dauerte drei Jahre, bis das Museum im Mai 1947 für die Öffentlichkeit zugänglich gemacht werden und Frieda erneut das Vestibül des Hauses betreten konnte, das für sie so viel bedeutet hatte. Sogleich atmete sie erleichtert auf: »Ich muß gestehen, daß es ein sehr ergreifender Augenblick war, als ich das Haus zum ersten Mal nach seiner Umwandlung zum Museum betrat. Zu meiner Freude aber entdeckte ich, daß es mich nicht bedrückte, sondern mir ein wunderbares Glücksgefühl vermittelte.«[2]

Als Nina am 21. Januar 1945 starb, war es für Frieda ein herber Ver-

Felix Warburg, von den fünf Mittelweg-Brüdern der lebenszugewandteste und heiterste, baute sich kurz nach der Jahrhundertwende eine gewaltige Villa im Zentrum Manhattans. Das Gebäude, dessen offenkundiger Luxus in der Familie lange Zeit für Aufregung sorgte, beherbergt heute das Jüdische Museum der Stadt New York.

lust. Mit ihrer Louisa-May-Alcott-Frisur hatte sie ihre Gäste während des Krieges bei herrlichen Fünf-Uhr-Tees unterhalten. Wenn sie in späteren Jahren auch häufig niedergeschlagen war, verlor sie dennoch nie die Haltung. Häufig ließ sie sich in einem Rolls-Royce mit Chauffeur spazierenfahren – noch über den Tod hinaus wurde sie so von Paul verwöhnt. Auf dem Friedhof von Sleepy Hollow fand sie an der Seite ihres Gatten ihre letzte Ruhestätte. Zum Gedenken an ihn hatte sie der Universität Harvard den Paul-Warburg-Lehrstuhl für Wirtschaftswissenschaften gestiftet, den später unter anderem John Kenneth Galbraith innehatte.

Frieda hielt die Erinnerung an Felix stets in hohen Ehren. Als ihn Chaim Weizmann in seiner 1949 erschienenen Autobiographie als starrköpfigen und schlecht informierten Philanthropen darstellte, verwahrte sich Frieda mit einem scharfen Brief gegen diese Darstellung. Allmählich wandelte sie sich zu einer eigenständigen Persönlichkeit, die nicht untätig sein mochte. Sie leitete eine Spendenaktion der Hadassah, von deren Erträgen ein Krankenhaus in Jerusalem gebaut werden sollte, und gründete eine Stiftung zur Unterstützung von Einwanderern in Israel. Bei ihren gesellschaftlichen Kontakten überschritt sie die engen Grenzen ihres Kreises und legte eine ähnliche Offenheit an den Tag wie Felix.

Von ihrem Vater hatte Frieda eine starke Ichbezogenheit geerbt, die sie nach außen hin immer etwas schroff wirken ließ. Jetzt wurde sie zugänglicher und bewies mehr Humor; sie spielte Bridge, war viel mit ihren Enkeln zusammen, ließ in ihre Rede kleine Scherze einfließen und rauchte mit Genuß Zigaretten. Begeistert sah sie, wie spritzig ihre Nichte Dorothy Schiff als Herausgeberin der *New York Post* zu Werke ging. Ganz im Gegensatz zu Frieda, die eine sehr behütete Jugend erlebt hatte, war Dorothy eine emanzipierte junge Frau. Gleichzeitig bewahrte sie die schonungslose Offenheit ihres Vaters und zögerte zum Beispiel nie, Leuten zu sagen, daß sie zu dick seien. Von der gleichen Pünktlichkeit wie Jacob Schiff, bedachte sie Besucher, die sich verspäteten, mit einem eisigen Blick. Sparsam wie eh und je, bestellte sie gern Kleidung aus dem Katalog und berichtete Freundinnen aufgeregt, wie preiswert sie eingekauft hatte.

In ihren letzten Jahren vertauschte Frieda auf *Woodlands* das Herrenhaus mit *Meadow Farm*, einem kleineren Gebäude, in dem ihre verwitwete Mutter gewohnt hatte. Noch als sie halbinvalide war, hielt sie gebieterisch im Bett hof. Sie bestand auf altmodischer Förmlichkeit und verlangte, daß Kinder ihr immer »vorgestellt« wurden. »Die herausgeputzten Enkel wurden zur Teestunde hereingebracht und gaben liebenswürdige Laute von sich«, sagte dazu Piggys Tochter Felicia. »Wir aßen wunderbare kleine *Canapés*. Sie hatte immer Besuch im Hause.«[3] Wenn ein Gespräch sie langweilte oder erzürnte, schaltete sie einfach ihr Hörgerät ab. Nachdem der Butler Otto vormittags in einem lederbezogenen Kasten die Post hereingebracht hatte, widmete sie sich ihrem ausgedehnten Briefwechsel. Mit Butler und Zofe verbrachte sie die Winter an der Eden Road in Palm Beach. Wenn sie dann die Welt durch eine Lorgnette betrachtete, war sie durch und durch eine Dame von Welt. Auf einem Sofa liegend, vertraute sie ihre Erinnerungen einem Diktiergerät an. Aus den Bändern stellte Eddie ein bezauberndes Bändchen zusammen.

Wenn sie sich in *Meadow Farm* aufhielt, streckte sie sich häufig in blaßfarbenen Seidengewändern und Spitzen auf einer Chaiselongue aus. Mehrmals wöchentlich kam Dr. Herman Tarnower, um ihren Blutdruck zu messen, und Frieda verschaffte ihm Zugang zu den feinen jüdischen Kreisen. Da sie gegen Digitalis-Präparate allergisch war, mußte sie genau beobachtet werden, was dazu führte, daß Dr. Tarnower mittags so regelmäßig auftauchte, daß Eddie ihn Doktor Lunch Hour nannte. Jahre später, als Tarnower schon seinen Bestseller mit Diätratschlägen veröffentlicht hatte, erschoß ihn seine aufgebrachte Liebhaberin Jean Harris, die eine exklusive Mädchenschule leitete. Frieda war als Patientin alles andere als ungefährlich. Ihre Nikotinsucht war so groß, daß sie einmal sogar das Sauerstoffzelt, unter das man sie gelegt hatte, beiseite schob, um sich eine Zigarette anzustecken. Damit jagte sie allen Anwesenden einen großen Schreck ein, denn sie fürchteten die Explosion des Sauerstoffs.

Überschattet waren Friedas letzte Jahre durch den Kummer über die Mischehen ihrer Kinder. Als auch Freddy 1946 außerhalb des Glaubens heiratete, hatten alle vier Söhne eine Nichtjüdin zur Frau. Die meisten ihrer Enkel würden Weihnachten feiern, und nicht Chanukka. Das war für die königliche Familie der amerikanischen Juden eine ebenso verblüffende Entwicklung wie die geradezu epidemische Scheidungsrate unter den Friedaflix-Enkeln. Einige der Mischehen hatten allerdings schlicht demographische Gründe: Die Warburgs fanden Ehegatten, die hinsichtlich ihres Bildungsstands und ihrer sozioökonomischen Position zu ihnen paßten, eher unter Nichtjuden als unter Juden. Dennoch war dies ein Zeichen, wenn nicht für eine absichtliche Flucht vor der jüdischen Vergangenheit, so doch für ein starkes Streben, sich unauffällig in die Welt der protestantischen Amerikaner angelsächsischer Herkunft einzugliedern. Damit war der Höhepunkt einer Entwicklung erreicht, welche die Familie Warburg ebenso wie deutschstämmige Juden im allgemeinen beständig vom Glauben entfernte, da aus den Zweifeln einer Generation in der nächsten Ablehnung wurde.

Für Frieda, die wenig für Gebete und Gottesdienste übrig hatte, war das Judentum eine wertvolle ethische Überlieferung. Gleichwohl ging sie an hohen Feiertagen in die Synagoge und mißbilligte den Umstand, daß ihre Enkel Weihnachten feierten. Doch lernte sie auch Veränderungen hinzunehmen, die ihr nicht recht waren, und paßte sich in liebevoller Weise an. Sobald es um den Zusammenhalt der Familie ging, war sie als treue und loyale Frau bereit, die eigenen religiösen Empfindungen zurückzustellen – schließlich fand sie in der Familie mehr Trost und Zuspruch als in der Religion. So schrieb die achtzigjährige Frieda 1956, es habe Zeiten gegeben, da sie sich danach gesehnt habe, in einem tiefen Glauben aufzugehen, doch letzten Endes müsse sie einräumen – auch wenn sie viele ihrer äußeren Formen befolgt habe –, daß ihr das wesentlichste Erlebnis das Familiengefühl gewesen sei, das in ihrem Hause wuchs und gedieh.[4]

Im Unterschied zu Frieda, die in späteren Jahren gelöster wurde, gab Alice Warburg ihre Förmlichkeit nie auf. Auch das Leid machte sie nicht weicher, sondern eher noch härter. Sie weigerte sich, das Dritte Reich zu vergessen, und wollte nie wieder einen Fuß auf Hamburger Boden setzen. Da sie befürchtete, Erich könne sie nach Deutschland »locken«, beschloß sie, Europa ganz zu meiden. Erst als ihr Sohn feierlich gelobte, nie den Versuch zu unternehmen, sie nach Deutschland zurückzubringen, besuchte sie Lola und Renate in England. Doch brach das alte deutsche Empfinden wieder durch, und als Adenauer seine erste Amerikareise als Bundeskanzler unternahm, besuchte Erich mit seiner Mutter eine Veranstaltung, bei der Adenauer seine Ansprache auf deutsch hielt. Am Schluß stand sie unvermittelt von ihrem Sitz auf, ging nach vorn und streckte dem Redner die Hand entgegen, wobei sie sagte: »Herr Bundeskanzler, das ist das erste Mal seit langer Zeit, daß ich wirklich wieder stolz auf einen Deutschen bin.«[5]

Niemand glaubte daran, daß sie Max' Verlust überleben würde, aber sie verlor die ihr eigene, tapfere Energie und den gelassenen, stolzen Humor nicht. Dank ihrer russischen Zähigkeit bewahrte sie sogar ihre schulmeisterliche Art. So klopfte sie an der Madison Avenue mit dem Stock an ein Schaufenster, um auszudrücken, daß ihr die Blumendekoration mißfiel. Sie suchte Trost in der Kunst und malte auf Woodlands, in Schottland und in den französischen Alpen Landschaftsbilder, wobei sie ihre Staffelei im Freien aufstellte. Die kleine, genaue und elegante Frau hing an kleinen Moderitualen, als könne äußerliche Ordnung ihr inneren Frieden bringen. Erich zeichnete an Max' Grab folgendes prägnantes Bild von ihr: »Wenn man sie an Vaters Geburtstagen vor seinem Grab hoch über dem Hudson stehen sah, kam man nicht umhin sich zu fragen, ob die Blumen, die sie mit unendlicher Sorgfalt immer wieder in immer anderer Zusammenstellung arrangierte, für sie nicht eine Art Gebet waren.«[6]

Jeden Sonntag kam Alice mit Kaviar zu Frieda nach Woodlands. Die beiden alternden Witwen unterhielten sich auf der Empore der Schwimmhalle, wo sie unter Kübelpalmen saßen und zusahen, wie unten die Enkel im Wasser tollten. Gemeinsam hatten sie sechzig erlebnisreiche und stürmische Jahre erlebt. Am 14. September 1958 verschied Frieda im Schlaf auf *Meadow Farm*. Zu jener Zeit befand sich Alice in Europa, und da es um ihre Gesundheit nicht zum besten stand, baten ihre Kinder, sie möge sich die Strapazen einer Reise zur Beerdigung nicht zumuten. »Friedel wäre auch hingegangen«, sagte sie mit unbeugsamer Entschlossenheit und fuhr nach New York.[7] Am 7. Dezember 1960 endete auch das Leben Alice Magnus Warburgs. Sie wurde siebenundachtzig Jahre alt.

Frieda hatte vor ihrem Tod beschlossen, das große Haus von *Woodlands* und sechzig Hektar des Anwesens der Schulverwaltung des Bezirks zu übertragen. Allmählich fraßen sich die Vorstädte ins Land, und Pauls altes Haus, *Fontenay*, war abgerissen worden, um für eine Siedlung Platz zu machen. Wo einst die eindrucksvolle Zufahrt zu *Woodlands* gewesen war, entstand ein Einkaufszentrum, und aus dem Haupthaus wurde ein Gebäude der Schulverwaltung. Der Wald der Warburgs wurde gefällt, weil man Bauholz für eine höhere Schule brauchte. Trotz jahrzehntelanger Wohltätigkeit wurde Friedas Nachlaß noch auf gut neun Millionen Dollar geschätzt. Schon in den fünfziger Jahren hatte sie mehrere großzügige Stiftungen eingesetzt, und testamentarisch hinterließ sie ein weiteres Drittel ihres Geldes für Wohltätigkeitseinrichtungen, die den Warburgs immer am Herzen gelegen hatten. Unter ihnen befand sich der geschätzte Vergabeausschuß, der Zusammenschluß jüdischer Wohltätigkeitsorganisationen und die Hebräische Universität in Jerusalem.

Nach Friedas Tod kam es den Warburgs mit einem Mal so vor, als gebe es keine gemeinsame Mitte mehr. »Es war traurig«, schrieb Edward, »daß sich mit ihrem Tod der Zusammenhalt in der Familie auflöste. Von da an zerfiel sie in ihre Bestandteile, obwohl wir einander alle eng verbunden blieben.«[8] Zwar war die eng verbundene Hamburger Familie im Verlauf des zurückliegenden Jahrhunderts in viele Länder verstreut worden und hatte sich dort weiter aufgespalten, doch mit der Bank in Hamburg, deren Teilhaber sie im buchstäblichen wie im übertragenen Sinne waren, hatte sie ein gemeinsames Ziel und gemeinsame Interessen gehabt. Auch das Leiden hatte sie vereint, wobei sie das immer wiederkehrende Auftreten des Antisemitismus an ihre gemeinsame Herkunft erinnerte.

Jetzt löste übermäßiger Reichtum und Erfolg die Bande der Familie in Amerika auf. Die amerikanischen Warburgs bewiesen, daß es möglich ist, sich einer Kultur vollständig anzupassen; allerdings war der Preis, den sie dafür zahlten, die Aufgabe ihrer religiösen Identität. Mit ihrem guten Aussehen und ihrer Liebenswürdigkeit wurden sie von vielen hochstehenden Familien aufgenommen. Eddies Tochter Daphne heiratete Michael Astor, und Piggys Tochter Felicia erst Robert Sarnoff, Sohn des Vorsitzenden der Rundfunk- und Fernsehgesellschaften RCA und NBC, und später Franklin Roosevelt jr.

Zusammengehalten wurde die Familie nunmehr von Carola. Sie führte die Tätigkeiten in manchen Wohlfahrtseinrichtungen weiter, und ihr nachmittäglicher Teesalon war das Klubhaus der Warburgs. Fast wäre sie Edwina Mountbatten – der Enkelin von Sir Ernest Cassels – als Gattin von Lord Mountbatten gefolgt, etwa zu der Zeit, als Walter Rothschild um die Mitte der sechziger Jahre starb. »Dickie« und Edwina waren häufig auf *Woodlands* zu Gast gewesen. Eine von Edwinas Töchtern verbrachte die Kriegsjahre bei Carola. Wenn »Dickie« Mountbatten später New York besuchte, wohnte er bei Carola. Sie gingen gemeinsam Eis essen, besuchten das Rockefeller Center sowie die Gesang- und Tanzvorführungen der Rockettes in der Radio City Music Hall. Zu seinem siebzigsten Geburtstag schenkte ihm Carola ein Schwimmbad, und Mountbatten lud sie zu sich zum Schwimmen ein. »Er war berühmt für seinen Mut, aber auch in menschlicher Hinsicht war er wirklich aufmerksam, anregend und anziehend«,[9] sagte Carola. Wären sie einander zwanzig Jahre eher begegnet, überlegte Mountbatten, hätten sie vielleicht geheiratet. Jetzt, meinte er, sei es für etwas anderes als eine liebevolle Freundschaft zu spät.

Fortan ging es bei den Warburgs zu wie in anderen modernen Familien auch. Jeder führte sein eigenes Leben, und man sah einander mehr oder weniger zufällig bei Anlässen wie Hochzeiten und Beerdigungen. Die Tradition, die sie miteinander verbunden hatte, war ihnen abhanden gekommen. Grundlage ihres wohltätigen und politischen Handelns war das Judentum gewesen, das sie auf höhere Aufgaben verpflichtet und von jener Vergnügungssucht ferngehalten hatte, die viele reiche Familien beherrschte. Inmitten des materiellen Wohlstandes, welcher der Familie auch früher durchaus schon zu Gebote gestanden hatte, fiel es den amerikanischen Warburgs schwerer, das zuchtvolle Pflichtgefühl am Leben zu erhalten. Erbschaften splitterten den legendären Reichtum immer mehr auf. In mancherlei Hinsicht vollendete der Verlust der jüdischen Identität den Assimilationsprozeß, der im Deutschland des späten 19. Jahrhunderts eingesetzt hatte. Nachdem das Judentum seinen spirituellen Gehalt verloren hatte, war es nur noch eine Reihe lästiger Verpflichtungen. Es bedeutete für eine Familie mit gesellschaftlichem Ehrgeiz, deren Mitglieder mit Angehörigen höherer nichtjüdischer Kreise verkehrten, eine Schranke auf dem Weg zum gesellschaftlichen Vorankommen, eine unerwünschte Last aus einer dunkleren Vergangenheit.

Es wirkt wie eine Ironie des Schicksals, daß die Diskriminierung amerikanischer Juden bei der Vergabe von Wohnungen und der Aufnahme in Schulen, Vereinen und Firmen innerhalb einer Generation weitgehend aufhörte. Tatsächlich schien am Ende des Jahrhunderts die Erfahrung der amerikanischen Juden zu beweisen, daß sie als Minderheit lebensfähig waren, während die Erfahrung der Juden in Deutschland das Gegenteil zu beweisen schien. Die Erfahrung des Nationalsozialismus hatte ihrerseits dazu beigetrage, die Gruppenidentität der jüdischen Gemeinschaft in Amerika zu stärken.

Daß sich die Warburgs weiterhin um jüdische Wohltätigkeitseinrichtungen kümmerten, geschah weniger aus Überzeugung als aus Achtung vor der Vergangenheit. Ihre Zwiespältigkeit ließ sich an ihrer Haltung gegenüber Israel ermessen. Vor dem Zweiten Weltkrieg hatte sich die jüdische Gemeinde Amerikas in Kämpfen zwischen Zionisten und Nichtzionisten zerrieben; dann überzeugte die nationalsozialistische Massenvernichtung nahezu *alle* Juden von der Notwendigkeit eines souveränen Staates. Stolz und Jubel erfüllte die amerikanischen Warburgs, als Israel am 14. Mai 1948 seine Unabhängigkeit erklärte und vom Präsidenten Truman anerkannt wurde. David Ben Gurion, der Mann, der sich Felix immer wieder in den Weg gestellt hatte, wurde Premierminister, Weizmann übernahm das repräsentative Amt des Präsidenten, und James G. McDonald wurde erster Botschafter der Vereinigten Staaten im neugegründeten Staat. Etwa sechzigtausend deutsche Juden, die nach Israel gelangt waren, bildeten ein wesentliches Element im Leben des Landes. In mancherlei Hinsicht sagte der von Ben Gurion und anderen frühen Politikern vertretene europäische Sozialismus den Warburgs mehr zu als der konservative Nationalismus, der später dominierte, denn immerhin verkörperten die Sozialisten die utopische, idealistische Vision eines Israel, die Felix, Frieda und Rabbi Judah Magnes begeistert hatte.

Eddie, der seit 1939 stellvertretender Vorsitzender und ab Anfang 1941 Vorsitzender des Gemeinsamen Vergabeausschusses war, stand – lediglich durch die im Kriegseinsatz verbrachte Zeit unterbrochen – bis 1965 an dessen Spitze und führte damit die alte Warburg-Tradition jüdischer Wohlfahrt fort. Gleich nach dem Krieg suchte er im Auftrag des Ausschusses jüdische Gemeinden in Europa auf und wurde von Belgien und Italien für seine Mithilfe bei der Evakuierung von fünfhunderttausend Juden, die nach ihrer Befreiung aus den KZs in Lagern untergebracht worden waren, ausgezeichnet. Als die Vereinten Nationen 1947 über die Teilung Palästinas abstimmten, nahm Weizmann Eddies Hilfe gern in Anspruch und erklärte frohlockend, Felix' Sohn habe sich der zionistischen Lehre weitgehend angenähert.[10] Eddie stellte sich an die Spitze einer Sofortaktion, die Spendengelder dafür aufbringen sollte, Überlebende der Massenvernichtung in Palästina anzusiedeln. Eine weitere diente der Evakuierung von Juden aus arabischen Ländern, deren Lage sich nach dem israelisch-arabischen Krieg von 1948 deutlich verschlechtert hatte. Auch war er in den fünfziger Jahren der einzige Jude im Kuratorium der staatlichen Universität New Yorks.

Vor dem Krieg hatte der Gemeinsame Vergabeausschuß mit dem United Palestine Appeal (UPA) jahrelang im Wettstreit um Spendengelder gelegen, wobei der Ausschuß eher von den begüterten Juden, die UPA von den Massen der Zionisten unterstützt wurde. Nach der »Reichskristallnacht« machten beide Gruppen Schluß mit ihrem Gezänk und beschlossen, ihre Spendenbemühungen, die letztlich demselben Ziel galten, im United Jewish Appeal zusammenzufassen. Von 1950 bis 1955 war Eddie dessen Präsident und trug mit dazu bei, eine Milliarde Dollar für den UJA zu sammeln, der die Hauptquelle amerikanischer Gelder für Israel wurde. (Frieda spendete alljährlich bis zu einer halben Million Dollar.) Außerdem versicherte er sich für die nichtkonfessionelle Seite des Unternehmens der Mitarbeit Nelson Rockefellers.

Russische und polnische Juden, die zu Wohlstand gelangt waren, hatten die Welt des amerikanischen Judentums um die Jahrhundertmitte grundlegend verändert. Die Männer von der Unteren East Side, die einst als Hausierer mit ihren Handwagen von Tür zu Tür gezogen waren, betrieben mittlerweile kleine Unternehmen und ließen ihre Kinder Medizin oder Jura studieren. Als hauptberufliche Mitarbeiter von Wohlfahrtsorganisationen diese neue Quelle des Reichtums anzuzapfen begannen, waren sie nicht mehr auf die deutschstämmigen Bank- und Kaufleute angewiesen. Die alte jüdische Machtstruktur beruhte auf einer ungleichen Verteilung des Reichtums zwischen deutschen Juden und ihren armen osteuropäischen Brüdern. Durch den erstaunlichen Aufstieg der Juden der amerikanischen Mittelschicht nahm die Bedeutung der Rolle der jüdischen Bankiersfamilien ab. Auch die Existenz des Staates Israel stellte die Machtstrukturen auf den Kopf.

Angesichts dieser Lage muß man es Eddie Warburg hoch anrechnen, daß er sich nicht von der jüdischen Wohltätigkeit zurückzog. Als geselliger Geldeintreiber entwickelte er eine sentimentale Seite, die den Ostjuden gut gefiel und ihn ungewöhnlich menschlich wirken ließ. Ob in New York oder Florida, er appellierte in einer Weise an das gute Herz seiner Zuhörer, die seine auf äußere Formen bedachten deutsch-jüdischen Vorfahren entsetzt hätte. Zwar reichte sein Einfluß nie an das Ansehen heran, das Felix besessen hatte, doch hatte er in einer Zeit, in der Israel auf den guten Willen der amerikanischen Juden angewiesen war, eine überaus wichtige Stellung inne. Inzwischen war Amerikas jüdische Gemeinde die größte auf der Welt und New York ihr florierender Mittelpunkt. Mehr als dreißigmal reiste Eddie nach Israel und hielt unermüdlich das Bild dieses Landes als Insel der Demokratie im Bewußtsein der amerikanischen Öffentlichkeit wach. Oft diente er bei solchen Reisen vermögenden Spendern als »Fremdenführer« und stellte sie Abba Eban, David Ben Gurion, Golda Meir, Yitzhak Rabin oder seinem Freund Teddy Kollek vor, dem in Österreich geborenen Bürgermeister Jerusalems.

In den fünfziger Jahren bekam die Jewish Agency, die als halbstaatliche Körperschaft die Einwanderung von Juden nach Israel organisiert hatte, immerhin zwei Drittel ihres Etats vom United Jewish Appeal. Daher wirkte sich alles, was diesen bedrohte, in außergewöhnlichem Maß auf das Land aus, das es sich zur Aufgabe gemacht hatte, Juden aus der ganzen Welt aufzunehmen.

Während Eddie dabei mitwirkte, ansehnliche Beträge nach Israel zu leiten, mußte er einen scharfen Angriff seines Vetters Jimmy Warburg abwehren, der stets behauptet hatte, keinerlei Schwierigkeiten mit der Religion zu haben, und keinen Hehl aus seiner Verachtung für Juden machte, die ihren Namen änderten, um ihre Herkunft zu verschleiern. »Ich habe nie so getan, als sei ich kein Jude; ich habe immer offen gesagt, daß ich Jude bin, frage mich allerdings, warum ich das eigentlich tue, außer vielleicht aus einer Haltung der Loyalität und weil ich nicht als abtrünnig gelten möchte.«[11] Das klang großartiger, als er sich in Wahrheit fühlte. An anderer Stelle gab er zu: »Religion war in meiner Familie ein leerer Raum.«[12] Es war kein Zufall, daß er drei Nichtjüdinnen geheiratet hatte und nach Greenwich in Connecticut gezogen war, in eine Enklave protestantischer Amerikaner angelsächsischer Herkunft also, in der Juden zu jener Zeit keineswegs wohlgelitten waren.

Für Jimmy war das Judentum ein Rahmen allgemeingültiger moralischer Grundsätze; ein guter Jude hatte in seinen Augen Weltbürger zu sein. Da er den Zionismus nie unterstützte, machte er in den dreißiger Jahren den amerikanischen Zionisten den Vorwurf, daß sie die Auswanderung nach Palästina als einzig richtige Lösung für die Schwierigkeit deutscher Juden betrachteten. Jimmy, der bei Rabbi Magnes Hebräisch gelernt und von ihm die Bar Mizwa empfangen hatte, schloß sich dessen Auffassung an, daß man einen arabisch-jüdischen Staat gründen müsse. Diese wirklichkeitsfremde Vorstellung hatte auch Felix angesprochen. Zwar hatte er erkannt, daß die Gründung Israels absolut notwendig wurde, weil der Westen in den dreißiger und vierziger Jahren bei der Aufnahme verfolgter Juden schändlich versagt hatte, doch fürchtete er, die Unterstützung Israels durch Amerika werde die Araber vor den Kopf stoßen. Er legte Adlai Stevenson nachdrücklich eine ausgewogene Politik im Mittleren Osten ans Herz und verurteilte arabische Terrorangriffe gegen Israel ebenso wie israelische Vergeltungsaktionen gegen arabische Dörfer.

Furchtlos übte Jimmy zu einer Zeit Kritik an der Politik Israels, als sich amerikanische Juden nahezu reflexhaft vor das Land stellten und dessen Politik für unantastbar hielten. Ähnlich wie einst Max und Felix begriff er durchaus die Notwendigkeit eines Zufluchtsortes für verfolgte Juden, verwahrte sich aber zugleich scharf gegen die zionistische Lehrmeinung, der zufolge alle Juden nach Israel auswandern müßten. Im 1950 erlassenen Rückkehrgesetz schrieb Israel das Recht eines jeden Juden auf der Welt zur Ansiedlung fest. Als Ergebnis dieser Entwicklung sah Jimmy einen Bevölkerungsdruck voraus, der schließlich zu einem Expansionsstreben des Staates Israel führen würde. Zu einer Zeit, da die meisten amerikanischen Juden äußerst zurückhaltend waren, wenn es um Israel ging, erklärte er im Juni 1958 ganz offen: »Die Behandlung der Araber in Israel als Bürger zweiter Klasse ist nicht nur moralisch unvertretbar, sondern steht auch in offenem Widerspruch zum erklärten Wunsch der israelischen Regierung, den Flüchtlingen Gerechtigkeit widerfahren zu lassen.«[13] Über Israels Politik, sagte er, werde in Israel freimütiger gesprochen als in den Kreisen amerikanischer Juden. »Ein amerikanischer Jude, der den zunehmenden Einfluß der orthodoxen Theokraten in Israel, den auf der ganzen Welt anzutreffenden Chauvinismus der zionistischen Führung oder die Art und Weise verurteilt, wie man in Israel die arabische Minderheit behandelt, wird aller Wahrscheinlichkeit nach als abtrünnig hingestellt, wenn nicht gar als Antisemit.«[14]

Wieder einmal suchte Jimmy den Meinungsstreit so unerschrocken und kompromißlos, wie es von jeher seine Art gewesen war. Er hielt mit seinen Ansichten weder hinter dem Berg, noch mäßigte er seine Ausdrucksweise. In flammenden Worten fiel er über den United Jewish Appeal und dessen Führung her, deren Symbolfiguren lange die Schiffs und die Warburgs gewesen waren. Das ließ die Familie Warburg nicht kalt, denn immerhin hatte Eddie fünfmal den Vorsitz in der nationalen Organisation des United Jewish Appeal geführt. Jimmy beging die unverzeihliche Sünde, Israel öffentlich zu kritisieren. Eine aufrührerische Ansprache, die er am 27. November 1959 vor der Versammlung Mishkan Israel in New Haven hielt, löste einen Tumult aus. Ohne die Notwendigkeit einer Zuflucht vor dem Antisemitismus zu bestreiten, erklärte er: »Es ist etwas ganz anderes, einen neuen chauvinistischen Nationalismus und einen Staat zu schaffen, der sich teils auf eine aus dem Mittelalter stammende theokratische Engstirnigkeit und teils auf den von den Nazis ausgeschlachteten Mythos stützt, es gebe eine jüdische Rasse.«[15] Für die in Israel zu leistenden Wohlfahrtsaufgaben setzte sich Jimmy rückhaltslos ein, rügte jedoch den United Jewish Appeal, weil er mit Spendenmitteln Propaganda für die Auswanderung nach Israel machte. Außerdem warf er ihm vor, daß er bestimmte politische Parteien in Israel unterstütze, darunter die nationalistisch eingestellte Herut-Partei und später die mit Menachem Begin in Verbindung stehende Likud-Partei. Interessanterweise geht die von Jimmy vertretene Position auf die letzte Rede von Felix zurück, gehalten 1937 in Briarcliff Lodge. Damals hatte er dargestellt, daß er für den Fall der Gründung eines jüdischen Staates Bekannte drängen werde, ausschließlich über nichtpolitische Kanäle zu spenden.[16]

Nach seiner Rede in New Haven galt Jimmy als Verräter an seiner Religion, hatte er doch gegen die stillschweigende Regel verstoßen, daß sich amerikanische Juden ausschließlich privat gegen Israels Politik äußern durften. Der United Jewish Appeal brachte den New Yorker Senator Jacob Javits dazu, die Organisation in der Öffentlichkeit zu verteidigen, und Jimmy wurde verschiedentlich als »Feind Israels« und »Propagandist arabischer Interessen«[17] geschmäht. Ohne Zweifel erfolgte seine Diffamierung zu Unrecht, dennoch hatte er seine Ansichten in einer Weise vertreten, die seine Gegner in Harnisch bringen mußte. Nach wie vor war er der zornige junge Mann, der das Bedürfnis hatte, seine Wut an Autoritätsfiguren auszulassen. Später gab er zu, bei seinem Angriff gegen den United Jewish Appeal seine grundsätzliche Unterstützung für Israel nicht hinreichend deutlich gemacht zu haben.[18]

Nach Jimmys Rede von New Haven sprach Eddie nicht mehr mit ihm. Doch letzten Endes setzte sich der von Jimmy vertretene Standpunkt durch, denn der United Jewish Appeal begann 1961 politische Spenden von wohltätigen zu trennen, weil er befürchtete, andernfalls die Steuerfreiheit einzubüßen. In jenem Jahr mußte sich Jimmy einer Krebsoperation unterziehen, und Eddie schickte ihm als Friedenszeichen ein aus Elfenbein geschnitztes Walroß. Zwar wurde der Riß gekittet; gleichwohl ließ sich der Schaden nicht wiedergutmachen. Der Vorfall bestätigte den Ruf Jimmys als schwarzes Schaf der amerikanischen Warburgs.

Nicht minder als ihr Bruder widersetzte sich Bettina den Konventionen und löste sich von dem, was im Hause Warburg üblich war. Auch sie war stolz darauf, von den Angehörigen unabhängig zu sein und deren konservative, auf finanziellen Interessen gegründete Vergangenheit zurückgewiesen zu haben. Sogar als sie mit Anfang vierzig heiratete, führte das zum Streit. Sie hatte die begabte Bildhauerin Malvina Hoffman gefördert, die bei Auguste Rodin studiert und in den zwanziger Jahren einen sanften, etwas weichlich wirkenden Engländer namens Samuel Grimson geheiratet hatte. Grimson war Konzertviolinist und im Grabenkrieg der Jahre

1914-1918 einem Gasangriff ausgesetzt gewesen. Als er sich während eines vierundzwanzigstündigen Urlaubs Cremonenser Geigen ansehen wollte, wurden seine Hände bei einem Lastwagenunfall zerquetscht und seine Laufbahn beendet. Danach sammelte er alte Instrumente und Gemälde und erfand eine Farbfernsehröhre.

Als Nina ihm und Malvina ein kleines Haus auf *Woodlands* überließ, nahm ihn die damals zwölfjährige Bettina sogleich ins Visier. Malvina war vielleicht lesbisch oder – je nachdem, mit welchem Mitglied der Familie Warburg man redet – bisexuell, was das junge Mädchen in seiner Annahme bestärkt haben mag, bei diesem älteren Mann Erfolg haben zu können. Als Bettina ihn nach einer längeren Romanze 1942 heiratete, kam es unter den Warburgs zu einer lautstark geführten Auseinandersetzung, bei der sich die meisten auf Malvinas Seite schlugen. In ihrer Ehe mit Sam Grimson (der 1955 starb) spielte Bettina die Tochter eines sehr viel älteren Mannes, womit sie die Beziehung zu ihrem Vater Paul sozusagen erneut durchlebte. Später schlüpfte sie auch in die Rolle der Mutter eines viel jüngeren Mannes.

Es überrascht nicht, daß Jimmy Sams Verhalten empörend fand und von dem kindlichen Getue seiner »kleinen« Schwester mit ihm ziemlich enerviert war. Sie wiederum äußerte sich übertrieben kritisch über die drei Ehen des Bruders. Unfähig, nachzugeben, umkreisten beide einander wie Skorpione. Nach einer Kindheit in einem düsteren puritanischen Haus, genossen sie jetzt verbotene Früchte und hatten das Gefühl, alles tun zu können. Bettina ließ sich zu einer Zeit, da man desgleichen als kühn und avantgardistisch ansah, auf die Psychoanalyse ein und wurde eine Freudianerin reinsten Wassers. Sie war außerordentlich intelligent, vertrat aber häufig starre Ansichten und neigte dazu, Menschen in herabsetzender Weise zu begegnen. Bedenkenlos nahm sie Kontakt mit Psychoanalytikern auf, die jüngere Mitglieder der Familie Warburg behandelten, um diesen ihre eigene Diagnose mitzuteilen und Familiengeheimnisse zu enthüllen. Ähnlich wie Jimmy war sie gescheit, aber auch eigensinnig bis zur Halsstarrigkeit. Gleichzeitig hatte sie einen koketten, mädchenhaften Zug, der von Zeit zu Zeit unter ihrem strengen und gewollt sachlichen Gebaren zum Vorschein kam.

Trotz aller Rivalität gab Jimmy der Schwester seine Manuskripte zu lesen und forderte sie auf, sich dazu zu äußern. Als er im Zusammenhang mit außenpolitischen Fragen einmal keine Zeit hatte, in den Iran zu reisen, schlug er vor, sie solle statt seiner hinfahren. Das war der Anfang von Bettinas Begeisterung für Persien, die andauerte, bis der Sturz des Schahs ihre Träume zerstörte. Jahrelang arbeitete sie daran mit, das medizinische System des Landes zu modernisieren, war an der Fertigstellung des medizinischen Zentrums von Schiras beteiligt und zog als eine Art Wanderpsychotherapeutin durch das Land. Die jüngeren Frauen des Hauses Warburg waren über ihre Bewunderung für den Iran fassungslos, nicht nur

Die »Arche Noah« im Winter

wegen ihrer jüdischen Herkunft, sondern auch, weil die islamische Kultur der Frau eine so untergeordnete Rolle zuweist. Alle Einwände beiseite wischend erklärte Bettina indessen, die Menschen des Westens verstünden die Welt des Islam nicht.[19] Schon 1960 wies Erich sie darauf hin, daß die repressive Politik des Schahs Widerstand im Volk hervorrufen werde; statt aber seinem Urteil zu vertrauen, verschanzte sie sich hinter der Ansicht, solche Behauptungen würden durch Regimegegner in Umlauf gesetzt. Ihre Liebe zum Iran bildet eine verblüffende Parallele zu Jimmys ketzerischer Haltung gegenüber Israel. Sofern sich Bettina überhaupt etwas aus Israel machte, ging es dabei um Gerechtigkeit für die Palästinenser und die Notwendigkeit einer Aussöhnung zwischen Juden und Arabern.

Außer in ihre Arbeit im Iran investierte sie einen großen Teil ihrer Zeit und ihres Geldes in Indianerprojekte. Sie zeigte sich dabei von außergewöhnlicher Großzügigkeit und kam im Lauf der Jahre, ohne diese Dinge an die große Glocke zu hängen, für das Studium von mindestens zwei Dutzend junger Leute auf, die sie »Grimson-Stipendiaten« nannte. Wie Jimmy mußte sie stets im Rampenlicht stehen und fügte sich nie ohne weiteres in den Rahmen der Familie ein.

Im Krieg hatte Fritz mit dem Gedanken gespielt, nach Israel zu ziehen, sich dann aber aufgrund der Überlegung dagegen entschieden, er sei zu alt, um sich noch an den alltäglichen Gebrauch des Hebräischen zu gewöhnen. Im Unterschied zu seinen Brüdern Felix und Max war er vor dem Krieg nie in Palästina gewesen und wandte sich gegen die Behauptung der Zionisten, daß alle Juden dort hingehörten. Einem guten Bekannten gegenüber erklärte er: »Das zweitausendjährige Exil läßt sich nicht ungeschehen machen, und ein Teil der wertvollsten jüdischen Eigenschaften ging aus dem Exilschicksal hervor.«[20] Als Weltbürger hielt er sich an Ortega y Gassets Bild des Juden als eines umherziehenden Kosmopoliten, der die Hefe vieler Kulturen bildet.

Fritz empfand keinen Haß auf das Nachkriegsdeutschland, von dem er hoffte, daß es in eine umfassende europäische Völkergemeinschaft aufgenommen werde. Er selbst wäre am liebsten nach Hamburg zurückgekehrt, doch wollte Anna Beata lieber in Schweden bleiben. Bei seinen häufigen Reisen nach Hamburg, die er unternahm, um am Wiederaufbau des Israelitischen Krankenhauses mitzuarbeiten – eben jener wohltätigen Aufgabe, die 1938 zu seiner Verhaftung geführt hatte –, wohnte er in Hotels.

Die Sommerferien verbrachte er mit Anna Beata im Schwarzwald, wo sie sich mit Ingrid und deren fünf italienischen Kindern trafen. Gelegentlich reisten Fritz und Anna auch nach Italien, wobei sie die Kunstsammlungen des Vatikans und die Museen der Stadt Rom besichtigten. Beständig machten sie sich Sorgen um Ingrid, deren Mann Veniero Spinelli sich intensiver um seine politischen Träume als um ein regelmäßiges Einkommen zu kümmern schien. Fritz und Anna schränkten sich in ihrer Lebensführung ein, um ihrer Tochter aus der fortwährenden Geldverlegenheit zu helfen.[21] Ergeben nahmen sie hin, daß Ingrid die Kinder, dem Wunsch des Vaters entsprechend, im katholischen Glauben erzog. So kam der jüdischste der fünf berühmten Brüder schließlich sogar für die Ausbildung von Ingrids italienischen Kindern in katholischen Schulen auf.

Alljährlich besuchten Fritz und Anna die beiden nach Israel ausgewanderten Töchter Eva und Charlotte Esther. Eva führte ihre durch das Dritte Reich unterbrochene Arbeit mit kleinen Kindern fort und kümmerte sich um fünfzig Kinder in einem Kibbuz. Weil sie eintausendsiebenhundert auf Zypern internierte jüdische Waisenkinder nach Palästina bringen wollte, wandte sie sich 1947 mit der Bitte um Hilfe an Eleanor Roosevelt, die ihren Brief an Präsident Truman weiterleitete. Esther arbeitete mit tauben und blinden Kindern. Da eine Tochter in Italien und zwei in Israel lebten, wurde es für Fritz und Anna im Laufe der Zeit unter Umständen zu belastend, in Schweden zu bleiben. So zogen sie, nachdem Fritz in den fünfziger Jahren einen Schlaganfall erlitten hatte, entgegen seiner ursprünglichen Absicht doch nach Israel.

Sie fragten sich, wie sie ihre wuchtigen Möbelstücke aus der Villa am Mittelweg und ihre großen Bilder in die winzigen Räume eines Kibbuz-Häuschens bekommen sollten. In der Tat wirkten die beiden in Israel wie exotische Überbleibsel aus einer vergessenen Welt. Die beträchtliche Umstellung kam für sie allzu spät, insbesondere für Fritz, der trotz seiner Vorliebe für jüdische Bräuche ein typischer Besucher europäischer Caféhäuser, Restaurants und Kinos war. Ihm fehlten seine alten Freunde, und er hätte gern einen Telefonanschluß gehabt.

Da er jetzt halbseitig gelähmt war und ein Rückenleiden hatte, war stets eine Pflegerin um ihn. Sein Haar und sein Walroßschnurrbart waren weiß geworden. Viele Stunden saß er in einem weißen Schaukelstuhl, der einst auf der Kösterberg-Terrasse gestanden hatte, und starrte mit trüben Augen vor sich hin. Erich schrieb, der arme Fritz sei geistig zwar noch auf der Höhe, könne sich aber kaum noch bewegen und fühle sich wie Napoleon auf St. Helena.[22] Von seinem früheren Leben abgeschnitten, war Fritz begierig auf Nachrichten über die Hamburger Bank und den Kösterberg. Am 13. Oktober 1964 starb er mit fünfundachtzig Jahren im Kibbuz Nezer Sereni; Anna Beata folgte ihm zwei Jahre später.

Seine Zwillingsschwester Louise starb 1974 mit vierundneunzig Jahren als letztes der Kinder von Charlotte und Moritz Warburg. Siebzig Jahre lag es zurück, daß sich ihre schöne Schwester Olga aus dem Fenster eines Schweizer Hotels gestürzt hatte. Bemerkenswerterweise war von den sieben Kindern dieser nationalistisch gesinnten deutschen Familie lediglich Aby auf deutschem Boden gestorben. Als Fritz starb, war nach wie vor unklar, ob die Warburgs erneut in Deutschland Fuß fassen würden oder ob ihre lange Geschichte dort zu Ende war.

42

Der Klub der Vettern

Fraglos besaß Siegmund Warburg den Schwung und Wagemut des begabten Unternehmers, doch mußten sich diese Eigenschaften immer gegen eine in ihm tiefverwurzelte pessimistische Grundhaltung behaupten. Da er die Welt wie durch eine dunkle Brille betrachtete, sah er beständig den Zerfall festgefügter Ordnungen voraus, in dessen Gefolge es zu einem Chaos kommen würde. In den frühen Nachkriegsjahren war er davon überzeugt, daß die Wirtschaft der westlichen Länder vor dem Untergang stehe, und 1947 schrieb er nach einem Besuch in New York an Fritz, in den Vereinigten Staaten stehe eine Wirtschaftskrise unmittelbar bevor.[1] Einige Jahre darauf riet er ihm, sich auf eine weltweite Inflation einzustellen, die in ihrem Ausmaß der Geldentwertung in Deutschland 1921/22 (nicht aber 1923) vergleichbar sei.[2] Ursprünglich wollte er fast an der Führerschaft Amerikas auf der Welt verzweifeln, doch nahm mit Einführung des Marshall-Plans seine Zuversicht wieder zu, zumal sich Jimmy aktiv für ihn einsetzte. Die Sowjetunion, die er während des Krieges bewundert hatte, war ihm inzwischen ein Schrecken. Seiner Überzeugung nach gab sich die westliche Welt bezüglich des Kalten Krieges einem leichtfertigen Optimismus hin, und dies zu einer Zeit, in der er noch keineswegs vorüber war.[3] Immer stärker neigte er zu einer konservativen Haltung und setzte sich bei der Unterhauswahl des Jahres 1950 für die Konservativen statt, wie früher, für Labour ein.[4]

Er lebte in ständiger Sorge um seine Firma S. G. Warburg & Co., die 1953 ein geräumigeres Büro an der King William Street 9-13 bezog. Ein anderer Firmeninhaber hätte diesen Umzug gefeiert, in Siegmund hingegen rief er nichts als abergläubische Befürchtungen hervor. So schrieb er an Fritz, die Vorstellung, einen für eine Privatbank zu großen Organisationsrahmen zu schaffen, liege ihm wie ein Alpdruck auf der Seele.[5] Da er auch weiterhin ein Übergewicht des Bankgeschäfts fürchtete, wurde er mit S. G. Warburg & Co. in verschiedenen Unternehmenszweigen tätig. Er beschloß, eine Muttergesellschaft zu gründen, und erwarb dazu den Firmenmantel der Central Wagon Company. Bei der Verstaatlichung von Englands Eisenbahnen durch die Labour-Regierung wurden aus Central Wagon Unternehmensanteile herausgelöst, was Siegmund die Möglichkeit gab, unter diesem Namen Anteile seiner eigenen neugeschaffenen Dachgesellschaft an die Börse zu bringen. Normalerweise hätte er diese Firma S. G. Warburg Holding nennen müssen, doch glaubte er die Vorsehung herauszufordern, wenn er einem an der Börse eingeführten Unternehmen, zu dem eine Bank gehörte, seinen Namen gab. Aus diesem Grund bekam die neue Konstruktion den Namen Mercury Securities.

Übereinstimmend wird berichtet, Siegmund Warburg habe sein Unternehmen nicht über das Eigentumsrecht, sondern kraft seiner Persönlichkeit geleitet. Noch bevor die Übertragung von Central Wagon unter Dach und Fach war, bildete er eine weitere Muttergesellschaft mit dem Namen Warburg Continuation. Trotz ihrer geringen Kapitalausstattung übte sie auf S. G. Warburg & Company einen beherrschenden Einfluß aus; überdies wurde für sie eine neue Art von Anteilen ausgegeben, die zwar Stimmrecht besaßen, am Kapital des eigentlichen Unternehmens aber nicht beteiligt waren. Siegmund übernahm zweiundfünfzig Prozent von Warburg Continuation, von denen er je ein Viertel sich selbst, Eva und den beiden Kindern zudachte; die übrigen achtundvierzig Prozent wurden unter den Direktoren aufgeteilt. Mercury Securities hatte also nur dem Anschein nach die Kontrolle über Siegmunds Bank. Die Konstruktion überdauerte vierzig Jahre, ohne daß es viel Aufhebens um sie gegeben hätte.

Siegmund wollte den einstigen Glanz der Warburgs an der Wall Street und in Deutschland wiederaufleben lassen und einem internationalen Kapitalmarkt, der seit den zwanziger Jahren krankte, neuen Atem einhauchen. S. G. Warburg sollte die weltweit aktivste Londoner Bank werden, bei der Aktivitäten im In- und Ausland eng miteinander verbunden waren. Doch aller Schärfe seines Denkens, allem Charme und seinem weithin bekannten Namen zum Trotz stand Siegmund vor einer unüberwindbaren Hürde: Er war als internationaler Bankier im provinziellen Nachkriegs-London tätig, wo die Devisenbewirtschaftung seine Bewegungsfreiheit einschränkte und das Denken insgesamt stark von der Insellage geprägt war. Das Finanzgeschäft der Welt konzentrierte sich mittlerweile auf New York und wurde in Dollar abgewickelt.

So bemühte sich Siegmund schon 1946 an der Wall Street um Kundschaft. Im folgenden Jahr gründete er American European Associates, an deren Spitze der einstige Hamburger Teilhaber Dr. Ernst Spiegelberg treten sollte. Siegmund reiste mit der *Queen Mary* nach New York, stieg im Hotel *Drake* ab und arbeitete in einem Büroraum der Bank of Manhattan. Niemand wußte, was er im Schilde führte. Immer mehr stilisierte er sich zum legendären Bild des allgegenwärtigen Bankiers, der, ohne Aufsehen zu erregen, verschiedene Kontinente bereist und mächtige Kunden im vertrauten Gespräch berät. Seine Arbeitsfähigkeit war beeindruckend. Auf der *Queen Mary* schrieb seine Sekretärin in ihrer Kabine, und beide arbeiteten auch samstags oder sonntags, so daß sie sich pro Woche nur einen Ruhetag gönnten. Wie schon in den zwanziger Jahren fühlte sich Siegmund in New York wohl und ließ sich von der Vitalität und dem Schwung der Stadt anstecken. Hitler hatte dafür gesorgt, daß er viele Verwandte in der Stadt besaß, und er sagte einmal, er habe einschließlich Witwen und geschiedener Ehefrauen zweiundsiebzig gezählt.[6]

Während er in London nach und nach zu einer Legende wurde, betrachtete ihn die selbstgefällige Welt, welche die Wall Street nach dem Krieg bildete, mit Herablassung, und in mancherlei Hinsicht war diese Überheblichkeit hinterhältiger als die spröde, gönnerhafte Haltung, mit der man ihm in London begegnete. In New York sprach man ihn gewöhnlich als »Siggy« Warburg an. Diese Verkleinerungsform seines Vornamens ließ ihn zusammenzucken, auch wenn ihm klar war, daß seine winzige Londoner Firma nur einige Dutzend Mitarbeiter beschäftigte und, obwohl er sich seine Kunden gern aussuchte, mehr zweit- als erstklassige Kunden besaß. An letztere kam er einfach nicht heran.

Siegmund entschied sich, den Ruhm der Firma Kuhn, Loeb zu erneuern, die er als Unternehmen der Familie Warburg betrachtete. Diese fragwürdige Entscheidung sollte sich als schicksalhaft erweisen. Paul und Felix waren bei Kuhn, Loeb Teilhaber gewesen, und Felix' Sohn Freddy war dort nach wie vor Komplementär. Als Siegmund in den zwanziger Jahren dort gelernt hatte, war Kuhn, Loeb so vornehm gewesen, daß als Adresse auf dem Briefkopf lediglich »William and Pine Street« stand. In den fünfziger Jahren war die Firma an Bedeutung noch Morgan Stanley vergleichbar, aber schon angeschlagen. Über ein Jahrhundert lang hatte sie Eisenbahnen, Stahlwerke und Reedereien finanziert und ihren Teil zum Wachstum der Kraftfahrzeug-, Film- und Luftfahrtindustrie beigetragen. Außerdem war sie als Agent vieler ausländischer Regierungen aufgetreten. Beim Anblick ihrer Kundenliste dürfte Siegmund ins Schwärmen geraten sein: Bethlehem Steel, Eastern Airlines, Westinghouse Electric, Western Union, Polaroid Corporation. Er sah eine Möglichkeit, das Haus Warburg neu zu beleben und zugleich mit seiner Londoner Firma an die Spitze der Weltfinanz zu treten. Dieser unerfüllbare Tagtraum sollte ihn ein Jahrzehnt lang immer wieder locken und quälen.

Wie Siegmund schon während seiner Lehrzeit erkannt hatte, war man bei Kuhn, Loeb mit dem Reichtum auch träge geworden. Die Teilhaber ruhten sich auf ihren Lorbeeren aus und verbuchten jene leicht erworbenen, riesigen Gewinne, die sie im Inland machten: Sie hielten es für selbstverständlich, Aufträge zu erhalten, ohne daß sie sich darum bemühen mußten. Einst hatten dynamische Einwanderer an der Spitze des Unternehmens gestanden, jetzt aber herrschte dort ein Übermaß an Selbstzufriedenheit, eine geradezu erschreckende Unbeweglichkeit. Am Empfang nahmen unter Bildern von Felix Warburg und Jacob Schiff zwei schwarze Diener den Besuchern die Hüte ab. Die Sekretärinnen wurden »Fräulein« gerufen und männliche Mitarbeiter mit dem Nachnamen angeredet; beides war für amerikanische Verhältnisse ungewöhnlich. Beim Sherry zur Mittagsstunde plauderte man über französische Weine und europäische Hotels. Diskretion hatte einen so hohen Stellenwert, daß ein junger Angestellter seine Anstellung aufs Spiel setzte, wenn ruchbar wurde, daß er in einem Restaurant über Kundenkontakte geredet hatte.

Dem Hauptteilhaber, Jacob Schiffs Enkel John, sowie seinem Berater, Sir William Wiseman, war klar, daß der Firma Stagnation drohte. Wiseman, ein Spezialist für »verschleiertes« Vorgehen, war im Ersten Weltkrieg oberster Leiter der britischen Spionage in Amerika gewesen und anschließend Teilhaber bei Kuhn, Loeb geworden. Er erkannte, daß Siegmunds Stern im Aufgehen begriffen war, und teilte Schiff mit, dieser Außenseiter könne den entscheidenden Funken liefern, um die verbrauchten Batterien von Kuhn, Loeb neu aufzuladen. So umwarb ihn Schiff 1951 mit dem verlockenden Angebot, Seniorpartner bei Kuhn, Loeb zu werden; dafür allerdings hätte er nach New York ziehen und in erster Linie für die Firma tätig sein müssen. Da Siegmund aber gern in England, das ihm Zuflucht geboten hatte, lebte, und darüber hinaus der Bank von England, den Rothschilds und anderen britischen Firmen, die ihm geholfen hatten, sowie den fleißigen »Onkeln« viel verdankte, lehnte er ab: »Da ich meine Firma in England gegründet hatte, fühlte ich mich dem Land sehr verbunden und dachte nicht im Traum daran, meinen Wohnsitz von London wegzuverlegen.«[7]

Statt dessen wurde er bei Kuhn, Loeb gewöhnlicher Teilhaber, verbrachte die Hälfte des Jahres in New York und teilte die dort erzielten Einnahmen mit seiner Londoner Firma. Da die New Yorker Börse nicht zuließ, daß führende Kräfte ausländischer Banken Teilhaber in Mitgliedsfirmen werden durften, begann Siegmund Ende 1952 zunächst als »hauptamtlicher Direktor« und wurde erst 1956 offiziell Teilhaber. In Wirklichkeit gebot er von Anfang an über alle Vollmachten eines solchen. Ein Kollege hat über ihn gesagt: »Die Ansichten, die er aus seiner Erfahrung als Teilhaber von Kuhn, Loeb über die New Yorker Börse gewonnen hat, veranlaßten ihn zu Beschimpfungen, die in Stil und Heftigkeit an Swift heranreichen.«[8]

Siegmund war außerordentlich begeistert von der prestigeträchtigen Verbindung zu Kuhn, Loeb und wies seine Sekretärinnen in London an, Briefe an amerikanische Geschäftsleute mit »Mr.«, an Teilhaber von Kuhn, Loeb aber mit dem bedeutender klingenden »Esquire« zu adressieren. Seine Verwandten standen seinen Aussichten skeptisch gegenüber. Eva, die seine Art, sich selbst Enttäuschungen zu bereiten, kannte, wies ihn darauf hin, daß die Teilhaber bei Kuhn, Loeb reich und selbstzufrieden seien und er auf verlorenem Posten kämpfe. Doch Siegmund liebte Herausforderungen und setzte großes Vertrauen auf seine Überredungskunst.

John Schiff, der sich von Siegmund erhoffte, er werde das Transatlantik-Geschäft ankurbeln, Kuhn, Loeb europäische Kunden zuführen und für die Kunden der Firma in Europa tätig werden, machte ihn zum Mitglied der Geschäftsleitung. Diese erstaunliche Entscheidung führte dazu, daß er der einzige europäische Bankier war, der eine solche Position in einem erstklassigen Unternehmen an der Wall Street innehatte. Ab sofort vertraten die Häuser S.G. Warburg & Co. sowie Kuhn, Loeb einander in London und New York.

Während seiner stürmischen Amtsführung bei Kuhn, Loeb sah sich Siegmund mit denselben Schwierigkeiten konfrontiert, die ihm schon in Hamburg und London begegnet waren. Wieder war er der fähige Außenseiter, der brillante Aufsteiger, den die bedrohten Alteingesessenen verspotteten und nicht zum Zuge kommen ließen. Das ärgerte ihn und steigerte seine Entschlossenheit, Erfolg zu haben. Die Art und Weise, wie bei Kuhn, Loeb auf gut Glück und ungeplant vorgegangen wurde, ließ einem Mann mit seinem Arbeitsethos die Haare zu Berge stehen.

Augenblicklich erkannte er die Schwächen in der Firma. 1954 verfaßte er ein Memorandum, in dem er den bevorstehenden Niedergang Kuhn, Loebs vorhersagte, der sich zu jener Zeit im Ansatz bereits erkennen ließ. In seinem Londoner Büro hatte er eine kollegiale Atmosphäre geschaffen, bei der es zwischen Mitarbeitern und Vorgesetzten keine Schranken gab. In Vorwegnahme japanischer Praktiken stellte er Gruppen zusammen, die jeweils für einen Kunden zuständig waren, und ließ Neulinge an der Seite erfahrener Abteilungsleiter arbeiten. In der verknöcherten Unternehmensstruktur von Kuhn, Loeb hingegen fiel ihm auf, daß an die Stelle von Jacob Schiffs diktatorischer Herrschaft nunmehr Einzelbereiche getreten waren, die von ihren Inhabern eifersüchtig gehütet wurden. Zu träge, um sich um neue Kunden zu kümmern, blieb die Firma bei ihrem alten Kundenstamm. Zu John Schiff sagte Siegmund: »Es gibt zu viel Spielraum für Dilettantismus; wie wichtig gute Arbeit ist, wird kaum erkannt.«[9] Es entsetzte ihn zu sehen, welche Schwerfälligkeit im Hause Kuhn, Loeb herrschte. »Die einzige langfristige Planung in der Firma ist ganz offensichtlich, daß man sich an vorhandene Kunden hält und versucht, neue zu bekommen, ohne genau zu wissen, wie. Die Organisation kam man günstigstenfalls als rudimentär und uneinheitlich bezeichnen.«[10] Sobald Mitarbeiter, Struktur und Stil eines Unternehmens so waren, wie sie sein sollten, ergab sich für Siegmund alles andere von selbst.

Wie die Zukunft zeigte, traf er mit seiner Kritik ins Schwarze. Unglücklicherweise jedoch kollidierte sein Bemühen, ein zusammenhängendes Ganzes aus Kuhn, Loeb zu machen, mit seinem persönlichen Ehrgeiz. Man befürchtete allgemein, daß er die Firma beherrschen oder übernehmen und von London aus weiterführen wollte, und kaum war er 1953 Mitglied der Führungsspitze geworden, als er auch schon den Vorsitz in diesem Gremium anstrebte.[11] Als er John Schiff in seinem Memorandum von 1954 drängte, ihn zum geschäftsführenden Direktor zu ernennen, erregte er dessen Mißtrauen.[12] Einige Wochen später formulierte er in einem Schreiben an Schiff anklagend: »Ihre gestrige Bemerkung über die Frage der Vollmachten klang so, als seien Sie der Ansicht, daß ich diktatorische Vollmachten haben wollte.«[13] Zwar sah Siegmund die Schwierigkeiten bei Kuhn, Loeb mit der gebotenen Klarheit, doch beunruhigte seine ungestüme Art, seine überlegene Intelligenz und sein bisweilen hochmütiges Verhalten die trägen Amerikaner.

Da ihm die zersplitterte Struktur des Unternehmens Sorgen machte, arbeitete er viele Entwürfe aus, wie sich die Macht in einer kleinen Führungsgruppe zusammenfassen ließ, der er auf jeden Fall angehören würde. Teillösungen betrachtete er als Drückebergerei. Immer wieder stellte er die in seiner Londoner Firma praktizierte Zusammenarbeit und Professionalität als Vorbild hin, konnte sich aber mit seinem preußischen Sinn für hierarchische Strukturen in der anarchischen Kultur eines amerikanischen Unternehmens mit mehreren Teilhabern nicht durchsetzen. Als er die Grabenkriege im Hause Kuhn, Loeb zu beenden versuchte, indem er anregte, alle Teilhaber sollten – ähnlich wie er und die »Onkel« in London – gemeinsam die morgendliche Post durchgehen, kam es zum Aufruhr. Auch die amerikanische Mentalität, der zufolge am meisten Geld bekam, wer die meisten erkennbaren Erfolge verbuchte, mißfiel Siegmund, denn eine solche Haltung gefährdete seiner Meinung nach den nötigen Zusammenhalt des Unternehmens.

Mittlerweile war er eine eigenständige Persönlichkeit, und man merkte auf, wenn er einen Raum betrat. Mit seinem trübsinnigen, weltverdrossenen Gesichtsausdruck, dem fahlen Teint und dem finsteren Lächeln wirkte er rätselhaft. Das schwarze Haar und der Blick der durchdringenden Augen erinnerten an einen Zauberer, der unversehens ein Tuch aus dem Ärmel ziehen würde, oder an einen Schach-Großmeister, der jederzeit einen unerwarteten Zug machen konnte. Nach wie vor sah er gut aus, und er trug gutgeschnittene dunkelblaue oder graue zweireihige Anzüge. Sein Geist war in ständiger Bewegung. Obwohl er leise sprach, war er ein mitreißender Redner. Er wählte seine Worte so, daß sich die Zuhörer vorbeugten und ihm wie gebannt lauschten. Er beherrschte die Kunst, Dinge zu sagen, die spontan und geistreich wirkten, aber gründlich im voraus durchdacht waren. Er war so verschlagen, daß bei Sitzungen niemand genau wußte, worauf er hinaus wollte, weil er seine Ziele häufig in einem komplizierten Gewebe aus unwesentlichen Erwägungen oder ablenkenden Gedanken verpackte.

Wie ein Gelehrter in Klausur schritt er in den Räumen von Kuhn, Loeb nachdenklich vorgebeugt auf und ab, die Hände hinter dem Rücken verschränkt. Eine ungeheure Spannung war in ihm aufgestaut. Die Liebenswürdigkeit, für die er bekannt war, schien einem lebenslänglichem Kampf zu entspringen, in dem er sich mühte, seine starken Gefühlsbewegungen zu bändigen. Gelegentlich verriet ihn ein Schulterzucken, wenn er eine Fangfrage stellte. Wenn er sich mit einem jungen Angestellten unterhielt und ihm dabei die Hand auf die Schulter legte, lief sein Blick forschend über dessen Schreibtisch. Nichts entging seinen kühlen, aufmerksamen Augen. Er war von phänomenalem Fleiß und hatte oft schon über eine Stunde am Schreibtisch gesessen, wenn die amerikanischen Teilhaber gegen zehn ins Büro kamen. Zeitlebens teilte er seine Tage genauestens ein, schien aber dennoch nie in Eile zu sein. Er stand stets zur Verfügung, wenn es Schwierigkeiten gab, und beherrschte die Kunst, von zwanzig Besuchern, die am Tag kommen mochten, jedem einzelnen den Eindruck zu vermitteln, er sei für ihn der wichtigste.

Doch statt diese Kraft und Antriebsstärke zu erkennen, sah man bei Kuhn, Loeb in ihm lediglich einen ichsüchtigen und anmaßenden Emporkömmling. Das profunde Wissen der Alten Welt, das andere begeisterte, stieß dort auf keinen Widerhall; im Gegenteil machte Siegmunds von umfassender Sachkunde geprägte Ausdrucksweise auf manch einen der schnoddrigen Teilhaber einen gestelzten Eindruck. Als er sich verstärkt um die Kontakte zu Lehman Brothers kümmerte, um von ihnen neue Aufträge zu bekommen, gähnten seine Kritiker nur. Sie konnten mit seinen Vorstellungen vom Bankier als einer Mischung aus Guru, Vertrautem und Unternehmensberater nichts anfangen. Zu jener Zeit behandelten die Bankiers an der Wall Street ihre ärmeren britischen Kollegen ziemlich herablassend, ein Verhalten, das auch Siegmund zu spüren bekam.

Die bornierten Herren bei Kuhn, Loeb, die zur Zeit der Wirtschaftskrise in das Unternehmen eingetreten waren, begriffen nicht, daß sich die Welt um sie herum veränderte. Wie gebannt hielten sie den Blick auf den Inlandsmarkt gerichtet und fanden Siegmunds Hang zum internationalen Geschäft in höchstem Grade beunruhigend; immerhin war es möglich, daß ihre eigene Position in der Firma entwertet wurde, wenn das Auslandsgeschäft an Gewicht gewann. Es erzürnte Siegmund, daß sie offenbar nicht in der Lage waren, das Wiedererwachen Europas wahrzunehmen. Als deutscher Jude, der unter den Folgen des Versailler Vertrages gelitten hatte, wollte er zu Deutschlands und Österreichs Wiederbelebung beitragen und pflegte eifrig Kontakte, während andere Bankiers Mitteleuropa oft einfach abschrieben. Als Hermann Josef Abs Anfang der fünfziger Jahre über Deutschlands Schulden verhandelte, lag über ihm noch der Schatten, daß er zur Zeit der NS-Herrschaft der prominenteste deutsche Bankier gewesen war. Der aus Deutschland geflohene Siegmund nahm seinen guten Freund Abs gegen Kritiker in Schutz, wofür ihm dieser auf alle Zeiten dankbar war, und er wurde bei der wirtschaftlichen Gesundung des Landes zu einer der wichtigen Gestalten.

Wohl war Siegmund stolz auf die jüdische Geschichte des Hauses Kuhn, Loeb, doch widersetzte er sich Bestrebungen, dort ausschließlich Juden zu beschäftigen. Er sagte: »Man wird Kuhn, Loeb immer als jüdische Firma ansehen, es sollte aber nicht ausschließlich eine solche sein.«[14] Zu einer Zeit, als deutsche Unternehmen dringend auf amerikanisches Kapital angewiesen waren, man ihnen aber mit Feindseligkeit begegnete, führte dieser jüdische Flüchtling der Firma bedeutende Kunden wie Daimler-Benz und Bayer zu und sorgte dafür, daß das Unternehmen des Stahlmagnaten August Thyssen 1960 als erste deutsche Aktie nach dem Krieg an der Londoner Börse notiert wurde. Da Fritz Thyssen schon früh Hitler unterstützt hatte, rief Siegmunds Vorgehensweise unter den Londoner Juden Murren hervor. Außerdem führte S. G. Warburg & Co. an der Londoner Börse die Farbenfabriken Hoechst und Bayer sowie Israels Discount Bank ein.

Obwohl Siegmund ein Wiederaufleben des Nationalsozialismus nie ausschließen mochte, war er fest überzeugt, daß sich derlei am besten durch Wohlstand und eine dauerhafte Integration der Bundesrepublik Deutschlands in den Westen verhindern lasse. Konsequenterweise befürwortete er die Gründung der Montan-Union (Europäische Gemeinschaft für Kohle und Stahl), die ein früher Vorläufer der Europäischen Gemeinschaft war. Ein volles Jahrhundert lang hatten Deutschland und Frankreich wegen der Kohleförderung und Stahlerzeugung an Saar und Ruhr miteinander im Streit gelegen. Um beide Länder in Freundschaft zu verbinden, entwickelte der französische Außenminister Robert Schuman 1950 einen Plan für eine supranationale Kohle- und Stahlbehörde. Er hoffte, ein solcher zukunftsträchtiger Schritt werde einen Krieg nicht nur »undenkbar, sondern auch praktisch unmöglich« machen.[15] Als Bewunderer Schumans und Adenauers war Siegmund überzeugt, daß die Montan-Union Deutschlands Nationalismus in einem europäischen Gemeinschaftsgefühl aufgehen lassen werde. Für jemanden, der aus Deutschland geflohen war und den Zusammenbruch der europäischen Zivilisation miterlebt hatte, war das ein aufregendes Unternehmen.

Jean Monnet, der führende Theoretiker der europäischen Integration, war mit Donald Swatland von der für Kuhn, Loeb tätigen Anwaltsfirma Cravath, Swaine befreundet. Als die Montan-Union wegen einer Anleihe in New York anfragte, verwies Swatland sie an Kuhn, Loeb. Als europäischer Teilhaber einer amerikanischen Firma kam Siegmund der Montan-Union wie gerufen, und Swatland sah in André Meyer, Jean Monnet und ihm die drei führenden Gestalten ihrer Zeit auf dem Gebiet der internationalen Finanz.

Um amerikanischen Vertretern der Stahl- und Kohleindustrie sowie führenden Köpfen des Bankwesens diese Anleihe schmackhaft zu machen, organisierte Siegmund eine Reise, damit diese die Rahmenbedingungen der Montan-Union aus eigener Anschauung kennenlernen konnten. Dazu mußte er gegen zynische Äußerungen ankämpfen, in denen es hieß, die provinziellen Amerikaner seien nicht imstande, die Bedingungen dieser Finanzierung zu verstehen. Da den meisten amerikanischen Einzelinvestoren die uneinbringbaren Auslandsschulden der dreißiger Jahre noch in lebhafter Erinnerung waren, wollten sie nichts von der Sache wissen, und Siegmund sah sich gezwungen, bei Versicherungsgesellschaften vorstellig zu werden. Gewitzt erweckte er das Interesse der zögernden Metropolitan Life, indem er die Montan-Union mit New Yorks Hafenbehörde verglich. Siegmund besaß eine unübertroffene Begabung, Investitionen zu verkaufen, indem er deren größere Dimensionen hervorhob. Käufern vermittelte er den Eindruck, ein Stück Geschichte zu erwerben. Obwohl die Emission der Montan-Werte größtenteils in Europa untergebracht wurde, gelang es Siegmund, zehn Prozent davon an der Wall Street zu plazieren. Dieser Meilenstein im Emissionsgeschäft war die erste langfristige Nachkriegs-Dollaranleihe einer europäischen Institution, die in Amerika verkauft wurde. Die Montan-Union wurde Kuhn, Loebs bedeutendster institutioneller Kunde. Später gewann Siegmund auch die Europäische Investitionsbank für die Firma.

Entsprechendes galt für die Republik Österreich. Der »Onkel« Eric Korner brachte das Land sozusagen im Alleingang wieder zu finanziellem Ansehen. Er verdiente für S.G. Warburg ein Vermögen, indem er überlegte, welche notleidenden deutschen und österreichischen Obligationen vor der Einlösung standen. In Wien genoß er ein Ansehen wie kein zweiter, und mit großem Vergnügen nahm er bei der Kreditanstalt im Sessel des Vorstandsvorsitzenden Platz. Charles Sharp, »Mit-Onkel«, erinnerte sich: »Er liebte die Wiener Oper, die Salzburger Festspiele, logierte in Wien im Hotel *Imperial* und besuchte Konzerte, bei denen Karajan oder Karl Böhm dirigierten, die beide ausgesprochene Nationalsozialisten gewesen waren.«[16] Die dankbaren Österreicher verliehen ihm später ihren Verdienstorden. Auch hier half ein jüdischer Flüchtling bei der Wiederbelebung seines früheren Landes, womit er alte verlogene Nazimythen nachdrücklich ins Reich der Fabel verwies. Bei einem Deutschlandaufenthalt erkannte Korner in einer Filiale der Dresdner Bank den Mann, der ihn in den dreißiger Jahren an die Gestapo verraten hatte. Er überlegte, ob er seinem Gastgeber, dem Seniordirektor der Bank, Mitteilung davon machen sollte, beschloß dann aber, die Vergangenheit auf sich beruhen zu lassen.

Trotz ihrer immensen Bedeutung rüttelten Siegmunds Abschlüsse die Firma Kuhn, Loeb nicht aus ihrer Lethargie auf. Freddy faßte die dort herrschende Haltung 1958 in einem Brief an Erich zusammen: »Wir hatten viel mit Siegmunds Unternehmungen in Europa zu tun, aber jetzt, wo er wieder in London ist, scheint sich Frieden auf uns herabzusenken.«[17] Siegmunds familiäre Verbindungen, die ihm eigentlich einen Vorteil hätten verschaffen müssen, wirkten sich in Wirklichkeit gegen ihn aus. Der unternehmerische Geist, der ihn beseelte, war bei den amerikanischen Warburgs und den Schiffs, die sich die Zeit mit Sport, Wohltätigkeit und dem gesellschaftlichen Leben vertrieben, längst erloschen. Die Bankiers des inneren Kreises in New York, denen bekannt war, daß Siegmund von der »falschen« Seite der Familie stammte, blickten hochnäsig auf ihn herab.

John Schiff, dem der größte Teil des Kapitals von Kuhn, Loeb gehörte, führte die Firma wie ein angestellter Verwalter. Er wollte sein Vermögen bewahren, ohne sich dafür übermäßig anzustrengen. Der hochgewachsene und stets sonnengebräunte Schiff mit dem silbernen Haar galt als »bestaussehender Mann an der Wall Street« und trat auf wie ein englischer Landadliger. Sein Vater Morti hatte ihm bei seinem frühen Tod 1931 neben einem Vermögen von neunundzwanzig Millionen Dollar und einem Besitz von vierhundert Hektar an der Oyster Bay auch die Führung des Hauses Kuhn, Loeb hinterlassen. Durch seine Ehe mit Edith Baker, der Tochter des nichtjüdischen Bankiers George F. Baker, gelangte John in die ersten Kreise der Gesellschaft. Er trat exklusiven Klubs bei und übernahm die Freizeitvergnügungen des britischen Landadels, indem er Polo spielte und Fuchsjagden veranstaltete. Wie viele andere Angehörige der alten jüdischen Führungsschicht hatte er seine jüdische Vergangenheit abgestreift. Im Unterschied zu seiner ultraliberalen Schwester Dorothy war er ein entschiedener Anhänger der Republikanischen Partei und schimpfte in den dreißiger Jahren über »den Mann da« im Weißen Haus.

Schiff bewunderte Siegmunds Schwung und Begeisterungsfähigkeit. Zumindest theoretisch gefiel ihm der Gedanke, Siegmund könne die einstige Stärke der Firma in Übersee wiederbeleben. Doch Schiff war schwach und schrak vor den Auseinandersetzungen zurück, die eine wie auch immer geartete Reform mit sich gebracht hätte. Siegmund wiederum ärgerte sich über dessen Mangel an Durchsetzungsvermögen. Kaum glaubte er ihn von etwas überzeugt zu haben, als ein anderer dazwischenkam und Siegmunds ganze Arbeit zunichte machte.

Dieser andere war häufig Felix' ältester Sohn, Johns Vetter Freddy. Er war das genaue Gegenteil von Siegmund, und die beiden haßten einander von ganzem Herzen. Alles, was auch nur von entfernt nach Ernsthaftigkeit aussah, war Freddy zuwider, und in Siegmund sah er einen Tölpel. Sir William Wiseman wies Siegmund darauf hin, daß der Widerstand, der Schiff bremste, in erster Linie aus der Familie Warburg kam.[18] Der gescheite und lustige Freddy war darauf erpicht, die Freuden des Lebens zu genießen, ohne sich anstrengen zu müssen. Er besaß die Gabe, witzige Gedichte und Limericks zu verfassen, und die Leute lachten so herzlich über ihn, daß sich Frieda mitunter schon Sorgen machte.

Freddy, der keine größere Freude kannte, als andere zu verspotten, entwickelte dabei einen fast teuflischen Humor, und gemeinsam mit Erich verübte er so manchen Junggesellenstreich. Einst begleitete er Erich, als dieser im Englischen noch nicht recht sattelfest war, in New York zu einem Debütantinnenball. Als dieser eine auffallend schöne junge Frau sah, fragte er Freddy, wie er deren Mutter ansprechen müsse. Von Freddy unterwiesen, trat er auf die Mutter zu, schlug die Hacken zusammen und sagte: »Madame, es würde mir das größte Vergnügen bereiten, Ihr Fräulein Tochter aufs Kreuz zu legen.«[19] Gelegentlich war Freddys Humor alles andere als liebenswürdig. Als er zum fünfundzwanzigsten Jahrestag seines Studienabschlusses nach Harvard zurückkehrte, sagte er zu den einstigen Kommilitonen: »Es ist erstaunlich – keiner von euch hat sich auch nur ein bißchen verändert. Aber was habt ihr bloß mit den älteren Frauen da am Hut?«[20]

In der Firma Kuhn, Loeb machten seine geistreichen Bemerkungen die Runde. »Wie schrecklich, daß man gezwungen wird, in seinem eigenen Unternehmen zu arbeiten«, sagte er einmal. Dann beklagte er sich über Abendeinladungen auf Long Island. »Da sitzt man neben irgendeiner jungen Frau, die man nicht kennt, und wenn man ihr in der Konversation den Ball zuspielt, steckt sie ihn sich einfach in die Tasche.«[21] Seine denkwürdigste Äußerung dürfte seine Antwort auf die Frage gewesen sein, wie viele Leute bei Kuhn, Loeb arbeiteten. »Etwa die Hälfte«,[22] erklärte er nach kurzem Nachdenken.

Nach dem Tode seines Vaters Felix war er ihm als Mitglied des Verwaltungsrates am Amerikanischen Museum für Naturgeschichte nachgefolgt und wirkte an der Schaffung des Felix-M.-Warburg-Gedächtnis-Saales mit. Als sich die Arbeiten in die Länge zogen, ließ er dem Museum eine Mitteilung zukommen, in der er trocken erklärte, der Saal solle die Erinnerung an seinen Vater und nicht an ihn selbst wachhalten.[23] Selbst die Trauerfeier für Freddy, die in der Synagoge Emanu-El stattfand, wurde Jahre später ein äußerst munteres Ereignis, bei dem sich eine große Zahl von Bekannten die lustigsten Geschichten über ihn erzählten.

Obwohl er an Pessach das Sedermahl feierte und an hohen Feiertagen mit seiner Mutter zur Synagoge ging, empfand er sich kaum als Jude. Nie war er Zionist, nie hatte er den Wunsch, Israel zu sehen. Aus Achtung vor dem Vater sammelte er Spendengelder für den Zusammenschluß jüdischer Wohltätigkeitsorganisationen, verwandte aber mehr Zeit auf die Beschäftigung mit den Pfadfindern, dem Sport und der Schule in Middlesex. 1946 heiratete er eine hochgewachsene, lebhafte Dame namens Wilma Shannon, die dafür bekannt war, daß sie kein Blatt vor den Mund nahm. An jüdischen Feiertagen überlegte er jedes Jahr aufs neue, ob er zur Arbeit gehen sollte oder nicht. Sofern er es nicht tat, kam er sich wie ein Heuchler vor; tat er es aber, hatte er ein schlechtes Gewissen. Dennoch leugnete er sein Judentum nicht. Eines Tages ging er nicht ans Telefon, als ihn Clarence Dillon sprechen wollte, denn die Dillons, deren Namen zuvor Lapowski gewesen war, hatten die in seinen Augen unverzeihliche Sünde begangen, diesen zu ändern, um ihre jüdische Herkunft zu verschleiern.[24]

Als Geschäftsmann leistete Freddy außerordentlich wenig. Lieber spielte er Tennis oder ritt auf seinem Gestüt in Middleburg im Staat Virginia, wo er im Lauf der Zeit vierhundert Hektar zusammenkaufte. Gemeinsam mit John J. McCloy erwarb er ein Anwesen in Connecticut, wo er viele Wochenenden verbrachte. Freddy verkörperte die amerikanischen

Warburgs, die sich dem gepflegten und ruhigen Lebensstil hingaben, den alter Reichtum ermöglicht, während sich ihre deutschen Verwandten wieder einmal tummeln mußten, um ihren Lebensunterhalt zu verdienen. Wie John Schiff war Freddy zu reich, als daß er einen Grund gesehen hätte, sich anzustrengen, zumal er ohnehin nie besonders energisch war. So begnügte er sich damit, in der Firma Kuhn, Loeb am Status quo festzuhalten. Er hatte überall Zutritt, und durch seine Freundschaft mit dem Piloten Eddie Rickenbacker kam Kuhn, Loeb in Verbindung mit der Eastern Airlines. Außerdem sicherte er der Firma die große Anleihe, die von der Ford Motor Company in den fünfziger Jahren aufgelegt wurde.

John Schiff vertraute seinem Vetter rückhaltlos und hörte immer auf ihn, zumal Freddy hinter seiner lässigen Fassade gescheit und aufgeweckt war. Er trat Siegmund mit derselben Verachtung gegenüber wie viele andere amerikanische Warburgs, ja er wurde sein Feind, denn Siegmund war ihm zu klug, zu arbeitsam und zu sehr darauf bedacht, sich durchzusetzen, und seine Bemühungen, in der Familie anerkannt zu werden, waren Freddy schlicht zuwider. Die amerikanischen Warburgs behandelten Siegmund gönnerhaft und machten sich über seine unbewußten Gesten lustig, beispielsweise darüber, daß er sich mitunter die Hände rieb. Als bei einer Abendeinladung einmal Siegmunds Name fiel, ließ sich Piggy zu dem Ausruf hinreißen: »Siegmund Warburg ist ein Arsch mit Ohren!«[25]

Da Freddy bei M. M. Warburg gelernt hatte, stand er Erich nahe und sah die Auseinandersetzungen innerhalb der Familie Warburg mit dessen Augen. Bei einem Besuch Rudolf Brinckmanns in der Firma Kuhn, Loeb nannte Freddy ihn »Brinckie« und behandelte ihn mit herablassender Vertraulichkeit. Jedesmal, wenn er ihm gespielt freundschaftlich auf den Rücken schlug, zuckte Brinckmann zusammen.[26] Als Siegmund von Erich in den Finanzausschuß von Brinckmann, Wirtz berufen wurde, mißbilligte Freddy das schärfstens: »Davor möchte ich Dich warnen, denn wenn er erst einmal drinsitzt, wirst Du merken, daß Du ihm zu Dank verpflichtet bist, und das ist nicht gut«, teilte er Erich mit.[27]

Siegmund war stets voll Zuneigung für Frieda. Statt sich jedoch darüber zu freuen, kreidete ihm Freddy auch das an. Schon in den zwanziger Jahren hatte Siegmund Felix' Kinder geringschätzig behandelt, was ihm diese sozusagen mit Zinsen heimzahlten. Als Siegmund eines Tages in Freddys Büro vorbeikam und fragte: »Weißt du, daß deine Mutter morgen Geburtstag hat?«, gab dieser sarkastisch zur Antwort: »Hör mal zu, Siegmund, wenn ich dich brauche, um mir zu sagen, daß meine Mutter morgen Geburtstag hat, lass' ich dich rufen.«[28] Die beiden Männer konnten im Umgang miteinander kleinlich und rachsüchtig sein. Einmal sah Siegmund voll Entsetzen, daß Freddy im Büro einer Frau den Arm um die Schulter legte. Die amerikanischen Warburgs hielten Siegmund, der sich so puritanisch gab, für einen Heuchler, seit Frieda von dem Verhältnis wußte, das er in den dreißiger Jahren mit Alexandra Danilowa gehabt hatte.

Nicht einmal in der geschäftlichen Beziehung mit Kuhn, Loeb konnte Siegmund den Auseinandersetzungen der Familie entgehen. Freddy war voll Bitterkeit darüber, daß die deutschen Warburgs das ihnen 1931 zur Rettung des Unternehmens gewährte Darlehen nicht zurückgezahlt hatten, und machte Siegmund deshalb Vorhaltungen.[29] Außerdem hatte Erich es nicht unterlassen, Freddy die alte Geschichte mit Brandeis, Goldschmidt haarklein zu berichten, und eines Tages im Jahre 1958 besann sich Freddy darauf und erzählte sie Siegmund. Um der Sache die Krone aufzusetzen, nannte er als seinen Informanten Erich, der Siegmund gerade in den Finanzausschuß von Brinckmann, Wirtz gebracht hatte, damit er ihm bei der Namensänderung des Unternehmens half! Sogleich schrieb Siegmund verstimmt an Erich: Soweit er Freddys Vorwürfe verstanden habe, sei dieser der Meinung, daß es ihm [Siegmund] ausschließlich dank der Unterstützung von M. M. Warburg & Co. möglich gewesen sei, in London durch New Trading Fuß zu fassen und er anschließend diese Firma »übernommen« und dabei zugleich M. M. Warburg & Co. ausgebootet habe. Darüber hinaus habe Freddy erklärt, er habe auch Brandeis, Goldschmidt »übernommen« und damit Eddie Kohn-Speyer um seine Position in jener Firma gebracht. Mit all diesen Äußerungen habe Freddy zu zeigen versucht, in wie unehrenhafter und unehrlicher Weise Siegmund zu Werke gegangen sei. Er könne nicht glauben, daß Erich je derlei geäußert habe und erwarte eine umgehende Antwort.[30]

Vermutlich hatte Siegmund durch Freddys Ausbruch erfahren, wie Erich in Wahrheit zu ihm stand. Siegmund und Erich, die dadurch verbunden waren, daß sie einander brauchten, wenn sie auch zeitweilig entzweit waren, begegneten einander nie offen, weil es sich keiner von beiden leisten konnte, das Verhältnis zu gefährden. So trat Erich jetzt rasch den Rückzug an und schrieb binnen drei Tagen an Siegmund, er verstehe weder allgemein noch im Hinblick auf einzelne Details, was ihm Freddy mitgeteilt habe. M. M. Warburg & Co. habe nie ein ausgesprochenes Interesse an New Trading gehabt, und die Schwierigkeit, mit Eddie K. S. ein Geschäft zu machen, sei ein Thema, über das sie schon vor Jahren gesprochen hätten und einer Meinung gewesen seien. Abschließend versicherte er ihm, er kenne keinen anderen Wunsch, als daß die Grundlage des aufrichtigen gegenseitigen Vertrauens, das ständig zugenommen habe, nie zerstört werden möge.[31] Erich wie Siegmund beklagten die Falschheit des anderen, doch hegte jeder gegen den anderen so viel Groll, daß Offenheit zwischen ihnen zu nichts anderem als Lähmung geführt hätte.

Mitte der fünfziger Jahre zog Kuhn, Loeb aus dem Gebäude an der William Street 52, in dem die Firma so lange residiert hatte, in einen gesichtslosen Bau an der Wall Street 30. Obwohl man im Bemühen, mit der Zeit zu gehen, die Standuhren und andere Relikte aus der Vergangenheit abschaffte, ließ man dennoch jeden unternehmerischen Schwung vermissen. Als Siegmund 1957 in der Firma immer noch nicht weitergekommen war, zeigte er sich tief enttäuscht und verglich sie mit einem 1910 gebauten Rolls-Royce. Von wenigen Abschlüssen abgesehen, teilte er Schiff mit, habe er sich vergeblich bemüht. Allerdings sei zu bedenken, daß die Wirkung seiner in die Firma investierten Arbeitsleistung durch die nichtprofessionelle Umgebung und in manchen Fällen auch durch offenkundige Behinderung und absichtliche Verschleppung vermindert worden sei.[32] An die Stelle der verschiedenen unabhängig operierenden »Erbhöfe« wollte er eine zentral gesteuerte Struktur setzen, die es ermöglichte, die Dienstleistungen für bestimmte Kunden zusammenzufassen. Dazu sollte die Abteilung, die neue Aufträge hereinholte, Hand in Hand mit jener anderen Abteilung arbeiten, die Wertpapiere auf den Markt brachte. Die unzureichende firmeninterne Kommunikation sei verantwortlich dafür, daß dem Unternehmen so manches einträgliche Geschäft entgehe. Um zu verhindern, daß wichtige Entschlüsse blockiert wurden, schlug er außerdem vor, eine neue Vorschrift solle den über sechzig Jahre alten Teilhabern die Entscheidungsbefugnis entziehen.

Es war ein Durchbruch, als es ihm gelang, John Schiff zu veranlassen, den außergewöhnlich klugen und im Umgang angenehmen J. Richardson Dilworth zum geschäftsführenden Teilhaber zu ernennen. Seine Aufgabe sollte es sein, die Arbeit *aller* Abteilungen zu koordinieren. In Dilworth fand Siegmund einen verwandten Geist, dessen Überzeugung nach sich die Firma ändern oder untergehen müsse. Siegmund arbeitete ihm zu und räumte ihm alle Hindernisse aus dem Weg. So fest war Dilworth von Siegmunds Mission überzeugt, daß es ihm nichts ausmachte, wenn jener erklärte, er wolle Kuhn, Loeb in S. G. Warburg & Company aufgehen lassen. Seiner Überzeugung nach bedurfte der Patient einer Operation an Haupt und Gliedern, und in Siegmund sah er den Mann, der das Messer führen konnte.[33]

Der Versuch war indes zum Scheitern verurteilt. Argwöhnische Teilhaber sahen in Dilworth einen Strohmann für Siegmund, und ein besonders feindselig eingestellter Teilhaber, Henry Necarsulmer, warnte Schiff unaufhörlich, Siegmund führe ihn hinters Licht und wolle die Firma Kuhn, Loeb in Wirklichkeit selbst übernehmen.[34] Als sich Siegmund in London aufhielt, ließen seine Feinde in der Firma ihre Aggressionen an Dilworth aus. Da ihm niemand zur Seite stand, verließ er Kuhn, Loeb im Frühjahr 1958, um das Privatvermögen der Rockefellers zu verwalten. Er glaubte nicht mehr daran, daß bei Kuhn, Loeb ein wirklicher Wechsel möglich sei.

Diese Verbindung zu Rockefeller sollte sich im Lauf der Zeit für Siegmund, der sogleich seinen Untergebenen in London ans Herz legte, Dilworth mit besonderer Aufmerksamkeit zu behandeln, als sehr günstig erweisen. Im Augenblick allerdings war er von dessen Weggang wie benommen, und damals hätte Siegmund vermutlich besser aufgeben sollen. Doch war die Vorstellung, Kuhn, Loeb wieder flottzumachen, für ihn ebenso zu einer fixen Idee geworden wie die Namensänderung für Erich in Hamburg. Der Lockung, die von Kuhn, Loebs Kundenliste und den alten Bindungen zum Hause Warburg ausging, konnte er sich nicht entziehen. Nachdem er den Ruf der Familie in Europa wieder aufpoliert hatte, war er überzeugt, ihn auch an der Wall Street retten zu können.

Sonntag für Sonntag führte Siegmund stundenlange Telefongespräche mit Schiff, den er zu einer entschlossenen Vorgehensweise veranlassen wollte. Wie einst Churchill im Fall Hitlers warnte er vor den Gefahren, die es mit sich bringen, »willkürliches Verhalten und undisziplinierte Gewohnheiten hinzunehmen, die sich über eine lange Zeit hinweg eingeschlichen und festgesetzt haben... Solche Zugeständnisse führen letzten Endes zur Katastrophe, und das richtige Vorgehen heißt nicht, die Augen vor den Schwierigkeiten zu verschließen, um Zeit zu gewinnen, sondern rasches Handeln.«[35] Es war vergebens.

Aus Montego Bay sah Sir William Wiseman zu, wie sich der Konflikt zwischen Siegmund und den Teilhabern von Kuhn, Loeb zuspitzte. Er, der Siegmund selbst verpflichtet hatte, teilte nunmehr John Schiff mit, für alle Reformpläne bestehe nur dann Aussicht auf Erfolg, wenn Schiff drei oder vier starrsinnige Teilhaber aus dem Unternehmen entferne und Siegmund unbeschränkte Vollmachten erteile. »Sie würden es ohnehin nicht tun«, sagte Siegmund, »und es könnte sich auch als großer Fehler erweisen«.[36] Er blieb der Prototyp eines Firmengründers, der dem Unternehmen seinen Stempel aufprägte, doch er konnte sich einem bestehenden Unternehmen mit dessen eigener Mischung aus Persönlichkeiten und gewachsenen Beziehungen nicht unterordnen. Er war eine zu starke Persönlichkeit, als daß er sich mit einer Nebenrolle oder mit Kompromissen zufriedengegeben hätte. Außerdem besaß er eine sonderbare Fähigkeit, bei Kollegen, die ihrer Sache weniger sicher waren als er, Angstphantasien auszulösen.

Siegmund wußte nicht, daß er in London vor zwei Durchbrüchen stand, die ihn in die vorderste Reihe der Weltfinanz katapultieren sollten. Er war in vergleichsweise untergeordneter Position in die alte Firma Kuhn, Loeb eingetreten, weil er hoffte, ein wenig von ihrem Glanz auf sich lenken zu können. Jetzt stand er im Begriff, ein Stern zu werden, der aus eigener Kraft leuchtete. Als der Kampf um British Aluminium vorüber und die Euromärkte entstanden waren, brauchte er Kuhn, Loeb nicht mehr. In den sechziger Jahren ging der Aufstieg von S. G. Warburg unaufhaltsam weiter, während Kuhn, Loeb erst führungslos dahintrieb, dann schwächer wurde und schließlich von der Bildfläche verschwand.

43

Meine Wikingerin

Selbst als er bereits ein legendärer Finanzmann war, hatte Siegmund Warburg noch immer eine enge Bindung an seine Mutter. Als sie 1939 mit dreiundsiebzig Jahren in England eintraf, teilte sie die Bewunderung ihres Sohnes für die Freundlichkeit und den Anstand der Briten. In der Gewißheit, daß Hitler eine Niederlage erleiden werde, nahm sie die Bombardierung Londons mit erstaunlicher Fassung hin. Noch im Alter war sie von einer stillen Lebensfreude, hinter der sich ein eiserner Kern verbarg. Obwohl ihre Hände infolge einer Arthritis deformiert waren, spielte sie täglich zwei Stunden auf dem Flügel. Während des Krieges und in der Zeit danach wohnte sie bei Siegmund und Eva – eine Qual für die geduldige Schwiegertochter, die sich gleichwohl nie beklagte. Ganz gewöhnte sich Lucie nie daran, daß Siegmund verheiratet war; zu Evas Entsetzen brachte sie ihrem Sohn vor dem Schlafengehen heiße Schokolade.

Mutter und Sohn sprachen praktisch täglich miteinander, und Siegmunds Verehrung für Lucie schien grenzenlos. Sie kamen gut miteinander aus, da sie in vieler Hinsicht dieselben Werte, Haltungen und auch denselben Humor hatten – sogar ihre Handschriften ähnelten sich in bemerkenswerter Weise. Wie feindselig Siegmund seinen Verwandten aus dem Hause Warburg auch immer gegenüberstehen mochte, seine Zuneigung zu den Kaullas war spontan und echt.

Ihre letzten Jahre verbrachte Lucie in einem Londoner Pflegeheim in Holland Park. Als sie im Frühjahr 1954 in ihrem Zimmer stürzte und sich mehrere Rippen brach, war Siegmund gerade in New York bei Kuhn, Loeb. Es sagt viel über die Rücksicht dieser achtundachtzigjährigen Frau ihrem Sohn gegenüber aus, daß man ihr hoch und heilig versprechen mußte, ihm nichts davon zu sagen, damit er seine Reise nicht abbrach. Trotz ihrer schrecklichen Asthmaanfälle büßte sie ihren Humor nicht ein. Als Siegmund Anfang 1955 nach Amerika abreiste, sagte er zu ihr: »Du solltest eigentlich mit mir im Flugzeug nach Amerika kommen.« Darauf antwortete sie scherzhaft: »Das würde ich gern tun, wenn ich nicht hier so viele gesellschaftliche Verpflichtungen hätte.«[1]

Lucie Warburg starb am 25. Oktober 1955 im Alter von neunundachtzig Jahren. Noch an jenem Tag hörte man sie Beethovens *Appassionata* spielen, eine Sonate, die so unruhig und voll Siegesgewißheit war wie ihr ganzes Leben. Siegmund war tief bekümmert. Fünfzig Jahre des gemeinsamen Alleinseins, Leidens und Kämpfens hatten sie eng miteinander verbunden. Seinen Angestellten predigte Siegmund die Grundsätze der disziplinierten Selbstkritik, die er von der Mutter übernommen hatte. Nach seiner eigenen Darstellung hatte sie ihm alle Verhaltensweisen und Ziele nähergebracht, die er brauchte.[2]

Lucie, gleichsam noch im Tod von asketischer Zurückhaltung, wurde auf eigenen Wunsch eingeäschert und in aller Stille beigesetzt. Und obwohl Siegmund noch siebenundzwanzig Jahre lebte, wirkte der Einfluß der Mutter fort, und das Gedenken an sie war ihm eine heilige Pflicht. Er ließ eine Totenmaske anfertigen und schrieb bald nach ihrem Tod in deutscher Sprache eine eindrucksvolle Erinnerung an seine Mutter. Alljährlich zitterten die Mitarbeiter bei S. G. Warburg & Co. vor ihrem Todestag, weil Siegmund dann in düsterer, untröstlicher Stimmung ins Büro kam und das kleinste Versehen eine Katastrophe auslöste. Da Lucie ihm Vater und Mutter zugleich gewesen war, konnte er sich nie mit ihrem Tod abfinden. Besuchern in seinem Haus in Blonay in der Schweiz fiel ihr Porträt auf, das an exponierter Stelle in seinem Arbeitszimmer hing.

Seine starke Ichbezogenheit ging auf die einsame Kindheit und darauf zurück, daß seine Mutter zwar streng, aber zugleich in ihn vernarrt war. Siegmund stand im Mittelpunkt ihres Universums; er gewöhnte sich an diese Rolle und blieb ihr bis zum Ende treu. Von Lucie hatte er gelernt, Liebe mit einer Art pädagogischer Strenge zu verbinden, wobei er die Vater- und Lehrerrolle miteinander verquickte: keine gute Voraussetzung für eine Ehe.

Viele Menschen vermuten, Eva Warburg habe ein Leben in stiller Verzweiflung geführt und sei an der ungeheuren gesellschaftlichen Aufgabe erstickt, die sie als Siegmunds Ehefrau zu tragen hatte. Auch wenn das in dieser Form übertrieben ist, dürfte es ein Körnchen Wahrheit enthalten. Die eher dem Privatleben zuneigende und zurückhaltende Frau war eine glänzende Schauspielerin und gab ihrer Außenwelt so manche unergründliche Rätsel auf. In der Nähe ihres Mannes wirkte sie still und setzte sich häufig abseits, wenn er mit Besuchern über Geschäfte redete. Nie sprach sie, wenn sie nicht »an der Reihe« war. Eine unmerkliche Kraft ging von ihr aus; ihr Wesen war von einer vornehm-kühlen, schwedischen Undurchdringlichkeit. Obschon in vielerlei Hinsicht überaus weiblich und liebenswürdig, vertraute sie selten anderen und wirkte auf nicht wenige Menschen reserviert. Siegmunds Kusine Elspeth Oppenheimer hat über sie gesagt: »Man konnte Eva nahestehen, kam aber nicht an sie heran.«[3] Hinter ihrer freundlichen Ausstrahlung lag eine innere Zähigkeit, die Siegmund zu schätzen wußte. Liebevoll nannte er sie »meine Wikingerin«.

Siegmund hatte sich eine Frau gewählt, die seine genau umrissenen anspruchsvollen Wünsche erfüllte und imstande war, seine häufige Abwesenheit zu ertragen. Eva sah aus wie eine Herzogin und trat auch so auf (allerdings ohne jeden Hochmut). Ihre Art, Tee einzugießen, wirkte wie eine glänzend inszenierte Handlung. Sie war eine vornehme Dame ohne jeden Hang zu Hinterhältigkeit oder Gemeinheit; voll Entsetzen mußte sie nach ihrer Ankunft in London feststellen, wie gehässig die Damen der englischen Gesellschaft mitunter klatschten. Sie gab sich nie affektiert oder anmaßend, und wenn jemand im Savoy Grill an ihren Tisch trat, erhob sie sich zur Begrüßung zusammen mit Siegmund – zu einer Zeit wohlgemerkt, als Damen sitzenzubleiben pflegten. Sie war gleichsam von natürlichem Adel.

Anfang der fünfziger Jahre zogen Siegmund und Eva aus der Roehampton Lane in eine Penthouse-Wohnung am Eaton Square 95 im vornehmen Londoner Stadtteil Belgravia. Stanley Baldwin hatte zwei Häuser weiter gewohnt, Neville Chamberlain auf der anderen Seite des Platzes. Der Umzug dorthin war auch Zeichen dafür, daß man nunmehr arriviert war. Mit ihrer natürlichen Begabung für Innenausstattung machte Eva aus der Wohnung gewissermaßen eine Bühne für Siegmunds Karriere. An Samstagnachmittagen zogen sie auf der Suche nach Antiquitäten durch die Stadt und kauften altes Silber, englische Möbel aus dem 18. Jahrhundert, alte Meister sowie moderne Gemälde. Auf diese Weise entstand in ihrem Haus eine angenehme Atmosphäre, die zurückhaltende Eleganz ausstrahlte.

Als Bankier sah Siegmund seine Aufgabe darin, die Schranken zwischen Geschäft und »Freizeit« niederzureißen. »Erst wenn man für jemand ein Freund ist, kann man auch sein Bankier sein«[4], sagte er. Einmal erklärte er – nur halb im Scherz – er gehe nie zu einer Sitzung, bei der man über das Geschäft rede. Die Verbindung von Wohnung und Büro brachte es mit sich, daß sich Eva seinen hohen beruflichen Anforderungen unterordnen mußte, denn im Lauf der Zeit füllte sein Terminkalender den ganzen Tag und Abend mit geschäftlichen und gesellschaftlichen Verabredungen, so daß kein Raum für ein entspanntes, normales Privatleben blieb.

Von Eva verlangte er bei der Bewirtung eines endlosen Stroms von Bankiers, Politikern, Kunden und Volontären geradezu übermenschliche Exaktheit. Alles mußte geplant werden, nichts durfte dem Zufall überlassen bleiben. Mit ihrer leisen, zögernden Stimme und ihrem britisch wirkenden Wesen war Eva für diese Art von Perfektion wie geschaffen. Viele Besucher bewunderten die Präzision, die in dem Haus am Eaton Square herrschte, wo ein aus dem Büro herübergekommener, tadellos gekleideter Butler auf silbernen Tabletts servierte. Wenn Siegmund eine gewisse lässige Eleganz an den Tag legen wollte, kam es vor, daß er schwarze Lackschuhe trug. Zum Abschluß eines solchen Abends gab es für die Männer Portwein und Zigarren. Eva spielte ihre Rolle vorzüglich, und Siegmund nannte sie den größten Aktivposten seiner Karriere.[5]

Zumindest an der Oberfläche sah es oft so aus, als sei Eva nichts als ein glänzendes Versatzstück und habe kaum Gelegenheit, ihre eigene Persönlichkeit zu entwickeln. Ihre Ehe drehte sich um sein Leben, nicht um das ihre. Selbst was Eva anzuziehen hatte, wurde von Siegmund bestimmt. Da er keine gepunkteten Kleider leiden konnte, trug sie keine, und immer trat sie makellos gekleidet auf, so, wie Siegmund es verlangte. Bei einem anderen Mann hätte sie möglicherweise experimentiert, vielleicht sogar ein wenig aufbegehrt, er aber ließ sie in einer gesellschaftlichen Rolle erstarren. Sie gehörte einer Generation von Frauen an, die sich ganz nach den Wünschen der Männer richtete, und hielt es infolgedessen für ihre Lebensaufgabe, ihn bei der Durchsetzung seiner Ziele zu unterstützen. Da sie als Mädchen durch eine harte Schule gegangen war, wirkte der Übergang zur Rolle einer Ehefrau auf sie weniger kraß, als das sonst hätte der Fall sein können. Auch die ungeheure Fülle an Arbeit, die er sich aufbürdete und an die sie sich bereits in Hamburg und Berlin gewöhnt hatte, nahm sie als gegeben hin.

Ihre Beziehung, die in Hamburg einst so romantisch begonnen hatte, war vielen Belastungsproben ausgesetzt. Dazu gehörten Evas frühe Krebserkrankung, die Flucht nach Schweden und London, der Tod ihrer und der Zusammenbruch seiner Mutter, sein Verhältnis mit der Danilowa, die Bombenangriffe auf London, die Eingewöhnung in ein neues Land. Ihr Lebensschiff hatte manchen Sturm abgewettert. Ende der dreißiger Jahre kam Siegmund häufig erst spätabends nach Hause, und nach dem Krieg war er mehr als die Hälfte des Jahres auf Reisen, so daß sie ihr Leben auf seine langen Abwesenheiten einstellen mußte.

1948 wurde in der verbliebenen Brust der damals Fünfundvierzigjährigen Krebs diagnostiziert. Siegmund, der sich nicht vorstellen konnte, wie sie mit deren Verlust fertig würde, sprach sich gegen eine Operation aus. In dieser Situation tat der ansonsten äußerst rationale Mensch etwas Sonderbares: Er ging mit seiner Frau zu einem Wunderheiler, der die Brust mit Salbe behandelte. Es klingt unglaublich, aber die Geschwulst ging zurück. Die Furcht vor dem Krebs überschattete beider Leben, obwohl Eva mit ihrer ungewöhnlichen Selbstdisziplin diese Befürchtung nie laut aussprach. War sie krank, verging Siegmund jedesmal förmlich vor Sorgen. Der mit ihm befreundete Dr. Goldman, der Eva in den sechziger Jahren wegen Krebs behandelt hatte, erinnerte sich: »Er hat sich immer große Sorgen um sie gemacht, aber in einer nahezu unpersönlichen Weise. Siegmund hat seine Frau bewundert, aber nicht verstanden. Sie hatte großes Interesse an Kleidern, Mode und Innenarchitektur. Die Beziehung der beiden war herzlich, blieb aber distanziert.«[6] Es verdient erwähnt zu werden, daß auch zwischen Dr. Goldman und Eva stets eine gewisse Kühle herrschte. Und doch hatten andere denselben Eindruck: daß Eva und Siegmund in sonderbarer Distanz und mit einer gezwungen wirkenden Förmlichkeit miteinander verkehrten.

Zuletzt indessen war Eva weit mehr als ein hübsches Versatzstück. Sie war klug und kannte die Welt und die Menschen, während Siegmund immer ein wenig naiv blieb. Wenn er in New York mit seiner Sekretärin frühstückte, wäre ihm nicht im Traum der Gedanke gekommen, die Leute könnten darüber tratschen. Eva warnte ihn davor, andere auf ein Podest zu stellen, weil die Enttäuschung in einem solchen Fall nicht ausbleiben könnte. Sie bemutterte ihren erschöpften Gatten und legte ihm immer wieder ans Herz, daß er Urlaub machen solle. Wenn er auf Reisen ging, nahm sie am Flughafen Menschen beiseite, die ihn begleiteten, um ihnen zu sagen, was er brauchte. Stets meinte sie ihn beschützen zu müssen. Siegmund, der ihre Urteilskraft zu schätzen wußte, holte sie oft aus der Küche, wenn er ein geschäftliches Ferngespräch hatte, damit sie mithören und ihm einen Rat geben konnte. Es gab viele Eigenschaften, auf die beide großen Wert legten; dazu gehörten Pünktlichkeit und Zuverlässigkeit.

In manchem erinnerte ihre Ehe an Shaws Theaterstück *Pygmalion*. Las Siegmund ein Buch, erwartete er, daß auch Eva es las. Er hatte eine Vorliebe für gelehrte Abhandlungen und nahm an, sie gewinne ihnen ebensoviel ab wie er. Zu ihren gemeinsamen Aktivitäten gehörten Spaziergänge auf dem Lande, Bridge-Partien und eine jährliche Fastenkur. Insofern Eva aber vor allem seinem Ehrgeiz verpflichtet war, verlangte sie nie gleiches Recht für sich. Um seine angeheirateten Verwandten, die Philipsons, kümmerte er sich nur wenig. Da er ihnen nicht besonders zugetan war, reiste er nur selten nach Schweden, wo er geschäftlich kaum zu tun hatte. Kam es aber dennoch vor, waren es kurze und sorgfältig geplante Reisen, auf die er Eva nicht mitnahm.

Da es ihr schwerfiel, sich ihm gegenüber offen zu äußern, neigte sie dazu, ihren Zorn herunterzuschlucken. Es gab vieles, was ihr fehlte, ohne daß sie darüber sprach. Gern hätte sie den Sabbat und andere religiöse Feierlichkeiten begangen, doch Siegmund pflegte keinen jüdischen Brauch, der sich nicht durch Vernunft begründen ließ. Er stand der organisierten Religion ablehnend gegenüber, weshalb Riten in ihrem Eheleben eine untergeordnete Rolle spielten. Bisweilen hätte Eva gern abends länger bei Tisch gesessen und sich mit Siegmund unterhalten, doch er schlang sein Essen herunter und machte sich dann über den Inhalt seiner Aktentasche her. Er war ein so blendender Redner, daß der amerikanische Außenminister, Henry Kissinger, und andere Größen über den Atlantik flogen, nur um sich bei einer gemeinsamen Mittagsmahlzeit mit ihm zu unterhalten. Nach Siegmunds Tod aber beklagte sich Eva, sie hätten nie nach dem Abendessen beieinander gesessen und geredet.

Sie hatten getrennte Schlafzimmer, und Siegmund las bis spät in die Nacht. Auch auf gemeinsam unternommenen Reisen nahm er grundsätzlich ein Zimmer mit zwei Betten; eins diente zum Schlafen, auf dem anderen breitete er seine Bücher und Geschäftspapiere aus. Als Gewohnheitstier mit geradezu manisch ausgeprägtem Ordnungsbedürfnis ordnete er alles bis in die letzte Einzelheit: Äpfel richtete er im Kühlschrank in parallelen Reihen nach Farben geordnet aus. Bei der Arbeit waren gelbe Mappen für die Post vorgesehen, blaue für Aktennotizen, orangefarbene für Kurszettel und so weiter. In seinem Schrank hatte er von jedem blauen und grauen Anzug drei verschiedene Ausführungen hängen – für den Sommer, für den Winter, für die Übergangszeit.

Von Zeit zu Zeit lehnte sich Eva auf. Wenn sie seinen Koffer packte, verlangte er, daß jeder Federhalter und Bleistift genau ausgerichtet war. Einmal wurde er schrecklich wütend, weil sie etwas vergessen hatte. Aufgebracht schwor sie, nie wieder seine Koffer zu packen, und hielt sich daran. In späteren Jahren war sie nicht mehr bereit, ihn nach New York zu begleiten, weil sie fürchtete, zu endlosen Abendeinladungen mitgeschleppt zu werden. Vielleicht nahm er ihr das übel und ließ sie deshalb in den sechziger Jahren nicht nachkommen, als sie einmal in New York Freunde besuchen wollte. Er schickte ihr ein scheinheiliges Fernschreiben, in dem er ihr mitteilte, er wünsche nicht, daß seine »Liebste« durch die Reise nach New York »zu sehr angeregt« werde.[7] Der Schluß liegt nahe, daß Eva letztlich einen Handel abschloß: Sie war bereit, einen Teil von sich für Siegmunds Karriere aufzugeben, den Rest aber wollte sie für sich behalten. Das mag eine Erklärung sein für das zurückgezogene, distanzierte Verhalten, das man an ihr beobachten konnte. Zum Teil war sie auch über Siegmunds häufige Abwesenheit erleichtert, weil ihr auf diese Weise etwas Zeit für sich selbst blieb. Das Leben mit ihrem Mann war abwechslungsreich und erfrischend, aber auch bedrückend.

Auch Siegmunds Beziehung zu den Kindern stellte eine Belastung der Ehe dar. George und Anna litten unter den Schwierigkeiten, die sich bei einem strengen, auf Arbeit versessenen deutschen Vater mit autoritärer Neigung voraussagen ließen. Auch was seine Kinder anging, hatte Siegmund genaue Vorstellungen davon, wie sie sich zu verhalten hatten, und er war nicht bereit, seine Erwartungen zu revidieren. Die Geschwister waren ihrem Wesen nach britisch: höflich, zurückhaltend, bescheiden, nach innen gekehrt und nicht ohne weiteres zu durchschauen. Da ihnen der maßlose Ehrgeiz des Vaters fehlte und sie weit mehr ihrer Mutter ähnelten, war Siegmund in der eigenen Familie ein wenig isoliert. Diese Situation bedeutete einen Eiertanz für Eva, denn als gute Mutter mußte sie die Kinder vor Siegmunds Maßlosigkeit bewahren, ohne ihn damit aufzubringen. Sie machte es sich zur Gewohnheit, Annas Freundinnen nur dann einzuladen, wenn er nicht da war, so daß seine Tagesplanung nicht in Gefahr geriet. Wenn Eva die Kinder vor seinem Zorn in Schutz nahm, kam er gewöhnlich entsetzlich erregt ins Büro und stellte den »Onkeln« die rhetorische Frage, wie es nur möglich sei, daß sie sich auf deren Seite stellen könne.

Siegmund liebte seine Tochter Anna sehr. Auf ihren Schultern lastete nicht die Bürde dynastischer Verpflichtung, wie dies gewöhnlich bei Söhnen von Bankiersfamilien der Fall ist. Sie war ein angenehmes und zurückhaltendes, klug und schöpferisch veranlagtes Mädchen; nur ihr Selbstbewußtsein war kaum entwickelt, und ihre Schüchternheit ging so weit, daß sie in den Armen der jungen Männer, mit denen sie tanzte, zitterte. Unter dieser Oberfläche allerdings war Anna willensstark. Nach dem Besuch der Mädchenschule von St. Paul's studierte sie in Oxford. Im Stile Max Warburgs sperrte sich Siegmund, als sie einen Inder heiraten wollte, der als Karikaturist für die Sonntagszeitung *Observer* tätig war, und verschaffte ihr eine Anstellung am Weizmann-Institut. Ob durch Zufall oder als Ergebnis heimlicher Auflehnung – jedenfalls verliebte sich Anna grundsätzlich in Männer, die das genaue Gegenteil ihres Vaters zu sein schienen.

Nachdem sie Weihnachten 1959 mit ihren Eltern Israel besucht hatte, beschloß sie, künftig dort zu leben. Mit einunddreißig Jahren heiratete sie 1962 den nahezu zwanzig Jahre älteren Dov Biegun; aus der Ehe ging eine Tochter hervor. Kennengelernt hatten sie einander, als Dov Israel besuchte und sich entschloß, dort seinen Wohnsitz zu nehmen. In mancher Hinsicht war er ein typischer Ostjude, wie sie in den Schtetls voll jüdischer Folklore gediehen, und er erinnerte sich, wie berittene Kosaken ins Haus seiner Eltern eingedrungen waren und seinen Großvater ausgepeitscht hatten. Nach einem volkswirtschaftlichen Studium in Prag verbrachte er den Krieg auf englischer Seite beim militärischen Nachrichtendienst in Norwegen. Die Nationalsozialisten hatten alle seine Schwestern bis auf eine umgebracht. Als überzeugter Zionist hatte er sich in der Zeit unmittelbar vor der Staatswerdung Israels an gefährlichen Untergrundaktionen beteiligt.

Dov, der vierzehn Sprachen beherrschte, war ein begabter Kosmopolit und glänzender Geschichtenerzähler. Nach Siegmunds Maßstäben allerdings war er ungeschliffen, unbeholfen und überdies in einer Branche tätig, die in keiner Weise etwas mit Hochfinanz zu tun hatte: Er beschäftigte sich mit der Entwicklung von Bauland. Anna setzte sich über den Widerstand des Vaters gegen die Ehe hinweg. Scherzend pflegte Dov, der von seinem Schwiegervater als dem »Chef« sprach, zu ihr zu sagen, daß nach Siegmunds Ansicht bei der Hochzeit seiner Tochter nur zwei Personen anwesend sein dürften: »Du und er.« Immer wieder schickte Siegmund Beauftragte, die Dov bei Abschlüssen helfen sollten, aus denen nie etwas zu werden schien.

Schwieriger gestaltete sich Siegmunds Beziehung zu seinem hochaufgeschossenen, blauäugigen, sensiblen Sohn George, der nicht gern im Mittelpunkt der Aufmerksamkeit stand. Im Gesicht ähnelte George dem Vater; sonst aber sah er eher aus wie Evas Bruder. Sein umgängliches Wesen hatte er teils von der Mutter, teils ging es auf seine englische Erziehung zurück. Als er während des Krieges die Westminster School besuchte, erlebte Siegmund voll Freude, wie vor seinen Augen ein britischer Gentleman entstand. »Ich bin mit Georges Entwicklung sehr zufrieden«, teilte er einem guten Bekannten mit und fügte hinzu, sein lernbegieriger und freundlicher Sohn habe »viel von einem reservierten Gentleman an sich.«[8] Zwischen dem aufbrausenden und seelischen Zwängen unterworfenen Vater und dem stillen, in sich gekehrten Sohn lag eine tiefe Kluft. Die Mutter sagte über den zurückhaltenden George, er sei »ein wunderbarer junger Mann. Doch wenn er mit Leuten zusammentrifft, muß ich ihm vorher sagen, ›Geh bitte etwas aus dir raus‹.«[9]

Da Siegmund in seiner eigenen Kindheit kaum Heiterkeit erlebt hatte, behandelte er auch den Sohn voll Ernsthaftigkeit. So schenkte er ihm zum einundzwanzigsten Geburtstag eine Lebensversicherungspolice – für die der Beschenkte die Prämien selbst aufbringen mußte.[10] George, der annahm, daß er sein Berufsleben in der Firma seines Vaters verbringen werde, ließ sich zur Vorbereitung auf seine Tätigkeit fünf Jahre lang als Buch- und Wirtschaftsprüfer ausbilden. 1954 nahm Siegmund ihn bei S. G. Warburg & Co. auf und stellte ihm Frank Smith, der den Kontakt zu mittelgroßen britischen Firmen aufrechterhielt, als Anleiter zur Seite. George war begabt im Umgang mit Zahlen und ging gern mit Kunden um, Siegmund dagegen wollte aus ihm einen großen internationalen Bankier machen. So versuchte er ihn anzuregen und teilte ihm mit, die Firma brauche neue Ideen. Bekümmert mußte er feststellen, daß Eva und er keinen Übermenschen seines Schlages in die Welt gesetzt hatten. Zwar war der Sohn ein gescheiter, angenehmer, höflicher junger Mann von überdurchschnittlicher Intelligenz, der sich gut ausdrücken konnte, aber eben keine Gestalt von welthistorischem Format.

Wie mit allen anderen jungen Männern ging Siegmund auch mit George hart ins Gericht und wies ihn scharf zurecht, wenn er einen Brief nicht ordentlich zustande brachte. Es kam vor, daß er ihm besonders schwierige Konten zuwies, und so spürte George die Last der väterlichen Erwartung. Auch vom Temperament her paßten er und Siegmund nicht zueinander: Der Vater verlangte eine korrekte und elegante Erscheinung vom frühen Morgen bis zum späten Abend, George hingegen, der etwas für Volks- und moderne Kunst übrig hatte, liebte das Legere und legte keinen Wert darauf, andere zu beeindrucken. In den sechziger Jahren kam Siegmund eines Montagmorgens entsetzt ins Büro: Er hatte seinen Sohn am Samstag in Freizeitkleidung auf der Straße gesehen! George liebte die in den sechziger Jahren in London herrschende ungezwungene Atmosphäre, während Siegmund die Studentendemonstrationen als unbegründetes Muskelspiel der jungen Generation abtat. Beide waren ähnlich dickköpfig und nicht bereit, dem anderen nachzugeben.

Ein anderer Sohn hätte sich möglicherweise entweder gegen den Vater aufgelehnt oder vor dessen Wünschen kapituliert. George hingegen bemühte sich, den Wünschen des Vaters zu entsprechen, während er insgeheim seine eigene Persönlichkeit entwickelte. Siegmund widersetzte sich der Absicht des Sohnes, Ellie Bozyan zu heiraten, eine Nichtjüdin armenischer Abstammung, deren Vater Professor an der Yale Music School und zugleich Organist der Universität war. Die kleine, muntere, freundliche und warmherzige Ellie, die außerordentlich musikalisch war und George in seinen künstlerischen Neigungen bestärkte, entsprach nicht dem Bild der eleganten Blondine aus vermögender Familie, an die Siegmund für George gedacht haben mochte. Zudem war sie für seinen Geschmack zu amerikanisch und zu emanzipiert. Immerhin legte Ernst Spiegelberg bei Siegmund furchtlos ein gutes Wort für sie ein, womit er bei ihm auf alle Zeiten an Ansehen verlor.

George war nicht bereit, sich den Vorstellungen des Vaters zu beugen, den er ohnehin tief damit verletzte, daß er seine Verlobung unmittelbar nach Lucies Tod bekanntgab. Die Eheschließung fand 1956 in einer schlichten konfessionslosen Feier in der Nähe des Sommerhäuschens von Ellies Eltern in Newport auf Rhode Island statt, an der Siegmund mit Frau und Tochter teilnahm. Auf Evas Anregung wurde auch das Kindermädchen eingeladen, das sich nahezu dreißig Jahre zuvor in Boston um George gekümmert hatte. Sie kam mit ihrem Mann, einem Polizeibeamten; Siegmund und Eva waren begeistert, sie wiederzusehen. Verblüfft erfuhren sie, daß das vergangene Jahrzehnt, das ihnen so viel Unruhe gebracht hatte, für jene in so ruhigen Bahnen verlaufen war.

Im Büro bot Siegmund seinem Sohn viele Möglichkeiten, weil er wollte, daß dieser Erfolg hatte. George aber, nicht mit dem Herzen bei der Sache, funktionierte nicht immer wie eine gutgeölte Maschine. Anfang der siebziger Jahre wurde er mit den Vorbereitungen für eine Konferenz der Firmenspitzen von S. G. Warburg und Kuhn, Loeb betraut. Er sollte dafür sorgen, daß alles auf die bei S. G. Warburg übliche perfekte Art vobereitet war – jeder Bleistift mußte gespitzt, jeder Schreibblock genau ausgerichtet sein. Statt dessen besuchte er mit seiner Frau Ellie ein Konzert, und so war nichts für die Konferenz vorbereitet, als die Teilnehmer eintrafen. Siegmund war äußerst peinlich berührt, verbarg aber seinen Ärger. Als sich dann John Schiff arglos erkundigte, wo George sei, kam es bei Siegmund zu einem so heftigen Zornesausbruch, daß ihm buchstäblich der Schaum auf die Lippen trat. Einen Augenblick herrschte betretenes Schweigen, bis ein geistesgegenwärtiger Teilhaber von Kuhn, Loeb vorschlug, man solle sich vertagen, um die Abstimmung vorzubereiten. Siegmund verschwand mit Henry Grunfeld, der ihn zu beruhigen versuchte, in einem Nebenzimmer.[11] Er sprach George nie auf den Vorfall an, und niemand sonst wagte ihm davon zu berichten.

Die Feststellung, er sei ein autokratischer Übervater, hätte Siegmund aufgebracht, und er wäre erstaunt gewesen, wenn ihm jemand gesagt hätte, man brauche sich nicht zu wundern, daß sein Sohn einen Vaterkomplex habe. Er war schlicht und einfach der Überzeugung, er wisse am besten, was für seine Kinder gut sei, und verhielt sich entsprechend. Doch ein solches Energiebündel von Vater hätte wohl jeden Sohn an die Wand gedrückt. George verließ die Firma S. G. Warburg & Co. 1963, um seine eigene Finanzberatungsfirma namens Wainside zu eröffnen. Er erklärte, am Tag seines Weggangs sei ein großes Gewicht von seinen Schultern genommen worden. Siegmund hielt das Ausscheiden seines Sohnes für einen schweren Fehler und legte es ihm als unverzeihliche Treulosigkeit aus.

Damit waren seine Hoffnungen zunichte gemacht, in London eine neue Dynastie Warburg zu begründen. Er gab sich größte Mühe, dieses Scheitern gelassen zu sehen. Im Geist der Worte, die sein Onkel Max im Mai 1938 bei der »Arisierung« von M. M. Warburg gesagt hatte, erklärte er, die Firma sei ein lebendes Wesen und mehr als die jeweiligen Inhaber; S. G. Warburg & Co. sei ebensosehr sein Kind, wie es irgendein Mensch sein könne.[12] Es war eine entsetzliche Ironie des Schicksals, daß ausgerechnet Siegmund, dem so viel an der Familienehre lag und der einen so langen Kampf geführt hatte, um den Namen Warburg wiederzubeleben, niemanden hatte, der die Firma übernehmen konnte. Man war allgemein der Ansicht, daß er als Vater versagt hatte. Trotz seiner ungewöhnlichen Intelligenz begriff er nie die Wirkung seiner Persönlichkeit, und folglich mangelte es ihm betrüblicherweise stets an Selbsterkenntnis. Weil er sich nicht verstand und als Kind kein normales Familienleben kennengelernt hatte, wußte er auch nicht, wie er sich verhalten sollte, als sich die Dinge entgegen seinen Vorstellungen entwickelten. Er sah immer nur, wie andere ihn enttäuscht hatten, nie die Kehrseite dieser Medaille.

Nach Georges Ausscheiden aus der Firma unternahm Siegmund ab und zu Anläufe, andere Mitglieder der Familie Warburg aufzunehmen, damit der Name weiterleben konnte. Bei einem Besuch in Paris lud er Eddy Lachman zum Mittagessen in einem vornehmen Pariser Hotel ein. Schon bei einem früheren Besuch hatte er diesem Enkel von Aby S., der den Krieg mit seiner Mutter Olga in Holland überlebt hatte, den Vorschlag gemacht, den Namen Warburg anzunehmen. Jetzt ging er noch einen Schritt weiter. »Beim Essen fragte mich Siegmund, warum ich nicht zu ihm in die Bank kommen wollte, und ich gab sofort zurück, daß ich Journalist und nicht Bankier sei. ›Ach‹, sagte er, ›das kannst du in einem halben Jahr lernen‹. Ich war davon ziemlich entgeistert. Dann kam mir der Gedanke, wie unfreundlich ein solcher Vorschlag gegenüber meinem Vetter George war, mit dem ich einst gespielt hatte.« Eddy dachte an die unglücklichen Erfahrungen von Verwandten, die für Siegmund gearbeitet hatten, und war dankbar, als ihm Eva zu Hilfe kam. »Sie merkte, daß mir die Sache unangenehm war, und wies darauf hin, daß Vetternwirtschaft im Geschäftsleben nie zu etwas führt.«[13]

Diese Aufnahme Siegmund Warburgs stellt insoweit eine Seltenheit dar, als sie ihn beim Lesen von Zeitungen festhält, die er an sich verachtete. Auch hier war er ganz der altmodische Mann der Vorkriegszeit, ablehnend gegenüber jeder Form von Tagesgeschäft und Schnellebigkeit, Moden und Trends.

Vielleicht las Siegmund deshalb so leidenschaftlich, weil ihn die Menschen im tatsächlichen Leben enttäuschten. Von Kindheit auf faszinierten ihn Bücher, und bei der Lektüre empfand er eine unverfälschte Freude, die er bei der Arbeit im Geschäft nicht kannte. So notierte Eva: »Wenn Siegmund in ein Buch versunken ist, könnte man ihn mit seinem Sessel mitten auf Londons verkehrsreichsten Platz, den Piccadilly Circus, setzen, ohne daß er den Blick heben würde.«[14] Beim Zahnarzt ließ sich Siegmund seine Betäubungsspritze geben, blieb dann ruhig sitzen und las Plato, wobei er alles um sich herum vergaß. Er las, machte Anmerkungen und nahm Bücher in sich auf, als wolle er sein Leben lang studieren. Da er erstaunlich schnell las, brachte er es an einem Wochenende ohne weiteres auf sechs Bücher. Auf Reisen schleppte er in seinem Koffer stets ein dickes Zitatenlexikon mit.

Da er mehrere Sprachen beherrschte, las er Stendhal, Tolstoi, Shakespeare, Goethe und Trollope im Original. Wie viele Londoner Bankiers mögen zu ihrer Zerstreuung griechische und lateinische Autoren gelesen haben? Wie viele von ihnen hatten Thomas Manns *Doktor Faustus* dreimal gelesen? Wie viele kannten die letzte Seite von *Tonio Kröger* auswendig? Er sagte einmal: »Die vier wichtigsten Dinge sind für mich erstens Menschen, zweitens Bücher, drittens die Sonne und viertens Musik.«[15] In London genoß er die Sonne selten, und trotz seiner Neigung zu Bach, Mozart, Beethoven, Schumann und Händel und obwohl er häufig zu den Opernfestspielen im südenglischen Glyndebourne fuhr, blieb seine Beschäftigung mit Musik hinter seiner Liebe zu Büchern zurück. Selbst Siegmund räumte ein, daß diese sein Interesse an Menschen zuweilen übertraf: »Ich finde es mitunter interessanter, anderen Menschen in Büchern als in der Wirklichkeit zu begegnen.«[16]

Jeden Montagmorgen kam er mit drei oder vier Buchrezensionen ins Büro, die er sich in Sonntagszeitungen angekreuzt hatte. Sogleich beschafften seine drei Sekretärinnen die Bücher und legten vorn im Buch weitere Rezensionen bei. In jedes seiner Bücher wurde sein Samuel Butler entlehnter Wahlspruch gestempelt: »Fortschritt im Denken ist Fortschritt hin zur Einfachheit.« Er hatte es sich angewöhnt, wichtige Stellen anzustreichen und die zugehörigen Seitenzahlen mit Bleistift vorn im Buch zu vermerken. Stets führte er in einem von Eva handgenähten Etui aus weichem Leder einen Radiergummi mit sich, damit er Anmerkungen verbessern konnte. Vorwiegend las er geschichtliche und philosophische Werke, Biographien oder erzählende Literatur, aber kaum Bücher über Wirtschaftsfragen – recht sonderbar bei einem legendären Finanzmann. Eher hätte er etwas über totalitäre Systeme oder Sexualität gelesen als über Industrieobligationen. George Bernard Shaws Gesamtwerk, sagte er bisweilen, habe den gleichen Bildungswert wie mehrere Jahre Schulbesuch.

Es war eine sehr jüdische Liebe zum Buch. Auf seine Bibliothek war er nicht weniger stolz als Onkel Aby auf die seine, und er konnte wütend werden, wenn man seine Bücher umstellte. Am Ende besaß Siegmund an die viertausend Werke, die er allesamt gründlich gelesen hatte. Doch trotz aller Lektürebegeisterung suchte er in London das Warburg Institute nur ein einziges Mal auf und lehnte das Angebot ab, in dessen Verwaltungsrat einzutreten. Vermutlich fürchtete er, um Geld angegangen zu werden. Daß er sich von der Büchersammlung, die Onkel Aby zusammengetragen hatte, fernhielt, hing aber auch damit zusammen, daß zwischen ihr und den Mittelweg-Warburgs und damit zu Erich eine Verbindung bestand.

Gern machte Siegmund Bücher zum Gesprächsgegenstand. Die Spitzenleute in den Unternehmen, sagte er, sprachen lieber über Literatur als über so fade Dinge wie Obligationen. Häufig bekam ein überraschter Kunde nach einer Besprechung ein Paket mit Büchern zugestellt, über die sich Siegmund mit ihm unterhalten hatte. Um sich ein Urteil über die Interessen junger Stellenbewerber zu bilden oder auch um ihre intellektuellen Qualitäten auf die Probe zu stellen, fragte er sie bei Vorstellungsgesprächen, was sie in letzter Zeit gelesen hatten. Wer imstande war, ein sachkundiges Gespräch über Thomas Mann oder August Strindberg zu führen, hatte bei ihm größere Aussicht auf Einstellung als jemand, der eine klare wirtschaftliche Analyse liefern konnte. Einem jungen Bewerber namens Martin Gordon, der erklärte, er studiere in Oxford Altphilologie, sagte er: »Ich bin ja *so* froh, daß es nicht Volkswirtschaft ist!«[17] Nach Meinung mancher Zyniker waren Siegmunds Gespräche über Bücher eine ausgezeichnete Tarnung, ein Trick, mit dem er todsicher Kunden an sich binden konnte, die auf »Stil« erpicht waren. Falls dies zutreffen sollte, war das eine geniale Strategie, denn auf diese Weise konnte er eine nahtlose Beziehung zwischen seinem Beruf als Bankier und seiner alle anderen Interessen überlagernden persönlichen Leidenschaft herstellen.

Siegmund las zielgerichtet, exzerpierte knappe Sinnsprüche, die ihm gefielen und die er in Unterhaltungen einflechten konnte. Schon seit den dreißiger Jahren ließ er sich von Sekretärinnen bemerkenswerte Passagen mit der Maschine abschreiben und fügte dem Ganzen eigene Aperçus bei. Schließlich hatte er in einer Schublade über zweitausend Zitate gesammelt. In seinen letzten Jahren stellte er sie zu einem Buch zusammen.

Wie war es möglich, daß ein Mann mit einem so prall gefüllten Terminkalender Zeit für diese mehr als umfassende Bildung aufbrachte? Die Antwort ist einfach: Nie vergeudete er auch nur eine Sekunde. Kaufte er ein Kleidungsstück, wies er mit dem Schirm auf dies und jenes und sagte jeweils: »Ich nehme drei davon.« Wenn er eine Brille brauchte, brachte sein Optiker eine Auswahl von Gestellen ins Büro. Siegmund probierte sie auf und schaute dazu nicht einmal in den Spiegel. Obwohl er dazu beitrug, das Werbefernsehen in Großbritannien einzuführen, sah er selbst kaum je fern, auch hörte er selten Radio und ging so gut wie nie ins Kino. Auf Reisen hatte er stets Bücher bei sich; sobald er im Taxi oder auf dem Flughafen einige Minuten Zeit hatte, schlug er eines auf und begann zu lesen.

Im allgemeinen ging er den kleinen und großen gesellschaftlichen Annehmlichkeiten des Lebens aus dem Weg, doch spielte er gelegentlich abends zu Hause Bridge oder Rommée. Wenn es nicht unbedingt erforderlich war, besuchte er weder Cocktailgesellschaften noch Sitzungen des Internationalen Währungsfonds und wurde nie Mitglied in einem der feinen Klubs, die im Londoner Geschäftsleben eine so wichtige Rolle spielen. Einladungen zu Hochzeiten, Bar Mizwen und ähnlichen Feiern schlug er meist aus. An oberflächlicher Konversation beteiligte er sich nicht. Saß er bei einer Abendgesellschaft neben einer klugen, gutaussehenden Frau, plauderte er bereitwillig den ganzen Abend; war seine Tischnachbarin hingegen zwar anziehend, aber geistlos, starrte er einfach vor sich hin. Grob gesagt, hielt er sich von Abendgesellschaften mit mehr als zehn Personen in der festen Überzeugung fern, daß es zu keinem ernsthaften Gespräch kommen werde. Als ihn der Premierminister Harold Wilson zum Abendessen in seinem Amtssitz in der Downing Street einlud, fragte Siegmund, bevor er annahm, wie viele Personen anwesend sein würden. Einmal beklagte er sich: »Diese großen Gesellschaften mit mehr als hundert Leuten sind moderne Barbarei.«[18]

Er pflegte einen Kult der Einfachheit, der unter den geistigen Heroen seiner Jugend üblich gewesen war, und spottete über Leute, die hinter dem Geld her waren. »Wäre Orangensaft so teuer wie Champagner«, sagte er, »würden ihn die Leute bei schicken Parties servieren.«[19] Er kannte keine schändlichere Sünde als Habgier und beklagte sich, daß viele Finanzleute eine »sinnliche Beziehung zum Geld« hätten. Als Hauptübeltäter führte er André Meyer an.[20] Eine solche Haltung gegenüber dem Geld stellte Siegmund auf eine Stufe mit Nekrophilie.[21] Seinem mönchischen Wesen war jedes materielle Streben zuwider. 1949 besuchte er seinen alten Freund Paul Ziegler, der vom Judentum zum Katholizismus übergetreten und Benediktinermönch geworden war, im Kloster. Dessen streng geregeltes Leben beeindruckte Siegmund zutiefst.[22]

Siegmunds Kopf schien für seinen Körper zu groß zu sein. Das konnte man ohne weiteres symbolhaft verstehen, da er ein ausschließlich geistiger Mensch war. In praktischen Angelegenheiten des Alltags war er so ungeschickt, daß ihm Eva die Füllhalter nachfüllte. Dieses Unbehagen gegenüber der physischen Welt trug vermutlich zu seiner vernichtenden und unbarmherzigen Ansicht über den Sport bei. Sein Haß auf das Skifahren war geradezu pathologisch. Er erklärte, die Leute gingen zum Skifahren, um ihre Minderwertigkeitskomplexe zu überwinden, doch indem sie ihren Mut auf den Skihängen verbrauchten, würden sie moralische Feiglinge. Bei Abendgesellschaften ahmte er zum allgemeinen Vergnügen die angespannten Gesichter von Skifahrern nach, die einen Hang hinabjagen. Mehr als einmal erfanden Angestellte bei S. G. Warburg, die sich beim Skifahren ein Bein gebrochen hatten, Geschichten von Verkehrsunfällen.

Diese Verachtung des Sports mag ihre Ursache auch in Siegmunds eigenen körperlichen Schwächen gehabt haben. Er litt an einer Rückgratverkrümmung, die sich zu einem leichten, aber sichtbaren Buckel verschlimmerte. (In späteren Jahren vermutete ein Arzt, Siegmund habe einen Schatten auf der Lunge, weil der Buckel eine Röntgenaufnahme so verzerrt erscheinen ließ.) So kam es, daß er immer leicht nach vorn gebeugt ging. Nie saßen seine Anzüge wirklich perfekt, weil er, wenn er sie anprobierte, stets eine aufrechte Haltung einnahm. Sein Jackett zog er nur selten aus, da er sich des Buckels schämte; viele, die ihn jahrzehntelang kannten, haben ihn nie in Hemdsärmeln erlebt. Im wörtlichen wie im übertragenen Sinn war Siegmund äußerst zugeknöpft. Als äußerstes Zeichen der Sportlichkeit setzte er gelegentlich eine Baskenmütze auf.

Siegmunds konservativer Kleidungsstil hatte wesentlich mit seinem Beruf zu tun. Seiner Ansicht nach mußte ein Bankier der Öffentlichkeit ein seriöses Bild vermitteln, und dafür hielt er ausschließlich Blau- und Grautöne sowie Schwarz für geeignet und sah schon im leisesten Anklang an Grün oder Braun einen greulichen Verstoß gegen den guten Geschmack. Nur hin und wieder gestattete er Ausnahmen und auch dies nur widerwillig. Kurz nachdem Robin Jessel in seine Firma eingetreten war, ließ Siegmund ihn zu sich kommen. »Robin, ich sehe, Sie haben einen braunen Anzug an. Allerdings tragen Sie schwarze Schuhe. Harry Lucas hat immer gesagt, daß ein brauner Anzug in der City in Ordnung ist, wenn man dazu schwarze Schuhe trägt.«[23] Bei Kuhn, Loeb rief er einmal einen jungen Angestellten herein, um ihm mitzuteilen, daß er nicht korrekt gekleidet sei, denn sein Anzug fange an zu glänzen, und er möge sich überlegen, ob er nicht einen neuen kaufen wolle.

Siegmund hatte ein unfehlbares Auge für verräterische Einzelheiten, und er fand es faszinierend, was man aus der Krawatte über das Wesen eines Mannes entnehmen konnte. Er hielt nichts von Mode und erklärte: »Wenn man merkt, was für eine Krawatte ein Mann trägt, ist sie zu grell.«[24] Über seine Kunden erfuhr er mehr aus der Art, wie sie sich kleideten, als aus ihren Bilanzen. In den sechziger Jahren brachte er eines Tages mehrere führende deutsche und amerikanische Wirtschaftsleute zusammen, um mit ihnen einen Abschluß zu besprechen, über den er ziemlich lange nachgedacht hatte. Beim Mittagessen schlug Siegmunds Stimmung plötzlich um, und mit einem Mal stand er dem Geschäft ohne erkennbaren Grund ablehnend gegenüber. Bei einer Nachbesprechung fragten seine verdutzten Angestellten nach dem Grund für seinen Meinungsumschwung. Siegmund erklärte ihnen, daß dem Leiter der amerikanischen Delegation ein Jackettärmel hochgerutscht war, und er fragte mit hämischem Spott: »Haben Sie die Manschettenknöpfe des Mannes gesehen?« Sie trugen die Anfangsbuchstaben seines Namens und demonstrierten in, wie Siegmund fand, abstoßender Weise neureiche Eitelkeit. Damit war der Mann auf alle Zeiten bei ihm abgemeldet. Mit ihm Geschäfte zu machen war nunmehr unter seiner Würde.

Siegmunds Umgang mit anderen Menschen war dergestalt, daß er deren Charakter förmlich zu »lesen« versuchte und sich bemühte, ihrer Entwicklung so zu folgen, als handele es sich um interessante Gestalten in einem Roman. Wenn er jemanden unbedingt einstellen wollte, ließ er oft über Jahre hinweg nicht locker, bis er seinen Willen bekam. Er besaß eine geradezu unheimlich wirkende Fähigkeit, Menschen gegensätzlicher Herkunft zusammenzuspannen. Zu einer Zeit, als man im Londoner Finanzbezirk allgemein junge Anhänger der konservativen Partei einstellte, die Privatschulen besucht und an Eliteuniversiäten studiert hatten, entschied sich Siegmund für unkonventionelle Bewerber. So stellte er einen jungen Korrespondenten namens Ian Fraser ein, der bei der Agentur Reuter nicht weiterkam und daher beschloß, ins Bankfach zu gehen. Obwohl der Mann nichts davon verstand, entschied sich Siegmund für ihn, weil er fließend deutsch sprach und Deutschland gut kannte. Als er einem kanadischen Diplomaten namens Tony Griffin eine Stelle anbot, zögerte dieser mit der Begründung, er habe keinerlei Erfahrung in der Branche und sei schlecht in Mathematik. »Mein lieber Freund«, gab Siegmund zur Antwort, »ich will Sie, weil Sie Diplomat sind; einen Mathematiker brauche ich nicht.«[25] Er stellte Leute aus ganz eigenwilligen, oft schrulligen Gründen ein. Als ihm ein junger Anwalt namens Bernard Kelly eine Liste mit seinen juristischen Erfolgen vorlegte, schien Siegmund überraschenderweise beeindruckt. Kelly wandte ein, es habe sich dabei um lauter Routinefälle wie Testamente und Nachlässe gehandelt. Lächelnd sagte Siegmund: »Schon, aber mir gefällt, daß Sie die Aufstellung gemacht haben.«[26]

Als jemand, der zeit seines Lebens die menschliche Natur studierte, fühlte sich Siegmund häufig zu eigenwilligen, wenn nicht gar widersprüchlichen Charakteren hingezogen. In den fünfziger Jahren stellte er einen gewissen Christopher Burney ein, der während des Krieges in Frankreich als britischer Spion festgenommen und ins KZ Buchenwald gebracht worden war, wo man ihn über ein Jahr lang festgehalten hatte. Anschließend hatte Burney ein Buch mit dem Titel *The Dungeon Democracy* [etwa: Kerkerdemokratie] geschrieben, das Empörung unter den Juden hervorrief. Zwar verurteilte er darin die Barbarei der Deutschen, doch verherrlichte er keineswegs die jüdischen Lagerinsassen und zeigte, wie abscheulich sie sich unter unmenschlichen Bedingungen verhalten hatten: »Sie gingen einem mit ihrer Unterwürfigkeit – sogar der SS gegenüber – in höchstem Maße auf die Nerven, und untereinander verhielten sie sich eher wie Tiere als wie Menschen, stritten sich und nahmen sogar den Toten und Sterbenden die Kleider fort.«[27] Manche Rezensenten fanden das Buch geschmacklos, andere hingegen nannten es bemerkenswert tapfer und ehrlich.

Etwas an Burney erregte Siegmunds Neugier. Als geborener Widerspruchsgeist fühlte er sich häufig zu Menschen hingezogen, die unpopuläre Standpunkte vertraten. »Siegmund nahm Burney in den fünfziger Jahren als Volontär in die Firma auf«, erinnerte sich John Libby von Kuhn, Loeb. »Eines Tages sagte er zu ihm: ›Ich glaube, Sie fühlen sich bei uns nicht glücklich‹ und schlug ihm vor, er solle einen Monat lang wandern gehen.«[28] Siegmund beschäftigte ihn in der britischen und französischen Bank als leitenden Angestellten und verschaffte ihm eine andere Stelle, als er damit nicht zurechtkam. Was Siegmund betraf, war der Krieg mit dem Jahre 1945 vorüber, und so nahm er in den fünfziger Jahren einen Volontär auf, dessen Vater an der Spitze der IG Farben gestanden hatte, jenes Giganten der chemischen Industrie, der unter anderem Gas für die Todeslager hergestellt hatte.

Siegmund war mit Tausenden von Menschen bekannt, doch sein Innerstes blieb allen verschlossen. »Dies führte dazu, daß eine Aura des Geheimnisses um ihn entstand, und sorgte dafür, daß er sein Leben lang nahezu eine Legende war.«[29] Obwohl Siegmund und Henry Grunfeld siebenundvierzig Jahre lang zusammenarbeiteten, ließen sie sich nie gemeinsam fotografieren. Weder Berichte noch Prospekte von S. G. Warburg – die bezeichnenderweise nicht auf Hochglanzpapier gedruckt wurden – enthielten Fotos. Keine Firma gab sich zurückhaltender. Gern zitierte Siegmund seinen Großvater Kaulla über die drei Stufen der Verschwiegenheit. Bei der ersten schwört jemand, etwas nicht weitersagen zu wollen, sagt es aber seiner Frau. Bei der zweiten sagt er es ihr nicht. Bei der dritten weiß er selbst nach drei Jahren nicht mehr, worum es ging. Auf dieser dritten Stufe lebte Siegmund Warburg.[30]

Wie viele andere, die sich von der Presse fernhalten, trug er durch sein Schweigen zur Legendenbildung bei. Er gab im Lauf seines Lebens nur wenige Interviews, und diese nur unter der Voraussetzung, daß er sie vor der Veröffentlichung bearbeiten und »berichtigen« durfte. Nie stimmte er einer spontanen Selbstdarstellung zu, und er hatte vollständige Herrschaft über sein Bild in der Öffentlichkeit. Als er 1970 dem *Sunday Telegraph* ein Interview gewährte, war das etwas so Unerhörtes, daß die Zeitung jubelte: »Sir Siegmund Warburg spricht.«[31] Er genoß seinen Ruf, der Mann mit unendlich vielen Kontakten, eine wachsame Sphinx und jemand zu sein, dem die Magnaten der Industrie vorbehaltlos vertrauten.

In der Psychoanalyse sah Siegmund ein Eingeständnis persönlicher Schwäche, und es war ihm unverständlich, daß ein so kluger Mensch wie Jimmy Warburg sie ernst nehmen konnte. Dennoch war die Freudsche Theorie seinem Denken nicht fremd – ein Beispiel dafür lieferte seine Einstellung, daß Klatsch einen Ausgleich für sexuelle Frustrationen schaffe –, und er hatte seine eigene Ersatztherapie.[32] Siegmund war nicht frei von hypochondrischen Zügen, suchte auf dem Weg zur Arbeit oft seinen Arzt auf und machte sich fortwährend Sorgen um seine Gesundheit. Stets hatte er eine Art Leibarzt oder Guru. Einer der Warburg-Direktoren schlug ihm vor, es einmal mit dem bekannten Londoner Arzt Dr. Carl Heinz Goldman zu probieren, einem jüdischen Flüchtling aus Deutschland, der nach dem Krieg eine Praxis eröffnet hatte. Beim Eintreten sprach Siegmund den Arzt lateinisch an und bekam zu seiner Verblüffung eine Antwort in fließendem Latein. Es war wie eine Heimkehr. Da sich bereits bei der ersten Kontaktaufnahme herausstellte, daß beide Absolventen eines humanistischen Gymnasiums in Deutschland waren, entstand ein festes Band zwischen ihnen. Allerdings sprach Siegmund gelegentlich Schwäbisch, und das konnte nicht einmal Dr. Goldman verstehen.

Zuerst kümmerte er sich um Siegmunds Körper, behandelte ihn auf

Diabetes und wegen seiner Kopfschmerzen, die auf die Anspannung zurückgingen, und spritzte ihm Vitamin B 12, wobei er auf den Placebo-Effekt baute. Siegmund, der nach diesen Besuchen auflebte, nannte Dr. Goldman den »Zaubermeister«. Nach einer Weile wurden aus den Konsultationen weitausgreifende Gespräche über historische Fragen. Welchen Fehler hatte Bismarck mit der Schaffung des Deutschen Reiches begangen, mit welchem Geschick hatte Hitler die großen Arbeitsbeschaffungs-Programme der dreißiger Jahre genutzt, um sich Rückhalt in der Öffentlichkeit zu verschaffen? Dr. Goldman war aber nicht nur ein Mann, dessen Aussprüche oft einem Orakel ähnelten, er hatte auch eine weltliche Seite und diskutierte mit Siegmund gern über Finanzfragen.

Im Lauf der Zeit kümmerte er sich nicht nur um Siegmunds physische Leiden, sondern auch um seine Sorgen. Es fiel Siegmund schwer, sich offen über emotionale Schwierigkeiten zu äußern, denn das führte dazu, daß sein Zorn in tausend Richtungen zugleich ging. Es gab in ihm eine äußerst verletzliche Stelle, die ihm großen Schmerz verursachte. Wenn er sich im Hinblick auf Frau, Kinder oder Kollegen keinen Rat mehr wußte, trug er Dr. Goldman alle Schwierigkeiten in einer Weise vor, die verdächtig an Freuds »Redekur« erinnerte. »Siegmund war zutiefst unglücklich und einsam«, sagte Dr. Goldman einmal. »Oft quälten ihn das Mißtrauen und die Verachtung anderer Menschen. Er stand den Leistungen seiner Kollegen äußerst kritisch gegenüber und kam mit niemandem gut aus. Er hatte Angst vor Bürointrigen und kam zu mir, um seine Sorgen abzuladen. Er war ganz und gar egozentrisch und in höchstem Maße von sich eingenommen. Er hielt die meisten Mitmenschen für Dummköpfe.«[33]

Siegmund war äußerst sentimental und überschüttete Freunde oft mit Geschenken und blumigen Briefen, mit denen er seine Zuneigung in übertriebener Weise zum Ausdruck brachte. Die Beweise solcher Wertschätzung rührten Dr. Goldman: hundert einzeln in Seidenpapier eingepackte blaue Pflaumen, die er aus der Schweiz schickte, oder eine vollständige Encyclopaedia Britannica. Nachdem sie einmal über die Psychologie von Gläubigern gesprochen hatten, ließ sich Siegmund so von seiner Begeisterung mitreißen, daß er Goldman aufforderte, in den Aufsichtsrat von S. G. Warburg einzutreten. Der Arzt lehnte ab, weil er wußte, daß ihn das seine Unabhängigkeit kosten würde. Auf der anderen Seite interessierte sich Siegmund nie besonders für Dr. Goldmans private Empfindungen. »Er ging mir sehr nahe, weil er so brillant und so einsam war«, sagte der Arzt.

Siegmund pflegte eine weitere tiefe Freundschaft, und zwar zu der Graphologin der Firma S. G. Warburg, Theodora Dreifuss. Diese Schweizer Psychologin war auf väterlicher Seite weitläufig mit ihm verwandt. Zu jener Zeit war die Handschriftenanalyse, mit der man sich in der Familie Warburg schon lange beschäftigt hatte, in England weit weniger verbreitet als in Deutschland und Österreich. Max hatte seinen Vater Moritz zur Graphologie bekehrt, nachdem er einen handschriftlichen Text eines Kunden an einen Fachmann geschickt und von diesem einen detaillierten und zutreffenden Bericht bekommen hatte.[34] Der Amateurgraphologe Fritz untersuchte häufig die Handschrift von Briefen, die in der Firma M. M. Warburg eingingen. Selbst Henry Grunfeld glaubte an die Graphologie, weil er vor dem Krieg in Deutschland mit ihrer Hilfe in seiner Firma den Unterschlagungen eines Angestellten auf die Spur gekommen war.

In den fünfziger Jahren begann Siegmund, Stellenbewerber bei S. G. Warburg & Co. mit Hilfe der Graphologie zu durchleuchten. Sie zeigte seiner Überzeugung nach auf, was sonst gewöhnlich verborgen blieb. Auf diese Weise hoffte er einerseits zu erkennen, wer besonders kreativ und zuverlässig war, und andererseits herauszufiltern, wer unehrlich war oder zu Depressionen neigte. Im Nachkriegs-London trug dieses als obskur empfundene Vorgehen dazu bei, daß der Eindruck aufkommen konnte, bei S. G. Warburg handle es sich um eine ziemlich sonderbare Firma mit unüblichen Praktiken. Bewerber mußten einen kurzen Text mit Füllhalter schreiben, der dann mit Angaben zu Alter und Geschlecht zur graphologischen Untersuchung geschickt wurde. Deren Ergebnis wurde bei Warburg ungemein ernst genommen, und es kam vor, daß jemand, der nach dem Vorstellungsgespräch eigentlich nicht in Frage kam, aufgrund des graphologischen Gutachtens doch noch eingestellt wurde.

Einmal schickte Siegmund, der sich über den Gemütszustand eines Mitarbeiters Sorgen machte, eine Probe von dessen Handschrift an Theodora Dreifuss. Ihr Gutachten verblüffte ihn: Sie schien aus der Handschrift des Mannes mehr über ihn zu wissen als Siegmund nach Tagen des Gesprächs mit ihm. Siegmund begann sie regelmäßig heranzuziehen, und nach einer Weile wurde bei S. G. Warburg keine wichtige Position besetzt, ohne daß man zuvor das Urteil von Frau Dreifuss einholte. Die Gutachten, die sie nach London schickte, waren oft erstaunlich präzise und umfassend. Um ihre Arbeit zu fördern, finanzierte Siegmund 1963 aus eigener Tasche die europäische Stiftung für theoretische und angewandte Graphologie und begründete an der Universität Zürich einen Lehrstuhl für Graphologie.

Theodora Dreifuss hatte Psychologie studiert und war eine eindrucksvolle, selbstsichere, anregende und fröhliche Persönlichkeit von scharfer Wahrnehmungsgabe. Bisweilen konnte sie schroff sein. Sie gehörte zu den wenigen Menschen, die Siegmund ungestraft foppen oder einen anderen Standpunkt einnehmen durften als er. Sie versuchte ihm seine Sucht abzugewöhnen, andere zu seiner Sehweise bekehren zu wollen. Mit ihrer Ausgeglichenheit, ihrem Selbstvertrauen und ihrer ausgeprägten Intelligenz bildete sie gleichsam ein Gegenstück zu ihm. Sie nahm für sich in Anspruch, niemals ein unzutreffendes Gutachten erstellt zu haben. In der

Firma S. G. Warburg war man nahezu einhellig überzeugt, daß die beiden ein Verhältnis miteinander hatten. In seinen Briefen an Frau Dreifuss war Siegmund voll menschlicher Wärme, und oft verbrachte er freie Wochenenden bei ihr in Zürich. Die Faszination, welche die Graphologie auf ihn ausübte, ging weit über ihre praktische Anwendung in der Firma hinaus, und er schickte Frau Dreifuss Briefe von Politikern, mit denen er bekannt war. Die Vorstellung, geheimes Wissen über die Schwächen anderer zu besitzen, gefiel ihm. Er wußte gern, was in ihnen vorging, und wollte sie verstehen. Außerdem war er bestrebt, Frau Dreifuss möglichst viele Aufträge zukommen zu lassen.

Ob sie nun ein Verhältnis miteinander hatten oder nicht, Siegmund wandte sich mit persönlichen Schwierigkeiten an Theodora Dreifuss, die in seinem Leben einen Platz vergleichbar dem Dr. Goldmans einnahm. Auch dieser reiste häufig nach Zürich, wenn Siegmund bei Frau Dreifuss war. In späteren Jahren hatte er immer wieder dieselbe Phantasie im Kopf: Zu dritt würden sie eine Beratungsfirma gründen, in die er seine Chefsekretärin, Doris Wasserman, einführen wollte. Es war einer seiner typischen Tagträume. Selbst als er eine bedeutende und weithin bekannte Persönlichkeit wurde, sehnte er sich nach dem Rückzug in ein Leben voll einfacher Freuden. Wehmütig blickte er zurück auf die schweren Anfänge, als seine Londoner Firma noch klein war. Kaum hatte er Erfolg, träumte er davon, wieder von vorn anzufangen und der von ihm geschaffenen Maschinerie zu entrinnen.

44

Feind der City

Siegmund Warburgs Vorzüge und Untugenden war eng miteinander verflochten. Gerade das, was ihn als Menschen schwer erträglich machte – sein Hang zum Perfektionismus, seine hohen Erwartungen und seine beständige Angespanntheit –, machte ihn zu einem erstklassigen Bankier. Seinen Leuten in der King William Street 9-13, die ihn bewunderten, aber auch fürchteten, gab er ständig zu verstehen, wie unzufrieden er mit ihnen war, damit sie sich noch mehr anstrengten. Ihm zuliebe gaben sie sich die größte Mühe, da sie glaubten, für ihn persönlich zu arbeiten, was sie mit großem Stolz erfüllte. Wie eine allgegenwärtige Gottheit rief er selbst Mitarbeiter auf den untersten Hierarchiestufen an, um sie überschwenglich zu loben oder scharf zu tadeln. Er las die ausgehende Post und wies mit Nachdruck auf Fehler hin. Untergebene hatten den Eindruck, daß dieser Mann, der alles sah, selbst ihre verborgensten Schwächen kannte. Weil sie seinen Tadel fürchteten und seine Klugheit bewunderten, taten sie alles, um in seiner Gunst zu stehen, womit er erhebliche Macht über sie gewann. Stets hatte er die Arbeit aller im Auge und kam daher rasch dahinter, wo die Stärken und Schwächen neuer Mitarbeiter lagen.

Es gab eine lange Liste von Dingen, die ihm besonders zuwider waren. Weder Verkleinerungsformen noch Abkürzungen konnte er leiden, und daß sich Mitarbeiter auf dem Korridor mit Kunden unterhielten, war ihm ein Dorn im Auge. Lange bevor diese kompromißlose Haltung üblich wurde, verurteilte er Raucher auf das heftigste. Sogar leitende Angestellte rauchten heimlich wie Schuljungen, die sich hinter dem Rücken des Schulleiters einen Zug genehmigen. Kaum hörte »Onkel« Ernest Thalmann, ein kluger und einfühlsamer Mann, der Siegmund achtete, aber auch fürchtete, Siegmund über den Gang kommen, zog er rasch das Schubfach seines Schreibtisches auf, drückte seine Zigarette in einem darin verborgenen Aschenbecher aus und schob es wieder zu. Als Siegmund eines Tages in Thalmanns Büro kam und Rauchfädchen aus einer Fuge des Schreibtisches hervordringen sah, sagte er verschmitzt und belustigt: »Mein lieber Ernest, ich glaube, Ihr Tisch brennt.«

Glänzender Schauspieler, der er war, inszenierte er Wutausbrüche und zwinkerte dann schlau seinen Mitarbeitern zu, als wolle er sagen: »Nun, das wird ja wohl seine Wirkung tun, was?«[1] Es kam durchaus vor, daß er Grunfeld auf deutsch zuflüsterte: »Soll ich wütend werden?«[2] Er nutzte seine Wutausbrüche bewußt dazu aus, andere aus dem Gleichgewicht zu bringen und nervös zu machen. Er wollte damit erreichen, daß sie sich unbehaglich fühlten und bis an die Grenzen ihrer Belastbarkeit arbeiteten. Ihm gefiel es, wenn eine Sekretärin sagte, ein Chef dürfe nicht zu beliebt sein, damit ihn die Mitarbeiter achteten, und zurückhaltenden Führungskräften redete er zu, sie sollten öfter einmal herzhaft schreien. Es war keineswegs ungewöhnlich, daß Siegmund in einer Abteilung auftauchte, in der nicht intensiv genug gearbeitet wurde, und wie der Zorn Gottes losbrüllte: »Wir sind keine zweitklassige Firma, wir sind keine drittklassige Firma, wir sind eine zehntklassige Firma.« Dann stürmte er hinaus und ließ verdutzte Untergebene zurück, die ihm nachstarrten und sich fragten, was eigentlich geschehen war.

Gelegentlich meinte er seine Auftritte aber auch ernst. Er brüllte gern, trommelte mit den Fäusten auf den Tisch und knallte Türen zu. Gelegentlich schmetterte er das Telefon gegen die Wand, wenn die Leitung eines Mitarbeiters besetzt war, und klingelte dann nach einem Bürodiener, damit der es ihm wieder brachte, mitunter mehrfach in einer Stunde. Eines Tages stürmte Siegmund nach einem entsetzlichen Streit aus seinem Büro und schleuderte seine Tasse quer durch den Vorraum, wobei er fast die arme Frau getroffen hätte, die den Teewagen schob. Anschließend entschuldigte er sich bei der völlig Verängstigten.[3] Daß man mit Telefonen warf, war in der Firma Warburg fast schon die Regel. Ein Angestellter erinnert sich, wie er sich an seinem ersten Tag dem Gebäude näherte und aus einem hochgelegenen Fenster ein einsames Telefon baumeln sah.

Gelegentlich waren Siegmunds Ausbrüche kalkuliert und spontan zugleich. Eddy Lachman berichtet, wie er einmal mit Siegmund und Eva in Paris zu Mittag aß: »Nach der Mahlzeit ging Siegmund zur Garderobe, wo er seinen Schirm abgegeben hatte. Eva und ich standen in einiger Entfernung. Die Garderobenfrau gab ihm einen Schirm, der nicht ihm gehörte, und bestand mit französischem Temperament darauf, daß es der richtige sei. Siegmund begann zu brüllen wie ein angeschossener Löwe. Da Eva und ich wußten, was kommen würde, zogen wir uns in die finsterste Ecke des Foyers zurück und versuchten den Eindruck zu erwecken, als hätten wir mit dem gekränkten Mann an der Garderobe nichts zu tun. Siegmund brüllte und schimpfte unaufhörlich. Nach wenigen Sekunden umgaben ihn sämtliche Pagen, die Portiers in ihren goldbetreßten Uniformen und der Empfangschef mit seiner gestreiften Hose, offenkundig in der Befürchtung, etwas Entsetzliches könnte geschehen. Neugierige Zuschauer bildeten einen großen Kreis um die Szene, die mehrere Minuten dauerte. Schließlich kam Siegmund stillvergnügt, vollständig zufrieden und mit breitem Lächeln, als sei nichts geschehen, in unsere Ecke, nachdem der Geschäftsführer persönlich durch die wild gestikulierende Menge vorgedrungen war und seinen Schirm gefunden hatte. Der Sturm war vorüber.«[4]

Bei S.G. Warburg & Co. dauerte der Arbeitstag bis weit in den Abend, weshalb manche die Firma auch den »Nachtklub« nannten.[5] Die Angestellten hatten zwei Jacketts im Büro; eines trugen sie, das andere ließen sie auf der Stuhllehne hängen, wenn sie einmal für eine Weile verschwinden wollten. Siegmund arbeitete mehr als alle anderen. Während ihn der Chauffeur morgens um viertel nach acht zur Bank fuhr, diktierte er bereits seiner Sekretärin. Wenn er abends mit Henry Grunfeld nach Hause fuhr, gingen sie die Ereignisse des Tages miteinander durch. Eines Abends sah Siegmund, als er um halb sieben durch das Büro ging, zu seiner Verblüffung leere Schreibtische. Am nächsten Morgen fanden die Angestellten eine Aktennotiz vor, in der er sein Bedauern darüber ausdrückte, daß sie so früh Feierabend machten.[6] Er beherrschte die Büropsychologie aus dem Effeff und tauchte abends um sieben in bestimmten Abteilungen auf. Damit gewöhnte er die Leute daran, länger zu bleiben. Als Anfang der siebziger Jahre in London mehrfach tagsüber der Strom abgeschaltet wurde, arbeitete die Belegschaft von S.G. Warburg bei Kerzenlicht weiter.

Die Mitarbeiter fanden Siegmunds unablässige Forderungen schrecklich, amüsant, haarsträubend oder aufmunternd. Manche Frauen warfen ihm vor, er habe ihnen die Männer gestohlen. Als eine von ihnen jammerte, ihr Mann habe stets mit Projekten zu tun, die nie zum Abschluß kämen, lächelte Siegmund: »Nun, wenn ich hundert Projekte anfange, kann ich dabei zwei Verträge herausholen. Das heißt aber nicht, daß ich auf fünfzig einen bekomme.«[7] Mit der Kundenpflege gab er sich unendliche Mühe. Einmal versuchte er den Textilkonzern Courtauld zu beeindrucken und sagte einem blau uniformierten Boten, er solle auf ein Motorrad springen und – ohne auf Verkehrsampeln zu achten – ein Päckchen beim Vorstandsvorsitzenden persönlich abliefern. »Er hat immer gesagt, ›Was wir tun, muß Stil haben‹«, sagte sein Mitarbeiter Arthur Winspear. »Es kommt auf Ergebnisse an. Die Gewinn- und Verlustrechnung kommt später.«[8]

Obwohl Siegmund das bestritt, gab es bei S.G. Warburg täglich zwei getrennte Mittagsmahlzeiten: eine minder wichtige um halb eins, die genau um fünf Minuten vor halb zwei endete, und eine zweite um halb zwei. Bei der ersten kam Siegmund vorbei und plauderte ein wenig mit diesem und jenem; bei der zweiten führte er den Vorsitz am Tisch. Zwar wurde diese Mahlzeit hochherrschaftlich serviert, doch war sie schlicht, nach Hausfrauenart zubereitet und nicht besonders reichhaltig. Mit der Sitzordnung gab sich Siegmund große Mühe. Das Tischgespräch drehte sich nicht um Kricket, wohl aber machten Fachleute der Bank konstruktive Vorschläge, so daß kein Kunde mit leeren Händen davonging. Siegmund wies seine Angestellten an, Kunden nicht nur zu beraten, sondern auch anzuhören, ihre Bedürfnisse zu erkunden und auf sie einzugehen. Ging bei anderen Firmen der für ein Konto zuständige Mitarbeiter in Urlaub, wurde das Konto während dieser Zeit nicht weiter bearbeitet. Bei der

Warburg-Bank war stets jemand für die Kunden da. Siegmund verlangte, daß Post stets am selben Tag beantwortet wurde, und unterließ es nie, Kunden zu entsprechenden Anlässen Geburtstagsgrüße oder Beileidskarten zu schicken.

Anfang der sechziger Jahre zog die Bank in ein unauffälliges Bürogebäude in der Gresham Street, an dem sie kein Namensschild anbringen ließ. Siegmund befürchtete, das rasche Wachstum der Firma könnte allzu offensichtlich werden. »Großer Gott«, mag er sich gedacht haben, »das Büro ist größer, es ist üppiger ausgestattet und protziger. Hoffentlich fordere ich damit den Zorn der Götter nicht heraus.«[9] Trotz der antiken Uhren und erlesenen Drucke strahlte das Büro etwas aus, das Siegmund »würdevolle Einfachheit« nannte. Nach den Erfahrungen mit Nazideutschland verloren er und Grunfeld nie ihre Befürchtungen vor einer plötzlich hereinbrechenden Katastrophe und führten ein schlichtes und unaufwendiges Leben. Als einer der Direktoren einen Rolls-Royce kaufen wollte, redete ihm Siegmund das mit der Begründung aus, es passe nicht zum Stil des Hauses. Selbst als die Firma stattliche Umsätze machte, wurde der schlichte Rahmen beibehalten. Es blieb bei einfachen Büromöbeln, und der Mittagskaffee wurde weiterhin in Kunststoffbechern ausgeschenkt. Besucher allerdings bekamen Porzellantassen und wurden in geschmackvoll möblierten Räumen empfangen.

In manchen Fällen wirkte die in der Firma praktizierte Schlichtheit verschroben. Als ein junger Direktor namens Peter Spira ein Telegramm aus New York mit »Beste Grüße, Peter« schloß, empfahl ihm der von dieser Geschwätzigkeit aufgebrachte Grunfeld, in Zukunft Telegramme mit »Spira« zu zeichnen. (Siegmund signierte seine Telegramme einfach mit »Siegmund«.) Ein anderes Mal gab Spira im Nobelkaufhaus Harrods kalten Hummer für eine Direktioriumssitzung in Auftrag. Am nächsten Morgen ließ ihn Grunfeld zu sich kommen. »Sie haben gestern abend ein unerhört aufwendiges Diner mit fünf Gängen auffahren lassen.« Spira fragte erstaunt: »Fünf Gänge?« »Ja, Vorspeise, Hummer, Käse, Obst und Kaffee – fünf Gänge«, gab Grunfeld zur Antwort.[10] Fünfzig Jahre lang verwendeten Siegmund und Grunfeld Paßfotos, die sie als Dreißigjährige zeigten, weil sie es für Geld- und Zeitverschwendung hielten, zum Photografen zu gehen.

Diese Sparsamkeit galt auch im Umgang mit Wörtern. Siegmund wurde fuchsteufelswild, wenn jemand statt »wir meinen« etwa »unserer persönlichen Ansicht nach« schrieb. Ausdrücke wie »beinhalten« waren ihm ein Greuel, und augenblicklich witterte er Unaufrichtigkeit, wenn jemand einen Satz mit »offen gestanden« begann. Er wandte sich schärfstens gegen jede »Verstopfung des Denkens«, die mit einer »Flut von Wörtern verdeckt« werden sollte, und war von einer geradezu hemingwayschen Leidenschaft für Knappheit besessen. Das Geheimnis des Briefschreibens bestand seiner Ansicht nach darin, sich die gewünschte

Antwort genau vorzustellen und dann einen Brief zu schreiben, der sie in sich schloß. Seine Briefe waren Musterbeispiele zurückhaltender Eleganz.

Obwohl es in der Firma keine offizielle Befehlskette gab und jeder sich umstandslos an jeden Vorgesetzten wenden konnte, waren die »Onkel« von einem durch und durch deutschen Hierarchiedenken geprägt. Sie machten einen Eindruck, als befänden sie sich im Krieg. Das stimmte insofern, als sie nach wie vor gegen die Nationalsozialisten kämpften und dafür sorgten, daß Hitler ihr Leben nicht zugrunde richtete. Die Organisationsstruktur der Firma war beeindruckend. Jeder eingehende Brief wurde geöffnet, zusammengefaßt und vor der Geschäftsleitungssitzung, die um viertel vor neun stattfand, allen Direktoren zur Kenntnis gebracht. In dieser Firma von jesuitischer Strenge gab es sogar genaue Vorschriften darüber, wie ein Briefschluß auszusehen hatte. Inhaber hoher Positionen unterschrieben mit »Stets der Ihre«. Mehr als einer von Siegmunds Mitarbeitern wurde bleich, wenn er nur daran dachte, er könne sich dies begehrte Statussymbol, mit »Stets der Ihre« schließen zu dürfen, verscherzen, denn damit war ein automatischer Abstieg in der Firma verbunden.[11]

Obwohl die Beachtung dieser Regeln außergewöhnliche Ergebnisse zeitigte, trugen sie Siegmund den Spitznamen »Schulmeister« ein. Bei der Bank von England hieß es, die Aktenvermerke der Firma S. G. Warburg seien die bestformulierten der Branche. Immer wieder wies Siegmund darauf hin, wie wichtig es sei, daß in der Firma die eigenen Aktenvermerke zur Grundlage von Verhandlungen gemacht würden, weil man damit den Gang der Dinge in die Hand bekomme. Außerdem vertrat er die Ansicht, alles, was man zu Papier bringe, müsse möglichst exakt sein, da es später als Beweisstück dienen könne. Als die Rothschilds 1972 den Versuch unternahmen, S. G. Warburg von einer Eurobond-Emission für einen amerikanischen Kunden auszuschließen, schickte Siegmund einen jungen Mitarbeiter namens Richard Lutyens ins Archiv, wo dieser den Aktenvermerk über eine mündliche Übereinkunft ausgraben sollte, die Siegmund fünfzehn Jahre zuvor mit der Firma Rothschild getroffen hatte. Er fand sie auch, ganz wie Siegmund es vorausgesagt hatte.[12]

So viele Wirren hatten diese aus Deutschland und Österreich geflohenen Männer durchlebt, daß sie nun ein übertriebenes Ordnungsbedürfnis empfanden. Doch dieselben Systeme, die für Höchstleistung sorgten, dienten zugleich als Überwachungsinstrumente. Der Erfolg von S. G. Warburg beruhte auf einem Paradox: An der Spitze stand ein wohlmeinender Tyrann, der die Grundsätze der Zusammenarbeit predigte. Siegmund wollte keine herausragenden einzelnen, sondern Gemeinsamkeit. In der Firma wurde übertrieben viel Zeit darauf verwendet, alle auf dem laufenden zu halten. Dazu sagte Sir David Scholey später: »Wir haben nie die erste Person Einzahl verwendet und nie ›*mein* Kunde‹ oder ›*mein* Vorschlag‹ gesagt.«[13] Fanden Sitzungen im Hause von Kunden statt, waren mindestens zwei Warburg-Mitarbeiter anwesend. Trotz dieser intensiv gepflegten Gruppenkultur sah Siegmund die Firma als Abbild seiner eigenen Persönlichkeit und war nie bereit, in wichtigen Fragen, bei denen es um Personal, die Vorgehensweise oder die Beziehungen zu Kunden ging, in den Hintergrund zu treten.

Nach der Weimarer Republik wollte er keine unangenehmen Überraschungen mehr erleben und legte daher alles im voraus aufs genaueste fest. Zwei Redensarten wollte er in seiner Firma keinesfalls hören: »Das sehen wir, wenn es soweit ist« und »Was passiert ist, ist passiert«. Stand eine Firmenübernahme zur Debatte, wurden im Vorfeld Angriffs- und Verteidigungsgruppen gebildet, die jeden Zug durchzuspielen hatten, zu dem es bei der Auseinandersetzung mit den anderen interessierten Firmen kommen konnte. Jeder mußte wissen, auf welche Position er sich zurückzuziehen hatte, wenn die beabsichtigte Vorgehensweise nicht zum Ziel führte. Er bestand grundsätzlich auf einer Manöverkritik, damit sich Fehler in Zukunft nicht wiederholten. Siegmund zitierte Lebensweisheiten seiner Mutter: Wenn jemand enttäuscht sei, werde er entweder verbittert und damit ärmer, oder er ziehe den Nutzen daraus und werde reicher;[14] ein Fehler sei nur dann ein Fehler, wenn man nichts daraus lerne;[15] es gebe kein schlechtes Wetter, sondern lediglich unzweckmäßige Kleidung. Das Bankgeschäft war für ihn gleichbedeutend mit unaufhörlicher Selbstkritik. Einmal beauftragte er einen Mitarbeiter damit, alle Fehler, die gemacht wurden, sowie die dagegen ergriffenen Maßnahmen aufzuzeichnen.

Zwar hatte Siegmund 1957 eine großartige Kampfmaschine errichtet, die schon bald das Finanzwesen in London beherrschen sollte, doch seine Kunden waren nach wie vor zweitklassig. Mittlerweile betrieb er einen kleinen Mischkonzern. Außer in der Firma Brandeis, Goldschmidt hatte er beherrschenden Einfluß bei der Gummihandlung Hecht, Levis and Kahn, einer Werbeagentur, einer Firma von Versicherungsmaklern und einer Bauträgergesellschaft. Der Geschäftsgang war bei den meisten dieser Unternehmen zufriedenstellend; S. G. Warburg selbst allerdings setzte seinen Ruf mit einer Kupferraffinerie namens Elkington aufs Spiel. Der von Siegmund eingesetzte Geschäftsführer agierte an der Metallbörse zurückhaltend, doch als sich der Kupferpreis in die falsche Richtung entwickelte, steigerte er seine Einsätze immer mehr und spekulierte schließlich wild drauflos, um seine Verluste wieder hereinzuholen. Es kostete Henry Grunfeld mehrere Stunden, bis er den Mann so weit hatte, daß er sich dazu bekannte. Anschließend wurde ein Rettungsunternehmen ins Leben gerufen, damit weder Aktionäre noch das Ansehen von S. G. Warburg Schaden litten.

Um den Namen Warburg wieder im alten Glanz erstrahlen zu lassen, wollte Siegmund in die erste Reihe der Londoner Finanzhäuser aufrücken. Dazu war er auf das Wohlwollen des angesehenen Akzepthausausschusses angewiesen, dessen siebzehn Mitglieder an der Spitze des Londoner Finanzwesens standen und deren Handelswechsel mit besonderer Unterstützung der Bank von England zu günstigsten Zinssätzen diskontiert wurden. Zweimal jährlich trafen sich Vertreter dieser Akzepthäuser in der Bank von England zu einer Sitzung, bei welcher der Präsident der Bank von England den Vorsitz führte. Viele von alters her hochangesehene Mitgliedsfirmen des Akzepthausausschusses – Baring, Rothschild und Schroder – waren bereits zu Anfang des 19. Jahrhunderts gegründet worden: Er war also Hochfinanz in Reinkultur.

Mit Seligman Brothers stand 1957 zum ersten Mal seit fünfzig Jahren eine Mitgliedsbank des Akzepthausausschusses zum Verkauf. Auch wenn sie das geringste Ansehen genoß, bot sie Siegmund die gewünschte Möglichkeit eines Einstiegs in diesen exklusiven Kreis. Die Seligmans waren einst von Darmstadt nach Amerika ausgewandert, hatten an der Wall Street ein Bankhaus gegründet, das bald Ansehen genoß, und mit Hilfe von Familienangehörigen Niederlassungen in London und Paris eingerichtet. Obwohl die Seligmans nicht fromm waren, verkehrten sie freundschaftlich mit vielen geachteten jüdischen Familien und spielten in der Gesellschaft durchaus eine Rolle. Als in den fünfziger Jahren zwei Seniorpartner der Firma starben, fehlte es an Liquidität und unternehmerischer Führung, und so mußte man sich, um überleben zu können, mit einem anderen Unternehmen zusammenschließen.

Während Siegmund mit der Familie Seligman verhandelte, war es keineswegs klar, ob S. G. Warburg nach einem Zusammenschluß den Status einer Akzeptbank bekommen würde. Also bemühte sich Geoffrey Seligman darum, den Segen des damaligen Präsidenten der Bank von England einzuholen. S. F. Cobbold nickte billigend und sagte über Siegmund: »Kein Ellbogentyp.« Er hielt ihn für einen Emporkömmling, achtete ihn jedoch. Siegmund bestand darauf, daß die Firma nach dem Zusammenschluß *seinen* Namen trug. Nach einigem Hin und Her erklärten sich die Seligmans mit der Firmierung »S. G. Warburg & Company (verbunden mit Seligman Brothers)« einverstanden. Dieser Zusammenschluß mit einem Mitglied des ehrwürdigen Akzepthausausschusses war für eine Firma wie die Siegmunds, die erst seit einem Jahrzehnt bestand, eine verblüffende Leistung, ja ein Meilenstein.

Als der Zusammenschluß im Mai 1957 erfolgte, beschäftigte S. G. Warburg rund achtzig und Seligman rund vierzig Mitarbeiter. Im Rückblick sieht es so aus, als habe es sich keineswegs um einen Zusammenschluß gehandelt, sondern als sei Seligman von Warburg übernommen worden. Einfach war die Zusammenarbeit nie. Siegmund hätte Seligman Brothers lieber ohne die Seligmans gehabt, doch war er wegen des Kundenstamms auf sie angewiesen. Reginald Seligman war Mitglied in vielen Klubs, fuhr gern Ski und nahm an Fuchsjagden teil, und so konnte ein Zusammenstoß mit Siegmund nicht ausbleiben. Er verließ das Unternehmen schon bald. Der fröhliche und lässige Spencer Seligman blieb zwar in der Firma, stieg aber nie in die Unternehmensspitze auf.

Den größten Erfolg und zugleich die bitterste Enttäuschung erlebte der auf Formen bedachte weltmännische Cambridge-Absolvent Geoffrey Seligman. Anfänglich behandelte ihn Siegmund zuvorkommend und wies ihm ein gemeinsames Büro mit Lord Bridgeman zu, in dessen aristokratischer Nachbarschaft er sich wohl fühlte. Doch wenn ihm Siegmund auch die ihm gebührenden hohen Positionen zuwies, gewährte er ihm nie Zutritt zum innersten Kreis der »Onkel«. Geoffrey Seligman arbeitete ungewöhnlich schwer und führte der Firma lukrative britische Kunden zu, beispielsweise Maxwell Joseph von Grand Metropolitan. In Amerika, wo er Verwandte hatte, kümmerte er sich um so wichtige Kunden wie Textron und das Motorenwerk Cummins. Doch obwohl er sich Siegmund fügte, wurde er von diesem kommandiert – vermutlich damit niemand auf den Gedanken kam, die Firma Seligman hätte die Firma Warburg übernommen. Manche Mitarbeiter vermuten, Geoffrey habe sich von diesem Firmenzusammenschluß sehr viel mehr erhofft, so daß ihn das Ergebnis im stillen gewurmt haben müsse. »Siegmund hat Geoffrey Seligman immer ziemlich mies behandelt«, bestätigte Dr. Goldman. »Er fand, daß er sich zu viel mit anderen Menschen abgab und auf zu viele Gesellschaften ging.«[16]

Nachdem Siegmund seiner Bank die Firma Seligman Brothers einverleibt hatte, befand er sich in einer einzigartigen Position, besaß er doch jetzt die Eintrittskarte für die bessere Gesellschaft. Doch wie zuvor in Hamburg oder bei Kuhn, Loeb stieß er auch im provinziellen London der fünfziger Jahre wieder auf die Herablassung derer, die schon immer dazugehört hatten. Man verspottete die Firma S. G. Warburg & Co. als »Wertpapierwäscher« und behauptete, sie beziehe ihre geringen Erträge aus Provisionen für den Verkauf abgezinster Wertpapiere. Wieder sah sich Siegmund in der Rolle des Emporkömmlings und Außenseiters.

Trotz seiner Liebe zu Großbritannien betrübte es ihn zu sehen, wie sehr in jenen Nachkriegsjahren dem Mittelmaß gehuldigt wurde. Einmal fragte er, als er mit Eva den Laden eines Herrenausstatters aufgesucht hatte, nach einem bestimmten Artikel. Als der Verkäufer munter erklärte, dieser sei nicht mehr am Lager, explodierte Siegmund und fragte: »Wie können Sie das so fröhlich sagen?« Auf die gleiche Art von Selbstgefälligkeit stieß er auch unter den Melonenträgern im Finanzbezirk. (Die Herren der Firma Warburg trugen im allgemeinen weder einen solchen »Börsenstahlhelm« noch einen zusammengerollten Regenschirm.) Er gewann den Eindruck, als fürchte sich die britische Oberschicht vor Anstrengung und Hochleistung und verschanze sich hinter hochnäsiger Vornehmheit, wobei sie eine Arroganz zur Schau trug, die ihr seiner Ansicht nach nicht zustand.

Siegmunds gesamte Laufbahn schien eine Vorbereitung auf den Kampf um British Aluminium zu sein, der London Ende 1958 erschütterte. Dabei bewies er neben taktischem Wagemut und Geringschätzung für die selbstgefälligen Weichlinge mit ererbtem Reichtum seine Bereitschaft, um des Ehrgeizes willen alles aufs Spiel zu setzen, wie auch seine Entschlossenheit, in Grundsatzfragen keine Kompromisse einzugehen. Am Ende kamen die britischen Olympier nicht umhin, ihm als einem von ihresgleichen und neuem Fürsten der Finanzwelt Anerkennung zu zollen.

Hineingezogen wurde Siegmund in diese Angelegenheit durch die Firma Kuhn, Loeb. Sie beriet das amerikanische Unternehmen American Metal Climax, das 1957 anfing, Anteile an der Firma British Aluminium (BA) aufzukaufen. Als Siegmund beim Aufsichtsrat von BA mit der Bitte vorstellig wurde, er möge American Metal Climax ein Mitspracherecht einräumen, wurde er scharf zurückgewiesen. Daher war ihm klar, daß er es mit einer sich exklusiv gebärdenden Firma zu tun hatte, die nichts von Eindringlingen wissen wollte.

Auch das Unternehmen Reynolds Metal, das gleichfalls den Versuch unternahm, British Aluminium zu unterlaufen, wurde von Kuhn, Loeb beraten. Die erste Kontaktaufnahme ergab sich 1957 bei einem Privatgespräch, das zwischen Richard Reynolds und Sir William Wiseman, der bei Kuhn, Loeb als Siegmunds Berater tätig war, auf Jamaika stattfand. Zu jener Zeit waren die Aktien von British Aluminium extrem unterbewertet; ihr Gesamtwert entsprach in etwa den Kosten einer neuen Anlage, die BA in Kanada errichtete. Es machte Siegmund Spaß, schlafende Unternehmen wachzurütteln. Als Wiseman ihm mitteilte, es sei Reynolds' Wunsch, bestimmenden Einfluß auf BA zu bekommen, sah Siegmund den Augenblick gekommen, einen Coup von einer Größenordnung zu landen, wie ihm das bislang nicht beschieden gewesen war.[17] Verblüffend rasch und unauffällig gelang es ihm und Kuhn, Loeb, an den Aktienmärkten von New York und London eine Million Aktien von BA aufzukaufen, bevor die Führungsspitze jenes Unternehmens Unrat witterte. Noch im Frühjahr 1958 sah man sich bei BA außerstande festzustellen, wer hinter dem massiven Aktienkauf steckte.

Es war Siegmund klar, daß man bei BA Zeter und Mordio schreien würde, wenn es Amerikanern gelang, in die britische Industrie einzudringen. Daher verabredete er ein Gemeinschaftsunternehmen zwischen Reynolds und einer im Maschinenbau tätigen Unternehmensgruppe Nordenglands, Tube Investments Ltd., die von der Firma Helbert Wagg beraten wurde. Sofern es ihnen gelang, BA zu kaufen, sollte die englische Firma einen Anteil von einundfünfzig und die amerikanische die übrigen neunundvierzig Prozent bekommen. Damit hätte die Frage nationaler Interessen erledigt sein können. Das aber war nicht der Fall.

Im September 1958 erarbeiteten Siegmund und Grunfeld zusammen mit Richard Reynolds und Sir Ivan Stedeford, dem Vorsitzenden von Tube

Investments (TI), ihren Schlachtplan. Sie wollten BA nach Ablauf weniger Wochen davon in Kenntnis setzen, daß sie im Besitz von etwa zehn Prozent der frei verfügbaren Anteile seien. Kuhn, Loeb, S. G. Warburg & Co. und deren Mitstreiter besaßen drei weitere Prozent, während die American Metal Climax nach wie vor einen Anteil von sieben Prozent in Besitz hatte. Siegmund, dem daran gelegen war, eine nicht einvernehmliche Übernahme zu vermeiden, stellte sich darauf ein, daß die Verhandlungen ein bis zwei Jahre dauern würden. Er nahm an, es lasse sich mittels eines ausgewogenen Gemischs aus Druck und Feingefühl, Vorstoß und Rückzug mit friedlichen Mitteln erreichen, daß Reynolds/TI in den Aufsichtsrat gelangte.[18] Statt dessen kam es in der Finanzwelt zum stürmischsten Konflikt, den London in diesem Jahrhundert erlebt hat, und noch Jahre später hagelte es Anschuldigungen. Die Wunden, die damals geschlagen wurden, heilten erst spät.

Wer diese haßerfüllte Auseinandersetzung nachvollziehen will, muß verstehen, welchen Gesellschaftsschichten die daran Beteiligten angehörten. Die führenden Köpfe von BA waren ihrer eigenen Einschätzung nach die Aristokraten dieses Industriezweigs. Lord Portal, der Vorstandsvorsitzende, hatte der Royal Air Force angehört, trug Auszeichnungen aus beiden Weltkriegen und hatte es bis zum Luftmarschall und zum Chef des britischen Luftstabes gebracht. Geoffrey Cunliffe, der geschäftsführende Direktor, war Sohn eines früheren Präsidenten der Bank von England. Als man bei BA merkte, daß Schwierigkeiten drohten, beauftragte man Olaf Hambro und Lord Kindersley von Lazard Brothers mit der Entwicklung einer Verteidigungsstrategie. Beide Bankiers gehörten dem Schiedsgericht der Bank von England an und waren eng mit deren Präsidenten Cobbold befreundet. In den Augen dieser Herren beging Siegmund, indem er die erzwungene Übernahme [hostile takeover] eines erstklassigen britischen Unternehmens für einen amerikanischen Auftraggeber vorbereitete, zwei Todsünden auf einmal. Mehrfach wies Lord Portal, der im Juni 1958 mit dem Unternehmen Alcoa in Verhandlungen eingetreten war, das er als amerikanisches Gegenstück zu BA ansah, darauf hin, daß die Plebejer von Reynolds Metal die Ehre Großbritanniens bedrohten. Geringschätzig tat er die Firma Reynolds Metal als aggressiven Störenfried ab. Daraus läßt sich schließen, wie seine Berater aus der Londoner City S. G. Warburg und Company einschätzten.

So war der Krieg um BA ein Zusammenstoß zwischen Männern, die in Machtpositionen hineingeboren waren, und solchen, die aufgrund überlegener Initiative und Intelligenz einen Anspruch auf mehr Macht zu haben glaubten. Siegmunds Hauptverbündeter war Lionel Fraser, Vorsitzender der Firma Helbert Wagg. Dieser hochgewachsene, silberhaarige Sohn eines Butlers hatte sich aus eigener Kraft emporgearbeitet. Er war ein Bewunderer Siegmunds und zugleich eine Art Mentor für ihn. Sein Teilhaber Michael Verey sagte: »Lionel fand, daß jemand, der mit nichts angefangen und eine so herausragende Stellung erreicht hatte, ihm gleichwertig war.«[19] Auch Sir Ivan Stedeford von TI hatte den Aufstieg ohne Hilfe von außen geschafft. Siegmund, Abkömmling einer großen Dynastie, der in einem fremden Land noch einmal von vorn angefangen hatte, sagte mit Blick auf die Engstirnigkeit, mit der man ihm beim Kampf um BA begegnete: »Sie haben alles gegen mich aufgeboten. Erstens war ich ein Neuling im Londoner Finanzbezirk. Zweitens war ich kein englischer, sondern ein deutscher Neuling – noch dazu ein jüdischer. Ich hatte keine englische Schule besucht, sprach mit ausländischem Akzent und was dergleichen Dinge mehr sind.«[20]

Zu jener Zeit waren in Englands behäbiger Finanzwelt, in der über Geschäfte meist in holzgetäfelten Räumen vor Kaminfeuern verhandelt wurde, erzwungene Firmenübernahmen unüblich. Wollte der Inhaber eines Finanzhauses eine Firma übernehmen, wurde erwartet, daß er dem Vorsitzenden des Finanzhauses, das jenes Unternehmen beriet, Mitteilung davon machte. Daß Siegmund gegen diese stillschweigende Übereinkunft verstieß, entsetzte Englands Finanzwelt. Eines Tages traf der hochgewachsene Hugh Kindersley aus der Firma Lazard Siegmund auf der Straße und fragte ihn, ob seine Firma dabei sei, Aktien von BA aufzukaufen. Siegmund erklärte, diese seien für ein Finanz-Anlagenkonto bestimmt – ohne darauf hinzuweisen, daß das im Auftrag eines anderen Metallunternehmens geschah. Als Kindersley merkte, daß Siegmund ihm nicht die ganze Wahrheit gesagt hatte, bekam er einen Wutanfall. Im allgemeinen konnte Siegmund List und Tücke nicht leiden, doch unterschied er zwischen einer Lüge und der Möglichkeit, daß jemand eine buchstäblich wahre Äußerung falsch auslegte. Er sagte dazu, daß es in Einzelfällen vertretbar sei, »mit der Wahrheit zu lügen«. Jedenfalls geriet durch diese Irreführung der Konflikt auf die Stufe einer äußerst unangenehmen persönlichen Angelegenheit. Alle Firmen der Londoner City mußten versichern, daß sie treu zu befreundeten Unternehmen standen, ähnlich wie bei einer Auseinandersetzung um eine Scheidung auf beiden Seiten die Freunde Partei ergreifen.

Im November 1958 suchten Vertreter der Gruppe Reynolds/TI die vornehme Firmenzentrale von British Aluminium am Londoner St. James's Square auf und teilten Lord Portal mit, wie hoch ihr Kapitalanteil war. Sie schlugen die Bildung einer »Interessengemeinschaft«[21] vor und boten an, beachtliche achtundsiebzig Shilling pro Aktie zu zahlen. Hochnäsig erklärte Lord Portal, er stehe bereits mit einer anderen Gruppe in Verhandlungen, und wies ihnen die Tür. Am Nachmittag des 28. November, es war ein Freitag, kam es zu einer weiteren frostigen Begegnung von Vertretern beider Seiten. Dabei erhob sich Lord Portal und erklärte hoheitsvoll: »Entschuldigen Sie mich, meine Bankiers werden die Verhandlung weiterführen.« Während Lord Portal auf dem Weg zur Tür war, blaffte ihn Ivan Stedeford an: »Wenn Sie gehen, gehe ich auch.« Daraufhin nahm Lord Portal wieder Platz.[22] Es stellte sich heraus, daß BA zugestimmt hatte, Alcoa ein Drittel des Aktienkapitals für bloße sechzig Shilling pro Aktie zu verkaufen – eine Übereinkunft, die ganz offensichtlich André Meyers Handschrift trug.[23] Mit beträchtlicher Selbstgefälligkeit weigerte sich Lord Portal, den Aktionären von BA das günstigere Angebot von Reynolds/TI auch nur vorzulegen – wie sich später erwies, ein verheerender taktischer Fehler.

Sogleich beriefen die Vertreter von Reynolds/TI eine Pressekonferenz ein, um dieses Fehlverhalten der Führungsspitze von BA auszuschlachten. Inzwischen war es so spät am Freitagnachmittag, daß sich die britischen Bankiers auf dem Weg zu ihren Wochenendhäusern befanden. Dies freilich wußte Grunfeld, und damit wurde die für halb acht angesetzte Pressekonferenz ein Überraschungsangriff. Sir Ivan enthüllte die Geheimverhandlungen, die zwischen BA und Alcoa stattgefunden hatten, und machte darauf aufmerksam, daß der Hinweis auf britische Interessen lediglich ein Ablenkungsmanöver sei, denn einundfünfzig Prozent am Kapital von BA würden sich im Besitz der britischen Firma Tube Investments befinden, sofern diese Gruppe mit ihrem Angebot erfolgreich sei.

Als die Presse eine Entgegnung von Lord Portal haben wollte, war dieser bereits ins Wochenende aufgebrochen, so daß Siegmund Warburg und seine Mannschaft in der Öffentlichkeit erhebliche Pluspunkte sammeln konnten. Verglichen mit deren elegantem Vorgehen wirkte Lord Portals Verhalten hochtrabend und ungeschickt, als er das günstigere Angebot von Reynolds/TI mit den Worten zurückwies, ebenso könne man »ein mächtiges Weltreich zum Preis eines kleinen Königreichs« aufgeben.[24]

Auch eine letzte Friedensmission, die Siegmund bei seinen Gegenspielern Lazard und Hambro unternahm, schlug fehl. Immer deutlicher zeichnete sich ab, daß gekränktes Selbstwertgefühl der eigentliche Grund für die erbitterte Auseinandersetzung war. Der *New Statesman* beschrieb die gegen S. G. Warburg & Company gerichteten Feindseligkeiten wie folgt: »Diese Bank gilt in Londoner Finanzkreisen als Eindringling. Sie wurde von ihrem Gründer mit der gleichen dynamischen Haltung aufgebaut wie andere Banken zur Zeit ihrer ersten Magnaten.«[25]

Als der Tumult immer größere Kreise zog, erschienen Leserbriefe in der Londoner *Times*, die Siegmunds Patriotismus in Frage stellten. Einmal teilte ihm Joe McConnell von Reynolds mit, der Leiter einer führenden Bank wolle mit ihm sprechen. Als sie dort eintrafen, sagte der Betreffende, Premierminister Harold Macmillan persönlich habe ihn aufgefordert, die Bitte weiterzuleiten, daß Reynolds seine Bemühungen einstelle und über eine friedliche Regelung der Angelegenheit verhandele.[26]

Unter Verzicht auf weitere Erörterungen wandte sich Siegmund nunmehr unmittelbar an Aktionäre und die Presse. Zu jener Zeit war in der Finanzwelt eine Verlagerung der Macht weg von den alten Finanzmagnaten hin zu institutionellen Anlegern im Gange, denen mindestens ein Drittel der Aktien von British Aluminium gehörten. Es empörte diese Männer, welche die Aktienportefeuilles großer Institutionen verwalteten, mit welcher Unverfrorenheit Lord Portal behauptet hatte, das von Alcoa gemachte Angebot von sechzig Shilling pro Aktie sei günstiger als die von Reynolds/TI angebotenen achtundsiebzig. Sie konnten sich des Eindrucks nicht erwehren, als gehe es den etablierten Kräften eher um ihre eigenen Interessen denn um die der Aktionäre von BA.

Siegmund war im Krieg um BA keineswegs der allseits unter Beschuß geratene sichere Verlierer. Immerhin gelang es ihm, einige mächtige Verbündete auf seine Seite zu ziehen. George Bolton, einer der Direktoren der Bank von England, der aus der Reihe tanzte, hatte ihn gedrängt, etwas Schwung in die rückständige Geschäftsleitung von BA zu bringen, und einzelne seiner Kollegen in jener altehrwürdigen Institution schlossen sich ihm an.[27] Auch wenn die Mehrheit in der City gegen ihn war, wußte Siegmund, daß die Barings, Rothschilds und Kleinworths zu ihm hielten. Als ihm die Bank der Barings auf dem Höhepunkt der Auseinandersetzung einen Rembourskredit anbot, um ihm ihre Unterstützung zu signalisieren, war er überglücklich. Er nannte sie das »anständigste aller Häuser in der City« und sagte, ihr Seniorpartner, Sir Edward Reid, habe ihm »in ganz besonderer Weise Mitgefühl und Unterstützung angedeihen lassen«.[28]

Zu Weihnachten 1958 war man bei British Aluminium ebenso wie in Londons Finanzwelt bereit, mit geballter Kraft zurückzuschlagen. Um den Abenteurern aus Amerika das Handwerk zu legen, machten vierzehn der bedeutendsten siebzehn Londoner Finanzhäuser am Silvestertag ein von erhebenden Appellen an die Vaterlandsliebe begleitetes Übernahmeangebot für die Aktien von BA. Mit zweiundachtzig Shilling lag es vier Shilling über dem der Rivalen. Wer es annahm, würde diese zweiundachtzig Shilling lediglich für die Hälfte seiner Aktien bekommen, und mußte sich verpflichten, die verbleibende Hälfte drei Monate lang zu behalten. Tief beeindruckt schrieb die *Times*, das Konsortium bilde »eine Ansammlung von Institutionen aus der City, wie man sie in diesem Umfang bei einer Auseinandersetzung um eine Firmenübernahme noch nie gesehen hat«.[29] Jetzt sah sich der Flüchtling Siegmund Warburg siebenundzwanzig empörten Briten von hohem Rang gegenüber, die sich hinter British Aluminium gestellt hatten. Außer mit Hambro und Lazard Brothers hatte er es auch mit Morgan Grenfell, Samuel Montagu und vielen anderen einflußreichen Firmen zu tun. Er war entsetzt, daß sich die gesamte Finanzwelt des Landes aus solch durchschaubar selbstsüchtigen Gründen gegen ihn stellte. Doch wieder einmal spielten seine Gegner ihre Karte falsch aus, denn mit ihrem neuen Angebot von zweiundachtzig Shilling machten sie Lord Portals frühere Offerte, sich mit sechzig Shilling von Alcoa zu begnügen, lächerlich. Die Firmen Lazard und Hambro hofften auf einen Vermittlungsvorschlag der Bank von England, da dies einen vorläufigen Waffenstillstand bedeutet hätte. Prompt ließ deren Präsident Cobbold Siegmund durch seine Sekretärin an den Sitz der Bank von England in der Threadneedle Street beordern. Er forderte Siegmund in einer von diesem als gönnerhaft empfundenen Weise auf, seine Bemühungen einzustellen, da derlei in der City nicht üblich sei. Siegmund konterte mit der Antwort, seine Firma sei ihren Kunden verpflichtet und nicht bereit, etwas an ihrem Vorgehen zu ändern. Fuchsteufelswild kehrte er in sein Büro zurück, voll Empörung über die Dreistigkeit des Konsortiums, das Cobbold zu einem solchen noch nie dagewesenen Schritt veranlaßt hatte.

Zum Schluß warfen beide Seiten einander vor, die Friedensangebote mißachtet zu haben. Unbeeindruckt fuhr Siegmund fort, mit atemberaubender Geschwindigkeit Aktien auf dem freien Markt zu kaufen. Als Flüchtlinge aus Deutschland fühlten sich weder er noch die »Onkel« an die von den Klubmitgliedern aufgestellten Richtlinien gebunden, die in der Regel einen offenen Wettbewerb ausschlossen. Erzürnt über die Art und Weise, wie sich die etablierten Kräfte gegen ihn stellten, steigerte sich Siegmund in die Auseinandersetzung hinein und war entschlossen, um jeden Preis zu gewinnen. Er setzte jetzt alles auf Sieg, denn eine Niederlage hätte ihn gegenüber einer Unmenge von Feinden verwundbar gemacht.

Am 4. Januar erhöhte Reynolds/TI das Angebot auf fünfundachtzig Shilling, und die Verwalter von Portefeuilles stürmten förmlich an die Börse, um ihre Aktien abzustoßen. Erregt witterte Siegmund den unmittelbar bevorstehenden Triumph. Obwohl ihm klar war, daß er die Schlacht seines Lebens kämpfte, blieb er gelassen und agierte mit der ruhigen Entschlossenheit und dem Kampfesmut großer Heerführer, die ihre Soldaten anspornen können. So schrieb Eric Roll, Siegmund habe in einer kritischen Situation kühlen Kopf bewahren können und das sportliche Element bei einer Auseinandersetzung zu schätzen gewußt.[30] Das hohe Tempo von Übernahmeverfahren, bei dem sich stündlich neue Entwicklungen ergeben, gefiel ihm. Außerdem gab ihm das die Möglichkeit, den Bürgerschreck zu spielen – und nichts genoß er mehr.

Am 6. Januar 1959 kündigte Reynolds/TI an, daß die Gruppe die Aktienmehrheit von British Aluminium in ihren Besitz gebracht hatte. Siegmund Warburg hatte den etablierten Kräften des englischen Finanzwesens getrotzt und gewonnen. Bis dahin hatte man eine erzwungene Übernahme führender englischer Firmen für ausgeschlossen gehalten. Diesen Mythos hatte Siegmund mit einem gewaltigen Schlag zerstört.

Der Erfolg machte ihn auf der ganzen Welt bekannt. Mit einem Mal tauchte die mittlerweile sechsundfünfzigjährige Sphinx der Londoner Finanzwelt auf Pressefotos auf. Er bejubelte seinen Triumph nicht lauthals, wußte dessen Bedeutung aber offensichtlich richtig einzuschätzen. Die Zeitschrift *Business Week* zeigte den Sieger mit einem zufriedenen schiefen Lächeln.[31] Er machte einen selbstsicheren Eindruck und schien das ganze Getue belustigend zu finden. Mit koketter Selbststilisierung fragte er sich laut, ob er sich aus dem Geschäftsleben zurückziehen solle, um Geschichte und Philosophie zu studieren oder das eine oder andere Buch zu schreiben.[32]

Zunächst trat man ihm in der Londoner City außerordentlich feindselig gegenüber. So mancher ging auf die andere Straßenseite, wenn er ihn kommen sah, und George Kindersley tönte gar: »Mit dem Kerl red' ich nie wieder.«[33] Als er Siegmund bei einem Empfang in der österreichischen Botschaft sah, machte er auf dem Absatz kehrt und ging.[34] Da Jimmy Warburg mit Kindersley befreundet war, verfestigte sich seine Abneigung gegen Siegmund mit dem Krieg um British Aluminium. Im Versuch, den Bruch zu kitten, lud der als »Mr. Establishment« bekannte Lord Brand von der Firma Lazard Siegmund zu einer formellen Abendgesellschaft ein, die in einer Atmosphäre frostigen Unbehagens verlief. Jahrelang herrschte zwischen den Firmen Lazard und S. G. Warburg erbitterte Feindschaft. Morgan Grenfell, ebenfalls Mitglied des Konsortiums, weigerte sich fünfzehn Jahre lang, mit Siegmunds Firma Geschäfte zu machen.

Allmählich aber kamen die meisten zu der Einsicht, daß sie Siegmund Warburg brauchten und es sich nicht leisten konnten, ihn zu verärgern. Drei Monate nach dem Sieg im Kampf um British Aluminium sprach ihn ein guter Bekannter von Olaf Hambro an und sagte: »Es tut Olaf wirklich leid, daß die alte Freundschaft zwischen Ihnen beiden dahin ist.« Siegmund bestritt, Olaf zu grollen, und erklärte, jener sei für ihn wie ein Großvater gewesen. »Heißt das, Sie wären bereit, mit ihm zusammenzutreffen?« Siegmund gab zu verstehen, daß er sehr erfreut wäre. So kam es im Teilhaberbüro der Firma Hambros zu einer gefühlvollen Wiederbegegnung der beiden Männer. Olaf umarmte Siegmund und rief aus: »Waren wir nicht *fürchterliche Narren*?«[35] Dennoch war er nicht bereit, den Aktienmarkt als Institution anzuerkennen, die über Gedeih und Verderb eines Unternehmens entscheiden kann. Sein Friedensschluß mit Siegmund war wohl vor allem geschäftliche Notwendigkeit.

Für S. G. Warburg & Co. bedeutete der Krieg um British Aluminium einen Wendepunkt; die Position seiner Firma in Finanzkreisen festigte sich in dem Maße, wie führende Vertreter vieler Finanzhäuser erkannten, welcher Meisterstreich Siegmund gelungen war. Aber auch in der City, wo man sich angewöhnt hatte, Äußerlichkeiten höher zu bewerten als Fähigkeit und Überzeugungskraft, konnte nicht mehr alles so weitergehen wie bisher. Gefragt, auf welche Weise Siegmund Warburgs Mannschaft die Auseinandersetzung um British Aluminium gewonnen habe, sagte Henry Grunfeld einfach: »Wir haben keine Fehler gemacht, wohl aber die anderen.«[36] Einst hatte man Firmenübernahmen ausgehandelt. Jetzt, nachdem Siegmund aufgetreten war, wurden von Finanzhäusern Arbeitsgruppen eingesetzt, die aus Fachleuten der Unternehmensfinanzierung bestanden. Auf diese Weise hoffte man, die mächtige Warburg-Maschinerie stoppen zu können. Aufstrebende Nachwuchskräfte in anderen Finanzhäusern waren eifrig bemüht, Siegmunds Beispiel nachzuahmen. Im folgenden Jahrzehnt verbreitete sich der disziplinierte Kampfgeist von S. G. Warburg im gesamten Londoner Finanzbezirk. Auseinandersetzungen um Unternehmen fanden künftig vor den Augen der Öffentlichkeit und nicht mehr hinter verschlossenen Türen statt. Dieser verblüffende Wechsel war dem Auftreten eines einzigen Mannes zu verdanken.

Trotz Siegmunds unbestreitbarem Erfolg zeigte der Verlauf des Vorgangs auch einige der Mängel auf, die erzwungenen Übernahmen anhaften und dem anglo-amerikanischen Finanzwesen noch auf Jahrzehnte hinaus zu schaffen machten. So ist es durchaus möglich, daß sich jener Sieg für die betroffenen Unternehmen unter dem Strich als Niederlage dargestellt hat. Manche Beobachter sind überzeugt, daß der bedingungslose Siegeswillen Siegmunds und seiner Kunden die wirtschaftlichen Gegebenheiten des Vorhabens in den Hintergrund treten ließen. Wie begeistert Reynolds von Siegmunds Erfolg auch gewesen sein mag, der Preis, den er dafür zahlen mußte, war außerordentlich hoch. Im Verlauf der Fehde waren die 1957 mit lediglich sechsunddreißig Shilling gehandelten Aktien von BA auf einen Kurs von fünfundachtzig Shilling emporgeschnellt. Dazu hat Michael Verey, der im Auftrag von Helbert Wagg die Firma Tube Investments beriet, angemerkt: »Erst Jahre später stellte sich heraus, daß der Kampf den Kunden sehr teuer gekommen war. In letzter Konsequenz hat Siegmund Reynolds schlecht beraten. Es hat sich nicht gelohnt, diesen Preis für British Aluminium zu zahlen.«[37]

Wegen des hohen Kaufpreises zögerte Reynolds/TI, Geld in das Unternehmen zu investieren. »Tube Investments wie auch Reynolds haben gemerkt, daß sie zuviel gezahlt hatten«, sagte Ronald Utiger, der später Vorsitzender bei BA wurde. »British Aluminium hatte einen beträchtlichen Investitionsbedarf, doch Reynolds/TI gab zu verstehen, daß man angesichts des hohen Einstandspreises nicht bereit sei, noch mehr Geld in die Firma zu pumpen. Die Übernahme war ein gewaltiger strategischer Fehler. Gelegenheiten, die sich in Australien und anderen Ländern boten, ließen sich nicht nutzen, da zu deren Wahrnehmung ein Kapitaleinsatz erforderlich gewesen wäre. Fraglos hätte Alcoa diese Möglichkeiten gesehen und die zu ihrer Nutzung nötigen finanziellen und technischen Mittel zur Verfügung stellen können.«[38] Selbstverständlich lassen sich solche Aussagen im Rückblick wesentlich einfacher machen als aus der Situation heraus.

Unterdessen erwiesen sich die schlachterprobten Truppen der Firma S. G. Warburg bei Übernahmekämpfen als gewiefte Experten. In den sechziger Jahren schien die Firma praktisch unbesiegbar, ganz gleich, ob es um Angriff oder Verteidigung ging. Mit Henry Grunfeld und Frank Smith hatte

Alice Warburg in den fünfziger Jahren

Siegmund die beiden amtierenden Meister für raffinierte Strategien bei der Abgabe von Übernahmeangeboten an seiner Seite. Jetzt konnte er sich seinen alten Traum erfüllen: mit einer Bank, die geringe Gemeinkosten verursachte, als Finanzberater beachtliche Honorare zu verbuchen, ohne daß er Kredite gewähren mußte.

Der Ruhm des Siegers lockte viele Kunden an. So beriet Siegmund im Juli 1959 Roy Thomson, Sohn eines Friseurs aus Toronto, der eine Kette kanadischer Zeitungen besaß, als dieser die *Sunday Times* erwerben wollte. Zu den Kunden Siegmunds, der nur selten Zeitung las, gehörte bereits Cecil King, der Pressemagnat vom *Daily Mirror*, der von älteren und minder beweglichen Finanzhäusern abgewiesen worden war. Der von Siegmund beratene King wurde Großbritanniens größter Zeitungsverleger. Als er und Thomson Anfang der sechziger Jahre um den Erwerb von Odhams Press wetteiferten, teilte Siegmund letzterem mit, er werde King vertreten, da dieser schon länger sein Kunde sei. Thomson war sehr erstaunt, hielt aber Siegmunds Bank die Treue, nachdem King den Sieg davongetragen hatte – ein außergewöhnlicher Vertrauensbeweis.

Nach der Auseinandersetzung um BA vertraute ein Teilhaber einer Konkurrenzbank Siegmund an: »Ab sofort wird kein Leiter eines Unternehmens, dessen Aktien an der Börse notiert werden, ruhig schlafen können, weil er möglicherweise mitten in der Nacht aufwacht und sich fragt, wer unter Umständen seine Firma übernehmen möchte.«[39] Diese Aussage gefiel Siegmund, der nichts für unbewegliche Unternehmensleiter übrig hatte, bei denen sich alles auf eingefahrenen Bahnen bewegte. Zugleich bereitete es ihm Vergnügen, daß er dazu beitrug, dem betulichen britischen Stil im Geschäftsleben ein Ende zu bereiten. In einem Interview aus dem Jahr 1970 gab er zu, sich oft gefragt zu haben, »ob nicht viel Weisheit dahinter steckt, daß man sich in diesem Land gegen das neuzeitliche Streben nach konsequenter Effizienz zu Lasten menschlicher Werte sträubt«.[40] Man weiß nicht, ob der janusköpfige Siegmund ins 21. Jahrhundert vorausgestürmt war oder voll Sentimentalität dem 19. nachtrauerte.

Durch den Zusammenschluß mit Seligman und den Krieg gegen British Aluminium war es Siegmund gelungen, den Namen Warburg aus den Trümmern des Dritten Reiches wiederauferstehen zu lassen. Niemand war je so rasch in die von Cliquenwirtschaft geprägte Londoner Finanzelite eingedrungen. Mit dieser bemerkenswerten Leistung wiederholte er das für die Warburgs so typische Geschick, sich gegen widrige Umstände durchzusetzen. Außerdem lieferte er ein Beispiel für das Durchsetzungsvermögen der Juden im Exil. Wieder einmal hatte der jüdische Bankier die Finanzwelt aufgerüttelt, indem er neue Ideen ins Spiel gebracht hatte, die den Status quo bedrohten, und so sehen denn auch viele Beobachter den Grund dafür, daß im deutschen Finanzwesen der Nachkriegszeit der schöpferische Funken ausblieb, in der Vernichtung der Juden. Indem die Nationalsozialisten Menschen wie Siegmund Warburg vertrieben, hatten sie Deutschland, als dessen angebliche Retter sie auftraten, schweren Schaden zugefügt und ihren britischen Feinden ein Geschenk von unschätzbarem Wert gemacht.

45

Die Art der Gnade...

Erich hatte eine hohe Stirn, tiefliegende Augen und buschige, zusammengewachsene Augenbrauen. Er war jetzt Anfang sechzig, und wie allen männlichen Warburgs gingen ihm allmählich die Haare aus. Trotz des Zerwürfnisses mit Brinckmann war er munter und lebensfroh, ein Mann, der sich raschen Schrittes seinen Weg durch die Hamburger Bank bahnte. Im Unterschied zu Siegmund schien er nicht von den Narben der Vergangenheit gezeichnet zu sein. Nichts tat er lieber, als privaten Besuchern seinen reichen Schatz an Erinnerungsstücken in der Bank und auf dem Kösterberg zu zeigen. Er war in die Überlieferung eingebunden, und das hielt ihn beim Kampf um die Rückgewinnung der Bank aufrecht.

Ganz das getreue Spiegelbild der ewigen Zwiespältigkeit deutscher Juden, verlangte Erich im Nachkriegsdeutschland Gerechtigkeit und gewährte Vergebung. Nach Hamburg zurückgekehrt, wurde er zur grauen Eminenz der Aussöhnung zwischen Deutschen und Juden und damit eine Gestalt von erheblichem symbolischem Gewicht. Wenn später zweifelnde jüdische Besucher Bundeskanzler Helmut Schmidt fragten, ob es in Deutschland noch Antisemitismus gebe, pflegte dieser den Telefonhörer abzunehmen und seinen Segelfreund Erich zu bitten, er möge die mißtrauischen Gäste beruhigen. Auch wenn Erich in dieser Hinsicht im Innersten seines Herzens nie so überzeugt war, wie er sich nach außen gab, hielt er den Nationalsozialismus für einen erloschenen Vulkan.

Alljährlich einmal verabredete er sich mit Graf von Rothkirch, dem General, der 1938 an der Spitze der deutschen Truppen in Wien einmarschiert war und den er bei Kriegsende vernommen hatte, zum Mittagessen. Auch bei anderen ehemaligen Wehrmachtsoffizieren hatte Erich Friedensfühler ausgestreckt. So war er beim Afrikafeldzug in einer von Ratten wimmelnden alten Festung auf einen Leutnant Almenröder gestoßen, den die Franzosen dort eingesperrt hatten. Nach dem Krieg trat dieser in ein Kloster nahe München ein. Dreißig Jahre nach ihrer Begegnung im Krieg stöberte Erich ihn auf, um ihm ein Taschenmesser zurückzugeben, das er damals beschlagnahmt hatte, und die beiden Männer unterhielten sich drei Stunden lang lebhaft miteinander. In solchen Besuchen drückte sich Erichs Achtung vor dem Militär, aber auch sein starkes Bedürfnis aus, Konflikte ein für allemal zu beenden. Während Siegmund dazu neigte, gegen herkömmliche Strukturen aufzubegehren, war Erich ein unerschütterlicher Traditionalist, der zurück zu den vertrauten Pfaden seines Lebens vor Hitler strebte.

Sich der Vergangenheit des Dritten Reiches zu stellen, bedeutete stets eine seelische Belastung für Erich. Sein Stellvertreter hatte 1945 einen stämmigen Generalleutnant namens Fritz Bayerlein verhört, der Chef des Stabes in Rommels Afrikakorps gewesen war. Der Handel mit Orientteppichen, in den Bayerlein nach dem Krieg einstieg, führte ihn alljährlich nach Hamburg, und dabei besuchte er jedesmal Erich, sozusagen als Wiedergutmachung. Unmittelbar nach dem Sechs-Tage-Krieg von 1967 stürmte er in Erichs Büro, entfaltete eine Stabskarte der Sinai-Halbinsel und erläuterte zwei Stunden lang begeistert Israels Blitzkrieg-Taktik. Dazu erklärte er: »Sie müssen aber zugeben, die Jungs haben viel von uns gelernt.« Der sonst äußerst taktvolle Erich gab zur Antwort: »Jawohl, Herr Bayerlein, die wenigen, die nicht vergast worden sind, haben wahrscheinlich ihre Lektion gelernt.«[1]

Auch wenn Erich kaum je auf unverhüllten Antisemitismus stieß, begegnete er immer wieder jener Art moralischer Stumpfheit, die einst der Nährboden des Nationalsozialismus gewesen war. Als er eines Sonntags an einer nahe dem Kösterberg gelegenen Kirche in Blankenese vorüberspazierte, der er großzügig Schiffsmodelle geschenkt hatte, trat er, vom Chorgesang angelockt, spontan ein. Der Pfarrer predigte über die Kreuzigung Christi »durch die Juden«. Nur mit Mühe konnte Erich seinen Zorn beherrschen und verfaßte einen Brief an den Pfarrer, in dem er ihm mitteilte, daß die Römer Christus getötet hatten, nicht die Juden. Tatsächlich akzeptierte der Geistliche die Richtigstellung und bat Erich später sogar um ein Einführungsschreiben, als er eine Reise nach Israel unternahm. Erich lehrte die Christen Vergebung.

Als er sich wieder auf seine aus der Kaiserzeit stammende Vorliebe für Adel und Militär besann, gewann von all seinen im Widerstreit liegenden Merkmalen – deutsche, jüdische und amerikanische – das deutsche Element letztlich wieder die Oberhand. In seinen Memoiren taucht eine geradezu peinlich wirkende Anzahl von Aristokraten und Generälen auf, mit denen er bekannt gewesen war. Dennoch unterdrückte er seine jüdische Seite nie vollständig und trat durchaus beharrlich für seine Grundsätze ein. Die mit der Kurzformel »Claims Conference« bezeichnete »Conference on Jewish Material Claims Against Germany« (Inc.), eine Dachorganisation von dreiundzwanzig jüdischen Verbänden, die es sich unter anderem zur Aufgabe gemacht hatte, die Gesamtinteressen jüdischer Opfer der nationalsozialistischen Verfolgung zu vertreten, schloß 1952 mit Bundeskanzler Adenauer ein Abkommen zur Wiedergutmachung ab. Darin verpflichtete sich die Bundesrepublik Deutschland, zwischen 1953 und 1965 drei Milliarden Mark an Israel und vierhundertfünfzig Millionen an die Claims Conference zu zahlen, was sich auf etwa fünf Prozent des jährlichen Bundeshaushaltes belief. Die damalige DDR allerdings war nicht bereit, auch nur einen roten Heller zur Entschädigung jüdischer Opfer zu zahlen, und wies jede Verantwortung für die Naziverbrechen zurück – angeblich lebten dort ausschließlich antifaschistische Freiheitskämpfer. Angesichts des Leidens der Juden war der von der Bundesrepublik aufgewendete Betrag zwar kaum der Rede wert, doch machte sie damit eine wichtige symbolische Geste und wurde am Ende nach den Vereinigten Staaten Israels zweitgrößter Handelspartner. Diese Beziehung nutzte beiden Seiten, verschaffte sie doch Deutschland auf der ganzen Welt Ansehen und Israel Wirtschaftshilfe.

Das Abkommen von 1953 sah auch ein Wiedergutmachungsgesetz zur Entschädigung von Juden vor, die unter dem Nationalsozialismus Schaden an Leben, Körper, Gesundheit, Freiheit, Eigentum oder Vermögen genommen oder Versorgungsansprüche eingebüßt hatten. Unberücksichtigt blieben dabei allerdings die hundertfünfzigtausend KZ-Insassen, die als Zwangsarbeiter, oft unter unsäglichen Bedingungen, in unterirdischen Produktionsstätten ausgebeutet worden waren. Sie hatten unter unvorstellbarem Schmutz und Hunger gelitten, und Prügel waren an der Tagesordnung gewesen. Während des Krieges konnten deutsche Firmen telefonisch Zwangsarbeiter anfordern, die ihnen prompt per Bahn zugestellt wurden. Später verschanzten sich die Führungskräfte solcher Unternehmen hinter der fadenscheinigen Ausrede, sie seien im Dritten Reich lediglich Befehlsempfänger gewesen, und behaupteten in vielen Fällen, von den Greueltaten in ihren eigenen Produktionsanlagen nichts gewußt zu haben.

Als die Claims Conference eine Entschädigung von den Rechtsnachfolgern der Firmen Krupp, Flick, Siemens, Rheinmetall und IG Farben einforderte, wobei Zahlungen über Brinckmann, Wirtz geleitet werden sollten, diente Erich als wichtiger Vermittler. Da die meisten Unternehmen eine nicht mehr endende Serie von Prozessen fürchteten, reagierten sie auf äußerst bürokratische und ablehnende Weise. Um zahlungsunwillige Firmen, die sich keineswegs bußfertig zeigten, zu einer Wiedergutmachung zu bewegen, waren gründliche Nachforschungen nötig. So sammelte Benjamin B. Ferencz von der Claims Conference Belege dafür, daß Alfried Krupp Kenntnis von der Zwangsarbeit in seinen Betrieben besessen hatte, bevor man sich an die Firma Krupp wandte. Vertreter jenes Unternehmens hatten 1943 nackte Gefangene in Auschwitz gemustert, und den in einer Munitionsfabrik des Konzerns beschäftigten KZ-Insassen hatten verschiedene Führungskräfte von Krupp sogar Anweisungen erteilt.[2] Als Ferencz Alfried Krupps Generalbevollmächtigtem, Berthold Beitz, ein ausführliches Exposé dazu vorlegte, erbleichte dieser und rief aus: »Erpressung!«[3]

Nach diesem nicht besonders vielversprechenden Anfang versicherte man sich der Mithilfe von John J. McCloy, Vorsitzender der Chase Manhattan Bank in New York. Obwohl dieser für Alfried Krupps umstrittene Amnestierung verantwortlich war und nunmehr fürchtete, man werde jedes mit seiner Hilfe zustande gekommene Zugeständnis bei Wiedergutmachungszahlungen als verspätete Quittung dafür ansehen, traf er um die Mitte des Jahres 1959 in Krupps Villa Hügel südlich von Essen mit dem Industriemagnaten zusammen. Als Krupp nichts von McCloys Bitte wissen wollte, den Forderungen der Konferenz nachzugeben, verklagte ihn Ferencz in New York und setzte pro Zwangsarbeiter eine Entschädigungsforderung von zehntausend Dollar fest.

Jetzt erschien Erich auf der Bildfläche. Die Vorstellung, ein milliardenschweres Industrieunternehmen könne sich einfach aus der Verantwortung stehlen, widerstrebte seinem Gerechtigkeitssinn. Da Krupp Kunde bei Brinckmann, Wirtz war, wurde Erich in einer einzigartigen Doppelrolle bei Beitz vorstellig: zum einen als Jude, der Gerechtigkeit forderte, zum anderen als deutscher Geschäftsfreund, der seinen Rat anbot. Zu einem Zeitpunkt, da die Konferenz die Klage in New York noch nicht anhängig gemacht hatte, legte er dem Generalbevollmächtigten der Firma Dokumente vor, aus denen hervorging, daß Alfried Krupp Kenntnis vom Einsatz von Zwangsarbeitern gehabt hatte, und riet Beitz, gleich zu zahlen, um eine noch höhere Entschädigungsforderung zu vermeiden.[4] Gewiß verstärkte er damit den moralischen Druck auf die Unternehmensführung. Mit Krupps Billigung flog Beitz nach Amerika und bot rund zehn Millionen Mark an. Zwar entsprach das nur läppischen zweitausend Mark pro Opfer, doch war damit zumindest das widerwillige Eingeständnis verbunden, daß man Unrecht begangen hatte.[5]

Andere Fälle verliefen weit unangenehmer für Erich. Die Siemens Bauunion, die in unterirdischen Rüstungsbetrieben etwa achttausend KZ-Häftlinge beschäftigt hatte[6], behauptete später, sie sei zu dieser Maßnahme gezwungen worden. Doch aus einem internen Unternehmensbericht des Jahres 1945 ging hervor, daß es sich anders verhielt.[7] Bei einer Zusammenkunft mit führenden Vertretern der Firma Siemens erklärte Erich, daß sich dieser Bericht, dessen Veröffentlichung Siemens nicht zuträglich sein werde, im Besitz Ferencz' befinde, und so sah sich das Unternehmen zur Zahlung veranlaßt.[8]

Diese Tätigkeit im Zusammenhang mit der Wiedergutmachung führte Erich geradewegs zu Friedrich Flick, der tief in die grauenhaften Machenschaften des Dritten Reichs verstrickt gewesen war. Als Wehrwirtschaftsführer hatte er gemeinsam mit Himmler, dem »Reichsleiter SS«, Konzentrationslager besichtigt.[9] Das zu vier Fünfteln in Flicks Besitz befindliche Unternehmen Dynamit Nobel AG hatte ein besonders trübes Kapitel der nationalsozialistischen Geschichte geschrieben: Um Zünder in Bomben und Granaten einzusetzen, hatte es Frauen aus dem Lager Auschwitz geholt, von denen viele infolge eines falschen Handgriffs ihr Leben lassen mußten.[10] Nach dem Krieg wurde dieser einstige Freund und Förderer der Nationalsozialisten wegen der Beschäftigung von KZ-Häftlingen zur Zwangsarbeit und Mitgliedschaft in einer verbrecherischen Organisation zu fünf Jahren Freiheitsstrafe verurteilt, erlangte aber 1951 durch McCloys Vermittlung vorzeitig wieder die Freiheit. Er nahm seine Geschäfte erneut auf und brachte ein Imperium von mehr als dreihundert Unternehmen zusammen, womit er der reichste Mann Deutschlands wurde. Soviel zum Thema irdische Gerechtigkeit.

Kein zweiter war derart herzlos arrogant wie dieser Mann. So erklärte er in aller Öffentlichkeit: »Nichts wird uns davon überzeugen, daß wir Kriegsverbrecher sind.«[11] Von der Konferenz gebeten, an Flick heranzutreten, bekam Erich es mit dessen Rechtsvertreter Fabian von Schlabrendorff zu tun, für den er tiefe Freundschaft und Bewunderung empfand. Schlabrendorff hatte den Grafen Stauffenberg für das gegen Hitler gerichtete Komplott angeworben und selbst einen Anschlag auf den Führer vorbereitet, bei dem in einem Paket mit Kognakflaschen Bomben an Bord von dessen Flugzeug geschmuggelt worden waren. Gerade als Schlabrendorff im Februar 1945 zum Tode verurteilt werden sollte, unterbrach ein Bombenangriff die Verhandlung. Dabei kam der Richter Roland Freisler ums Leben, und die Prozeßakten verbrannten. Man sagte über von Schlabrendorff, von allen, welche die Gestapo-Folter überlebt hatten, habe er am meisten unter ihr gelitten. Dieser glänzende Anwalt gehörte zu den tapferen Widerstandskämpfern, die Erich 1945 unterstützte, als alles in Trümmern lag. Alljährlich nahm Erich an der Gedenkfeier für die nach dem Attentat vom 20. Juli 1944 Hingerichteten teil und hatte immer wieder Kontakt mit Schlabrendorff.

Nun also saß der einstige Widerstandskämpfer in seinem Büro und vertrat einen rechtskräftig verurteilten Kriegsverbrecher. Er schien guten Willens zu sein und den Forderungen der Claims Conference wohlwollend gegenüberzustehen. So arbeitete er mit Erich eine Empfehlung aus, die er seinem Auftraggeber mitnahm.[12] Doch der gute Beginn fand keine Fortsetzung. Schlabrendorff erlitt kurz darauf einen Herzanfall, so daß die Verhandlungen um sechs Monate verschoben werden mußten. Danach ließ er sich nicht mehr auf eine so eindeutige Position festlegen.[13]

Um die Gespräche wieder in Gang zu bringen, grub die Claims Conference SS-Unterlagen aus, aus denen hervorging, daß man KZ-Insassen gezwungen hatte, für Nobel zu arbeiten. Ziemlich lange mußte Erich mit von Schlabrendorff über die Höhe der vorgesehenen Entschädigungszahlung feilschen; dann übertrug Flick die Angelegenheit seinem Assistenten, Dr. Wolfgang Pohle, der 1933 in die NSDAP eingetreten war und ihn in Nürnberg verteidigt hatte. Von Zeit zu Zeit gab Pohle zu verstehen, daß eine Einigung unmittelbar bevorstehe, doch geschah nie etwas. Ungeachtet der offenkundigen Verzögerungstaktik Flicks erklärte von Schlabrendorff, sein Auftraggeber werde zahlen. Als der Vorstand der Nobel AG im Januar 1967 zusammentrat, um über die Frage zu beraten, versicherte von Schlabrendorff Erich, man habe »den Vertrag in der Tasche«.[14]

Heraus kam eine vorsätzliche Brüskierung. Der Vorstand der Nobel

AG erklärte, die Liquiditätslage des Unternehmens lasse keinerlei Entschädigungszahlung zu – und dies zu einer Zeit, als Flicks Vermögen auf zwei Milliarden Mark geschätzt wurde. Obwohl er von McCloy und Hermann Josef Abs von der Deutschen Bank unterstützt wurde, kam Erich keinen Schritt weiter. Später sagte er verbittert, Flick hätte die Entschädigung aus der Westentasche zahlen können.[15] Nachdem dieser volle neun Jahre lang die Hoffnungen von dreitausendfünfhundert jüdischen Opfern in grausamer Weise geschürt hatte, teilte er McCloy mit, er habe sich entschlossen, nichts zu zahlen.[16] Mit neunundachtzig Jahren starb Flick 1972, ohne seine Schuld bereut oder seinen jüdischen Opfern auch nur einen Pfennig gezahlt zu haben. Sein Vermögen belief sich damals auf rund vier Milliarden Mark.[17]

Der nach Deutschland zurückgekehrte Erich wollte die Arbeitsplätze der Angestellten bei E. M. Warburg & Co. in New York sichern. Die kleine Firma, deren Teilhaber aus dem Ausland stammten und allmählich älter wurden, mußte modernisiert und amerikanisiert werden und brauchte neue Anstöße. Zwar wurde das Unternehmen dank Erichs Freundschaft mit Freddy an Konsortien von Kuhn, Loeb beteiligt und bekam Kunden-Portefeuilles zur Verwaltung, doch gelang es nur ansatzweise, seine Basis über den ursprünglichen deutschen Kundenstamm hinaus zu erweitern. Um die Veränderung in Gang zu bringen, stellte Donald Blinken 1965 Erich, der inzwischen fünfundsechzig Jahre alt war, einen hochgewachsenen, gutaussehenden jungen Mann namens Lionel Pincus vor, dessen Großvater aus Polen gekommen war und dessen Eltern eine Textil- und Grundstücksmaklerfirma in Philadelphia betrieben. Als Teilhaber bei Ladenburg, Thalmann investierte Pincus im Auftrag reicher Familien in Unternehmensbeteiligungen.

Trotz des Altersunterschiedes von einunddreißig Jahren verstanden sich die beiden Männer auf Anhieb. Es war die Art von Beziehung, wie es sie zwischen wirklichen Vätern und Söhnen nie gibt. Ganz wie Erich war Pincus liebenswürdig, zurückhaltend und besonnen. Zwar hielt er Erich als Bankier nur für mittelmäßig begabt, doch achtete er ihn als Menschen. Anfangs durchschaute Pincus nicht, was es bedeutete, in das verworrene Geflecht der Warburg-Beziehungen geraten zu sein. Da er noch nie in Deutschland gewesen war, wußte er nichts von diesem Familienverband aus Hochbegabten, die sich unaufhörlich gegenseitig bekriegten. Im Lauf der Zeit aber erkannte er, daß nichts einfach war, wenn es um die Warburgs ging.

Mit einem Atlas und unter Zuhilfenahme von Aufzeichnungen machte Erich seinen Ersatzsohn Pincus mit der langen und verwickelten Geschichte der Familie vertraut und drängte ihn, er möge Deutsch lernen (was dieser nie tat). Immer wieder unterhielten sie sich über Erichs Entschluß, nach Deutschland zurückzukehren, und Erich erklärte, nicht nur hätten ihn seine adligen Freunde dazu gedrängt, man dürfe auch die Söhne nicht für die Taten der Väter büßen lassen. All das war Pincus fremd, aber es sagte ihm zu. Obwohl man in der Firma E.M. Warburg & Co. gewöhnlich deutsch sprach, gingen die Mitarbeiter auf englisch über, sobald Pincus den Raum betrat. Im Januar 1966 erwarb er einen fünfzigprozentigen Anteil an E.M. Warburg & Co., während Erich mit seiner Gruppe die andere Hälfte behielt.

Bei ihrer ersten gemeinsamen Reise nach Deutschland im Jahre 1967 war Pincus voll Bewunderung für Erichs diplomatisches Geschick und machte sich Gedanken über die schwierige Lage eines jüdischen Bankiers in Nachkriegsdeutschland. Am Tag ihrer Ankunft in Hamburg brachten die Zeitungen auf der ersten Seite Bilder eines geschändeten jüdischen Friedhofs. Erich und Pincus besuchten Unternehmen, die im Dritten Reich Gewinne gemacht hatten, darunter auch Waschmittel- und Chemiekonzerne. Ob aus echter Reue, aus Schuldgefühl oder weil es ihren Interessen dienlich war, drängten sich deutsche Firmenleitungen nach einer Geschäftsbeziehung mit Erich. Im Laufe der Zeit lernte Pincus dessen Einstellung schätzen, die lautete, man müsse das Leben in seiner Vielfalt hinnehmen und dürfe nicht die Hände in den Schoß legen und abwarten, bis sich ideale Situationen ergäben.

Als Pincus die Hälfte der Anteile von E. M. Warburg übernahm, war ihm nicht klar, daß damit auch eine Beziehung zu dem ungestümen Siegmund verbunden war. Obwohl Erich unausgesetzt klagte, dieser mische sich in alles mögliche ein, forderte er ihn immer wieder zur Mitwirkung auf. So ließ er ihn 1961 wissen, er lege größten Wert auf eine Zusammenarbeit mit ihm, nicht nur in Hamburg, sondern ganz allgemein.[18] Zwar litten beide aneinander, versöhnten sich aber auch wieder wie Boxer, die im Ring aufeinander einschlagen und anschließend die besten Freunde sind. Zu Anfang der sechziger Jahre ließ Siegmund einmal zur allgemeinen Verblüffung Erich den ganzen Tag in seinem Londoner Büro warten.[19] Dieser wiederum war einer der wenigen, die sich erkühnten, den empfindlichen Siegmund zu hänseln. Wie groß Siegmunds Zorn auf Erich auch sein mochte, er war der einzige Warburg, mit dem er auf Dauer in Verbindung blieb. Nach wie vor sah er ihn als schwach und eitel an, als jemanden, der zu großen Worten neigte, und voll Herablassung erklärte er, man könne Erich nicht ernst nehmen.[20] Erich wiederum hielt Siegmund für hinterhältig, durch und durch unaufrichtig sowie machthungrig; dennoch versuchten die beiden, die der Name Warburg verband, immer wieder, miteinander zurechtzukommen.

Siegmunds Kollegen vermuteten, daß Erich in den sechziger Jahren auf die von Siegmund in London vollbrachten Leistungen neidisch war, hatte er doch mit seiner Firma in New York keinen rechten Erfolg gehabt. Man könnte sagen, daß Siegmund mit Bezug auf Erich zwei Ziele hatte: Zum einen wollte er den Namen E. M. Warburg an der Wall Street tilgen und den Weg für S. G. Warburg frei machen, zum anderen sollte Erich den Namen M. M. Warburg in Hamburg zu neuem Glanz führen – zweifellos als Vorbereitung darauf, daß anschließend S. G. Warburg & Co. die Firma übernehmen konnte. Wie bei allem, woran Erich gemeinsam mit Siegmund beteiligt war, wurde der Zwist über den Namen Warburg in New York eine verwickelte und dramatische Angelegenheit, bei der auf Empfindungen keine Rücksicht genommen wurde. Und wieder einmal diente die Auseinandersetzung über den Namen als Vorwand für die tiefergehende und bedeutendere Frage, wer von Rechts wegen auf den Thron der Warburgs Anspruch erheben durfte.

Bereits 1961 unternahm Siegmund Schritte, die Erich dazu veranlassen sollten, den Namen Warburg in New York aufzugeben, und erklärte, er verstehe nicht, wie dieser die Stimmrechtsmehrheit aufgeben und dennoch zulassen könne, daß sein Name in Verbindung mit der Firma bleibe. Er erklärte, ihm komme das vor wie eine Art Prostitution des Namens, und er wies darauf hin, daß er über Warburg Continuation Limited die Stimmrechtsmehrheit in London besaß.[21] Nach den unendlichen Bemühungen um den Namen Warburg in London und Hamburg war Siegmund entsetzt, daß Erich unter Umständen bereit war, in New York zu verkaufen. Genau das aber tat dieser, und zwar an Lionel Pincus.

Erich befand sich in einer schwierigen Situation. Den größten Wert in der Firma E. M. Warburg besaß der Name, und Pincus wußte durchaus, daß er den Ruf eines seit langem renommierten Hauses kaufte. Allerdings hatte Erich Siegmund versprochen, dafür zu sorgen, daß sein Name aus der Firma getilgt werde. Zusätzlich kompliziert wurde die Sache dadurch, daß der aus einer osteuropäischen Familie stammende Pincus, der in New Yorks Textilbezirk gearbeitet hatte, Siegmunds Meinung nach die falsche Art Jude war. Er billigte ihm nicht die Statur eines Mannes zu, der in der Welt des Risikokapitals besonders gute Figur machen würde, und was Pincus bis dahin geleistet hatte, beeindruckte Siegmund in keiner Weise.

Mit der Behauptung, Erich würdige den Namen Warburg herab (ganz davon abgesehen, daß er seine eigenen Pläne an der Wall Street durchkreuzt hatte), deckte Siegmund ihn und Pincus mit einer Flut von Briefen ein und schickte ihnen einen Abgesandten nach dem anderen ins Haus. Für Siegmund bedeutete das Fortbestehen des Namens E. M. Warburg ein mehr als nur lästiges Ärgernis: Jahr für Jahr schickte er Erich eine photokopierte Seite aus dem Telefonbuch von Manhattan mit dem eingekreisten Namen E. M. Warburg und fragte, warum dieser noch nicht getilgt sei. Pincus hatte den Eindruck, daß Siegmund und Erich nach außen hin korrekt miteinander umgingen, auch wenn sie einander in Wirklichkeit nicht ausstehen konnten. Nach einer klug inszenierten Abfolge von Hinweisen, Bluffs und Forderungen erreichte Siegmund schließlich im Januar 1970, daß der Name in E. M. Warburg, Pincus & Company geändert wurde, damit er sich von E. M. Warburg & Company unterschied. Daraufhin sprachen Siegmund und Pincus mehrere Jahre lang nicht miteinander.

Und doch behielt Lionel Pincus letztlich die Oberhand. Aus Erichs winziger Firma machte er ein riesiges, blühendes Unternehmen mit dreieinhalb Milliarden Dollar Anteilen an Wagniskapital, wurde überdies im Wohlfahrtsbereich tätig und fand Aufnahme in der Gesellschaftsschicht der Park Avenue. Trotz des bedeutenden Beitrags, den er selbst zum Aufblühen dieser Firma geleistet hatte, gab er den Namen Warburg nie auf, und immer hing im Empfangsraum der Firma ein Porträt Erichs. Pincus kannte die Bedeutung der Dankbarkeit und hatte den Wert des Namens Warburg schätzengelernt.

Die Aufgabe, den Namen M. M. Warburg in Hamburg zu neuem Leben zu erwecken, beschäftigte nicht nur Siegmund und Erich, sondern die gesamte Familie. Während der ersten drei Jahre mieden Brinckmann und Erich das Thema voll Feingefühl. Dann setzten sie sich im Juni 1960 erneut zusammen, um über die Angelegenheit zu verhandeln. Vierzig Jahre lang, sagte Erich, seien sie wie Brüder gewesen, doch das dreijährige Schweigen über die Namensänderung habe zur Unaufrichtigkeit geführt. Es fiel Erich auf, welche Ironie darin lag, daß man in Hamburg inzwischen zwar eine Straße nach den Warburgs benannt hatte, die Bank in der Ferdinandstraße diesen Namen aber nicht trug – ein Zustand, den er als »unerträglich« bezeichnete.[22] Erichs Vorschlag, die Bank M. M. Warburg, Brinckmann & Co. zu nennen, lehnte Brinckmann ab. Er war ein harter Gegner, und Erich fühlte sich bei Konfrontationen nicht wohl. Sobald er auf die Frage des Namens zu sprechen kam, nannte Brinckmann den Zeitpunkt unpassend. Mit dem geizigen und launischen Brinckmann war nicht gut Kirschen essen; beispielsweise mußten Angestellte, die privat ein Darlehen aufnehmen wollten, dafür zwei Wochen im voraus einen Termin vereinbaren. Die Beziehung zwischen Erich und Brinckmann verschlechterte sich zusehends.

Da er keine Gelegenheit bekam, mit seinem eigenen Teilhaber zu sprechen, schrieb ihm Erich voll Verzweiflung im Herbst in den Urlaub nach Sizilien. Er wies darauf hin, daß sein zwölfjähriger Sohn Max in Deutschland zur Schule ging, so daß er mit großer Wahrscheinlichkeit eines Tages als Warburg der sechsten Generation in die Bank eintreten werde. Er nahm jetzt kein Blatt mehr vor den Mund: »Soll der von den Nazis ausgelöschte Name wirklich erloschen bleiben? Das kann doch nicht Ihre Antwort sein... Mich weiterhin damit abzufinden, wäre eine Pietätlosigkeit, die ich vor meiner ganzen Familie, vor allem dereinst vor meinem Sohn, nicht rechtfertigen kann.«[23] Er bat Brinckmann um seine Stellungnahme. Dieser warf Erich wütend vor, er habe ihm den Urlaub verdorben, und verbat sich den mit dem Begriff »Stellungnahme« angeschlagenen Ton.[24] Seine Haltung verhärtete sich täglich, und er verlangte, daß die Firma, sofern sie umbenannt werde, den Namen Brinckmann, Warburg & Co. bekommen müsse.[25]

Druck auszuüben, blieb Siegmund überlassen. Von Brinckmanns Überheblichkeit entnervt, arbeitete er 1960 systematisch auf eine Namensänderung hin. Wenn er mit Brinckmann zusammentraf, begann er möglicherweise mit hochgestochenen Gesprächen über Nietzsche oder einer ernsthaften Diskussion des Rätsels von Hamlet und lenkte dann in seiner unnachahmlichen Weise das Gespräch freundlich, aber bestimmt, auf die Frage der Namensänderung. In Briefen, die mit »Lieber Brinckie!« begannen, vermengte er kunstvoll Schmeicheleien mit Drohungen. So gab er ihm in einem Schreiben von März 1960 voll Liebenswürdigkeit zu verstehen, niemand sei ein besserer Freund der Juden als Brinckmann. Sodann fuhr er im Ton tiefsten Bedauerns fort, er werde jede Woche gefragt, warum nun, da Erich zurückgekehrt sei, der ursprüngliche Name nicht wieder verwendet werde. Zum Schluß erklärte er rundheraus: »Manche Leute« hätten durchblicken lassen, Brinckmann zögere, weil er Menschen mit unterschwelligen Neigungen zum Nationalsozialismus nicht vor den Kopf stoßen wolle.[26] Damit hatte er in ein Wespennest gestochen.

Als Brinckmann vorschlug, den Namen der Bank in Brinckmann, Wirtz - M. M. Warburg & Co. zu ändern, ging Siegmund an die Decke. Aus Furcht, Erich könne einem Kompromiß zustimmen, wies er ihn darauf hin, daß nur zwei Namen annehmbar seien – M. M. Warburg & Co. oder M. M. Warburg, Brinckmann & Co. Er wies Erich darauf hin, daß die Folge für die Firma genau die Art von Spott und unwürdigen Kommentaren sein werde, die er zu vermeiden trachte, sofern er sich aus Bequemlichkeit oder aus Gründen der Taktik über das Herkommen hinwegsetze.[27] Letzten Endes wollte Siegmund schlicht und einfach den Namen M. M. Warburg & Co., und auch Erich hielt ihn für erstrebenswert, doch war er bereit, der Kompromißformel M. M. Warburg, Brinckmann & Co. zuzustimmen, da ihm das Ziel unerreichbar schien.[28]

Im Sommer 1960 reiste Siegmund nach Hamburg, um sich mit Brinckmann auseinanderzusetzen. Dieser erklärte, er selbst habe Erich nach dem Krieg gedrängt, nach Hamburg zurückzukehren und den Namen seiner Familie wieder in alte Rechte einzusetzen, doch habe sich Erich widersetzt. In Fragen der Ehre, gab Siegmund zur Antwort, gebe es keine Verjährung. Als Brinckmann darauf hinwies, daß es die Warburgs unterlassen hatten, bis 1953 ihre Option wahrzunehmen, mit der sie ihren Anteil auf fünfzig Prozent hätten aufstocken können, frischte Siegmund sein Gedächtnis mit Bezug auf Schillings wütenden Widerstand gegen Erich auf.[29]

Bei dieser oder einer anderen Reise nach Hamburg erreichte Siegmund überraschend eine Einladung von Dr. Hjalmar Schacht, der sich dort als Finanzberater niedergelassen hatte. Wahrscheinlich sah sich Siegmund, inzwischen selbst Herr der Finanzwelt Londons, durch eine gewisse intellektuelle Neugier dazu veranlaßt, den einstigen Zauberer der nationalsozialistischen Wirtschaftspolitik zu besuchen. Höflich hörte sich Siegmund an, was Schacht nervös und weitschweifig über ein Finanzierungsprojekt auf den Philippinen sagte. Er kroch förmlich vor Siegmund und unterbrach seinen langatmigen Vortrag mit den entschuldigenden Worten: »Kurz gesagt«, als nehme er zuviel von der Zeit des großen Mannes in Anspruch. Siegmund versprach, sich die Sache durch den Kopf gehen zu lassen, nahm aber diesbezüglich nie Verbindung mit Schacht auf.[30]

Mit Brinckmanns Anregung, seinen Sohn Christian als Teilhaber in die Bank aufzunehmen, dessen Befähigung zum Bankgeschäft die Warburgs nicht als besonders hoch einschätzten, sah Siegmund seine Befürchtung bestätigt, daß jener eine eigene Bankdynastie zu gründen gedachte.[31] Damit die Sache nicht überstürzt wurde, schlug Siegmund vor, man möge Christian Brinckmann zunächst einmal Handlungsvollmacht erteilen. Er war überzeugt, daß die Warburgs Brinckmann viel zu lange mit Samthandschuhen angefaßt hatten. Fünfzehn Jahre lang, teilte er Brinckmann mit, hätten ihn Jasager umgeben, und so halte er inzwischen jeden, der nicht mit ihm übereinstimme, für unfreundlich, »treulos« oder schlecht.[32] Dessen Erklärung, er habe 1938 lediglich den Mantel einer Bank übernommen, während Siegmund von der Annahme auszugehen scheine, Brinckmann habe eine Firma mit erstklassigem Namen und herausragenden Verdienstaussichten bekommen, schmerzte Siegmund. Er wies ihn darauf hin, daß mehr als zwei Drittel der Aktiva der Firma Brinckmann, Wirtz aus der alten Bank stammten – das Bankgebäude sowie Unternehmensanteile an Beiersdorf und Karstadt.[33] In Briefen an Erich nannte er Brinckmann tückisch, senil, rücksichtslos und tyrannisch.[34] Dieser wiederum sah keinen Anlaß mehr, den Schein eines anständigen Verhaltens zu wahren, und knurrte vor Besuchern, die Warburgs müßten ihm dankbar sein, nicht aber er ihnen.[35]

Vermutlich haben Erich und Siegmund die hartnäckige Durchtriebenheit und die Findigkeit ihres einstigen Untergebenen unterschätzt. Während einer Vorstandssitzung von März 1961, bei der die Wogen hoch gingen und an der Siegmund wie Erich als ausschlaggebende Mitglieder teilnahmen, wurde die von Brinckmann eifrig betriebene Aufnahme seines Sohnes Christian als Teilhaber gebilligt.[36] Die Warburgs glichen das mehr oder weniger aus, indem sie sich dafür einsetzten, daß als zweiter Juniorpartner Dr. Hans Wuttke aufgenommen wurde. Dieser gutaussehende, sympathische und gewiefte Mann aus dem Hause Daimler-Benz, der »Prinz Benz« genannt wurde, hoffte, der Name Warburg werde ihm im Ausland Türen öffnen.[37] Er diente Siegmund als Vertrauensmann in Deutschland, während Erich in ihm in wachsendem Maße Siegmunds Spion sah.

Durch all dies Hin und Her geriet die Beziehung zwischen Erich und Brinckmann in eine Sackgasse; am Ende sprachen sie nicht einmal mehr miteinander. Bei der Vormittagssitzung der Seniorpartner sahen sie einander eine Viertelstunde, dann zog sich jeder in sein Büro zurück und redete den anderen im Laufe des Tages nicht mehr an. Leichtgläubig gab sich die Wirtschaftspresse mit der Erklärung der für Öffentlichkeitsarbeit zuständigen Abteilung zufrieden, zwischen den Familien Brinckmann und Warburg stehe alles zum besten. So hieß es 1966 in der *Financial Times* über Brinckmann, er sehe sich in einem weitergehenden Sinne, als es den Nationalsozialisten lieb gewesen wäre, als Wahrer der Interessen der Familie Warburg, und die Beziehungen zu ihr seien seit Kriegsende recht freundschaftlicher Art.[38]

Die Frage des Firmennamens kam in der Familie Warburg nie zur Ruhe. Lola und Rudolf überlief bei der bloßen Vorstellung ein kalter Schauer, die Firma könne den Namen Brinckmann, Warburg & Co. tragen.[39] Viele führende Köpfe im Bankwesen der Bundesrepublik, darunter auch Hermann Josef Abs, hielten den Namen Brinckmann, Wirtz für skandalös.[40] Sogar Fabian von Schlabrendorff wurde von Erich eingespannt, damit er Brinckmann gut zuredete. Eines Tages im Februar 1963 kam Jakob Wallenberg, um mit Erich Mittag zu essen, und beklagte die unselige Namensgeschichte. Dabei wies er darauf hin, daß die Kölner Bank Pferdmenges Co. seit 1947 wieder als Sal. Oppenheim jr. & Companie firmiere. Ihr nichtjüdischer Angestellter Dr. Robert Pferdmenges hatte sie 1938 übernommen, aber 1947 in einem Rundschreiben an alle Kunden der Firma mitgeteilt, daß der ursprüngliche Name wiederbelebt werde. Unglücklicherweise kam Brinckmann gerade in dem Augenblick vorbei und begrüßte Wallenberg. Dieser sagte: »Wissen Sie, Dr. Brinckmann, ich kam das erste Mal als ganz kleiner Junge 1913 in dies Haus, wohin ich von meinem Vater mitgenommen wurde. Damals hieß die Firma M. M. Warburg & Co. und nicht wie heute Brinckmann, Wirtz & Co.«[41] Von solcher Treue ermuntert, begann sich Erich für den alten Namen M. M. Warburg & Co. einzusetzen.[42]

Da Siegmund den Eindruck hatte, daß in der Namensfrage Appelle an Brinckmanns Ehrgefühl nichts fruchteten, beschloß er, rein praktisch zu argumentieren: Der Name Warburg, erklärte er, sei besser für das Geschäft.[43] Als er im Juli 1963 mit Brinckmann an der Binnenalster entlangschlenderte, erinnerte er ihn daran, daß der Name Warburg hundertdreiundvierzig Jahre in die Vergangenheit reiche, der Name Brinckmann aber erst zweiundzwanzig. Überdies, fügte er hinzu, werde der alte Name der Bank im Ausland von Nutzen sein und ihr Zutritt zu der Art von Konsortien verschaffen, wie sie von Siegmund gerade in London gebildet wurden.[44] Die Familie Brinckmann sah die geschichtliche Seite allerdings ganz anders. Christian teilte Erich mit, sein Vater habe nahezu alle Auslandsbeziehungen der Bank aufgebaut, sie seien keineswegs das Werk der Warburgs.[45] In einem letzten Versuch bemühte man sich 1964 vergeblich zu erreichen, daß der fünfundsiebzigjährige Brinckmann aus der Firma ausschied. Inzwischen war Siegmund so weit, daß er sagte, er halte es kaum in einem Raum mit ihm aus.[46]

Von der Familienehre abgesehen, durchkreuzte Brinckmann mit seiner übellaunigen Dickfelligkeit auch Siegmunds großen Plan, sein Londoner Finanzimperium durch größere Niederlassungen in New York und Hamburg zu erweitern. Also beschloß er, in Deutschland an einer anderen Front tätig zu werden. Ohne sich vorher mit seinen Hamburger Teilhabern abzusprechen, erwarb er die Mehrheitsanteile an der Frankfurter Privatbank Hans W. Petersen, was er im Juli 1964 als vollendete Tatsache mitteilte. An der Spitze dieser Firma, die Siegmund S. G. Warburg & Co. nannte, stand Richard Daus, ein rauher, aber herzlicher Mann, der im Krieg in einer Panzereinheit gedient hatte. Plötzlich war der Name Warburg zum ersten Mal seit Hitler nach Deutschland zurückgekehrt – allerdings in Frankfurt, statt in Hamburg.

Da Siegmund im Beirat der Firma Brinckmann, Wirtz saß, schlug diese Nachricht in der Bank wie ein Bombe ein. Erich nahm Siegmund in Schutz, Christian Brinckmann hingegen vermutete hinter diesem Schachzug eine heimtückische Strategie. Er nahm an, Siegmund wolle die Frankfurter Firma als Brückenkopf zu Eroberung der Hamburger Bank benutzen.[47] Tatsächlich sah dieser im Bankhaus Hans W. Petersen ein Instrument, mit dessen Hilfe er Brinckmann, Wirtz beherrschen konnte, wobei das langfristige Ziel hieß, die Hamburger Firma möglichst zur Aufgabe zu veranlassen und sie in eine größere deutsche Bank mit Namen M. M. Warburg & Co. einzubringen.[48]

Schon bald danach machte Siegmund der Hamburger Bank das Angebot, einen Anteil an der Frankfurter Bank zu erwerben. Einige der Hamburger Teilhaber witterten eine Falle, aber Erich und Dr. Hans Wuttke traten mit Verspätung 1966 als Teilhaber in die Frankfurter Bank ein. Das mußte zu engeren Bindungen zwischen Siegmund und Erich führen. So schrieb die *Financial Times*: »Für Siegmund Warburg ist das Zusammengehen zwischen Hamburg und Frankfurt Teil eines Planes, der ebensosehr auf sein Familiengefühl wie auf seinen Ehrgeiz als Bankier zurückgeht – er sähe es gern, daß das Haus Warburg in Deutschland erneut den Einfluß bekommt, den es vor dem Krieg besaß.«[49]

Zwei Ereignisse sorgten im Januar 1970 dafür, daß sich in Deutschland die Umstände für die Warburgs änderten. Siegmund führte einen Zusammenschluß der kleinen Bank Hans W. Petersen mit einer anderen Erwerbung herbei, der zehnmal so großen Deutschen Effecten- und Wechselbank in Frankfurt, und die neue Firma erhielt den Namen Effectenbank-Warburg AG, wobei für die Firma Brinckmann, Wirtz ein Anteil reserviert blieb. Die Anteilsmehrheit befand sich in den Händen einer Muttergesellschaft, an der Siegmunds Londoner Firma mit einundfünfzig Prozent und Erichs Hamburger Firma mit fünfundzwanzig Prozent betei-

Die Terrassen auf dem Kösterberg brachten ein Stück französisch-geometrischer Gartenarchitektur in die Elbelandschaft, während die Wiesen und Baumgruppen links und rechts davon eher an einen englischen Park erinnern.

ligt war. Doch bezeichnenderweise arrangierte Siegmund das Ganze so, daß er das Stimmrecht behielt. Nach wie vor in der Hoffnung, unter dem Namen Warburg einen Bankriesen auf die Beine zu stellen, gewann er Erich und Hans Wuttke für den Vorstand seiner Londoner Firma, die damit auf dem deutschen Markt in einer Weise vertreten war, der keine andere Londoner Bank etwas an die Seite zu stellen hatte. Richard Daus von Hans W. Petersen sprach sich gegen einen Zusammenschluß aus und verließ das Unternehmen, um seine eigene Firma zu gründen. Obwohl er überaus stolz gewesen war, dem Warburg-Imperium anzugehören, erkannte ihn Siegmund nie wirklich an und ließ ihn ohne Bedauern ziehen.

Trotz seines in Frankfurt verübten Handstreichs fühlte sich Siegmund innerlich zur Hamburger Firma hingezogen. Immerhin war die von seinen Vorfahren gegründete Bank in der Ferdinandstraße die größte Privatbank der Stadt und die drittgrößte in der Bundesrepublik und damit ein überaus erstrebenswertes Ziel. Im Januar 1970 fand Erichs und Siegmunds lang hingezogener Kampf seinen Lohn. Mit einundachtzig Jahren, fast taub und vom Alter gezeichnet, gab Brinckmann unter großem Druck in der Namensfrage nach und stimmte einer Umbenennung der Firma in M.M.

Wie ausgedehnt die Gartenanlagen auf dem Kösterberg waren, zeigt dieses Bild der Gewächshäuser, in denen Blumen für die Terrassenanlagen gezogen wurden. Auch ein eigener Wasserturm, für die Bewirtschaftung der Gärten unentbehrlich, gehörte zum Besitz der Warburgs.

Warburg-Brinckmann, Wirtz & Co. zu. Als der Name am 5. Januar 1970 in aller Form geändert wurde, hielt Erich eine kurze Ansprache, in die er Auszüge aus der Abschiedsrede seines Vaters vom Mai 1938 einflocht. »Während die Warburgs jubilierten«, hieß es in der Londoner *Times*, »konnte sich die Familie Brinckmann, an deren Spitze der achtzigjährige Dr. Rudolf Brinckmann steht, mit einer Änderung des Namens der Hamburger Bank nicht anfreunden.«[50] Im Hochgefühl des Sieges festigten Erich und Siegmund die Bindungen zwischen ihren beiden Unternehmen, wobei die Hamburger Bank einen Anteil von zweiundzwanzig Prozent an S. G. Warburg & Co. International Holdings übernahm.

Erich war inzwischen einundsiebzig Jahre alt, doch das Gezänk zwischen den Warburgs und den Brinckmanns ging weiter. Anfang der siebziger Jahre beauftragte er Dr. Eduard Rosenbaum und A. Joshua Sherman mit der Niederschrift des Werdegangs des Bankhauses Warburg von 1798 bis 1938. Brinckmann wandte sich gegen den darin liegenden Hinweis, die Geschichte der Firma sei mit dem Jahre 1938 mehr oder weniger zu Ende gegangen. Als Rosenbaum und Sherman in der Bank zu Mittag aßen, saß Brinckmann aufgebracht und allein am anderen Ende des langen Mahagonitisches, während Erich in seiner gutmütigen Weise zu ver-

Als die »Arche« ihm zu klein geworden war, ließ Max Warburg sich 1912 ein größeres Haus im Stil der Neorenaissance auf dem Kösterberg bauen.

mitteln versuchte.[51] Nach außen hin wahrten die Familien Warburg und Brinckmann den Anschein der Übereinstimmung. Als die Bank im Januar 1973 ihr hundertfünfundsiebzigjähriges Bestehen feierte, wurde Brinckmann in einer Presseerklärung Dank dafür gesagt, daß er sie im Krieg und in den ersten Nachkriegsjahren geleitet hatte.[52]

Am Silvestertag des Jahres 1973 zog sich der vierundachtzigjährige Rudolf Brinckmann nach vierundfünfzig ereignisreichen Jahren in der Bank aus dem Unternehmen zurück. Seine Abschiedsrede vor den Angestellten wollte er am 3. Januar 1974 halten. Am 2. Januar schlug Erich vor, mit ihm ein letztes Mal gemeinsam zum Neujahrsempfang im der Hamburger Landeszentralbank zu gehen. Diese noble Versöhnungsgeste sollte zeigen, daß sie in Freundschaft schieden. So gingen Erich und »Rio«, die eine so lange und wechselvolle Geschichte miteinander verband, an einem kalten, klaren Januarmittag die wenigen hundert Meter. Doch auf dem Rathausplatz erlitt Rudolf Brinckmann einen Herzanfall, brach zusammen und starb in den Armen seines alten Gegners Erich Warburg.

Kaum eine der verzeihenden Gesten, die dieser im Laufe der Jahre gemacht hatte, kann ihm so schwergefallen sein wie jene letzte, mit der er dem brummigen, gereizten Brinckmann Hochachtung zollte. Am 15. Januar versammelte er die vierhundert Angestellten der Bank in eben der Kantine, in der sein Vater sechsunddreißig Jahre zuvor Brinckmann die

Zügel übergeben hatte. Es mag sein, daß Erich nicht frei von Eitelkeit war, doch kleinlich war er nicht, und so ließ er Brinckmann Ehre widerfahren. »Das Vertrauen, das die damals zur Auswanderung Gezwungenen mit der Übergabe der Firma in ihn setzten, hat er mehr als erfüllt«, sagte er und sprach dann von den Jahren »des Wiederaufbaus, wo er wahrlich von vorn zu beginnen hatte«.[53] Wer die vollständige Geschichte kannte, wußte, wieviel Kümmernis er dabei unterdrücken mußte. Den toten Brinckmann lobte er nachdrücklicher, als er den lebenden je zu würdigen vermocht hatte.

46

Der Europäer

Bei Kuhn, Loeb war Siegmund Warburg in untergeordneter Position eingetreten, doch obwohl es dann in London mit ihm steil aufwärtsgegangen war, gähnte manch einer der selbstzufriedenen Teilhaber bei Kuhn, Loeb über den Triumph, den er beim Tauziehen um British Aluminium gefeiert hatte. Während sich Freddy Warburg auf seinem Gestüt in Virginia erholte, hörte er, wie Londoner Bekannte über Siegmund schimpften, und sagte, er hätte einen Kompromiß schließen sollen. John Schiff, der Auseinandersetzungen grundsätzlich aus dem Weg ging, erklärte, die Finanzwelt habe eine solche erbitterte Auseinandersetzung nicht erlebt, seit sich Jacob Schiff und Pierpont Morgan im Jahre 1901 um die Eisenbahnlinie Northern Pacific gestritten hatten.[1]

Anfang der fünfziger Jahre war Siegmund die Teilhaberschaft bei Kuhn, Loeb wie ein erstrebenswerter Vorzug erschienen. Nach seinem Erfolg bei British Aluminium war er nicht mehr so sehr darauf angewiesen. Als seine Londoner Firma immer größeres Ansehen gewann, konnte er es sich nicht mehr leisten, so viel Zeit an der Wall Street zu verbringen. Außerdem mutmaßten die wohl unter Verfolgungswahn leidenden Gesellschafter bei Kuhn, Loeb, Siegmund beabsichtige angesichts der neuen Bedeutung, die er in London gewonnen hatte, ihre Firma unter seinen beherrschenden Einfluß zu bringen. Beständige Reibereien führten zu angespannten Beziehungen zwischen den beiden Firmen S. G. Warburg und Kuhn, Loeb, und beide wußten nicht so recht, ob sie einander als Konkurrenten behandeln oder zusammenarbeiten sollten. Da die Unternehmen lediglich verlobt, aber nicht verheiratet waren, war die Verlockung groß, es mit der Wahrheit nicht so genau zu nehmen. Jede Seite behauptete, der anderen mehr Umsatz zu verschaffen als umgekehrt, und wollte einen entsprechenden Ausgleich dafür haben.

Um allen Streitigkeiten den Boden zu entziehen, erklärten sich beide Firmen bereit, zweimal jährlich »Gipfelkonferenzen« abzuhalten. Außerdem schlug Siegmund 1961 vor, sie könnten, um die Differenzen zwischen ihnen auszubügeln, in geringem Umfang Anteile austauschen. Zuvor hatte die einzige Verbindung in seiner Person bestanden.[2] Doch da auch das die Spannung nicht abzubauen vermochte, regte Siegmund 1962 an, diese Konstruktion aufzugeben, da sie sich als künstlich und wenig tragfähig erwiesen hatte.[3]

Als Douglas Dillon, der Finanzminister der Vereinigten Staaten, bei einer internationalen Bankenkonferenz in Rom erklärte, Amerika wolle den Abfluß seiner Goldreserven ins Ausland bremsen, geriet die wacklige Konstruktion so unter Druck, daß sie einstürzte. Um das angestrebte Ziel zu erreichen, führte Präsident John F. Kennedy 1963 eine Zinsausgleichssteuer ein; damit wurde es für Ausländer so teuer, an der Wall Street Geld aufzunehmen, daß sowohl Geschäfte nach London und in andere europäische Hauptstädte abwanderten – mit anderen Worten, die Bedingungen wandelten sich zu Siegmunds Gunsten. Viele Teilhaber von Kuhn, Loeb glaubten, er werde sich die Situation zunutze machen, und ihre Befürchtungen schienen sich zu bestätigen. So hörte man an der Wall Street Berichte, daß vorausschauende junge Führungskräfte von S. G. Warburg Kunden von Kuhn, Loeb darauf hinwiesen, daß S. G. Warburg sie bedienen und retten werde. Selbst verschiedene der auf Siegmunds Seite stehenden Teilhaber von Kuhn, Loeb reagierten enttäuscht, hielten sie sich doch durchaus für imstande, Anleihen im Ausland unterzubringen.[4]

Schon vor Einführung dieser Zinsausgleichssteuer war es zu Auseinandersetzungen zwischen Angestellten der Firmen Kuhn, Loeb und S. G. Warburg gekommen, die auf persönlichen Differenzen beruhten. Zu denen, die Ärgernis erregten, gehörte Ronnie Grierson, ein junger Schützling Siegmunds und wahrscheinlich der erste seiner Ersatzsöhne. Unter dem Namen Griessmann in einer jüdischen Familie in Nürnberg zur Welt gekommen, war er in Frankreich und Großbritannien zur Schule gegangen. Bei Kriegsausbruch wurde er von den Briten interniert, trat dann aber in die britischen Streitkräfte ein und änderte seinen deutsch klingenden Namen. Er zeichnete sich im Felde aus und geriet kurz vor Kriegsende in deutsche Gefangenschaft. Dieser in hohem Maße warburgsche Charakter, der 1946 britischer Staatsbürger wurde, behielt seinen deutschen Paß und sagte scherzend, er sei ein Deutscher, der treu zu Großbritannien stehe.[5]

Der witzige und äußerst gescheite Grierson, der mehrere Sprachen beherrschte, behandelte Siegmund mit genau der richtigen Mischung aus Schmeichelei und Respekt. So konnte er sich als dessen Hofnarr gerieren und war den behäbigen »Onkeln« ein Dorn im Auge. Er kannte alle Damen und Herren der besseren Gesellschaft und nahm an sämtlichen Veranstaltungen teil, denen sich Siegmund entzog. Diesem gefielen Griersons urkomische Berichte über seine nächtlichen Abenteuer, und er pflegte zu sagen, wer wissen wolle, welche Gerüchte in der Stadt kursierten, brauche lediglich Ronnie Grierson zu fragen. Gerührt von der Ehrerbietung, mit der Grierson Lucie nach ihrer Flucht aus Deutschland behandelte, nahm ihn Siegmund gegen Kritiker in Schutz. In Siegmunds Augen konnte sein Adoptivsohn nichts falsch machen. Dennoch stieß vielen dessen ruhmredig wirkende Großtuerei sauer auf. Die Kritiker dieser starken und recht theatralischen Persönlichkeit fanden, er verhalte sich zu auffällig, dränge sich zu sehr in den Vordergrund, rühme sich zu nachdrücklich seiner Verbindungen und prahle in unerträglicher Weise mit bekannten Namen. Er konnte in einem Augenblick versponnen und im nächsten explosiv wirken und gewann Freunde ebenso rasch, wie er sich Feinde machte. Als er gegenüber den Teilhabern von Kuhn, Loeb die Beherrschung verlor, was zu Spannungen führte, stellte sich Siegmund auf seine Seite und sagte zu einem von ihnen: »Ich mache jeden fertig, der Ronnie Grierson am Zeuge flickt.«

Nach der Einführung der von vielen als »Strafsteuer« empfundenen Zinsausgleichssteuer durch Kennedy erklärten Siegmunds Gegner bei Kuhn, Loeb, die beiden Firmen stünden in einem unauflösbaren Interessenkonflikt, da nunmehr die amerikanischen Kunden von Kuhn, Loeb in Siegmunds Herrschaftsbereich nach Finanzierungsmöglichkeiten suchen würden. Sie sagten voraus, dieser werde die geschäftlichen Aktivitäten zum Schaden von Kuhn, Loeb nach London verlegen. Schon bald zerfiel das Ganze, und es brach Siegmund das Herz zu sehen, daß sich sein Traum nicht erfüllen würde: Kuhn, Loeb im alten Glanz erstrahlen zu lassen. Er hatte Paul und Felix Warburgs einstiger Firma Jahre seines Lebens gewidmet, ihr viele ausländische Kunden zugeführt und viele junge Mitarbeiter eingestellt. Daher machte die Trennung ihn so schwermütig, daß Henry Grunfeld insgeheim nach New York flog, um sich mit John Schiff auf dessen riesigem Anwesen an der Oyster Bay zu beraten. Von fünf Uhr nachmittags bis drei Uhr morgens sprachen sie miteinander und versuchten etwas zu retten. Schiff erklärte, bei allem Mitgefühl mit Siegmund könne er seine eigenen Leute nicht vor den Kopf stoßen. Die Situation lasse sich lediglich dadurch retten, daß Siegmund seinen Wohnsitz in New York nehme und ausschließlich für Kuhn, Loeb tätig werde. Das aber war ebenso unmöglich, wie es das Anfang der fünfziger Jahre gewesen war, als Schiff diesen Vorschlag schon einmal gemacht hatte.

Siegmund bemühte sich, munter zu wirken, als er erklärte, die Firmen Kuhn, Loeb und S. G. Warburg könnten jetzt mit größerer Freiheit ihren eigenen Weg gehen. Freddy schrieb an Erich: »Offen gesagt bin ich seiner Ansicht.«[6] Gegen Ende 1964 war auch die formaljuristische Trennung beider Firmen vollzogen. Im Juli des folgenden Jahres eröffnete Siegmund in New York eine Niederlassung, als deren Leiter er David Mitchell verpflichtete, Sohn eines einstigen Teilhabers bei J. P. Morgan & Co. Da er die antisemitische Vergangenheit der Morgan Bank kannte, dürfte es ihm insgeheim eine Genugtuung bedeutet haben, den Nachkommen eines der Teilhaber jener Bank einzustellen.

Die Lehre aus dem Debakel von Kuhn, Loeb schien zu sein, daß sich Siegmund nur zum König eignete, nicht aber zum Prinzen. In London arbeitete er mit deutschen und österreichischen Flüchtlingen zusammen, die seine Wertvorstellungen teilten, die gleiche Ausbildung hatten wie er und seiner Führung willig folgten. Vermögenden amerikanischen Teilhabern indessen, denen der Status quo lieber war als die von ihm angestrebte gemeinsame Anstrengung, gefielen Siegmunds vom Üblichen abweichende Vorstellungen nicht.

Weit davon entfernt, seinen Ehrgeiz zu bremsen, verstärkte der mit Kuhn, Loeb erlittene Fehlschlag Siegmunds Vorsatz, in Amerika erfolgreich zu sein. Neben Magnaten von der Wall Street wie André Meyer und Robert Lehman kam er sich sonderbar minderwertig vor. Doch war es außerordentlich schwer, in New York Erfolg zu haben, und Siegmund überschätzte den Einfluß des Namens Warburg. Mit dem Geschick eines Taschenspielers versuchte er sich den Anschein großer Macht zu geben, was David Mitchell zu der spöttischen Bezeichnung »Konservenmystik«[7] verleitete. Siegmund fehlte das immense Kapital, das nötig gewesen wäre, um in New York voranzukommen. Wieder einmal wollte er die Gelder anderer für sich arbeiten lassen und sie unter seinem Namen und seiner Führung nutzen.

Im November 1963 traf er in New York zu einem Geschäftsessen mit J. Richardson Dilworth, der inzwischen das Privatvermögen der Familie Rockefeller verwaltete, und George Love, dem Vorsitzenden von Chrysler und Consolidation Coal, zusammen. In prophetischer Stimmung beschwor er die geschäftlichen Möglichkeiten herauf, die sich aus einer Verbindung amerikanischen und europäischen Talents ergäben. Er träumte davon, mit amerikanischem Kapital Investmentfonds zu erwerben und deren Kreditmittel zum Ankauf von Aktien zu verwenden. Die Firmenspitze der zugehörigen verschlafenen Unternehmen würde diese mit Hilfe »finanziellen Engineerings« – ein Ausdruck, den Siegmund besonders gern benutzte – »auf Vordermann« zu bringen versuchen.

Der Plan sah vor, daß Dilworth für das von den drei Männern entwickelte Projekt David Rockefeller und Love die Familien Mellon und Hanna gewinnen würde; Siegmund wollte in Europa Investoren auftreiben. Denkwürdig wurde diese Besprechung dadurch, daß der Oberkellner an den Tisch trat und mitteilte: »Meine Herren, ich muß Ihnen mitteilen, daß man den Präsidenten erschossen hat.«[8]

Fünf Jahre später nahm Siegmunds Einfall in einem Unternehmen namens American European Associates (AEA) Gestalt an. An seiner Spitze stand ein freundlicher junger Mann namens Carl Hess. Zwar gefiel ihm die Art, wie Siegmund Phantasie und Alltagspraxis miteinander verknüpfte, doch mochte er weder dessen aus deutscher Tradition herrührendes Denken in hierarchischen Strukturen noch die Großartigkeit, mit der er sich gelegentlich gern umgab.

Mit jeweils fünf Millionen Dollar von der Commerzbank und den Rockefellers sowie Geld von DuPont und Harriman richtete Siegmund die Firma AEA im selben Gebäude an der Fifth Avenue 640 ein, in dem sich sein New Yorker Büro befand. Die beiden Anteilseigner des Unternehmens, S. G. Warburg und Laird & Co., steuerten jeweils eine Million Dollar bei. Es sah ganz so aus, als werde Siegmund in New York vom Unglück verfolgt, denn sogleich geriet AEA in ernsthafte Schwierigkeiten: Laird machte Bankrott, womit sein Geld einer Verfügungsbeschränkung unterlag. Und kaum hatte AEA bei einem Hersteller von Freizeiteinrichtungen in Los Angeles, The Leisure Group, die erste Investition getätigt, meldete dies Unternehmen einen unerfreulichen Verlust.[9]

Siegmund, der so viel Stolz und Ehrgeiz in diesen neuen Anlauf investiert hatte, an der Wall Street Fuß zu fassen, konnte sich einen weiteren Rückschlag nicht leisten und ließ seine Wut an Hess aus, dem er die Schuld für das Scheitern seines großartigen Konzepts gab. Auch wenn sich dieser bei AEA nicht gerade mit Ruhm bedeckt hatte, empfand er diese Behandlung als ungerechtfertigt. Siegmund wollte ihm kündigen, doch war ihm das aufgrund des Vertrags, den er mit Hess abgeschlossen hatte, nicht möglich. Er nahm das Schriftstück deshalb nach Feierabend mit nach Hause und ging es Satz für Satz auf Schwachstellen durch.[10] Als er merkte, daß er damit nicht zum Ziel kommen würde, zog er die Daumenschrauben an. Eines Tages erfuhr Hess verblüfft, daß das Londoner Hauptquartier angeordnet hatte, eine Treppe zwischen den Büroräumen von AEA im fünfzehnten Stock und denen von S.G.Warburg im sechzehnten einzubauen. Als er nicht bereit war, dies hinterhältige Manöver zu akzeptieren, beorderte ihn Siegmund mit einem weiteren führenden Angestellten nach London, wobei er darauf bestand, daß sie getrennte Flugzeuge benutzten.

Er teilte Hess mit, er beabsichtige einen Zusammenschluß der Firma AEA mit seiner New Yorker Niederlassung. Unter Hinweis auf die Treppe erklärte Hess, er lege keinen Wert darauf, dem New Yorker Büro von S.G. Warburg unterstellt zu sein. Siegmund, der diese Art von Widerstand nicht leiden konnte, drohte ihm in einem Anfall von Jähzorn: »Wir können das durchsetzen. Wir können das von Ihnen verlangen. Wir können Carl Hess in der Finanzwelt vernichten.« Hess zuckte die Schultern und sagte gelassen: »Jeder muß mal sterben.«[11]

Siegmund zog das Rockefeller- und Commerzbank-Geld von AEA ab und schickte Eric Roll nach New York, damit er Hess erkläre, daß das Experiment beendet werde. Der hatte inzwischen jedoch in George Love, dem Vorsitzenden von Chrysler, einen mächtigen Verbündeten gefunden, und Love teilte Roll mit: »Sagen Sie Siegmund, daß er diesem Kahlkopf einen Gefallen schuldet.« [12] Immerhin war Chrysler ein wichtiger Kunde, und Siegmund konnte es sich nicht leisten, Love zu verärgern. Daraufhin übernahm AEA den Anteil von S.G.Warburg zum Preis von zehn Cent pro Aktie. Bald schon fand Hess, der seinen ersten Ausflug in die Großfinanz verpatzt hatte, seinen Rhythmus. Ende der achtziger Jahre waren die AEA-Aktien auf hundertfünfzig Dollar emporgeschnellt, denn das Unternehmen hatte sich zu einem mehrere Milliarden Dollar schweren Klub für pensionierte Generaldirektoren der fünfhundert führenden Unternehmen des Landes entwickelt, die ihr Geld in sanierungsbedürftigen Firmen anlegten.

Sein Gespür für Neuerungen hatte Siegmund eine großartige Erleuchtung geschenkt. Mit ein wenig mehr Beharrlichkeit hätte er womöglich seinen Ehrgeiz befriedigen können, einer der ganz Großen an der Wall Street zu werden. Statt dessen ließ er zu, daß die Vision einer transatlantischen Zusammenarbeit einem Machtkampf zum Opfer fiel.

Schon in seinen frühen Zeiten bei M.M. Warburg & Co. hatte sich Siegmund auf die Emission internationaler Wertpapiere spezialisiert. Nachdem ihn im Nachkriegs-London die Devisenbewirtschaftung an einer Beschäftigung damit gehindert hatte, trug er Anfang der sechziger Jahre dazu bei, London als eins der Zentren der Weltfinanz zu verjüngen, und zahlte auf diese Weise Großbritannien die ihm gewährte Gastfreundschaft mit Zinsen zurück. Mit der Schaffung der Euromärkte verlieh Siegmund einer träge gewordenen Londoner Finanzszene erneut einen starken dynamischen Anstoß.

Die Euromärkte verschafften ihm einen Ausgleich für frühere Enttäuschungen. Vergeblich hatte er nach dem Krieg die britische Regierung gedrängt, sich dem Gemeinsamen Markt anzuschließen, wobei er sich bei Jean Monnet und Konrad Adenauer für eine zentrale Rolle Großbritanniens eingesetzt hatte. »Hätten sich die Briten in den ersten fünf Jahren nach dem Kriege bereit erklärt, an die Spitze eines vereinten Europas zu treten und London zu dessen Hauptstadt zu machen, man hätte ihnen auf den Knien dafür gedankt«, erinnerte sich Siegmund.[13]

Jetzt stand er im Begriff, mit Hilfe der privaten Märkte etwas zu vollbringen, was seine Vision von einem integrierten Europa näherrücken lassen sollte. Da in Amerika die Einführung der Zinsausgleichssteuer bevorstand, beriet er sich sowohl mit der Bank von England als auch mit der Bundesbank über die Schaffung eines neuen im Weltmaßstab tätigen Marktes in London, der an die Stelle von New York treten sollte. Dort sollten unter Rückgriff auf die drei Milliarden überschüssiger Dollar, die seit der Zeit nach dem Krieg in Europa im Umlauf waren, Euroanleihen ausgegeben werden. Weil britische Investoren nur einen geringen Teil des Geldes zur Verfügung stellten, würde dieser neue exterritoriale Markt sozusagen eine kleine ausländische Insel im Meer des Inlandsgeschäfts bilden. Als die deutsche und britische Zentralbank zu erkennen gaben, daß sie einen solchen Schritt unterstützen würden, bildete Siegmund rasch eine Arbeitsgruppe in seiner Firma, die nach Wegen suchen sollte, wie sich das Projekt durchführen ließ.

Für diese neue Aufgabe konnte man eine ganze Reihe der Stärken von S.G. Warburg nutzen. So erinnerte sich Sir David Scholey: »Die Entwicklung des Marktes der Euroanleihen war deswegen so faszinierend, weil es in unserer Firma Leute wie Siegmund, Gert Whitman, Eric Korner und Henry Grunfeld gab, die schon in den zwanziger und dreißiger Jahren auf dem internationalen Anleihemarkt tätig gewesen waren.«[14] Während andere im neuen Markt ein Experiment und eine vorübergehende Erscheinung sahen, vermutete man bei S.G. Warburg zu Recht, daß damit eine Revolution eingeleitet werde und dieser Markt von Dauer sei. Und auch wenn Siegmund weder das Kapital noch das nötige Verteilungsnetz für die Anleihe besaß, wußte er doch, wie er diese Schwäche durch die Bildung starker Konsortien ausgleichen konnte. Tag und Nacht telefonierte er mit Leuten auf der ganzen Welt, bis eine Emission vollständig untergebracht war. Da er in den fünfziger Jahren bei Kuhn, Loeb mit Auslandsemissionen zu tun gehabt hatte, wußte er, daß bis zu neun Zehnteln davon bei europäischen Banken untergebracht waren, und so besaß er für seine Anrufe das geeignetste Notizbuch, das sich denken läßt.

Im Januar 1963 waren S.G. Warburg und die Deutsche Bank bereit, die erste Emission von Euroanleihen für die Montan-Union aufzulegen. Als sie hinausgeschoben wurde, eröffnete Siegmund den Markt statt dessen mit einer Anleihe für die italienische Autobahn-Betreibergesellschaft *Autostrade* Italiane. Das historische Abkommen für die auf fünfzehn Millionen Dollar lautende Anleihe mit einer Laufzeit von sechs Jahren wurde am 1. Juli 1963 unterzeichnet. (Tatsächlicher Empfänger des Geldes war der Stahlerzeuger Finsider, wie Autostrade Italiane eine Tochtergesellschaft des im Staatsbesitz befindlichen italienischen Mischkonzerns IRI.)

Diese seit einer vollen Generation erste in London aufgelegte ausländische Industrieanleihe bedeutete in mancherlei Hinsicht einen Wendepunkt. Um die Zahlung einer vierprozentigen Stempelsteuer für die Transaktion zu vermeiden, sorgte Siegmund dafür, daß die Anleihe in Luxemburg zum Börsenhandel zugelassen wurde; mithin war der Kontrakt über diese auf amerikanische Dollar lautende Anleihe unter englischem Gesetz für einen italienischen Darlehensnehmer in den Niederlanden unterzeichnet worden und wurde in Luxemburg notiert.[15] Sie verkaufte sich nicht besonders gut – Italien war nicht das bevorzugte Ziel von Investoren –, doch war diese neue grenzenlose Finanzwelt herzerfrischend für jemanden, der seinem eigenen Verständnis nach Weltbürger war und sich seit Hitler aktiv gegen den Nationalismus gestellt hatte.

Bei der Entwicklung des neuen Marktes wollte Siegmund dogmatisches oder herkömmliches Denken vermeiden. Auf die Emission für Autostrade folgten solche für die Montan-Union und die Stadt Oslo (sie war Kunde von Kuhn, Loeb, und die Firma S. G. Warburg bekam den Auftrag, weil man irrtümlich annahm, sie stehe noch in Verbindung mit Kuhn, Loeb.)[16] Dann überlegte Siegmund, warum eigentlich Zahlungen in Dollar oder einer anderen bestimmten Währung erfolgen müßten und Investoren nicht die Wahl zwischen verschiedenen Zahlungsmethoden haben könnten. Nachdem er grünes Licht von der Bank von England wie auch der Bundesbank hatte, legte er für die Verwaltung der kommunistisch regierten Stadt Turin eine Anleihe auf, die in Pfund Sterling oder Deutscher Mark gezeichnet werden konnte. Darauf folgten Optionsanleihen für Mobil Oil sowie für die neuseeländische und die irische Regierung. Zwar erzielte S. G. Warburg mit den Euromärkten lediglich zehn bis fünfzehn Prozent ihrer Einkünfte, doch diese verwendete Siegmund dazu, seiner auf Unternehmenszusammenschlüsse spezialisierten Arbeitsgruppe Kunden zuzuführen, womit seine Firma eine geradezu unwiderstehliche Stoßkraft gewann. Außerdem trugen ihm die Euromärkte großen Ruhm ein, denn er hatte Londons City wieder zu dem gemacht, was sie zur Zeit König Eduards VII. gewesen war: Bankier der Welt.

Unablässig versuchte Siegmund, die Welt des sich nach außen abschottenden Londoner Finanzwesens auszudehnen. Als er 1962 zusammen mit anderen Bankiers unter der Schirmherrschaft der Bank von England Japan besuchte, gehörte zu den Gastgebern der Gruppe auch der Vorsitzende des Wertpapierhauses Nomura. Die Strebsamkeit der Japaner faszinierte Siegmund, der ihre »einzigartige Mischung von äußerster Disziplin und ständiger Selbstkritik«[17] pries. Den Japanern wiederum machten Siegmunds geschliffene Umgangsformen Eindruck. Damit, daß er deutsche Geschäftsfreunde dazu brachte, zehn Prozent ihres Geldes in Japan zu investieren, gewann er jenes Ansehen zurück, das Max Warburg und Jacob Schiff in Tokio genossen hatten, als sie zur Zeit des russisch-japanischen Krieges Japan finanziert hatten.

Ein entscheidendes Manko freilich hatte Siegmund, als er die Euromärkte auf den Weg brachte: Ihm fehlte das Fingerspitzengefühl für Märkte. Daher stützte er sich auf Eric Korner und mehr noch auf Gert Whitman. Viele meinen, Siegmund habe dem kleinen, witzigen, blauäugigen und inzwischen kahlköpfigen Gert Whitman bei der Entwicklung der Euromärkte nie die ihm gebührende Ehre widerfahren lassen. Als Weismann zur Welt kam, war er in Deutschland schon gut bekannt gewesen. Sein Vater Robert Weismann, ein herausragender preußischer Staatssekretär, und seine Mutter, eine getaufte Jüdin, die ein großes Erbe angetreten hatte, hatten in der Wilhelmstraße in Berlin ein großes Herrenhaus bewohnt, dessen chinesische Kunstgegenstände die Nationalsozialisten später raubten. Anfang der dreißiger Jahre hatten Siegmund und Eva Bälle im Hause Weismann besucht. Durch Vermittlung des Vaters war Gert Weismann 1924 Privatsekretär bei Hjalmar Schacht geworden und hatte mit diesem in Paris an der Young-Konferenz teilgenommen.

In den dreißiger Jahren war er nach Amerika ausgewandert. Nach den goldenen Jugendjahren in Berlin war die Emigration ein herber Schock für Gert Weismann. Er arbeitete für die Firmen Lee, Higginson und Harris, Upham und änderte seinen Namen in Whitman, in der Hoffnung, damit besser voranzukommen. Nach dem Krieg war er unter John McCloy in der Hohen Kommission der Amerikaner in Deutschland tätig und setzte sich mit Jean Monnet, Robert Schuman und Bundeskanzler Adenauer für die Schaffung der Montan-Union ein.

Siegmund trat Menschen, die unter besonders privilegierten Umständen aufgewachsen waren, häufig mit gemischten Gefühlen gegenüber. Gert Whitman erregte in ihm Bewunderung, reizte ihn aber auch zu Spott und Hohn. Während seiner Tätigkeit auf dem europäischen Markt, auf dem er in den fünfziger Jahren für Kuhn, Loeb arbeitete, heiratete Whitman eine aus Hamburg stammende Nichtjüdin namens Gretchen. Siegmund überredete ihn, nach London zu kommen und seine Aufgaben für Kuhn, Loeb aus den Geschäftsräumen der Firma S. G. Warburg wahrzunehmen. Es dauerte nicht lange, und Whitman gehörte zu deren Angestellten. Er besaß eine gewisse visionäre Gabe, sprach häufig über eine künftige gemeinsame europäische Währung, die er den »Eurodukaten« nannte, und war im Unterschied zu Siegmund von Märkten fasziniert, die sich rasch veränderten.

Der freundliche, gebildete Whitman legte Wert auf gute Kleidung und trat stets gepflegt auf, reiste grundsätzlich Erster Klasse, fuhr einen eleganten Wagen und bezog am Eaton Square ein Haus gegenüber dem Siegmunds. Er konnte in seinen Äußerungen durchaus zynisch sein, ja er neigte zu Bürointrigen. Eine Zeitlang war Siegmund geradezu in ihn vernarrt. Jeden Sonntagmorgen spazierten sie gemeinsam durch den Park am Eaton Square. Häufig luden sich die Whitmans und Warburgs gegenseitig zum Abendessen und Bridgespielen ein, und Gretchen und Eva gingen gemeinsam zu Ausstellungen und Modeschauen.

Aber trotz aller Zuneigung fand Siegmund an Whitman manches auszusetzen: Er schien ihm mitunter eitel und aufgeblasen, besuchte für seinen Geschmack zu häufig Gesellschaften und widmete sich seiner Ansicht nach zu wenig der Firma. Auch mißbilligte Siegmund, daß Whitman rauchte, und diesem wiederum mißfiel Siegmunds Pedanterie im Umgang mit Akten. Sobald vor der Tür des Büros der »Onkel« die Lampe aufleuchtete, die anzeigte, daß sie eine Besprechung hielten, pflegte Whitman verstohlen ein Nickerchen zu machen. All diese Reibungspunkte aber wurden durch seine offenkundige Effizienz aufgewogen.

Auf den Euromärkten bildeten Siegmund und Whitman ein ideales Gespann. Nicht nur besaß Siegmund die weit in die Zukunft reichende visionäre Kraft und die Fähigkeit zu verkaufen, er kannte außer Kunden, die Anleihen auflegen wollten, auch kontinentaleuropäische Bankiers, die sie abnahmen. Whitman seinerseits kannte die Marktmechanik der Währungen, Zinssätze und Konsortien – Dinge, von denen Siegmund kaum etwas wußte –, und mit seiner hochentwickelten Einfühlungsgabe und seiner großen Erfahrung konnte er den richtigen Preis und Zeitpunkt für eine neue Emission bestimmen.

Obwohl sich die beiden auf den Euromärkten so hervorragend ergänzten, gingen sie einander im Lauf der Zeit auf die Nerven. Whitman war nicht bereit, Siegmunds unterwürfigen Höfling zu spielen, und mißachtete die von ihm gezogenen Grenzen. Auch ärgerte es Siegmund, der seine Beziehungen vor allen Eindringlingen eifersüchtig zu schützen pflegte, daß viele Bankiers und Direktoren gern mit Whitman Geschäfte machten. Die Firma S. G. Warburg gewann eine große Machtfülle damit, daß sie die Emissionen lenkte, denn Banken auf der ganzen Welt bemühten sich um eine Beteiligung. Whitman nahm sich das Recht heraus, über einzelne von ihnen seine Meinung abzugeben, was in Siegmunds Augen gleichbedeutend mit Majestätsbeleidigung war. Je stärker sich Whitman im Zusammenhang mit Entscheidungen auf dem Euromarkt profilierte, desto mehr fiel er bei Siegmund in Ungnade.

Wer sich ins Licht der Öffentlichkeit rückte, wurde von Siegmund kritisiert, doch er selbst beeinflußte die Presse wie ein Dirigent sein Orchester. Als sie Siegmund das Verdienst am Aufstieg der Euromärkte zuschrieb, gewann Whitman den Eindruck, daß ihm dieser nicht nur seinen Anteil daran neidete, sondern ihn ganz bewußt herabsetzte. Er ging der Sache auf den Grund und unterbreitete Siegmund Vorschläge: Jeden davon stellte dieser als lächerlich hin. Sobald Whitman aber Peter Spira veranlaßte, diese Anregungen als seine eigenen auszugeben, wurden sie von Siegmund über den grünen Klee gelobt.[18] Das war ein harter Schlag für Whitman, der Siegmund anfänglich ergeben gewesen war. Als ihn Siegmund zu ignorieren begann, ging er abends niedergeschlagen vom Büro nach Hause. Bald wurde seine Stellung in der Firma unhaltbar, und er verließ sie.

Whitman hatte gemeinsam mit Richard Daus und Hans Petersen dem Vorstand von S. G. Warburg & Co. in Frankfurt angehört und Siegmund dadurch verärgert, daß er Daus in Schutz nahm, als dieser bei Siegmund in Ungnade gefallen war. Als Daus die Firma verließ, um sich selbständig zu machen, schloß sich Whitman ihm im März 1970 an, ohne zuvor mit Siegmund darüber zu sprechen. Das betrachtete Siegmund als Schlag ins Gesicht und unverzeihlichen Treuebruch.

Viele führende Männer bei S. G. Warburg vertraten die Meinung, die Firma schulde Whitman ein Abschiedsessen, doch stellte sich Siegmund eisern dagegen. Ian Fraser, der frühere Reuter-Korrespondent, sagte zu ihm: »Sir Siegmund, ich finde, Sie sollten über diese Entscheidung noch einmal nachdenken.«[19] Er war, wie auch andere, der Meinung, daß Whitman für seine Arbeit auf dem Euromarkt Anerkennung verdiene. Nach wiederholtem Drängen stimmte Siegmund schließlich brummig dem Abschiedsmahl zu, verfiel aber auf eine von niemandem vorausgesehene Art, Whitman zu brüskieren und sich seinen Kollegen zu widersetzen.[20] Als er sich erhob, um die Abschiedsrede zu halten, sprach er über alles mögliche. Als er wieder Platz nahm, ohne den kleinsten Hinweis auf Whitman gemacht zu haben, legte sich eine unbehagliche Stille über den Raum.

Am 17. Oktober 1970 erlitt Whitman, der inzwischen bei Daus in Frankfurt arbeitete, einen Herzanfall. Man brachte ihn sogleich ins Krankenhaus, doch es war zu spät. Nach seinem Tod durchlebte Gretchen eine entsetzliche Zeit. Aus irgendeinem Grund hatte der Arzt bei der Angabe der Todesursache hinter dem Wort »Herzanfall« ein Fragezeichen gemacht. Daher mußte, wie vom Gesetz vorgesehen, eine Autopsie durchgeführt werden, deren Ergebnis erst nach vierwöchigem Warten vorlag, was Gretchens Leiden unnötig verlängerte.

Whitman hatte schon seit zwei Jahren an Angina pectoris gelitten, aber alle Mahnungen der Ärzte in den Wind geschlagen, das Rauchen aufzugeben. Gleichwohl ließ sich Gretchen nicht von ihrer Überzeugung abbringen, die ungerechte Behandlung durch Siegmund habe zum Tod ihres Mannes beigetragen. Weder Siegmund noch Eva meldeten sich nach Whitmans Tod bei ihr, und kein Vertreter von S. G. Warburg nahm an der Beisetzung teil; lediglich ein kaltes, unpersönliches Telegramm kam von der Firma.[21] Als Raymond Bonham Carter bei Siegmund anrief, um ihn von Whitmans Tod in Kenntnis zu setzen, sagte dieser wegwerfend: »Ach, ich dachte, er wäre gestern gestorben.«[22] Einige Monate später begegneten Gretchen und Eva einander zufällig auf der Bond Street, und Eva sagte nervös zu ihrer einstigen Freundin: »Ach Gretchen, das mit Gert tut mir so leid.« Als sie ihr die Hand geben wollte, wich Gretchen zurück.[23]

In einem namentlich nicht gekennzeichneten Nachruf, der am 21. Oktober 1970 in der *Times* erschien, hat Ian Fraser versucht, Whitman die Würdigung zuteil werden zu lassen, die ihm die Firma S. G. Warburg vorenthalten hatte. Darin heißt es, die zweihundertfünfzig auf den Euromärkten tätigen Häuser hätten kein Urteil über neue Anleiheemissionen höher geschätzt als das Gert Whitmans. Nach einigen Bemerkungen über dessen Hintergrund schreibt Fraser: »Später wurde er hauptamtlicher Direktor bei S. G. Warburg & Co. in London und führte gemeinsam mit Sir Siegmund Warburg die Firma zu der Stellung, die sie auf dem Markt für Euroanleihen und Eurodollars heute einnimmt.«[24] Als Siegmund diese Würdigung las, tobte er, weil er sich den Ruhm mit Whitman teilen mußte.

Die meisten von Siegmunds Kollegen sind überzeugt, daß er seinen Ehrentitel »Vater der Euromärkte« voll und ganz verdient hat. Er hat die entscheidenden Konzepte entwickelt, Whitman hingegen war der Mann der tausend Einzelheiten. Doch selbst wer dieser Meinung anhängt, vermutet, daß Siegmund auf Whitman neidisch war und den von ihm geleisteten bedeutenden Beitrag herabzusetzen versuchte. Im Verlauf der sechziger Jahre wirkte Siegmund immer mehr wie ein König, der von seinen Vasallen absoluten Lehnsgehorsam verlangte und unverzüglich jeden züchtigte, der aufmuckte. Ein solches Opfer war Gert Whitman.

Als Nebenwirkung aus den Euromärkten ergab sich für die Firma S. G. Warburg & Co., daß sich diese von jüdischen Flüchtlingen gegründete Firma enger mit Deutschland verband – fürwahr eine Ironie des Schicksals. Junge Briten in der Firma waren zugleich verblüfft und beunruhigt von der intensiven Beziehung, die zwischen ihren jüdischen Vorgesetzten und deutschen Banken bestand. In den sechziger Jahren dürfte Siegmund die Hälfte seiner Zeit in der Bundesrepublik verbracht haben, und er hat zahlreiche Emissionen von Euroanleihen über seine deutschen und Schweizer Freunde plaziert, insbesondere Paul Lichtenberg von der Commerzbank und Hermann Josef Abs von der Deutschen Bank. Wieder einmal nutzten deutsche Banken die finanzielle Macht und Verbindungen von Juden, wie in der Zeit vor dem Dritten Reich. Die Vorstellung, im Triumph nach Deutschland zurückzukehren, war für Siegmund stets außerordentlich verlockend gewesen.

Mehr als jeden anderen verehrte er Hermann Josef Abs, Adenauers Finanzberater und Vorstandssprecher der allmächtigen Deutschen Bank, der das Finanzwesen Nachkriegsdeutschlands bei der Kreditanstalt für Wiederaufbau mit aus der Taufe gehoben hatte. Die Warburgs kannten ihn seit den zwanziger Jahren, als er mit Max die Möglichkeit eines Volontariats bei der International Acceptance Bank in New York erörtert hatte. Daß Siegmund Abs geradezu verherrlichte, war befremdlich, denn viele Juden standen ihm mit Vorbehalten gegenüber, weil er während des Krieges im Aufsichtsrat vieler deutscher Großunternehmen gesessen hatte, die Zwangsarbeiter aus dem KZ Auschwitz beschäftigt hatten – beispielsweise bei den IG Farben. Stets hob Siegmund hervor, daß Abs seinen Söhnen nie erlaubt hatte, in die Hitlerjugend einzutreten, doch es ist nicht recht klar, ob er das ernst meinte oder als Begründung für seine Haltung vorschob.[25] Abs erwiderte Siegmunds Verehrung nicht in jeder Beziehung, und es hieß in der Firma, Siegmund habe versucht, ihm das Du anzubieten, Abs aber habe ihn betont weiter mit Sie angeredet.[26]

Siegmund eröffnete ausländischen Firmen den Zugang zu deutschen Geschäftsleuten und deutscher Kultur. Er verstand es, Einklang zwischen Gruppen herzustellen, die aus verschiedenen Nationalitäten bestanden. Als Mobil Oil 1969 die damalige Gelsenkirchener Bergwerks-AG kaufen wollte, die unter anderem auch auf dem Gebiet der Mineralölerzeugung tätig war und sich bemühte, französische Übernahmeangebote abzuwehren, erklärte sich Siegmund bereit, Mobil Oil zu vertreten. Da sich die Aktienmehrheit der Gelsenkirchener Bergwerks-AG im Besitz der Deutschen Bank und der Dresdner Bank befand, waren Siegmunds gute Beziehungen zu Abs unerläßlich für einen Erfolg der Verhandlungen. Als er amerikanische Kunden und deutsche Führungskräfte zusammenbrachte, sprachen nur zwei Personen im Raum ebenso fließend Deutsch wie Englisch: Siegmund und sein persönlicher Assistent, Tony Korner, der Sohn Eric Korners. So merkten die deutschen Verhandlungspartner nichts davon, daß sich die Leute von Mobil Oil äußerst aggressiv verhielten, und ohne daß es die Leute von Mobil Oil wahrnahmen, waren die Vertreter der Gelsenkirchener Bergwerks-AG überheblich und hochnäsig. Mit einer Bravourleistung als Unterhändler und Dolmetscher milderte Siegmund die Arroganz der Deutschen und verfeinerte zugleich die ungehobelte Ausdrucksweise der Männer von Mobil Oil, womit er eine Annäherung beider Seiten bewirkte.[27]

Er hielt es für seiner unwürdig, von vornherein ein Honorar festzusetzen. Dabei mochte er an die großen Investmentbankiers gedacht haben, die er in den zwanziger Jahren kennengelernt hatte und deren eigentliches Ziel etwas anderes als Geld gewesen war. In dieser Hinsicht erinnerte seine Haltung an legendäre Gestalten wie Jacob Schiff und Max Warburg. Als er später mit Mobil Oil über sein Honorar verhandelte, rechnete er damit, höchstens fünf- bis sechshunderttausend Dollar zu bekommen. Da er den Punkt nicht von sich aus ansprechen wollte, redete er eine ganze Weile um den heißen Brei herum. Als dann die Mobil-Leute fragten, ob er mit einer Million Dollar einverstanden sei, wäre er fast in Ohnmacht gefallen. »Es hat mir doch Spaß gemacht«, wehrte er ab.[28]

Siegmund Warburg war nicht nur der Erfinder der Euromärkte, er hinterließ auch ein weiteres dauerhaftes Denkmal seiner selbst: die Firma S. G. Warburg & Co. Kein Mann war je seiner Geliebten sklavischer ergeben als er der Firma. Wie seit 1946 bestand er nach wie vor auf Diversifizierung, und 1964 übernahm Mercury Securities die Meinungsforschungsfirma British Gallup Poll in ihr Effekten-Portefeuille. Da es Siegmund schwer fiel, sich von seinem Werk zu trennen, inszenierte er etwas, was man als das sich am längsten hinziehende Drama eines Ausscheidens aus dem Geschäftsleben in den Annalen des neuzeitlichen Geschäftslebens bezeichnen kann. Bereits 1959 setzte er eine innerbetriebliche Mitteilung in Umlauf, in der es hieß, er wolle abtreten und jüngeren Leuten Platz machen. Er halte es für seine Pflicht, rechtzeitig seinen Hut zu nehmen, und verlange, daß ihn Freunde darauf hinwiesen, falls er zu lange bleibe. Doch fügte er prophetisch hinzu, sie würden es, wenn es an der Zeit sei, ohnehin nicht tun, weil er ihnen leid tue. Die Firma, die inzwischen zweihundertfünfzig Angestellte zählte, war gleichsam eine Erweiterung seines Egos, und er konnte sich von ihr ebensowenig lösen wie er sich eins seiner Gliedmaßen hätte amputieren können.

Oft wies Siegmund auf sein halbes Ausscheiden hin, das bei den Warburgs zu einem stehenden Witz wurde: Immerhin hatten drei Vollzeitsekretärinnen mit der Arbeit für ihn alle Hände voll zu tun. Die Londoner *Times* merkte an, daß der »zur Hälfte aus dem Geschäft ausgeschiedene« Siegmund die Bank selten vor sieben Uhr abends verließ.[29] Mit großem Brimborium gab er 1964 den Vorsitz von Mercury Securities an Henry Grunfeld ab und wurde – jedenfalls auf dem Papier – Direktor ohne Geschäftsführungsaufgaben. Im Laufe des Jahres sagte er: »Führende Persönlichkeiten in Industrie und Handel neigen oft dazu, erst dann abzutreten, wenn das Abnehmen ihrer Kräfte deutlich wird. Sie halten zu lange an ihren Positionen fest und verhindern damit das Entstehen einer starken

Kette von Nachfolgern.«[30] Er selbst sündigte in dieser Hinsicht in hohem Maße, und es ging bei seinem »Abtreten« im Jahre 1964 mehr um Schein als Wirklichkeit.

Trotz all seiner in England verbrachten Jahre blieb er im tiefsten Inneren Kontinentaleuropäer. Anfang der sechziger Jahre ließen er und Eva sich etwa zwei Stunden nördlich von Rom nahe Grossetto an der italienischen Westküste ein herrliches Sommer- und Ferienhaus bauen, dem sie den Namen *Roccamare* gaben. Es war nicht nur mit Telefon und Fernschreiber ausgestattet, sondern er hatte dort auch eine Sekretärin. Die Landschaft war herrlich, aber es war drückend heiß, und das Gezirp der Grillen war unerträglich laut. Siegmund verbrachte dort Arbeitsferien, die Kunst des entspannenden Nichtstuns lernte er nie. Jeden Tag zog er gegen Mittag mit den Seinen über die Dünen, um im Mittelmeer zu baden. Obwohl er schwimmen konnte, watete er nur bis zu den Hüften ins Wasser, ging dann in die Knie und schlug mit den Armen. Kaum zückte Eva den Photoapparat, um Anna mit der kleinen Batya zu photographieren, protestierte Siegmund wie eh und je. Er fürchtete, Bilder, die ihn in kurzer Hose oder Badekleidung zeigten, könnten in falsche Hände geraten und ihm den Ruf kosten.

Eva war oft allein. Er hatte kein Verständnis dafür, daß sie sich gelegentlich darüber beklagte, wie einsam sie sich auf *Roccamare* fühlte. Hatte er nicht kürzlich die vollständige zwanzigbändige Ausgabe von Freuds Werken gekauft, und würde es ihre Zeit nicht herrlich füllen, wenn sie die läse? Es schien nicht das Richtige zu sein. Siegmund hingegen trieb die Unzulänglichkeit des italienischen Telefonnetzes zum Wahnsinn, und so wurde das Haus an die Familie des Schuhherstellers Ferragamo verkauft.

Trotz aller vom europäischen Kontinent ausgehenden Lockungen fühlte sich Siegmund immer mehr zur britischen Politik hingezogen. Oft jammerte er, sein schwäbischer Akzent habe es ihm unmöglich gemacht, in England als Staatsmann oder Diplomat tätig zu werden. Zwar reizten ihn die Möglichkeiten der Politik, doch hing er keiner bestimmten Lehre an. Selbst in der Weimarer Zeit hatte er es für heilsam gehalten, daß sich die Parteien in der Teilhabe an der Macht abwechselten.[31] In den Augen von Kollegen war dieser Konservative, der sich entgegen seiner Grundhaltung häufig für Labour entschied, ein unberechenbarer Wechselwähler. Vor allem haßte Siegmund schwache Politiker, die sich nicht festlegten. Furchtlose Persönlichkeiten in beiden großen Parteien hingegen bewunderte er, wenn sie ihre Ziele standhaft verfolgten. Daher gab es Zeiten, da ihn Richard Nixon und Margaret Thatcher begeisterten. So gut wie nie verließ ihn der Glaube an die Integration Europas, und es betrübte ihn zu sehen, daß Protektionismus und Einzelinteressen die Europäische Wirtschaftsgemeinschaft in den sechziger Jahren schwächten.

Er bewunderte den glänzenden Intellekt des Labour-Premierministers Harold Wilson, dem er in den sechziger Jahren als inoffizieller Finanzberater diente. Eine sonderbare Ehre – schließlich war Siegmund gemäß den Einkommensteuerunterlagen einer der einundachtzig Millionäre, die es 1963 in Großbritannien gab –, und so geriet Wilson auch unter Beschuß seiner Parteifreunde. Obwohl Siegmund inzwischen über sechzig war, bereitete es ihm nach wie vor Vergnügen, das Establishment ein wenig zu zwicken. Obwohl er der Labour-Partei mit größerem Wohlwollen gegenüberstand als die meisten den Konservativen zuneigenden Bankiers in der City, übernahm er deren Positionen nie. So widersetzte er sich einer Abwertung des Pfundes, die die Ausfuhren steigern sollte. Darin sah er ein defätistisches Vorgehen; statt dessen sprach er sich dafür aus, mittels entschlossener unpopulärer Maßnahmen die Wettbewerbsfähigkeit des Landes wiederherzustellen.[32] Seine lebenslange Verachtung für jede Form von Bürokratie setzte seiner Annäherung an die Labour-Partei Grenzen. Dennoch wurde er so sehr mit Wilsons Regierung identifiziert, daß er sich 1966 veranlaßt sah, in der *Sunday Times* nachstehendes Dementi zu veröffentlichen: »Ich bin kein Sozialist und der festen Überzeugung, daß das Privatunternehmertum gegenwärtig eine ebenso wichtige Rolle spielt wie zur Zeit der industriellen Revolution.«[33]

Man kreidete es ihm in der City als Verrat an, daß er mit Wilson zusammenging – und gewiß hat er das genossen. Er hatte das Ohr des Premierministers in erstaunlichem Maße. Als der Autoproduzent Chrysler erwog, eins seiner Werke in Schottland zu schließen, begleitete Siegmund führende Männer des Konzerns zum Landsitz des Premierministers nach Chequers. Diese Konferenz hatte er binnen weniger Tage zustande gebracht. Nachdem sich Rhodesien unabhängig erklärt hatte, ernannte Wilson Siegmund zum Präsidenten der Rumpf-Zentralbank. Als Gegner der Apartheid unterstützte dieser schon früh den in Südafrika eingekerkerten Nelson Mandela.

Königin Elizabeth erhob Siegmund Warburg 1966 in den Ritterstand, zweifellos in Anerkennung der von ihm geleisteten Dienste. Zuerst wollte er als jemand, dem Eitelkeit zuwider war, die Ehrung nicht annehmen, doch erklärte er sich endlich dazu bereit, als Henry Grunfeld sagte, sie werde der Firma nützen. In Wirklichkeit genoß er die hohe Ehre, die ihm sehr wichtig war, und schien davon wie benommen. Schließlich bestätigte sie die Richtigkeit seines Entschlusses, in England zu leben, und besiegelte gewissermaßen seinen Erfolg. Auch die frischgebackene Lady Warburg war überglücklich.

Als eine Flut handschriftlicher Glückwünsche eintraf, spekulierte die Presse völlig mit Recht, daß er sie bündelweise nach Zürich schicken werde, um sie von Frau Dreifuss untersuchen zu lassen.[34] Auf einen Schlag eine Sammlung von Proben so vieler berühmter Handschriften zu besitzen, war ein unerwartetes Geschenk. Erneut hatte Frau Dreifuss Gelegenheit zu einer Glanzleistung. Als ihr Siegmund ohne Namensnennung einen in peinlich genau abgezirkelten Buchstaben abgefaßten Brief des Oxforder Historikers und Philosophen Sir Isaiah Berlin schickte, schrieb sie: »Das ist die Handschrift des brillantesten Mannes, von dem ich je eine Analyse angefertigt habe.«[35]

Die Ehrung durch die britische Krone kam zu einer Zeit, als sich Siegmund bemühte, bei S. G. Warburg ein wenig aus der aktiven Rolle herauszutreten. Da er Henry Grunfeld mehr Spielraum lassen wollte, zogen er und Eva überraschend nach Blonay in der Schweiz, etwa eine Stunde von Genf entfernt. Auf den Rat seiner Anwälte transferierte er sein Vermögen gleichfalls in die Schweiz, um bei der Einrichtung wohltätiger Stiftungen und dergleichen mehr Bewegungsfreiheit zu haben. In einer Zeit strenger Devisenbewirtschaftung war dazu die Zustimmung der Bank von England erforderlich.

Manche Briten legten es ihm als krassen Undank aus, daß er diese Transaktion unmittelbar nach der Erhebung in den Adelsstand vornahm. Lionel Fraser, sein großer Verbündeter im Krieg um British Aluminium, war enttäuscht. »Lionel fand es ein wenig schäbig, sich adeln zu lassen und dann in die Schweiz zu ziehen«, sagte sein Teilhaber, Michael Verey. »Siegmund hat damit seinem Ansehen in der City keinen Gefallen getan.«[36] Niemand weiß genau, warum er sich für die Schweiz entschied, zumal er Steuerflüchtlingen keineswegs gewogen war. Viele allerdings vermuteten, daß er jetzt selbst einer war. So sagte Dr. Goldman: »Mit seinem Umzug in die Schweiz hat Siegmund vor den seiner Ansicht nach zu hohen Steuern der Sozialisten das Weite gesucht.«[37]

Doch gab es weitere einleuchtende Gründe. Für jemanden, der soviel reiste wie er, lag die Schweiz im Herzen Europas äußerst günstig. Außerdem ist es von dort nicht weit nach Württemberg, und vielleicht rührten sich in ihm alte Erinnerungen. Noch 1980 nahm Siegmund an einem Altschülertreffen seines Gymnasiums teil. Er hatte mehr Freunde auf dem Kontinent als in Großbritannien und machte von Zeit zu Zeit Urlaub im Schwarzwald; auch wollte Siegmund mit seinem Umzug in die Schweiz die Ereignisse in London in einem neuen Licht sehen. Da es in Blonay sehr viel mehr Sonnenschein und frische Luft gab als in London, brauchte er nicht mehr in den Urlaub zu fahren, und Eva, die an sich lieber in London geblieben wäre, hatte in jenem reichen Niemandsland am Genfer See immerhin ihre alten schwedischen Freunde Ruth und Carl Kjellberg als Nachbarn. Irgendwie paßte es zu Siegmund, daß er dort landete. Er fühlte sich in Blonay wohl. Für einen Weltbürger und internationalen Bankier war jene Gegend, in der sich Europas Geschäftswelt und gesellschaftliche Creme begegneten, der rechte Ort.

Über Telefon und Fernschreiber steuerte Siegmund, der auch häufig noch eine Sekretärin beschäftigte, das Geschehen in der Gresham Street aus der Ferne und war trotz seiner Abwesenheit allgegenwärtig. Jeden Vormittag telefonierte er zwei Stunden lang mit dem Londoner Büro. Wenn krumm am Tisch sitzende Gestalten sich plötzlich bolzengerade aufrichteten, wußte jeder, daß Sir Siegmund am anderen Ende der Leitung war. Er deckte die Leute mit Fragen ein und hatte ein Elefantengedächtnis für die Antworten. Sir Eric Roll, der 1974 den Vorsitz in der Firma übernahm, hat geschrieben, wer wissen wollte, was im Büro vor sich ging, habe das »am schnellsten und sichersten erfahren, wenn er [Siegmund] in Blonay anrief«.[38]

Manche Besucher sahen das Haus in der Schweiz als verkapptes Büro. Täglich kamen dicke Pakete mit Material aus London, und Siegmunds Kollegen spotteten über seine Unfähigkeit, wirklich in den Ruhestand zu treten. Stets hatte er die herrlichen satirischen Skizzen geschätzt, die einer der »Onkel«, Charles Sharp, im Stil Evelyn Waughs verfaßte. In einer davon, die den Titel »Schwermut« trug, beschrieb er Siegmund »in seiner Villa in Blonay, inmitten der theoretischen Schönheit des Genfer Sees, den man aus dem Fenster des Fernschreibraums nicht sehen kann, wo SGW seine Zeit zubringt, wenn er sich zu einem seiner vierundzwanzig bis achtundvierzig Stunden dauernden Urlaube dort aufhält«.[39]

Im Januar 1970 gab Siegmund in einem weiteren Schritt auf seinem sich lang hinziehenden prunkvollen Weg in den Ruhestand seine Direktorenposten bei S.G. Warburg & Co. sowie Mercury Securities auf und wurde Präsident beider Firmen.

Offensichtlich hatte er sich nach Blonay zurückgezogen, um seinen Nachfolgern Platz zu machen. Doch war seine Persönlichkeit noch so beeindruckend wie eh und je, wenn Siegmunds Stimme auch nur durch eine Fernsprechleitung übertragen wurde. Es entsprach einfach nicht seinem Wesen, sein Werk aus den Händen zu legen, und niemanden bei S.G. Warburg & Co. entsetzte es besonders, daß der Souverän auch im Exil von seinem fernen Schloß am Genfer See nach wie vor Anweisungen erließ.

47

Väter und Söhne

Ein Porträt Siegmund Warburgs aus den frühen siebziger Jahren zeigt ihn in einer charakteristischen Haltung. Er sitzt mit grübelndem, schwermütigem Ausdruck zusammengesunken da, matt und teilnahmslos. Er wirkt hager, tiefe Linien sind in sein Gesicht gegraben. Doch wer näher hinsieht, gewinnt einen anderen Eindruck. In Wahrheit ist Siegmund gelassen und aufmerksam zugleich, bereit zum Handeln. Hinter seiner entspannten Urbanität verbirgt sich die unbändige Antriebskraft dieses Mannes. In seinen durchdringend und hellwach blickenden dunklen Augen, unter denen tiefe Ringe liegen, erkennt man den Ausdruck von Härte und Enttäuschung. Noch mit über siebzig Jahren erinnerte Sir Siegmund an den sprungbereiten Tiger, der seine Kräfte für den nächsten Angriff schont. Wer seine überschatteten Augen sieht, könnte annehmen, er sei müde, doch dahinter liegt rastlose Bereitschaft.

Trotz aller beruflichen Erfolge, die er in London erzielte, hat er viele Enttäuschungen erlebt. Ungeachtet seines Charmes und seiner Neugier durchdrang ihn eine tiefe Geistigkeit, die ihn von anderen Menschen fernhielt. Trauer hatte sich auf ihn gelegt, wie das in späteren Jahren auch anderen Warburgs widerfuhr. Häufig zitierte er aus Thomas Manns *Zauberberg* die Stelle, an der es heißt, wie undenkbar es sei, auf einer Waagschale große Freude zu haben, wenn nicht auf der anderen ebensoviel Schmerz und Leiden lägen.[1] Zum Teil hing der Trübsinn dieses Perfektionisten damit zusammen, daß er sich nie mit der allgemein verbreiteten Gleichgültigkeit abfinden konnte, zum Teil auch war es die Mattigkeit eines von seinem Ehrgeiz erbarmungslos angetriebenen Mannes, der sich nie einfach hinsetzen und über das Geleistete freuen konnte. Für ihn hatte die Welt einen Trauerrand. Als Ernest Thalmann 1962 starb, sprach Siegmund in einem Nachruf bewegt vom »Nebel und Dunst unseres täglichen Tuns« und den »tiefhängenden dunklen Wolken, inmitten derer wir unseren Weg suchen müssen«.[2]

In Blonay trat seine mönchische Seite immer ausgeprägter hervor. Er schlief auf einem außergewöhnlich harten Bett mit harten Kissen, aß bescheiden, trank wenig und sah, von Nachrichten abgesehen, selten fern. Er sagte: »Je älter ich werde, desto mehr empfinde ich Besitz eher als Last denn als Vorzug. Das Leben einfach zu gestalten, ist mir ein vorrangiges Bedürfnis.«[3] Für Geldgier hatte er nichts als Verachtung, er legte keinen Wert auf ein großes Vermögen und interessierte sich kaum für seine persönlichen Finanzen. 1970 entnahm er seinem Unternehmen fünfzehntausend Pfund als Gehalt – weniger als mancher nachgeordnete Mitarbeiter. Sein Geld ließ er von anderen verwalten und achtete nie auf die Kursentwicklung seiner Aktien. Charles Sharp, der Siegmunds Investitionen über mehrere Jahre hinweg betreute, erinnerte sich: »Ich hatte immer ein wenig Angst, mit Siegmund über Einzelheiten zu reden, die ihn entsetzlich zu langweilen schienen.«[4]

Was Geld betraf, konnte er verblüffend gleichgültig sein. Als er Ende der sechziger Jahre eines Samstagsmorgens im Büro anrief und Geoffrey Elliot ans Telefon ging, der neu in das Unternehmen eingetreten war, forderte ihn Siegmund auf, einen großen Umschlag mit dem Stempel »Persönlich und streng vertraulich« zu öffnen, der seinen Steuerbescheid enthielt. Mit beeindruckendem Vertrauen ließ er sich von diesem ihm völlig Unbekannten mitteilen, was darin stand.[5] Zum siebzigsten Geburtstag schenkten ihm seine Mitarbeiter 1972, was ihm von allem das liebste war: eine Liebhaberausgabe der Werke Goethes und eine bronzene Merkurstatuette.

Bei Direktoriumssitzungen aß Siegmund demonstrativ lediglich ein winziges Stück Huhn und eine kleine Portion Kopfsalat. Die »Onkel«, die nach wie vor zehn Stunden am Tag arbeiteten, lebten ähnlich bedürfnislos. Noch als sie reich waren, verschleuderten sie kein Geld. In einer von Charles Sharps literarischen Skizzen tadelt ihn ein fiktiver Henry Grunfeld, weil er seine Texte auf Büropapier schreibt und weitergibt. »Wissen Sie eigentlich, was so ein Bogen Papier kostet?« erkundigt er sich.[6]

Am meisten Geld gab Siegmund nach wie vor für Ärzte aus. Da er an Bronchitis litt und Schmerzen in der Brust hatte, sprach er auf dem Weg zur Arbeit oft bei seinem »Leibarzt« Dr. Goldman vor. Als notorischer Hypochonder klagte er über so viele Leiden, daß Grunfeld und Geoffrey Seligman einander zunickten und im Flüsterton sagten: »Psychosomatisch«. Er hatte Rückenschmerzen, die wahrscheinlich nicht davon besser wurden, daß er beständig seinen schweren schwarzen Koffer schleppte. Sein Nacken war oft verspannt. Obwohl er wegen seines Diabetes Medikamente nahm, hielt er die strengen Diätvorschriften nicht ein und zog sich eine Arteriosklerose zu. Als er wegen der Angina Schmerzen in der Brust bekam, machte er sich große Sorgen. Seine unbändige Energie begann ihn zu verlassen, und Dr. Goldman mußte ihn vor wichtigen Sitzungen mit Vitaminspritzen auf die Beine bringen. Hin und wieder allerdings bewies er nach wie vor die Ausdauer eines sehr viel Jüngeren. Seine Chefsekretärin Doris Wasserman erinnerte sich, wie sie im Rockefeller Center hinter ihm herhastete, im Laufschritt mitstenographierte, was er sagte, und sich zugleich bemühte, mit ihm Schritt zu halten.

Siegmund muß geglaubt haben, daß ihm die gleiche Verdüsterung vorherbestimmt sei wie seinem Vater, denn er bekam quälende Kopfschmerzen, die ihn – genau wie bei seinen Vater – immer dann heimsuchten, wenn er sich aufregte. Zeitweilig litt er zweimal pro Woche unter einer so düsteren Stimmung, daß so gut wie niemand wagte, ihm zu widersprechen. Flaute der Sturm ab, beruhigte sich Siegmund und verhielt sich, als sei nichts geschehen. Die Schuld an seinen Kopfschmerzen schob er auf andere, und stets fürchtete Eva, sie könne ungewollt einen solchen Anfall auslösen. Als Siegmund Dr. Paul Sherwood wegen dieser Kopfschmerzen aufsuchte, diagnostizierte der Arzt als Ursache zunächst eine Verletzung der Wirbelsäule. Als er Siegmund nach einer Weile mitteilte: »Ich glaube nicht, daß Ihnen etwas fehlt«, brüllte dieser zurück: »*Ich* sage Ihnen, wenn mir nichts fehlt.«[7] Selbst Ärzten gegenüber mußte er den starken Mann herauskehren.

Allmählich entwickelte sich S. G. Warburg von den Anfängen der Firma als einer Gründung jüdischer Flüchtlinge fort. Mitunter sah es sogar so aus, als hätten die »Onkel« vergessen, woher sie kamen. Eines Tages kam Charles Sharp von einem Empfang für eine japanische Firma im Hotel *Dorchester* ins Büro zurück und berichtete unter allgemeiner Heiterkeit mit seinem ausgeprägten deutschen Akzent: »Es waren Hunderte von Leuten da, und ich war der einzige Engländer.«[8]

Im Jahre 1967 stellte Siegmund den gebildeten und vielsprachigen Sir Eric Roll ein, der in Österreich zur Welt gekommen und als Sohn eines Bankdirektors aufgewachsen war. Kennengelernt hatte ihn Siegmund im englischen Ministerium für Landwirtschaft und Fischerei, wo er die Abteilung Wirtschaftsfragen geleitet hatte, und Siegmund, selbst auf einem Gut groß geworden, hatte sich mit ihm über Landwirtschaftspolitik unterhalten. Roll, der eine Geschichte des wirtschaftlichen Denkens verfaßt und Großbritannien beim Internationalen Währungsfonds und der Weltbank vertreten hatte, unterstützte Englands Premierminister Edward Heath bei den Beitrittsverhandlungen des Landes zum Gemeinsamen Markt. Ungeachtet Rolls glänzender Laufbahn ließ Siegmund seine Handschrift untersuchen.

Der einstige Spitzenbeamte im Dienst von Ihrer Majestät Regierung übernahm 1974 als Nachfolger Henry Grunfelds den Vorsitz bei S. G. Warburg & Co. Da er über keine Erfahrung im Bankwesen verfügte, rief das in der Firma widerstreitende Reaktionen hervor. Manche äußerten die Vermutung, Siegmund habe mit ihm eine Art Stellvertreter in die Firma eingeschleust, um insgeheim selbst die Fäden ziehen zu können. Anfangs machte man sich über den Neuen lustig und nannte ihn Sir Echo, da sich seine Ansichten häufig mit denen Siegmunds deckten. Gelegentlich konnte man glauben, dieser mache sich ein diebisches Vergnügen daraus, Roll zu ärgern, indem er unerwartet seinen Standpunkt änderte und den Vorsitzenden mit der von ihm vertretenen Auffassung allein ließ. Doch im Laufe der Zeit bekehrte Roll manche Zweifler. Als sich die Firma Warburg in den siebziger Jahren darauf spezialisierte, Regierungen in Ländern der Dritten Welt zu beraten, trugen Rolls weitreichende Beziehungen zu Ministerien im Ausland dazu bei, ihr eine führende Rolle zu sichern.

Obwohl Roll aufgrund seiner Herkunft so etwas wie ein »Onkel ehrenhalber« war, sah er äußerst britisch aus und sprach auch so. »Unser Kapital verläßt das Haus jeden Abend mit dem Aufzug«, war Siegmunds stehende Redewendung, und er verwandte in den sechziger Jahren viel Zeit darauf, künftige Nachfolger für die »Onkel« um sich zu scharen. Stets war S. G. Warburg in der City das Emissionshaus mit der jüngsten Führungsmannschaft. Nirgendwo stiegen ehrgeizige neue Leute rascher auf, und mehr als ein Viertel der geschäftsführenden Direktoren – in der überwiegenden Mehrheit Briten – waren im Jahre 1970 unter vierzig Jahre alt. Sein Leben lang stand Siegmund der Jugend voll pädagogischem Eifer gegenüber. »Er hat Menschen verehrt und hatte es gern, wenn man ihn verehrte«, sagte seine Kusine Ruth Fleck.[9] In der Regel behandelten ihn die jungen Leute mit größerer Achtung als Gleichaltrige, die im Lauf der Zeit, was Siegmund betraf, häufig zum Zynismus neigten.

Im Unterschied zu anderen Unternehmensleitern stellte Siegmund gute Mitarbeiter nicht dann ein, wenn er sie brauchte, sondern wenn er auf sie aufmerksam wurde. Bewußt ging er das Risiko ein, Kräfte zu beschäftigen, die nicht den gängigen Vorstellungen entsprachen. Leuten, die mit jedem zurechtkamen, mißtraute er. Ausgesprochene Nonkonformisten, die ihm ähnelten, waren ihm lieber, und am höchsten schätzte er historisch und literarisch gebildete Einzelgänger. Dazu erklärte er einmal: »Normalerweise habe ich eine engere Beziehung zu Mitarbeitern, mit denen ich mich auch über Bücher, Musik, Menschen und deren Schwierigkeiten unterhalten kann.«[10] Auf diese Weise wurde die Firma zum Mekka für tüchtige junge Leute, und zugleich war gewährleistet, daß sie Mitarbeiter bekam, die nicht nach einem speziellen »Stil« herangezogen waren. Auf die »Onkel« folgte die Generation der »Söhne« – auch diese Bezeichnung spiegelt die unerfüllte Sehnsucht der Flüchtlinge nach familiären Bindungen.

Es kam durchaus vor, daß Siegmund den »Söhnen« als strenger Dienstherr gegenübertrat, den unbeherrschbare Anfälle von schlechter Laune und Wut heimsuchten, doch konnte er auch das Wohlwollen in Person sein. Dann und wann faßte er jemanden am Ellbogen, legte ihm freundschaftlich den Arm um die Schultern und ging so mit ihm über den Korridor. Dadurch, daß er sich persönlich für seine Adepten interessierte, gelang es ihm, sie zu immer höheren Leistungen anzuspornen. »Die Leute haben ihn mit außerordentlicher Ehrfurcht und Achtung behandelt«, sagte Gert Whitmans Neffe Dietrich Weismann dazu, »er war fast wie ein Gott. Man hatte den Eindruck, daß er einen größeren Weitblick hatte als andere.«[11] Bei ihrer ersten Begegnung mit Siegmund erfüllte Neueingestellte oft ein Hochgefühl, und es war für junge Leute ja auch durchaus schmeichelhaft, daß ihnen dieser Bankmogul seine ungeteilte Aufmerksamkeit zuwandte.

In den sechziger Jahren gab es bei S. G. Warburg zeitweilig mehr junge Begabungen, als gebraucht wurden. Wie ein kapriziöser Monarch wollte Siegmund, daß die jungen Höflinge ihm zuliebe miteinander wetteiferten. Da er nie ein Mann der Mitte war, beeindruckte ihn die Leistung eines Mitarbeiters zutiefst, oder sie entsetzte ihn. Weder Siegmund noch Grunfeld hatten Bedenken, jemanden aufs Abstellgleis zu schieben, der sie enttäuscht hatte, und in ihrer eigenen Ausdrucksweise waren Angestellte »auf der Rolltreppe nach oben« oder »auf der Rolltreppe nach unten«. Kam Siegmund in der Gresham Street auf dem Korridor jemand entgegen, der in Ungnade gefallen war, drehte er sich um und sah beiseite oder schlüpfte in eins der Büros. Bisweilen spielte er auch die »wandelnde Sphinx«. Eines Tages erschien er, mit Münzen in der Tasche klimpernd, in die Effektenabteilung und sagte zu Charles Sharp und Peter Darling »Guten Morgen«. Als er gegangen war, fragte Sharp verblüfft: »Was hat Mr. Warburg eigentlich gemeint, als er ›Guten Morgen‹ sagte?«

Bei Siegmund wandelte sich die Trauer um den verlorenen Vater in eine Sehnsucht nach dem verlorenen Sohn. Allerdings war es nicht ungefährlich, bei ihm in die Rolle eines Ersatzsohnes zu gelangen. Ein neuer Günstling konnte in einem Augenblick hochangesehen sein und im nächsten verdammt werden. Es war allgemein bekannt, daß Siegmund »Söhne« verschliß und sich ihrer dann entledigte. Wer ihm gegenüber mehrfach auf der eigenen Meinung bestand, wurde von ihm als böswillig eingestuft; ertappte er einen solchen Mitarbeiter bei einem Fehler, machte er aus einer Mücke einen Elefanten. Ein inzwischen an der Wall Street tätiger Mann erinnert sich, wie er einmal über den Londoner Hanover Square ging, als ihm Siegmund unvermutet die Hand auf die Schulter legte und ihn »mein Sohn« nannte. Aus Sorge vor möglichen Weiterungen unterließ er es bei späteren Reisen nach London, Siegmund aufzusuchen.

Wegen der übertriebenen Erwartungen, die Siegmund hatte, enttäuschte ihn im Lauf der Zeit ausnahmslos jeder. Er betrachtete die Welt als eine Art Prüfgelände dafür, wie ihn die Menschen behandelten, und wer ungeschoren davonkommen wollte, brauchte unendlich viel Takt und Einfühlungsvermögen und mußte augenblicklich auf jede seiner Stimmungen eingehen. Ein einziger Fehltritt konnte die mühevolle Arbeit vieler Jahre zunichte machen. Das war mehr als die bloße Eitelkeit eines Tyrannen. Siegmund war äußerst sensibel. Enttäuschungen stießen ihn in tiefe Einsamkeit, riefen in ihm nahezu unerträgliche Qualen hervor. Es dürfte kaum einen seiner Freunde oder Mitarbeiter gegeben haben, der nicht für längere Zeit bei ihm in Ungnade war. Wer etwas getan hatte, was Siegmund ärgerte, für den war er von einem Augenblick auf den anderen weder am Telefon noch persönlich zu sprechen. Manch einer mußte Monate, in manchen Fällen sogar Jahre warten, bis eines Tages das Telefon klingelte und Siegmund mit honigsüßer Stimme sagte: »Mein lieber Soundso, wie geht es Ihnen? Ich habe schon lange nichts mehr von Ihnen gehört. Warum kommen Sie nicht einmal auf eine Tasse Tee vorbei?« Kam der Betreffende auf die unfreundliche Behandlung zu sprechen, die ihm Siegmund hatte zuteil werden lassen, räumte dieser entweder ein, sich so verhalten zu haben, oder er tat erstaunt. Für ihn hatte das Vorteile: Die meisten überlegten es sich zweimal, ob sie ihn verärgern wollten, denn wer seine Geneigtheit verspielt hatte, errang sie nur mit großer Mühe wieder.

In den sechziger Jahren war der aussichtsreichste »Thronanwärter« von allen »Söhnen« Peter Spira, den der Vorsitzende der *Financial Times* zu Siegmund geschickt hatte. In die Firma eingetreten war er 1957 als staatlich konzessionierter Buch- und Wirtschaftsprüfer. Da er ein – wenn auch nicht praktizierender – Jude und mit einer Jüdin verheiratet war und Siegmund sich Sorgen machte, daß es nicht genug vielversprechende jüdische Angestellte gab, standen die Aussichten für ihn gut. Außerdem brillierte Spira auf den von Siegmund bevorzugten Gebieten Unternehmensfinanzierung und internationale Wertpapieremissionen.

Wie empfindlich Siegmund sein konnte, wußte Spira durchaus. Das zeigte sich, als er 1964 zum Direktor ernannt wurde. Da Siegmund fürchtete, finanzielle Sorgen könnten Spira, der vier Kinder hatte, von der Arbeit ablenken, schenkte er ihm großherzig ein ganzes Paket Mercury-Aktien aus seinem persönlichen Besitz. Zwar wußte Spira das sehr zu schätzen, doch war ihm auch klar, daß die Erbschaftssteuer darauf erheblich sein würde, falls Siegmund vor Ablauf von sieben Jahren starb. Also fragte er ihn, ob er eine Lebensversicherungspolice für ihn abschließen könne, wozu sich Siegmund erst hätte ärztlich untersuchen lassen müssen. Da die Aktien nur eine äußerst geringe Dividende abwarfen, bat Spira ihn außerdem, sie in mündelsichere Papiere mit höherem Ertrag umtauschen zu dürfen. Beide Wünsche erfüllte ihm Siegmund, innerlich aber kochte er. Jahrelang leckte er schweigend seine Wunden und sagte erst 1980 bei einem Mittagessen zu Spira, wie sehr ihn sein damaliges Verhalten gekränkt habe.[12]

Damit war Spira in Ungnade gefallen. Seine Situation verschlimmerte sich noch, als die mit seiner Arbeit äußerst zufriedene Firma Imperial Chemical Industries darauf bestand, daß er bei S. G. Warburg ihr Konto führte. Da dergleichen in Siegmund stets Eifersuchtsanfälle hervorrief, wandelte sich seine Bewunderung allmählich in Zorn. Das zeigte sich vor allem, wenn Spira bei Sitzungen offen einen anderen Standpunkt vertrat als er. Zwar betonte Siegmund bei Einstellungsgesprächen immer wieder, wie großen Wert er darauf lege, daß man ihm gegenüber die eigene Meinung vertrete, doch war das bloßes Wortgeklingel. »In minder bedeutenden Fragen hatte Siegmund nichts dagegen, daß man ihm widersprach«, sagte Spira, »in wichtigeren Angelegenheiten aber konnte er das keineswegs ausstehen.«[13]

Niemandem blieb verborgen, daß Spira bei Siegmund nicht mehr gut angesehen war. Eines Tages sagte Eric Korner zu ihm: »Spira, Sie sind noch immer unter einer Wolke, aber es regnet nicht mehr.«[14] Tatsächlich aber hörte es nie wirklich auf zu regnen. Als Siegmund 1974 nicht einmal mehr mit Spira sprach, legte dieser seinen stellvertretenden Vorsitz bei S. G. Warburg nieder und wurde Leiter der Finanzabteilung des Auktionshauses Sotheby's. Besonders ungerecht erscheint die Art, wie Siegmund ihn behandelte, wenn man bedenkt, daß dieser Mann häufig als sein Nachfolger betrachtet worden war.

Ein weiterer »Sohn« war der in Südafrika ausgebildete, gutaussehende konzessionierte Buch- und Wirtschaftsprüfer John Craven. Dieser Überflieger, den ein bemerkenswert hochentwickelter Instinkt dafür auszeichnete, wo sich neue Geschäftsverbindungen anknüpfen ließen, wurde bereits zwei Jahre nachdem er 1967 als Trainee in die Bank eingetreten war, mit nicht einmal dreißig Jahren Direktor. Schon 1972 erledigte Craven einen großen Teil des internationalen Geschäfts. Bei zahlreichen Emissionen von Euroanleihen arbeitete er mit White Weld zusammen, der ihm ein äußerst verlockendes Angebot machte, damit er dessen Londoner Geschäft führte. Als Craven seinen festen Entschluß mitteilte, in das Konkurrenzunternehmen zu wechseln, forderte Henry Grunfeld ihn auf, die Firma augenblicklich zu verlassen. Darin liegt ein Hinweis auf die Politik der Firma S. G. Warburg, die Treue bis zum Tod verlangte. Noch nach ihrem Ausscheiden wurde von Mitarbeitern erwartet, daß sie sich nicht um Kunden des einstigen Arbeitgebers bemühten. Ende der siebziger Jahre kehrte Craven noch einmal für kurze Zeit in die Firma zurück. Da er sich aber nicht daran gewöhnen konnte, wieder in untergeordneter Stellung tätig zu sein, ging er endgültig.

Den wirklichen Thronerben, David Scholey, brachte Peter Spira ins Haus. Sohn eines Teilhabers bei Guinness Mahon, hatte Scholey einen auserlesenen musikalischen, literarischen und künstlerischen Geschmack, ging gern auf die Jagd und spielte Golf. Nach einem Jahr an der Universität Oxford (wo er ein illegales Roulette betrieben hatte) arbeitete er bei Lloyd's und bei Guinness Mahon. Er ging auch für eine Weile nach Kanada und heiratete dort die Tochter des einstigen Führers der konservativen Partei, George Drew.

Nachdem er 1965 in die Firma eingetreten war, bekam dieser künftige Vorsitzende das besonders schwierige Büro zwischen Siegmund und Grunfeld zugewiesen. »Der Raum war als ›Nußknackersuite‹ oder ›Atomschutzbunker‹ bekannt«, sagte er.[15] »Für Siegmund zu arbeiten war aufregend und spannend – nichts war neu, aber es wirkte so.«[16] 1977 wurde Scholey zum stellvertretenden Vorsitzenden, 1980 zum Vorsitzenden berufen. Sein Erfolg hat mehrere Gründe. Hinter seinem weltmännischen und charmanten Auftreten verbarg sich unerbittliche Zähigkeit. Er war geduldig, arbeitete schwer, besaß breitgefächerte Kenntnisse in allen herkömmlichen Sparten des Bankwesens und ein geradezu enzyklopädisches Faktengedächtnis. Vor allem aber war er ein geschickter Diplomat, der schwerwiegende Fehler vermied und die Empfindlichkeiten von Vorgesetzten niemals verletzte. An einem Ort, wo sich ein einziger unbedachter Schritt außerordentlich verhängnisvoll auswirken konnte, ging er mit ungewöhnlicher Selbstbeherrschung zu Werke. Am Schluß war er der letzte Überlebende auf einem Schlachtfeld, auf dem sich die Leichen zu Bergen türmten.

Neben der Rivalität zwischen den »Söhnen« gab es in der Firma S.G. Warburg auch Reibungen zwischen den Generationen. Die oft aus besten Häusern stammenden jungen Briten waren freimütiger und sorgloser als die geheimnistuerischen Gerontokraten an der Unternehmensspitze, und viele vermuteten, daß Siegmund die Briten falsch beurteilte. Ian Fraser schrieb: »Mit seinem Abscheu vor Unfähigkeit und Selbstgefälligkeit schätzte er die Lässigkeit der Engländer oft fälschlich als Nachlässigkeit, ihre Reserviertheit als Selbstzufriedenheit ein. Daraus ergibt sich, daß seine Sicht britischer Geschäftsleute wie auch der britischen Politik mitunter unzutreffend war.«[17] Zwangsläufig wurden manche Nachwuchskräfte in der Bank von Besorgnis erfaßt. »Einige von uns meinten, zwar würden wir mit Mitte vierzig eine herausgehobene Stellung bekleiden, aber nur um zu merken, daß die Siebzigjährigen so taten, als seien sie unsterblich«[18], sagte Peter Spira. In vielen Londoner Firmen arbeitete eine Unzahl ehemaliger Jünger Siegmunds. Ian Fraser stand an der Spitze von Lazard Brothers, und John Craven leitete die Firma Morgan Grenfell. Von Scholey abgesehen verließen alle »Söhne« S.G. Warburg und blickten mit einer Mischung aus Schwermut und Herzlichkeit auf die mit ihrem Mentor verbrachte Zeit zurück.

In einem Interview, das er 1980 der Zeitschrift *Institutional Investor* gab, nannte Siegmund, der seine Worte stets sorgfältig zu wählen pflegte, David Scholey und Ira Wender seine Adoptivsöhne. Diese Formulierung machte auf seinen leiblichen Sohn George einen überflüssig grausamen Eindruck, und Scholey drückte privat tiefes Unbehagen darüber aus. In späteren Jahren aßen Siegmund und Eva in einem Hotel in der Nähe Frankfurts mit James Wolfensohn, einem weiteren »Adoptivsohn«, und dessen Frau zu Abend. Wolfensohn war ein junger jüdischer Finanzmann aus Australien, den Siegmund in den sechziger Jahren gern eingestellt hätte. Aus heiterem Himmel machte Siegmund Wolfensohn den Vorschlag, ihn mit allen rechtlichen Auswirkungen zu adoptieren. Da dieser keinen Grund zu der Annahme hatte, daß Siegmund scherze, erstarb das Tischgespräch daraufhin. Wolfensohn wechselte das Thema und sprach die Sache nie wieder an.[19]

Immer wieder bemühte sich Siegmund, seine Beziehungen zu George zu verbessern, der sich 1963 selbständig gemacht hatte. Er empfand keineswegs Entsetzen darüber, daß sein Vater »Adoptivsöhne« heranzog, sondern war ganz im Gegenteil erleichtert, daß ihm diese jungen Männer zusagten, denn das bedeutete für ihn eine gewisse Entlastung vom väterlichen Druck. Ende 1969 kündigte Milo Cripps – der Neffe des einstigen englischen Schatzkanzlers Sir Stafford Cripps – bei S. G. Warburg, um in Georges Firma einzutreten. Als Mann vieler Talente hatte er die Effekten bearbeitet, und Siegmund ließ ihn nicht gern ziehen. Die beiden Abtrünnigen machten unter dem Namen C. W. Capital Ltd. ein kleines Finanzhaus auf. Sie hatten grandiose Ideen, gründeten Kapitalanlagegesellschaften, um in kleine amerikanische Firmen investieren zu können, und fungierten auf den Euromärkten als Vertreter amerikanischer Regionalbanken. Ihr Gewinn stieg ebenso wie die Zahl der Beschäftigten, und so gelang es George immer mehr, sich von der als unbehaglich und bedrohlich empfundenen Gegenwart des Vaters zu lösen.

Im Januar 1973 beschlossen die beiden jungen Männer, Gewinn aus ihren weithin bekannten Namen zu ziehen und die Firma in Cripps Warburg umzubenennen. Siegmund, der Erich drangsaliert hatte, weil jener den Namen Warburg in New York nicht aufgegeben hatte, war von diesem Schritt seines Sohnes entsetzt, ließ es ihm aber dieses eine Mal durchgehen. In ruhigeren Augenblicken gab er zu, ein erdrückender Vater zu sein; daher sei es kein schlechter Gedanke, wenn sich sein Sohn auf eigene Füße stelle. Zu Georges Überraschung erhob Siegmund nicht nur keine Einwände gegen die Verwendung des Namens, sondern sorgte im Gegenteil dafür, daß S. G. Warburg als Geste des Entgegenkommens einen geringen Anteil – weniger als fünf Prozent – an der umbenannten Firma übernahm und dem Schritt damit das Siegel der offiziellen Billigung aufdrückte.

Doch nach einiger Zeit geriet die Firma Cripps Warburg in Schwierigkeiten. Zwar machte sie nicht bankrott, weil ihr der Hauptanteilseigner, die Williams & Glyn's Bank, zu Hilfe eilte, doch den stets vorsichtigen Siegmund schmerzte es zu sehen, woran die Schwierigkeiten lagen. Er selbst hatte sich stets weitgehend vom risikobehafteten Kreditgeschäft ferngehalten, bei dem Grundstücke oder Schiffe beliehen wurden, es sei denn, diese waren über eine langfristige Finanzierung durch eine Versicherungsgesellschaft abgesichert. George und Milo hatten Anfang der siebziger Jahre, unmittelbar bevor der Immobilienmarkt in London zusammenbrach, dreizehn Millionen Pfund unveräußerliche Darlehen auf Grundbesitz ausgegeben. Mit seinem übersteigerten Stolz auf den Namen Warburg war Siegmund von diesem Fehlschlag, über den in der Gresham Street nicht gesprochen werden durfte, wie vernichtet. Da er die beiden jungen Männer unterstützt hatte, waren sie voll Schuldbewußtsein und schämten sich, als hätten sie ihn bloßgestellt. Als erklärter Feind jeglichen Nepotismus war Siegmund nicht zu einer Rettungsaktion bereit, wie sie der hilfsbereite Paul Warburg 1931 unternommen hatte, um seinen Bruder Max vor dem Untergang zu bewahren. Außerdem hielt er das nicht für die Aufgabe der Firma S. G. Warburg & Co., die am Unternehmen der beiden jungen Männer lediglich einen symbolischen Anteil besaß. Später sagte er: »Ich bin in einem Familienunternehmen aufgewachsen... und aufgrund der dort gemachten Erfahrungen strikt gegen Vetternwirtschaft jeder Art.«[20] Ob zu Recht oder zu Unrecht, viele Menschen im Londoner Finanzbezirk wie an der Wall Street waren baß erstaunt, daß Siegmund mit in den Schoß gelegten Händen zusah, wie eine Firma, die seinen Familiennamen trug und von seinem eigenen Sohn geleitet wurde, so kläglich scheiterte.

Geknickt führte George unzählige Telefonate, um für seine siebzig Angestellten neue Arbeitsplätze zu beschaffen. Zweimal bot Siegmund dem Sohn an, ihn wieder bei S. G. Warburg aufzunehmen: 1975, als die Firma Cripps Warburg aufgab, und 1978, als George mit seiner Familie nach Amerika zog und eine Stelle in einer Bank in Connecticut antrat. Da er nie studiert hatte, belegte er nach seinem Ausscheiden Kurse in Yale. In Siegmunds letzten Lebensjahren verbesserte sich zu beider Erleichterung die Beziehung zwischen Vater und Sohn. Obwohl Siegmund bei den Schweizer Behörden eine Aufenthaltserlaubnis für seine Tochter Anna beantragt hatte, beschloß sie, in Israel zu bleiben. Beide Kinder liebten den Vater, doch fiel ihnen dies offensichtlich leichter, wenn eine gewisse Entfernung zwischen ihnen lag.

Bei allem Stolz auf sein Judentum hatte Siegmund die Religion nie praktiziert, und er legte in dieser Hinsicht eine typisch warburgsche Zwiespältigkeit an den Tag. Beispielsweise glaubte er, Jom Kippur – ein Feiertag, der nach dem jüdischen Kalender auf den zehnten Tag des ersten Monats fällt – sei stets ein Samstag. Er war stolz darauf, Jude zu sein. Schon in den ersten Anfängen der New Trading war Chaim Weizmann auf Felix' Aufforderung zum Mittagessen in die Firma gekommen. Dafür, daß jemand seine Herkunft verleugnete, hatte Siegmund kein Verständnis. Zu Beginn seiner Karriere kam Robert Maxwell zu einem Mittagessen im Hause Warburg, das katastrophal verlief; anschließend setzte Siegmund eine Aktennotiz in Umlauf, in der er scharf erklärte, Maxwell sei ein Jude, der Juden ausbeute und so tue, als sei er selbst keiner. Da er jedem in der Firma S. G. Warburg & Co. untersagte, in geschäftliche Beziehung mit ihm zu treten, blieb die Bank später bei dessen Bankrott vor Schaden bewahrt. Auf Antisemitismus reagierte Siegmund so empfindlich, daß er eine Zeitlang der Überzeugung war, alle Kanadier mit Ausnahme seines eigenen Vertreters dort seien Antisemiten.[21]

Trotz allem hielt sich Siegmund vom Judentum fern. So kam es, daß sein Sohn George nicht zur Bar Mizwa ging. Als einmal ein orthodoxer jüdischer Kunde zum Mittagessen kam, stellte er überrascht fest, daß man ihm keine koschere Mahlzeit vorsetzen konnte, und so mußte die Küche in aller Eile Rührei auf den Tisch bringen. Oft hielt die Bank ihre jährliche Hauptversammlung an jüdischen Feiertagen, und in der Firma hieß es mitunter, Siegmund behandle Juden besonders scharf. So sehr distanzierten er und die »Onkel« sich vom Judentum, daß einige Angestellte ungescheut antisemitische Äußerungen tun zu können glaubten. Einmal hörte George voll Entsetzen, wie sein Vorgesetzter, Frank Smith, eine judenfeindliche Äußerung von sich gab, und er fragte, wie er in einer hauptsächlich von Juden betriebenen Firma derlei sagen könne. »Aber George«, gab Smith zur Antwort, »da irren Sie sich. Ihr Vater und die Onkel sind doch keine *Juden*.«

Siegmund, der nie etwas mit dem Zionismus zu tun haben wollte, war fest überzeugt, daß sich der jüdische Geist in der Diaspora am besten entfalte, und machte sich Sorgen über die schädlichen Auswirkungen eines vom Judentum geprägten Staatswesens. Wie so viele andere wohlhabende deutsche Juden hatte er Israel als geistiges Eden idealisiert und gehofft, dort werde, wie er sich ausdrückte, eine »auf Gerechtigkeit und Menschlichkeit gegründete Mustergemeinschaft« entstehen.[22]

Später aber wünschte er dem Land Israel allen denkbaren Erfolg. Bei seiner ersten Reise dorthin im Jahre 1959 rührte ihn, was er in einem Kibbuz erlebte. Während des Sechs-Tage-Krieges von 1967 führte er unter jüdischen Bankiers eine Sammlung durch, an die er die Bedingung knüpfte, daß man anschließend Israels Finanzen neu ordne. Auf einem Wirtschaftsgipfel, der 1968 in Jerusalem stattfand, trat er als treibende Kraft hinter der Israel Corporation in Erscheinung, deren Aufgabe es war, ausländisches Kapital in die im Entstehen begriffene Industrie des Landes zu leiten. Während der nächsten Jahre beteiligte sich S. G. Warburg und Co. an verschiedenen Projekten in Israel und arbeitete eng mit dem führenden Finanzinstitut des Landes, der Leumi-Bank, zusammen.

Als 1973 der Jom-Kippur-Krieg ausbrach, wollten junge nichtjüdische Direktoren in der Firma Warburg ihre Solidarität mit den »Onkeln« zeigen. Bernhard Kelly ging als deren Sprecher zu Eric Korner und regte an, die Firma solle Israel hunderttausend Pfund spenden, eine Geste, welche die »Onkel« ebenso wie Siegmund rührte. Wie Aby hörte er stets »die Fittiche des Pleitegeiers rauschen«. Über das von den Arabern verhängte Ölembargo sagte er: »Diese Krise wird weit länger dauern als die von 1929, aber ich denke, daß wir sie schließlich überwinden werden. Doch selbst wenn sie zehn Jahre dauern sollte – was sind zehn Jahre? Wie Arnold Toynbee gesagt hat, bedeuten sie in der Weltgeschichte nur eine Minute.«[23]

Wie alle deutschen Juden entdeckte Siegmund seine religiösen Wurzeln, sobald man ihn angriff. Als der Name S. G. Warburg & Co. auf der schwarzen Liste der arabischen Länder auftauchte, wollte er das anfangs nicht zugeben. Er änderte seine Haltung, als sich zeigte, daß einige Euroanleihe-Konsortien, zu denen arabische Banken gehörten, die Warburgs sowie N.M. Rothschild bei Emissionen übergingen. Firmen, die Siegmund zuvor geradezu kriecherisch gedrängt hatten, auf den Euromärkten tätig zu werden, schnitten ihn jetzt, um die Araber nicht gegen sich aufzubringen.

Als ein Mann, der vor Hitler geflohen war, fühlte sich Siegmund verpflichtet, solchen Einschüchterungsversuchen Widerstand zu leisten, und teilte Bankiers, die diesem Druck nachgaben, mit: »Ich höre, daß Sie sich von den Arabern erpressen lassen... Darf ich das so verstehen, daß Sie mit dem Antisemitismus sympathisieren?«[24] Als ein Commerzbank-Direktor zum Mittagessen kam, ging Siegmund scharf mit ihm ins Gericht, weil er sich unter Druck setzen ließ. Anschließend sagte er zu Bernhard Kelly, der diese Einladung ausgesprochen hatte: »Bitte, Bernhard, laden Sie künftig nur Leute ein, die meine Freunde sind!«[25] Die Vorsitzenden aller Banken, die sich an die schwarze Liste hielten, bekamen postwendend einen scharfen Brief von Siegmund. Vor allem widerte ihn die Feigheit und Ängstlichkeit des britischen Außenministeriums an, und befriedigt nahm er zur Kenntnis, daß das State Department in Washington schärfer reagierte.

Als Europa von einer Welle terroristischer Bombenanschläge und Entführungen überrollt wurde, postierten die Behörden im Empfangsraum von S.G. Warburg Polizeibeamte mit Maschinenpistolen. In einem vertraulichen Schreiben wies Siegmund die leitenden Mitarbeiter seines Unternehmens an, im Falle seiner Entführung dafür zu sorgen, daß die Firma keinesfalls Lösegeld zahle, da man mit einer solchen Kapitulation den Terrorismus lediglich bestärke. Um 1976 ließ der von der arabischen Welt ausgeübte Druck nach, und binnen weniger Jahre verschwand die Firma S.G. Warburg von der Boykottliste.

Es war kennzeichnend für Siegmunds eigenwillige und unberechenbare Art, daß er Israel lautstark kritisierte, kaum daß die Schwierigkeiten mit den Arabern vorüber waren. Als 1977 Menachem Begins nationalistischer Likud-Block die unter Führung der Arbeiterpartei stehende Koalition ablöste, machte Siegmund der israelischen Regierung heftige Vorwürfe, weil sie das Gebiet am Ostufer des Jordans kolonisiert hatte. Er befürwortete den Plan seines Freundes Nahum Goldmann, mit den Arabern Frieden zu schließen. Als Gegner eines dogmatischen, fanatischen Vorgehens identifizierte er Begin mit der Irgun und Yitzhak Shamir mit der Gruppe um Stern und sah Israels neue Führung als Bande einstiger Schläger und Terroristen an.

Voll Zorn über Begins unversöhnliche Haltung gegenüber den Arabern weigerte er sich, israelischen Boden zu betreten. Ebenso wie Jimmy Warburg war er nicht bereit, für den United Jewish Appeal zu spenden, und erregte den Zorn der jüdischen Gemeinschaft Großbritanniens dadurch, daß er 1979 Israel in der Londoner *Times* kritisierte. »Sicherheit läßt sich in dieser Welt nicht durch immer mehr Stacheldraht erzielen«, schrieb er. »Viele Juden innerhalb wie außerhalb Israels zögern, selbst wenn sie die in diesem Brief enthaltenen Ansichten teilen, ihre Stimme öffentlich zu erheben, weil sie fürchten, man könne ihnen das als mangelnde Treue an der Sache Israels auslegen. Doch der Treue zu gesunden Grundsätzen und moralischen Vorstellungen gebührt der Vorrang vor jeder anderen.«[26] Gern hätte er drei oder vier prominente Londoner Juden auf seine Seite gezogen, doch mußte er den Brief schließlich allein unterschreiben. Es betrübte ihn zutiefst, daß keiner von ihnen bereit war, offen zu sagen, was sie insgeheim beunruhigte.

1978 traf Siegmund in Paris mit dem ägyptischen Präsidenten Anwar El Sadat zusammen und versuchte zu erreichen, daß Begin auf dessen Friedensangebote einging. Er kritisierte die Besetzung des Jordan-Westufers und des Gaza-Streifens durch Israel als »kleinlichen Nationalismus«, der der Sicherheit des Landes abträglich sei. Siegmunds Verbundenheit mit Israel lag im Widerstreit mit seinem Internationalismus, und er neigte dazu, den Zionismus als besondere Ausprägung des Nationalismus abzutun. »Ich habe weder je etwas vom Chauvinismus der Deutschen gehalten«, sagte er 1980, »noch von dem der Briten oder dem der Amerikaner, und ich halte auch nichts vom Chauvinismus der Israeli.«[27] Nach den Beschlüssen von Camp David reiste er mit David Rockefeller insgeheim zu Sadat nach Kairo und arbeitete auch mit der sozialistischen Regierung Frankreichs zusammen, um Friedensgespräche mit der palästinensischen Befreiungsorganisation PLO in Gang zu bringen. Israel war in seinen Augen so etwas wie ein zurückgebliebenes Kind, das er nie erziehen, aber auch nie einfach sich selbst überlassen konnte. Seine Sorge um das Land zeigt, wie sehr ihm am jüdischen Volk lag und wie stark der Konflikt war, den er zugleich empfand.

48
Ein vergessener Grabstein

Mitunter befürchtete Siegmund in den siebziger Jahren wohl, seine Welt aus kleinen Finanzhäusern, die auf die Bedürfnisse des Kunden eingingen, sei zum Untergang verurteilt. Oft zog er eine Parallele zwischen Bankiers und Ärzten. »Man hört seinen Patienten zu, berät sie gut und versucht nicht nur, ihr Leiden zu verstehen, sondern den ganzen Menschen.«[1] Seiner Ansicht nach hatte ein Arzt rückhaltlos die Wahrheit zu sagen, nichts zu beschönigen und sich von Patienten zu trennen, die seinen Rat beständig in den Wind schlugen. Mitunter tat er Kollegen mit den Worten ab: »Ach, mein Lieber, er ist ja kein Bankier.« Damit wollte er sagen, daß der Betreffende das Fach zwar technisch beherrsche, aber im Finanzwesen nicht durch und durch bewandert war und die Dinge nicht im Zusammenhang sah.

Die Weltfinanz hatte sich in den siebziger Jahren für Bankiers herkömmlicher Art in bedrohlicher Weise verändert. Je mehr Institutionen als Investoren auftraten, desto wichtiger wurde es, Mittel an den Handel, die Warenverteilung und die Vermögensverwaltung zu binden. Doch Siegmund hatte bisher auf Makler, Händler und Investoren herabgeblickt und die Effektenabteilung im eigenen Hause nur selten aufgesucht. Sobald dieser seltene Besucher hereinkam und den Blick schweifen ließ, legte sich Stille über den Raum. Siegmund, dem Kontrolle und Herrschaft ein und alles waren, verabscheute die Börse, seiner Ansicht nach ein mit dem Verstand nicht zu erfassendes Tollhaus, und in der Vermögensverwaltung sah er eine unfehlbare Möglichkeit, sich wichtige Kunden zu entfremden. Alle Welt nahm an, der legendäre Bankmogul verfüge über todsichere Börsentips, doch in Wirklichkeit ging ihm jede Fähigkeit ab, eine Kursentwicklung vorauszusagen, und die Bewegung des Marktes interessierte ihn nicht. Jahr für Jahr gab er bei der Sitzung der Effektenabteilung die gräßliche Empfehlung aus, man möge die Aktien von Shell Oil kaufen.

Als 1979 Peter Stormonth Darling Vorsitzender des Unternehmensbereichs Warburg Investment Management wurde, wies ihn Siegmund an: »Nun, Peter, Sie sind jetzt Vorsitzender dieser Abteilung. Ihre vorrangige Aufgabe besteht darin, auf ihre Auflösung hinzuarbeiten.« Der Unternehmensbereich verwaltete eine Milliarde Pfund, doch tat Siegmund das als unbedeutend ab. Bei einem Geschäftsessen, das er und Darling mit zwei führenden Männern von Robert Fleming hatten, loteten sie die Möglichkeit aus, die Effektenverwaltung abzustoßen. Es gelang ihnen nicht, weil die Leute bei Fleming nicht begriffen, daß Siegmund den Unternehmensbereich *ohne finanzielle Gegenleistung* abstoßen wollte. Da niemand bereit war, ihm diese als unerträglich empfundene Last abzunehmen, gab er Darling den Auftrag, die Sache weiter auszubauen. Das tat er. Anfang der neunziger Jahre verwaltete S. G. Warburg unter dem Namen Mercury Asset Management mit der astronomischen Anlagensumme von vierzig Milliarden Pfund die größte Kapitalanlagegesellschaft Großbritanniens, wenn nicht Europas.

Voll Sorge um die Zukunft kleiner Finanzhäuser und in der Befürchtung, S. G. Warburg sei aus eigener Kraft dem Versuch einer Übernahme nicht gewachsen, begann Siegmund nach Möglichkeiten zu suchen, sich mit größeren und potenteren Unternehmen zusammenzutun. Er klopfte bei der Deutschen Bank an, wurde aber abgewiesen. Dann tauschte S. G. Warburg 1973 unter lautem Murren der Mitarbeiter in der Gresham Street Anteile mit Paribas, einer altehrwürdigen französischen Geschäftsbank. Man gestaltete die Konstruktion dabei so kompliziert, daß das beträchtliche Ungleichgewicht zwischen S. G. Warburg und der weit größeren Braut nicht so deutlich zutage trat. Siegmund pflegte die Beziehung und nahm jährlich an mehreren Sitzungen im Ritz in Paris teil. Mit Hilfe ihres Zweigstellennetzes um den Persischen Golf herum trug Paribas dazu bei, daß S. G. Warburg von der schwarzen Liste der arabischen Länder gestrichen wurde.

Siegmund lag deshalb so viel an der Bank Paribas, weil er wußte, daß deren willensstarker Präsident Jacques de Fouchier bald in den Ruhestand treten würde. Er stand in freundschaftlicher Beziehung zu dem willfährigeren Pierre Moussa, der ab 1978 Präsident war, und hatte ihn mit Feinschmeckermahlzeiten, guten Weinen und angenehmen Tischgesprächen umworben. Die beiden planten einen möglichen Zusammenschluß ihrer Firmen, wobei Warburg den britisch-amerikanischen und internationalen Markt allgemein bearbeiten, Paribas sich hingegen auf Europa, den Mittleren Osten und Lateinamerika konzentrieren sollte. Das war ein weiterer Versuch Siegmunds, durch Zusammenschluß mit einem mächtigen Geschäftspartner aus seinem geringen Kapital mehr Einfluß herauszuholen. Außerdem spiegelte sich darin ein wahrhaft visionärer Wunsch, eine neue Art europäischer Bank ins Leben zu rufen, die über Staatsgrenzen hinweg tätig war. Moussa bewunderte Siegmund mit gewissen Vorbehalten und durchschaute die verblüffenden Widersprüche dieses Mannes. Er sah, daß Siegmund äußerst kultiviert und selbstbeherrscht, aber auch »sehr autoritär und sogar hart« war.[2]

Im Abkommen mit Paribas sah Siegmund nach dem bescheidenen Erfolg seines New Yorker Büros unter David Mitchell eine letzte Möglichkeit für einen größeren Durchbruch an der Wall Street. Paul Judy, ebenso hemmungsloser wie durchsetzungsfähiger Kopf eines gegen Ende des 19. Jahrhunderts gegründeten Chicagoer Wertpapierhauses namens A.G. Becker, brauchte Kapital, und der Zusammenschluß von Warburg und Paribas faszinierte ihn. Obwohl Becker, eine mittelgroße Firma, deren besondere Stärke auf dem Gebiet kurzfristiger Geldmarktpapiere privater Kreditnehmer lag, als Partner so bedeutender europäischer Namen wie Warburg und Paribas nicht in Frage zu kommen schien, gelang es Judy, Paribas zur Bildung einer Dreierallianz zu bewegen. Da Siegmund seine Pariser »Braut« nicht verärgern wollte, setzte er sich über die Widerstände seiner Londoner Kollegen hinweg und schwang sich zum leidenschaftlichen Befürworter eines Zusammenschlusses zwischen Warburg, Paribas und Becker auf.

Bei einem Abendessen in Paris mit Führungskräften von Warburg und Paribas sprach sich Peter Spira offen gegen die Verbindung aus, da er sie nicht für besonders klug hielt. Er hatte gerade Imperial Chemical Industries als Kunden für Warburg gewonnen und konnte sich nicht vorstellen, diese erstklassige Eroberung an den plebejischen Becker weitergeben zu müssen. »Seien Sie nicht albern«, gab Siegmund zurück, »die Leute bei Becker können alles, was die von Morgan Stanley können.« Dabei schlug er so heftig mit der Faust auf den Tisch, daß eine Schüssel mit Erdbeernachtisch ins Wanken geriet. Wenn die unübertreffliche Weisheit des Herrschers in Zweifel gezogen wurde, griff Siegmund zu Übertreibungen. »Nicht nur können die Leute bei Becker alles, was die bei Morgan Stanley können – sie können es sogar besser.«[3] Wieder einmal gab Siegmund zu erkennen, daß er die amerikanische Unternehmenskultur nicht durchschaut hatte: Er war zuversichtlich, daß Becker New Yorker Häusern Geschäfte im Mittleren Westen vor der Nase wegschnappen und in die erhabene Phalanx der Emissionshäuser einbrechen könne. Letzten Endes aber erwies sich, daß Spira mit seiner Warnung recht hatte, denn viele europäische Kunden von S.G. Warburg wandten sich an der Wall Street nicht an Becker, sondern an andere Emissionsbanken.

Niemand war überrascht, als Siegmund, der darauf spekulierte, daß Menschen aus Sprechfaulheit von längeren Namen meist nur den ersten Teil verwenden, verlangte, in der neuen Firmenbezeichnung müsse der Name Warburg an erster Stelle erscheinen. Obwohl S.G. Warburg und Paribas gleich große Anteile besaßen, bekam das neue amerikanische Unternehmen den Namen Warburg Paribas Becker. Um fünfundzwanzig Millionen Dollar zusätzliches Kapital aus London und Paris reicher – der Anteil von Warburg und Paribas betrug jeweils zwanzig Prozent, während Becker den Rest besaß – begann die neue Firma 1974 in einem völlig neuen Firmensitz an der Water Street 55 im südlichen Teil von Manhattan.

Zu einer Zeit, da sich Siegmund bemühte, die Hinterlassenschaft von Kuhn, Loeb aufzuarbeiten, befand sich seine alte Firma an der Wall Street strategisch gesehen in einem Schwebezustand. Ende der sechziger Jahre hatte er mehrere Anläufe unternommen, die Firma zu kaufen. In einem letzten Versuch wollte er jetzt einen Zusammenschluß von Becker mit Kuhn, Loeb herbeiführen. Als sich zeigte, daß man in beiden Firmen der Ansicht war, nach einer solchen Fusion die Linie allein bestimmen zu können, endeten die Verhandlungen ergebnislos. Außerdem hatte man bei Kuhn, Loeb die Befürchtung, Siegmund werde den lässigen Stil des Hauses straffen und reglementieren. So kam es, daß 1977 die schwächste Firma, nämlich Kuhn, Loeb, von Lehman Brothers übernommen wurde, worauf beide im gefräßigen Maul von Shearson Lehman American Express verschwanden. Damit war einer der berühmtesten Namen der Wall Street wegen schlechter Geschäftsführung und mangelnden Weitblicks der Teilhaber untergegangen. Betrübt sagte Siegmund zur Übernahme durch Lehman Brothers: »Wissen Sie, ich hatte eine solche Zusammenlegung schon vor Jahren vorgeschlagen, und damals wäre Kuhn, Loeb der beherrschende Partner gewesen. Damit hätte sich eine ganz andere Situation ergeben.«[4]

Seine Verhandlungen mit Kuhn, Loeb scheiterten gerade zu jener Zeit, als Becker in ernsthafte Schwierigkeiten geriet. Die naßforsche und gefühllose Vorgehensweise des einstigen Marinesoldaten Paul Judy kam bei den Leuten von S. G. Warburg, die ohnehin kein Verständnis für die draufgängerische und ausschließlich am Geld orientierte Denkweise der Wall Street aufbrachten, nicht gut an. 1977 wurde der durch Meinungsverschiedenheiten mit der europäischen Unternehmensspitze angeschlagene Judy hinauskomplimentiert und im folgenden Jahr durch den zurückhaltenden und eher intellektuell ausgerichteten Ira Wender ersetzt, der als Rechtsberater bei Baker & McKenzie tätig war. Als ein Mann, dem Literatur mehr sagte als Sport und der sich wahre Unmengen von Fakten einprägen konnte, wurde Wender der letzte von Siegmunds »Adoptivsöhnen«. Anfangs war Siegmund förmlich in ihn vernarrt und glaubte mit ihm einen neuen Henry Grunfeld gefunden zu haben; letztlich aber endete die Beziehung mit einer Enttäuschung.

Für Siegmund bedeutete der neue Anlauf in New York einen weiteren, nur allzu augenscheinlichen Fehlschlag. Er schätzte die Stärke der Bindungen zwischen erstklassigen Unternehmen und ihren angestammten Finanzhäusern an der Wall Street falsch ein und glaubte mit seinem übersteigerten Sinn für die Zauberkraft des Namen Warburgs, die neue Firma werde wie einst Lazard Frères ihre Kunden bei einer Unternehmenselite finden und dieser dienen. Doch die Firma Becker mußte zwei Herren zufriedenstellen und wußte nie, ob sie Kunden, die Gelder in Europa anlegen wollten, an Warburg oder an Paribas verweisen sollte. Auch wenn das Format der Leute bei Becker nie das der ihnen übergeordneten in London oder Paris erreichte, war es ihnen gelungen, für sich selbst verblüffend günstige Vergütungsbedingungen herauszuhandeln. Bei S. G. Warburg warf man Wender vor, er lasse sich durch Geschäftsleitungs- und Organisationsangelegenheiten von der eigentlichen Aufgabe abhalten, die in der Unternehmensfinanzierung bestand.[5] Wir werden sehen, daß Wenders die ganze Operation stets nur als Deckmantel für ein weit ernsthafteres politisches und persönliches Drama betrachtete, das sich hinter den Kulissen abspielte.

Nie war Siegmund in Blonay glücklicher, als wenn er mit einem Stapel dickleibiger Bücher auf der Terrasse sitzen konnte, von wo aus er jenseits des in der Sonne blitzenden Genfer Sees schneebedeckte Gipfel sah. Schon lange hegte er den Wunsch, zwei Bücher zu schreiben: ein Zitatenbuch des Geschäftsmannes sowie ein Buch über Erwachsenenbildung, in dem er darlegen wollte, daß Bildung eine Aufgabe war, die das ganze Leben beansprucht.[6] Nie vermochte sich Siegmund einzugestehen, daß er in tiefster Seele Bankier war, und gab sich dem verlockenden Tagtraum hin, ein Dasein als Lehrer sei seine eigentliche Berufung gewesen. Trotz aller intellektuellen Bestrebungen hat er keines seiner Schreibvorhaben je beendet. Wurde er von einer Londoner Zeitung aufgefordert, einen Artikel zu verfassen, ließ er diesen von einem Mitarbeiter entwerfen. In sich trug er das Bild jenes idealen Menschen, der er sein wollte, doch klaffte stets eine Kluft zwischen diesem Bild und dem weit mehr dem Alltag verhafteten fehlbaren Menschen, der er eigentlich war.

Obwohl manch ein Verleger gern seine Autobiographie herausgebracht hätte, verweigerte sich Siegmund rundheraus allen Bitten, eine solche zu schreiben. In den siebziger Jahren war er ziemlich lange dem in Cambridge lehrenden Literaturwissenschaftler George Steiner intellektuell verfallen. Dieser Gelehrte, der als Sohn eines aus Österreich stammenden jüdischen Bankiers zur Welt gekommen war, nahm in Siegmunds Pantheon die Stelle Stefan Zweigs ein. Siegmunds besonderes Wohlgefallen galt Epigrammen, die Steiner ausgegraben hatte – beispielsweise T.S. Eliots Ausspruch, der Mensch vermöge nur einen geringen Bruchteil der Realität zu ertragen –, und vielen Menschen schickte er dessen Bücher. Eine Weile spielten er und Steiner mit dem Gedanken, gemeinsam ein Buch zu verfassen, von dem es abwechselnd heißt, es sei als sokratischer Dialog oder als Biographie Siegmunds geplant gewesen. Wie immer bei Siegmund endete die Träumerei in Unfrieden, und die Freundschaft der beiden Männer überdauerte die Zeit der literarischen Gemeinsamkeit nicht – Steiner indessen bestreitet nachdrücklich, daß es je zu einem Zwist gekommen sei.

Im Lauf seines jahrzehntelangen Lesens hatte Siegmund zweitausend Zitate zusammengetragen, die er nunmehr in einem Werk mit dem Arbeitstitel *Anthologie für Suchende* vereinigte. Dies fälschlich als »geheimes Tagebuch« bezeichnete, aber keineswegs ungewöhnliche Buch spiegelt Siegmunds Denken in anschaulicher Weise. Er erkannte verwandte Geister rasch und war unablässig auf der Suche nach Textstellen, die seine eigenen Vorstellungen bestärkten. Dabei kehrten gewisse Themen immer wieder – etwa die Erkenntnis, daß sich Glück bei schwerer Arbeit und erfüllter Pflicht von selbst einstellt, alles Vergnügen des Menschen nur flüchtig ist und große Leistungen stets mit Qualen erkauft werden. Henry Grunfeld erwog, Siegmunds Anthologie zu veröffentlichen, überlegte es sich dann aber anders, weil er fürchtete, daß die Zitate ein zu düsteres Bild vom menschlichen Dasein vermittelten.

Häufig lud Siegmund junge Leute nach Blonay zu Gesprächen ein, die fünf oder sechs Stunden dauerten und die ganze Spannweite zwischen bedeutenden literarischen Werken und Klatsch umfaßten. (Er nannte das Bankwesen einmal organisierten Klatsch.) Indem er sich in einer Art halbbekennerischen Stils mit diesen jungen Leuten unterhielt, ermutigte er sie, ihre geheimsten Gedanken auszudrücken. Einer von ihnen, Carey Reich, der Herausgeber der Zeitschrift *Institutional Investor*, erinnerte sich: »Von allen Menschen, die ich im Leben kennengelernt habe, konnte der geistsprühende Siegmund am flüssigsten plaudern.«[7] Siegmund erklärte sich 1979 bereit, Reich ein langes Interview zu gewähren, was er sonst nur selten tat. Allerdings machte er dabei zur Bedingung, daß er die Mitschrift vor der Veröffentlichung durchsehen durfte. Dabei verwandte er ebensoviel Zeit darauf, mit Reich über Fragen der Zeichensetzung und der Formulierung zu streiten, wie zuvor auf die Beantwortung der Fragen.

Was Siegmund in jenem Interview sagte, wirkte wie die Worte eines Propheten aus dem Alten Testament. Er beklagte die Entwicklung in der modernen Gesellschaft, der er vorwarf, überflüssige Verbrauchsgüter anzuhäufen. Er verdammte die sterile bürokratische Verwaltung im modernen Geschäftsleben ebenso wie das besessene Streben der Firmen, immer höhere Gewinne zu erzielen[8], beklagte die in Großbritannien herrschende Trägheit und sah voraus, daß England, einst ein Gläubigerland, zum Schuldnerland würde. Den Ruf Margaret Thatchers nach mehr Unternehmergeist griff er nachdrücklich auf.

Nicht nur wirkte Siegmund damit wie einst der von Spengler beeinflußte junge Mann aus der Weimarer Zeit, er verkörperte auch eine im Niedergang begriffene Welt der Eleganz, war ultramodern und altmodisch zugleich. Als er in den siebziger Jahren einmal eines Tages in New York besonders viel zu tun gehabt hatte, schlug er seinen Begleitern vor, man könne in einem etwas weiter entfernten Restaurant essen, um beim Mittagessen nicht Leuten aus der Wall Street über den Weg zu laufen. Sie landeten in einem MacDonald's in Greenwich Village, und dort verzehrte Sir Siegmund Warburg mit über siebzig Jahren seinen ersten Hamburger. Er war hingerissen, daß das zwischen zwei Brötchenhälften liegende sonderbare braune Ding nach der Heimatstadt seiner Familie benannt war, strahlte nach der Mahlzeit hochbefriedigt und erklärte sich beeindruckt davon, daß er für drei Dollar einen ausgezeichneten Gegenwert bekommen habe.

Nie verließ ihn sein ausgeprägtes Traditionsgefühl. In Japan nahm er 1978 aus der Hand Premierminister Takeo Fukudas den Orden des Heiligen Schatzes Erster Klasse entgegen. Die Ehrenurkunde, die in dessen Amtssitz überreicht wurde, trug Kaiser Hirohitos Unterschrift. Es erfüllte Siegmund mit großer Befriedigung, daß es ihm gelungen war, an die von Jacob Schiff und Onkel Max in Ehren gehaltenen Beziehungen anzuknüpfen.

Das Alter machte ihn duldsamer – jedenfalls ansatzweise. Nach wie vor hatte er heftige Wutanfälle und brüllte aus voller Lunge, aber sein Jähzorn flammte nicht mehr so rasch auf wie früher. Mitunter gewannen er und Eva die alte Nähe wieder und machten auf Besucher den Eindruck eines vornehmen altmodischen Paares. Häufig aber fühlte sich Siegmund in der Schweiz allein, und das schöne Haus wurde ihm zur Last. Grunfeld gegenüber seufzte er: »Wir sind die Sklaven unseres Besitzes.« Immer mehr löste er sich von irdischen Dingen, reiste gern und fühlte sich im Schlafwagen wie zu Hause. Praktisch veranlagt, wie er war, sprach er davon, in ein Hotel zu ziehen, wo er und Eva ein gemeinsames Wohnzimmer und jeweils ein eigenes Schlafzimmer haben würden. Es sah ganz so aus, als sei er auf der Suche nach einer verlorenen Einfachheit – vielleicht einem Stück seiner mit der Mutter verbrachten schwäbischen Kindheit –, die er nie wiederfinden konnte. Es schien bezeichnend für die Großfamilie Warburg, daß keiner ihrer Angehörigen schwermütiger und enttäuschter war als der erfolgreichste von allen, Sir Siegmund.

Dann und wann ließ er den Wunsch erkennen, seine Spuren zu löschen und sogar seinen Namen aus der Firmenbezeichnung des von ihm geschaffenen einzigartigen Unternehmens S. G. Warburg & Company zu tilgen. Bei dem Versuch, das Londoner Büro von Blonay aus zu führen, geriet er sich gelegentlich mit Grunfeld, Roll und Seligman in die Haare. Noch mit Ende siebzig hatte er so viel zu tun, daß Doris Wasserman für seine Anrufe am Wochenende Termine vereinbarte. Nie hörte er auf, sich Gedanken über die Firma zu machen oder sich um ihr unaufhörliches Wachstum zu sorgen. Einmal brachte ihn die Art, wie gewisse Ausgaben gerechtfertigt wurden, so auf, daß er erwog zu verlangen, man möge nach seinem Tod seinen Namen aus der Firmenbezeichnung streichen. Ganz nach seiner Art bekam er einen gespielten Wutanfall und warf seine Brille von sich. Nachdem er sich beruhigt und man ihm die mit seinem Vorhaben verbundenen juristischen Schwierigkeiten erläutert hatte, gab er den Plan einer Namensänderung auf.

In mancherlei Hinsicht kam ihm inzwischen die eigene Firma fremd vor. Dazu sagte er: »Wenn ich sehe, was für Leute da die Zügel in der Hand halten, hätte ich heute wohl kaum Aussicht, eingestellt zu werden. Die würden sagen, ›der Bursche ist viel zu unangepaßt und überspannt‹.«[9] Er sei zu jüdisch, als daß man ihn engagieren würde. So durchlebte er den

Alptraum eines Firmengründers, der sich ausmalt, wie sich das Unternehmen nach seinem Abtreten bis zur Unkenntlichkeit verändert. Seinen Kollegen sagte er voraus, sie würden schon fünf Jahre nach seinem Tode zum Establishment gehören, die Firma aber werde immer weiter wachsen, Jahresberichte auf Hochglanzpapier drucken lassen, den Namen Mercury Securities in S. G. Warburg & Co. ändern und bebilderte Prospekte drucken lassen. Mit der möglichen Ausnahme der auf Hochglanzpapier gedruckten Jahresberichte – in Tokio gab es tatsächlich einen solchen – trafen all diese Voraussagen ein, so daß sich bestätigte, was man stets über Siegmund gesagt hatte, nämlich daß er hellsehen könne.

Dem Tod indessen blickte er alles andere als gleichmütig entgegen. Er vermied es, zu Beerdigungen zu gehen, und machte äußerst ungern Krankenbesuche – als könne er sich dabei anstecken. Mit dem Alter wurde sein Gesicht hager, was ihn kränklich aussehen ließ, der Kopf sank ihm tiefer auf die Brust. Er wirkte kleiner und fülliger als zuvor. Er hatte ein schwaches Herz und war nicht besonders gut zu Fuß, und da er nicht gern einen Stock benutzte, vertuschte er seine Schwäche mit einem Regenschirm. Doch nach wie vor blitzten die Augen aus dem schmalen, gelblichen Gesicht.

Siegmunds Erfolg war aufsehenerregend, aber einseitig gewesen. Er hatte dem Namen Warburg in Großbritannien erneut Geltung verschafft, aber an anderen Orten Schiffbruch erlitten. Die Vorstellung quälte ihn, der Name werde möglicherweise in Deutschland und Amerika, wo die Familie so Ungeheures geleistet hatte, nicht überdauern. Immer wieder kämpfte er gegen das Schicksal und versuchte, die Ehre der Warburgs wiederherzustellen. So hatte er in Deutschland eine große Operation in die Wege geleitet, und mit Paribas und Becker bekam er eine letzte Möglichkeit, Berufung gegen das Urteil der Wall Street einzulegen. Es schien, als könne er das Steuer noch im letzten Augenblick herumreißen.

Dann aber führten neue Komplikationen zum Bruch mit Paribas. Im September 1981 gaben die französischen Sozialisten zu erkennen, daß sie die in Paris ansässige Bank verstaatlichen wollten. Pierre Moussa wies die neue Regierung darauf hin, daß ein solches Vorgehen internationale Verträge mit Warburg und Becker verletzen würde. Er ließ Siegmund nach Paris kommen, weil er hoffte, dieser könne die französische Regierung davon überzeugen, daß eine Verstaatlichung der in allen Ländern der Erde tätigen Institution Paribas auf den Finanzmärkten der Welt dem Bild Frankreichs nicht wiedergutzumachenden Schaden zufügen werde.

Trotz allem Verständnis für Moussas Sorgen entwickelte Siegmund jedoch schon bald seinen eigenen Plan, der gänzlich anders aussah. In der Überzeugung, die französischen Sozialisten seien auf eine weitgreifende Revolution mit einer Art Mittelweg zwischen Kapitalismus und Kommunismus aus, nahm er sie beim Wort. Ihm lag aus grundsätzlichen Erwägungen daran, mit Regierungen auf gutem Fuß zu stehen, und so entschied er sich, nicht der von Moussa vorgegebenen Linie zu folgen, sondern die Sozialisten zu umwerben, um für den Anteil der Firma Warburg an Paribas eine angemessene Entschädigung zu erzielen oder in einem verstaatlichten Unternehmen eine besondere Rolle spielen zu können. Nicht nur traf er dazu mit dem französischen Präsidenten François Mitterrand zusammen, er bemühte sich auch um dessen Sonderbeauftragten Jacques Attali.

Um die Schweizer Vermögensanteile der Paribas vor dem Zugriff der französischen Regierung zu bewahren, legte Moussa den Plan vor, sie auf ein Unternehmen namens Pargesa zu übertragen, was freilich keinen ungeteilten Beifall fand. Das Vorgehen war völlig legal, enthielt aber politischen Zündstoff. Moussa erwartete, daß sich S. G. Warburg & Co. sowie Becker als Beweis ihrer Solidarität an einer Garantie für die erweiterte Pargesa beteiligten. Ira Wender sagte aus Loyalität Moussa seine Beteiligung zu, Siegmund aber, der darauf bedacht war, sich die Schwäche von Paribas zunutze zu machen, änderte den Kurs und beteiligte sich nicht an der Garantie für Pargesa. Er übte erheblichen Druck auf Wender aus, um zu erreichen, daß dieser gleichfalls ausscherte, und schickte David Scholey, Eric Roll und andere hochrangige Abgesandte zu ihm, die ihm klarmachen sollten, daß es unklug sei, die französische Regierung herauszufordern. Wender aber rückte nicht um Haaresbreite von seiner Position ab.

Zwar bewunderte Moussa Siegmund weiterhin, lehnte sich jedoch gegen dessen fortwährenden Drang auf, zu bestimmen, was geschehen sollte. So schrieb er damals in sein Tagebuch: »Vor allem will Siegmund, daß man ihm gehorcht. Er will herrschen, zwar durch Überredung und in aller Liebenswürdigkeit, aber unumschränkt.«[10] Manche Mitarbeiter von S. G. Warburg vermuten, daß Moussa stets die Absicht hatte, nach Siegmunds Tod stärkeren Einfluß auf die Firma zu gewinnen. Diese Frage erledigte sich von selbst, als Moussa wegen der Pargesa-Angelegenheit seine Position einbüßte. Damit, daß er sich bei der französischen Regierung eingeschmeichelt hatte, stärkte Siegmund seine Position in der verstaatlichten Paribas und erhärtete zugleich die Berechtigung von Moussas Verdacht.[11]

All diese Manöver wirkten sich katastrophal auf die Firma Becker aus. Um die geschwächte Bank Paribas vollends zu entmachten, wollte Siegmund den im Besitz der Belegschaft von Becker befindlichen sechzigprozentigen Anteil an der Firma aufkaufen, die im Rezessionsjahr 1982 Verluste in Millionenhöhe erlitten hatte. Auch im Hinblick darauf widersetzte sich Wender Siegmunds Wünschen, diesmal aus Fürsorge für seine Angestellten.[12] Es war S. G. Warburg & Co. nicht gelungen, dieselbe straffe Disziplin wie in London durchzusetzen, und nunmehr machte sich Siegmund, der die Pargesa-Angelegenheit nicht vergessen hatte und seinem »Adoptivsohn« Wender die Schuld an der schwierigen Lage der

Firma Becker gab, daran, Rache zu nehmen. David Scholey flog zu Verhandlungen nach New York, und die Beziehung nahm ein bitteres Ende. Wieder war ein »Adoptivsohn« geopfert worden.

Die Zeit wurde für Siegmund knapp. Nachdem S. G. Warburg und Paribas den im Besitz der Becker-Angestellten befindlichen Anteil der Firma aufgekauft hatten, reiste er im Juli 1982 nach New York, und zwar in aller Heimlichkeit, um zu vermeiden, daß in der Presse über die Aktion berichtet wurde. Er war so krank und schwach, daß Henry Grunfeld ihm von der Reise abriet, was Siegmund mit der Erklärung konterte, nicht hinzufliegen sei gleichbedeutend mit Resignation. In einem Hotel in der Nähe des Kennedy-Flughafens traf er bei schwülem Sommerwetter mit der neuen Führung der Firma Becker zusammen und hielt trotz seiner Schwäche eine so aufmunternde Ansprache wie nie zuvor. Sechs Stunden lang malte er seinen Gesprächspartnern abwechselnd kühne Visionen aus oder übergoß sie mit scharfer Kritik. Ein letztes Mal zeigte er sich mit den Franzosen einig. Als er am folgenden Tag seinen Sohn zum ersten Mal in dessen neuem Haus in Connecticut besuchte, fühlte er sich in so gehobener Stimmung wie ein schlachterprobter Feldherr, dem es gelungen ist, die Lage noch einmal zum Besseren zu wenden.

Anschließend tauschten Paribas und S. G. Warburg die Anteile aus, die sie am anderen Unternehmen besaßen, und nach Siegmunds Tod wurde die Firma Becker an die Franzosen verkauft. Zum Schluß entschied man sich bei S. G. Warburg, eine neue Niederlassung an der Wall Street zu gründen, die sich schließlich zu jenem gewinnbringenden Unternehmen entwickelte, das Siegmund nie zustande gebracht hatte.

In seinen letzten Lebensmonaten bemühte er sich noch einmal um Erfolg in Deutschland. Er entwarf in groben Linien einen Plan, die Effectenbank-Warburg in Frankfurt mit zwei Privatbanken zusammenzulegen, die sich im Besitz der Bayerischen Vereinsbank in München befanden. Dabei handelte es sich um die Frankfurter Bethmann-Bank und die Düsseldorfer Simon-Bank. Im September 1982 flog er nach München, um die Vereinbarung zu besiegeln. Seiner Auslegung der Situation nach war man sich einig, daß Peter Reimpell – mit ihm gut bekannt und in führender Position bei der Bayerischen Vereinsbank tätig – an die Spitze des neuen Gesamtunternehmens treten sollte. Dann aber ließ der Vorsitzende der Bayerischen Vereinsbank, Dr. Maximilian Hackl, Siegmund kategorisch wissen, daß ihm nichts von einer Abmachung bekannt sei, Reimpell von seinen Pflichten zu entbinden. Empört, erzürnt und verwirrt verließ Siegmund die Sitzung. Als Grunfeld seinen alten Verbündeten im Hotel aufsuchte, sah er, daß Siegmund seine Sachen packte, um in die Schweiz zurückzukehren; er machte einen abgekämpften und besorgten Eindruck. Wieder einmal klagte er, S. G. Warburg & Co. stehe im Begriff, zu groß und zu selbstgefällig zu werden.

Noch immer erregt, flog er nach Genf zurück, wo er sich vom Flughafen abholen ließ. Auf der Fahrt nach Blonay erlitt er einen schweren Schlaganfall, und als der Wagen am Haus ankam, lag Siegmund bewußtlos auf dem Rücksitz. Wie sich zeigte, war ein Arm gelähmt. (Einer anderen Version zufolge ereilte ihn der Schlaganfall in seinem Haus.) Sogleich brachte man ihn in ein Krankenhaus nach Lausanne, und Dr. Goldman kam, um ihn zu behandeln. Siegmund, dem sein letztes großes Vorhaben fehlgeschlagen war, brannte darauf, der Vorsehung ein Schnippchen zu schlagen. Er konnte Mißlingen nicht hinnehmen; es war, als wolle er die von den Nationalsozialisten zunichte gemachte Geschichte der Familie Warburg umschreiben. Zu Grunfelds Erstaunen rief er zwei Tage später aus der Schweiz an und begann mit ihm darüber zu reden, auf welche Weise man das gescheiterte Vorhaben in Bayern noch einmal in Gang bringen könne. Grunfeld drängte ihn, sich zu schonen.

Mit Tränen in den Augen bat Siegmund Dr. Goldman, man möge ihn mit einem Ambulanzflugzeug nach London bringen. Zögernd gab dieser seine Einwilligung. Statt sich zu schonen, regte sich Siegmund in London oft auf und war wütend. Bisweilen murmelte er Unverständliches vor sich hin und versprach Dr. Goldman, er werde sich darum kümmern, daß er für den Rest seines Lebens ausgesorgt habe. Goldman konnte ihn nicht daran hindern, daß er immer wieder David Scholey anrief und ihm geschäftliche Anweisungen gab. Eines Tages regte ein Gespräch mit dem Büro Siegmund so auf, daß er einen schweren Schlaganfall erlitt, nach dem er nie wieder sprechen konnte.[13] Einer anderen Darstellung zufolge wurde Siegmund halb bewußtlos in die Londoner Klinik eingeliefert und war nicht in der Lage, Telefonate zu führen.

Aus Anlaß seines achtzigsten Geburtstags waren schon mehrere Feiern geplant gewesen. Anfänglich hatte man den Gästen mitgeteilt, er sei erkältet, jetzt wurden die Feiern abgesagt. Drei Wochen nach der Sitzung in München, am 18. Oktober 1982, starb Sir Siegmund Warburg, ein zutiefst unglücklicher Mann, als Opfer des Traumes, dem er sich mit Leib und Seele verschrieben hatte.

Mit seiner üblichen Gründlichkeit, bei der er nichts dem Zufall überließ, hatte er 1980 schriftliche Anweisungen für den Fall seines Todes verfaßt. Er wollte keine Gedenkfeier und erklärte, es sei besser, den Lebenden Blumen zu schicken, als den Toten Kränze aufs Grab zu legen. Seinen Körper hatte er ursprünglich der medizinischen Forschung überlassen und seine Augen für Hornhautverpflanzungen zur Verfügung stellen wollen, doch redete ihm seine Sekretärin Doris Wasserman diese Absicht aus. So wurde er eingeäschert und die Asche in Anwesenheit einer kleinen Gruppe von Verwandten verstreut. Entgegen seinem Wunsch kamen einige Monate später Grunfeld, Scholey und andere im Rathaus der City von London zu einer Gedenkfeier zusammen.

Nach seinem Tod kam es zu einem merkwürdigen Vorfall. In seiner Heimatstadt Urach hatte die Auseinandersetzung mit dem Dritten Reich im Geschichtsunterricht Schulkinder so erschüttert, daß sie etwas unternehmen wollten. Um zu zeigen, daß man das Unrecht nicht vergessen wollte, beschlossen sie, die vernachlässigte Grabstätte von Siegmunds Vater Georg wieder in Ordnung zu bringen. Seit 1923 hatte sich der Wald allmählich immer mehr um den in Vergessenheit geratenen hohen Stein geschlossen; jetzt legten ihn die Kinder wieder frei. In einem bewegten Dankesbrief an den Schulleiter wies Eva auf Siegmunds Liebe zu Urach und seiner Umgebung hin.[14]

Sie, die viele Jahre hindurch selbstlos ihre Aufgabe erfüllt hatte, mußte während Siegmunds Krankheit noch einmal stark sein. Menschen, die ihr nahestanden, drückten die Hoffnung aus, daß sie nunmehr anfangen werde, ein eigenes Leben zu führen. Doch trotz aller Mühe, sich im einsamen Haus zu betätigen, schien ihr das Leben leer. Das Krebsleiden, gegen das sie fünfzig Jahre lang angekämpft hatte, gewann die Oberhand. Sie kehrte nach London zurück, wo die Ärzte sie kannten, und stellte sich der Krankheit mit großer Tapferkeit. Trotz aller Schmerzen und starker Atemnot klagte sie nie, ganz die starke, würdevolle »Wikingerin«, die Siegmund geliebt hatte. Als ihr eine Schwester sagte, eine so geduldige Patientin habe sie noch nie erlebt, sagte Eva – es war fast, als spreche Lucie – »dann müssen Sie Ihr Gedächtnis vielleicht ein bißchen mehr anstrengen«.

Einige Tage vor ihrem Tod sagte sie zu ihren Kindern, wie sehr es sie erleichtere, daß sie Siegmund überlebt habe, der ihrer Überzeugung nach ohne sie hilflos gewesen wäre. Für einen Besuch ihres jüngsten Enkels richtete sie sich besonders schön her und zog sich um. Trotz ihrer großen Schwäche ging von ihr noch eine unerklärliche Ausstrahlung aus, so daß der verblüffte junge Mann ausrief: »Aber Oma, du siehst einfach *hinreißend* aus!« Er war untröstlich, als er am nächsten Morgen erfuhr, daß sie in der Nacht verschieden war. Sie hatte Siegmund um ein Jahr überlebt.

Jetzt, da keiner seiner Angehörigen mehr in England lebte, machte das Ergebnis seines Wirkens einen recht isolierten Eindruck. Wohl hatte er den Namen Warburg wieder ins Bewußtsein der Öffentlichkeit gerückt, doch war es ihm nicht gelungen, erneut den engen Zusammenhalt der Familie herzustellen, deren Zielgerichtetheit neu zu beleben. Er hatte ein Reich gegründet, aber keine Dynastie. Der eigentliche Erfolg in Deutschland und Amerika, auf den er so großen Wert gelegt hatte, war ihm versagt geblieben.

An der Geschichte Siegmunds und der »Onkel« läßt sich ablesen, wie unbeirrbar die deutschen Juden in der Diaspora waren. Unter Einsatz eben jener Energie, der sie es zu verdanken hatten, daß sie in Deutschland so sehr zum Gegenstand allgemeinen Neides geworden waren, hatten sie ihre Wahlheimat mit ihrer Antriebsstärke, ihrer Disziplin und ihrem unaufhörlichen Streben nach neuen Ideen bereichert und ins Ausland das Beste an der Kultur Deutschlands mitgenommen, als dort das Schlechteste triumphiert hatte.

Sir Siegmund Warburg war ein außerordentlich schwieriger Mensch. Für fast alles, was man über ihn sagen kann, trifft auch das Gegenteil zu. An dem Einfluß, den er auf die Finanzwelt ausgeübt hat, kann es allerdings keinerlei Zweifel geben. Nach seinem Tod pries ihn die britische Presse voll Überschwang, weil er Londons Finanzwesen in den fünfziger Jahren aus dem Dämmerschlaf geweckt hatte. »Mehr als jeder andere«, hieß es in der *Times*, »war er für die Veränderungen in den Gewohnheiten der City verantwortlich, die sie in den Stand setzten, sich die Umstände zunutze zu machen, die in der zweiten Hälfte des 20. Jahrhunderts herrschten.«[15] Die *Financial Times* schrieb: »Möglicherweise war Sir Siegmund Warburg... in der Nachkriegszeit der einflußreichste Finanzier in der Londoner City.«[16] Wieder hatte ein aus Deutschland eingewanderter Jude, wie einst die Rothschilds, Londons Vorherrschaft auf finanziellem Gebiet erneuert. In der Geschichte des Finanzwesens war Siegmunds Leistung einzigartig. Gegen alle Wahrscheinlichkeit hatte er sich in einer einzigen Generation ein Reich aus dem Nichts geschaffen und Großbritannien ein auf der ganzen Welt wettbewerbsfähiges Emissionshaus hinterlassen.

Nach seinem Tod stellte man sich in Londoner Finanzkreisen die Frage, ob die von ihm geschaffene Firma untergehen werde. Doch der von ihm ausgewählte Nachfolger, Sir David Scholey, erwies sich als Londons bedeutendster Bankier und hielt die von Siegmund eingeführten Werte Disziplin, Zusammenarbeit und Diskretion hoch. Über den Tod seines Mentors sagte er: »Wenn man uns als Familie ansieht, war es wie der Tod eines Vaters, und für mich persönlich der Verlust eines zweiten Vaters.«[17] Scholey wurde in das Gericht der Bank von England berufen, und sein Name fiel häufig, wenn es um die Frage der künftigen Präsidentschaft dieser Institution ging. Obwohl die deutschen Juden größtenteils aus der Firma S. G. Warburg verschwunden waren – auch wenn Henry Grunfeld ähnlich wie Siegmund auch dann noch täglich zur Arbeit kam, als er sich offiziell aus der Bank zurückgezogen hatte –, hat ihre Hinterlassenschaft Bestand. »Siegmund hat einmal gesagt, er sehe mich als Ehrenmitglied der jüdischen Gemeinschaft an«, berichtete Scholey. »Es war eins der größten Komplimente, das man mir je gemacht hat.«[18]

Zu einer Zeit, da Finanzhäuser zu großen, namenlosen, bürokratischen Systemen wucherten, gewann die Legende um Sir Siegmund neuen Glanz. Er wurde die Quelle der Inspiration junger Bankiers, die seine Lehre predigten, es sei Aufgabe eines Bankiers, eine erstklassige und professionelle Dienstleistung zu erbringen. Er hatte gezeigt, daß das Finanzwesen eine bereichernde menschliche Erfahrung sein kann und die Leistung eines Bankiers über Haushaltsansätze und Bilanzen hinausreicht. Man eiferte ihm nach, wendete seine Methoden an, wiederholte seine Aphorismen. Und da man seine Nachfolger im Finanzleben überall auf der Welt findet, ist dafür gesorgt, daß er wirklich unsterblich wird.

Stets war Siegmund überzeugt gewesen, im Bankwesen könne Quantität durchaus Feind der Qualität sein. Nach der Freigabe der Londoner Finanzmärkte in den achtziger Jahren wandelte Sir David Scholey die Firma in ein riesiges Haus für den Freiverkehr von Wertpapieren um. Die Firma Warburg sicherte sich Rowe & Pitman, den Aktienmakler der Königin, Akroyd & Smithers, eine führende Börsen- und Effektenhandelsfirma, sowie den offiziellen Börsenhändler der britischen Regierung, Mullens. Wo Siegmund aus seiner Abneigung gegen Aktien und die damit verbundenen Risiken keinen Hehl gemacht hatte, beugte man sich mittlerweile den Realitäten der Finanzwelt. Die Firma S. G. Warburg war nicht mehr der mit den persönlichen Verhältnissen seiner Kunden vertraute Berater und wuchs im Jahrzehnt nach Siegmunds Tod um das Achtfache an, wobei nach und nach die Zahl der in insgesamt achtunddreißig Ländern Beschäftigten auf fünftausend anstieg.

Mit rühmenswertem Geschick gelang es Scholey, die vier Firmen zu einem Ganzen zu verschmelzen und einer wie der anderen den Warburg-Geist einzuhauchen. Wohl war ihm bewußt, daß solche Veränderungen seinem Mentor Siegmund Unbehagen bereitet hätten, doch zugleich war er überzeugt, daß deren Notwendigkeit auch ihm eingeleuchtet hätte. S. G. Warburg & Co. war 1991 Großbritanniens bedeutendste im Freiverkehr von Wertpapieren tätige Firma und lag im Weltmaßstab auf dem neunzehnten Platz. Auf ihrer Kundenliste stand die Hälfte der hundert Firmen, die im Index der *Financial Times* der führenden Börsenwerte genannt werden. Hier war aus dem Chaos der Geschichte Mitteleuropas in wunderbarer Weise etwas Dauerhaftes entstanden. Fünfundvierzig Jahre zuvor hatte bei S. G. Warburg & Co. eine Handvoll Einwanderer Unterschlupf gefunden. Sie hatten eine fremde Sprache gesprochen und sich gefragt, ob sie in einem fremden Land überleben würden; nunmehr war ihre Firma zum Symbol der Londoner Finanzwelt geworden.

49

Fremd in der Heimatstadt

Nie verlor Erich jene unbezähmbare Lebhaftigkeit, die sogar das Dritte Reich überdauert hatte. Er bemühte sich, die Welt seines Vaters Max wiederzubeleben, bis hin zur frischen Nelke im Knopfloch. Wie dieser stand er früh auf, um zu schwimmen oder im Kösterbergpark spazierenzugehen. Wenn er alljährlich im September an der Jahressitzung des IMF (Weltbank) teilnahm, stattete er David Rockefeller und anderen Größen der Wall Street einen Höflichkeitsbesuch ab. In seinem Eckbüro an der Ferdinandstraße, von dem aus man die Binnenalster sehen konnte, arbeiteten mehrere Sekretärinnen für ihn. An Wochenenden malte er Seebilder in fein abgestuften Aquarellfarben. Eine Fliege und der Blick seiner blauen Augen, die beständig nach hübschen Frauen suchten, waren sein Markenzeichen. Wie hatte die düstere Geschichte der deutschen Juden eine solche unbeschwert wirkende Persönlichkeit hervorbringen können?

Sobald Schwierigkeiten auftauchten, stellte er sich die Frage: »Was kann man tun?« Als hartnäckiger Sammler von Spendengeldern pflegte er Firmen zu sagen, wieviel sie seiner Ansicht nach für eine wohltätige Sache spenden müßten, und Gebern, die er für zu geizig hielt, gab er den Scheck zurück. Da auf seinen Schultern die Familientradition ruhte, bemühte er sich, dafür zu sorgen, daß Wiedergutmachung für begangenes Unrecht geleistet wurde. 1979 besuchte er die Antikensammlung in der Münchner Glyptothek, in der sechs Vitrinen mit herrlichen griechischen Figurinen standen, und brachte die Museumsleitung dazu, daß sie am Eingang zu jenem Raum ein Bild und eine kurze Biographie Jim Loebs anbrachte. Es freute ihn, daß sein Onkel Aby unversehens zu Ruhm und Ehren kam, als sich der Hamburger Senat entschied, einen mit dreißigtausend Mark ausgestatteten Aby-Warburg-Preis auszusetzen, der alle vier Jahre verliehen werden sollte.

Erichs Bindung an das Judentum war nicht besonders ausgeprägt. Er gelangte immer mehr dazu, sich als deutsch statt als jüdisch anzusehen, und seine Odyssee vermittelt einen Eindruck davon, wie sich die Warburgs möglicherweise entwickelt hätten, wenn die Nationalsozialisten nicht an die Macht gekommen wären. Die Familie hätte sich eine echte, wenn auch abgeschwächte jüdische Identität bewahrt, die im Laufe der Zeit möglicherweise ganz dahingeschwunden wäre. Während in den Köpfen der meisten Juden eine Art Geisterkarte von Deutschland existierte, auf der Gefängnisse und Todeslager verzeichnet waren, konnte Erich eine Trennwand zwischen sich und der Vergangenheit ziehen und einfach dort weitermachen, wo er in den zwanziger Jahren aufgehört hatte.

Erich Warburg 1978 mit seinem Lieblingshut

Dankbar für das Asyl, das man ihm in Amerika gewährt hatte, war Erich stets bemüht, die freundschaftlichen Beziehungen zwischen Deutschland und den Vereinigten Staaten zu festigen. Gemeinsam mit John J. McCloy war er die treibende Kraft hinter der *Atlantikbrücke* und deren Gegenstück, dem *American Council on Germany*. Da ihm daran lag, in der Öffentlichkeit nicht allzusehr in Erscheinung zu treten, hatte die deutsche Presse nur selten Gelegenheit, über Erich zu berichten, und Reporter scherzten, man könne eher in den Kreml vordringen als zu ihm. 1979 segelt er mit Bundeskanzler Helmut Schmidt, seinem Hamburger Mitbürger, auf der *Atalanta*, dem Schoner der Warburgs, nach Dänemark und Polen, und nach einem Gipfeltreffen in Bonn lieh sich dieser die Yacht für eine zweitägige Fahrt mit dem französischen Präsidenten Valéry Giscard d'Estaing. Als Schmidt Anfang der achtziger Jahre zu Besuch im Weißen Haus weilte, stand Erich unauffällig unten auf dem Rasen, während die Reagans den Bundeskanzler begrüßten. Als Sproß einer deutsch-jüdischen Bankiersfamilie, der die Fähigkeit besaß, zu vergeben, eignete sich Erich in idealer Weise dazu, ein seiner Verantwortung bewußtes, geläutertes Westdeutschland zu vertreten.

Vorsichtig gab er seine Besorgnis über den in Deutschland noch vorhandenen Antisemitismus zu erkennen, ließ ihn nie aus den Augen und wies die Redaktionen von Zeitungen, die in dieser Hinsicht Sensibilität vermissen ließen, darauf hin, ohne dabei aggressiv oder laut zu werden. Er sagte Pressevertretern, man könne die Jugend Deutschlands nicht für das Dritte Reich verantwortlich machen, fügte aber hinzu – womit er unauffällig Kurt Hahn zitierte –, sie dürfe sich des Geschehenen durchaus schämen.

Manche Angehörige der Familie Warburg empfanden die Art, wie Erich sich in die deutsche Umwelt einfügte, bewundernswert, anderen hingegen erschien diese Entwicklung befremdlich, ja unverständlich. Seine Verwandten behandelte er aufmerksam und war ihnen gefällig, auch wenn sie ihn häufig mit seinem Hang zum Adel aufzogen. Als er seine Memoiren veröffentlichte, neckte ihn Bettina mit der Äußerung, er scheine ausschließlich Berühmtheiten zu kennen.[1] Zu seinem siebzigsten Geburtstag, den er 1970 auf dem Kösterberg groß feierte, lud er Verwandte aus der ganzen Welt ein. Das Hotel *Vier Jahreszeiten* an der Binnenalster war voller Warburgs, von denen viele zum ersten Mal seit den dreißiger Jahren nach Deutschland zurückgekehrt waren. Sie verlebten glückliche, aber unbehagliche Tage, denn neben hundert Erinnerungen an Verluste und erlittene Ängste rief Hamburg in ihnen auch Bitterkeit und Heimweh wach. Äußerlich ähnelte die Stadt dem Ort, an dem sie zur Welt gekommen waren, doch fehlten darin unheimlicherweise die Menschen, die daraus *ihre* Stadt gemacht hatten.

Louises bezaubernde Tochter Gabriele Schiff (ihr Mann war nicht mit Frieda verwandt) konnte nicht nachempfinden, was Erich an Deutschland lockte, und fragte verständnislos: »Wie kann er dort drei Kinder aufziehen?«[2] Diese kleine, vom warburgschen Ethos des Dienstes an der Öffentlichkeit erfüllte, mutige und intelligente Dame empfand Schuldgefühle, weil sie die Kriegsjahre in der Sicherheit Amerikas verbracht hatte und erst danach im Dienst des Gemeinsamen Vergabeausschusses als – vorwiegend im Bereich der Psychiatrie tätige – Sozialarbeiterin nach Europa zurückgekehrt war. Sie hatte in einem Tuberkulose-Sanatorium in Norditalien gearbeitet und dort mit Überlebenden aus Bergen-Belsen zu tun gehabt, die lebenden Skeletten ähnelten. Anschließend war sie nach Deutschland in zwei Rehabilitationszentren voll heimatloser Juden geschickt worden, die keinen sehnlicheren Wunsch kannten, als das Land zu verlassen, auf dem in ihren Augen ein Fluch zu liegen schien. Als sie zum ersten Mal nach dem Krieg nach Deutschland zurückgekehrt war, hatte sie es nicht über sich gebracht, Hamburg zu besuchen.

Aus ihrer Adoptivheimat Amerika auf Dauer nach Deutschland zurückzukehren, konnte sie sich nicht vorstellen. »Was ich bin – ob gut oder schlecht – verdanke ich diesem Land«, sagte sie über die Vereinigten Staaten. »Es wäre mir undenkbar erschienen, erneut die deutsche Staatsbürgerschaft anzunehmen.«[3] In den fünfziger Jahren war sie mit ihrem Gatten David nach Hamburg gereist, um ihm zu zeigen, wo sie früher gelebt hatte. Zwar hatte sie beim Anblick der Alster sehnsüchtige Wehmut empfunden, doch waren ihr durch solche Erinnerungen die Vertreibung ihrer Generation und der herbe Verlust nur um so deutlicher vor Augen getreten. Am zweiten Tag war sie krank geworden und hatte abreisen müssen. »Eine Stadt, in der man niemanden im Telefonbuch kennt, ist nicht mehr die Heimatstadt«, erklärte sie. »Es ist eine interessante, wunderschöne Stadt, ist eine der schönsten, die ich kenne, aber es ist nicht mehr meine Stadt, in der ich geboren bin.«[4] Ihre Mutter Louise besuchte – im Unterschied zu ihrem Zwillingsbruder Fritz – Deutschland nur sehr selten, hatte aber verfügt, daß man ihre Asche dort neben Dr. Derenberg beisetzen solle.

Oft machte sich Erichs jüngste Schwester Gisela, die viel Kummer durchlebt hatte, Gedanken über das Rätsel Deutschland. Bei ihr rief ein Besuch Hamburgs verworrene Empfindungen hervor: Während sie durch die Straßen der Stadt ging, mußte sie sich daran erinnern, daß die meisten Menschen, denen sie begegnete, in den dreißiger Jahren noch gar nicht gelebt hatten oder Kinder gewesen waren. Trotz ihres glühendes Einsatzes für die Jugend-Alijah war sie nie nach Israel gezogen, wie sie es sich erhofft hatte; wohl aber hatte sie im nationalen Ausschuß der Hadassah mitgearbeitet, der zionistischen Frauenorganisation der Alijah. Israel enttäuschte sie oft, vor allem, was die Behandlung der auf dem Jordan-Westufer lebenden Araber betraf. Als sie voll Entsetzen erkannte, daß sich Juden wie Eroberer gebärdeten, schloß sie sich einer interkonfessionellen Gruppe an, die sich Bruderschaft arabischer und jüdischer Jugend in Israel (Fellowship in Israel for Arab-Jewish Youth) nannte.

Gisela bewunderte Amerika und lebte gern in einem Land, in dem jeder zweite Bürger einen Akzent zu haben schien. Sie besuchte Hamburg häufig und segelte mit Erich wie vor dem Krieg nach Skandinavien. Unablässig dachte sie an die unvorstellbar fruchtbare und zugleich schreckliche Geschichte der Juden in Deutschland. Im Versuch, den Gründen für den Antisemitismus nachzuspüren, stieß sie auf die Kirchen, den materiellen Erfolg sowie gewisse Gewohnheiten der Juden – beispielsweise hatten sie sich von den Nichtjuden ferngehalten, indem sie keine Mischehen eingingen und koscher aßen. Auch wenn sie sich gelegentlich fragte, wie es möglich war, daß Überlebende des Völkermordes noch zu Gott beten konnten, wurde sie in ihrem eigenen Glauben nie wankend.[5]

Von allen vier Schwestern war sie durch Erichs Rückkehr nach Deutschland am meisten beunruhigt. Sie fand, daß er zu rasch bereit war, manches Fehlverhalten Deutschlands zu entschuldigen, während solche Akte der Intoleranz ihre schlimmsten Befürchtungen bestätigten.[6] In den fünfziger Jahren hielt sie sich bei einer Europareise, die sie mit ihren beiden Kindern unternahm, eine Weile auf dem Kösterberg auf. Sie sah zu, wie sie auf dieselbe Buche kletterten, die sie als Kind erklommen hatte, und beobachtete wie einst die Schiffe, die auf der Elbe vorüberglitten. Niedergeschlagen erkannte sie, wie gut es ihren Kindern in Deutschland gefiel; es war, als liege das den Warburgs im Blut. Nach Boston zurückgekehrt, erzählte ihr Sohn allen, daß ihm Deutschland von allen Ländern Europas am besten gefallen habe. Als sie ihn bestürzt zur Rede stellte, erklärte er: »Mutter, die anderen Jungen wissen von Hitler genausowenig wie ich.«[7] Das traf Gisela, die Deutschland einst selbst sehr geliebt hatte, schwer. Sie beschrieb ihr Verhältnis zu dem Land mit den Worten: »Es gibt Verletzungen, die heilen nicht. Es ist so viel Furchtbares geschehen. Es ist ein Gefühl, als ob ein Freund Sie betrogen hat, und Sie wissen nicht mehr, ob Sie ihm hundertprozentig vertrauen können.«[8]

Die im Wortsinn mörderische Ablehnung des Judentums durch die Nationalsozialisten hatte dieses für Gisela nur wertvoller gemacht und mit einem tiefen Sinn erfüllt. Für sie bedeutete es weit mehr als eine Religion – ein Land, eine Sprache, ein Volk. Es kam ihr so vor, als hätten die deutschen Juden all das vergessen, bis ihre Feinde sie in so grausamer Weise daran erinnerten. »Ich denke manchmal, vielleicht hat Hitler, der Todfeind der Juden, auch etwas für die Juden getan. Er hat sie gezwungen, wieder zu erkennen, was die Geschichte sie gelehrt hat, was sie aber in Deutschland vergessen haben: Judentum bedeutet nicht nur Glaubensgemeinschaft, sondern auch Kampfgemeinschaft und Schicksalsgemeinschaft.«[9]

Wie ihre Schwester Gisela war Anita unermüdlich in zahlreichen Organisationen tätig. Nie hatte sie dem Selbstmitleid nachgegeben, sondern stets tapfer einen Neuanfang gewagt, auch wenn sie in ihrer Wohltätigkeitsarbeit jetzt häufig als Spendensammlerin statt als Spenderin auftrat. Sie brachte im Auftrag des Institute of International Education Künstler nach Amerika, führte die UNICEF-Weihnachtskarten in Skandinavien ein, war im Verwaltungsrat des New Yorker Mannes-Konservatoriums tätig und wirkte in zahllosen anderen Funktionen. Wie ihre Schwester spürte sie unaufhörlich die brennende Wunde, die ihr Deutschland zugefügt hatte. Jeder Besuch bei Erich gab ihr zwar Gelegenheit, die Schönheit des Kösterbergs zu genießen, doch fühlte sie sich in Deutschland fehl am Platz, wie ein Gespenst aus der Vergangenheit. Ihre Heimat war jetzt eine hübsche Wohnung an der Upper East Side von Manhattan, in der japanische Wandschirme, die der Finanzminister Korekoyo Takahashi vor langer Zeit ihrem Vater geschenkt hatte, ein wichtiges Element bildeten.

Lola empfand mit Bezug auf Erichs Rückkehr nach Hamburg weniger Bedenken. Sie hegte keinen Groll gegen Deutschland und sagte: »Ich kann nicht hassen.«[10] Sich ihrer jüdischen Identität bewußt, kochte sie selbst am Eaton Square in London koscher, suchte an hohen Feiertagen die Synagoge auf und war tief bekümmert, als ihre beiden Kinder keine Juden heirateten. Obwohl sie nach Israel reiste und für die Jugend-Alijah

Geld sammelte, stand auch sie dem dort anzutreffenden Fundamentalismus kritisch gegenüber, vor allem nach der Invasion des Libanon. Betrübt erkannte sie, wie der von Weizmann und den frühen zionistischen Führern verkörperte Idealismus allmählich dahinschwand.

In ihrem Auftreten immer noch eine große Dame, wirkte sie bisweilen wie ein alternder Filmstar oder eine Königin im Exil. Wenn sie mittellose Verwandte besuchte, brachte sie eine Flasche des teuren Gins mit, den sie zu trinken pflegte. Das Alter zeichnete Linien in ihr schöngeschnittenes Gesicht, ihre Haut wurde trocken wie Pergament, der Blick ihrer vorstehenden Augen wirkte unruhig. Vom Rauchen filterloser Zigaretten war ihre Stimme tief geworden. Mit zitternden Händen verstreute sie überall Asche und weckte Befürchtungen, daß sie das Haus in Brand setzen könnte. So schlimm wurde das Zittern ihrer Hände, daß sie schließlich Besucher bitten mußte, sie zu füttern.[11]

In Lola, die etwas von Siegmunds herrscherlichem Gehabe besaß, verband sich die glühende Begeisterung einer heiligen Johanna mit der Neugier einer jüdischen »Mame«, die sich in alles einmischt. Siegmund spendete bei ihren Wohltätigkeitsveranstaltungen grundsätzlich, weil er Lolas Elan bewunderte. Überhaupt behandelten diese beiden Monarchen vom Eaton Square einander voll Hochachtung, allerdings auch voll Mißtrauen. Nach wie vor war Lola sehr ichbezogen. Einmal saß sie in einem Vortragssaal hinten und wurde von einer Freundin aufgefordert, in die erste Reihe zu kommen. Hoheitsvoll erklärte sie: »Wo ich sitze, *ist* die erste Reihe.«[12]

Noch mit fünfundsiebzig Jahren fuhr sie in einem dunkelblauen offenen Triumph-Sportwagen durch die Stadt. Obwohl sie wegen ihrer zitternden Hände eine Gefahr für andere bedeutete, dachte sie nicht daran, das Autofahren aufzugeben. Sie machte keine Zugeständnisse an ihr Alter, flirtete wie in jungen Jahren und übte eine unvermindert magnetische Anziehungskraft auf Männer aus. Einmal fuhr sie, über siebzig Jahre alt, in Israel mit einer Nichte über eine Landstraße, als ein gutaussehender israelischer Soldat vor dem Wagen auftauchte, der per Anhalter reiste. Unvermittelt brachte sie das Fahrzeug zum Stehen und begann zum großen Erstaunen ihrer Nichte mit dem jungen Mann zu flirten: Lola, wie sie leibte und lebte.[13]

In ihrer Ehe erweckten sie und Rudolf stets den Eindruck, einander freundschaftlich zugetan zu sein. Gemeinsam besuchten sie gesellschaftliche Ereignisse, und sie sorgte bei seinen geschäftlichen Einladungen für den angemessenen Rahmen. Zugleich kultivierte sie ganz offen ihre Männerfreundschaften, und nie hörte die sonderbare Dreierbeziehung auf, in die ihr Schwager Kurt Hahn eingebunden war. In Schottland erwarb sie mit Rudolf unweit von Kurts Schule Gordonstoun ein Haus mit dem Namen *Burnside*, in dem Kurt ein eigenes Zimmer hatte. Lola führte das Haus mit eiserner Hand, wobei sie sogar verblüfften Gästen Haushaltspflichten zuwies, und sie kümmerte sich um die praktische Seite von Kurts Leben. Wenn sie in Salem zu Besuch war, dachte sich Kurt Aufgaben aus, um diese grenzenlos aktive Frau zu beschäftigen, damit sie ihn nicht mit ihrer überschüssigen Energie aussog. So hängte er unmittelbar vor ihrer Ankunft alle Bilder im Gebäude schief, damit sie etwas zu tun hatte. Als er einen Nervenzusammenbruch erlitt und Angstanfälle hatte, pflegte ihn Lola in ihrer Wohnung.

Durch ihn wurde sie mit der englischen Königsfamilie bekannt. Prinz Philip, der zu seinen Lieblingsschülern gehört hatte, schickte seine Söhne nach Gordonstoun. Trotz ihrer liberalen politischen Einstellung nutzte Lola ihre Beziehung zum englischen Königshaus schamlos aus. Einmal prangte auf den Geburtstagskarten, die sie alljährlich verschickte, ein Foto von *Burnside* mit einem vor der Tür geparkten Luxuswagen, auf dessen Nummernschild deutlich zu sehen war, daß er der königlichen Familie gehörte.

In mancherlei Hinsicht wurde Lola im späteren Leben wie ihr Vater. Sie war charmant und eigensinnig und hatte das übersteigerte Bedürfnis, das Regiment zu führen. Erst im Alter von fünfzehn Jahren durften ihre Enkel ihren Kerzenlicht-Soireen beiwohnen. Sie führte ihr intensives gesellschaftliches Leben in hermetisch voneinander getrennten Abteilen, weil sie nicht wollte, daß bestimmte Menschen anderen begegneten. Einmal schlug sie einer Enkelin die Tür vor der Nase zu, weil sie zu einem Besuch zehn Minuten zu früh gekommen war.[14] Gern bestimmte sie über andere, und mit den jungen Männern, die sich um die Hand ihrer Enkelinnen bewarben, führte sie regelrechte Verhöre. Im Grunde fragte sie jeden hemmungslos aus und holte selbst aus Taxifahrern deren Lebensgeschichte heraus. »Noch im Krankenhaus hat sie herumkommandiert wie ein Feldwebel«, sagte eine Bekannte, »auch als sie nach einer schweren Operation kaum noch flüstern konnte.«[15]

Trotz seiner Kinderlähmung führte ihr Sohn Oskar dank der Beharrlichkeit seiner Mutter und eigener Willenskraft ein erfülltes Leben. Nach dem Schulbesuch in Gordonstoun und einem Studium in Cambridge trat er in Rudolfs Firma BKL Alloys ein. Er war lustig und liebenswert, ein großartiger Erzähler – wenn auch mit einem Anflug von Lolas Überheblichkeit – und wirkte bei allen möglichen Initiativen mit, ob es um Fragen der Rassenintegration oder um die Shakespeare-Festspiele in Stratford-upon-Avon ging. Im Lauf der Jahre wurde ihm die gluckenhafte Bemutterung durch Lola lästig. Beispielsweise trat sie bei einer Gesellschaft zu einem von Oskars ledigen Kollegen und fragte: »Sagen Sie mir ganz offen, arbeitet Oskar in der Firma gut?«[16] Sein Tod bedeutete für sie einen entsetzlichen Schlag, und mit ihrem hochentwickelten Organisationsbedürfnis begann sie sogleich, alles für die Beisetzung des Sohnes zu planen, ganz im Bewußtsein, daß sie aktiv bleiben mußte, wenn sie nicht zerbrechen wollte.

Als trotz aller Bemühungen der Mutter, die Ehe zu verhindern, ihre Tochter Benita einen hohen italienischen Marineoffizier heiratete, den Admiral Egidio Marco Cioppa, machte die herrische Lola ihm gegenüber keine großen Umschweife: »Ich beschwöre Sie, sehen Sie zu, daß Sie nicht gleich ein Dutzend Kinder kriegen.«[17] Zwar fand die Trauung im jüdischen Ritus statt, doch wurden die Kinder im katholischen Glauben erzogen. Alles in allem war die Ehe glücklich.

Auch Fritz' Tochter Ingrid hatte mit ihrer Beziehung zum Nachkriegs-Deutschland zu kämpfen. Auf Erichs Drängen reiste sie 1980 mit ihrem Sohn Oliviero nach Warburg und besuchte andere deutsche Orte. Nur im Kreise alter Freunde und Widerstandskämpfer vermochte sie einzelne Reste ihres Vaterlandes wiederzufinden. Auf Ingrid wirkte die Bundesrepublik wie eine mit sich selbst beschäftigte Konsumgesellschaft, der es in erster Linie um Sicherheit und Ordnung ging. Nachdem sie zusammen mit Oliviero Erich in der Bank besucht hatte, aßen sie auf der Terrasse des Kösterbergs zu Abend, von wo der Blick über die Buchen hinweg auf die herrliche Flußlandschaft fiel. Erneut empfand sie den Zauber und die zeitlose Schönheit des Anwesens. Sie schrieb: »Wenn ich an den Kösterberg zurückdenke, an den Blick aus meinem Fenster auf den Fluß und die vorüberziehenden Schiffe, die in alle Welt, auch nach England und Amerika zu meinen Verwandten fuhren, dann kommt mir dieser Ort noch heute wie eine Insel, ein gleichbleibend sicherer Bezugspunkt in allen Wirrnissen, wie ein Stückchen Ewigkeit vor.«[18] Doch sie selbst gehörte nicht mehr dorthin.

Selbst auf Jimmy Warburg in seinem selbstauferlegten Exil übten die Familienangelegenheiten, die aus der fernen Vergangenheit herüberreichten, eine geheimnisvolle Lockung aus. Nie war es ihm gelungen, Adlai Stevenson dazu zu bringen, daß er sich seinem einsamen Kampf um die Neutralität und die Wiedervereinigung Deutschlands anschloß. Die in den ersten Jahren nach dem Krieg durchgeführte Entnazifizierung war Jimmys Überzeugung nach eine Farce gewesen, die es den Deutschen ermöglicht hatte, sich der kollektiven Verantwortung zu entziehen. Er hielt diese Menschen nach wie vor für zu passiv, zu obrigkeitshörig, und nie vermochte ihn die politische Führung des Landes besonders zu beeindrucken. Über eine Deutschlandreise schrieb er 1954: »Bei verschiedenen Bundestagssitzungen hatte ich Gelegenheit zu beobachten, mit welch selbstherrlicher Verachtung der Kanzler das Parlament behandelte. Ich unternahm keinen Versuch, mit Dr. Adenauer zusammenzutreffen, hatte ich ihn doch während meiner Zeit als Bankier kennengelernt, als er Oberbürgermeister von Köln war und versucht hatte, mit amerikanischem Geld eine Anleihe aufzulegen. Zu jener Zeit habe ich gelernt, ihm zu mißtrauen.«[19]

Wie eh und je war Jimmy auf der Flucht vor seiner jüdischen Vergangenheit. Seine dritte Frau Joan stammte aus einer Familie gläubiger Kongregationalisten, und so schickten sie ihre vier Kinder in eine christliche Sonntagsschule. Jimmy, der nie etwas von organisierter Religion gehalten hatte, sagte ihnen: »Ich habe nichts dagegen, wenn ihr Christen werdet, vorausgesetzt, ihr werdet gute Christen.«[20] Er war bereits vierundfünfzig Jahre alt, als Joan das erste Kind bekam, und es kam ihm so vor, als sei er zu früh und doch zu spät Vater geworden.[21]

Im Lauf der fünfziger Jahre schrieb Jimmy zahlreiche Bücher, mit denen er die Demokratische Partei in eine liberalere Richtung steuern wollte, und oft unterhielt er sich mit Persönlichkeiten wie George Kennan, John Kenneth Galbraith und Arthur Schlesinger[22] über politische Fragen. Nachdem John F. Kennedy 1960 zum Präsidenten gewählt worden war und mit einem Mal ein Ruck durch das Land zu gehen schien, sah es so aus, als sei Jimmys Zeit endlich gekommen. Die jungen Idealisten, die nach Washington strömten, sahen in ihm einen Helden. Nach der Wahl gab Adlai Stevenson dem künftigen Präsidenten eine von Jimmys Denkschriften zur Außenpolitik für seine Antrittsrede und sagte: »Jim Warburg möchte unbedingt, daß Sie das *persönlich* sehen, und hat mich gebeten, es weiterzuleiten. Ich tue es sehr gern, weil ich den Eindruck gewonnen habe, daß alles, was er sagt, fesselnd ist, und weil er vieles voraussieht.«[23]

Im April 1961 bot John J. McCloy Jimmy an, in Fragen der Abrüstung als wirtschaftlicher Berater für das Außenministerium tätig zu werden. Es war in nahezu drei Jahrzehnten das erste Angebot, für die Regierung tätig zu werden. Doch für Jimmy, der an einem Zungen-Karzinom litt, war die historische Wende zu spät gekommen. Er mußte sich in jenem Jahr einer radikalen Operation unterziehen, bei der außer der halben Zunge auf der rechten Seite Drüsen entfernt wurden. Mit einem Mal war der so wortgewaltige Jimmy geschwächt, und er litt an einer Sprechbehinderung, die ihn zwang, seine Vortragstätigkeit einzuschränken.

Im Winter reiste er mit Joan nach Deerfield Beach in Florida, wo sie ein einfaches Leben ohne Dienstboten führten und selbst kochten. Auf dem Grundstück, auf dem ein schöner Banyan-Feigenbaum stand, pflanzte Jimmy weiße Hibiskus-Sträucher, Mimosenbäume und Araukarien. Er entwarf ein Restaurant und baute luxuriöse Hochhäuser, womit er noch einmal ein Vermögen verdiente. Wie viele andere Warburgs hatte er eine goldene Hand für das Geschäft, ohne daß er sich viel daraus machte. Seine Leidenschaft galt der Politik, der Welt des Denkens und den Künsten. Er saß im Verwaltungsrat des Juilliard-Konservatoriums und gehörte zu den Direktoren der New Yorker Philharmonischen Gesellschaft.

Zwar begrüßte er Erichs Bestrebungen, den Namen Warburg wiederzubeleben, doch hatte er selbst dreißig Jahre lang nie besonders viel Wert auf solche Familienangelegenheiten gelegt. Während sich Erich für die Einbindung der Bundesrepublik in die NATO einsetzte, nahm Jimmy eine genau entgegengesetzte Position ein. Erich, der fand, Jimmy vertrete extreme und dogmatische Ansichten, pflegte zu sagen, eine Diskussion mit ihm sei wie ein Kampf gegen Windmühlenflügel.[24] Daher war er äußerst erstaunt, als von Jimmy 1963 aus heiterem Himmel ein Brief kam, in dem er erklärte, eine Erinnerungsreise nach Deutschland unternehmen zu wollen. Nicht nur den Kösterberg und die Hamburger Bank wünschte er mit seinem zwölfjährigen Sohn zu besuchen, der gleichfalls Jimmy hieß, er beabsichtigte auch mit Erich und dessen halbwüchsigem Sohn Max nach Warburg zu reisen, in die Stadt, aus der ihre gemeinsamen Vorfahren gekommen waren. Er schrieb, er habe in den letzten Jahren die Wärme und Geborgenheit eines größeren Familienkreises vermißt, der mehr umfasse als lediglich Frau und Kinder.[25] So reisten die Vettern also mit ihren Söhnen nach Warburg, wo sie vom Bürgermeister auf den alten Judenfriedhof, in die Judengasse und zu anderen Gedenkstätten geführt wurden. Jimmy brachte diese Pilgerfahrt trotz eines Bänderrisses zu Ende, der ihn nötigte, mit einem Gipsbein umherzuhumpeln.

Die Annäherung der beiden war von kurzer Dauer. Als Jimmy ein Jahr darauf seine Erinnerungen veröffentlichte, sah der zurückhaltende Erich voll Entsetzen, was er darin alles ausplauderte, und klagte, Jimmy sei nach wie vor »ein schwerkranker Junge«.[26] Nie hörte er auf, bei den eher konventionell eingestellten Verwandten Empörung hervorzurufen. Abkömmling einer konservativen Bankiersfamilie, wurde er 1963 zu einem der Hauptspender für das neue, politisch links ausgerichtete Institute for Policy Studies. Fünf Jahre später unterstützte er die rebellische Kandidatur des Senators Eugene McCarthy und kritisierte lautstark das Engagement der Vereinigten Staaten im Vietnam-Krieg. Bis zum Ende blieb Jimmy Warburg ein brillanter Kopf, der kompromißlos Kritik an etablierten Strukturen übte. Mit zweiundsiebzig Jahren erlitt er 1969 einen Schlaganfall und starb im Krankenhaus von Greenwich im Bundesstaat Connecticut. Seine letzte Ruhe fand er in der Nähe seiner Eltern auf dem Friedhof von Sleepy Hollow.

Mit seiner Rückkehr nach Hamburg hatte Erich einen hohen Einsatz gewagt. Er hatte darauf gebaut, von den Brinckmanns die Leitung der Bank zurückzubekommen und die Ehre der Familie wiederherzustellen, außerdem aber stets gehofft, daß ihm seine zögernde Familie folgen und sich die traurige Geschichte der Warburgs in Deutschland nicht wiederholen würde. Seine ältere Tochter Marie arbeitete als Internistin im Bostoner Krankenhaus Beth Israel, und Erica, die jüngere, als Landschaftsarchitektin in Deutschland. Vor allem aber setzte er darauf, daß sein einziger Sohn Max in die Bank eintreten und die von ihm mit so großer Mühe wiederbelebte Tradition fortsetzen würde. Einen Sinn würde seine endlose Auseinandersetzung mit Brinckmann nur dann haben, wenn er damit seinem Sohn, der nahezu fünfzig Jahre jünger war als er selbst, den Weg bereitete. Die entscheidende Frage lautete: Konnte er ihn dazu bringen, die lastende und schwierige Bürde der Geschichte des Hauses Warburg zu schultern?

Max sah die Dinge anders als sein Vater, der sich als Investmentbankier der Alten Welt auf vielen Ebenen der Geheimhaltung und Diskretion auskannte. Er hatte Erichs gutes Aussehen, dessen Humor und Liebenswürdigkeit geerbt, war aber in seiner unbekümmerten und freimütigen Art sehr amerikanisch. Wie sein Großvater Max besaß er viel Energie und Wagemut und war dem Vater, der stets diplomatisch vorging, hin und wieder zu stürmisch. So verfaßte er Ende der sechziger Jahre als Student in Heidelberg eine radikale Schrift gegen multinationale Unternehmen. Erst allmählich ging ihm auf, in welche bedeutende Tradition ihn das Schicksal gestellt hatte.

Zwar war es Erichs sehnlichster Wunsch, seinen Sohn als Warburg der sechsten Generation in die Bank eintreten zu sehen, doch wußte er auch, daß dieser seinen eigenen Kopf hatte und er einfühlsam vorgehen mußte, wenn er mit seiner Absicht Erfolg haben wollte. Er versuchte Max als Halbwüchsigen mit allerlei Lockungen in die Bank zu bekommen und nahm ihn gelegentlich mit dorthin, wenn ein gepanzerter Geldtransportwagen vorfuhr, weil derlei die Vorstellungskraft eines Jungen anzuregen pflegt. »Gewöhnlich zerrte Erich den jungen Max wie einen zahmen Affen an einer Leine hinter sich her, um ihn den Rothschilds und anderen solchen Leuten vorzustellen«[27], sagte Eddie Warburg. Saß Max nachlässig bei Tisch oder legte er schlechte Tischmanieren an den Tag, rief ihn der Vater zur Ordnung, indem er ihm vorwurfsvoll zu bedenken gab, wie sich wohl die Rothschilds verhalten würden.[28] Da Erich bereits achtundvierzig Jahre alt gewesen war, als sein Sohn zur Welt kam, war ihm sehr daran gelegen, daß dieser eine rasche Ausbildung durchlief, um so schnell wie möglich in die Bank eintreten zu können. Ständig war er in Sorge, er könnte sterben, noch bevor ihm sein Sohn als Teilhaber nachfolgen konnte.

Ungeachtet der zuweilen aufdringlichen Ungeduld seitens des Vaters bestand Max darauf, eine gründlichere Ausbildung zu durchlaufen, die ihm etwas mehr Freiräume gewährte. 1970 wurde er deutscher Staatsbürger, studierte Rechts- und Wirtschaftswissenschaft und bekam anschließend in der Chase Manhattan Bank und bei E. M. Warburg Pincus in New York eine erstklassige Ausbildung. Außerdem lernte er bei Siegmund in London. Schon bald erkannte dieser die Fähigkeiten und die unternehmerische Begabung des jungen Mannes, und es dürfte ihn kaum gefreut haben, daß nicht er, sondern Erich den Sohn hatte, dem das Bankgeschäft im Blut lag. Da ihm klar war, daß eine Möglichkeit, die Hamburger Bank zu übernehmen, darin bestand, Max zu übernehmen, sah er sich ihn genau an. Schon während dessen Studienzeit schickte er ihm handschriftliche Mitteilungen in dem Bewußtsein, daß dieser in Befolgung der deutschen Etikette nicht umhin könnte, handschriftlich zu antworten. Max, der sich denken konnte, daß Siegmund seine Handschrift analysieren lassen wollte, um auf diese Weise die Tiefen seiner Seele zu erkunden, lieh sich für die Antworten jedes Mal eine Schreibmaschine.

Zwar wußte Max die Fähigkeit seines Vaters zur Akquisition von Kunden zu schätzen, doch nahm er kein Blatt vor den Mund, wenn es um dessen Schwächen als Bankier ging. Dennoch bewunderte er ihn, und daher ärgerte es ihn, daß ihn Siegmund vor den Ohren des Sohnes herabsetzte und über Erich schimpfte. Schließlich protestierte Max erzürnt: »Bitte Siegmund, du sprichst über meinen Vater. Ich bin nicht bereit, das hinzunehmen.«[29] Da er wußte, welche Last an Träumen Erich seinem Sohn aufgebürdet hatte, versuchte ihn Siegmund für S. G. Warburg & Company zu ködern, indem er ihm die Position eines geschäftsführenden Direktors anbot. Zwar sah Max in Siegmund einen außerordentlich fähigen Bankier, in seinem Vater aber die überlegene Persönlichkeit.

Gegen Ende der siebziger Jahre kam es in der Frage eines möglichen Zusammenschlusses von M. M. Warburg-Brinckmann, Wirtz & Co. mit Siegmunds Effectenbank-Warburg in Frankfurt immerhin zu fünf Fusionsverhandlungen. Trotz der nicht immer angenehmen Erfahrungen, die er bisher mit Siegmund gemacht hatte, unterstützte Erich die angestrebte Fusion nachhaltig, da ihr Ergebnis die größte private Geschäftsbank Deutschlands gewesen wäre. Er war überzeugt, daß sich Frankfurt zum finanziellen Mittelpunkt des Landes entwickeln würde und es wenig Sinn habe, dort mit Siegmund die Klinge zu kreuzen. Außerdem fand er, daß sich die beiden Unternehmen gut ergänzten.

Da Siegmund die Brinckmanns und zwei weitere Hamburger Teilhaber nicht ausstehen konnte, bemühten sich alle Beteiligten, dem anderen ein Stück voraus zu sein. Als Erich zur Besprechung der Fusionsmöglichkeit eine Zusammenkunft in Hamburg oder Frankfurt anregte, bestand Christian Brinckmann auf dem neutralen Kassel. Offiziell hieß es, die Gespräche seien ergebnislos verlaufen, weil man sich nicht über das Konzept habe einigen können. Der wahre Grund aber lag darin, daß die Brinckmanns und ihre Mitstreiter befürchteten, Siegmund wolle nach einem Zusammenschluß das Ganze beherrschen. Erich bestritt das unter Hinweis auf die Gruppe von Anteilseignern, der die beherrschende Mehrheit zufallen werde, doch auch er verlor schließlich die Lust an dem Projekt.

Nach dem Scheitern der Gespräche besuchte Max eines Tages Siegmund in Blonay. Sie waren einander inzwischen etwas nähergekommen, und als Siegmund über die Teilhaber in Hamburg klagte und Max fragte, warum er dort durchhalte, verblüffte ihn dieser mit der Frage, ob er seinen Anteil erwerben könne. Er sagte, die Zeit sei gekommen, daß die Mittelweg- und die Alsterufer-Warburgs einander nicht mehr ständig im Wege ständen, sie sollten Frieden schließen. Siegmund erklärte sich auf der Stelle dazu bereit.

Daß M. M. Warburg & Co. heute wieder seinen alten Namen trägt, ist vor allem der Durchsetzungsfähigkeit von Max Warburg jr. zu verdanken. Zusammen mit Dr. Christian Olearius leitet er heute das Bankhaus in der Ferdinandstraße 75.

Am 1. Januar 1982 zog sich Erich aus der Bank zurück, und sein Sohn Max wurde mit Siegmunds geringem Anteil Teilhaber. Damit endete Siegmunds Traum, über eine große Warburg-Bank in Deutschland zu herrschen. Allerdings stand er der Hamburger Bank unterdessen etwas distanzierter gegenüber und nannte sie spöttisch zweitklassig. Er und Erich sahen einander ein- oder zweimal im Jahr, sie telefonierten auch miteinander, aber die Beziehung war kühl. 1985 verkaufte S. G. Warburg die Effectenbank, die im Bereich der Corporate Finance niemals wirklich florierte und deren Kreditgeschäfte nicht mit der Strategie der Muttergesellschaft in Einklang zu bringen waren.

Erichs Kampf mit Siegmund war zu Ende, nicht aber die Auseinandersetzung mit den Brinckmanns. Die Firma war durch den alten Streit, der sie in zwei getrennte Herrschaftsbereiche spaltete, förmlich gelähmt. Dr. Brinckmann mit seinem dreiundzwanzigprozentigen Anteil und dem Vetorecht bei wichtigen Entscheidungen fehlte ein ehrgeiziges Konzept für die Bank. Max brachte 1987 Dr. Christian Olearius in das Unternehmen, einen geschäftsführenden Direktor der Norddeutschen Landesbank in Hannover. Beide hatten die gleichen Visionen und ergänzten einander: Max' besondere Begabung lag auf dem Gebiet des Effekten- und Emissionsgeschäfts, während Olearius' Stärke das Einlagen- und Kreditgeschäft war. Ihr treuer Verbündeter war Hans-Dieter Sandweg, doch Dr. Christian

Brinckmann und Dr. Hans Stracke stellten sich ihnen entgegen. Erich erlitt 1987 in der Bank einen schweren Herzanfall und hörte am selben Tag auf zu arbeiten. Fortan mußten Max und Olearius die Hauptlast tragen.

Nach längeren Verhandlungen wurde die Jahrzehnte währende Pattsituation beendet, und fast wie durch Zauberhand kam es zu einer Reihe verblüffender Umwälzungen. Zuerst kam Ende 1988 eine Erschütterung, als Stracke die Firma verließ. Im Juni 1989 folgte ein förmliches Erdbeben, als sich die Brinckmanns zurückzogen. Der kränkelnde Sandweg verließ die Firma ebenfalls, und die Industriekreditbank (IKB), die 1938 Teilhaber geworden war, verkaufte ihren zwanzigprozentigen Anteil. Damit waren der einundvierzigjährige Max und Dr. Olearius – als persönlich haftender Gesellschafter – mit einem Mal alleinige Herren der Bank. Mit Hilfe von Krediten erwarben sie die Anteile Brinckmanns und der IKB, die zusammen nahezu fünfundvierzig Prozent ausmachten. Sie stockten ihre eigenen Anteile auf und verkauften Bruchteile davon an eine Gruppe befreundeter Hamburger Investoren. Zu ihnen gehörten Gertrud Reemtsma, die Erbin des Zigarettenkonzerns, der Verleger John Jahr und Hildegard Thoennes aus der Familie des Margarineherstellers Voss. Zum ersten Mal seit 1938 waren die Warburgs zusammen mit Dr. Olearius in der mit über fünfhundert Angestellten größten Privatbank Hamburgs und zweitgrößten Deutschlands wieder Herren im Haus und nicht mehr lediglich Teileigentümer. »Wir sind wieder eine reinrassige Privatbank«, jubelte Max vor der Presse.[30]

Allmählich begann die Bank aus dem Erstarrungszustand zu erwachen, in den sie durch den Grabenkrieg zwischen den Teilhabern geraten war. Max und Olearius entwarfen eine kühne Strategie zur Entwicklung der Firma in Richtung auf eine Universalbank. Sie gründeten eine Research-Abteilung, expandierten in wichtige Finanzhauptstädte, wurden auf dem Gebiet der Zins- und Devisenoptionen sowie der Immobilienberatung tätig, weiteten ihre Aktivitäten auf dem Gebiet des Handels und der Anlagenverwaltung aus und verstärkten insbesondere ihre Tätigkeit im Bereich Corporate Finance (ein Angebot unterschiedlichster Finanzdienstleistungen für Firmenkunden).

Begonnen hatten diese verblüffenden Änderungen unter Erich, den die Wogen des zwanzigsten Jahrhunderts hin und her geworfen hatten. »Ich war wie ein Fisch in stürmischer See – mal auf den Wellenkämmen, mal in den Wellentälern«, sagte er einmal.[31] Während der Hitlerjahre waren die Warburgs ihrer weltlichen Güter beraubt gewesen, doch wie ein Held war Erich nach Hamburg zurückgekehrt und hatte miterlebt, wie die Auswirkungen der widerwärtigen Ereignisse aufgehoben wurden, die auf das Jahr 1933 gefolgt waren. Wo er und seine Familie einst verfolgt worden waren, empfing er jetzt Ehrungen. Im Januar 1988 sprach die *Atlantikbrücke* den erstmals verliehenen Erich-M.-Warburg-Preis für die Förderung der deutsch-amerikanischen Freundschaft ihm selbst zu. Da er inzwischen gebrechlich war, kam der Bundespräsident zur Übergabe des Preises auf den Kösterberg. Dorothea Warburg, die sich nahezu dreißig Jahre zuvor so schwer getan hatte, nach Deutschland zu ziehen, nahm in einer kleinen Feier im Erdgeschoß die Auszeichnung aus den Händen von Weizsäckers entgegen, dem als Sohn eines in Nürnberg verurteilten hohen Würdenträgers des Dritten Reiches die Verpflichtung des deutschen Volkes zur Wiedergutmachung an den Juden schmerzlich bewußt war. Anschließend ging der Bundespräsident auf Zehenspitzen die knarrende Treppe empor und verbrachte mehrere Minuten allein bei Erich, der bettlägerig war.

Als es dem Ende zuging, schweiften Erichs Gedanken ziellos umher, und oft erkannte er Menschen nicht mehr. Doch auf bestimmte Themen reagierte er hellwach. Beim Fall der Berliner Mauer rief er aus: »Es ist unglaublich! Nie hätte ich gedacht, daß es passieren würde. Und was mich am meisten beeindruckt – es geschieht mit so großer Würde.«[32] Mit Deutschlands Wiedervereinigung gewann Hamburg sein Hinterland östlich der Elbe zurück, das früher so sehr zu seiner Bedeutung als Seehandelsstadt beigetragen hatte. Erneut war die Stadt das Tor zur Welt, und Deutschland war wieder zur überragenden Macht auf dem europäischen Festland geworden.

Wie umwölkt Erichs Geist auch sein mochte – sobald es um die Bank oder die Namensänderung ging, wurde er schlagartig hellwach. Zum neunzigsten Geburtstag im Jahre 1990 brachte Max dem Vater ein Kilo Kaviar, den dieser als Kind »schwarzes Gemüse« genannt hatte. Bei der Geburtstagsfeier dankte er ihm, daß er nach Deutschland zurückgekehrt war. Kurz bevor Max eines Tages nach Skandinavien segelte, hatte er die unaussprechliche Freude, dem Vater mitteilen zu können, daß die Bank den Zusatz »Brinckmann, Wirtz & Co.« aus ihrem Namen gestrichen hatte. Ab 1. Oktober 1991 würde auf dem Firmenschild »M. M. Warburg« und in den Büchern der altehrwürdige Name »M. M. Warburg & Co.« stehen – wie von 1798 bis 1938. Erich erschien das wie ein Geschenk der Götter in letzter Minute; es war fast wie ein Wunder. Zwar machte M. M. Warburg neben den großen Aktiengesellschaften wie der Deutschen Bank einen weit unbedeutenderen Eindruck als vor dem Krieg, da die Privatbanken in der modernen Zeit stark in den Hintergrund getreten waren, doch hatte das Geschick den Warburgs die Möglichkeit gegeben, Unrecht rückgängig zu machen.

Am 9. Juli 1990 starb Erich mit neunzig Jahren an Herzstillstand im alten Holzhaus auf dem Kösterberg, dem einstigen Gartenrestaurant, das Moritz ein Jahrhundert zuvor gekauft hatte. Noch im Tode zeigte er seine widerstreitenden Empfindungen gegenüber dem Judentum, wie sie sich durch die Geschichte seiner Familie wie der deutschen Juden ganz allgemein zogen. Begraben werden wollte er auf der nichtjüdischen Seite des Friedhofs, in der Nähe eines großen Gedenksteins für die getauften Altonaer Warburgs, die in den KZs umgekommen waren. Auf diese Weise hielt er sich von den Juden fern und drückte zugleich seine Solidarität mit ihnen aus. Auch dieser letzte Akt war für ihn kennzeichnend.

Trotz seines Engagements in wohltätigen Einrichtungen war die jüdische Gemeinde nicht bereit, die Beisetzungsriten im nichtjüdischen Teil des Friedhofs vorzunehmen – das dürfte Erich gewußt haben. Über tausend Personen, darunter viele Berichterstatter, wollten an der Beisetzung teilnehmen, doch entschieden sich die Angehörigen für die bei Erich übliche Zurückhaltung. So stand eines Tages um acht Uhr morgens eine kleine Gruppe von Verwandten und Freunden am offenen Grab. Erich war der erste Bankier aus dem Hause Warburg, der seit der Massenvernichtung in deutscher Erde beigesetzt wurde. Max, der die Feier in einer dem Vater angemessenen Weise gestalten wollte, sprach Gebete und Gedenkworte auf deutsch und englisch, nicht aber auf hebräisch.

Zum Zeitpunkt von Erichs Tod hatte Deutschland erneut den Status erreicht, den es vor der Hitler-Zeit gehabt hatte. Doch eines fehlte erkennbar: Mit vierzig- bis fünfzigtausend lag die Zahl der jüdischen Einwohner im vereinigten Deutschland bei etwa einem Zehntel der vor 1933. Die meisten waren Abkömmlinge von Ostjuden und solchen, die im KZ überlebt hatten. Noch als aus der Sowjetunion eine Welle von Juden ins Land strömte, war unklar, inwieweit es gelungen war, den lange in Deutschland herrschenden Antisemitismus auszurotten. Mit dem Wiederaufflammen neonazistischer Aktivität, von dem im Jahre 1992 über zweitausend Übergriffe gegen Ausländer sowie die Schändung jüdischer Friedhöfe und Gotteshäuser Zeugnis ablegten, stellt sich die gewichtige Frage, ob Deutschland die Lektion aus seiner kummervollen Vergangenheit wirklich gelernt hat. War die Sühne der Nachkriegsjahre lediglich eine Pflichtübung gewesen, mit der die Weltmeinung beruhigt werden sollte?

Als deutsche Juden sahen die Warburgs darin keine abstrakte Frage, denn sie waren bereit, ein neues Kapitel der Geschichte zu schreiben. Mit vierundvierzig Jahren heiratete Max 1992 die hochgewachsene, schlanke, gutaussehende vierundzwanzigjährige Journalistin Alexa Chrambach. Die Hochzeitsreise führte das Paar nach Israel. Nicht minder als sein Vater auf die Wiedergutmachung früheren Unrechts bedacht, beteiligte sich Max an Bemühungen, in Abys altem Bibliotheksgebäude an der Heilwigstraße 116 wieder ein Warburg-Institut einzurichten, das die Arbeit des Londoner Instituts ergänzen, keinesfalls aber ersetzen soll. Es sieht so aus, als könnten bald erstmals seit den zwanziger Jahren im berühmten elliptischen Lesesaal Vorträge und Seminare stattfinden. Befürworter des Projekts hoffen, daß sich dieses Ziel bis 1994 erreichen läßt, wenn die Universität Hamburg, an deren Gründung Aby beteiligt war, ihr fünfundsiebzigjähriges Bestehen feiert. Im Juli 1993 hat die Stadt Hamburg ihre Verhandlungen über den Kauf des Hauses in der Heilwigstraße abge-

Der »Warburg-Clan« 1985 beim Treffen der Familie in Amerika.

schlossen. Nunmehr scheint die Wiederentdeckung Abys und seiner vergessenen Welt vollständig.

Die Geschichte der Warburgs verläuft wie eine Brahmssinfonie: lang und voll Schwermut und Trauer, doch sie vermittelt zugleich Hoffnung, Mut und ein sonderbares Gefühl der Kraft. Diese deutschen Juden hatten das höchste Glück, die tiefste Qual und die herrlichste Rechtfertigung erlebt. Zwar hatte das Schicksal sie oft gebeutelt, aber sie hatten das Leiden ertragen, hatten überlebt und waren zu neuem Wohlstand gelangt. Doch in beklemmender Weise begleitet in Hamburg die unausgesprochene Frage den Wechsel der Generationen: Ist der Antisemitismus in Deutschland endgültig tot, oder wartet der Erreger des Übels im verborgenen auf einen neuen Ausbruch? Sind die Warburgs vergeblich zurückgekehrt?

ANHANG

Analyse der Handschrift Sir Siegmund Warburgs

Da ich fand, es sei an der Zeit, den Spieß einmal umzukehren, bat ich eine angesehene amerikanische Graphologin, Sir Siegmund Warburgs Handschrift zu untersuchen. Thea Stein Lewinson hat achtzehn Jahre für den CIA gearbeitet und ist Mitautorin des Buches Handwriting Analysis. Als ich mit ihr Kontakt aufnahm, nannte ich den Namen des Mannes, um den es ging. Sie hatte eine ungefähre Vorstellung davon, daß Siegmund Warburg Bankier war, und wußte, daß seine Firma Handschriftenanalysen verwendete. Darüber hinaus wußte sie nichts weiter über ihn, nicht einmal, daß er seit zehn Jahren tot war. Ich gab ihr zwei Muster von Sir Siegmunds Handschrift – einen langen Geschäftsbrief, den er in den fünfziger Jahren geschrieben hatte, und eine kürzere, eher persönliche Notiz aus der Zeit kurz vor seinem Tode. Frau Lewinson wollte lediglich Näheres zu seinem Bildungshintergrund wissen sowie seine Nationalität und sein Alter zur Zeit, da er die Texte verfaßt hatte. Nachstehend im Wortlaut der bemerkenswerte Bericht, den sie mir übersandt hat.

21. Januar 1993

Handschriftgutachten: S. W., Bankier.

Der Begutachtete macht einen hochintelligenten Eindruck; er scheint eine starke Persönlichkeit zu sein und gewohnt, zupackend und effektiv zu handeln.

Seine Intelligenz liegt deutlich über dem Durchschnitt; er ist gebildet und bei allen Vorhaben effektiv. Nie würde er etwas in Angriff nehmen, ohne es sich zuvor in allen Einzelheiten überlegt zu haben. Er ist von wachem Verstand, offen für Anregungen, die in sein Programm zu passen scheinen, und bereit, sie mit in sein Tun einzubeziehen. Sofern er sie für unpassend hält, weist er sie augenblicklich zurück. Er lernt rasch und besitzt die ausgeprägte Fähigkeit, Wesentliches von Unwesentlichem zu unterscheiden. Er denkt klar und logisch und kann sein Denken den jeweiligen Umständen anpassen. Er versteht den Standpunkt anderer, neigt aber nicht dazu, seine eigene Meinung aufzugeben. Er ist zugleich flexibel und unnachgiebig, was sich weder immer leicht verstehen noch ertragen läßt. Überflüssiges verwirft er und versucht, sich so weit wie möglich auf das

Wesentliche zu konzentrieren. Ihm dürfte klar sein, daß die meisten Menschen nicht so brillant sind wie er und daß er anderen erklären muß, was er sagt und tut. Er besitzt sowohl eine Begabung zur Analyse wie auch eine besonders hoch entwickelte Veranlagung zur Synthese, und im besonderen Maße versteht er es, die richtige Schlußfolgerung aus den vorliegenden Tatsachen zu ziehen. Seine Beobachtungsgabe ist gut entwickelt.

Ihm fallen die kleinsten Einzelheiten ins Auge, die für ihn im jeweiligen Augenblick von Bedeutung sein könnten, und er ordnet sie in richtiger Weise in den größeren Zusammenhang ein, in den sie gehören. Er besitzt die seltene Veranlagung, sich trotz seiner intuitiven Begabung in sehr rationaler Weise an Details zu orientieren. Er erkennt instinktiv die Bedeutung von Fakten und die ihnen innewohnenden Möglichkeiten. Auch wenn er sich dieser Begabung möglicherweise nicht bewußt ist, bedient er sich ihrer beständig in sehr ertragreicher Weise. Sein Sinn für die Verhältnismäßigkeit ist auf rationaler Ebene gut entwickelt. Neben gesundem Menschenverstand besitzt er ein ausgeprägtes Gespür für Angemessenheit und kann systematisch und methodisch an Pläne oder Projekte herangehen. Da er auf seinem Arbeitsgebiet über ein ausgewogenes Urteilsvermögen verfügt, kann er in seinen Äußerungen kritisch bis schneidend sein. Er bemüht sich in seiner Kritik um Objektivität und versucht, bei aller Härte gerecht zu sein. Aufgrund seiner geistigen Überlegenheit dürften ihm sowohl die wichtigen wie auch minder bedeutenden Aspekte von Plänen oder Situationen klar sein.

Neben den hochentwickelten geistigen Fähigkeiten des Begutachteten finden sich ausgeprägte Neigungen und Interessen praktischer Art, wobei sich beide Sphären stets in einem Zustand günstiger Ausgewogenheit zu befinden scheinen. Er kann mit Zahlen und Berechnungen in großem Maßstab gut umgehen und neigt vermutlich bei der Auswertung der Ergebnisse zur Vorsicht. Bedingt durch seine administrativen Fähigkeiten, müßte er ein guter Organisator sein. Alles und jedes muß sich bei ihm am richtigen Platz befinden, und er kann recht ungehalten sein, wenn die gewohnte Ordnung gestört ist. Da er selbst ordnungsliebend und gewissenhaft ist, verlangt er dasselbe von seinen Mitarbeitern. Er ist findig, originell, voll Unternehmungsgeist und liebt Herausforderungen. Auch wenn es bei seiner Arbeit möglicherweise spekulative Aspekte gibt, verhält er sich im großen und ganzen vorsichtig und geht nicht gern unkalkulierte Risiken ein. Das verfügbare Material bemüht er sich so gut wie möglich zu nutzen, und für den Fall, daß jemand die von ihm gesetzten Maßstäbe nicht erfüllt, kann er ungeduldig und gegebenenfalls zornig werden. Mechanische Arbeiten und Routineaufgaben überläßt er denen, die sich ihrem Wesen nach am besten dafür eignen. Seine Beobachtungsgabe ist gut entwickelt. Er besitzt die Fähigkeit zur Analyse wie zur Synthese. Da er imstande ist, eine Aufgabe in ihre Bestandteile zu zerlegen und in die richtige Reihenfolge zu bringen, gelangt er zu neuen und ungewöhnlichen Schlußfolgerungen. Er kennt die Grenzen seiner Fähigkeiten und arbeitet gleichmäßig auf seine Ziele hin, wobei er darauf bedacht ist, nichts zu übereilen. Er kann sich mündlich wie schriftlich leicht und flüssig ausdrücken und seine Aussagen klar und überzeugend formulieren. Er neigt nicht zur Übertreibung, macht aber seine Vorstellungen durchaus klar. Seine Verkaufsfähigkeiten dürften ungewöhnlich sein.

Auf der emotionalen Ebene wirkt der Begutachtete ausgeglichen. Er hat Schwierigkeiten, scheint sie aber zu beherrschen. Er tritt entschieden und sicher, aber nicht anmaßend auf. Da er ungewöhnlich tüchtig und in mancherlei Hinsicht eine überragende Persönlichkeit ist, fühlen sich möglicherweise minder fähige Menschen in seiner Gegenwart unbehaglich, ohne daß das seine Absicht wäre. Sein Selbstvertrauen ist nicht besonders stark ausgeprägt, doch scheint er sich stets in der Hand zu haben, womit es ihm gelingt, nach außen selbstsicher zu wirken. Er hat offensichtlich nicht den Wunsch, herrisch aufzutreten. Doch da er in so mancherlei Hinsicht allen überlegen ist, kann er nicht umhin, seine Fähigkeiten nach außen zu demonstrieren. Er beherrscht seine Gefühle streng und rational und gibt sich Mühe, sich von ihnen nicht mitreißen zu lassen. Er ist gern von Menschen umgeben, wünscht aber keine engen persönlichen Beziehungen zu ihnen. Im Grunde seines Wesens neigt er dazu, seine Privatangelegenheiten vor anderen zu verbergen. Sorgfältig sucht er sich die Menschen aus, denen er Vertrauen schenkt. Zwar ist er durchaus zur Verschwiegenheit fähig, kann aber seine Kritik in Angelegenheiten, welche die Arbeit betreffen, recht offen und unvermittelt äußern. Obwohl er sich Mühe gibt, diesen Eindruck zu vermeiden, ist es möglich, daß sich von ihm Getadelte verletzt fühlen und daher zu der Ansicht gelangen, er wolle seine Überlegenheit demonstrieren. Im Grunde seines Wesens ist er wohlmeinend und nicht von ausgeprägter Ichbezogenheit. Er lebt nach strengen ethischen Grundsätzen, die er nicht gerne verletzt sieht. Mit Ausnahme der im gesellschaftlichen Leben üblichen Täuschungen scheint er aufrichtig und ehrlich zu sein. Vermutlich wäre außergewöhnlich starker Druck nötig, um ihn zu schweren Verstößen gegen seine Grundsätze zu veranlassen. Das schließt nicht aus, daß er es möglicherweise für angeraten hält, in geschäftlichen Dingen mit einer gewissen Schläue vorzugehen. Es finden sich Hinweise darauf, daß er ehrgeizig ist, doch scheint das mehr für das Gebiet seiner Arbeit, als für persönliche Ziele zu gelten.

Dieser Mann ist durchaus sinnenfreudig und versteht es offensichtlich, die Annehmlichkeiten und Freuden des Lebens zu genießen. Da er auch ästhetische Neigungen besitzt, weiß er vermutlich kulturelle Genüsse zu schätzen, die sich ihm bieten, soweit ihm seine Zeit das gestattet. Er erweckt den Anschein eines Kosmopoliten, der imstande ist, aus einer Vielzahl von Kulturen zu lernen und sich in ihnen zurechtzufinden, doch achtet er stets darauf, seine Eigenständigkeit und seine kulturellen Werte zu bewahren. Er ist äußerst gewissenhaft und bei der Ausübung seiner Pflichten bis in Einzelheiten hinein genau, und dasselbe erwartet er von seinen Mitarbeitern. Mit seinem Fleiß überwindet er alle denkbaren Hindernisse, wenn es darum geht, Aufgaben zu erledigen, deren Durchführung er für seine Pflicht hält. Er besitzt administrative Fähigkeiten und organisiert gern in großem Maßstab, übersieht dabei aber nicht die kleinsten Einzelheiten, die im allgemeinen Rahmen seiner Arbeit von Bedeutung sein könnten. Er setzt sehr hohe Maßstäbe und erwartet, daß Menschen, die mit ihm zu tun haben, sie achten und ebenfalls danach leben, was gelegentlich zu Schwierigkeiten führen kann.

Zusammenfassend läßt sich sagen, daß der Begutachtete ein außergewöhnlich begabter Mensch ist, der im Geschäftsleben im großen Maßstab als fähiger Organisator und Administrator tätig sein kann, sich aber auch in seinen persönlichen Beziehungen menschliche Eigenschaften wie Wärme und Anstand bewahrt hat. Auch ist es möglich, daß er gelegentlich von Menschen falsch eingeschätzt wird, die nicht imstande sind, eine Persönlichkeit von solch ungewöhnlicher Größe zu verstehen.

Thea Stein Lewinson
(Thea S. Hall.)

Dank und Anerkennung

Jahrzehntelang hat die Familie Warburg gezögert, ihre Geschichte einer breiten Öffentlichkeit zugänglich zu machen und ihre Archive zu öffnen. Eine solche Zurückhaltung ist bei Menschen, die einst von der polemischen Nazipropaganda verfolgt und diffamiert wurden, verständlich. Als ich mit der Arbeit an diesem von jeglichen Beeinflussungen freien Buch begann, äußerten mehrere Angehörige der Familie Warburg angesichts des von mir gewählten Zeitpunkts Unbehagen. Sie verwiesen darauf, daß zum einen der Antisemitismus auf der ganzen Welt, insbesondere in Deutschland, wiederauflebt, und zum anderen, daß alte unzutreffende Behauptungen über jüdische Bankiers wiedergekäut werden. Sie fürchteten, *nolens volens* müsse ein Buch über sie Wasser auf die Mühlen jener sein, die boshafte Schmähungen verbreiten. Ich glaube aber, daß Unsinn vor allem auf dem Boden von Phantasien, Klatsch und Spekulation gedeihen kann. Wäre es nicht denkbar, daß ein bis in die feinsten Verästelungen genauer Bericht über eine jüdische Bankiersfamilie, der sich auf ausführliche Gespräche und Originaldokumente stützt, die Unwissenheit zumindest teilweise abbaut? Es schien mir ein passender Augenblick, Licht in jenes Dickicht zu bringen, in dem die Legenden über das jüdische Wesen gedeihen, um sie auf diese Weise zu verscheuchen.

Außerdem habe ich mich der Mitwirkung praktisch aller Angehöriger der Familie Warburg versichert. Viele von ihnen haben sich nicht nur stundenlang befragen lassen, sondern auch Dokumente aus Schubladen, Schränken und Banktresoren geholt. Fast jede Seite dieses Buches wurde durch Material bereichert, das früheren Forschern nicht zugänglich war. Die Zuvorkommenheit und Großzügigkeit der Familie Warburg haben mich überwältigt, und ich hoffe, daß mein Buch sie für ihr Vertrauen belohnt.

Da ich so vielen Menschen zu danken habe, ist die Versuchung groß, Angehörige der Familie und Kollegen in alphabetischer Reihenfolge zu nennen und es dabei zu belassen. Doch erfordern mehrere einzigartige Beiträge eine gesonderte Würdigung. Vor allem bin ich Herrn Max Warburg dankbar, der mir so ungewöhnliches Vertrauen bewiesen hat, indem er mir als erstem Historiker uneingeschränkten Zugang zu den Papieren der Bank M. M. Warburg in Hamburg gewährt hat. Diesen bemerkenswerten Schatz historischer Dokumente hat sein Vater Erich mit großem Fleiß zusammengetragen und vor den Blicken der Öffentlichkeit zu bewahren versucht. Gerade zu der Zeit, als ich meine Nachforschungen in Hamburg betrieb, wurden die an verschiedenen Orten verstreuten Unterlagen in der Hamburger Bank zusammengeführt, und so war es erstmals möglich, eine maßgebliche Geschichte des Hauses Warburg zu verfassen. Es ist erstaunlich, wie viele Dokumente die Auslagerung, die Emigration, die Hitlerjahre und den Feuersturm nach dem Bombardement Hamburgs durch die Alliierten überlebt haben.

Auch andere Personen haben in beträchtlichem Umfang dazu beigetragen, die in Dokumenten enthaltenen Angaben zu ergänzen. So habe ich Katharine und Nicholas Fox Weber dafür zu danken, daß sie mir Bettina Warburgs Unterlagen zur Verfügung gestellt haben; Maria Christina Warburg (Mills), weil sie mir Zugang zu den Papieren ihres Vaters, Max Adolph Warburg, ermöglicht hat; Marie Warburg, Anita Warburg, Alice Auerbach und Gabriele Schiff dafür, daß sie so viele denkwürdige Ereignisse aus der Familie zutage gefördert haben; Eddy Lachman, weil er die Papiere seines Großvaters Aby S. und anderer Alsterufer-Warburgs zur Verfügung gestellt hat; sowie Lucie Kaye und Eva Mitchell, weil sie mich an den Ergebnissen ihrer Nachforschungen über Lola Hahn-Warburg teilhaben ließen. Nicht minder bedeutend war die Mitarbeit Henry Grunfelds, Sir David Scholeys und anderer führender Männer der Firma S. G. Warburg & Company, die sich unter Hintanstellung der legendären Zurückhaltung jenes Unternehmens in langen Gesprächen über Sir Siegmund Warburg geäußert haben. Da sie sich vorwiegend über den Hintergrund äußerten, spiegeln meine Endnoten das Ausmaß ihres Beitrags zum Buch nicht wider. (Da ich ihre Empörung über Jacques Attalis unzuverlässige Biographie Siegmund Warburgs teile, habe ich beschlossen, diese als Quelle völlig unberücksichtigt zu lassen.) Jacqueline Childs war so freundlich, mir bei meiner Arbeit mit den Büchern Siegmund Warburgs in der Mädchenschule St. Paul's behilflich zu sein, und Doris Wassermans Unterstützung hat mir in besonderem Maße bei der Rekonstruktion von Sir Siegmunds Leben geholfen. Ebenfalls zu Dank verpflichtet bin ich David T. Schiff, J. Richardson Dilworth, Anthony Griffin, Raymond Bonham Carter und vielen anderen, die mir Einblick in ihre Privatkorrespondenz mit Sir Siegmund gewährt haben. Zum Schluß muß ich Frau Alexandra Danilowa dafür danken, daß sie ihr fünfundfünfzig Jahre lang durchgehaltenes Schweigen gebrochen und mir äußerst vertrauliche Dinge aus ihrem Leben mitgeteilt hat.

Um ein Buch verfassen zu können, das sich auf unveröffentlichte Quellen stützt, war ich auf die Möglichkeit angewiesen, viele Archive zu nutzen. Ich danke den Mitarbeitern der American Jewish Archives in Cincinnati; der Baker Library an der Harvard Business School; der Oral History Collection der Columbia University; der Forschungsstelle für die Geschichte des Nationalsozialismus in Hamburg; der John F. Kennedy Library in Boston; dem Leo Baeck Institute in New York; der Seeley G. Mudd Manuscript Library an der Universität Princeton; der Sterling Memorial Library an der Universität Yale; dem Warburg Institute in London sowie dem YIVO Institute for Jewish Research in New York. Mit großer Sorgfalt hat Vanessa Drucker meine Übersetzungen aus dem Deutschen überprüft, und Nicola Clark war mir bei der Zusammenstellung der Zitate behilflich, für deren Verwendung eine Genehmigung einzuholen war. In Deutschland hat Dorothea Hauser meine Aufmerksamkeit auf viele faszinierende Dokumente gelenkt, die mir sonst unter Umständen entgangen wären.

Viele der unten Aufgeführten haben sich tapfer stundenlang befragen lassen, was bisweilen an die Grenzen ihrer Geduld und ihres Durchhaltevermögens gegangen sein dürfte. Ich weiß ihre Offenheit und Großzügigkeit und die mir von ihnen gelieferten Einblicke zu schätzen.

Familie Warburg: Jill Cartter, Benita Cioppa, Marco Cioppa, Ruth Domela, Phyllis Farley, Peter Fleck, Ruth Fleck, Alison Hahn, Margaret Hahn, Andrea S. Kaufman, Madeleine Marx, Carol Noyes, Tamar Nussey, Adolf Prag, Frede Prag, Felicia Warburg Rogan, Walter N. Rothschild jr., Jeremy Warburg Russo, Esther Shalmon, Alice Speyer, Dorothea Warburg, Joan Melber Warburg, Mary Warburg, Dr. Renée E. Watkins, Geraldine Zetzel sowie ihre inzwischen verstorbenen Mitglieder Felix Mitchell, Elsbeth Oppenheimer, Bettina Warburg, Wilma Warburg, Edward M. M. Warburg und Gisela Wyzanski.

Freunde, Bekannte, Geschäftspartner, Mitarbeiter und Wissenschaftler: der inzwischen verstorbene Hermann Abs, John Adams, Margaret Anderson, Fred Baerwald, Nicholas Bolton, Hannah Borowitz, Marianne Breslauer, Dr. Ursula Büttner, Lawrence Buttenwieser, Ernst Cramer, John Craven, Joan Lewisohn Crowell, Peter Stormonth Darling, Marion Gräfin Dönhoff, Henry Eisenberg, Geoffrey Elliott, Pauline Baerwald Falk, Sir Ian Fraser, Alvin Friedman, Dr. Carl Heinz Goldman, Sir Ernst Gombrich, Martin Gordon, Harry Green, Sir Ronald Grierson, Fred Grubel, Sir Kenelm Lee Guinness, Charles E. A. Hambro, Carl Hess, Yves Istel, Robin Jessel, Bernard Kelly, Charles Kindleberger, Edgar Koerner, Anthony Korner, William Koshland, Harvey M. Krueger, Stephen S. Lash, Oscar Lewisohn, John K. Libby, Kurt Lipstein, Ralph Loewenberg, Richard Lutyens, Joseph McConnell, Vincent A. Mai, Dr. Nicholas Mann, R. W. Manners, Frank Mecklenberg, Edith Meisner, H. Nicolas Millward, David Mitchell, Pierre Moussa, Edward F. Norton, Dr. Christian Olearius, Veronica Petersen, Lord Parmoor (Milo Cripps), Dr. Abraham Peck, Lionel Pincus, Renata Propper, Carey Reich, Werra Rittmeister, Wolfgang Rittmeister, Sir Eric Roll, Alan Root, Thomas W. Ryley, Geoffrey Samuels, Nathaniel Samuels, Hans-Dieter Sandweg, Peter Karl Schumann, George Schwab, Geoffrey Seligman, Michael Seligman, Charles Sharp, A. Joshua Sherman, Andrew Smithers, Peter Spira, Jerome Sternstein, Katja Tenenbaum, Lewis Ufland, Ronald Utiger, Michael Verey, John Wehncke, Adelaide Weismann, Dietrich Weismann,

John Whitehead, Gretchen Whitman, der inzwischen verstorbene Arthur Winspear, Margot Wittkower, James D. Wolfensohn, Norbert Wollheim sowie Ezra Zilkha.

Auch den Mitgliedern der Familien sowie den Freunden und Bekannten, die es vorgezogen haben, ungenannt zu bleiben, bin ich zu Dank verpflichtet.

Ich hatte die Möglichkeit, dies Buch frei von den Sorgen zu schreiben, die einen Autor sonst häufig belasten. Dafür muß ich den außergewöhnlich fähigen Betreuern im Verlag Random House danken – der Lektorin Ann Godoff wie auch Harry Evans und Alberto Vitale –, die mich so begeistert und großzügig unterstützt haben. Andy Carpenter und J. K. Lambert haben beim Umschlagentwurf und der Ausstattung des Buches ausgezeichnete Arbeit geleistet, und Carsten Fries hat seine Fertigstellung in hervorragender Weise überwacht. Mein britischer Verleger, Jonathan Burnham von Chatto and Windus, sowie meine Agentin in England, Deborah Rogers, haben dem Projekt nachhaltige Unterstützung angedeihen lassen. Sehr dankbar bin ich Morgan Entrekin, dem Herausgeber der Zeitschrift Atlantic Monthly Press, für eine frühe Würdigung des in meinem Buch bearbeiteten Stoffes, die mir sehr wertvoll war. Wie stets war Melanie Jackson die ideale Agentin sowie eine aufrichtige und zuverlässige Geschäftspartnerin. Gewiß hätte auch Siegmund Warburg ihre mit Fröhlichkeit gepaarte Tüchtigkeit rückhaltlos bewundert. Meine Eltern waren abermals von vorbildlicher Weisheit und Gelassenheit. Doch wem auch immer ich zu Dank verpflichtet bin, alles verblaßt vor dem Ausmaß, in dem ich in der Schuld meiner Frau Valerie stehe, die mit so viel Geduld, Güte und Liebe dies erneute Großprojekt eines von seinem Thema Besessenen ertragen hat. Ich beabsichtige, von meinen Tantiemen eines Tages an einem belebten öffentlichen Platz ein Denkmal für sie errichten zu lassen, damit die Welt staunen kann.

Anmerkungen

Vorbemerkung:

1 Insbesondere drei Mitglieder der englischen Familie Huxley haben sich in außergewöhnlicher Weise hervorgetan: im 19. Jahrhundert der Naturwissenschaftler Thomas Henry H., im 20. Jahrhundert zwei seiner Enkel, die Brüder Sir Julian H., bedeutender Biologe und Autor vieler naturwissenschaftlicher Werke, und der hinlänglich bekannte Prosaautor Aldous Huxley (u. a. Verfasser von *Schöne Neue Welt*). Ihre Mutter war eine Nichte des bekannten englischen Dichters und Literaturkritikers Matthew Arnold, dessen Familie ebenfalls eine Reihe bedeutender Mitglieder aufweist. Ähnlich verhält es sich bei der amerikanischen Familie James, aus der neben dem Romanautor Henry J. auch der Philosoph William J. stammt.

Kapitel 1

1 Duckesz, Eduard und Otto Hintze (Hgg.): *Geschichte des Geschlechts Warburg*, Typoskript, Leo Baeck Institut, New York 1928/29, S. 216.
2 Warburg, James P. A., *A Book for Jimmy, Jennifer and Philip*, Greenwich Conn., S. 25.
3 Lachmann, *Draft Memoirs,* III, S. 3A.
4 Duckesz, *Geschichte des Geschlechts Warburg*, a.a.O., S. 222.
5 Ebd., S. 80.
6 Tramer, *Die Hamburger Kaiserjuden*, in: ›Leo Baeck Institute Bulletin‹ (1960), S. 224.
7 Duckesz, *Geschichte des Geschlechts Warburg*, a.a.O., S. 222.
8 Blumenfeld, *Life begins at 65*, Montreal 1987, S. 12.
9 Warburg, *A Book for Jimmy, Jennifer and Philip*, a.a.O., S. 23.
10 Lachmann, *Draft Memoirs*, II, S. 5.
11 Duckesz, *Geschichte des Geschlechts Warburg*, a.a.O., S. 224.
12 MMW, Ma XI, S. 2.
13 Warburg, Max M., *Aus meinen Aufzeichnungen*, S. 2 f.
14 Lachmann, *Damals... Erinnerungen von Olga Lachmann*, S. 128.
15 Melchior, Elsa Warburg, *That Dear Past. Random Memories*, unveröffentlichtes Typoskript, S. 71.
16 ›The New Yorker‹, 9. April 1966.
17 Warburg, *A Book for Jimmy, Jennifer and Philip*, a.a.O., S. 24.
18 Rosenbaum E., und A. J. Sherman, *M. M. Warburg & Co, 1798-1938: Merchant Bankers of Hamburg*, London 1979, S. 34.
19 Ebd., S. 44.
20 Birmingham, *In unseren Kreisen*, Berlin, Frankfurt/M., Wien 1969, S. 189 f.
21 Rosenbaum und Sherman, *M. M. Warburg & Co.*, a.a.O., S. 50.
22 MMW Ma XIV, S. 528.
23 Duckesz, *Geschichte des Geschlechts Warburg*, S. 84.
24 Ebd., S. 85.

25 Farrer, David, *The Warburgs: The Story of a Family*, S. 100.
26 Warburg, James P., *The Long Road Home: The Autobiography of a Maverick*, Garden City, N.Y., S. 5
27 ›The American Scholar‹ (Sommer 1988), S. 449.
28 Warburg, *The Long Road Home*, a.a.O., S. 5.
29 Rosenbaum und Sherman, *M. M. Warburg & Co.*, a.a.O., S. 97.
30 Mayer, Gustav, *Erinnerungen: Vom Journalisten zum Historiker der deutschen Arbeiterbewegung*, München 1949, S. 151.
31 Rosenbaum und Sherman, *M. M. Warburg & Co.*, S. 48 f.
32 Duckesz, *Geschichte des Geschlechts Warburg*, a.a.O., S. 109.
33 MMW Frz I Aufzeichnungen (2.), S. 4.
34 Farrer, *The Warburgs*, a.a.O., S. 26 f.

Kapitel 2

1 Melchior, *Random Memories*, a.a.O., S. 54.
2 Lachmann, *Damals... Erinnerungen von Olga Lachmann*, S. 5.
3 Zitiert in einem Brief Eddy Lachmans an den Verfasser vom 19. April 1992.
4 Wechsberg, Joseph, *The Merchant Bankers*, Boston und Toronto 1966, S. 181.
5 Rosenbaum und Sherman, *M. M. Warburg & Co.*, a.a.O., S. 79.
6 Lachmann, *Draft Memoirs*, III, S. 3.
7 Stern, Fritz, *Gold and Iron, Bismarck, Bleichröder, and the Buildung of the German Empire*, Nachdruck, New York 1979, S. 511.
8 MMW Ma XV.
9 Gombrich, E.H., *Aby Warburg: Eine intellektuelle Biographie*, Hamburg 1992, S. 37.
10 Ebd.
11 Warburg, *Aus meinen Aufzeichnungen*, a.a.O., S. 2.
12 Spinelli, Ingrid Warburg, *Erinnerungen, 1910-1989*, Hamburg 1990, S. 43.
13 Farrer, *The Warburgs*, a.a.O., S. 30.
14 Ebd., S. 31.
15 Warburg, *A Book for Jimmy, Jennifer and Philip*, a.a.O., S. 27.
16 Warburg, Frieda Schiff, *Reminiscences of a Long Life*, New York 1956, Privatdruck, S. 37.
17 Warburg, *A Book for Jimmy, Jennifer and Philip*, a.a.O., S. 32.
18 Gombrich, *Aby Warburg*, a.a.O., S. 22.
19 Melchior, *Random Memories*, a.a.O., S. 77.
20 Ebd., S. 102.
21 Ebd., S. 45.
22 Zitiert in einem Brief Eddy Lachmans an den Verfasser vom 19. April 1992.
23 Farrer, *The Warburgs*, a.a.O..S. 27 f.
24 Melchior, *Random Memories*, a.a.O., S. 23.
25 MMW Frz I Aufzeichnungen (Bd. 2), S. 5.
26 Warburg, *Aus meinen Aufzeichnungen*, a.a.O., S. 2.
27 Melchior, *Random Memories*, a.a.O., S. 154.

Kapitel 3

1 Massie, Robert K., *Dreadnought: Britain, Germany, and the Coming of the Great War*, New York 1991, S. 102.
2 MMW Ma XI. I, S. 6.

3 Lachmann, *Draft Memoirs*, III., S. 5.
4 MMW Ma XV.
5 MMW Ma XI. I, S. 8.
6 MMW Ma V. Brief von Max an Charlotte Warburg vom 25. März 1889.
7 MMW Ma XI. I, S. 8.
8 Warburg, *Aus meinen Aufzeichnungen*, a.a.O., S. 12.
9 Ebd., S. 12.
10 Ebd., S. 14.
11 MMW JW I. Brief von Max an James Warburg, 8. April 1929.
12 Bettina Warburg, Gespräch mit dem Verfasser.
13 Warburg, Frieda Schiff, *Reminiscences*, a.a.O., S. 34.
14 Eddy Lachman in einem Brief an den Verfasser vom 19. April 1992.
15 MMW Frz I Aufzeichnungen. (3. Bd.), S. 2.
16 Eddy Lachman in einem Brief an den Verfasser vom 2. November 1992.
17 Dr. Renée Watkins in einem Brief an den Verfasser vom 1. Dezember 1991.
18 FW, Karton 1163, Exemplar von David Farrers *The Warburgs*, mit Korrekturen. Kap. 3, S. 23.
19 MMW Ma XV.
20 Rosenbaum und Sherman, *M. M. Warburg & Co.*, a.a.O., S. 99 f.
21 Weizmann, Chaim, *Trial and Error: The Autobiography of Chaim Weizmann,* 2 Bde., Philadelphia 1949, Bd. 1, S. 31.

Kapitel 4

1 Farrer, *The Warburgs*, a.a.O., S. 34.
2 Warburg, Felix, *Letters to His Sons*, Privatdruck, Brief an Gerald F. Warburg vom 24. Juli 1924.
3 FW, B343, F6, *Ansprache zur Eröffnung des Juilliard-Konservatoriums*, 28. Mai 1937.
4 Ebd.
5 Johnson, Paul, *A History of the Jews*, New York 1987, S. 394.
6 Birmingham, *In unseren Kreisen*, a.a.O., S. 135.
7 Edward Henry Harriman, 1848 - 1909, amerikanischer Finanzier und Eisenbahnmagnat (angeblich besaß er bei seinem Tod ein Streckennetz von hunderttausend Kilometern). Seine Geschäftsmethoden waren so umstritten, daß sich Präsident Theodore Roosevelt veranlaßt sah, sie scharf zu kritisieren. Unter anderem trug er 1901 zu einer der schwersten Finanzkrisen bei, von denen die Wall Street je heimgesucht wurde.
8 Warburg, Frieda Schiff, *Reminiscences*, a.a.O., S. 61.
9 Potter, Jeffrey, *Men, Money & Magic. The Story of Dorothy Schiff*, Coward 1976, S. 22.
10 Ebd.
11 Amerikanischer Wirtschafts- und Börsenfachmann und Wirtschaftsberater zahlreicher amerikanischer Präsidenten. Im 1. Weltkrieg Vorsitzender des Kriegsindustrieausschusses; maßgeblich an Roosevelts New Deal (Programm zur Überwindung der Wirtschaftskrise) beteiligt; nach dem 2. Weltkrieg Vertreter der USA im Atomenergieausschuß der UN.
12 Warburg, Frieda Schiff, *Reminiscences*, a.a.O., S. 87.
13 Ebd., S. 88.
14 Rothschild, Carola Warburg, *Sharing and Caring*, Privatdruck, S. 24.
15 Warburg, Frieda Schiff, *Reminiscences*, a.a.O.,S. 89.
16 Birmingham, *In unseren Kreisen*, a.a.O., S. 354.

17 Warburg, Frieda Schiff, *Reminiscences*, S. 89.
18 FW, Karton 1163, Exemplar von David Farrers *The Warburgs*, mit Korrekturen. Einschub in Kap. 3, S. 26 f.
19 Warburg, Frieda Schiff, *Reminiscences*, a.a.O., S. 52.
20 Ebd., S. 94.
21 Birmingham, *In unseren Kreisen*, a.a.O., S. 196.
22 Warburg, Frieda Schiff, *Reminiscences*, a.a.O., S. 95.
23 BW.
24 Warburg, *A Book for Jimmy, Jennifer and Philip*, a.a.O., S. 62.
25 ›The New Yorker‹, 11. Juni 1955.
26 MMW Frz I Aufzeichnungen (3. Bd.), S. 3.
27 Birmingham, *In unseren Kreisen*, a.a.O., S. 164.
28 Warburg, Frieda Schiff, *Reminiscences*, S. 85.
29 Bettina Warburg, Gespräch mit dem Verfasser.

Kapitel 5

1 MMW Ab MI5.
2 MAW.
3 MAW. ›Im Warburg Institut vorgetragener Nachruf auf Gertrud Bing‹.
4 MMW AB M15.
5 Clark, Kenneth, *Another Part of the Wood*, New York 1974, S. 189.
6 Melchior, *Random Memories*, a.a.O., S. 189.
7 Ebd., S. 52.
8 MMW Ma XV.
9 Warburg, Frieda Schiff, *Reminiscences*, a.a.O., S. 23.
10 Gombrich, *Aby Warburg*, a.a.O., S. 40.
11 MMW Frz I, Aufzeichnungen (2. Bd.), S. 1.
12 AW Kopierbuch 6 26 (7) Hamburger Abschrift, Brief an Frau Lore, 1. Juli 1917.
13 AW, Familienkorrespondenz 1887 - 1900, Brief von einem namentlich nicht genannten Kameraden, 20. Juni 1894.
14 ›The American Scholar‹ (Sommer 1988), S. 447.
15 Ebd.
16 AW. Familienkorrespondenz, 1887 - 1900, Brief an Charlotte Warburg, 25. November 1889.
17 AW. Familienkorrespondenz, 1887 - 1900. Brief von Moritz Warburg, 29. November 1889.
18 Gombrich, *Aby Warburg*, a.a.O., S. 65.
19 Ebd., S. 73.
20 ›The American Scholar‹ (Sommer 1988), S. 447.
21 Warburg, *Aus meinen Aufzeichnungen,* a.a.O., S. V.
22 Warburg, Frieda Schiff, *Reminiscences*, S. 94.
23 Warburg, Aby, *Schlangenritual. Ein Reisebericht*. Mit einem Nachwort von Ulrich Raulff (Kleine Kulturwissenschaftliche Bibliothek, Bd. 7), Berlin 1988, S. 44.
24 Ebd., S. 40.
25 Ebd.
26 ›The American Scholar‹ (Sommer 1988), S. 450.
27 Warburg, *Zeiten und Gezeiten*, a.a.O., S. 41.
28 MAW, ›Im Warburg Institut vorgetragener Nachruf auf Gertrud Bing‹.
29 MW Ab MI.
30 AW. Familienkorrespondenz, 1887 - 1900, Brief von Mary Hertz, 19. Mai 1897.

31 AW. Familienkorrespondenz, 1887 - 1900, Brief an John Hertz, Mai 1897.
32 Ebd.
33 AW. Familienkorrespondenz 1887 - 1900, Brief von Charlotte Warburg, 5. Juli 1897.
34 AW. Familienkorrespondenz 1887 - 1900, Brief an Moritz Warburg, 7. Juli 1899.
35 AW. Familienkorrespondenz 1887 - 1900, Brief von Moritz Warburg, 9. Juli 1897.

Kapitel 6

1 Warburg, *Zeiten und Gezeiten*, a.a.O., S. 26.
2 Warburg, ›Gedenkfeier‹, S. 9.
3 Warburg, *Aus meinen Aufzeichnungen*.
4 Warburg, *Zeiten und Gezeiten*, a.a.O., S. 16.
5 MMW MA XV.
6 Warburg, Frieda Schiff, *Reminiscences*, a.a.O., S. 29.
7 ›Jahrbuch des Leo Baeck Instituts‹ XVI (1971), S. 225.
8 Versöhnungstag, der höchste jüdische Feiertag.
9 Lucie Kaye in einem Gespräch mit dem Verfasser.
10 Warburg, Frieda Schiff, *Reminiscences*, S. 33.
11 Lucy Kaye, Gespräch mit dem Verfasser.
12 Anita Warburg, Gespräch mit dem Verfasser.
13 Ebd.
14 Warburg, *Zeiten und Gezeiten,* a.a.O., S. 19 f.
15 Brief von Marie Warburg an den Verfasser, 31. Oktober 1991.
16 Warburg, *Zeiten und Gezeiten*, a.a.O., S. 26.
17 Ebd.
18 Anita Warburg, Gespräch mit dem Verfasser.
19 Lucie Kaye, Gespräch mit dem Verfasser
20 MMW Ma XV.
21 Birmingham, *In unseren Kreisen*, a.a.O., S. 250.
22 Melchior, *Random Memories*, a.a.O., S. 184.
23 BW, ›Nina L. Warburg‹.
24 BW. Brief von Nina an Jim Loeb, 16. April 1898.
25 MMW F47.
26 MMW Frz I. Aufzeichnungen (3. Bd.), S. 3.
27 MWW, Frz I., Aufzeichnungen (3. Bd.), S. 3.
28 Spinelli, *Erinnerungen*, a.a.O., S. 48.
29 Ebd., S. 52.
30 Gabriele Schiff, Gespräch mit dem Verfasser.

Kapitel 7

1 Warburg, Frieda Schiff, *Reminiscences*. a.a.O.
2 Ebd.
3 CUOH-JW, S. 7
4 MMW, Ma XV.
5 Stern, Fritz, *Gold and Iron*, a.a.O., S. 543.
6 Bettina Warburg, Gespräch mit dem Verfasser.
7 Adler, Cyrus, *Jacob H. Schiff: His Life and Letters*, Garden City 1928, Bd. I., S. 17 f.

8 Warburg, Paul M., *The Federal Reserve System: Its Origin and Growth*, New York 1930, Bd. I., S. 171.
9 ›The Century Magazine‹, Mai 1915.
10 Warburg, *The Federal Reserve System*, a.a.O., Bd. I, S. 18.
11 Bird, Kai, *The Chairman: John McCloy: The Making of the American Establishment*, New York 1992, S. 72.
12 CUOH-JW, S. 18.
13 Ebd., S. 46.
14 Birmingham, *In unseren Kreisen*, a.a.O., S. 283.
15 CUOH-JW, S. 47 f.
16 Ebd. S. 46.
17 Birmingham, *In unseren Kreisen*, a.a.O., S. 356.
18 FW, Karton 1163.
19 FW, Karton 1163, Exemplar von David Farrers *The Warburgs*, mit Korrekturen. Kap. 14, S. 241.
20 ›The American Jewish Year Book 5699 Bd. 40‹, 26. September 1938 - 13. September 1939, S. 37.
21 Kobler, John, *Otto the Magnificent: The Life of Otto Kahn*, New York 1988, S. 29 f.
22 FW, ›Personal Recollections‹, von Alice R. Emanuel.
23 Warburg, Frieda Schiff, *Reminiscences*, a.a.O., S. 130.
24 Birmingham, *In unseren Kreisen*, a.a.O., S. 280.
25 Ebd.
26 Ebd.
27 ›The New York Times‹, 11. August 1991.
28 Farrer, *The Warburgs*, a.a.O., S. 69.
29 Rothschild, *Sharing and Caring*, a.a.O., S. 22.
30 Farrer, *The Warburgs*, a.a.O., S. 68.
31 Rothschild, *Sharing and Caring*, a.a.O., S. 22.
32 Warburg, Edward M. M., *As I Recall: Some Memoirs*, Clifton 1979, Privatdruck, S. 3.
33 Warburg, Frieda Schiff, *Reminiscences*, a.a.O., S. 121.
34 Weber, Nicholas Fox, *Patron Saints: Five Rebels who Opened America to a New Art 1928 - 1943*, New York 1992, S. 184.
35 Birmingham, *In unseren Kreisen*, a.a.O., S. 279.
36 Warburg, Felix M., *Letters to His Sons*, Privatdruck 1941, Brief an Frederick Warburg, 4. Dezember 1913.
37 Birmingham, *In unseren Kreisen*, a.a.O., S. 288.
38 Warburg, *As I Recall*, a.a.O., S. 20.
39 Rothschild, *Sharing and Caring*, a.a.O., Einleitung.
40 ›The American Hebrew‹, 10. Februar 1922.
41 Howe, Irvin, *World of Our Fathers: The Yourney of the East European Jews to America and the Life They Found and Made*, Nachdruck, 1983, S. 133.
42 ›The American Banker‹, 10. Februar 1922.
43 ›The Jewish Daily Bulletin‹, 9. Juni 1930.
44 FW B343 FI. Eddie Cantor, Ansprache vor den Delegierten des AJJDC-Kongresses in Philadelphia, 22. November 1937.
45 MMW Ma XV.
46 Waldman, Morris D., *Nor by Power*, New York 1953, S. 232.
47 Adler, *Jacob H. Schiff*, a.a.O., Bd. II, S. 122.
48 Weizmann, *Trial and Error*, a.a.O., S. 62.
49 Adler, *Jacob H. Schiff*, a.a.O., S. 55.

Kapitel 8

1 ›Hamburger Abendblatt‹, 14. August 1982.
2 MMW MW II, Brief von Max Warburg an Herrn Huldermann vom 28. Dezember 1921. »Sie haben alles in allem das Dämonische, Rücksichtslose, wenn es sich um die Verfolgung seines Zieles handelte, nicht genug hervorgehoben; das gehört zu dieser seltenen Persönlichkeit.«
3 Cecil, Lamar, *Albert Ballin: Business and Politics in Imperial Germany 1888 - 1918*, Princeton 1967, S. 33 f.
4 ›Hamburger Abendblatt‹, 14. August 1982.
5 MMW Ma XV.
6 Stern, *Gold and Iron*, a.a.O., S. 544.
7 ›Nationaldemokrat‹, 1. April 1912.
8 MMW Ma XV.
9 ›Jahrbuch des Leo Baeck Instituts‹ III, 1958, S. 270.
10 Massie, Robert K., *Dreadnought,* a.a.O., S. 799.
11 ›Hamburger Abendblatt‹, 24. November 1976.
12 Warburg, *Zeiten und Gezeiten*, a.a.O., S. 14.
13 MMW MaV, Brief von Max Warburg an M. M. Warburg & Co. vom 28. Februar 1925.
14 Warburg, *Aus meinen Aufzeichnungen*, a.a.O., S. 30.
15 Ebd.
16 Ebd.
17 Ebd., S. 31.
18 Ebd.
19 Weizmann, *Trial and Error*, a.a.O., Bd. I, S. 143.
20 Warburg, *Aus meinen Aufzeichnungen*, a.a.O., S. 32.
21 Cecil, *Albert Ballin*, a.a.O., S. 120.
22 MMW MW II, Brief von Max Warburg an Herrn Huldermann, 28. Dezember 1921.
23 Cecil, *Albert Ballin*, a.a.O., S. 120.
24 MMW Ma XIV, S. 530.
25 Rosenbaum und Sherman, *M. M. Warburg & Co.*, a.a.O., S. 101.
26 MMW Ma VI, Brief von Korekiyo Takahashi an Max Warburg, 23. März 1935.
27 MMW Ma XI, I.
28 Warburg, *Aus meinen Aufzeichnungen*, a.a.O., S. 20.
29 ›Jahrbuch des Leo Baeck Instituts‹ 1962 , S. 133.

Kapitel 9

1 Warburg, *A Book for Jimmy, Jennifer and Philip*, a.a.O., S. 29.
2 *Mnemosyne*, S. 26.
3 MMW Ma XV,
4 Farrer, *The Warburgs*, a.a.O., S. 127.
5 AW. Familienkorrespondenz, 1887 - 1900, Bericht einer Besucherin in Florenz.
6 Adolf Prag, Gespräch mit dem Verfasser.
7 Warburg, Frieda Schiff, *Reminiscences*, a.a.O., S. 27.
8 *Mnemosyne*, S. 39.
9 Bing, Dr. Gertrud, *Aby M. Warburg*. Vortrag anläßlich der feierlichen Aufstellung von Aby Warburgs Büste in der Hamburger Kunsthalle am 31. Oktober 1958, S. 18.
10 Gombrich, *Aby Warburg*, a.a.O., S. 117.

11 AW Kopierbuch II 26 (3) Hamburger Exemplar, Brief an Max Warburg, 20. Januar 1909.
12 Gombrich, *Aby Warburg*, a.a.O., S. 167.
13 Ebd.
14 Ebd., S. 137.
15 ›The American Scholar‹ (Sommer 1988), S. 450
16 ›Jahrbuch des Leo Baeck Instituts‹ 1962, S. 133.
17 Warburg, *Aus meinen Aufzeichnungen*, a.a.O., S. 6.
18 AW Kopierbuch 3 26 (5), Brief an Max Warburg, 24. November 1909.
19 AW Kopierbuch I Hamburger Exemplar, S. 181, Brief an Max Warburg, 1. Februar 1906.
20 Ebd.
21 AW 26 (2) Kopierbuch I, Hamburger Exemplar, Brief an Dr. O. Wulff, 7. Februar 1907.
22 AW. Familienkorrespondenz, Brief an Mary Warburg, 26. März 1907.
23 AW Kopierbuch III, Brief an Dwelshauers, 27. Juli 1909.
24 AW Kopierbuch 3 26 (s), Brief an Felix Warburg, 12. Dezember 1909.
25 *Mnemosyne*, S. 43.
26 MAW. ›Im Warburg Institut vorgetragener Nachruf auf Gertrud Bing‹.
27 AW. Kopierbuch II 26 (3), Hamburger Exemplar, Brief an Herrn Waetzold, 28. Februar 1909.
28 AW. Kopierbuch IV 25 (6), Brief an Dr. Sonderling, 28. Februar 1912.
29 AW. Kopierbuch III, Brief ›Lieber Schwedeler‹, 15. Juli 1909.
30 ›The American Scholar‹ (Sommer 1988), S. 451.
31 AW, Familienkorrespondenz, 1887 - 1900, Brief an Charlotte Warburg, 24. November 1898.
32 Ruppin, Arthur, *Briefe, Tagebücher, Erinnerungen*, hg. von Schlomo Krolik, Königstein 1985, S. 139.
33 Gisela Wyzanski, Gespräch mit dem Verfasser.
34 AW. Kopierbuch II 26 (3) Hamburger Exemplar.
35 ›The American Scholar‹ (Sommer 1988), S. 451 f.
36 Ebd.
37 AW. Kopierbuch III 26 (5), Brief an Max Warburg, 18. Februar 1910.
38 Heise, Carl Georg, *Persönliche Erinnerungen an Aby Warburg*, New York 1947, S. 47.
39 *Mnemosyne*, S. 52.
40 Heise, *Persönliche Erinnerungen*, a.a.O., S. 32.
41 Gombrich, *Aby Warburg*, a.a.O., S. 438.
42 Heise, *Persönliche Erinnerungen*, a.a.O., S. 18.
43 Ebd., S. 34.
44 Ebd., S. 36.
45 AW. Kopierbuch III, Hamburger Exemplar, S. 90.
46 AW. Kopierbuch IV 25 (6), Brief an Max Warburg, 23. Juli 1912.
47 AW. Kopierbuch 5 26 (7), Hamburger Exemplar, Brief an Fritz Warburg, 2. Dezember 1913.

Kapitel 10

1 Warburg, *A Book for Jimmy, Jennifer and Philip*, a.a.O., S. 6.
2 ›Redmond's Financial Weekly‹, 19. Oktober 1923.
3 ›Jahrbuch des Leo Baeck Instituts‹ 1962, S. 134.
4 ›The Century Magazine‹, Mai 1915.

5 Warburg, *The Federal Reserve System*, a.a.O., Bd. I, S. 8.

6 In diesem Zusammenhang werden zur Erleichterung des Leseverständnisses die in Deutschland üblichen Begriffe »Zentralbank«, »Zentralbankrat« und »Landeszentralbanken« verwendet. Da sich das amerikanische System gleichwohl von unserem unterscheidet, sei es nachstehend kurz erläutert: Das Notenbankwesen des »Federal Reserve System« (im Text »Zentralbank«) ist zweistufig aufgebaut. Man unterscheidet National Banks (sie bekommen ihre Konzession von der Bundesregierung und gehören kraft Gesetz zur Federal Reserve Bank) und State Banks (sie werden von den Einzelstaaten konzessioniert, und zwar nur auf Wunsch; die Zugehörigkeit ist freiwillig). An der Spitze des Federal Reserve System steht der für die Geld- und Kreditpolitik zuständige Board of Governors (hier: Zentralbankrat). Weiter gehören dem System zwölf Federal Reserve Banks an (hier: Landeszentralbanken), deren wichtigste Aufgaben Geld- und Kapitalversorgung der ihnen angeschlossenen Mitgliedsbanken sowie deren Überwachung sind.

7 Adler, *Jacob H. Schiff*, a.a.O., Bd. I, S. 279.

8 ›The Century Magazine‹, Mai 1915.

9 Warburg, *The Federal Reserve System*, a.a.O., Bd. I, S. 19.

10 Ebd., Bd. II, S. 29.

11 Ebd., Bd. I, S. 58 f.

12 Stephenson, Nathaniel Wright, *Nelson W. Aldrich: A Leader in American Politics*, Port Washington 1971, Neuausgabe, S. 334.

13 Ebd.

14 Warburg, *The Federal Reserve System*, a.a.O., Bd. I, S. 56 f.

15 Ebd., Bd. I, S. 60.

16 Stephenson, *Nelson W. Aldrich*, a.a.O., S. 334.

17 ›Philadelphia North American‹, 12. April 1911.

18 Warburg, *The Federal Reserve System*, a.a.O., Bd. I, S. 76.

19 Ebd., Bd. I, S. 78.

20 CUOH JW, S. 7.

21 Warburg, *The Federal Reserve System*, a.a.O., Bd. I, S. 91.

22 Ebd., Bd. I, S. 410.

23 Baker, Ray Stannard, *Woodrow Wilson. Life and Letters*, Garden City, New York 1931, Bd. 4, S. 147.

24 Warburg, *The Federal Reserve System*, a.a.O., Bd. I, S. 98 f.

25 EH.SI B144a F 4015, Brief von Paul Warburg, 22. Juli 1913

26 Broesamle, John J., *William Gibbs McAdoo. A Passion for change 1863 - 1917.* Port Washington, New York 1973, S. 124.

27 Warburg, *The Federal Reserve System*, a.a.O., Bd. I, S. 421.

28 Farrer, *The Warburgs*, a.a.O., S. 90.

29 Warburg, *The Federal Reserve System*, a.a.O., Bd. II, S. 3.

30 Ebd., Bd. I. S. 407.

31 CUOH-JW, S. 17.

32 Warburg, *The Federal Reserve System*, a.a.O., Bd. I, S. 125.

33 Ebd., Bd. I, S. 140.

34 Ebd., Bd. I. S. 143.

35 ›New York American‹, 18. Mai 1914.

36 ›Redmond's Financial Weekly‹, 19. Oktober 1923.

37 ›Philadelphia North American‹, 10. Juli 1914.

38 Das grundlegende Gesetz gegen Kartellbildung in den Vereinigten Staaten ist das »Sherman Act« von 1890, das Gerichten erstmals die Möglichkeit gab, gegen wettbewerbsbeschränkende Maßnahmen vorzugehen. Ergänzt wurde es 1914 durch das Kartellgesetz (Federal Trade Commission Act) und im selben

Jahr durch das sogenannte »Clayton Act«, weil es den Gerichten nicht ohne weiteres möglich war, alle Verbotstatbestände allein auf das Sherman Act gestützt zu erfassen.

39 ›The New York Times‹, 13. Mai 1914.
40 Broesamle, *William Gibbs McAdoo*, a.a.O., S. 122.
41 ›Philadelphia Inquirer‹, 12. Juli 1914.
42 Warburg, *The Federal Reserve System*, a.a.O., Bd. I, S. 147.
43 PW.SI B2 F21, Brief an Woodrow Wilson, 3. Juli 1914.
44 ›The Wall Street Journal‹, 29. Juli 1914.
45 PW. SI B2 F21, Brief von Woodrow Wilson, 25. Juli 1914.
46 PW. SI B2 F21, Brief an Woodrow Wilson, 29. Juli 1914.
47 ›Sun‹, New York, 13. August 1914.
48 ›Financial American‹, 13. August 1914.
49 PW. SI B2 F22, Brief an Colonel E. M. House, 11. August 1914.

Kapitel 11

1 ›Jahrbuch des Leo Baeck Instituts‹ 1960, S. 182.
2 MMW Ma XI, 1.
3 Warburg, *Aus meinen Aufzeichnungen*, a.a.O., S. 24.
4 MMW Ma XVI, 2.
5 Rosenbaum und Sherman, *M. M. Warburg & Co.*, a.a.O., S. 105. An der Berliner Wilhelmstraße lagen im Kaiserreich unter anderem das Auswärtige Amt und die Reichskanzlei, so daß ihr Name gleichbedeutend mit der Leitung der deutschen Außenpolitik wurde.
6 Pick, F. W., *Searchlight on German Africa. The Diaries and Papers of Dr. W. Ch. Regendanz*, London 1939, S. 5.
7 Vagts, Alfred, *M. M. Warburg & Co.: Ein Bankhaus in der deutschen Weltpolitik 1905 - 1933*, in: ›Vierteljahresschrift für Sozial- und Wirtschaftsgeschichte‹, hg. von Prof. Dr. Hermann Aubin, Bd. 45, Nr. 3 (März 1958), S. 323.
8 Pick, *Searchlight in German Africa*, a.a.O., S. 9.
9 Ebd., S. 15.
10 Ebd., S. 14.
11 Ebd., S. 18.
12 Massie, *Dreadnought*, a.a.O., S. 726.
13 Vagts, *M. M. Warburg & Co.*, a.a.O., S. 321.
14 Pick, *Searchlight on German Africa*, a.a.O., S. 23.
15 Ebd., S. 42.
16 Cecil, *Albert Ballin*, a.a.O., S. 179.
17 Warburg, *Aus meinen Aufzeichnungen*, a.a.O., S. 25.
18 MMW Ma XI, 1.
19 Warburg, James P., *The Long Road Home*, a.a.O., S. 17.
20 MMW Ma XI, I, S. 4.
21 Ebd.
22 Rosenbaum und Sherman, *M. M. Warburg & Co*, a.a.O., S. 100.
23 ›Jahrbuch des Leo Baeck Instituts‹, 1962, S. 138.
24 ›Jahrbuch des Leo Baeck Instituts‹ III, 1958, S. 296.
25 MMW. Ordner Albert Ballin, November 1912 - Dezember 1914. Brief von Max Warburg an Jacob Schiff, 30. April 1913.
26 Rosenbaum und Sherman, *M. M. Warburg & Co.*, a.a.O., S. 111 f.
27 Fürst von Bülow, *Denkwürdigkeiten*, Bd. III, S. 198.
28 Rosenbaum und Sherman, *M. M. Warburg & Co.*, a.a.O., S. 112.

29 MMW Ma XIV, S. 647.
30 Mayer, *Erinnerungen,* a.a.O., S. 153.
31 Warburg, *Aus meinen Aufzeichnungen*, a.a.O., S. 50.
32 Rosenbaum und Sherman, *M. M. Warburg & Co.*, a.a.O., S. 113.
33 Cecil, *Albert Ballin*, a.a.O., S. 213.
34 Ebd., S. 213.
35 MMW. ›Auszüge aus den Erinnerungen für Erich Warburg‹.
36 Warburg, *Aus meinen Aufzeichnungen*, a.a.O., S. 50.
37 Ebd., S. 36.
38 Spinelli, *Erinnerungen*, a.a.O., S. 54.
39 Rosenbaum und Sherman, *M. M. Warburg & Co.*, a.a.O., S. 114.
40 EL. Undatierter Bericht über Max Warburgs Reise nach Belgien.
41 Warburg, *Aus meinen Aufzeichnungen*, a.a.O., S. 37. Der Bergbauingenieur Herbert Hoover leitete von 1915 bis 1919 das amerikanische Hilfswerk für Belgien und war in vielen anderen Funktionen und Ämtern (unter anderem als Handelsminister) tätig, bis er von 1929 bis1931 republikanischer Präsident der Vereinigten Staaten wurde. Während des 2. Weltkriegs und danach übernahm er erneut Aufgaben in karitativen Organisationen.
42 MMW Ma XII, S. 75.
43 Warburg, *Aus meinen Aufzeichnungen*, a.a.O., S. 42.
44 Ebd., S. 43.

Kapitel 12

1 Warburg, Frieda Schiff, *Reminiscences*, a.a.O., S. 76.
2 Gay, Peter, *Weimar Culture. The Outsider as Insider*, New York 1970, S. 1.
3 Potter, *Men, Money & Magic,* a.a.O., S. 44 f.
4 ›The New York Times‹, 18. August 1918.
5 Chandler, Lester V., *Benjamin Strong, Central Banker*, Washington 1958, S. 17.
6 PW. SI B3F33. Rede vom 3. Mai 1916.
7 Warburg, *The Federal Reserve System*, a.a.O., Bd. I, S. 151.
8 Warburg, James P., *Germany: Key to Peace*, Cambridge 1953, S. XII.
9 CUOH-JW, S. 36.
10 Jurist aus sephardischer Familie, unter anderem – wie Wendell Holmes – Richter am Obersten Bundesgericht der Vereinigten Staaten.
11 CUOH-JW, S. 44.
12 Bettina Warburg, Gespräch mit dem Verfasser.
13 Ebd.
14 MMW. F 47. Brief von Paul Warburg an Max Warburg, 19. Dezember 1922.
15 PW. SI B3 F42, Notiz vom 8. Februar 1917.
16 ›The New York Times‹, 18. August 1918.
17 Spring Rice, Sir Cecil, *The Letters and Friendships of Sir Cecil Spring Rice*, hg. von Stephen Gwynn, Boston und New York 1929, S. 245.
18 Ebd., S. 243.
19 ›The New York Times‹, 9. Januar 1936.
20 Dayer, Roberta Allbert, *Finance and Empire: Sir Charles Addis*, 1861 - 1945, S. 89 f.
21 Warburg, Frieda Schiff, *Reminiscences*, a.a.O., S. 140.
22 FW. B171 F8, Brief an Jacob Schiff, 21. März 1916.
23 Ebd.
24 Nevins, Allan, *Herbert H. Lehman and His Era*, New York 1963, S. 68 f.
25 DS. Brief von Jacob Schiff an Max Warburg, 25. Februar 1916.

26 Birmingham, *In unseren Kreisen*, a.a.O., S. 289.
27 Bentwich, Norman. *For Zion's Sake. A Biography of Judah L. Magnes*, Philadelphia 1954, S. 99.
28 Agar, Herbert, *The Saving Remnant. An Account of Jewish Survival*, New York 1960, S. 19.
29 JS. B440 F8, Brief an Max Warburg, 5. Januar 1915.
30 Kobler, *Otto the Magnificent*, a.a.O., S. 87.
31 JS. Karton 440 F8, Brief von Max Warburg, 22. Dezember 1914.
32 JS. Karton 440 F8, Brief von Max Warburg, 11. November 1914.
33 MMW Ma 36.
34 Warburg, *Finanzielle Kriegslehren*. Rede vom 1. August 1915. Im Leo Baeck Institut, New York, S. 23.
35 JS, B 440 F7, Brief von Max Warburg, 4. Januar 1915.
36 Ebd.
37 JS. B440 F8, Brief von Max Warburg, 15. Mai 1915.
38 Birmingham, *In unseren Kreisen*, a.a.O., S. 308.
39 JS. B440 F8, Brief an Max Warburg, 22. September 1915.
40 JS. Brief von Max Warburg, 22. September 1915.
41 Adler, *Jacob H. Schiff*, a.a.O., Bd. II, S. 252.
42 Birmingham, *In unseren Kreisen*, a.a.O., S. 308.
43 JS. B440 F7, Brief an Max Warburg, 5. November 1915.
44 JS. B440 F7, Brief von Max Warburg, 24. November 1915.
45 Roberts, Priscilla M., *A Conflict of Loyalties in Kuhn, Loeb and Company and the First World War, 1914-1917*, in: *Studies in the American Jewish Experience*, hg. von Jacob R. Marcus und Abraham J. Peck, New York 1984, S. 21.

Kapitel 13

1 James W. Gerard, *Face to Face with Kaiserism*, S. 112.
2 EL. ›Notiz für die Akte Antisemitismus über das Gespräch mit dem Kriegsminister von Stein‹, 2. März 1917.
3 Spinelli, *Erinnerungen*, a.a.O., S. 46.
4 MMW MW 56.
5 Lorenz, *Die Juden in Hamburg zur Zeit der Weimarer Republik*, Hamburg 1987, Bd. I, S. 46; siehe auch Krohn, Helga, *Die Juden in Hamburg*, Hamburg 1974, Bd. I. S. 202.
6 ›Hamburger Echo‹, 8. Dezember 1914.
7 ›Jahrbuch des Leo Baeck Instituts‹ 1962, S. 141.
8 Ebd.
9 Roberts, *A Conflict of Loyalties*, a.a.O., S. 21 f.
10 ›Jahrbuch des Leo Baeck Instituts‹ 1962, S. 54.
11 Ebd., S. 55.
12 Ebd., S. 31.
13 Rosenbaum und Sherman, *M. M. Warburg & Co.*, S. 117.
14 Warburg, *Aus meinen Aufzeichnungen*. S. 46.
15 MMW MV. 1917, Jahresbericht von M. M. Warburg & Co.
16 Bing, *Aby M. Warburg*, a.a.O., S. 31.
17 AW Kopierbuch 6 26(7), Hamburger Exemplar, Brief an Onkel Empel, 9. August 1914.
18 AW Kopierbuch 5 26 (7), Hamburger Exemplar, Brief an Veth, 2. September 1914.
19 Blumenfeld, *Life begins at 65*, S. 47.

20 AW Kopierbuch 26 (7) Hamburger Exemplar, Briefe an Paul Warburg, 28. August 1914 und 4. Mai 1915.
21 BW. Brief von Jim Loeb an Paul und Nina Warburg, 26. August 1915.
22 AW Kopierbuch 6 26 (7), Hamburger Exemplar, Brief an einen ungenannten Empfänger. 27. Juni 1915.
23 AW Kopierbuch 6 26 (7), Hamburger Exemplar, Brief an den Herausgeber der Frankfurter Zeitung, 2. Februar 1915.
24 AW Kopierbuch 6 26 (7), Hamburger Exemplar, Brief an Hübner, 21. Mai 1915.
25 AW Kopierbuch 26 (7), Hamburger Exemplar, Brief an Paul Warburg, 27. Mai 1915.
26 AW Kopierbuch 6 26 (7), Hamburger Exemplar, Brief an die Zeitschrift Simplicissimus, 29. August 1915.
27 AW Kopierbuch 6 26 (7), Hamburger Exemplar, Brief an Herrn Hornbostel, 18. August 1915.
28 AW Kopierbuch 6 26 (7), Hamburger Exemplar, Brief an Paul Davidsohn, 16. April 1915.
29 BW. Brief von Jim Loeb an Nina und Paul Warburg, 27. Juli 1915.
30 MMW Frz I, S. 35.
31 Spinelli, *Erinnerungen*, a.a.O., S. 56.
32 MMW Frz II. Brief von Fritz Warburg an Herrn von Trobe, 15. Dezember 1919.
33 MMW Frz II. Undatierte Notiz Max Warburgs.
34 MMW Frz II. ›Eine Unterhaltung in Paxopolis‹. Siehe auch Brief von Dr. Fritz Warburg an Lucius von Stödten vom 3. Juli 1923.
35 MMW Frz II. Brief von Herrn von Jagow an Dr. Fritz Warburg, 18. November 1919.
36 Fritsch, Theodor, *Mein Streit mit dem Hause Warburg. Eine Episode aus dem Kampfe gegen das Weltkapital*, Leipzig 1925, S. 77.
37 Warburg, *Aus meinen Aufzeichnungen*, a.a.O., S. 45.
38 EL. Brief von Paul an Max Warburg, Dezember 1916.
39 Warburg, *Aus meinen Aufzeichnungen*, S. 54.
40 FW. B 171 F 24, Brief an Nina Warburg, 10. April 1916.
41 Warburg, *Aus meinen Aufzeichnungen*, a.a.O., S. 7.
42 Adler, *Jacob Schiff*, a.a.O., Bd. II., S. 201.
43 Ebd., Bd. II., S. 204.
44 Roberts, *A Conflict of Loyalties*, a.a.O., S. 28.
45 Warburg, *Letters to His Sons*, a.a.O., Brief an Gerald Warburg, 7. Februar 1917.
46 Warburg, *Germany: Key to Peace*, a.a.O., S. XIII.
47 PW. SI B4 F57, Brief an Colonel House, 4. August 1917.
48 Brandeis, Letters, Bd. IV, S. 317.
49 CUOH-JW. S. 4.
50 Warburg, James P., *Germany – Bridge or Battleground?*, New York 1946, S. 136.
51 Warburg, *The Long Road Home*, a.a.O., S. 311.
52 CUOH-JW, S. 10.
53 Warburg, *The Long Road Home*, a.a.O., S. 38.
54 FW. ›Korrekturen zum Farrer-Buch‹.
55 CUOH-JW, S. 21.
56 Warburg, *Germany: Key to Peace*, a.a.O., S. XIII.
57 Katharine Weber, Gespräch mit dem Verfasser.
58 BW. Brief von Paul Warburg, 16. Februar 1920.
59 Warburg, *The Long Road Home*, a.a.O., S. 50.
60 Ebd., S. 49.
61 FW, Karton 179 Mappe 33, Brief an John Warburg, 27. März 1918.
62 Warburg, *Letters to His Sons*, a.a.O., Brief an Frederick Warburg, 10. Juli 1917.

63 Ebd., Brief an Gerald Warburg, 5. August 1918.
64 Warburg, *The Federal Reserve System*, a.a.O., Bd. I, S. 453.
65 Ebd., Bd. I, S. 447.
66 PW. SIIB7 Mappe 92. Unveröffentlichtes Kapitel über den Federal Reserve Board.
67 Ebd.
68 Ebd.
69 ›The Evening Sun‹, 14. März 1918.
70 EH. SI Karton 144 Mappe 4019, Brief von Paul Warburg an den Finanzminister McAdoo, 7. April 1918.
71 Ebd.
72 Warburg, *The Federal Reserve System*, a.a.O., Bd. II, S. 803.
73 ›The New York Times‹, 12. August 1918.
74 Ebd., 18. August 1918.
75 PW. SI Karton 4 Mappe 57, Brief an Colonel House, 17. Oktober 1918.
76 Ebd.

Kapitel 14

1 Brief von Erich Warburg an James Warburg. 9. Februar 1917. (Mit freundlicher Genehmigung von Marie Warburg.)
2 Warburg, *Zeiten und Gezeiten*, a.a.O., S. 42.
3 Videoaufzeichnung eines Gesprächs mit Erich Warburg. (Mit freundlicher Genehmigung von Marie Warburg.)
4 Koelbl, Herlinde, *Jüdische Portraits. Photographien und Interviews*, Frankfurt 1989, S. 252.
5 AW Kopierbuch 6 26 (7). Hamburger Exemplar, Brief an Wilhelm Hertz, 1. Oktober 1916.
6 BW. Brief von Jim Loeb an Nina Warburg, 26. März 1916.
7 *Mnemosyne*, S. 44.
8 Gombrich, *Aby Warburg*, a.a.O., S. 281.
9 AW Kopierbuch 26 (7), Hamburger Exemplar, Brief an Anna Warburg, 18. November 1917.
10 AW Kopierbuch 6 26 (7), Hamburger Exemplar, Brief an Aby S. Warburg, 22. Juli 1915.
11 AW Kopierbuch 6 26 (7), Hamburger Exemplar, Brief an Bode, 12. Januar 1917.
12 AW Kopierbuch 6 26 (7), Hamburger Exemplar, Brief an Dr. Orbaan, 5. April 1917.
13 AW Kopierbuch 6 26 (7), Hamburger Exemplar, Brief an Percy Schramm, 4. Oktober 1917.
14 AW Kopierbuch 6 26 (7) Hamburger Exemplar, Brief an Herrn du Bois, 21. September 1916.
15 Hillard, Gustav, *Herren und Narren der Welt (Erinnerungen)*, 1954, S. 285.
16 Warburg, *Aus meinen Aufzeichnungen*, a.a.O., S. 57.
17 MMW Ma XII, S. 117.
18 Warburg, *Aus meinen Aufzeichnungen*, S. 62.
19 Ebd., S. 64.
20 Ebd.
21 Warburg, *Zeiten und Gezeiten*, a.a.O., S. 54.
22 Baden, Prinz Max von, *Erinnerungen und Dokumente*, Stuttgart, Berlin und Leipzig 1927, Bd. II, S. 9.
23 Wheeler-Bennett, John W. *Hindenburg – The Wooden Titan*, London und New York 1967, S. 165.

24 Baden, Prinz Max von, *Erinnerungen,* a.a.O., Bd. II, S. 13.
25 Ebd.
26 Warburg, *Aus meinen Aufzeichnungen*, S. 67.
27 ›Jahrbuch des Leo Baeck Instituts‹, III, 1958, S. 298.
28 ›Hamburger Abendblatt‹, 22. Juni 1976.
29 EH. S I K 114a M 4014, Brief von Max Warburg, 9. Juni 1921.
30 MMW Ma V. Brief von Max Warburg an M. M. Warburg & Co. 28. Februar 1925.
31 ›Jahrbuch des Leo Baeck Instituts‹ III, 1958, S. 298.
32 Warburg, *Aus meinen Aufzeichnungen*, a.a.O., S. 68.
33 Ebd.
34 AW Kopierbuch 6 26 (7), Hamburger Exemplar, Brief an Erich Warburg, 15. Juli 1918.
35 Bing, *Aby Warburg*, S. 30.
36 Heise, *Persönliche Erinnerungen*, a.a.O., S. 52.
37 Ebd.
38 Ebd.
39 AW Kopierbuch 6 26 (7), Hamburger Exemplar, Brief an Wilhelm Hertz, 3. Juli 1918.
40 AW Kopierbuch 6 26 (7) Hamburger Exemplar, Brief an Max Warburg, 19. Mai 1918.
41 Birmingham, *In unseren Kreisen*, a.a.O., S. 331 f.
42 MAW. ›Im Warburg Institut vorgetragener Nachruf auf Gertrud Bing‹.
43 Ebd.
44 AW Kopierbuch 6 26 (7), Hamburger Exemplar, Brief an Professor Binswanger, 7. Oktober 1918.
45 Gombrich, *Aby Warburg*, a.a.O., S. 294.
46 Maria Christina Warburg (Mills), Gespräch mit dem Verfasser.
47 MAW, ›Im Warburg Institut vorgetragener Nachruf auf Gertrud Bing‹.
48 Maria Christina Warburg (Mills), Gespräch mit dem Verfasser.
49 Hamburgisches Staatsarchiv, Papiere von Percy Schramm, ›Aby Warburg 1866 - 1929‹.
50 Melchior, *Random Memories*, a.a.O., S. 191.
51 Warburg, *Zeiten und Gezeiten*, a.a.O., S. 34.

Kapitel 15

1 Anita Warburg, Gespräch mit dem Verfasser.
2 MMW EW. Auszüge aus den Erinnerungen. Brief von Erich Warburg an Max Warburg, 27. Januar 1919.
3 MMW EW. ›Memoir Extracts‹. Brief von Erich Warburg an seine Eltern, 25. Dezember 1918.
4 Warburg, *Aus meinen Aufzeichnungen*, a.a.O., S. 71.
5 Ebd.
6 Ebd., S. 50 f.
7 Ruth Fleck, Gespräch mit dem Verfasser.
8 MMW Ma XIV, S. 648.
9 MMW MW. Brief von Max Warburg an Albert Ballin, 2. September 1916.
10 Krohn, *Die Juden in Hamburg*, a.a.O., Bd. I, S. 106.
11 Keynes, Maynard, *Two Memoirs. Dr. Melchior: A Defeated Enemy and My Early Beliefs*. New York 1949, S. 33.
12 Ebd., S. 32 f.
13 Ebd., S. 48.

14 Ebd., S. 50.
15 Blumenfeld, *Life begins at 65*, a.a.O., S. 114.
16 Warburg, *Letters to His Sons*, a.a.O., Brief an Gerald Warburg, 17. März 1919.
17 MMW Ma XIV, S. 577. Brief von Max an Alice Warburg, 7. April 1919.
18 TWL. Karton 1717, Mappe 27. ›Aktennotiz über die heutige Zusammenkunft im Château Villette‹, 16. April 1919.
19 TWL. K. 171 M. 27, Notiz Max Warburg, 16. April 1919.
20 TWL, K. 171, M. 27, Brief von Thomas Lamont an Bernard Baruch, 18. April 1919.
21 MMW Ma XIV, S. 592.
22 Warburg, *Aus meinen Aufzeichnungen*, a.a.O., S. 77.
23 Farrer, *The Warburgs*, S. 78 f.
24 MMW Ma XIV, S. 584.
25 Farrer, *The Warburgs*, a.a.O., S. 78 ff. »Nous allons faire faillite.« »Et la France?« »La France fera faillite un jour plus tard que nous.«
26 Warburg, *Aus meinen Aufzeichnungen*, a.a.O., S. 98.
27 Ebd., S. 98.
28 Ebd., S. 86.
29 Krohn, *Die Juden in Hamburg*, a.a.O., Bd. I, S. 204.
30 MM Ma XIV, S. 592. Brief von Max an Alice Warburg, 23. Juni 1919.
31 Rathenau, *Briefe*, S. 460

Kapitel 16

1 Brief von Charlotte Warburg an einen nicht namentlich genannten Herrn, 16. Juni 1919. (Mit freundlicher Genehmigung von Anita Warburg.)
2 Adler, Jacob H. Schiff, Bd. II, S. 209. Brief von Jacob Schiff an Max Warburg, 26. August 1919.
3 MMW PMI. Brief von Paul an Alice Warburg, 10. Juli 1919.
4 BW. Brief von Paul Warburg, 7. Dezember 1919.
5 BW. Brief von Paul Warburg, Januar 1920. Bryn Mawr ist ein Frauencollege im Bundesstaat Pennsylvania.
6 PW. SI K4 M57 Brief an Colonel House, 17. Oktober 1918.
7 PW. SI K4 M58, Brief an Mortimer Schiff, 21. März 1919.
8 PW. SI K4 M58, Brief von Mortimer Schiff, 24. März 1919.
9 MMW PM I. Brief von Paul Warburg an Alice Warburg, 10. Juli 1919.
10 Warburg, *The Federal Reserve System*, Bd. II. S. 647.
11 PW. SI K5 M59, Brief an John W. Davis, 17. November 1919.
12 Ebd.
13 Keynes, *Two Memoirs*, a.a.O., S. 71.
14 Warburg, *The Federal Reserve System*, a.a.O., Bd. II, S. 55.
15 Ebd., Bd. II, S. 719.
16 Ebd., Bd. II, S. 654.
17 PW, ›Evening Post‹, New York, 25. Januar 1932.
18 Turner, *Die Großunternehmen*, a.a.O., S. 45f.
19 Krohn, *Die Juden in Hamburg*, a.a.O., Bd. I, S. 202 f.
20 Rosenbaum und Sherman, *M. M. Warburg & Co.*, a.a.O., S. 125.
21 MMW MW II. Brief von Max Warburg an Alice Warburg, 7. Juni 1921.
22 MMW MW 10. Brief von Max Warburg an Dr. Johann Becker, 12. August 1921.
23 EH. SI K 114a, M. 4014. Brief von Max Warburg , 9. Juni 1921.
24 Rosenbaum und Sherman, *M. M. Warburg & Co.*, a.a.O., S. 128.
25 Weizmann, *Trial and Error*, a.a.O., Bd. II. S. 288.

26 Gay, *Weimar Culture*, a.a.O., S. 153.
27 MMW Ma XII, S. 202.
28 MMW Ma XIII, S. 228.
29 MMW Ma XIII, S. 229.
30 Warburg, *Aus meinen Aufzeichnungen*, a.a.O., S. 108.
31 Ebd., S. 108.
32 ›Jahrbuch des Leo Baeck Instituts‹ VIII, 1963, S. 267.
33 FW. K. 266, M. II, Brief an Louis Wiley, 30. Juni 1922.
34 Ebd.
35 Warburg, *Letters to His Sons*, a.a.O., Brief an Gerald Warburg, 16. Oktober 1922.
36 TWL, K. 136, M. 12, Brief von Paul Warburg, 14. November 1922.
37 PW, S. II, K. 7, M. 91, ›The Rehabilitation of Europe‹.
38 Warburg, *Letters to His Sons*, a.a.O., Brief an Gerald Warburg, 6. November 1922.
39 Fritsch, *Mein Streit mit dem Hause Warburg*, a.a.O., S. 71.
40 JFD, K. 21. Karton, Auszug aus der Autobiographie von Max Warburg.
41 Rosenbaum und Shermann, *M. M. Warburg & Co.*, a.a.O., S. 130
42 MMW Ma XIII, S. 252.
43 MMW F 47.
44 Warburg, *Zeiten und Gezeiten*, a.a.O., S. 71.
45 Peukert, Detlev J. K., *Die Weimarer Republik: Krisenjahre der klassischen Moderne*. Frankfurt 1987, S. 152.
46 Vagts, *M. M. Warburg & Co*, a.a.O., S. 381 f.
47 MMW Ma XIII, S. 313.
48 Warburg, *The Long Road Home*, a.a.O., S. 85.
49 *The International Jew*, Bd.III, S. 235.
50 Cohen, Naomi W., *Not Free to Desist. The American Jewish Committee 1906 - 1966*, Philadelphia 1972, S. 131.
51 MMW Ma XIII, S. 234.
52 FW. K 213, M 21, Brief an Ludwig Vogelstein, 1. Februar 1923.
53 Turner, Henry Ashby, jr., *Die Großunternehmer*, a.a.O., Berlin 1985, S. 56.
54 MMW Ma XIII, S. 265.

Kapitel 17

1 DS. Brief von Jacob Schiff an Max Warburg, 19. Januar 1920.
2 Potter, *Men, Money & Magic*, a.a.O., S. 19.
3 Warburg, *Letters to His Sons*, a.a.O., Brief an Frederick Warburg, 22. Dezember 1920.
4 Warburg, *As I Recall*, a.a.O., S. 5.
5 Warburg, *Letters to His Sons*, a.a.O.
6 Walter Rothschild jr., Gespräch mit dem Verfasser.
7 FW. K 171, M 19, Brief von Walter Rothschild an Herrn Paul, 15. Mai 1916.
8 Rothschild, *Sharing and Caring*, a.a.O., S. 20.
9 FW. K 213, M 6, Brief an Judah Magnes, 22. Januar 1923.
10 FW, Brief vom 22. Januar 1923.
11 Ebd.
12 Warburg, *Letters to His Sons*, a.a.O., Brief an Frederick Warburg, 30. Juli 1920.
13 CUOH-JG, S. 402 f.

14 Ebd., S.404.
15 Bettina Warburg, Gespräch mit dem Verfasser.
16 Weber, *Patron Saints*, a.a.O., S.83.
17 Warburg, *As I Recall*, a.a.O., S.9.
18 Warburg, *Letters to His Sons*, Brief an Gerald F. Warburg, 19.Januar 1925.
19 Geraldine Zetzel, Gespräch mit dem Verfasser.
20 Warburg, *As I Recall*, S.9.
21 Katharine Weber, Gespräch mit dem Verfasser.
22 Warburg, *Letters to His Sons*, a.a.O., Brief an Gerald Warburg, 18.Dezember 1922.
23 MMW Ma XV.
24 DS. Brief von Jacob Schiff an Max Warburg, 26.August 1919.
25 MMW Ma XIV, S.517.
26 Warburg, Frieda Schiff, *Reminiscences*, a.a.O., S.112.
Die amerikanische Konserven- und Essigfrüchtefabrik Heinz weist in ihrer Werbung darauf hin, daß sie »57 varieties«, also siebenundfünfzig verschiedene Sorten, herstellt.
27 Adler, Cyrus, *Felix M. Warburg*, in: ›The American Jewish Year Book‹, 5699, Bd. 40, S. 39.
28 FW. ›Personal Recollections‹, von Alice R. Emanuel.
29 Johnson, Paul, *A History of the Jews*, New York 1987, S.430.
30 Adler, *Jacob H. Schiff*, a.a.O., Bd. II, S.165.
31 Feder, *Heute sprach ich mit... Tagebücher eines Berliner Publizisten 1926-1932*, hg. von Cécile Lowenthal-Hensel und Arnold Pauker, Stuttgart 1971, S. 115.
32 Ruppin, *Briefe, Tagebücher, Erinnerungen*, a.a.O., S.212.
33 FW. K 213, M 6, Brief an Judah Magnes, 22. Januar 1923.
34 Weizmann, *Trial and Error*, a.a.O., Bd. II, S.309f. Laut Joshua Freundlich, Herausgeber von Bd. XII der Briefe und Dokumente Weizmanns, kam es möglicherweise erst im Dezember 1923 zu der Zusammenkunft mit Felix, die nach Weizmann im Frühjahr 1923 stattgefunden hat.
35 Ebd., Bd. II, S.310
36 Ebd.
37 Ebd.
38 Ebd.
39 Weizmann, Chaim, *The Letters and Papers of Chaim Weizmann*, hg. von Barnet Litvinoff, Rutgers 1979, Bd. XI, S.316.
40 Ebd., S. 318. Brief von Chaim Weizmann an Berthold Feiwel, 21. März 1932.
41 FW. ›A Prologue‹, von Carola Rothschild.
42 Weizmann, *Letters and Papers*, a.a.O., Bd. XIII, S. 134. Brief von Chaim Weizmann an seine Frau Vera, 17. November 1926.
43 Weizmann, Vera, *The Impossible Takes Longer*. Für David Tutaev erzählt, London 1967, S. 106.
44 Warburg, Frieda Schiff, *Reminiscences*, a.a.O., S. 148.
45 Weizmann, *Letters and Papers*, a.a.O., Bd. XII, S.55f.
46 ›The New Palestine News Bulletin‹, 27. Mai 1932.
47 Ebd.
48 Ebd.
49 Kisch, Lt.-Colonel F.H., *Palestine Diary*, London 1938, S. 107.
50 Weizmann, *The Impossible Takes Longer*, a.a.O., S. 105f.
51 Weizmann, *Trial and Error*, a.a.O., Bd. II, S.310.
52 Ebd., Bd. II, S.311.
53 Weizmann, *Letters and Papers*, Bd. XIII, S.142.
54 Cohen, *Not Free to Desist*, a.a.O., S. 143.

55 FW. K 1163, KaS. 10.
56 Parzen, Herbert, *The Hebrew University 1925 - 1935*, New York 1974, S. 16.
57 Ebd.
58 Ebd., S. 13.
59 Goren, Arthur, A., *Dissenter in Zion. From the Writings of Judah L. Magnes*, Cambridge, Mass. und London 1982, S. 183.
60 Ebd.

Kapitel 18

1 Farrer, *The Warburgs*, a.a.O., S. 127.
2 Bing, *A. M. Warburg*, in: ›Journal of the Warburg and Courtaud Institutes‹, Bd. 28 (1965), S. 302.
3 MAW, ›Im Warburg Institut vorgetragener Nachruf auf Gertrud Bing‹.
4 *Mnemosyne*, S. 16.
5 Gay, *Weimar Culture*, a.a.O., S. 31.
6 Cassirer, Toni, *Mein Leben mit Ernst Cassirer*, Hildesheim 1981, S. 126.
7 Diers, Michael, *Kreuzlinger Passion*, in: ›Kritische Berichte‹ Bd. 4 (1979), S. 5.
8 Heise, *Persönliche Erinnerungen*, a.a.O., S. 52.
9 Warburg, Frieda Schiff, *Reminiscences*, a.a.O., S. 28.
10 Gisela Wyzanski, Gespräch mit dem Verfasser.
11 Ebd.
12 Gordon, D. J. (Hg.), *Fritz Saxl 1890 - 1948. A Volume of Memorial Essays from his Friends in England*, London 1957, S. 15.
13 Bredekamp, Horst, Michael Diers und Charlotte Schoell-Glass (Hgg.), *Aby Warburg. Akten des internationalen Symposiums Hamburg 1990* (Schriften des Warburg-Archivs im Kunstgeschichtlichen Seminar der Universität Hamburg, Bd. 1), Weinheim 1991, S. 68, Brief von Max Warburg an Ludwig Binswanger vom 3. November 1928.
14 SF-LB, Brief von Binswanger an Freud vom 7. Januar 1920.
15 Ebd.
16 Margot Wittkower, Gespräch mit dem Verfasser.
17 Bredekamp u. a., *Aby Warburg,* a.a.O., S. 68, Brief von Ludwig Binswanger an Mary Warburg, 18. Dezember 1929.
18 Ebd. S. 3.
19 SF-LB, Brief von Freud an Binswanger, 3. November 1921.
20 Heise, *Persönliche Erinnerungen*, a.a.O., S. 51.
21 SF-LB, Brief von Binswanger an Freud, 8. November 1921.
22 Aby Warburg, Tagebuch KBW, 3. April 1929.
23 Gombrich, *Aby Warburg*, a.a.O., S. 301.
24 Ferretti, Silvia, *Cassirer, Panofsky and Warburg. Symbol, Art, and History*, New Haven und London 1989, S. 71.
25 Gombrich, *Aby Warburg*, a.a.O., S. 303.
26 Ebd., S. 304.
27 Cassirer, *Mein Leben mit Ernst Cassirer*, a.a.O., S. 151.
28 MAW. ›Im Warburg Institut vorgetragener Nachruf auf Gertrud Bing‹.
29 Gombrich, *Aby Warburg*, a.a.O., S. 446.
30 Bredekamp u. a., *Aby Warburg*, a.a.O., S. 7. Brief von Aby Warburg an Ludwig Binswanger, 30. März, 1925.
31 Gay, *Weimar Culture*, a.a.O., S. 62 und S. 81.
32 Liebeschütz, Hans, *Aby Warburg (1866 - 1929) as Interpreter of Civilization*, ›Jahrbuch des Leo Baeck Instituts‹, Bd. XVI (1971), S. 227.

33 Bredekamp u. a., *Aby Warburg*, a.a.O., S. 55.
34 Ebd., S. 58. Brief von Max Warburg an Ludwig Binswanger, 25. April 1925.
35 Ebd., S. 59, Brief von Mary Warburg an Ludwig Binswanger, 28. April 1925.
36 Heise, *Persönliche Erinnerungen*, a.a.O., S. 31.
37 Saxl, *Die Geschichte der Bibliothek Warburg*, in: Gombrich, *Aby Warburg*, S. 442.
38 Ebd.
39 *Mnemosyne*, S. 55.
40 Gisela Wyzanski, Gespräch mit dem Verfasser.

Kapitel 19

1 MMW Ma XIII, S. 324.
2 Lorenz, *Die Juden in Hamburg*, a.a.O., Bd. II, S. 1019.
3 Fritsch, *Mein Streit mit dem Hause Warburg*, a.a.O., S. 8.
4 Ebd., S. 23.
5 Ebd., S. 24.
6 Ebd.
7 Ebd., S. 63.
8 Ebd., S. 63.
9 Ebd., S. 65.
10 Ebd., S. 47.
11 Ebd., S. 84.
12 Lorenz, *Die Juden in Hamburg*, a.a.O., Bd. II, S. 1464.
13 Bericht der International Acceptance Bank, Inc., 20. Januar 1925.
14 Rosenbaum und Sherman, *M. M. Warburg & Co.*, a.a.O., S. 134.
15 American Jewish Committee, *The Jews in Nazi Germany*, S. 52.
16 CUOH-JW, S. 50 f.
17 Lippman, Leo, *Mein Leben und meine amtliche Tätigkeit*, Hamburg 1964, S. 653.
18 MMW MA XIII, S. 334.
19 Schacht, Hjalmar, *Confessions of ›The Old Wizard‹*, Boston 1956, S. 408.
20 Tyrell, Albrecht, *Führergedanke und Gauleiterwechsel*, in: ›Vierteljahrsschrift für Zeitgeschichte‹, 23. Januar 1975, Nr. 4, S. 360 f.
21 Role, *Hitlers Stabsleiter der P.O., Dr. Ley, der Führer der Deutschen Arbeitsfront,* Berlin-Schöneberg 1934, S. 22.
22 Turner, Henry Ashby, *Die Großunternehmer und der Aufstieg Hitlers*, a.a.O., Berlin 1985, S. 237.
23 Lorenz, *Die Juden in Hamburg*, a.a.O., Bd. II, S. 1169.

Kapitel 20

1 Spinelli, *Erinnerungen*, a.a.O., S. 53.
2 Heise, *Persönliche Erinnerungen*, a.a.O., S. 57.
3 MAW, ›Im Warburg Institut vorgetragener Nachruf auf Gertrud Bing‹.
4 Ebd.
5 Cassirer, *Mein Leben mit Ernst Cassirer*, a.a.O., S. 151.
6 *Mnemosyne*, S. 52 f. Stresemann war lediglich 1923 für 100 Tage Reichskanzler, blieb aber bis zu seinem Tode Außenminister.
7 Warburg, *As I Recall*, a.a.O., S. 32.
8 *Mnemosyne*, S. 49.

9 LBI-HS, Karton 19. Brief an Erich Warburg, 14. Juni 1947.
10 AW. Familienkorrespondenz, Brief von Albert Einstein, 10. September 1928.
11 *Mnemosyne*, S. 24.
12 Clark, Kenneth, *Another Part of the Wood*, New York 1974, S. 190.
13 MAW, ›Im Warburg Institut vorgetragener Nachruf auf Gertrud Bing‹. Siehe auch Sir Ernst Gombrich, Gespräch mit dem Verfasser.
14 AW. Familienkorrespondenz, Mappe 1928 - 1929, Brief an Mary Warburg, 21. Dezember 1928.
15 AW, Familienkorrespondenz, Mappe 1928 - 1929, Brief an Mary, Saxl, Wind, 29. Dezember 1928.
16 Gombrich, *Aby Warburg zum Gedenken*. Eine zur Erinnerung an Aby Warburgs 100. Geburtstag am 13. Juni 1966 in der Universität Hamburg gehaltene Gedenkrede, S. 25.
17 Clark, *Another Part of the Wood*, a.a.O., S. 189.
18 AW, Familienkorrespondenz. Mappe 1928 - 1929, Brief an Mary Warburg, 19. Februar 1929.
19 Weber, *Patron Saints*, a.a.O., S. 335.
20 Ausstellung in der Hamburger Kunsthalle. Brief von Aby Warburg an Gustav Pauli, 25. Mai 1929.
21 Warburg, *The Long Road Home*, a.a.O., S. 7.
22 Margit Wittkower, Gespräch mit dem Verfasser.
23 Liebeschütz, *Aby Warburg*, a.a.O., S. 236.
24 Bredekamp u. a., *Aby Warburg*, a.a.O., S. 71.
25 Bing, *Aby M. Warburg,* a.a.O., S. 10.
26 Krebs, *Otto Warburg. Zellphysiologe, Biochemiker, Mediziner 1883 - 1970*. Unter Mitarbeit von Roswitha Schmid, Stuttgart 1979, S. 87.
27 ›The New Yorker‹, 2. Februar 1987.
28 ›The New York Times‹, 30. Juni 1978.

Kapitel 21

1 Warburg, *Letters to His Sons*, a.a.O., Brief an Paul Felix und Edward Warburg, 3. August 1920.
2 YIVO-JR. Mappe 17. ›Protokoll der Sitzung des Siebener-Ausschusses‹, 17. Juni 1924.
3 Ebd.
4 Ebd.
5 Morrissey, Evelyn, *Jewish Workers and Farmers in the Crimea and Ukraine*, Privatdruck, New York 1937, S. XII.
6 YIVO-JR. Mappe 26. Brief von Joseph Rosen an Jacob Newman. 8. Juni 1928.
7 Rose, Norman, *Chaim Weizmann*, New York 1989. S. 241. Mit »Babbitt« ist die Titelfigur aus Sinclair Lewis' gleichnamigem Roman gemeint, der Amerikas Fortschrittsgläubigkeit, rastlose Regsamkeit und Hinwendung zum Materiellen verkörpert.
8 Reznikoff, Charles (Hg.), *Louis Marshall: Champion of Liberty. Selected Papers and Addresses*, Philadelphia 1957, Bd. II, S. 755.
9 FW. ›Personal Recollections‹, Alice R. Emanuel.
10 Ebd.
11 YIVO-JR. Mappe 24. ›From Mr. Warburg's Report on Conditions in Palestine, Russia and Poland‹. (›Aus Herrn Warburgs Bericht über die Bedingungen in Palästina, Rußland und Polen‹).
12 FW. Dokument ›15. Mai 1927‹.

13 Voss, Carl Hermann (Hg.), *Stephen S. Wise. Servant of the People. Selected Letters*, Philadelphia 1969, S. 155.
14 Bauer, Yehuda, *My Brother's Keeper. A History of the American Jewish Joint Distribution Committee 1939 - 1945*, Philadelphia 1974, S. 102.
15 YIVO-JR. Mappe 29. Telegramm des Gemeinsamen Vergabeausschusses, Berlin, an Agro-Joint, New York, 1. Januar 1930.
16 FW, Karton 226, Mappe II, Brief von Max Warburg, 15. Juni 1930.
17 Morrissey, *Jewish Workers and Farmers*, a.a.O., S. 41.
18 Shepherd, Naomi, *Wilfrid Israel. German Jewry's Secret Ambassador*, London 1984, S. 213.
19 Weizmann, *Letters and Papers*, a.a.O., Bd. XIII, S. 524.
20 FW. Brief von Chaim Weizmann an Frieda Warburg, 3. März 1949.
21 Gisela Wyzanski, Gespräch mit dem Verfasser.
22 Ebd.
23 Ebd.
24 Lucie Kaye, Gespräch mit dem Verfasser.
25 Ebd.
26 Eva Mitchell, Gespräch mit dem Verfasser.
27 Weizmann, *Letters and Papers*, a.a.O., Bd. XIII, S. 524. Brief von Chaim Weizmann an Felix Warburg, 28. Dezember 1928.
28 Anita Warburg, Gespräch mit dem Verfasser.
29 AW. Familienkorrespondenz. Brief von Gisela Warburg, 11. Mai 1929.
30 FW. Karton 277, Mappe 1. Erklärung vom 26. Juni 1929. ›Why the German Jews Entered the Jewish Agency‹ (›Warum die deutschen Juden der Jewish Agency beigetreten sind‹).
31 Weizmann, *Letters and Papers*, a.a.O., Bd. XIII, S. 177.
32 Ebd., S. 557.
33 Reznikoff. *Louis Marshall, Champion of Liberty*, a.a.O., Bd. II, S. 702.
34 FW. K. 277, M. I. Erklärung vom 26. Juni 1929.
35 Rose, *Chaim Weizmann*, a.a.O., S. 243.
36 Rothschild, *Sharing and Caring*, a.a.O., S. 9.
37 Hexter, Maurice, *Life Size. An Autobiography*, West Kennebunk, Maine 1990, S. 60.
38 Ebd., S. 64.
39 Ebd., S. 89,
40 Shepherd, *Wilfrid Israel*, a.a.O., S. 61.
41 Edward M. M. Warburg, Gespräch mit dem Verfasser.
42 FW. K. 252, M. 4. Brief von Max Warburg, 29. August 1929.
43 FW. Karton 252, Mappe I, Brief an Aby S. Warburg, 30. Oktober 1929.
44 Hexter, *Life Size*, a.a.O., S. 96.
45 Sidney James Webb, ab 1929 Lord Passfield, Labour-Abgeordneter und 1929/30 Minister für die Dominions. Zusammen mit seiner Frau gründete er die London School of Economics. Er war einer der bedeutendsten Theoretiker der Linken in England und beschäftigte sich mit Sozialreformen und Fragen der Gewerkschaftsbewegung.
46 Hexter, *Life Size*, a.a.O., S. 82
47 ›The New York Times‹, 23. Oktober 1930.
48 FW. Karton 251, Mappe 3, Brief an Judah Magnes, 9. Oktober 1929.

Kapitel 22

1 Birmingham, *In unseren Kreisen*, a.a.O., S. 340.
2 CUOH-BB, S. 275.
3 Dieser Pädagoge und Anführer der Schwarzenbewegung war 1856 als Sklave zur Welt gekommen. Er gründete 1881 eine Schule für Schwarze, die in erster Linie praktische Fertigkeiten vermitteln sollte. Sein Ziel war die Verminderung der Ungleichheit zwischen Weißen und Schwarzen durch Bildung und berufsbezogene Ausbildung.
4 Warburg, *A Book for Jimmy, Jennifer and Philip*, S. 62. »He could forgive betrayal, boast or threat / He could forgive, but never would forget.«
5 BW. Brief von Paul Warburg, 12. Februar 1927.
6 BW. Ebd., 21. November 1926.
7 BW. Ebd., 27. August 1926.
8 BW. Ebd., 22. Oktober 1927.
9 Warburg, *The Long Road Home*, a.a.O., S. 29.
10 CUOH-JW, S. 16.
11 Warburg, *The Federal Reserve System*, a.a.O., Bd. I, S. 513.
12 PW. S I, Karton 5, Mappe 65, Brief an Ogden Mills, 6. März 1929.
13 Warburg, *The Federal Reserve System*, a.a.O., Bd. I, S. 824.
14 Klingaman, William K., *1929. The Year of the Great Crash*, New York 1989, S. 150.
15 Bird, *The Chairman*, a.a.O., S. 72.
16 MMW. Karton 509, Akten der Familie Warburg, Brief von James an Erich Warburg, 23. Mai 1964.
17 BW. Mappe ›Bettina W. Grimson Will‹.
18 Ebd.
19 Warburg, *A Book for Jimmy, Jennifer and Philip*, a.a.O., S. 94.
20 Warburg, *The Long Road Home*, a.a.O., S. 19 f.
21 Warburg, *As I Recall*, a.a.O., S.7.
22 CUOH-JW, S. 33.
23 Ebd., S. 43.
24 Die Algonquin-Tafelrunde war ein loser Zusammenschluß von Literaten, der im Algonquin-Hotel zum Mittagessen zusammentraf. Ihren Kern bildeten Dorothy Parker, Robert Benchley und Robert E. Sherwood, der damals Theaterkritiker war und später selbst für das Theater schrieb. Ring Lardner war ein satirischer Erzähler, Marshall Field ein bekannter Kaufhausbesitzer, Dick Rodgers Komponist zahlreicher Musicals, Larry Hart sein Librettist, Harold Ross, Gründer und Verleger der bedeutenden Zeitschrift ›The New Yorker‹, und Swope Journalist und später Herausgeber der ›New York World‹.
25 Warburg, *The Long Road Home*, a.a.O., S. 58.
26 Warburg, *A Book for Jimmy, Jennifer and Philip*, a.a.O., S. 60.
27 Andrea Kaufman, Gespräch mit dem Verfasser.
28 Schwartz, Charles, *Gershwin. His Life and Music*, Indianapolis und New York 1973, S. 188. (Edward Jablonski datiert das auf die Gesellschaft vom März 1926).
29 Kimball, Robert und Alfred Simon, *The Gershwins*, New York 1973, S. 64.
30 Schwartz, *Gershwin*, a.a.O., S. 190.
31 Warburg, *The Long Road Home*, S. 64.
32 Ebd.

Kapitel 23

1 CUOH-JW, S. 53.
2 Bentwich, Norman, *Wanderer Between Two Worlds*, London 1941, S. 186 f.
3 FW. Karton 252, Mappe 4, Brief von Max Warburg, 26. Juni 1929.
4 Agar, Herbert, *The Saving Remnant. An Account of Jewish Survival*, New York 1960, S. 75.
5 American Jewish Committee, ›The Jews in Nazi Germany‹, S. 53.
6 Peukert, *Die Weimarer Republik*, a.a.O., S. 205.
7 MMW Ma XIX, S. 420.
8 Bullock, Alan, *Hitler. Eine Studie über Tyrannei*, Düsseldorf 1959, S. 183.
9 CUOH-JW, S. 54.
10 Ebd.
11 Cohen, *Not Free to Desist*, a.a.O., S. 157 f.
12 MMW Ma XIV, S. 424.
13 FW, Karton 266, Mappe II, Brief von Max Warburg, 21. September 1930.
14 Warburg, *Zeiten und Gezeiten*, a.a.O., S. 110.
15 MMW Ma XIV, S. 452.
16 Max Warburg, Gespräch mit dem Verfasser.
17 Warburg, *Zeiten und Gezeiten*, a.a.O., S. 102.
18 MMW Ma XIV, S. 436.
19 JW, Karton I, Mappe ›Persönliche Angelegenheiten – 16. 6. 31. - 19. 6. 1931.‹ Brief an Paul Warburg, 17. Juni 1931.
20 Warburg, *The Long Road Home*, a.a.O., S. 98.
21 JW, Karton I, Mappe ›Persönliche Angelegenheiten – 8. 6. 31 - 15. 6. 31‹. Brief an Paul Warburg, 10. Juni 1931.
22 JW, Karton I, Mappe ›Persönliche Angelegenheiten –16. 6. 31 - 19. 6. 1931‹. Brief von Paul Warburg, 16. Juni 1931.
23 JW, Karton I, Mappe ›Persönliche Angelegenheiten – 8. 6. 31 - 15. 6. 31‹. Brief von James Warburg, 15. Juni 1931.
24 Warburg, *The Long Road Home*, S. 98.
25 JW, Karton 2, Mappe ›Persönliche Angelegenheiten –18. 8. 31 - 20. 8. 31‹. Undatierter Brief von James Warburg an Goldschmidt.
26 Warburg, *The Long Road Home*, a.a.O., S. 93.
27 JW, Karton 2, Mappe ›Deutsche Bankenkrise des Jahres 1931 – 27. 8. 31 - 28. 8. 31‹. Brief an Paul Warburg, 27. August 1931.
28 Bullock, *Hitler*, a.a.O., S. 264.
29 Warburg, *Germany. Key to Peace*, a.a.O., S. XV; und Warburg, *The Long Road Home*, a.a.O., S. 94.
30 ›The Nation‹, 3. Februar 1932.
31 Warburg, *The Long Road Home*, a.a.O., S. 98.
32 Ebd., S. 309.
33 MMW, Karton 509, Akten der Familie Warburg. Brief von James Warburg an Renate Lady Calder, 14. Mai 1964.
34 Bettina Warburg, Gespräch mit dem Verfasser.
35 BW. Brief von Paul Warburg, 28. Juni 1929.
36 Carol Noyes, Gespräch mit dem Verfasser.
37 Warburg, *A Book for Jimmy, Jennifer and Philip*, a.a.O., S. 63.
»How many words of counsel, ripe and sage,
Have fallen from your kindly lips and lain,
Unheeded in the dust,
When I was arrogant and vain
And scornful of the wise and just?«

38 JW. Karton 2, Mappe ›Persönliche Angelegenheiten – 1. 5. 32 - 11. 5. 32‹. Brief an Felix Warburg, 1. Mai 1932.
39 JW, Karton I, Mappe ›Persönliche Angelegenheiten – 21. 3. 32 - 13. 4. 32‹. Brief an Felix Warburg, 13. April 1932.
40 JW, Karton 2, Mappe ›Persönliche Angelegenheiten – 1. 5. 32 - 11. 5. 32‹.
41 Warburg, *The Long Road Home*, a.a.O., S. 102.
42 JW, Karton I, Mappe ›Persönliche Angelegenheiten –17. 7. 31 - 10. 12. 31‹.
43 Warburg, *The Long Road Home*, a.a.O., S. 71 f.
44 Schwartz, *Gershwin*, a.a.O., S. 191.
45 Joan Melber Warburg, Gespräch mit dem Verfasser.
46 Katharine Weber, Gespräch mit dem Verfasser.
47 ›The Independent‹, 3. Februar 1993.

Kapitel 24

1 Vater des späteren Präsidenten John F. Kennedy. Machte in den zwanziger Jahren ein gewaltiges Vermögen durch eine Art von Börsenspekulation, die er später als Berater des Präsidenten Roosevelt unterbinden ließ. Zog sich mit einundvierzig Jahren aus dem Geschäftsleben zurück und diente in verschiedenen Funktionen der Regierung der Vereinigten Staaten – u. a. als Botschafter in England.
2 Warburg, Frieda Schiff, *Reminiscences*, a.a.O., S. 152.
3 Birmingham, *In unseren Kreisen*, a.a.O., S. 374.
4 Ebd., S. 369.
5 Walter Rothschild jr., Gespräch mit dem Verfasser.
6 Warburg, *As I Recall,* a.a.O., S. 10.
7 Phyllis Farley, Gespräch mit dem Verfasser.
8 Jeremy Warburg Russo, Gespräch mit dem Verfasser.
9 Geraldine Zetzel, Gespräch mit dem Verfasser.
10 Jeremy Warburg Russo, Gespräch mit dem Verfasser.
11 ›New York World Telegram‹, 19. Februar 1941.
12 Warburg, Frieda Schiff, *Reminiscences,* a.a.O., S. 136.
13 Warburg, *As I Recall*, a.a.O., S. 35.
14 Weber, *Patron Saints*, a.a.O., S. 39.
15 Warburg, *As I Recall*, a.a.O., S. 33.
16 Ebd.
17 Warburg, *Letters to His Sons*, a.a.O., Brief an Edward M. M. Warburg, 27. November 1928.
18 Birmingham, *In unseren Kreisen*, a.a.O., S. 370.
19 Warburg, *As I Recall*, a.a.O., S. 51.
20 Weber, *Patron Saints*, a.a.O., S. 208.
21 Von Ruth St. Denis und Ted Shawn gegründete Tanzschule und Tanztruppe.
22 Mason, Francis, *I Remember Balanchine. Recollections of the Ballet Master by Those Who Knew Him*. New York 1991, S. 124.
23 Weber, *Patron Saints*, a.a.O., S. 244.
24 Mason, *I Remember Balanchine*, a.a.O., S. 126.
25 Edward M. M. Warburg, Gespräch mit dem Verfasser.
26 Weber, *Patron Saints*, a.a.O., S. 209.
27 Edward M. M. Warburg, Gespräch mit dem Verfasser.
28 Quinn, Susan. *A Mind of Her Own. The Life of Karen Horney*, Reading Mass. 1988, S. 342.
29 Edward M. M. Warburg, Gespräch mit dem Verfasser.

30 Katharine Weber, Gespräch mit dem Verfasser.
31 Andrea Kaufman, Gespräch mit dem Verfasser.

Kapitel 25

1 Anita Warburg, Gespräch mit dem Verfasser.
2 Carol Noyes, Gespräch mit dem Verfasser.
3 Farrer. *The Warburgs*, a.a.O., S. 187.
4 Melchior. *Random Memories*, a.a.O., S. 166.
5 Ebd., S. 175.
6 Warburg, Siegmund G., ›Lucie L. Warburg. 13. März 1866 - 25. Oktober 1955‹, privates Typoskript, S. 4.
7 Ebd., S. 2.
8 ›Institutional Investor‹, März 1980.
9 Wechsberg, *Merchant Bankers*, a.a.O., S. 193.
10 Ebd., S. 192.
11 Warburg, ›Lucie L. Warburg‹, a.a.O.
12 ›Institutional Investor‹, März 1980.
13 Ebd.
14 Brief Eddy Lachmans an den Verfasser vom 20. August 1992.
15 MMW Ka IV. Brief von Siegmund an Karl Warburg, 2. November 1923.
16 Frede Prag, Gespräch mit dem Verfasser.
17 Bettina Warburg, Gespräch mit dem Verfasser.
18 MMW Ka IV. Brief von Siegmund an Karl Warburg, 5. Dezember 1924.
19 Doris Wasserman, Gespräch mit dem Verfasser.
20 ›Institutional Investor‹, März 1980.
21 MMW Ka IV. Brief von Siegmund an Karl Warburg, 3. Januar 1928.
22 Elsbeth Oppenheimer, Gespräch mit dem Verfasser.
23 Warburg, ›Marc Rosenberg‹, S. 6.
24 Ebd.
25 MMW Ka IV, Brief von Siegmund an Karl Warburg, 7. April 1930.
26 Wechsberg, *Merchant Bankers*, a.a.O., S. 210.
27 ›Institutional Investor‹, März 1980.
28 LBI-WF. Auszüge aus Alfred Vagts Tagebüchern, 5. Februar 1934.
29 MMW Ka IV, Brief von Siegmund an Karl Warburg, 14. Dezember 1930.
30 MMW Ka IV, Brief von Siegmund an Karl Warburg, 14. Dezember 1930.
31 JW. Karton 3, Mappe ›Berliner Handels-Gesellschaft Fusionsverhandlungen – 9. 12. 31 - 24. 12. 31‹, Brief von G. Siegmund Warburg, 23. Dezember 1931.

Kapitel 26

1 Hayes, Peter, *Industry and Ideology*. I. G. Farben in the Nazi Era, Cambridge 1987, S. 66.
2 Borkin, *The Crime and Punishment of IG Farben*, a.a.O., S. 54.
3 MMW 49, Brief von Max Warburg an Heinrich von Gleichen, 28. Mai 1931.
4 MMW, MW 49, Brief von Max Warburg an Hans Meyer, 22. Oktober 1931.
5 Yahil, Leni, *The Holocaust. The fate of European Jewry*, New York und Oxford 1990, S. 22.
6 Warburg, *Zeiten und Gezeiten*, a.a.O., S. 110 f.
7 Lorenz, *Die Juden in Hamburg*, a.a.O., Bd. II, S. 1059.
8 Bielenberg, Christabel, *Ride Out the Dark*, New York 1971, S. 18.

9 MMW.JW II, Brief von Max an James Warburg, 9. April 1932.
10 JW. Karton 5 ›Archivunterlage – 17. 4. 32 - 30. 6. 32‹.
11 MMW. MW Mappe 168 1932, Brief von Max an James Warburg, 12. Juni 1932.
12 MMW. MW Mappe 168 1932.
13 ›Leo Baeck Institut Bulletin‹ 1960, S. 189.
14 Rosenbaum und Sherman, *M. M. Warburg & Co.*, a.a.O., S. 153.
15 JW, Karton 5, ›Archivunterlage 9/32‹. Telegramm von Siegmund Warburg, 14. September 1932.
16 MMW. MW Mappe 168 1932, Brief von Max an Felix Warburg, 12. Dezember 1932.
17 Wolffsohn, Michael, *Banken, Bankiers und Arbeitsbeschaffung im Übergang von der Weimarer Republik zum Dritten Reich*, in: ›Zeitschrift zur Bankengeschichte‹, Mai 1977, S. 57.
18 MMW. ›Gespräch beim Mittagessen am 10. November 1982‹, S. 26.
19 Rosenbaum und Sherman, *M. M. Warburg & Co.*, a.a.O., S. 157.
20 Gisela Wyzanski, Gespräch mit dem Verfasser.
21 Cohen, *Not Free to Desist*, a.a.O., S. 156.
22 Helfferich, Emil, *Tatsachen 1932 - 1946*, Jever 1969, S. 47.
23 MW Ma XIV, S. 476.
24 Kopper, Christopher, *Nationalsozialistische Bankenpolitik am Beispiel des Bankhauses M. M. Warburg & Co.*, unveröffentlichte Dissertation, Bochum 1988, S. 68.
25 Rosenbaum und Sherman, *M. M. Warburg & Co.*, a.a.O., S. 158.
26 MMW. JW II, Brief von Max an James (Jimmy) Warburg, 19. März 1933.
27 Warburg, *Zeiten und Gezeiten*, a.a.O., S. 113 f.
28 Adler, *Felix M. Warburg*, in: ›The American Jewish Year Book‹, 5699, Bd. 40, S. 40.
29 FW, Karton 294, Mappe 8, Brief an Chaim Weizmann, 6. April 1933.
30 Yahil, *Holocaust*, a.a.O., S. 60
31 Black, Edwin, *The Transfer Agreement. The Untold Story of the Secret Agreement Between the Third Reich and Jewish Palestine*, New York 1984, S. 49
32 Ebd.
33 FW. Brief an Gertrud Norman, 18. April 1933.
34 Black, *Transfer Agreement*, a.a.O., S. 50.
35 YIVO-LW-DM. Mappe 95. ›Notizen über ein Gespräch mit Dr. Kahn am Nachmittag des Samstag, 31. März 1933‹.
36 MW Ma XIV, S. 488.
37 FW. Karton 287, Mappe 12, Brief an Margarete Dessoff, 12. Juni 1933.
38 Kopper, *Nationalsozialistische Bankenpolitik*, a.a.O., S. 50.
39 Gisela Wyzanski, Gespräch mit dem Verfasser.
40 Turner, *Hitler*, a.a.O., S. 283.
41 Peterson, Edward Norman, *Hjalmar Schacht: For and Against Hitler*, Boston 1954, S. 128.
42 Turner, *Die Großunternehmer*, a.a.O., S. 349.
43 Schacht, *Confessions of »The Old Wizard«*, a.a.O., S. 274.
44 MMW. JW II, Brief von Max an James Warburg, 19. März 1933.
45 MMW. JW II, Brief von Max an James Warburg, 4. Juni 1933.
46 CUOH-JW, S. 687.
47 Schuker, Stephen A., *American »Reparations« to Germany 1919-1933: Implications for the Third-World Debt Crisis*, Princeton, N.J.: International Finance Section, Department of Economics, Princeton University, 1988, S. 74.
48 Helfferich, *Tatsachen*, a.a.O., S. 14.
49 Warburg, *Zeiten und Gezeiten*, a.a.O., S. 119 f.

50 Rosenbaum und Sherman, *M. M. Warburg & Co.*, a.a.O., S. 161.
51 MW Ma XIV, S. 479.
52 Kopper, *Nationalsozialistische Bankenpolitik*, a.a.O., S. 71 f.
53 Warburg, *Zeiten und Gezeiten*, a.a.O., S. 117.
54 Ebd.
55 Ebd., S. 117 f.
56 FW. Karton 295, Mappe 4, Brief an Henry Wollman, 30. November 1934.
57 FW, Karton 291, Mappe 5, Brief an Paul Baerwald, 14. Juni 1933.
58 Kopper, *Nationalsozialistische Bankenpolitik*, a.a.O., S. 73.

Kapitel 27

1 Feis, Herbert, *1933. Characters in Crisis*, Boston und Toronto 1966, S. 152.
2 Warburg, *A Book for Jimmy, Jennifer and Philip*, a.a.O., S. 53.
3 JW Karton 3, ›Verhandlungen über die Fusion der Berliner Handels-Gesellschaft 1. 1. 32 - 7. 1. 32‹. Brief an Siegmund Warburg, 2. Januar 1932.
4 ›The New York Times‹, 25. Januar 1932.
5 Warburg, *The Long Road Home*, a.a.O., S. 107.
6 Ebd.
7 Abramson, Rudy, *Spanning the Century. The Life of W. Averell Harriman. 1891 - 1986*, New York 1992, S. 239.
8 CUOH-JW, S. 177.
9 ›The New Yorker‹, 13. September 1969.
10 Warburg, *The Long Road Home*, a.a.O., S. 112.
11 CUOH-JW, S. 247.
12 Ebd., S. 504.
13 Ebd., S. 497 f.
14 Ebd., S. 504.
15 Brandeis, Louis D., *Letters of Louis D. Brandeis*. Hg. von Urofsky, Melvin I. und David W. Levy, Albany 1975, Bd. V, S. 516. Brief an Stephen S. Wise, 18. Mai 1933.
16 Voss, *Stephen S. Wise. Servant of the People*, a.a.O., S. 208.
17 CUOH-JW, S. 199.
18 JW. Karton 7 ›Persönliches 1933‹, Brief an Frederick Warburg, 24. April 1933.
19 CUOH-JW, S. 644.
20 Feis, *1933*, a.a.O., S. 137.
21 CUOH-JW, S. 630.
22 Vagts, *M. M. Warburg & Co.*, a.a.O., S. 387.
23 Dodd, William E., jr, und Martha Dodd (Hgg.), *Ambassador Dodd's Diary*, 1933-1938, New York 1941, S. 9.
24 FW, Karton 291, Mappe II. Brief an Lewis Strauss, 26. Oktober 1933.
25 McDonald, James G., *My Mission in Israel. 1948 - 1951*, New York 1951, S. 252.
26 Ebd., S. 253.
27 Bauer, *My Brother's Keeper*, a.a.O., S. 145.
28 Feis, *1933*, a.a.O., S. 158.
29 CUOH-JW, S. 655.
30 CUOH-JW, S. 681.
31 Warburg, *The Long Road Home*, a.a.O., S. 124.
32 CUOH-JW, S. 679.
33 MMW JW II, Brief von Max an James Warburg, 4. Juni 1933.
34 YIVO-MW, Exo-29, Karton 15, Mappe ›Hitlerismus in Deutschland‹. Vertraulicher Bericht vom 25. Juni 1933.

35 FW. Karton 287, Mappe I.
36 COUH-JW, S. 975.
37 Feis, *1933*, a.a.O., S. 191.
38 ›The New Yorker‹, 13. September 1969.
39 Feis, *1933*, S. 191 und CUOH-JW, S. 538.
40 Warburg, *The Long Road Home*, S. 133 f.
41 Ebd., S. 135 f.
42 CUOH-JW, S. 1123.
43 Warburg, *The Long Road Home*, a.a.O., S. 135 f.
44 ›The New Yorker‹, 13. September 1969.
45 CUOH-JW, S. 1188.
46 CUOH-JW, S. 1193.
47 ›The New Yorker‹, 13. September 1969.
48 Warburg, *The Long Road Home*, a.a.O., S. 147.
49 CUOH-JW, S. 654.
50 Ebd., S. 156 f.
51 Warburg, ›Hell Bent for Election‹, S. 70.
52 Ebd., S. XIV.
53 CUOH-JW, S. 1628.
54 Warburg, ›Still Hell Bent‹, S. I.
55 Warburg, *The Long Road Home*, a.a.O., S. 167.

Kapitel 28

1 MMW Ma VI, Brief von Max Warburg an Martin Buber, 1. Oktober 1933.
2 ›The New York Times‹, 22. August 1934.
3 Rose, *Chaim Weizmann*, a.a.O., S. 301.
4 LBI-RDJ, Brief von drei Kölner Juden an Max Warburg, 24. August 1933.
5 Bauer, *My Brother's Keeper*, a.a.O., S. 259.
6 MMW. Ma XIV, S. 653.
7 MMW. Ma XIV, S. 654.
8 MMW. JW II, Brief von Max an James Warburg, 19. März 1933.
9 YIVO-LW-DM, Mappe 95, ›Gespräch mit Dr. Carl Melchior und Dr. Tietz‹, 11. Juni 1933.
10 Warburg, *Aus meinen Aufzeichnungen*, a.a.O., S. 52.
11 MMW. Akten Fritz M. Warburgs, Paket 3, Mappe ›Charles Warburg‹, Brief von Charles an Fritz Warburg, 26. April 1948.
12 Ahrens, Gerhard, *Werner von Melle und die Hamburgische Universität*, in: ›Zeitschrift des Vereins für Hamburgische Geschichte‹, Bd. 66 (1980), S. 89.
13 Gordon, *Fritz Saxl*, a.a.O., S. 22.
14 FW. Karton 288, Mappe 6, Brief an Abraham Flexner, 9. August 1933.
15 FW, Karton 294, Mappe 7, Aktennotiz an Max Warburg, 27. November 1933.
16 Jahresbericht des Warburg Instituts 1952 - 1953.
17 FW. Karton 318, Mappe 6, Brief von Dr. von Kleinschmidt, 11. Dezember 1933.
18 ›Manchester Guardian‹, 13. Dezember 1944.
19 *Mnemosyne*, S. 45.
20 FW. Karton 318, Mappe 6, Brief an Max Warburg, 2. November 1934.
21 FW, Karton 318, Mappe 6, Aktennotiz ›Betr.: Warburg-Bibliothek‹.
22 MMW.AW Bibliothek Warburg 1935. MMW Aktennotiz vom 16. September 1935.
23 Ebd.
24 MMW. AW Bibliothek Warburg 1935. Brief von Gertrud Bing an Erich Warburg, 16. Dezember 1935.

25 FW. Karton 318, Mappe 6, Brief von Max Warburg, 16. November 1935.
26 FW, Karton 318, Mappe 6, ›Aktennotiz für Herrn Erich Warburg‹, Oktober 1936.
27 BW. Brief der Konsularischen Vertretung des Amerikanischen Außenministeriums, Hamburg, an Erich Warburg, 5. Juni 1936.
28 Veronica Petersen, Gespräch mit dem Verfasser.
29 MMW. Akten Fritz, Paket 4. Brief von Otto Sauter an Siegmund Warburg, 17. Juli 1932.
30 Warburg, ›Lucie L. Warburg‹, a.a.O., S. 10.
31 MMW. Akten Fritz, Paket 4, Brief von Dr. Peters an Siegmund Warburg, 11. Mai 1933.
32 Wechsberg, *Merchant Bankers*, a.a.O., S. 199.
33 Ebd.
34 Ebd.
35 Ebd.
36 Ebd., S. 199 f.
37 Ebd.
38 Ebd.
39 Ebd.
40 CUOH-JW, S. 723.
41 CUOH-JW, S. 722 f.
42 MMW Ma XIV, S. 504.
43 MMW. Karton 513. ›Dutch International Corporation‹, Brief von Hans Fürstenberg an Siegmund Warburg, 19. Juni 1934.
44 Fürstenberg, Hans. *Erinnerungen. Mein Weg als Bankier*, Wiesbaden 1965, S. 162.
45 FW. Karton 194, Mappe 7, Brief von Max Warburg, 9. Oktober 1933.
46 MMW, Karton 513, ›Dutch International Corporation‹, Brief von Max an Siegmund Warburg, 26. August 1933.
47 MMW Ma XIV, S. 560.
48 ›Institutional Investor‹, März 1980.
49 ›The New Yorker‹, 9. April 1966.
50 Raymond Bonham Carter, Gespräch mit dem Verfasser.
51 Arthur Winspear, Gespräch mit dem Verfasser.
52 MMW, Karton 513 ›Dutch International Corporation‹, Brief von Max Warburg an Hans Fürstenberg, 16. Februar 1935.
53 MMW, Karton 513 ›Dutch International Corporation‹, Brief von Ernst Spiegelberg an Max Warburg, 21. August 1934.
54 Ebd.
55 Raymond Bonham Carter, Gespräch mit dem Verfasser.
56 Ebd.
57 LBI-SGW-SZ. Brief von Stefan Zweig an Siegmund G. Warburg, 14. Dezember 1934.
58 LBI-SGW-SZ. Brief von Siegmund G. Warburg an Stefan Zweig, 20. Juli 1935.
59 LBI-SGW-SZ. Brief von Siegmund G. Warburg an Stefan Zweig, 1. September 1937.

Kapitel 29

1 Warburg, Frieda Schiff, *Reminiscences*, a.a.O., S. 32.
2 Lucie Kaye, Gespräch mit dem Verfasser.
3 Brief von Benita Cioppa an den Verfasser vom 28. Februar 1992.

4 Lucie Kaye, Gespräch mit dem Verfasser.
5 Esther Shalmon, Gespräch mit dem Verfasser.
6 Brief von Benita Cioppa an den Verfasser vom 28. Februar 1992.
7 Weizmann, *Letters and Papers*, a.a.O., Bd. XVI, S. 276 f. Brief an Lola Hahn-Warburg, 22. April 1934.
8 Ebd., Brief an Lola Hahn-Warburg, 20. Januar 1935.
9 Ebd., Brief an Lola Hahn-Warburg, 22. April 1934.
10 Gespräch mit einer Lola Hahn-Warburg nahestehenden Person.
11 Gisela Wyzanski, Gespräch mit dem Verfasser.
12 ›New York Herald Tribune‹, 1. Mai 1942.
13 Gisela Wyzanski, Gespräch mit dem Verfasser.
14 Ebd.
15 Ebd.
16 FW, Karton 294, Mappe 16, Brief von Dr. Walter Derenberg, 20. August 1933.
17 Esther Shalmon, Gespräch mit dem Verfasser.
18 Ebd.
19 Spinelli, *Erinnerungen*, a.a.O., S. 42.
20 Ueckert-Hilbert, Charlotte (Hg.), *Fremd in der eigenen Stadt. Erinnerungen jüdischer Emigranten an Hamburg*, Hamburg 1989, S. 109.
21 Ebd., S. 110.
22 Ueckert-Hilbert, *Fremd in der eigenen Stadt*, a.a.O., S. 109.
23 Spinelli, *Erinnerungen*, a.a.O., S. 114.
24 MacDonogh, Giles, *A Good German. Adam von Trott zu Solz*, London und New York 1989, S. 61.
25 Ueckert-Hilbert, *Fremd in der eigenen Stadt*, a.a.O., S. 110.
26 Ebd.
27 Ebd., S. 112.
28 Ebd.

Kapitel 30

1 ›Der Stürmer‹, September 1934.
2 MMW Ma VI.
3 FW. Karton 297, Mappe 3, Brief an Paul Baerwald, 27. Oktober 1934.
4 FW. Karton 307, Brief an ›The Daily Worker‹, 11. Dezember 1935.
5 ›Freiheit‹, 9. Oktober 1935.
6 FW. Karton 307, Mappe 10, Brief an Samuel Untermyer, 4. Juni 1935.
7 Anita Warburg, Gespräch mit dem Verfasser.
8 FW. Karton 315, Mappe 1, Brief von Dr. Bernhard Kahn, 11. Mai 1935.
9 Koonz, Claudia, *Courage and Choice Among German-Jewish Women and Men*, in: *The Jews in Nazi Germany 1933 - 1943*, Tübingen 1986, S. 286.
10 FW. Karton 328, Mappe 5, Brief von Rabbi Morris S. Lazaron, 13. Mai 1935.
11 Ueckert-Hilbert, *Fremd in der Eigenen Stadt*, a.a.O., S. 111.
12 Felix Mitchell, Gespräch mit dem Verfasser.
13 Ebd.
14 MMW. Ma XIV, S. 492.
15 Barkai, Avraham, *Vom Boykott zur »Entjudung«: Der wirtschaftliche Existenzkampf der Juden im Dritten Reich 1933 - 43*, Frankfurt/M. 1988, S. 81 f.
16 Schacht, *Confessions of ›The Old Wizard‹*, a.a.O., S. 293.
17 FW. Karton 315, Mappe 2, Telegramm von Dr. Bernhard Kahn an Paul Baerwald, 30. März 1935.
18 Dodd, *Ambassador Dodd's Diary*, a.a.O., S. 218.

19 ›Hamburger Abendblatt‹, 28. September 1989.
20 MMW. Ma XIV, S. 492.
21 MMW. Ma XIV, S. 506 und MW 55. Notiz Hans Meyers über das Zusammentreffen Max Warburgs mit Hjalmar Schacht, 18. September 1935.
22 MMW.MW 55; Max Warburg: ›Auf zum Kampf zum wahren Frieden!‹
23 FW. Karton 315, Mappe 4, Brief von James G. McDonald, 7. November 1935.
24 Weizmann, *Letters and Papers*, a.a.O., Bd. XVII, Brief an Israel M. Sieff, 25. Dezember 1935.
25 Ebd., S. 121.
26 Ebd., S. 87 f. Brief an Simon Marks, 15. Dezember 1935.
27 Bauer, *My Brother's Keeper*, a.a.O., S. 154.
28 ›The New York Times‹, 6. Januar 1936.
29 Ebd.
30 Shepherd, *Wilfrid Israel*, a.a.O., S. 111.
31 FW. Karton 326, Mappe 8, Brief von Dr. Bernhard Kahn, 5. März 1936.
32 Dodd, *Ambassador Dodd's Diary*, a.a.O., S. 280.
33 Kopper, *Nationalsozialistische Bankenpolitik*, a.a.O., S. 103.
34 FW. Karton 326, Mappe 9, Brief von Bernhard Kahn, 25. März 1936.
35 FW. Karton 326, Mappe 9, Brief von Bernhard Kahn an Sir Osmond d'Avigdor Goldsmid, 16. März 1936.
36 FW. Karton 326, Mappe 9, Brief von Bernhard Kahn, 26. März 1936.
37 FW. Karton 332, Mappe 10, Telegramm an Siegmund Warburg, 18. März 1936. Brief von Siegmund Warburg, 26. März 1936.
38 FW. Karton 318, Mappe 13, Brief an Hans Fürstenberg, 1. Juni 1936.
39 BW. Mappe ›Kara Corporation‹.
40 Glick, David, *Some Were Rescued*, in: ›Harvard Law School Bulletin‹, Dezember 1960, S. 7.
41 Ebd.
42 Kopper, *Nationalsozialistische Bankenpolitik*, S. 98 f.
43 AJR Information, Juni 1977. Hans Liebeschütz, ›Das Bankhaus Warburg‹.
44 Ueckert-Hilbert, *Fremd in der Eigenen Stadt*, a.a.O., S. 46.
45 MMW.MW 57. ›Rede vor dem Hilfsverein, April 1936‹.
46 Hochmuth, Ursel und Gertrud Meyer, *Streiflichter aus dem Hamburger Widerstand 1933 - 1945*, Frankfurt/M., S. 208.
47 FW. Karton 326, Mappe 3, Brief an Sidney E. Pritz, 15. Juni 1936.
48 American Jewish World, November 1936.
49 FW. Karton 332, Mappe 10, Brief von Siegmund Warburg, 23. Juli 1936.
50 FW. Karton 332, Mappe 10, Brief von Siegmund Warburg, 1. März 1936.
51 Kopper, *Nationalsozialistische Bankenpolitik*, a.a.O., S. 99.
52 MMW.Ma XIV, S. 514 f.
53 Max Warburg, Gespräch mit dem Verfasser.

Kapitel 31

1 Warburg, Frieda Schiff, *Reminiscences*, a.a.O., S. 100.
2 ›Der Stürmer‹, März 1937.
3 FW. Karton 336, Mappe 13, ›Ansprache in Briarcliff Lodge‹, 25. September 1937.
4 FW. Karton 328, Mappe 5, Brief von Gouverneur Herbert H. Lehman an Franklin D. Roosevelt, 1. November 1935.
5 Johnson, *History of the Jews*, a.a.O., S. 460.

6 Voss, *Wise. Servant of the People*, a.a.O., S. 208.
7 Waldman, *Nor by Power*, a.a.O., S. 327.
8 Brief von Raymond Teichman, Franklin-Delano-Roosevelt-Bibliothek, an den Verfasser vom 25. August 1992.
9 Weizmann, *Letters and Papers*, a.a.O., Bd. XVII, S. 158.
10 Shepherd, *Wilfrid Israel*, a.a.O., S. 109.
11 FW. Karton 341, Mappe 2, Notiz an Dr. Cyrus Adler, 28. Januar 1937.
12 FW. Karton 318, Mappe 7, Brief an Chaim Weizmann, 10. Oktober 1935.
13 Weizmann, *Trial and Error*, a.a.O., Bd. II, S. 381f.
14 FW. Karton 332, Mappe 11, Brief an Chaim Weizmann, 18. August 1936.
15 FW. Karton 332, Mappe 11, Brief von Chaim Weizmann, 24. Januar 1936.
16 FW. Karton 328, Mappe 17, Brief an Simon Marks, 26. August 1936.
17 FW. Karton 312, Mappe 3, Brief an Sir Herbert Samuel, 1. Juni 1936.
18 Weizmann, *Letters and Papers*, a.a.O., Bd. XVII, S. 14.
19 LBI-AS. Karton 2, Brief von Max Warburg, 26. Mai 1937.
20 FW. Karton 341, Mappe 2, Notiz für Dr. Cyrus Adler, 28. Januar 1937.
21 ›The Jewish Forum‹, Juni 1938.
22 Weizmann, *Letters and Papers*, a.a.O., Bd. XVIII, S. 48 f. Brief an Lola Hahn-Warburg, 4. März 1937.
23 Ebd., S. 66, Brief an Lola Hahn-Warburg, 20. März 1937.
24 FW. Karton 341, Mappe 5. Notiz zum Treffen vom 24. März 1937.
25 ›The Jewish Forum‹, Juni 1938.
26 FW. Karton 341, Mappe 5, Notiz über das Treffen vom 24. März 1937.
27 FW. Karton 341, Mappe 4, Brief an Max Warburg, 16. Juli 1937.
28 FW. Karton 343, Mappe 8, Brief an Dr. Morris Lazaron, 28. Juli 1937.
29 Congress Journal, offizielles Organ des 20. Zionistischen Kongresses, Zürich, 18. August 1937.
30 Goren, *Dissenter in Zion*, a.a.O., S. 331.
31 FW. Exemplar von David Farrers *The Warburgs*, mit Korrekturen. Karton Familie Warburg 1163. Brief von Maurice B. Hexter an Edward M. M. Warburg, 10. Dezember 1974.
32 Hexter, *Life Size*, a.a.O., S. 112.
33 Teveth, Shabtai, *Ben-Gurion. The Burning Ground 1886 - 1948*, Boston 1987, S. 624 f.
34 FW. Karton 340, Mappe 3, Brief an Maurice Hexter, 28. September 1937.
35 Teveth, Shabtai, *Ben-Gurion*, a.a.O., S. 619.
36 Shepherd, *Wilfrid Israel*, a.a.O., S. 109.
37 FW. Karton 336, Mappe 13 ›Ansprache in Briarcliff Lodge‹, 25. September 1937.
38 Edward M. M. Warburg, Gespräch mit dem Verfasser.
39 Ebd.
40 Ebd.
41 Ebd.
42 MMW. Jahresbericht 1937.
43 ›The New York Times‹, 21. Oktober 1937.
44 Warburg, *As I Recall*, a.a.O., S. 67.
45 Mary Warburg, Gespräch mit dem Verfasser.
46 BW. ›Für Mary und Edward Warburg zu ihrer Hochzeit – 6. Dezember 1939‹. »Some stay married months, some weeks / But all in all their record reeks. ... The Boys, except for Uncle Max / Are apt to be a wee bit lax...«
47 Weizmann, *Letters and Papers*, a.a.O., Bd. XVIII, S. 354.
48 Phyllis Farley, Gespräch mit dem Verfasser.
49 ML. Karton 8, Mappe 29, Brief von Frieda Warburg, 14. März 1938.

Kapitel 32

1 Eine kleine Kapsel, die einen aus der Haut eines »reinen« Tieres gewonnenen Pergamentstreifen enthält, der auf der Vorderseite in hebräischen Schriftzeichen den Text aus 5. Mose 6, 4 - 9; 11, 13 - 21 enthält.
2 MMW. MA XIV, S. 516.
3 Warburg, ›Begrüßungsworte zur Einweihung des Jüdischen Gemeinschaftshauses in Hamburg am 9. Januar 1938‹, Leo Baeck Institut, New York, S. 1.
4 Ebd., S. 6.
5 MMW. ›Gespräch beim Mittagessen am 20. November 1982‹, S. 36.
6 Im Mai 1933 gründeten das Reichswehrministerium und die Reichsbank die Metallurgische Forschungs-GmbH (Mefo), deren Kapital sich im Besitz von vier bedeutenden Rüstungsunternehmen befand. Zur Bezahlung ihrer Aufträge zogen Rüstungslieferanten sogenannte Mefo-Wechsel (fingierte Handelswechsel) auf diese Scheinfirma, die vom Reich garantiert und von der Reichsbank diskontiert wurden. Hauptzweck dieses geheimgehaltenen Systems war die Verschleierung der Aufrüstung Deutschlands.
7 FW. Karton 343, Mappe 5, Protokoll der Sitzung des Gemeinsamen Vergabeausschusses vom 29. April 1937.
8 MMW Ma XIV, S. 518.
9 Warburg, *Aus meinen Aufzeichnungen*, a.a.O., S. 154.
10 Farrer, *The Warburgs*, a.a.O., S. 117.
11 MMW. Jahresbericht 1937.
Nachdem die Juden durch die Anwendung des »Arierparagraphen« und die Nürnberger Gesetze weitgehend aus dem öffentlichen Leben entfernt worden waren, sollte ihnen nunmehr unter dem Schlagwort »Entjudung der Wirtschaft« der verbliebene Besitz genommen werden. Dazu diente die von den Nationalsozialisten als »Arisierung« bezeichnete Überführung jüdischen Besitzes in »arische« Hände. Dabei wurde der Verkaufswert jüdischer Betriebe auf einen Bruchteil ihres Verkehrswertes festgelegt und durch Einsatz abgestufter Druckmittel dafür gesorgt, daß eine Übertragung lediglich an solche Personen erfolgte, die den Behörden genehm waren. Da der Erlös auf Sperrkonten ging, konnten die einstigen jüdischen Inhaber nur beschränkt darüber verfügen. Damit ähnelte die Arisierung mehr oder weniger einer nahezu entschädigungslosen Enteignung.
12 Ogger, Günter, *Friedrich Flick der Große*, Bern, München und Wien 1971, S. 173.
13 Ebd., S. 165.
14 Ebd.
15 Ebd.
16 Genschel, Helmut, *Die Verdrängung der Juden aus der Wirtschaft im Dritten Reich*, Göttingen 1966, S. 226.
17 Ogger, *Friedrich Flick*, a.a.O., S. 171 f.
18 Ebd., S. 172.
19 *Trials of War Criminals Before the Nuremberg Military Tribunals Volume VI*, ›The Flick Case‹, Washington, D.C. 1952, S.46.
20 Anita Warburg, Gespräch mit dem Verfasser.
21 Lucie Kaye, Gespräch mit dem Verfasser.
22 Ogger, *Friedrich Flick*, S. 171 f.
23 Kopper, *Nationalsozialistische Bankenpolitik*, a.a.O., S. 122.
24 MMW. Ma XIV, S. 518.
25 LBI-HS, Karton 5, Brief von Siegmund Warburg, 27. Januar 1938.
26 Kopper, *Nationalsozialistische Bankenpolitik*, a.a.O., S. 123.

27 Ebd., S. 125.
28 Duckesz, *Geschichte des Geschlechts Warburg*, a.a.O., S. 154.
29 JW. Karton 2, ›M. M. Warburg & Co. 20. 8. 31 - 21. 8. 31.‹
30 MMW.MW 57, Brief von der Deutschen Effecten- und Wechselbank, 3. Mai 1938.
31 Gisela Wyzanski, Gespräch mit dem Verfasser.
32 Rosenbaum und Sherman, *M. M. Warburg & Co.*, a.a.O., S. 168.
33 JW. Karton 2, ›M. M. Warburg & Co. 20. 8. 31 - 21. 8. 31‹. Ansprache von Dr. Rudolf Brinckmann, 30. Mai 1938.
34 Ebd. Rede von Max Warburg, 30. Mai 1938.
35 ›Times of London‹, 1. Juni 1938.
36 MMW. Ma XXVII. Tagebuch Bertha Ehrenberg, 15. Juli 1938.

Kapitel 33

1 MMW. Ma VI, Brief von Edward M. M. Warburg an Max Warburg, 21. Juni 1938.
2 Warburg, *Zeiten und Gezeiten*, a.a.O., S. 46.
3 Warburg, *Aus Meinen Aufzeichnungen*, a.a.O., S. 152.
4 LBI-HS, Karton 19. Dr. Fritz Warburg, ›Reminiscences of Max Warburg‹, 1947.
5 Gisela Wyzanski, Gespräch mit dem Verfasser.
6 ›Der Stürmer‹, September 1938.
7 Gisela Wyzanski, Gespräch mit dem Verfasser.
8 Warburg, Frieda Schiff, *Reminiscences*, a.a.O., S. 31.
9 Warburg, *Zeiten und Gezeiten*, a.a.O., S. 130.
10 Gisela Wyzanski, Gespräch mit dem Verfasser.
11 FW. Familie Warburg, Karton 1163. ›Exemplar von David Farrers *The Warburgs*, mit Korrekturen‹. Notiz von Dr. Wegener, 1975.
12 Spinelli, *Erinnerungen*, a.a.O., S. 153.
13 Ebd., S. 356.
14 Gisela Wyzanski, Gespräch mit dem Verfasser.
15 Turner, Barry, *And the Policeman Smiled*, London 1991, S. 230 f.
16 Ebd., S. 232.
17 CUOH-GR, S. 284.
18 Shepherd, *Wilfrid Israel*, a.a.O., S. 137.
19 Peterson, *Hjalmar Schacht*, a.a.O., S. 248 f.
20 Schacht, *Confessions of ›The Old Wizard‹*, a.a.O., S. 351.
21 Sherman, A.J., *Island Refuge. Britain and Refugees from the Third Reich 1933-1939*, London 1973, S. 200.
22 LBI-JS. Schriftwechsel Siegmund G. Warburgs 1938 - 1949. Brief von Siegmund G. Warburg, 18. November 1939.
23 Ebd. Brief von Siegmund G. Warburg, 9. Februar 1939.
24 Alexandra Danilowa, Gespräch mit dem Verfasser.
25 Ebd.
26 Ebd.
27 Ebd.
28 Ebd.
29 Ruth Fleck, Gespräch mit dem Verfasser.
30 Wechsberg, *Merchant Bankers*, a.a.O., S. 180.
31 LBI-HS. Karton 5, privater Schriftwechsel. Brief von Siegmund G. Warburg, 23. März 1938.
32 LBI-HS. Schriftwechsel Siegmund G. Warburgs 1938 -1949. Brief von Siegmund G. Warburg, 22. November 1938.

33 Ebd., Brief von Siegmund G. Warburg, 18. November 1938.
34 Ebd.
35 Ebd., Brief von Siegmund G. Warburg, 12. Dezember 1938.
36 Bullock, *Hitler*, a.a.O., S. 523.
37 Shepherd, *Wilfrid Israel*, a.a.O., S. 161.
38 LBI-HS. Schriftwechsel Siegmund G. Warburgs 1938 -1949. Brief von Siegmund G. Warburg, 3. April 1939.
39 Ebd., Brief von Siegmund G. Warburg, 20. Juli 1939.
40 LBI-SGW-SZ, Brief von Siegmund G. Warburg an Stefan Zweig, 21. September 1939.
41 Ebd., Brief von Siegmund G. Warburg an Stefan Zweig, 24. November 1939.
42 Schlabrendorff, Fabian von, *Begegnungen in fünf Jahrzehnten*, Tübingen 1979, S. 330.

Kapitel 34

1 Warburg, *Zeiten und Gezeiten*, a.a.O., S. 157.
2 Warburg, *The Long Road Home*, a.a.O., S. 175.
3 Ebd., S. 179 f.
4 Ebd., S. 183.
5 Ebd.
6 ›The New York Times‹, 29. Januar 1941.
7 ›New York Herald Tribune‹, 25. April 1941.
8 JW. Karton 16. ›Harry G. Green 5/41‹, Brief an Senator Bennett C. Clark, 8. Mai 1941.
9 JW. Karton 16, ›Harry G. Green 5/41‹, Brief von James Warburg an Senator Bennett C. Clark, 8. Mai 1941.
10 JVF. Karton 55, Brief von James Warburg, 29. Mai 1914.
11 JW. Karton 16, ›Harry G. Green 5/41‹, anonymer Brief an »Jew Warburg, New York, N. Y.«.
12 JW. Karton 16, ›Harry G. Green 5/41‹, undatierter Brief »von einer amerikanischen Mutter«, 26. Mai 1941.
13 Spinelli, *Erinnerungen*, a.a.O., S. 125.
14 Ebd., S. 150.
15 Ebd., S. 129.
16 Ebd.
17 Ebd., S. 137.
18 Phyllis Farley, Gespräch mit dem Verfasser.
19 Spinelli, *Erinnerungen*, a.a.O., S. 282.
20 Ebd., S. 117.
21 Ebd., S. 116.
22 Ebd., S. 432.
23 Ebd., S. 202.
24 Ebd., S. 219.
25 Ebd., S. 220.
26 Ebd.
27 Ebd.

Kapitel 35

1 MMW. EX. Brief von Siegmund Warburg an Rudolf Brinckmann, August 1963. (Kein genaues Datum).
2 Kopper, *Nationalsozialistische Bankenpolitik*, a.a.O., S. 127.
3 MMW. ›Gespräch beim Mittagessen, 10. November 1982‹, S. 40.
4 Ebd., S. 14 f.
5 Ebd., Aussage von Fräulein Martha Beyer.
6 Ebd. Aussage von Herrn Brauer.
7 MMW, Karton 512, ›Adolf van Biema, Berlin‹.
8 Kopper, *Nationalsozialistische Bankenpolitik*, a.a.O., S. 128.
9 MMW. Robert Solmitz, ›Das Sekretariat Warburg‹.
10 Ebd.
11 Ebd., S. 7 f.
12 Wenzel, Gertrud, *Broken Star. The Warburgs of Altona*, Smithtown, N.Y. 1981, S. 97.
13 Ebd., S. 98.
14 Kopper, *Nationalsozialistische Bankenpolitik*, a.a.O., S. 126.
15 MMW. Kara Corp. 1938, ›Vereinbarung zwischen Kara Corp. und den europäischen Warburgs‹.
16 MMW. Kara Corp. 1938 - 1946. Brief von Liebmann an Dr. E. Spiegelberg und Hans Meyer, 6. Dezember 1938.
17 MMW. Eidesstattliche Aussage von Ernst Spiegelberg, 2. März 1955.
18 MMW. ›Gespräch beim Mittagessen am 10. November 1982‹, S. 6.
19 Felix Mitchell, Gespräch mit dem Verfasser.
20 Bauer, *American Jewry and the Holocaust*, a.a.O., S.275.
21 Peter Fleck, Gespräch mit dem Verfasser.
22 MMW, Brief von Josi Warburg, 22. Juli 1945.
23 Ebd.
24 Maria Christina Warburg (Mills), Gespräch mit dem Verfasser.
25 MAW. *The Eerde Herald*, Bd. VIII, Nr. 2.
26 Maria Christina Warburg (Mills), Gespräch mit dem Verfasser.
27 MAW. Brief von Josi Warburg, 22. Juli 1945.
28 Maria Christina Warburg (Mills), Gespräch mit dem Verfasser.
29 MAW. Bewerbungsbogen, ausgefüllt am 4. Februar 1956.

Kapitel 36

1 ›New York World Telegram‹, 19. Februar 1941.
2 MMW. Ma VI, Brief von Max an Edward M. M. Warburg, 13. Juli 1939.
3 ML, Karton 8, Mappe 31, Brief von Max Warburg, 31. August 1942.
4 Warburg, *As I Recall*, a.a.O., S. 70.
5 Edward M. M. Warburg, Gespräch mit dem Verfasser.
6 Warburg, *Aus meinen Aufzeichnungen*, a.a.O., S. X.
7 Brief von Max an Anita Warburg. 30. November 1941. (Mit freundlicher Genehmigung von Anita Warburg.)
8 MMW. Kara Corp., 1938 - 1946.
9 MMW. Ma VI, Brief von Hans Meyer an Gisela Wyzanski, 6. April 1945.
10 Warburg, *Aus meinen Aufzeichnungen*, a.a.O., S. 146.
11 MMW. Ma VI, Brief von Jimmy an Max Warburg, 3. April 1945.
12 MMW.MW 57, ›Abschließende Bemerkungen‹, undatierte Notiz.

13 TWL Karton 136, Mappe 12, Notiz von Max Warburg, 3. April 1942.
14 ML, Karton 8, Mappe 31, Brief von Max Warburg an Sol M. Stroock, 28. Juni 1942.
15 MMW.MW 57, ›Abschließende Bemerkungen‹.
16 Andrea Kaufman, Gespräch mit dem Verfasser.
17 Lucie Kaye, Gespräch mit dem Verfasser.
18 MMW. Akten Fritz M Warburg, Paket 3. SGW Mappe Siegmund G. Warburg, Brief von Siegmund an Fritz Warburg, 27. Dezember 1947.
19 MMW. Akten Fritz M. Warburg, Paket 3, Mappe Siegmund G. Warburg, Brief von Siegmund an Fritz Warburg, 7. Juni 1947.
20 Spinelli, *Erinnerungen*, a.a.O., S. 121.
21 Ebd., S. 117.
22 Soley, Lawrence C., *Radio Warfare. OSS and CIA Subversive Propaganda*, New York 1989, S. 101.
23 Oberster militärischer Berater Roosevelts, dann Sonderbotschafter Präsident Trumans in China, ab 1947 Außenminister, verkündete das European Recovery Program (ERP), das unter dem Namen Marshall-Plan bekanntgeworden ist. Er bekam zusammen mit Albert Schweitzer 1953 den Friedens-Nobelpreis.
24 Videoaufzeichnung eines Gesprächs mit Erich Warburg. (Mit freundlicher Genehmigung von Marie Warburg.)
25 Raymond Bonham Carter, Gespräch mit dem Verfasser. (Die Stadt Milwaukee im amerikanischen Bundesstaat Wisconsin war wegen ihrer vor dem Ersten Weltkrieg zu gut siebzig Prozent deutschstämmigen Einwohnerschaft überall in den Vereinigten Staaten als »deutsche« Stadt bekannt.)
26 MMW. EV. Brief von Erich an Alice Warburg, 7. September 1942.
27 Warburg, *Zeiten und Gezeiten*, a.a.O., S. 166.
28 ›Die Welt‹, 23. Januar 1988.
29 Warburg, *Zeiten und Gezeiten*, a.a.O., S. 186.
30 Ebd., S. 188.
31 Videoaufzeichnung eines Gesprächs mit Erich Warburg. (Mit freundlicher Genehmigung von Marie Warburg.)
32 Warburg, *Zeiten und Gezeiten*, a.a.O., S. 190.
33 Ebd., S. 158.
34 Ebd., S. 203.
35 Gordon, *Fritz Saxl*, a.a.O., S. 36.
36 Farrer, *The Warburgs*, a.a.O., S. 189.
37 MMW. Auszüge aus den Erinnerungen von Erich Warburg, ›Verhöre von Kriegsgefangenen der Luftwaffe‹.
38 MMW. EW VIII, S. 1.
39 MMW. Auszug aus den Erinnerungen von Erich Warburg. 1. Juni 1945. Bericht über Hermann Göring.
40 Warburg, *Zeiten und Gezeiten*, a.a.O., S. 240.
41 Ebd., S. 227.
42 MMW. Auszug aus Erich Warburgs Erinnerungen. 1. Juni 1945. Bericht über Hermann Göring.
43 Warburg, *Zeiten und Gezeiten*, a.a.O., S. 232.
44 Ebd.
45 Ebd.
46 MMW. Auszüge aus den Erinnerungen von Erich Warburg. 1. Juni 1945. Bericht über Hermann Göring.
47 Warburg, *Zeiten und Gezeiten*, a.a.O., S. 233.
48 MMW. E V, 1, Brief von Erich an Freddy Warburg, 31. Mai 1945.

Kapitel 37

1 MMW. EW. Brief von Erich Warburg an seine Eltern, 18. Oktober 1944.
2 MMW. Ebd.
3 MMW. Ed V, I. Brief von Erich an Bettina und Nina Warburg, 13. Juni 1945.
4 Warburg, *Zeiten und Gezeiten*, a.a.O., S. 244.
5 MMW. E V. I. Brief von Erich an Bettina und Nina Warburg, 13. Juni 1945.
6 Gisela Wyzanski, Gespräch mit dem Verfasser.
7 MMW. ›Gespräch beim Mittagessen am 10. November 1982‹, S. 26 und S. 30. Aussage Sellin.
8 MMW. Ebd., S. 22, Aussage Brauer.
9 MMW. Akten Fritz, Paket 3, Mappe SGW, Brief von Siegmund G. Warburg an Hans Meyer, 24. Januar 1948.
10 Warburg, *Zeiten und Gezeiten*, a.a.O., S. 245; außerdem MMW ›Gespräch beim Mittagessen am 10. November 1982‹, S. 17.
11 MMW. ›Gespräch beim Mittagessen am 10. November 1982‹, S. 18.
12 Warburg, *Zeiten und Gezeiten*, a.a.O., S. 301 f.
13 MMW. EX, Brief von Ernst Spiegelberg an Dorothea Warburg, 15. November 1960.
14 Warburg, *Aus meinen Aufzeichnungen*, a.a.O., S. 157.
15 MMW. EV, Brief von Erich an Max Warburg, 21. Juni 1945.
16 Warburg, *Zeiten und Gezeiten*, a.a.O., S. 207.
17 MMW. EV, Brief von Erich an Alice Warburg, 2. Juli 1945.
18 MMW. EV, Brief von Erich Warburg an seine Eltern, 23. Juli 1945.
19 MMW. EV, Brief von Erich an Freddy Warburg, 2. Juni 1945.
20 MMW. EV I, Brief von Erich an Nina Warburg, 16. September 1945.
21 MMW. EV, Brief von Erich an seine Eltern, 2. Mai 1945.
22 MMW.EV.
23 Gay, Ruth, *The Jews in Germany. A Historical Portrait*, New Haven und London 1992, S. 257.
24 Warburg, *Zeiten und Gezeiten*, a.a.O., S. 218.
25 MMW.EV, undatierter Brief Erich Warburgs an seine Eltern, 1945.
26 MMW. EV, 1, undatierte Notiz von Erich Warburg, Sommer 1945.
27 Warburg, *Zeiten und Gezeiten*, a.a.O., S. 215.
28 Warburg, *Zeiten und Gezeiten*, a.a.O., S. 147.
29 Ebd., S. 143.
30 Krebs, *Otto Warburg*, a.a.O., S. 59.
31 Farrer, *The Warburgs*, a.a.O., S. 152.
32 Warburg, *Zeiten und Gezeiten*, a.a.O., S. 145.
33 Ebd.
34 Farrer, *The Warburgs*, a.a.O., S. 152.
35 Videoaufzeichnung eines Gesprächs mit Erich Warburg. (Mit freundlicher Genehmigung von Marie Warburg.)
36 MMW. E V I, Brief von Erich an Bettina und Nina Warburg, 13. Juni 1945.
37 George Schwab, Gespräch mit dem Verfasser.

Kapitel 38

1 Unter der »Cash-and-Carry«-Klausel durften entgegen dem amerikanischen Neutralitätsgesetz von 1935 bei Barzahlung und Abholung durch Schiffe des Käuferlandes kriegswichtige Güter (außer Waffen) geliefert werden. Nach dem Polenfeldzug wurde diese Klausel 1939 auf Kriegswaffen und Munition ausge-

dehnt, womit Länder wie Großbritannien und Frankreich die Möglichkeit bekamen, amerikanische Rüstungsgüter zu beziehen. Die Klausel wurde ab 1941 für solche Länder, deren Verteidigung der Präsident der Vereinigten Staaten als lebenswichtig für die Sicherheit der USA ansah, durch das »Leih- und Pachtgesetz« gegenstandslos.

2 LBI-SGW-SZ. Brief von Siegmund G. Warburg an Stefan Zweig, 14. Mai 1941.
3 LBI-HS. Schriftwechsel Siegmund G. Warburgs, 1938 -1949. Brief von Siegmund G. Warburg, 11. September 1949.
4 Ebd., Brief von Siegmund G. Warburg, 11. September 1944.
5 LBI-SGW-SZ, Brief von Siegmund G. Warburg an Stefan Zweig, 3. Juli 1941.
6 ›The New Yorker‹, 9. April 1966; Wechsberg, *Merchant Bankers*, a.a.O., S. 181.
7 Henry Grunfeld, Ansprache vom Juni 1984.
8 Ebd.
9 Peter Spira, Robin Jessel, Gespräche mit dem Verfasser.
10 Anthony Korner, Gespräch mit dem Verfasser.
11 Raymond Bonham Carter, Gespräch mit dem Verfasser.
12 Margaret Anderson, Gespräch mit dem Verfasser.
13 LBI-HS. Schriftwechsel Siegmund G. Warburgs, 1938 -1949. Brief von Siegmund G. Warburg, 11. September 1944.
14 Ebd.
15 Margaret Anderson, Gespräch mit dem Verfasser.
16 Warburg, Fredric, *An Occupation for Gentlemen*, Boston 1960, S. 241.
17 ›Business Week‹, 14. März 1977.
18 Alice Speyer, Gespräch mit dem Verfasser.
19 Ebd.
20 Alice Auerbach, Gespräch mit dem Verfasser.
21 Im Dezember gefeiertes jüdisches »Lichterfest«, bei dem sich die Familienmitglieder gegenseitig beschenken.
22 Alice Auerbach, Gespräch mit dem Verfasser.
23 Madeleine Marx, Gespräch mit dem Verfasser.
24 MMW. EV, Brief von Erich an Max Warburg, 18. April 1943.
25 Farrer, *The Warburgs*, a.a.O., S. 225.
26 Ein früherer Kollege Paul Kohn-Speyers, Gespräch mit dem Verfasser.
27 Bettina Warburg, Gespräch mit dem Verfasser.
28 MMW. Akten Fritz M. Warburg, Paket 3, Mappe SGW. Brief von Fritz Warburg an Ernst Spiegelberg, 6. Mai 1952.
29 MMW. Akten Fritz M. Warburg, Paket 3, Mappe SGW. Brief von Fritz Warburg an Ernst Spiegelberg, 2. Juni 1952.
30 Dorothea Warburg, Gespräch mit dem Verfasser.
31 MMW.EV. Brief von Erich Warburg an seine Eltern, 13. Dezember 1944.
32 LBI-HS. Karton 11. Privatkorrespondenz. Brief von Dr. Fritz Warburg, 20. September 1944.
33 MMW.EV. Brief von Erich an Max Warburg, 30. September 1944.
34 Ruth Fleck, Gespräch mit dem Verfasser.
35 ›Institutional Investor‹, März 1980.
36 MMW.EV. Brief von Erich Warburg an Max Warburg, 4. September 1945. Akten Fritz, Paket 3, Mappe SGW. Brief von Fritz an Siegmund G. Warburg, 25. September 1947. Auch Mappe Ernst Spiegelberg. Brief von Fritz Warburg an Ernst Spiegelberg, 23. Februar 1955.
37 Warburg, *Zeiten und Gezeiten*, a.a.O., S. 258.
38 MMW.Ka IV, Brief von Siegmund an Charles Warburg, 19. November 1945.
39 MMW. Ka IV, Brief von Siegmund an Charles Warburg, 14. Januar 1946.
40 ›Institutional Investor‹, März 1980.

41 ›Times of London‹, 29. Januar 1946.
42 ›Institutional Investor‹, März 1980.
43 MMW.EV, Brief von Max an Erich Warburg, 30. Januar 1945.
44 MMW. Ab MI, Brief von Max Warburg an Professor Saxl, 11. Dezember 1944.
45 MMW. Akten Fritz M. Warburg, Paket 3. Brief von Fritz Warburg an Ernst Spiegelberg, 22. Januar 1947.

Kapitel 39

1 Farrer, *The Warburgs*, a.a.O., S. 186.
2 Dorothea Warburg, Gespräch mit dem Verfasser.
3 Ebd.
4 Ebd.
5 MMW.EX. Brief von Kurt Hahn an Rudolf Brinckmann, 19. September 1956.
6 MMW. Akten Fritz M. Warburg, Paket 3, ›Mappe Siegmund G. Warburg‹. Brief von Siegmund G. an Fritz Warburg, 7. Juni 1947.
7 Ebd., Brief von Erich Warburg an das US-Außenministerium, 8. März 1949.
8 Ebd., Brief von Siegmund G. an Erich Warburg, 29. März 1947.
9 Ebd.
10 MMW.EX, Brief von E. Spiegelberg an Dorothea Warburg, 15. November 1960.
11 MMW. Akten Fritz M. Warburg, Paket 3, Mappe ›Ernst Spiegelberg‹. Brief von E. Spiegelberg an Fritz Warburg, 26. Oktober 1947.
12 MMW. Akten Fritz M. Warburg, Paket 3, Mappe ›Ernst Spiegelberg‹. Brief von Ernst Spiegelberg an Fritz Warburg, 17. Mai 1950.
13 AD. Karton 27, Brief von Erich Warburg, 3. Oktober 1946.
14 MMW. ›Gespräch beim Mittagessen am 10. November 1982‹, S. 44.
15 MMW. Akten Fritz M. Warburg, Paket 3. Brief von Dr. Fritz an Siegmund G. Warburg, 6. Januar 1948.
16 Ebd., Brief von Siegmund G. Warburg an Hans Meyer, 24. Januar 1948.
17 MMW. Akten Fritz Warburg, Paket 4. Vereinbarung zwischen Erich Warburg und Brinckmann, Wirtz & Co., 18. August 1949.
18 Die höherwertige Ruhrkohle wurde damals von den Westalliierten anderweitig verwendet.
19 MMW. ›Gespräch beim Mittagessen am 10. November 1982‹, S. 29.
20 Warburg, *Zeiten und Gezeiten*, a.a.O., S. 269.
21 MMW. Akten Fritz M. Warburg, Paket 3. Mappe ›Ernst Spiegelberg‹. Notiz von Ernst Spiegelberg, 13. Juli 1949. Brief von Ernst Spiegelberg an Fritz Warburg, 20. August 1949.
22 Brief von Charles Sharp an den Verfasser vom 24. November 1992.
23 ›Institutional Investor‹, März 1980.
Der Konservative Eden hatte verschiedene Ministerämter innegehabt und war Mitte der fünfziger Jahre englischer Premierminister; der Labourpolitiker Bevin folgte diesem nach Kriegsende im Amt des Außenministers nach.
24 Wechsberg, *Merchant Bankers*, a.a.O., S. 191.
25 LBI-HS. Schriftwechsel Siegmund G. Warburgs 1938 - 49, Brief von Siegmund G. Warburg, 1. Oktober 1949.
26 Dr. Carl H. Goldman, Gespräch mit dem Verfasser.
27 MMW. Akten Fritz Warburg, Paket 3. Brief von Siegmund G. an Dr. Fritz M. Warburg, 12. Dezember 1949.
28 Ebd.
29 Anita Warburg, Gespräch mit dem Verfasser.
30 Koelbl, *Jüdische Portraits*, a.a.O., S. 276.

31 Gisela Wyzanski, Gespräch mit dem Verfasser.
32 Bedeutender US-amerikanischer Theologe.
33 AD, Karton 42. Undatierte Notiz Erich Warburgs aus dem Jahr 1949.
34 Bird, *The Chairman*, a.a.O., S. 285.
35 Ebd., S. 315.
36 Warburg, *Zeiten und Gezeiten*, a.a.O., S. 265.
37 MMW. E V I, Brief von Erich Warburg an John J. McCloy, 27. August 1949.
38 Marion Gräfin Dönhoff, Gespräch mit dem Verfasser.
39 Johnson, *History of the Jews*, a.a.O., S. 513.
40 MMW.EW Ma-Mc. Brief von Erich Warburg an John J. McCloy, 1. März 1985.

Kapitel 40

1 JW. Karton 32, Joseph Barnes 1953 - 68. Brief an Joseph Barnes, 11. September 1956.
2 JW. Karton 21, Mappe Stevenson 1947 - 52, Brief an Adlai Stevenson, 17. März 1952.
3 JW, Karton 21, Mappe Stevenson, September 1960 - Mai 1965, Brief von Adlai Stevenson an Dr. Jerome Davis, 30. Oktober 1962.
4 BW.
5 Warburg, *The Long Road Home*, a.a.O., S. 227.
6 Ebd.
7 Warburg, *Germany: Key to Peace*, a.a.O., S. 9.
8 Warburg, *Germany – Bridge or Battleground?*, a.a.O., S. 177.
9 Warburg, *Germany: Key to Peace*, a.a.O., S. 173.
10 JW. Karton 15. Dwight D. Eisenhower 1948 - März 1953, undatierter Brief an Milton E. Eisenhower.
11 MMW. Akten Fritz M. Warburg, Paket 3. Mappe ›Siegmund G. Warburg‹. Brief von Siegmund an Erich Warburg, 16. Juli 1952.
12 MMW. Akten Fritz M. Warburg, Paket 4. Brief von Franz Schütte an Rudolf Brinckmann, 24. November 1952.
13 Ebd., Brief von Erich Warburg an Rudolf Brinckmann, 1. Dezember 1952.
14 Ebd.
15 Ebd.
16 Ebd.
17 MMW. Akten Fritz M. Warburg, Paket 4. Brief von Erich an Fritz Warburg, 21. November 1952.
18 Ebd., Notiz von Rudolf Brinckmann, 16. November 1952.
19 Ebd.
20 Ebd., Brief von Fritz Warburg an Hermann Schilling, 12. November 1952.
21 Ebd., Notiz von Rudolf Brinckmann, 16. November 1952.
22 Ebd.
23 Ebd.
24 Ebd., Brief von Erich an Fritz Warburg, 9. Februar 1953.
25 MMW. Akten Fritz M. Warburg, Paket 3. ›Mappe Ernst Spiegelberg‹. Brief von Ernst Spiegelberg an Fritz Warburg, 8. Januar 1953.
26 Ebd., Brief von Ernst Spiegelberg an Fritz Warburg, 29. April 1953.
27 ›Time‹, 29. April 1966.
28 MMW. Akten Fritz M. Warburg, Paket 4. Brief von Siegmund G. an Fritz Warburg, 24. November 1952.
29 Ebd., Brief von Erich Warburg an Rudolf Brinckmann, 21. November 1952.
30 Ebd., Brief von Hans Meyer an Fritz Warburg. 26. Mai 1953.

31 MMW. Akten Fritz M. Warburg, Paket 3. ›Mappe Siegmund G. Warburg‹, Brief von Siegmund G. an Fritz Warburg, 24. Juni 1953.
32 MMW.EX, Brief von Siegmund G. an Erich Warburg, 8. Juli 1953.
33 Ebd., Brief von Siegmund G. an Erich Warburg, 6. Februar 1954.
34 Ebd.
35 Ebd., Brief von Siegmund an Erich Warburg, 11. Juni 1957.
36 MMW. Akten Ernst Spiegelberg, Brief von Ernst Spiegelberg an Siegmund G. Warburg, 15. April 1955.
37 MMW. EX. Brief von Ernst Spiegelberg an Erich Warburg, 1. Dezember 1960.
38 Hans-Dieter Sandweg, Gespräch mit dem Verfasser.
39 MMW EX. Brief von Erich an Siegmund Warburg, 12. August 1963.
40 Ebd., Notiz von Siegmund Warburg, 3. September 1960.
41 Gespräch mit Max M. Warburg.
42 MMW. EX, Brief von Kurt Hahn an Erich Warburg, 11. Dezember 1959.
43 Ebd., Brief von Kurt Hahn an Erich Warburg, 11. Dezember 1959.
44 Warburg, *Zeiten und Gezeiten*, a.a.O., S. 270.
45 ›The New Yorker‹, 11. Juni 1955.
46 MMW. EX, Brief von Erich Warburg an Rudolf Brinckmann, 21. Dezember 1956.
47 Brief an den Verfasser vom 8. Januar 1993 von Marie Warburg.
48 Ebd.
49 Dr. Ursula Büttner, Gespräch mit dem Verfasser.
50 Richarz, Monika, *Juden in der Bundesrepublik Deutschland und in der Deutschen Demokratischen Republik seit 1945*, in: Brumlik, Micha et al. (Hg.), *Jüdisches Leben in Deutschland seit 1945*, Frankfurt 1988, S. 21 f.
51 Dorothea Warburg, Gespräch mit dem Verfasser.
52 Ebd.
53 Bing, *Aby M. Warburg*, a.a.O., S. 7.
54 ›Jüdische Wochenzeitung‹, 19. Juli 1990.
55 MMW. EV. Brief von Erich an Max Warburg, 27. Januar 1943.
56 ›Hamburger Abendblatt‹, 11. Juli 1990.
57 YIVO-AJC. Mappe Alpha, Allgemeines 12, Karton 190, Brief von Zachariah Shuster an Dr. John Slawson, 2. September 1953.
58 ›Das Freie Wort‹, 25. Juli 1953.
59 BW. Akten Erich Warburg 15. Juli 1949, Erklärung von James S. Warburg.
60 ›Die Welt‹, 2. August 1956. In der Flugschrift war erneut der Vorwurf erhoben worden, Paul habe die amerikanische Zentralbank lediglich ins Leben gerufen, um die Macht der Juden zu stärken.
61 Warburg, *Germany: Key to Peace*, a.a.O., S. 242.
62 YIVO-AJC. Akte Alpha Allgemeines 12, Karton 190, Brief von Erich Warburg an Eugene Hevesi, 6. Juni 1957.
63 Ebd., Brief von Erich Warburg an Eugene Hevesi, 2. September 1957.
64 MMW. Z II 7 b, Brief von Erich Warburg an Henri Nannen, etwa 24. Oktober 1959, im ›Stern‹ veröffentlicht.

Kapitel 41

1 Warburg, *As I Recall*, a.a.O., S. 71.
2 Warburg, Frieda Schiff, *Reminiscences*, a.a.O., S. 185.
3 Felicia Warburg Rogan, Gespräch mit dem Verfasser.
4 Warburg, Frieda Schiff, *Reminiscences*, a.a.O., S. 198.
5 Warburg, *Zeiten und Gezeiten*, a.a.O., S. 259.

6 MMW. Karton 509, Akten Familie Warburg. Erinnerungen Erich Warburgs an Alice Warburg, 6. Juli 1957.
7 Ebd.
8 Warburg, *As I Recall*, a.a.O., S. 73.
9 Rothschild, *Sharing and Caring*, a.a.O., S. 37.
10 Weizmann, *Trial and Error*, a.a.O., Bd. II, S. 456 f.
11 CUOH-JW, S. 47 f.
12 CUOH-JW, S. 48.
13 ›Jewish Newsletter‹, 16. Juni 1958.
14 Warburg, *Israel and the American Jewish Community*, S. 7.
15 ›The New York Times‹, 29. November 1959.
16 FW. Karton 336, Mappe 13, ›Address at Briarcliff Lodge‹, 25. September 1937.
17 ›Jewish Newsletter‹, 25. Januar 1960.
18 Warburg, *Israel and the American Jewish Community*, S. 9.
19 Marie Warburg, Gespräch mit dem Verfasser.
20 MMW. Akten Fritz M. Warburg, Paket 3, Brief von Fritz Warburg an Hermann Bruck, 24. August 1942.
21 Ebd., Brief von Ernst Minden an Ingrid Warburg Spinelli, 19. August 1952.
22 MMW. Karton 509, Akten Familie Warburg, Brief von Erich an Frederick Warburg, 15. Dezember 1961.

Kapitel 42

1 MMW, Akten Fritz M. Warburg, Paket 3, Mappe Siegmund G. Warburg, Brief von Siegmund an Fritz Warburg, 7. Juni 1947.
2 Ebd., Brief von Siegmund an Fritz Warburg, 21. Februar 1951.
3 JRD. Brief von Siegmund Warburg, 1. September 1955.
4 MMW, Akten Fritz M. Warburg, Paket 3, Mappe Siegmund G. Warburg, Brief von Siegmund an Fritz Warburg, 12. Januar 1950.
5 Ebd., Brief von Siegmund an Fritz Warburg, 24. Juni 1953.
6 Margaret Anderson, Gespräch mit dem Verfasser.
7 ›Institutional Investor‹, März 1980.
8 *The Way It Was*, S. 502.
9 DS. Notiz von Siegmund G. Warburg, 1. November 1954.
10 JRD. Siegmund G. Warburg, ›Koordinationsplan‹, 30. November 1953.
11 DS. Brief von Siegmund G. Warburg an John Schiff, 9. Dezember 1954.
12 Ebd., Notiz von Siegmund G. Warburg, 2. November 1954.
13 Ebd., Brief von Siegmund G. Warburg an John Schiff, 9. Dezember 1954.
14 Alvin Friedman, Gespräch mit dem Verfasser.
15 Zitiert in der Londoner ›Times‹ vom 21. September 1992.
16 Brief von Charles Sharp an den Verfasser vom 24. November 1992.
17 MMW. Karton 509, Akten Familie Warburg, Brief von Frederick an Erich Warburg, 31. Juli 1958.
18 WW. Serie II, Karton 19, Mappe 145. Brief an Siegmund G. Warburg, 9. März 1959.
19 David Schiff, Gespräch mit dem Verfasser.
20 Ebd.
21 Warburg, *As I Recall*, a.a.O., S. 8.
22 Wilma Warburg, Gespräch mit dem Verfasser.
23 Alvin Friedman, Gespräch mit dem Verfasser.
24 J. Richardson Dilworth, Gespräch mit dem Verfasser.
25 Anthony Griffin, Gespräch mit dem Verfasser.
26 David Schiff, Gespräch mit dem Verfasser.

27 MMW. EX, Brief von Frederick M. Warburg an Erich Warburg, 16. Oktober 1957.
28 Edward M. M. Warburg, Gespräch mit dem Verfasser.
29 MMW. EX, Briefe von Siegmund an Erich Warburg, 26. und 28. Oktober 1963.
30 MMW. Karton 511, Schriftwechsel Erich Warburg, Brief von Siegmund an Erich Warburg, 9. Februar 1958.
31 Ebd.
32 WW. Serie III, Karton 19, Mappe 138, Brief von Siegmund G. Warburg, 17. Mai 1957.
33 J. Richardson Dilworth, Gespräch mit dem Verfasser.
34 DS. Brief von Siegmund Warburg an John Schiff, 20. April 1958.
35 Ebd.
36 DS. Brief von William Wiseman an John Schiff, 22. Dezember 1958.

Kapitel 43

1 Warburg, ›Lucie L. Warburg‹, a.a.O., S. 13.
2 Ebd. S. 19.
3 Elsbeth Oppenheimer, Gespräch mit dem Verfasser.
4 Stephen Lash, Gespräch mit dem Verfasser.
5 ›Institutional Investor‹, März 1980.
6 Dr. Carl Heinz Goldman, Gespräch mit dem Verfasser.
7 John Adams, Gespräch mit dem Verfasser.
8 LBI-HS. Schriftwechsel Siegmund G. Warburg 1938-1949, Brief von Siegmund G. Warburg, 11. September 1944.
9 Harry Green, Gespräch mit dem Verfasser.
10 Andrew Smithers, Gespräch mit dem Verfasser.
11 Nathaniel Samuels und Alvin Friedman, Gespräch mit dem Verfasser.
12 Alvin Friedman, Gespräch mit dem Verfasser.
13 Eddy Lachman, Brief an den Verfasser vom 15. November 1992.
14 ›Institutional Investor‹, März 1980.
15 Ebd.
16 Ebd.
17 Gordon, Martin, *Siegmund Warburg 1902 - 1982. A Personal Perspective from 1992*, privates Typoskript, S. 3
18 ›Institutional Investor‹, März 1980.
19 Wechsberg, *Merchant Bankers*, a.a.O., S. 180 f.
20 Carey Reich, Gespräch mit dem Verfasser.
21 ›Euromoney‹, September 1987.
22 MMW. Akten Fritz M. Warburg, Paket 3, Mappe ›Siegmund G. Warburg‹, Brief von Siegmund an Fritz Warburg, 18. Januar 1950.
23 Robin Jessel, Gespräch mit dem Verfasser.
24 Stephen Lash, Gespräch mit dem Verfasser.
25 Anthony Griffin, Gespräch mit dem Verfasser.
26 Bernard Kelly, Gespräch mit dem Verfasser.
27 Burney, Christopher, *The Dungeon Democracy*, New York 1946, S. 109.
28 John Libby, Gespräch mit dem Verfasser.
29 Roll, Erich, *Crowded Hours*, London 1985, S. 195.
30 ›The New Yorker‹, 9. April 1966.
31 ›Sunday Telegraph‹, 25. Januar 1970.
32 Wechsberg, *Merchant Bankers*, a.a.O., S. 178 f.
33 Dr. Carl Heinz Goldman, Gespräch mit dem Verfasser.
34 MMW Ma XV.

Kapitel 44

1 Peter Spira, Gespräch mit dem Verfasser.
2 Sir Ian Fraser, Gespräch mit dem Verfasser.
3 Robin Jessel, Gespräch mit dem Verfasser.
4 Eddy Lachman, Brief an den Verfasser, 15. November 1992.
5 ›Time‹, 29. April 1966.
6 Edgar Koerner, Gespräch mit dem Verfasser.
7 David Mitchell, Gespräch mit dem Verfasser.
8 Arthur Winspear, Gespräch mit dem Verfasser.
9 ›Institutional Investor‹, März 1980.
10 Peter Spira, Gespräch mit dem Verfasser.
11 Edgar Koerner, Gespräch mit dem Verfasser.
12 Richard Lutyens, Gespräch mit dem Verfasser.
13 ›The Economist‹, 5. Dezember 1987.
14 James Wolfensohn, Gespräch mit dem Verfasser.
15 Alvin Friedman, Gespräch mit dem Verfasser.
16 Dr. Carl Heinz Goldman, Gespräch mit dem Verfasser.
17 WW. Serie III, Karton 19, Mappe 139. Brief an Siegmund G. Warburg, 29. August 1957.
18 Papiere Sir William Wisemans. Serie III, Karton 19, Mappe 143. Notiz für Sir William Wiseman u. a. von Siegmund G. Warburg, 20. September 1958; sowie Brief von S. G. Warburg & Co. an Sir William Wiseman, 25. September 1958.
19 Michael Verey, Gespräch mit dem Verfasser.
20 ›Institutional Investor‹, März 1980.
21 ›International Management Digest‹, 19. März 1959.
22 Joseph McConnell, Gespräch mit dem Verfasser.
23 WW. Serie III, Karton 17, Mappe 104, Notiz von Kuhn, Loeb über den »Aluminium-Krieg«.
24 ›The Economist‹, 10. Januar 1959.
25 ›The New Statesman‹, 10. Januar 1959.
26 Joseph McConnell, Gespräch mit dem Verfasser.
27 WW. Serie III, Karton 19, Mappe 145, Brief von Siegmund Warburg, 17. Januar 1959.
28 Ebd.
29 Zitiert in ›Financial Times‹, 8. Januar 1959.
30 Roll, *A Gathering of the members...*, S. 10.
31 ›Business Week‹, 17. Januar 1959.
32 ›News Chronicle‹, 19. Januar 1959.
33 ›Financial Times‹, 8. Januar 1959.
34 Michael Verey, Gespräch mit dem Verfasser.
35 ›Institutional Investor‹, März 1980.
36 John Libby, Gespräch mit dem Verfasser.
37 Michael Verey, Gespräch mit dem Verfasser.
38 Ronald Utiger, Gespräch mit dem Verfasser.
39 ›Institutional Investor‹, März 1980.
40 ›Sunday Telegraph‹, 25. Januar 1970.

Kapitel 45

1 Warburg, *Zeiten und Gezeiten*, a.a.O., S. 200 f.
2 ›The Gazette‹ (Montreal), 19. Juni 1980.
3 Bird, *The Chairman*, a.a.O., S. 480.

4 Ebd., S. 481. Siehe auch Ferencz, Benjamin B., *Lohn des Grauens. Die verweigerte Entschädigung für jüdische Zwangsarbeiter*, Frankfurt und New York 1979, S. 113 f.
5 Bird, *The Chairman*, a.a.O., S. 481.
6 Ferencz, *Lohn des Grauens*, a.a.O., S. 154.
7 Ebd., S. 155 f.
8 Ebd., S. 156.
9 Ebd., S. 198.
10 Ebd., S. 199.
11 Johnson, *History of the Jews*, a.a.O., S. 515.
12 Ferencz, *Lohn des Grauens*, a.a.O., S. 200.
13 Ebd., S. 201.
14 Ebd., S. 204.
15 Ebd., S. 205.
16 Ebd., S. 210.
17 Ebd., S. 212.
18 MMW. EX. Brief von Erich an Siegmund Warburg, 7. September 1961.
19 Alvin Friedman, Gespräch mit dem Verfasser.
20 David Mitchell, Gespräch mit dem Verfasser.
21 MMW. EX, Brief von Siegmund an Erich Warburg, 4. September 1961.
22 Ebd., Notiz über eine Unterhaltung zwischen Erich Warburg und Rudolf Brinckmann, 20. Juni 1960.
23 Ebd., Brief von Erich Warburg an Rudolf Brinckmann, 18. Oktober 1960.
24 Ebd., Brief von Rudolf Brinckmann an Erich Warburg, 3. November 1960.
25 Ebd., Notiz von Erich Warburg über das Zusammentreffen mit Rudolf Brinckmann vom 11. Oktober 1960.
26 Ebd., Brief von Siegmund Warburg an Rudolf Brinckmann, 21. März 1960.
27 Ebd., Brief von Siegmund an Erich Warburg, 30. Mai 1960.
28 Ebd., Brief von Erich an Siegmund Warburg, 19. Oktober 1960.
29 Ebd., Notiz von Siegmund Warburg, 3. September 1960.
30 Edgar Koerner, Gespräch mit dem Verfasser.
31 MMW EX, Brief von Siegmund an Erich Warburg, 25. Juli 1960.
32 Ebd., Brief von Siegmund an Erich Warburg, 5. Januar 1961.
33 Ebd., Entwurf eines Briefes von Siegmund Warburg an Rudolf Brinckmann, 14. Dezember 1964.
34 Ebd., Brief von Siegmund an Erich Warburg, 5. Januar 1961.
35 Ebd., Brief von Siegmund an Erich Warburg, 29. März 1961.
36 Notiz über das Zusammentreffen vom 20. März 1961.
37 Ebd., Notiz Hans Wuttke, 26. November 1963.
38 ›Financial Times‹, 3. Januar 1966.
39 MMW EX, Brief von Lola Hahn-Warburg an Erich Warburg, 10. November 1960.
40 Ebd., Brief von Siegmund an Erich Warburg, 7. Oktober 1961.
41 Ebd., Notiz von Erich Warburg, 20. Februar 1963.
42 Ebd., Brief von Erich an Siegmund Warburg, 9. Juli 1963.
43 Ebd., dritter Entwurf eines Briefes von Siegmund Warburg an Rudolf Brinckmann, sowie Brief von Siegmund an Erich Warburg, 4. Juli 1963.
44 Ebd., dritter Entwurf eines Briefes von Siegmund G. Warburg an Rudolf Brinckmann, 4. August 1963.
45 Ebd., Brief von Erich an Siegmund Warburg, 23. August 1963.
46 Ebd., Brief von Siegmund an Erich Warburg, 30. November 1964.
47 Ebd., ›Aktennotiz‹ über die Sitzung der Teilhaber von Brinckmann, Wirtz & Co. vom 23. November 1964.
48 Alvin Friedman u. a., Gespräche mit dem Verfasser.

49 ›Financial Times‹, 3. Januar 1966.
50 ›Times of London‹, 7. Januar 1970.
51 A. Joshua Sherman, Gespräch mit dem Verfasser.
52 MMW. Pressemitteilung von M. M. Warburg vom 20. Dezember 1972.
53 ›Zum Gedenken an Rudolf Brinckmann‹.

Kapitel 46

1 WW. Serie III, Karton 18, Mappe 107, Brief von John Schiff, 13. Januar 1959.
2 DS. Brief von Siegmund G. Warburg an John Schiff, 11. Dezember 1959.
3 DS. Notiz von Siegmund G. Warburg, 4. Juni 1962.
4 Nathaniel Samuels, Gespräch mit dem Verfasser.
5 ›Financial Times‹, 12. Dezember 1992.
6 MMW. EX, Brief von Frederick an Erich Warburg, 3. Dezember 1964.
7 David Mitchell, Gespräch mit dem Verfasser.
8 Carl Hess, Gespräch mit dem Verfasser.
9 John Adams, Gespräch mit dem Verfasser.
10 Ebd.
11 Carl Hess, Gespräch mit dem Verfasser.
12 Ebd.
13 ›Institutional Investor‹, März 1980.
14 *The Way It Was*, S. 496.
15 Welsh, Frank, *Uneasy City. An Insider's View of the City of London*. London 1986, S. 44.
16 Raymond Bonham Carter, Gespräch mit dem Verfasser.
17 ›Institutional Investor‹, März 1980.
18 Peter Spira, Gespräch mit dem Verfasser.
19 John Adams, Gespräch mit dem Verfasser.
20 Alvin Friedman, Gespräch mit dem Verfasser.
21 Gretchen Whitman, Gespräch mit dem Verfasser.
22 Raymond Bonham Carter, Gespräch mit dem Verfasser.
23 Gretchen Whitman, Gespräch mit dem Verfasser.
24 ›Times of London‹, Oktober 1970.
25 Nathaniel Samuels, Gespräch mit dem Verfasser.
26 Peter Spira, Gespräch mit dem Verfasser.
27 Anthony Korner, Gespräch mit dem Verfasser.
28 David Mitchell, Gespräch mit dem Verfasser.
29 ›Times of London‹, 1. Januar 1970.
30 ›The Statist‹, 17. Juli 1964.
31 MMW. Ka IV, Brief von Siegmund an Karl Warburg, 25. August 1930.
32 ›Times of London‹, 21. November 1964.
33 ›Sunday Times‹, London 2. Oktober 1966.
34 ›Sunday Telegraph‹, 18. November 1973.
35 John Adams, Gespräch mit dem Verfasser.
36 Michael Verey, Gespräch mit dem Verfasser.
37 Dr. Carl Heinz Goldman, Gespräch mit dem Verfasser.
38 Roll, *A gathering of the members...,* a.a.O., S. 11.
39 Sharp, Charles, *Gloom*, Februar 1974.

Kapitel 47

1 ›Institutional Investor‹, März 1980.
2 Warburg, Siegmund, ›Address given at funeral of Ernest Thalmann on 22nd August, 1962‹, privates Typoskript S. 2.
3 ›Institutional Investor‹, März 1980.
4 Brief an den Verfasser vom 28. Oktober 1992 von Charles Sharp.
5 Geoffrey Elliot, Gespräch mit dem Verfasser.
6 Sharp, *Gloom*, Februar 1974.
7 Michael Seligman, Gespräch mit dem Verfasser.
8 Anthony Griffin, Gespräch mit dem Verfasser.
9 Ruth Fleck, Gespräch mit dem Verfasser.
10 ›Institutional Investor‹, März 1980.
11 Dietrich Weismann, Gespräch mit dem Verfasser.
12 Peter Spira, Gespräch mit dem Verfasser.
13 Ebd.
14 Ebd.
15 ›Sunday Telegraph‹, 24. Februar 1991.
16 Ebd.
17 *The Dictionary of National Biography*, 1981 - 1985, S. 410.
18 Peter Spira, Gespräch mit dem Verfasser.
19 James Wolfensohn, Gespräch mit dem Verfasser.
20 ›Institutional Investor‹, März 1980.
21 Anthony Griffin, Gespräch mit dem Verfasser.
22 ›Institutional Investor‹, März 1980.
23 ›Business Week‹, 23. November 1974.
24 ›Institutional Investor‹, März 1980.
25 Ebd.
26 ›Times of London‹, 18. Februar 1978.
27 ›Institutional Investor‹, März 1980

Kapitel 48

1 ›Institutional Investor‹, März 1980.
2 Moussa, Pierre, *La Roue de la Fortune. Souvernirs d'un financier*, Paris 1989, S. 176.
3 Peter Spira, Gespräch mit dem Verfasser.
4 Alvin Friedman, Gespräch mit dem Verfasser.
5 *The Way it Was*, a.a.O., S. 500.
6 Wechsberg, *Merchant Bankers*, a.a.O., S. 168 f.
7 Carey Reich, Gespräch mit dem Verfasser.
8 ›Institutional Investor‹, März 1980.
9 Ebd.
10 Moussa, *La Roue de la Fortune*, a.a.O., S. 229.
11 Ebd.
12 ›Times of London‹, 3. Juli 1982.
13 Dr. Carl Heinz Goldman, Gespräch mit dem Verfasser.
14 MMW. Akten Georg Warburg, Brief von Eva Warburg, 12. April 1983.
15 ›Times of London‹, 19. Oktober 1982.
16 ›Financial Times‹, 20. Oktober 1982.
17 *The Way It Was*, a.a.O., S. 501.
18 ›Sunday Telegraph‹, 24. Februar 1991.

Kapitel 49

1 BW. ›Mappe Erich Warburg‹, Brief an Erich Warburg, 1. Februar 1983.
2 Gabriele Schiff, Gespräch mit dem Verfasser.
3 Ebd.
4 Ueckert-Hilbert, *Fremd in der eigenen Stadt*, a.a.O., S. 127.
5 Koelbl, *Jüdische Portraits*, a.a.O., S. 277.
6 Farrer, *The Warburgs*, a.a.O., S. 193.
7 Ebd.
8 Koelbl, *Jüdische Portraits*, a.a.O., S. 274.
9 Ebd., S. 278.
10 Lucie Kaye, Gespräch mit dem Verfasser.
11 Eva Mitchell, Gespräch mit dem Verfasser.
12 Ebd.
13 Marie Warburg, Gespräch mit dem Verfasser.
14 Alison Hahn, Gespräch mit dem Verfasser.
15 Eva Mitchell, Gespräch mit dem Verfasser.
16 Anita Warburg, Gespräch mit dem Verfasser.
17 Ebd.
18 Spinelli, *Erinnerungen*, a.a.O., S. 42.
19 Warburg, *The Long Road Home*, a.a.O., S. 277.
20 Warburg, *A Book for Jimmy, Jennifer and Philip*, a.a.O., S. 100.
21 Joan Melber Warburg, Gespräch mit dem Verfasser.
22 Kennan war Karrierediplomat und Hochschullehrer in Princeton; der Wirtschaftswissenschaftler Galbraith wurde unter Präsident Kennedy Botschafter der Vereinigten Staaten in Indien, und der Historiker Arthur Schlesinger war von 1961 bis 1964 Berater des amerikanischen Präsidenten.
23 JW. Karton 21, Stevenson, September 1960-Mai 1965. Brief von Adlai Stevenson an John F. Kennedy, 30. Dezember 1960.
24 MMW, Akten Familie Warburg, Karton 509, Brief von Erich Warburg an Hans Meyer, 16. Juni 1964.
25 MMW. EX, Brief von Jimmy Warburg an Erich Warburg, 4. Juli 1963.
26 MMW. Akten Familie Warburg, Karton 509, Brief von Erich Warburg an Hans Meyer, 16. Juni 1964.
27 Edward M. M. Warburg, Gespräch mit dem Verfasser.
28 Max Warburg, Gespräch mit dem Verfasser.
29 Ebd.
30 ›Manager Magazin‹ (Hamburg), Januar 1990.
31 ›Hamburger Abendblatt‹, 11. Juli 1990.
32 Marie Warburg, Gespräch mit dem Verfasser.

Bibliographie

Bücher:

Abramson, Rudy, *Spanning the Century: The Life of W. Averell Harriman. 1891 - 1986*. New York 1992.

Adler, Cyrus, *Jacob H. Schiff: His Life and Letters*. 2 Bde., Garden City, N. Y. 1928.

Agar, Herbert, *The Saving Remnant: An Account of Jewish Survival*, New York 1960.

Baden, Prinz Max von, *Erinnerungen und Dokumente*, Stuttgart, Berlin und Leipzig 1927.

Baker, Ray Stannard, *Woodrow Wilson: Life and Letters*, Bd. 4, Garden City, New York 1931.

Barkai, Avraham, *Vom Boykott zur »Entjudung«: Der wirtschaftliche Existenzkampf der Juden im Dritten Reich 1933 - 1943*, Frankfurt 1988.

Barnard, Harry, *The Forging of an American Jew: The Life and Times of Judge Julian W. Mack*, New York 1974.

Bauer, Yehuda, *American Jewry and the Holocaust: The American Jewish Joint Distribution Committee 1939 - 1945*, Detroit 1981.

Bauer, Yehuda, *My Brother's Keeper: A History of the American Jewish Joint Distribution Committee 1929 - 1939*, Philadelphia 1974.

Bentwich, Norman, *For Zion's Sake: A Biography of Judah L. Magnes*, Philadelphia 1954.

ders., *Wanderer Between two Worlds*, London 1941.

Berkefeld, Henning (Hg.), *Hamburg in alten und neuen Reisebeschreibungen*, Düsseldorf 1990.

Biegun, Dov, *David's Castle*, London 1982 (Privatdruck).

Bielenberg, Christabel, *Ride out the Dark*, New York 1971.

Bird, Kai, *The Chairman: John J. McCloy: The Making of the American Establishment*, New York 1992.

Birmingham, Stephen, *In unseren Kreisen. Die großen jüdischen Familien New Yorks*, Berlin/Frankfurt/Wien 1969.

Black, Edwin, *The Transfer Agreement: The Untold Story of the Secret Agreement Between the Third Reich and Jewish Palestine*, New York 1984.

Blumenfeld, Hans, *Life begins at 65*, Montreal 1987.

Borkin, Joseph, *Die unheilige Allianz der IG Farben: eine Interessengemeinschaft im Dritten Reich*, Sonderausgabe, Frankfurt/M. 1990.

Brandeis, Louis, D., *Letters of Louis D. Brandeis*, Bd. III, IV und VI, hg. von Urofsky, Melvin I. und David W. Levy, Albany, N. Y. 1975.

Bredekamp, Horst, Michael Diers und Charlotte Schoell-Glass (Hgg.), *Aby Warburg: Akten des internationalen Symposions Hamburg 1990*, Weinheim: VCH Acta humaniora, 1991.

Broesamle, John J., *William Gibbs McAdoo: A Passion for Change 1863 - 1917*, Port Washington 1973.

Brook, Stephen, *The Club: The Jews of Modern Britain*, London 1989.

Bruhns, Maike, *Hier war doch alles nicht so schlimm*, Hamburg 1984.

Bullock, Alan, *Hitler. Eine Studie über Tyrannei*, Düsseldorf 1959.
Burney, Christopher, *The Dungeon Democracy*, New York 1946.
Büttner, Ursula, *Hamburg in der Staats- und Wirtschaftskrise 1928 - 31*, Hamburg 1982.
Carroll, Wallace, *Persuade or Perish*, Boston 1948.
Cassirer, Toni, *Mein Leben mit Ernst Cassirer*, Hildesheim 1981.
Cecil, Lamar, *Albert Ballin. Wirtschaft und Politik im deutschen Kaiserreich 1888 - 1918*, Hamburg 1969
Chandler, Lester V., *Benjamin Strong, Central Banker*, Washington 1958.
Colvin, Ian, *Flight 777*, London 1957.
Clark, Kenneth, *Another Part of the Wood,* New York 1974.
Cohen, Naomi W., *Not Free to Desist: The American Jewish Committee 1906 - 1966*, Philadelphia 1972.
Comfort, Richard A., *Revolutionary Hamburg: Labour Politics in the Early Weimar Republic*, Stanford, Calif. 1966.
Craig, Gordon, *Über die Deutschen*, München 1984.
Dayer, Roberta Allbert, *Finance and Empire: Sir Charles Addis, 1861 - 1945*, Hampshire und London 1988.
The Dearborn Independent, *The International Jew: The World's Foremost Problem*, Nachdrucke aus dem ›Dearborn Independent‹ von 1920 und 1921.
Diers, Michael, *Warburg aus Briefen*, Weinheim: VCH Acta humaniora, 1991.
Dodd, William E., jr. und Martha Dodd (Hgg.), *Ambassador Dodd's Diary, 1933 - 1938*, New York 1941.
Duckesz, Eduard und Otto Hintze (Hgg.), *Geschichte des Geschlechts Warburg*, 1928/29, Typoskript im Leo Baeck Institut, New York.
Ehrlich, Judith Ramsey und Barry J., Rehfeld, *The New Crowd: The Changing of the Jewish Guard on Wall Street*, Boston, Toronto und London 1989.
Farrer, David, *The Warburgs: The Story of a Family*, New York 1974.
Feder, Ernst, *Heute sprach ich mit ... Tagebücher eines Berliner Publizisten 1926 - 32*, hg., Cécile Lowenthal-Hensel und Arnold Pauker, Stuttgart 1971.
Feilchenfeld, Werner, Michaelis, Dolf und Ludwig Pinner, *Haavara-Transfer nach Palästina und Einwanderung Deutscher Juden 1933 - 1939*, Tübingen 1972.
Feis, Herbert, *1933: Characters in Crisis*, Boston und Toronto 1966.
Feldstein, Stanley, *The Land That I Show You: Three Centuries of Jewish Life in America*, Garden City, N. Y. 1978.
Ferencz, Benjamin B., *Lohn des Grauens: Die verweigerte Entschädigung für jüdische Zwangsarbeiter*, Frankfurt und New York 1979.
Ferretti, Silvia, *Cassirer, Panofsky, and Warburg: Symbol, Art, and History*. New Haven und London 1989.
Freimark, Peter, *Juden in Preußen - Juden in Hamburg*, Hamburg 1983.
Friedman, Thomas L., *From Beirut to Jerusalem*, Nachdruck, New York 1989.
Fritsch, Theodor, *Mein Streit mit dem Hause Warburg: Eine Episode aus dem Kampfe gegen das Weltkapital*, Leipzig 1925.
Fürstenberg, Hans, *Erinnerungen, Mein Weg als Bankier*, Wiesbaden 1965.
Füssel, Stephan (Hg.), *Mnemosyne. Beiträge zum 50. Todestag von Aby M. Warburg*, Göttingen 1979.
Gay, Peter, *Weimar Culture: The Outsider as Insider*, New York 1970.
Gay, Ruth, *The Jews of Germany: A Historical Portrait*, New Haven und London 1992.
Gentschel, Helmut, *Die Verdrängung der Juden aus der Wirtschaft im Dritten Reich*, Göttingen 1966.
Glouchevitch, Philip, *Juggernaut: The German Way of Business*, New York 1992.
Gombrich, E. H., *Aby Warburg: Eine Intellektuelle Biographie*, Hamburg 1981, 1992.

Gordon, D. J. (Hg.), *Fritz Saxl 1890 - 1948. A Volume of Memorial Essays from his friends in England*, London 1957.
Goren, Arthur, A. (Hg.), *Dissenter in Zion: From the Writings of Judah L. Magnes*, Cambridge, Massachusetts und London 1982.
Hayes, Peter, *Industry and Ideology: I. G. Farben in the Nazi Era*, Cambridge 1987.
Helfferich, Emil, *Tatsachen: 1932 - 1946*, Jever 1969.
Herzig, Arno, und Saskia Rohde (Hgg.), *Die Juden in Hamburg 1590 bis 1990*, Hamburg 1992.
ders., *Vierhundert Jahre Juden in Hamburg*. Eine Ausstellung des Museums für Hamburgische Geschichte vom 8. November 1991 bis 29. März 1992.
Hexter, Maurice, *Life Size: An Autobiography*, West Kennebunk, Maine 1990.
Hillard, Gustav, *Herren und Narren der Welt (Erinnerungen)*, 1954
Hiller v. Gaertlingen, Frh., *Fürst Bülows Denkwürdigkeiten*, Tübingen 1965.
Hochmuth, Ursel und Gertrud Meyer, *Streiflichter aus dem Hamburger Widerstand 1933 - 1945*, Frankfurt/M. 1980.
Hoffman, Paul, *The Dealmakers: Inside the World of Investment Banking*, Garden City, New York 1984.
Hoffman, Paul Th., *Die Elbchaussee*, Hamburg 1982.
Howe, Irving, *World of Our Fathers: The Journey of the East European Jews to America and the Life They Found and Made*, Nachdruck, New York 1983.
Institutional Investor, *The Way It Was: An Oral History of Finance: 1967 - 1987*, New York 1988.
Jablonski, Edward, *Gershwin: A Biography*, New York 1987.
Jochmann, Werner, *Als Hamburg unter den Nazis lebte*, Hamburg 1986.
Johnson, Paul, *A History of the Jews*, New York 1987.
Kerr, Ian M., *A History of the Eurobond Market. The First 21 Years*, London 1984.
Keynes, John Maynard, *Two Memoirs: Dr. Melchior: A Defeated Enemy and My Early Beliefs*, New York 1949. Der erste Teil liegt auf deutsch vor: *Dr. Melchior, Ein besiegter Feind*, in: *Carl Melchior - Ein Buch des Gedenkens und der Freundschaft*, Vorträge und Aufsätze, hg. vom Verein für Hamburgische Geschichte, Nr. 15, Tübingen 1967.
Kimball, Robert, und Alfred Simon, *The Gershwins*, New York 1973.
Kisch, Lt.-Colonel F. H., *Palestine Diary*, London 1938.
Klingaman, William K., *1929: The Year of the Great Crash*. New York 1989.
Kobler, John, *Otto the Magnificent: The Life of Otto Kahn*, New York 1988.
Koelbl, Herlinde, *Jüdische Portraits: Photographien und Interviews*, Frankfurt/M. 1989.
Kolko, Gabriel, *The Triumph of Conservatism. A Reinterpretation of American History, 1900 - 1916*, New York 1963.
Kopper, Christopher, *Nationalsozialistische Bankenpolitik am Beispiel des Bankhauses M. M. Warburg & Co. in Hamburg*, unveröff. Diss., Bochum 1988.
Krebs, Hans, *Otto Warburg: Zellphysiologe, Biochemiker, Mediziner 1883 - 1970*, Unter Mitarbeit von Roswitha Schmid, Stuttgart 1979.
Krohn, Helga, *Die Juden in Hamburg*, 2 Bde., Hamburg 1974.
Lachmann, Olga geb. Warburg, *Damals: Erinnerungen von Olga Lachmann geb. Warburg* (Mit frdl. Gen. v. E. Lachman).
dies., *Draft Memoirs*. 1961 - 62 (mit frdl. Gen. v. E. Lachman.)
Lindemann, Mary, *140 Jahre Israelitisches Krankenhaus in Hamburg*, Privatdruck, Hamburg 1981.
Lippmann, Leo, *Mein Leben und meine amtliche Tätigkeit*, Hamburg 1964.
Lorenz, Ina, *Die Juden in Hamburg zur Zeit der Weimarer Republik*, 2 Bde., Hamburg 1987.
McAdoo, William G., *Crowded Years: The Reminiscences of William G. McAdoo*, Port Washington, N. Y. 1931.

McDonald, James G., *My Mission in Israel: 1948 - 1951*, New York 1951.
MacDonogh, Giles, *A Good German: Adam von Trott zu Solz*, London und New York 1989.
Marquis, Alice Goldfarb, *Alfred H. Barr jr.: Missionary for the Modern*, Chicago 1989.
Mason, Francis, *I Remember Balanchine: Recollections of the Ballet Master by Those Who Knew Him*, New York 1991.
Massie, Robert K., *Dreadnought: Britain, Germany, and the Coming of the Great War*, New York 1991.
Mayer, Gustav, *Erinnerungen: Vom Journalisten zum Historiker der deutschen Arbeiterbewegung*, München 1949.
Melchior, Carl, *Ein Buch des Gedenkens und der Freundschaft*, Tübingen 1967.
Melchior, Elsa Warburg, *Random Memories*, Privates Typoskript (mit frdl. Gen. v. Elsbeth Oppenheimer).
Morrissey, Evelyn, *Jewish Workers and Farmers in the Crimea and Ukraine*, Privatdruck, New York 1937.
Moussa, Pierre, *La Route de la Fortune: Souvenirs d'un financier*, Paris 1989.
Müller-Hill, Benno, *Tödliche Wissenschaft. Die Aussonderung von Juden, Zigeunern und Geisteskranken 1933 - 45*, Reinbek bei Hamburg 1984.
Mürmann, Franz (Hg.), *Die Stadt Warburg: Beiträge zur Geschichte einer Stadt*, Warburg 1986.
Neumeyer, Alfred, *Lichter und Schatten: Eine Jugend in Deutschland*, München 1967.
Nevins, Allan, *Herbert H. Lehman and His Era*, New York 1963.
Ogger, Günter, *Friedrich Flick der Große*, Bern, München, Wien 1971.
Parzen, Herbert, *The Hebrew University 1925 - 1935*, New York 1974.
Peterson, Edward Norman, *Hjalmar Schacht: For and Against Hitler*, Boston 1954.
Peukert, Detlev J. K., *Die Weimarer Republik. Krisenjahre der klassischen Moderne*, Frankfurt/M. 1987.
Pick, F. W., *Searchlight on German Africa: The Diaries and Papers of Dr. W. Ch. Regendanz*, London 1939.
Potter, Jeffrey, *Men, Money & Magic. The Story of Dorothy Schiff*, New York 1976.
Quinn, Susan, *A Mind of her own. The Life of Karen Horney*, Reading Mass. 1988.
Rathenau, Walther, *Ein Preußischer Europäer: Briefe*, Berlin 1955.
Redmond, George F., *Financial Giants of America*, Bd. I. Boston, Massachusetts 1922.
Reznikoff, Charles (Hg.), *Louis Marshall: Champion of Liberty. Selected Papers and Addresses*, Philadelphia 1957.
Robinow, Hermann, *Aus dem Leben eines Hamburger Kaufmanns*, Leo Baeck Institut, New York.
Role, *Hitlers Stabsleiter der P.O., Dr. Ley, Der Führer der Deutschen Arbeitsfront*, Berlin 1934.
Roll, Eric, *Crowded Hours*, London und Boston 1985.
Rose, Norman, *Chaim Weizmann*, Nachdruck, New York 1989.
Rosenbaum, E. und A. J. Sherman, *Das Bankhaus M. M. Warburg & Co., 1798 - 1938;* Hamburg 1978.
Rosenstock, Morton, *Louis Marshall: Defender of Jewish Rights*, Detroit 1965.
Rothschild, Carola Warburg, *Sharing and Caring*, Privatdruck 1982.
Ruppin, Arthur, *Briefe, Tagebücher, Erinnerungen*, hg. von Schlomo Krolik, Königstein 1985.
Schacht, Hjalmar Horace Greely, *Confessions of ›The Old Wizard‹*, Boston 1956.
Schlabrendorff, Fabian von, *Begegnungen in fünf Jahrzehnten*, Tübingen 1979.
Schuker, Stephen A., *American »Reparations« to Germany 1919 - 33: Implications for the Third-World Debt Crisis*, Princeton, New Jersey 1988.

Schwartz, Charles, *Gershwin. His Life and Music*, Indianapolis und New York 1973.

Shepherd, Naomi, *Wilfrid Israel: German Jewry's Secret Ambassador*, London 1984.

Sherman, A. J., *Island Refuge: Britain and Refugees from the Third Reich 1933 - 1939*, London 1973.

Simpson, Amos E., *Hjalmar Schacht in Perspective*, Den Haag 1969.

Soley, Lawrence C., *Radio Warfare: OSS and CIA Subversive Propaganda*, New York 1989.

Spinelli, Ingrid Warburg, *Erinnerungen 1910 - 1989*, Hamburg 1990.

Spring-Rice, Sir Cecil, *The Letters and Friendships of Sir Cecil Spring-Rice*, Bd. II, hg. von Stephen Gwynn, Boston und New York 1929.

Stephan, Rolf, *Hamburg: ehemals, gestern und heute*, Stuttgart 1985.

Stephenson, Nathaniel Wright, *Nelson W. Aldrich: A Leader in American Politics*, Port Washington, N. Y. 1971

Stern, Fritz, *Gold and Iron: Bismarck, Bleichröder, and the Building of the German Empire*, Nachdruck, New York 1979.

Stockhausen, Tilmann von, *Die Kulturwissenschaftliche Bibliothek Warburg: Architektur, Einrichtung und Organisation*, Hamburg 1992.

Strauss, Lewis L., *Men and Decisions*, Garden City, N. Y. 1962.

Strum, Philippa, *Louis D. Brandeis: Justice for the People*, Nachdruck, New York 1984.

Stürmer, Michael, Teichmann, Gabriele, und Wilhelm Treue, *Wägen und Wagen. Sal. Oppenheim jr. & Cie. Geschichte einer Bank und einer Familie*, München und Zürich 1989.

Teveth, Shabtai, *Ben-Gurion. The Burning Ground 1886 - 1948*, Boston 1987.

Turner, Barry, *And the Policeman Smiled*, London 1991.

Turner, Henry Ashby, jr., *Die Großunternehmer und der Aufstieg Hitlers*, Berlin 1985

ders. (Hg.), *Hitler - Memoirs of a Confidant*. New Haven und London 1985.

Ueckert-Hilbert, Charlotte (Hg.), *Fremd in der Eigenen Stadt. Erinnerungen jüdischer Emigranten aus Hamburg*, Hamburg 1989.

Verein für Hamburgische Geschichte, *Aby-M.-Warburg-Preis: Vorträge und Aufsätze*, Hamburg 1981.

Voss, Carl Hermann (Hg.), *Stephen S. Wise: Servant of the People. Selected Letters*, Philadelphia 1969.

Waldman, Morris D., *Nor By Power*, New York 1953.

Wandel, Eckhard, *Hans Schäffer: Steuermann in wirtschaftlichen und politischen Krisen*, Stuttgart 1974.

Warburg, Aby M., *Ausgewählte Schriften und Würdigungen*, hg. von Dieter Wuttke, Baden-Baden 1992.

ders., *Fundstücke aus dem Warburg-Archiv*, Kunsthistorisches Institut, Universität Hamburg.

ders., *Gesammelte Schriften*, hg. von der Bibliothek Warburg, Bd. I und II. Unter Mitarbeit von Fritz Rougemont herausgegeben von Gertrud Bing: Die Erneuerung der heidnischen Antike. Kulturwissenschaftliche Beiträge zur Geschichte der europäischen Renaissance. Mit einem Anhang unveröffentlichter Zusätze. Leipzig und Berlin 1932 (Reprint in einem Band Nendeln/Liechtenstein 1969).

ders., *Schlangenritual. Ein Reisebericht*. Mit einem Nachwort von Ulrich Raulff, Berlin 1988.

Warburg, Aby S., *Familien-Anekdoten* (mit frdl. Gen. v. Eddy Lachman).

Warburg, Charlotte, *Sammelband. Auszüge aus dem Tagebuch von Charlotte Warburg*, Hamburg 1927 (mit frdl. Gen. v. Gabriele Schiff).

Warburg, Edward M. M., *As I Recall: Some Memoirs*, Clifton. N. J.: Privatdruck, 1979.
Warburg, Erich, *Zeiten und Gezeiten: Erinnerungen von Erich M. Warburg*, Hamburg, Privatdruck 1982.
Warburg, Felix M., *Letters to His Sons*, Privatdruck. 1941.
Warburg, Fredric, *An Occupation for Gentlemen*, Boston 1960.
Warburg, Frieda Schiff, *Reminiscences of a Long Life*, New York, Privatdruck 1956.
Warburg, James P., *A Book for Jimmy, Jennifer and Philip*, Greenwich, Conn., Privatdruck 1956.
ders., *Germany - Bridge or Battleground?,* New York 1946, 1947.
ders., *Germany: Key to Peace*, Cambridge 1953.
ders., *Hell Bent for Election*, Garden City, N. Y. 1935
ders., *The Long Road Home: The Autobiography of a Maverick*, Garden City, N. Y. 1964.
ders., *Still Hell Bent*, Garden City, N. Y. 1936.
Warburg, Max M., *Aus Meinen Aufzeichnungen*, Privatdruck, New York, 1952.
Warburg, Paul M., *The Federal Reserve System: Its Origin and Growth*, 2 Bde., New York 1930.
Warburg, Phyllis P., *New Deal Noodles*, Garden City, N. Y. 1936.
Warburg, Siegmund G., *An Anthology for Searchers*, privates Typoskript.
Weber, Nicholas Fox, *Patron Saints: Five Rebels Who Opened America to a New Art 1928 - 1943*, New York 1992.
Wechsberg, Joseph, *The Merchant Bankers*, Boston und Toronto 1966.
Weizmann, Chaim, *The Letters and Papers of Chaim Weizmann, hg. von Barnet* Litvinoff und Meyer Weisgal, Bde. I, II und X - XVIII. Rutgers 1979.
ders., *Trial and Error: The Autobiography of Chaim Weizmann*, 2 Bde. Philadelphia 1949.
Weizmann, Vera, *The Impossible Takes Longer*. Für David Tutaev erzählt. London 1967.
Welsh, Frank, *Uneasy City: An Insider's View of the City of London*, London 1986.
Wenzel, Gertrud, *Broken Star: The Warburgs of Altona*, Smithtown, N. Y. 1981.
Wheeler-Bennett, *Hindenburg. The Wooden Titan*, London 1967.
Yahil, Leni, *The Holocaust: The Fate of European Jewry*, New York und Oxford 1990.
Zweig, Stefan und Friderike Zweig, *Briefwechsel 1912 - 1942*, Bern 1951.

Artikel, Reden, Beiträge, Festschriften und Stücke

Adler, Cyrus, *Felix M. Warburg*, in: ›The American Jewish Year Book‹, 5699, Bd. 40, 26. September 1938 und 13. September 1939, S. 23 - 40.
ders., *Jacob Henry Schiff: A Biographical Sketch*, New York: The American Jewish Committee, 1921.
Ahrens, Gerhard, *Werner von Melle und die Hamburgische Universität*, in: ›Zeitschrift des Vereins für Hamburgische Geschichte‹, Bd. 66, 1980, SS. 63 - 93.
Alice Warburg née Magnus, 1873 - 1960, Privatdruck.
American Jewish Committee, *The Jews in Nazi Germany*, New York, 1933.
Barkai, Avraham, *German Interests in the Haavara-Transfer Agreement 1933 - 1939*, in: ›Jahrbuch des Leo Baeck-Instituts‹ XXXV, 1990, S. 245 - 266.
Bing, Dr. Gertrud, *A. M. Warburg*, in: ›Journal of the Warburg and Courtauld Institutes‹, Bd. 28 (1965), S. 299 - 313.
dies., *Aby M. Warburg. Vortrag anläßlich der feierlichen Aufstellung von Aby Warburgs Büste in der Hamburger Kunsthalle am 31. Oktober 1958.*

Brinckmann, Wirtz & Co, *Max M. Warburg: Gedenkfeier anläßlich seines 100jährigen Geburtstages am 5. Juni 1967*, Privatdruck.
Brinckmann, Wirtz & Co., *Worte zum Gedächtnis an Fritz M. Warburg. 3. November 1964*, Privatdruck.
Büttner, Ursula, *Not nach der Befreiung: Die Situation der deutschen Juden in der Britischen Besatzungszone, 1945 -1948*, in: ›Der Unrechtsstaat‹, Bd. 2
Cohn, Norman, *The Myth of the Jewish World-Conspiracy*, in: ›Commentary‹, Juni 1966.
Diers, Michael, *Kreuzlinger Passion*, in: ›Kritische Berichte‹ 1979. Bd. 415, S. 5 - 14.
Freimark, Peter, *Die Warburgs*, in: ›Industriekultur in Hamburg‹, München 1984.
Glick, David, *Some Were Rescued*, in: ›Harvard Law School Bulletin‹, Dezember 1960.
Gombrich, Ernst H., *Aby Warburg Zum Gedenken*. Eine zur Erinnerung an Aby Warburgs 100. Geburtstag am 13. Juni 1966 in der Universität Hamburg gehaltene Gedenkrede.
Gordon, Martin, *Siegmund Warburg 1902 - 1982: A personal perspective from 1992*, privates Typoskript.
Grunfeld, Henry, *Self-interview CFT questions*, 1. September 1987.
Halpern, Dr. Georg, Interview in Jerusalem, 9. Februar 1956 und 5. März 1956. Leo Baeck Institut, New York.
Heise, Carl Georg, *Persönliche Erinnerungen an Aby Warburg*, Gesellschaft der Bücherfreunde zu Hamburg, 1959.
Hilfe und Aufbau in Hamburg, Januar 1936 bis Dezember 1936. Privatdruck, im Leo Baeck Institut, New York.
Jacobson, J., *Letter on Max Warburg* (Brief über Max Warburg), in: ›Jahrbuch des Leo Baeck Instituts‹ VIII, 1963, S. 266 - 267.
Kahn, Dr. Bernhard, *Tribute to Max M. Warburg at the Annual Meeting of the Joint Distribution Committee, January 11, 1947* (mit frdl. Gen. v. Anita Warburg).
Koonz, Claudia, *Courage and Choice Among German-Jewish Women and Men*, in: *The Jews in Nazi Germany 1933 - 1943*, Tübingen 1986.
Kuhn, Loeb & Company: A Century of Investment Banking. New York: Kuhn, Loeb & Company, Privatdruck, 1967.
Landes, David S., *The Bleichröder Bank: An Interim Report*, in: ›Jahrbuch des Leo Baeck Instituts‹ V, 1960, S. 201 - 220.
Levine, Herbert S., *A Jewish Collaborator in Nazi Germany: The Strange Career of Georg Kareski, 1933 - 37*, in: ›Central European History‹ Bd. VIII, September 1975, S. 251 - 281.
A. M. Meyer, *Aby Warburg in His Early Correspondence*, in: ›The American Scholar, Bd. 57 (Sommer 1988), Nr. 3.
Richarz, Monika, *Juden in der Bundesrepublik Deutschland und in der Deutschen Demokratischen Republik seit 1945*, in: Brumlik, Micha et al. (Hg.), *Jüdisches Leben in Deutschland seit 1945*, Frankfurt 1988, S. 13 - 30.
Liebeschütz, Hans, *Aby Warburg (1866 - 1929) as Interpreter of Civilization*, in: ›Jahrbuch des Leo Baeck Instituts‹ XVI, 1971, S. 225 - 236.
Roberts, Priscilla M., *A Conflict of Loyalties in Kuhn, Loeb and Company and the First World War, 1914 - 1917*, in: Jacob R. Marcus und Abraham J. Peck (Hg.), *Studies in the American Jewish Experience*, New York 1984.
Rosenbaum, Eduard, *Albert Ballin: A Note on the Style of His Economic and Political Activities*, in: ›Jahrbuch des Leo Baeck Instituts‹ III, 1958, S. 257 - 299.
ders., *A Postscript to the Essay on Albert Ballin*, in: ›Jahrbuch des Leo Baeck Instituts‹ IV, 1959.
ders., *M. M. Warburg & Company, Merchant Bankers of Hamburg. A Survey of*

the First 140 Years 1798 to 1938, in: ›Jahrbuch des Leo Baeck Instituts‹ VII (1962), S. 121 - 149.

Rothfels, Hans, *The German Resistance in Its International Aspects*, in: ›Studies in Diplomatic History and Historiography‹, London 1961.

Saxl, Fritz, *Biographical Essay on Aby Warburg*, Typoskript, Warburg Institute.

Schiff, Gabriele, *The Legacy of Displaced Persons - A Personal Chronicle*, Vortrag anläßlich eines Treffens zum Holocaust, Hunter College, New York, 22. Oktober 1979.

Sharp, Charles, Stücke:

ders., *Parsnip and Pickles* (1968)

ders., *Repercussions* (1968)

ders., *Lunch at 30 Gresham Street* (o. J.)

ders., *The Party* (1977)

ders., *Gloom* (1974), mit frdl. Gen. v. Doris Wasserman.

Sherman, Joshua A., *Eine jüdische Bank in der Ära Schacht: M. M. Warburg & Co., 1933 - 1938,* in: *Die Juden im Nationalsozialistischen Deutschland*, S. 167 - 172.

Szaijkowski, Zosa, *Jewish Relief in Eastern Europe, 1914 - 1917*, in: ›Jahrbuch des Leo Baeck Instituts‹ X, 1965, S. 24-56.

Tramer, Hans, *Die Hamburger Kaiserjuden*, in: ›Leo Baeck Institute Bulletin‹ 1960, S. 177 - 189.

Turner, Henry Ashby, jr., *Emil Kirdorf and the Nazi Party*, in: ›Central European History‹ Bd. 1, Dezember 1968, S. 324 -344.

Tyrell, Albrecht, *Führergedanke und Gauleiterwechsel*, in: ›Vierteljahrshefte für Zeitgeschichte‹, 23. Januar 1975, Nr. 4, S. 341 - 374.

Vagts, Alfred, *M. M. Warburg & Co.: Ein Bankhaus in der deutschen Weltpolitik 1905 - 1933*, in: ›Vierteljahresschrift für Sozial- und Wirtschaftsgeschichte‹ Bd. 45 (März 1958), Heft 3, Wiesbaden 1958.

Warburg Institute, *Chronik des Neubaues der Kulturwissenschaftlichen Bibliothek Warburg*, Privatdruck.

Warburg, Edward M. M., *›1109‹: The Warburg House. An Informal Guided Tour*, New York: The Jewish Museum, 1984.

Warburg, Erich M., *Max M. Warburg 1867 - 1946*, Privatdruck.

ders., *Some Personal Experiences. 1942 - 1945* (mit frdl. Gen. v. Max Warburg.)

Warburg, James P., *Byrnes and the German Economic Problem*. Rundfunksendung der CBS am 12. September 1946.

ders., *Israel and the American Jewish Community*, in: ›The Current Affairs Press‹ 1960.

Warburg, Max M. u. a., *Ansprachen gehalten anläßlich der Umwandlung von M. M. Warburg & Co. in M. M. Warburg & Co. Kommanditgesellschaft, Hamburg, am 30. Mai 1938*. Mikrofilm im Leo Baeck Institut, New York.

ders., *Die Hamburgische Universität*, Privatdruck, 1913.

ders., *Diese Reden Sollte jeder Deutsche lesen*. Gehalten in Hamburg am 12. März 1919. Privatdruck.

ders., *Finanzielle Kriegslehren*. Rede vom 1. August 1915. Im Leo Baeck Institut, New York.

ders., *Begrüßungsworte zur Einweihung des Jüdischen Gemeinschaftshauses in Hamburg am 9. Januar 1938*. Im Leo Baeck Institut, New York.

M. M. Warburg & Co., *In Memoriam Rudolf Brinckmann Dr. jur.*, Privatdruck, 1974.

S. G. Warburg & Company, *A gathering of the members of S. G. Warburg & Co. to commemorate Sir Siegmund G. Warburg 1902 - 1982*. The Guildhall in London. 12. Januar 1983, Privates Typoskript.

Warburg, Siegmund G., *Ansprache bei der Beerdigung Ernest Thalmanns am 22. August 1962*, Privates Typoskript.

ders., *Lucie L. Warburg: 13. März 1866 - 25. Oktober 1955*, Privates Typoskript.
ders., *Ansprache bei der Beerdigung von Marc Rosenberg in Baden-Baden, 9. September 1930*, Privates Typoskript.
ders., *Stefan Zweig*, Privates Typoskript.
Whitman, Gert, *Der Internationale Kapitalmarkt, insbesondere der Euro-Bondmarkt in U. S. Dollars und anderen Währungsformen*. In Baden-Baden am 29. März 1968 gehaltene Rede (mit frdl. Gen. v. Gretchen Whitman.)
Wolffsohn, Michael, *Banken, Bankiers und Arbeitsbeschaffung im Übergang von der Weimarer Republik zum Dritten Reich*, in: ›Zeitschrift zur Bankengeschichte‹ Mai 1977, S. 54 - 70.

Regierungsdokumente

Trials of War Criminals Before the Nuremberg Military Tribunal, Bd. VI: *The Flick Case*, Washington, D.C.: United States Government Printing Office, 1952.

Abkürzungen

AD Dokumente zu Allen W. Dulles, Seeley G. Mudd Manuskript-Bibliothek, Princeton University, Princeton, New Jersey
AW Dokumente zu Aby M. Warburg, The Warburg Institute, London
BW Dokumente zu Bettina Warburg, mit frdl. Genehmigung von Katharine und Nicholas Fox Weber
CUOH Columbia University Oral History Collection, New York
CUOH-BB Columbia University Oral History Collection, Benjamin Buttenwieser
CUOH-GR Columbia University Oral History Collection, George Rublee
CUOH-JG Columbia University Oral History Collection, Jonah Goldstein
CUOH-JW Columbia University Oral History Collection, James P. Warburg
DS Dokumente zu David Schiff, mit frdl. Genehmigung von David Schiff.
EH Dokumente zu Edward M. House, Sterling Memorial Library, Yale University, New Haven, Connecticut
EL Dokumente zu Eddy Lachman, mit frdl. Genehmigung von Eddy Lachman
FW Dokumente zu Felix M. Warburg. American Jewish Archives, Cincinnati, Ohio
JFD Dokumente zu John Foster Dulles, Seeley G. Mudd Manuskript-Bibliothek, Princeton University, Princeton, New Jersey
JRD Dokumente zu J. Richardson Dilworth, mit frdl. Genehmigung von J. Richardson Dilworth
JS Dokumente zu Jacob H. Schiff. American Jewish Archives, Cincinnati, Ohio
JW Dokumente zu James P. Warburg, John F. Kennedy Library, Boston, Massachusetts
JVF Dokumente zu James V. Forrestal, Seeley G. Mudd Manuskript-Bibliothek, Princeton University, Princeton, New Jersey
LBI Leo Baeck Institut, New York
LBI-AP Leo Baeck Institut, Dokumente zu Arthur Prinz
LBI-HS Leo Baeck Institut, Dokumente zu Hans Schäffer
LBI-RDJ Leo Baeck Institut, Dokumente zur Reichsvertretung der Deutschen Juden
LBI-SGW-SZ Leo Baeck Institut, Schriftwechsel zwischen Siegmund G. Warburg und Stefan Zweig
LBI-WF Leo Baeck Institut, Dokumente der Familie Warburg
MAW Dokumente zu Max Adolph Warburg, mit frdl. Gen. v. Maria Christina Warburg (Mills)

ML Dokumente zu Morris Lazaron, American Jewish Archives, Cincinnati, Ohio
MMW Privatarchiv von M. M. Warburg & Co., Hamburg

Die Anfangsbuchstaben bedeuten:

A Dokumente zu Aby M. Warburg oder Warburg-Bibliothek
E Dokumente zu Erich M. Warburg
F Dokumente zu Fritz M. Warburg
J Dokumente zu James S. Warburg
K Dokumente zu Karl S. (Charles) Warburg
Ma Dokumente zu Max M. Warburg
PW Dokumente zu Paul M. Warburg, Sterling Memorial Library, Yale University, New Haven, Connecticut
SF-LB Schriftwechsel zwischen Sigmund Freud und Ludwig Binswanger, Sigmund Freud Copyrights, Wivenhoe, Colchester, England
TWL Dokumente zu Thomas W. Lamont, Baker Library, Harvard Business School, Cambridge, Massachusetts
WW Dokumente zu Sir William Wiseman, Sterling Memorial Library, Yale University, New Haven, Connecticut
YIVO YIVO Institute for Jewish Research, New York
YIVO-AJC YIVO Institute, Dokumente zum American Jewish Committee
YIVO-JR YIVO Institute, Dokumente zu Joseph Rosen
YIVO-LW-DM YIVO Institute, Dokumente zu Lucien Wolf und David Mowshowitch
YIVO-MW YIVO Institute, Dokumente zu Morris Waldman.

Personenregister

Sachregister

Abbildungsverzeichnis

Simon von Cassel
gest. 1566

Samuel
gest. 1595

Jacob Simon
gest. 1636

Juspa-Joseph Warb
gest. 1678

Sara Warburg ⚭ (1
(1805 -1884)

Marianne Warburg
(1830-1882)
⚭
Samuel Zagury
gesch. 1859

Malchen Warburg
(1831-1911)
⚭
Adolph Goldschmidt
(1810-1857)

Rosa Warb
(1833-1908
⚭
Paul Sch
(1829-189

Mathilde Warburg
(1863-1922)
⚭
Marc Rosenberg
(1851-1930)

Abraham (Aby) S. Warburg
(1864-1933)
⚭ (1.) 1894
Olga L. Leonine (1872-1895)
⚭ (2.) 1897
Elly Simon (1873-1931)

Anna Warburg
(1866-1929)
⚭ 1890
Martin Blumenfeld
(1855-1908)

Olga L. Warburg
(1898-1965)
⚭ 1919
Friedrich (Fritz) Lachmann
(1888-1938)

Ellen J. Warburg
(1899-1940)
⚭ 1920
S.F.L.T. Plaut
(1888-1949)

Marianne Warburg
(1901-)
⚭ 1929
Oskar H.L. Goldschmidt
(1881-1960)

Jacob Samuel Warburg
(ab 1647 in Altona)
gest. 1668

Moses Warburg
gest. 1701

Samuel Warburg ⚭ Rechel Delbanco
gest. 1759

Hela Heckscher ⚭ Gumprich Marcus Warburg
(1727 - 1801)

Röschen Hausen Abrahamson ⚭ Moses Marcus Warburg
(1763 - 1830)

Gerson
(1765-1826)

Abraham (Aby) S. Warburg
(1798 - 1856)

Siegmund Warburg
(1835-1889)
⚭ 1862
Théophilie Rosenberg
(1840-1905)

Jenny Warburg
(1836-1894)
⚭
Michael Fürth
(1826-1900)

Moritz M. Warburg
(1838-1910)
⚭ 1864
Charlotte Oppenheim
(1842-1921)

Alsterufer-Warburgs

Rosa Warburg
(1870-1922)
⚭ 1891
Alexandre
Baron de Gunzburg
(1863-1948)

Elsa Warburg
(1875-1949)
⚭ (1.) 1901
Willy Elkan (1868-1914)
⚭ (2.) 1917
Sally George Melchior
(1870-1948)

Lilly Warburg
(1880-1942)
⚭ 1901
Otto Kaulla
(1866-1955)

Georges Siegmund
Warburg
(1871-1923)
⚭ 1901
Lucie Kaulla
(1866-1955)

Ruth A. Warburg
(1904-1967)
⚭ 1930
Kurt M. Neu
(1899-1982)

Karl S.A. (Charles)
Warburg
(1907-1972)
⚭ 1947
Luise Einstein
(1911-)

Sir Siegmund George
Warburg
(1902-1982)
⚭ 1926
Eva Maria Philipson
(1903-1983)

George A. S. Warburg ⚭ 1956 Elinor Bozyan
(1927-) (1932-)

Anna M. Warburg ⚭ 1962 Dov Biegun
(1930-) (1914-1980)

Mittelweg

Moritz M. Warburg ⚭ Charlotte Oppenheim
(1838-1910) (1842-1921)

Aby M. Warburg (1866-1929) ⚭ 1897 **Mary Hertz** (1866-1934)

- Marietta Warburg (1899-1973) ⚭ 1926 Peter Braden (1900-1975)
- Max A. Warburg (1902-1974) ⚭ 1938 Josepha (Josi) Spiero (1903-1988)
- Frede C. Warburg (1904-) ⚭ 1938 Adolf Prag (1906-)

Max M. Warburg (1867-1946) ⚭ 1899 **Alice Magnus** (1873-1960)

- Erich Warburg (1900-1990) ⚭ 1946 Dorothea Thorsch (1912-)
- Lola Warburg (1901-1989) ⚭ 1921 Rudolf Hahn (1897-1964)
- Renate Warburg (1904-1984) ⚭ (1.) 1927 Richard Samson (1900-1943) ⚭ (2.) 1940 Walter Strauss (1908-?) ⚭ (3.) 1959 Sir William Calder (1881-1960)
- Anita Warburg (1908-) ⚭1940, gesch. 1950 Max Wolf (1899-1962)
- Gisela Warburg (1912-1991) ⚭ 1943 Charles E. Wyzanski jr. (1906-1986)

Paul M. Warburg (1868-1932) ⚭ 1895 **Nina Loeb** (1870-1945)

- James P. Warburg (1896-1969) ⚭ (1.) 1918, gesch. 1934 Kay Swift (1897-1993) ⚭ (2.) 1935, gesch. 1947 Phyllis Baldwin (1903-1993) ⚭ (3.) 1948 Joan Melber (1923-)
- Bettina Warburg (1900-1990) ⚭ 1942 Samuel Grimson (1884-1955)

Felix M. Warbu (1871-1937) ⚭1895 **Frieda F. Schif** (1875-1958)

- Carola T. Warburg (1896-1987) ⚭ 1916 Walter N. Rothschild (1892-1960)
- Frederick M. Warburg (1897-1973) ⚭ 1946 Wilma L. Shannon (1903-1993)
- Gerald F. Warburg (1901-1971) ⚭ (1.) 1922 Marion Bab (1903-1982) ⚭ (2.) 1933 Natica Nast (1905-1987)
- Paul F. (Piggy) Warburg (1904-1965) ⚭ (1.) 1926, gesch. 1934 Jean Stettheimer (1906- ⚭ (2.) 1939, gesch. 1946 M. Constanze Woodwo ⚭ (3.) 1946 Barbara Tapper d'Alme (1907-)

Warburgs

- **Olga C. Warburg** (1873-1904) ⚭ 1898 **Paul Kohn-Speyer** (1868-1942)
  - Alfred P. Kohn-Speyer (1899-1904)
  - Marian J. Kohn-Speyer (1900-1988) ⚭ 1935 Ernest Sander (1886-1981)
  - Alice C. Kohn-Speyer (1902-) ⚭ 1940 William H. Auerbach (1892-1974)
  - Edmund P. Kohn-Speyer (1904-1985) ⚭ 1935 Alice Brown (1904-)
- **Fritz M. Warburg** (1879-1964) ⚭ 1908 **Anna Beata Warburg** (1881-1966)
  - Ingrid F. Warburg (1910-) ⚭ 1941 Veniero Spinelli (1909-1969)
  - Eva A. Warburg (1912-) ⚭ 1946 Naftali Unger (1908-1987)
  - Charlotte Esther (Noni) Warburg (1922-) ⚭ 1945 Seco (Willy) Smulowicz (Shalmon) (1910-1985)
- **Louise Warburg** (1879-1973) ⚭ 1901 **Julius Derenberg** (1873-1928)
  - Carl. J. Derenberg (1902-1977) ⚭ 1937 Hedwig J. Bollschweiler (1908-1982)
  - Walter J. Derenberg (1903-1975) ⚭ 1949 Emily Hess (1913-)
  - Ruth Derenberg (1906-) ⚭ 1928 César Domela-Nieuwenhuis (1900-1992)
  - Gabriele C. Derenberg (1914-) ⚭ 1952 David Schiff (1912-1978)

- Edward M.M. Warburg (1908-1992) ⚭ 1939 Mary W.P. Currier (1908-)